한국 지명의 체계적 연구

한국 지명의 체계적 연구

이건식 지음

머리말

나의 한국 지명 연구 발자취

　지명은 사람이 영위하는 공간 생활의 핵심적인 기초여서 한국 지명에는 한국인이 공간을 이해한 각종의 지식이 담겨 있다. 따라서 한국 지명의 참모습을 이해하는 길은 한국인이 가졌던 지식을 이해하는 길이 된다.

　나는 한국 차자표기법(借字表記法)의 권위자이신 남풍현 선생님으로부터 차자 표기법을 공부하였다. 그러나 내 능력으로는 향가(鄕歌)는 물론, 신라 시대 이두(吏讀), 고려 시대 석독(釋讀) 구결(口訣)의 진수를 파헤칠 수 없었다. 까닭에 1996년 〈고려 시대 석독 구결의 조사〉란 논제로 박사 학위 논문을 제출한 이후 10여 년 동안 차자 표기 관련 연구 성과를 내놓지 못하였다. 대신에 한국어를 컴퓨터로 처리하는 문제에 심취하여 탐구한 결과를 글로 써놓은 것이 매우 많았다.

　그러나 나는 이 분야의 학위가 없어서 2005년경 당시의 풍토로 보아 컴퓨터 전문가로 인정받을 수 없음을 깨닫고는 진로를 놓고 고민하게 되었다. 이 무렵인 2007년 당시 한국학중앙연구원 교수였던 신종원 선생님께서 나에게 역사 지명에 관한 연구를 권유하셨다. 그리하여 한국학중앙연구원의 동북아고대사연구소 콜로키엄에서 한국의 지명 표기를 주제로 발표를 하게 되었다.

　나는 이 발표를 계기로 지명의 차자 표기 연구가 차자 표기를 이해하는 데에 중요한 것임을 깨달았다. 그리고 더 나아가서 지명 차자 표기에 대한 이해가 우리나라 어원연구를 고대 국어의 단계까지 끌어올릴 수 있는 수단이 될 수 있음을 알게 되었다.

이 같은 신종원 선생님의 인도로 나는 2008년부터 지금까지 19편의 지명연구 논문을 발표하였다. 삼한 시대 1편, 삼국-통일신라 시대 4편, 고려 시대 2편, 조선 시대 7편, 개화기 시대 4편, 그리고 지명 어원 관련 1편 등이었다. 나는 매 편을 쓸 때마다 연구사적으로 새로운 신념과 깨달음을 얻을 수 있었다.

마한소국(馬韓小國)인 우휴모탁국(優休牟涿國)이 조선 시대 부평도호부 주화곶면(注火串面) 표기로 계승된 사실을 추정했을 때, 지명의 보수성이 얼마나 견고한 것인가를 실감할 수 있었다.

신라의 6부 명칭인 탁평(啄評) 표기에 사용된 탁(啄) 글자가 한국과 중국 모두에서 훼(喙) 글자와 넘나들면서 서사 된다는 증거를 찾아 탁평(啄評)의 탁(啄)이 '부리'가 아니라 '도랑'을 뜻하는 '*도' 정도를 표기했을 것이라는 추정을 도출했을 때, 학문 연구가 철저히 증거에 기반해야 한다는 사실을 확인할 수 있었다.

고려 시대 22역도 체제 역명의 표기 변화를 다룬 논문에서 지명의 차자 표기가 훈독법(訓讀法)에서 음독법(音讀法)으로 변화한 사실을 관찰할 수 있었다. 그리고 그러한 변화의 요인이 고려 초 도입된 과거 제도란 추정을 하였을 때, 역사 변화의 필연성에 놀라지 않을 수 없었다. 역사 변화의 필연성에 말미암아 훈민정음이 창제되었음에도 문헌 자료에 우리의 지명은 우리말로 기록되지 못하고 차자로 기록되는 불운한 숙명을 맞이하게 되었다. 일본과는 다르게 우리의 경우에는 차자의 음독법이 주류가 되어 우리말 지명의 참모습은 안개 속으로 사라졌다. 매우 안타까운 일이 아닐 수 없다.

조선 시대 문헌 자료를 상세하게 검토하여 당시 동리촌명(洞里村名)

자료를 수집하고 나서, 조선 시대 초기의 동리촌명 차자 표기를 지배한 원리와 우리말 지명의 구체적인 모습을 관찰했을 때도 나는 역사 변화의 필연성을 생각하게 되었다.

개화기 시대에 일본 제국주의는 우리 지명에 비극을 강요했다. 일본 제국주의의 강압으로 촉발된 한국 행정구역 통폐합 과정과 그 결과를 검토했을 때, 나는 소문의 구체적 실상과 진실을 깨닫게 되었다.

우리말 지명에 관한 연구를 통해 나는 우리말 어원의 연구가 지명 연구의 궁극적 목적 중의 하나인 사실을 통찰할 수 있었다. 나는 '고개'의 어원을 '곡(꼭대기)+애(속)'로 추정하였다. 산지가 많은 한국과 일본의 공통성에 기반하여 한국과 일본의 '고개' 관련 어휘를 비교하여, 나는 이러한 추정을 도출하였다.

한편, 나의 지명연구 역사에서 또 다른 인도자가 있다. 오늘날의 부평 지명의 역사를 소중히 여기고 그 가치를 누구보다 잘 알고 있는 강재철 선생님이다. 나는 선생님의 손에 이끌려 19편 중에서 무려 5편이나 부평 지역 지명연구를 하였다.

덕분에 마한소국(馬韓小國)인 우휴모탁국(優休牟涿國)을 해독할 수 있었으며, 종 다양성을 보여 주는 옛 부평 지명을 자세하게 분석할 수 있는 행운을 가질 수 있게 되었다. 부천을 포함한 부평 지명에는 산천, 평야, 바다 등과 관련된 다양한 자연지명이 보존되어 있을 뿐만 아니라 논밭 명칭, 군 관련 명칭 등 관련된 인공 지명 및 행정구역 명칭이 보존되어 있다.

나는 부평 지역의 지명에 대한 자세한 관찰에 힘입어 부평 지명의 전부 요소인 속성 요소에 대한 해독을 전개한 논문을 발표했다. 그리고 지명의 지형 특성과 명명의 보편성에 근거하여 부평 지명의 속성 요소에 대한 해독을 신중히 전개하였다.

요컨대 나는 지명의 차자 표기에 관한 연구로 나의 연구 능력을 심화 발전시켰다. 지명을 연구한 덕택에 나는 향찰, 석독 구결, 한국 고유한자 등에 관한 심도 있는 연구를 했다고 자임한다.

또한, 단국대학교 명예 교수이신 임영재 선생님을 만나면서 나는 나의 학문적 역량을 업그레이드할 수 있는 행운을 얻었다. 2013년부터 지금까지 쉬지 않고 10여 년 넘게 1주일에 2시간씩 선생님께 영문판 플라톤 대화편에 펼쳐진 진리의 세계를 접하게 되었다.

정년을 기념하여 본서를 간행하면서, 그동안 한국 지명의 본질에 다가가기 위해 기울였던 나의 노력을 되돌아보니 감개무량하다. 지명을 연구하게 된 것이 사실상 나의 큰 학운(學運)이 될지 몰랐다. 인생은 만남이다. 나를 인도해 주신 네 분 선생님께 감사의 말씀을 드린다.

끝으로 나의 학문 연구를 적극적으로 응원하고 후원해 준, 아내와 아들을 빼놓을 수 없다.

아내는 결혼 초부터 지금까지 경제적으로나 정신적으로나 내 학문 연구의 든든한 후원자였다. 나를 집안일에서 해방해 오로지 학문 연구에만 몰두할 수 있게 해주었다. 하지만 아내의 헌신적인 후원에 비하면 나의 연구 성과는 변변치 못하다. 그저 아내에게 미안할 따름이다. 아내 역시 금년 8월에 40여 년 간의 교직 생활을 마치고 교감으로 정년 퇴임한다. 나와 아내가 함께 정년 퇴임해서 감개무량하다. 또 하나뿐인 아들도 내 학문 연구의 든든한 후원자였다. 스스로 자기의 인생을 말없이 개척했기 때문이다. 3년 동안의 고된 로스쿨 과정을 수석으로 졸업하고, 올해 14회 변호사 시험에 한 번에 합격한 아들이 매우 자랑스럽다.

2025년 6월 12일
저자 씀.

차례

머리말: 나의 한국 지명 연구 발자취 … 5

1부　삼한 시대의 지명　　　　　　　　　　　　　… 15

馬韓小國 優休牟涿國 표기와 조선 시대 富平都護府 注火串面 표기의
의미 유사성과 차별성에 대하여 ··· 17

   1. 서언 ··· 17
   2. 고려 시대 樹州, 安南, 桂陽, 吉州, 富平 등의 의미 ··············· 21
   3. 馬韓小國 優休牟涿國과 고구려 主夫吐郡의
       표기 의미 유사성과 차별성 ·· 29
   4. 결언 ··· 53

2부　삼국·통일신라 시대의 지명　　　　　　　　… 57

新羅 啄評 解讀 ·· 59
   1. 서언 ··· 59
   2. '啄/喙'의 해독 ··· 61
   3. '評/ᄀᆞ볼'의 해독 ··· 83
   4. 결언 ··· 94

論山 皇華山城 出土 瓦銘文에 나타난 지명 표기
'葛那城, 竺乃, 立乃' 등의 국어사적 의의
   : 漢字 지식 문화의 수용 과정과 관련하여 ································· 98

   1. 서언 ··· 98

2. 백제 현명 加知奈縣, 신라 경덕왕 개정 현명 市津,
      고려사 薪浦' 등의 관련 지명 표기 ·· 100
   3. 加知那, 市津, 薪浦 등의 별칭 관계 ··· 110
   4. 加知奈의 이표기 또는 유관된 표기 '葛那, 加乙乃, 笠乃, 立乃, 仁川'
      등의 국어사적 의의 ··· 126
   5. 결언 ·· 132

新羅 地名 表記 奈乙의 해독과
고대국어 '*을[水]'을 보존한 중세어 어휘 ·· 135
   1. 서언 ·· 135
   2. 신라 지명 표기 奈乙의 해독 ··· 137
   3. 고대국어 '*을[水]'을 보존한 중세어의 종류 ································· 145
   4. 고대국어 '*을[水]'을 보존한 중세어의 동질적 특성 ······················ 166
   5. 결언 ·· 171

西畿停 관련 借字 表記의 역사와 현존 어형
   : 音借 表記 豆良彌知停과 訓借 表記 富山城의 동질성을 중심으로 ······· 173
   1. 머리말 ··· 173
   2. 西畿停-豆良彌知停의 위치를 비정한 기존 연구에 대한 비판적 검토 ··· 175
   3. 豆良彌知停 표기와 富山城 표기의 동질성 검토 ···························· 179
   4. 맺음말 ··· 206

3부 고려 시대의 지명   ··· 209

고려 시대 차자 표기 漕運浦口名 未音浦/鹵水浦 해독 ······················· 211
   1. 서언 ·· 211
   2. 羅末麗初 廣陵郡 소재 未音浦의 위치 비정 ································· 213
   3. 羅末麗初 廣陵郡 소재 漕運 浦口名 未音浦/鹵水浦 차자 표기 해독 ····· 221
   4. 결언 ·· 237

중국식 한자 지명 표기의 음가적 표음성과 비상관적 표의성
: 『고려사』 소재 22역도 체제 역명의 시대별 이표기 자료를 중심으로 ················ 239
  1. 서론 ·· 239
  2. 『고려사』 소재 22역도 체제 역명 자료 분석 ······································· 242
  3. 『고려사』 22역도 체제 역명의 시대별 표기 변화의 특징 분석 ············ 257
  4. 결언 ·· 275
  부록 ·· 279

4부 조선 시대의 지명 ··· 309

韓國 固有漢字의 發達
: 地名의 후부 요소 表記를 중심으로 ·· 311
  1. 序言 ·· 311
  2. 地名의 후부 요소 表記에 사용된 韓國固有漢字의 發達 ······················· 316
  3. 結言 ·· 346

朝鮮 初期 洞里村名의 國語學的 硏究 ··· 348
  1. 서언 ·· 348
  2. 朝鮮 初期 地理誌 자료에 나타난 洞里村名의 국어학적 연구 ············· 350
  3. 결언 ·· 374

黃胤錫의 1775년 全國 地理誌 編纂 凡例의 특징 분석
: 1775년 무렵 弘文館의 전국 지리지 편찬 凡例의 復元 시도 ······················ 377
  1. 서언 ·· 377
  2. 黃胤錫의 전국 지리지 편찬 범례의 특징 분석 ···································· 380
  3. 결언 ·· 418

조선 시대 富平府의 삼국 시대 표기 계승 면명 표기에 대하여 ········ 421

1. 서언 ········ 421
2. 조선 시대 富平府 面名 표기의 범위 ········ 423
3. 조선 시대 富平府 面名의 표기와 의미 분석 ········ 430
4. 부평부의 삼국 시대 표기 계승 면명 표기 ········ 444
5. 결언 ········ 456

조선 시대 부평부 洞里村名 후부 요소의 특징에 대하여 ········ 459

1. 서언 ········ 459
2. 『호구총수』와 『조선지지자료』의 富平 동리촌명 표기 검토 ········ 461
3. 조선 시대 富平府 동리촌명 후부 요소 분석 ········ 472
4. 결언 ········ 503

富川 지명의 체계적 신해독
: 지명의 지형 특성과 명명의 보편성에 입각하여 ········ 506

1. 서언 ········ 506
2. 부천 행정 지명의 체계적 해독 ········ 509
3. 부천 자연 지명과 인공 지명의 해독 ········ 539
4. 결언 ········ 566

정조 대왕 '부천 능행길'의 노정 복원 ········ 570

1. 서언 ········ 570
2. 정조 대왕 부천 능행길의 역사 ········ 571
3. 정조 대왕 부천 능행길과 수호군의 위치 비정 ········ 580
4. 맺음말 ········ 598

5부 개화기의 지명 ··· 601

『朝鮮地誌資料』 京畿道 廣州郡 수록 地名 表記의 분석적 연구
: 漢字 地名 表記의 재해석 현상을 중심으로 ·· 603

   1. 서언 ·· 603
   2. 『朝鮮地誌資料』 수록 경기도 광주군 지명의 특징 분석 ················ 608
   3. 『朝鮮地誌資料』 수록 경기도 광주군 지명 표기의 분석 ················ 622
   4. 결언 ·· 660

조선 시대 경기도 楊州牧 행정구역 명칭의 우리말 명칭 표기의 복원 ········ 664

   1. 서론 ·· 664
   2. 조선 시대 경기도 양주목 행정구역 명칭의 표기 실태 분석 ············ 666
   3. 조선 시대 경기도 양주목 행정구역의 우리말 명칭 복원 ················ 674
   4. 결론 ·· 686

일본 제국주의의 한국 행정구역 통폐합 과정과 그 결과 ························· 689

   1. 서언 ·· 689
   2. 일본 제국주의의 한국 행정구역 통폐합 과정 ···································· 690
   3. 일본 제국주의의 한국 행정구역 체계 변경의 결과 ·························· 709
   4. 결언 ·· 747

1917년 함경남도 영흥군 地誌調書 편철 문서에 나타난
面名과 洞里村名 표기에 대한 국어학적 연구 ·· 750

   1. 서언 ·· 750
   2. 1917년 「함경남도 영흥군 지지조서 편철 문서」의
      작성 주체와 구성 ·· 752
   3. 함경남도 영흥군의 면명과 동리촌명 표기에 대한 국어학적 연구 ········ 758
   4. 결언 ·· 787

6부 지명의 어원 ··· 819

'고개'의 어원과 한국 固有漢字 岾의 造字法에 대하여
  : 日本 'とうげ[峠]'와 韓國 '고개[峴]'의 어휘 의미와 관련 어휘의
  대조를 중심으로 ·· 821
  1. 서언 ··· 821
  2. 日本 'とうげ[峠]'와 韓國 '고개[峴]'의 어휘 의미 대조 ············ 822
  3. 日本 'とうげ[峠]'와 韓國 '고개[峴]'의 어휘 의미 대조와
     한국 고유한자 岾의 造字法 ·· 837
  4. 결언 ··· 852

이건식 교수의 '지명 연구' 엿보기 [강재철] ································ 855
이건식 교수와 만남, 그 이후 [신종원] ·· 863

출처일람 ·· 867
참고문헌 ·· 871
찾아보기 ·· 893

1부

삼한 시대의 지명

馬韓小國 優休牟涿國 표기와 조선 시대 富平都護府 注火串面 표기의 의미 유사성과 차별성에 대하여

1. 서언

 이 글은 조선 시대 富平都護府 注火串面의 명칭이 고구려 시대 主夫吐郡, 통일신라 시대 長堤郡의 명칭을 그대로 또는 부분적으로 계승한 것이라는 관점에서 3世紀末 陳壽가 편찬한 『三國志』魏書 東夷傳 韓 조에 여섯 번째로 기록된 馬韓小國의 優休牟涿國이란 명칭이 조선 시대 富平都護府 注火串面의 명칭과 의미상 유사성과 차별성이 있음을 밝히고자 한다. 또한, 徐居正이 「長湍府新營客館記」에서 조선 시대 장단도호부의 三韓 때의 명칭이 隰川郡이라는 언급에 근거하여 두 번째로 기록된 牟水國을 조선 시대 장단도호부로 비정하여, 『三國志』魏書 東夷傳 韓 조에 기록된 馬韓 54개국의 기록 순서가 북에서 남으로 기술한 경향성이 있다는 사실도 검증해 보고자 한다.

 마한 소국의 위치 비정과 관련하여 연구한 것으로 이병도(1938)와 천관우(1979)를 대표적으로 들 수 있다.[1] 이병도(1938)는 언어적인 증거

---

[1] 마한 소국의 위치를 전면적으로 비정한 연구로 역사학 분야의 '정인보(1946), 박순발(2013)' 등과 국어학 분야의 兪昌均(1982)을 들 수 있다. 한편, 도수희(1987)의

를 가지고 마한 54개국 중 42개국의 위치를 비정하였다. 그런데 이병도 (1938)의 경우는 기록 순서의 경향성을 고려하지 않고 비정한 것이었다. 그러나 천관우(1979)는 북에서 남으로 기록하는 경향성이 있음을 언급하고 이병도(1938)의 견해를 일부 받아들이면서, 마한 54국의 위치를 모두 비정하였다. 이 연구에서는 여섯 번째로 기록된 優休牟涿國과 두 번째로 기록된 牟水國에 대하여 새로운 언어 자료를 근거로 하여, 優休牟涿國의 위치를 조선 시대 부평도호부로, 牟水國의 위치를 조선 시대 장단도호부로 비정하고자 한다. 이 연구에서 優休牟涿國의 위치를 조선 시대 부평도호부로 비정하고자 하는 것은 이병도(1938)의 견해와 같다. 하지만 새로운 근거 자료를 가지고 優休牟涿國이 표현한 의미를 파악하는 데에 있어서, 이 연구는 이병도(1938)와 다르다. 한편, 이병도(1938)에서는 牟水國의 위치를 수원으로 비정하였고, 천관우(1979)에서는 양주로 비정하였다. 그러나 이 연구에서는 새로운 근거 자료를 가지고 牟水國의 위치를 장단도호부로 비정하고자 한다.

이기문(1968, 1991: 319-320)은 고구려어는 일본어나 퉁구스제어와

경우에는 마한 소국의 위치 비정은 접어 두고, 마한 소국을 표기한 한자의 음을 음운론적 관점에서 검토하고 있다. 優休牟涿國과 牟水國의 위치 비정과 관련하여 이병도(1938)와 천관우(1979)의 견해에 대해서는 이 연구의 3장에서 비판적으로 검토하고자 한다. 이외의 연구에 대해서는 비정한 위치에 대해서만 소개하는 것에 그치도록 한다. 優休牟涿國의 위치에 대하여 정인보(1946: 116)는 載寧, 유창균(1982: 130-131)은 漣川, 김기섭(2002: 504)는 楊州 古邑인 고려 시대 見州, 박순발(2013: 126)은 인천 계양구로 비정하였다. 牟水國의 위치에 대하여 정인보(1946: 116)는 水原, 유창균(1982: 126-127)은 仁川, 박순발(2013: 126)은 '파주, 파평, 인천' 등으로 비정하였다. 최범훈(1985: 18-19)은 牟水國의 위치를 水原으로 전제하고 牟가 '보리'의 뜻을 가지는 것에 근거하여 牟水가 '벌물'의 의미임을 논의하였다. 한편, 이상신(2011: 167)은 牟水國의 위치를 水原으로 비정할 근거가 부족하며, 牟水의 牟가 音讀字라는 근거를 제시해서 牟水가 '벌물'을 의미할 가능성이 없음을 주장하였다. 문창로(202: 106)은 牟水國과 桑外國을 마한 북부의 백제국으로 추정하였다.

비교하여 語末 母音을 결하고 있으며 또 신라어도 고구려어와 마찬가지로 語末 모음이 탈락하고 있음을 말하고 있다. 그리하여 『三國史記』 地理志에 나타난 徐耶伐[2]에서 보는 것처럼 '벌판'을 의미하는 신라 지명 표기는 음차 표기 伐로 표기되고 백제 지명 표기는 夫里로 표기되고 있는 것도 신라어와 백제어의 차이를 보여 주는 것이다. 신라에서 '벌'을 음차 표기 伐로 표기한 것은 신라어에서는 어말 모음이 탈락한 것을 말하고 백제어에서 '벌'을 夫里로 표기했다는 사실은 백제어의 경우 어말 모음이 탈락하지 않았음을 말한 것이다. 따라서 마한어도 어말 모음의 탈락을 경험하지 않았을 것으로 추정된다.[3] 이러한 관점에 기대어 優休牟涿을 '優休, 牟, 涿' 등으로 분절하여서 마한 시대 優休牟涿이 '고구려 시대 主夫吐, 통일신라 시대 長堤, 조선 시대 注火串' 등과 표기 의미에 차별성이 있지만, 유사성도 있음을 말하고자 한다. 곧 이 연구에서는 '優休, 主, 長' 등을 대응시키고, '牟, 堤' 등을 대응시키며 '夫, 火' 등을 대응시켜서 '優休, 牟, 涿' 등의 의미를 해독하고자 한다. 이병도(1938)도 優休牟涿을 '優休, 牟, 涿' 등으로 분절하였지만 이 연구에서는 '優休, 牟, 涿' 등이 이병도(1938)에서 제안한 것과 다른 의미가 있음을 제안하고자 한다.

이건식(2019: 160-166)에서 조선 시대 富平都護府 注火串面의 명칭

---

2 『三國史記』, 卷第三十四, 雜志第三, 地理一, 新羅疆界, "國號曰徐耶伐 或云斯羅 或云斯盧 或云新羅"

3 권인한(2011: 232)은 『三國志』 魏書 東夷傳에 나타난 부여계어와 한계어의 고유명사 표기자를 漢語 상고음 또는 중고음에 따라 분석하여 폐음절의 비율이 부여계어보다는 한계어에서 17% 이상 높다고 하면서 부여계어가 개음절에 가깝고, 한계어가 폐음절에 가깝다고 하였다. 권인한(2011: 232)의 이같은 주장은 한계어가 완전한 폐음절 언어라고 주장한 것은 아니라고 판단된다. 이기문(1968, 1991: 319-320)의 논거에 따라 마한어도 완전하게 폐음절 언어가 아닌 것으로 생각된다.

이 '고구려 主夫吐郡, 통일신라 시대 長堤郡' 등의 명칭을 계승한 통일신라 계통의 것임을 언급하였다. 火는 '블〉벌'의 훈차 표기로 신라 계통의 지명 표기에서 흔히 등장하기 때문이었다. 그리하여 主夫吐의 夫를 火에 대응시켜 '벌판'의 뜻으로 파악했으며 동시에 기존 연구에서 '夫如, 夫餘' 등이 고구려 계통의 말로 '평야'를 뜻한다는 것을 언급했다.

또, 이건식(2019: 160-166)에서 인천광역시(2015: 206)에 소개된 主夫吐를 '줄보둑'으로 이해하는 견해에 이끌려 長堤郡의 長을 '길다'의 뜻으로 파악하고 主夫吐의 主와 注火串面의 注를 '줄[線]'에 대한 음차 표기로 파악하였다. 그리하여 고구려 표기 主夫吐가 '줄벌둑'의 표기임을 말한 바 있다. 注火를 '줄벌둑'으로 이해한 견해는 '벌판'의 개념을 이해하여 '줄보둑'보다는 진일보한 것이지만 主夫吐의 主와 注火串面의 注를 이해하지 못한 것이었다.

'고구려 主夫吐郡, 통일신라 시대 長堤郡' 등이 마한 소국 시대에는 優休牟涿國이었다면 主夫吐郡과 長堤郡의 대응에서 보이는 主와 長의 공통적 의미를 찾을 수 있다. '위'를 뜻하는 삼한어 '*우희' 정도를 즉 優休가 표기한 것으로 이해하면, 主와 長은 모두 '으뜸, 우두머리' 등의 의미를 표현한 것으로 이해할 수 있다. 이에 대해서는 뒤에서 재론하기로 한다.

注火串面의 경우 형성 시기를 알려 주는 자료가 조선 시대에 국한되어 있어 注가 음차 표기인지 훈차 표기인지를 말할 수는 없다. 主夫吐郡에 나오는 主의 음만을 글자를 달리하여 注로 표기했을 가능성도 있고, 注를 훈차 표기로 이해하여 注火를 '물을 대는 벌판'의 의미를 표기했을 가능성을 생각해 볼 수 있다. 그러나 注火串面이 1789년 『戶口總數』에 처음 나와서 두 가능성 중 어느 하나를 결정할 수가 없다.

2. 고려 시대 樹州, 安南, 桂陽, 吉州, 富平 등의 의미

2.1. 부평의 건치 연혁

마한 소국 優休牟㳟國의 표기 의미와 조선 시대 부평도호부 注火串面 표기 의미의 공통성과 차별성을 이해하기 위해서는 조선 시대 부평도호부의 건치 연혁과 관할 영역에 대한 검토가 필요하다. 부평도호부의 건치 연혁은 『高麗史』 地理志와 『新增東國輿地勝覽』 부평도호부 건치 연혁 조에 정리되었다. 또 屬縣과 屬鄕의 來屬과 離去 관계는 해당 군현의 건치 연혁 조에 기술되어 있다. 이러한 내용을 알기 쉽게 〈표 1〉로 제시하면 다음과 같다. 부평도호부의 관할 영역을 이해하기 위하여 부평도호부의 속현들도 함께 제시한다.

〈표 1〉 富平都護府의 建置 沿革

명칭	행정 단위	시대	서기 연대	屬縣과 屬鄕
主夫吐	郡	고구려	475년	
長堤	郡	통일신라	757년	戌城縣/守安縣, 金浦縣, 童城縣, 分津縣/通津縣
樹	州	고려 초기	940년	
	團練使	고려 성종 14년	995년	
	團練使	고려 목종 8년	1005년	
	知州事	고려 현종 9년	1018년	孔巖縣(陽川縣), 邵城縣, 衿州(栗津郡) 등이 樹州에 내속
安南	都護府	고려 의종 4년	1150년	
桂陽	都護府	고려 고종 2년	1215년	
		충렬왕 11년	1285년	富原縣은 본래 果州 龍山處, 고려 충렬왕 11년에 富原荒調鄕으로 내속
吉州	牧	고려 충렬왕 34년	1308년	
富平	府	고려 충선왕 2년	1310년	
		고려 공양왕 때		童城縣과 守安縣을 通津縣으로 이속
		조선 태조 3년	1403년	石淺鄕을 交河縣으로 이속

명칭	행정 단위	시대	서기 연대	屬縣과 屬鄕
富平	都護府	조선 태종 13년	1413년	
富平	縣	조선 세종 20년	1438년	
富平	都護府	조선 세종 28년	1446년	

부평도호부의 건치 연혁 변화에서 주목되는 것은 부평도호부의 고려 시대 명칭이 자주 바뀐 사실이다. 즉 '樹州, 安南, 桂陽, 吉州, 富平' 등이다. 한편, 고려 시대 부평도호부에 내속되거나 이속된 속현들이 많다는 것도 주목된다. 이러한 사실은 부평도호부가 고려의 국방이나 정치의 중심지였음을 말해 주는 것이다.

2.2. 樹州와 富平都護府의 비유 의미 관계

이병선(1987, 1990: 66-67)은 '主夫吐, 長堤, 樹州' 등을 일치시키고, 主는 'nima, nimi', 樹는 'nama'로 파악하여 '主, 長, 樹' 등이 모두 한자로 '主/長'의 의미를 가진다고 하였다. 그러나 이병선(1987, 1990: 66-67)은 'nima'와 'nama'의 차이에 대한 설명은 제시하지 않고 있다.

樹州는 고려 시대인 940년에 개정된 명칭이므로 이때 개정된 州·郡·縣 명칭의 명명 방식에 따라 樹州의 의미를 파악할 필요가 있다.[4]

(1) 가. 水州는 본래 高句麗의 買忽郡으로, 新羅 景德王 때 水城郡으로 고쳤다. 太祖가 남쪽 지역을 정벌할 때 고을 사람 金七·崔承珪 등 2백여 명이 귀순하여 힘을 다하니, 그 공을 감안하여 승격시켜

---

4 『三國史記』, 『三國遺事』, 『高麗史』, 『世宗實錄地理志』 등의 번역은 한국사데이터베이스 사이트에서 가져온 것이며 『新增東國輿地勝覽』의 번역은 한국고전종합DB 사이트에서 가져온 것이다.

水州가 되었다.⁵ 〈高麗史 卷五十六 志 卷第十 地理 一 楊廣道 水州 沿革〉

나. 廣州牧 (중략) 뒤에 당의 군대가 돌아가자 文武王이 점차 그 땅을 수복하여 漢山州로 이름을 고쳤으며, 또 南漢山州로 고쳤다. 景德王 15년(756)에 이름을 漢州로 고쳤다. 高麗 太祖 23년(940)에 지금 이름으로 바꾸었다.⁶ 〈高麗史 卷五十六 志 卷第十 地理 一 楊廣道 廣州牧 沿革〉

(2) 가. 幸州는 본래 高句麗의 皆伯縣으로, 新羅 景德王 때 이름을 遇王【王逢이라고도 한다.】으로 고치고, 漢陽郡의 領縣이 되었다. 高麗 초에 지금 이름으로 바꾸었다.⁷ 〈高麗史 卷五十六 志 卷第十 地理 一 楊廣道 南京留守官 楊州 幸州〉

나. 果州는 본래 高句麗의 栗木郡【冬斯肹이라고도 한다.】으로, 新羅 景德王 때 栗津郡으로 고쳤다. 高麗 초에 지금 이름으로 바꾸었다.⁸ 〈高麗史 卷五十六 志 卷第十 地理 一 楊廣道 廣州牧 果州〉

(1)에 제시된 고려 초 명칭인 水州는 경덕왕 때 명칭인 水城을 그대로 계승한 것이고, 廣州는 경덕왕 때 명칭인 漢州의 의미를 한자어로 그대로 표현한 것이다. 한편 (2)에 제시된 '幸州, 果州' 등은 경덕왕 때의 명칭인 '遇王, 栗津' 등이 나타낸 의미를 관련된 의미로 바꾸어 명칭을

---

5 『高麗史』, 卷五十六, 志, 卷第十, 地理一, 楊廣道, 水州, 沿革, "水州 本高勾麗買忽郡 新羅景德王改爲水城郡 太祖南征郡人金七崔承珪等二百餘人歸順效力以功陞爲水州"

6 『高麗史』, 卷五十六, 志, 卷第十, 地理一, 楊廣道, 廣州牧, 沿革, "廣州牧 (중략) 後唐師還文武王漸收其地改爲漢山州 又改爲南漢山州 景德王十五年改名漢州 太祖二十三年更今名"

7 『高麗史』, 卷五十六, 志, 卷第十, 地理一, 楊廣道, 南京留守官, 楊州, 幸州, "幸州本高勾麗皆伯縣 新羅景德王改名遇王[一云王逢]爲漢陽郡領縣 高麗初更今名"

8 『高麗史』, 卷五十六, 志, 卷第十, 地理一, 楊廣道, 廣州牧, 果州, "果州 本高勾麗栗木郡[一云冬斯肹] 新羅景德王改爲栗津郡 高麗初更今名"

정한 것으로 생각된다.

遇王은 '왕을 만나다'의 의미로 '왕이 행차한 곳이거나 '왕을 만나는 것'은 행운의 일이 될 것이고, 果는 '열매'[9]이고, '栗(밤)'[10]은 '열매의 하나'이므로 고려 초에 개정된 명칭인 '幸州, 果州' 등은 경덕왕이 개정한 명칭인 '遇王, 栗津' 등과 의미상으로 관련된다고 파악할 수 있다.

다음과 같은 것들은 고려 초에 개정된 명칭이 경덕왕 때의 개정 명칭과 모종의 의미 관계를 맺을 것으로 파악되나 결정적인 근거를 제시할 수 없는 것이다.

(3) 가. 竹州는 본래 高句麗의 皆次山郡으로, 新羅 景德王 때 介山郡으로 고쳤다. 高麗 초에 지금 이름으로 바꾸었다.[11] 〈高麗史 卷五十六 志 卷第十 地理 一 楊廣道 廣州牧 竹州〉
　　나. 見州는 본래 高句麗의 買省郡【昌化郡이라고도 한다.】으로, 新羅의 景德王 때 來蘇郡으로 고쳤다. 高麗 초에 지금 이름으로 바꾸었다.[12] 〈高麗史 卷五十六 志 卷第十 地理 一 楊廣道 南京留守官 楊州 見州〉
　　다. 衿州【衿은 黔으로도 적는다.】 본래 高句麗의 仍伐奴縣으로, 新羅 景德王 때 이름을 穀壤으로 고치고, 栗津郡의 領縣이 되었다. 高麗 초에 지금 이름으로 바꾸었다.[13] 〈高麗史 卷五十六 志 卷第十 地理 一 楊廣道 安南都護府 水州 衿州〉

9　『新增類合』 10a 果 여름 과
10　『新增類合』 9b 栗 밤 뉼
11　『高麗史』, 卷五十六, 志, 卷第十, 地理一, 楊廣道, 廣州牧, 竹州, "竹州 本高勾麗皆次山郡 新羅景德王改爲介山郡 高麗初更今名"
12　『高麗史』, 卷五十六, 志, 卷第十, 地理一, 楊廣道, 南京留守官, 楊州, 見州, "見州 本高勾麗買省郡[一云昌化郡] 新羅景德王改爲來蘇郡 高麗初更今名"
13　『高麗史』, 卷五十六, 志, 卷第十, 地理一, 楊廣道, 安南都護府, 水州, 衿州, "衿州[衿一作黔] 本高勾麗仍伐奴縣 新羅景德王改名穀壤 爲栗津郡領縣 高麗初更今名"

(4) 가. 抱州는 본래 高句麗의 馬忽郡【命旨라고도 한다.】으로, 新羅 景德王 때 堅城郡으로 고쳤다. 高麗 초에 지금 이름으로 바꾸었다.[14] 〈高麗史 卷五十六 志 卷第十 地理 一 楊廣道 南京留守官 楊州 抱州〉

나. 南京留守官 楊州는 본래 高句麗의 北漢山郡【南平壤城이라고도 한다.】으로, (중략) 뒤에 新羅 眞興王 15년(554)에, 〈왕이〉 北漢山城으로 와서 국경[封疆]을 정하였다. 진흥왕 17년(556)에 北漢山州를 창설하고, 軍主를 두었다. 景德王 14년(755)에 漢陽郡으로 고쳤다. 高麗 초에 또 楊州로 고쳤다.[15] 〈高麗史 卷五十六 志 卷第十 地理 一 楊廣道 南京留守官 楊州 沿革〉

다. 安南都護府 樹州는 본래 高句麗의 主夫吐郡으로, 新羅 景德王 때 長堤郡으로 고쳤다. 高麗 초에 樹州로 고쳤다.[16] 〈高麗史 卷五十六 志 卷第十 地理 一 楊廣道 安南都護府 樹州 沿革〉

(3)에 제시한 것은 현재에는 고려 초의 개정 명칭과 경덕왕 때의 명칭 사이에 의미상 연관성을 생각하기 어렵다. 그런데 (4)에 제시한 것들은 고려 때 개정 명칭과 경덕왕 때 개정 명칭 사이에 의미상 연관성이 있을 수도 있는 것으로 생각된다. (4가) '堅(굳다)'[17]와 '抱(안다)'[18]의 경우 의미 연관성이 있다고 판단할 수도 있으나 얼마나 개연성이 있는지는 더

---

14 『高麗史』, 卷五十六, 志, 卷第十, 地理一, 楊廣道, 南京留守官, 楊州, 抱州, "抱州本高勾麗馬忽郡[一云命旨]新羅景德王改爲堅城郡 高麗初更今名"

15 『高麗史』, 卷五十六, 志, 卷第十, 地理一, 楊廣道, 南京留守官, 楊州, 沿革, "南京留守官楊州 本高勾麗北漢山郡[一云南平壤城] (중략) 後新羅眞興王十五年至北漢山城定封疆 十七年創北漢山州 置軍主 景德王十四年改爲漢陽郡 高麗初又改爲楊州"

16 『高麗史』, 卷五十六, 志, 卷第十, 地理一, 楊廣道, 安南都護府, 樹州, 沿革, "安南都護府樹州 本高勾麗主夫吐郡 新羅景德王改爲長堤郡 高麗初改樹州"

17 『新增類合』 59a 堅 구들 견

18 『新增類合』 46a 抱 아눌 포

검토할 필요가 있다. 한편, (4나)의 경우 고려 초의 개정 명칭인 楊州와 이칭 南平壤城이 표기법상의 연관성이 있음을 주장한 黃胤錫의 견해에 기반하여 金澤庄三郎(1989: 72)는 楊州와 平壤이 관련이 있음을 주장하였다. 黃胤錫은「華音方言字義解」에서 平壤의 발음이 '버들'이어서 楊州로 부르게 되었다[19]고 하였다. 그러나 楊州란 명칭의 기원에 대한 황윤석의 견해는 더 검토할 필요가 있다. 廣津이라고도 불리는 楊津[20]에서 楊州가 파생되었을 가능성이 더 크기 때문이다.

(4다)의 고려 초 명칭인 樹州와 경덕왕 때 명칭인 長堤 간의 의미 관계는 고려 때 명칭인 樹州와 富平 간의 의미 관계에서 樹州와 長堤 간의 의미 관련성을 생각해 볼 수 있다.

'나뭇가지'를 '풍성하다'의 의미로 사용한 지명이 있어 樹州와 富平의 의미 관련성을 이해하는 데에 도움이 된다. 고려 시대와 조선 시대 경상북도 豊山縣은 신라 시대에는 下枝縣이었다.

(5) 가. 永安縣은 본래 下枝縣으로, 景德王이 개명하였다. 지금의 豊山縣이다.[21] 〈三國史記 卷第三十四 雜志 第三 地理 一 新羅 醴泉郡〉

나. 下枝城 장군 元逢과 溟州 장군 順式이 태조에게 투항하였다. 태조가 그들의 귀순을 어여삐 여겨 원봉의 本城을 順州로 삼고, 순식에게 姓을 하사하여 王氏라 하였다.[22] 〈三國史記 卷第十二 新羅本

---

19 『頤齋遺藁』, 卷之二十五, 雜著, 華音方言字義解, "平壤二合聲 近於東俗方言楊柳 버들 故轉號柳京 今漢陽亦古之南平壤 故轉呼楊州 蓋梵語呼柳枝爲鞞鐸佉支 卽東語버들之所從出也"
20 『新增東國輿地勝覽』, 楊州牧, 山川, "楊津 在州南六十七里 一名廣津渡 迷津下流"
21 『三國史記』, 卷第三十四, 雜志, 第三, 地理一, 新羅, 醴泉郡, "永安縣 本下枝縣 景德王改名 今豐山縣"
22 『三國史記』, 卷第十二, 新羅本紀, 第十二, 景明王, 六年春正月, "下枝城將軍元逢 溟州將軍順式降於太祖 太祖念其歸順 以元逢本城爲順州 賜順式姓曰王"

紀 第十二 景明王 六年春正月〉

다. 豐山縣은 본래 新羅의 下枝縣【下枝山이 있으며, 豊岳이라 부른다.】으로, 景德王 때 이름을 永安으로 고치고, 醴泉郡의 領縣이 되었다.[23] 〈高麗史 卷五十七 志 卷第十一 地理 二 慶尙道 安東府 豐山縣〉

라. 下枝山(豐嶽이라고도 한다)은 豐山縣에 있다.[24] 〈新增東國輿地勝覽 安東大都護府 山川〉

마. 朱巖寺持麥石 김극기의 시의 序文에, "下枝山은 세속에서 富山이라 부른다." 이 산 남쪽에 朱巖寺라는 절이 있다.[25] 〈新增東國輿地勝覽 慶州府 古跡〉

바. 下枝山【府 서쪽에 있다. 시속에서 잘못 柯로 쓴다.】[26] 〈世宗實錄 地理志 安東大都護府〉

(5가)는 下枝縣이 신라 경덕왕 이전에 존재했던 군현의 명칭이며, (5나)와 (5다)는 조선 시대 豐山縣이 고려 시대 전반기에는 그 명칭이 下枝縣이었다가 고려 시대에 豐山縣으로 불리었음을 말해 주고 있다. (5라)와 (5마)도 이러한 사실을 확인해 주고 있다.

(5)의 경우는 '나뭇가지'가 '풍성하다'의 비유 의미로 사용된 것이다. 이와 마찬가지로 樹州와 富平都護府의 대응 관계에서도 樹의 비유 의미가 富 즉 '풍성하다' 또는 '부유하다'임을 알 수 있다. 『月印釋譜』 2:30a에서 樹의 의미를 '즘게'로 풀이했는데 '즘게'란 '큰 나무'를 뜻하

---

[23] 『高麗史』, 卷五十七, 志, 卷第十一, 地理二, 慶尙道, 安東府, 豐山縣, "豐山縣本新羅下枝縣[有下枝山一名豐岳] 景德王改名永安爲醴泉郡領縣"
[24] 『新增東國輿地勝覽』, 安東大都護府, 山川, "下枝山 一名豐嶽 在豐山縣"
[25] 『新增東國輿地勝覽』, 慶州府, 古跡, "朱巖寺持麥石 金克己詩序 下枝山俗號富山 山之陽有寺 曰朱巖寺"
[26] 『世宗實錄地理志』, 安東大都護府, "下枝山 在府西俗誤作柯"

고 '큰 나무'는 '작은 나무'보다 풍성하기 때문으로 생각된다.

'풍성하다'의 의미는 '主夫吐/님벌둑, 長堤' 등에서 '主/님'와 長이 '으뜸'의 의미를 가진 것에서 나온 것으로 추정된다.

2.3. 국가 행정 조직의 군현명 安南都護府와 吉州牧

고려 시대에 '古阜, 靈巖, 全州' 등의 군현도 安南都護府였으므로 安南이란 명칭은 국가 행정 조직을 지칭하는 개념으로 이해된다. 한편, 안동도호부도 고려 성종 때 吉州[27]였던 적이 있었다. 따라서 吉州란 명칭은 국가 행정 조직을 지칭하는 개념으로 이해된다.

결국, 安南과 吉州 등의 명칭은 '主夫吐郡, 長堤郡, 樹州, 富平都護府, 注火串面' 등과는 계통이 다른 명칭이다.

2.4. 미상의 桂陽都護府

桂陽都護府에서 陽이 주목된다. 주·군·현 명칭을 통일신라 경덕왕이 개정할 때에 陽이 나타나기 때문이다. '巘陽縣(경상도 彦陽縣[28]), 嶽陽縣(경상도 진주목 岳陽縣), 江陽郡(경상도 陜川郡), 濱陽縣(경기도 楊根郡), 漢陽郡(京都), 祁陽縣(전라도 昌平縣), 兆陽縣(전라도 보성군 兆陽廢縣), 晞陽縣(전라도 光陽縣)' 등이 경덕왕 지명 개정 시에 주·군·현의 명칭에 陽을 사용한 경우로『三國史記』地理志에서 확인할 수 있다. 고려 시대에 들어와서는 '靑陽縣(충청도 靑陽縣), 驪陽縣(충청도 홍주목 驪陽廢縣), 含陽縣(경상도 咸陽郡), 山陽縣(경상도 상

---

27 『新增東國輿地勝覽』, 安東大都護府, 建置沿革 조 참조.
28 독자의 편의를 위해 ( ) 속에 조선 시대 군현명을 제시한다.

주군 山陽縣)' 등이 주·군·현의 명칭에 陽을 사용한 경우로 『高麗史』 地理志에서 확인할 수 있다.

漢陽郡의 경우 漢水의 북쪽에 위치해서 陽을 주·군·현의 명칭에 사용한 것이다. 『龍飛御天歌』 125장에서 漢水陽을 '漢水 北'으로 언해한 사실에서 이를 확인할 수 있다. 18세기 중반에 전국의 읍지를 집대성한 『輿地圖書』에는 각 군현의 지도가 첨부되어 있는데 이 지도를 검토해 보면 '巘陽縣(경상도 彦陽縣), 江陽郡(경상도 陜川郡), 濱陽縣(경기도 楊根郡), 晞陽縣(전라도 光陽縣), 靑陽縣(충청도 靑陽縣) 含陽縣(경상도 咸陽郡)' 등은 邑基가 背山臨水의 위치에 있다. 背山臨水의 위치에 읍기가 있는 경우에 陽을 사용했음을 알 수 있다. 그러나 桂陽都護府에서 桂陽의 陽이 漢陽郡의 陽과 같은 의미인지는 확인할 수 없다. 부평 지역의 하천 명칭에서 桂를 사용한 강이나 하천을 발견할 수 없기 때문이다.

1116년 李瑋(1049-1133)가 桂陽郡開國伯으로 봉해졌는데, 桂陽都護府의 桂陽과 桂陽郡의 桂陽과 관련이 있을 것으로 생각되나 자세한 관계는 알 수 없다.

3. 馬韓小國 優休牟涿國과 고구려 主夫吐郡의 표기 의미 유사성과 차별성

3.1. 千寬宇(1979) 優休牟涿國의 춘천 위치 비정에 대한 비판적 검토

중국 역사서 『삼국지』 위서 동이전에 실린 마한 제국의 기록 순서가 북에서 남으로 기술되었다는 千寬宇(1979)의 주장은 개연성이 있어 후속 연구에서 이러한 개연성을 높이 평가하고 있는 것으로 판단된다.

그렇지만 千寬宇(1979: 234)에서 優休牟涿國의 위치를 春川으로 비정한 것은 잘못된 언어학적인 논거에 기댄 것으로 생각된다.

千寬宇(1979: 234)에서 優休牟涿國을 春川으로 비정한 것은 優休牟涿國의 優休와 638년(신라 善德王 6)에 설치된 牛首州의 牛首를 음차 표기로 파악한 것에 기댄 것이다. 千寬宇(1979: 234)의 주장은 한 걸음 더 나아가『日本書紀』神代 제8단에 나오는 曾尸茂利까지도 음차 표기 牛首가 확대된 것으로 해석하였다. 千寬宇(1979: 234)의 이같은 주장은 명확한 논거를 제시하지 못한 것으로 생각된다.

優休牟涿國을 牛首州로 비정한 千寬宇(1979: 234)의 주장에서 당장에 문제가 되는 것은 優休牟涿의 牟涿과 曾尸茂利의 茂利를 빼놓은 채 위치를 비정한 것이다. 鮎貝房之進(1936: 30-34)은 曾尸茂利를 '소시모리/ソシモリ'로 파악하고, 牛首를 '쇼마리/쇼머리' 정도로 파악하여 『일본서기』에 나오는 曾尸茂利를 『三國史記』에 나오는 牛首州의 牛首로 비정한 바 있다. 현대 국어 '소'의 후기 중세국어 어형이 '쇼ㅎ'인 점에서 일본어의 음차 표기 '曾尸/ソシ'와 한국어 훈차 표기 '牛/쇼ㅎ'는 일치한다. 오늘날에도 폐음절인 한국어를 개음절인 일본어로 표기하기 위해서는 한국어의 종성 소리를 일본어에서 한 음절로 표현하는 현상과 같은 것이다. 오늘날 '마리'는 '동물'의 경우에 사용하고 '사람'의 경우에는 '머리'를 사용하지만 '마리'와 '머리'는 동일한 의미로부터 분화된 것이다. 따라서 일본어의 음차 '茂利/モリ'와 한국어 훈차 표기 '首/마리'는 일치한다.

『三國史記』卷第三十七 雜志 第六 地理 四 高句麗百濟 高句麗 조[29]에

---

29 『三國史記』, 卷第三十七, 雜志, 第六, 地理四, 高句麗百濟, 高句麗, "牛首州(首一作頭 一云首次若 一云烏根乃)

서 牛首州의 이표기로 牛頭州를 제시한 것을 근거할 때, 牛首는 음차 표기일 수 없고, 훈차 표기가 된다. 남풍현(2000: 144)에 따르면 578년 작성된 것으로 추정되는 「戊戌塢作碑銘」에는 '조성을 완료했음'의 의미를 표현하는 '成在'이 나오는데 '成在'은 '한자성어'로 보아서는 뜻이 통하지 않고 '일이겨-'로 풀어 읽고 '이룬'으로 해석하여야 한다고 하였다. 이와 같이 '成在'의 在는 한자의 訓을 활용하여 우리말을 표현한 사례를 보여 준 것이다. 따라서 638년의 차자 표기인 牛首는 한자의 뜻을 활용한 훈차 표기일 가능성이 크다.

이상으로 논의한 바와 같이 千寬宇(1979)에서 優休牟涿國을 춘천으로 비정한 것은 근거가 없는 것으로 생각된다.

3.2. 李丙燾(1938) 優休牟涿國의 富平 위치 비정에 대한 비판적 검토

李丙燾(1938: 37-38)에서 언어적 증거로 마한 소국 優休牟涿國과 고구려 명칭인 主夫吐郡을 대응시켜 마한 소국 優休牟涿國의 위치를 고려 말기의 富平, 1938년 당시의 富川郡으로 비정하였다.[30] 李丙燾(1938: 37-38)의 주장에는 문제가 있다. 즉 優休와 主의 대응, 牟와 夫의 대응 등에 대하여 개연성이 있는 논거를 제시하지 못하였고, 부정확한 대응 관계에 근거하여 涿와 吐의 대응 관계를 이해하지 못한 것이다.

李丙燾(1938: 37-38)에서 優休가 반절화되어 主로 바뀌었고, 牟는 夫로 변한듯하다는 주장을 내놓은 것은 추정일뿐으로 언어적으로 개연성 있는 논거를 제시한 것은 아니다. 또 涿를 吐와 동일시하여 涿와 吐를 堤(뚝, 덕)이나 '梁/돌' 등으로 파악하려 한 것도 삼한 시대나 삼국 시대

---

30 富平과 富川의 명칭은 동일한 것으로 행정 구역 명칭상 시대적 변천의 차이만 있음에 유념할 필요가 있다.

어휘 '*도'와 '둑'의 의미 관계를 정확하게 포착하지 못한 것으로 생각된다. 고구려 지명에 사용된 吐는 통일신라 경덕왕이 개정한 명칭에서는 堤와 대응되므로 마한 소국 명칭 표기에 사용된 涿를 고구려 지명 표기에 사용된 堤와 대응시킨 것에는 문제가 없다. 하지만 '*도'와 '둑'은 의미의 인접성에 따라 넘나들 수 있는 의미인 점이 고려될 필요가 있다. 삼한 시대 또는 삼국 시대 '*도'는 엄밀히 말해서 '물이 흘러가는 길'을 의미하는데, '물길' 옆에 '둑'이 있기 때문에 '물길'을 '둑'의 의미로 사용해도 무방한 것이다. 이러한 방식의 제유적(metonymy) 언어 사용은 말이 생겨난 시기부터 있었을 것으로 생각된다. 오늘날 '소주 한 병을 마셨다'라는 표현에서 '병'이 제유적 표현으로 사용된 것을 볼 수 있다. 이 문맥에서 '병'은 '유리로 된 용기'를 지칭한 것이 아니라 '병 속에 들어 있는 액체'를 지칭한 것이다.

결국, 제시한 논거는 매우 불충분하지만 李丙燾(1938: 37-38)에서 마한 소국 優休牟涿國을 고려 말기의 부평 지역으로 비정한 것은 탁견으로 생각된다.

3.3. 優休牟涿國, 主夫吐郡, 長堤郡, 樹州, 富平, 注火串面 등의 의미 유사성과 차별성

3.3.1. 優休牟涿 표기의 해독 방향

앞에서 '고구려 主夫吐郡, 통일신라 시대 長堤郡, 조선 시대 富平都護府 注火串面' 등의 이표기 관계를 활용하여 夫와 火를 대응시켜 主夫吐郡과 注火串面이 '벌판'의 의미를 표기한 사실을 말하였고, 吐와 堤를 대응시켜 主夫吐郡과 長堤郡이 '둑'의 의미를 표기한 사실을 말하였다. 이 절에서는 '優休牟涿國, 主夫吐郡, 長堤郡, 注火串面' 등에서 '優休,

主, 長, 主' 등을 대응시켜 '優休牟涿國, 主夫吐郡, 長堤郡, 注火串面' 등이 후기 중세국어 어형 '우ㅎ'를 표기했고 의미상으로는 '으뜸'의 의미를 표현했음을 말하고자 한다.

3.3.2. 優休의 해독

현대국어 '위'의 중세국어 어형은 '우ㅎ'이다. '우ㅎ'는 'ㅎ 종성체언'인데 이것은 후기 중세국어 '우ㅎ'가 2음절일 어휘일 가능성을 열어준다. 최학근(1987: 178)에 따르면 경남 지역의 일부 지역과 전남 지역 일부 지역의 방언형은 '우게'라 한다. '우게' 역시 '위'가 삼한 시대에는 2음절일 가능성을 열어준다. 東方語言學의 웹사이트(http://www.eastling.org)에 따르면 王力이 제시한 優의 상고음은 'iu'이고 중고음은 'ĭəu'이며 休의 상고음은 'xiu'이고 중고음은 'xĭəu'이라고 한다. 이러한 것들에 따르면 優休는 'iu-xiu' 정도의 발음형을 가져서 '*우희' 정도를 표기한 것으로 볼 수 있다.[31]

優休는 '*우희' 정도를 표기한 것이므로 優休牟涿에서 優休를 '위'의 뜻으로 파악할 수 있다. 優休牟涿에서 優休를 '위'의 뜻으로 파악하게 되면[32] '主夫吐郡, 長堤郡' 등의 대응에서 보이는 主와 長의 대응 관계를 명확하게 이해할 수 있다. 主와 長의 공통적인 의미로 생각할 수 있는 것은 '우두머리'의 뜻이며, '위'도 '우두머리'의 뜻을 가질 수 있는 것으

---

31 優休가 '*우긔' 정도를 표기한 것으로 파악하고자 하였으나 어떤 심사자의 "休 자의 성모가 무성음의 曉母(/h-/)여서 '*우긔'의 2음절 초성 /ㄱ/과 효모의 /h-/가 직접적으로 연결시킬 수 있을지 의심스럽다. 休가 匣母(/ɦ-/[γ-])字라면 무리없는 추론일 것이나, 효모자이므로 '*우긔'보다는 후대형 '우ㅎ'와 관련시키면 어떨까 한다"는 제언에 따라 優休가 '*우희' 정도를 표기한 것으로 파악하였다.
32 兪昌均(1982: 130)에서는 優休牟涿을 '優-休牟-涿' 등으로 분절하여 優를 '위'의 뜻으로 파악하였으나 優休牟涿의 위치를 고구려의 工木達로 비정하고 있다.

로 생각된다.

양주동(1965, 1995: 434)에서 主夫吐를 '님자터'로 제시했고, 辛兌鉉(1958: 49)에서는 主夫吐를 '님터'로 파악했다. 吐를 '터'로 파악한 것에 대해서는 다른 견해가 있다. 그러나 主를 '님'으로 파악한 것에는 동의한다. 양주동(1965, 1995: 434-439)에서 다음과 같은 자료에 기반하여 主가 우리말 '님'의 표기이며, '님'의 선대형은 '*니림'이며, '님'의 의미는 '앞'임을 말하였다.

(6) 가. 主 님 〈訓蒙字會 中:1〉
    나. 主谷里 (경북 영동) 님실
(7) 가. 일본서기 卷十六 武烈天皇 4년 조에 나오는 主嶋의 主를 ニリム로 訓하였다.
(8) 가. 드디어 왕후가 백성들을 자식처럼 사랑하던 은혜를 잊지 않고자 처음 와서 닻줄을 내린 渡頭村을 主浦村이라 하고[33] 〈三國遺事 駕洛國記〉
    나. 이두 右良 님의아
    다. 艄·舳 船後待柁處 빗고믈, 艫 船頭刺櫂處 빗니믈 〈譯語類解 下:21a, 訓蒙字會 中:26〉

(6)은 主를 '님'으로 읽어야 하는 근거 자료이고, (7)은 '님'의 선대형이 '*니림' 정도임을 말한 것이고, (8)은 '님'이 '앞'의 뜻을 가지고 있음을 말해 주는 근거이다.

『三國史記』의 여러 어휘에서 '어떤 조직의 우두머리를 뜻하는 말'로 主로 표현한 경우가 나온다.

---

[33] 『三國遺事』, 駕洛國記, "遂欲忘子愛下民之惠 因號初來下纜渡頭村曰主浦村"

(9)[34] 軍主〈三國史記 4, 新羅智證麻立干本紀〉, 幢主〈三國史記 40, 職官志, 武官〉, 寺主〈三國史記 40, 職官志 下, 武官〉, 州主〈三國史記 1, 新羅脫解尼師今本紀〉, 鎭主〈三國史記 2, 新羅奈解尼師今本紀〉, 眞村主〈三國史記 33, 屋舍志〉, 村主〈三國史記 11, 新羅眞聖王本紀〉, 花主〈三國遺事 2, 紀異, 孝昭王代, 竹旨郎〉

(9)에 제시된 主는 '어떤 조직의 우두머리'를 뜻한다. 신라 향가 「薯童謠」의 善花公主主隱에서 主隱은 '님은' 정도로 해독되고 '님은'에서 '님'은 존칭 접미사이다. 그런데 (9)에 제시된 어휘에 사용된 主는 존칭 접미사가 아니다. (9)에 사용된 主는 현대국어 '나라님'에 사용된 '님'과 동일한 용법으로 사용된 것이다. '나라님'의 '님'은 존칭 접미사가 아니라 '임자'라는 뜻이다. 결국 '나라님'은 '나라의 임자'라는 뜻이다.[35] 따라서 (9)에 제시된 主는 '임자'를 뜻하는 우리말 '님'을 표기한 것으로 파악된다.

'어떤 조직의 우두머리'를 뜻하는 차자 표기 主는 고려 시대에 들어서서 한자어 長으로 교체된다.

(10) 部曲長〈高麗史 75, 選擧志, 銓注, 鄕職〉, 里長〈高麗史 81, 兵志, 兵制, 五軍〉, 鄕長〈高麗史 75, 選擧志, 銓注, 鄕職〉

(10)에 제시된 어휘들은 한자어 長을 사용하여 '어떤 조직의 우두머리'의 의미를 표현한 것이다. (10)의 사례들은 신라 시대나 통일신라

---

34 여기에 제시한 어휘는 『韓國漢字語辭典』을 검토하여 찾아낸 것이다. 아래 '(10), (11, (12)' 등에 제시한 어휘도 『韓國漢字語辭典』을 검토하여 찾아낸 것이다.
35 『표준국어대사전』, 나라-님, "나라의 임자라는 뜻으로, '임금'을 이르는 말."

시대의 '님/主'에 의한 차자 표기 표현법이 고려 시대에는 한자어 長의 표현법으로 변화하였음을 보여 주는 것이다. 그런데 이러한 변화는 일거에 이루어지는 것이 아니어서 고려 시대에도 '님/主'에 의한 어휘들이 존속하고 있다.

(11) 班主〈高麗史 76, 百官志, 兵曹〉, 統主〈高麗史 81, 兵志, 兵制〉, 講主〈均如傳 6, 感通神異分〉

(11)에 제시한 어휘에 사용된 主는 모두 '어떤 조직의 우두머리'를 나타낸다.

이상으로 논의한 바와 같이 고구려 主夫吐의 主는 본래 '앞'의 의미로 '우두머리'의 뜻을 나타낸 것이라면 長堤의 長은 한자어로 '우두머리'의 뜻을 나타낸 것이다.

'아래'와 '위'의 대립 체계 속에 있는 '우ㅎ/上'도 '으뜸, 우두머리' 등의 의미를 표현하여 優休牟涿의 '*우희/上'를 主夫吐의 主와 長堤의 長과 의미상으로 연결할 수 있다. 다음은 신라 시대나 통일신라 시대에 上이 '으뜸, 우두머리'의 뜻으로 사용된 경우이다.

(12) 가. 上大等〈三國史記 38, 職官志〉, 上孫〈三國遺事 2, 駕洛國記, 仇衡王〉, 上引道〈三國史記 39, 職官志〉
　　　나. 上村主〈591년 慶州南山新城碑第一碑〉上村主〈856년 竅興寺鐘銘〉[36]

---

36 어떤 심사자는 「慶州南山新城碑第一碑」에서 上村主가 郡上村主의 문맥에 나오므로 郡上의 上이 '의' 정도를 의미하는 것으로 이해하는 학자들도 있다는 견해를 제시했다. 그러나 「竅興寺鐘銘」에는 上村主로 나오고 이어서 '第二村主, 第三村主' 등이 나오므로 上村主의 上은 第一의 의미로 이해해야 한다.

(12)에 제시한 어휘에서 上은 '우두머리' 또는 '으뜸'의 의미로 사용된 것이다. '으뜸, 우두머리'의 뜻을 가진 上이 (12가)의 경우는 문헌 자료에 사용된 경우이고 (12나)의 경우는 금석문 자료에 사용된 경우이다.

'앞'이나 '위'의 의미가 '우두머리' 또는 '으뜸'의 의미를 가진 사실에 기반하여 "마한 소국 優休牟涿의 *우ㅎ/優休, 고구려 主夫吐의 '님/主', 통일신라 시대의 長堤의 長[首]" 등이 동일한 의미를 표현한 사실을 이해할 수 있다. '*우희/優休'는 음차 표기이고, '님/主'은 훈차 표기이며 長은 음독 표기로 한자어 표기라는 차이만 가지고 있다.

3.3.3. 牟의 해독

李丙燾(1938: 37-38)에서 優休牟涿에 나오는 牟涿에 대하여 牟는 '물'의 뜻으로 涿는 '둑'의 뜻으로 해독하였다. 그런데 '물둑'은 의미상으로 기묘한 조합이다. '둑'은 물을 막기 위한 것 이외에는 막는 다른 대상을 찾을 수 없기 때문이다. 李丙燾(1938: 37-38)의 주장대로 牟를 '물'의 의미로 파악한다고 하더라도 이 牟를 主夫吐의 夫와 연결하는 근거를 제시하지 않았다.

그런데 朴堤上의 異稱인 毛末로 牟涿의 牟가 표현한 의미를 추정해 볼 수 있다. 朴堤上의 이칭인 毛末을 전하는 문헌 자료는 다음과 같다.

(13) 가. 朴堤上(혹 毛末이라고 한다)[37] 〈三國史記 卷第四十五 列傳 第五 朴堤上〉

나. (神功皇后 攝政) 五年 春三月 癸卯朔 己酉, 新羅王은 汙禮斯

---

[37] 『三國史記』, 卷第四十五, 列傳, 第五, 朴堤上, "朴堤上(或云毛末)"

伐・毛麻利叱智・富羅母智 등을 보내 조공하였다. 그리고 먼저의 인질 微叱許智伐旱을 데리고 가려는 생각이 있었다.³⁸³⁹ 〈日本書紀 卷第九 氣長足姬尊 神功皇后 五年 春 三月〉

(14) 師가 나서 아명은 誓幢이고, 第名은 新幢[幢은 속어로 '모/毛'이다.]⁴⁰⁴¹ 〈三國遺事 卷第四 義解 第五 元曉不羈〉

    (13가)의 毛末은 '박제상'임이 분명하고 (13나)의 毛麻利叱智도 박제상을 말한 것으로 인정되었다. 毛麻利叱智에 나오는 叱智를 이병도(1938: 53-54)에서 三韓 渠帥들의 칭호인 臣智로 파악한 것에 기대면 박제상의 이름은 일본 자료의 표기로는 毛麻利이다. '毛末, 毛麻利' 등의 毛를 훈차 표기자로 이해한 견해⁴²도 있으나, 毛는 음차 표기자로 이해해야 한다.

    鮎貝房之進(1936: 133)에서는 (13가)의 毛末과 (13나)의 毛麻利를 동일한 이름으로 파악하였다. 그리고 지명 堤上村과 吐上에 근거하여 堤上과 毛末이 의미상으로 관계가 없다고 말하면서 (14)의 '幢이란 세속에서 毛라 한다/幢者俗云毛也'에 근거하여 毛末을 幢頭로 풀이하였

---

38 『日本書紀』, 卷第九, 氣長足姬尊, 神功皇后, 五年, 春三月, "(神功皇后 攝政) 五年 春三月癸卯朔己酉 新羅王遣汙禮斯伐・毛麻利叱智・富羅母智等朝貢 仍有返先質微叱許智伐旱之情"
39 여기의 번역은 전용신(1989, 2006)의 것을 가져온 것이다.
40 여기의 번역은 필자의 것이다.
41 『三國遺事』, 卷第四, 義解, 第五, 元曉不羈, "師生小名誓幢, 第名新幢(幢者俗云毛也)"
42 양주동(1965, 1995: 86)에서 毛麻利叱智를 '터말ㅅ치'로 이해하고 있으며, 이병도(1977: 665)에서 "毛의 訓은 '톨・토・털'로, 현대어의 '둑'・'독'(堤・堰)에 당하고, 末・麻利는 上・首의 語인 '마리'라고 해석하였다. 이러한 견해는 한국 자료의 毛末과 일본 자료의 毛麻利를 차자 표기법의 관점에서 동일하게 파악하지 않은 것이다. 毛末과 毛麻利 모두 음차 표기로 이해해야 하며 末과 麻利의 차이는 한국어는 폐음절 언어이고, 일본어는 개음절 언어인 점에서 차이를 보인 것으로 이해해야 한다.

다. 곧 末과 麻利를 頭를 뜻하는 '마리'로 파악하였고, 毛를 한자어 幢으로 풀이한 것이다. 한자어 幢에는 '깃발, 돌기둥, 군대 조직' 등의 의미가 있는데[43] 鮎貝房之進(1936: 133)은 幢頭에 나오는 幢의 의미를 제시하지는 않았다. (14)에서 '幢이란 세속에서 毛라 한다/幢者俗云毛也'할 때의 幢은 '돌기둥'의 의미로 파악된다. 따라서 堤上의 이칭 毛末과 毛麻利는 '모마리' 정도를 표기한 것으로 堤上의 머리 형태를 형용하여 표현한 것으로 이해된다.

신라어에서 또 '*모' 정도가 山의 의미를 가진 경우가 발견된다.

(15) 가. 9년 봄에 六部의 이름을 바꾸고, 姓氏를 사여하였다. (중략) 大樹部는 漸梁部[일설에는 牟梁部라고도 한다.]라고 하고 성은 孫으로 하였으며[44] 〈三國史記 卷第一 新羅本紀 第一 儒理尼師今〉

나. 3은 茂山 大樹村이니, 마을 어른은 俱[俱를 仇로도 쓴다.]禮馬라고 하여, 처음에 伊山[皆比山이라고도 한다.]에 내려왔으니 이가 漸梁[梁을 涿으로도 쓴다.]部 또는 牟梁部 손씨의 조상이 되었다. 지금은 일러서 長福部라고 하니 朴谷村 등 西村이 여기에 속한다.[45] 〈三國遺事 紀異卷第一 新羅始祖 赫居世王〉

---

43 『漢韓大辭典』, 幢, "(전략) 一■군사 지휘나 의장 행렬·무용에 쓰는 기(旗). 길게 드리운 원통형에 깃털과 금수(錦繡)가 장식되어 있다. (중략) 二■깃털 장식이 성대한 모양. ⇨幢幢의 (중략) 三■둥그스름히 높다랗게 서 있는 모양. ⇨幢幢의 (중략) 四■장대. 幢과 같다. (중략) 五■佛■중생을 인도하고 마귀를 억누르는 표지로, 부처 앞에 기둥처럼 세우는 상징물의 일종. 뒤에는 비단 깃발이나 돌기둥에 불경을 쓰거나 새겨서 세웠다. 경당(經幢). 석당(石幢). (중략) 六■군대 편성 단위의 하나. 1백 명. ⇨幢校幢將. (중략) ■二一■배나 수레 위에 둘러친 휘장. (중략) ■二■명수사. 건축물이나 우뚝한 물건 따위를 세는 단위. (하략)
44 『三國史記』, 卷第一, 新羅本紀, 第一, 儒理尼師, "九年春 改六部之名 仍賜姓 (중략) 大樹部爲漸梁部(一云牟梁) 姓孫"

(16) 가. 岑喙部 漢昕智 干支[46] 〈蔚珍鳳坪里新羅碑, 남풍현 2000: 91〉
　　 나. 有菩薩戒弟子 岑喙[47] 〈慶州斷石山神仙寺磨崖佛像群〉

(15)와 (16)에서 신라 육부 중 하나의 명칭에 대한 이표기가 '漸梁, 车梁, 漸梁, 漸涿, 岑喙' 등임을 알 수 있다. 이러한 이표기를 통해서 '漸, 车, 岑' 등이 대응 관계에 있으며, '梁, 涿, 喙' 등이 대응 관계에 있음을 알 수 있다. '漸, 车, 岑' 등의 대응 관계에서 '漸, 岑'[48] 등은 한자의 의미를 활용한 표기이고[49] 车는 고유어에 대한 音借 표기로 추정된다. 또한, '梁, 涿, 喙' 등에서 梁의 독법이 '*도' 정도이므로 梁은 한자의 의미를 활용한 訓借 표기이나 涿와 喙는 고유어를 표기한 音借 표기가 된다. (15가)에서 漸梁部와 车梁部의 두 이표기를 사용한 점에서 이러한 추정이 가능하다. 두 이표기 중에서 漸梁部가 车梁部보다는 후대의 표기임을 시사해 주기 때문이다.

『杜詩諺解』 초간본 권 14:3a에서 春岑을 '묏부리롤'로 언해하였고, 漸에는 '산의 돌이 높다랗다'의 의미를 가지므로[50] 고유어 '*모' 정도를 표기한 车는 '높은 곳'의 의미를 가진 것으로 판단된다.

---

45 『三國遺事』, 紀異, 卷第一, 新羅始祖, 赫居世王, "三曰 茂山大樹村 長曰俱(一作仇) 禮馬 初降于伊山一作皆比山 是爲漸梁(一作涿)部 又车梁部孫氏之祖 今云長福部 朴谷村等西村屬焉"
46 한국사데이터베이스에서는 '岑喙部 ▨昕智 干支'로 판독문을 제시하고 있다.
47 岑珠로 판독되어 오다가 신종원(1994)에 의해서 岑喙로 판독되었다.
48 경덕왕 때에 백제의 牙述縣을 陰峯縣으로 陰峯은 陰岑이라고 하는 것으로 보아 岑喙의 岑은 訓借 표기일 가능성 크다.
49 漸과 岑을 '*모' 또는 기타의 고유어로 읽었다는 증거가 없어 漸과 岑이 한자의 의미를 활용한 音讀 표기인지 訓借 표기인지를 결정할 수 없다.
50 『漢韓大辭典』, 漸, "(전략) 五▨산의 돌이 높다랗다. 또는 그러한 모양. 巉과 통용. ⇨漸漸의 2▨.《集韻, 銜韻》巉, 巉巖, 高也. 或作漸. /唐, 劉禹錫《有僧言羅浮事因爲詩以寫之》君言羅浮上, 容易見九垠. 漸高元氣壯, 洶湧來翼身"

'*모마리'에서의 '모'는 현대국어에서도 남아 있다. 즉 '모가 나다'는 표현의 '모'이다. '모가 나다'는 '둥글둥글하지 않고 튀어나온 것이 있다'는 정도의 의미이다. 후기 중세국어에서는 주로 '모ㅎ' 형태로 나타나고 '모퉁이'의 의미로 사용되었으나 '모딜다'의 경우에는 '모ㅎ'가 '모퉁이'의 뜻이라기보다는 '봉긋 솟은 것'의 뜻으로 사용되었다고 생각한다.[51] 따라서 毛末과 毛麻利의 '모/毛'는 '봉긋하게 솟은 것'을 표현하여 비유적으로 '둑'의 의미를 표현할 수 있을 것으로 생각된다. 그리하여 堤上이 '둑머리' 정도를 표현한 것이라면 毛末과 毛麻利는 '모마리' 정도를 표현한 것으로 생각된다. '모마리'는 '모머리'로 '봉긋하게 솟은 머리'의 두형을 말한 것[52]으로 생각된다.

3.3.4. 涿의 해독

優休牟涿에서 涿는 '*도' 정도를 표기한 것으로 '물이 지나다니는 통로'인 것으로 생각된다. 이러한 주장을 뒷받침하는 문헌 자료는 다음과 같다.

---

51 신중진(2015: 173)에서 '올/을'이 어휘 구성소에 참여하여 새로운 어휘를 구성하는 조어법에 대해 논의하고 있는데, 이러한 조어법이 국어의 이른 시기부터 발달해 있었다면 '높은 곳'을 의미하는 '모'에서 山의 고유어 '뫼〈모리'가 파생되었을 가능성도 있다.
52 『三國志』魏書 東夷傳에 "진한 사람들은 褊頭[납작머리]이다"란 말이 나온다. 삼한 시대부터 사람의 두형 특징을 관찰한 것으로 이해된다. 오늘날 동양인 중에서 90%는 단두형의 두형을 가지고 있다고 하고 서양인의 경우에는 대체로 장두형의 두형을 가지고 있다고 한다. 장두형은 얼굴의 폭이 좁으나 턱부터 머리 꼭대기까지의 길이 긴 두형을 말한다고 한다. 따라서 박제상의 두형이 장두형이라 '毛末/모머리'로 불린 것이 아닌가 한다.

(17) 가. 旃檀梁은 성문 이름이다. 加羅 말로 門을 梁이라 했다고 한다.[53]
〈三國史記 卷第四十四 列傳 第四 斯多含〉

나. 또 최치원이 말하기를 "진한은 본래 연나라 사람으로서 도피해 온 자들이므로 涿水의 이름을 따서 그들이 사는 고을과 동리 이름을 沙涿·漸涿 등으로 불렀다." (신라 사람들의 방언에 涿자를 읽을 때 발음을 道라고 한다. 그러므로 지금도 혹 沙梁이라 쓰고, 梁을 또한 道라고도 읽는다.)[54] 〈三國遺事 紀異卷第一 辰韓〉

다. 獐山郡은 祇味王 때에 押梁[한편, 督이라고도 쓴다.]小國을 쳐서 취하고 군을 두었다[55] 〈三國史記 卷第三十四 雜志 第三 地理一 新羅 獐山郡〉

라. (梁) 方言 突이다. 옛날에는 督이라 했다.[56] 〈頤齋亂藁, 卷二十, 擬弘文館增修東國輿地勝覽例, 三府門目第二〉

마. 仇羅梁 주 남쪽 60리에 있으며 바닷가 개펄이다. 흥선도에 들어가는 자는 여기를 경유하여야 한다.[57] 〈新增東國輿地勝覽 晉州牧 山川〉

(17가)에서 가라어 梁은 門의 뜻이라고 하였다. (17나)는 梁을 '도/도' 정도로 읽어야 함을 말하고 있고 (17다)와 (17라)는 梁을 '돌' 또는 '독'으로 읽어야 함을 말하고 있다. 梁을 '돌, 독' 등으로 읽을 때, 梁은

---

53 『三國史記』, 卷第四十四, 列傳, 第四, 斯多含, "旃檀梁城門名 加羅語謂門爲梁云"
54 『三國遺事』, 紀異, 卷第一, 辰韓, "又崔致遠云 辰韓本燕人避之者 故取涿水之名 稱所居之邑里 云沙涿·漸涿等(羅人方言 讀涿音爲道 故今或作沙涿 梁亦讀道)"
55 『三國史記』, 卷第三十四, 雜志, 第三, 地理一, 新羅, 獐山郡, "獐山郡 祇味王時 伐取押梁(一作督)小國 置郡"
56 『頤齋亂藁』, 卷二十, 擬弘文館增修東國輿地勝覽例, 三府門目第二, "(梁) 方言[突] 古云督"
57 『新增東國輿地勝覽』, 晉州牧, 山川, "仇羅梁 在州南六十里 海浦也 入興善島者由此"

한자의 본래 뜻인 '돌(石)'의 의미를 나타내지만, 梁을 '도'로 읽을 때, (17가)에서 말한 門의 뜻이 된다.

(17마)의 "흥선도에 들어가는 자는 여기를 경유하여야 한다"는 설명을 고려하면 仇羅梁에 나타난 梁은 門을 의미하며 '물길'을 의미한다. 오늘날 鳴梁을 '울돌'로 읽는 것은 고려하면 門을 의미하던 가라어 '*도'는 '돌'로의 역사적인 변화가 있었던 것으로 생각된다. 신중진(2015: 173)에서 '올/을'이 어휘 구성소에 참여하여 새로운 어휘를 만들어 낸 것 88개를 정리하고 그중에서 명사가 33개, 동사가 42개, 의태어가 13개로 언급하였다. 그런데 신중진(2015: 173)에서 제시한 명사 33개 중에서 '꺼풀, 벼슬, 수풀, 우물' 등은 語基가 명사이다. 따라서 '물길'을 의미하는 '돌'의 선대형은 '*도'였을 것으로 추정된다.

優休牟涿의 涿는 가라어에서 門의 뜻을 가진 '*도/梁'로 이해되며 일본어 'と/門·戶'가 가진 의미 '물이 흐르는 곳'의 의미를 고려하면 優休牟涿의 涿는 '물이 흐르는 곳'의 의미를 가진 것으로 생각된다.[58] 그런데 '물이 흐르는 곳'의 '도/涿'는 제유에 의해 '둑'의 의미를 가지게 된 것으로 생각된다. 다음이 그러한 예들이다.

(18) 가. 漆隄縣은 본래 漆吐縣인데 景德王이 이름을 고쳤다. 지금은 漆園縣이다.[59] 〈三國史記 卷第三十四 雜志 第三 地理 一 新羅〉
나. 長堤郡은 본래 高句麗 主夫吐郡이었는데 景德王이 이름을 고

---

58 도수희(1993: 143)은 "dol(門)이 고대 일본어에 차용된 것으로 추정함이 일반적인 통견이었다"라고 하였다. 도수희(1993: 143)의 이러한 주장의 근거에 대해서는 관련 연구를 찾을 수 없었다. 『日本國語大辭典』에 따르면 일본어 'と/門·戶'는 '출입하는 장소, 출입구, 물이 출입하는 장소, 물이 흐르는 곳' 등의 의미를 가진다고 한다.
59 『三國史記』, 卷第三十四, 雜志, 第三, 地理一, 新羅, 漆隄縣, "漆隄縣 本漆吐縣 景德王改名 今漆園縣"

쳤다. 지금은 樹州이다.⁶⁰〈三國史記 卷第三十五 雜志 第四 地理 二〉

다. 奈堤郡은 본래 高句麗 奈吐郡이었는데 景德王이 이름을 고쳤다. 지금은 堤州이다.⁶¹〈三國史記 卷第三十五 雜志 第四 地理 二〉

라. 楝[棟이라고 쓴다.]隄縣은 본래 高句麗 東吐縣이었는데 景德王이 이름을 고쳤다. 지금은 알 수 없다.⁶²〈三國史記 卷第三十五 雜志 第四 地理 二〉

마. 隄上縣은 본래 高句麗 吐上縣이었는데 景德王이 이름을 고쳤다. 지금은 碧山縣이다.⁶³〈三國史記 卷第三十五 雜志 第四 地理 二〉

바. 奈吐郡(大提라고도 한다)⁶⁴〈三國史記 卷第三十七 雜志 第六 地理 四 高句麗 百濟〉

(18)에 제시된 堤와 隄는 柳僖의 「物譜」5 水 조에서나 보이는 '둑'의 의미이다. 그런데 東方語言學의 웹사이트(http://www.eastling.org)에 따르면 王力이 제시한 吐의 상고음은 'tha', 중고음은 'thu'라고 한다. 따라서 (18)에서 제시된 吐는 '*독'에서 종성 ㄱ이 약화된 '*도'를 표기한 것이 아니라 본래 '*도' 정도를 표기한 것으로 파악해야 한다. (18)에

---

60 『三國史記』, 卷第三十五, 雜志 第四, 地理二, 長堤郡, "長堤郡 本高句麗主夫吐郡 景德王改名 今樹州"
61 『三國史記』, 卷第三十五, 雜志 第四, 地理二, 奈堤郡, "奈堤郡 本高句麗奈吐郡 景德王改名 今堤州"
62 『三國史記』, 卷第三十五, 雜志, 第四, 地理二, 楝隄縣, "楝(一作棟)隄縣 本高句麗束吐縣 景德王改名 今未詳"
63 『三國史記』, 卷第三十五, 雜志, 第四, 地理二, 隄上縣, "隄上縣 本高句麗吐上縣 景德王改名 今碧山縣"
64 『三國史記』, 卷第三十七, 雜志, 第六, 地理四, 高句麗, 百濟, "奈吐郡(一云大提)"

서 吐가 '堤, 隄' 등과 대응되었다는 것은 (18)의 吐를 '둑'의 의미로 파악했음을 말한다. 결국 (18)에 제시된 吐는 본래 의미가 '물길'의 의미이지만 '물길'과 '제방'의 인접성으로 인하여 '물길'의 의미로 '제방'의 의미를 제유한 것으로 생각된다.

'둑' 또는 '도랑'을 의미하는 吐는 조선 시대 고문서에서 흔히 사용된다.

(19) 가. 芥字 134 남쪽으로 길을 넘었고 四等 圭畓이다. 東西의 길이는 55尺이고 서쪽의 폭은 47척이며 柒負 壹束이다. 북쪽은 길 두 방향은 도랑[吐] 서쪽은 別先의 논[畓]이다.[65] 〈1754년 禮安鄕校 乾隆甲戌鄕校田畓案〉

나. 55 3등 句(자) 畓. 南北의 길이는 16尺. 6束이다. 세 방향은 도랑[吐][66] 〈1819년 鄭宗弼 龍泉精舍事蹟統錄〉

(20) 6等의 直田이다. 東西의 길이는 86尺 南北의 폭은 37尺 七卜 九束이다. 西쪽은 山이며 남쪽은 도랑[吐乙]이고 두 방향은 길이다.[67] 〈1720년 慶尙道 英陽鄕校 田畓量案〉

(19가)의 北道二方吐西別先畓에서는 대상 전답의 두 쪽 방향의 표식을 吐라 하고 있다. (19나)의 三方吐에서는 세 방향의 표식이 吐라 하고 있다. (19)에서 말한 吐는 '둑'이면서 '도랑'의 의미까지 말한 것으로 생각된다. (20) 南吐乙의 吐乙은 '돌'을 표기한 것으로 (19)의 吐가 '둑'이라기 보다는 '도랑'의 의미임을 시사하고 있다.

---

65 「1754년 禮安鄕校 乾隆甲戌鄕校田畓案」, "芥字 百三十四 南犯道越 四等圭畓 東西長五十五尺 西活四十七尺 柒負壹束 北道二方吐 西別先畓"

66 「1819년 鄭宗弼 龍泉精舍事蹟統錄」, "五十五 三等 句畓 南北長十六尺 陸束 三方吐"

67 「1720년 慶尙道 英陽鄕校 田畓量案」, "六等直田 東西長八十六尺 南北廣三十七尺 七卜九束 西山 南吐乙 二方道"

결국, 牟涿의 涿은 후대에 형성된 '둑'의 의미보다는 '물길'의 의미를 표현한 것으로 이해된다. 그리하여 牟涿은 '둑(제방)의 물길' 정도의 의미를 가진다고 생각한다.

3.3.5. 優休牟涿, 主夫吐, 長堤, 樹州, 富平, 注火串 등의 의미 구성소 비교

'마한 소국 優休牟涿, 고구려 主夫吐, 통일신라 시대 長堤, 고려 초기 樹州의 樹, 고려 말기 富平, 조선 시대 注火串' 등의 표기 대응을 통해서 볼 때, 다음과 같은 의미 대응 관계를 생각해 볼 수 있다. 注火串의 注는 음차 표기일 가능성도 있고 훈차 표기일 가능성도 있다.

〈표 2〉 마한 소국 優休牟涿國 시대별 이표기 간의 의미 차이

의미	마한	고구려	통일신라	고려 초기	고려 말기	조선
으뜸	*우ㅎ/優休	님/主	長	樹	富	주/注[음차 표기]
벌판		부/夫			平	블〉벌/火
둑		모/牟	堤			
물길	도/涿	*도/吐				물 대는/注 [훈차 표기]
고지						곶/串

부평이란 명칭의 시대적 이표기는 '으뜸, 벌판, 둑, 물길, 고지' 등의 특징을 선택하여 부평의 지세를 표현하고 있다.

'優休牟涿, 主夫吐, 注火串' 등은 우리말에 대한 차자 표기이다. 그런데 '長堤, 樹, 富平' 등은 우리말의 의미를 한자로 표현한 音讀 표기이다. 통일신라 시대에 경덕왕이 757년부터 우리 지명을 한자어화한 기조가 조선 시대까지 이어져 오고 있음을 〈표 2〉는 보여 주고 있다.

한자어화된 지명의 경우 전부 요소는 2음절, 후부 요소는 1음절로

구성되는 것이 대체적인 경향이다. 그리하여 한자어 지명인 長堤郡은 '으뜸, 둑' 등의 두 의미만 보존하게 되었고, 樹州는 '으뜸'의 한 가지 의미만 보존하게 되었으며, 富平은 '으뜸, 벌판' 등의 두 가지 의미만 보존하게 되었다.

優休牟涿은 '으뜸, 둑, 물길' 등의 의미만을 표현하였으며 主夫吐는 '으뜸, 벌판, 둑' 등의 의미만을 표현했으며, 注火串은 '으뜸, 벌판, 고지' 등이나 '벌판, 물길, 고지' 등의 의미만을 표현하였다.

3.4. 기록 순서로 본 優休牟涿國의 위치

『삼국지』 위서 동이전 한 조에 실린 마한 54국은 북에서 남으로의 방향으로 기록되었을 것이라는 추정이 관련 학계에서 인정되었고, 그러한 추정은 상당히 개연성이 있다는 것은 앞에서 이미 말한 바 있다. 다음이 마한 소국 첫 번째 爰襄國부터 여덟 번째 伯濟國까지의 마한 소국이다.

(21) 爰襄國, 牟水國[68], 桑外國, 小石索國, 大石索國, 優休牟涿國, 臣濆沽國, 伯濟國

여덟 번째로 기록된 伯濟國의 위치가 백제의 초기 본거지인 강남구 송파 일대라는 점은 관련 연구 분야에서 이견이 없다. 따라서 여섯 번째로 기재된 優休牟涿國의 위치는 伯濟國의 왼쪽이며 북쪽인 고구려 主夫吐郡이 자리한 곳일 가능성이 크다. 하지만 優休牟涿國이 伯濟國의 오

---

68 牟水國은 『翰苑』에는 牟壤水國으로 나온다. 「廣開土王碑」에서 '新來韓穢/새로 온 한과 예' 아래에 불연속적으로 '阿旦城, 车水城, 彌鄒城國' 등이 차례로 나오는 것으로 보아 牟水國이 바른 것으로 생각된다.

른쪽이며 남쪽에 위치했을 가능성도 있다. 이러한 가능성을 제거하기 위해서 두 번째로 기록된 牟水國의 위치를 비정하고자 한다.

이병도(1938: 37)은 魏書 백제전의 表文에 나오는 西界小石山北國海中에 기반하여 小石索國과 大石索國의 위치를 서해의 섬으로 비정하였고, 천관우(1979: 236)에서도 이병도(1938: 37)의 위치 비정을 따르면서 小石索國과 大石索國을 교동도와 강화도로 비정하였다. 이러한 위치 비정이 맞는다면 優休牟涿國의 위치는 伯濟國의 왼쪽이며 북쪽일 것이므로 優休牟涿國의 위치는 고구려 主夫吐郡이 자리한 곳이 된다. 그런데 小石索國과 大石索國의 위치를 이병도(1938: 37)에서 서해의 섬으로 비정할 때에 사용한 小石山은 직접적인 논거가 아닌 점에서 문제가 있다.

『新增東國輿地勝覽』長湍都護府 궁실 조에 다음과 같은 기록이 있어서 두 번째로 기록된 牟水國[69]의 위치를 長湍都護府로 비정할 수 있는 가능성이 찾아진다.

(22) 가. 客館 徐居正의 新營記에, 古記를 상고해 보면, 三韓 때에 隰川郡이었는데, 뒤에 州로 승격했다가 다시 長湍縣으로 강등했다. 고려 태조가 삼한을 통일하고 松京에 도읍하여 장단을 東翼으로 삼고 개성을 西翼으로 삼았다. 成宗朝 때에 湍州라 고쳤다. 신축년(1361)에 紅巾賊의 난리를 만나서 館宇는 불에 타고 縣

---

69 이병도(1938: 37)은 牟水國을 水原으로 비정하고 있다. 水原의 고구려 때 명칭인 買忽을 근거로 한 것인데 水와 買가 대응된다고 하더라도 牟를 제외한 이유를 설명하지 않았다. 한편, 천관우(1979: 234-236)는 경기도 양주의 고구려 때 지명 買省에 근거하여 牟水國의 위치를 경기도 양주로 비정했다. 그러나 買省과 牟水가 대응되는 근거는 제시되지 않았다. 買省의 이칭으로 馬忽이 나오는 것도 검토하지 않았다. 따라서 牟水國을 경기도 양주로 비정한 천관우(1979: 234-236)는 막연한 추정을 제시한 것으로 생각된다.

官은 永平縣에 임시로 있었다. (중략) 지금 鄕中의 父老들이 白府使의 덕을 말하여 그치지 않아서 나더러 記文을 지으라고 하는데 (하략)⁷⁰ 〈新增東國輿地勝覽 長湍都護府 宮室〉

나. 長湍縣 본래 高句麗 長淺城縣으로[耶耶라고도 하고, 夜牙라고도 하였다] 新羅 景德王이 지금 이름으로 고쳐서 牛峯郡 領縣으로 만들었다. 高麗 穆宗 4년(1001)에 侍中 韓彦恭의 고향이라는 이유로 湍州로 승격시켰다. 顯宗 9년(1018)에 다시 장단현으로 만들고, 縣令을 두어서 尙書都督의 소관으로 하다가, 文宗 16년(1062)에 직접 개성부에 예속시켰다.⁷¹ 〈新增東國輿地勝覽 長湍縣 建置沿革〉

(22가)의 내용은 『四佳文集』 권2의 「長湍府新營客館記」의 내용과 동일하다. 한편, (22나)는 장단도호부의 건치 연혁에 대한 『新增東國輿地勝覽』의 기록이다. 그런데 (22가)에서는 『新增東國輿地勝覽』의 장단도호부 건치 연혁 조에 나오지 않는 삼한 때의 명칭인 隰川郡과 隰州가 나오는 것이 주목된다. 서거정이 작성한 「長湍府新營客館記」는 향중 부로의 권유에 따라 작성한 것이므로 기문을 작성했을 때 여러 기록 자료를 검토했을 것이므로 隰川郡과 隰州를 삼한 시의 명칭으로 말한 기록 자료가 있었을 것으로 생각된다.

隰川郡과 隰州의 隰이 '비탈 아래의 습지⁷²'를 의미하는 점에서 삼한

---

70 『新增東國輿地勝覽』, 長湍都護府, 宮室, "客館 徐居正新營記 按古記云 三韓時有隰川郡 後陞州 又降爲長湍縣 高麗太祖統三爲一 都松京以長湍爲東翼 開城爲西翼 成宗朝改爲湍州 辛丑紅寇之變 館宇燒盡 縣官僑寓永平縣 (중략) 今鄕之父老 談白侯之德不置 屬予記 (하략)"

71 『新增東國輿地勝覽』, 長湍縣, 建置沿革, "本高句麗長淺城縣 一云耶耶 一云夜牙 新羅景德王改今名 爲牛峯郡領縣 高麗穆宗四年 以侍中韓彦恭之鄕 陞爲湍州 顯宗九年 復爲長湍縣置令 爲尙書都省所管 文宗十六年 直隸開城府"

72 『新字典』, 隰, "阪下濕地, 진퍼리"

때의 명칭인 隰川郡과 隰州는 高句麗 때 명칭인 長淺城縣과 통일신라 때 명칭인 長湍縣의 의미와 유사하다. 이러한 의미 유사성은 다음 자료로 확인할 수 있다.

(23) 가. 長湍渡 부의 동쪽 33리에 있는데, 頭耆津이라고도 한다. 양편 언덕에 푸른 석벽이 수십 리를 서 있어 바라보면 그림 같다.[73] 〈新增東國輿地勝覽 長湍都護府 山川〉
나. 므리 긴 여흐레 티놋다 / 水激長湍이로다〈金剛經三家解 1:21a〉
다. 淺城郡 (比烈忽이라고도 한다)[74] 〈三國史記 卷第三十七 雜志 第六 地理 四 高句麗百濟〉
라. 朔庭郡은 본래 高句麗 比列忽郡이었는데 眞興王 17년, 梁 太平 원년(556)에 比列州로 삼고 軍主를 두었다. 孝昭王 때 성을 쌓았는데 둘레는 1,180보이다. 景德王이 이름을 고쳤다. 지금은 登州이다.[75] 〈三國史記 卷第三十五 志 第四 地理 二 朔庭郡〉
마. 별해 브론 빗 다호라〈고려가요 動動〉
바. 淵遷 쇠벼ㄹ〈龍飛御天歌 3:13〉

(23가)에서는 長湍渡의 지형적 특성으로 양편 언덕에 푸른 석벽이 있다는 사실을 언급하고 있다. 이것은 長湍渡 근처의 임진강 물이 암석지대를 흐르는 것을 말한 것이다. 그런데 (23가)에서 長湍渡는 부에서 동쪽으로 33리에 있다고 말하고 있다. 그런데『新增東國輿地勝覽』長

---

73 『新增東國輿地勝覽』, 長湍都護府, 山川, 長湍渡, "長湍渡 在府東三十三里 一名頭耆津 兩岸靑石壁 立數十里 望之如畵"
74 『三國史記』, 卷第三十七, 雜志, 第六, 地理四, 高句麗百濟, "淺城郡 (一云比烈忽)"
75 『三國史記』, 卷第三十五, 志, 第四, 地理二, 朔庭郡, "朔庭郡 本高句麗比列忽郡 眞興王十七年 梁太平元年 爲比列州置軍主 孝昭王時築城 周一千一百八十步 景德王改名 今登州"

湍都護府 고적 조에서 古長湍이 지금 治所의 동쪽 25리에 있다고 한 것으로 보아 高句麗 때 명칭인 長淺城縣과 통일신라 때 명칭인 長湍縣은 長湍渡의 지형적 특성을 반영한 명칭으로 생각된다.

『訓蒙字會』上:5a의 '湍 뉘누리'와 『譯語類解補』 6a의 '湍水 급훈 믈'에서 보는 바와 같이 長湍都護府의 湍은 장단도호부의 지형적 특성을 표현한 것으로 '빠른 물살'을 표현한 것으로 생각된다. 한편, (23나)에서 보는 바와 같이 장단도호부의 지형적 특성으로 '여울'을 생각할 수도 있다.

(23다)에 제시된 淺城郡과 比烈忽의 대응에서 淺과 比烈을 대응시킬 수 있다. 比烈은 (23라)에서는 比列로도 표기되고 있다. 따라서 比烈과 比列은 음차 표기일 것으로 추정되며, 이 음차 표기는 (23마)의 '별ㅎ'과 (23바)의 '벼ᄅᆞ' 정도를 표기했을 것으로 생각된다. '별ㅎ'과 '벼ᄅᆞ'는 '벼랑'으로 이해하고 있는데, 정확하게는 '물이 흐르고 있는 곳에 있는 돌' 또는 '물가의 돌'을 말한다.

'서거정이 말한 삼한 때의 명칭인 瀴川郡, 고구려 때 명칭인 長淺城縣, 통일신라 시대의 명칭인 長湍縣' 등은 모두 장단도호부의 지형적 특성을 동일하게 표현하고 있다. 장단도호부의 지형적 특성은 '임진강 물이 긴 석벽을 통과해서 흘러간다'라는 것이다.

장단도호부의 지형적 특성이 '석벽, 급한 물살'의 두 가지라는 점에서 마한 소국 牟水國의 위치를 조선 시대 장단도호부로 비정할 가능성이 찾아진다. 즉 牟水國의 牟가 '석벽'의 의미를 표현했고 水가 '급한 물살'의 의미를 가진 후기 중세국어 '쇠'의 의미를 표현했다고 파악하는 방법이다.

앞에서 언급한 바 있듯이 '높은 건축물'을 의미하는 한어 幢이 우리말 '毛/ *모'이기 때문에 牟水國의 牟는 '석벽'의 의미를 표현한 것으로 이해된다.

후기 중세국어에서 潭과 淵을 의미하는 어형은 '소ㅎ' 형이 우세하게 나타나나 (23바)에서 보인 것처럼 『龍飛御天歌』의 '쇠벼ㄹ/淵遷'에 나타나는 '쇠' 어형이 유일하게 나타난다. '소ㅎ, 쇠' 등과 같은 쌍형 어간은 후기 중세국어에서 '나조ㅎ, 나죄'의 경우에도 발견된다.

(24) 가. 아춤 나조히 ᄆᆞᅀᆞ물 둥기야 ᄒᆞᆫ 고대 둘여 이시리니 / 旦夕에 撮心ᄒᆞ야 懸在一處ᄒᆞ리니 〈楞嚴經諺解 9:72a〉
나. 아춤 나조히 守護ᄒᆞ야 믈리 그우디 아니케 ᄒᆞ며 / 晨夕에 守護ᄒᆞ야 令不退轉케 ᄒᆞ며 〈圓覺經諺解 3-2:88b〉
(25) 가. 匿王의 代 ᄇᆞ료미 어루 아춤 나죄 ᄯᆞᄅᆞ미어니ᄯᆞ녀 /匿王代謝ㅣ 可唯旦暮ㅣ어니ᄯᆞ녀 〈楞嚴經諺解 1:16b-17a〉
나. 아춤나죄 侍衛ᄒᆞ야 믈리 굽디 아니케 ᄒᆞ며 / 朝夕에 侍衛ᄒᆞ야 令不退屈케 ᄒᆞ며 〈圓覺經諺解 3-2:92a〉

(24)는 '나조ㅎ' 어형이고 (25)는 '나죄' 어형이다. 곧 '나조ㅎ'와 '나죄'가 쌍형 어간을 보인 것이다. 따라서 '소ㅎ'와 '쇠'도 쌍형 어간임을 알 수 있다. 그런데 박병철(2010: 43)에 따르면 현대 국어사전 류에서 고유어 '소'를 한자어 沼에서 기원한 것으로 풀이하고 있으나 沼가 중국 상고음에서 入聲韻尾를 가지고 있지 않은 사실을 근거로 '소'를 고유어로 파악하였다. 한편, 박병철(2014: 177)은 湫의 한자음이 '츄〉추'인 점을 근거로 '소'를 고유어로 파악하였다. 따라서 牟水國의 水가 고유어 '쇠' 정도를 표기한 것으로 파악해 볼 수 있다.

東方語言學의 웹사이트(http://www.eastling.org)에 따르면 王力이 제시한 水의 상고음은 'ɕiei'이며 중고음은 'ɕwi'라고 한다. '소ㅎ'의 경우 水의 상고음 'ɕiei'와 대응시키기 어려운 점이 있으나 '쇠'의 경우에는 상고음 'ɕiei'와의 대응이 가능할 것으로 생각되며, 중고음은 'ɕwi'와는 잘 대응될 것으로 생각된다.

이상과 같은 논의에 근거하여 『三國志』 魏書 東夷傳 韓 조에서 두 번째로 기록된 毛水國은 長湍으로 추정된다. 그리하여 여덟 번째 伯濟國 사이에 있는 여섯 번째 優休牟涿國은 조선 시대 부평도호부일 가능성이 크다. 『三國志』 魏書 東夷傳 韓 조에서 마한 54국을 기재한 순서가 북에서 남으로의 방향성을 가지고 기술했다는 개연적인 조건을 만족하게 하려고 이러한 가능성을 탐구한 것이다.

4. 결언

이 글은 '마한 소국 優休牟涿國, 고구려 시대 主夫吐郡, 통일신라 시대 長堤郡, 조선 시대 注火串面' 등이 표현 의미상 유사성과 차별성을 가졌다는 분석에 기반하여 『삼국지』 위서 동이전 한 조에서 여섯 번째로 기록된 優休牟涿國의 위치를 조선 시대 부평도호부로 비정하였다. 優休牟涿國의 위치를 조선 시대 부평도호부로 비정한 것은 이병도(1938)의 견해와 다르지 않다. 그러나 이 연구에서는 優休牟涿國을 구성하는 의미 구성에 대해서는 이병도(1938)의 견해와는 다르게 파악하였다.

고구려어는 일본어나 퉁구스제어와 비교하여 語末 母音을 결하고 있으며 또 신라어도 고구려어와 마찬가지로 語末 모음이 탈락하고 있다는 이기문(1968, 1991: 319-320)의 견해에 기대어 백제어는 물론 마한어까지도 어말 모음이 탈락하지 않았을 것이라는 전제로, 優休牟涿을 '優休, 牟, 涿' 등으로 분절하여서, 마한 소국 명칭인 優休牟涿이 '고구려 시대 主夫吐, 통일신라 시대 長堤, 조선 시대 注火串' 등이 의미 구성소상 유사성과 차별성이 있음을 분석하였다.

優休는 '*우희/上'를 표기한 것으로 '으뜸'의 의미를 가지는 것으로 해독하고, '優休/*우희[上]'를 고구려 시대 主夫吐의 '主/님', 통일신라 시대 長堤郡의 '長/으뜸[한자어]' 등에 대응시켜 '優休/*우ㅎ, 主/님, 長/으뜸[한자어]' 등이 모두 '으뜸'의 의미를 표현한 것으로 파악하였다. 이병도(1938)의 경우 優休를 主와 長에 대응시켰으나 優休와 '主, 長' 등의 관계에 대해서는 근거를 제시하지 못하였다.

『三國遺事』卷第四 義解 第五 元曉不羈 조에 나오는 '幢을 세속에서 毛라 한다/幢者俗云毛也'에 기반하여 牟가 '모ㅎ' 정도를 표기하였으며 '높이가 있는 구조물'의 의미로 '둑'을 표현하였음을 밝혔다. 이병도(1938)의 경우 牟를 '물'의 의미로 파악하였으나 이 연구에서는 근거가 없는 것으로 파악하였다.

『三國史記』卷第四十四 列傳 第四 斯多含 조의 '가라어에서는 門을 梁이라 한다/加羅語謂門爲梁云'와 일본어 'と/門·戶'가 '출입하는 장소, 출입구, 물이 출입하는 장소, 물이 흐르는 곳' 등의 의미를 가진다는 사실에 기반하여 涿를 '물길'을 의미하는 '도/涿'로 해독하였다. 이러한 해독에서 문제가 되는 것은 고구려 主夫吐郡의 吐이다. 이 吐가 경덕왕 개정 명칭에서는 堤에 대응되기 때문이다. 그러나 조선 후기 문헌 자료에서 吐가 '둑' 또는 '도랑'의 의미로 사용된 것을 근거로 '도랑'을 의미하는 吐가 제유에 의해 '堤/둑'을 의미할 수 있음을 언급하였다. 이병도(1938)에서는 涿를 '둑'으로 파악하여 '물길'의 의미는 고려하지 않았다.

한편, '마한 소국 優休牟涿國, 고구려 시대 主夫吐郡, 통일신라 시대 長堤郡, 조선 시대 注火串面' 등에는 모두 '으뜸, 벌판, 둑, 물길, 고지' 등의 의미가 나타났음을 분석하였다. 그리하여 優休牟涿은 '으뜸, 둑,

물길' 등의 의미를 표현했으며 主夫吐는 '으뜸, 벌판, 둑' 등의 의미를 표현했으며, 長堤는 '으뜸, 둑' 등의 의미를 표현했으며, 注火串은 '으뜸, 벌판, 고지' 등이나 '벌판, 물길, 고지' 등의 의미를 표현했음을 논의하였다. 또한, 고려 초기 樹州의 樹와 고려 말기의 富平이 비유 의미 관계에 있음을 말하였다. 즉 '큰 나무'를 뜻하는 樹가 '풍성하다'라는 비유 의미를 나타내어 富平과 의미가 통하는 것으로 파악하였다. 또한, '풍성하다'라는 의미는 長堤로 표시된 '으뜸, 둑'의 의미에서 파생된 것으로 파악하였다.

『삼국지』위서 동이전 한 조에 나타난 마한 소국 기록 순서가 북에서 남으로 기술되었다는 관점에서 여덟 번째로 기록된 伯濟國과 여섯 번째로 기록된 優休牟涿國 간의 방향성을 검증하기 위해서 두 번째로 기록된 牟水國의 위치를 조선 시대 장단도호부로 비정하였다.

牟水國의 위치를 조선 시대 장단도호부로 비정한 것은 徐居正이「長湍府新營客館記」에서 조선 시대 장단도호부의 삼한 때의 명칭이 隰川郡이라고 언급한 것에 근거한 것이다. 隰은 '비탈 아래의 습지'라는 의미이므로 '삼한 때 명칭인 隰川郡, 고구려 때 명칭인 長淺城縣, 통일신라 때 명칭인 長湍縣' 등이 장단도호부의 지형적 특성인 '석벽, 급한 물살' 등을 표현한 것으로 파악하였다. 그리하여 牟水國의 牟는 '모/牟'로 '높은 구조물'의 의미로 '석벽'의 의미를 표현한 것이며 水는 후기 중세국어의 '쇠' 정도를 표기한 것으로 파악하였다. 후기 중세국어에서 '쇠'는 주로 '소ᄒ'로 형태로 사용되었으나 매우 드물게 '쇠' 형태로 사용되었다. '소ᄒ/쇠'는 '급한 물살'을 뜻하는 것으로 파악하였다.

2부

삼국·통일신라 시대의 지명

新羅 啄評 解讀

1. 서언

이 글의 연구 목적은 『梁書』新羅傳에 나오는 新羅 啄評의 의미를 해독하는 것이다.

중국의 일부 문헌 자료에서는 啄評 또는 喙評으로 기록 되어 있다. 한편 신라 6부 명칭이 고대 금석문 자료에서는 일관되게 '喙部, 沙喙部, 岑喙部/牟喙' 등으로 기록되어 있다. 그리고, 신라의 6부 명칭을 기록한 『日本書紀』에는 '喙部, 沙喙部[1]' 등으로 기록되어 있다. 그리하여 啄은 잘못된 것이고, 喙가 바른 것으로 판단하여, 啄評의 啄를 '벌'의 의미로 이해하는 역사학계의 주장[2]도 나오게 되었다. 그러나 이 글

---

[1] 喙은 喙의 이체자로 판단된다.
[2] 노태돈(1997: 199)에서 "즉 도랑(小川)을 音을 새겨 涿, 啄으로 쓰고, 뜻을 새겨 梁으로 씀을 알 수 있고 함께 「돌」로 읽었던 것으로 보인다. 아울러 喙는 새나 짐승의 주둥이인 부리란 뜻이니, 이 부리는 夫里, 伐과 함께 들(野)을 뜻한다. 곧 喙 또는 涿 啄, 梁이란 집단은 도랑(川)을 낀 어떤 지역, 즉 들(野)의 집단이란 뜻으로 보겠다"라고 하였다. 신라 6부 명칭에 쓰인 喙를 '부리'의 뜻으로 이해하여 노태돈(1997: 199)은 '도랑(川)'을 뜻하는 '涿, 梁' 등을 '들(野)'의 의미로 이해하였다. 그러나 '도랑'과 '부리'의 관계에 대한 노태돈(1997: 199)의 주장은 '도랑'과 '부리'의 관계에 대한 직접적인 논거를 제시할 필요가 있다. 자형의 유사성에 말미암아 啄를 喙로 서사했을 가능성을 고려하면 喙는 啄의 단순한 이체자에 불과할 것이고, 喙 역시 '도랑'의 의미를 표기했다고 파악할 수 있다. 노태돈(1997: 199)의 주장을 계승하여 전덕재(1998: 38)는 "中古期 新羅人들이 部名을 표기할 때, 유독 喙字만을 사용하

에서는 字形의 유사성으로 인하여 啄 대신에 喙로 쓰는 것은 중국에서도 관습적이었고, 한국에서도 그러한 습관이 정착되었음을 밝혀서, 금석문 자료에 나타난 喙는 본디 啄의 의미를 표현한 것으로 『三國史記』나 『三國遺事』에서는 '물길'을 의미하는 梁으로 교체되었음을 주장하고자 한다.

한편 啄評의 評에 대해 한국의 연구계에서는 관심을 두지 않았다. 그런데 『日本書紀』 卷十七 継体天皇 二四年(530) 九月 조에 가야 지역의 지명으로 추정되는 背評과 背評의 異表記로 能備己富里란 명칭이 실려 있고, 또, 일본에서 7세기 말에 評里制가 전국적으로 施行되어서 일본의 연구계에서는 評에 대한 관심을 보여 왔다. 그리하여 新井白石은 『東雅』(1727)에서 評에 대한 일본어 훈 '己富里/コホリ'가 한국어 '고을' 정도에서 유입된 것으로 파악하였고, 金澤庄三郎(1910, 1985: 11)은 'コホリ'의 'コ'를 大의 의미로 파악하고 'ホリ'는 한국어 '벌'의 의미로 이해하여 'コホリ'를 大邑의 의미로 파악하였다. 그러나 'コホリ'의 'ホリ'를 '벌'로 파악한 것은 타당하지만 'コホリ'의 'コ'를 '큰'으로 파악한 金澤庄三郎(1910, 1985: 11)의 견해는 문제가 있는 것으로 생각된다. 『釋日本紀』 권17의 '大城/コニサシ'에서는 한국어 '큰'의 의미는 일본어에 'コ' 단독이 아니라 'コニ'로 유입되었기 때문이다.

한편, 'コホリ'의 의미를 大邑의 의미로 파악할 경우에 大邑의 의미와 한자 評과의 관계를 명확하게 설명하지 못하는 점도 문제가 된다. 한국에서 일본에 유입된 'コホリ'와 후기 중세국어의 'ᄀᄋᆞᆯ'은 형태 구성과 의미가 매우 유사한 것에 착안하여, 이 연구에서는 후기 중세국어의

였던 이유도 喙字가 '들(벌판)'을 의미하는 '부리'의 뜻을 새긴 글자였기 때문이었을 것이다"라고 하였다.

'ㄱ볼'이 'ㄱ[言] + 볼ㅎ³[平/原]' 정도의 구성을 가진 것임을 말하여 評이 '言 + 平'의 의미를 모아 만든 會意의 한국 고유한자임을 주장하고자 한다.

2. '啄/喙'의 해독

2.1. 중국 역사서에 나타난 신라의 행정 구역 단위 체계

중국 역사서에서 신라의 행정 구역 체계를 다음과 같이 기술하고 있다.

(1) 신라에서는 城⁴을 健牟羅라 부르며 그 邑이 안에 있는 것은 啄評이라 하고, 밖에 있는 것은 邑勒이라 하니, 이것은 중국의 郡縣과 같은 말이다. 나라에 6군데의 啄評과 52군데의 邑勒이 있다.⁵ 〈梁書(636) 新羅傳〉

(1)은 신라의 행정 구역을 '健牟羅[城], 啄評[안에 있는 읍], 邑勒[밖에 있는 읍]' 등의 셋으로 파악한 것이다. (1)의 其邑에서 其는 城을 가리키

---

3   후기 중세국어에서 '블/原'은 'ㅂ래'의 한 예만 나타나 'ㅎ' 종성 체언인지를 확인할 수 없다. 그러나 후기 중세국어에서 '고을ㅎ'인 점에서 '블/原'을 'ㅎ' 종성 체언으로 추정한다.
4   『국역 中國正史朝鮮傳』(1986 : 82)에서는 '其俗呼城'의 城을 '왕성'으로 번역하고 있다. 그리하여 '其邑在內曰啄評'을 '그 邑이 [健牟羅의] 안에 있는 것을 啄評이라 하니'로 번역하였다. 그러나 '其俗呼城'의 城을 '왕성'으로 번역할 근거는 없다. 오히려 內外의 邑을 구분한 것이므로 '其俗呼城'의 城은 '왕성'이나 '지방의 성' 모두를 가리킨 것으로 이해할 수 있다.
5   『梁書』, 新羅傳, "其俗呼城曰健牟羅 其邑在內曰啄評 在外曰邑勒 亦中國之言郡縣也 國有六啄評 五十二邑勒"

는 것이고, 邑은 城 아래의 단위를 지칭한 것으로 이해해야 한다. 『三國史記』 신라본기 진흥왕 2년(541) 조에 나오는 '掌內外兵馬事'에서 內는 중앙을 外는 지방을 지칭하는 것이므로 (1)에서의 內와 外도 중앙과 지방을 구분한 것으로 이해된다. 그리하여 (1)에서는 城 아래의 단위인 邑을 중앙에서는 啄評이라 하고 지방에서는 邑勒이라 하고 있음을 말한 것으로 파악된다.

결국 健牟羅는 중국의 郡에 대응되고, 중앙의 啄評과 지방의 邑勒은 縣에 대응된 것으로 이해할 수 있다.[6] 이러한 관점에서 '健牟羅, 啄評/喙評, 邑勒' 등의 신라 행정 구역 체계를 위계적으로 표시하여 말하면 다음과 같다.

(2) 『梁書』 신라전에 나타난 신라 행정 구역 체계의 위계

한어 1	한어 2	고유어	수량	비고
郡	城	健牟羅		王城이나 지방의 城
縣	邑	啄評	6	王城의 하위 구역
縣	邑	邑勒	52	지방 城의 하위 구역

末松保和(1954: 398)은 五十二邑勒을 신라 시대의 郡으로 파악하였다. 그러나 (1)의 '亦中國之言郡縣也'를 고려하면 城은 중국의 郡에 해당되고, 縣에 해당되는 것은 신라 왕경에서는 啄評/喙評이 되겠고, 지방의 郡에서는 邑勒으로 추정해 볼 수 있다. (1)에서 말한 六啄評이 신라 6部에 대응된다면, 六啄評에 대응되는 五十二 邑勒은 郡에 대응되

---

6 『三國史記』 지리지에 수록된 신라 지역의 '京, 州, 郡' 등은 모두 37개이다. 이러한 '州, 郡' 등이 거느린 현의 수는 보통 '2개, 3개, 4개' 등이다. 그러나 義昌郡의 경우에는 6개의 현을 거느리고 있고, 化寧郡 등 4개 군의 경우에는 1개의 현을 거느리고 있다. 통틀어 93개의 현이 확인된다. 따라서 신라에 존재했던 52 邑勒은 지방의 城에서 거느린 邑勒을 통틀어 말한 것으로 생각된다.

는 것이 아니라 郡 아래의 단위인 縣에 대응된 것으로 파악된다.

(1)에서 말한 신라 행정 구역 체계는 6세기 초 무렵의 상태를 언급한 것으로 이해된다. 『梁書』가 502년부터 557년까지의 중국 양나라의 역사를 기록했고, 501년에 작성된 것으로 추정된 「浦項中城里碑」에 喙評과 喙部가 동시에 나오기 때문이다. 喙評의 評은 신라 고유의 행정 구역 명칭이나 喙部의 部는 한자어에서 기원한 것이다. 그러므로 喙評을 喙部로 교체한 것은 신라가 중국의 郡縣 제도를 도입한 단초를 보여 준 것으로 이해된다. 551년에 작성된 「明活山城碑」에 나오는 郡中上人과 591년에 작성된 「南山新城碑」에 나오는 郡上村主를 고려하면 6세기에 이르러서 신라 행정 구역 체계에 중국의 郡 제도가 일부 또는 전면적으로 도입된 것으로 이해된다.

2.2. 牟羅와 邑勒의 관계

신라 시대 행정 구역 단위인 牟羅는 '『梁書』 신라전의 健牟羅, 『隋書』 백제전의 䏑牟羅國, 『北史』 백제전의 耽牟羅國, 『三國史記』 백제 본기 위덕왕 36년 조의 耽牟羅國' 등에서 찾아볼 수 있고, 529년과 530년의 『日本書紀』 기사에서는 牟羅를 사용한 지명이 다음과 같이 여럿 나타나고 있다.

(3) 가. 伊斯枳牟羅城(任那) 〈日本書紀 卷十七 継体天皇 二四年(530) 九月〉
    나. 久斯牟羅(任那) 〈日本書紀 卷十七 継体天皇 二三年(529) 四月, 日本書紀 卷十七 継体天皇 二四年(530) 九月〉
    다. 久陀牟羅塞(新羅) 〈日本書紀 卷十九 欽明天皇 十五年(554) 十二月〉

라. 久禮牟羅城(新羅)〈日本書紀 卷十七 継体天皇 二四年(530) 九月〉
마. 騰利枳牟羅(任那)〈日本書紀 卷十七 継体天皇 二四年(530) 九月〉
바. 包那牟羅(任那)〈日本書紀 卷十七 継体天皇二三年(529) 三月, 日本書紀 卷十七 継体天皇 二四年(530)九月〉
사. 牟雌枳牟羅〈日本書紀 卷十七 継体天皇 二四年(530) 九月〉

(3)은 牟羅가 6세기 초에 伽耶와 新羅 지역에 두루 쓰이고 있음을 말해 주고 있다.

「蔚珍鳳坪里新羅碑」에도 居伐牟羅가 출현하고 있어 주목된다. 다음과 같은 「蔚珍鳳坪里新羅碑」의 자료 (4)를 활용하여 남풍현(2003: 164)은 행정 구역 단위인 牟羅와 村의 관계를 구명한 바 있다. 논의를 위해 「蔚珍鳳坪里新羅碑」의 내용을 (4마)로 보충해 둔다.

(4) 가. 居伐牟羅 男弥只 本是奴人
　　나. 居伐牟羅 道使 本洗 小舍帝智
　　다. 居伐牟羅 尼牟利 一伐
　　라. 居伐牟羅 異知巴 下干支
　　마. 男弥只村 使人 翼☒ 杖百

(4마)의 '男弥只村 使人 翼☒ 杖百'이 나오므로 남풍현(2003: 164)은 (4가)의 '居伐牟羅 男弥只'에 근거하여 牟羅가 村보다는 큰 단위의 행정 구역임을 말한 바 있다. (4나)의 道使는 왕이 지방에 파견하는 '지방관'이므로 (4나) 역시 牟羅가 村보다는 규모가 큰 행정 구역임을 말해 주고 있다.

남풍현(2003)은 牟羅를 일본어에 전래된 'ムラ/村'로 파악하였다. 한국어에서 전파된 일본어 ムラ가 일본 고대 행정 구역 체계에서 郡 아래

의 행정 구역 단위인 것[7]도 牟羅가 郡 아래의 행정 구역 단위임을 말하여 준다.

邑의 일본어 훈이 ムラ라는 점을 고려하면, 『梁書』 신라전에 나타난 邑勒은 「蔚珍鳳坪里新羅碑」에 나오는 牟羅와 의미가 동일한 것으로 생각된다. 『梁書』 신라전의 邑勒과 牟羅는 차자의 방법이 다른 것으로 생각된다. 牟羅는 모두 음차 표기의 방법을 사용한 것인데, 邑勒에서 邑은 훈차 표기의 방법을 사용하였고 勒은 음차 표기의 방법을 사용한 것으로 추정된다. 따라서, 『梁書』 신라전에 나타난 健牟羅는 城에 대응하고, 牟羅는 邑勒에 대응되며 牟羅인 邑勒은 健牟羅인 城에 예속된 행정 구역이다. 한편 '城-邑' 행정 구역 구분은 중국의 군현 제도에서는 '郡-縣'의 행정 구역 구분이 된다. 신라 경덕왕이 개정한 군현의 영속 관계는 중국의 군현 제도를 전면적으로 받아 들여 州와 郡은 縣을 거느리고 있다.

2.3. 자형의 유사성에 따른 啄과 喙의 관계

앞에서 제시한 (1)을 포함하여 '『南史』(649~683) 권79, 『太平御覽』(984) 권781, 『冊府元龜』(1005) 권996, 『海錄碎事』(宋 叶廷珪 1148) 권4上, 『韻府羣玉』(1307) 권7, 『御定佩文韻府』(1711) 권23之1, 『古今圖書集成』(1726), 『方輿彙編』 邊裔典 권28, 『御定子史精華』(1726) 권80, 『欽定滿洲源流考』(1777년) 권9 新羅' 등에서는 啄評이라 했다. 그

---

[7] 新井白石은 『東雅』 卷3 地輿部에서 '國(クニ), 郡(コホリ), 村(ムラ), 里(サト)' 등의 행정 구역 단위 체계를 제시하고 있다. 또 邑의 일본어 훈은 'ムラ'여서 일본 고대사 연구계에서는 國郡村里라는 용어 대신에 國郡邑里란 용어를 사용하고 있다. 이러한 점에서 보면 일본 고대에서 邑(ムラ)과 村(ムラ)은 郡(コホリ)의 아래에 편성된 단위가 된다.

러나 '『唐書』(887-946) 권220 東夷 新羅, 『太平寰宇記』(930-1007) 권174, 『新唐書』(1044-1060) 新羅傳, 『通志』(1161) 권194 東夷 新羅, 『文獻通考』(1307) 권326 新羅' 등에서는 喙評이라 했다.

그런데 『欽定滿洲源流考』 권9 新羅 조에서 다음과 같이 喙評은 잘못된 것이고, 啄評이 올바른 것임을 지적한 바 있다.

(5) 按唐書通考 俱作喙評 考通典注云呼穢反 則啄字當因字形相近 而訛
　　〈欽定滿洲源流考 권9 新羅〉

『欽定滿洲源流考』에서 喙評이 아니고 啄評이 올바른 것으로 주장한 근거는 啄의 음이 '呼穢反'이란 사실에 근거한 것이다. 『欽定滿洲源流考』의 이 같은 주장은 신라에 존재했던 구역 단위는 '훼'로 읽힐 수 없고 '*도' 정도로 읽어야 함을 전제한 것이라 하겠다.

熊加全(2020: 378-379)에서는 韓小荊(2009)의 논의에 기대어 啄은 흔히 喙로도 쓰고 있음을 언급하였다. 韓小荊(2009)은 可洪이 940년에 편찬한 『新集藏經音義隨函錄』을 연구하여 불경에서 啄은 흔히 喙로도 쓰고 있음을 언급한 것이다.

『新集藏經音義隨函錄』[8]에서 啄이 喙로 사용된 경우를 찾아 제시하면 다음과 같다.

(6) 가. 所喙 (音卓)〈新集藏經音義隨函錄第十二冊〉, 所喙(音卓)〈新集藏經音義隨函錄第十一冊〉
　　나. 所喙 (音卓正作啄)〈新集藏經音義隨函錄第十二冊〉, 所喙 (音卓鳥丨物也正作啄又許穢反喙也)〈新集藏經音義隨函錄第十二冊〉,

---

8　『高麗大藏經』 1,257번이다.

所喙 (竹角反正作啄)〈新集藏經音義隨函錄第十三冊〉, 所喙 (音卓正作啄)〈新集藏經音義隨函錄第廿一冊〉

(7) 가. 鳥啄 (許穢反口也[此/束]也言樹花如鳥[此/束]也正作啄)〈新集藏經音義隨函錄第十二冊〉

나. 鳥喙 (音卓正作啄又許穢反非)〈新集藏經音義隨函錄第八冊〉, 鳥喙 (竹角反正作啄)〈新集藏經音義隨函錄第九冊〉, 鳥喙 (竹角反正作啄)〈新集藏經音義隨函錄第九冊〉, 鳥喙(音卓)〈新集藏經音義隨函錄第十三冊〉, 鳥喙 (竹角反正作啄)〈新集藏經音義隨函錄第十五冊〉, 鳥喙 (音卓正作啄)〈新集藏經音義隨函錄第十六冊〉, 鳥喙 (音卓正作啄也)〈新集藏經音義隨函錄第十六冊〉

(8) 가. 啄其 (上音卓鳥鴝物)〈新集藏經音義隨函錄第六冊〉

나. 喙其 (上音卓正作啄)〈新集藏經音義隨函錄第十三冊〉, 喙其 (上陟角反正作啄也又許穢反㥧)〈新集藏經音義隨函錄第十三冊〉

(9) 가. 探啄 (上音貪下音卓)〈新集藏經音義隨函錄第二冊〉

나. 探喙 (上他含反下音卓正作啄又許穢反㥧)〈新集藏經音義隨函錄第十九冊〉

(6)-(9)는 '所喙, 鳥喙, 喙其, 探喙' 등에서의 喙는 본래 啄으로 써야 바른 것임을 말하고 있다. 이것은 새로 수집한 여러 불경에서 啄으로 써야 할 것을 喙로 쓰고 있음을 말한 것이다.

啄을 喙로 서사한 사례는 6세기 초 중국 자료에서도 발견된다. 청나라 邢澍가 편찬한 『金石文字辨異』9에서는 啄을 喙으로 서사한 사례를 다음과 같이 제시하고 있다.

(10) 가. [啄] 東魏中岳嵩陽寺碑(535)飮喙相鳴 案啄作喙〈金石文字辨異 9〉

나. 東魏中岳嵩陽寺碑(535) 일부 〈하버드대 소장본〉

(10가)의 飮喙에서 喙는 飮에 대립되었기 때문에 '부리'의 뜻이 아니고, '쪼아 먹다'의 의미일 수밖에 없는데, 啄을 쓰지 않고 喙를 썼다. 飮啄을 飮喙로 쓰는 것은 관습이 되어 다음과 같은 자료에서도 飮啄 대신에 飮喙를 쓰고 있다.

(11) 가. 惠以飮喙之娛 且夫察微興事者機也 〈全唐文 卷八 太宗皇帝 伐龜玆詔〉
　　　나. 밭두둑에서 황새가 무엇을 (마시고) 쪼아 먹는 것을 보고 / 逢見鸛飮喙田壟間 〈燕山君日記 1506년(연산 12) 5월 23일〉
　　　다. (10나)의 이미지

(11가)는 중국에서 飮啄을 飮喙로 쓰는 것이 관습화되어 있음을 말하며 (11나)는 한국에서도 飮啄을 飮喙으로 쓰는 것이 관습화되어 있음을 말하는 것이다.[9]

결국, 신라 6부의 구역 단위에 대해 중국 역사서에서 喙評으로 쓰고 있지만 실제로는 啄評을 나타낸 것으로 파악된다. 또 신라 시대 금석문 자료에서 신라 6부 명칭에 喙를 서사하고 있지만 실제로는 啄을 쓴 것으로 생각된다. 鮎貝房之進(1936: 166)도 중국인이 (啄을) 喙로 잘 못 쓴다는 사실을 언급하면서 喙의 의미를 梁과 관련하여 설명하고 있다.[10]

2.4. 신라 6부 명칭의 의미 구성소 분석

2.4.1. 신라 6부 명칭 의미 구성소 분석의 전제

『梁書』신라전에서 신라 6啄評이라 하였다. 이것은 신라 6부의 명칭에서는 啄과 評이라는 두 가지 속성이 개재되어 있음을 말하는 것이다. 이 사실을 검증하기 위하여 신라 6부의 명칭이 가진 의미 구성소를 분석하도록 한다.

신라 6부의 명칭에서 공통적인 명칭 속성을 도출하기 위하여 금석문 자료와 문헌 자료에 나타난 신라 6부의 명칭을 간단하게 정리하도록 한다. 신라 6부 명칭의 異標記는 연대가 가장 이른 것 하나만 제시하도

---

9 일본 京都大學校에서 운영하는 '拓本文字デ―タベ―ス(http://coe21.zinbun.kyoto-u.ac.jp/djvuchar)'에는 開元 27년의 「唐吏部常選隴西李敬固吳興朱夫人墓誌銘」 탁본 자료를 제공하고 있다. 이 자료에 馬啄之賢이란 구절이 나오는데, 여기의 馬啄은 문맥 상, 馬喙가 바른 것이다. 따라서 啄과 喙는 자형이 유사하여 혼동되어 사용된 사실을 알 수 있다.

10 『新字典』의 「朝鮮俗字部」에서 喙를 표제로 제시하고 음을 '달'로 의미를 '부리'로 제시하고 있다. 『鷄林類事』에 나오는 '雞 喙[音達]'을 '雞[口逯(책받침을 뺀 자형)] 音達'로 파악하고 [口逯(책받침을 뺀 자형)]를 喙의 이체자로 파악한 것이다. 그런데, 『新字典』「朝鮮俗字部」의 의미 '부리'는 喙에서 가져오고 '달'의 음은 音達에서 가져온 것으로 생각된다. 문맥 상, '雞 喙[音達]'에서 喙는 '부리'의 의미를 가질 수 없다. 喙로 기사되었다고 하더라도 喙는 음차 표기자가 된다. '音達'의 주석을 특별하게 제시한 것이 그러한 사실을 말해 준다.

록 한다. 명칭의 속성이 있어야 하나 생략된 속성은 'x'로 표시하여 둔다.

권인한(2008)은 '本波/本彼'의 '波/彼'를 '블ㅎ/原'로 해독한 바 있다. 이 견해를 수용하여 「迎日冷水里碑」의 斯彼와 『三國史記』 유리이사금 9년(32) 조에 나오는 習比部에 개재된 彼와 比를 '블ㅎ/原'로 해독하고자 한다. 「雁鴨池出土調露二年銘塼」(680)에 나오는 漢只伐部의 伐과 '波/彼/比/블ㅎ[原]'은 의미는 유사하나 모음 교체에 의한 의미 분화에 따라 伐은 큰 지역을 나타내나 '波/彼/比/블ㅎ[原]'은 작은 지역을 나타낸 것으로 파악하고자 한다.

「浦項中城里碑」에 나오는 喙評을 '喙 評'으로 분리하여 이해하고 牟旦伐喙을 '牟旦伐 喙'으로 분리하여 이해하는 일부 역사 연구자들이 있다.[11] 그러나 권인한(2009, 2019)의 견해를 따라 喙評과 牟旦伐喙로 합해서 이해하고자 한다. 「浦項中城里碑」의 喙評에서 評은 『梁書』 신라전에 제시된 啄評을 실증해 주는 자료여서 주목된다.

금석문 자료나 문헌 자료에 출현한 신라 6부 명칭 異表記를 의미 구성소에 따라 분석해 보면 후행 요소로 '波/彼/比/伐, 喙/涿/梁, 部/評/里' 등, 세 그룹의 속성 요소를 추출할 수 있다. 첫 번째 그룹에서 '波/彼/比'은 '블ㅎ[原]' 정도를 표기한 음차 표기자가 되며, 伐은 '벌' 정도를 표기한 음차 표기자가 된다. 두 번째 그룹에서 '喙/涿/梁'은 '물길'을 뜻하는 '*돌' 정도를 표기한 음차 표기자가 되며, 梁은 '물길'의 의미를 훈차 표기자 또는 한자이다. 세 번째 그룹에서 '部, 里' 등은 한자어로 일정한 구역을 표시하는 단위이며, 評은 'ᄀ볼' 정도를 표기한 훈차 표

---

11 이수훈(2013)은 牟旦伐喙을 '牟旦伐 喙'로 분리하여 이해하려는 연구이다. 이수훈(2013: 200)에서 牟旦伐喙을 합쳐서 이해한 연구와 '牟旦伐 喙'로 분리하여 이해한 연구 목록을 소개하고 있다.

기자로 구역을 표시하는 단위가 된다. 評과 'ᄀᄇᆞᆯ'의 관계에 대해서는 다음 장에서 논의하도록 한다.

신라 6부 명칭에 개재된 선행 요소는 현재 그 의미를 잘 알 수 없다. 특히 『三國遺事』에서 선행요소로 及이 추가된 것도 현재 미지의 것이다.

2.4.2. 신라 6부 명칭 異表記 의미 구성소 분석 목록

이러한 관점에서 신라 6부 명칭의 異表記를 통해서 신라 6부 명칭의 의미 구성소를 분석하여 제시하면 다음과 같다.

(12) 異表記를 통해 본 신라 6부 명칭의 의미 구성소 분석[12]

6부 명칭	이표기	자료명(연대)	선행 요소	후행요소 1 波/彼/比/伐				후행요소 2 喙/湪/梁			후행요소 3 部/評/里			종류
				波	彼	比	伐	喙	湪	梁	部	評	里	
及梁部	喙評	浦項中城里碑(501)	없음					喙				評		금석문
	喙部	浦項中城里碑(501)	없음					喙			部			금석문
	喙	浦項中城里碑(501)	없음					喙			×			금석문
	梁部	『三國史記』 유리이사금 9년(32)	없음							梁	部			
	梁	『三國史記』 신문왕 3년(683)	없음							梁	×			
	及梁部	『三國遺事』 혁거세	及							梁	部			
沙梁部[13]	沙喙部	蔚珍鳳坪里新羅碑(524)	沙					喙			部			금석문
	沙喙	浦項中城里碑(501)	沙					喙			×			금석문

---

12 금석문 자료에 나타난 신라 6부 명칭의 표기 자료는 한국사데이터베이스(https://db.history.go.kr)의 '한국고대금석문'에 제시된 자료를 참고하였다.

13 『三國史記』 신라본기 眞聖王 2년 조에 나오는 少梁里는 沙梁里의 異表記일 가능성이 있다.

6부 명칭	이표기	자료명(연대)	선행 요소	후행요소 1 波/彼/比			伐	후행요소 2 喙/涿/梁			후행요소 3 部/評/里			종류
				波	彼	比	伐	喙	涿	梁	部	評	里	
沙梁部	沙涿	『三國遺事』 진한	沙						涿		×			
	沙梁部	『三國史記』 유리이사금 9년(32)	沙							梁	部			
	沙梁	『三國史記』 신문왕 3년(683)	沙							梁	×			
	沙梁里	『三國遺事』 혜공왕	沙							梁			里	
	須梁[14]	永川菁堤碑(798)	須							梁	×			금석문
牟梁部	牟旦伐喙	浦項中城里碑(501)	牟旦				伐	喙			×			금석문
	岑喙部	蔚珍鳳坪里新羅碑(524)	岑			×		喙			部			금석문
	岑喙	慶州斷石山神仙寺磨崖佛像群(600년 전후)	岑			×		喙			×			금석문
	牟喙	慶州月城垓字木簡-151(미상)	牟			×		喙			×			목간
	牟梁部	『三國史記』 유리이사금 9년(32)	牟			×				梁	部			
	牟梁	『三國史記』 소사	牟			×				梁	×			
	漸涿部	『三國遺事』 혁거세	漸			×			涿		部			
	漸涿	『三國遺事』 진한	漸			×			涿		×			
	漸梁部	『三國史記』 유리이사금 9년(32)	漸			×				梁	部			
	牟梁里	『三國史記』 진성왕 10년(896)	牟			×				梁			里	
本彼部	本波喙	浦項中城里碑(501)	本	波				喙			×			금석문
	本波部	明活山城碑(551)	本	波			×				部			금석문
	本波	迎日冷水里碑(503)	本	波			×				×			금석문
	本彼部	『三國史記』 유리이사금 9년(32) 磨雲嶺新羅眞興王巡狩碑(568)	本		彼			×			部			금석문 문헌

---

14 '[口刀/木]'로 보이나 남풍현(2000)을 따라 梁으로 판독한다.

新羅 喙評 解讀 **73**

6부 명칭	이표기	자료명(연대)	선행요소	후행요소 1 波/彼/比/伐				후행요소 2 喙/涿/梁			후행요소 3 部/評/里			종류
				波	彼	比	伐	喙	涿	梁	部	評	里	
漢歧部	漢只	月城垓子出土瓦銘文 (미상) 『三國史記』진평왕 54년(632)	漢只					×	×		×			금석문 문헌
	漢只伐部	雁鴨池出土調露 二年銘塼(680)	漢只				伐	×			部			금석문
	漢祇部	『三國史記』 유리이사금 9년(32)	漢祇					×	×		部			
	漢祇	『三國史記』열전 金陽	漢祇					×	×		×			
	韓歧部	『三國史記』 지마이사금 원년(112)	韓歧					×	×		部			
	韓歧	『三國史記』열전 金陽	韓歧					×	×		×			
	漢歧部	『三國遺事』혁거세	漢歧					×	×		×			
	漢祇	『三國史記』직관 중	漢祇					×	×		×			
習比部	習比部	『三國史記』 유리이사금 9년(32)	習		比			×			部			
	習部15	月城垓子出土瓦銘文 (미상)	習	×				×			部			금석문
	斯彼	迎日冷水里碑(503)	斯		彼			×			×			금석문

2.4.3. 신라 6부 명칭에 개재된 공통 의미 구성소 喙과 評

『梁書』 신라전에서는 신라에 6喙評이 있다고 하였다. 이것은 신라 6부 명칭에 喙과 評의 의미 구성소가 공통적으로 개재되어 있음을 말하는 것이다. 評은 후대에 部로 대치된 것이므로 신라 6부 명칭 모두에 評이 개재된 것임을 알 수 있다. 그런데, 喙의 경우에는 '喙部, 沙喙部, 岑喙部' 등으로 喙의 이체자인 喙가 개재된 사실이 확인되었으며 2008

---

15 조성윤(2020: 35)에 따르면 '儀鳳四年皆土銘 암키와'와 더불어 習府 銘 기와가 출토되었다고 한다. 府는 신라의 중앙 관제를 표시하는 단위로 사용된 것이다. 習府와 習部의 관계는 현재 자세치 않다.

년에 발견된 「浦項中城里碑」의 本波喙를 통해서 本彼部에도 喙이 개재되었음을 확인하였다.

현재, 漢岐部와 習比部에 喙이 개재된 사실을 알려 주는 자료는 없다. 그러나 『梁書』 신라전에서 신라 6부를 6喙評으로 지칭하였으므로 漢岐部와 習比部에도 喙이 개재된 것으로 추정할 수 있다.

2.4.3. 신라 6부 명칭 異表記에 나타난 특징

가. 의미 구성소 생략 표기와 그 요인

신라 6부 명칭 異表記에서 구역 단위를 표시하는 部는 흔히 생략 표기된다. 部가 생략 표기된 사례를 정리하여 제시하면 다음과 같다. 금석문 자료나 문헌 자료에서 확인할 수 없는 異表記에는 '*'를 표시하여 제시한다. '( )'는 생략될 수 있는 요소를 표시한 것이다.

(13) 가. 喙部〉喙, 喙評〉喙, 梁部〉梁
 나. 沙喙部〉沙喙, 沙梁部〉沙梁, *須梁(部)〉須梁
 다. *牟旦伐喙(部)〉牟旦伐喙, 岑喙部〉岑喙, 牟梁部〉牟梁
 라. *本波喙(部)〉本波喙, 本彼部〉本彼
 마. 漢祇部〉漢祇, 韓岐部〉韓岐
 바. *斯彼(部)〉斯彼

(13)은 評이나 部 같이 구역 단위를 표시하는 의미 구성소가 흔히 생략된 경우를 제시한 것이다. '선행 의미 구성소'만 표시하여도 문맥상 '評, 部' 등의 생략된 의미 구성소를 복원할 수 있기 때문에, '評, 部' 등의 의미 구성소를 생략한 것으로 이해된다.

신라 6부의 명칭에서 구역을 표시하는 評이 한자 部로 교체된 것은 신라 6부의 명칭이 한자화되어 중국어의 군현명과 유사한 음절 길이의 명칭으로 변모되기 시작했음을 말해 주는 것이다. 중국의 군현명이 대체로 3음절로 구성된 사실은 「樂浪郡初元四年(기원전 45) 縣別戶口簿 木簡」자료에서 볼 수 있다. 樂浪郡에 소속된 현들은 모두 縣 단위까지 포함하여 모두 3음절로 구성되어 있다.[16]

『三國史記』권34, 권35, 권36 등의 지리지에 수록된 삼국 시대 군현 명과 경덕왕 개정 군현명의 음절 길이를 비교하여 제시하면 다음과 같다. 郡이나 縣 단위도 포함하여 군현명 명칭의 음절 길이를 제시한다.

(14) 삼국 시대 군현명과 경덕왕 개정 군현명의 음절 길이

음절의 길이	삼국 시대 군현명		경덕왕 개정 군현명	
	수량	비율	수량	비율
명칭 기록 없음	10	2.3%		
2음절	15	3.5%	9	2.0%
3음절	227	52.7%	416	96.5%
4음절	161	37.3%	6	
5음절	18	4.2%		1.4%
합계	431	100%	431	100%

삼국 시대 군현 명칭의 음절 길이에 3음절이 보편적이지만 4음절도 꽤 높은 빈도를 보이고 있다. 심지어 5음절의 군현 명칭도 있다. 그런데 경덕왕이 개정한 군현 명칭은 3음절의 군현 명칭으로 집중되어 있다. 4음절의 군현 명칭은 극히 예외적인 것이라 할 수 있다.

경덕왕이 개정한 군현 명칭이 3음절로 수렴되는 것은 경덕왕 개정 명 칭이 한자어화의 지향점을 가지고 있음을 말하는 것이다. 이와 같은 이유

---

16 낙랑군에 소속된 현은 '朝鮮, 訥邯, 增地, 占蟬, 駟望, 屯有, 帶方, 列口, 長岑, 海冥, 昭明, 提奚, 含資, 遂成, 鏤方, 渾彌, 浿水, 呑列, 東暆, 蠶台, 不而, 華麗, 邪頭, 前莫, 夫租' 등이다

로 신라 6부의 명칭도 3음절을 지향한 것으로 생각된다. 그리하여 5음절이었던 '牟旦伐喙(部), 漢只伐(喙)部' 등이 '岑喙部/牟梁部, 韓岐部' 등의 3음절 명칭으로 수렴된 것으로 이해된다. 『三國史記』 昔于老 조에 나오는 4음절의 沙梁伐國이 『三國史記』 신라본기 법흥왕 12년 조에 나오는 3음절의 沙伐州로 변모된 것도 동일한 현상으로 이해된다.[17]

신라 6부 명칭 가운데에 漢只伐部는 안압지에서 출토된 벽돌(680)에 기록되어 있고, 習部는 월성 해자에 출토된 기와에 기록되어 있다.

(15)

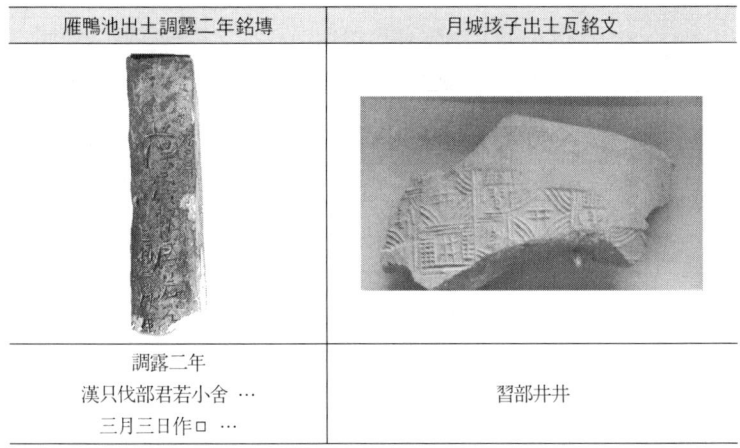

雁鴨池出土調露二年銘塼	月城垓子出土瓦銘文
調露二年 漢只伐部君若小舍 … 三月三日作□ …	習部井井

---

17 전덕재(1998: 38)의 경우 梁과 伐이 의미가 같았기 때문에 沙梁伐에서 梁이 소거되어 沙伐이 되었다고 설명하고 있다. 지명을 표시한 어휘에 동일한 의미의 구성 성분이 동시에 포함되었다는 것은 받아들이기 어렵다. 언어의 경제성을 위반했기 때문이다. '역전앞, 면도칼' 등에서 보는 바와 같이 일반 어휘에서는 동일한 의미가 개재된 경우가 있다. 즉 '역전앞'에서 '전'은 한자 前에서 온 것이어서 고유어 '앞'과 의미가 같다. 그리고 '면도칼'에서 '도'는 한자 刀에서 온 것이어서 고유어 '칼'과 의미가 같다. 한자와 고유어는 어휘를 만드는 층위가 다른 것이기 때문에 엄밀하게 말해서 동일한 의미가 아닌 것으로도 판단할 수도 있다. 또, '역전앞, 면도칼' 등에서 중복된 의미 요소는 소거되지 않는다. 중복된 요소가 소거 되면 그 어휘는 더 이상 한국어 어휘 체계 속에 존재할 수 없을 것이기 때문이다.

「月城垓子出土瓦銘文」에서는 부 명칭을 기입하는 공간이 2음절로 제한되어서 習比部가 習部로 나타난 것으로 이해된다. 「雁鴨池出土調露二年銘塼」에서는 부 명칭을 기입하는 공간에 제약이 없어 漢只部가 아니라 漢只伐部로 부 명칭을 충실하게 기입한 것으로 생각된다.

나. 동일한 의미의 '喙/䄛'과 梁의 배타적 분포

신라 6부 명칭에 개재된 후행 요소들의 변별적 특징과 배타적 분포의 양상을 살펴보도록 한다. '변별적 특징'과 '배타적 분포'는 언어학의 음운론에서 사용되는 개념이다. 그런데 하나의 지명을 구성하는 지명 구성소에도 언어학의 개념과 유사한 '변별적 특성'과 '배타적 분포'를 생각해 볼 수 있다. 즉 지명의 차자 표기에서 지명 구성소 谷과 洞은 같은 의미인 '골'을 표기하는데 이들은 의미가 같기 때문에 하나의 지명 표기에서는 공존할 수 없다. 그러나 다른 지명 표기라면 谷으로도 표기될 수 있고 洞으로도 표기될 수 있다. 즉 谷과 洞은 배타적 분포를 보인 것이다. 인천광역시 부평구의 행정 구역 명칭인 山谷洞과 같은 경우에 谷은 자연 지명인 '골'을 나타내고 洞은 행정 구역 단위를 나타내서 山谷洞에서 谷과 洞은 의미 상 변별된다. 즉 행정 구역 명칭인 山谷洞에서 谷과 洞은 각각 변별적 특징을 가진다.

6부 명칭의 異表記를 다시 간단하게 제시하면 다음과 같다. 문증 되지 않은 후행 요소는 '( )'로 제시한다.

(16) 가. 喙部, 喙評, 梁部
나. 沙喙部, 沙梁部, 須梁(部)
다. 牟旦伐喙(部), 岑喙部, 牟梁部, 漸梁部, 牟梁里
라. 本波喙(部), 本波(喙)部, 本彼(喙)部

마. 漢只伐(喙)部, 漢岐(伐)(喙)部, 漢祇(伐)(喙)部, 韓岐(伐)(喙)部
　　　바. 習比(喙)部, 斯彼(喙)(部)
　(17) 가. 沾解王在位 沙梁伐國舊屬我〈三國史記 列傳 昔于老〉
　　　나. 尙州 沾解王時取沙伐國爲州〈三國史記 권34〉

　(16가)의 '喙部, 喙評, 梁部' 등은 후행 요소 2그룹에 속하는 '喙/涿/梁'의 어느 하나와, 후행 요소 3 그룹에 속하는 '部/評/里'의 어느 하나가 하나의 異表記에 동시에 출현한 모습을 보인 것이다. 따라서 喙와 梁은 '部/評/里'와는 의미가 다른 것임을 말해 주는 것이다. 한편 (16다)의 牟旦伐喙는 후행 요소 1그룹에 속한 伐이 후행 요소 2그룹에 속한 喙와 함께 하나의 異表記에 동시에 출현한 것이므로 伐과 喙는 의미가 다른 것임을 말해 주는 것이다.
　후행 요소들의 배타적 분포란 어떤 하나의 異表記에 동시적으로 나타나지 않고 다른 異表記에서는 다른 글자로 나타날 수 있음을 말하는 것이다. 다시 말해서 후행 요소 3인 그룹인 '評, 部, 里' 등 각각은 하나의 異表記에 동시에 출현할 수 없고 다른 異表記에서는 글자를 달리하여 나타날 수 있음을 말하는 것이다. 예컨대 车梁部와 车梁里에서 部와 里는 표현하고자 하는 의미가 동일하기 때문에 하나의 동일한 異表記에서는 동시에 출현하지 않는다.
　(17가)의 沙梁伐國은 梁과 伐이 변별적 특징을 보여 준 것이다. 즉 하나의 異表記에 梁과 伐이 동시에 출현하였다는 것은 梁과 伐의 의미가 다른 것임을 말해 주는 것이다. 앞에서 말한 바 있듯이 喙와 伐이 하나의 異表記에 동시에 출현하였고 梁과 伐도 하나의 異表記에 동시에 출현하였으므로 喙와 梁은 변별적 특징을 보여 준 것이 아니라 배타적 분포를 보인 것으로 판단할 수 있다.

(16)에 제시된 신라 6부 명칭의 異表記에서 喙와 梁이 하나의 지명 표기에 함께 출현하지 않은 것도 이러한 추정을 성립케 한다. 따라서 배타적 분포를 보인 喙와 梁이 표현하고자 하는 의미는 같다. 그리고 (16다)의 牟旦伐喙에서 보는 바와 같이 喙와 伐은 변별적 특징을 보이고 있으므로 喙와 伐은 그 의미가 다르다.

2.5. '물길'을 의미하는 喙과 梁

『三國遺事』辰韓 조에서 신라 6부 명칭인 '沙喙, 漸喙' 등에서 喙이 道로 읽힌다고 하였고, 또, 『三國遺事』新羅始祖 赫居世王 조에서 沙梁部의 梁이 道로 읽힌다는 설명을 하고 있다. 이것에 기대면 喙은 '*도' 정도를 표기한 음차 표기자이며 梁은 '*도'에서 발달한 어형 '돌' 정도를 표기한 훈차 표기자가 된다.

신라 6부 명칭에 나타난 '喙*/도'는 馬韓 小國 중의 하나인 優休牟涿國의 涿과 의미가 같은 것으로 생각된다. 다음에서부터 이 절의 끝까지 내용은 이건식(2022)에서 논의한 내용을 그대로 가져온 것이다.

優休牟涿에서 涿는 '*도' 정도를 표기한 것으로 '물이 지나다니는 통로'인 것으로 생각된다. 이러한 주장을 뒷받침하는 문헌 자료는 다음과 같다.

(18) 가. 旃檀梁城門名 加羅語謂門爲梁云〈三國史記 卷 第四十四 列傳 第四 斯多含〉
  나. 又崔致遠云 辰韓本燕人避之者, 故取涿水之名, 稱所居之邑里, 云沙涿·漸涿等.羅人方言, 讀涿音爲道 故今或作沙梁, 梁亦讀道)〈三國遺事 紀異卷第一 辰韓〉
  다. 獐山郡 祇味王時 伐取押梁(一作督)小國〈三國史記 卷 第三十

四 雜志 第三 地理 一〉
라. (梁) 方言[突] 古云督〈頤齋亂藁, 卷二十, 擬弘文館增修東國輿地 勝覽例, 三府門目第二〉
마. 仇羅梁 주 남쪽 60리에 있으며 바닷가 개펄이다. 흥선도에 들어 가는 자는 여기를 경유하여야 한다.〈新增東國輿地勝覽 晉州牧 山川〉

　(18가)에서 가라어 梁은 門의 뜻이라고 하였다. (18나)는 梁을 '도/ 道' 정도로 읽어야 함을 말하고 있고 (18다)와 (18라)는 梁을 '돌' 또는 '독'으로 읽어야 함을 말하고 있다. 梁을 '돌, 독' 등으로 읽을 경우, 梁은 한자의 본래 뜻인 '돌(石)'의 의미를 나타내지만 梁을 '도'로 읽을 경우 (18가)에서 말하는 門의 뜻이 된다.
　(18마)의 "흥선도에 들어가는 자는 여기를 경유하여야 한다."는 설 명을 고려하면 仇羅梁에 나타난 梁은 門을 의미하면 '물길'을 의미한 다. 오늘날 鳴梁을 '울돌'로 읽는 것을 고려하면 門을 의미하던 가라어 '*도'는 '돌'로의 역사적인 변화가 있었던 것으로 생각된다. 신중진 (2015: 173)에서 '올/을'이 어휘 구성소에 참여하여 새로운 어휘를 만들 어 낸 것 88개를 정리하고 그 중에서 명사가 33개, 동사가 42개, 의태 어가 13개로 언급하였다. 그런데 신중진(2015: 173)에서 제시한 명사 33개 중에서 '꺼풀, 벼슬, 수풀, 우물' 등은 語基가 명사이다. 따라서 '물길'을 의미하는 '돌'의 선대형은 '*도'였을 것으로 추정된다.
　優休牟涿의 涿는 가라어에서 門의 뜻을 가진 '*도/梁'로 이해되며 일본어 'と/門·戶'가 가진 의미 '물이 흐르는 곳'의 의미를 고려하면 優休牟涿의 涿는 '물이 흐르는 곳'의 의미를 가진 것으로 생각된다.[18]

18　도수희(1993: 143)은 "dol(門)이 고대 일본어에 차용된 것으로 추정함이 일반적인

그런데 '물이 흐르는 곳'의 '도/涿'는 제유 표현법에 의해 '둑'의 의미를 가지게 된 것으로 생각된다. '물이 흐르는 곳'과 '둑'은 인접되어 있기 때문이다. 다음이 그러한 예들이다.

(19) 가. 漆隄縣 本漆吐縣 景德王改名 今漆園縣〈三國史記 卷 第三十四 雜志 第三 地理 一 新羅〉
    나. 長堤郡 本高句麗主夫吐郡 景德王改名 今樹州〈三國史記 卷 第三十五 雜志 第四 地理 二〉
    다. 奈堤郡 本高句麗奈吐郡 景德王改名 今堤州〈三國史記 卷 第三十五 雜志 第四 地理 二〉
    라. 棟(一作楝)隄縣 本高句麗束吐縣 景德王改名 今未詳〈三國史記 卷 第三十五 雜志 第四 地理 二〉
    마. 隄上縣 本高句麗吐上縣 景德王改名 今碧山縣〈三國史記 卷 第三十五 雜志 第四 地理 二〉
    바. 奈吐郡(一云大堤)〈三國史記 卷 第三十七 雜志 第六 地理 四 高句麗 百濟〉

(19)에 제시된 堤와 隄는 유회「物譜」 5 水 조에서나 보이는 '둑'의 의미이다. 그런데 東方語言學의 웹사이트(http://www.eastling.org)에 따르면 王力이 제시한 吐의 상고음은 tha, 중고음은 thu라고 한다. 따라서 (19)에서 제시된 吐는 '*독'에서 종성 ㄱ이 약화된 '*도'를 표기한 것이 아니라 본래 '*도' 정도를 표기한 것으로 파악해야 한다. (19)에서 吐가 '堤, 隄' 등과 대응되었다는 것은 (19)의 吐를 '둑'의 의미로 파악했

통견이었다"라고 하였다. 도수희(1993: 143)의 이러한 주장의 근거에 대해서는 관련 연구를 찾을 수 없었다.『日本國語大辭典』에 따르면 일본어 'と/門·戶'는 '출입하는 장소, 출입구, 물이 출입하는 장소, 물이 흐르는 곳' 등의 의미를 가진다고 한다.

음을 말한다. 결국 (19)에 제시된 吐는 본래 의미가 '물길'의 의미이지만 '물길'과 '제방'의 인접성으로 인하여 '물길'의 의미로 '제방'의 의미를 제유하여 표현한 것으로 생각된다.

'둑' 또는 '도랑'을 의미하는 吐는 조선 시대 고문서에서 흔히 사용된다.

(20) 가. 芥字 百三十四南犯道越四等圭畓 東西長五十五尺 西活四十七尺 柒負壹束 北道 二方吐 西別先畓 樓浦谷 起主 旧申金 今幼學 李東華奴允萬 〈1754년 禮安鄕校 乾隆甲戌鄕校田畓案〉
　　나. 五十五三等句畓 南北長十六尺 陸束 三方吐東北 主舊同人 〈1819년 鄭宗弼 龍泉精舍事蹟統錄〉

(21) 六等直田 東西長八十六尺 南北廣三十七尺 七卜九束 西山 南吐乙 二方道 起 旧仝人 今校位澄二南祀渠越 〈1720년 慶尙道 英陽鄕校田畓量案〉

(20가)의 '北道 二方吐 西別先畓'에서는 북쪽은 길이고, 서쪽은 別先畓인데, 대상 전답의 두 쪽 방향인 남쪽과 동쪽이 吐라 하고 있다. (20나)의 三方吐에서는 세 방향이 吐라 하고 있다. (20)에서 말하는 吐는 '둑'이면서 '도랑'의 의미까지 말하는 것으로 생각된다. (21) 南吐乙의 吐乙은 '돌'을 표기한 것으로 (21)의 吐가 '둑'이라기 보다는 '도랑'의 의미임을 시사하고 있다.

결국 牟涿의 涿은 후대에 형성된 '둑'의 의미보다는 '물길'의 의미를 표현한 것으로 이해된다. 그리하여 牟涿은 '둑(제방)의 물길' 정도의 의미를 가진다고 생각한다.

3. '評/ᄀᄇᆞᆯ'의 해독

3.1. 『日本書紀』에 나타난 評 사용 가야 지명

『日本書紀』에 評을 사용한 가야 지역 지명인 背評이 나타나 매우 주목된다.

(22) 가. 乃遣久禮斯己母 使于新羅請兵 奴須久利使于百濟請兵 毛野臣 聞百濟兵來 迎討背評[背評 地名 亦名能備己富里也] 傷死者半 (중략) 還時觸路拔騰利枳牟羅 布那牟羅 牟雌枳牟羅 阿夫羅 久知波多枳五城 〈일본 국립국회도서관 北野本 日本書紀 卷十七 継体天皇二四年(530) 九月〉

나. 乃遣久禮斯己母 使于新羅請兵 奴須久利使于百濟請兵 毛野臣 聞百濟兵來 迎討背[ヘ]評[コホリ][背評 地名 亦名熊備己富里也] 傷死者半 (중략) 還時觸路拔騰利枳牟羅 布那牟羅 牟雌枳牟羅 阿夫羅 久知波多枳五城 〈日本京都大學図書館 前田本 日本書紀 卷十七 継体天皇二四年(530) 九月〉

다. 乃遣久禮斯己母 使于新羅請兵 奴須久利使于百濟請兵 毛野臣 聞百濟兵來 迎討背評[ヘコホリ][背評 地名 亦熊[ノ]備[ヒ]己[コ]富[ホ]里[リ]也] 傷死者半 (중략) 還時觸路拔騰利枳牟羅 布那牟羅 牟雌枳牟羅 阿夫羅 久知波多枳五城。〈早稻田大學校 소장 1610년 日本書紀 卷十七 継体天皇二四年(530) 九月〉

(22)에 제시된 能備己富里 또는 熊備己富里의 위치는 문맥에 근거할 때 신라와 백제의 접경 지역인 가야 지역으로 추정된다.[19]

---

19 鮎貝房之進(1936: 76)은 背評을 『日本書紀』 卷十七 継体天皇 二三年(529) 四月 조에 나오는 背伐과 동일한 지명으로 논의를 전개하고 있다. 그러나 背評과 背伐이 동일 지명이라는 근거는 제시되지 않았다.

(22나) '背[ヘ]評[コホリ]'과 (22다) '熊[ノ]備[ヒ]己[コ]富[ホ]里[リ]'의 대응을 통해서 '背[ヘ]'와 '熊[ノ]備[ヒ]'가 대응되고 評은 'コホリ'로 훈독됨을 알 수 있다.

新井白石의 『東雅』(1717)에서 'コホリ'가 한국에서 전래된 것을 주장하면서부터[20] 일본 연구계에서는 'コホリ'가 한국어 '고을〈고올〈ᄀ올〈ᄀ볼'에서 유래된 것으로 파악하고 있다. 背評의 評에 대응된 'コホリ'가 한국어에서 유래된 것이라면 背에 대응된 能備[ノヒ]도 가야어일 것으로 추정된다. 'ノヒ'는 '높새바람'의 '높'과 관련될 듯 하다. '높새바람'은 '북동풍'을 말하는데 여기의 '높'은 '북쪽'을 가리키는 것으로 '뒤'를 뜻한다고 할 수 있다. '높'의 후기 중세국어 형태는 '높'인데 이 후기 중세국어 어형은 유기음화 과정을 거쳐서 형성된 것으로 추정된다.[21]

『日本書紀』에 나타난 가야 지명 能備己富里는 신라 6부 명칭인 喙評을 이해하는 데에 있어 두 가지 중요한 사실을 알려 준다. 하나는 『梁書』 신라전에 나온 신라 6부의 명칭 喙評에서 評의 의미가 己富里인 점을 알려 주는 것이다. 다른 하나는 어떤 구역의 단위를 지칭한 評이 신라 고유의 것이 아닌 사실을 말해 주며, 더 나아가 신라 6부의 명칭에 사용된 評이 고구려의 內評과 外評에서[22] 비롯되었을 가능성을 열어 주는 것이다.

---

20 新井白石, 『東雅』(1717年), 卷3, 郡, "郡をコホリといひしは韓國の言に出しなり。卽今も朝鮮の俗、郡をも縣をも幷にコホルといふは卽コホリの轉語なり。"
21 근거는 제시하지 않고, 鮎貝房之進(1936: 76)은 背評을 경상남도 熊川으로 비정하고 있다. 熊川은 조선 시대 명칭이고, 신라 시대에는 熊只縣이었으며 신라 경덕왕이 熊神으로 개정하였다. 熊의 훈이 '곰'이므로 '고물'에서 보는 것처럼 이 '곰'이 '뒤'를 의미하므로 背評을 熊川으로 비정한 것에는 타당한 면이 있다.
22 『隋書』 高句麗傳에 '또 內評外評 五部 褥薩 등이 있다./復有內評外評 五部 褥薩'이 나온다. 신라의 評과 고구려의 評이 모종의 관계가 있을 것으로 추정되지만 관련 자료가 없어 둘 간의 관계를 자세히 논의할 수 없다.

3.2. 7세기 중반 이후 일본의 評 사용 실태

680년 경에 편찬을 착수하여 720년에 완성된 日本書紀는 697년까지의 일본 역사를 기술한 역사서이다. 이 『日本書紀』에는 國 아래의 단위로 郡이 사용되고 있다. 『日本書紀』卷十四 雄略天皇二二年(478) 七月 조에서는 丹波國의 餘社郡을 확인할 수 있으며 『日本書紀』卷三〇 持統十年(696) 四月 조에서는 伊豫國의 風速郡을 확인할 수 있다. 그런데 7세기 말 금석문 자료에 國 아래의 단위에 評을 사용한 경우가 발견된다.

(23) 戊戌年四月十三日 壬寅收糟屋評造 春米連廣國鑄造 〈日本妙心寺鐘銘(698)〉

妙心寺는 현재, 일본 京都市 右京區에 소재한 불교 사찰이다. (23)의 내용으로 이 妙心寺의 鐘을 糟屋評造, 즉 糟屋評의 장관이 春米連廣國에서 주조하여 妙心寺에 기부한 것임을 알 수 있다. (23)으로 糟屋評은 春米連廣國 아래의 구역임을 알 수 있다. 이 糟屋評은 현재 福岡市 동쪽에 위치한 糟屋郡이라고 한다. 또 (23)으로 7세기 말 일본에서는 郡 대신에 評이란 용어를 사용하고 있음을 알 수 있다.

市大樹(2010: 378)에 따르면 1950년대에 일본 고대사 연구에서 評의 실체를 부정하거나 긍정하는 郡評論爭이 있었으나 1966년 藤原宮跡에서 669년에 작성된 己亥年十月上捄國阿波評松里의 내용을 기재한 목간이 출현하면서, 일본 고대사 연구에서 郡評論爭이 종식되었다고 한다. 그리하여 市大樹(2010: 378)는 鎌田元一(評の成立のと國造, 1977)의 견해에 근거하여 일본에서 大化 5년(649)에 評制가 실시되었다는 설을 소개하였다.

市大樹(2010: 44)에서는 地名이 표기된 목간을 정리하여 표로 제시하고 있는데 여기에서는 지명에서 評을 사용한 것만 소개하도록 한다. 또한 市大樹(2010: 367-370)는 和名抄[23]의 대응 지명을 제시하고 있는데 함께 제시하도록 한다.

(24) 評이 기재된 일본 고대 목간

年號	年代	木簡 地名 表記	出典	和名抄 對應 地名
天智4	676	三野國厶下評大山五十戶	飛17-34号	武藝郡大山鄕
天武6	678	三野國加爾評久々利五十戶	飛藜1-193号	可兒郡[泳宮]
天武6	678	三野國刀支評惠奈五十戶	飛舞1-721号	惠奈郡繪上·下鄕
天武7	679	尾張海評津嶋五十戶	縣礫2001-52号	없음
天武9	681	三野大野評大田五十戶	飛18-176号	大野郡大田鄕
天武10	682	鴨評加毛五十戶	飛17-124号	賀茂郡賀茂鄕
天武12	684	三野大野評阿漏里	茂2-544号	大野郡上·河狹鄕
天武13	685	三野大野評堤野里	飛17-113号	없음
天武14	686	三野國不口評新野見里	飛17-94号	不破郡新居鄕
持統元	687	若佐小丹評木津了五十戶	飛藤1-8号	大飯郡木津鄕
持統2	688	三野國加毛評度里	縣槪2001-39号	賀茂郡日理鄕
持統4	690	三川國鴨評山田里	飛17-93号	賀茂郡山田鄕
持統5	691	尾治國知多評入見里	藤1-166号	智多郡[入海鄕]
持統6	692	三川國鴨[ ]高椅里	飛18-89号	賀茂郡高橋鄕
持統8	694	知田評阿具比里	藤1-162号	智多郡英比鄕
持統10	696	三野國山方評大桑里	飛9-8頁上	山縣大桑鄕
文武元	697	若俠國小丹生評岡田里	藤1-147号	遠敷郡佐分鄕[岡田里]
文武2	698	三野國厚見評□□里	飛6-13頁上	厚見郡皆太鄕
文武2	698	若俠國小丹生評岡方里	飛6-13頁下	
文武2	698	波伯吉國川村評久豆賀里	飛6-14頁上	河村郡笏賀鄕
文武3	699	吉備中[ ]評輕了里	藤-183号	窪屋郡輕部鄕
文武3	699	上捄國阿波評松里	縣藤115号	安房郡[松樹鄕]

---

23 和名抄는 承平年間(931-938)에 편찬된 『和名類聚抄』를 말한다.

年號	年代	木簡 地名 表記	出典	和名抄 對應 地名
文武3	699	若佐國小丹生[ ]三分里	縣藤117号	
文武3	699	二方評波多里	飛6-13頁下	二方郡八太鄉
文武3	699	渕評竹田里	伊場108号	
文武4	700	若佐國小丹生評木ツ里	藤1-146号	

(24)는 7세기 말 일본의 행정 구역 체계가 '國(クニ), 評(コホリ), 里(サト)' 등으로 편제되어 있음을 보여 주고 있다. 또한 일본에서 701년 이후에는 評이 郡으로 대체되고 있음을 알 수 있다.

鮎貝房之進(1936: 171)은 한반도에서 일본에 귀화한 사람들에 의해 일본에서 '評(コホリ)'이 사용되었을 것으로 추측하고 있다. 그러나 이러한 이유로는 649년과 700년 사이에 일본에서 전국적으로 評을 사용한 이유를 설명할 수 없는 것으로 생각된다. 일본의 일부 연구에서는 『日本書紀』卷二五 大化三年(647)에 기록되었듯이 일본에 사신으로 온 金春秋와 일본에서의 評里制 실시가 모종의 관계가 있음을 언급하기도 한다.

3.3. 'ᄀᆞ올/評'의 어원

3.3.1. 일본어에 차용된 'コホリ' 어원 설명

新井白石이 『東雅』(1717)에서 郡을 뜻하는 일본어 'コホリ'가 한국에서 유래했다는 설명에 뒤이어 本居宣長의 『古事記傳』(1798)에서도 동의를 하였고, 白鳥庫吉(「朝鮮古代諸國名称考」, 『史學雜誌』第6.7号, 1895)에서도 동의를 하였다고 한다. 이러한 설명은 일본어 'コホリ'가 후기 중세국어 'ᄀᆞ올>ᄀᆞ올>고을'의 고대 형태를 차용한 것으로 파악한 것이다.

한편, 金澤庄三郎(1910, 1985: 11)은 'コホリ'를 大村의 의미로 파악하여 'コ'는 大의 의미를 'ホリ'는 어떤 행정 구역 단위를 뜻하는 것으로 파악하였다. 하지만 일본어에서 'コ'가 大의 의미를 가진 어휘가 없다. 따라서 'コホリ'에 대한 金澤庄三郎(1910, 1985: 11)의 어원 설명에는 문제가 있다. 한국어에서 大를 뜻하는 '큰' 정도가 일본어에 차용되기는 했지만 'コ'가 아니라 'コニ'의 형태로 차용되었기 때문이다. 『日本書紀』권17에는 大城이 나오는데, 이 大城을『釋日本紀』권17에서는 'コニサシ'로 주석하고 있다. 'サシ'는 신라어에서 城을 뜻하는 '잣' 정도의 어휘가 차용된 것임은 주지의 사실이다.『日本書紀』에 나오는 가야 지명 背評에 대한『釋日本紀』의 주석이 'ノヒコホリ'임은 앞에서 이미 설명하였다. 背評과 'ノヒコホリ'의 대응에서 'コホリ'는 評에 대응되는 것인데 'コ'의 의미를 大로 파악할 경우에 'コホリ'와 評의 대응 관계를 명확하게 이해할 수 없게 된다.

鮎貝房之進(1936: 172)은 일본어에 차용된 'コホリ'가 한국어 '고볼'에 관계된 것으로 설명하면서 'ホリ'를 신라 시대에 사람들의 집단 거주지를 뜻하는 伐과 연결 짓고 있다. 그런데 '고볼'의 어형은 한국의 자료에서 발견되지 않는 점에서 鮎貝房之進(1936: 172)의 주장은 다소 문제가 있다. '고볼'이 아니라 후기 중세국어에서 'ᄉᆞᄆᆞᆯ, ᄉᆞᄆᆞᆯ, ᄀᆞ올ㅎ, ᄀᆞᄇᆞᆯ, 불ㅎ' 등이 어형이 있으므로 일본어 'ホリ'는 후기 중세국어의 '불ㅎ/原'과 관련된 것이다.

한편, 鮎貝房之進(1936: 174)은 'コホリ'가 高句麗와 등가의 의미를 가진 것으로 추정하였다. 그런데『한국민족문화대백과사전』의 고구려조에 따르면 高句麗가 敦煌文書(P.1283)에 畝久理로 표현되고 있다고 한다. 高句麗와 畝久理의 대응을 근거할 때 畝는 고구려어로 '높다'의 뜻으로 생각된다. 그러나 'コホリ'의 'コ'를 '높다'의 의미로 파악하면 'コホリ'와 評의 대응 관계를 설명할 수 없게 된다.

3.3.2. 'ᄀᄫᆞᆯ'의 형태 구성과 會意의 한국 고유한자 評의 관계

『龍飛御天歌』권2 22에서 '조ᄏᄫᆞᆯ/粟村'이 나타난다. '조ᄏᄫᆞᆯ'과 粟村의 대응에서 '좋'는 粟에 대응되고, 'ᄀᄫᆞᆯ'은 村에 대응되므로 '조ᄏᄫᆞᆯ'、'좋+ᄀᄫᆞᆯ'의 구성으로 파악할 수 있다. 따라서 'ᄉᄀᄫᆞᆯ[24]'이 'ᄉ+ᄀᄫᆞᆯ' 정도의 구성임을 이해할 수 있으며 후기 중세국어의 'ᄀᆞ올ㅎ[25]' 어형에 근거할 때, 'ᄀᄫᆞᆯㅎ〉ᄀᆞ올ㅎ'의 변화가 일어났음을 알 수 있다.

일본어에 차용된 'コホリ'와 후기 중세국어 'ᄀᄫᆞᆯ'은 음성 형태는 물론 의미 상에도 매우 유사하여 주목된다. 'コホリ'와 'ᄀᄫᆞᆯㅎ'의 대응을 통해서 'コ'와 'ᄀ'의 대응 관계, 'ホリ'와 'ᄫᆞᆯㅎ'의 대응 관계를 상정할 수 있다. 일본어 'コ'와 'ホ'는 'o' 모음을 가진 것이므로 한국어 모음 'ᆞ'와 유사한 음이 된다. 한편, 'ᄀᄫᆞᆯㅎ'과 評의 대응을 통해서 'ᄀᄫᆞᆯㅎ'이 'ᄀ[言]+ᄫᆞᆯㅎ[平]' 정도의 구성을 가진 것으로 파악할 수 있다. 모음과 모음 사이에서 'ㅂ→ㅸ'의 변동이 일어난 것이며, 'ᄀᄫᆞᆯㅎ'의 구성을 'ᄀ[言]+ᄫᆞᆯㅎ[平]'[26] 정도로 파악하게 되면 評은 '言+平'으로 구성된

---

24 'ᄉᄀᄫᆞᆯ'이 출현한 것으로 'ᄉᄀᄫᆞᆳ 軍馬ᄅᆞᆯ 이길씨 ᄒᆞᄫᆞᅀᅡ 믈리조치샤 / 克彼鄕兵 挺身陽北 維此兇賊 遂能獲之〈龍飛御天歌 5:31b〉'를 들 수 있으며 'ᄉᄀᆞ올'이 출현한 자료로 '光祿大夫 龔勝이 王莽이 政事 자뱃다 ᄒᆞ야 辭壯ᄒᆞ고 스ᄀᆞ올 갯더니/光祿大夫龔勝 以王莽秉政 乞骸骨歸鄕〈三綱行實圖 忠臣圖 8a〉, 겨틔 먼 스ᄀᆞ올 소니 ᄭᅮ믈 ᄭᅮ엣거늘 / 傍有遠鄕客作夢이어늘〈金剛經三家解 3:37a〉' 등을 들 수 있다.

25 'ᄀᆞ올ㅎ'은 '本鄕ᄋᆞᆫ 本來 제 사ᄂᆞᆫ ᄀᆞ올히라〈月印釋譜 4:59b-60a〉, 나라해 ᄀᆞ올히 잇고 ᄀᆞ올해 ᄆᆞ슬히 잇ᄂᆞ니 / 國有邑邑有聚落〈月印釋譜 12:20b〉, 巷ᄋᆞᆫ ᄀᆞ올 앉 길히오 陌ᄋᆞᆫ 져잿 가온디 거리라〈釋譜詳節 19:1b-2a〉, 나라해 ᄀᆞ올히 잇고 ᄀᆞ올해 ᄆᆞ슬히 잇ᄂᆞ니/國有邑ᄒᆞ고 邑有聚落ᄒᆞ니〈法華經諺解 2:54b〉' 등에서 나타난다.

26 이 글에서 'ᄀᄫᆞᆯㅎ'을 'ᄀ[言]+ᄫᆞᆯㅎ[平]' 정도의 구성으로 파악한 것은 '용언어간+명사'의 합성어로 이해한 것이다. 이기문(1998: 156-157)은 '용언어간+명사'의 합성어 예로 'ᄠᅮ돌ㅎ'의 예를 제시한 바 있고 또 후기 중세국어에서 체언과 용언의 어간이 일치한 사례를 제시하고 있다. 이에 근거하면 고대국어 단계에서는 체언과 용언의 어간이 통합되어 있었던 것으로 추정할 수 있다.

會意字가 된다.

후기 중세국어에서 '말하다'의 뜻을 가진 '*ᄀ-'는 발견되지 않는다. 그러나 후기 중세국어에서 '말하다'의 뜻을 가진 '고-'가 있어 '말하다'의 뜻을 가진 '*ᄀ-'를 상정할 수 있다. 즉 이숭녕(1961, 1992: 61-65)에 따르면 '아, 오, ᄋ' 등의 輕薄音系와 '어, 우, 으' 등의 深重音系에 의한 의미 분화 현상이 15세기 국어에 존재했기 때문이다. 다음은 이숭녕 (1961, 1992: 61-65)에서 제시된 양성 모음 대 음성 모음의 대립으로 의미가 분화된 어휘들의 목록이다. 유형별로 2개의 예만 제시한다.

(25) 가. 아 - 어 대립 : 밧다(脫衣) - 벗다(면하다), 남다(餘) - 넘다(溢)
나. 오 - 우 대립 : 도탑다(篤) - 두텁다(厚), 도ᄅ다(廻) - 두르다(揮)
다. ᄋ - 으 대립 : 늙다(故) - 늙다(老), ᄀᆞᆺ(邊) - 긋(末)
라. 셋 이상의 대립 : 바ᄃ라온(危) - 보드라온(軟) - 부드러운(柔)
햐ᄀᆞᆫ(微) - 효ᄀᆞᆫ(細) - 혀근(小)

(25가)-(25다)와 같이 2항의 대립에 의한 의미 분화만 있다면 '고-'의 대립형으로 '*ᄀ-'를 상정할 수 없다. 그러나 (25라)와 같이 셋 이상의 대립에 의한 의미 분화도 존재하므로 '고-'의 대립형으로 '*ᄀ-'를 상정할 수 있다. (25라) '바ᄃ라온(危) - 보드라온(軟) - 부드러운(柔)'의 3항 대립은 '아 - (*어)'의 2항 대립과 '오-우'의 2항 대립이 동시에 나타나는 4항 대립에서 '어' 계열만 어형이 나타나지 않은 3항 대립을 보인 것으로 생각된다. 이와 마찬가지로 '말하다'의 뜻을 가진 후기 중세국어의 '고-'는 '고-(*구), (*ᄀ)-(*그)' 등의 4항 대립을 이루었으나 후기 중세국어에서는 '고-' 계열만 존재한 것으로 생각된다.[27]

---

27 어떤 심사자는 "결과적으로 '불, *블, *발, 벌'의 4항 대립이 있었다는 것인데, '땅'을

'말하다'의 뜻을 가진 후기 중세국어 '고-'에 대해서는 평북 방언의 '고다'를 '떠들어 대다'의 의미로 설명하면서 유창돈(1957: 375)에서 다루어진 바 있다. 유창돈(1957: 375)의 논의에서는 '말하다'의 뜻을 가진 후기 중세국어의 '짓괴다'와 '과ᄒ다'가 소개되었다.

(26) 가. 諍은 말 겻골씨오 誼은 모다 짓괼씨라 〈楞嚴經諺解 4:8b〉
　　　나. 飛燕의 앗이 양지 됴커눌 쏘 블러 드리시니 左右에 본 사ᄅ미 다 혀 차 과ᄒ더리 〈內訓 1:5b〉

(26가)의 '짓괴-'는 '짖-+괴-' 정도의 구성으로 '괴-'는 '고-'의 사동형[28]으로 파악된다. 따라서 '짓괴-'는 '짖어서 소리가 나게 하다' 정도의 의미를 가진 것이다. '소리가 나게 하다'의 뜻은 오늘날 '지저귀다'에 남아 있다. 유창돈(1957: 375)은 '과ᄒ-'가 '고-+-아+ᄒ-' 구성에서 온 것으로 파악하고 '칭찬하다'의 의미로 이해하였다.

'ᄀᄫᆞᆯ'에서의 '볼ᄒ'은 후기 중세국어에서 한 예가 발견되는데 권인한(2008: 89)에서 '볼ᄒ'이 原의 의미임이 연구되었다.

　　나타내는 하나의 단어에 이처럼 4항 대립이 가능할까요? 3항이 최대이다"라고 지적하였다. 현대 국어에 '찰랑찰랑-철렁철렁, 출랑출랑-출렁출렁' 등의 4항 대립이 보이고, 모음의 대립으로 의미가 분화된 단어가 후기 중세 국어부터 존재한 사실을 고려하면, 국어는 이른 시기부터 일반 어휘에 있어서도 4항 대립으로 의미 분화가 이루어진 것으로 이해할 수 있다.

28　어떤 심사자는 '짓괴다'를 사동사로 이해할 때에 타동성이 확인되어야 하고, 후기 중세국어 자료에서 '짓괴다'는 목적어를 지배하는 경우가 없다고 지적하였다. 그런데 '이야기하다'를 뜻하는 현대 국어 '지껄이다〈짓글히다'의 경우, 자동사와 타동사의 두 용법을 가지고 있다. 이를 고려하면 '짓괴다'도 타동성의 특성을 가질 가능성이 있다.

(27) 가. 夫人이 또 무로딕 이어긔 갓가빙 사라미 지비 잇ᄂᆞ니잇가 比丘
│ 닐오딕 오직 이 ᄇᆞ래 子賢長者│ 지비 잇다 듣노이다 〈月印
釋譜 8:94a〉
나. 熊川州(一云熊津) 熱也山縣 伐音支縣 西原(一云臂城 一云子
谷)〈三國史記 권37〉
다. 各別히 平原에 짯 가출 파 ᄇᆞ리고[原은 놉고 平흔 짜히라 / 別於
平原에 穿去地皮ᄒᆞ고〈楞嚴經諺解 7:9a〉

권인한(2008: 89)은 (27나)의 西原과 臂城의 대응에서 原과 臂의 대응을 통해서 한자 또는 훈차 표기에 대응하는 우리말이 '볼ㅎ' 정도임을 언급하면서 (27가)의 'ᄇᆞ래'에 나타난 '볼ㅎ'이 原의 뜻임을 언급하였다. (27가)에서 '볼ㅎ'은 (27다)와 같이 지형적으로 '높고 평평한 땅'이 아니라 사람들의 집단 거주지를 말한다. 물론 사람들의 집단 거주지를 뜻하는 '볼ㅎ'이 '높고 평평한 땅'의 의미에서 출발했음은 전제된 것이다. 이러한 의미 확대는 '들'에서도 보여진다. '들'은 지형적으로 평평한 땅을 말하지만 의미가 확대되어 '작물이 자라는 농경지'의 의미로도 쓰일 수 있다.

오늘날 '벌'은 '평평한 땅'의 의미만 가지고 있고 '사람들의 집단 거주지'의 의미로는 사용되지 않는다. 그런데 삼국 시대 신라에서는 『三國史記』에 나타난 '徐那伐, 比自火郡, 比斯伐' 등에서 보는 바와 같이 '伐/벌'은 '사람들의 집단 거주지'의 의미로 사용되었다.

권인한(2008: 88)은 고대 자료에 나오는 '벌/伐'과 '볼ㅎ/波'에 대해서 '벌/伐'을 '볼ㅎ/波'보다는 큰 단위로 파악하였다. 앞에서 말한 양성 모음 대 음성 모음의 대립에 의한 의미 분화에 따라 '벌/伐'은 큰 단위, '볼ㅎ/波'은 작은 단위를 가리키는 것으로 생각된다. '*발 - 벌'의 2항 대립과 '볼 - *블'의 2항 대립이 합쳐진 4항 대립 '볼, *블, *발, 벌'

에서 '볼'과 '벌'만이 대립된 것으로 생각된다.

후기 중세국어 'ᄀᆞᄫᆞᆯ'은 '말하다'를 뜻하는 동사 어간 'ᄀ-'에 '언덕이면서 사람의 집단 거주지'를 뜻하는 명사 '불ㅎ'이 결합된 어휘로 생각된다. 이러한 'ᄀᆞᄫᆞᆯ'은 삼국 시대에 일본어에 전래되어 'コホリ'로 남아 있게 되었으며 'コホリ'와 대응되는 評은 '言+平'의 의미로 구성된 會意의 한국 고유한자로 생각된다. 評에서 言은 '말하다'의 뜻인 'ᄀ-'의 의미를 나타낸 것이며 平은 原의 뜻인 '불ㅎ'의 의미를 나타낸 것이다. 『漢語大詞典』에서 評의 의미로 '1. 評論；評定., 2.評語；評論的話., 3.文體名. 4.職官名. 掌平決刑獄. 5.指把脈. 6.犁的一個部件.' 등 여섯 개를 제시했다. '1. 評論；評定., 2.評語；評論的話., 3.文體名.' 등은 언어 행위를 지칭하고 있으며, '4.職官名. 掌平決刑獄.'는 '刑獄을 공평하게 판결하는 일을 관장하는 사람'을 지칭하고 있다. 또, '5.指把脈'는 의술에서 '맥을 파악한다'는 의미를 지칭하고 있다. 그리고, '6.犁的一個部件'은 '쟁기의 일 부분'을 지칭하고 있다. 결국, 漢語의 評에는 '장소'의 의미가 없다. 그러나, 신라 시대 啄評에서의 評에는 '관청'이라는 '장소' 의미가 있다.

결국, 'ᄀᆞᄫᆞᆯ'과 신라 6啄評은 '말이 통하는 사람들의 집단 거주지'를 의미한다고 볼 수 있다. 신라의 和白에서 白은 '말하다'의 의미이므로 신라 사람들은 사람들 간의 의사소통을 중시했던 것으로 파악할 수 있다.

'ᄀᆞᄫᆞᆯ'이 'ᄀ[言]+불ㅎ[平/原]' 정도의 구성에서 온 것이 입증되면 'ᄀᆞᄫᆞᆯ'은 '말로 의사소통하는 사람들의 집단 거주 지역의 의미'를 확인하는 것이다. 'ᄀᆞᄫᆞᆯ'이 가진 이러한 의미의 확인은 신라에서 독특하게 정의한 사람들의 집단 거주 지역의 기준을 살피는 계기가 될 것이며, 신라 사회가 사회 집단 내에서 '의사 소통이 중요하다'는 사실을 인식하고 있었으며, 이러한 인식은 신라의 和白 제도란 용어에 '말하다'의 뜻을 가진

白이 사용된 사실에 대한 깊이 있는 이해의 기회를 제공해 줄 것으로 생각된다.

4. 결언

이 연구에서는 『梁書』 新羅傳에 나오는 신라의 행정 구역 단위인 喙評의 의미를 해독하였다.

신라 행정 구역인 '健牟羅, 喙評, 邑勒' 등이 중국 역사서인 『梁書』에 소개되었는데, 『梁書』 新羅傳에 나오는 內와 外의 구분이 중앙과 지방의 구분이라는 가정에 기반하여 신라 행정 구역 체계의 위계를 설정하였다. 즉 한어로 城을 뜻하는 健牟羅는 王城이나 지방의 城을 모두 가리키며 중앙의 행정 구역 체계는 '健牟羅 - 喙評'의 위계를 가졌으며, 지방의 행정 구역 체계는 '健牟羅 - 邑勒'의 위계를 가진 것에 대해 논의하였다. 한편, 일본 고대 행정 구역 체계에서 邑과 村의 訓이 ムラ이고 이 ムラ는 한국에서 유입된 것에 착안하여, 『梁書』 新羅傳에 나오는 邑勒과 「蔚珍鳳坪里新羅碑」에 나오는 牟羅는 동일한 의미를 표현하지만 借字 방식의 차이만 보인 것으로 파악하였다. 그리하여 健牟羅의 健은 '큰'의 의미이므로 지방 행정 구역의 '健牟羅 - 邑勒'의 위계는 '큰 모라'와 '보통의 모라'로 구분되는 위계임을 밝혔다.

신라 6부의 명칭을 나타낸 喙評에서 喙은 '물길'을 의미하는 '*도'를 음차 표기한 것임을 밝혔다. 그리하여 후대의 자료에서 喙이 '물길'을 의미하는 한자 梁으로 교체된 사실과 일치시켰다. 喙評의 喙을 '부리'의 뜻을 가진 喙로 파악하고, 喙을 '벌'의 의미로 풀이한 기존 견해에 대해 두 가지 관점에서 문제가 있음을 지적하였다.

첫 번째 관점은 啄과 喙가 자형이 유사하여 두 자형이 넘나들면서 사용되었음을 논의하였다. 「東魏中岳嵩陽寺碑(535)」에는 '飮喙相鳴'의 구절이 기록되었는데, '飮喙相鳴'의 飮喙에서 喙는 飮에 대립되었기 때문에 '부리'의 뜻이 아니고, '쪼아 먹다'의 의미일 수 밖에 없는데, 啄을 쓰지 않고 喙를 서사한 사실을 언급하였다. 이러한 사실은 청나라 邢澍가 편찬한 『金石文字辨異』9에서 '생각하건대 啄은 喙를 써야 한다/案啄作喙'로 확인해 주고 있다.

두 번째 관점은 啄과 梁은 배타적 분포를 보이고 伐과 梁은 변별적 특징을 보이는 것에 근거한 것이다. 신라 6부 명칭이 나타난 금석문 자료와 문헌 자료를 종합하여 啄과 梁은 배타적 분포를 보인 사실을 논의하였으며, 『三國史記』列傳 昔于老 조에 나오는 沙梁伐國에 근거하여 伐과 梁은 변별적 특징을 보인 사실을 논의하였다. 沙梁伐國에서와 같이 伐과 梁이 한 지명 표기에 동시에 나타난 것은 伐과 梁이 의미가 다른 것임을 말해 주는 것이며, 啄과 梁이 하나의 신라 6부 명칭에서는 함께 나타나지 않는 것은 啄과 梁이 의미가 동일한 것임을 알려 주는 것으로 판단하였다.

신라 6부의 명칭을 나타낸 啄評에서 評은 'ᄀᄫᆞᆯ' 정도를 표기한 것으로 파악하였다. 이러한 파악은 『日本書紀』卷十七 継体天皇二四年(530) 九月 조에 나오는 '背評 地名 亦名能備己富里也'의 己富里에 근거한 것이다. 己富里는 일본의 가타카나로는 'コホリ' 정도로 표기되는데, 新井白石의 『東雅』(1717)에서 'コホリ'가 한국에서 전래된 것임이 주장되었다.

市大樹(2010: 378)는 鎌田元一(評の成立のと國造, 1977)의 견해에 근거하여 일본에서 大化 5년(649)에 評制가 실시되었다는 설을 소개하였고, 또 市大樹(2010: 367-370)는 國 아래의 행정 구역 단위로 評을 보여 주고 있는 676년부터 700년에 이르기까지의 일본 고대 목간 자료를 소개하고 있다. 일본 고대 사회에서 700년 이후에 행정 구역 단위인 評은 郡으로 교체되고, 郡의 일본어 훈은 'コホリ'이므로 評의 훈도 'コホリ'인 것으로 논의하였다. 이러한 논거를 가지고 이 연구에서는 評이 'ᄀᄅ볼' 정도를 표기한 것으로 파악하였다.

'ᄀᄅ볼'은 'ᄀᄅ-(言)+볼ㅎ(平)' 정도의 구성을 가진 것으로 판단하여 'ᄀᄅ볼'이 '말로 의사 소통하는 사람들의 집단 거주 지역인 언덕'의 의미를 나타낸 것으로 파악하였다.

후기 중세국어에서 '말하다'의 뜻을 가진 'ᄀᄅ-'는 현재까지 알려진 자료에서는 발견되지 않았다. 하지만 유창돈(1957: 375)에서는 '말하다'의 형태소가 개재된 후기 중세국어의 '짓괴-'와 '과ᄒ-'를 소개하고 있다. '짓괴-'는 '짓-+괴-' 정도의 구성으로 '괴-'는 '고-'의 사동형으로 파악되며 '짓괴-'는 '짖어서 소리를 내다' 정도의 의미로 파악된다. 한편 '과ᄒ-'는 '칭찬하-'의 의미인데 '고-+-아+ᄒ-' 정도의 구성에서 온 것이다. '짓괴-'와 '과ᄒ-'를 통해서 '말하다'의 뜻을 가진 '고-'가 후기 중세국어에 존재하므로 모음의 대립에 의해 의미의 미세한 차이가 드러나는 현상을 기술한 이숭녕(1961, 1992: 61-65)에 근거하여 '말하다'의 뜻을 가진 후기 중세국어의 '고-'는 '고-(*구), (*ᄀᄅ)-(*그)' 등의 4항 대립을 이루었으나 후기 중세국어에서는 '고-' 계열만 존재한 것으로 파악하였다.

'ᄀᄅ볼'에서의 '볼ㅎ'을 '언덕'의 의미로 파악한 것은 권인한(2008: 89)에서 '볼ㅎ'이 原의 의미임이 연구된 것을 근거로 한 것이다. 권인한(2008: 88)은 한국 고대 자료에 나오는 '벌/伐'과 '볼ㅎ/波'에 대해서 '벌/伐'을 '볼ㅎ/波'보다는 큰 단위로 파악하였다. 양성 모음 대 음성 모음의 대립에 의한 의미 분화에 따라 '벌/伐'은 큰 단위, '볼ㅎ/波'은 작은 단위를 가리키는 것으로 생각된다.

'ᄀᆞ볼'이 'ᄀᆞ[言]+불ㅎ[平/原]' 정도의 구성에서 온 것임을 주장하였고, 이러한 'ᄀᆞ볼'은 삼국 시대에 일본어에 전래되어 'コホリ'로 남아 있게 되었으며 'コホリ'와 대응되는 評은 '言+平'의 의미로 구성된 會意의 한국 고유한자임을 주장하였다.

論山 皇華山城 出土 瓦銘文에 나타난 지명 표기 '葛那城, 笠乃, 立乃' 등의 국어사적 의의

漢字 지식 문화의 수용 과정과 관련하여

1. 서언

이 글은 論山 皇華山城에서 出土된 기와의 銘文에 나타난 '葛那城, 笠乃, 立乃' 등의 지명 표기와 '백제의 縣名인 加知奈縣과 加乙乃' 등의 異表記 관계에 주목하여 이들 이표기 또는 유관된 표기가 시사해 주는 국어사적 의의를 연구하고자 한다.

홍재선(1973)에 따르면 '葛那城丁巳瓦' 명문이 있는 암키와 1점, '笠乃'와 '立乃'가 동시에 기입된 암키와 1점, 立이 기입된 암키와 1점 등이 論山 皇華山城에서 출토되었다고 한다.[1] 홍재선(1983: 43)은 '葛那城丁巳瓦' 명문의 암키와를 백제 시대로 추정하고 홍재선(1983: 45)에서 丁巳를 532년으로 추정하였다. 암키와 1점, '笠乃'와 '立乃'가 동시에 기입된 암키와의 시기에 대해서는 홍재선(1983: 46)에서는 '백제 말기'로

---

1 필자는 2023년 3월 10일에 부여군 정림동에 소재한 '연재 홍사준 기념관'을 방문하여 홍재선 선생님으로부터 명문 기와에 대한 여러 이야기를 들었다. 洪再善 선생의 말에 따르면 1972년이나 1973년에 논산중학교에서 교사로 재직할 때에 황화산성에서 銘文이 있는 기와 3점을 발견하여 현재까지 소장하고 있다고 한다. 홍재선 선생님께 감사의 인사를 드린다.

언급하였으나 홍재선(1983: 47)에서는 '笠乃'의 표기를 통일 신라 시대의 것으로 '立乃'의 표기를 조선 초기의 것으로 파악하였다. 한편 국립부여박물관에 소장된 동종의 암키와에 근거하여 홍재선(1983: 45)은 '葛那城丁巳瓦' 명문 암키와의 제작처를 夫餘로 추정하고 있다.

그런데, '葛那城, 笠乃, 立乃' 등의 명문이 기입된 암키와가 논산의 皇華山城에서 出土되었으므로 '葛那城, 笠乃, 立乃' 등은 논산의 백제 시대 지명 표기 加知奈縣과 이표기 또는 유관 표기 관계에 있는 것으로 추정된다. '加知奈, 葛那' 등은 음차 표기이고 笠乃의 笠은 훈차 표기라는 점에서 이 글에서는 '笠乃'와 '立乃'가 동시에 기입된 암키와 1점의 시기를 통일 신라 시대 이후로 상정하고 '加知奈, 葛那城, 笠乃, 立乃' 등의 이표기 또는 유관된 표기 관계를 통하여 차자 표기 방법의 변화에 대한 일부 특성과 '갇[笠]' 어형 발달에 대한 변화사를 이해하고자 한다.

기존의 연구에서 백제 加知奈縣을 해독한 바 있다. 加知奈의 奈가 '내[川]'를 표기한 것에 대해서는 기존 연구에서 이견이 없었다. 그러나 加知奈縣의 加知에 대해서는 기존 연구에서 이견이 제안되었다. 加知를 이숭녕(1971: 161)은 '叉[初]'의 의미로, 김선기(1973: 33)는 '거리[街]'의 의미로, 도수희(1977, 1997: 81)는 '가지[枝]'의 의미로, 천소영(1990: 101)은 分岐川의 의미를 가진 '거리', 이강로(2001: 59)는 市의 의미로, 강헌규(2014: 5)는 '시장'의 의미로 이해하였다. 그런데 이 연구에서 다루고자 한 지명 표기 '葛那城, 笠乃, 立乃' 중에서 笠乃의 笠은 加知奈縣에 나오는 加知의 의미가 '갓[笠]'임을 시사해 주고 있는 점이 중요하다.

백제 加知奈縣의 개정 명칭으로 신라 경덕왕의 市津縣이 있었고 『삼국사기』 권37에는 加知奈縣의 이표기로 加乙乃가 소개되었고, 『고려사』에서는 薪浦가 새로이 소개되었다. 종래의 연구에서 '加知奈縣, 市

津縣, 加乙乃'등을 이표기로만 생각하여 '加知奈縣, 市津縣, 加乙乃' 등을 해독하여 왔고, 또 조선 시대 논산 지역의 주변 하천명인 '沙橋川, 私津, 草浦'등도 '加知奈縣, 市津縣, 加乙乃' 등의 이표기일 것으로 전제하여 '加知奈縣, 市津縣, 薪浦' 등의 의미를 해독하여 왔다. 그러나 '加知奈縣, 市津縣, 薪浦' 등은 이표기 관계에 있지 않고 별칭 관계에 있음을 이 글에서 주장하고자 한다.

2. 백제 현명 加知奈縣, 신라 경덕왕 개정 현명 市津, 고려사 薪浦' 등의 관련 지명 표기

2.1. 백제 현명 加知奈縣과 '加乙乃, 葛那城, 笠乃, 立乃' 등의 이표기 또는 유관된 표기 관계

加知奈縣은 백제의 현명이다.

(1) 가. 市津縣은 본래 百濟의 加知奈縣이었는데, 景德王이 이름을 고쳤다. 지금까지 그대로 따른다. 〈三國史記 卷36 雜誌 第5 地理 三 新羅 德恩郡〉
   나. 加知奈縣 한편 加乙乃라고도 이른다. 〈三國史記 卷37 雜誌 第6 地理 四 百濟 完山州 郡縣〉

(1가)는 加知奈가 백제의 縣名이며 市津은 신라 경덕왕이 개정한 縣名임을 말하고 있다. 그리고 (1나)는 加乙乃가 加知奈縣의 이표기임을 말하고 있다.

市津의 津에 기대면 加知奈의 奈와 加乙乃의 乃는 고려 가요 「동동」의 '나릿므른'에 나오는 '나리'나 후기 중세국어의 '내ㅎ[川]' 정도를 표기한 것임은 주지의 사실이다. 지명 표기에서 川과 津은 넘나들면서 사용되기 때문이다.

加知奈의 知는 차자 표기에서 흔히 '디' 정도를 표기한 것으로 알려져 왔다. 그리고 加乙乃의 乙이 'ㄹ'을 표기한 것도 주지의 사실이다. 'ㅣ' 모음 앞에서 'ㄷ'은 'ㄹ'로 변화되었다. 이기문(1961)[2]의 주장을 이어 받아 도수희(1975)는 충청도 전의현의 백제 명칭인 仇知縣의 仇知를 '구리[銅]'로 파악하였다. 仇知는 '*구디'를 표기한 것이므로 '*구디〉구리'의 변화가 일어났음을 알 수 있다. 한편, 菩提[보데]의 한국 발음이 '보리'인 것에서도 'ㄷ〉ㄹ'의 변화를 살필 수 있다.[3] 따라서 加知奈에서 'ㄷ〉ㄹ'의 변화와 어말 모음의 탈락을 반영한 표기가 加乙乃로 생각된다.

加知奈와 加乙乃의 加가 표기한 음을 추정하는 데에 논산 황화산성에서 출토된 기와 명문의 '葛那城, 笠乃, 立乃' 등이 주목된다. '葛那城丁巳瓦'의 銘文을 印章으로 압인한 기와는 다음과 같다.[4]

---

2 이 구절은 도수희(1975)의 기술을 그대로 가져온 것으로 이기문(1961)은 『국어사개설』인데, 1998년 신정판 『국어사개설』에서는 관련 내용을 확인할 수 없었다.
3 'ㄷ〉ㄹ'의 변화에 대해 이기문(1998: 85)은 "고대국어에서 다음과 같은 단어들은 모음간의 *t를 가지고 있었는데 중세국어에서 'ㄹ'로 변하였다 바돌(海), ᄒᆞ돌(一日), 가돌(脚) 등."으로 설명한 것이 참고가 된다.
4 홍재선 선생님의 후의로 2023년 3월 10일에 부여군 정림동에 소재한 '연재 홍사준 기념관'에서 논산 황화산성에서 출토된 명문 기와 3점을 촬영하였다.

〈표 1〉 論山 皇華山城 출토 葛那城/丁巳瓦 銘文 印章 기와(전체, 부분)

葛那城/丁巳瓦 銘文 印章 기와(전체)

葛那城/丁巳瓦 銘文 印章 기와(전체)

명문 葛那城丁巳瓦에서 那의 경우는 획이 분명하지 않다. 그러나 동일한 명문 기와가 현재 국립부여박물관에도 소장되어 있는데[5], 이 기와에서는 那의 획이 분명하다.

논산 황화산성에서 출토된 기와에서는 명문의 한자 획에 까만 색이 칠해져 있지 않다. 그러나 부여 쌍북리에서 출토된 기와에서는 명문의 한자 획에 까만 색이 칠해져 있다. 이 까만 색은 먹물의 흔적으로 추정된다.

---

5 이 글에서 제시한 기와 명문 자료는 2023년 3월 10일 국립부여박물관의 후의로 직접 촬영한 것이다. 국립부여박물관 담당자에 따르면 이 기와가 부여 쌍북리에서 출토되었다는 사실만을 알고 있다고 한다. 그런데 홍재선 선생의 말에 따르면 일제 시기에 쌍북리 요지에서 수습되었을 것이라 한다. 한편, 충남대학교박물관(2002: 616)에도 이 기와의 사진이 실려 있다. 그러나 출토 경위에 대한 설명은 없다. 백제 시대의 기와로 추정하고 있다.

<표 2> 국립부여박물관 소장 부여 쌍북리 출토 葛那城/丁巳瓦 銘文

葛那城/丁巳瓦 銘文 印章 기와(부여박물관) | 葛那城/丁巳瓦 銘文 印章 기와(부여박물관)

논산 황화산성은 『新增東國輿地勝覽』 은진현 성곽 조에 皇華山城으로 등장하고 있다. 葛那城丁巳瓦 銘文 기와는 皇華山城 안에 소재한 건물지[6]에서 출토된 것이므로 皇華山城 이전의 명칭은 葛那城으로 생각된다. 신라 경덕왕의 지명 개정에 의해 백제 加知奈縣은 市津縣으로 바뀌었지만 皇華山城은 옛 지명을 그대로 유지하여 葛那城이라 지칭한 것으로 생각된다. 따라서 加知奈와 葛那는 이표기 관계에 있는 것으로 생각된다.

홍재선(1982: 44)은 葛那城丁巳瓦 銘文 기와의 시기를 백제 시대로 추정하고 있다. 葛那城의 葛은 '갈'을 표기한 것이다. 加知奈의 加知를 고려하면 국어의 'ㄷ〉ㄹ' 변화와 어말 모음의 탈락이 백제 시기에 발생했을 가능성을 시사해 준다.

'笠乃/立乃' 銘文이 양각된 암키와는 다음과 같다.

---

6 홍재선(1983: 39)에서 황화산성 내의 5개 건물지의 위치를 제시하고 있다. 논산교육청에서 1960년에 실시한 조사로 만들어진 황화산성실측도에 따른 것이라 한다. 홍재선(1983)에서 논산교육청에서 1960년에 실시한 조사의 보고서 명칭을 제시하지 않아 내용을 자세히 확인할 수 없다.

〈표 3〉 국립부여박물관 소장 부여 쌍북리 출토 葛那城/丁巳瓦 銘文

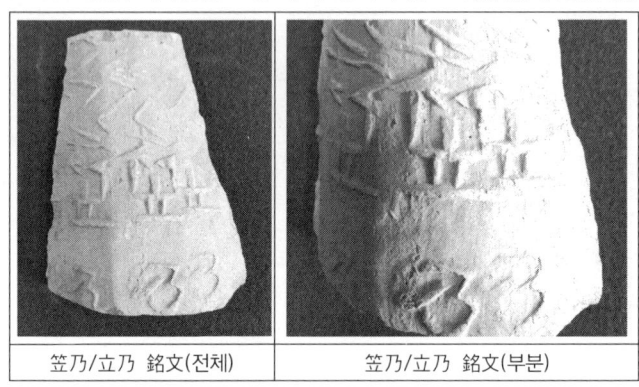

| 笠乃/立乃 銘文(전체) | 笠乃/立乃 銘文(부분) |

오른쪽에서 왼쪽의 순서로 '立乃, 笠乃, 笠乃' 등의 명문이 양각되어 있다. 첫 번째 명문 立乃에는 竹의 획이 기입되지 않은 것으로 판단된다. 그런데 두 번째와 세 번째의 笠乃에서는 竹의 획이 분명히 드러나 있다. 竹의 획을 상단의 무늬로 볼 여지도 있으나 笠의 일부 획인 竹이 분명하다.

한편. 立乃는 笠乃의 음만을 동일한 한자음으로 교체한 표기이다. 훈차 표기인 笠乃와 음차 표기인 立乃가 동시에 기입된 사실은 훈차 표기를 음독하여 동일한 음의 한자음으로 교체하는 표기법이 고려 시대 이전에도 발생했음을 시사해 주는 것이다.[7]

立이 기입된 기와는 다음과 같다.

---

7 이건식(2016: 157)에서는 992년에 성립되었던 『高麗史』 수록 22역도 체제 525개 驛名이 후대에 음독화되어 다른 글자로 교체되는 현상을 기술하였다.

<표 4> 論山 皇華山城 출토 立 명문 기와

| 立 | 立(확대) |

홍재선 선생은 立으로 판독하였다. 그러나 명문의 글자가 立인지는 분명치 않다.

'葛那城, 笠乃, 立乃' 등의 명문 기와가 논산 황화산성에서 출토되었으므로 '葛那城, 笠乃, 立乃' 등은 백제 加知奈縣의 이표기 또는 유관된 표기로 추정된다.『新增東國輿地勝覽』의 은진현 고적 조에서 古市津이 황화산성 서남쪽에 위치했다는 기술을 참고할 때 이러한 추정은 신빙성이 있다. 특히 葛那城의 葛과 加乙乃의 加乙은 동일한 음을 표기했을 가능성을 보여 주기 때문이다.

그런데 논산 황화산성에 출토된 기와의 명문 笠乃의 笠은 加知奈縣의 加知가 후기 중세국어의 '갇[笠]'의 의미임을 시사해 준다. 물론 笠이 訓假字로 사용되었다면 加知가 '갇[笠]'의 의미와는 관계없는 것이라 할 수 있다. 하지만 借字 表記에서 訓主音從의 원칙이 일반적으로 적용되는 사실을 고려하면 笠乃의 笠은 훈가자가 아니라 訓讀字일 가능성이 아주 높다.

이표기 笠乃를 고려하면 백제 加知奈縣의 加知는 '*가디'를 표기한 것으로 이해된다. 이 '*가디'가 후기 중세국어에 이르러 '갇[笠]'으로 전승되었다. 한편 加知奈縣이 葛那城으로 변화한 것을 근거로 '*가디/加知'가 '*가리'의 과정을 거쳐 '갈'로 변화할 수도 있음을 알 수 있다. 『鷄林類事』의 '笠 蓋 音渴'을 근거하면 12세기에 '갇[笠]'은 '*갈'의 형태를 가진 어휘임을 확인할 수 있다. 결국, 백제어 '*가디'는 후기 중세국어에 이르러 '갇, 갈'의 어형으로 발달하여 후기 중세 국어에서는 쌍형어의 모습을 보여준 것으로 이해할 수 있다.[8] 후기 중세국어에서 '갈'의 어형을 보여주는 것에는 '곳갈'이 있다.

『한국지명총람』 논산군 편에는 加乙乃城과 관련된 지명을 다음과 같이 소개하고 있다.

(2) 가. 가을내-(加乙乃城) [산] → 황화산 〈한국지명총람 4 논산군 산천〉
나. 갈라-성(葛羅城) [산] → 황화산 〈한국지명총람 4 논산군 산천〉
다. 황화-산(皇華山) [가을내성, 갈라성, 황화산성, 황화대, 황화산 봉수, 봉화산] [산] (중략) 사방에 성문 자리가 남아 있고, 성안에는 창고 자리가 두 곳이 있으며, 또 둥근꼴, 네모꼴의 주춧돌이 놓여 있고 홀잎 연꽃 무늬의 기와가 흙 속에서 나왔는데, "葛羅城"이라 양각되어 있어서 (하략) 〈한국지명총람 4 논산군 산천〉
라. 아래-말[가지내현, 가을내, 갈라, 신포, 시진] [마을] 〈한국지명총람 4 논산군 논산읍 동화동〉
(3) 아랫말 : 등화동 내에서 제일 아래가 있다고 해서 아랫말이라고 칭하였음 〈1959년 지명조사철 논산군 편 등화리〉

(2가)와 (2다)의 '가을내'는 加乙乃를 음으로 적은 것으로 현지에서

---

8 『訓蒙字會』 中:15에 보이는 '갇/笠'과 『訓蒙字會』 中:22에 보이는 '곳갈/冠'의 '갈'은 의미가 같은 것으로 파악된다.

부르는 지명은 아니다. (2라) '아래-말'의 이칭으로 '가지내현, 가을내, 갈라, 신포, 시진' 등을 제시한 것은 문헌 기록에 전하는 지명을 1960년 이후에 '가지내현, 가을내, 갈라, 신포, 시진' 등을 '아래-말'로 비정한 것으로 생각된다. (3)에서 보는 바와 같이 1959년 지명 조사 시에는 '아래말'의 이칭으로 '가지내현, 가을내, 갈라, 신포, 시진' 등이 조사되지 않았다.

(2다)에서 "홑잎 연꽃 무늬의 기와가 흙 속에서 나왔는데, '갈라성(葛羅城)'이라 양각되어 있어서"라는 설명은 문제가 있다. '갈라성(葛羅城)'이라 양각된 기와의 존재는 현재 확인할 수 없기 때문이다. 이 설명은 '葛那城/丁巳瓦 銘文' 기와에 대한 설명을 잘못 기술한 것으로 이해된다.

2.2. 신라 경덕왕 개정 현명 市津과 별칭 利樓津

百濟 加知奈縣을 신라 경덕왕이 市津縣으로 개정한 사실은 『삼국사기』에 기록되어 있으며 이 기록은 앞에서 이미 제시했다. 경덕왕의 개정 명칭은 본래 명칭의 의미를 보존하여 한자로 개정할 수도 있으나 본래 명칭과는 의미가 다른 명칭으로 개정했을 가능성도 있다. 加知奈縣을 경덕왕이 개정한 명칭 市津縣은 加知奈縣과는 의미가 다른 계통의 명칭일 가능성이 다음 자료로 확인될 수 있다.

(4) 가. 市津浦 古有利樓, 疑卽此 〈世宗實錄地理志 忠淸道 公州牧 恩津縣〉
　　 나. 市津浦 在市津縣 商舶所集 連檣接艣 人物雜沓互市 故名 尹淮云 古有利樓津 疑卽此 〈新增東國輿地勝覽 恩津 山川〉
　　 다. 市津浦 옛 市津縣에 있으니, 지금 治所와의 거리는 서북쪽으로

12리이다. 세속에서는 私津이라고 부르니, 바로 連山縣 草浦의 하류로서, 서쪽으로 흘러 금강의 江景渡로 들어간다. 바다 조수와 서로 이어져서 商船들이 모이는 곳이니, 돛대와 노가 연접하고 사람들과 물품이 잡다하게 이르러 교역하므로 그러한 이름이 붙여졌다. 본조 尹淮가 말하기를 "예전에 利樓津이 있었다고 하였는데, 혹시 이곳이 아닌가 한다." 하였다.⁹ 〈東國輿地誌 恩津 山川〉

(4)에서 보듯이 조선시대 지지 자료 편찬자는 경덕왕 개정 명칭인 市津의 市 의미를 場市의 의미로 이해하고 있다.

市津의 별칭으로 제시된 (4가) 利樓와 (4나)와 (4다)의 利樓津에서의 利를 도수희(1977, 1997: 98)에서는 차자 표기로 '길미'의 의미로 파악하려는 시도를 하였다. 그런데 利樓와 유사한 의미를 가진 '利穴, 利藪, 利窟' 등의 한자어가 중국과 한국의 문헌에서 사용된 것이 확인된다.

(5) 가. 【利穴 이혈】 이익의 원천. 利孔. /唐, 白居易 《策林 1, 不奪人利》 王者不殖貨利, 不言有無. 耗羨之財不入於府庫, 析毫之計不行於朝廷者, 慮其利穴開而罪梯構. /明, 歸有光《乞休申文》今縣之可以爲利穴者, 不過人命·强盜·糧長·徭役. 〈漢韓大辭典〉
나. 【利藪 이수】 이익이 집중되는 곳. 《警世通言, 金令史美婢酬秀童》 那庫房舊例, 一吏輪管兩季, 任憑縣主隨意點的. 衆吏因見是個利藪, 人人思想要管. 〈漢韓大辭典〉
다. 그 사이에 가혹하게 마구 거두어들이는 신하들이 경쟁적으로 利窟(稅源)을 개발해서 다투어 선여(羨餘)를 바치곤 하는데,¹⁰ 〈稼

---

9 『東國輿地誌』, 恩津, 山川, "市津浦 在古市津縣 距今治西北十二里 俗稱私津 卽連山縣草浦下流 西流入錦江江景渡 海潮相連 商舶所集 連檣接檝 人物雜沓互市 故名 本朝尹淮云 古有利樓津 疑卽此"

亭先生文集 卷之十三 策 財用盈虛戶口增減爲國者止深計 鄕試策〉

(6) 가. 【利窟 이굴】잇구멍. 이끗이 생길 만한 일거리나 기회. 利穴. 利藪.《朝鮮光海君日記 32, 2年8月壬寅》政院啓曰, 一自顧崔嚴萬太監, 兩使經過之後, 用銀之聲, 聞於中國, 遼廣各衙門, 以本國作一利窟, 委送差官, 項背相望.〈韓國漢字語辭典〉

나. 【利穴 이혈】"利窟"과 같다.《朝鮮中宗實錄 69, 25年9月己酉》自古昏亂之時, 戚畹之屬, 因緣私獻, 曲希恩寵, 邪謀利穴, 無所不至.〈韓國漢字語辭典〉

한어 利穴이 당나라 시대에 사용되었고, 利藪는 청나라 시대에 사용되었으며, 『조선왕조실록』에 利穴과 利窟이 사용된 사실을 고려하면, 利樓는 차자 표기가 아니라 한자어이다. '利穴, 利藪, 利窟' 등에서는 이익이 나오는 원천을 '穴[구멍], 藪[숲], 窟[굴]' 등으로 표현했으나 利樓는 이익이 나오는 원천을 '樓[다락]'으로 표현한 것으로 추정된다. (5다)는 李穀(1298-1351)의 시대에 우리 나라에서 한자어 利窟이 사용되었음을 말해 주고 있다. 利樓를 언급한 尹淮(1380-1436)는 여말 선초 시기의 인물이므로 利樓는 여말선초 시기의 한자어로 생각된다. 결국 利樓는 '이익이 나오는 다락' 정도의 의미로 市津과 유사한 의미를 가진 것으로 이해할 수 있다. 따라서 市津과 加知奈는 유사한 의미를 가진 것으로 파악할 수 없다.

2.3. 『고려사』에 제시된 加知奈縣의 별칭 薪浦

백제 加知奈縣의 별칭인 薪浦는 『고려사』에 처음 언급되었다.

---

10 『稼亭先生文集』, 卷之十三 策 財用盈虛戶口增減爲國者止深計 鄕試策, "間有掊克聚斂之臣 競開利窟 爭進羨餘"

(7) 가. 市津縣本百濟加知奈縣【一云加乙乃 一云薪浦】新羅景德王 改今
名 爲德恩郡領縣 顯宗九年 來屬 有市津浦〈高麗史 卷五十六 志
卷第十 地理 一 楊廣道 公州 市津縣〉

나. 市津縣 本百濟加知奈縣 一云加乙乃 一云薪浦 新羅景德王改市津
〈新增東國輿地勝覽 恩津 建置沿革〉

이 글에서 薪浦를 加知奈縣의 별칭으로 규정한 것은 '加知奈縣, 加乙 乃, 葛那城, 笠乃, 立乃, 市津' 등과 薪浦를 이표기 관계로 전혀 상정할 수 없기 때문이다. 市津이 '加知奈縣, 加乙乃, 葛那城, 笠乃, 立乃' 등의 별칭이듯이 薪浦도 '加知奈縣, 加乙乃, 葛那城, 笠乃, 立乃' 등의 별칭으 로 생각된다. 또한 薪浦는 市津의 별칭이기도 하다. 이러한 주장의 논거 는 다음 절에서 제시하도록 한다.

3. 加知那, 市津, 薪浦 등의 별칭 관계

3.1. 조선 시대 논산 지역 하천과 경로

'加知那, 市津, 薪浦' 등의 별칭 관계를 이해하기 위해서는 조선 시대 논산 지역의 하천명을 논의할 필요가 있다.

1914년에 실시된 행정 구역 통폐합으로 논산군이 성립되었다. 『한국 지명총람』의 논산군 조의 설명에 따르면, "恩津郡, 연산군, 노성군, 석 성군, 공주군, 전라북도 여산군, 전라북도 고산군 등의 전부나 일부를 병합하여 1914년에 논산군이 출발하였다."

'恩津郡, 連山郡, 魯城郡' 등의 하천의 경로와 명칭은 규장각 소장 김정호의 「東輿圖」에 다음과 같이 설명되었다. 독자의 편의를 위하여 하천의 경로를 ←로 표시하였다.

論山 皇華山城 出土 瓦銘文에 나타난 지명 표기 '葛那城, 笠乃, 立乃' 등의 국어사적 의의 **111**

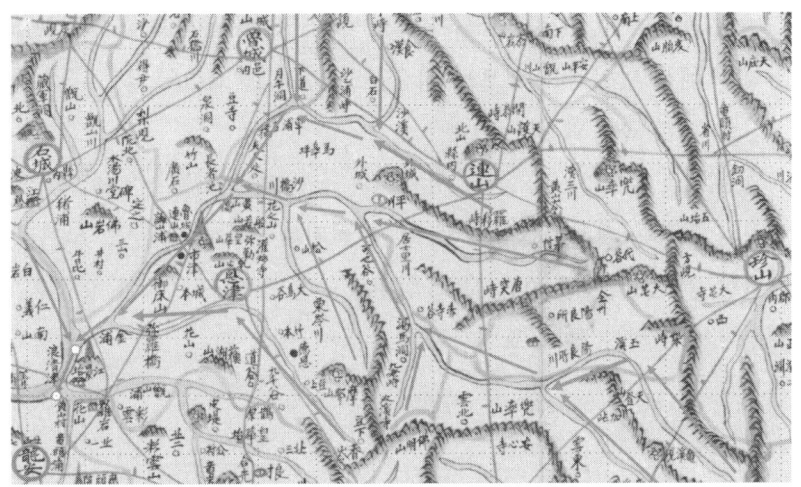

〈그림 1〉 金正浩 東輿圖(奎10340-v.1-23)의 일부

〈그림 1〉에서 은진현 왼쪽의 물줄기에 市津이 표시되었다. 市津의 이 물줄기는 상류의 여러 물줄기가 하나로 합해진 것이다. 그런데 조선시대 地誌 資料에서는 市津 물줄기의 본류를 다음과 같이 설명하고 있다.

(8) 가. 市津源出鎭安珠崒山之陰 西流爲龍溪 過陽良所川 經佛明山 由渴馬洞 西北流爲居士川 爲私津北會草浦 西南流經黃山橋 入江景浦 〈東國文獻備考 卷之十一 輿地考六 山川〉

나. 草浦源出公州雞龍山 西南流過沙溪 經尼山縣 爲草浦 入市津 〈東國文獻備考 卷之十一 輿地考六 山川〉

(9) 가. 市津浦 一云論山浦 北十二里 出鎭安珠崒山之陰 西流爲高山龍溪 過陽良所川 經佛明山 由渴馬洞 爲連山居斯里同布川 北流爲私津 右會草浦 西南流經黃山橋 環江景臺之北 入于白江 〈大東地志 恩津 山川〉

(8가)와 (9가)는 9개의 물줄기가 합쳐진 市津의 본류가 鎭安의 珠峯山의 陰에서 발원하는 것으로 기술하고 있다. 珠峯山의 陰은 전라도 고산현의 炭峴을 말한다.

'〈그림 1〉'과 '(8), (9)' 등을 활용하여 조선 시대 논산 지역에 흐르던 하천의 경로를 제시하면 다음과 같다. 독자의 이해를 위하여 '노성현, 연산현, 은진현' 등의 조선 시대 읍치를 함께 제시한다. 또한 古市津과 古德恩의 위치는 ●로 표시한다.

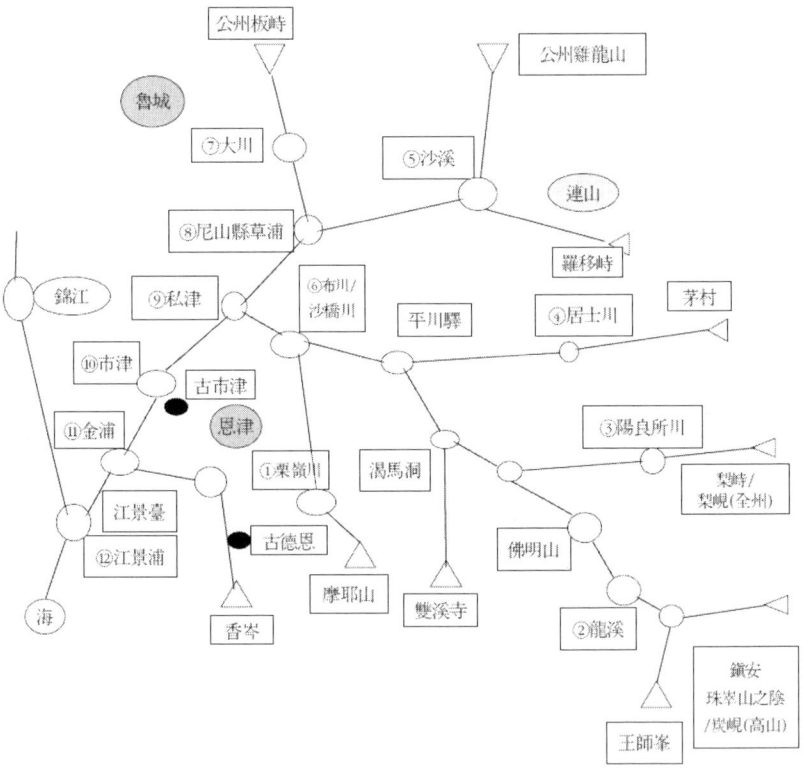

〈그림 2〉 조선 시대 논산 지역 하천의 경로와 하천의 명칭

市津의 상류 하천 명칭 '沙橋川, 草浦, 私津' 등이 '加知那, 市津, 薪浦' 등의 별칭 관계를 파악하는 데에 도움이 되는 단서로 생각된다.

3.2. 경덕왕 개정 명칭 市津 등장으로 인한 '加知奈/笠乃/立乃/仁川' 하천명의 위치 변경

加知那는 황화산성 서남쪽의 하천명인데, 경덕왕 개정 명칭 市津의 등장으로 加知那란 하천 명칭은 상류의 하천명으로만 존재해 온 것으로 추정된다.

백제 시대 표기 加知那와 그 이표기 또는 유관된 표기인 논산 황화산성 출토 기와 명문의 '加知那, 笠乃, 立乃' 등과 관련하여 〈그림 2〉에는 제시되지 않았지만 仁川이란 하천명이 주목된다.

(10) ① 栗嶺川
    가. 栗嶺川 東十里 出豆下面 北流入于私津〈大東地志 恩津 山川〉
    나. 栗嶺川 治東十里 源出豆下面 北流入市津〈輿圖備誌 恩津 山川〉
(11) ① 栗嶺川
    가. 栗嶺川 源出全羅道高山縣龍溪山 入市津浦〈新增東國輿地勝覽 恩津, 山川〉
    나. 栗嶺川 在縣東十五里 源出全羅道高山縣龍溪山 入市津浦〈輿地圖書 恩津 山川〉
    다. 仁川 在縣東北十里 一云栗嶺川 源出全羅道高山縣炭峴 過連山縣界 入市津浦〈東國輿地誌 恩津 山川〉

(10)은 栗嶺川의 발원지를 은진현 豆下面으로 파악하고 있고, (11)은 栗嶺川의 발원지를 全羅道 高山縣 炭峴으로 파악하고 있다. (10)에서 말한 栗嶺川은 全羅道 高山縣 炭峴에서 내려 오는 물줄기와 연산현

의 布川에서 만나고 있다. 그런데 (11다)에서 栗嶺川의 다른 이름이 仁川이라 하고 있다. 이것은 栗嶺川이 布川에 이르러서는 하천의 명칭이 仁川임을 말하는 것이다. 결국, (10)에서 말한 栗嶺川은 栗嶺川의 상류나 중류의 명칭을 말하는 것이며, (11)에서 말한 栗嶺川의 발원지를 全羅道 高山縣 炭峴이라 언급했으므로 여기의 栗嶺川이 全羅道 高山縣 炭峴에서 내려오는 물줄기에 합수되는 지점을 말한 것으로 생각된다.

仁川은 居士川의 이표기로도 제시되고 있다.

(12) ④ 居士川
　　　가. 居士里川 在縣南十里 源出全羅道高山縣龍溪川 入私津〈新增東國輿地勝覽 連山 山川〉
　　　나. 仁川 在縣南十里 一云苔溪 一云居士川 卽高山縣龍溪川下流 經恩津縣北 入市津〈東國輿地誌 連山 山川〉
　　　다. 居士里川 在縣南十里 源出全羅道高山縣龍溪川 入沙津〈輿地圖書 連山 山川〉
　　　라. 居士里川 治南十里 ○右二水, 恩津市津浦上流〈輿圖備誌 連山 山川〉
　　　마. 居斯里川 西十里 ○右二川 詳恩津市津浦〈大東地志 連山 山川〉
(13) ② 龍鷄川
　　　龍鷄川 在縣北四十里 源出炭峴梨峴 合而北流 入忠淸道連山縣界爲仁川〈東國輿地誌 高山 山川〉

(12가)-(12라)의 居士里川에서 士를 동일한 음인 斯로 교체한 이표기가 (12바)의 居斯里川이다. 그런데 居士里川의 이표기로 (12나)는 '仁川, 苔溪, 居士川' 등의 대응 관계를 보여 주고 있다. 居士川은 음절수를 3음절로 줄이기 위하여 居士里川에서 里를 생략한 이표기로 추정

된다.

'仁川, 苔溪, 居士川' 등의 이표기 관계에 대하여 도수희(2007: 128-132)는 居斯와 苔의 대응 관계를 통하여 居의 고훈을 '잇'으로 추정하였다. 또 『三國史記』와 『三國遺事』에 나오는 異次頓과 『海東高僧傳』에 나오는 居次頓을 근거로 '살다'가 아닌 居의 고훈 '잇'을 제안한 바 있다. 仁川은 현지 지명으로 '인내'로 불리우는 것으로 '苔溪/잇내'와 '居士川/잇내'의 '잇내'가 비음동화되어 '인내'로 변화된 것으로 파악하였다.

(13)은 龍鷄川이 전주와 連山縣 경계에 이르러서는 仁川으로 불리고 있음을 말하여 주고 있다. (13)에서 말한 連山縣 경계는 연산군 모촌면과 전주군 陽良所面을 지칭한 것으로 이해된다. 『한국지명총람』에서 논산군 양촌면 인천리에 대한 설명을 참고하면[11] 전주군(全州郡) 양양소면(陽良所面)을 흐르는 물줄기의 이름도 仁川이라 했기 때문이다. 결국 〈그림 2〉에 나타난 陽良所川은 陽良所面을 흐르는 물줄기 이름이고, 陽良所川이 全羅道 高山縣 炭峴에서 내려오는 물줄기에 합수되는 지점은 仁川이라 했음을 알 수 있다.

조선총독부에서 1924년(大正 13) 11월 30일에 발행한 1/50,000 조선지형도 논산 도엽에서는 全羅道 高山縣 炭峴에서 내려오는 물줄기이면서 논산군 논산읍 倉里 북쪽을 흐르는 물줄기의 이름을 '仁川川/インチョンチョン'이라 하였다.

---

11 『한국지명총람』 4 충남편(상), 논산군 양촌면 인천리, "인천-리(仁川里)[인내, 인천리] 본래 전라북도 전주군(全州郡) 양양소면(陽良所面) 지역으로서, 인내의 이름을 따서 인내 또는 인천(仁川)이라 하였는데 1914년 행정 구역 폐합에 따라, 월장리(越場里), 본장리(本場里), 동산리(東山里), 도정리(道井里), 하광리(下光里)의 각 일부와 연산군 모촌면의 남산리(南山里) 일부를 병합하여 인천리라 하여, 논산군 양촌면에 편입됨"

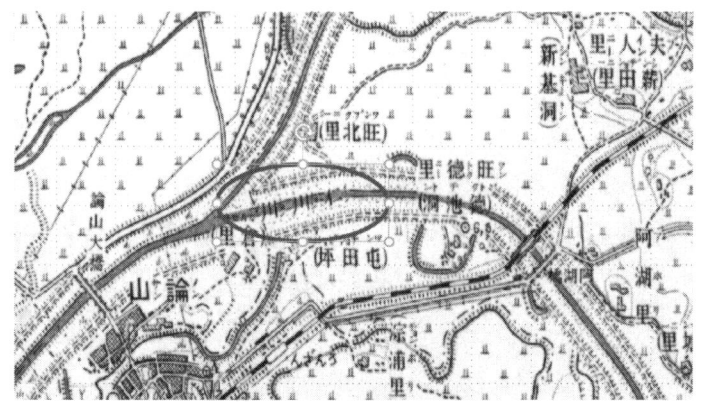

<그림 3> 조선지형도 논산 도엽 仁川川

仁川이라 불린 곳의 위치를 제시하면 다음과 같다.

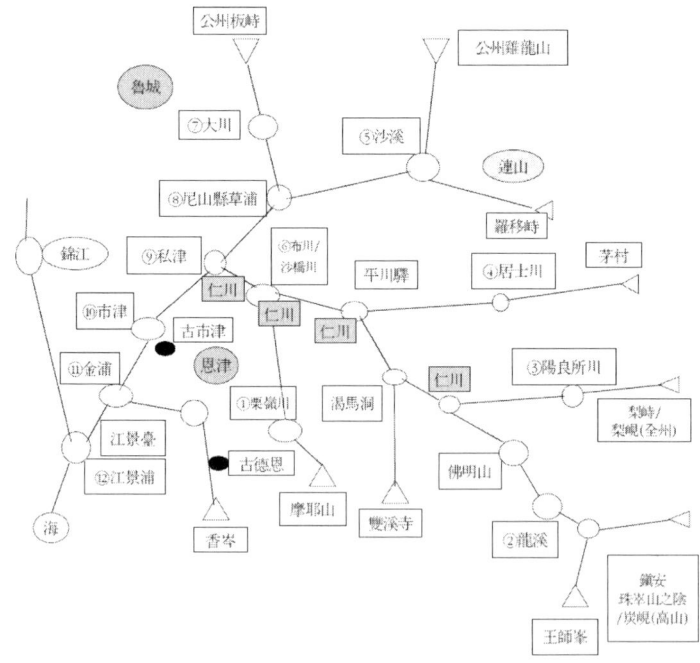

<그림 4> 仁川의 위치

居士川의 합수 지점인 仁川은 '苔溪, 居士川' 등을 기반으로 파생된 것으로 이해할 수 있다. 그러나 '⑨私津 근처의 仁川, ⑥布川의 仁川, ③陽良所川의 합수 지점인 仁川' 등은 居士川의 합수 지점인 仁川에서 파생되었다고 이해하기 어렵다. 우리 나라 하천 명칭의 변화에서 하류의 하천 명칭이 상류의 하천 명칭을 대치하는 것이 일반적이고, 그 반대의 경우는 찾아보기가 어렵기 때문이다. 결국, '⑨私津 근처의 仁川, ⑥布川의 仁川, ④居士川의 합수 지점인 仁川 ③陽良所川의 합수 지점인 仁川' 등은 논산 황화산성의 기와 명문에 나타난 笠乃와 立乃가 음독된 '입내'가 비음동화와 조음 위치 동화가 적용된 '인내'일 것으로 생각된다. 앞의 (8)에서 제시한 바 있듯이 『東國文獻備考』에서 市津의 본류를 公州 雞龍山에서 내려오는 물줄기로 파악하지 않고 全羅道 高山縣 炭峴에서 내려오는 물줄기로 파악한 사실에서도 '⑨私津 근처의 仁川, ⑥布川의 仁川, ④居士川의 합수 지점인 仁川, ③陽良所川의 합수 지점인 仁川' 등의 仁川은 하류의 명칭이 상류의 명칭에까지 확대되어 사용된 것으로 이해된다.

백제 시대 하천 명칭 加知那는 조선 시대 市津 지역의 하천 명칭이었으나 신라 경덕왕이 加知那縣을 市津縣으로 개정하여 市津 물줄기의 상류 지역에만 仁川이란 명칭으로 존속된 것으로 이해된다.

3.3. 은진현 소재 연산현 소관 連山江倉의 위치를 통해 본 薪浦의 위치

은진현에 소재했지만 연산현 소관인 連山江倉의 위치를 통하여 『고려사』에 처음으로 등장한 薪浦와 市津의 별칭 관계를 이해해 볼 수 있다.

『新增東國輿地勝覽』과 『東國輿地誌』에서는 은진현에 소재한 창고를 언급하지 않았다. 그런데 『輿地圖書』의 은진현 지도와 『대동지지』
에서는 은진현에 소재한 세곡 창고를 다음과 같이 언급하고 있다.

(14) 輿地圖書 恩津縣 지도 일부

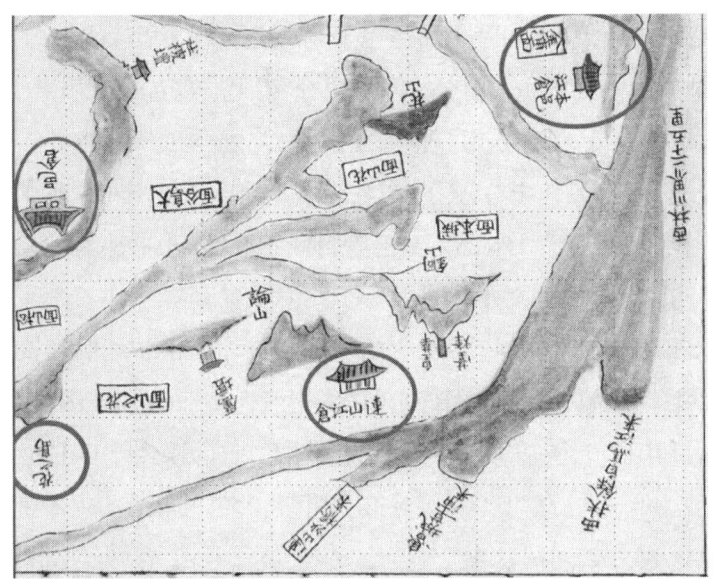

(15) 가. 邑倉 〈大東地志 恩津 倉庫〉
    나. 江倉 在江景浦 〈大東地志 恩津 倉庫〉
    다. 魯城、連山兩邑江倉 在市津浦北岸 〈大東地志 恩津 倉庫〉
(16) 가. 平薪鎭 外萬垈 뒷바다에서 致敗된 連山과 石城 두 고을의 田稅
    를 모두 실은 배의 곡물을 수량대로 건져 낼 길이 없어 부득이
    건져 내는 일을 그만두고[12] 〈各司謄錄 忠淸道篇 2 忠淸道監營狀
    啓謄錄 9 1835년 6월 14일〉

---

[12] 『各司謄錄』, 忠淸道篇 2, 忠淸道監營狀啓謄錄 9, 1835년 6월 14일, "平薪鎭外萬垈
後洋致敗連山・石城兩邑田稅並載船穀物 無路準拯 不得已撤拯"

나. 貢稅串은 牙山縣 서쪽 8리에 있으며,【본주 및 淸州·木川·全義·燕岐·溫水·新昌·恩津·連山·懷德·公州·定山·懷仁·天安·鎭岑·尼山·文義의 구실은 모두 이곳에 바쳐서 〈배로〉 犯斤川을 지나 서해를 거쳐서 西江에 다닫는데, 물길이 5백 리이다.】〈世宗實錄地理志 忠淸道〉

(14)는 은진현에 '邑倉, 連山江倉, 本邑江倉' 등 3개의 창고가 있었음을 보여 주고 있다. 本邑江倉은 은진현의 세곡을 모아두는 강경포 근처의 창고를 말한 것이다. (15) 역시 은진현에 세 개의 창고가 있었음을 말하고 있다. 連山江倉이라 하지 않고 (15다)에서는 魯城、連山兩邑江倉이라 하고 있다. (15다)는 노성현의 세곡(稅穀)도 연산강창에 집결하여 서울로 운반되었음을 말하는 것이다. 또한 (16가)는 석성현의 세곡까지도 연산강창에 집결되었음을 말하고 있다. 連山江倉에 모여진 세곡은 아산의 貢稅串에 집결되어 서울의 京倉으로 운송되었음을 (16나)는 말하고 있다.

연산강창이 은진현에 소재했지만 연산현 소관이란 사실이 의문점이다. 이러한 의문점은 (14)에 나오는 花枝島로 그 의문점을 해소할 수 있을 것으로 생각된다.『輿地圖書』에서는 花枝島에 대해 다음과 같이 언급하고 있다.

(17) 島嶼 花枝島 在縣北十里 自般若山東麓來 今成平陸〈輿地圖書 恩津 山川〉

(17)은 섬인 花枝島가 육지가 되었음을 말하고 있다. 花枝島가 섬이라면 花枝島를 둘러싼 두 물줄기가 있어야 한다. 그런데 (14)에서는 花枝島 북쪽의 물줄기만 보이고 남쪽의 물줄기는 보이지 않고 있다.

(17)에서 花枝島가 육지가 되었다고 말한 것은 화지도 남쪽의 물줄기가 사라졌음을 말하는 것이다. 본디 화지도 남쪽의 물줄기가 본류이고 하천은 직진하려는 성질에 따라 북쪽의 물줄기가 새로 생긴 것으로 이해될 수 있다. 이러한 물줄기 변화는 한강의 여의도에서도 발생했다. 한강은 용산 근처에서 영등포 쪽으로 물길이 흘러 서강 대교 부근으로 흘러 나가는 물줄기가 본류였다. 그러나 이 본류는 현재 '샛강'으로 불리고 물의 직진 성향과 홍수로 인하여 용산에서 마포대교로 흐르는 물줄기가 새로이 만들어졌다. 한강의 이같은 흐름 변화에 대해서는 강재철(2022)을 참고할 수 있다.

한강의 여의도는 본디 한강 북쪽 관할 지역이었으나 여의도가 섬이 된 까닭에 이제는 한강 남쪽 지역의 관할이 된 것처럼 連山江倉도 본디 연산현 지역에 세워졌을 것이나 물줄기의 흐름 변화로 은진현에 소재된 것으로 이해할 수 있다.

그런데 연산강창이 위치했을 것으로 추정되는 마을명으로 '창리'와 '해창리' 등이 있어 연산강창 주변의 하천은 여러 번 물줄기의 흐름이 바뀐 것으로 추정된다. 조선총독부에서 1924년(대정 13) 11월 30일에 발행한 1/50000 조선지형도 논산 도엽에 창고와 관련된 마을명 두 곳이 다음 〈그림 5〉와 같이 나온다.

〈그림 5〉에서 倉里는 노성현에서 내려오는 물줄기와 연산현과 은진현을 갈라놓는 물줄기가 합수되는 私津 남쪽에 하천 근처에 위치하고 있다. 그런데 海倉里는 하천에서 멀리 떨어진 지점에 위치하고 있다. 하천에서 멀리 떨어진 지점에 해창리가 소재한다는 것은 해창리 인근 지점에 하천이 흐르고 있었음을 말하는 것이다. 다음과 같은 지명 유래는 이러한 사실을 확인해 준다.

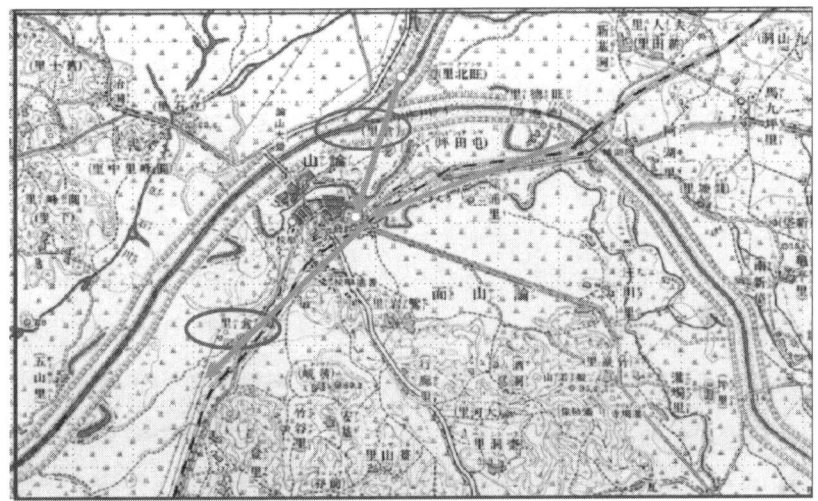

〈그림 5〉 조선지형도 논산 도엽 논산 지역 일부

(18) 가. 구강-펄[舊江-][들] 골말 앞에 있는 넓은 들. 전에는 이 곳에 강이 나서 상선들이 떼를 지어 들어오고 시장이 섰었는데, 백여 년 전에 큰 장마로 강이 딴곳으로 통하였으므로, 구강펄이라 함 〈한국지명총람 4 충청남도 논산군 논산읍 인천리〉

나. 어설메 앞에 강이 있을 때에는 이 동리에는 고기잡이가 많이 살고 있다고 하여 어설매라 함. 〈1959년 전국지명조사철 논산시편 논산읍 등화리〉

(18가)에서 말한 '골말'과 (18나)에서 말한 '어설메'는 논산군 논산읍 등화리의 자연 마을 명칭이다. '등화리'는 〈그림 5〉에서는 '해창리' 남쪽의 '등리'를 말한다.

〈그림 5〉에서 ←로 표시한 것이 본디의 하천 흐름으로 생각된다. 따라서 연산강창의 본디 위치는 해창리 근처였으나 하천의 직진 성향과 홍수로 인하여 물줄기의 흐름이 변화된 결과, 연산강창의 창고가 창리로

옮겨간 것으로 생각된다.

〈그림 5〉에서 창리가 소재한 하천명은 조선 시대 후기 私津으로 불리웠고, 私津의 북쪽 상류명은 草浦로 불리웠고, 동쪽 상류는 沙橋川으로 불리웠다. 沙橋川은 〈그림 5〉 阿湖里 서쪽의 하천명인데 해창리 지역까지 沙橋川으로 불린 것이 아닌가 한다. 그런데 하천의 주요 흐름이 창리 북쪽으로 옮겨져서, 새로이 옮겨진 연산강창 근처의 하천명이 私津인 것으로 추정된다. 이러한 추정은 薪浦와 沙橋川의 이표기 관계에 대한 근거를 제시할 수 있고, 草浦와 私津의 이표기 관계에 대한 근거를 제시할 수 있기 때문이다.

3.4. 薪浦와 沙橋川의 이표기 관계

薪浦와 관련하여 倉里의 상류 지역 하천명이 沙橋川인 점이 주목된다. 薪浦와 이표기 관계에 있을 것으로 추정되는 하천명 沙橋川이 연산현에 소재하기 때문이다. 은진현에 소재했지만 연산현 소관의 창고인 連山江倉으로 인하여 薪浦가 백제 加知奈縣, 경덕왕 개정 명칭인 市津의 별칭으로『고려사』에서 薪浦가 제시된 것으로 이해된다.

沙橋川은 '삽다리내' 정도를 표기한 것으로 생각된다. 조선 시대 지지 자료에서 연산현 沙橋川에 대해 다음과 같이 기술하고 있다.

(19) 가. 布川 一云沙橋川 西二十五里 〈大東地志 連山 山水〉
나. 布川 一云沙橋川 治西二十五里 〈輿圖備誌 連山 山川〉
(20) 沙橋里 사다리 〈朝鮮地誌資料 連山郡 赤寺谷面 洞里村名〉

(19)는 布川의 별칭이 沙橋川임을 말하고 있다. (20)의 '사다리'는 沙橋川이 '삽다리내' 정도를 표기했음을 알려 주고 있다. 이를 확인해

주는 자료는 다음과 같다.

(21) 가. 沙橋浦 삽다리기〈朝鮮地誌資料 全羅南道 3-1 木浦府郡 多慶面 江名〉
나. 沙橋 삽다리〈朝鮮地誌資料 全羅南道 3-1 木浦府郡 多慶面 酒幕名〉
다. 沙橋里 삽다리〈朝鮮地誌資料 忠淸南道 1-1 魯城郡 長久面 洞里村名〉
라. 沙橋 삽다리〈朝鮮地誌資料 全羅南道 3-1 木浦府郡 多慶面 酒幕名〉
마. 沙橋里 삽다리〈朝鮮地誌資料 忠淸南道 1-1 魯城郡 長久面 洞里村名〉
바. 沙橋浦 삽다리기〈朝鮮地誌資料 全羅南道 3-1 木浦府郡 多慶面 江名〉

『新增東國輿地勝覽』 충청도 덕산현 산천 조에 수록된 沙邑橋川을 고려할 때, (21)의 沙橋는 沙邑橋의 생략 표기임을 알 수 있다. 그런데 '삽다리'는 薪橋로도 표기되고 있다.

(22) 가. 薪橋川 삽다리닉〈朝鮮地誌資料 忠淸南道 1-2 鴻山郡 南面 川名〉
나. 薪橋店 삽다리주막〈朝鮮地誌資料 忠淸南道 1-2 鴻山郡 南面 酒店名〉
다. 薪浦鄕。卽鈒浦。薪、鈒方言相類。〈新增東國輿地勝覽 密陽都護府 古蹟〉

(22가)와 (22나)는 薪이 '삽'을 표기한 사례이며 (22다)는 薪이 그 훈인 '섭'뿐만 아니라 '삽'도 표기했음을 확인해 주는 것이다.

이상으로 논의한 바와 같이 『고려사』에 등장한 薪浦는 은진현 소재 연산현 소관의 창고가 소재한 倉里 또는 海倉里 상류 지역의 하천명 沙橋川과 관련이 있을 것으로 생각된다. 즉 조선 시대 私津으로 불린 곳은 본디 薪浦로 불리었으나 私津의 또 다른 草浦의 확대에 밀려 私津의 상류명에만 沙橋川으로 존속된 것으로 이해된다.

3.5. 草浦와 私津의 이표기 관계

은진현 소재 연산현 소관 連山江倉은 연산현만의 명칭으로만 표현되다가 魯城、連山兩邑江倉과 같이 두 현의 江倉으로 표현되고 있다.

(23) 가. 連山江倉 〈輿地圖書 恩津 地圖〉
나. 連山稅倉 〈恩津縣地圖(1872)〉
(24) 가. 魯城連山兩邑江倉 在市津浦北岸 〈大東地志 恩津 倉庫〉
나. 江倉 在江景浦 ○魯城、連山兩邑江倉在市津浦北岸 〈輿圖備誌 恩津 倉庫〉

(23)에서 連山江倉으로만 불리던 것이 (24)에서는 魯城連山兩邑江倉으로 불리고 있다. 沙橋川은 연산현에 소재하고 있지만 草浦는 연산현과 노성현의 경계에 위치하고 있다. 그런데 沙橋川과 草浦의 합류 지점은 沙橋川으로 불리다가 魯城連山兩邑江倉으로 불리게 되면서 沙橋川이란 명칭은 합류 지점의 상류 명칭으로 존속하고 합류 지점은 草浦의 이표기로 추정되는 私津으로 불리게 된 것으로 이해된다.

私津은 다음과 같이 여러 이표기가 전해 오고 있다.

(25) 私津
  가. 私津 在縣北十二里 卽連山縣布川、草浦之合流處〈新增東國輿地勝覽 恩津 山川〉
  나. 私津 在縣北十二里 卽連山縣布川、草浦之合流處〈輿地圖書 恩津 山川〉
  다. 私津 北十二里 連山布川及草浦合流處〈大東地志 恩津 山川〉
  라. 私津 治北十二里 連山之布川、草浦合流處〈輿圖備誌 恩津 山川〉
(26) 沙津
  가. 布川 在縣西二十六里 源出恩津縣 東入同縣沙津〈輿地圖書 連山 山川〉
  나. 草浦 在縣西二十里 源出鷄龍山 入沙津〈輿地圖書 連山 山川〉
(27) 松津
  松津在縣北十二里 卽連山縣浦川草浦合流處〈湖西邑誌(1899) 恩津 山川〉
(28) 肆津浦
  金海 昌原의 草場과 恩津 江景浦 肆津浦 金浦 所室 通津 造江을, 청컨대 "本府에 모두 소속시켜 稅를 거두어 需用에 보태게 하소서." 하니, 허가하였다.[13] 〈肅宗實錄 1703년(숙종 29) 5월 26일〉

(25)-(28)에서 말한 '私津, 沙津, 松津' 등은 草浦와 '沙橋川/布川'이 합류되는 지점의 하천 이름을 말한 것이므로 '私津, 沙津, 松津' 등은 이표기 관계에 있는 것이다. (28)의 肆津 역시 '私津, 沙津, 松津' 등과 이표기 관계에 있는 것으로 생각된다.

『朝鮮地誌資料』충청남도 연산현 조에는 草浦에 대한 한글 표기가

---

13 『肅宗實錄』1703년(숙종 29) 5월 26일, "金海昌原草場 恩津 江景浦·肆津浦、金浦 伏所室, 通津 造江 請並屬本府收稅 以補需用 許之"

'풋기'로 제시되어 있다. 따라서 '私津, 沙津, 松津, 肆津' 등을 직접 '풋기/草浦'의 이표기로 판단할 수 없다. 그러나 『輿地圖書』 문경현 산천 조의 '鳥嶺 在縣西二十七里 延豐縣界 俗號草岾'을 고려하면 '私津, 沙津, 松津, 肆津' 등의 '私, 沙, 肆' 등은 '亽' 정도를 표기한 것으로 '풀'을 의미하는 '새' 또는 '싀' 정도를 훈차 표기한 것으로 파악할 수 있다. 松津의 松은 'ㄴ루' 앞에서 ㄹ이 탈락한 '소' 정도를 표기한 것으로 파악할 수 있는데 여기의 '소'는 '풀'을 의미하는 '싀'에서 발달한 것으로 이해된다.

草浦의 하류 지점의 하천명이 草浦의 이름을 가지게 된 것은 沙橋라는 하천명의 지위를 草浦라는 하천명이 몰아냈기 때문으로 생각된다. 이러한 하천명 변경의 배경은 현재는 잘 알 수 없다. 다만 '연산강창'이 두 읍을 지칭한 魯城連山兩邑江倉의 이름으로 바뀐 것에서 그 이유를 찾을 수 있을 가능성이 있다. 『新增東國輿地勝覽』 은진현 산천 조에 私津이 수록되었으므로 草浦가 沙橋보다 우월한 지위에 있었던 것은 『新增東國輿地勝覽』의 선행본인 『東國輿地勝覽』이 편찬된 15세기 말일 것으로 추정된다.

4. 加知奈의 이표기 또는 유관된 표기 '葛那, 加乙乃, 笠乃, 立乃, 仁川' 등의 국어사적 의의

4.1. 지명의 차자 표기 적용 방법 변화 과정에 대한 암시

'加知奈, 葛那, 加乙乃, 笠乃, 立乃, 仁川' 등의 이표기 또는 유관된 표기에 적용된 차자 표기 방법을 정리하여 제시하면 다음과 같다.

(29)

	지명 표기		차자 표기 방법	
	속성 명칭14	유형 명칭	속성 명칭	유형 명칭
가.	加知	奈	音假 표기	音假 표기
나.	葛	那	통합적 音假 표기	音假 표기
다.	加乙	乃	분석적 音假 표기	音假 표기
라.	笠	乃	訓讀 표기	音假 표기
마.	立	乃	讀字의 音假 표기	音假 표기
바.	仁	川	音假 표기	訓讀 표기

(29라)의 笠을 훈독 표기로 파악할 수 있으므로 '加知, 葛, 加乙' 등은 音假 표기가 된다. 葛과 加乙은 '갈' 정도를 표기한 것으로 '*가디>*가리>갈'의 변화가 국어에서 발생했음을 알려 준다. 葛은 '갈'을 1 글자로 적은 통합적 음가 표기가 되며, 加乙은 '갈'을 2 글자로 적은 분석적 음가 표기가 된다. 加乙과 같은 분석적 음가 표기는 차자 표기에서 국어의 종성을 구분하여 인식했음을 보여 준다.

(29라)의 笠은 훈독 표기가 된다. (29마) 立은 笠을 훈독하지 않고 音讀했기에 笠이 立으로 표기된 것이다. 笠을 음독하여 笠과 동일한 음인 立으로 대체한 것이므로 (29마) 立은 음가 표기로 생각된다.

仁의 한자음은 15세기에 '신'이고, 16세기 초의 자료인 『飜譯小學』 3:34a에는 仁의 한자음이 '인'으로 제시되어 있다. 따라서 '입내' 정도를

---

14 지명은 일반적으로 첫 번째 부분과 두 번째 부분으로 구성된다. 종래 한국 지명학회에서는 첫 번째 부분을 '전부 요소', 두 번째 부분을 '후부 요소'로 규정하여 지명 연구를 진행해 왔다. 그러나 '전부 요소'와 '후부 요소'의 용어가 지명의 특성을 이해하는 데에 도움이 되지 않는 것으로 생각된다. 한편 한국 지리학계에서는 지명의 첫 번째 부분을 '고유 지명', 두 번째 부분을 '속성 지명'이라 하였다. '고유 지명'과 '속성 지명'에 사용된 '고유'와 '속성'의 의미는 다른 분야에서 사용되는 개념과 혼동될 여지가 있다. 따라서 지명의 첫 번째 부분을 '속성 명칭', 두 번째 부분을 '유형 명칭'으로 정하여 사용하고자 한다.

표기한 立乃가 '인내' 정도를 표기한 仁川으로 교체되는 것은 16세기 이후에나 가능할 것으로 생각된다. (29바)의 仁은 '인'을 표기한 것이므로 音假 표기가 된다. '立乃/입내'에 비음동화와 치경음 위치 동화가 적용되어 도출된 '인내'의 '인'을 仁으로 표기한 것이다. '立乃/입내'는 '입내>임내>인내' 정도의 변화 과정을 거쳐 '인내'의 발음형을 가지게 된 것이다. '입내>임내'의 변화는 국어의 비음 동화 현상으로 쉽게 설명될 수 있다. '신문'은 '심문'으로도 발음된다. 이는 후행한 'ㅁ'에 이끌리어 'ㄴ>ㅁ'의 조음 위치 위치동화가 일어난 것이다. 이러한 발음 현상에 기대면 '임내>인내'의 변화는 순음 'ㅁ'이 후행한 치경음 'ㄴ'에 이끌리어 'ㅁ>ㄴ'의 변화를 보인 것이다.

『飜譯小學』 7:24b에 奈의 한자음이 'R내', 『六祖壇經』 상:5a에 那의 한자음이 'L나', 『飜譯小學』 4:22a에 乃의 한자음이 'R내', 『飜譯小學』 10:9a에 乃의 한자음이 'H내' 등으로 제시되었다. 따라서 '奈, 那, 乃' 등은 후기 중세국어의 '내ㅎ/川'를 음가 표기한 것이다. 다만 那의 경우에는 '나리' 또는 '내'의 '나'를 부분적으로 표기한 것으로 생각된다.

(29)에서 속성 명칭과 유형 명칭의 표기에 적용하는 차자 표기 방법의 변화를 살펴볼 수 있다. 즉 속성 명칭의 표기에 적용된 차자 표기의 방법은 음가의 방법을 적용하는 단계에서 훈독의 방법을 적용하는 단계를 거쳐 讀字의 音假化 방법을 적용하는 단계가 발생했음을 알 수 있다. 그런데 유형 명칭의 표기에 적용된 차자 표기의 방법은 음가의 방법을 적용하는 단계에서 훈독의 방법을 적용하는 단계에서 마무리되고 있는 사실을 관찰할 수 있다.

4.2. '갓/笠'과 '가리[곡식이 쌓인 것]'의 동일 어원 관계

현대 국어에서 '갓[笠]'은 종성으로 'ㅅ'의 발음을 가진다. 그러나 『훈민정음해례』용자례의 '갇爲笠'에서 보는 것처럼 15세기 국어에서 '갓'은 종성의 발음이 'ㄷ'이다. 15세기 국어에서는 종성의 위치에서 'ㅅ'과 'ㄷ'이 구별되었기 때문에 '갇爲笠'에 나오는 '갇'의 종성 발음은 본래부터 'ㄷ'이다. 그런데, 『譯語類解』上:26a의 '굴갓[箬笠]'에서 보는 것처럼 종성의 표기가 'ㄷ'에서 'ㅅ'으로 바뀌었고 그 발음도 't'에서 's'로 바뀐 것으로 생각된다. 15세기 국어에서 종성으로 'ㄷ'을 가지는 단어들인 '곧, 벋' 등은 현대 국어에 이르러 그 표기가 '곳, 벗' 등으로 바뀌었을 뿐만 아니라 발음에서도 't>s'의 변화가 있었다. 15세기 국어의 '갇'도 '곧, 벋' 등과 동일한 변화를 보인 것으로 생각된다.

『鷄林類事』에는 '笠 蓋 音渴'이 나온다. 이것은 '갓[笠]'의 6세기 말 또는 7세기의 형태는 '갈'임을 말해 주는 것이다. 황화산성에서 출토된 기와 명문의 이표기 葛那와 笠乃의 대응을 통해서도 '갓[笠]'의 형태가 '*갈'임을 확인할 수 있다. 『內訓』1:26b의 곳갈[冠]에서 보는 것처럼 6세기 또는 7세기의 '*갈'은 15세기 국어에서 '갇'로 계승된 것으로 생각된다.

결국 15세기 국어에서 '갓[笠]'은 그 형태가 2개인 쌍형어를 보인 것이다. 곧 '갇'과 '갈'의 두 형태이다. '葛那/갈내, 加乙乃/갈내' 등의 이전 시기 차자 표기는 백제 시대 '加知奈/*가디내'이므로 '*가디>*가리>갈'의 변화에서 15세기 국어의 '갈' 형태가 파생되었음을 알 수 있다. 그러나 15세기 국어 '갇' 형태 발달 경로를 두 종류로 생각해 볼 수 있다. 하나는 '갈>갇'의 변화 경로를 생각해 볼 수 있다. 또다른 하나의 경로는 '*가디>갇'의 변화를 생각해 볼 수 있다. 'ㄷ>ㄹ'의 변화는 국어에 존재하지만 'ㄹ>ㄷ'의 변화는 없는 것으로 생각되어 15세기 국어 '갇'은

'*가디>간'의 변화로 발생된 형태로 생각된다.

통일 신라 시대의 葛那城은 조선 시대에는 皇華山城으로 부르고 있다. 이 황화산성이 작은 평야 지대에 위치하고 그 정상이 75M인 산이므로 葛那城을 구성한 葛의 의미를 '곡식이 쌓인 더미'를 뜻하는 '가리[15]'로 생각해 볼 수도 있다. 즉 평야 지대에 있는 '산더미'로 파악한 것이 아닌가 한다.

〈그림 6〉 '다음' 지도의 논산 황화산성 지역

〈그림 6〉에서 상단의 네모로 표시한 지역은 論山이고 하단의 네모로 표시한 지역이 皇華山이다. 들판 가운데에 論山과 皇華山이 자리한 것은 마치 논에 있는 '볏가리'의 모습과 유사한 것으로 생각된다.

이상으로 논의한 바를 정리하여 '*가디, 갈, 간, 가리' 등의 발달 단계를 도식화하여 제시하면 다음과 같다.[16]

---

15 '가리'가 들어간 말로 현대 국어에 '낟가리, 볏가리, 露積가리' 등이 있으며, 유희 『物譜』에는 '보리가리/麥笎'도 있다.

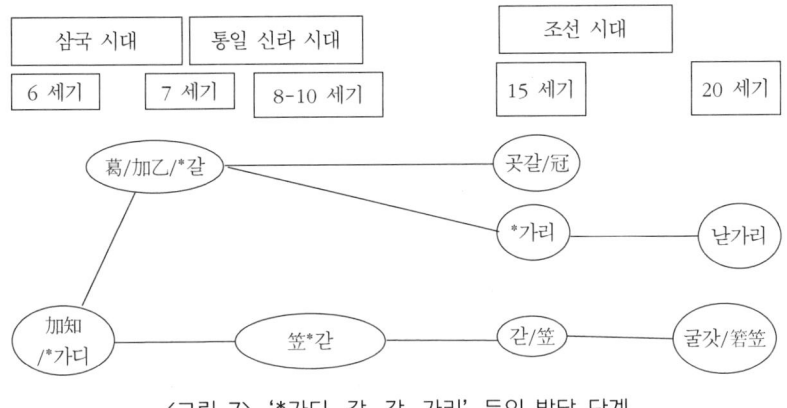

<그림 7> '*가디, 갇, 갈, 가리' 등의 발달 단계

'加知/*가디'의 본래 의미는 '쌓인 더미'이고 비유적으로 '갓[立]'의 의미를 가졌는데[17], 본래 의미는 발음 변화형인 '가리'의 모습을 보여주었으나 파생적인 의미인 '갓[立]'의 의미를 표현하는 어형은 본래의 형태인 '갇'을 유지한 것으로 생각된다. '갈ㅎ'에서 '칼'로 그 형태가 변화하였으나 '갈티'에서 온 '갈치'는 '칼'의 고형 '갈'을 유지하는 현상과 동일한 것으로 판단된다.

앞에서 백제 현명으로 나타난 仇知는 '*구디'를 표기한 것으로 후기 중세국어에서 銅을 의미하는 '구리'와 관련된 것으로 논의되어 왔다고 하였다. 또, 백제 시대 '*구디'는 후기 중세국어의 '굳-(堅)'과 동일 어원인 것으로 논의되어 왔다.[18] 이와 마찬가지로 '쌓인 것'의 의미인 '가리'

---

16 『高麗史』 卷五十七 志 卷第十一 地理 二에는 '문경군'의 옛 지명으로 高思葛伊가 나온다. 이 표기를 통해 후기 중세국어 '곳갈'은 옛 형태를 추정해 볼 수 있다.
17 어떤 심사자는 다의와 동음이의의 발달 시기를 언급할 것을 요구했다. 그러나 비유에 의해 어떤 단어의 다의가 발생하고 그 비유 관계가 소원해지면, 同音異意語로도 파악될 수 있다. 하지만 관련 자료가 없어 그 시기를 정확히 언급할 수 없다.
18 趙載勳(1973: 25)에 따르면 김형규의 『증보국어사연구』(1969)에서 仇知를 '굳(堅)-'과 관련되었을 가능성을 제시했다고 한다. 현재 『증보국어사연구』(1979)에

와 백제 시대 '加知/*가디'가 후기 중세국어의 '갇-(收)'과 동일 어원임을 이해할 수 있다.

후기 중세국어 '굳-(堅)과 백제 시대 '仇知/*구디'의 동일 어원 관계와 후기 중세국어 갇-(收)과 백제 시대 '加知/*가디'의 동일 어원 관계에 근거하여 우리는 두 가지 가능성을 열어 두고 국어사의 연구를 진행할 수 있다. 하나의 가능성으로 명사 어간과 동사 어간이 백제 시대에 구별되었다면 '仇知/*구디'와 '加知/*가디'의 예를 통해서 '동사 어간'에 결합하여 파생 명사를 생산하는 접미사 '-이'가 백제 시대에 존재했음을 확인할 수 있다. 다른 하나의 가능성으로 명사 어간과 동사 어간이 백제 시대에 구별되지 않고 통합되어 있었다면, '*구디〉굳, *가디〉갇' 등의 변화를 통하여 『계림유사』의 '笠/葛'을 참고하면 7세기 무렵에 단음절화 현상이 국어에서 발생했음을 짐작할 수 있다.

5. 결언

이 글은 論山 皇華山城에서 出土된 기와의 銘文에 나타난 지명 표기 '葛那城, 笠乃, 立乃' 등의 지명 표기와 '백제의 縣名인 加知奈縣과 加乙乃' 등의 이표기 또는 유관된 표기 관계에 주목하여 이들 이표기 또는 유관된 표기가 시사해 주는 국어사적 의의를 연구하였다.

'葛那城丁巳瓦' 명문의 丁巳가 532년으로 추정된다는 사실은 '加知奈縣, 加乙乃, 葛那城, 笠乃, 立乃' 등의 이표기 또는 유관된 표기 관계를 이해하는 데에 도움을 준다.

서 이러한 진술을 확인하지 못하였다.

'加知'는 '*가디'를 표기한 것인데 '加乙乃, 葛那' 등의 '加乙, 葛'은 '*갈'을 표기한 것이다. 이를 근거로 532년 무렵인 백제 말기에 'ㄷ〉ㄹ'의 변화가 발생했고, 어말 모음의 탈락이 발생했음을 알 수 있다.

'*갈'을 음차 표기한 '加乙乃, 葛那' 등은 笠乃의 笠이 訓讀 표기일 가능성을 열어주고, '加知/*가지, 加乙/*갈, 葛/*갈' 등이 '갓[冠]'의 뜻임을 시사해 준다. 그리고 笠乃는 통일 신라 시대의 표기임을 확인해 준다. 한편, '加乙/*갈, 葛/*갈' 등에 보이는 'ㄹ'은 후기 중세 국어에서 단독형일 때는 '갇' 형태이나 '곳갈'의 경우에는 '갈' 형태인 사실을 이해할 수 있다.

신라 경덕왕이 개정한 명칭 市津縣의 별칭으로 利樓津이 『新增東國輿地勝覽』 은진현 산천 조에 소개되어 있다. 『조선왕조실록』에 利穴과 利窟이 사용되었다. 利穴과 利窟은 한자어이므로 利樓도 한자어로 추정되고 利樓는 '이익이 나오는 다락' 정도의 의미를 가진 것으로 市津과 유사한 의미를 가졌다.

『고려사』에는 백제 加知奈縣과 동일한 지명 표기로 薪浦가 제시되었다. 이 薪浦는 沙橋川을 말한 것으로 '加知奈, 市津, 薪浦' 등은 하천명으로 이표기 관계에 있는 것이 아니라 별칭 관계에 있는 것이다. 加知奈의 이표기인 仁川이 상류 지역 하천명에 유지된 것에 근거한 것이었다. 하류 지역 하천명이 본래 加知奈였으나 신라 경덕왕이 加知奈縣을 市津縣으로 개정하게 됨에 따라 하류 지역의 하천명은 市津으로 불리게 되었고, 본래의 하천 명칭 加知奈는 상류 지역의 하천명으로만 유지된 것으로 생각된다. 이와 똑같은 원리에 의해 市津보다는 상류에 있었던 하천 명칭인 薪浦가 市津의 별칭으로 사용된 것임을 확인하였다.

백제 현명인 加知奈의 이표기 또는 유관된 표기인 '葛那, 加乙乃, 笠乃, 立乃, 仁川' 등은 차례로 백제 말기, 통일 신라 시대, 조선 시대 차자 표기이므로 지명의 차자 표기 방식의 변천을 이해하는 데에 도움을 주는 사실을 확인하였다. '加知奈, 葛那, 加乙乃, 笠乃, 立乃, 仁川' 등의 이표기 또는 유관된 표기를 근거로 지명을 차자 표기한 방식의 변화를 파악하였다. 지명의 차자 표기에서 지명 구성소의 두 번째 요소인 유형 명칭 표기는 音假 표기에서 訓讀 표기로 변화하였으며 첫 번째 요소인 속성 명칭 표기는 '音假 표기- 통합적 音假 표기 - 분석적 音假 표기 - 訓讀 표기 - 讀字의 音假 표기 - 音假 표기' 등의 단계를 거쳤음을 확인하였다.

백제 현명인 加知奈의 이표기 또는 유관된 표기인 '葛那, 加乙乃, 笠乃, 立乃, 仁川' 등을 통하여 加知奈의 '加知'의 의미를 '갓/冠'으로 파악하였으며, 백제 시대의 '갓/冠'은 '무더기'의 뜻인 '가리'의 의미까지 포함된 것으로 파악하였다. 또 '*가디〉*가리〉*갈'의 변화가 일어난 것을 근거로 백제 시기 말엽에 'ㄷ〉ㄹ'의 발음 변화, 어말 모음의 탈락이 발생했음을 확인하였다.

新羅 地名 表記 奈乙의 해독과
고대국어 '*을[水]'을 보존한 중세어 어휘

1. 서언

 이 글은 신라 지명 표기 奈乙을 해독하고, 이에 기반하여 후기 중세국어 '나리〉내[川], 우믈[井], 여흘[灘], 벼르[遷], ᄂᆞᄅᆞ[津]' 등이 고대국어 '*을[水]'을 보존한 후기 중세국어 어휘임을 밝히고자 한다.
 신라 지명 표기 奈乙은 『三國史記』에 2회 나오는 것으로 신라 시조 박혁거세의 탄생지를 지칭한다. 그런데 『三國遺事』에는 신라 시조 박혁거세의 탄생지로 奈乙이 아니고 蘿井으로 기록되어 있다. 따라서 奈乙과 蘿井은 이표기에 관계에 있는 것이다.
 종래의 국어학계에서는 『三國史記』 권37 漢山州 조에 나오는 '泉井口縣(一云於乙買串)' 등의 이표기 관계 자료에 나오는 '泉=於乙'의 대응 관계에 기반하여 奈乙의 乙을 泉으로 파악하였다. 이러한 견해의 대표적인 것으로 이기문(1968, 1991: 326)을 들 수 있다. 이러한 견해에서는 奈乙의 奈가 무엇인지, 그리고 이표기 관계에 있는 奈乙과 蘿井의 관계는 무엇인지를 밝히지 못했다. 한편 김종택(2002)에서는 奈乙을 *奈乙井의 생략 표기로 파악하여 '奈乙[泉]=蘿[泉]'으로 이해하고자 하였다. 이 견해는 奈乙이 *奈乙井의 생략 표기인 근거를 제시하지 못하였다.

그런데 최근 중앙문화재연구소가 2002-2005년 사이에 蘿井 유적에 대한 발굴조사를 4차에 걸쳐서 진행하였지만 '우물'에 관련된 시설과 물의 흔적을 발견하지 못해서 역사학계를 당혹스럽게 하였다.(이 문제에 대한 설명은 후술) 蘿井의 井을 인공적인 우물로 파악할 경우에는 이러한 당혹스러움은 당연한 결과일 것이다.

그런데 蘿井 유적에서 인공적인 '우물'의 증거가 발견되지 않은 사실은 역설적으로 奈乙과 蘿井의 이표기 관계를 밝힐 수 있는 길을 열어 준다. 조선 시대와 현대의 방언에서 자연적으로 형성된 샘[泉]을 井으로 표현하는 경우가 존재하기 때문이다. 蘿井 유적에서 인공적인 '우물'의 증거가 발견되지 않았다는 사실로 蘿井의 井이 '우물'이 아니라 '자연적으로 땅에 형성된 물'을 표시한 것임을 알 수 있다. 이러한 것에 근거하여 奈乙과 蘿井의 이표기 관계를 밝힐 수 있음을 이 글은 주장하고자 한다. 즉 奈乙과 蘿井이 모두 '*나[壤]+*을[水]' 정도의 구성에서 기원한 형태를 표기한 것임을 주장하고자 한다.

'*나'가 壤, 즉 土를 나타내는 고구려어임은 주지의 사실이다. 따라서 '*을[水]'의 존재를 제시하여야 奈乙과 蘿井이 모두 '*나[壤]+*을[水]' 정도의 구성에서 기원한 것임을 주장하는 것이 정당화될 수 있을 것이다. 이 글에서는 후기 중세국어 '우믈[井], 여흘[灘], 별[遷], ᄂᆞᄅᆞ[津], 나리[川]' 등이 모두 '*을[水]'을 보존한 어휘일 가능성을 밝히고자 한다. 또한, 후기 중세국어 '우믈[井], 여흘[灘], 별[遷], ᄂᆞᄅᆞ[津], 나리[川]' 등이 '*을[水]'을 보존한 어휘인 증거로 이 어휘들이 질서 정연한 의미 대립 체계를 구성하고 있음을 설명하도록 한다.

2. 신라 지명 표기 奈乙의 해독

2.1. 신라 지명 표기 奈乙 관련 자료

신라 지명 표기 奈乙과 이표기인 蘿井은 문헌 자료에 다음과 같이 출현한다.

(1) 가. 奈乙에 神宮을 설치하였다. 奈乙은 始祖가 처음 탄생한 곳이다.[1]
〈三國史記 炤知(一云毗處)麻立干 九年 春二月〉
나. 제22대 지증왕대에 시조 탄강지 奈乙에 神宮을 세워서 제사 지냈다.[2] 〈三國史記 卷32 雜志 第一 祭祀樂 祭祀〉
(2) 가. 고허촌장 蘇伐公이 楊山 기슭을 바라보니 蘿井 곁의 수풀 사이에[3]
〈三國史記 卷1新羅本紀 第一 始祖赫居世〉
나. 楊山의 아래 蘿井 곁에[4] 〈三國遺事 新羅始祖 赫居世王〉

(1)에서 始祖는 특정되어 기술되지 않았다. 그리하여 (1)에서 말한 始祖가 박혁거세가 아닐 가능성이 제기되었고 역사학계에서는 神宮의 主神을 다양하게 추정하고 있다. 그러나 김태식(2010: 65)에 따르면 최재석(1986)에서 (1)에서 말한 始祖가 박혁거세인 사실이 논증되었다고 한다.

(2)에서는 박혁거세의 탄생지를 蘿井이라 하고 있다. 그러므로 奈乙과 蘿井은 동일한 장소를 지칭하며, 둘은 이표기 관계에 있는 것이다.

---

[1] 『三國史記』, 炤知(一云毗處)麻立干, 九年(485년), 春二月, "置神宮於奈乙 奈乙始祖初生之處也"
[2] 『三國史記』, 卷32, 雜志, 第一, 祭祀樂, 祭祀, "第二十二代智證王 於始祖誕降之地 奈乙 創立神宮 以享之"
[3] 『三國史記』, 卷1, 新羅本紀 第一 始祖赫居世, "高墟村長蘇伐公望楊山麓 蘿井傍林間"
[4] 『三國遺事』, 新羅始祖, 赫居世王, "楊山下蘿井傍"

『三國史記』에는 奈乙과 蘿井이 둘다 나온다. 그러나 『삼국유사』에는 蘿井만 나온다. 그리고 『世宗實錄地理志』를 비롯한 조선 시대 문헌 자료에서는 蘿井만 나온다. 따라서 奈乙을 선대형 표기로, 蘿井을 후대형 표기로 추정할 수 있다. 奈乙은 신라 시대 지명 표기일 것으로 추정되나 蘿井은 고려 시대 지명 표기일 가능성이 크다.

신라 지명 표기 奈乙과 이표기인 蘿井을 해독하는 데에 다음 자료가 활용되어 왔다.

 (3) 가. 泉井口縣(一云於乙買串) 〈三國史記 卷第三十七 漢山州〉
   나. 交河郡 本高句麗泉井口縣 景德王改名 今因之 〈三國史記 卷第三十五 雜志 第四 地理 二 漢州〉
 (4) 가. 泉井郡(一云於乙買) 〈三國史記 卷第三十七 漢山州〉
   나. 井泉郡 本高句麗泉井郡 文武王二十一年取之 景德王改名 築炭項關門 今湧州 〈三國史記 卷第三十五 雜志 第四 地理 二 朔州〉
 (5) 交河郡本高勾麗泉井口縣[一云屈火郡 一云於乙買串] 新羅景德王改今名 顯宗九年來屬 別號宣城 〈高麗史 卷56 志 地理〉

(3)은 현재의 경기도 교하군의 지명 변천을 기술한 것이다. 泉井口의 이표기로 於乙買串를 소개하고 있다. 삼국 시대 지명 표기에 관한 연구에서 '泉=於乙, 井=買, 口=串' 등의 대응 관계가 성립되는 것으로 파악하여 왔다.

(4)는 함경도 덕원군의 지명 변천을 기술한 것이다. 泉井郡의 이표기로 於乙買를 소개하고 있다. 이 경우에도 '泉=於乙, 井=買' 등의 대응 관계가 성립되어 주목되어 왔다.

(5)는 『고려사』에서 교하군의 지명 변천을 기술한 것이다. 여기에서는 (3)에서 볼 수 없는 屈火郡이 소개되어 있다. 屈火는 泉井口와 於乙

買串과는 계통이 다른 지명 표기로 생각된다.

2.2. 奈乙과 蘿井 해독의 기존 견해

奈乙과 蘿井을 국어학계에서는 다양하게 해독하여 왔다. 그 주요 견해를 소개하면 다음과 같다.

(6) 가. 奈乙은 或 날[日]로 解하는 說이 있으나 단적으로 '내얼'이라 읽을 것이니 사기·유사는 蘿井이라 記하였다. 蘿井이 곧 奈乙로 井의 古訓 얼[乙]임을 알지오 日本書紀의 이른바 伊梨柯須彌 운운은 (생략) 泉(淵)의 原訓 '얼'을 伊梨로 전사한 것이다. 泉水·井水가 '얼'임은 현행방언(충남·기타)에 잔존되여 잇다. 곧 음력 정월 15夜의 井華水를 '얼'이라 특칭함이 그것이다. 아마 여흘(灘)의 '을(홀)'도 大體 同原語일 것이다. 〈양주동, 1965, 1995: 142-143〉

나. (新羅語) il 乙 泉(奈乙: 蘿井) 〈이기문, 1968, 1991: 326〉

다. 奈乙: 蘿井에서 '乙=井'일 가능성을 얻는다. 이 乙(井)은 백제어와 고구려어의 *əri~*ər(於乙=泉)에서 乙을 음절차로 보면 그것만으로도 *əri~*ər으로 되니까 於를 생략하여 표기했던 것으로 볼 수 있다. 그 개념도 泉에서 井으로 바뀌어 신라어에 차용된(?) 듯 싶다. 그러니까 그 표기형과 개념이 於乙(*ər)(泉)〉∅乙(*ər)(井)으로 바뀐 것이라 하겠다. 〈도수희, 1989: 73〉

라. 蘿井과 奈乙의 관계는 다음과 같이 표시될 수 있다.

蘿⁵(nar)+井 → 泉井

奈乙(nar)+(井) → 泉(井)

乙이 井이 아니라 奈乙이 하나의 형태소로 泉이 되는 것이다. 지금도 경주에서는 蘿井을 '나리'라 하고 있어 奈乙이 하나의 형태소임

---

5 김종택(2002)이 蘿의 표기음을 nar로 파악한 것은 유창균(1980: 530)을 따른 것이다.

을 뒷받침하고 있는 것이다. 〈김종택, 2002: 102-103〉

(6가)는 '奈乙 대 蘿井'의 대응에서 '奈=蘿, 乙=井' 등으로 상정하여 '얼[乙]'을 井의 古訓으로 파악한 것이다. 얼[乙]이 井의 古訓인 논거를 제시하지 못한 것이 이 견해의 문제이다. 또 奈乙과 蘿井에 대하여 乙과 井의 의미를 설명했으나 奈와 蘿의 관계에 대해서는 설명을 하지 못한 것도 이 견해의 문제로 들 수 있다.

(6나)는 奈乙의 乙을 泉의 의미로 파악한 것이다. 그러나 奈乙의 奈에 대해서는 언급하지 못했다. (6나)가 奈乙의 乙을 泉의 의미로 파악한 것은 '泉井口縣(一云於乙買串), 泉井郡(一云於乙買)'의 자료에서 확인할 수 있는 '於乙=泉'에 근거한 것이다.

(6다)는 '奈乙 대 蘿井'의 대응에서 얻어지는 '乙=井'과 '泉井口縣(一云於乙買串), 泉井郡(一云於乙買)'에서 얻어지는 '於乙=泉'의 차이를 설명하고자 했다. 그러나 井에서 泉으로 바뀐 논거는 제시하지 못하고 있다. 이 견해도 奈乙과 蘿井에 대하여 奈와 蘿에 대해서는 설명하지 못하고 있다.

(6라)는 奈乙을 *奈乙井의 생략 표기로 파악하여 '奈乙[泉]=蘿[泉]'으로 이해한 것이다. 이 견해는 '泉井口縣(一云於乙買串), 泉井郡(一云於乙買)' 등의 자료에서 泉의 의미인 於乙을 '눌'로 해독하고, 이에 근거하여 奈乙을 泉의 의미로 해독한 것이다. 그러나 이 견해는 奈乙이 *奈乙井의 생략 표기인 근거를 제시하지 못하였다.

2.3. 奈乙의 표기 음

중앙문화재연구소는 2002-2005년 사이에 蘿井 유적에 대한 발굴조사를 4차에 걸쳐서 진행하였다. 발굴조사 결과 우물의 흔적으로 구덩이

유구를 발견하였다.(중앙문화재연구원·경주시, 2008: 24) 그러나 역사학계에서는 이 구덩이 유구가 '우물'인 결정적인 증거가 없다는 점에 주목하고 하고 있다.(이문기, 2009: 259) '우물'에 관련된 시설과 물의 흔적이 전혀 발견되지 않아서 나정 유적은 우물 자체가 아니라 나정의 상징물인 구덩이 유구를 통해 박혁거세를 숭배하는 제의 공간 내지 의례 공간으로서의 신궁으로 파악하자는 견해가 나오게 되었다.(이문기, 2009: 261)

『삼국사기』「신라본기」惠恭王 4년 6월 조에는 '샘과 우물이 다 말랐다/泉井皆渴'의 기사가 있다. 이 기사는 고대부터 샘과 우물을 구별했음을 말해 주는 것이다. 그러나 蘿井에 井이 있다고 해서 여기의 井을 인공적인 '우물'로 이해하는 것은 奈乙과 蘿井의 이표기 관계를 이해하는 데에 유익하지 않다. 다음 문헌 자료에서 '井[우물]'과 '泉[샘]'이 혼용되어 쓰이고 있는 것을 살필 수 있다.

(7) 가. 王與公主世子 獵于平州溫井 〈高麗史 卷30 世家 忠烈王〉
　　 나. 王獵于平州溫泉 〈高麗史 卷30 世家 忠烈王〉
(8) 가. 溫井 현의 북쪽으로 5리 떨어진 곳에 있다. 그 온도는 닭도 익힐 수 있는 정도이며, 병을 지닌 사람이 목욕만 하면 곧바로 낫는다. 신라 때에 왕이 여러 번 여기에 오곤 하여 돌을 쌓고 네 모퉁이에 구리 기둥을 세웠는데, 그 구멍이 아직껏 남아 있다 〈新增東國輿地勝覽 東萊縣 山川〉
　　 나. 溫泉 유성현 동쪽 3리에 있다. 우리 太祖가 계룡산에 대궐터를 잡으려고 할 때와 太宗이 任實縣에 가서 講武할 때, 여기에서 목욕하였다. 〈新增東國輿地勝覽 公州牧 山川〉

(7가)의 平州溫井과 (7나)의 平州溫泉은 동일 장소를 지칭한 것이다. 이것은 '井[우물]'과 '泉[샘]'이 혼용되어 쓰였음을 말해 주는 것이

다. 이러한 관계는 (8)에서도 보인다. (8가)는 오늘날 동래 온천을 말하는 것이고, (8나)는 온양 온천을 말하는 것이다. (8가)에서 溫井으로 표기한 것은 '井[우물]'과 '泉[샘]'이 혼용되어 쓰이고 있음을 말해 주는 것이다.

'井[우물]'과 '泉[샘]'의 혼용은 현대의 방언 자료에서도 찾아볼 수 있다. 김형규(1974, 1989: 23-24)에서는 "/우물/에 나오는 /sɛːm/과 공통된 방언이 많다. 즉 그런 데선 井과 泉의 구별을 모르는 것이다"하여 경주 지역은 '우물'의 뜻으로 'uŋgul[웅글⁶]'과 'sɛːmi[새미]'의 두 어형이 쓰이고 있음을 말하고 있다. 그런데 김형규(1974: 23-24)는 '우물'이 '샘'의 뜻으로 쓰인 예는 제시하지 못하고 있다. 이러한 것들에 기대면 '샘'이 '우물'의 의미까지도 표현한 것으로 추정할 수 있다.

결국, 우리는 蘿井의 표기에 사용된 井이 泉의 의미로 사용되었을 가능성을 생각할 수 있다. 즉 蘿井을 *蘿泉 정도로 이해할 수 있다. 蘿井을 *蘿泉의 의미로 이해할 경우 蘿井의 이표기인 奈乙을 '泉井口縣(一云 於乙買串), 泉井郡(一云於乙買)' 등에서 추출될 수 있는 於乙[泉]과 관련시킬 수 있다. 물론 이기문(1968, 1991), 유창균(1980), 박병채(1990), 도수희(1989, 1995), 천소영(1990) 등에서처럼 '於乙[泉]'을 '얼' 또는 '어르'로 파악한다면 於乙[泉]을 奈乙과 연관시킬 수 없다. 그러나 '황금연(2001), 김종택(2002)' 등에서처럼 '於乙[泉]'을 '느르/늘'로 파악한다면 '於乙[泉]'을 奈乙과 연관시킬 수 있다. 즉 奈乙은 '나르/날' 정도를 표기한 것이고, '於乙[泉]'은 '느르/늘' 정도를 표기한 것으로 파악할 수 있기 때문이다.

奈乙을 '於乙[泉]'의 의미로 파악할 경우, 奈乙과 蘿井의 관계로 '泉

---

6 『표준국어대사전』, 웅굴, "우물01의 방언(강원, 경북)."

대 *蘿泉'의 관계가 성립된다. 이 경우에 *蘿泉의 蘿를 해석하기가 어렵 게 된다. 그런데 다음 자료는 蘿井과 *蘿泉의 구성을 파악하는데 결정적 인 단서를 제공한다. 『한국지명총람』의 경주시 탑동 조에는 蘿井과 관련된 지명이 다음과 같이 제시되어 있다.

(9) 가. 나리-숲【숲】→ 나정숲
　　나. 나-정(蘿井)[나리, 내얼[7]【우물】
　　다. 나정-숲[나리숲]【숲】

(9)는 현지의 주민들이 蘿井을 '나리'로 불러 왔음을 보여 주는 것이다. 이것은 '蘿井, *蘿泉, 奈乙' 등이 '나리' 정도를 표기했을 것임을 시사한다.

2.4. 奈乙의 표기 의미

奈乙과 蘿井의 구성 요소를 분석하면 奈乙과 蘿井의 표기 의미를 밝힐 수 있다.

奈乙과 蘿井의 구성 요소를 분석하는 것과 관련하여 후기 중세국어 내[川]의 선대형인 '나리'가 주목된다. 후기 중세국어에서는 '내'가 보편적으로 사용되지만, 내[川]의 선대형인 '나리'는 다음과 같이 그 흔적을 남기고 있다.

(10) 가. 逸烏 川理叱 磧惡希 〈三國遺事 讚耆婆郎歌〉
　　 나. 正月ㅅ 나릿므른 아으 어져 녹져 ᄒᆞ논디 〈樂學軌範 動動〉

---

[7] '내얼'은 奈乙의 한글 독음을 고려하여 부른 명칭으로 추정된다.

다. 나리03 '내01'의 방언(강원) 〈표준국어대사전〉
라. 金川里 쇠나리 〈조선지지자료 강원도 평해군 근서면 동리촌명〉

(10가)의 川理가 '나리'로 해독됨은 주지의 사실이다. (10나)는 고려 시대 어형 '나리'를 보여 주고 있고, (10다)와 (10라)는 방언에 '나리'가 전해지고 있음을 말하고 있다. '나리〉내'의 변화가 있었다는 것도 주지의 사실이다.

蘿井의 井을 泉의 의미로 파악할 수 있다는 사실에 근거하고, 또 '물'과 관련된 후기 중세국어 '우믈[井], 여흘[灘], 별/벼ᄅ/벼리[遷], 누ᄅ[津], 나리[川]' 등의 어형이 공통으로 'ㄹ/을/ᄅ/리' 등으로 구성된 사실에 착안하여 '蘿井, 柰乙, 나리[川]' 등의 구성 요소를 다음과 같이 파악할 수 있다.

(11) 가. 蘿井: 蘿[나, 壤]+井[리, 水]
    나. 柰乙: 柰[나, 壤]+乙[ᄅ, 水]
    다. 나리: 나[壤]+리[水]

'蘿井, 柰乙, 나리[川]' 등의 구성 요소를 (11)과 같이 파악하기 위해서는 세 가지 사실이 입증되어야 한다. 하나는 고대국어에서 '나[壤]'가 확인되어야 하고, 다른 하나는 고대국어에서 'ㄹ/을/리[水]'의 존재가 확인되어야 하며, 마지막으로는 '나[壤]+리[水]'가 川의 의미를 가질 수 있음이 확인되어야 한다.

고대국어에서 '나[壤]'의 존재는 이기문(1968, 1991: 322)에서 확인된다. 즉 이기문(1968, 1991: 322)에서 壤의 의미를 표기한 '내[너], 奴[노], 惱[노]' 등이 남방계 퉁구스 제어의 'na[土地]', 고대 일본어의 'na[土地]'에 소급될 수 있음을 언급하였다.

다음 절에서 후기 중세국어 '우믈[井], 여흘[灘], 별/벼ㄹ/벼리[遷], 놀/느ㄹ[津], 나리/내[川]' 등이 'ㄹ/리[水]'를 보존한 어휘임을 밝히고, 이들이 '물'과 관련된 계열적 어휘 대립 체계를 구성하는 점을 밝혀서 '나[壤]+리[水]'가 川의 의미를 가질 수 있음을 확인하도록 한다.

3. 고대국어 '*을[水]'을 보존한 중세어의 종류

3.1. 우믈[井]

고대국어 '을[泉]'을 보존한 후기 중세국어 어휘로 '우믈'을 들 수 있다. 후기 중세국어 '우믈'의 간략한 용례는 다음과 같다.

(12) 가. 井은 우므리라 〈月印釋譜 21: 33〉
　　 나. 四月ㅅ 八日에 ᄀᆞᄅᆞᆷ과 우믌므리 다 넚디고 〈月印釋譜 2: 48〉
　　 다. 우믓 龍이 내 손모글 주여이다 〈樂章歌詞 쌍화점〉

(12나)의 '우믌'은 '우믈+ㅅ'의 구성으로 'ㅅ'은 속격 조사이다. 그런데 (12다)에서는 '우믈'의 어간 말음 'ㄹ'이 탈락하여 '우믓' 형태로 실현되었다.

후기 중세국어 '우믈'의 기원에 대하여 다음과 같은 견해가 있어 왔다.

(13) 가. '우믈'은 움[窟]과 물[水]의 복합에서 동음생략으로 변한 말이 아닌가 생각된다. 〈유창돈, 1964: 100〉
　　 나. '우믈'은 움[窟]+을[井]의 합성어이다. 〈강길운, 2010: 954〉

다. '우믈'은 泉의 ärV과 水의 mVr의 합성으로 이루어진 말이다. 〈천소영, 1990: 107〉

(13가)의 경우, 유창돈(1964)은 小創進平의 『조선방언의 연구』에서 보고한 개성, 황해, 평남 등의 방언형 '움물'에 근거하여 중세국어 '우믈'의 기원형을 '움믈'로 파악한 것이다. 즉 동음생략 현상에 의하여 '움믈〉우물'의 변화가 일어난 것으로 파악한 것이다. 그런데 『鷄林類事』에서 井을 '烏没'이라 한 것에 기대면, '움믈'보다는 '우믈'이 선대형인 것으로 판단된다. '烏没'은 '움믈'이 아니라 '우믈' 정도를 표기한 것이기 때문이다.[8] 15세기 중세국어에서는 '우믈'만이 나타난다. 그러나 1677년에 간행된 『박통사언해(1677)』 中: 39b에는 '우믈'이 나오나[9] 下: 5b에는 '움믈'이 나오는 것[10]도 이러한 사실을 말해 준다.

(13나)의 경우는 『삼국사기』에 기록된 '奈乙 대 蘿井'의 대응 자료에 근거해서 乙을 井의 의미로 파악하여 '우믈'의 구성을 '움[窟]+을[井]'으로 이해한 것이다. 이 견해는 '乙[井]'이 구성소로 참여하여 '우믈[井]'이 되었다는 기묘한 결과를 도출하게 된다.

(13다)는 '우물'의 '우'를 'ärV[泉]'로 '물'을 水의 의미로 이해한 것이다. 그런데 泉과 水의 의미로 '우물'의 가장 중요한 의미 특성인 '물웅덩이'의 뜻을 찾아낼 수 없다는 점에서 문제가 있다. 『說文解字』에서 泉의 뜻을 '물의 근원이다. 물이 흘러 내를 이루는 형상을 본뜬 것이다[11]'

---

8 『鷄林類事』에서 枾을 '坎[감]'이라 한 것을 고려하면, 『鷄林類事』에서 말한 '烏没'에서 烏는 '움'이 아니라 '우'를 표기한 것으로 생각된다.
9 『朴通事諺解』(1677), 中: 39b, "우믈 ᄒᆞ나 空地 幾畝를 兩言議定ᄒᆞ야"
10 『朴通事諺解』(1677), 下: 5b, "아직 두메 움믈을 기러다가"
11 『康熙字典』, 泉, "【說文】水原也 象水流成川形"

로 설명한 것처럼 泉에는 '웅덩이'의 의미가 없다.

중세국어 '우믈'은 '움막'을 뜻하는 중세국어 '움[窨]'에 고대국어 '*을[水]'이 결합하여 형성된 어형일 것으로 추정된다. 즉 '움[窨]+*을[水]'의 구성으로 '땅속의 물'의 의미를 가지게 된다. 이러한 의미는 『康熙字典』에 실린 『正韻』에서 井의 의미를 '땅 구멍에서 물이 나오는 것[12]'으로 풀이한 것과 일치한다.

중세국어에서 '움[窨]'은 'ㅎ 종성 체언'이다. 따라서 중세어 '우믈'에서 'ㅎ'이 실현되지 않은 이유가 설명되어야 한다. 'ㅎ'이 합성어 경계에서 탈락한 것으로 설명하거나 유창돈(1964: 114-115)의 제안에 따라 '움[窨]'을 'ㅎ' 종성 체언으로 파악하지 않고, '움[窨]'이 어미와 결합할 때 수의적으로 'ㅎ'이 첨가되는 현상[13]으로도 설명할 수 있다.

3.2. 여흘[灘]

고대국어 '*을[水]'을 보존한 중세국어 어휘 중의 하나로 '여흘'을 들 수 있다. 『용비어천가』 주석에 나오는 '大灘 한여흘'을 대표적으로 들 수 있다. 중세국어 '여흘'은 현대어에서는 '여울'로 변화하였다. 『훈몽자회』 上: 2b에 灘의 훈과 음이 '여흘 탄'으로 제시되었다. 중세국어 '여흘'은 한어 灘에 해당한다. '여울'과 灘의 의미는 다음과 같다.

---

12 『康熙字典』, 井, "【正韻】𠀤子郢切 精上聲 穴地出水曰井"
13 유창돈(1964: 114-115)은 수의적으로 'ㅎ'이 첨가되는 현상의 증거로 '니년희 믈어디거든 明年倒了時 〈朴通事諺解 초간본 상, 10〉'에서의 '니년희'를 들고 있다. 또 '하느리〈釋譜詳節 6: 35〉 대 하눌히〈龍飛御天歌 8〉'의 대응 예를 들고 있다. 물론 후기 중세어에서는 본질적인 'ㅎ종성 체언'도 있을 것이다. 종래 'ㅎ 종성 체언'으로 부른 것에 두 종류의 것이 있을 가능성을 염두에 둔 것이다.

(14) 가. 灘 方言如訖 水淺處[14] 〈頤齋亂藁, 卷20, 擬弘文館增修東國輿地勝覽例, 列邑門目第四, 山川〉
나. 【여울】名 강가나 바닷가에 물결이 세게 흐르는 곳 淺灘〈수정증보조선어사전〉
다. 여울: 강이나 바다의 바닥이 얕거나 폭이 좁아 물살이 세게 흐르는 곳. ≒물여울·천탄(淺灘)〈표준국어대사전〉
라. 灘 1. 江과 河 중에 물이 얕고 沙石이 많아서 급류인 곳(江河中水淺多沙石而流急之處)〈漢語大詞典〉

(14가)는 '如訖[여흘]'의 의미를 '물이 얕은 곳'으로 설명하였다. (14나)는 '여울'의 의미를 '물살이 세찬 곳'으로 설명하였다. 한편 (14다)는 '물이 얕은 곳'과 '물살이 세찬 곳'의 두 가지 의미를 모두 설명하면서 '물살이 세찬' 이유를 '바닥이 얕거나 폭이 좁은 것'으로 들고 있다. 그런데 (14다)는 灘의 의미를 '물이 얕다/水淺'와, '물 흐름이 빠르다/流急'라는 의미 이외에 '모래와 돌이 많다/多沙石'라는 의미를 더 제시하고 있다.

漢語 灘에만 '모래와 돌이 많다/多沙石'라는 의미가 있고, 우리말 '여울'에는 이러한 의미는 없는 것일까? 그러나 다음 자료는 우리가 사용한 훈차자 灘에도 '돌이 많다/多石'라는 의미가 있음을 알려 준다.

(15)[15] 가. 知楊根郡事에게 전지하기를, "군내의 大灘은 수로가 험하고 좁으며 흐름이 급한 곳인데, 가운데에 암석이 있어 물이 얕으면 드러나서 짐 싣는 배가 부딪쳐 상할 근심이 있기 때문에,

---

14 『頤齋亂藁』, 卷20, 擬弘文館增修東國輿地勝覽例, 列邑門目第四, 山川, "灘 方言如訖 水淺處"
15 이 글에서 제시한 『조선왕조실록』의 번역은 국사편찬위원회의 것을 가져온 것이다.

물이 얕을 때를 기다려 점차로 뚫어 다스리고자 하여 (생략)"[16]
〈世宗實錄 1437년(세종 19) 4월 22일〉
나. 강원도 洪川縣 앞 내의 鷄巖灘 안에 들어 있던 돌이 15자 가량이나 남쪽 개울가로 옮겨갔고, 그전에 없던 돌이 계암탄 동쪽 여울 가운데에 솟아났다. (생략)【관찰사 朴承宗이 장계한 것이다.】[17] 〈宣祖實錄 1603년(선조 36) 5월 24일〉

(15가)는 양근에 소재한 大灘에는 물 가운데에 암석이 있음을 말하고 있다. 그리고 (15나) 역시 홍천에 소재한 鷄巖灘에는 물 가운데 돌이 있음을 말하고 있다. (15)의 자료로 우리가 사용한 훈차자 灘에 '돌이 많다/多石'는 의미가 있음을 이해할 수 있다. 따라서 훈차자 灘에 대응한 우리말 '여흘'에도 '돌이 많다/多石'라는 의미를 가지고 있음을 추정할 수 있다.

'여흘'의 의미에 '돌이 많다/多石'라는 것에 착안하여, '여흘'의 형태 구성을 이해할 수 있다. 즉 중세국어 '여흘'은 물속의 암석을 뜻하는 우리말 '여'에 신라어 어휘 '*을[水]'이 결합한 '여을'에 'ㅎ'이 첨가되어 형성된 어형이다. 즉 '여흘'은 '여[石]+*을[水]〉여흘' 정도의 구성을 가진 것으로 추정된다.[18]

한어에서 嶼는 바닷물 속의 암석으로 밀물 때에 물속에 잠겼다가 썰물 때에 수면에 노출되는 것[19]을 말한다. 한어 嶼에 대응하는 우리말은

---

16 『世宗實錄』, 1437년(세종 19) 4월 22일, "傳旨知楊根郡事 郡內大灘 乃水道險隘急流之處也 中有巖石 水淺則露出 使漕船有觸傷之患, 故欲候水淺 漸次鑿治 去庚戌年, 遣摠制李蕆 鑿去水上露出之石"
17 『宣祖實錄』, 1603년(선조 36) 5월 24일, "江原道洪川縣前川 鷄巖灘中 所有之石 移在於水南邊十五尺許 所無之石 又出於灘東邊灘中 (생략)【觀察使朴承宗狀啓也】"
18 강길운(2010: 922)에서 Gily어 nïil에 기초하여 '여흘'이 'nɔhïl〉yehïl〉yɔhïl'으로 형성된 것으로 파악하였으나 그 근거에 대해서는 생각해 볼 여지가 있다.

'여'이다. '여'의 의미 풀이에 관련된 자료는 다음과 같다.

(16) 가. 여 嶼 〈韓佛字典〉
나. 여01 물속에 잠겨 보이지 않는 바위 〈표준국어대사전〉
(17) 가. 嶼 셤 셔 〈訓蒙字會 上: 2b〉
나. 嶼 [셔] 뭇해 셤 ○통뫼 〈新字典〉

'여'는 중세국어 한글 표기 자료에서는 찾을 수 없다. (16)처럼 19세기 말이나 현대어[20]에서 그 흔적을 찾을 수 있을 뿐이다. (17가)에서

---

19 『大東地志』, 方言解, "嶼 水中巖石隨潮出沒"
20 '여'는 문헌 자료에서는 드물게 기록된 것으로 보인다. 주로 구전되어 전한 것으로 생각된다. 이 글에서는 국가지리정보원이 1: 5,000지도의 지명 표기를 위해 관리하는 국가지명기본DB에 수록된 '여' 지명을 소개한다. 서해안에서 남해안에 이르는 순서로 제시한다. 번잡함을 피하기 위하여 행정 구역의 표시는 앞에만 제시하고 생략한다. 다음과 같다. •仁川廣域市【江華郡】華道面(각시여), 【甕津郡】大青面 小青里(가둔여), 德積面(선단여), 白翎面 鎭村里(바다여, 참빗여), 延坪面 延坪里(가지여, 검은여), 靈興面 內里(진여) 中區 龍游洞(시르여) •京畿道【安山市】檀園區 大阜洞(장자여) •忠清南道【保寧市】鰲川面(가운데구여, 간여, 긴여, 만여, 뺑부여, 빗간여, 삼상여, 신여, 조구여), 【泰安郡】南面(안여), 安眠邑 承彦里(마여), 安眠邑(흔여) •全羅北道【群山市】沃島面(가진여, 두루여, 시목여, 큰여, 통탄여, 해막여), 【扶安郡】蝟島面 大里(모여), 食島里(앞여, 진여), 雉島里(장은여, 간단여, 간여, 딴두룸여, 모여, 박고찬여, 앞여, 여울여, 진여) •全羅南道【靈光郡】落月面 角耳里(범여), 石蔓里(감육여, 먹물여, 왕등여, 주려여), 松耳里(삼부여), 新基里(노고여, 대장재여, 장재여), 梧島里(산근여), 落月面(갈구여, 노고여, 대장재여, 먹물여, 장재여, 주려여), 鹽山面 斗牛里(가문여), 【新安郡】都草面(벌어진여), 黑山面(개린여, 검은여, 고래여, 구멍개여, 구무여, 그을여, 금치구여, 까망여, 꽃갈여, 납덕여, 내덕여, 더디여, 돈여, 두렁여, 두루여, 두룽여, 두억여, 똥꼭지여, 뚜루여, 만들여, 상광여, 석순이빠진여, 섬여, 성근여, 소간여, 시녀빠진여, 신여, 아랫간여, 아랫불벌은여, 아랫인여, 안여, 오동여, 윗간여, 윗불벌은여, 윗신여, 윗인여, 작은납덕여, 작은여, 중간여, 중여, 춘여, 큰간여, 큰넙덕여, 큰여), 【荏島郡】金塘面 陸山里(민등여), 金日邑 沙洞里(고래여, 밝은여, 종달여), 莊圓里(거미여, 흰여), 金日邑(선여, 옷봉여), 生日面 鳳仙里(작은도여), 所安面 梨月里(큰여), 橫看里(각씨여), 薪智面 東古里(손친여), 月陽里(모여, 수문여), 藥山面 藏龍里(할미여), 海東里(망여), 青山面(고

嶼의 훈을 '여'로 제시하지 않고 '셤'으로 제시한 것도 '여'가 점차 사라지는 경향을 반영한 것으로 생각된다. (17나)에서 嶼를 '뭇해 셤, 통뫼' 등으로 풀이한 것도 '여'가 현대에 잘 쓰이지 않게 되었음을 시사해 주는 것이다.

그런데 '여'는 조선 시대 문헌 자료에서 礖로 표기된다. 礖는 『康熙字典』에서는 찾을 수 없는 한국 고유한자[21]이다. 礖는 1789년에 작성된 『戶口總數』에서 마을 명칭으로 사용되었다.

(18) 白礖里 〈茂長郡 東面〉, 礖串之里 〈海南郡 場西面〉, 礖津里 〈海南郡 黃一面〉, 新礖里 〈瑞山郡 安眠面〉 礖曰只 〈靈巖郡 諸島〉 楸子礖 〈靈巖郡 西面〉

'여'가 한국 고유한자 礖로 표기되었다는 것은 '여'가 우리말임을 증

래여, 매물여, 범기미여, 붙은여, 서여, 한경여), 【高興郡】道陽邑(시여), 道化面(내도룡여, 외도룡여), 東日面(너른여, 집앞여), 蓬萊里 外草里(곡두여, 탕건여), 蓬萊面(곡두여, 뇌진여, 따슨금여, 마당여, 벼늘여, 솔여, 수달피여, 시용여, 최첨지여, 형제여), 【麗水市】南面 鳶島里(배다여, 기름여, 대룡여, 두룡여, 모여, 소룡여), 三山面 西島里(작은재림여, 큰재림여), 華陽面(노린여) • 慶尙南道【南海郡】彌助面(너브렁여) 南海郡 尙州面(수멍여), 【高城郡】三山面(너부여, 도투마리여), 【統營市】光道面(구들여) 蛇梁面(작은여, 큰여), 山陽邑(갈무여, 검둥여, 마당여, 삿갓여, 새여, 이둥여, 장구여, 추항여), 欲知面(검둥여, 노리여, 범여, 상간여, 새여, 수렁여, 우여, 작은소여, 재림여, 줄여), 龍南面(가무여, 연비여, 지내여), 韓山面(각시여, 바깥노루여, 바깥소당여, 버꿈여, 범여, 삼여, 새여, 성주여, 안노루여, 안소당여), 【巨濟市】南部面(가불여), 長木面 舊永里(까치여) • 濟州特別自治道 西歸浦市 南元邑(샘갱이여), 大靜邑(목그친여, 주제기여, 주충난여, 큰아픈여), 楸子面(개인여, 검둥여, 반여, 수영여, 어죽여), 翰林邑(작은여, 큰여)

21 '물속의 돌'을 뜻하는 우리말 '여'가 한국 고유한자 礖로 표기되는 사실은 흔히 알려진 것이다. 그런데도 한국 고유한자를 집중적으로 논의한 鮎貝房之進(1931)과 김종훈(1983) 등에서 礖가 논의되지 않았다. 또 한국 고유한자를 종합 정리한 『한국한자어사전』에도 이 礖는 실리지 않았다.

거하는 것[22]이다. 한국 고유한자 礖가 한국 고유한자 생성의 전통적인 방식을 보여 주기 때문이다. 즉, 우리말 '여'를 음차 표기 與로 표시하고, 이 음차 표기 與에다 意符 '石'을 추가하여 한국 고유한자 礖의 자형이 형성되었을 가능성이 크기 때문이다. 다만 '여'가 음차 표기 '與'로 사용된 예를 찾지 못한 것이 이러한 가설의 약점이 된다.

한국 고유한자 礖의 용례는 15세기 초기의 자료에서도 발견된다.

(19) 가. 黑石의 바깥 礖[여]와 草[풀][23]이 매월 보름과 그믐에 滿潮할 때에는 아울러 水中에 깊이 잠기는데, 비록 물이 얕은 때를 당하여 꽂아 놓은 標木을 보면 가히 礖[여]와 草[풀]의 소재를 알 수 있으니, 行船이 어렵지 않습니다.[24] 〈太宗實錄 1413년(태종 13) 8月 10日〉

나. 승천보 밖은 더욱 아득하게 넓은데 그런 가운데 이른바 靑州礖라는 것이 있습니다. 배가 이곳에서 오르내리다가 한 번 형세를 잃게 되면 곧바로 전복되어 빠져 버리는데 대개 바다 가운데서 가장 험한 곳이기 때문입니다.[25] 〈正祖實錄 1779년(정조 3) 3월 8일〉

---

22 인터넷판(http://tool.httpcn.com/KangXi) 『康熙字典』에서 礖의 粵語 발음형을 'jyu4 zeoi6' 閩南語의 발음형을 'su7'로 제시한 것으로 보아 우리말 '여'는 한어 礖의 이른 시기 차용어일 가능성도 배제할 수 없다.

23 국사편찬위원회의 해석본에서는 '암초의 풀'로 풀이하였으나 '礖[여]와 草[풀]'이 정확하다. 『大東地志』에서 草의 의미를 "草 江海間 或泥生或沙積 而水淺舟不得行 曰풀"으로 풀이하였다.

24 『太宗實錄』, 1413년(태종 13) 8月 10日, "一 黑石外礖草 每月望晦潮滿時, 竝深沒水中 雖値水淺 見所植標木 則可知礖草所在 行船不難"

25 『正祖實錄』, 1779년(정조 3) 3월 8일, "昇天以外 尤渺茫 中有所謂靑州礖者 舟上下 一失勢 輒覆溺 蓋洋中最險處也"

(19가)의 자료에서 앞에서는 한자 嶼[여]로 제시했으나 뒤에서는 한국 고유한자 硤[여]로 제시했다. 뒤에 제시한 硤는 嶼의 오자일 가능성이 있다. 그러나 (19나)는 18세기 자료로 硤를 보여 주고 있는데, 이것으로 (19가)의 硤는 오자가 아닐 개연성을 높여 준다.

(19)에서 嶼와 硤가 동시에 출현한 것은 15세기 초기가 한자 嶼와 한국 고유한자 硤의 교체기임을 말해 주는 것이다. 15세기 초기가 硤의 흥성기인지 쇠퇴기인지는 자세치 않다. 조선 초기에서 조선 후기에 이를수록 한자의 쓰임이 확대되는 추세를 고려하면, 15세기 초기는 한국 고유한자 硤의 쇠퇴기임을 추정할 가능성은 있다.

이제 우리말 '여'가 '물속의 돌'을 뜻하는 것일 가능성이 커졌다. 따라서 중세어 '여흘'은 '옇[石]+*을[水]' 정도의 구성에다 'ㅎ'이 첨가된 형태일 가능성이 크다. 결국, 중세어 '우믈'이 '웅덩이 속의 물' 정도의 의미라면 중세어 '여흘'은 '숨겨져 있는 돌이 있는 물' 정도의 의미가 된다.

『표준국어대사전』에서 '여울'의 경북 방언으로 '얼'을 제시하고 있는데, 이 방언형에서는 '*을[水]'이 'ㄹ[水]'의 형태를 보여 준 것이다.

3.3. 별[遷]

고대국어 '*을[水]'을 보존한 중세국어 어휘 중의 하나로 '별[遷]'을 들 수 있다. 중세국어 '별'은 현대국어에서 '벼랑'으로 그 흔적을 남기고 있다. 현대의 지명에서는 '베루, 비루' 등의 형태로 그 흔적을 남기고 있다. '별'은 삼국 시대부터 지명의 표기에 한국 고유한자 遷으로 표기되었으며, 이 遷은 '물 언덕 돌길'을 의미한다.[26]

---

26 이에 대해서는 이건식(2009: 235-238)에 정리되어 있다.

중세국어 '별'의 용례는 다음과 같다.

(20) 가. 六月ㅅ 보로매 아으 별해 브론 빗 다호라〈樂學軌範 動動〉, 삭삭
기 셰몰애 별헤 나는 삭삭기 셰몰애 별헤 나는 구은 밤 닷 되를
심고이다 〈樂章歌詞 鄭石歌〉
나. 淵遷 쇠벼ㄹ 〈龍飛御天歌 3: 13b〉
다. 노푼 빙애 볼오몰 스랑호미 닐옴과 서르 곧ᄒ니라/想蹋懸崖ㅣ
與說와 相類ᄒ니라〈능엄경언해 2: 117a〉, 노푼 믌겨리 지븨
두위이주매 다ᄃ랫고 믈어디는 빙애는 平床올 지즐 둣ᄒ도다/
高浪垂翻屋 崩崖欲壓床〈杜詩諺解 初刊本 16: 44b〉
라. 비러옛 뿌른 소나못 고지 닉고 뫼햇 숪잔은 댓닢 보미로다/崖密
松花熟 山杯竹葉靑〈杜詩諺解 初刊本 21: 34b〉
마. 비 ᄯ긔워 瀼西에 올아 머리 도ᄅ혀 두 비례롤 브라노라/孤舟登瀼
西 回首望兩崖〈杜詩諺解 初刊本 6: 46b〉
바. 磧 쟉벼리 젹〈訓蒙字會 上: 2b〉
사. 地灘 빙애[27] 或云 벼로[28]〈譯語類解 上: 7b〉

(20가)의 '별해'와 '별헤'는 각각 '별+ㅎ+애, 별+ㅎ+에' 정도로 구성
된 것인데, 이 때의 ㅎ은 앞에서 설명한 바 있듯이 수의적으로 첨가된
것이다. 淵이 '소'이고 '벼ㄹ'가 'ㅣ' 아래에 있어서 (20나)의 경우는
'벼ㄹ'가 '벼ㄹ'의 형태를 보인 것이다. 그리고 (20바)의 '쟉벼리'는 '쟉
+벼리' 정도의 구성으로 해석된다. 이 때의 '쟉'은 『新增類合』下: 47에
小의 훈으로 제시된 '쟉다'이다. 『蒙語類解』上: 6에서 한어 夗石을 '쟉
별'로 대응시키고 있는데. 夗이 '누워서 뒹굴다'의 뜻[29]을 가지고 있기

---

27 원문에는 '방애'로 되어 있으나 '빙애'가 옳다.
28 원문에는 '버로'로 되어 있으나 유심히 관찰하면 '벼로'로 판독된다.

때문이다. 각종 고어사전에서 '쟉벼리'를 '조약돌'로 풀이한 것[30]도 이러한 의미를 고려한 것이다.

결국 (20가)는 '별', (20나)는 '벼ᄅ', (20다)는 '빙애', (20라)는 '비러', (20마)는 '비레', (20바)는 '벼리', (20사)는 '벼로' 등의 형태를 보인 것이다. 현대의 지명에 남아 있는 '베루, 비루' 등을 고려하면, '별'이 원시적 형태이고, 이 원시적 형태가 '벼ᄅ, 벼리, 비러, 비레, 벼로' 등으로 발달한 것으로 생각된다.

향가 「讚耆婆郎歌」의 '逸烏川理叱磧惡希'에서 보는 바와 같이 (20사)의 한자 磧은 우리나라에서 오래전부터 사용된 것이다. 중국에서 한자 磧과 瀨가 뜻은 같되, 방언적 차이를 드러내는 점에서 매우 주목된다.

(21) 가. 磧【說文】水陼有石者【韻會】吳楚謂之瀨 中國謂之磧 又沙漠亦曰磧 〈康熙字典〉

나. 瀨【說文】水流沙上也【前漢‧武帝紀】遣甲爲下瀨將軍【註】瀨 湍也 吳越謂之瀨 中國謂之磧 又水名 〈康熙字典〉

(21가)에서 '吳楚謂之瀨 中國謂之磧'이라 한 것과 (21나)에서 '吳越謂之瀨 中國謂之磧'이라 한 것은 한어에서 磧과 瀨가 뜻이 같으나 방언적 차이가 있음을 말한 것이다. 즉 중국의 남쪽에서는 瀨을 사용하나 중국의 북쪽에서는 磧을 사용한다는 것이다. 이러한 사실은 한자 磧에 대한 우리말 訓을 이해하는 중요한 단서가 된다. 『훈몽자회』 上: 3a에 瀨의 훈이 '여흘'로 제시되어 있으므로 磧의 우리말 訓도 '여흘'로도

---

29 『說文解字』, 夕部, "夗, 轉臥也".
30 양주동(1965, 1995: 353)은 '쟉벼리'를 '지역벼리'의 축약으로 파악하였다. 그러나 중세어에서 '지벽'은 현대어에서 '조약돌'로 그 흔적을 남기고 있다. 현대에 남아 있는 '조약'을 고려할 때, '쟉'을 '지역'의 축약으로 판단하기 어렵다고 생각한다.

이해할 수 있기 때문이다.

磧의 의미를 '여흘'로 이해할 경우 '별[遷]'의 형태 구성을 이해할 수 있다. 즉 '별'이 '벼[石]+*을[水]' 정도의 구성을 가진 것으로 이해할 수 있다.

'돌'을 뜻하는 '벼'는 현재 중세어 자료에서 찾을 수 없다. 그러나 '돌'을 뜻하는 '여'를 고려하면, '벼'가 '돌'을 뜻했음을 추정할 수 있다. '여'와 '벼'의 대응에서 보이는 'ㅇ 대 ㅂ'의 대응 관계는 유창돈(1964: 150)이 언급한 다음 자료에서도 발견된다.

(22) 가. 山겹동새 난 이슷ᄒ요이다 〈樂學軌範 鄭瓜亭〉
　　　나. 비슷비슷 〈큰 사전〉
(23) 가. 믈 겨틔 엇 마ᄀ시니 〈龍飛御天歌 44〉
　　　나. 벗 나가다 〈큰 사전〉

'여'와 '벼'도 (22)와 (23)에서 발견되는 'ㅇ 대 ㅂ'의 대응 관계로 파악할 수 있다. 따라서 '여'가 '돌'의 의미이듯이 '벼'도 '돌'의 뜻이 된다. 결국 '벼[石]+*을[水]' 정도의 구성을 가지는 '별'의 의미도 '여흘'처럼 '돌이 있는 물'로 파악할 수 있다.

(22)에 보이는 '이슷'과 '비슷'의 대응 관계에 대한 해결책은 이미 이기문(1968, 1991: 323)에서 제시되었다. 즉 이기문(1968, 1991: 323)은 『三國志』魏書東夷傳에 나오는 '高句麗呼相似爲位'에 근거하여 중세국어 '이슷(處容歌, 鄭瓜亭), 이셧다(月印釋譜 序), 이셧ᄒ도다(金剛經三家解)' 등과 근대국어 '비슷'의 대응 관계를 고구려어와 동남방언(즉 신라어)의 차이로 설명하면서 *wi〉i 변화를 상정하였다. 이러한 가설에 근거하여 우리는 '여흘'과 '별'의 차이를 이해할 수 있다. 즉 '여흘'은 고구려어 계통이고, '별'은 신라어 계통인 사실을 이해할 수 있다. 『新增東國輿

地勝覽』에서 '遷[별]을 신라 방언이라 설명한 것[31]'이 정확한 것이었음을 확인할 수 있다.

별[遷]과 관련된 상대의 자료를 양주동(1965, 1995: 353)은 다음과 같이 제시하고 있다.

(24) 가. 平珍峴縣[一云遷峴]〈新增東國輿地勝覽 通川郡 古蹟〉
　　 나. 朔庭郡 本高句麗比列忽郡〈三國史記 勸35 地理 2〉
　　 다. 引駕日 行至十月二日 癸亥向涉是達非里□廣□因諭邊堺矣〈磨雲嶺 眞興王巡守碑〉

(24가)의 平珍을 양주동(1965, 1995: 353)이 '별'로 해독한 것은 遷峴의 遷에 기초한 것이다. 平珍峴縣의 이칭 遷峴은 사실『고려사지리지』부터 나온다. 양주동(1965, 1995: 353)이 (24나) 比列忽의 比列을 '별'로 해독한 것은『삼국사기지리지』에 나오는 '淺城郡(一云比烈忽)'에 근거한 것으로 생각된다. 淺이 '별[遷]'과 의미가 유사한 것에 기댄 것이다. (24다)에서는 非里를 '별[遷]'로 파악한 것이다. 이기문(1968, 1991: 327)도 非里를 '淺'의 뜻으로 제시한 바 있다. 非里를 '淺'으로 이해하는 것은 「磨雲嶺眞興王巡守碑」가 삼국 시대 명칭이 比列忽이었던 조선 시대 안변도호부 지역에서 발견된 것에 기인한다. 이기문(1968, 1991: 327)은 比烈과 '比里[非里]'의 재구음을 각각 'pirjel, piri' 등으로 제시하였으며, '淺'의 뜻을 가지는 골디語 biri를 제시한 바 있다.

'별[遷]'의 의미 구성소로 '돌처럼 높다'의 의미는『삼국사기지리지』의 '仇乙峴 대 屈遷'에서 峴과 遷의 대응에서 찾을 수 있다. '별[遷]'의 본래 의미는 '돌이 있는 물'이지만 '별[遷]'이 지명에서 사용될 때는

---

31 『新增東國輿地勝覽』, 廣州牧, 山川, 洗姑灘.

그 인접 의미로 '물 언덕 돌길'의 의미를 가지게 된 것으로 파악된다. '물 언덕 돌길'은 정확히는 '물 옆에 언덕이 있고 그 언덕으로 길이 나 있는데, 그 길에 돌이 많이 있는 곳'의 의미[32]이다.

3.4. ᄂᆞᄅ[津]

중세국어에서 'ᄂᆞᄅ[盡]'는 자음 어미 앞에서는 'ᄂᆞᄅ', 모음 어미 앞에서는 '놀'로 교체되는 어휘로 알려졌다. 'ᄂᆞᄅ[盡]'의 이러한 교체 현상의 자료를 이기문(1962: 313)은 다음과 같이 말하고 있다.[33]

(25) 가. 광ᄂᆞᄅ 廣津〈龍飛御天歌 3: 13〉, 南녁 져젯 ᄂᆞ룻 머리예셔 비 폴 리 잇건마론〈杜詩諺解 初刊本 10: 4b〉
나. 受苦ㅅ 눌이 ᄒᆞᆫ가지로 나 ᄆᆞᄎᆞ매 覺 ᄀᆞ새 가리 ᄒᆞᄂᆞ니라〈月印釋譜 8: 25a〉, 샹녜 一切ㅅ 조ᅀᆞᄅᆞ왼 길콰 눌이 田地 險ᄒᆞ며〈楞嚴經諺解 5: 68a〉, 몬져 길헤 우러 가고 들구를 타 조ᅀᆞᄅᆞ왼 눌울 뮈오도다〈杜詩諺解 初刊本 20: 39b〉, 十編 深淺이 다 行홀 싸ᄅᆞ미 조ᅀᆞᄅᆞ왼 눌이니〈禪宗永嘉集諺解 序: 11〉, 비 ᄯᅴ워슈미 다ᄆᆞᆫ 눌이로다〈杜詩諺解 初刊本 24: 25b〉

(25가)는 자음 어미 앞에서 'ᄂᆞᄅ'가 'ᄂᆞᄅ' 형을 보인 것이고, (25나)는 'ᄂᆞᄅ'가 모음 어미 앞에서 '눌' 형을 보인 것이다. 이기문(1962: 326)은 'ᄂᆞᄅ'가 '*nʌrk/[nʌlg]'로 소급할 수 있기 때문에 모음 어미 앞에서 'ᄂᆞ리' 등이 아니라 '눌이' 등의 어형을 보여 준 것으로 설명하고 있다. 그런데 중세국어 쌍형 어간 '잇-'과 '-이시-'의 경우 '-거니, -게,

---

32 이 풀이는 어떤 심사자의 지적에 의한 것이다.
33 이기문(1962: 313)은 어절형만 제시했으나 문맥도 함께 제시한다.

-눈, -디' 등의 앞에서 '잇-'으로 실현되고, '-니, -면, -ㄴ, -ㄹ, -어' 등의 앞에서는 '이시-'로 실현되는 것처럼(유창돈, 1973: 343) 'ᄂᆞᄅᆞ'와 '눌'도 쌍형 어간으로 파악할 수도 있다. 중세어 'ᄂᆞᄅᆞ, 눌'과 유사한 분포를 보여 주는 것으로 중세어 '별[遷], 벼ᄅᆞ, 벼리' 등의 분포를 들 수 있다. '벼ᄅᆞ, 벼리' 등에서 어말 모음이 탈락하여 '별'의 어형이 형성된 것처럼 'ᄂᆞᄅᆞ'에서 어말 모음이 탈락하여 '눌'의 어형이 형성된 것으로 추정된다.

중세국어 'ᄂᆞᄅᆞ'의 선대형 추정과 관련하여 『용비어천가』에 나오는 熊津에 대한 한글 표기 '고마ᄂᆞᄅᆞ'가 주목된다. 熊津은 충청도 부여에 소재한 지명인데, 이 지명이 『일본서기』에 다음과 같이 출현하기 때문이다.

(26) 가. 久麻那利〈日本書紀 卷十四 雄略天皇二一年(丁巳四七七)三月〉
　　　나. 久麻怒利城〈日本書紀 卷二六 齊明天皇六年(六六〇)九月癸卯〉

(26)의 久麻는 '고마' 정도를 표기한 것으로 추정해 왔다. 이 久麻는 흔히 '고마〉곰'의 어말 모음 탈락 현상을 설명하는 데에 활용되어 왔다. 那利는 '나리' 정도를, 怒利는 '노리' 정도를 표기한 것으로 추정할 수 있는데, 여기에서 'ᄂᆞᄅᆞ'의 선대형이 '*ᄂᆞ리' 정도임을 추정할 수 있다.

漢語에서 津은 渡處[건너는 곳]'와 '潤[물기]'의 두 가지 의미가 있다. 『康熙字典』에 실린 「正義」의 '津은 渡處이다. 또 물기이다 / 津是渡處 又潤也'의 설명으로 그 사실을 알 수 있다. 『杜詩諺解』에서 津이 '渡處'의 의미일 경우에는 'ᄂᆞᄅᆞ'로 언해되고, '潤'의 의미일 경우에는 '믈'로 언해된다.[34] 이것은 중세국어에서 'ᄂᆞᄅᆞ'는 일반적으로 '물을 건너는 곳 [渡處]'의 의미로만 사용되었음을 말해 준다. 그러나 뒤에서 언급하겠지만 『仁祖大王行狀』에 'ㄴㄹ'의 이형태로 생각되는 '놀'이 '原' 또는 '麓'의 의미로 사용된 용례가 있어 주목된다.

삼국 시대 지명 표기에서 津이 '물가'의 의미로도 사용되는 용례는 다음과 같다.

(27) 가. 密津縣 本推浦縣(一云竹山) 景德王改名 今未詳〈三國史記 卷 34 雜志 第三 地理 一 新羅〉
나. 東津縣 本栗浦縣 景德王改名 今合屬蔚州〈三國史記 卷34 雜志 第三 地理 一 新羅〉
(28) 가. 甕遷 今甕津縣〈三國史記 卷37 雜志 第六 地理 四 高句麗百濟 漢山州〉
나. 甕津縣 本高勾麗甕遷 高麗初改今名 顯宗九年置縣令〈高麗史 卷58 志12 地理3〉

(27)은 모두 浦가 津으로 개정된 것을 보여 주는 용례이다. 浦는 우리말 '개'를 나타낸 것인데, 이 '개'는 '강이나 내에 바닷물이 드나드는 곳[35]'을 뜻한다. 따라서 (27)에 사용된 津은 '물가'의 의미로 사용된 것이다.

(28)은 '遷[별]'이 '津[ㄴㄹ]'으로 교체된 사실을 말하고 있다. '돌이 있는 물가'를 뜻하는 우리말 '별[遷]'이 津으로 교체되었다는 것은 津에도 '물가'의 의미가 있음을 시사하는 것이며 더 나아가서 津에 대응되는 우리말 'ㄴㄹ'의 기원적인 의미를 파악하는 단서가 된다. 이러한 단서는 다음 자료로 구체화된다.

---

34 津이 '믈'로 언해되는 경우로 '恥飮汗池津 / 더러운 못믈 머구믈 붓그리ᄂᆞ니〈杜詩諺解 初刊本 16: 35〉'를 들 수 있다.
35 『표준국어대사전』, 개, "강이나 내에 바닷물이 드나드는 곳"

(29) 가. (津) 방언에서 물가의 왕래출입 하여 물을 건너는 곳을 那等里
이라 한다. 다른 말로는 遷字를 쓴다. 出入의 말뜻이 있다. 만
약 那等里 세 소리를 빠르게 발음하면 津字의 방언이다. 그러
나 遷은 작고 津은 크다. 혹 서로 바꾸어 부른다.[36] 〈頤齋亂藁
卷20 擬弘文館增修東國輿地勝覽例 三府門目第二 山川〉
나. 이에 양쥐로브터 밧드와 금포 남향흔 눌히 뫼옵고/酒自楊州,
移奉于金浦午向之原〈仁祖大王行狀 20〉, 노픈 뫼히 셰 급ᄒ고
긋츤 눌히 회포티 못ᄒ더라/高山勢急, 斷麓無抱〈仁祖大王行
狀 20〉, 댱능 유향 눌희 장ᄒ오니 파쥐 븍녁히라/葬于長陵酉向
之原, 在坡州之北〈仁祖大王行狀 84〉

『표준국어대사전』에서 '나드리'를 '나루[津]'의 강원, 황해 지역의 방언으로 풀이하고 있다. 그러므로 (29가)의 那等里는 '나들이' 정도를 표기한 것으로 생각된다. (29가)에서 那等里를 '물가의 왕래 출입하여 물을 건너는 곳'으로 풀이하고 있고, '나들이'를 『표준국어대사전』에서 '내가 굽은 곳 바깥의 낮은 터'로 설명하고 있다. 따라서 '나들이'는 '나고 들다'의 '나들이'와는 기원이 다른 것으로 생각되고 중세어 'ᄂᄅ [津]'와 관련된 어형으로 생각된다.

(29가)에서 '遷은 작고 津은 크다'고 하여 '물언덕 돌길'의 의미인 '遷[별]'이 '津[ᄂᄅ]'과 마찬가지로 '물을 건너는 곳'의 의미를 가지고 있음을 설명하고 있다. 한편 (29나)는 'ᄂᄅ'의 이형태인 '눌'이 '물을 건너는 곳'의 의미가 아니라 原 또는 麓의 의미로 사용된 용례를 보여주고 있다. 결국 (29가)와 (29나)로 '遷[별]'과 '津[ᄂᄅ]'는 '물언덕, 물

---

36 『頤齋亂藁』, 권20, 擬弘文館增修東國輿地勝覽例, 三府門目第二, 山川, "(津)方言 呼水邊往來出入濟涉處曰那等里 翻作遷字 有出入語義 若以那等里三聲急呼 則津字 之方言也 然遷小而津大 或互呼"

을 건너는 곳' 등의 공통적인 의미를 가지고 있음을 알 수 있다. 다만 (29가)에서 말한 것처럼 '遷은 작고 津은 크다'라는 점에서만 차이를 가진다.

'遷은 작고 津은 크다'는 진술의 의미는 무엇일까? 이에 대한 해답을 한어에서 '물가[水邊]'를 나타내는 津과 涯의 대립 의미에서 찾아낼 수 있다.

(30) 涯 (會意兼形聲 從水, 從厓(yá), 厓亦聲 厓, 山邊 本義: 水邊) 〈漢典[37]〉

(31) 가. 津 (會意 金文字形, 從舟 從淮 "淮"表示淮水 泛指一般的河流 船停泊在河旁, 用來渡河 本義: 渡口) 〈漢典〉
나. 《爾雅·釋天》析木謂之津 〈康熙字典〉
다. 津 (생략) 9. 生物的體液. 10. 潤澤 ; 濕潤 〈漢語大詞典〉

(30)에는 涯의 본래 의미가 직접 기술되어 있다. 즉 涯는 水와 厓가 결합한 회의자로 涯가 '돌이 있는 물가'임을 말하고 있다. 그러나 (31가)에서는 河旁과 같이 津의 파생적 의미만 제시하고 있다. (31나)는 津의 의미를 '갈라진 나무'로 설명하고 있는데, 이 의미를 강물의 지형적 특성과 연결 시키기가 어렵다. 반면에 (31다)에서는 津의 의미를 體液 또는 濕潤으로 풀이하고 있다. 이러한 풀이에 기초하여 津으로 표현한 '물가[水邊]'의 지형적 특성을 이해할 수 있다.

體液 또는 濕潤의 의미를 가지는 한어 津은 오래전에 우리말에 차용되었다. 즉 『언해두창집요(1601)』 하: 61b '고롬과 진믈이 긋디 아니ᄒ느니'에 나오는 '진믈'이다. 이 '진믈'은 『표준국어대사전』에서는 '津

---

37 漢典(http://www.zdic.net/z/1d/xs/6DAF.htm), 涯.

물'로 제시되어 있다. 국어의 '津물'은 한어의 津液과 같은 것이다. '津물'과 津液은 津의 지형적 특성을 비유적으로 표현한 것이므로 津의 의미를 '질척질척한 흙, 다시 말해 개흙이 있는 물가'로 파악할 수 있다.

물가의 개흙은 사실 상류로부터 온 것이다. 강물은 상류의 土沙를 하류로 운반하다가 강물의 유속이 느린 곳에서 土沙를 쌓아 놓는다는 사실은 널리 알려졌다. 유속이 급격히 느려질 경우 쌓아 놓는 土沙의 양은 매우 많을 것이다. 따라서 강물의 유속이 느린 곳을 강물의 渡河處로 삼는 것은 자연스러운 것이다. 따라서 土沙가 많은 강가는 강물의 渡河處가 될 수 있다. 한편 돌이 있는 물가는 유속은 빠를 것이나 대신에 강물의 수심은 얕기 때문에 사람들이 '여흘/별'을 배 없이 강물을 건너는 渡河處로 삼았을 것으로 생각된다.

강을 쉽게 건너는 도하 지점의 선택은 한국과 중국이 다르지 않을 것이다. 또 옛날이나 지금이나 다르지 않을 것이다. 따라서 한어의 津과 우리말 'ᄂᄅ', 한어의 涯와 우리말 '여흘/별'은 표현한 의미가 동일할 것으로 추정된다. 즉 물가의 동일한 지형적 특성을 표현한 말로 생각된다. 마침 한어의 涯와 우리말 '여흘/별'은 모두 '돌이 있는 물가'를 표현하므로 이러한 추정은 신빙성이 높다. 결국, 우리말 'ᄂᄅ'의 본래 의미는 '개흙이 있는 물가'의 의미가 된다.

중세국어 'ᄂᄅ'의 본래 의미가 '물가'라는 사실은 향가 「讚耆婆郞歌」의 '汀理'에서 확인할 수 있다.

(32) 沙是八陵隱 汀理也中 〈讚耆婆郞歌 제4구〉

(32)에서 汀理也中의 汀理는 문맥으로 보나, 훈차자 汀의 뜻으로 보나 중세어 '믓ᄀ[水邊]' 정도로 해독해야 한다. 그런데 汀理의 理 때문에

'믓곶'으로 해독하기가 곤란한 형편에 있었다. 양주동(1965, 1995: 340)의 경우는 汀理를 '川理[나리〉내]'와 같은 것으로 파악하였다. 그런데 이러한 견해에서는 汀理와 川理의 차이를 설명할 수 없다. 이러한 문제를 의식하고, 김완진(1980: 86-87)은 汀理를 '플서리'로 해독하였다. 이 글에서는 앞에서 중세어 'ᄂᆞᄅᆞ'의 선대형이 '*ᄂᆞ리' 정도임을 설명한 것을 근거로 향가의 汀理가 'ᄂᆞ리' 정도를 표기한 것으로 추정한다. 汀理[ᄂᆞ리]는 '개흙이 있는 물가'의 의미가 된다. 汀理[ᄂᆞ리]에서 汀은 訓借字가 된다.

'물가'를 뜻하는 별[遷]이 '벼ᄅᆞ, 벼리' 등의 형태를 가진 것처럼 'ᄂᆞᄅᆞ[津]'도 '눌, ᄂᆞ리' 등의 형태를 가지고 있다. 이것은 '별[遷]'과 'ᄂᆞᄅᆞ[津]'가 동질적 부류의 어휘임을 말한다. 이러한 동질적인 속성에 근거하여 'ᄂᆞᄅᆞ[津]'도 '별[遷]'과 동일한 조어법으로 구성된 것으로 파악할 수 있다. '별[遷]'이 '벼[石]+*을[水]' 정도로 구성된 것이므로 'ᄂᆞᄅᆞ[津]'를 'ᄂᆞ+*을[水]' 정도의 구성을 가지는 것으로 파악할 수 있다. 'ᄂᆞᄅᆞ[津]'가 '개흙이 있는 물가'를 뜻하므로 'ᄂᆞ'는 '개흙' 정도를 의미하는 것으로 추정된다.

'개흙' 정도를 의미하는 'ᄂᆞ'는 현대어 '늪'의 선대형 '눕'에서 그 흔적을 찾을 수 있다.

(33) 가. 藪ᄂᆞᆫ 믈 여원 모시라〈法華經諺解 4: 119b〉
　　　나. 藪 숩 수〈訓蒙字會 上: 3b〉, 藪 숩 수〈新增類合 上: 06a〉
　　　다. 藪 눕 수〈七長寺 類合 4a〉, 藪 눕 수〈靈藏寺 類合 4a〉
　　　라. 늪: 땅바닥이 우묵하게 뭉떵 빠지고 늘 물이 괴어 있는 곳. 진흙 바닥이고 침수 식물이 많이 자란다. 늑소10「1」.〈표준국어대사전〉

(33가)는 藪의 의미를 '믈 여윈 못'으로 설명하고 있다. 이는 藪의 특성을 '물이 아주 조금 있는 곳'으로 설명한 것이다. (33나)는 藪를 '숲'으로 설명하고 있는데, 이 설명으로는 藪에 水草의 의미가 내포되어 있는지를 결정할 수 없다. 그런데 (33다)는 藪를 '눕[38]'으로 설명하고 있다. 이는 '물이 아주 조금 있는 곳의 水草'로 설명한 것이다. 이를 (33라)가 설명해 주고 있다.

'턱'을 뜻하는 후기 중세국어 '특'의 후대형이 '턱'인 사실에 기대면 근대어 '눕'의 선대형으로 '*늡' 정도를 상정할 수 있고, 이 '*늡'의 선대형으로 '*늡' 정도를 상정할 수 있다. 이 '*늡'은 'ㄴ+ㅂ' 정도로 분석될 수 있다. '*ㄴ'가 근대어 '눕'의 기본 의미를 나타내 주는 것으로 생각된다. 'ㅂ'은 접미사일 것으로 추정된다. 따라서 '*ㄴ'를 '수초가 자라는 질척질척한 흙'의 의미로 파악할 수 있다.

'수초가 자라는 질척질척한 흙'을 의미하는 '*ㄴ'와 유사한 형태가 일본 고어와 만주어에서 발견되어 주목된다.

(34) 가. ぬ【沼】- [名] ぬま。多く、他の語に付いて複合語を作る。「こもりぬ」「おぬ」など。*金剛般若経讚述卷下嘉祥元年点[848]「猶し汎べる舟の、東に邁ぐるときに、凝れる沼(ヌ)を、西に流ると矚たるが如く」〈日本國語大辭典〉

나. ぬう【沼】-[名]「ぬま(沼)」の変化した語 *書陵部本名義抄[1081]「池沼〈略〉ヌウ」* 大般若経字抄[1164]「沼 ヌウ」沼地〈日本國語大辭典〉

다. ぬま【沼】-[名]一般に、深さ五メートル以下で底は泥ぶかく、クロモ・フサモなどの沈水沿岸植物が生えている、規模の小

---

38 어떤 심사자는 이곳의 '눕'을 '숩'의 오기일 가능성을 지적해 주었다.

さい湖沼をいう。湖とは嚴密には區別されていない。ぬ。*古
事記[712] 中「新羅の國に一つの沼(ぬま)有り、名をば阿具奴摩
(ヌマ)と謂ふ」〈日本國語大辭典〉

라. 新羅國有一沼 名以阿具奴摩〈古事記 中卷 応神天皇段９【天之
日矛】〉

(35) 가. niyo coko 水雞 doɣulang qančir [鳥雀部鳥類29-13b3]S
3.4145-1(15580)〈栗林均, 2008: 398〉
나. niyo i ba 水草甸子 debege ɣaĵar [地部地輿類3-9b1] 1.166
-2(635)〈栗林均, 2008: 398〉
다. niyokso 水面青綿 kölmüg [地部地輿類3-32b3] 1.216-2 (828)
〈栗林均, 2008: 398〉

(34)에서는 沼의 의미로 일본 고어 'ぬ[nu]'가 제시되어 있고, (35)에서는 水草의 의미로 만주어 niyo가 제시되어 있다. 이러한 자료를 통해서 '*ㄴ'가 '질척질척한 흙'의 의미임을 알 수 있다.

결국, 중세국어 'ㄴㄹ[津]'는 'ㄴ[泥]+*을[水]' 정도의 구성에서 발달한 것으로 추정된다.

4. 고대국어 '*을[水]'을 보존한 중세어의 동질적 특성

4.1. 끝음절 불안정성의 동질적 특성

고대국어 '*을[水]'을 보존한 중세국어 '우믈[井], 여흘[灘], 별/벼ᄅ/벼리[遷], ㄴㄹ[津]' 등과 중세국어 '내'의 선대형 '나리[川]' 등의 끝음절은 시대별로 다양한 모습을 보여 주고 있다. 삼국 시대부터 근대국어에 이르기까지 문헌 자료에 나타난 이들의 어형을 제시하면 다음과 같다. 중세국어까지의 어형은 이미 제3장에서 제시하였고, 근대국어의 경우에는 각종 고어사전류에 제시된 것을 참고한 것이다.

(36) 고대국어 '*을[水]'을 보존한 중세국어의 시대별 어형

어형	삼국 시대	고대국어	중세국어	근대국어
나리[川]	奈乙[날]	蘿井[나리]	나리, 내	
우믈[井]			烏沒[우믈], 우믈	
여흘[灘]			여흘	여흘,[39] 여흘[40]
별[遷]	平珍[별], 比烈[별], 比里[비리]		별, 벼ᄅ, 쟉벼리 비러, 비레, 빙애	빙애/벼로[41]
ᄂᆞᄅᆞ[津]	那利[나리], 怒利[노리]	汀理[ᄂᆞ리]	ᄂᆞᄅᆞ, 놀	나로비,[42] 나루,[43] ᄂᆞ롯비,[44] 나르[45]

중세국어 모음 'ㆍ'는 일반적으로 제1음절에서 'ㆍ〉ㅏ'의 변화를, 제2음절에서 'ㆍ〉ㅡ'의 변화를 보여 주는 것으로 알려져 있다. 이러한 모음 변화를 제외하고 (36)에 나타난 끝음절 형태의 변화를 정리하면 다음과 같다.

---

39 『蒙語類解』, 上: 6b, "灘裏 여흘"
40 『송강가사』(1747), 성주본 하: 14, "어룸의 마킨 믈 여홀이셔 우니는 듯"
41 『譯語類解』, 上: 7b, "地灘 빙애 或云 버로"
42 『敬信錄諺釋』, 78a, "나로비ᄅᆞᆯ 민들어 사ᄅᆞᆷ을 건네며"
43 『廣才物譜』, "나루"
44 『漢淸文鑑』, 12: 20, "ᄂᆞ롯비(刀船)"
45 『物名考』, 5: 11, "나르"

(37) 고대국어 '*을[水]'을 보존한 중세국어의 시대별 끝음절 유형

어형	을 형	ㄹ 형	리 형	ᄛ 형	레 형	러 형
나리[川]	○		○			
우믈[井]	○					
여흘[灘]	○					
별[遷]		○	○	○	○	○
ᄂᆞᄅ[津]		○	○	○		

(37)은 '우믈[井], 여흘[灘]' 등의 경우 그 끝음절이 안정적인 모습을 보여 주고 있으나 별[遷]의 경우에는 그 끝음절이 안정적이지 못한 모습을 보여 주고 있음을 말해 준다. 그리고 '나리[川], ᄂᆞᄅ[津]' 등의 끝음절도 '별[遷]'과 같이 안정적이지 못한 모습을 보여 주고 있음을 (37)은 말해 주고 있다.

'별[遷]'과 달리 '우믈[井]'은 '움+을'의 구성에서 온 것이므로 'ㅁ'으로 인해 그 끝음절이 '을' 형으로 안정적인 모습을 보인 것으로 생각된다. 그러나 여흘[灘]의 경우에는 그 끝음절이 안정적인 모습을 보여 준 이유를 현재 말하기는 어려운 실정에 있다. 다만, 『표준국어대사전』에서 '여울'의 경북 방언으로 '얼'을 제시한 것을 고려하면, 여흘[灘]의 경우에도 그 끝음절이 안정적이지 못한 모습을 보인 것으로 추정할 수 있다.

4.2. 의미의 동질적 특성

중세국어 '우믈[井], 여흘[灘], 별[遷], ᄂᆞᄅ[津], 나리[川]' 등의 의미 대립 체계를 다음과 같이 생각해 볼 수 있다.

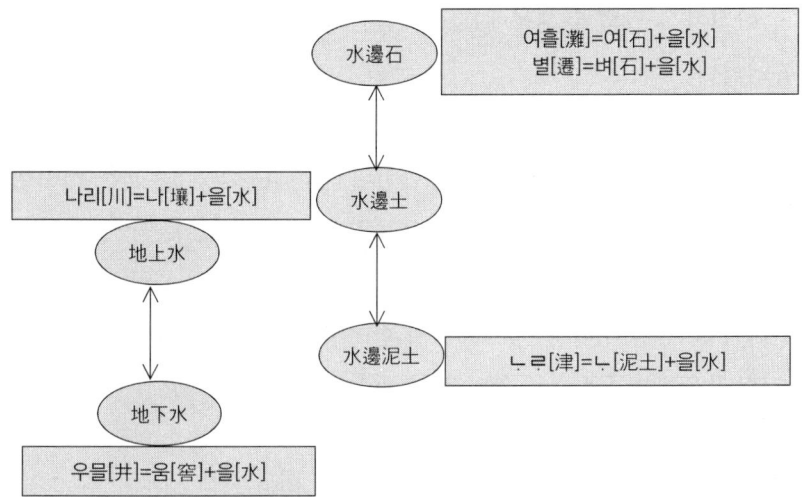

<그림 1> 고대국어 '*을[水]'을 보존한 중세국어의 의미 대립 체계

〈그림 1〉은 고대국어 '*을[水]'을 보존한 중세국어의 의미 대립 체계가 다음의 기준을 가진 것임을 보여 주는 것이다.

(38) 가. 지상과 지하의 대립 기준으로 '*을[水]', 곧 물의 종류가 '나리[川]'와 '우물[井]'로 나뉘어 구별되었다.
　　　나. 강물의 지형인 '石, 土, 泥土' 등의 대립 기준으로 '*을[水]', 곧 물의 종류가 여흘/별[遷], 나리[川], ㄴㄹ[津] 등으로 나뉘어 구별되었다.

'나리[川], 우물[井], 여흘/별[遷], 나리[川], ㄴㄹ[津]' 등의 어휘들에서 발견되는 (38)과 같은 의미 대립 체계는 언어 기제가 경제적인 원칙에 의하여 이루어짐을 보여 주는 좋은 사례가 된다. '*을[水]'을 중심으로 4개의 어휘가 의미상 긴밀하게 묶여 있기 때문에 각 어휘의 의미를 보존하기에 유리할 뿐만 아니라 뚜렷이 변별되는 대립 기준에 의해 4개의 어휘가 구별되기 때문에 각 어휘의 독자성을 유지하는 데에 매우 유리하다.

'나리[川], 우물[井], 여흘/별[灘], ᄂᆞᄅ[津]' 등은 한어에서 각각 '川, 井, 涯, 津' 등으로 표현되는데, 한어의 '川, 井, 涯, 津' 등은 (38)에 보이는 의미 대립 체계를 부분적으로만 유지하고 있다. 한어 '川, 井, 涯' 등의 기본 의미에 대해서는 漢典(http://www.zdic.net)의 풀이를 활용하여 물 관련 우리의 어휘 체계와 한어의 그것을 비교해 보도록 한다. 津의 경우에는 『漢語大詞典』의 풀이를 활용하도록 한다.

(39) 한어와 한국어의 '물' 관련 어휘의 의미 대립 체계 대조

항목	漢語		중세국어	
	어휘	의미	어휘	의미
井	井	(象形 金文字形, 外象井口, 中間一點表示井裏有水 本義: 水井)	우믈	땅속의 물
川	川	(象形 甲骨文字形, 左右是岸, 中間是流水, 正像河流形 本義: 河流)	나리〉내	땅위의 물
津	津	體液 또는 濕潤 〈漢語大詞典〉	ᄂᆞᄅ	泥土[개흙]이 있는 물가
涯	涯	(會意兼形聲 從水, 從厓(yá), 厓亦聲 厓 山邊 本義: 水邊)	여흘/별	돌이 있는 물가

한어에서 땅 위의 물을 나타내는 것으로 '川, 津, 涯' 등이 있다. 강물의 지형적 특성을 나타내는 津, 涯 등은 水라는 공통 의미 자질을 가지고 있다. 그러나 川에는 水의 의미 자질이 없다. 川이 강물이 흘러가는 모습을 상형한 것이기 때문이다. 그러나 한어 '川, 津, 涯' 등에 대응하는 우리말의 '나리[川], ᄂᆞᄅ[津], 여흘/별[灘]' 등은 모두 水를 뜻하는 '*을[水]'을 공통으로 가지고 있다. 비록 'ᄂᆞᄅ[津], 여흘/별[灘]' 등이 한어의 津, 涯 등과 같은 대립 기준을 가지고 있으나 한어의 川이 '津, 涯'

등과 의미상 공통성이 없다는 점에서 우리의 물 관련 어휘 체계는 한어와 다른 체계를 가진 것이다.

한어에서 지하의 물을 뜻하는 井은 우물의 상부 외형을 상형한 것이다. 따라서 한어에서 지상의 물을 나타내는 川과는 공통 의미 자질을 찾을 수 없다. 그러나 우리의 '우믈'과 '나리〉내'에서는 水라는 공통 의미 자질을 찾을 수 있다. 지하를 뜻하는 움[竇]과 지상을 뜻하는 '나[地]'라는 특질로 '우믈'과 '나리〉내'는 변별된다.

결국, 한어와 비교해서 '물'과 관련된 우리의 어휘가 경제적인 의미 대립 체계를 가지고 있음을 살필 수 있다.

5. 결언

이 글은 신라 지명 표기 奈乙을 해독하고 이에 기반하여 고대국어 '*을[水]'을 보존한 중세어 어휘 '나리〉내[川], 우믈[井], 여흘[灘], 별[遷], ᄂᆞᄅᆞ[津]' 등을 발굴하였다.

奈乙이 '날' 정도를 표기한 것으로 파악하고 '날'은 '나[壤]+ㄹ[水]' 정도의 구성에서 기원한 것으로 파악하였고, 이를 중세국어 '나리'의 선대형으로 파악하였다. 奈乙에 대한 이러한 해독은 奈乙의 이표기 蘿井에 근거한 것이었다. 종래의 논의에서 蘿井의 井을 인공적인 '우물'로 파악하여 奈乙과 蘿井의 관계를 정확하게 이해하지 못하였다. 현대의 방언에서 '샘'을 '우물'로 부르는 것에 착안하고, 蘿井을 경주 지역에서 '나리'로 부르고 있는 것에 착안하여 蘿井의 井을 자연적으로 형성된 '물'로 파악한 다음 奈乙과 蘿井이 모두 '나[壤]+ㄹ[水]' 정도의 의미를 지칭한 것임을 밝혔다.

중세국어 '우믈[井], 여흘[灘], 별[遷], ᄂᆞᄅᆞ[津], 나리[川]' 등의 끝음절이 통시적으로 안정적이지 못한 모습을 보여 주고, 이들 중세국어 어휘들이 '믈[水]'과 관련된 경제적인 의미 대립 체계를 보여 준다는 점에서 중세국어 '우믈[井]'은 '움[窨]+을[泉]', '여흘[灘]'은 '여[石]+을[泉]', '별[遷]'은 '벼[石]+을[泉]', 'ᄂᆞᄅᆞ[津]'는 'ᄂᆞ[水草]+을[泉], 중세국어 '내'의 선대형 '나리[川]'는 '나[壤]+을[泉]' 정도의 구성에서 기원한 것임을 밝혔다.

우믈[井]은 '지하의 물'이고, '여흘[灘], 별[遷], ᄂᆞᄅᆞ[津], 나리[川]' 등은 '지상의 물'로 대립되어 구분되는 것임을 밝혔다. '지상의 물'은 또 특징이 없는 나리[川]와 특징이 있는 '여흘[灘], 별[遷], ᄂᆞᄅᆞ[津]' 등으로 대립되어 구분되는 것임을 밝혔다. 즉 '여흘[灘]'과 '별[遷]'은 '돌이 있는 물'이며 'ᄂᆞᄅᆞ[津]'는 '진흙이 있는 물'로 대립되어 구분되는 것임을 밝혔다. '여흘[灘]'은 고구려어 계통이고 '별[遷]'은 신라어 계통의 어휘인 것으로 추정하였다.

중세국어 'ᄂᆞᄅᆞ'에는 '건너는 곳'의 의미만 있었으나 삼국 시대에는 '水草가 있는 물가'의 의미도 가지고 있었음을 확인하였으며, 중세국어 내(川)의 선대형인 '나리'의 본래 의미는 '땅 위의 물'임을 밝혔다.

이 글의 연구 결과 의미상 '물'과 관련 있는 중세국어 '개올, 걸[渠], 돌[溝]' 등도 고대국어 '*을[水]'을 보존한 중세국어일 것으로 추정할 수 있다. 관련 자료를 충분하게 찾을 수 없어 이 어휘들에 대해서는 이 글에서 논의하지 못하였다.

西畿停 관련 借字 表記의 역사와 현존 어형
音借 表記 豆良彌知停과 訓借 表記 富山城의 동질성을 중심으로

1. 머리말

이 글은 西畿停 관련 차자 표기의 역사를 규명하고 서기정의 옛 명칭인 豆良彌知停의 현존 어형을 규명하여 서기정의 위치를 富山城으로 비정하기 위한 국어학적인 논거를 제시하고자 한다. 서기정의 위치를 富山城으로 비정하기 위한 국어학적인 논거의 제시는 음차 표기 豆良彌知停과 훈차 표기 富山城의 표기상 동질성의 규명을 중심으로 한다.

雙梅堂 李詹(1345-1405)은 서기정을 밀양의 豆也保部曲으로 비정한 바 있다. 이기동이[1] 이첨의 견해를 수용하고 있으나 '민덕식,[2] 정구복 외,[3] 전덕재,[4] 이문기[5] 등의 연구에서는 서기정을 밀양의 豆也保部曲으로 비정하는 이첨의 견해를 부정하였다. 청도군 각남면 지역에 위치했던 것으로 추정되는 밀양의 豆也保部曲이 경주에서 너무 먼 지역에

---

1 이기동, 『신라사회사연구』, 일조각, 1997.
2 민덕식, 「新羅王京의 防備에 關한 考察」, 『史學硏究』 39, 한국사학회, 1987, 29-102쪽.
3 정구복 외, 『역주 삼국사기』 4 - 주석편 하, 한국정신문화연구원, 1997.
4 전덕재, 「新羅 6部 名稱의 語義와 그 位置」, 『慶州文化硏究』 1, 경주대학교 문화재연구소, 1998, 32-70쪽.
5 李文基, 「新羅 景德王代에 再編된 王都 防禦 軍事組織과 城郭의 活用」, 『新羅文化』 34, 동국대 신라문화연구소, 2009, 105-142쪽.

위치하기 때문이었다.

 신라의 왕도인 경주 자체에는 적의 침입을 방어할 성곽이 없음은 주지의 사실이다. 따라서 경주를 방어하기 위하여 주변의 산성이 활용되었을 것임은 주지의 사실이다. 이러한 사실을 고려하면 육기정의 위치를 일부분 경주 주변의 산성으로 비정하고자 했던 민덕식의 견해와 육기정의 위치를 모두 경주 주변의 산성으로 비정하고자 했던 이문기의 견해에는 타당한 점이 있다.

 민덕식과 이문기는 모두 서기정을 富山城으로 비정하고 있다. 그런데 서기정을 富山城으로 비정하고자 하는 이들의 견해는 정황적인 논거에 기초한 것이어서 객관적인 논거의 제시가 필요하다. 따라서 이 글에서는 서기정을 富山城으로 객관적으로 비정하기 위해 필요한 국어학적인 논거를 제시하고자 한다. 즉 豆良彌知停을 음차 표기로 파악하고 富山城을 훈차 표기로 파악하여, 이 두 표기의 동질성을 확인하고자 한다.

 이 글의 2장에서는 서기정의 위치 비정에 대한 기존의 견해를 비판적으로 검토하여 서기정을 富山城으로 비정하는 이문기 견해의 타당성에 대해 논의할 것이다. 2장의 논의를 바탕으로 3장에서는 음차 표기 豆良彌知停과 훈차 표기 富山城의 동질성에 대해 논의할 것이다. 즉 '豆良 대 富, 彌知 대 山, 停 대 城' 등으로 3분 하여 이들 각각이 동질적인 표기임을 말해 주는 국어학적인 논거를 제시하고자 한다.

2. 西畿停-豆良彌知停의 위치를 비정한 기존 연구에 대한 비판적 검토

2.1. 雙梅堂 李詹의 견해에 대한 비판적 검토

雙梅堂 李詹(1345-1405)은 『雙梅堂先生篋藏文集』권22, 雜著 諭地理條款 조에서 新羅 육기정의 하나인 西畿停의 위치를 舊名인 豆良彌知停에 근거하여 密陽에 소속된 部曲으로 비정하고 있다. 그리고 『新增東國輿地勝覽』慶州府 古跡 조에서는 豆良彌知停의 표기와 밀양의 豆也保部曲 표기 간의 유사성에 대해 논의하고 있다.

(1) 가. 신라의 옛날에 四畿停이 있었다. 또 中畿停이 있었다. 소위 停이라 하는 것은 어떤 것인지 자세치 않다. 단지 군현 아래에 속해서 아마 鄕亭의 亭인 것 같다. 오늘날 部曲으로 칭하는 것과 같다. 地志에 西畿停은 본시 豆也彌知停으로 慶州에 속했는데, 지금은 密陽府의 部曲이 되었다(고 하였다.) 集覽의 註에 말하기를 亭이란 留行하는 나그네[6]의 숙식처라 했으니, 停이 亭에서 온 것임을 가히 믿을 만하다.[7] 〈雙梅堂先生篋藏文集, 권22, 雜著, 諭地理條款〉

나. 西畿停 [본래는 豆良彌知停]이다. ○ 李詹이 말하기를, "지금의 밀양부 密陽府 豆也保部曲이 바로 그 땅이다" 하였다. 良과 也, 彌知와

---

[6] 『雙梅堂先生篋藏文集』에서 旅 자는 글자 오른쪽 부분이 파손되어 있다. 『漢語大詞典』에 제시된 亭의 주석 중에서 "『漢書·高帝紀上』: 及壯, 試吏, 爲泗上亭長. 顏師古注: 亭謂停留行旅宿食之館"의 내용에 따라 파손된 글자를 旅로 파악하였다.

[7] 『雙梅堂先生篋藏文集』, 권22, 雜著, 諭地理條款, "新羅古有四畿停 又有中畿停 其所謂停 未詳何謂 但係於郡縣之下 疑則鄕亭之亭 而猶今之稱部曲也 地志西畿停 本豆也彌知停 合屬慶州 今爲密陽府部曲 集覽註云 亭者留行旅宿食處 則停之爲亭 亦可證也."

保는 方言에 서로 비슷하니, 이첨의 말이 옳을 듯하다.⁸ 〈新增東國
輿地勝覽 慶州 古跡〉

(1가)에서 이첨은 豆也彌知停으로 비정되는 밀양의 部曲을 특정하지 않고 있다. 다만 신라 시대의 停은 鄕亭의 亭에서 기원했을 가능성을 제시하고 있다. 亭을 留行하는 나그네의 숙식처의 의미로 이해한 것으로 보아 (1가)에서 말한 鄕亭은 중국 秦·漢代에 존재했던 행정 기구를 지칭한 것이다.⁹ (1나)에서는 밀양의 부곡을 豆也保部曲으로 특정하고 있으며, 豆也彌知停과 豆也保部曲의 표기상 동질성을 언급하고 있다. 즉 良과 也, 彌知와 保가 方言에서 유사하다는 점을 제시하고 있다.

停이 진·한대 존재했던 鄕停의 停에서 기원했고, 이러한 停이 고려시대에는 부곡으로 발달했다는 (1가)의 가설에는 문제가 있다. 신라 시대에 이미 부곡과 향이 설치되어 운영되었고¹⁰, 신라 사람들은 停을 軍營의 의미로 사용하였기 때문이다.¹¹

또한, 밀양의 豆也彌知停이 경주에서 너무 멀리 떨어진 곳에 위치한

---

8 『新增東國輿地勝覽』, 慶州, 古跡, "西畿停[本豆良彌知停] ○ 李詹云 今密陽府豆也保部曲 卽其地 良與也 彌知與保 方言相近 詹言恐是".
9 秦·漢代에 열 개의 里가 한 亭이 되고, 열 개의 亭이 한 鄕이 되었으며, 亭마다 여행객들에게 숙식하는 장소를 설치하여 제공했다. 이러한 사실은 『漢語大詞典』 亭 조의 "2. 秦漢時鄕以下, 里以上的行政機構.『漢書·百官公卿表上』: 大率十里一亭 亭有長 十亭一鄕, 鄕有三老, 有秩, 嗇夫, 遊徼 3. 秦漢亭所設的供旅客宿食的處所. 后指驛亭.『漢書·高帝紀上』: 及壯, 試吏, 爲泗上亭長. 顔師古注: 亭謂停留行旅宿食之館" 등의 내용에서 확인된다.
10 『新增東國輿地勝覽』, 驪州牧, 古跡, 登神莊 조에 "신라에서 州郡을 建置할 때, 그 田丁 戶口가 縣이 되지 못할 것은, 혹 鄕을 두거나 혹 部曲을 두어 所在의 읍에 속하게 하였다.(新羅建置州郡時 其田丁戶口 未滿爲縣者 或置鄕 或置部曲 屬于所在之邑)"는 내용이 나온다.
11 『三國史記』, 권40, 雜志9, 職官下, 武官. "漢山停(羅人謂營爲停)"

점에서도 (1)에서 豆也彌知停의 위치를 밀양의 豆良彌知停으로 비정한 (1)의 가설에는 문제가 있다. 『世宗實錄地理志』에 따르면, 밀양의 임내인 豆也彌知停은 청도군의 읍치에서 11리[12] 떨어져 있고, 또 『慶尙道地理志』에 따르면 청도군 경계까지 경주에서 남서쪽으로 58리[13]가 떨어져 있기 때문이다. 신라의 왕경인 경주를 방어하는 여섯 군단의 하나인 서기정이 경주에서 멀리 떨어진 곳에 위치한다는 것은 상식적으로 이해가 되지 않는다. 이러한 문제의식은 육기정의 위치 비정에 대한 역사학의 연구에서 제기되었다. 물론 이기동은 서기정의 위치를 밀양의 豆也彌知停으로 비정하여 이첨의 견해를 수용하고 있지만,[14] 역사학의 다른 연구에서는 대부분 이를 수용하지 않고 있다.

豆良彌知停이 밀양의 豆也彌部曲이 아닌 것은 명백한 것으로 생각된다. 하지만 (1나)에서 말한 良과 也, 彌知와 保가 방언에서 유사하다는 설명은 豆良彌知停의 해독과 위치 비정에 중요한 단서를 제공한다.

2.2. 역사학계 견해에 대한 비판적 검토

역사학계에서 신라 육기정의 위치를 비정한 연구가 있었다. 민덕식, 이기동, 정구복 외, 전덕재 등의 연구가 있었다. 그런데 최근 이문기는 기존 연구의 결과를 정리하면서 육기정의 위치에 대한 새로운 견해를 제안하였다. 육기정의 위치 비정에 대한 기존 연구의 결과는 이문기에서 정리된 것을 그대로 가져오고[15], 이것에 이문기의 견해를 더해서 정리

---

12 『世宗實錄地理志』, 慶尙道, 淸道郡, "西距密陽任內豆也保部曲十一里"
13 『慶尙道地理志』慶州府, 四方境界, "南西距淸道郡境知村 五十八里三百四十八步"
14 이기동, 앞의 책, 1997, 49-55쪽.
15 이문기, 앞의 논문, 2009, 127-128쪽.

하여 제시하면 다음과 같다.

<표 1> 역사학계의 육기정 위치 비정

六畿停			민덕식	이기동	정구복 외	전덕재	이문기
新名	本名	소속 군현					
東畿停	毛只停	大城郡	명활성 거점 왕경 동쪽	영일군(?) 경주시 동북부(?) 서악(?)	慶州市 東方洞	왕경 동남쪽 모화리~ 울산 도로	毛火關門
南畿停	道品兮停	商城郡	남산신성·고허성 거점 왕경 남쪽	양산군 방면(?)	慶州市 南山洞 南山城址 일대	월성 서남쪽 (탑동·배동) ~내남면 노곡역 도로	高墟城
中畿停	根乃停	商城郡	서형산성 거점	富山城	慶州市 乾川邑 富山城	건천읍 모량리	西兄山城
西畿停	豆良彌知停	商城郡	부산성 거점 왕경 서쪽	豆也保部曲 (청도군 각남면)	慶州市 西面	모량~산내면 의곡리 도로(?)	富山城
北畿停	雨谷停	商城郡	왕경 북쪽(?)	영천군 북안면 (경산군 자인면)	慶州市 見谷面	경주~모량리 ~아화리~ 영천 도로	北兄山城
莫耶停	官阿良支停 (一云北阿良)	商城郡	안강지방	미상	경주시 川北面	경주~안강 도로(?)	良洞里 山城

<표 1>에서 보듯 육기정의 위치에 대한 역사학계의 비정은 연구자마다 비슷하면서도 상이하다. 이러한 연구 결과는 육기정의 위치 비정이 정황적인 논거에 기초한 것에서 초래된 것이다. 육기정이 왕경을 방어하는 부대이고, 이 부대들은 왕경을 중심으로 '동·서·남·북·중' 등의 방위에 따라 배치되었을 것이라는 정황적인 논거로는 육기정의 위치를

정확하게 고증할 수 없기 때문이다.

육기정에 관련된 객관적인 자료는 현재 육기정의 '舊名인 毛只停, 道品兮停, 根乃停, 豆良彌知停, 雨谷停, 官阿良支停(一云北阿良)' 등만이 남아 있다. 그런데 육기정의 舊名에 대응되는 표기가 없어 현재 이들을 해독하기가 어려운 실정에 있다. 양주동에서 官阿良支停의 官阿良에 대해서 '므올아래' 정도로 추정하고 있을 뿐이다.[16]

그런데도 육기정의 위치를 왕경 주위의 산성으로 비정한 이문기의 연구는 육기정의 구명을 해독하는 길잡이가 된다. 주지하듯이 신라의 왕도인 경주는 자체의 방어 성곽이 없이 주변의 외곽 기지에서 수도를 방어했기 때문이다.

다음 장에서 서기정의 위치가 富山城이라는 가정 위에서 서기정의 구명 豆良彌知停과 富山城의 동질성을 구명하도록 한다.

3. 豆良彌知停 표기와 富山城 표기의 동질성 검토

3.1. 豆良彌知停과 富山城의 성격

3.1.1. 豆良彌知停 명칭 구성의 특징

『삼국사기』 지리지에서 豆良彌知停과 서기정의 관계를 다음과 같이 기술하고 있다.

> (2) 西畿停은 본래 豆良彌知停인데 景德王이 改名했다. 지금은 慶州에 합속되었다.[17] 〈三國史記 地理志 권34 商城郡〉

---

16 梁柱東, 『增訂 古歌硏究』, 一潮閣, 1943, 1965, 1995, 324쪽.
17 『三國史記』, 권34, 地理志, 商城郡, "西畿停 本豆良彌知停 景德王改名 今合屬慶州."

(2)는 豆良彌知停이 商城郡에 소재하고 있으며, 신라 경덕왕이 豆良彌知停을 서기정으로 개칭했음을 말하고 있다. 또 『삼국사기』 편찬 당시인 고려 때에는 豆良彌知停이 경주에 소속되어 있음을 말하고 있다. 신라 경덕왕이 전국의 주·군·현 명칭을 漢語式으로 개정한 것은 757년(경덕왕 16)의 일이다. 따라서 豆良彌知停은 757년 이전의 명칭이며, 서기정은 757년 이후의 명칭이다.

신라 중고기 지방 군사 조직인 六停과 삼국 통일 후의 지방 군사 조직인 十停의 명칭 구성을 통하여 豆良彌知停 명칭 구성의 성격을 이해할 수 있다.

다음은 육정의 명칭 자료이다.

(3) 六停 첫 번째는 大幢 … 두 번째는 上州停 … 세 번째는 漢山停으로 본래는 新州停인데 眞興王 29년에 新州停을 없애 南川停을 두었다. 眞平王 26년에 南川停을 없애 漢山停을 두었다. … 네 번째는 牛首停으로 본래 比烈忽停인데 … 다섯 번째는 河西停으로 본래는 悉直停인데 … 여섯 번째는 完山停으로 본래 下州停인데 … [18] 〈三國史記 권40, 雜志9 職官 下 武官〉

(3)에서 大幢을 제외하고, 육정의 5개 정의 명칭은 '州名+停'으로 구성되어 있다. 즉 (3)의 上州, 漢山, 牛首, 河西, 完山 등이 州名임은 의심의 여지가 없다.

다음은 십정의 명칭 자료이다.

---

18 『三國史記』, 권40, 雜志9 職官 下 武官, "六停 一曰大幢 … 二曰上州停 … 三曰漢山停 本新州停 眞興王二十九年罷新州停 置南川停 眞平王二十六年罷南川停 置漢山停 … 四曰牛首停 本比烈忽停 … 五曰河西停 本悉直停 … 六曰完山停 本下州停 …."

(4) 十停(혹 三千幢이라고 한다) 첫 번째는 音里火停, 두 번째는 古良夫里停, 세 번째는 居斯勿停, … 네 번째는 參良火停, 다섯 번째는 召參停, 여섯 번째는 未多夫里停, … 일곱 번째는 南川停 여덟 번째는 骨乃斤停, … 아홉 번째는 伐力川停, 열 번째는 伊火兮停 … 아울러 眞興王 5년에 설치하였다.[19] 〈三國史記 권40 雜志9 職官 下 武官〉

(4)에 제시된 십정의 명칭은 모두 『삼국사기』 지리지에 縣名으로 나온다.[20] 다만 부분적으로는 표기 차이를 보이는 경우도 있다.

'古良夫里, 居斯勿, 南川停, 骨乃斤停, 伐力川, 伊火兮' 등 6개의 명칭은 표기의 차이 없이 『삼국사기』 지리지에 다음과 같이 현명으로 나온다.

(5) 가. 任城郡 … 青正縣 本百濟古良夫里縣 … 〈三國史記 권36〉
　　나. 任實郡 … 青雄縣 本百濟居斯勿縣 … 〈三國史記 권36〉
　　다. 漢州 … 領縣二 黄武縣 本高句麗南川縣 … 〈三國史記 권35〉
　　라. 泝(一作沂)川郡 領縣二 黄驍縣 本高句麗骨乃斤縣 … 〈三國史記 권35〉
　　마. 朔州 … 綠驍縣 本高句麗伐力川縣 … 〈三國史記 권35〉
　　바. 曲城郡 … 領縣一 緣(一作椽)武縣 本高句麗伊火兮縣 … 〈三國史記 권35〉

19　앞과 같음, "十停(或云三千幢) 一曰音里火停 二曰古良夫里停 三曰居斯勿停 … 四曰參良火停 五曰召參停 六曰未多夫里停 … 七曰南川停 八曰骨乃斤停 … 九曰伐力川停 十曰伊火兮停 … 並眞興王五年置".

20　김윤우에 따르면, 『三國史記』 지리지에 출현한 縣名을 기준으로 신라 十停의 위치를 비정한 이른 시기의 연구는 김정호의 『大東地志』라고 한다(金侖禹, 〈新羅十停과 所在地名 變遷考〉 『경주사학』 7, 경주사학회, 1988, 24-26쪽).

그런데 '音里火, 參良火, 召參停, 未多夫里停' 등 4개의 명칭은 『삼국사기』 지리지에서 이표기의 현명으로 나온다.

(6) 가. 尙州 … 靑驍縣 本昔里火縣 … 〈三國史記 권34〉
　　나. 火王郡 … 玄驍縣 本推良火縣(一云三良火) … 〈三國史記 권34〉
　　다. 咸安郡 … 玄武縣 本召彡縣 … 〈三國史記 권34〉
　　라. 武州 … 玄雄縣 本百濟未冬夫里縣 … 〈三國史記 권35〉

(6가)에서 音里火는 昔里火, (6나)에서 參良火는 推良火縣(三良火), (6다)에서 召參停은 召彡縣, (6라)에서 未多夫里는 未冬夫里 등으로 표기 글자가 달리 나타난다. 이러한 글자 출입에 대해서는 김윤우가 자세히 다루고 있다.[21]

이상에서 살펴본 바와 같이 신라 육정과 십정의 명칭은 '지명+정'의 구성 방식을 가졌다. 이러한 사실에 근거하여 육기정의 명칭도 '지명+정'의 구성 방식을 가졌음을 추정할 수 있다. 따라서 豆良彌知停에서 豆良彌知는 어떤 지역의 지명을 표기한 것으로 추정된다.

한편, 통일신라 시대의 경우에 지방 전역을 10개 지역으로 나누어 지방 부대를 십정으로 편성한 것임에도 불구하고, 지명이 현명인 점이 주목된다. 이것은 십정에서의 지명은 십정의 주력 부대가 위치한 지명이었음을 말하는 것이다. 따라서 豆良彌知停에서의 豆良彌知도 부대가 주둔한 곳의 지명을 말하는 것임을 알 수 있으며, 이 지명은 신라 때에는 상성군에 소재된 지명이며, 고려 때에는 경주에 소재된 지명인 것이다.

21　金侖禹, 앞의 논문, 1988, 24-26쪽.

3.1.2. 富山城의 위치와 관련 표기

富山城의 城址는 현재 경상북도 경주시 건천읍 송선리에 남아 있다. 건천읍 송선리는 건천읍 모량리에서 청도 방면으로 진출하는 20번 도로 북서쪽에 위치하고 있다. 이것은 富山城이 서쪽 방향에서 경주로 진입하는 길목에 위치하고 있음을 말하는 것이다.

이원근에[22] 의해 富山城이 『세종실록지리지』에는 夫山城[23]으로 기록되었고, 『신증동국여지승람』에서는 다시 富山城으로 기록되었음이 정리되었다. 그리고 민덕식은[24] 富山城이 朱砂山城으로도 불린다고 하였다. 또한 『한국민족문화대백과사전』에서는 '五峯山, 五老峯山, 닭벼슬산' 등의 명칭도 소개하고 있다.[25] 한편 『신증동국여지승람』에서는 富山의 이칭으로 下枝山을 소개하고 있다.[26]

그런데 朱砂山의 경우 조선 전기의 위치와 조선 후기의 위치를 구별하여 이해할 필요가 있다.

다음의 지도에서 富山城은 下枝山에 소재한 것으로 표시되어 있다. 그런데 지도에서 하지산에서 서북 쪽으로 朱砂의 표기가 기재되어 있고, 여기에 '봉화'의 표시가 있다. 이러한 사실로 주사산은 '富山, 下枝山, 夫山' 등과는 다른 산을 지칭한 것으로 이해할 수도 있으나 다음 자료는 이러한 이해의 반증이 된다.

---

22 이원근, 「三國時代 城郭硏究」, 단국대학교 박사학위논문, 1980, 383-385쪽.
23 엄밀하게 『世宗實錄地理志』에는 夫山山城으로 기록되어 있다.
24 민덕식, 앞의 논문, 1987, 93쪽.
25 『한국민족문화대백과사전』, 富山, "경주의 서쪽에 있으며, 주사산·오봉산(五峯山)·오로봉산(五老峯山)·닭벼슬산이라고도 불리는 높이 729.5m의 부산(富山)의 정상부를 중심으로 한 세 줄기의 골짜기를 감싸 마련된 포곡식산성(包谷式山城: 계곡과 산정을 함께 두른 산성)으로서, 할석(割石)을 이용하여 쌓은 석축성이다."
26 『新增東國輿地勝覽』, 慶州, 題詠, "朱巖寺持麥石 김극기의 시의 序文에, 下枝山은 세속에서 富山이라 부른다."

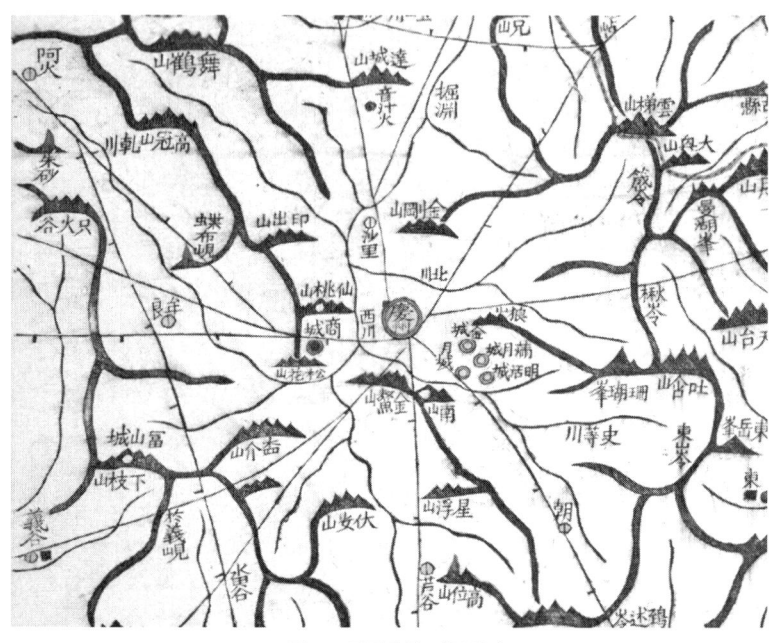

<그림 1> 김정호의 대동여지도

(7) 가. 朱砂山烽燧는 府의 서쪽 42리에 있다. 동쪽은 乃布岾에 호응하고 서쪽은 永川郡 方山에 호응한다. (新增) 지금은 道音谷村 앞산에 옮겼다.27 〈東京雜記 권2 烽燧〉

나. 朱砂山烽燧 부의 서쪽 42리에 있다. 동쪽으로 乃布岾에 호응하고, 서쪽으로 永川郡 方山에 호응한다.28 〈新增東國輿地勝覽 慶州府 烽火〉

(7가)는 『東京雜記』가 편찬된 17세기 이전 시기에 朱砂山烽燧의 소

---

27 『東京雜記』, 권2, 烽燧, "朱砂山烽燧在府西四十二里 東應乃布岾 西應永川郡方山 (新增) 今移于道音谷村前山"
28 『新增東國輿地勝覽』, 慶州府, 烽火, "朱砂山烽燧在府西四十二里 東應乃布岾 西應永川郡方山"

재지가 道音谷村[29]의 앞산[前山]으로 옮겨졌음을 언급하고 있다. 그런데 (7나)를 고려하면, (7가)의 주사산 봉수의 명칭은 봉화의 옛 명칭을 그대로 사용한 것임을 알 수 있다. 따라서 朱砂山 역시 '富山, 下枝山, 夫山' 등과 이표기 관계에 있음을 알 수 있다.

3.2. 음차 표기 豆良彌知停과 훈차 표기 富山城의 의미 분절

富山城의 경우에는 '富, 山, 城' 등으로 의미 단위를 쉽게 나누어 볼 수 있다. 그러나 豆良彌知停의 경우, 의미 단위를 분절해 내기 위해서는 보충적인 설명이 필요하다.

서기정은 신라 왕경을 방비하는 6기정의 하나이다. 이 서기정의 구명이 豆良彌知停이므로 豆良彌知停을 豆良彌知와 停으로 분절할 수 있다. 이때의 停이 '군영'의 의미임은 주지의 사실이다.

『삼국사기』 지리지의 지명 표기에서 彌知는 다음과 같이 출현한다.

(8) 가. 安樂이 施彌知鎭으로 갔다.[30] 〈三國史記 권10 憲德王 十四年春正月〉

나. 3월에 武珍州 馬彌知縣의 女人이 아이를 낳았는데 머리가 둘이고 몸이 둘이며, 팔이 넷이었다. 아이 낳을 때 하늘에서 큰 우레가 쳤다.[31] 〈三國史記 권10 憲德王 十七年〉

다. 그때에 佐平 興首가 벌을 받아 古馬彌知之縣으로 유배되었다.[32] 〈三國史記 권28 義慈王 二十年〉

---

29 道音谷村은 오늘날 경북 경주시 서면 도계리에 소재한 '돔실' 마을로 추정된다.
30 『三國史記』, 권10, 憲德王, 十四年 春正月, "安樂 赴施彌知鎭"
31 『三國史記』, 권10, 憲德王, 十七年 三月. "武珍州馬彌知縣 女人産兒 二頭二身四臂 産時天大雷"
32 『三國史記』, 권28, 義慈王 二十年, "時 佐平興首得罪 流竄古馬彌知之縣"

라. 化昌縣은 본래 知乃彌知縣이다. 景德王이 改名했다. 지금은 자세치 않다.³³ 〈三國史記, 권34 尙州〉

마. 單密縣은 본래 武冬彌知(曷冬彌知라고도 한다.)이다. 景德王이 改名했다.³⁴ 〈三國史記 권34 聞韶郡〉

바. 茂松縣은 본래 百濟 松彌知縣이다. 景德王이 改名했다.³⁵ 〈三國史記 권36 武靈郡〉

사. 馬邑縣은 본래 百濟 古馬旀知縣이다. 景德王이 改名했다. 지금은 遂寧縣이다.³⁶ 〈三國史記 권36 寶城郡〉

(8)에 제시된 '施彌知鎭, 馬彌知縣, 古馬彌知/古馬旀知縣, 武冬彌知, 曷冬彌知, 松彌知縣' 등의 지명 표기에는 공통적으로 彌知/旀知가 사용되었다. 이것은 '彌知/旀知'가 일정한 의미를 가지고 있음을 말하는 것이다. 豆良彌知를 의미 상 豆良과 彌知로 분절할 수 있다.

현재에는 豆良을 하나의 의미로 단위로 파악해야 하는 논거를 제시할 수 없다. 그러나 음차 표기 豆良彌知停과 훈차 표기 富山城의 표기상 동질성을 확인하는 것이 이 연구의 목적이므로 豆良彌知停도 富山城처럼 3개의 의미 단위로 구성된 것으로 파악하여 豆良彌知停의 의미 단위를 '豆良, 彌知, 停' 등의 셋으로 나누도록 한다.

3.3. 음차 표기 豆良와 훈차 표기 富의 동질성

3.3.1. 豆良의 해독

이첨과 『신증동국여지승람』에서 豆良彌知停을 豆也彌知停으로 비

---

33 『三國史記』, 권34, 尙州, "化昌縣 本知乃彌知縣 景德王改名 今未詳"
34 『三國史記』, 권34, 聞韶郡, "單密縣 本武冬彌知(一云曷冬彌知) 景德王改名"
35 『三國史記』, 권36, 武靈郡, "茂松縣 本百濟松彌知縣 景德王改名"
36 『三國史記』, 권36, 寶城郡, "馬邑縣 本百濟古馬旀知縣 景德王改名 今遂寧縣"

정함은 앞에서 이미 설명한 바 있다. 이것은 豆良을 豆也와 대응시켜 豆良이 '두야' 정도를 표기한 것으로 이해한 것이다. 그런데 다음은 豆良이 '두려' 정도를 표기했을 가능성을 열어 준다.

(9) 가. 豆也保部曲 일명 道連이라고도 하며, 豐角縣에 있다.[37] 〈新增東國 輿地勝覽 密陽 古跡〉
    나. 連 니을 련 〈新增類合 上:6b〉

(9가)는 豆也彌知停의 이표기 道連을 제시하고 있다. 道連은 豆也가 '두려' 정도를 표기했을 가능성을 암시해 준다. (9나)에서 보는 바와 같이 連의 음이 '련'이므로 道連은 '두려' 정도를 표기한 것으로 이해할 수 있기 때문이다. 豆也는 본래 '두여' 정도를 표기한 것이나 고려 시대 향명 표기에서 모음 i나 j 앞에서 'ㄹ'은 흔히 표기에 반영되지 않기 때문[38]에 '두야'는 '두려' 정도를 표기한 것으로 이해할 수 있다.

한편 다음 자료는 豆良의 良이 'ㄹ'을 표기한 것임을 암시해 준다.

(10) 가. 馬突縣[馬珍이라고도 한다.][39] 〈三國史記 권37, 熊川州〉
     나. 馬靈縣은 본래 百濟 馬突縣이다.[馬珍이라고도 한다. 馬等良이라고도 한다.][40] 〈高麗史 권57 志11 地理2〉

『삼국사기』지리지에는 馬突의 이표기로 馬珍만 제시되어 있으나 『고려사』지리지에는 馬等良이라는 새로운 이표기가 제시되어 있다.

---

37 『新增東國輿地勝覽』, 密陽, 古跡, "豆也保部曲 一名 道連 在豐角縣"
38 남풍현, 『고대한국어연구』, 시간의물레, 2009, 157쪽.
39 『三國史記』, 권37, 熊川州, "馬突縣[一云馬珍]."
40 『高麗史』, 권57, 志11, 地理2, "馬靈縣 本百濟馬突縣[一云馬珍 一云馬等良]"

馬突의 突과 마진의 珍이 '둘' 정도를 표기한 것임은 주지의 사실이다.⁴¹
馬等良에 나타난 等은 차자 표기에서 'ㄷ'의 표기에 흔히 사용됐으므로,
馬等良의 等良은 '둘' 정도를 표기한 것이 되어 馬等良은 馬突과 馬珍의
이표기가 된다. 따라서 等良에서의 良은 'ㄹ'의 표기에 사용된 것으로
추정할 수 있다.

이러한 사실에 근거하여 豆良이 '둘' 정도를 표기한 것임을 추정할
수 있다.

3.3.2. 富의 해독

富山城의 富도 豆良처럼 '둘' 정도를 표기했을 가능성을 다음 자료에
서 찾을 수 있다.

(11) 가. 豆尸伊縣[富尸伊라고도 한다.]⁴² 〈三國史記 권37 熊川州〉
나. 伊城縣은 본래 百濟 豆尸伊縣이다. 景德王이 개명했다. 지금은
富利縣이다.⁴³ 〈三國史記 권35 進禮郡〉
다. 富利縣은 본래 百濟 豆尸伊縣이다.[富尸伊라고도 한다.]⁴⁴
〈高麗史 권57 志11 地理2〉
라. 錦州 富利縣 사람 金龍 〈太宗實錄 1413년(태종 13) 1월 16일〉
마. 古屬縣이 1이니, 富利는 본래 백제의 豆尸伊縣이었는데, 신라
에서 伊城縣으로 고쳤고, 고려에서 富利로 고쳤다. 〈世宗實錄
地理志 錦山郡〉

---

41 예컨대 珍을 '*tʌr'로 제시한 것(도수희, 「옛 지명 裳·巨老·買珍伊에 관한 문제」,
『지명학』 9, 한국지명학회, 2003, 197쪽)을 들 수 있다.
42 『三國史記』, 권37, 熊川州, "豆尸伊縣[一云富尸伊]"
43 『三國史記』, 권35, 進禮郡, "伊城縣 本百濟豆尸伊縣 景德王改名 今富利縣"
44 『高麗史』, 권57, 志11, 地理2, "富利縣 本百濟豆尸伊縣[一云富尸伊]"

바. 富利廢縣 군의 동남쪽 60리에 있다. 본래 백제의 豆尸伊縣인데, 일명 富尸伊이다. 신라 시대에 伊城縣으로 고치어 내속시키고, 고려 시대에 지금의 이름으로 고쳤다. 明宗 5년에 監務를 두고 뒤에 환속시켰다.[45] 〈新增東國輿地勝覽 錦山郡 古跡〉

(11)의 각각은 조선 초기까지 존속하였던 전주부 금산군의 속현인 富利縣의 시대별 명칭 변화를 언급하고 있다. (11가)는 백제 시대 명칭 豆尸伊와 富尸伊를 언급하고 있으며, (11나)와 (11다)는 통일신라 시대 명칭 伊城縣과 고려 시대 명칭 富利縣을 언급하고 있다. (11라)-(11바)는 조선 시대 초기 명칭 富利縣을 언급하고 있다. 결국 (11)은 조선 초기 존재하였던 富利縣의 명칭 연혁이 '豆尸伊縣/富尸伊(백제)〉伊城縣(통일신라)〉富利縣(고려)'의 변화 결과임을 말하여 준다.

豆尸伊의 豆尸를 먼저 해독하고 이에 대응되는 富尸伊의 富尸와 富利를 해독하기로 한다.

다음 자료는 '豆尸'에서 豆가 '두' 정도를 표기했음을 말해 준다.

(12) 杜城縣은 본래 百濟 豆伊縣이다. 景德王이 개명했다. 지금은 伊城縣이다.[46] 〈三國史記 권35 全州〉

(12)는 전주부 伊城縣의 경우 백제 시대 명칭은 豆伊縣이고 통일신라 시대 명칭은 杜城縣, 고려 시대 명칭은 伊城縣임을 말하고 있다. 杜城縣과 豆伊縣의 대응에서 '豆 대 杜, 伊 대 城' 등의 대응을 생각해 볼 수 있다. '豆 대 杜'의 대응은 '豆'가 '두' 정도를 표기했음을 말해 주는

---

[45] 『新增東國輿地勝覽』, 錦山郡, 古跡, "富利廢縣 在郡東南六十里. 本百濟豆尸伊縣, 一云富尸伊 新羅改伊城縣來屬 高麗改今名 明宗五年置監務還屬"
[46] 『三國史記』, 권35, 全州, "杜城縣 本百濟豆伊縣 景德王改名 今伊城縣"

것이다. '伊 대 城'의 대응은 豆伊縣의 伊가 백제어로 城을 뜻하는 ki [기]를 표기한 것임을 말해 준다. 다만 '모음' 또는 'ㄹ' 아래에서 ㄱ이 탈락한 '이〈기'를 伊로 표기한 것이다.

한편 尸은 차자 또는 지명 표기에서 흔히 'ㄹ'의 표기에 쓰인다. 따라서 '豆尸'은 '둘' 정도를 표기한 것으로 이해할 수 있다.

富를 '부'의 음차 표기로 파악하면[47], 豆尸伊와 富尸伊의 대응을 이해하기 어렵다. 그런데 富를 훈차 표기로 파악하면 '둘' 정도를 표기한 豆尸伊와 富尸伊의 대응 관계를 이해할 수 있는 가능성이 열린다.

富의 훈을 '가슴멸다'[48]로 이해하면 豆尸伊와 富尸伊의 대응 관계를 이해하기 어렵다. 그런데 『說文解字』에 富의 뜻으로 '두텁다[厚]'의 의미가 제시[49]되어 있다. 그리고 『字典釋要』上:30b에도 富의 훈과 음으로 '두터을 부'가 제시되어 있다. 富의 훈 '두텁다'를 활용하면 富尸伊의 富尸가 '둘' 정도를 표기한 것으로 이해할 수 있다.

富가 '두'의 표기에 쓰인 다른 용례는 東萊에 소재한 釜山浦의 전 명칭인 富山浦[50]에서 찾을 수 있다.

(13) 가. 富山部曲 즉 釜山을 말한다.[51] 〈新增東國輿地勝覽 東萊縣 古跡〉

---

47 김무림은 豆尸伊縣과 대응되는 표기 富尸伊의 富를 소박하게 음차 표기로 파악하고 있다는 듯한 언급을 하였다(「『三國史記』 복수 음독 지명 자료의 음운사적 과제」, 『지명학』 2, 한국지명학회, 1999, 46쪽). 『漢字古今音彙』(周法高 1974)에 따라 富의 재구음을 'pjwəg, pjüg / pjəu, pjwəɣ / piəu' 등으로 제시한 것을 그 증거로 들 수 있다.
48 『訓蒙字會』, 下:11b에 富의 훈과 음이 '가슴멸 부'로 제시되어 있다.
49 『康熙字典』, 富, "【說文】備也 一曰厚也".
50 富山浦가 출현한 『朝鮮王朝實錄』의 마지막 기사는 1485년(성종 16) 7월 1일이다. 釜山浦가 출현한 『朝鮮王朝實錄』의 첫 번째 기사는 1469년(성종 즉위년) 12월 15일이다.

나. 釜山 東平縣에 있으며, 산이 가마솥 모양과 같아서 이렇게 이름 지었다.[52] 〈新增東國輿地勝覽 東萊縣 山川〉

다. 두멍[53] 水鐵大鼎貯水者 〈行用吏文〉

라. 漢拏山 … 漢拏라고 말하는 것은 雲漢을 끌어당길[拏引] 만하기 때문이다. 혹은 頭無岳이라 하니 봉우리마다 평평하기 때문이요, 혹은 圓山이라고 하니 높고 둥글기 때문이다.[54] 〈新增東國輿地勝覽 濟州牧 山川〉

(13가)는 富山이 釜山과 대응됨을 말하고 있다. (13나)는 釜山의 의미를 '가마솥'으로 설명하고 있다. (13다)는 '큰 가마솥'이 '두멍'임을 설명하고 있다. 이를 고려하면 (13가)의 釜山에서 釜는 '두멍' 정도를 훈차 표기한 것이 된다. 그런데 (13라)는 한라산의 모양을 '봉우리가 평평하고 둥근 것'으로 설명하고 있다. '봉우리가 평평하고 둥근 것'은 '큰 가마솥'의 형상과 유사하다. 이에 근거하면 (13다) '두멍'의 선대형은 (13라) '두무[頭無]'였던 것으로 생각된다.

이러한 사실에 근거하면 결국 釜山과 대응되는 (13가)의 富山은 '두무뫼' 정도를 표기한 것으로 추정할 수 있다. 이러한 예에서 富는 '두' 정도의 표기에 사용된 것이다.

결국, 尸는 차자 또는 지명 표기에서 흔히 'ㄹ'의 표기에 쓰이므로 富尸伊에서 富尸 역시 '둘' 정도를 표기한 것으로 추정할 수 있다. 고려시대 명칭 富利의 경우에는 훈차 표기로 읽는다면 '둘' 정도로 읽을

---

51 『新增東國輿地勝覽』, 東萊縣, 古跡, "富山部曲 卽釜山"
52 『新增東國輿地勝覽』, 東萊縣, 山川, "釜山 在東平縣 山如釜形 故名 其下釜山浦也"
53 『표준국어대사전』 두멍 "「1」물을 많이 담아 두고 쓰는 큰 가마나 독. 「2」깊고 먼 바다를 비유적으로 이르는 말"
54 『新增東國輿地勝覽』, 濟州牧, 山川, "漢拏山 … 漢拏者라 以雲漢可拏引也 一云頭無岳 以峯峯平也 一云圓山 以穹隆而圓也"

수 있으나 음독 표기로 읽어 '부리' 정도로 읽었던 것으로 생각된다.

3.3.3. ㄹ의 표기음과 豆ㄹ와 富ㄹ의 의미

앞에서 豆ㄹ와 富ㄹ가 '둘' 정도를 표기한 것으로 파악하였다. 그런데 'ㄹ'의 표기에 乙을 사용하지 않고, ㄹ을 사용한 것은 '둘'의 'ㄹ'이 특별한 'ㄹ'이었음을 말하는 것이다. 이러한 사실은 기존의 연구에서 다음과 같이 확인되었다.

(14) 가. 향찰이나 고려 시대 석독 구결에서 목적격 조사 'ㄹ'은 '乙'로 표기되나 동명사어미 'ㄹ'은 ㄹ로 표기된다.
　　　나. 석독 구결 자료에서 ㄹ이 속격 'ㅅ'을 표기한 경우[55]가 있다.
　　　다. 三國遺事 卷第四 義解 第五 圓光西學 조에는 岬을 세속에서 古ㄹ이라 한다는 주석이 나오는데, 여기의 古ㄹ은 '곶' 정도를 표기한 것으로 이승재[56]는 ㄹ이 '*ls'를 표기한 것으로 파악하였다.

(14가)는 ㄹ이 정확하게는 'ᇙ'을 표기한 것임을 말하는 것이다. (14나)와 같이 ㄹ이 'ㅅ'을 표기하게 되는 이유를 장윤희(2011)는 속격 'ㅅ'과 동명사 어미 'ᇙ'의 음성적 유사성에 기인된 것[57]으로 설명하고 있다. 한편 (14다)는 ㄹ이 'ㅈ'까지 표기할 수 있음을 말하고 있다.

(14)의 사례에 근거할 때, 豆ㄹ와 富ㄹ는 '둘, 둟, 둣, 둦' 정도의 음을

55　"若 如來ㄹ 體ᅵᅵ 常住ᄼᅲᆟㅅㄴ 見白ㅌㄹㅅㄱ 〈大方廣佛華嚴經 권 14 석독 구결 11:15〉"에서 보는 바와 같이 如來ㄹ는 如來ㅅ 정도를 표기한 것으로 ㄹ이 속격 'ㅅ'을 표기한 것이다.
56　이승재, 「古代地名 '古ㄹ'에 대하여」, 『유창균박사환갑기념논문집』, 계명대학교 출판부, 1984.
57　장윤희, 「석독구결의 속격 '-ㄹ'의 문제 해결을 위하여」, 『구결연구』 27, 구결학회, 2011, 139-140쪽.

표기한 것이 된다. 富尸의 富가 훈차 표기인 점을 감안하면 豆尸와 富尸는 '둣' 정도를 표기했을 것으로 추정된다. 이 '둣'은 '두텁다[厚]'의 의미로 이해할 수 있다. '둣'은 '둗-'의 발음형을 표기한 것으로 생각된다. 유창돈에 따르면, 중세국어에서 '둗다'는 문증되지 않지만 중세 어형 '두텁다, 둗겁다' 등을 통해서 어간 '*둗-'을 확인할 수 있다.[58]

3.4. 음차 표기 彌知와 훈차 표기 山의 동질성

3.4.1. 彌知에 대한 기존의 견해

『신증동국여지승람』에서 豆良彌知停에 나타난 彌知의 의미를 證保의 保로 파악하였음은 앞에서 이미 말하였다. 證保의 保가 가지는 의미는 信이므로[59] 彌知를 '믿'으로 해독한 것이다.

황윤석은 〈華音方言字義解〉에서 彌知가 표기한 형태를 '믿'으로 제시하고 그 의미가 龍이라는 견해를 제시하고 있다.

(15) 우리 말에서 龍을 彌里[미르]라 한다. 또 證保의 保를 彌知[믿]라 부른다[知의 初聲을 사용하여, 彌의 終聲을 삼았다. 둘을 합한 音이다.] 까닭에 義州의 옛 호칭은 保州라 했고 또 龍灣이라 했다.[60]
〈頤齋遺藁 권25 雜著 華音方言字義解〉

(15)에서 '知의 初聲을 사용하여, 彌의 終聲을 삼았다. 둘을 합한 音이다'라 한 설명은 彌知를 '믿'의 표기로 파악한 것이다. 그리고 (15)는

---

58 유창돈, 『어휘사연구』, 선명문화사, 1973, 33쪽.
59 『艮齋先生續集』, 卷之一, 四書質疑, 論語質疑, "不保 如俗云證保之保 信也任也"
60 『頤齋遺藁』, 卷之二十五, 雜著, 華音方言字義解, "我東方言 呼龍爲彌里 又呼證保之保爲彌知[用知初聲爲彌終聲二合音也] 故義州故號稱以保州 又稱龍灣也"

의주의 옛 호칭 保州와 龍灣의 대응을 통해서 龍의 뜻을 가지는 '미르'와 彌知[믿]을 동일한 것으로 파악한 것이다.

彌知[믿]의 의미를 龍으로 파악하고자 한 (15)의 보충적인 논거는 경기도 양평에 소재한 龍門山의 이전 표기가 彌智山[61]인 점에서 찾을 수 있다. 그런데 신채호는 『조선사연구초』에서 『삼국사기』 지리지에 나오는 彌知의 의미를 '미르[龍]'로 파악하는 (15)와는 다른 해석을 제시하고 있다.

(16) 『삼국사기』 지리지에 彌知로 이름 지은 郡은 모두 물이 움푹 들어와[水灣] 굽어진[曲] 곳에 위치한 것이니 〈신채호, 『조선사연구초』, 前後, 三韓考〉

(16)에서 신채호가 彌知를 '물이 움푹 들어와[水灣] 굽어진[曲] 곳'으로 해석한 논거는 彌知가 사용된 지명의 지형적 특성[62]을 고려한 것이다.

---

61 『新增東國輿地勝覽』 楊根郡과 砥平縣의 산천 조에서는 彌智山을 龍門山의 다른 이름으로만 풀이하고 있다. 그런데 경기도 양평군 용문면 연수리 보리사지에 있던 것을 국립중앙박물관으로 옮겨온 〈大鏡大師塔碑〉(보물 제361호)의 내용에는 "高麗國彌智山菩提寺故敎諡大鏡大師玄機之塔碑銘幷序"라 하여 龍門山 대신 彌智山을 사용하고 있다. 〈大鏡大師塔碑〉는 939년에 건립된 것이므로 彌智山이 고형의 표기임이 분명하다. 彌智山과 龍門山이 『朝鮮王朝實錄』에 사용된 양상을 검토할 때도 彌智山이 고형의 표기임이 분명하다. 즉 彌智山은 조선 초기 『朝鮮王朝實錄』에 3회 나오는데, 『成宗實錄』 1471년(성종 2) 12월 12일의 것이 가장 나중의 기록이다. 그리고 『朝鮮王朝實錄』에서 龍門山이 출현한 최초의 기록은 1413년(태종 13) 3월 16일의 기사이다. 이러한 사실은 음차 표기인 彌智山과 훈차 표기인 龍門山이 15세기에는 혼용되어 쓰였음을 말해 주는 것이다. 오늘날 彌智山보다는 龍門山을 흔히 쓰는 것을 고려하면, 龍門山보다는 彌智山을 고형의 표기로 추정할 수 있다.

62 신채호, 『조선사연구초』, 前後 三韓考, "『삼국사기』 지리지에 彌知로 이름 지은 郡은 모두 물이 움푹 들어와[水灣] 굽어진[曲] 곳에 위치한 것이니 백제의 古馬彌知는 지금 康津 海南 사이에 바다가 움푹 들어온 곳[海灣]의 邑이요, 松彌知는 靈光 부근 바다가 움푹 들어온 곳(海灣-해만)의 邑이요, 신라의 武冬彌知는 비안(庇安: 지금의

의주의 古號인 保州의 保가 '둘러쌓다, 품다[抱]'의 의미인 점을 고려하면, 彌知에 대한 신채호의 풀이 가운데에 '굽어진[曲] 곳'이라는 해석이 주목된다. '굽어진[曲] 곳'은 '둘러쌓다, 품다[抱]' 등의 의미와 상통할 수 있기 때문이다.

義州의 옛 호칭 保州와 龍灣에서 (15)는 保를 龍에 대응시킨 것이고, (16)은 保를 灣에 대응시킨 것이다. 保 곧 彌知[*믿]의 형태가 '미르'와 유사하고, 그 의미는 灣[둘러쌓다, 품다, 굽어지다]으로 파악할 때, (15)와 (16)의 모순은 해소될 것으로 생각된다.

후기 중세국어에서 모음 사이에서 흔히 'ㄷ'이 'ㄹ'로 바뀌므로, '미드〉미르'의 변화 과정을 상정하여 龍을 뜻하는 '미르'의 선대형을 '*믿'으로 상정할 경우에 彌知[*믿]와 후기 중세국어 '미르'는 형태상 매우 밀접한 관련이 있게 된다. 灣[둘러쌓다, 품다, 굽어지다]의 의미를 가진 '*믿'과 龍의 의미를 가진 '*믿'이 동일한 기원에서 출발했는지의 문제는 더 검토가 필요하다.[63]

경북 의성군) 북부 단밀 폐읍(丹密 廢邑: 폐지된 단밀 읍)이니 또한 단강 강만(丹江 江灣: 단강의 강물이 움푹 들어온 곳)에 있었던 것이다. 彌凍은 이두문에 대개 彌知로 읽는 것으로 동일한 물이 움푹 들어온 곳(水灣-수만)의 뜻일 것이니, 古資彌凍이 지금 固城임은 이미 상술하였거니와 古資는 구지, 즉 반도의 뜻이니 고성이 반도인 동시에 또한 큰 바다가 움푹 들어온 곳(大海灣-대해만)에 있는 까닭에 古資彌凍 즉 구지미지라 이름 함이며, 弁辰彌離彌凍은 혹 진해만(鎭海灣)이 될 것이며 難彌離彌凍은 迎日灣이 될 것이다."

63 또한 『三國史記』 地理志의 '馬邑縣 本百濟古馬旀知縣 景德王改名 今遂寧縣'에 근거하여 도수희는 彌知가 '邑'의 의미를 나타내고(도수희, 「『백제어 연구』 (I) - 전기어를 중심으로」, (재)백제문화개발연구원, 1987, 260-261쪽), 천소영은 彌知가 '王邑, 首邑'의 의미를 나타낸다고 하였다(천소영, 『고대국어의 어휘연구』, 고대민족문화연구소 출판부, 1990, 132쪽).

3.4.2. 삼국 시대 차자 표기 彌知의 표기음과 의미

앞 절에서 차자 표기 彌知를 '믿' 정도로 해독하였다. 그런데 이 해독은 彌의 조선 시대 음인 '미'에 이끌린 해독이어서 수정될 필요가 있다. 고려 시대 석독 구결에서 발견되는 구결의 토 ᄼᄉ는 爲彌의 생획자인데, 爲彌는 'ᄒ며'로 읽히어 조선 시대 이전의 시기에는 彌가 '며'임을 말하는 것이다.

彌의 음이 '며〉미'로 변화한 것은 중고한국어[통일신라 시대]의 이중모음이 근고한국어(고려 초에서 13세기 중엽까지)로 넘어오는 무렵에 단모음으로 변화한 현상[64]으로 설명된다. 이중모음의 단모음화 현상의 사례로 남풍현은 구결자에서의 '령〉리[ᄼ(〈令)], 한자 독음 려(례)〉리[禮], 이두문의 주격 吐 역〉익(이기)〉이[亦]' 등을 들고 있다.

삼국 시대 차자 표기 彌知의 彌가 '며'임을 확인해 주는 경기도 抱川의 옛 명칭인 命旨가 주목된다.

(17) 가. 7년(923년) 가을 7월에 命旨城 將軍 城達과 京山府 將軍 良文 등이 太祖에게 투항했다.[65] 〈三國史記 권12 景明王〉

나. 辛丑년(923년)에 命旨城 將軍 城達이 그 아우 伊達과 端林과 더불어 의지했다.[66] 〈高麗史 卷1 世家1 太祖〉

다. 가을 8월에 甄萱이 將軍 官昕에게 명하여 陽山에 성을 쌓게 하였다. 太祖가 命旨城 將軍 王忠에게 명하여 병사를 이끌고 가서 격퇴시켰다.[67] 〈三國史記 권12 敬順王 二年(928년) 春正月〉

---

64 남풍현, 앞의 책, 2009, 300쪽.
65 『三國史記』, 권12, 景明王, "七年 秋七月 命旨城將軍城達·京山府將軍良文等 降於 太祖"
66 『高麗史』, 권1, 世家1, 太祖, "辛丑 命旨城將軍城達與其弟伊達端林 來附"
67 『三國史記』, 권12, 敬順王. 二年 春正月, "秋八月 甄萱命將軍官昕 築城於陽山 太祖

라. 抱州는 본려 高句麗 馬忽郡이다.[命旨라고도 한다.] 新羅 景德
　　　王이 堅城郡으로 고쳤다.⁶⁸ 〈高麗史 권56 志10 地理1〉
　마. 堅城郡은 본래 高句麗 馬忽郡이다. 景德王이 改名했다. 지금은
　　　抱州이다.⁶⁹ 〈三國史記 권36〉
　바. 抱川縣 본래 고구려 馬忽縣인데 일명 命旨라 하기도 한다. 신라
　　　에서 堅城郡이라 고쳤고, 고려 초기에 抱州라 고쳤다.⁷⁰ 〈新增東
　　　國輿地勝覽 抱川縣 건치연혁〉
　사. 買省郡[馬忽이라고도 한다.]⁷¹ 〈三國史記 권37 漢山州〉

　(17가)-(17다)는 신라 말과 고려 초기의 시기인 10세기에 抱州의 옛 명칭으로 命旨가 사용되고 있음을 보여 주고 있다. 그리고 (17라)는 馬忽의 이칭으로 命旨가 사용되었음을 말하여 주고 있다. 그런데 (17마)에서는 命旨가 소개되지 않았다. 이로 보면 堅城郡이 命旨보다 시대적으로 앞서는 것임을 알 수 있다. (17라)의 견성군이 등장한 시기는 신라 경덕왕 때인 8세기이고, (17가)-(17다)는 모두 10세기이기 때문이다. 따라서 (18)은 포천의 지명 변화가 '馬忽縣(고구려) 〉 堅城郡(통일신라) 〉 命旨(통일신라말·고려) 〉 抱川(고려 초) 〉 抱州(고려) 〉 抱川' 등의 순서로 진행되었음을 말하여 주고 있다.
　포천의 지명 변화에서 '馬 대 命旨 대 抱' 등의 대응이 주목된다. 특히 '命旨 대 抱'의 대응은 더 주목된다. 앞에서 언급한 바와 같이 彌知는

　　命命旨城將軍王忠 率兵擊走之"
68　『高麗史』, 권56, 志10, 地理1, "抱州本高勻麗馬忽郡[一云命旨] 新羅景德王改爲堅城郡"
69　『三國史記』, 권36, "堅城郡 本高句麗馬忽郡 景德王改名 今抱州"
70　『新增東國輿地勝覽』, 抱川縣, 建置沿革, "抱川縣 本高句麗馬忽縣[一云命旨] 新羅改堅城郡 高麗初改抱州"
71　『三國史記』, 권37, 漢山州, "買省郡[一云馬忽]"

'둘러쌓다, 품다, 굽어지다' 정도의 의미를 나타내는 데, 이러한 의미에 대응되는 命늡를 발견할 수 있기 때문이다. 다시 말해서 命늡를 彌知의 이표기로 상정할 수 있다.

命늡가 '둘러서 구브러진[回曲]'의 의미를 가졌다는 사실은 한국 고유한자 㭆에서도 발견할 수 있다. 㭆은 『삼국사기』에는 사용되지 않았으나 『삼국유사』에 㭆南宅으로 사용되었다. 㭆은 흔히 洞里村名의 표기에 㭆谷으로 사용되는데, 㭆谷은 '홈실'로 흔히 읽는다. '홈'이란 '물체에 오목하고 길게 팬 줄'[72]의 의미이고, 미닫이 문의 '홈'은 '凹'와 같은 형상을 하고 있다. 따라서 '홈'과 몃[命늡]은 의미상 일맥상통한다. '홈'과 몃[命늡]은 유의어 관계에 있는 것으로 생각된다.[73]

命늡는 '몃' 정도를 표기한 것으로 파악할 수 있다. 『맹자언해』 8:12a에 나오는 '늡지酒쥬롤'을 참고하면, 늡는 'ㅈ' 정도를 표기한 것에 근거한 것이다. 彌知는 '멷〉믿' 정도를 표기한 것이므로 몃[命늡]과 믿[彌知]은 바로 대응되지 않는다. 그런데 믿[彌知]이 다음의 경우에는 '밀'로 표기되는 경우가 주목된다.

(18) 또 蜜德(蜜德은 방언인데, 都城의 돌산 윗굽이[上回曲]로서 가장 높은 곳) 등지는 大內를 바로 뒤에서 내려다 보는 곳입니다.[74] 〈中

---

72 『표준국어대사전』 홈01, "물체에 오목하고 길게 팬 줄. 【《홈〈훈몽〉》】"
73 조선 시대에 땔나무의 묶음을 세는 단위로 한국 고유한자 法을 사용한다. 이 法은 훈이 'ᄌᆞ래'이고 이 'ᄌᆞ래'는 간혹 法乃로도 표기된다. 'ᄌᆞ래'는 去乃 정도로 표기되었을 것인데, 이 차자 표기가 한자화되어 한국 고유한자 法의 자형이 형성된 것으로 믿어진다. 이와 마찬가지로 차자 표기 命늡가 한자화되어 한국 고유한자 㭆의 자형이 형성된 것으로 생각된다. 이러한 견해는 이미 이건식이 진술하였다(이건식, 「한국고유한자 구성요소 ᅟᅵ의 의미와 특수성 형성 배경」, 『한민족문화연구』 42, 한민족문화학회, 2013).
74 『中宗實錄』, 1508년(중종 3) 3월 11일. "且蜜德【蜜德方言也 都城石山上回曲最高

宗實錄 1508년(중종 3) 3월 11일〉

(18)은 蜜德에 대한 주석에서 蜜德이 '방언이고 윗굽이[上回曲]로서 가장 높은 곳'의 의미를 가진 것임을 말하고 있다. 조선 시대 지명 표기에서 德은 고원 지대를 의미하는 것이므로 蜜은 '윗굽이[上回曲]'의 의미를 표현한 것이다. 蜜이 '밀' 정도를 표기한 것으로, 이 '밀'이 '둘러서 구브러진[回曲]'의 의미를 가진 점이 주목된다. 밀[蜜]과 민[彌知]이 표기한 어형과 의미가 유사하기 때문이다. 이것은 민[彌知]이 상대에는 '밀'로도 표기될 수 있었음을 말하는 것이다. 나아가서 몃[命旨]과 민[彌知]을 대응시킬 수 있게 된다.

3.4.3. 彌知와 山의 관계

앞에서 彌知[면]이 '둘러서 구브러진[回曲]'의 의미를 가졌음을 논의하였다. 그런데 이 의미와 '山'의 의미와는 얼른 관련을 짓기 어렵다. 그런데 조선 시대 초기 경기도 양근에 소재한 용문산이 彌知山으로도 불렸다는 사실은 면[彌知]이 조선 시대 초기에는 '미르' 또는 '미리'의 어형으로 발달했음을 시사한다. 면[彌知]이 回曲處의 의미이고 조선시대 초기에는 '미르' 또는 '미리'였다는 사실에 근거해 본다면, 다음 자료가 주목된다.

(19) 隅는 山의 길이 回曲된 곳이다. '毛老'라 한다.[75] 〈大東地志 方言解〉

(19)에서 말하는 毛老는 '모로' 정도를 표기한 것인데, 山의 길이 回

處】等處 臨壓大內"

[75] 『大東地志』, 方言解, "隅 山路回曲處曰毛老"

曲되었다는 의미가 주목된다. 그런데 다음 자료는 '모로'가 山의 의미도 가졌음을 말해 주고 있다.

   (20) 가. 椵山 피모로 〈용비어천가 권4 21〉
        나. 'ᄆᆞᄅᆞ'는 '뫼'의 一別形으로 '마루·모로' 等으로 互轉된다. 日本 書紀中에 辟支山·古沙山(간기 생략) 谷那鐵山(간기 생략) 居曾山(간기 생략)等 山을 ムレ[무레]로 訓하였음은 百濟古記에 依한 古訓을 그대로 傳한 것이다. 〈양주동, 1943, 1965, 1995: 69-71〉
        다. '누리'의 原形은 '뉘'. '뉘-누리'의 轉은 맛치
           뫼 - 모리·모로[山]   미 - 므리·믈[水]
           내 - 나리[川]   시 - 서리[間]
           等의 互轉과 동일한 'ㄹ'音의 音便上 介入이다.
           〈양주동, 1943, 1965, 1995: 633-634〉

(20가)는 '모로'에 山의 의미가 있음을 말하는 것이다. (20나) 역시 '모로'에 山의 의미가 있음을 말하고 있다. 또한, 일본어의 고대 訓 'ムレ[무레]'는 백제에서 차용된 것임을 말하고 있다.[76] 한편 (20c)는 '*모리〉뫼'의 어형 발달을 말하고 있다.

이상으로 검토한 것에 기대어 보면 彌知는 회곡처와 산의 의미를 동시에 가졌던 것으로 이해된다. 이 彌知는 후대에 다양한 어형을 보여 준다. 즉 '미르, 미리, 모리, 모로, 몃, 몃, 멀' 등의 어형을 보여 주고 있는데, 이러한 어형들이 회곡처와 산의 의미를 동시에 보여 주는 만주

---

[76] 일본어 'ムレ[무레]'와 한국어 '모로'에 대한 연구사는 심보경이 정리하였다(沈保京, 「日本 地名에 반영된 车禮(mure)의 語源에 대하여」, 『語文研究』 29-3, 한국어문교육연구회, 2001).

어 mulu와 유사하다는 점이 주목된다.

(21) 가. mulu 山梁 (몽) niruɤu [地部地輿類3-12b3] 〈栗林均 외, 2008: 374〉
　　 나. 山峯 묏봉 ○ 아린 이 무루 〈同文類解 6b〉

彌知의 후대 어형 중 하나인 '몔'의 어형은 『삼국사기』 지리지의 지명 표기 '單密縣 本武冬彌知(一云曷冬彌知)'에 보이는 密 대 彌知의 대응에서 찾아볼 수 있다. 『삼국사기』 지리지의 지명 표기 '茂松縣 本百濟松彌知縣'에 보이는 '茂 대 彌知'의 대응은 彌知가 중세국어 물[衆]의 의미까지도 가지고 있음을 시사하는 것이다. 또한 '馬邑縣 本百濟古馬旀知縣'에서 '古馬'의 古를 '옛'의 뜻으로 이해한다면 邑이 旀知에 대응하는 것이어서 彌知가 고대 일본어로 차용된 무라[村]의 의미도 가지고 있었음을 시사한다.[77]

3.5. 停과 城의 기능 동질성

豆良彌知停과 富山城의 대응에서 豆良彌知는 음차 표기이고, 富山은 훈차 표기이다. 따라서 豆良彌知와 富山의 경우에는 표기 의미의 동질성을 밝히고자 하였다. 이에 반해 신라 시대 停과 城은 의미가 다르므로 停과 城의 비교에서는 '군대의 주둔지'라는 점에서 기능상의 동질성을 밝히고자 한다.

『삼국사기』의 주석 '羅人謂營爲停'에 근거하여, 『한국한자어사전』

---

77 천소영이 彌知가 '王邑, 首邑'의 의미를 나타낸다고 한 것이 참고가 된다(천소영, 앞의 책, 1990, 132쪽).

에서는 停을 國義字로 규정하고 있다. 『한국한자어사전』에서 國義字로 규정하였다는 것은 漢字인 停에는 이러한 뜻이 없음을 말하는 것이다.

'군영'을 뜻하는 停의 의미는 停의 일반적인 의미 '머무르다'에 특수한 의미인 軍營의 의미가 부착된 것으로 추정된다. 특수한 의미인 軍營이 부착된 배경은 다음 자료에서 그 편린을 살필 수 있다.

> (22) 그 나라의 산은 수십 리씩 연결되어 있는데, 협곡에서 쇠문짝[關門이라 부른다]으로 지키고, 新羅는 항상 弩士 수천 명을 주둔시켜 지킨다.[78] 〈新唐書 권220 新羅傳〉

(22)는 新羅는 산이 연이어져 있어, 수십리가 협곡임을 설명하고 있다. 그리고 쇠문짝[鐵闥]으로 방비하여 關門이라 부르고, 이 關門에 弩士[예전에, 화살이 잇따라 나가도록 장치한 쇠뇌를 쏘던 군사] 數千을 주둔시켜 (관문을) 지켰다고 설명하고 있다. 이러한 설명에 기대어 군영을 의미하는 신라 시대 停의 기원을 이해할 수 있다. 즉 停의 일반적인 의미 '머무르다'에서 출발하여 (22)와 같은 문화적인 맥락에서 停에 '군사가 주둔하는 곳'의 특수한 의미가 부착된 것으로 이해된다.

軍營을 의미하는 신라 시대 停에 특수한 의미가 부착된 것처럼 조선 시대 '停'에도 특수한 의미가 부착되어 주목된다.

> (23) 가. 3군문에서 3군문에 분속된 城堞는 모두 前·左·中·右·후 등으로 차례를 삼는다. 訓前, 訓左 등의 글자를 새긴 돌을 세워 표시한다.[79] 〈守成綸音(1751) 守成節目〉

---

78 『新唐書』, 권220, 新羅傳, "其國連山數十里 有峽固以鐵闥 號關門 新羅常屯弩士數千 守之"

나. 每 軍門이 지켜야 할 성타를 이미 다섯으로 나누었으니 만약 1營 전체가 수비한다면 5부로 나누어 5停을 세운다. 만약 1部가 수비한다면 5司로 나누어 5정을 세운다. 만약 1司가 수비한다면 5哨로 나누어 5정을 세운다.[80] 〈守成綸音(1751) 守成節目〉

(23)에서 3군문은 '훈련도감, 어영청, 금위영' 등을 말한다. 그리고 五停에서 五는 前·左·中·右·後 등의 5방위를 나타내는 것이다. 停은 '지키는 구역'의 의미로 사용되었다.

『한국한자어사전』에서, (23)의 停을 '각 군영에서 성곽을 나누어 맡아서 지키는 구역'으로 풀이하였다. 이때의 停은 한어의 '머무르다'의 의미에서 출발한 것으로 생각된다. 일반적인 의미인 '머무르다'에 '성곽을 나누어 맡아서 지키는 구역'이란 특수한 의미가 부착된 것으로 이해된다.

민덕식이 말한 바와 같이[81] 富山城이 포곡형 산성이라는 점에서 豆良彌知停에 보이는 停과 富山城에 보이는 城의 동질성과 차이점을 파악할 수 있다. 富山城이 포곡형 산성이라는 것은 富山城이 (22)에서 말하는 關門에서 출발했을 가능성을 암시하는 것이다. 즉 停은 협곡에 자연지형을 활용해 만든 관문이기 때문에 성곽이 없었을 것이나 城은 군사의 주둔과 관련된 여러 가지 것을 보다 확실하게 지키기 위하여 성곽을 가진 것으로 생각된다.

이문기는[82] 富山城이 663년(문무왕 3)에 증축되었으며, 『삼국유사』의

---

79 『守成綸音』(1751), 守成節目, "三軍門 所分授城堞 皆分作五停 以前·左·中·右·後 爲次 立石刻訓前·訓左等字以 標爲白齊"
80 『守成綸音』(1751), 守成節目, "每軍門所守城堞 旣分爲五 若以一營守之 則五部分立五停 以一部守之 則五司分立五停 以一司守之 則五哨分立五停"
81 민덕식, 앞의 논문, 1987, 90쪽.
82 이문기, 앞의 논문, 2009, 133쪽.

기록으로 진평왕(579-632) 시에 존재한 것임을 말하고 있다. 이 설명에 기대면, 富山城은 7세기에는 성곽을 가졌던 것으로 생각된다. 그런데 富山城이 청도 지역의 위협 세력을 방어하는 요충지가 되므로 7세기 훨씬 이전에도 富山城 지역은 경주 방어의 중요한 거점으로 활용되었을 것으로 추정된다. 매우 이른 시기에 富山城은 성곽이 없는 군사 주둔지인 豆良彌知停이었을 것으로 추정된다.

3.6. 신라 시대 豆良彌知의 현존 형태 '두메'

지금까지 豆尸와 富尸는 '둘, 둟, 둣, 둦' 정도의 음을 표기한 것으로 파악하고, 豆尸와 富尸가 '둝'까지 표기할 가능성을 전제하여 신라 시대 豆良彌知는 '*둝먈' 정도를 표기한 것이고, '*둝먈'은 '둝[厚]+먈[山]' 정도의 구성을 가지는 것임을 논의하였다. '*둝먈'은 '山이 중첩된 것'을 지칭한 것이다. 이러한 의미를 가진 형태 '두메'가 현전하고 있어 주목된다.

(24) 가. 두메 峽中 〈國漢會語〉
　　　나. 峽 [협] 물 씬 두메 ○물 씬 산골 〈新字典〉
　　　다. 【두메】 名 도회에서 멀리 떨어진 쓸쓸한 산골, 산두메, 僻陋 山峽 峽中 〈수정조선어 사전〉
　　　라. 두메, 도회에서 멀리 떨어져 사람이 많이 살지 않는 변두리나 깊은 곳. ≒두메산골·두멧골·변읍(邊邑)「2」·산벽소·산협「1」·협02(峽)·협중01(峽中). 〈표준국어대사전〉
　　　마. 峽 두뫼 협 〈字典釋要 上〉

(24가)-(24라)까지는 '두메'의 어형을 제시하였고, (24마)는 '두뫼'의 어형을 제시하였다. (24다)와 (24라)에서 '두메'의 뜻을 '도회에서

멀리 떨어진 쓸쓸한 산골'로 표현하고 있다. 이것에 근거하면 '두메'보다는 '두뫼'가 더 고형에 속하는 것으로 판단할 수 있다. '두뫼'의 '뫼'를 '山'의 의미로 풀이할 수 있기 때문이다.

'두메'의 '메'와 '두뫼'의 '뫼'를 '山'의 의미로 파악한다면, '두'는 '도회에서 멀리 떨어진 쓸쓸한'의 의미로 파악해야 할 것이다. 이러한 관점에서 강길운이 '두메'가 아이누어의 *tuima[遠]〉tümä〉tume의 과정을 거친 것[83]으로 풀이하였다. 그러나 강길운은 '두뫼'의 '뫼'는 분명히 山인 점을 간과하고 있다. 한편 서정범은 '두메'의 '메'를 山으로 파악하고, '두'는 땅(土, 地)의 뜻으로 풀이하였다.[84] 서정범이 '두'를 '땅'의 뜻으로 풀이한 근거는 '들[野], 딜[土]'에 근거한 것이나, '도회에서 멀리 떨어진' 의미는 설명하지 못하고 있다.

김정호는 『大東地志』「方言解」에서 峽을 뜻하는 차자 표기 杜買의 뜻을 다음과 같이 풀이하고 있다.

(25) 峽은 杜買이다. 山으로 疊疊이 막힌 것이다.[85] 〈大東地志 方言解〉

(25)에서 杜買를 '산으로 첩첩이 막힌 것'으로 풀이하고 있다. 杜買는 '두메' 또는 '두뫼'를 표기한 것임은 분명하다. '메' 또는 '뫼'는 山의 뜻이므로 '두'는 '疊疊이 막힌 것'의 뜻이 된다.

'첩첩이 막힌 것'의 뜻을 가지는 국어 어형을 찾기가 쉽지 않다. 그런데 '두메/두뫼'와 豆良彌知[*둘몌]의 유사성에 주목하여 예컨대, '두'의 변화에만 주목하여 '두메'가 '*둘메〉*둔메〉*둠메〉두메'의 변화를 거친

---

83 강길운, 『비교언어학적 어원사전』, 한국문화사, 2010, 425쪽.
84 서정범, 『국어어원사전』, 보고사, 2000·2003, 200쪽.
85 『大東地志』, 方言解, "峽 杜買山之疊塞者."

것으로 상정할 수 있다. '*둡메〉*둔메'의 변화는 비음동화로 비음동화는 국어에서 15세기에 발생하기 시작하였다. '*둔메〉*둠메'의 변화는 '흔 쁴〉흠끠'의 변화에서 찾을 수 있다. 즉 조음의 위치가 같아진 위치동화 현상으로 설명된다. '*둠메〉두메'는 동음생략 현상으로 설명될 수 있다. 중세어에서 동음생략 현상을 보여 주는 예로 '둔니다〉두니다'를 들 수 있다.

결국 근대어 '두메'는 豆良彌知[*둛멸]으로 소급할 수 있을 것으로 생각된다. 따라서 '두메/두메'의 '두'는 '두텁다[厚]'의 뜻인 것이다. 결국 '두메/두메'는 '산이 두텁게 겹쳐진 곳'을 말한 것으로 생각된다.

'두메'의 현대적 풀이인 '도회에서 멀리 떨어진 쓸쓸한 산골'은 '산이 두텁게 겹쳐진 곳'의 의미에서 파생된 것으로 생각된다.

4. 맺음말

西畿停은 경주시 건천읍 송선리에 소재한 富山城일 것이라는 역사학계의 논의를 활용하여 이 글은 서기정의 옛 명칭인 음차 표기 豆良彌知停과 훈차 표기 富山城의 표기상 동질성을 규명하였다.

논의의 객관성 확보를 위하여 이 글은 서기정 관련 차자 표기의 역사를 총체적으로 검토하고 구명하면서 음차 표기 豆良彌知停과 훈차 표기 富山城의 의미를 3분하여 논의하였다.

'豆良과 富, 彌知와 山, 停과 城' 등의 표기상 동질성은 다음과 같다. 신라 시대 음차 표기 豆良는 '*둛/둘' 정도로 해독되며, 그 의미는 '두텁다[厚]'임을 밝혔다. 한편 『說文解字』에 富의 뜻이 厚로 제시된 것을 활용하여 富山城의 富가 '*둛/둘' 정도로 해독될 수 있음을 밝혔다. 富

를 '*둟/둘'로 해독할 수 있는 논거로 삼국 시대 표기 富를 제시하였다.
  신라 시대 음차 표기 彌知는 '*몃' 정도로 해독되며, 조선 시대 초기에 이르러 '*믿/밀' 등으로 어형이 변화했음을 논의했다. 그리고 '*믿/밀'은 중세 국어의 '모로'와 관련 있는 어형임을 말하였다. 신라 시대 음차 표기 彌知[*몃]의 의미는 回曲處 또는 山의 의미임을 밝혔다.
  停은 군영의 뜻이므로 城과 기능상 유사한 것으로 판단하였다.
  결론적으로 음차 표기 豆良彌知停의 豆良彌知와 훈차 표기 富山城의 富山을 '*둟몃'으로 해독하고, '*둟몃'을 '산이 두텁게 중첩된 것'의 의미로 파악하였다. 그리고 '*둟몃'의 현존 어형이 '두메'임을 제안했다.

3부

고려 시대의 지명

고려 시대 차자 표기 漕運浦口名
未音浦 / 鹵水浦 해독

1. 서언

『고려사』食貨志 漕運 조에는 전국 60곳의 조운 포구명의 992년(고려 성종 11) 개정 명칭과 이전 명칭이 제시되어 있다. 이 글은 이러한 60곳 조운 포구명의 하나인 未音浦와 이것의 개정 후 명칭인 鹵水浦에 대한 해독을 제시하고자 한다.

『고려사』食貨志 漕運 조에 실려 있는 전국 60곳의 조운 포구명에 대한 관심은 먼저 역사학계에서 있었다. 역사학계 최근의 주요 논의를 들면 윤경진(2002), 한정훈(2009)을 들 수 있다.[1] 이러한 역사학계의 논의에서는 자연스럽게 고려 초기 조운 제도의 규명에만 주력하여 60곳 조운 포구의 위치 비정에 논의의 중심을 두었다.

차자 표기일 것으로 추정되는 60곳 조운 포구의 개정 전 명칭을 해독하는 일은 국어학계의 몫일 것이다. 그러나 60곳의 차자 표기 명칭에 대해서 국어학계에서는 김양진(2010)에 와서야 비로소 논의를 하게 되

---

[1] 김양진(2010: 196)에서 역사학계의 논의를 다음과 같이 정리하고 있다. "역사학계에서는 丸龜金作(1935)에서 비롯해서 孫弘烈(1977), 北村秀人(1978), 윤경진(2002), 한정훈(2004), 김재명(2006), 곽호제(2009), 한정훈(2009) 등의 논의를 통하여 고려 시대 전기의 60포제(浦制)의 내용이 상당한 정도의 깊이로 이해된 것으로 판단된다"

었다. 김양진(2010)은 역사학계에서 이루어 놓은 60곳 조운 포구에 대한 위치 비정의 결과를 한편으로는 흡수하거나 한편으로는 수정하여 지명 표기의 오자를 논의한 다음에 23개의 차자 표기 해독안을 제시했다. 즉 김양진(2010)에서 제시한 해독안은 "骨浦[골개], 金遷浦[쇠벼ㄹ개], 薪浦[새애], 木浦[남개], 置乙浦[둘개], 白岩浦[흰바회], 黃利內地[고리내근], 屈乃浦[굴내개], 主乙在[줄개], 大募浦[한뫼애], 松串浦[솔곶개], 夫支浦[브디애], 省草浦[속새애], 加乙斤實浦[믈ㄱ실개], 楊等浦[*버들개], 所支浦[숫개/소지개], 居乙浦[*걸개], 登承浦[듬받개], 梨浦[배애], 未音浦[믜음개], 置音淵浦[둠소개], 下置音淵浦[아랫둠소개], 赤於浦[블거개]" 등 23개이다.

未音浦를 '*믜음개'로 해독한 김양진(2010: 211-212)과는 다른 견해를 이 글에서 제시하고자 한다. 未音浦의 조선 시대 표기 禿音浦를 근거로 김양진(2010:211-212)은 未를 '믜'로 해독하고 鹵水浦의 鹵를 鹽의 약자로 파악하여, 鹵水浦가 '*믜음개' 혹은'*믜염개'를 음절 단위로 뒤집어 표기한 것으로 파악하여 곧 개정 전의 未音과 개정 후의 鹵水를 '未 대 水, 音 대 鹵' 등의 관계로 파악하였다.

未音浦에 대한 김양진(2010: 211-212)의 해독에서 未音浦의 音을 '鹵=鹽'의 의미로 파악한 것이 독특한 점이다. 이를 위해 김양진(2010: 211-212)은 두 가지 논거를 제시했다. 하나는 鹵가 鹽의 약자라는 점이고, 다른 하나는 未音과 鹵水가 음절 단위로 뒤집어서 대응되었다는 점이다. 그런데 김양진(2010: 212)이 鹵를 鹽의 약자로 파악한 것은 『한어대사전』에 鹵의 뜻으로 '소금의 일종으로 식염을 두루 지칭한다[鹽的一種. 亦泛指食鹽]' 정도에 근거한 것으로 파악되는데, 鹵의 다른 뜻을 간과한 점에서 문제가 있다.

이 글에서는 고려 시대 광릉군에 소재했던 未音浦의 위치를 정확하게 비정할 수 있는 관련 자료를 보다 풍부하게 제시하고, 未音浦의 조선 시대 이표기 자료를 풍부하게 수집하여 제시하고, '소금'의 뜻 이외에 鹵의 뜻을 고찰하여 未音浦와 鹵水浦에 대한 해독안을 제시하고자 한다.

이 글에서 未音浦와 鹵水浦에 대한 해독에 관심을 둔 까닭은 未音浦에 관련된 풍부한 자료가 현재 전하여 해독이 쉽다는 판단 때문이다.

2. 羅末麗初 廣陵郡 소재 未音浦의 위치 비정

2.1. 羅末麗初 廣陵郡 소재 漕運 浦口 관련 자료

992년(고려 성종 11)에 漕運 제도를 개선하기 위한 포구 명칭의 개정[2]이 있었다. 모두 60곳에 이르는 조운 포구의 명칭 개정이 있었다. 60개의 조운 포구 중에서 광릉군 소재 조운 포구는 3곳이다. 광릉군 소재 조운 포구 명칭 개정 내용은 다음과 같다.

> (1) 成宗 11년에 漕船의 輸京價를 정하였다. (생략) 18석을 운반하는 데에 1석의 값. (생략) 鹵水浦[전에는 未音浦라 했다. 廣陵郡에 있다.] 從山浦[전에는 居知山浦라 했다. 同郡에 있다.] 20석을 운반하는 데에 1석의 값. 德原浦[전에는 置音淵浦라 했다. 廣陵郡에 있다.] (생략)[3] 〈高麗史 79卷 志33 食貨2 漕運〉

(1)은 992년(고려 성종 11) 무렵, 廣陵郡에 소재한 조운 포구로 '鹵水

---

2 『高麗史』, 권3, 成宗 11년 11월, "冬十一月 癸巳 改州府郡縣 及關驛江浦號"
3 『高麗史』, 권79 志33, 食貨 2, 漕運, "成宗十一年 定漕船輸京價 (생략) 運十八石價 一石 (생략) 鹵水浦[前號未音浦 廣陵郡] 從山浦[前號居知山浦 同郡] 運二十石價 一石 德原浦[前號置音淵浦 廣陵郡] (생략)"

浦, 從山浦, 德原浦'등이 있었음을 말하고 있다. 廣陵郡이란 명호는 992년(고려 성종 11)에 고려 시대 楊州의 별호로 정해진 것[4]이다.

(1)은 또 鹵水浦와 從山浦의 경우에는 輸京價(개경으로 운반하는 값)가 18석당 1석이며 德原浦의 경우에는 20석당 1석임을 말하고 있다. 고려의 수도인 개경으로부터 멀리 떨어진 지역의 輸京價가 비쌌을 것이므로 鹵水浦와 從山浦는 德原浦보다는 개경에서 멀리 떨어져 있음을 말하는 것이다.

(1)은 또 鹵水浦의 전 명호는 未音浦, 從山浦의 전 명호는 居知山浦, 德原浦의 전 명호는 置音淵浦임을 말하고 있다. '未音浦, 居知山浦, 置音淵浦' 등은 차자 표기가 확실하므로 국어학 연구를 위해 귀중한 자료이다.

2.2. 高麗 初期 廣陵郡의 한강 북안 관할 영역

'鹵水浦, 從山浦, 德原浦' 등이 조운을 위한 포구이므로 한강의 강변에 위치했을 것이다. 따라서 이들의 위치를 비정하기 위해서 고려 초기 광릉군이 관할한 한강의 영역 범위를 파악하는 일이 필요하다. 다. 광릉군이 관할했던 6개 역의 위치를 통해 광릉군이 관할한 한강의 영역 범위를 파악하고자 한다.

광릉군은 고려 초기에 楊州라 했으며, 고려 문종(1046-1083) 때에는 南京이라 하였다. 그런데 『고려사』 권82 志36 兵2 站驛 조에는 南京에 소재한 6개의 역을 다음과 같이 설명하고 있다.

---

4 『高麗史』, 권56, 志10, 地理 1, "南京留守官楊州本高勾麗北漢山郡[一云南平壤城] 百濟近肖古王取之二十五年 自南漢山徙都之 (생략) 忠烈王三十四年 改爲漢陽府 別號廣陵[成廟所定]"

(2) 가. 靑郊道掌十五 迎曙[南京] 淸波[南京] 蘆原[南京] 〈高麗史 82卷 志36 兵2 站驛〉
    나. 春州道掌二十四 南京驛 仇谷[南京] 〈高麗史 82卷 志36 兵2 站驛〉
    다. 平丘道掌三十 平丘[南京] 〈高麗史 82卷 志36 兵2 站驛〉

'迎曙, 淸波, 蘆原, 南京驛, 仇谷, 平丘' 등의 6개 역이 南京에 소재한 것으로 기술되어 있다. 南京驛을 제외하고 '迎曙, 淸波, 蘆原, 仇谷, 平丘' 등은 『대동여지도』에 다음과 같이 표시되어 있다.

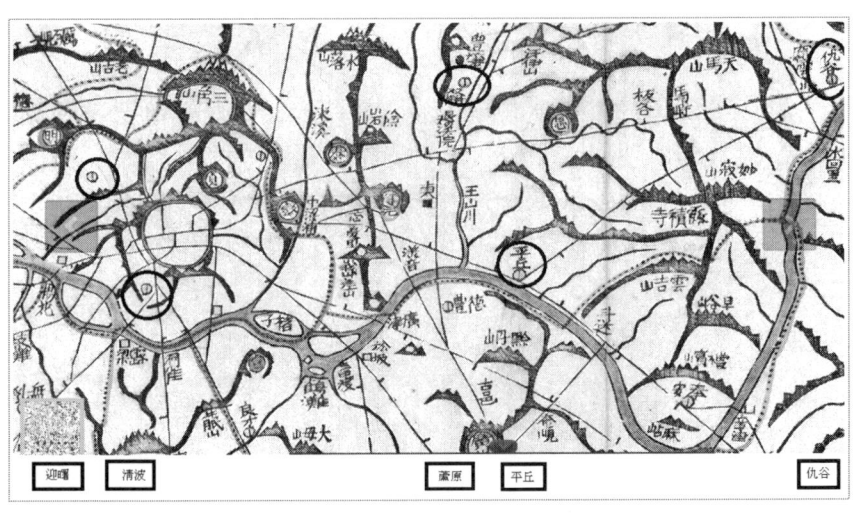

〈그림 1〉 『대동여지도』에 표시된 고려 시대 남경 소속 역

仇谷驛과 平丘驛은 〈그림 1〉의 지도에 역을 표시하는 기호인 ①와 함께 역의 명칭이 제시되어 있으나 '迎曙驛, 淸波驛, 蘆原驛' 등은 역을 표시하는 기호인 ①만 표시되어 있다.

迎曙驛은 현재의 서울특별시 은평구 불광동 33-40번지 일대에 있었던 것으로 추정되고 있고[5], 淸波驛은 지금의 서울특별시 용산구 청파동

2가 지역에 있었던 것으로 추정되고 있으며[6], 蘆原驛은 지금의 서울특별시 도봉구 지역에 있었던 것으로 추정되고 있으며[7], 平丘驛은 조선 초기에는 현재의 남양주시 삼패동 평구마을에 있었던 것으로 추정되고 있으며[8], 仇谷驛은 지금의 양주시 화도읍 구암리 지역에 있었던 것으로 추정되고 있다.[9]

南京驛이 『대동여지도』에 표시되어 있지 않은 것은 南京驛이 조선의 도성인 경복궁 근처에 소재했을 것임을 말해 준다. 이러한 가능성은 南京驛을 제외한 5개의 역이 조선 초기 지리지에 다음과 같이 기술된 것에서 찾아진다.

(3) 가. 迎曙〈世宗實錄地理志 楊州〉〈新增東國輿地勝覽 楊州〉
　　 나. 仇谷〈世宗實錄地理志 楊州〉〈新增東國輿地勝覽 坪丘驛의 속역〉
　　 다. 平丘〈世宗實錄地理志 楊州〉〈新增東國輿地勝覽 楊州〉
　　 라. 淸波〈世宗實錄地理志 楊州 靑坡〉〈新增東國輿地勝覽 漢城府 靑坡〉
　　 마. 蘆原〈世宗實錄地理志 楊州〉〈新增東國輿地勝覽 漢城府〉

'迎曙驛, 仇谷驛, 平丘驛' 등은 『세종실록지리지』와 『신증동국여지

5　한국학중앙연구원, 디지털양주문화대전, 영서역, http://terms.naver.com/entry.nhn?docId=2658533&cid=51886&categoryId=53538
6　한국학중앙연구원, 디지털양주문화대전, 청파역, http://terms.naver.com/entry.nhn?docId=2658531&cid=51886&categoryId=53538
7　한국학중앙연구원, 디지털도봉문화대전, 노원역, http://terms.naver.com/entry.nhn?docId=2595089&cid=51880&categoryId=53281
8　한국학중앙연구원, 디지털양주문화대전, 영서역, 평구역, http://terms.naver.com/entry.nhn?docId=2658534&cid=51886&categoryId=53538
9　한국학중앙연구원, 디지털양주문화대전, 구곡역, http://terms.naver.com/entry.nhn?docId=2658535&cid=51886&categoryId=53538

승람』에 동일하게 양주 조에 기술되어 있다. 그런데 淸波驛과 蘆原驛의 경우, 『세종실록지리지』에서는 양주 조에 기술되었는데, 『신증동국여지승람』에서는 한성부 조에 기술되어 있다. 이것은 한성부의 영역이 점차 넓혀진 것에 기인한 것으로, 조선 초기에 이르러서는 그 관할 군현이 바뀐 것임을 말하는 것이다. 한편 淸波의 경우에는 『세종실록지리지』와 『신증동국여지승람』에 靑坡의 표기로 바뀌어 있다.

南京驛이 『고려사』에는 기록되었으나 『세종실록지리지』와 『신증동국여지승람』에는 기술되어 있지 않은 것은 南京驛이 조선의 건국과 더불어 만들어진 도성의 근처 지역에 위치했던 사실을 암시해 주고 있다. 즉 南京驛 근처에 조선의 도성이 세워져서 南京驛은 조선 초기에 이르러서는 驛의 기능을 상실했을 가능성이 있다. 南京驛이 仇谷驛과 함께 春州道에 속해 있으므로 南京驛은 경복궁 근처에서 仇谷驛 사이에 소재했을 것으로 추정된다.[10]

고려 초기 광릉군이 관할했던 6개의 역 중에서 '迎曙驛, 南京驛, 蘆原驛' 등은 한강 북안에서 멀리 떨어진 내륙에 위치하고 있었으나 '淸波驛, 平丘驛, 仇谷驛' 등은 한강이나 북한강의 북안에서 그리 멀지 않은 곳에 위치해 있는 것이 주목된다. 이 사실을 통해 광릉군이 관할했던 한강의 범위를 추정할 수 있기 때문이다. 결국, 고려 시대 광릉군은 지금의 용산구의 한강 북안부터 지금의 양주시 화도읍 구암리의 북한강 북안을 관할했던 사실을 추정해 낼 수 있다. 다만 지금의 용산구는 고려 시대 果州에 속했던 龍山處였고, 지금의 경기도 남양주시 조안면은 고려 시대 廣州府 소속의 奉安驛이 위치했던 곳이므로 고려 초기

---

10 최종현·김창희(2013: 60)은 남경역이 신설동역 근처에서 안암천을 끼고 있는 언덕 위의 대광고등학교 자리였을 가능성을 제안하고 있다.

광릉군의 관할 영역은 지금의 반포대교부터 팔당대교에 이르는 한강의 북안과 지금의 양수대교부터 지금의 양주시 화도읍 구암리에 이르는 북한강 북안이었던 것으로 추정할 수 있다.

2.3. 고려 초기 광릉군 관할 한강 변의 浦, 津, 渡

조선 시대에 지금의 반포대교부터 팔당대교에 이르는 한강의 연변에 소재했던 '浦, 津, 渡' 등은 다음과 같다.

(4) 가. 漢江은 (생략) 두 물이 합하여 흘러 廣州 경계에 이르러서 渡迷津이 되고, 廣津이 되었으며, 서울 남쪽에 이르러 漢江渡가 되고, 서쪽에서 露渡津이 되며, 서쪽에서 龍山江이 되었는데[11] 〈世宗實錄地理志 漢城府〉

나. 至廣州界爲渡迷·두미津 爲廣津:광ㄴ르 爲三田渡삼받·개 至京城南 爲漢江渡 西爲露渡 又西爲龍山江 〈龍飛御天歌 권3:13b〉

다. 漢江 (생략) 그 근원이 江陵府 五臺山에서 나와서 (생략) 廣州 땅에 이르러 度迷津이 되고, 廣津이 되며, 三田渡가 되고, 豆毛浦가 되며, 경성 남쪽에 이르러 漢江渡가 된다. 〈新增東國輿地勝覽 漢城府〉

(4가)와 (4나)에서는 '渡迷津, 廣津, 漢江渡, 露渡津' 등만을 설명하고 있다. 그러나 (4다)는 廣津과 漢江渡 사이에 三田渡와 豆毛浦가 더 있음을 말하고 있다.

'渡迷津, 廣津, 三田渡, 豆毛浦, 漢江渡, 露渡津' 등을 관할했던 주ㆍ

---

11 『世宗實錄地理志』, 漢城府, "漢江 (생략) 二水合流至 廣州界 爲渡迷津 爲廣津 至京城南 爲漢江渡 西爲露渡津 又西爲龍山江."

부·군·현은 다음과 같다.

(5) 가. 漢江渡 (생략) 예전에는 沙平渡 또는 沙里津渡라 하였다.〈世宗實錄地理志 漢城府〉
나. 豆毛浦 도성 동남쪽 5리쯤에 있다.〈新增東國輿地勝覽 漢城府〉
다. 三田渡 廣州 땅에 있는데〈新增東國輿地勝覽 漢城府〉
(6) 가. 楊津 주 남쪽 67리 지점에 있다. 廣津渡라 하기도 하는데 迷津 하류이다.〈新增東國輿地勝覽 楊州牧〉
나. 禿浦 주 동쪽 67리 지점에 있다.〈新增東國輿地勝覽 楊州牧〉
(7) 가. 禿浦 주 북쪽 11리 渡米津 하류에 있다. 또 양주 편에 보라.〈新增東國輿地勝覽 廣州府〉
나. 廣津 주 서쪽 18리 독포 하류에 있다. 또 양주 편에 보라.〈新增東國輿地勝覽 廣州府〉
다. 三田渡 주 서쪽 18리에 있는데, 漢城府 편에 자세히 있다.〈新增東國輿地勝覽 廣州府〉

(5)는 한성부에 漢江渡와 豆毛浦가 소재하고 있음을 말하고 있다. 그리고 광주 소재의 三田渡를 특별히 언급하고 있다. (6)은 양주목에 楊津과 禿浦가 소재하고 있음을 말하고 있다. 또 楊津의 이칭으로 廣津渡가 있음을 말하고 있으며, 禿浦의 이표기로 迷津이 있음을 말하고 있다.

결국, 고려 시대 광릉군이 관할했던 한강 북안의 '浦, 津, 渡' 등은 '禿浦/迷津, 廣津/楊津, 豆毛浦, 漢江渡' 등이 된다. 지금의 동호대교 북단에 있었던 豆毛浦와 지금의 한남대교 북단에 있었던 漢江渡는 조선 초기에는 한성부 관할이지만 고려 초기에는 광릉군 관할 지역일 것임은 명백한 것이다.

2.4. 고려 초기 광릉군 관할 조운 포구 未音浦/鹵水浦, 居知山浦 /從山浦, 置音淵浦/德原浦 등의 위치 비정

漢江渡가 고려 시대에 沙平渡와 沙里津으로 불렸지만, 물자와 사람의 왕래가 빈번했음을 알려 주는 자료는 없다. 더군다나 漢江渡에서 下三道(충청도, 전라도, 경상도)로 가는 교통로는 조선의 건국과 더불어 발달한 것이어서 漢江渡가 고려 시대 조운 포구일 가능성은 매우 희박하다. 따라서 '鹵水浦, 從山浦, 德原浦' 등은 고려 초기 광릉군이 관할했던 한강 북안에 소재한 '禿浦/迷津, 廣津/楊津, 豆毛浦' 등일 것으로 추정된다.

마침 김양진(2010: 211)은 남양주시 수석동에 소재한 '내미음'과 '외미음'이란 마을명에 주목하여 '鹵水浦/未音浦'를 '禿浦/迷津'로 비정한 바 있다. '鹵水浦/未音浦'를 '禿浦/迷津'으로 비정한 견해는 洪敬謨(1774-1851)가 1847년(헌종 13)에 편찬한 『重訂南漢志』에도 보인다.

> (8) 禿浦는 龜川面에 있다. 麗史에는 鹵水浦라 씌여 있다. 俗名은 渼陰이다. 즉 漢江이 꺾여서 흐르는 곳이다. 서쪽은 양주의 경계이다.[12] 〈重訂南漢志 권1 山川〉

(8)에서 말한 禿浦는 龜川面에 소재하고 있으므로 남양주시 수석동의 남쪽 대안인 하남시 선동 지역을 지칭한 것이다. 그런데 『조선지지자료』 광주군 津名 조에는 廣州郡 東部面 船村에 소재된 渼陰津이 제시되어 있다. 따라서 남양주시 수석동과 하남시 선동 모두 '미음나루'로 불렀음을 이해할 수 있다. 禿浦를 鹵水浦로 비정한 (8)의 견해는 鹵水浦의

---

12 『重訂南漢志』, 권1, 山川, "禿浦 在龜川面 麗史作鹵水浦 俗名渼陰 卽漢江折轉處 其西楊州界"

전 명호 未音과 秃浦의 俗名 渼陰이 표기한 어형이 유사한 것에 기댄 것으로 추측되나 자세치 않다.

'從山浦/居知山浦'가 '德原浦/置音淵浦'보다는 개경에서 더 먼 위치에 있기 때문에 '從山浦/居知山浦'는 '廣津/楊津'이었을 것이고, '德原浦/置音淵浦'는 豆毛浦일 수밖에 없다.

고려 초기 '鹵水浦, 從山浦, 德原浦' 등이 조운을 위한 포구라는 것은 이곳이 사람의 왕래가 빈번하고, 물자의 수송에 유리한 지역임을 말하는 것이다. '秃浦/迷津'는 현재 남양주시 수석동 지역으로 이 지역에는 삼국 시대에 축조된 '수석리 토성'이 있다. 그리고 '廣津/楊津'은 현재 서울시 광진구 광장동 지역으로 이 지역에도 역시 삼국 시대에 축조된 '峨嵯山城'이 있다. 이러한 사실들은 '秃浦/迷津'와 '廣津/楊津'이 삼국 시대부터 사람의 왕래와 물자의 수송에 긴요한 지역이었음을 암시하는 것이다. 그러나 지금의 옥수동에 소재한 豆毛浦의 경우에는 고려 초기 이전과 관련된 역사적 사실을 찾을 수 없다.

또, 鹵水浦의 경우 관련 자료가 풍부하여 언어학적인 증거를 제시할 수 있다. 그러나 현재는 從山浦와 德原浦의 경우에는 언어학적인 증거를 제시할 수 없는 입장에 있다.

3. 羅末麗初 廣陵郡 소재 漕運 浦口名 未音浦/鹵水浦 차자 표기 해독

3.1. 未音浦의 이표기

앞 장에서 未音浦가 현재 남양주시 수석동 '미음나루'인 것으로 추정하였다. '미음나루'와 관련된 조선 시대 표기 자료는 다음과 같다.

未音浦가 훈차 표기된 禿音 계열의 표기는 다음과 같다.

(9) 가. 임금이 상왕을 받들어 禿音浦에 이르러 매사냥하는 것을 보고 中良浦에 畫停하였다.[13] 〈太宗實錄 1417년(태종 17) 9월 4일〉
나. 낮에 禿音浦에 머물러 장막에서 술자리를 차렸는데[14] 〈世宗實錄 1421년(세종 3) 3월 12일〉
다. 임금이 태상왕을 따라 양주(楊州) 독음포(禿音浦)에 거둥하여, 매사냥을 보고 낙천정으로 돌아왔다.[15] 〈世宗實錄 1421년(세종 3) 9월 29일〉
라. 생선간은 가을두(加乙頭)에 19명, 서강(西江)에 4명, 독음포(禿音浦)에 12명씩 차정(差定)할 것입니다.[16] 〈世宗實錄 1421년(세종 3) 11월 28일〉
마. 체찰사의 명을 받고 온 (양주인 지)천령이 능소(陵所)로 떠나려고 고언백(高彦伯)에게 와서 말을 전할 때, 신은 그들이 장차 능소 근처로 떠나려 한다는 것을 들어 알고서 천령과 함께 출발하였습니다. 독음리(禿音里)에 도착하여 그 마을 주민들을 불렀는데[17] 〈宣祖實錄 1593년(선조 26) 8월 13일〉
바. 禿音面 〈輿地圖書 楊州牧 坊里〉

---

13 『太宗實錄』, 1417년(태종 17) 9월 4일, "上從太上王 幸楊州禿音浦 觀放鷹 還御樂天亭"
14 『世宗實錄』, 1421년(세종 3) 3월 12일, "畫停禿音浦 置酒帳殿"
15 『世宗實錄』, 1421년(세종 3) 9월 29일, "上從太上王 幸楊州禿音浦觀放鷹, 還御樂天亭"
16 『世宗實錄』, 1421년(세종 3) 11월 28일, "生鮮干則加乙頭十九名 西江四名 禿音浦十二名式差定"
17 『宣祖實錄』, 1593년(선조 26) 8월 13일 "楊州人池千齡, 體察使使之更探而來 聽令後 方向陵所時 來到高彦伯處傳言時 臣聞知將向其地近處 以千齡 一時起行 及到禿音里 招致居人"

(10) 가. 유월 초하룻날 새벽에 南政堂의 별장을 지나 秃浦에 이르러서 닻줄을 수리하였다. 그러고는 저녁에 南京의 沙平津에서 하룻밤 묵고 나서 그다음 날 冠岳의 승려와 작별하였다.[18] 〈牧隱詩藁 권32 詩〉
나. 秃浦平에서 晝停하니[19] 〈世宗實錄 1428년(세종 10) 3월 12일〉
다. 秃浦 주 동쪽 67리 지점에 있다. 〈新增東國輿地勝覽 楊州牧〉

(9)는 秃音으로 표기된 지명을 보여 준 것이다. '中良浦, 楊州' 등의 관련 정보를 고려할 때, (9)에 제시된 '秃音浦, 秃音里, 秃音面' 등은 未音浦(남양주시 수석동 미음나루)를 지칭한 것으로 생각된다.

(10)은 秃의 표기를 보여 주고 있다. 秃音의 표기에서 音을 생략하여 표기한 것이다. (10가)에서 南京의 沙平津은 지금의 한남대교 지역을 말하는 것이다. 따라서 (10)의 '秃浦, 秃浦平' 등도 역시 未音浦(남양주시 수석동 미음나루)를 지칭한 것으로 생각된다.

음차 표기는 다양하게 나타나는데, '美音, 渼陰, 渼音, 迷津, 渼湖' 등이다.

먼저 '美音'의 이표기가 나타나는 자료는 다음과 같다.

(11) 楊州의 美音村에 사는 사대부 李有湞이란 자는[20] 〈肅宗實錄 1679년(숙종 5) 4월 26일)〉,
(12) 美音浦 北二十里 〈大東地志 廣州府〉

(11)에서 '楊州 美音村'이라 한 것은 (11)의 美音村이 未音浦(남양주

---

18 『牧隱詩藁』, 권32 詩, "六月初一日曉 過南政堂別墅 至秃浦理碇索 晚宿南京沙平津 明日與冠嶽僧相別"
19 『世宗實錄』, 1428년(세종 10) 3월 12일, "晝停于秃浦平"
20 『肅宗實錄』, 1679년(숙종 5) 4월 26일, "楊州美音村 有士夫李有湞者"

시 수석동 미음나루)를 지칭한 것임을 말해 준다. 광주부에 소속된 지명이나 未音浦의 북안은 물론 남안도 未音浦라 불렀다는 사실을 고려하면, (12)의 美音浦는 未音浦(남양주시 수석동 미음나루)를 지칭한 것으로 생각된다.

渼陰의 이표기가 나타나는 자료는 다음과 같다.

   (13) 가. 김석주가 이삼석의 배척을 당하고 나서 渼陰의 강가에 亭榭를 크게 짓고 벼슬에서 물러가 쉴 곳으로 삼을 생각이었고, 정자의 이름을 각건(角巾)이라 한 것도 대개 이삼석의 소(疏) 가운데에 있는 말을 쓴 것이었으나, 끝내 결단하여 물러가지 못하였다.[21] 〈肅宗實錄 1682년(숙종 8) 4월 12일〉
       나. 自忘憂里峴 轉投東南大路 涉王沙灘 水自北來入渼陰津 自沙汀取小路 過山下村 繞山阿而行得一江村 乃渼陰津村 金掌令元行宅所在〈頤齋亂藁〉
       다. 渼陰津 廣州郡 東部面 船村〈朝鮮地誌資料 廣州府 津渡〉

(13가)에서 '渼陰의 강가에 세워진 亭榭'는 角巾堂을 말하는 것이다. 『息庵先生遺稿』 권5 角巾堂錄에 실린 '自牛川舟下角巾亭'으로 보아 (13가)에서 말한 渼陰은 未音浦(남양주시 수석동 미음나루)로 생각된다. 牛川이 팔당대교 근처에서 한강으로 흘러들기 때문이다. (13나)에서 말한 王沙灘은 지금의 왕숙천을 말하는 것으로 (13나)에서 이 하천이 북쪽으로부터 渼陰津으로 흘러들어 간다고 했으니 (13나)의 渼陰津은 未音浦(남양주시 수석동 미음나루)를 지칭하는 것으로 생각된다. (13다

---

21 『肅宗實錄』, 1682년(숙종 8) 4월 12일, "兵曹判書金錫胄因李三錫疏斥 陳疏辭職 優批不許 錫胄旣遭三錫之斥 大治亭榭於渼陰江上 擬爲休退之所 亭號角巾 蓋用三錫疏中語也 然終未能決退"

에서 말한 渼陰津은 광주부에 속한 未音浦(남양주시 수석동 미음나루)의 남안을 지칭한 것이다.

渼音의 이표기가 나타나는 자료는 다음과 같다.

(14) 渼音津北三十里見楊州 〈大東地志 廣州府 津渡〉

(14)의 渼音津은 광주부에 속한 未音浦(남양주시 수석동 미음나루)의 남안을 지칭한 것이다.

迷津의 이표기가 나타나는 자료는 다음과 같다.

(15) 楊津 주 남쪽 67리 지점에 있다. 廣津渡라 하기도 하는데 迷津 하류이다. 〈新增東國輿地勝覽 楊州牧〉
(16) 迷津 東二十里 〈大東地志 廣州府〉

(15)에서 迷津이 지금의 광나루인 廣津渡의 상류에 있다고 했으므로 (15)의 迷津은 未音浦(남양주시 수석동 미음나루)인 것으로 생각된다. 또 (16)의 迷津은 광주부에 속한 未音浦(남양주시 수석동 미음나루)의 남안을 지칭한 것이다.

渼湖의 이표기가 나타나는 자료는 다음과 같다.

(17) 가. 임금이 藥房의 여러 신하를 인견하였다. 도제조 兪拓基가 渼湖에 물러가 있으면서[22] 〈英祖實錄 1744년(영조 20) 2월 19일〉
나. 상신인 (유척기가 정승으로 있을 때에) (중략) 渼湖 위에 물러가 있으면서[23] 〈英祖實錄 1760년(영조 36) 1월 29일〉

---

22 『英祖實錄』, 1744년(영조 20) 2월 19일, "上引見藥房諸臣 都提調兪拓基 退處渼湖"
23 『英祖實錄』, 1760년(영조 36) 1월 29일, "相臣 (중략) 屛居渼湖之上"

(17)의 渼湖는 유척기의 문집인 『知守齋集』 권11에는 渼陰으로 표기되어 있다. 즉 유척기 자신이 지은 묘지명인 「渼陰老人自識」에는 (17)의 渼湖가 渼陰으로 표기되어 있다. 따라서 渼湖는 未音浦(남양주시 수석동 미음나루)인 것으로 생각된다.

無任의 표기와 한글 표기 '무임'으로 나타나는 자료는 다음과 같다.

(18) 가. 한 강촌을 찾을 수 있는데 곧 渼陰津村으로 金掌令 元行의 집이 소재한 곳이다. (생략) 渼陰은 禿音이라 하기도 하고 無任이라 하기도 한다. 이것은 華音에 가깝다. 또 迷湖라 하기도 한다. 우리 나라 소리는 같지 않으나 한 곳을 칭한 것이다.²⁴ 〈頤齋亂藁〉

나. 三月 丙午에 궐에 나아갔다. (생략) 東湖의 夢賚亭에서 잤다. 己酉에 배를 타고 동쪽으로 갔다. 奉恩寺에서 잤다. (생략) 庚戌에 楊州 無任浦에서 잤다.²⁵ 〈退溪先生年譜 卷之二 年譜 三年 己巳[先生六十九歲] 三月 丙午〉

다. 십뉵일의 뉴셩룡 등이 쟝계ᄒ뎌 슈문쟝 니홍국이 거ᄂ린 아병과 시로 박닌등 십명을 거ᄂ리고 파쥐 게너미지로 양쥬롤 디나 십이일의 무임의 니ᄅ러 쇼션을 ᄐ고 강으로 ᄂ려 삼경의 닥ᄌ셤의 니ᄅ러 〈됴야긔문 권7 이릉ᄉ젹〉 / 十六日 柳成龍等狀啓 守門將 李弘國率自募牙兵 寺奴 朴麟等 十名 由坡州蟹踰嶺 過楊州 十二日到禿音 乘小船 沿江流下 三更到楮子島 〈朝野記聞 권 4, 二陵事蹟〉

---

24 『頤齋亂藁』, 卷2, 丙子閏九月, 二十八日 癸亥, "得一江村 乃渼陰津村 金掌令元行宅所在 (중략) 渼陰 或曰禿音 或曰無任 此近華音 亦或曰迷湖 方音不同 而其稱一也"
25 『退溪先生年譜』, 卷之二, 年譜, 三年 己巳[先生六十九歲] 三月丙午, "三月 丙午 又詣闕 (생략) 宿東湖夢賚亭 己酉 乘船東歸 宿奉恩寺 (생략) 庚戌 宿楊州無任浦"

(18가)는 渼陰津村이 秃音 또는 無任으로도 표기됨을 말하고 있다. 渼陰津村은 未音浦(남양주시 수석동 미음나루)를 지칭한 것이므로 결국 (18가)는 渼陰과 秃音의 이표기 無任을 보여 준 것이다. (18가)는 황윤석(黃胤錫, 1729-1791)의 丙子(1756년) 윤 9월 28일의 일기 내용이므로 '無任'의 이표기는 18세기 중엽의 표기로 이해할 수 있다.

(18나)에서 東湖는 지금의 동호대교를 말하는 것이고 奉恩寺는 동호대교에서 동쪽에 위치한 청담대교 근처에 위치하고 있다. 따라서 (18나)의 無任浦는 未音浦(남양주시 수석동 미음나루)를 지칭한 것으로 추정된다. (18나)의 『退溪先生年譜』는 유성룡(柳成龍, 1542-1607)이 임진왜란 이후에 작성한 것이므로 無任浦는 17세기 초의 이표기로 이해할 수 있다.

(18다)에 나오는 지명인 '파쥬, 게너미지, 양쥬, 닥ᄌ셤' 등을 고려할 때, (18다)의 '무임'도 未音浦(남양주시 수석동 미음나루)를 지칭한 것으로 생각된다. '무임의 니ᄅ러'에서 '무임의'의 '의'는 처격 조사가 된다. (18다)의 『됴야긔문』[26]은 徐文重(1634-1709)이 편찬한 것이므로 (18다)의 '무임'은 18세기 초[27]의 이표기로 이해할 수 있다. 한편 (18다)는 '무임'에 대응한 秃音 표기도 보여 주고 있다.

지금까지 未音浦의 조선 시대 이표기를 논의하였는데, 이표기들을 알기 쉽게 정리하면 다음과 같다.

---

26 장서각디지털아카이브(http://yoksa.aks.ac.kr)에 따르면 『됴야긔문』은 조선 肅宗 在位期에 문신 徐文重(1634-1709)이 실록 등에서 관련 자료를 모으고 주제별로 재분류하여 편찬한 紀事本末體의 史書이다.

27 장서각디지털아카이브(http://yoksa.aks.ac.kr)에서 "한문본『朝野記聞』의 경우 1702년(肅宗 28) 이후에 편찬 작업이 마무리되었을 가능성이 높다. 한편 국문본『됴야긔문』의 경우 한문본을 저본으로 하여 번역과 자료 추가 작업이 동시에 진행되었을 가능성이 농후하다"로 편찬 시기를 추정하고 있다.

〈표 1〉 未音浦의 이표기

표기 종류	이표기	표기 사용 연대
훈차표기	禿音浦, 禿音里	世宗實錄(1417년), 宣祖實錄(1593년)
	禿浦, 禿浦平	牧隱詩藁(고려말), 世宗實錄(1428년), 新增東國輿地勝覽(1530년)
	禿音面	輿地圖書 楊州牧(1760년)
음차표기	未音浦	高麗史(10세기)
	美音村, 美音浦	肅宗實錄(1679년), 大東地志(1865년)
	渼陰江 渼陰津	肅宗實錄(1682년), 英祖實錄(1728년), 이재난고(18세기말)
	渼音津	大東地志(1865년)
	渼湖	英祖實錄(1744년)
	迷津	新增東國輿地勝覽(1530년)
	無任, 無任浦	退溪先生年譜(17세기 초), 顧齋亂藁(18세기 중엽)
한글표기	무임	됴야긔문(17세기말 18세기초)

〈표 1〉에서 '禿音浦, 禿音里, 禿音面, 禿浦, 禿浦平' 등의 禿은 음차 표기를 고려할 때 훈차 표기로 파악할 수 있다. 禿音의 표기를 고려하면 '禿浦, 禿浦平' 등에서는 音이 표기에 반영되지 않은 생략 표기이다.

〈표 1〉에서 '未音浦, 美音村, 美音浦, 渼陰江 渼陰津, 渼音津, 渼湖, 迷津, 無任, 無任浦' 등은 훈차 표기를 고려할 때 음차 표기로 파악할 수 있다. '渼湖, 迷津' 등은, 音이나 陰을 표기에 반영하지 않은 생략표기로 파악할 수 있다. '無任, 無任浦' 등은 '未音浦, 美音村, 美音浦, 渼陰江, 渼陰津, 渼音津, 渼湖, 迷津' 등과는 계통이 다른 음차 표기로 파악된다. 한글 표기 '무임'을 고려할 때 '無任, 無任浦' 등은 '무임' 정도를 표기한 음차 표기로 이해된다.

3.2. 未音浦의 표기음 추정

이 절에서는 未音浦의 조선 시대 이표기인 훈차 표기와 음차 표기를 통하여 未音浦의 표기음을 추정하도록 한다.

'禿音浦, 禿音里, 禿音面, 禿浦, 禿浦坪' 등의 禿이 훈차 표기인 점을 설명하도록 한다. '禿浦, 禿浦坪' 등의 이표기는 '禿音浦, 禿音里, 禿音面' 등의 이표기를 고려할 때 音을 표기에 반영하지 않은 생략 표기로 파악할 수 있다.

『훈몽자회』 上:15a에 禿의 훈과 음이 '믤 독'으로 제시되어 있다. 조선 시대 차자 표기 자료에서 禿이 훈차 표기로 사용된 예는 다음과 같다.

(19) 가. 私婢獨禿終襄陽府人 / 스비 믿죵이는 양양부 사룸이라 〈東國新續三綱行實圖 孝 8:75b〉
나. 또 연해(沿海)에는 두무악(頭無岳)이 매우 많은데, 제주(濟州)의 한라산(漢拏山)을 혹 두무악이라고 부르기 때문에 세속에서 제주 사람을 두무악이라고 부르기도 하고, 혹은 두믹[頭禿]이라고 쓰기도 합니다. 다만 국가(國家)에서 수적(水賊)은 이 무리들의 소행이 아닌가 의심하기 때문에 지금 바야흐로 추쇄(推刷)하고 있습니다. 그러나 이 무리들은 배를 잘 다루니, 만약 그들을 활용한다면 왜적(倭賊)을 당할 수 있을 것이니, 진실로 유익(有益)할 것입니다"[28] 〈宣祖實錄 1492년(성종 23) 2월 8일〉

(19가)에서 인명의 차자 표기 禿終이 '믿죵'으로 번역되어 있다. 이것은 禿終의 禿이 훈차 표기로 사용된 것임을 말하는 것이다. 한편 (19나)

---

28 『宣祖實錄』, 1492년(성종 23) 2월 8일, "且沿海頭無岳甚多 濟州漢拏山或名頭無岳 故俗稱濟州人爲頭無岳 或書頭禿也只 國家疑水賊必此輩所爲 故今方推刷 然此輩善操舟 若用之以當倭賊 誠爲有益"

에서 제주도 한라산의 이칭인 頭無岳이 소개되었는데 이 頭無岳의 이표기로 頭禿가 소개된 것이 주목된다. 頭無와 頭禿의 대응에서 頭禿가 '두믜' 정도를 표기한 것임을 알 수 있고 禿이 훈차 표기로 사용된 사실을 알 수 있기 때문이다. 禿音浦의 禿을 훈차 표기로 파악하여 禿이 '믜' 정도를 표기한 것으로 파악할 수 있다.

未音浦의 조선 시대 이표기 '美音村, 美音浦, 渼陰江, 渼陰津, 渼音津, 渼湖, 迷津' 등을 고려하면 禿音의 音은 '음' 정도를 표기한 것으로 추정된다. 『훈몽자회』上:15a에 音의 훈과 음을 '소리 음'으로 제시한 것을 근거로 제시할 수 있다.

결국 조선 초기 차자 표기 禿音은 '*믜음' 정도를 표기한 것으로 추정할 수 있다.

禿音의 禿이 훈차 표기라면 未音浦의 조선 시대 이표기 '美音村, 美音浦, 渼陰江 渼陰津, 渼音津, 渼湖. 迷津' 등은 음차 표기로 추정된다. 또 '渼湖. 迷津' 등은 音을 표기에 반영하지 않은 표기로 추정된다.

'美, 渼, 迷' 등의 조선 시대 한자음과 '믜〉미'의 변화를 알려 주는 자료는 다음과 같다.

(20) 가. 美 아롬다올 미 〈光州千字文 12b〉
　　　나. :밍[上] (생략) 芋 美 渼 〈동국정운 권5:11a〉
　　　다. 迷 미혹홀 미 〈訓蒙字會 下:13a〉
(21) 가. 音 소리 음 〈訓蒙字會 上:15a〉
　　　나. 陰 ᄀᆞ눌 음 〈訓蒙字會 上:1a〉
(22) 가. 禿子 믠머리 〈譯語類解 上:29a〉
　　　나. 믠머리 白頭 〈國漢會語 128〉
(23) 가. 禿浦 〈英祖三十五年(1759)己卯蔚山戶籍大帳[29] 柳浦面〉
　　　나. 尾浦 미긔 〈朝鮮地誌資料 경상남도 울산군 동면 浦口名〉

(20)과 (21)을 근거로 '美音村, 美音浦, 渼陰江, 渼陰津, 渼音津' 등의 음차 표기가 '미음'을 표기한 것으로 속단할 수 없다. (22)와 (23)에서 보는 바와 같이 '믜>미'의 변화는 19세기 말이나 20세기 초의 변화로 생각되기 때문이다.

'美音村, 美音浦, 渼陰江, 渼陰津, 渼音津, 渼湖, 迷津' 등은 16세기부터 19세기 중반까지의 표기이므로 훈차 표기 '禿音[*믜음]'을 고려하여 이 음차 표기들이 '미음'이 아니라 '믜음' 정도를 표기한 것으로 파악해야 하기 때문이다. '믜'의 음을 가지는 한자가 없어 '미' 음을 가지는 한자로 표기된 것으로 이해된다. 권인한(2009)은 15세기와 16세기의 한자음을 망라적으로 정리하였는데, 권인한(2009)에서 '믜'음을 가지는 한자가 제시되지 않은 점을 근거로 '美音, 渼陰, 渼音' 등의 음차 표기는 '미음'으로 '믜음'을 불완전하게 표기한 것으로 생각된다.

『이재난고』에 보인 18세기의 '無任'은 『됴야긔문』에 나오는 18세기의 이표기 '무임'을 고려할 때 '무임' 정도를 표기한 것으로 이해된다. '*믜음>*뮈음(원순모음화)>*무윔(단모음화 및 이중모음화)>무임(단모음화)' 정도의 과정을 거쳐 '18세기'에 '무임'이 형성된 것으로 추정할 수 있다. 17세기의 자료인 『馬經抄集諺解』下:5b의 '믈 복 혼 냥을 물 혼 잔애 두 세 소솜을 달혀'와 『譯語類解』下:14a의 '水桶 물통'에서 보는 바와 같이 17세기 '믈>물'의 변화를 보이므로 '*믜음>*뮈음(원순모음화)>*무윔(단모음화 및 이중모음화)>무임(단모음화)' 정도의 변화 과정을 추정해 볼 수 있다.

無任은 황윤석(黃胤錫, 1729-1791)의 『이재난고』, '무임'은 서문중(徐文重, 1634-1709)의 『됴야긔문』에 나온 것이 주목된다. 이황(李滉), 서문

---

29 『英祖三十五年己卯蔚山戶籍大帳』은 규장각 소장 자료로 청구 기호가 '奎 14987'이다.

중(徐文重) 등은 경상도 사람이고, 황윤석(黃胤錫)은 전라도 사람이기 때문이다. 이것과 관련하여 전라도 사람 奇泰東이 1746년 5월 24일 작성한 「祭亡妹文」의 '무여지니'의 어형이 주목된다.

(24) 가. 내 애 무여지니 죽는 재 엇지 눈을 ᄀᆞ므며 〈奇泰東 祭亡妹文 한문 1746년 5월 24일〉
나. 而裂我之腸 死者胡爲暝目 〈奇泰東 祭亡妹文 한문 1746년 5월 24일〉

정승혜(2013: 394)는 (24가)의 '무여지니'를 '미어지니'의 (전라도) 방언형으로 이해하고 '무여'가 '미어〉뮈어(원순모음화)〉무여'의 과정을 거쳐 형성된 것으로 이해하고 있다. 이처럼 '믜음[充音]'이 방언형에서 '*믜음〉*뮈음(원순모음화)〉*무임(단모음화 및 이중모음화)〉무임(단모음화)' 정도의 과정을 거쳐 '18세기'에 '무임'이 형성된 것으로 추정할 수 있다.

이황(李滉, 1501-1570)의 『퇴계선생연보』에 나오는 無任浦의 표기음을 '무임'으로 추정할 수 없다. 『퇴계선생연보』는 柳成龍이 작성한 것으로 無任浦의 표기는 16세기 말이나 17세기 초의 자료이기 때문이다. 이 시기에는 '믈〉물'의 원순모음화가 아직 일어나지 않았기 때문이다. 현재로서는 『퇴계선생연보』에 나오는 無任浦의 표기음을 추정하기 어려운 점이 있다.

향가에 쓰인 未의 용례를 통해서 고려 시대 차자 표기 未音浦에서 未音의 표기음을 추정할 수 있다.

(25) 가. 郎也 慕理尸 心未 行乎尸道尸 〈慕竹旨郎歌〉
나. 於內 秋察 早隱 風未 此矣彼矣 浮良 落尸 葉如 一等隱 枝良 出古 〈祭亡妹歌〉

다. 今呑 藪未 去遣省如 〈遇賊歌〉
라. 曉留 朝于萬 夜未 向屋賜尸 朋 知良閪尸也 〈請佛住世歌〉
(26) 가. 心未 際叱肹 逐內良齊 〈讚耆婆郞歌〉
나. 心未 筆留 慕呂白乎隱佛體前衣 〈禮敬諸佛歌〉

(25)의 '心未, 風未, 藪未, 夜未' 등은 후행하는 동사에 관계된 성분이나 (26)의 心未는 후행하는 명사구에 관계된 성분이다. 다시 말해 (25)의 '心未, 風未, 藪未, 夜未' 등은 부사어이고, (26)의 '心未, 心未' 등은 관형어가 된다. 결국 (25)의 '心未, 風未, 藪未, 夜未' 등의 未는 어간 말음 'ㅁ'과 처격 조사 '-이/의'가 결합된 '미/믜'를 표기한 것이 된다. '心未, 風未, 夜未' 등의 어간 표기는 'ᄆᆞᅀᆞᆷ, ᄇᆞᄅᆞᆷ, 밤' 정도일 것이므로 이 경우에 未는 '미'를 표기한 것이고, 藪未의 어간 표기는 '숨' 정도일 것³⁰이므로, 이 경우에 未는 '믜'를 표기한 것이다.

獻花歌의 '花肹 折叱可 獻乎理音如'에서 音如를 흔히 '음다'로 해독하고 있다. 따라서 未音浦의 音도 '음' 정도를 표기한 것으로 이해된다.

결국 고려 시대 차자 표기 未音浦는 "*믜음개' 정도를 표기한 것으로 추정된다. 未音浦가 '미음개'를 표기한 것으로 파악하지 않은 것은 조선 초기 차자 표기 禿音을 '*믜음' 정도로 추정했기 때문이다.

3.3. 鹵水浦와 未音浦의 표기 의미 추정

개정 후 명칭인 鹵水浦와 개정 전의 명칭인 未音浦 간의 의미 관계를 현재 정확하게 대응시킬 수 없다. 未音浦의 未를 鹵水浦의 水에 연관시킬 수 있으나 현재 音을 鹵과 연관시킬 만한 관련 근거 자료를 가지고

---

30 '숨'은 후기 중세어 '숨[藪]'의 뜻이다. 이에 대해서는 이건식ㄴ(2015: 164)을 참조.

있지 못하기 때문이다.
鹵의 의미는 다음과 같다.

(27) 가. 鹵水 근슈〈方言類釋 酉部方言:31a〉
　　 나. 鹵水 1.含鹽量大的海水. 明宋應星『天工開物·海水鹽』〈漢語大詞典〉
(28) 가. 鹵,【釋名 釋地】地不生物曰鹵 鹵爐也 如爐火處也〈康熙字典〉
　　 나. 그러나 ᄠᅳ디 오히려 鹵莽ᄒᆞ야[鹵논 사오나온 ᄒᆞᆰ기오 莽논 기슬씨라]〈楞嚴經諺解 2:22a〉

(27)은 鹵水가 '근슈' 즉 '소금물'의 의미를 가지고 있음을 보여 준다. 그렇다면 鹵水와 未音의 대응에서 未는 '물'을 뜻하는 '미〉믜'를 표기한 것이므로 鹵는 音과 대응되어야 하는데 현재 鹵를 音과 대응시킬 관련 근거 자료를 찾을 수 없다.

(28)은 鹵가 '사오나온 ᄒᆞᆰ'의 의미임을 보여 주고 있다. 그러나 音이 '사오나온 ᄒᆞᆰ'을 의미한다는 관련 근거 자료를 현재는 제시할 수 없는 형편에 있다.

鹵水浦와 未音浦의 대응에서 水와 未가 대응되는 것을 간접적으로 알려 주는 자료로 다음을 들 수 있다.

(29) 가. 禿音里〈호구총수 김해군 台也面〉
　　 나. 美音里〈조선지지자료 김해군 태야면 동리촌명〉
(30) 가. 海三洞(靑沙, 禿浦, 海雲臺)〈東下四洞節目冊(1829)〉
　　 나. 尾浦 [마을] 중 제1동에 있는 마을〈한국지명지명총람 10, 부산시 해운대구 중동, 566쪽〉
(31) 가. 禿浦〈英祖三十五年(1759)己卯蔚山戶籍大帳[31] 柳浦面〉
　　 나. 尾浦 미기〈朝鮮地誌資料 경상남도 울산군 동면 浦口名〉

(29)의 禿音里, (30)의 禿浦, (31)의 禿浦 등은 모두 바닷가에 바로 인접한 지명으로 강가에 위치한 未音浦와 동일한 지형적 특성을 가지고 있다. 따라서 禿이나 未으로 표기한 '믜'는 '물'을 뜻하는 의미를 표기했을 것으로 추정된다.

3.4. 鹵水浦/未音浦의 지형적 특성

鹵水浦와 未音浦의 대응에서 鹵와 音의 관계에 대한 후일의 연구를 위하여 鹵水浦/未音浦의 지형적 특성 몇 가지를 언급해 둔다.

(32) 가. 禿浦는 구천면(龜川面)에 있다. 『고려사』에는 鹵水浦로 쓰여 있다. 속명은 渼陰이다. 즉 한강이 꺾여 흐르는 곳이다. 서쪽은 양주 경계이다.[32] 〈重訂南漢志 권1 山川〉

나. 미음 동쪽 언저리에 강물은 활등 같고 수도 없는 청산이요 그리고 또 벽산이지 지금도 생각나네. 마당촌 버들 아래서 낚싯배에 몸을 싣고 푸른 물결 타던 일이[33][34] 〈與猶堂全書 第一集詩文集 第三卷 秋夜竹欄小集〉

다. 楊州 渼陰의 들과 高陽 廻川의 들은 江에 가까우면서 지대가 낮다. 10년에 일곱 번은 물이 낀다. 이렇기 때문에 긴 제방을 쌓아서 田段을 보호하는 것이 마땅하다.[35] 〈楓石全集 金華知非

---

31 『英祖三十五年己卯蔚山戶籍大帳』은 규장각 소장 자료로 청구 기호가 '奎 14987'이다.
32 『重訂南漢志』, 권1, 山川, "禿浦 在龜川面 麗史作鹵水浦 俗名渼陰 卽漢江折轉處 其西楊州界"
33 『與猶堂全書』, 第一集 詩文集 第三卷, 秋夜竹欄小集, "渼陰東畔水如彎 無限青山與碧山 尚憶馬當村柳外 釣舟搖曳綠波間"
34 여기의 번역은 한국고전번역원의 것을 가져왔음을 밝혀 둔다.
35 『楓石全集 金華知非集』, 卷第十二. 洌上徐有榘準平策 擬上經界策下, 四曰興水利以虞旱澇, "楊州渼陰之野 高陽廻川之坪 近江而地低 十年七浘 此皆宜圍築長堤 以護

集 卷第十二. 洌上徐有榘準平策 擬上經界策下, 四曰興水利以虞 旱澇〉

라. 司僕寺提調 鄭光弼・趙元紀가 아뢰기를, 箭串의 犬項【三田渡 상류의 물이 箭串을 가르고 橫流하는 데이다.】은 본디 이전부터 물이 지는 곳으로서, 큰 비가 오면 반드시 물이 불어 넘치게 됩니다. 경진년에 홍수가 난 뒤부터 점차로 패며 물이 막 커져 삼전도와 같게 되었으며, 馬場의 중간을 갈라 나누어 놓았는데, 일찍이 修築하기를 청하고 싶으면서도 역사가 크고 연사가 흉년이기 때문에 아뢰지 못했었습니다.³⁶ 〈中宗實錄 1528년 (중종 23) 7월 8일〉

(32가)는 鹵水浦/未音浦 근처 지역에서 한강의 지형적 특성을 설명하고 있다. 즉 '한강이 꺾여 흐르는 곳/漢江折轉處'으로 설명하고 있다. 또 (32나)는 渼陰 동쪽 강변의 물이 활[彎]처럼 생겼음을 묘사하고 있다. 鹵水浦/未音浦의 지형적 특성에 대한 이러한 설명은 남양주시 덕소에 이르기까지 한강의 물줄기가 북진하다가 덕소 근처에서 서쪽으로 방향을 급격히 바꾸는 특성을 말한 것이다.

(32다)는 楊州 渼陰의 들과 高陽 廻川³⁷의 들이 강에 가까우면서도 지대가 낮기 때문에 10년에 7년은 '물이 낀다'[濕潤]³⁸고 설명하고 있다. 한편 (32라)에서는 '三田渡 상류의 물이 箭串을 가르고 橫流하는 데이

田段"

36 『中宗實錄』, 1528년(중종 23) 7월 8일, "司僕寺提調鄭光弼、趙元紀啓曰 箭串 犬項【三田渡上流, 分割箭串, 而橫流有也】本是久遠有水之處 而有大雨 則必漲而流溢 自庚辰年大水之後 漸自浸破 其水始大 與三田渡等 而馬場割破中分 曾欲請築, 而以役大 年凶 未能啓也"

37 『戶口總數』에는 고양군 원당면 道乃洞里로 나와 있다. 지금의 고양시 덕양구 도내동이다.

38 『康熙字典』, 浥, "[疏]天將降雨, 則地氣上騰, 薰蒸爲濕潤, 浥浸萬物"

다'라는 설명을 하고 있다. 이러한 설명은 三田渡의 한강 줄기가 북서진하다가 중랑천과 만나 서쪽으로 꺾여 흐르는 것을 말하는 것이다. 또 홍수가 났을 때는 북서진하는 三田渡의 한강 줄기가 서쪽으로 꺾여 흐르지 않고 직진하여 馬場(지금의 마장동)을 둘로 갈라놓는다는 설명을 하고 있다.

'미음' 나루 근처에 지금은 제방이 있어 어느 정도의 강물 유입은 차단하고 있지만, 제방이 없을 경우 강물의 유입량이 조금만 많아져도 '미음'의 들판은 물이 들어찰 가능성이 클 것으로 생각된다.

(32다)와 (32라)의 지형적 특성을 고려하면 未音의 音이 '구덩이'를 뜻한 것으로 파악할 수도 있으나 현재는 관련 근거 자료가 없어 자세히 말할 수 없다.

4. 결언

이 글은 『고려사』 食貨志 漕運 조에 제시된 조운 포구명인 未音浦와 그 이표기인 鹵水浦를 해독하였다. 鹵水浦는 992년(고려 성종 11) 개정 명칭이고, 未音浦는 그 이전의 명칭이다.

未音浦에 대한 국어학적 해독에 앞서 관련 자료를 충실하게 제시하여 未音浦가 오늘날 남양주시 수석동에 소재한 '내미음'과 '외미음'이란 마을을 지칭했을 가능성이 있음을 다시 확인하였다.

未音浦와 관련된 이표기 지명을 새로이 발굴하여 未音浦의 표기음을 해독하는 데에 활용하였다. 16세기부터 18세기에 존재했던 未音浦의 한글 표기 '무임'을 중요하게 활용하여 15세기에 존재했던 쵸음이 '*믜음' 정도를 표기한 것임을 추정하였다. 즉 15세기의 '믜음[쵸음]'이 방언형에서 '*믜음〉*뮈음(원순모음화)〉*무임(단모음화 및 이중모음화)〉무임(단모음화)' 정도의 과정을 거쳐 '18세기'에 '무임'이 형성된 것으로 추정하였다. 그리고 표준어에서는 '믜음〉미음'의 과정을 거쳐 현대의 지명 '외미음, 내미음'으로 전승되었다는 점을 밝혔다. 또한, 향가에 사용된 未와 音의 독법을 활용하여 고려 시대 차자 표기 未音浦가 '*믜음개' 정도를 표기한 것으로 추정하였다.

 鹵水浦와 未音浦의 표기에서 水와 未는 '물'을 뜻하는 '믜' 정도를 표기한 것으로 파악하였으나 鹵와 音의 관계에 대해서는 자세히 밝히지 못하였다. 다만 鹵와 音의 관계에 대한 후일의 연구를 위하여 鹵水浦/未音浦의 조선 시대 지형적 특성을 말해 주는 자료를 제시하였다.

중국식 한자 지명 표기의 음가적 표음성과 비상관적 표의성

『고려사』 소재 22역도 체제 역명의 시대별 이표기 자료를 중심으로

1. 서론

이 연구는 『고려사』 소재 22역도 체제 역명의 시대별 이표기 자료를 분석하여 중국식 한자 지명 표기의 音假的 표음성과 비상관적 표의성에 대해 탐구하고자 한다. 여기서 말하는 음가적 표음성이란 중국식 한자 지명 표기가 표의성에 얽매이지 않고 표기된 글자를 말하는 것이다. 그리고 비상관적 표의성이란 음가적 표음성에 따라 중국식 한자 역명 표기의 글자가 교체되어 나가다가 더 이상 글자의 교체 현상을 보이지 않고 한자의 본래 뜻과는 상관없이 표의성을 획득한 것을 뜻한다.

『고려사』 권82 兵志 站驛 조에는 6과 체제의 149개 역명이 제시되어 있고, 또 22驛道 체제의 525개 驛名이 편년 없이 수록되어 있다. 정요근(2008: 46)에 따르면 6과 체제의 역명은 성종 15년(996)부터 현종 3년(1012) 사이의 상황을 반영하였고, 22驛道 체제의 525개 驛名은 고려 예종 12년(1117년)부터 인종 14년(1136) 사이의 상황을 반영한 것이라고 하였다. 그런데 992년(고려 성종 11) 11월의 "주·부·군·현 및 關驛과 江浦의 명칭을 개정하였다"는 기사를 고려하면 6과 체제 역명과 22역

도 체제의 역명은 992년까지 거슬러 올라갈 수 있다.

그런데『고려사』의 食貨志에는 992년(고려 성종 11) 11월 關驛과 함께 개정되었던 江浦의 명칭인 漕運 浦口의 명칭으로 60개의 명칭을 기록하고 있고, 이 조운 포구의 개정 전 명칭이 함께 기록되어 주목된다. 그중에서 광릉군 소재 조운 포구 명칭의 개정 내용을 소개하면 다음과 같다.

> (1) 成宗 11년에 漕船의 輸京價를 정하였다. (생략) 18석을 운반하는 데에 1석의 값. (생략) 鹵水浦[전에는 未音浦라 했다. 廣陵郡에 있다.] 從山浦[전에는 居知山浦라 했다. 同郡에 있다.] 20석을 운반하는 데에 1석의 값. 德原浦[전에는 置音淵浦라 했다. 廣陵郡에 있다.] (생략)² 〈高麗史 79卷 志33 食貨2 漕運〉

(1)에서 '鹵水浦, 從山浦, 德原浦' 등은 개정 후의 명칭이고, '未音浦, 居知山浦, 置音淵浦' 등은 개정 전의 명칭이다. 60개 조운 포구의 개정 전 명칭과 개정 후 명칭에 대해 김양진(2010)에서는 전면적으로 규명하고자 했고, 이건식ㄱ(2015)에서는 '鹵水浦 대 未音浦'의 대응 관계를 고찰하였으나 아직은 조운 포구의 개정 전 명칭과 개정 후의 명칭의 관계가 명확히 밝혀지지 못한 상태에 있다. 따라서 현재는 22역도 체제 역명을 박병철(2007: 451)이 말한 한역화 유형 중 '동일음역, 유사음역, 직역, 아역' 등의 넷 중 어느 하나로도 말할 수 없는 입장에 있다.

22역도 체제 역명은 대체로 한자 2자로 표기되어 있는데, 이는 신라

---

1 『高麗史』, 권3, 成宗 11년 11월, "冬十一月 癸巳 改州府郡縣 及關驛江浦號"
2 『高麗史』, 권79, 志33, 食貨2, 漕運, "成宗十一年 定漕船輸京價 (생략) 運十八石價 一石 (생략) 鹵水浦[前號未音浦 廣陵郡] 從山浦[前號居知山浦 同郡] 運二十石價 一石 德原浦[前號置音淵浦 廣陵郡] (생략)"

景德王 16년(757)에 개정된 지명의 표기 방식과 유사하므로 이기문(1999: 78)을 따라 중국식 한자 지명으로 부르고자 한다.

6과 체제와 22역도 체제의 『고려사』 소재 역명에 대한 관심은 '內藤雋輔(1934), 여은영(1982), 강영철(1984), 조영옥(1986), 조병로(2002), 한정훈(2002), 정요근(2008)' 등 역사학 분야에서 활발하게 논의되었다. 역사학 분야에서의 논의는 고려 시대 역로 체제 구성에 관한 문제를 중심으로 다루고 있다. 그런데 국어학 분야에서는 『고려사』 소재 역명에 대한 관심을 보인 연구를 찾아볼 수 없다.

『고려사』 소재 6과 체제 역명, 『고려사』 본문 및 조선 시대 이전의 자료에 나오는 역명, 『경상도지리지』(1425), 『세종실록지리지』(1454), 『경상도속찬지리지』(1469) 등의 지리지에 나오는 역명, 『경국대전』(1485) 吏典의 역명, 『세조실록』 1460년(세조 6) 2월 5일 조에 나오는 역명, 『세조실록』 1420년(세조 8) 8월 5일 조에 나오는 역명 등과 『고려사』 소재 22역도 체제 525개 역명을 대조하여 『고려사』 소재 22역도 체제 525개 역명의 시대별 이표기 자료를 수집하였다. '김정호의 『大東地志』, 內藤雋輔(1934), 정요근(2008: 327-328)' 등의 연구 결과에 힘입어 이 연구에서 시대별 역명 자료의 대조 작업을 손쉽게 할 수 있었다. 김정호의 『대동지지』에서는 전면적으로 후대의 변화된 명칭 표기를 제시하고 있다. 內藤雋輔(1934)는 『신증동국여지승람』에 수록된 역명과 대응시켰고, 정요근(2008: 327-328)에서는 김정호의 『대동지지』에서 추정하지 못한 역명을 후대의 역명으로 비정하고 있기도 하다.

2. 『고려사』 소재 22역도 체제 역명 자료 분석

2.1. 22역도 체제 역명의 구분 개요

『세종실록지리』와 『신증동국여지승람』에서 고려 시대 22역도 체제 525개의 역명의 일부에 대해 후대의 명칭과 관련시키는 기술을 하고 있다. 그리고 김정호의 『대동지지』에서는 전면적으로 후대의 변화된 명칭 표기를 제시하고 있다. 또 정요근(2008: 327-328)에서는 김정호의 『대동지지』에서 추정하지 못한 역명을 보충적으로 후대의 역명으로 비정하고 있기도 하다. 이러한 논의에 기대어 『고려사』 소재 역명을 구분해 볼 수 있다.

6과 체제 149개 역명 중에서 141개는 22驛道 체제의 525개 驛名에 나타나고, 8개는 22驛道 체제의 역명에 나타나지 않는다. 정요근(2008: 323-326)에 따르면 22驛道 체제의 525개 驛名에 나타나지 않는 6과 체제의 8개 역명은 '康樂(3과), 通番(4과), 沙溝(5과), 興泉(5과), 安撫(5과), 希崏縣(6과), 兎山縣(6과),' 등이다.

22역도 체제 525개의 역명 중에서 138개의 역명은 22역도 체제까지만 존속된 것으로 추정되고 나머지 387개의 역명은 후대의 역명 자료에서 존속되었다.

2.2. 22역도 체제까지만 존속된 역명의 구분

22역도 체제까지만 존속된 역명은 138개이며 자세한 목록은 〈부록1〉로 제시한다. 이 부류에 속한 역명을 자료의 존재 양상에 따라 분류하여 제시하면 다음과 같다.

(2) 가. 22역도 체제에만 나타나는 역명 84개
　　 나. 22역도 체제와 『고려사』 본문에 나타나는 역명 4개
　　 다. 22역도 체제와 6과 체제에 나타나는 역명 40개
　　 라. 22역도 체제, 6과 체제, 『고려사』 본문에 나타나는 역명 10개

　22역도 체제까지만 존속된 138개 역명 중에서 54개는 관련 자료에 역명이 존재하는 것이다. 이 54개의 역명 중에서 45개는 동일한 역명으로 나타나지만 9개의 역명에는 표기 글자의 변화가 있다.

(3) 표기 글자의 변화가 있는 역명[3]

글자 변화	역도명	주군	②	③	대동지지
畔(R반)/半(R반,H반)	雲中道	雲州	雲半	雲[4]半	雲畔右二處雲州今雲山
召(R쇼)/祖(H조)	溟州道	蔚珍	召召	祖召	革○右四處蔚珍
元(L원)/原(L원)	春州道	狼川	元貞	原貞	革○右四處狼川
源(L원)/原(L원)	興郊道	永淸	深源	深原	深源右二處永淸今永柔立革
利(R리,H리)/梨(L리)	雲中道	連州	長利	長梨	長梨
利(R리,H리)/梨(L리)	桃源道	金城	利嶺	梨嶺	梨嶺金城○革
地(H디)/池(L디)	金郊道	江陰	玉地	玉池	玉池江陰

3　역명을 보여 주는 문헌 자료의 명칭은 편의상 약호를 사용한다. 『고려사』 본문 및 기타 자료에 나오는 역명은 ①로『고려사』 6과 체제 역명은 ②로,『고려사』 22역도 체제 역명은 ③으로,『경상도지리지』의 역명은 ④로,『세종실록지리지』의 역명은 ⑤로,『세조실록』 1460년(세조 6) 2월 5일 조에 나오는 역명은 ⑥으로,『세조실록』 1420년 (세조 8) 8월 5일 조에 나오는 역명은 ⑦로『경상도속찬지리지』의 역명은 ⑧로,『경국대전』 吏典의 역명은 ⑨로,『신증동국여지승람』의 역명은 ⑩으로 제시한다. 한편 제시된 한자음은 권인한(2009)에서 제시된 것이다. 권인한(2009)에 따르면 성조 표시에 있어서 L은 평성, H은 거성, R은 상성을 표시하고 X는 천자문이나 유합에서 성조가 제시되지 않은 것이다. ?의 경우에는 권인한(2009)에서 한자음이 제시되지 않은 것이다.
4　『고려사』 본문 玄德秀(?-1215) 조에 나오는 역명 雲畔이다.

글자 변화	역도명	주군	②	③	대동지지
池(L디)/地(H디)	岊嶺道	西京	新池	神地	神池
懷(L회)/迴(L회), 蛟(L교)/郊(L교)	岊嶺道	西京	懷蛟	迴郊[5]	廻郊一作懷蛟西京○革

(3)에 제시된 글자 변화에서 '利(R리, H리)/梨(L리), 池(L디)/地(H디)' 등은 성조의 차이가 무시되면서, 표기 글자의 변화가 있는 것이고, '召(R쇼)/祖(H조)'의 경우는 성조 차이가 무시된 것은 물론, 'ㅅ'과 'ㅈ'의 차이도 무시된 표기 글자 변화이다.

2.3. 22역도 체제 이후에도 존속된 역명의 구분

2.3.1. 후대의 역명 자료에서 역명 표기의 변화가 없는 것

22역도 체제 이후에도 존속된 387개의 역명 중에서 164개의 역명은 후대의 역명 자료에서 역명 표기의 변화가 없는 것들이다. 이들의 자세한 목록은 〈부록 2〉로 제시한다. 이 유형에 속한 역명 표기는 매우 안정성을 가지는 것이라 할 수 있다.

2.3.2. 오자일 가능성이 있는 역명 표기

22역도 체제 이후에도 존속된 387개의 역명 중에서 7개의 역명은 오자일 가능성을 보여 준다. 오자일 가능성이 있는 역명에 '*'를 표시하였다.

---

5 『고려사』 본문 宣宗 4 조에 나오는 역명 懷蛟이다.

(4) 오자일 가능성이 있는 역명

주군	역도명	①	②	③	④	⑤	⑥	⑦	⑧	⑨	⑩
溟州	溟州道		橫深*	橫溪		橫溪		橫溪		橫溪	橫溪
密城	金州道		永安*	水安	水安		水安	水安	水安	水安
報令	京山府道			舍林*		含林	含林	含林		含林	含林
安邑	京山府道			利仁*		化仁	化仁	化仁		化仁	化仁
延州	雲中道	開平/金就礪 (1172-1234)		問平*		開平				開平	開平
和州	朔方道		和遠	知遠*		和原				和原	和原
交州	桃源道		銀漢*	銀溪		銀溪		銀溪		銀溪	銀溪

'6과 체제의 역명 橫深의 深, 22역도 체제의 역명 永安의 永, 舍林의 舍, 利仁의 利, 問平의 問, 知遠의 知, 6과 체제의 역명 銀漢의 漢' 등은 각각 '溪, 水, 含, 化, 開, 和, 溪' 등의 오자일 가능성이 매우 크다. 글자의 유사성에 따른 오자이다. 물론 반대의 경우를 생각하여 후대의 역명 자료가 오자를 그대로 계승했을 가능성을 생각해 볼 수 있기는 하다. 그러나 『세종실록지리지』에서 化仁의 이표기로 和仁을 제시하고 있는 것을 고려하면 22역도 체제의 利仁이 化仁의 오자일 가능성이 더 크다.

2.3.3. 이체자를 사용한 역명 표기

22역도 체제 이후에도 존속된 387개의 역명 중에서 6개의 역명은 이체자를 사용하여 역명의 표기가 변화된 경우이다.

(5) 이체자를 사용하여 역명 표기에 변화가 있는 것.

주군	역도명	①	②	③	④	⑤	⑦	⑧	⑨	⑩
安東	尙州道	瓮川/鄭云敬 (1305-1366)		甕泉	瓮川	甕泉	甕泉	瓮泉	瓮泉	甕泉
寧州	興郊道	雲岩驛/高宗2 (1213-1259)	雲嵓	雲嵓						
淸州	忠淸州道			栗峯		栗峯	栗峯		栗峰	栗峯
平州	金郊道		金嵓	金岩		金巖			金岩	金巖
橫川	春州道		連峯	連峯		連峯	連峯		連峰	連峯
遂安	岊嶺道	射岩/金富軾 (1075-1151)	射嵓	射嵓						

 '甕泉 대 瓮泉, 雲岩 대 雲嵓, 栗峯 대 栗峰, 金嵓 대 金岩 대 金巖, 連峯 대 連峰, 射岩 대 射嵓' 등의 대응은 이체자를 사용하여 표기가 달라진 경우이다. 그러나 '岩, 嵓, 巖, 嵓' 등은 모두 '바위'의 뜻을 가지는 이체자이고, 瓮과 甕도 모두 '독'의 뜻을 가지는 이체자이며, 峯과 峰도 모두 '봉우리'의 뜻을 가지는 이체자이다.

2.3.4. 개칭되어 그 근거가 확실한 역명 표기

 22역도 체제 이후에도 존속된 387개의 역명 중에서 14개의 역명은 개칭된 것으로 개칭의 근거를 가지는 것이다.

(6) 후대 역명에서 개칭된 것으로 개칭의 근거가 있는 것

주군	역도명	①	②	③	⑤	⑦	근거
公州	全公州道			利道	利仁	利仁	〈대동〉道今作仁 〈세종〉예전에는 利途이었는데, 今上의 이름을 피하여 이인으로 고쳤다.

중국식 한자 지명 표기의 음가적 표음성과 비상관적 표의성 **247**

주군	역도명	①	②	③	⑤	⑦	근거
公州	忠淸州道			坦平	丹平	丹平	〈대동〉坦今作丹 〈세종〉예전에는 旦平이었는데, 우리 太祖의 이름을 피하여 고쳤다.
交州	桃源道		通堰	通堰	新安	新安	〈세종〉본래 東安驛인데, 今上 7년을 사에 임내 장양현의 新楊驛을 東安에 합쳐 新安으로 고쳤다.
歧城	桃源道		熊壞	熊壞	昌道		〈대동〉熊壞歧城今屬金城改昌道 〈세종〉통구에 있는데, 今上 7년에 通道와 能昌을 병합하여 지금 이름으로 고쳤다.
金化	桃源道		桃摘	桃昌	生昌	生昌	〈대동〉桃昌金化改生昌 〈세종〉今上 7년에 都昌과 生安을 합쳐서 지금 이름으로 고쳤다.
東州	桃源道		嵐泉	楓川	豐田		〈대동〉川今作田 〈세종〉今上 6년 갑진 3월에 楓川과 田原 2驛을 합쳐서 풍전이라 하였다.
余美	忠淸州道			得熊	豐田	豐田	〈세종〉예전에 왜적의 침입으로 인하여 모두 흩어져 없어졌는데, 본조 恭靖王 2년에 다시 두고, 餘美縣의 得熊驛을 혁파하여 이곳에 붙였다.
寧越	平丘道			溫山	楊淵	楊淵	〈세종〉본래 正陽과 溫山 2역이 있었는데, 고려 恭讓王 2년에 합쳐서 하나로 하여 楊等所에 옮겨 두고, 이름을 楊淵으로 고쳤다.
寧越	平丘道			正陽	楊淵	楊淵	〈세종〉본래 正陽과 溫山 2역이 있었는데, 고려 恭讓王 2년에 합쳐서 하나로 하여 楊等所에 옮겨 두고, 이름을 楊淵으로 고쳤다.
永春	平丘道			義豐	義豐	吾賜乎	〈세종〉속칭 吾賜乎라 한다.
牛峯	金郊道	興義[6]	臨波	興義	興義		〈신증〉옛이름은 臨浿이며, 迎波라고도 하는데 (생략) 고려조 현종(顯宗) 때 강감찬(姜邯贊)이 거란 군사를 치고 개선하여 오는데, (생략) 그리고 驛 이름을 고쳐 興義라 하며

주군	역도명	①	②	③	⑤	⑦	근거
淸州	忠淸州道			長池	長命	長命	〈대동〉池今作命 〈세종〉본조 태조 5년 병자에 곧 長池 驛 옛터에 새로 두었다.
平海	慶州道			阿叱達	達孝	達孝	〈대동〉改達孝平海 〈세종〉옛 이름은 阿叱達인데, 본조 太宗 5년에 달효로 고쳤다.
鴻山	忠淸州道			非熊	宿鴻	宿鴻	〈대동〉鴻山今改宿鴻 〈세종〉옛 이름은 非熊인데, 우리 太宗 원년 신사에 縣이 飛鴻의 형세이므로, 宿鴻으로 고쳐서 安定시켰다.

(6)에 제시된 역명은 개칭의 근거가 관련 지리지에 제시되어 있다. 여러 가지 이유로 이전의 명칭과는 의미가 완전히 다른 명칭으로 개정된 것이다.

22역도 체제 역명 '利道, 坦平' 등은 조선 시대에 임금의 이름을 피휘하여 개명된 것이고, '通堰, 熊壤, 桃昌, 楓川, 溫山, 正陽' 등은 두 개의 역명을 합성하여 개명된 것이며, '義豐, 興義, 阿叱達, 非熊' 등은 새로운 뜻을 가지는 이름으로 개칭된 것이며, '得熊, 長池' 등도 새로운 뜻을 가지는 이름으로 개칭된 것으로 이해된다.

2.3.5. 개칭되었으나 그 근거를 찾을 수 없는 역명 표기

22역도 체제 이후에도 존속된 387개의 역명 중에서 34개의 역명은 개칭된 것이나 개칭의 근거를 찾을 수 없는 것이다

---

6 『고려사』 본문 高宗 3 조에 나오는 역명 興義이다.

(7) 후대 역명에서 개칭된 것이나 개칭의 근거를 찾을 수 없는 것

주군	역도명	①	②	③	⑤	관련 역명	근거
嘉平	春州道		甘泉	甘井	甘泉		
固城	山南道			望隣	松道		
道康	昇羅州道			通谷	通路		〈대동〉谷今作路
東州	桃源道		臨江縣驛	臨江驛	仇和		
麟蹄	春州道			橫川驛	葛豊		
文州	朔方道		德嶺	德嶺	德寧	良驍⑨	〈대동〉德寧寧作嶺改良驍 〈세종〉옛 문적에는 德嶺이라 하였고, 어떤 문부에는 德令 으로 되었다.
尙州	京山府道			洛山	洛西		〈대동〉山作西
善州	尙州道			仇於	仇彌		〈대동〉改龜尾
遂寧	昇羅州道			碧山	碧沙		
梁州	金州道			梁州驛	輪山		〈대동〉改輪山
襄州	溟州道			翼令	連倉		〈대동〉改連倉
禮州	慶州道			赤冗		寧陽⑥	〈대동〉改寧陽
蔚州	金州道			機長驛	新驛		
殷州	雲中道			興德	文羅		〈대동〉興德殷州今殷山今時 存之號惟開平一驛而其餘竝 改革
利川	慶州道			安利	安利	阿川⑥	〈대동〉今作阿川
利川	慶州道			五行	吾川		〈대동〉今作吾川
定戎	興化道			臨川	富臨		
靜州	興化道			鴨綠	義順		〈대동〉鴨綠靜州革今義順驛
知禮	京山府道	長谷⁷		長谷	長谷		〈신증〉頭衣谷驛
春州	春州道		圓壤	員壤	原昌		〈대동〉今改原昌
派川	朔方道			原深	新豊		〈대동〉源深革派川
抱州	春州道		安奇	安遂	安奇		〈대동〉今改安奇

주군	역도명	①	②	③	⑤	관련 역명	근거
咸豐	昇羅州道			街豐	街里		
化令	京山府道			長寧	長林		〈대동〉寧作林
歙谷	朔方道			同德	貞德		〈대동〉同德同作貞
廣州	慶州道			安業	樂生		〈세종〉옛 安業이다.
金壤	朔方道			長豐	巨豐		〈대동〉長豐長作巨 〈세종〉옛 이름은 長豐이다.
列山	朔方道		灌木	灌木	明波		〈대동〉灌木改明波
原州	平丘道			安壤	安昌		〈대동〉今作安昌 〈세종〉본래 安壤
淸河	慶州道			安康驛	鏡		〈대동〉改鏡驛
橫川	溟州道			安昌	安興		〈세종〉옛 이름은 安昌이다.
狼川	春州道			川原	原川		〈대동〉今改原川
提州	平丘道			泉南	南泉		
昇州	昇羅州道			栗陽	良栗		〈대동〉改良栗

(7)의 역명들은 22역도 체제 역명 이후에 다른 명칭으로 개정된 것이다. 그러나 개정 후 명칭과 개정 전 명칭의 관계는 현재는 잘 알 수 없다. 개정 후의 명칭이 개정 전 명칭과 의미에 대하여 관계가 있는 것인지 의미에 전혀 관계가 없는 것인지 현재는 잘 알 수 없다.

다만 仇於는 仇旀의 오자일 가능성이 크다. '川原, 泉南, 栗陽' 등은 후대의 역명에서 앞과 뒤의 글자가 교체된 것인데 이것이 무엇을 의미하는지 현재는 잘 알 수 없다. 長谷의 경우『신증동국여지승람』에 실려 있는 頭衣谷驛과 관련되어 있을 것으로 생각된다.

---

7 『고려사』 본문 顯宗 1(1009-1031) 조에 나오는 역명이다.

2.3.6. 음차 표기나 훈차 표기의 흔적으로 보여 주는 역명 표기

22역도 체제 이후에도 존속된 387개의 역명 중에서 21개의 역명은 음차 표기나 훈차 표기의 흔적을 보여 주는 것이다. 이들의 목록은 다음과 같다.

(8) 음차나 훈차 표기의 흔적을 보여주는 역명

주군	역도명	①	②	③	④	⑤	⑥	⑦	⑧	⑨	⑩
慶州	慶州道	屈歇/〈삼국유사〉		仇於且	仇於	仇於	仇於	仇於	仇於	仇於	仇於
慶州	慶州道	〈세종〉예전에는 阿弗이라 하였다.		阿弗	阿火	阿火		阿火	阿火	阿火	阿火
慶州	慶州道	〈대동〉已作甫		仍巳		仍甫		仍甫	仍邑甫	仍浦	仍甫
慶州	慶州道	旦驛/慶州倭寇擊退事實記(1380) 〈대동〉改朝驛 〈세종〉예전에는 知里라 하였다.		知里	朝驛	朝驛	朝	朝		朝驛	朝
慶州	慶州道	〈대동〉活作沙 〈세종〉예전에는 活里라 하였다.		活里	沙里	沙里		沙里	沙里	沙里	沙里
金州	金州道	〈신증〉省法伊部曲 法은 仍자로도 쓴다.		省仍	省法	省法		省法	省法驛	省法	省法
東萊	金州道			蘇山	蘇山	省山		蘇山	蘇山	蘇山	蘇山
密城	金州道	〈세종〉예전에는 無乙伊이다.		無乙伊	無屹	無訖		無訖	無訖	無訖	無訖
富有	南原道	〈대동〉今作德陽		高陽				德陽		德陽	德陽

주군	역도명	①	②	③	④	⑤	⑥	⑦	⑧	⑨	⑩
神光	慶州道			六叱	六驛	六驛	六	陸	六	陸驛	六
		〈대동〉改陸驛神光今屬慶州									
盈德	慶州道			酒現		酒登	酒登	酒登	酒登	酒登	酒登
		〈대동〉現作登									
蔚州	金州道	屈弗/〈삼국유사〉		屈火	堀火	屈火		堀火	堀火	堀火	堀火
		〈신증〉옛날 河曲縣 옛터이다.									
蔚州	金州道			阿等良	阿月	阿月		阿月	阿月	河月	阿月
利山	京山府道			土現		土坡	土禾	土破		土坡	土坡
		〈대동〉土現作坡利山 〈세종〉예전에는 土現이라 하였으며 〈신증〉坡는 옛날에 現자로 되었다.									
利安	山南道	沙斤乃 /邊安烈 (1334-1390)		沙斤	沙斤	沙斤		沙斤		沙斤	沙斤
積城	青郊道			橡林		橡樹				湘水	湘水
		〈대동〉今湘水 〈세종〉세속에서 相水라고 잘못 칭한다.									
知禮	京山府道			作乃	作乃	作乃		作乃	作乃	作乃	作乃
淸道	金州道			省乙峴	省峴	省峴		省峴		省峴	省峴
咸安	金州道			繁谷	春谷	春谷		春谷	春谷	春谷	春谷
		〈대동〉咸安繁作春									
陝州	山南道			速陽	金陽	金陽		金陽		金陽	金陽
		〈대동〉速作金									
玄風	金州道			竝山	雙山	雙山		雙山	雙山	雙山	雙山
		〈대동〉玄風竝作雙									

仇於且의 경우는 2음절 아니고 3음절이라는 점에서 이 표기가 음차 표기나 훈차 표기일 가능성을 보여 준다. 仇於且가 어떤 의미를 표기했는지는 현재 잘 알 수 없다.

阿弗의 경우에는 후대 역명 자료에서 弗과 火의 대응을 보여 주고 있다. 따라서 阿弗의 弗은 음차 표기이고 火는 훈차 표기임을 알 수 있다.

仍巳의 경우에는 甫와의 대응에서 巳의 독음이 '보'이고 이것이 음차 표기인 사실을 이해할 수 있다. 고려 시대 자료 『鄕藥救急方』에는 巳가 '보'를 표기한 차자 표기가 있는데, 남풍현(2014: 100-101)에서 '巳衣末[大麥麵]'을 들고 있다.

知里와 朝驛의 대응에서 知里의 知는 훈차 표기이고 里는 말음첨기일 가능성을 생각할 수 있다. 朝의 15세기 어형은 '아춤'이므로 知里가 '알' 정도를 표기한 것으로 이해할 수 있다.

活里와 沙里의 대응에서 沙里는 '살' 정도의 음차 표기이고, 活里는 '살' 정도의 훈차 표기일 가능성을 생각할 수 있다.[8] 省仍의 경우 仍과 法이 대응되는 것으로 보아 省仍은 훈차 표기나 음차 표기일 가능성이 있으나 仍과 法의 관계는 현재 잘 알 수 없다.

蘇山의 경우 蘇와 省의 대응으로 蘇山의 蘇가 음차 표기인 사실을 이해할 수 있다.[9] 지명 표기에서 省은 흔히 '소' 또는 '솔'을 표기하고 있기 때문이다.[10]

無乙伊의 경우 乙의 존재로 이것이 음차 표기일 가능성을 생각해 볼 수 있다. 한편 '高陽 대 德陽'에서는 德이 '덕(고원의 평평한 땅)'을 표기한 것이라면 高陽의 高가 '높다' 정도를 훈차 표기한 것으로 이해할

8　2016년 10월에 개최된 지명학회 전국학술대회 시 필자는 이것을 생각지 못했는데 이 견해는 도수희 선생님께서 제시해 주신 것이다.
9　省이 蘇에 대응되는 예는 『삼국사기』 지리지에 조선 시대 泰安郡에 해당되는 省大兮縣을 신라 景德王이 蘇泰로 고친 것에서도 찾아 볼 수 있다.
10　『文獻備考』, 권7, 歷代國界 下에서 "지금 영남의 省峴을 세속에서 所乙峴이라 부르는 것이 이것이다./今嶺南之省峴 俗號所乙峴是也"라 설명한 것을 참조할 수 있다.

수 있다. 지명에 쓰인 德에 대해서는 이건식(2009: 249-250)을 참고할 수 있다.

六叱의 경우 叱의 존재로 六叱이 훈차 표기나 음차 표기일 가능성이 있다. 六叱이 후기 중세국어 어형 '여슷'의 'ㅅ'을 표기했을 가능성이 있다.

酒峴의 경우 '언덕'을 뜻하는 峴이 '언덕'을 뜻하는 '등[11]'을 차자 표기한 登과의 대응 등을 통해서, 이들의 역명이 훈차 표기의 흔적을 가지고 있음을 알 수 있다. 다만 『漢漢大辭典』의 峴[12]에 대한 풀이를 보면 '언덕'의 의미가 직접 설명되지 않은 점이 특이하다.

屈火의 경우 『신증동국여지승람』에 제시된 河曲과의 대응을 통해서, 屈火가 차자 표기일 가능성을 생각할 수 있다. 阿等良의 경우 阿月과의 대응을 통해서 等良이 月과 대응되는 사실을 알 수 있어 阿等良이 음차 표기인 사실을 알 수 있다. 또 土峴의 경우 峴이 '비탈'을 뜻하는 坡[13]와의 대응을 통해서 土峴의 峴이 훈차 표기임을 이해할 수 있다.

沙斤乃의 경우는 乃가 川을 뜻하는 '내'를 표기했을 가능성이 있으므로 沙斤 역시 우리말을 음차 표기했을 가능성이 크다. 沙斤乃의 乃가 『고려사』 邊安烈 전에 나타나는 것은 '나리〉내'의 변화가 후기 중세국어 직전에 완성되었음을 말해 주는 것이다.

橡林의 경우 林[수풀]과 樹의 대응을 통해서 훈차 표기일 가능성을 생각할 수 있으며 作乃의 경우에도 음차나 훈차 표기일 가능성을 생각

---

11 『표준국어대사전』, 등, "둔덕「1」의 방언(황해)"
12 『漢漢大辭典』, 峴, "一 바르다. 칠하다. 『說文, 土部』 峴, 涂也. 〈朱駿聲通訓定聲〉 謂黝堊墻屋也. 『廣韻, 銑韻』 峴, 塗泥. 二 땅 이름. 대판(大坂). 『玉篇, 土部』 峴, 蒼頡云, 大坂, 在噁西山. 『廣韻, 銑韻』 峴, 大坂, 在隴西"
13 『訓蒙字會』 上:2a, "坡 두듥 파"

할 수 있다. 作乃驛은 知禮縣에 소재된 것인데 이를 고려하면 作乃는 知禮의 이표기일 가능성이 있다. 知品川縣을 신라 경덕왕이 知禮縣으로 개명한 바 있다.

省乙峴의 경우에는 乙의 존재로 훈차 표기의 가능성을 생각할 수 있다. 즉 乙은 省을 '솔' 정도로 읽어야 함을 말해 주는 말음첨기이다. 繁谷과 春谷의 대응에서 繁이 '봄' 정도를 표기한 음차 표기임을 이해할 수 있다. 권인한(2009: 165)에서 繁의 한자음을 'L번'으로 제시하고 있는데, 후기 중세국어 어형 '봄'을 고려하면 繁谷과 春谷의 대응은 모음 'ㅗ'와 'ㅓ'의 차이와 'ㄴ'과 'ㅁ'의 차이가 표기에 반영되지 않은 것으로 이해할 수 있다.

速陽의 경우 速과 金의 대응을 통해서 速이 음차 표기임을 이해할 수 있으며, 竝山의 경우 竝과 雙의 대립을 통해서 竝이 훈차 표기임을 이해할 수 있다.

2.3.7. 후대의 역명 자료에서 글자를 교체하여 표기한 역명

22역도 체제 이후에도 존속된 387개의 역명 중에서 후대의 역명 자료에서 글자를 교체하여 표기한 역명에는 142개가 있다. 또 이 유형의 역명은 세 가지 유형으로 나눌 수 있다. 하나는 후대의 역명 자료에서 앞글자의 표기 글자가 달라진 것으로 53개의 역명이 해당되고, 다른 하나는 후대의 역명 자료에서 뒷글자의 표기 글자가 달라진 것으로 64개의 역명이 해당하고, 남은 하나는 앞글자와 뒷글자 모두 표기 글자가 달라진 것으로 25개의 역명이 해당한다. 이 유형에 속한 역명의 자세한 목록도 〈부록 3〉에서 〈부록 6〉까지 제시한다. 앞글자와 뒷글자 모두 표기 글자가 달라진 것의 경우에 앞글자의 변화는 〈부록 5〉로 뒷글자의 변화는 〈부록 6〉으로 제시했다.

지금까지 논의한 바를 바탕으로 22역도 이후 존재한 역명 387개의 역명을 성격에 따라 구분하여 제시하면 다음과 같다.

(9) 22역도 이후 존속된 역명의 구분

구분	유형	갯수
A	후대 자료에서도 역명의 변화가 없는 것	164
B	오자일 가능성이 있는 역명	7
C	이체자를 사용하여 역명 표기에 변화가 있는 것	6
D	후대 역명에서 개칭된 것으로 개칭의 근거가 있는 것	14
E	후대 역명에서 개칭된 것이나 개칭의 근거가 없는 것	34
F	음차 표기나 훈차 표기의 흔적을 보여 주는 것	21
G	후대의 자료에서 앞글자의 표기 글자가 달라진 것	53
H	후대의 자료에서 뒷글자의 표기 글자가 달라진 것	63
I	후대의 자료에서 앞글자와 뒷글자의 표기 글자가 모두 달라진 것	25
합계		387

D 유형과 E 유형은 개칭된 것이므로 이표기 변화에 대한 논의 자료로 사용할 수 없다. B 유형은 오자에 의해 표기가 달라진 것이므로 표기의 변화가 없는 유형에 해당한다. 또 C 유형은 이체자를 사용한 것이므로 이 유형도 표기의 변화가 없는 유형에 해당한다. 한편 F 유형은 음차나 훈차 표기에 해당하므로 중국식 한자 지명 표기의 변화 논의에서는 제외된다.

결국, 22역도 체제 이후에도 존속된 387개의 역명을 이표기 변화의 관점에서 보면 다음과 같이 세 유형으로 나누어 볼 수 있다.

(10) 가. 이표기를 논의할 수 없는 역명 69개(D 유형, E 유형, F 유형)
    나. 이표기 변화가 없는 역명 177개 (A 유형, B 유형, C 유형)

다. 이표기 변화가 있는 역명 141개 (G 유형, H 유형, I 유형)

3. 『고려사』 22역도 체제 역명의 시대별 표기 변화의 특징 분석

3.1. 중국식 한자 역명 표기 변화의 내용과 음가적 표음성의 기원

3.1.1. 중국식 한자 역명 표기 변화의 내용

앞 절에서 앞글자만 표기 글자가 바뀐 역명이 53개, 뒷글자만 표기 글자가 바뀐 역명이 63개, 앞글자와 뒷글자 모두 표기 글자가 바뀐 역명이 25개임을 살펴보았다. 모두 142개의 역명에서 글자 변화가 있었는데 이러한 역명 표기 글자의 변화에서 모두 164개의 글자가 변화되었다. 글자 변화의 내용을 나누어 설명하면 다음과 같다.

(11) 가. 성조가 동일하고 음이 동일한 한자로 교체
嘉(L가)/加(L가)(2), 剛(L강)/江(L강), 慶(R경)/景(R경, H경), 敬(R경, H경)/景(R경,H경), 雞(L계)/溪(L계), 孤(L고)/高(L고), 管(H관)/館(H관)], 喬(0)[14]/橋(L교), 橋(L교)/交(L교), 駒(L구)/丘(L구) 등[15]

---

14 '(0)'의 표시는 권인한(2009)에서 15세기 한자음이 제시되지 않은 것임을 표시한다. 이하 동일하다.
15 나머지 자료를 여기에 더 제시하면 "汲(H급)/級(H급), 基(L긔)/奇(L긔), 奇(L긔)/基(L긔), 驥(H긔)/騏(0), 男(L남)/南(L남), 蘆(L로)/盧(L로), 綠(H록)/祿(H록), 湍(L단)/丹(L단), 獺(H달)/達(H달), 同(L동)/冬(L동), 藤(L등)/登(L등), 蘿(L라)/羅(L라), 粮(0)/糧(L량), 漉(0)/祿(H록), 里(R리)/利(R리,H리)(2), 隣(L린)/麟(L린), 驥(0)/麟(L린)(2), 瑪(R마)/馬(R마), 車(L모)/毛(L모), 目(H목)/睦(H목), 坊(L방)/防(L방), 芳(L방)/方(L방)(2), 伯(H벽)/白(H벽), 富(H부,H부)/府(H부, R부), 比(R비, H비)/庇(X:비), 沙(L사)/紗(L사), [小(R쇼)/召(R쇼)], 壽(H슈,R슈)/水(H슈, R슈)

나. 성조는 다르나 동일한 음의 한자로 교체한 경우
嘉(L가)/可(R가,H가)(2), 家(L가)/駕(R가), 柯(L가)/可(R가, H가), 灌(R관,H관)/官(L관), 廣(R광)/光(L광), 瑙(R노)/奴(L노), 同(L동)/洞(R동)(2), 粮(0)/糧(L량), 郎(H랑), 領(H령,R령)/嶺(R령) 등[16]

다. ㄹ과 ㄴ의 교체
藍(L람)/嵐(L남), 寧(L녕)/令(H령,R령,L령), 樂(H악)/洛(H락), 樂(H악)/落(H락)

라. ㄹ과 ㅅ의 교체
理(R리,H리)/時(L시)

마. ㅅ과 ㅈ의 교체
曹(L조)/召(R쇼)(2), 竈(R조)/召(R쇼)

바. 유기음
鑽(L찬,R전)/潺(0), 超(L툐)/朝(L툐), 坦(R탄)/端(L단)/丹(L

---

[16] (2), 守(H슈,R슈)/水(H슈, R슈), 燧(H슈)/水(H슈, R슈), 遂(H슈)/水(H슈, R슈), 壽(H슈,R슈)/守(H슈,R슈)/水(거성슈,R슈), 守/壽/水[守(H슈,R슈)/壽(H슈,R슈)/水(H슈, R슈), 樹(H슈)/守(H슈,R슈)/水(H슈, R슈), 新(L신)/申(L신)(5), 鶯(0)/罵(L잉), 也(R야, H야)/野(R야), 梁(L량)/陽(L양), 良(L량)/梁(L량), 堰(R언)/彦(R언), 靈(L령)/令(H령,R령,L령), 烏(L오)/吾(L오), 瑤(L요)/要(R요,H요,L요), 元(L원)/原(L원)(2), 原(L원)/圓(L원), 原(L원)/源(L원), 源(L원)/原(L원), 猿(L원)/元(L원), 幽(L유)/由(L유), 維(L유)/唯(L유,R유,H유), 輪(L륜)/倫(L륜), 銀(L은)/恩(L은), 人(L신,L인)/仁(L신,L인), 仁(L신,L인)/人(L신,L인), 印(H인)/引(H인,R인), 林(L림)/臨(L림, R림), 材(L지)/才(L지)(3), 丁(L뎡)/汀(L뎡), 庭(L뎡)/程(L뎡), 增(L증)/曾(L증), 之(L지)/芝(L지), 智(H디,R디)/知(L디,H디), 池(L디)/知(L디,H디), 知(L디,H디)/智(H디,R디), 川(L쳔)/泉(L쳔)(2), 清(L쳥)/靑(L쳥)(3), 波(L파,L바)/坡(L파) (2), 苞(L포)/泡(L포), 庖(L포)/包(L포), 豐(L풍)/豊(L풍), 鄕(L향,R향,H향)/向(R향), 鄕(L향,R향,H향)/香(L향), 火(R화,H화)/化(R화,H화)" 등이다.
16 나머지 자료를 여기에 더 제시하면 "盤(L반)/半(R반,H반), 排(L비)/背(R비), 桑(R상)/雙(L상, L솽), 嶺(R령)/翎(L령), 浣(R완)/完(L완), 用(R용, H용), 龍(L룡, L룡), 原(L원)/院(R원)/元(L원), 梓(R지)/才(L지), 嶠(0)/橋(L교)/校(R교), 從(L죵,R죵)/種(R죵)/終(L죵), 村/寸[村(L촌)/寸(R촌), 波(L파,L바)/破(R파), 化(R화,H화)/花(L화), 和(L화)/化(R화,H화)(2)" 등이다.

단), 泰(R태)/大(R대), 通(L통)/東(L동), 通(L통)/東(L동), 通(L통)/東(L동), 大(R대)/太(H터)

사. 유음화

麟(0)/珍(R딘)

아. 모음차이의 무시

淇(L긔)/溪(L계), 頓(R돈, H돈)/屯(L둔), 世(R세)/時(L시)(2), 繩(L승)/生(L싱), 蹄(L뎨)/池(L디), 春(L춘)/川(L쳔)(2), 堆(X:퇴)/台(L터)

자. 비음 동화 또는 종성 ㅇ 첨가

寶(R보)/奉(R봉) 遙(L요)/龍(L룡, L롱)/用(R용)

차. ㄴ과 ㅇ의 교체

新(L신)/昇(0), 連(L련)/迎(L영, L연, R영, H영), 銀(L은)/應(R응,H응,L응), 貞(L뎡)/田(L년)

카. 오자

苽(L과)/瀛(L영)], 覃(?)/潭(L담)/葚(R심), 溢(H일)/隘(H익, H익)

(11가)는 164개의 글자 변이 용례 중에서 97개가 성조가 동일하며 동일한 발음의 다른 한자로 바뀐 것이다. 이것은 역명의 중국식 한자 지명 표기에 사용된 한자가 표의성이 없고 표음성만을 가지고 있다는 사실을 반영하는 것이다. 만약 역명의 중국식 한자 지명에 사용된 한자에 표의성이 있다면 이러한 현상은 이해하기 어렵다.

(11나)는 164개의 글자 변이 용례 중에서 26개가 성조는 다르지만 유사한 발음의 다른 한자로 바뀐 것이다. 이것은 표음성을 가진 중국식 한자 역명의 글자를 변화시켜 나갈 때 성조의 차이는 표기에 반영하지 않음을 말하는 것이다. '桑(R상)/雙(L상, L솽)'의 대응은 경음의 한자음 관련 정보를 제공한다. 22역도의 春州道 豐壤에 소재한 역명 桑樹는

『세종실록지리지』에는 雙樹로 기록되었는데『訓蒙字會』下:14b에서 보듯이 雙의 음은 '솽'으로 성조는 다르지만 유사한 한자음으로 교체한 경우가 된다.

(11다)는 한자음의 초성이 'ㄹ'과 'ㄴ'의 차이를 보여 주는 것이다. 어두에서 ㄹ이 ㄴ으로 바뀌는 두음법칙을 반영한 것이다.

(11라)에 보이는 '理(R리, H리) 대 時(L시)'의 대응은 충청도 온양에 소재한 22역도의 역명 理興과『세종실록지리지』,『경국대전』吏典,『신증동국여지승람』 등에 수록된 역명 時興의 대응에서 보이는 것이다. 理興에 두음법칙이 적용되어 '니흥(理興)'과 '시흥(時興)'의 대응이 되는데, 'ㄴ 대 ㅅ'의 대응은 현재는 설명하기 어렵다.

(11마)는 초성의 위치에서 'ㅅ'과 'ㅈ'이 구별되어 표기되지 않고 있음을 말해 준다. 22역도 이후 역명의 표기 변화에서 보이는 '曹(L조) 대 召(R쇼)'와 '竈(R조) 대 召(R쇼)'의 대응에서는 'ㅈ'의 한자음이 'ㅅ'의 한자음으로 표기되고 있으나 6과 체제의 역명 召召의 경우에는 22역도에서는 溟州道 蔚珍 소재의 祖召로 표기되어 있다. 이는 'ㅅ'의 한자음으로 표기된 것을 'ㅈ'의 한자음으로 표기한 것이다.

(11바)는 평음과 유기음이 구별 없이 혼용되어 표기된 사실을 말한다. '大(R대)/太(H터)'를 제외하고 유기음의 한자음으로 표기되던 역명들이 평음의 한자음을 표기한 글자로 교체되고 있다. 이는 22역도 체제 역명 표기의 시기에서는 평음과 유기음의 구별이 국어에 존재하지 않았음을 말해 주는 것이다. 하지만 이러한 설명은 이기문(1998:82-83)에서 말하듯이 고대국어 단계에 유기음이 발달했다는 설명과는 맞지 않는 측면이 있다. 앞으로 유기음의 발달과 관련된 논의가 더 필요하다.

(11사)의 '麟(0)/珍(R딘)'의 대응은 유음화의 차이를 무시한 표기로 생각된다. 22역도 체제의 朔方道 篆猴 소재 養麟은『세종실록지리지』

에서는 養珍으로 표기되어 있는데 표기는 비록 '양딘[養珍]'으로 하였지만, 유성음 사이에서 'ㄷ'이 유음화되어 '양린[養珍]'으로 발음되어 '양린[養麟]'과 유사한 발음인 것으로 추정된다.

(11아)는 모음 차이를 보여 주는 것이다. 이는 지명 표기에서 미세한 모음 차이는 표기에 반영되지 않았음을 말해 주는 것으로 생각된다.

(11자)에서 '寶(R보)/奉(R봉)'의 대응 관계를 이해할 때는 『고려사』 본문 顯宗 1(1009-1031)에 출현한 역명 伏龍과 함께 대응 관계를 생각할 필요가 있다. 22역도 朔方道 瑞谷 소재 역명 寶龍은 伏龍에서 종성 'ㄱ'이 표기되지 않은 것이고, 『세종실록지리지』의 奉龍은 복룡[伏龍]에 비음동화된 '봉농'을 표기한 것으로 이해할 필요가 있다. 그런데 '遙(L요)/龍(L룡, L롱)/用(R용)'의 세 글자 대응 관계는 현재는 'ㅇ'이 첨가된 것으로 이해할 수밖에 없다. 22역도 慶州道 陰城 소재 역명 遙安이 후대 관련 자료에서는 龍安과 用安으로 표기되고 있다. 이 'ㅇ첨가' 현상에 대해 유창돈(1973: 105)은 『구급방언해』 상:10의 '강아지'를 들고 있다. 이 '강아지' 어형은 '가아지'로부터 'ㅇ'이 첨가되어 발달한 어형이다. 『구급방언해』는 1467년의 자료이니 (11자)는 이보다는 10여년[『세종실록지리지』(1452)] 앞선 자료가 된다.

(11차)의 대응은 두 가지 사실을 말하고 있다. 하나는 종성의 위치에서 'ㄴ 대 ㅇ'의 호환이다. 다른 하나는 '連L련 대 迎L영'과 '連L련/迎L영/延L연, 銀L은/應R응:H응:L응, 貞L뎡/田L년, 新L신/昇(0)' 등의 대응은 종성 위치에서 'ㄴ'과 'ㅇ'의 상호 교체를 보여주는 것이다. 종성 위치에서 'ㄴ'과 'ㅇ'의 상호 교체에 대해 유창돈(1973: 147)은 "음절간이나 종성 위치에서 ㄴ과 ㅇ은 서로 교체되는바, 이는 한자어에서도 마찬가지다"고 설명하면서 『구급방언해』 하:77의 '둘파니'와 『구급간이방』 권6:60의 '둘팡이'를 들고 있다.

(11차)에 보이는 '連L련, 迎L영, 延L연' 등 세 글자의 대응은 조선 초기에 이미 두음법칙의 2단계를 모두 보여 주는 예가 된다. 22역도 체제의 역명 連鄕은 善州에 소재한 역인데 이 連鄕이 『세종실록지리지』와 『신증동국여지승람』의 선산부에 소재한 迎香 역명과 대응되고, 『경국대전』 吏典의 선산부 소재 延香 역과 대응된다. 이것은 '連L련, 迎L영, 延L연' 등의 세 글자가 대응됨을 말해 주는 것이다. '迎L영/延L연'의 두 글자가 대응된다는 것은 『세종실록지리지』 시기에 이미 두음법칙의 2단계 규칙 'ㄹ〉ㄴ, ㄴ〉ㅇ'이 모두 발생했음을 말해 주는 것이다. 즉 고려 시대 역명 '년향(連鄕)'이 조선 초기에는 이미 영향(迎香), 연향(延香) 등으로 발음되었음을 말하는 것이다. 이 사례는 'ㄴ〉ㅇ'의 변화는 16세기 초기 문헌부터 보인다는 사실(유창돈 1973: 89)보다 70여 년 앞서는 것이다. 하지만 두 예만 발견되어 속단할 수는 없다. 즉 (11자)의 '遙L요 대 龍L룡:L롱'의 대응에서도 충청도 음성현에 소재한 22역도 체제의 역명 遙安이 『세종실록지리지』에서는 龍安으로 나타나고 『경국대전』 이전과 『신증동국여지승람』에서는 用安으로 나타나 확실하게 'ㄴ〉ㅇ' 변화를 보여 주고 있다. 하지만 『세종실록지리지』와 『경국대전』 吏典의 두 자료에서 동일하게 'ㄴ〉ㅇ' 변화를 보여 주는 역명을 기록하고 있다는 점에서 고려해 봄직하다.

(11카)의 경우는 오자의 가능성이 있다. 오자가 아니라면 그 대응 관계를 이해하기 어렵다. 溢와 隘의 경우 오자일 가능성이 있고, 蕈은 본래는 음이 '심'이나 覃에다 意符 ++를 더한 자형으로 '담' 정도로 읽힐 가능성이 있다. 苽(L과)과 瀛(L영)의 대응 관계는 현재는 잘 알 수 없는 것이다.

3.1.2. 음가적 표음성의 기원

22역도 체제 역명이 중국식 한자 지명이라면 글자의 변화가 발생하였다는 것은 기묘한 일이다. 중국식 한자 지명 표기가 가진 표의성이 글자의 변화를 강력하게 억제하는 것이 일반적인 것으로 생각된다. 그러나 중국식 한자 표기 지명으로 믿어지는 22역도 체제의 역명 표기에 글자를 달리하는 이표기 현상이 광범위하게 나타난 사실을 앞 절에서 확인하였다. 이러한 현상을 어떻게 이해할 수 있을까?

중국식 한자의 역명 표기에 글자를 달리해서 표기한 이표기가 발생한 것은 차자 표기법의 영향으로 생각된다. 차자 표기법 중에서도 한자의 표의성은 버리고 한자의 표음성만을 취하는 음가적 차자 표기의 특성에 중국식 한자의 역명 표기도 견인되어 이표기가 발생된 것으로 생각된다. 이러한 요인으로 중국식 한자 역명 표기가 음가적 표음성의 특성을 가지게 된 것으로 믿어진다.

음가적 표음성을 가진 중국식 한자 역명 표기와 마찬가지로 다음과 같은 중국식 한자 지명 표기에서도 음가적 표음성의 특징이 관찰된다.

> (12) 郡縣의 칭호를 고치었다. 吏曹에서 소리가 서로 비슷한 각 고을의 칭호를 고치도록 청하니, 이에 靑州를 北靑이라 하고, 襄州를 襄陽이라 하고, 寧山은 예전 이름 그대로 天安이라 하고, 甫城은 예전 이름 그대로 眞寶라 하고, 甫川은 예전 이름 그대로 醴泉이라 하고, 橫川은 橫城이라 하고, 報令은 報恩이라 하였다.[17] 〈太宗實錄 1416년(태종 16) 8월 10일〉

---

17 『太宗實錄』, 1416년(태종 16) 8월 10일, "改郡縣之號 吏曹請改音韻相近各官之號 乃以靑州爲北靑 襄州爲襄陽 寧山仍古號爲天安 甫城仍古號爲眞寶 甫川仍古號爲醴泉 橫川爲橫城 報令爲報恩."

(12)는 발음이 비슷한 군현의 명칭이 중복되어 명칭을 변경했다는 사실을 전하고 있다. (12)에서는 발음이 비슷한 군현의 상대 명칭을 제시하지 않았지만 『세종실록지리지』를 활용하여 발음이 비슷한 상대 군현의 명칭을 알아낼 수 있다. (12)에서 문제가 되었던 발음이 비슷한 [音韻相近] 군현의 명칭은 다음과 같다.

(13) 조선 초기 발음이 유사한 군현명

지명1			지명2	
도명	구명	개명	도명	동일 발음 군현명
함경도	青州	北青	충청도	清州
강원도	襄州	襄陽	경기도	楊州
충청도	寧山	天安	경주부	靈山縣
경상도	甫城	眞寶	전라도	寶城郡
경상도	甫川	醴泉	경기도	抱川縣
강원도	橫川	橫城	강원도	洪川縣
충청도	報令	報恩	충청도	保寧縣

(13)에서 제시한 바와 같이 '青州 대 清州, 襄州 대 楊州, 寧山 대 靈山, 甫城 대 寶城, 甫川 대 抱川, 橫川 대 洪川, 報令 대 保寧' 등의 대응에서 다음과 같이 발음이 유사하다. 해당하는 한자의 음은 권인한(2009)에서 제시한 15세기 한자음을 제시한 것이다.

(14) 가. 青(L청) 대 清(L청)
　　　나. 襄(L샹, L양, H양) 楊(L양)
　　　다. 寧(L녕) 대 靈(L령)
　　　라. 甫(R보) 대 寶(R보)
　　　마. 甫(R보) 대 抱(,R포)
　　　바. 橫(L횡) 대 洪(L홍)

사. 報(R보, H보) 대 保(R보, H보)

아. 슈(H령, R령, L령) 대 寧(L녕)

(14)의 대응은 해당하는 중국식 한자 표기 군현명이 발음상 유사한 것임을 말해 주고 있다. 다만 (14마)의 경우 유기음 대 평음의 구별은 없었다는 전제가 필요하다. 또 (14바)의 경우는 '횡재'를 흔히 '홍재'로 발음하는 경우를 고려하면 발음상 유사한 것임을 알 수 있다.

(14)에 제시된 대응되는 군현명은 발음은 유사하지만, 한자가 다름에도 불구하고 한쪽의 군현명을 다른 명칭으로 개칭한 것은 중국식 한자 표기 군현명의 음가적 표음성을 잘 보여 준다고 할 수 있다. 또한, 이것은 중국식 한자 지명 표기에 표의성이 약함을 보여 주는 것으로 생각된다.

3.2. 중국식 한자 역명 표기 변화의 안정성 증대와 비상관적 표의성의 발생

3.2.1. 중국식 한자 역명 표기 변화의 안정성 증대

22역도 체제 역명 표기는 『신증동국여지승람』에 이르기까지 안정성을 가지는 방향으로 변화하였다. 22역도 체제 역명 525개 중 387개의 역명은 후대에도 존속되었는데, 이 중에서 69개는 여러 이유로 이표기 변화를 논의할 수 없는 것이나 318개는 이표기의 가능성이 있는 것이다. 그런데 318개의 역명 표기 중 55.6%에 달하는 177개 역명의 표기는 『신증동국여지승람』 같은 후대의 역명 자료에 이르기까지 변화가 없었다. 이것은 177개 22역도 체제 역명 표기가 안정성이 있음을 말하는 것이다.

그런데 318개의 역명 표기 중 44.4%에 달하는 141개 역명 표기는 22역도 체제 역명으로부터 후대의 역명 자료에 이르기까지 앞글자나 뒷글자 또는 앞뒤 두 글자 모두에서 표기가 변화되었다. 그러나 이들 역명에서 일부의 역명 표기는 『세종실록지리지』 이후로 표기의 안정성을 획득하였다.

22역도 체제 역명 중에서 후대의 역명 자료에서 앞글자의 변화가 있었던 것은 53개인데, 이들 역명 중에서 17개는 『세종실록지리지』 이후부터는 역명 표기에 변화가 없었다. 이러한 역명 표기의 변화 양상을 제시하면 다음과 같다.

(15) 『세종실록지리지』 이후에 역명의 앞글자 표기에 변화가 없는 것 17개

글자변화	주군	역도명	③	④	⑤	⑥	⑦	⑧	⑨	⑩
嘉/加	和順	昇羅州道	嘉林		加林		加休		加林	加林
嘉/加	陽城	忠淸州道	嘉川		加川	加川			加川	加川
敬/景	光州	昇羅州道	敬陽		景陽		景陽		景陽	景陽
孤/高	衛山	朔方道	孤山		高山				高山	高山
苽/瀛	古阜	全公州道	苽原		瀛原		瀛原		瀛原	瀛原
嵐/南	文州	朔方道	嵐山		南山				南山	南山
獺/達	淸巨	山南道	獺溪		達溪		達溪		達溪	達溪
同/冬	連谷	溟州道	同德		冬德		冬德		冬德	冬德
盤/半	全州	山南道	盤石		半石		半石		半石	半石
伯/白	砥平	平丘道	伯冬		白冬				白冬	白冬
寶/奉	瑞谷	朔方道	寶龍		奉龍				奉龍	奉龍
桑/雙	豊壤	春州道	桑樹		雙樹				雙樹	雙樹
源/原	三陟	溟州道	沃原		沃原		沃原		沃原	沃原
幽/由	原州	平丘道	幽原		由原		由原		由原	由原
理/時	溫水	忠淸州道	理興		時興		時興		時興	時興
印/引	雲峯	南原道	印月		引月		引月		引月	引月
曹/召	孝令	尙州道	曹溪	召溪	召溪		召溪			召溪

앞글자의 변화가 있었던 53개의 역명 중에서 36개의 역명은 『세종실록지리지』 이후에도 역명 표기에 변화가 있었으나 점차 표기의 안정성을 획득해 나가는 경향을 살펴볼 수 있다. 이러한 역명 표기의 변화 양상을 제시하면 다음과 같다.

(16) 『세종실록지리지』 이후에 역명의 앞글자 표기에 변화가 있는 것 36개

글자변화	주군	역도명	③	④	⑤	⑥	⑦	⑧	⑨	⑩
嘉/可	忠州	平丘道	嘉興		嘉興				可興	嘉興
灌/官	泗州	山南道	灌栗	官栗	灌栗		官栗	官栗	官栗	官栗
管/館	俠溪	金郊道	管山							館山
汲/級	伊山	忠淸州道	汲泉		汲泉		汲泉		汲泉	級泉
蘆/盧	南京	靑郊道	蘆原		蘆原				蘆原	盧原
綠/祿	靈光	昇羅州道	綠沙		祿沙		綠沙		綠沙	綠沙
大/太	金州	金州道	大驛	大山	大山 新驛		大山	大山	大山	太山
藤/登	臨道	朔方道	藤路		藤路		登路		登路	藤路
淥/祿	海南	昇羅州道	淥山		祿山				綠山	綠山
芳/方	溟州	溟州道	芳林		芳林		方林		方林	芳林
小/召	晉州	山南道	小男	召南	召南 新驛		小南	小南	小南	召南
壽/水	淸風	平丘道	壽山		壽山				水山	壽山
守/水	多仁	尙州道	守山	水山	守山	水山	守山	守山	守山	守山
壽/守/水	蔚珍	溟州道	壽山		守山		水山		守山	守山
新/神	黃利	平丘道	新興		神興		新興		新興	神興
樂/落/洛	富有	南原道	樂水		落水				洛水	洛水
鶯/鸎	伊城	全公州道	鶯谷		鸎谷		鶯谷		鶯谷	鸎谷
靈/令	丹山	平丘道	靈泉		靈泉	令泉	靈泉		令泉	靈泉
烏/吾	鐵冶	昇羅州道	烏林		烏林	吾林	吾林		烏林	烏林

글자변화	주군	역도명	③	④	⑤	⑥	⑦	⑧	⑨	⑩
遙/龍/用	陰城	慶州道	遙安		龍安	用安	用安		用安	用安
原/圓	延州	雲中道	圓林							
猿/元/原	報令	京山府道	猿岩		元巖	原巖	原巖		原巖	元巖
維/唯	新豐	忠淸州道	維鳩		維鳩	唯鳩	惟鳩		維鳩	維鳩
銀/恩	扶餘	忠淸州道	銀山		恩山		銀山		恩山	恩山
銀/應	南原	南原道	銀嶺		銀嶺		應嶺		應嶺	應嶺
仁/人	綾城	昇羅州道	仁物		人物		人物		人物	仁物
溢/隘	雲品	朔方道	溢守						隘守	
材/才	咸悅	全公州道	材谷		才谷				村谷	才谷
貞/田	懷德	全公州道	貞民		貞民	田民	田民		田民	貞民
竃/召/因	晉州	山南道	竃村	召寸	因村		召村	召村	召村	召村
增/曾	管城	京山府道	增若		增若	增若	曾若		增若	增若
智/知	龍宮	尙州道	智保	知保	智保		知保	知保	知保	知保
淸/靑	永州	慶州道	淸通	淸通	淸通		淸通	淸通	靑通	淸通
泰/大	安昌	朔方道	泰康		大康		大江		大康	大康
通/東	長州	朔方道	通歧		東岐					
通/東	南原	南原道	通道		通道		東道		東道	東道

　(16)에서 제시된 역명 표기에서 '綠沙, 洛水, 用安, 應嶺, 召村, 知保, 東道' 등은 『세종실록지리지』 이후에 표기의 안정성을 획득하였음을 알 수 있다.
　22역도 체제 역명 중에서 후대의 역명 자료에서 뒷글자의 변화가 있었던 것은 63개인데, 이들 역명 중에서 36개는 『세종실록지리지』 이후부터는 역명 표기에 변화가 없었다. 이러한 역명 표기의 변화 양상을 제시하면 다음과 같다.

중국식 한자 지명 표기의 음가적 표음성과 비상관적 표의성 **269**

(17) 『세종실록지리지』 이후에 역명의 뒷글자 표기에 변화가 없는 것 36개

글자변화	역도명	주군	③	④	⑤	⑥	⑦	⑧	⑨	⑩
剛/江	平丘道	清風	黃剛		黃江	黃江	黃江		黃江	黃江
雞/溪	桃源道	章州	玉溪						玉溪	玉溪
淇/溪	京山府道	加利	茂淇	茂溪	茂溪					茂溪
基/奇	尙州道	安東	安基	安奇	安奇		安奇	安奇	安奇	安奇
寧/令	山南道	鎭海	常寧		常令		常令	常令	常令	常令
同/洞	春州道	朝宗	連同		連洞				連洞	連洞
蘿/羅	慶州道	清河	松蘿	松羅	松羅	松羅	松羅	松个	松羅	松羅
領/嶺	慶州道	龍駒	金領			金嶺			金嶺	金嶺
里/利	昇羅州道	黃原	南里				南利		南利	南利
坊/防	朔方道	雲岊	巨坊		巨防					巨防
富/府	溟州道	蔚珍	興府		興富		興富		興富	興富
比/庇	慶州道	杞溪	仁比	仁庇	仁庇		仁庇	仁庇	仁庇驛	仁庇
桑/雙	京山府道	開令	扶桑	扶雙	扶桑		扶雙	扶桑	扶雙	扶桑
世/時	忠清州道	牙州	長世		長時		長時		長時	長時
壽/水	平丘道	平昌	樂壽		藥水		藥水		藥水	藥水
新/申	昇羅州道	光陽	益新		益申		益申		益申	益申
新/申	南原道	谷城	知新		知申		知申		知申	知申
新/神	溟州道	蔚珍	德新		德神		德神		德神	德神
梁/陽	春州道	狼川	山梁		山陽		山陽		山陽	山陽
元/原	朔方道	永興	平元		平原				平原	
元/原	全公州道	進禮	濟元		濟原		濟原		濟原	濟原
麟/珍	朔方道	叅猳	養麟		養珍		養珍		養珍	養珍
材/才	全公州道	礪陽	良材		良才		良才		良才	良才
材/才	全公州道	金堤	內材		內才		內才		內才	內才
梓/才	慶州道	果州	良梓		良才	良才			良才	良才
崤/橋/校	春州道	瑞禾	嵐橋		嵐校		嵐校		嵐校	嵐校
丁/汀	狻猊道	安西	望汀		望汀		望汀		望汀	望汀

글자변화	역도명	주군	③	④	⑤	⑥	⑦	⑧	⑨	⑩
庭/程	忠淸州道	公州	廣庭		廣程	廣程	廣程		廣程	廣程
蹄/池	靑郊道	高峯	碧池		碧蹄				碧蹄	碧蹄
曹/召	尙州道	臨河	琴曹	琴召	琴召		琴召	琴召	琴召	琴召
川/泉	金郊道	洞州	龍泉		龍泉				龍泉	龍泉
村/寸	山南道	居昌	茂村	茂村	茂村		茂村	茂寸	茂村	茂村
波/破	尙州道	義城	鐵波	鐵破	鐵破		鐵破	鐵破	鐵坡	鐵破
化/花	平丘道	川寧	楊化		楊花				楊花	楊花
和/化	溟州道	溟州	大化		大和		大和		大和	大和
和/化	忠淸州道	水州	同和		同化	同化			同化	同化

뒷글자의 변화가 있었던 63개의 역명 중에서 27개의 역명은 『세종실록지리지』 이후에도 역명 표기에 변화가 있었으나 점차 표기의 안정성을 획득해 나가는 경향을 살펴볼 수 있다. 이러한 역명 표기의 변화 양상을 제시하면 다음과 같다.

(18) 『세종실록지리지』 이후에 역명의 뒷글자 표기에 변화가 있는 27개

글자변화	역도명	주군	③	④	⑤	⑥	⑦	⑧	⑨	⑩
橋/交	溟州道	溟州	雲橋		雲交		雲交		雲交	雲橋
奇/基	昇羅州道	潭陽	德奇		德基		德奇		德奇	德奇
覃/潭/覃	南原道	九皐	葛覃		葛潭		葛覃		葛覃	葛覃
同/洞	京山府道	永同	會同		會同		會洞		會同	會同
粮/糧	溟州道	旌善	餘粮		餘糧		餘糧		餘粮	餘粮
隣/麟	山南道	嘉樹	有隣		有隣		有隣	有麟	有麟	有麟
目/睦	尙州道	安德	和目	和睦	和睦		和目	和目	和睦	和睦
世/時	忠淸州道	大興	光世		光世		光時		光時	光時
守/壽/水	慶州道	新寧	長守		長守	長壽		長水	長守	長壽

글자변화	역도명	주군	③	④	⑤	⑥	⑦	⑧	⑨	⑩
樹/守/水	山南道	晉州	正樹	正守	正守		正守	正水	正守	正守
新/申	昇羅州道	珍原	永新		永新		永申		永申	永申
也/野	金州道	昌寧	內也	內也	內也		內也	內也	內野	內野
堰/彦	京山府道	京山	安堰	安彦	安偃		安彦	安彦	安彦	安偃
嶺/翎	桃源道	湍州	白嶺		白翎				白嶺	白嶺
原/源	尙州道	尙州	洛原	洛原	洛源		洛原	洛原驛	洛源	洛源
原/院/元	山南道	河東	栗原	栗原	栗原		栗院	栗院	栗元	栗原
輪/倫	青郊道	樹州	金輪		金輪	金輪			金倫	金輪
之/芝	金州道	淸道	西之	西之	西之		西之		西芝	西芝
川/泉	金州道	彦陽	德川		德川		德泉	德泉	德泉	德川
淸/靑	昇羅州道	兆陽	波淸		波靑		波淸		波靑	波靑
春/川	朔方道	長州	長春		長川					
坦/端/丹	溟州道	溟州	高坦		高端		高丹		高丹	高端
苞/泡	朔方道	杆城	竹苞		竹苞		竹泡		竹苞	竹苞
庖/包	全公州道	雲梯	玉庖		玉包		玉包		玉包	玉包
風/豊	京山府道	御侮	秋風	秋豊	秋風		秋豊	秋豊	秋豊	秋豊
鄕/向	京山府道	八莒	水鄕	水向驛						
火/化	京山府道	花園	舌火	舌化	舌化		舌化		舌化	舌火

(18)에서 제시된 역명 표기 중에서 '德奇, 光時, 永申, 白嶺, 玉包, 秋豊' 등은 『세종실록지리지』 이후에 표기의 안정성을 획득하였음을 알 수 있다.

22역도 체제 역명 중에서 후대의 역명 자료에서 앞글자와 뒷글자 위치 모두에서 변화가 있었던 것은 25개인데, 이들 역명 중에서 13개는 『세종실록지리지』 이후부터는 역명 표기에 변화가 없었다. 이러한 역명 표기의 변화 양상을 제시하면 다음과 같다.

(19) 『세종실록지리지』 이후에 역명의 앞뒤 글자 표기에 변화가 없는 것 13개

글자변화	주군	역도명	③	④	⑤	⑥	⑦	⑧	⑨	⑩
嘉/可	寶城	昇羅州道	嘉新		可申		可申		可申	可申
騏/騏	平州	金郊道	騏麟		麒麟		麒麟		麒麟	麒麟
驕/麟	洞山	溟州道	驕駒		麟丘		麟丘		麟丘	麟丘
瑪/馬	麟蹄	春州道	瑪瑙		馬奴		馬奴		馬奴	馬奴
芳/方	狼川	春州道	芳春		方川		方川		方川	方川
排/背	固城	山南道	排頓	背屯			背屯	背屯	背屯	背屯
逢/水	楊口	春州道	逢仁		水仁		水仁		水仁	水仁
用/龍	密城	金州道	用家	龍駕	龍駕		龍駕	龍駕	龍駕	龍駕
鑽/潺	求禮	南原道	鑽燧		潺水		潺水		潺水	潺水
淸/靑	南京	靑郊道	淸波		靑坡				靑坡	
淸/靑	安西	狻猊道	淸端		靑丹		靑丹		靑丹	靑丹
超/朝	雲昌	朔方道	超塵		朝珍		朝珍		朝珍	朝珍
通/東	臨津	靑郊道	通波		東坡				東坡	東坡

앞글자와 뒷글자 모두에서 변화가 있었던 25개의 역명 중에서 12개의 역명은 『세종실록지리지』 이후에도 역명 표기에 변화가 있었으나 점차 표기의 안정성을 획득해 나가는 경향을 살펴볼 수 있다. 이러한 역명 표기의 변화 양상을 제시하면 다음과 같다.

(20) 『세종실록지리지』 이후에 역명의 앞뒤 글자 표기에 변화가 있는 것 13개

글자변화	주군	역도명	③	④	⑤	⑥	⑦	⑧	⑨	⑩
慶/景	務安	昇羅州道	慶新		慶新		景申		景申	景申
廣/光	南平	昇羅州道	廣里		廣里	廣里	廣利		光利	廣里

글자변화	주군	역도명	③	④	⑤	⑥	⑦	⑧	⑨	⑩
喬/橋	三陟	溟州道	橋柯		交可		交可		交柯	交柯
车/毛	慶州	慶州道	车良	毛良	毛良		毛良	毛良	毛良	车梁
樂/洛	樂安	昇羅州道	樂新		樂新		樂昇		洛昇	洛昇
連/迎	善州	尙州道	連鄕	迎香	迎香		迎香	迎香	延香	迎香
浣/完	昆明	山南道	浣沙	完沙	浣沙		完沙	宛沙	浣沙	浣紗
瑤/要	鶴浦	朔方道	瑤池		要知					
林/臨	平康	桃源道	臨湍		林丹				林丹	丹林
從/種/終	守安	靑郊道	從繩			種生			終生	終生
知/智	宜寧	山南道	知男		知南		知南	知南	知南	智南
堆/台	鎭州	忠淸州道	堆粮		堆糧	台郞	台郞		台郞	台郞

(20)에서 제시된 역명 표기 중에서 '景申, 迎香, 台郞' 등은 『세종실록지리지』 이후에 표기의 안정성을 획득하였음을 알 수 있다.

3.2.2. 비상관적 표의성의 발생

다음의 『세종실록지리지』의 역명 표기는 22역도 체제 역명과는 표기 글자가 달라진 것인데 『세종실록지리지』부터 『신증동국여지승람』에 이르기까지 표기의 변화가 없으면서 역명의 표기 글자가 지명의 전부 요소나 후부 요소와 의미가 일치하는 것들이다. '22역도명 대 세종실록지리지 역명'의 방식으로 대응 표기를 제시한다.

(21) 가. 孤山 대 高山, 嵐山 대 南山, 盤石 대 半石, 伯冬 대 白冬, 桑樹 대 雙樹
     나. 黃剛 대 黃江, 茂淇 대 茂溪, 連同 대 連洞, 樂壽 대 藥水, 平元 대 平原, 望汀[望丁[18]] 대 望汀, 龍泉[龍川[19]] 대 龍泉

다. '驍駒 대 麟丘, 芳春 대 方川, 鑽燧 대 潺水, 淸波 대 靑坡, 通波 대 東坡'

(21가)의 역명 표기는 앞글자가 '高, 南, 白, 雙' 등으로 지명의 전부 요소로 흔히 쓰이는 의미와 일치하는 글자들이다. '高, 南, 白, 雙' 등을 앞글자로 가지는 역명은 『세종실록지리지』 이후의 역명 표기에서 지속해서 글자를 변화시킨 (16)의 역명 부류에서는 발견되지 않는다. 중국식 한자 역명 표기가 음가적 표음성에 말미암아 글자를 지속해서 바꾸어 나가다가 지명에서 흔히 쓰이는 의미의 한자로 바뀌었을 때 음가적 표음성에 따른 표기 글자의 변화를 멈추게 된 현상으로 파악할 수 있다. 이러한 현상은 앞에서 제시한 (16)의 목록에서도 제시된 『세종실록지리지』의 大康에서도 관찰할 수 있다. 22역도 체제의 역명 泰康이 『세종실록지리지』에 이르러 大康으로 표기 변화가 있었는데 이후의 역명 표기 변화에서 앞글자 '大'를 유지했으나 뒷글자는 지속해서 표기 글자를 변화시킨 것에서도 찾아볼 수 있다.

(21나)와 (21다)의 역명 표기는 뒷글자가 '江, 溪, 洞, 水, 原, 汀, 泉, 丘, 川, 水, 坡, 坡' 등으로 지명의 후부 요소로 흔히 쓰이는 의미와 일치하는 글자들이다. '江, 溪, 洞, 水, 原, 汀, 泉, 丘, 川, 水, 坡, 坡' 등을 뒷글자로 가지는 역명은 『세종실록지리지』 이후의 역명 표기에서 지속해서 글자를 변화시킨 (18)과 (20)의 역명 부류에서는 발견되지 않는다. (21가)의 경우와 마찬가지로 중국식 한자 역명 표기가 음가적 표음성 때문에 글자를 바꾸어 나가다가 지명에서 흔히 쓰이는 의미의 한자로 바뀌었을 때, 음가적 표음성에 따른 글자 변화를 멈추고 중국식

---

18 『고려사』 6과 체제의 역명이다.
19 『고려사』 본문 康兆 조에 나오는 역명으로 康兆이다.

한자 역명 표기의 안정성을 확보하는 것으로 생각된다. 앞에서 제시한 (18)에 제시한 22역도 체제 역명 會同은 『세종실록지리지』에서는 會同으로 표기되었으나 이후의 역명 표기에서는 會洞으로 표기된 이후 역명 표기의 안정성을 보여 주고 있다.

역명 표기의 앞글자로 사용된 '高, 南, 白, 雙' 등은 이전의 표기 글자를 고려해 볼 때, 이 글자는 이들 글자의 본래 의미와는 관련이 없음을 알 수 있다. 마찬가지로 역명 표기의 앞글자로 사용된 '江, 溪, 洞, 水, 原, 汀, 泉, 丘, 川, 水, 坡, 坡' 등도 이전의 표기 글자를 고려해 볼 때, 이 글자는 이들 글자의 본래 의미와는 관련이 없음을 알 수 있다.

역명 표기에서 앞글자에 사용된 '高, 南, 白, 雙' 등과 뒷글자에 사용된 '江, 溪, 洞, 水, 原, 汀, 泉, 丘, 川, 水, 坡, 坡' 등이 표기의 안정성을 획득한 것은 어느 정도는 표의성을 획득한 것으로 말할 수 있다. 하지만 역명 표기에 사용된 '高, 南, 白, 雙' 등과 '江, 溪, 洞, 水, 原, 汀, 泉, 丘, 川, 水, 坡, 坡' 등은 이들 글자의 본래 의미와는 다른 의미를 가지고 있다. 따라서 음가적 표음성에 따라 초래된 역명 표기 글자의 표의성을 비상관적 표의성으로 부를 만하다.

4. 결언

이 글은 『고려사』 소재 22역도 체제 525개의 역명을 우선 22역도 체제까지만 존속된 역명이 138개임을 확인하였고, 22역도 체제 이후의 후대 역명 자료에도 존재하는 역명이 387개임을 확인하였다.

22역도 체제까지만 존속된 역명에는 22역도 체제에만 나타나는 역명이 84개이고, 22역도 체제와 『고려사』 본문에 나타나는 역명이 4개이고, 22역도 체제와 6과 체제에 나타나는 역명이 40개이며, 22역도 체제, 6과 체제, 『고려사』 본문에 나타나는 역명이 10개임을 확인하였다. 이들 각각의 유형을 목록으로 제시했다.

22역도 체제 이후에도 존재한 역명에는 후대 자료에서도 역명의 변화가 없는 것이 164개, 오자일 가능성이 있는 역명이 7개, 이체자를 사용하여 역명 표기에 변화가 있는 것이 6개, 후대 역명에서 개칭된 것으로 개칭의 근거가 있는 것이 14개, 후대 역명에서 개칭된 것이나 개칭의 근거가 없는 것이 34개, 음차 표기나 훈차 표기의 흔적을 보여 주는 것이 21개, 후대의 자료에서 앞글자의 표기 글자가 달라진 것이 53개, 후대의 자료에서 뒷글자의 표기 글자가 달라진 것이 63개, 후대의 자료에서 앞글자와 뒷글자의 표기 글자가 모두 달라진 것이 25개임을 확인하였다. 이들 각각의 유형을 목록으로 제시했으며 시대별 이표기의 변화 양상을 표로 작성하여 본문이나 부록에서 제시했다.

후대 역명에서 개칭된 것으로 개칭의 근거가 있는 14개의 역명에 대해서는 관련 근거를 『대동지지』, 『세종실록지리지』, 『신증동국여지승람』 등에서 근거를 찾아 제시했으며, 음차 표기나 훈차 표기의 흔적을 보여 주는 21개의 역명 표기에 대해서는 음차 표기나 훈차 표기의 근거를 제시했다.

표기 글자 변화의 내용과 역명 표기의 안정성 증대의 두 측면에서 역명의 시대별 이표기의 특징을 분석하였다.

표기 글자 변화의 내용 측면에서 다음과 같은 유형의 변화가 있었음을 확인하였다.

(22) 가. 성조가 동일하고 음이 동일한 한자로 교체:
　　　嘉(L가)/加(L가)(2), 剛(L강)/江(L강) 등

나. 성조는 다르나 동일한 음의 한자로 교체한 경우
　　嘉(L가)/可(R가, H가)(2), 家(L가)/駕(R가) 등
다. ㄹ과 ㄴ의 교체
　　藍(L람)/嵐(L남), 寧(L녕)/令(H령, R령, L령) 등
라. ㄹ과 ㅅ의 교체
　　理(R리, H리)/時(L시)
마. ㅅ과 ㅈ의 교체
　　曹(L조)/召(R쇼)(2), 竈(R조)/召(R쇼)
바. 유기음과 평음의 구별 무시
　　鑽(L찬, R전)/潺(0), 超(L툐)/朝(L됴) 등
사. 유음화의 반영
　　麟(0)/珍(R단)
아. 모음차이의 무시
　　淇(L긔)/溪(L계), 頓(R돈, H돈)/屯(L둔),
자. 비음 동화 또는 종성 ㅇ 첨가
　　寶(R보)/奉(R봉) 遙(L요)/龍(L룡, L롱)/用(R용)
차. ㄴ과 ㅇ의 교체
　　新(L신)/昇(0), 連(L련)/迎(L영, L연, R영, H영) 등
카. 오자
　　苽(L과)/瀛(L영)], 覃(?)/潭(L담)/蕈(R심), 溢(H일)/隘(H익, H익)

　22역도 체제의 중국식 한자 역명 표기가 (22)와 같은 특성을 보인 것을 음가적 표음성으로 규정하고 이러한 음가적 표음성이 음가자를 활용하는 차자 표기법의 전통에서 기인한 것임을 말하였다.
　역명 표기 안정성 증대의 측면에서 22역도 체제의 역명 표기가 음가적 표음성에 촉발되어 표기 글자의 변화를 보이다가 지명의 전부 요소나 지명의 후부 요소로 흔히 쓰이는 글자로 바뀌었을 때, 표기의 안정성

을 획득하고 있음을 관찰하였다. 다음이 『세종실록지리지』 이후에 표기의 안정성을 획득한 사례들이다. '22역도 체제 역명 대 『세종실록지리지』 역명'으로 제시한다.

(23) 가. 孤山 대 高山, 嵐山 대 南山, 盤石 대 半石, 伯冬 대 白冬, 桑樹 대 雙樹
나. 黃剛 대 黃江, 茂淇 대 茂溪, 連同 대 連洞, 樂壽 대 藥水, 平元 대 平原, 望汀[望丁[20]] 대 望汀, 龍泉[龍川[21]] 대 龍泉
다. '驥駒 대 麟丘, 芳春 대 方川, 鑽燧 대 潺水, 淸波 대 靑坡, 通波 대 東坡'

(23가)는 역명 표기의 앞글자가 표기의 안정성을 획득한 사례이며, (23나)와 (23다)는 역명 표기의 뒷글자가 표기의 안정성을 획득한 사례이다.

'高, 南, 白, 雙' 등의 경우 지명의 전부 요소로 흔히 쓰이는 의미이기 때문에 '高, 南, 白, 雙' 등이 표기의 안정성을 획득하였다고 말할 수 있고, '江, 溪, 洞, 水, 原, 汀, 泉, 丘, 川, 水, 坡, 坡' 등은 지명의 후부 요소로 흔히 쓰이는 의미이기 때문에 표기의 안정성을 얻은 것을 말할 수 있다. '高, 南, 白, 雙' 등과 '江, 溪, 洞, 水, 原, 汀, 泉, 丘, 川, 水, 坡, 坡' 등의 본래 의미는 해당 글자의 의미와는 관련이 없으므로 '高, 南, 白, 雙' 등과 '江, 溪, 洞, 水, 原, 汀, 泉, 丘, 川, 水, 坡, 坡' 등이 가지게 되는 의미를 비상관적 표의성으로 규정하였다.

---

20 『고려사』 6과 체제의 역명이다.
21 『고려사』 본문 康兆 조에 나오는 역명으로 康兆이다.

부록

<일러두기>

- 역명을 보여 주는 문헌 자료의 명칭은 편의상 약호를 사용한다. 『고려사』 본문 및 기타 자료에 나오는 역명은 ①로 『고려사』 6과 체제 역명은 ②로, 『고려사』 22역도 체제 역명은 ③으로, 『경상도지리지』의 역명은 ④로, 『세종실록지리지』의 역명은 ⑤로, 『세조실록』 1460년(세조 6) 2월 5일 조에 나오는 역명은 ⑥으로, 『세조실록』 1420년(세조 8) 8월 5일 조에 나오는 역명은 ⑦로 『경상도속찬지리지』의 역명은 ⑧로, 『경국대전』 吏典의 역명은 ⑨로, 『신증동국여지승람』의 역명은 ⑩으로 제시한다.
- 고려사 본문 및 기타에 제시한 『고려사』 출전에서 사람 이름이 제시된 것은 열전을 말한다.
- 한자음 제시에 있어서 권인한(2009)에 제시되지 않은 것은 (0)으로 제시한다.

<부록 1> 22역도까지만 존속된 역명 138개

역도	주군	고려사 본문 및 기타	6과	22역도	글자 변화	대동지지
京山府道	八莒			緣情		
京山府道	黃間			屬溪		
慶州道	廣州			長嘉		
慶州道	盈德			南驛		
慶州道	英陽			琴田		
慶州道	永州			加火		
金郊道	牛峯			安信		安信牛峯
金州道	梁州			源浦		

역도	주군	고려사 본문 및 기타	6과	22역도	글자 변화	대동지지
桃源道	金化			丹嵒		丹嵒右二處金化並革
朔方道	霜陰			追風		追風革○霜陰○右七處今安邊
朔方道	寧仁			靜山		靜山寧仁○右三處今永興○並革
朔方道	耀德			歸厚		歸厚耀德
朔方道	雲嵒			碧木		碧木革
朔方道	雲嵒			林雲		林雲革
朔方道	雲嵒			長歧		長歧革
朔方道	雲嵒			富寧		富寧雲岩見上
朔方道	元興			懷寧		懷寧
朔方道	元興			宣德		宣德
朔方道	長州			茂林		茂林長州○右四處今定平○並革
朔方道	長平			通化		通化長平○右二處今永興○並革
朔方道	定州			長昌		長昌定州
朔方道	靑邊			安身		安身靜邊
山南道	高山			築山		
山南道	河東			橫浦		
獤猊道	永康			佐丘		佐邱永康○今康翎○革
尙州道	臨河			通山		
昇羅州道	车平			德樹		
昇羅州道	務安			龍溪		
昇羅州道	福成			軍知		
雲中道	寧遠			牽牛		牽牛
雲中道	寧遠			寬川		寬川右三處寧遠
雲中道	孟州			雲谷		雲谷
雲中道	孟州			東山		東山

역도	주군	고려사 본문 및 기타	6과	22역도	글자 변화	대동지지
雲中道	孟州			泰來		泰來右三處孟州今孟山
雲中道	撫州			新豊		新豊撫州○今寧邊
雲中道	博州			安德		安德
雲中道	博州			安洞		安洞
雲中道	博州			德林		德林德作長○右三處博州今博川
雲中道	成州			寬洞		寬洞成州○今成川
雲中道	樹德			臨洞		臨洞樹德
雲中道	順州			咸德		咸德右二處順州今順川
雲中道	延州			沙川		沙川
雲中道	延州			豊川		豊川改新豊○右三處延州今寧邊
雲中道	渭州			寬化		寬化
雲中道	昌州			玉關		玉關
雲中道	昌州			梓田		梓田梓作楓○右二處昌州今昌城
雲中道	鐵州			蘇民		蘇民
雲中道	鐵州			新定		新定
雲中道	靑塞			永安		永安淸基○今熙川
雲中道	泰州			安泰		安泰右二處泰州今泰川
雲中道	平蘆			石城		石城
雲中道	平蘆			櫻谷		櫻谷
雲中道	平蘆			平寧		平寧右三處平虜今永柔
全公州道	公州			得延		
全公州道	金堤			榛林		
全公州道	金馬			彩平		
全公州道	珍同			珍化		
全公州道	進禮			進賢		
全公州道	泰山			新保		

역도	주군	고려사 본문 및 기타	6과	22역도	글자 변화	대동지지
靑郊道	守安			幸州驛		
春州道	南京			南京驛		
忠淸州道	大興			洪州驛		
忠淸州道	燕岐			燕山驛		
忠淸州道	全義			蒲谷		
興郊道	龍岡			連城		連城龍岡○革
興郊道	西京			玄嵒		玄嵒右二處西京○幷革
興郊道	安戎			安壽		安壽安戎○今屬安州○革
興郊道	咸從			迎和		迎和咸從○革
興化道	龜州			通義		通義革
興化道	龜州			岊舍		岊舍革○龜州
興化道	寧德			昌泰		昌泰革○寧德
興化道	龍州			名駒		名駒龍州革今龍川
興化道	麟州			靈騏		靈騏猶州
興化道	朔州			芳田		芳田革
興化道	朔州			昌平		昌平革○右二處朔州
興化道	安戎			安富新驛		安富革○安州新驛革○安戎今安州
興化道	安義			寶峯		寶峯革
興化道	安義			懷仁		懷仁革○安義右二處今龜城
興化道	寧朔			銀嵒		銀嵒革
興化道	寧朔			榛田		榛田革○寧朔右二處義州
興化道	寧州			光池		光池寧州○革今安州
興化道	威遠			從化		從化威遠○右二處義州竝革
興化道	義州			會元		會元革○右三處義州
興化道	定戎			花田		花田革

역도	주군	고려사 본문 및 기타	6과	22역도	글자 변화	대동지지
雲中道	寧遠	淄潭/文宗1 (1046-1083)		淄潭		淄潭
雲中道	鐵州	通路/杜景升 (?-1197)		通路		通路右三處鐵州
靑郊道	德水	平理/文宗3 (1046-1083)		平理		
興化道	龜州	三歧/金就礪 (1172-1234)		三妓		三妓革
金郊道	江陰		玉地	玉池	地(H디)/池(L디)	玉池江陰
金郊道	谷州		今勿	今勿		今勿谷州○今谷山
金郊道	谷州		泉頭	泉頭		泉頭谷州○右四處革
金郊道	牛峯		白原	白原		白原牛峯○右三處革
金郊道	平州		溫泉	溫泉		溫泉平州○革州皆作山
金郊道	俠溪		往谷	桎谷		桎谷俠溪
桃源道	金城		利嶺	梨嶺	利(R리,H리)/梨(L리)	梨嶺金城○革
桃源道	金化		金化縣驛	南驛		南驛改新化
桃源道	嵐谷		松開	松開		松間
桃源道	嵐谷		丹林	丹林		丹林右二處嵐谷○今屬淮陽幷革
桃源道	僧嶺		朔寧縣驛	朔寧驛		朔寧朔寧○革
桃源道	僧嶺		僧嶺縣驛	烽谷		烽谷僧嶺○今屬朔寧革
溟州道	蔚珍		召召	祖召	召(R쇼)/祖(H조)	革○右四處蔚珍
狻猊道	安西		楊溪	楊溪		楊溪革○右五處安西今海州
狻猊道	安西		嘉原	嘉栗		嘉栗革
雲中道	西京		長壽	長壽		長壽西京
雲中道	成州		長林	長林		長林成州

역도	주군	고려사 본문 및 기타	6과	22역도	글자 변화	대동지지
雲中道	順州		密田	密田		密田
雲中道	陽嵒		淸澗	淸澗		淸澗陽岩○右二處今陽德
雲中道	連州		長歡	長歡		長歡
雲中道	連州		長利	長梨	利(R리,H리)/梨(L리)	長梨
雲中道	慈州		善田	善田		善田
雲中道	慈州		金川	金川		金川右三處慈州州作山
雲中道	泰州		葦溪	葦溪		葦溪
岊嶺道	西京		雲峯	雲峯		雲峯右三處西京○竝革
岊嶺道	西京		新池	神地	池(L디)/地(H디)	神池
春州道	狼川		元貞	原貞	元(L원)/原(L원)	革○右四處狼川
春州道	沙川		臨川	臨川		
春州道	橫川		甘泉	甘泉		
興郊道	肅州		通寧	通德		通德肅川○今肅川○革
興郊道	寧州		興林	興材		興村
興郊道	永淸		迎德	迎德		迎德
興郊道	永淸		深源	深原	源(L원)/原(L원)	深源右二處永淸今永柔竝革
興化道	嘉州		安信	安信		安信嘉州○革今嘉山
興化道	龜州		城陽	城陽		城陽城作西革
興化道	龜州		大平	大平		大平革○右四處龜州今龜城
興化道	宣州		通陽	通陽		通陽革○宣州今宣川
興化道	鐵州		豐陽	豐陽		豐陽鐵州○革今鐵山
興化道	泰州		長興	長興		長興泰州○革今泰川
興化道	黃州		長若	長寧		長寧黃州○革
金郊道	平州	班石/高宗3 (1213-1259)	班石	班石		班石平州○革
雲中道	連州	豐端/高宗1 (1213-1259)	風湍	豐歲		豐歲右三處連州今价川

역도	주군	고려사 본문 및 기타	6과	22역도	글자 변화	대동지지
雲中道	連州	豊端/高宗1 (1213-1259)	風湍	豊歲		豊歲右三處連州今价川
雲中道	雲州	雲畔/玄德秀 (?-1215)	雲半	雲半	畔(R반)/ 半(R반,H반)	雲畔右二處雲州今雲山
雲中道	雲州	玉兒/文漢卿 (?-1226)	玉兒	玉兒		玉兒
雲中道	渭州	石牛/文漢卿 (?-1226)	石牛	石牛		石牛右二處渭州今寧邊
雲中道	慈州	通德/明宗1 (1170-1197)	通德	通德		通德
㟮嶺道	西京	高原/明宗1 (1170-1197)	高原	高原		高原
㟮嶺道	西京	懷蛟/宣宗4 (1083-1094), 懷蛟/志7-五行1	懷蛟	迴郊	懷(L회)/迴(L회), 蛟(L교)/郊(L교)	迴郊一作懷蛟西京○革
興郊道	博州	興郊/金就礪 (1172-1234)	興郊	興郊		興郊博州○今博川○革
興郊道	西京	林原/金就礪 (1172-1234)	林原	林原		林原

〈부록 2〉 22역도 이후 역명 변화 없는 것 164개

주군	역도명	고려사 본문	②	③	④	⑤	⑥	⑦	⑧	⑨	⑩
狶溪	溟州道		樂豊	樂豊		樂豊		樂豊		樂豊	樂豊
嘉林	忠清州道			靈楡		靈楡		靈楡		靈楡	靈楡
杆城	朔方道		青澗	清澗		清澗		清澗		清澗	清澗
甘泉	平丘道			幽洞	幽洞	幽洞		幽洞	幽洞	幽洞	幽洞
江城	山南道			新安	新安驛	新安					新安
江陰	金郊道	金郊/顯宗1 (1009-1031)	金郊	金郊		金郊				金郊	金郊
剛州	平丘道			平恩	平恩	平恩		平恩	平恩	平恩	平恩

주군	역도명	고려사 본문	②	③	④	⑤	⑥	⑦	⑧	⑨	⑩
剛州	平丘道			昌保	昌保	昌保		昌保	昌保	昌保	昌保
開城	狻猊道	狻猊/肅宗2 (1095-1105)		狻猊		狻猊				狻猊	狻猊
開城	青郊道	青郊/毅宗2 (1146-1170)		青郊		青郊				青郊	青郊
居寧	南原道			獒樹		獒樹					獒樹
巨濟	山南道			烏壤	烏壤	烏壤		烏壤	烏壤	烏壤	烏壤
居昌	山南道			星奇	星奇	星奇		星奇	星奇	星奇	星奇
京山	京山府			踏溪		踏溪		踏溪	踏溪	踏溪	踏溪
慶州	慶州道			奴谷	奴谷	路奴谷	奴谷	奴谷	奴谷	奴谷	奴谷
桂城	金州道			一門	一門			一門	一門	一門	一門
高令	京山府			安林	安林	安林		安林	安林	安林	安林
固城	山南道			春原	春原	春原					
高城	朔方道		高岑	高岑		高岑		高岑		高岑	高岑
高州	朔方道		鐵關	鐵關						鐵關	鐵關
高州	朔方道		通達	通達		通達				通達	通達
公州	全公州道			敬天		敬天		敬天		敬天	敬天
公州	忠淸州道	日新/沈暘 (충렬왕 시대)		日新		日新		日新		日新	日新
郭州	興化道		新安	新安		新安					
郭州	興化道		雲興	雲興		雲興				雲興	雲興
光陽	昇羅州道			蟾居		蟾居		蟾居		蟾居	蟾居
光州	昇羅州道			仙嚴		仙嚴		仙嚴		仙嚴	仙嚴
廣州	慶州道			德豊		德豊				德豊	德豊
廣州	慶州道			南山		南山		南山		南山	南山
廣州	慶州道	慶安/恭愍王2 (1351-1374)		慶安		慶安				慶安	慶安
廣州	平丘道			奉安		奉安				奉安	奉安

중국식 한자 지명 표기의 음가적 표음성과 비상관적 표의성 287

주군	역도명	고려사 본문	②	③	④	⑤	⑥	⑦	⑧	⑨	⑩
槐州	慶州道			丹月		丹月		丹月		丹月	丹月
槐州	慶州道			安富		安富		安富		安富	安富
金山	京山府			金泉	金泉	金泉		金泉	金泉	金泉	金泉
金城	桃源道		直木	直木		直木				直木	直木
金州	金州道			德山	德山	德山		德山	德山	德山	德山
金州	金州道			赤頂	赤項	赤項		赤項	赤項	赤項	赤項
金州	金州道	金谷/恭愍王6 (1351-1374)		金谷	金谷	金谷			金谷	金谷	金谷
南京	靑郊道	迎曙/恭愍王2 (1351-1374)		迎曙		迎曙				迎曙	迎曙
南京	春州道			仇谷		仇谷				仇谷	仇谷
南京	平丘道			平丘		平丘				平丘	平丘
南原	南原道			昌活		昌活		昌活		昌活	昌活
南海	山南道			德新				德新	德新	德新	德新
丹山	平丘道			長林		長林		長林		長林	長林
東州	桃源道		龍潭	龍潭		龍潭				龍潭	龍潭
東州	桃源道		田原	田原		田原					
登州	朔方道		朔安	朔安		朔安				朔安	朔安
羅州	昇羅州道			靑嚴		靑嚴		靑嚴		靑嚴	靑嚴
溟州	溟州道			丘山		丘山		丘山		丘山	丘山
溟州	溟州道		大昌	大昌		大昌		大昌		大昌	大昌
溟州	溟州道		木界	木界		木界				木界	木界
溟州	溟州道		安仁	安仁		安仁		安仁		安仁	安仁
溟州	溟州道	珍富/金遷 (충렬왕 시대)	珍富	珍富		珍富		珍富		珍富	珍富
茂松	昇羅州			靑松		靑松		靑松		靑松	靑松
務安	昇羅州道			淸淵		淸淵					
聞慶	尙州道			聊城		聊城		聊城	聊城	聊城	聊城
班城	山南道			富多	富多	富多		富多	富多	富多	富多

주군	역도명	고려사 본문	②	③	④	⑤	⑥	⑦	⑧	⑨	⑩
白州	狻猊道		金谷	金谷		金谷		金谷		金谷	金谷
甫州	尙州道			通明	通明	通明		通明	通明	通明	通明
峯城	青郊道			馬山		馬山				馬山	馬山
鳳州	岊嶺道	陶公/金就礪 (1172-1234)	陶工	陶工		陶工					
鳳州	岊嶺道	岊嶺/睿宗3 (1105-1122)	岊嶺	岊嶺		岊嶺					
奉化	平丘道			道深	道深	道深		道深	道深	道深	道深
比屋	尙州道			雙溪	雙溪	雙溪		雙溪	雙溪	雙溪	雙溪
三陟	溟州道		史直	史直		史直		史直		史直	史直
三陟	溟州道		龍化	龍化		龍化		龍化		龍化	龍化
三陟	溟州道		平陵	平陵		平陵		平陵		平陵	平陵
尙州	京山府道			洛陽	洛陽	洛陽		洛陽	洛陽	洛陽	洛陽
尙州	尙州道			洛東	洛東	洛東		洛東	落東	洛東	洛東
西京	岊嶺道	生陽/文宗1 (1046-1083)	生陽	生陽		生陽				生陽	生陽
西京	興郊道		安定	安定		安定				安定	安定
善州	京山 府道			安谷	安谷	安谷		安谷	安谷	安谷	安谷
宣州	興化道		林畔	林畔		林畔			林畔		林畔
松林	桃源道	桃源/高宗1 (1213-1259)		桃源		桃源				桃源	桃源
壽城	慶州道			凡於	凡於	凡於		凡於	凡於	凡於	凡於
水州	忠淸州道			長足		長足	長足			長足	長足
水州	忠淸 州道			菁好		菁好	青好			菁好	菁好
僧嶺	桃源道		洞陰 縣驛	洞陰 驛							
新昌	忠淸州道			昌德		昌德		昌德		昌德	昌德
岳陽	山南道			平沙	平沙	平沙		平沙		平沙	平沙

중국식 한자 지명 표기의 음가적 표음성과 비상관적 표의성 **289**

주군	역도명	고려사 본문	②	③	④	⑤	⑥	⑦	⑧	⑨	⑩
安德	尙州道			文居	文居	文居		文居	文居	文居	文居
安西	狻猊道		金剛	金剛		金剛		金剛		金剛	
安定	尙州道			安溪	安溪	安溪		安溪	安溪	安溪	安溪
安州	岊嶺道		金洞	金洞		金洞				金洞	金洞
楊根	平丘道			娛賓		娛賓				娛賓	娛賓
陽山	京山府道			順陽		順陽		順陽		順陽	順陽
梁州	金州道			黃山	黃山	黃山		黃山	黃山	黃山	黃山
梁州	金州道			渭川	渭川	渭川		渭川	渭川	渭川	渭川
襄州	溟州道			祥雲		祥雲		祥雲		祥雲	祥雲
襄州	溟州道		降仙	降仙		降仙		降仙		降仙	降仙
燕岐	忠淸州道			金沙				金沙		金沙	金沙
連山	全公州道			平川		平川		平川		平川	平川
列山	朔方道			雲根		雲根		雲根		雲根	雲根
塩州	狻猊道		深洞	深洞		深洞		深洞		深洞	深洞
靈山	金州道			溫井	溫井	溫井		溫井	溫井	溫井	溫井
靈岩	昇羅州道			永保		永保		永保		永保	永保
寧越	平丘道			延平		延平		延平		延平	延平
永州	慶州道			新驛	新驛	新驛					
禮山	忠淸州道			日興		日興		日興		日興	日興
禮州	慶州道			柄谷	柄谷	柄谷		柄谷	柄谷	柄谷	柄谷
玉果	南原道			大富		大富		大富		大富	大富
龍津	朔方道			長富		長富					
蔚州	金州道			肝谷	肝谷	肝谷		肝谷	肝谷	肝谷	肝谷
原州	平丘道			丹丘		丹丘		丹丘		丹丘	丹丘
原州	平丘道			神林		神林		神林		神林	神林
元興	朔方道			巨川		巨川					
陰竹	慶州道			無極		無極	無極			無極	無極
義城	尙州道			靑路	靑路	靑路		靑路	淸路	靑路	靑路

주군	역도명	고려사 본문	②	③	④	⑤	⑥	⑦	⑧	⑨	⑩
義安	金州道			自如	自如	自如		自如	自如	自如	自如
義興	尙州道			牛谷	牛谷	牛谷		牛谷	牛谷	牛谷	牛谷
仁州	靑郊道			重林		重林	重林		重林		重林
任實	南原道			烏原		烏原		烏原		烏原	烏原
臨坡	全公州道			蘇安		蘇安		蘇安		蘇安	蘇安
臨河	尙州道			松蹄	松蹄	松蹄		松蹄	松蹄	松蹄	松蹄
章山	慶州道			押梁	押梁	押梁		押梁			押梁
長成	昇羅州道			丹巖		丹巖		丹巖		丹巖	丹巖
積城	靑郊道	丹棗/智蔡文 (?-1026)		丹棗		丹棗				丹棗	丹棗
全州	全公州道	參禮/智蔡文 (?-1026)		參禮		蔘禮		蔘禮		參禮	參禮
定山	忠淸州道			楡楊		楡楊		楡楊		楡楊	楡楊
井邑	全公州道			川原		川原		川原		川原	川原
貞海	忠淸州道			夢熊		夢熊		夢熊		夢熊	夢熊
竹山	昇羅州道			別珍		別珍				別珍	別珍
竹州	慶州道			佐贊		佐贊	佐贊			佐贊	佐贊
竹州	慶州道			分行		分行	分行			分行	分行
中牟	京山府道			常平	常平	常平					
砥平	平丘道			田谷		田谷				田谷	田谷
稷山	忠淸州道			成歡		成歡		成歡		成歡	成歡
鎭溟	朔方道			朝東		朝東					
鎭安	山南道			丹嶺		丹嶺		丹嶺		丹嶺	丹嶺
晉州	山南道			平居	平居	平居		平居	平居	平居	平居
鎭州	忠淸州道			長楊		長楊	長楊	長楊		長楊	長陽
天安	忠淸州道			新恩		新恩		新恩		新恩	新恩
淸道	金州道			楡川	楡川	楡川		楡川		楡川	楡川
淸道	金州道			買田	買田驛	買田 新驛		買田		買田	買田

중국식 한자 지명 표기의 음가적 표음성과 비상관적 표의성 **291**

주군	역도명	고려사 본문	②	③	④	⑤	⑥	⑦	⑧	⑨	⑩
青松	狻猊道			維安		維安		維安		維安	維安
青陽	忠清州道			金井		金井		金井		金井	金井
清州	忠清州道			雙樹		雙樹		雙樹		雙樹	雙樹
清州	忠清州道			猪山		猪山		猪山		猪山	猪山
清風	平丘道			安陰		安陰		安陰		安陰	安陰
春州	春州道		保安	保安		保安		保安		保安	保安
春州	春州道		富昌	富昌		富昌		富昌		富昌	富昌
春州	春州道		仁嵐	仁嵐		仁嵐		仁嵐		仁嵐	仁嵐
忠州	平丘道			連原		連原		連原		連原	連原
七元	金州道			靈浦		靈浦		靈浦		靈浦	靈浦
泰山	全公州道			居山		居山		居山		居山	居山
平州	金郊道		安城	安城		安城				安城	安城
平州	金郊道	寶山/高宗3 (1213-1259)	寶山	寶山		寶山				寶山	寶山
抱州	春州道		雙谷	雙谷		雙谷					
豐山	尙州道			安郊	安郊	安郊		安郊	安郊	安郊	安郊
豐歲	忠清州道			金蹄		金蹄		金蹄		金蹄	金蹄
咸昌	尙州道			德通	德通	德通		德通	德通	德通	德通
陝州	山南道			勸賓	勸賓	勸賓		勸賓	勸賓	勸賓	勸賓
合浦	金州道			近珠	近珠	近殊		近珠	近珠	近珠	近珠
海平	尙州道			上林	上林	上林		上林	上林	上林	上林
見州	青郊道			綠楊						綠楊	綠揚
虎溪	尙州道			幽谷	幽谷	幽谷		幽谷	幽谷	幽谷	幽谷
黃利	平丘道			新津		新津				新津	新津
黃州	岊嶺道		丹林	丹林		丹林				丹林	
黃州	岊嶺道	洞仙/毅宗2 (1146-1170)	洞仙	洞仙		洞仙				洞仙	洞仙
橫川	溟州道			烏原		烏原		烏原		烏原	烏原

주군	역도명	고려사 본문	②	③	④	⑤	⑥	⑦	⑧	⑨	⑩
橫川	春州道			含春		含春		含春		含春	含春
橫川	春州道		蒼峯	蒼峯		蒼峯		蒼峯		蒼峰	蒼峯
興州	平丘道			昌樂					昌樂		昌樂
七元	金州道			昌仁		昌仁		昌仁		昌仁	昌仁

〈부록 3〉 앞글자만 글자의 변화를 보인 것

글자 변화	한자음	주군	역도명	고려사 본문 및 기타	②	③	④
嘉/可	嘉(L가) /可(R가,H가)	忠州	平丘道			嘉興	
嘉/加	嘉(L가)/加(L가)	陽城	忠淸州道	加川/王安德 (?-1392)		嘉川	
嘉/加	嘉(L가)/加(L가)	和順	昇羅州道			嘉林	
敬/景	敬(R경, H경) /景(R경, H경)	光州	昇羅州道			敬陽	
孤/高	孤(L고)/高(L고)	衛山	朔方道		孤山	孤山	
苽/瀛	苽(L과)/瀛(L영)	古阜	全公州道			苽原	
管/館	관(L관,R광, H광) 管(H관)/館(H관)	俠溪	金郊道	冠山 (1213-1259), /高宗3管山 /金富軾 (1075-1151)	管山	管山	
灌/官	灌(R관,H관) /官(L관)	泗州	山南道			灌栗	官栗
汲/級	汲(H급)/級(H급)	伊山	忠淸州道			汲泉	
藍/嵐 /南	藍(L람)/嵐(L남)	文州	朔方道		藍山	嵐山	
蘆/蘆	蘆(L로)/蘆(L로)	南京	靑郊道	蘆原/肅宗1 (1095-1105)		蘆原	
綠/祿	綠(H록)/祿(H록)	靈光	昇羅州道			綠沙	

글자 변화	한자음	주군	역도명	고려사 본문 및 기타	②	③	④
獺/達	獺(H달)/達(H달)	清巨	山南道			獺溪	
大/太	大(R대)/太(H태)	金州	金州道	太山/禹仁烈 (1325-1392)		大驛	大山
同/冬	同(L동)/冬(L동)	連谷	溟州道		同德	同德	
藤/登	藤(L등)/登(L등)	臨道	朔方道			藤路	
淥/祿	淥(O)/祿(H록)	海南	昇羅州道			淥山	
盤/半	盤(L반)/半(R반,H반)	全州	山南道			盤石	
芳/方	芳(L방)/方(L방)	溟州	溟州道	芳林/辛禑3 (1388)	芳林	芳林	
伯/白	伯(H빅)/白(H빅)	砥平	平丘道			伯冬	
寶/奉	寶(R보)/奉(R봉)	瑞谷	朔方道	寶龍/崔均 (?-1174), 寶龍/趙暉 (1258년 경), 伏龍/顯宗1 (1009-1031)	寶龍	寶龍	
桑/雙	桑(R상)/雙(L상, L솽)	豐壤	春州道		桑樹	桑樹	
小/召	小(R쇼)/召(R쇼)	晉州	山南道	少男/斷俗寺大鑑國師碑 (1172)		小男	召南
壽/水	壽(H슈,R슈)/水(H슈, R슈)	清風	平丘道			壽山	
守/水	守(H슈,R슈)/水(H슈, R슈)	多仁	尙州道			守山	水山
壽/守/水	壽(H슈,R슈)/守(H슈,R슈)/水(거성슈,R슈)	蔚珍	溟州道		壽山	壽山	
新/神	新(L신)/神(L신)	黃利	平丘道			新興	
樂/落/洛	樂(H악)/落(H락)	富有	南原道			樂水	

글자 변화	한자음	주군	역도명	고려사 본문 및 기타	②	③	④
鶯/鸎	鶯(0)/鸎(L잉)	伊城	全公州道			鶯谷	
靈/令	靈(L령) /令(H령,R령,L령)	丹山	平丘道			靈泉	
烏/吾	烏(L오)/吾(L오)	鐵冶	昇羅州道			烏林	
遙/龍 /用	遙(L요)/龍(L룡, L롱)/用(R용·)	陰城	慶州道	用安/忠烈王2 (1274-1308)		遙安	
原/圓	原(L원)/圓(L원)	延州	雲中道	原林/金就礪 (1172-1234)		圓林	
源/原	源(L원)/原(L원)	三陟	溟州道		沃源	沃原	
猿/元 /原	猿(L원)/元(L원)	報令	京山府道			猿岩	
幽/由	幽(L유)/由(L유)	原州	平丘道			幽原	
維/唯	維(L유) /唯(L유,R유,H유)	新豊	忠淸州道			維鳩	
銀/恩	銀(L은)/恩(L은)	扶餘	忠淸州道			銀山	
銀/應	銀(L은) /應(R응·,H응,L응·)	南原	南原道			銀嶺	
理/時	理(R리,H리) /時(L시)	溫水	忠淸州道			理興	
印/引	印(H인) /引(H인,R인)	雲峯	南原道	印月/邊安烈 (1334-1390), 引月/연표 辛禑五年 引月/辛禑		印月	
仁/人	仁(L신,L인) /人(L신,L인)	綾城	昇羅州道			仁物	
溢/隘	溢(H일) /隘(H익,H익)	雲嵒	朔方道			溢守	
材/才	材(L지)/才(L지)	咸悅	全公州道			材谷	
貞/田	貞(L뎡)/田(L뎐)	懷德	全公州道			貞民	
竈/召	竈(R조)/召(R쇼·)	晉州	山南道			竈村	召寸

중국식 한자 지명 표기의 음가적 표음성과 비상관적 표의성 **295**

글자 변화	한자음	주군	역도명	고려사 본문 및 기타	②	③	④
曹/召	曹(L조)/召(R쇼)	孝令	尙州道			曹溪	召溪
增/曾	增(L증)/曾(L증)	管城	京山府道			增若	
智/知	智(H디,R디) /知(L디,H디)	龍宮	尙州道			智保	知保
淸/靑	淸(L쳥)/靑(L쳥)	永州	慶州道			淸通	淸通
泰/大	泰(R태)/大(R대)	安昌	朔方道			泰康	
通/東	通(L통)/東(L동)	長州	朔方道			通歧	
通/東	通(L통)/東(L동)	南原	南原道			通道	

⑤	⑥	⑦	⑧	⑨	⑩	근거
嘉興				可興	嘉興	
加川	加川			加川	加川	〈대동〉陽城○嘉作加
加林		加休		加林	加林	嘉今作加○和順
景陽		景陽		景陽	景陽	〈대동〉今作景陽○右二處光州
高山				高山	高山	〈대동〉孤山孤作高○衛山〈세종〉옛 이름은 孤山이니.
瀛原		瀛原		瀛原	瀛原	〈대동〉古阜○今改瀛原
				舘山		〈대동〉管山俠溪○一作冠上○今新溪
灌栗		官栗	官栗	官栗	官栗	〈대동〉灌作官○泗川
汲泉		汲泉		汲泉	級泉	〈대동〉伊山○今德山
南山				南山	南山	〈대동〉嵐山嵐作南○登州〈세종〉예전에는 藍山이라 하였는데·
蘆原				蘆原	蘆原	
祿沙		綠沙		綠沙	綠沙	〈대동〉靈光
達溪		達溪		達溪	達溪	〈대동〉獺作達○淸渠今龍潭
大山 新驛		大山	大山	大山	太山	〈대동〉改太山○右五處金州州作海
冬德		冬德		冬德	冬德	〈대동〉同作冬○連谷○右二處今屬溟州
藤路		登路		登路	藤路	〈대동〉藤路臨道

⑤	⑥	⑦	⑧	⑨	⑩	근거
祿山				綠山	綠山	〈대동〉淥今作綠 ○ 海南
牛石		牛石		牛石	牛石	〈대동〉盤作牛 ○ 全州
芳林		方林		方林	芳林	
白冬				白冬	白冬	〈대동〉今作白冬 ○ 右二處砥平
奉龍				奉龍	奉龍	〈대동〉寶龍實作奉 ○ 瑞谷 〈세종〉예전에는 寶龍이라 하였다.·
雙樹				雙樹	雙樹	〈대동〉今楊州雙樹
召南新驛		小南	小南	小南	召南	〈대동〉作召南右四處晉州 〈신증〉召南院 소남역 곁에 있다.
壽山				水山	壽山	〈세종〉壽를 잘못 水로 하였다.·
守山	水山	守山	守山	守山	守山	〈대동〉多仁 ○ 今醴泉
守山		水山		守山	守山	〈대동〉壽作守 〈세종〉옛 이름은 壽山이다
神興		新興		新興	神興	〈대동〉原州
落水				洛水	洛水	〈대동〉樂作洛 ○ 右二處富有今屬順天
鶯谷		鶯谷		鶯谷	黑谷	〈대동〉伊城 ○ 今全州
靈泉	令泉	靈泉		令泉	靈泉	〈세종〉세속에서 令泉이라 한다.·
烏林	吾林	烏林		烏林	烏林	〈대동〉鐵冶 ○ 今屬南平
龍安	用安	用安		用安	用安	
						〈대동〉圓林延州 ○ 今寧邊
沃原		沃原		沃原	沃原	〈대동〉右五處三陟
元巖	原巖	原巖		原巖	元巖	〈대동〉猿作元
由原		由原		由原	由原	〈대동〉今作由原 ○ 原州 〈세종〉본래 幽原
維鳩	唯鳩	惟鳩		維鳩	維鳩	〈대동〉新豐 ○ 今公州
恩山		銀山		恩山	恩山	〈대동〉銀今作恩. ○ 扶餘
銀嶺		應嶺		應嶺	應嶺	〈대동〉銀作應
時興		時興		時興	時興	〈대동〉溫水 ○ 今溫陽時興 〈세종〉예전에는 理興이라 했다. 〈신증〉옛날에는 理興驛이라 호칭하였는데
引月		引月		引月	引月	

⑤	⑥	⑦	⑧	⑨	⑩	근거
人物		人物		人物	仁物	〈대동〉陵城○今綾州
				隘守		〈대동〉隘守革○雲林今文川移高原
才谷				村谷	才谷	〈대동〉咸悅○材作才
貞民	田民	田民		田民	貞民	〈대동〉懷德貞今作田 〈세종〉세속이 잘못 田民이라 한다.
因村		召村	召村	召村	召村	〈대동〉竃作召
召溪		召溪			召溪	〈대동〉曹作召○孝靈今軍威
增若	增若	曾若		增若	增若	〈대동〉管城○今沃川
智保		知保	知保	知保	知保	〈대동〉智作知○龍宮
淸通		淸通	淸通	靑通	淸通	
大康		大江		大康	大康	〈대동〉泰康泰作大○安昌右二處今高城
東岐						〈대동〉通歧右二處長州
通道		東道		東道	東道	〈대동〉通作東○右三處南原

〈부록 4〉 뒷글자만 글자의 변화를 보인 것

글자 변화	한자음	주군	역도명	고려사 본문 및 기타	②	③	④
剛/江	剛(L강)/江(L강)	平丘道	淸風			黃剛	
雞/溪	雞(L계)/溪(L계)	桃源道	章州		玉雞	玉溪	
橋/交	橋(L교)/交(L교)	溟州道	溟州		雲橋	雲橋	
淇/溪	淇(L기)/溪(L계)	京山府道	加利			茂淇	茂溪
基/奇	基(L기)/奇(L기)	尙州道	安東			安基	安奇
寧/令	寧(L녕)/令(H령,R령,L령)	山南道	鎭海			常寧	
覃/潭/葚	覃(0)/潭(L담)/葚(R심)	南原道	九皐			葛覃	
同/洞	同(L동)/洞(R동)	春州道	朝宗			連同	

글자 변화	한자음	주군	역도명	고려사 본문 및 기타	②	③	④
同/洞	同(L동)/洞(R동)	京山 府道	永同			會同	
蘿/羅	蘿(L라)/羅(L라)	慶州道	淸河			松蘿	松羅
粮/糧	粮(0)/糧(L량)	溟州道	旌善			餘粮	
領/嶺	領(H령,R령) /嶺(R령)	慶州道	龍駒	金嶺/忠烈王3 (1274-1308)		金領	
里/利	里(R리) /利(R리,H리)	昇羅 州道	黃原			南里	
隣/麟	隣(L린)/麟(L린)	山南道	嘉樹			有隣	
目/睦	目(H목)/睦(H목)	尙州道	安德.			和目	和睦
坊/防	坊(L방)/防(L방)	朔方道	雲嵒			巨坊	
富/府	富(R부,H부) /府(H부, R부)	溟州道	蔚珍		興富	興府	
比/庇	比(R비, H비) /庇(X:비)	慶州道	杞溪			仁比	仁庇
桑/雙	桑(R상) /雙(L상, L솽)	京山 府道	開令.			扶桑	扶雙
世/時	世(R세)/時(L시)	忠淸 州道	牙州			長世	
世/時	世(R세) /時(청성:시)	忠淸 州道	大興			光世	
壽/水	壽(H슈,R슈) /水(H슈, R슈)	平丘道	平昌			樂壽	
守/壽 /水	守(H슈,R슈) /壽(H슈,R슈) /水(H슈, R슈)	慶州道	新寧			長守	長守
樹/守 /水	樹(H슈) /守(H슈,R슈) /水(H슈, R슈)	山南道	晉州	淸水驛/吉敏修 (?-1390)		正樹	正守
新/申	新(L신)/申(L신)	昇羅 州道	珍原			永新	

중국식 한자 지명 표기의 음가적 표음성과 비상관적 표의성 **299**

글자 변화	한자음	주군	역도명	고려사 본문 및 기타	②	③	④
新/申	新(L신)/申(L신)	昇羅 州道	光陽			益新	
新/申	新(L신)/申(L신)	南原道	谷城			知新	
新/神	新(L신)/神(L신)	溟州道	蔚珍		德新	德新	
也/野	也(R야, H야) /野(R야)	金州道	昌寧			內也	內也
梁/陽	梁(L량)/陽(L양)	春州道	狼川		山梁	山梁	
堰/彦	堰(R언)/彦(R언)	京山 府道	京山			安堰	安彦
嶺/翎	嶺(R령)/翎(L령)	桃源道	淄州		白嶺	白嶺	
元/原	元(L원)/原(L원)	朔方道	永興			平元	
元/原	元(L원)/原(L원)	全公 州道	進禮			濟元	
原/源	原(L원)/源(L원)	尙州道	尙州			洛原	洛原
原/院 /元	原(L원)/院(R원) /元(L원)	山南道	河東			栗原	栗原
輪/倫	輪(L륜)/倫(L륜)	靑郊道	樹州			金輪	
麟/珍	麟(O)/珍(R딘)	朔方道	麥猳			養麟	
材/才	材(L지)/才(L지)	全公 州道	厲陽			良材	
材/才	材(L지)/才(L지)	全公 州道	金堤			內材	
梓/才	梓(R지)/才(L지)	慶州道	果州			良梓	
嶠/橋 /校	嶠(O)/橋(L교) /校(R교)	春州道	瑞禾		嵐嶠	嵐橋	
丁/汀	丁(L뎡)/汀(L뎡)	狻猊道	安西		望丁	望汀	
庭/程	庭(L뎡)/程(L뎡)	忠淸 州道	公州			廣庭	
蹄/池	蹄(L뎨)/池(L디)	靑郊道	高峯	碧蹄/邊安烈 (1334-1390)		碧池	

글자 변화	한자음	주군	역도명	고려사 본문 및 기타	②	③	④
曹/召	曹(L조)/召(R쇼)	尙州道	臨河			琴曹	琴召
之/芝	之(L지)/芝(L지)	金州道	淸道			西之	西之
川/泉	川(L천)/泉(L천)	金郊道	洞州	龍川/康兆 (?-1010), 龍泉/食貨 文宗 15	龍泉	龍泉	
川/泉	川(L천)泉(L천)	金州道	彦陽			德川	
淸/靑	淸(L쳥)/靑(L쳥)	昇羅州道	兆陽			波淸	
村/寸	村(L촌)/寸(R촌)	山南道	居昌			茂村	茂村
春/川	春(L춘)/川(L천)	朔方道	長州	長春/尹瓘 (?-1111)		長春	
坦/端/丹	坦(R탄)/端(L단)/丹(L단)	溟州道	溟州			高坦	
波/破	波(L파,L바)/破(R파)	尙州道	義城			鐵波	鐵破
苞/泡	苞(L포)/泡(L포)	朔方道	杆城		竹苞	竹苞	
庖/包	庖(L포)/包(L포)	全公州道	雲梯			玉庖	
風/豊	風(L풍)/豊(L풍)	京山府道	御侮			秋風	秋豊
鄕/向	鄕(L향,R향,H향)/向(R향)	京山府道	八莒			水鄕	水向驛
化/花	化(R화,H화)/花(L화)	平丘道	川寧			楊化	
和/化	和(L화)/化(R화,H화)	溟州道	溟州		大和	大化	
和/化	和(L화)/化(R화,H화)	忠淸州道	水州			同和	
火/化	火(R화,H화)/化(R화,H화)	京山府道	花園			舌火	舌化

⑤	⑥	⑦	⑧	⑨	⑩	근거
黃江	黃江	黃江		黃江	黃江	〈대동〉剛今作江 〈세종〉江을 예전에는 剛이라 하였다.
				玉溪	玉溪	〈대동〉玉溪漳州○今漣川
雲交		雲交		雲交	雲橋	〈대동〉橋作校○右六處溟州今江陵
茂溪					茂溪	〈대동〉淇作溪○加利○今星州
安奇		安奇	安奇	安奇	安奇	〈대동〉基作奇右二處安東
德基		德奇		德奇	德奇	〈대동〉潭陽
常令		常令	常令	常令	常令	〈대동〉寧作令○鎭海
葛潭		葛覃		葛覃	葛覃	〈대동〉九皐今屬任實 〈세종〉어떤 데에는 覃이다.
連洞				連洞	連洞	〈대동〉朝宗○今加平連洞
會同		會洞		會同	會同	
松羅	松羅	松羅	松个	松羅	松羅	
餘糧		餘糧		餘粮	餘粮	
	金嶺			金嶺	金嶺	〈대동〉龍駒今龍仁領作嶺
		南利		南利	南利	〈대동〉里今作利○黃原○右二處今南海
有隣		有隣	有麟	有麟	有麟	
和睦		和目	和目	和睦	和睦	〈대동〉目作睦○安德右二處今青松
巨防				巨防		〈대동〉巨坊革
興富		興富		興富	興富	〈대동〉府作富〈세종〉옛 이름은 興府이다.
仁庇		仁庇	仁庇	仁庇驛	仁庇	〈대동〉比作庇○杞溪今屬慶州
扶桑		扶雙	扶桑	扶雙	扶桑	
長時		長時		長時	長時	〈대동〉世作時牙州州作山 〈세종〉예전에는 長世라 했다.
光世		光時		光時	光時	〈대동〉世作時○大興
藥水		藥水		藥水	藥水	〈대동〉今改藥水○平昌
長壽		長水	長守	長水	長壽	〈대동〉守作水○新寧
正守		正守	正水	正守	正守	〈대동〉樹作守

⑤	⑥	⑦	⑧	⑨	⑩	근거
永新		永申		永申	永申	〈대동〉珍原○今屬長城
益申		益申		益申	益申	〈대동〉新一作申
知申		知申		知申	知申	〈대동〉新作申○谷城
德神		德神		德神	德神	〈세종〉옛 이름은 德新이다. ·
內也		內也	內也	內野	內野	〈대동〉昌寧○也作野睍改
山陽		山陽		山陽	山陽	〈대동〉今改山陽 〈세종〉옛날 上梁인데, 어떤 문부에는 山梁으로되었다.
安偃		安彦	安彦	安彦	安偃	〈대동〉堰作偃
白翎				白嶺	白嶺	〈대동〉白嶺湍州○今長湍 〈세종〉속칭 百嶺임.
平原				平原		〈대동〉平元永興 〈세종〉옛 문적에는 原이 元으로 되어 있고
濟原		濟原		濟原	濟原	〈대동〉進禮○今錦山濟原
洛源		洛原	洛原驛	洛源	洛源	〈대동〉原作源
栗原		栗院	栗院	栗元	栗原	
金輪	金輪			金倫	金輪	〈대동〉樹州○今富平
養珍		養珍		養珍	養珍	〈대동〉養麟麟作珍○㕘狼 〈신증〉고성군 역원 양진역(養珍驛) 옛 환가현(㕘狼縣)에 있다.
良才		良才		良才	良才	〈대동〉礪陽○今礪山良才
內才		內才		內才	內才	〈대동〉材作才○右二處金堤
良才	良才			良才	良才	〈대동〉果州州今作川後屬廣州今果川 〈신증〉이규보(李奎報)의 문집에는 양재(楊梓)라고 일컬었는데
嵐校		嵐校		嵐校	嵐校	〈대동〉瑞和○今麟蹄
望汀		望汀		望汀	望汀	〈대동〉望汀
廣程	廣程	廣程		廣程	廣程	〈대동〉庭今作程
碧蹄				碧蹄	碧蹄	〈대동〉高峯○今高陽碧蹄
琴召		琴召	琴召	琴召	琴召	曹作召

⑤	⑥	⑦	⑧	⑨	⑩	근거
西之		西之		西芝	西芝	〈대동〉之作芝 〈세종〉예전에는 舌之이다. ·
龍泉				龍泉	龍泉	〈대동〉龍泉洞州○今瑞興
德川		德泉	德川	德泉	德川	〈대동〉彦陽 〈세종〉시속에서 그릇 德泉으로 쓴다.
波青		波清		波青	波青	〈대동〉清一作青青兆陽○右三處今寶城
茂村		茂村	茂寸	茂村	茂村	
長川						〈대동〉長春
高端		高丹		高丹	高端	〈대동〉坦作端○右四處溟州
鐵破		鐵破	鐵破	鐵坡	鐵破	〈대동〉義城
竹苞		竹泡		竹苞	竹苞	〈대동〉竹苞杆城
玉包		玉包		玉包	玉包	〈대동〉雲梯○今高山玉泡
秋風		秋豐	秋豐	秋豊	秋豐	〈대동〉風作豐○禦侮今金山
						〈대동〉革
楊花				楊花	楊花	〈대동〉今作楊花○川寧今驪州 〈세종〉예전에는 楊化라 하였다.
大和		大和		大和	大和	〈대동〉化作和
同化	同化			同化	同化	
舌化		舌化		舌化	舌火	〈대동〉花園○今大邱

〈부록 5〉 두 글자 바뀐 것 중 앞글자 바뀐 것

글자 변화	한자음	주군	역도명	고려사 본문 및 기타	②	③	④
家/駕	家(L가)/駕(R가)	密城	金州道			用家	龍駕
柯/可	柯(L가) /可(R가,H가)	三陟	溟州道		喬柯	橋柯	
駒/丘	駒(L구)/丘(L구)	洞山	溟州道		驍駒	驍駒	
男/南	男(L남)/南(L남)	宜寧	山南道			知男	
瑠/奴	瑠(R노)/奴(L노)	麟蹄	春州道		瑪瑠	瑪瑠	

글자 변화	한자음	주군	역도명	고려사 본문 및 기타	②	③	④
湍/丹	湍(L단)/丹(L단)	平康	桃源道		林湍	臨湍	
頓/屯	頓(R돈, H돈)/屯(L둔)	固城	山南道			排頓	背屯
粮/糧/郞	粮(O)/糧(L량)/郞(H랑)	鎭州	忠淸州道			堆粮	
里/利	里(R리)/利(R리,H리)	南平	昇羅州道			廣里	
騏/麟	騏(O)/麟(L린)	平州	金郊道		驥騏	騏麟	
沙/紗	沙(L사)/紗(L사)	昆明	山南道			浣沙	完沙
燧/水	燧(H슈)/水(H슈, R슈)	求禮	南原道			鑽燧	
繩/生	繩(L승)/生(L싱)	守安	靑郊道			從繩	
新/昇	新(L신)/昇(O)	樂安	昇羅州道			樂新	
新/申	新(L신)/申(L신)	務安	昇羅州道			慶新	
新/申	新(L신)/申(L신)	寶城	昇羅州道			嘉新	
良/梁	良(L량)/梁(L량)	慶州	慶州道	暮梁/朴仁碩墓誌銘(1212)		牟良	毛良
人/仁	人(L신,L인)/仁(L신,L인)	楊口	春州道		遂人	遂仁	
池/知	池(L디)/知(L디,H디)	鶴浦	朔方道			瑤池	
塵/珍	塵(L딘)/珍(R딘)	雲嵒	朔方道			超塵	
淸/靑	淸(L쳥)/靑(L쳥)	安西	狻猊道		淸湍	淸端	
春/川	春(L춘)/川(L쳔)	狼川	春州道		芳春	芳春	
波/坡	波(L파,L바)/坡(L파)	臨津	靑郊道			通波	
波/坡	波(L파,L바)/坡(L파)	南京	靑郊道			淸波	
鄕/香	鄕(L향,R향,H향)/香(L향)	善州	尙州道			連鄕	迎香

중국식 한자 지명 표기의 음가적 표음성과 비상관적 표의성

⑤	⑥	⑦	⑧	⑨	⑩	근거
龍駕		龍駕	龍駕	龍駕	龍駕	〈대동〉改龍駕右三處密城城作陽 〈세종〉예전에는 用家이다.·
交可		交可		交柯	交柯	〈대동〉橋作交 〈세종〉옛 이름은 橋河
麟丘		麟丘		麟丘	麟丘	〈대동〉作麟邱右四處襄州
知南		知南	知南	知南	智南	〈대동〉作指南宜寧
馬奴		馬奴		馬奴	馬奴	〈대동〉麟蹄改馬奴
林丹				林丹	丹林	〈대동〉臨湍平康一作林丹
		背屯	背屯	背屯	背屯	〈대동〉改背屯
堆糧	台郎	台郎		台郎	台郎	〈대동〉今作台卽鎭州州作川 〈세종〉옛 이름은 퇴량堆糧인데
廣里	廣里	廣利		光利	廣里	〈대동〉南平
麒麟		麒麟		麒麟	麒麟	〈대동〉騏麟平州騏今作麒
浣沙		完沙	宛沙	浣沙	浣紗	〈대동〉昆明今昆陽 〈세종〉본래는 南海島德新驛이었는데, 왜적으로 인하여 육지로 나왔다.
潺水		潺水		潺水	潺水	〈대동〉改潺水求禮
	種生			終生	終生	〈대동〉守安今通津終生
樂新		樂昇		洛昇	洛昇	〈대동〉今作洛昇樂安
慶新		景申		景申	景申	〈대동〉慶今作景
可申		可申		可申	可申	〈대동〉今作可申寶城 〈세종〉옛 이름은 嘉申이다.
毛良		毛良	毛良	毛良	车梁	〈대동〉良作梁 〈세종〉예전에는 车良이라 하였다.
水仁		水仁		水仁	水仁	〈대동〉楊口
要知						〈대동〉瑤池革鶴浦 〈세종〉예전에는 瑤地라 하였는데
朝珍		朝珍		朝珍	朝珍	〈대동〉超塵作朝珍雲岩右二處今通川 〈세종〉옛 이름은 超塵이다.
青丹		青丹		青丹	青丹	〈대동〉清端今青丹
方川		方川		方川	方川	〈대동〉今改芳川 〈세종〉옛 이름은 芳春

⑤	⑥	⑦	⑧	⑨	⑩	근거
東坡				東坡	東坡	〈대동〉臨津今長湍東坡 〈세종〉또는 通坡라 한다.
靑坡				靑坡		〈대동〉南京今京都靑坡
迎香		迎香	迎香	延香	迎香	〈대동〉改迎香

〈부록 6〉 두 글자 모두 바뀐 것 중 뒷글자 바뀐 것

글자 변화	한자음	주군	역도명	고려사 본문 및 기타	②	③	④
嘉/可	嘉(L가) /可(R가,H가)	寶城	昇羅州道			嘉新	
慶/景	慶(R경) /景(R경,H경)	務安	昇羅州道			慶新	
廣/光	廣(R광)/光(L광)	南平	昇羅州道			廣里	
喬/橋	喬(O)/橋(L교)	三陟	溟州道		喬柯	橋柯	
驍/騏	驍(H긔)/騏(O)	平州	金郊道		驍㻓	騏麟	
騶/麟	騶(O)/麟(L린)	洞山	溟州道		騶駒	驎駒	
湍/靑	湍(L단)/丹(L단)	安西	狻猊道		淸湍	淸端	
瑪/馬	瑪(R마)/馬(R마)	麟蹄	春州道		瑪瑙	瑪瑙	
牟/毛	牟(L모)/毛(L모)	慶州	慶州道	暮梁/朴仁碩墓 誌銘(1212)		牟良	毛良
芳/方	芳(L방)/方(L방)	狼川	春州道		芳春	芳春	
排/背	排(L비)/背(R비)	固城	山南道			排頓	背屯
遂/水	遂(H슈) /水(H슈, R슈)	楊口	春州道		遂人	遂仁	
樂/洛	樂(H악)/洛(H락)	樂安	昇羅州道			樂新	
連/迎	連(L련) /迎(L영, L연, R영, H영)	善州	尙州道			連鄕	迎香
浣/完	浣(R완)/完(L완)	昆明	山南道			浣沙	完沙

글자 변화	한자음	주군	역도명	고려사 본문 및 기타	②	③	④
瑤/要	瑤(L요) /要(R요,H요,L요)	鶴浦	朔方道			瑤池	
用/龍	用(R용, H용) /龍(L룡, L롱)	密城	金州道			用家	龍駕
林/臨	林(L림) /臨(L림, R림)	平康	桃源道		林湍	臨湍	
從/種 /終	從(L종,R종) /種(R종)/終(L종)	守安	青郊道			從繩	
知/智	知(L디,H디) /智(H디,R디)	宜寧	山南道			知男	
鑽/潺	鑽(L찬,R전) /潺(0)	求禮	南原道			鑽燧	
清/青	清(L청)/青(L청)	南京	青郊道			清波	
超/朝	超(L됴)/朝(L됴)	雲嵒	朔方道			超塵	
通/東	通(L통)/東(L동)	臨津	青郊道			通波	
堆/台	堆(X:뙤)/台(L티)	鑽州	忠清州道			堆粮	

⑤	⑥	⑦	⑧	⑨	⑩	근거
可申		可申		可申	可申	〈대동〉今作可申寶城 〈세종〉옛 이름은 嘉申이다.
慶新		景申		景申	景申	〈대동〉慶今作景
廣里	廣里	廣利		光利	廣里	〈대동〉南平
交可		交可		交柯	交柯	〈대동〉橋作交 〈세종〉옛 이름은 橋河
麒麟		麒麟		麒麟	麒麟	〈대동〉駉麟平州駉今作麒
麟丘		麟丘		麟丘	麟丘	〈대동〉作麟邱右四處襄州
青丹		青丹		青丹	青丹	〈대동〉清端今青丹
馬奴		馬奴		馬奴	馬奴	〈대동〉麟蹄改馬奴
毛良		毛良	毛良	毛良	车梁	〈대동〉良作梁 〈세종〉예전에는 车良이라 하였다.
方川		方川		方川	方川	〈대동〉今改芳川 〈세종〉옛 이름은 芳春

⑤	⑥	⑦	⑧	⑨	⑩	근거
		背屯	背屯	背屯	背屯	〈대동〉改背屯
水仁		水仁		水仁	水仁	〈대동〉楊口
樂新		樂昇		洛昇	洛昇	〈대동〉今作洛昇樂安
迎香		迎香	迎香	延香	迎香	〈대동〉改迎香
浣沙		完沙	宛沙	浣沙	浣紗	〈대동〉昆明今昆陽 〈세종〉본래는 南海島 德新驛이었는데, 왜적으로 인하여 육지로 나왔다.
要知						〈대동〉瑤池革鶴浦 〈세종〉예전에는 瑤地라 하였는데.
龍駕		龍駕	龍駕	龍駕	龍駕	〈대동〉改龍駕右三處密城作陽 〈세종〉예전에는 用家이다.
林丹				林丹	丹林	〈대동〉臨溘平康一作林丹
	種生			終生	終生	〈대동〉守安今通津終生
知南		知南	知南	知南	智南	〈대동〉作指南宜寧
潺水		潺水		潺水	潺水	〈대동〉改潺水求禮
靑坡				靑坡		〈대동〉南京今京都靑坡
朝珍		朝珍		朝珍	朝珍	〈대동〉超塵作朝珍雲岩右二處今通川 〈세종〉옛 이름은 超塵이다.
東坡				東坡	東坡	〈대동〉臨津今長湍東坡 〈세종〉또는 通坡라 한다.
堆糧	台郞	台郞		台郞	台郞	〈대동〉今作台郞鎭州州作川 〈세종〉옛 이름은 堆糧이다.

4부

조선 시대의 지명

韓國 固有漢字의 發達

地名의 후부 요소 表記를 중심으로

1. 序言

漢字를 借用하여 우리말을 표기한 방법이 三國時代부터 발달하였음은 주지의 사실이다. 이러한 漢字 借字表記法에는 漢字의 訓을 이용하여 우리말을 표기한 訓借 表記法과 한자의 音을 이용하여 우리말을 표기한 音借 表記法이 있음[1]도 널리 알려진 사실이다. 그런데 우리 고유의 人名, 地名, 官職名, 조사와 어미 등을 한자를 차용하여 표기할 때, 漢字로는 우리 고유의 뜻을 표기할 수 없는 경우가 있다. 이 경우에 한자의 文字 形式을 빌려 한국 固有의 借字表記字를 만들어 우리말을 표기하게 된다. 또 南豊鉉(1989: 102-106)에 따르면 차자 표기 체계의 발달로 漢字에 없는 한국 고유의 자형이 발생되기도 한다.

한국 고유의 한자에 대한 인식은 문헌 상으로는 조선 후기부터 찾을 수 있다. 한국 고유의 한자에 대한 인식 과정에서 이를 지칭하는 용어가 여럿 존재한다. 李圭景의 東國土俗字[2], 丁若鏞의 吾東之造字[3], 池錫永

---

1 南豊鉉(1981: 181), "우리의 借字表記法은 漢字의 音과 訓을 바탕으로 여기에 表意性과 表音性이 혼합되어 이루어진 複雜한 體系를 갖는다."
2 李圭景, 『五洲衍文長箋散稿』, 詩文篇/論文類, 東國土俗字辨證說.
3 丁若鏞, 『與猶堂全書』第一集 雜纂集 第二十四卷 雅言覺非.

의 (韓)俗字[4], 朝鮮光文會의 朝鮮俗字[5], 鮎貝房之進(1931)의 俗字/俗訓字/俗音字, 홍기문(1957)의 리두자, 柳在泳(1976)의 韓國漢字[6], 金鍾塤(1983)의 韓國固有漢字, 南豊鉉(1989: 96-98)의 韓國의 固有漢字 등이 있었다. 내용적으로는 모두 한국적인 고유성을 강조하고 있다. 그러나 朝鮮光文會의 朝鮮俗字와 鮎貝房之進(1931)가 제시한 '俗字'는 漢字學에서 異體의 뜻을 가지는 俗字의 개념과 혼동될 가능성이 많다. 사실 俗字란 漢字學에서 正字[old form]에 대한 新形字[new form]를 가리키는 것이다.[7] 한국의 고유한자를 俗字로 부른다면 이 고유한자에 대응하는 正字가 반드시 존재하여야 한다. 그러나 한국의 고유한자 중에서 새로이 만든 글자는 한자에 없는 것이다. 그러므로 한국의 차자 표기법에 의해 발달된 한국의 고유한자는 엄밀히 말해서 漢字가 아니다. 이에 대해 南豊鉉(1989: 106)은 한국의 고유한자를 탄생시킨 借字 表記法이 漢字·漢文에 의지하여 발달되고 사용된 점에 근거하여, 한국의 고유한자를 넓은 의미의 漢字로 규정하고 있다.

조선 명종 때 사람인 權應仁은 『松溪漫錄(1588)』에서 한국 고유한자 '畓'을 東人이 만든 것으로 주석하였다.[8] 이후 조선 후기 實學者에 의해 한국 고유한자의 목록과 그 사용 문헌이 확인되었다. 李睟光의 『芝峰類說(1614)』, 李瀷의 『星湖僿說(1740)』, 黃胤錫(1729~1791)의 『頤齋遺藁』 「華音方言字義解」, 李德懋(1741~1793)의 『盎葉記』, 洪良浩(1724~

4　池錫永, 『字典釋要』
5　朝鮮光文會編, 『新字典』
6　柳在泳, 「韓國漢字」, 『국어국문학』 30, 원광대학교 국어국문학과, 1976.
7　명나라 사람 梅鼎祚는 『字彙』 권 1에서 漢字의 正字가 가지는 old form의 성격을 '從古'로 俗字가 가지는 new form의 성격을 '遵時'로 설명하고 있다.
8　權應仁, 『松溪漫錄』 下, "世人謂妻之兄弟曰娚 謂石棧曰遷 謂水田曰畓 此等字東人之所創 古書中所無者也"

1802)의 『北塞記略』, 鄭東愈의 『晝永編(1806)』, 徐榮輔와 沈象奎의 『萬機要覽(1808)』, 丁若鏞의 『經世遺表(1817)』와 『雅言覺非(1819)』, 李圭景의 『五洲衍文長箋散稿(19세기 중엽)』 등을 들 수 있다. 조선 후기 실학자 중에서 한국 고유한자를 종합적으로 정리한 사람은 李圭景이다. 李圭景은 『五洲衍文長箋散稿』의 東國土俗字辨證說에서 한국 고유한자를 주석한 문헌의 내용을 수용하는 한편, 문헌을 새로이 조사하고 목록을 추가하여 100자의 고유한자를 제시하였다. 李圭景의 정리 결과는 대부분 朝鮮光文會가 편찬한 『新字典』의 朝鮮俗字部에 그대로 인용되어 조선속자부에는 106자의 고유한자가 소개되었다. 金鍾塤(1983: 13)에 따르면 池錫永의 『字典釋要』에 이르러서는 57자의 한국 고유한자가 한자 사전의 표제어로 등재되었다.

한국의 고유한자에 대한 근대적 연구에서 본격적인 관심은 鮎貝房之進(1931)에서 시작된다. 鮎貝房之進(1931)은 고유한자의 사용 문헌을 조사하여 213자의 고유한자를 소개하였다. 金鍾塤(1983)에서는 304자의 고유한자가 소개되었다. 朴盛鍾(2005: 51)에 따르면 『한국한자어사전』에는 179자의 고유한자가 등재되었다. 북측의 연구로 98자를 제시한 홍기문(1957: 62-89), 139자를 제시한 최동언(2001: 42-103) 등을 들 수 있다. 특히 최동언(2001)은 『朝鮮王朝實錄』의 주석을 주로 활용하여 한국 고유한자의 목록을 제시하였다. 이와 같이 한국 고유한자에 대한 목록이 연구 논문마다 다른 것은 조사 자료의 차이에 기인한 측면도 있지만 고유한자에 대한 개념 규정상의 차이, 그리고 한자에서 기원한 것을 고유한자로 파악한 오류에서 발생한다.

金鍾塤(1983: 14-38)에서는 『新字典』, 『字典釋要』, 鮎貝房之進(1931)에 소개된 고유한자 중 일부는 고유한자가 아니라 한자라는 점을 밝히고 있다. 예컨대 金鍾塤(1983: 18-25)은 도량형 단위의 하나인 合을 '홉'

으로 읽는데 이것은 단순한 한자 표기이며, 幕의 속자인 㡿는 고유 한자로 인정할 수 없다고 하였다. 酒㡿의 경우에 우리는 바로 酒幕을 상정할 수 있다. 그러므로 㡿이 한국의 고유 한자가 아니라 幕의 한국적인 속자임을 이해할 수 있다. 金鍾塤(1983)의 이상과 같은 논의는 한국 고유한자에 대한 연구에서 고유성의 개념 규정이 정확하지 않을 때, 여러 가지 혼선이 있음을 말해 주는 것이다.

한국 고유한자의 개념규정과 관련해서 李德懋의 『蜻蛉國志』 卷一 藝文에 실려 있는 기사는 매우 주목된다. 李德懋는 "새로 만든 것"과 "중국에서 쓰는 것인데 뜻이 다른 것"의 두 가지 기준으로 일본 고유의 倭字를 정리하고 있다. 『倭漢三才圖會』 卷十五에 실린 倭字 조에 실린 일본 고유한자를 李德懋는 소개하되 앞에서 말한 두 가지 기준에서 재정리하고 있다. 이것은 한국과 일본에서 발생한 고유한자를 이해하는 데에 매우 중요한 시사점을 주고 있다. 즉 字形과 字意의 두 측면에서 가지는 고유성이 고유한자를 이해하는 기준이 된다.

麓의 일본 속자인 梺를 李德懋는 "새로 만든 것"으로 이해하고 있다. 이는 南豊鉉(1989)이 말했듯 한국적인 속자를 형성하는 전통 속에서 한국의 고유 한자가 성립되는 것임을 말하는 것이다. 그런데 의미가 한자에 없는 것은 비교적 밝히기가 쉬우나 한자에 없는 한국적인 속자를 규정하는 것은 상대적으로 어렵다. 따라서 南豊鉉(1989)에서 명확히 제시된 바와 같이 한국의 고유한자가 가지는 특성을 규명하기 위해서는 두 가지 방면의 연구가 필요하다. 하나는 고유한자의 사용 시기에 대한 고찰과 함께 목록을 밝히는 것이다. 다른 하나는 고유한자 생성의 기제를 밝히는 것이다.

고유한자에 대한 근대적인 연구에서 고유한자의 세부 유형을 달리 파악하는 문제도 앞으로의 연구과제라 하겠다. 鮎貝房之進(1931)에서

俗字, 俗訓字, 俗音字 등을 제시하였고 홍기문(1957: 62-89)에서 '새로 만든 자, 변해 쓰는 자, 표음하는 자, 변형시킨 자' 등을 제시하였다. 金鍾塤(1983)에서는 國字, 國音字, 國義字 등을 제시하였으며, 朴盛鍾(2005)에서는 國造字, 國義字, 國變字 등을 제시하였다. 이러한 연구에서 제시하는 분류 기준은 나름대로 한국의 고유한자를 이해하는 틀이 된다. 그럼에도 불구하고 이들 연구에서는 고유한자가 借字임을 중시하지 않고, 한자의 관점에서 고유한자를 파악하고 있다. 그리하여 홍기문(1957) 같은 경우에는 '音이 없는 한자'라는 기묘한 유형을 만들어 내고 있다. 우리말 표기에 사용된 借字가 音符를 가질 필요는 없다. 이점에서 借字와 固有漢字가 가지는 역사적 배경과 연관 관계를 제시한 南豊鉉(1989: 109)은 고유한자가 가지는 역사적 성격을 밝힌 연구라 하겠다. 借字가 한자에 편입된 오늘날, 고유한자의 역사적 성격을 이해한다면, 『新字典』의 朝鮮俗字部에서 보는 바와 같이 고유한자 '旀'가 '며'로 규정되는 것의 본질을 잘 이해할 수 있다. 漢字의 관점에서 '音'이 없는 우리의 고유한자들은 기묘한 존재이며, 漢字의 압력으로 '音'이 없는 우리의 고유한자는 訓과 音을 갖추어 나가게 된 것이다.

고유한자의 목록을 확정함에 있어 漢字의 목록에 없는 고유한자를 밝히는 것은 비교적 쉬운 일이다. 그러나 한자와 자형이 같으나 그 기원은 다른 우리 고유한자를 밝히는 일과 한자의 자형을 그대로 활용하되 우리만의 독특한 의미로 사용되는 고유한자를 밝히는 일은 매우 어렵다. 문헌에 사용된 고유한자를 확인하고, 고유한자의 시대별 사용 실태를 정리한 다음 한국 고유의 자형 형성 기제에 따라 한자와 다른 고유한자만의 특징을 구별해 내어야만 한국 고유한자의 목록을 제시하는 것이 가능하다.

이 글은 한자에 없는 의미를 가진 한국의 한자를 고유한자로 파악하고자 한다. 字形과 字意의 두 측면에서 한국의 고유성을 가진 한자와 字意의 측면에서 한국의 고유성을 가지는 한자를 한국 고유한자로 파악하고자 한다. 地名의 후부 요소 표기에 사용된 한국 고유한자를 연구의 대상으로 하여 한국 고유한자 발달 과정 상의 몇 가지 특징을 밝히고자 한다. 人名이나 官職名보다는 地名이 보수성이 강하여 관련 자료가 상대적으로 풍부히 남아 있다. 그러므로 한국 고유한자의 발생 시점과 발달 상에 나타나는 특징을 地名을 대상으로 잘 규명할 수 있다. 한편 지명의 전부 요소보다는 지명의 후부 요소가 상대적으로 보편성을 더 강하게 가지고 있다. 따라서 이 글에서는 먼저 지명의 후부 요소를 중심으로 한국 고유한자가 가지는 특징의 일부를 규명하고자 한다. 아울러 그동안 주목받지 못했던 지명의 후부 요소에 대한 전통적인 주석을 연구에 활용하고자 한다. 즉 黃胤錫의『頤齋亂藁』, 권 20,「擬弘文館增修東國輿地勝覽例」에 실린 列邑門目第四 山川 조, 金正浩의『大東地志』에 실린『方言解』등을 활용하도록 한다.

2. 地名의 후부 요소 表記에 사용된 韓國固有漢字의 發達

2.1. 三國時代

2.1.1. 岾

岾은 '고개'의 뜻을 가진 것으로 그 字形이 한자에 없다. 1224년(고종 11)에 건립된「寶鏡寺圓眞國師碑」[9]에서 寺刹名 '楡岾寺'를 확인할 수 있다. 또 1242년(고종 29)에 건립된「金仲龜墓誌銘」[10]에서 '楡岾'을 확

---

9 경상북도 포항시 북구 송라면 중산리 보경사에 있다. 許興植(1984) 참조.

인할 수 있다. '楡岾'은 江華郡 남쪽의 靑桐寺 동쪽에 있는 지명이다. 『三國遺事』에 수록된 설화에 乘岾[11], 牟尼岾[12], 阿尼岾[13], 文殊岾[14] 등 岾이 표기된 지명을 확인할 수 있다. 이것은 岾이 新羅時代에도 사용된 것임을 말해 준다. 세속에서 麻骨岾라 불리는 鷄立嶺[15]이 서기 156년에 개통되었다는 崔永俊(1990: 77)의 주장을 긍정적으로 받아들인다면 우리는 新羅時代에 岾이 사용되었음을 추측할 수 있다.

『新增東國輿地勝覽』의 聞慶縣 山川 조에 鳥嶺이 등재되어 있다. 그 주석에 鳥嶺을 草岾이라 부르고 있다고 하였다. 『慶尙道地理志』와 『世宗實錄地理志』의 聞慶縣 산천 조에는 鳥嶺이 草岾으로 등재되어 있다. 이것은 固有漢字 岾이 漢字 嶺으로 대치된 것임을 말해 준다. 조선 후기에 岾은 일부의 지명에 화석으로 남아 있게 된다. 그리고 20세기 초에 이르러서는 岾은 지명에 생산적으로 쓰이지 않게 된다. 朝鮮總督府가 1911년에 작성한 『朝鮮地誌資料』의 조사 항목으로 嶺, 峙, 峴 등만을 규정하고 '岾'을 배제시킨 것에서 우리는 '岾'이 지명의 표기에 소멸되었음을 알 수 있다.

『訓蒙字會』에서 嶺은 '재'로 峴은 '고개'로 풀이하고 있다. 嶺은 岾의 후대형이므로 岾도 우리말 '재'를 표기한다. 이 岾은 『康熙字典』에 실려 있지 않다. 『東國正韻』과 『全韻玉篇』에도 실려 있지 않다. 그런데 이 岾에 대한 다음과 같은 기록이 주목된다.

---

10 강화도에서 출토되었으며 현재는 국립중앙박물관에 있다. 金龍善(2001) 참조.
11 『三國遺事』, 권2, 駕洛國記 조.
12 『三國遺事』, 권3, 臺山五萬眞身 조.
13 『三國遺事』, 寶壤梨木 조.
14 『三國遺事』, 緣會逃名 文殊岾 조.
15 『新增東國輿地勝覽』, 忠淸道, 延豊縣, 山川 조.

(1) 가. (嶺) 가로로 비스듬한 것[橫迤]이다. 方言으로는 [岾]과 [峙]이다.[16]
나. 岾은 음이 齋이다. 지명이며 또 고개명이다. 佔畢齋의「遊頭流山記」에는 永郞岾, 登龜岾 등이 있다. 기타의 山經과 地誌의 地名에서 岾을 많이 칭한다. 高城 楡岾寺의 岾은 음이 占이다.[17]
다. 金剛山은 一名 怾(음기)怛이다. 또 그 가운데에 楡岾(音점)寺가 있다.[18]

岾에 대해 (1가)에서 頤齋 黃胤錫은 方言으로, (1나)에서 李圭景은 '東國土俗字'로 말하고 있다. 이것은 岾이 字書에 실려 있지 않은 것임을 말하는 것이다. 이는 곧 岾이 중국의 漢字가 아니고, 한국 고유한자임을 말하는 것이다.

李圭景은 岾의 音을 재[齋]와 점[占]의 두 가지로 소개하고 있다. 이것은 한국 고유한자의 중요한 특징을 암시하고 있다. 金種塤(1983: 116)은 李圭景이 岾의 음을 '재'로 소개한 것은 오류로 파악하고, 岾의 음은 '점'뿐임을 강조하였다. 그렇지만 金種塤(1983)의 이같은 주장은 너무 성급하다. 주장의 성급함 때문에 한국 고유한자의 특수성을 파악하지 못하고 있다.

永郞岾, 登龜岾 등에서는 '岾'은 訓讀되어 '재'의 音相을 가진다. 그리고 楡岾寺의 '岾'은 音讀되어 '점'의 音相을 가진 것이다. 訓讀과 音讀의 音相을 구분하지 않고서 李圭景은 岾의 字音을 두 가지로 이해한 것이

---

16 黃胤錫,『頤齋亂藁』, 권20,「擬弘文館增修東國輿地勝覽例」, 三府門目第二, "六(山川)記 (중략) (嶺) 橫迤者 方言亦曰[岾][峙]"

17 李圭景,『五洲衍文長箋散稿』,「東國土俗字辨證說」, "岾【音齋 地名 又峴名 佔畢齋《遊頭流山記》有永郞岾、登龜岾 其他山經、地誌地名 多以岾稱者 高城楡岾寺之岾 以占爲音】"

18 鄭東愈,『晝永篇』下, "金剛山一名怾(음기)怛 又其中楡岾(음점)寺"

다. 두 글자를 합하여 한 글자로 만든 한국 고유한자 '畓, 太, 矣' 등은 성립될 당시에 音이 없었는데 후대에 '답, 태, 의' 등의 音을 갖추게[19] 된 사례를 참고하면 '岾'도 音讀되기 위해서는 적절한 字音이 필요했었을 것이다. 일본에서 地名 표기에 매우 희소하게 사용되는 岾이 やま[山]라는 訓만 있고 音이 없는 글자인 점도 한국 고유한자 '岾'의 자음이 후대에 발달한 것임을 이해하는 데에 도움이 된다.

오늘날 岾의 字音이 '점'인 것을 고려하면 岾에서 '山'이 意符를 형성하고 '占'이 音符를 형성한 것으로 이해된다. 이것은 고유한자 岾을 漢字의 六書法에 따라 재구조화하여 이해하여 그 讀音을 정한 것으로 이해된다.

2.1.2. 串[20]

串은 漢字에 있는 글자로 '穿'과 '習'의 뜻을 가진다.[21] 그러나 우리 지명 표기에서는 삼국시대부터 조선시대에 이르기까지 串을 '곶[岬]'의 뜻으로 사용되어 왔다. 於乙買串[22], 板麻串[23], 豆串城[24] 등의 지명이 『三國史記』에 기록되어 있다. 이 지명이 각각 「고구려본기」와 「백제본기」

---

19 南豊鉉(1989: 99), "畓, 太, 矣 들이 성립된 경위를 종합해 보면 이들은 既存의 漢字와는 무관한 과정을 밟아 만들어졌지만 만들어진 字形이 기존의 한자와 비슷하거나 일치하기 때문에 '답, 태, 의' 등과 같은 讀音을 갖게 되었음을 알 수 있다. 그러나 이러한 讀音은 후대에 와서 붙여진 것이고 이 글자들이 성립되던 당시에는 讀音이 없이 訓讀만 되었던 것으로 생각된다."
20 串은 자형 상의 한국 고유성은 없다. 다만 '고지'라는 자의 상의 한국 고유성을 있다. 이 글에서 논의한 것은 이를 설명한 것이다.
21 『新編大東韻玉』, 卷之十五, "(串) 穿也 習也"
22 『三國史記』, 고구려본기, 漢山州
23 『三國史記』, 고구려본기, 漢山州
24 『三國史記』, 백제본기, 熊川州

에 실려 있다. 그러므로 우리는 串이 삼국시대부터 사용되어 온 것임을 알 수 있다. 고려 시대 금석문 자료나 고문서 자료에서는 이 글자가 쓰인 지명을 확인할 수 없다. 『고려사』에 猫串江邊.²⁵, 城串²⁶, 引月串²⁷, 退串部曲²⁸ 등이 실려 있고, 그밖의 몇 가지 지명을 더 확인할 수 있다. 『世宗實錄地理志』와 『新增東國輿地勝覽』에서는 串이 사용된 지명 다수를 확인할 수 있다.

串의 字義에 대한 주석이 15세기의 『世宗實錄』, 18세기 황윤석의 『이재난고』, 『頤齋遺藁』, 19세기 金正浩 『大東地志』, 1829년(순조 29) 무렵에 芸閣에서 간행하였을 것으로 추정되는 『吏讀便覽』, 1914년에 조선광문회에서 편찬한 『신자전』에서 발견된다. 주석 자료를 시대별로 제시하면 다음과 같다.

(2) 가. 물속으로 쑥 들어간 땅을 세속에서 곶(串)이라 한다.²⁹
나. (串) 산의 다리가 물 가운데에 揷入한 것이다. 아마 三國과 高麗 때 處所의 處字 方言일 것이다. 또한 [却]字의 轉音이다.³⁰
다. 申景濬의 『輿地考』에서 말하기를 "國俗에서 바닷가 산기슭이 바다 가운데에 깊숙이 들어가 뾰족하고 긴 것이 고기꼬지[肉串]와 유사한 까닭에 그 지명을 串이라 부른다."³¹ 하였다. 그러나 삼국

---

25 『高麗史』, 24卷, 世家24.
26 『高麗史』, 40卷, 世家40 恭愍王.
27 『高麗史』, 43卷, 世家43 恭愍王.
28 『高麗史』, 53卷, 志7. 五行. 水.
29 『世宗實錄』, 1428년(세종 10) 1月 4日 조, "斗入水內之地 俗謂之串"
30 『頤齋亂藁』, 권 20, 「擬弘文館增修東國輿地勝覽例」, 三府門目第二, "(串)山脚揷入水中者 疑三國高麗處所之處字方言也 亦卽[却]字轉音"
31 문맥상 이 부분까지 申景濬의 『輿地考』에 언급된 것으로 생각된다. 1770년에 간행된 국립중앙도서관소장본 『동국문헌비고(한古朝31-20)』의 卷之十八 輿地考 十三 關防 三 海防 一의 慶興 西水羅串의 주석에만 串의 주석이 실려 있다. 이 주석에는

시대에 이미 제 邑이 나뉘어져 邑 안에 邑과 더불어 서로 멀리 떨어진 백성과 관리가 往來함에 불편함이 있었다. 별도로 部曲을 세웠고 또한 處와 所를 세웠다. 아전을 두어 작은 일은 스스로 결정했으나 큰 일은 官의 지시를 받았다. 방언을 살피건대 處와 曲은 모두 串字의 方音과 비슷했다. 그리고 處와 所의 두 글자는 뜻이 같다. 오로지 산의 다리가 바다에 들어가서 串이라 부른 것은 아니다.[32]

라. 串은 즉 海邊이 험하게 (바다에) 들어간 곳이다. 方言으로는 '곶'이라 한다. 百濟에서는 '夫里'라 하였다. 邑號에 이를 많이 사용하였다.[33]

마. 『輿地勝覽』에서 串으로 쓴 것은 지금의 吏文에서는 廘으로 쓰기도 한다. 곧 處의 方言이다.[34]

바. 串【곶】地名 岬也 쯔지 有長山串月串箭串[35]

(2)의 주석에서는 串의 의미를 다섯 가지로 파악하고 있다. ①산의 다리가 바다 또는 물 속에 들어간 것, ②뾰족하고 긴 것, ③고기꼬지[肉串] ④百濟에서 串은 夫里, ⑤處와 所의 방언 등 정도이다.

①과 ③은 '穿' 또는 '貫通'의 뜻으로 쓰이는 한자 串과의 연관성 속에서 지명에 사용된 串의 의미를 파악하고자 한 것이다. 串이 바닷가 지형

"땅이 바다에 깊게 들어가 구부러진 것을 방언에서 串라 부른다(地之深入海 曲者方言曰串)"로 되어 있다.

32 『頤齋遺藁』, 卷之二十五, 雜著, 華音方言字義解, "申景濬輿地考云 國俗以海邊山麓 斗入海中 尖而長者 有類肉串 故呼其地名曰串 然三國時旣分列邑 而邑境內有與邑 相距稍遠 民吏不便往來者 別立一部曲 亦立一處一所 因置吏員 小事自決 大事聞于官 以方言攷之 處與曲皆近串字方音 而處所二字又同義 非必專爲山足入海而呼串耳"

33 金正浩, 『大東地志』, 方言解, "串 卽海邊陡入處 方言曰곶 百濟曰夫里 邑號多用之"

34 『吏讀便覽』, 串 곶○ 輿地勝覽作串 今吏文或作廘 卽處之方言. 金鍾塤(1983: 124)에서 재인용.

35 朝鮮光文會編, 『新字典』, 朝鮮俗字部. 串, "【곶】地名 岬也 쯔지 有長山- 月- 箭-

과 관계있는 것은 틀림없다.

④는 串의 의미를 주둥이[口]의 뜻으로 파악하여 百濟의 夫里를 串[口]과 연관시킨 것이다. 串의 의미를 주둥이[口]의 뜻으로 파악한 것에는 문제가 없다. 그러나 百濟의 夫里를 주둥이[口]로 해석해야 할 근거가 충분치 않다. 夫里가 '口'의 뜻을 가지는 '부리'인지에 대해서는 더 검토를 할 필요가 있다.

⑤는 串을 處와 所의 의미로 파악한 것이다. 이러한 해석은 '곶[串]'과 '곳[處, 所]'의 유사한 音相에 이끌린 무리한 해석으로 이해된다. 處와 所는 이두에서 흔히 '虛' 또는 '庫'로 표기된다. 『修禪寺寺院現況記』(1221~1226)에 '庫'가 출현한(李丞宰 1992: 95) 예가 확인된다. 그러나 『成宗實錄』에서 '庫'를 '田地가 있는 곳'으로 풀이[36]하는 것으로 보아 串은 處, 所와는 의미상 차이를 보이는 것으로 생각된다. 金種塤(1983: 124)이 이 해석을 수용하고 있으나 재고할 필요가 있다.

이상의 논의를 통해서 우리는 串에 대한 전통적인 주석 가운데에서 '바닷가나 강가의 뾰족하고 긴 지형'이라는 설명만 串의 의미로 받아들일 수 있다. 串의 이 같은 의미는 『三國史記』와 『大明律直解』에 나타난다.

(3) 가. 於乙買串 〉 泉井口縣[37]
    나. 甲比古次 〉 穴口郡[38]
    다. 諸色牙人及水路各串船楫(譯文) / 諸色牙行及船埠頭(原文)[39]

---

36 『成宗實錄』, 1475년(성종 6) 4월 23일 조, "年分庫員等第【俗以田之所在謂庫 如一面之內 膏塉有異 隨其地品而等第之也〕"

37 『三國史記』, 卷第三十七, 雜志 第六 地理 四 高句麗, 漢山州, "泉井口縣一云於乙買串"

38 『三國史記』, 卷第三十七, 雜志 第六 地理 四 高句麗, 漢山州, "穴口郡一云甲比古次"

(3가)의 串과 口의 대응에서 串이 '내밀었다'의 의미를 가지는 부리 [口⁴⁰]의 의미를 가지고 있음을 이해할 수 있다.⁴¹ 그러나 그 의미가 일치하지 않을 가능성도 있다. (3다)에서는 串이 埠頭와 대응되고 있다. 이 대응에서도 串이 '口'의 의미를 가지고 있음을 알 수 있다.

朝鮮光文會의 『新字典』에서 串을 朝鮮俗字로 규정하고 '岬'의 뜻⁴²으로 풀이하고 있다. 이 '岬'은 '兩山之間'으로 산허리의 뜻⁴³도 있지만 뿔처럼 튀어나온 산허리를 뜻하는 "岬角"의 뜻도 가지고 있다. 岬角은 바다를 향해 돌출한 빼쪽한 형상의 육지를 뜻한다.⁴⁴ 『漢語大詞典』에서 山東의 成山岬이 후대에는 '成山角'으로 칭한다로 설명하고 있다. 이는 岬으로 풀이된 串이 '角'의 뜻을 가진 것임을 말해준다.

바다의 내민 곳을 지칭하는 현대어 '곶'⁴⁵과 활의 시위를 매는 활의 양 끝머리를 뜻하는 중세어 '고지'⁴⁶에서 차자 표기 串이 '내밀었다'의 의미를 가졌음을 확인할 수 있다. '내밀었다'의 의미를 가지는 '곶' 또는 '고지'는 '곶게[串蟹]'에서 발견된다. 李瀷은 『성호사설』에서 "串蟹를 두 뿔이 등에 있기 때문에 串蟹로 불린다."⁴⁷라고 하였다.

(3나)의 '古次'와 '口'의 대응에서 串이 표기한 音相이 '古次'임을 알 수 있다. 古尸伊縣과 岬城郡의 대응에서⁴⁸ 串의 이표기 音相 '古尸伊'

---

39 『大明律直解』, 卷第十, 戶律, 市廛.
40 『漢語大詞典』, 口, "出入的通道. 亦指口岸."
41 『三國史記』 지리지의 지명 연구에서 串과 口의 대응 관계가 언급되었다. 도수희 (2003: 165) 참조.
42 朝鮮光文會編, 『新字典』, 四卷, 朝鮮俗字部, 串, "地名 岬也 卫지 有長山串月串筌串"
43 『漢語大詞典』, 串.
44 『漢語大詞典』, 岬, 【岬角】突向海中的尖形陸地. 如山東有成山岬(今稱成山角).
45 『표준국어대사전』, 곶02, "바다 쪽으로 좁고 길게 뻗어 있는 육지의 한 부분."
46 『物譜』, 兵仗, 고지(彌).
47 『星湖僿說』, 卷四, 萬物門, 蟹, "俗名串蟹 以匡有兩角如串也"

을 확인할 수 있다. 古尸寺와 岬寺의 대응에서 串의 이표기 音相 '古尸'을 확인할 수 있다. 古尸寺의 古尸을 李丞宰(1984: 483)는 '*kuc'로 재구한 바 있다. 『용비어천가』에 暗林串을 '암림곶'으로 주석하고 있으므로 串은 중세국어의 '곶'을 표기하고 있음을 알 수 있다.

오늘날 '串'은 '곶' 또는 '고지'의 형태로 쓰인다. '곶'이 '고지'의 형태로 발달된 것은 그 연원이 오래된 것으로 생각된다. 조선 초기의 자료에서 증거를 찾을 수 있다.

(4) 가. 所串驛⁴⁹ / 驛이 一이니 所串之요⁵⁰
    나. 所串⁵¹ / 所串之⁵²
    다. 熙川 宋串津⁵³ / 宋串之浦⁵⁴

(4가)는 황해도 곡산군 관내의 지명이고, (4나)는 평안도 의주목 관내의 지명이며, (4다)는 평안도 희천군 관내의 지명이다. 모두 동일 지명에 대한 이표기이다. 所串之의 '之'를 '곶'의 말음첨기로 이해할 수도 있으나 '고지'의 형태가 후대에 발달되는 것을 고려하면, 串之는 '곶'이 아니라 '고지'를 표기한 것으로 생각된다. 『朝鮮地誌資料』권3 경기도 용인군 조에 龍仁郡 蒲谷面의 前串里에 대해 '압고지'로 주석하고 있는 것을 참고할 수 있다.

---

48 『三國史記』, 卷三十六 雜志 第五 地理 三, "岬城郡 本百濟古尸伊縣 景德王改名 今長城郡"
49 『新增東國輿地勝覽』, 황해도 谷山郡 驛院.
50 『世宗實錄地理志』, 황해도, 谷山郡.
51 『成宗實錄』, 1484년(성종 15) 8月 5日 조.
52 『成宗實錄』, 1491년(성종 22) 5月 29日 조.
53 『中宗實錄』, 1528년(중종 23), 4月 16日 조.
54 『大東地志』, 평안도 熙川 조.

鮎貝房之進(1931: 281-282)은 '口'를 뜻하는 한국 고유한자 串을 漢字 串의 俗訓字로 파악하고 있다. 이는 '連貫'의 뜻을 가지는 漢字 串에 '口'의 訓이 추가적으로 발생한 것으로 파악한 방법이다. 이러한 방식으로 한국 고유한자의 특성을 이해하게 되면 고유한자 串과 표기상 밀접한 관련을 가지는 '花' 역시 俗訓字로 다루어야 할 것이다.

(5) 가. 花餘嶺 輿地勝覽에는 串餘嶺이라고 하였다.⁵⁵
   나. 葛花(葛串이라고도 한다.)⁵⁶
   다. 關防이 2이니, (생략) 花之梁이며(부 서쪽에 있으니, 右道水軍僉節制使가 수어한다.)⁵⁷ / 花梁鎭 關防 花梁鎭 左道水軍僉節制使營이 있는데⁵⁸

(5가)에서 '餘嶺'은 '- 너미 고개' 정도를 의미한다. (5나)의 葛花는 평안도 안주군의 方面名이다. (5가)와 (5나)를 통해서 '串'과 '花'이 동일한 음상을 표기하고 있음을 알 수 있다. (5다)는 경기도 남양도호부 관내 關防의 하나를 花之梁과 花梁鎭으로 표기한 예이다. 花之梁과 花梁이 대응된다. 여기에서 우리는 花梁鎭의 花梁이 '고지' 정도를 표기한 것을 알 수 있다. (5)의 예들은 '串'의 표기가 '花'의 표기로 교체된 사실을 알려 준다. 그런데 『三國遺事』 소재 鄕歌 중의 하나인 「願往生歌」의 제 6구에 '花乎白良'이 있다. '花乎'가 '곶오' 정도를 표기한 것을 고려한다면⁵⁹ '花'가 '곶'을 표기한 전통은 그 연원이 매우 오래된 것으로 생각

---

55 『增補文獻備考』, 권23, 여지고 11, 산천 5, 함경도 고원.
56 『大東地志』, 平安道, 安州, "葛花一云葛串"
57 『世宗實錄地理志』, 경기도 南陽都護府, "關防二 (생략) 花之梁【在府西 右道水軍僉節制使守禦】"
58 『新增東國輿地勝覽』, 경기도, 南陽都護府 關防, "花梁鎭【在府西三十里 有左道水軍僉節制使營】"

할 수 있다.

그렇다면 한국 고유한자를 鮎貝房之進(1931)에서와 같이 이해한다면 花 역시 漢字 花에 한국적 의미 '곶'이 추가된 俗訓字로 파악하여야 할 것이다. 이러한 방식으로 俗訓字를 파악한다면 花와 같은 訓假字 모두를 俗訓字로 파악하여야 할 것이다. 따라서 '곶[口]'을 표기한 '串'은 借字 表記의 관점에서 본다면 訓假字가 될 것이며, 連貫의 의미를 가지는 한자 '串'과는 의미상 아무런 관련이 없는 것으로 이해된다.

2.1.3. 遷

遷은 '벼랑'의 뜻으로 쓰인다. 한자에 그 자형은 있으나 '벼랑'의 뜻으로 사용하지 않는다. '벼랑'의 뜻을 가지는 遷은 우리 지명 표기에서는 지명의 후부 요소로 사용되었다. 遷이 지명의 후부 요소 표기에 사용된 지명으로 2예가 『三國史記』에서 발견된다. 仇乙峴으로 불렸던 屈遷(황해도 풍천도호부)과 황해도 甕津縣의 舊名 甕遷 등이다. 『世宗實錄地理志』에 淵遷(충청도 충주), 磻石遷(충청도 청주목 青川縣), 串甲遷(경상도 문경현), 多乎遷口子(황해도 곡산군), 梨遷(강원도 원주), 仇莊遷(강원도 고성군), 宿狼遷(평안도 麟山郡), 串知鳥智遷(평안도 泰川郡) 등이 실려 있다. 『新增東國輿地勝覽』에는 경기도의 2곳[60], 충청도의 4곳[61], 경상도의 2곳[62], 황해도의 1곳[63], 강원도의 3곳[64], 함경도의

59　김완진(1980: 116-117)에서 '花乎白良'의 '花乎'를 앞의 어휘와 독립시켜 '고조'로 읽은 것은 金俊榮이었으며, '花乎'가 '고조'냐 '고초'냐의 문제는 더 연구되어야 한다고 언급하였다. 그런데 '花'가 '곶'을 표기한 것이라면 「願往生歌」의 '花'는 '꽃다'의 뜻을 가진 어간 '곶' 정도를 표기한 것이라 하겠다.

60　渡迷遷(경기도 광주목), 月溪遷(경기도 楊根郡),

61　金遷(충청도 충주목), 嚴城遷(충청도 청풍현), 水精遷院(충청도 清安縣), 竹遷川(충청도 大興縣),

2곳[65], 평안도의 3곳[66] 등의 지명이 실려 있다. 遷이 지명의 후부 요소로 사용된 지명을 전라도에서는 발견할 수 없었다. 遷이 '물언덕 돌길' 즉 험한 지형을 의미하기 때문에 평지가 많은 전라도에서는 遷이 지명의 후부 요소로 사용된 지명을 발견할 수 없는 것이 아닌가 한다.

遷의 의미에 대한 전통적인 주석은 다음과 같다.

(6) 가. 신라 方言에 흔히 물 언덕 돌 길을 遷이라 불렀다.[67] (『新增東國興地勝覽』)

나. (津) 方言에서 물가의 왕래출입하여 건너는 곳을 가리키는 것으로 [那等里]이다. 翻字로는 [遷]字로 쓴다. 出入하는 말뜻이 있다. 만약 那等里를 三聲으로 急하게 말하면 곧 津字의 방언이 된다. 그러나 遷은 작고 津은 크다. 혹 상호 바꾸어 부른다.[68] (『頤齋亂藁』, 권 20, 「擬弘文館增修東國興地勝覽例」)

다. 遷 : 물이 양쪽 산골에서 나와 그 양쪽 언덕이 물에 임박한 길을 우리나라의 풍속에서는 遷이라고 한다. 瓮遷(通川에 있다) 兎遷(聞慶에 있다) 斗尾遷, 月谿遷(冽水에 있다) 등은 근거할 데가 없는 것이다. 이들 토어들은 아닌게 아니라 단아하지 못하다. (중략) [遷은 方言으로 別吾라 한다.][69] (『雅言覺非』)

---

62 串岬遷/兎遷(경상도 聞慶縣), 犬遷(경상도 陝川郡),
63 下南山居叱遷堡(황해도 谷山郡)
64 瓮遷(강원도 통천군), 觀音遷(강원도 旌善郡), 鋪遷峴(강원도 楊口縣)
65 廣生遷(함경도 甲山都護府), 朴加遷(함경도 鏡城都護府),
66 花遷江(평안도 寧邊大都護府), 山羊遷烽燧(평안도 江界都護府), 波限遷烽燧(평안도 碧潼郡)
67 『新增東國興地勝覽』, 경기도, 광주목, 산천, 渡迷津, "新羅方言 多以 水崖石路稱遷"
68 『頤齋亂藁』, 권20, 「擬弘文館增修東國興地勝覽例」, 三府門目第二, "六(山川)記 (전략) (津)方言呼水邊往來出入濟涉處曰[那等里] 翻作遷字 有出入語義 若以那等里三聲急呼 則津字之方言也 然遷小而津大 或互呼"
69 『雅言覺非』, 卷二 遷, "水出兩峽中 其兩厓迫水之路 東俗名之曰遷 瓮遷[在通川] 兎

라. 遷은 別路이다. 石壁이 路出하여 물에 臨하여 危險하다.[70] (『大東地志』)

(6)의 전통적인 주석에서 ① 新羅 방언, ② '물언덕 돌길', ③ 방언으로 나루[津], ④ 위험한 지형, ⑤ 우리 말로는 別吾 또는 別路 등을 遷의 의미로 제시하고 있다. 다섯 가지 遷의 의미 중에서 ①과 ③의 의미에 대해서는 더 검토해야 한다.

(7) 가. 仇乙峴(一云屈遷) 今豐州 / 甕遷 今甕津縣
　　나. 渡迷津 州 동쪽 10리, 楊根郡 大灘 龍津 하류에 있는데, 그 북쪽 언덕을 渡迷遷이라 부른다.[71]

(7가)는 『三國史記』의 지리지에 기술된 것이다. 豐州는 조선시대의 황해도 풍천도호부이고, 甕津縣은 조선시대의 황해도 옹진현이다. 屈遷과 甕遷은 모두 신라가 아니라 고구려 지명으로 추측된다. 따라서 遷을 『新增東國輿地勝覽』에서 신라 방언으로 기술한 것의 의미를 더 검토해야 할 것이다. (7나)에서는 渡迷津과 渡迷遷의 지역적 인접성을 말하고 있다. 이로 보아 (6나)에서 말하듯 遷과 津은 같은 것이 아니다.

한편 (6다)의 別吾는 遷이 중세어 조선 후기 '벼로'를 훈독 표기한 것임을 보여 준다. 유희의 『물명고』에서 遷을 '벼로길'로 제시한 것이 그러한 사실을 뒷받침한다. 『용비어천가』에서 淵遷을 '쇠벼ㄹ[72]'로 주

遷[在聞慶] 斗尾遷 月溪遷[在洌水] 無攸據也 此等土語 未嘗不雅 (中略) [遷方言 別吾]"
70　『大東地志』, 方言解, "遷 別路 路出石壁臨水危險"
71　『新增東國輿地勝覽』, 卷六, 廣州牧, 山川, "渡迷津 在州東十里, 楊根郡大灘龍津下流 其北岸號渡迷遷"
72　『용비어천가』, 3:13b, 淵遷 쇠벼ㄹ, " '소(淵)+ -ㅣ + 벼ㄹ → 쇠벼ㄹ' 정도로 분석

석한 것은 '벼로'의 선대형이 '벼ᄅ'임을 알려 준다. 고려 가요 「動動」의 "별해 바론 빗다호라"에서도 발견된다.[73]

(6라)의 '別路'는 조선 후기 차자 표기법의 일면을 알려 준다. 다음은 규장각 소장 고지도에서 '別路'를 사용한 지명의 목록이다.

> (8) 九尊別路(함흥부), 甘長別路(삼수부), 巨門別路(강계자성후주지도), 拘蹲別路(경상도 삼가현), 狂生別路(함경도 갑산부), 劒川別路(함경도 삼수부), 兎別路(함경도 삼수부), 南峽別路(장진, 설한령)

(8)에 제시된 지명은 모두 하천과 가까운 곳에 위치하고 있다. 그러므로 別路가 '벼로[遷]'의 의미임은 분명하다. 別路를 '벼로'의 音價 표기로도 이해할 수 있으나 '벼로[遷]'가 가지는 '위험하다'의 의미를 '別'로 '길'의 의미를 '路'로 표시한 것으로도 이해된다. 발음을 그대로 표기하되 가급적 뜻을 살리고자 한 표기이며, 이러한 표기는 조선 후기 차자 표기법의 한 특징이라 하겠다.

遷은 漢字에서 '옮기다[移]', '오르다[登]', '가다[去]'의 뜻을 가진다. 그런데 우리 지명의 후부 요소 표기에 쓰인 遷은 '물 언덕 돌 길'을 뜻한다. '물 언덕 돌 길'을 뜻하는 遷의 기원을 현재 밝힐 수 없다. 고유한자 遷의 자형이 한자 遷을 그대로 사용한 것으로 볼 경우에는 '옮기다[移]', '오르다[登]', '가다[去]'의 뜻에서 '물 언덕 돌 길'로 의미를 전성시킨 전거를 제시해야 할 것이다. 반대로 '물 언덕 돌 길'을 뜻하는 자형이 변형되어 遷의 자형이 형성되었다면 기원이 되는 자형과 자

된다.
73 고려 가요 연구계에서 이를 물 언덕으로 해석하고 있다. 물 언덕에서 버린 빗이 강물 따라 님을 좇아갈 수 있기 때문이다.

형 형성의 원리가 제시되어야 한다. 이 글에서는 종래의 연구에서처럼 한자에 없는 뜻으로 遷을 사용한 것으로 규정하고 잠정적으로 한국 고유한자로 보고자 한다.[74]

2.2. 統一新羅時代

2.2.1. 洑

洑는 漢字에서 '지하로 흐르는 물[75]'을 뜻한다. 그러나 우리 지명에서는 '둑을 쌓아 흐르는 냇물을 막고 그 물을 담아 두는 곳[76]'이다. 李圭景은 「東國土俗字辨證說」에서 洑에 대해서 다음과 같이 말하고 있다.

> (9) 洑 음은 보[保]이다. 俗訓으로는 물을 끌어 밭에 물을 대는 것의 이름이다. 字書의 潎字와 뜻이 같다.[77]

丁若鏞의 『經世遺表』를 비롯하여, 鮎貝房之進(1931), 홍기문(1957), 金鍾塤(1983), 최동언(2001)에서 모두 한국의 고유한자로 다루었으나 李圭景이 논의한 것 이상의 것을 제시하지 못하였다. 李圭景이 洑를 潎字와 뜻이 같다고 한 것은 洑의 의미를 단순히 풀이한 것에 지나지 않는다. 이 글에서는 洑의 성립 과정을 검토하도록 한다.

798년에 작성된 「永川菁提碑 貞元銘」에서 洑를 확인할 수 있다. 南

---

74 '벼로길'은 대체로 산허리의 길을 뜻하는 것으로 '어떤 지역에서 어떤 지역으로 옮기다'의 뜻으로 䃽과 辶의 회의자일 가능성이 있다. 이 경우에 䃽은 '바위'의 뜻이며 辶은 '가다'의 뜻이 된다.
75 『漢語大詞典』, 洑, "水伏流地下"
76 『표준국어대사전』, 洑.
77 『五洲衍文長箋散稿』,「東國土俗字辨證說」, "洑【音保 俗訓引水灌田之名 與字書潎字義同】"

豊鉉(2000: 358)이 밝히듯 洑는 '人'변이 불분명하여 汰로 판독하는 견해도 있고, 1예만 있어 洑로 판독하는 것이 불안하다. 그렇지만 '大'획의 오른쪽에 점획이 분명하지 않으나 확인되고, 이에 반해 '大'획의 아래쪽 점획은 확인하기가 어렵다. 그러므로 문제가 되고 있는 곳은 '洑' 또는 '洑'로 판독될 수 있다. '洑'는 '洑'로도 쓰이고[78] 이것이 제방을 뜻하는 '堤'와 함께 쓰였다는 점에서 '洑'일 가능성이 매우 높다.

다음은 조선 초기에 洑가 쓰인 용례들이다.

(10) 가. 大難洑【현의 서쪽 및 鴻山 동쪽 복판에 있는데, 둑의 길이가 2백 17척이며, 國屯田 74결에 물을 댄다.】[79]
나. 驪項洑堤【길이 3백 23척인데, 논 1백 10결에 물을 댄다.】[80]
다. 눈이 녹은 물[雪水]은 五穀의 精氣이니, 매년 9월에 얼음이 얼기 전에 洑나 堤堰을 더 쌓아서 얼음이나 눈의 물을 저장하였다가, 다음해 이른 봄에 흡족하게 관개灌漑하소서.[81]

(10)에서 洑가 한자에 없는 한국 고유의 의미로 사용됨을 알 수 있다. 즉 '관개용 둑'의 의미를 확인할 수 있다. 洑가 조선 초기 자료에 보인다는 것은 洑가 매우 이른 시기에 발생한 것임을 말해 준다. 아울러 洑가 798년에 작성된 「永川菁提碑 貞元銘」에 쓰였다는 것은 洑의 성립 과정을 추정케 한다.

---

78 『漢語大詞典』, "洑 亦作汰".
79 『世宗實錄地理志』, 충청남도, 扶餘縣 조.
80 『世宗實錄地理志』, 충청남도, 靑陽縣 조.
81 『太宗實錄』, 1418년(태종 18) 1월 13일 조, "雪水 五穀之精 每年九月氷凍前 洑堤加築 貯氷雪水 翼年早春 周足灌漑"

(11) 20. 車前橫木.《史記·酷吏列傳》: "與汲黯俱爲忮, 司馬安之文惡, 俱在二千石列, 同車未嘗敢均茵伏." 司馬貞索隱 : "伏, 車軾也."

(11)은 『漢語大詞典』의 '伏'에 대한 20번째 풀이를 그대로 가져온 것이다. 伏의 의미로 '수레 앞에 가로 지르는 나무[車前橫木]'가 주목된다. 곧 '伏'은 '들보[樑]'의 뜻인 '보'의 의미를 가지고 있다. 그런데 현대어 '보'의 중세어형은 '보ㅎ'이다. 이것은 중세어 '보ㅎ'가 한자어 '伏'을 차용한 어휘임을 말해 준다. 중세국어의 '숯, 옿, 뎧, 잫' 등이 각각 '俗, 褥, 笛, 尺' 등에서 차용된 것(이기문 1980: 73-74)과 동일한 것이다.

들보를 뜻하는 伏에 의미부 'ㆍ'를 첨가하여 '洑'를 성립시킨 것으로 이해된다. 이러한 고유한자 성립 과정은 '갯벌'의 뜻을 가진 浌의 성립 과정과 유사하다. '들판'을 뜻하는 '벌'을 音借 표기한 '伐'에 意符 'ㆍ'를 첨가시켜 '진흙벌'을 뜻하는 '浌'을 성립시킨 방법과 유사한 것으로 생각된다.

2.3. 高麗時代

2.3.1. 代와 垈

代는 '터'의 뜻으로 고려 시대와 조선 시대 초기 이두문에 쓰였다. '터'의 뜻으로 쓰이는 代는 한자에 없다. 다음과 같은 용례가 확인된다.

(12) 가. 代下田, 寺代, 文達代 (『淨兜寺五層石塔造成形止記』, 1031년)
나. 下院代 (『大安寺形止案』, 1230년)
다. 空代, 戶代 (『太祖家屋許與文記』, 1401년)

종래의 연구에서 (12)의 '代'는 모두 '터'의 뜻으로 풀이되었다. 홍기문(1957: 63)은 代가 고려 시대 '터'를 표기한 것으로 주장하였으나 객관적인 논거를 제시하지 못했다. 鮎貝房之進(1931: 70-72)도 '代'와 '垈'의 연관성을 언급하였으나 '代'와 '垈'의 역사적 관계에 대해서는 특별한 설명을 하지 않았다.

'代'와 '垈'가 밀접한 관련이 있음을 『朝鮮王朝實錄』에서 확인할 수 있다. 평안도 강계의 관내 지명과 '집터'를 뜻하는 家代와 家垈의 표기에 주목하기로 한다.

(13) 가. 國俗에 집 지은 땅을 家代라 이른다.[82]
　　　나. 평안도 강계 鄭夫人舊趾

항목	연대
鄭夫人舊趾	1435년(세종 17) 7월 8일
鄭夫人代	1439년(세종 21) 3월 19일
鄭夫人垈	1440년(세종 22) 3월 1일
鄭夫人垈	1440년(세종 22) 3월 2일
鄭夫人代城基	1440년(세종 22) 7월 29일

　　　다. 家代와 家垈

항목	연대
家代稅	1412년(태종 12) 7월 3일
家代	1435년(세종 17) 9월 2일
家垈	1426년(세종 8) 1월 19일
家垈	1485년(성종 16) 3월 6일
家代	1504년(연산군 10) 8월 14일
家垈	1510년(중종 5) 4월 25일
家垈	1546년(명종 1) 2월 30일
家垈	1619년(광해군 11) 12월 29일

---

[82] 『世宗實錄』, 1435년(세종 17) 9월 2일 조, "國俗謂造家之地 爲家代"

항목	연대
家垈	1681년(숙종 7) 5월 21일
家垈	1782년(정조 6) 2월 3일
家垈	1826년(순조 26) 11월 2일

　(13가)는 '代'와 '垈'의 동질성을 확인시켜 준다. (13나)와 (13다)는 16세기 초에 이르러서 일반적으로 '垈'로 쓰이고 있음을 말해 준다. 1616年에 작성된 奴良伊所志[83]에 '家代'가 5회 쓰이는 것으로 보아 조선 후기에도 '代'가 부분적으로 쓰이고 있음을 알 수 있다. 특히 1426년(세종 8) 1월 19일 조의 家垈는 조선 초기 이전에 고유한자 '垈'가 출현하였음을 말하여 준다.

　고유한자 垈의 성립 과정에 대해서는 두 가지 견해가 있다. 鮎貝房之進(1931: 71)는 '代土'의 두 글자가 1글자 垈로 성립하였다고 하였다. 『한국한자어사전』에서는 '代'가 '터'의 假借이고 意符 '土'를 첨가하여 성립시킨 것으로 설명하고 있다. 두 견해 모두 객관적인 근거가 제시되어야 한다. 鮎貝房之進(1931)이 말한 '代土[84]'가 '터'의 뜻으로 사용되는 것이 문증되지 않는다. 한편 『한국한자어사전』의 견해는 "代가 '터'의 假借이다"라는 점에 대해 객관적인 논거를 제시해야 할 것이다.

　중세어에는 장소를 나타내는 명사로 '곧'과 '터'의 두 가지가 있다. 고려 시대 '代'는 '터'의 音借 표기일 가능성을 상정할 수 있다. 이때 '家代'는 '집 지을 장소'로 이해된다. '집 지을 장소'는 중세어 '터'에 대응된다. 따라서 음차 표기자 代에 意符 '土'를 추가하여 '垈'를 성립시켜 '터'의 의미로 사용한 것으로 추측된다. '浿'과 유사한 방법을 사용한

83　서울대 규장각 편, 『고문서』, 22책, "163012 문서"
84　丁若鏞은 代土를 "이 땅을 팔아 저 땅을 사는 것을" 뜻한다고 하였다.

것이라 하겠다. 이 사례는 우리의 음차 표기자가 字形, 字意, 字音 등이 있어야 성립되는 한자의 견인력으로 한자와 유사한 구성 방법을 가지게 된 것을 보여 준다.

2.3.2. 員

『漢語大詞典』의 員에 대한 의미 풀이에서 '밭이 있는 곳'의 뜻은 실려 있지 않다. 鮎貝房之進(1931)에서는 한국 고유한자로 다루지 않았으나 金鍾塤(1983: 167)에서 한국 고유한자로 파악하고 있다. 그리고 최동언(2001: 78)에서도 員은 '곳도리'로 읽어야 하며 '밭이 있는 곳으로 풀이하고 있다. 金鍾塤(1983)과 최동언(2001)의 논거는 『五洲衍文長箋散稿』와 『新字典』의 주석에 근거한 것이다.

(14) 가. 員 音곳 도리 俗訓田在處 見公私文簿
    나. 員【곳】도리 田在處 見公私文簿

(14가)는 『五洲衍文長箋散稿』의 주석이고, (14나)는 『新字典』의 주석이다. 주석의 내용이 동일하다. 李圭景은 員의 音을 '곳'으로 訓을 '도리'로 파악하고 있다. 이는 員의 音과 訓을 李圭景이 잘못 파악한 것이다. 李圭景은 吏讀文에 쓰인 員의 용법상 특징을 이해하지 못하였다. 여러 문헌 자료를 검토하여 보면 員이 庫員 또는 麓員의 생략형임을 알 수 있다.

(15) 가. 戶曹에서 全州府尹 尹孝孫이 아뢴 바에 의거하여 年分에 있어서의 庫員等第【세속에서 田地가 있는 곳을 庫라 한다. 하나의 面 안에도 땅의 기름지고 척박함이 다르므로, 그 地品에 따라 등급을 매기는 것이다.】[85]

나. 同楡津高揷兩面 四標字號庫員 與本官眼同詳細打量[86]

다. 據朴瑞五之先塋位田 壹石落塵果 齋室及園林在於本洞的字員
  而傳來文記昨年分果 入於燒火中是等以 緣由牒報爲臥乎事[87]

(15가)에서 庫員의 '庫'에 대한 주석만 제시하고 있다. 따라서 '庫'가 '田地가 있는 곳'의 뜻을 가지고 있고, 員은 아무런 관계가 없는 것을 알 수 있다. (15나)의 '標字號庫員'을 고려하면 (15다)의 '的字員'[88]은 '的字號庫員'의 생략 표기로 생각된다. 규장각 소장 고문서에는 '的字員'과 같이 '庫'가 생략된 표기가 더 발견된다. 따라서 (15다)의 '的字員'이 '的字號員'의 탈자 표기일 가능성은 적다. 곧, '곳도리'의 선대형 표기는 '庫員' 또는 '廛員' 정도로 생각된다. '곳도리'와 '庫員'의 대응에서 '곳'이 '庫'과 대응하고 '도리'가 員과 대응한다.

『표준국어대사전』에서 중세어 '도리'를 '둘레'의 뜻으로 풀이하고 있다. '庫員'에서 '田地'와 '둘레'가 가지는 의미적 상관성을 이해하기가 쉽지 않다. 1392년에 작성된 『太祖土地賜給文記』에 함경도 高州의 沙朴只員과 咸州의 厚籠耳員 등이 나온다. 이에 대해 노명호 외(2000: 135)에서 '員은 原과 통용하여 들을 가리키며'로 풀이하고 있다. 漢字에서 員은 圓과 通用되지만[89] 原과 통용되는 논거는 찾을 수 없다.

1909년 10월 度支部가 발행한 『土地調査參考書』제1호, 제2호, 제3호 등에서 '員'의 구체적 의미를 기술하고 있어 매우 주목된다.

---

85 『成宗實錄』, 1475년(성종 6) 4月 23日 조, "戶曹據全州府尹尹孝孫所啓 年分庫員等第【俗以田之所在謂庫 如一面之內 膏塉有異 隨其地品而等第之也】"
86 규장각, 『고문서』 1책, 延齡君房·內需司 문서(76030/76031).
87 규장각, 『고문4책, 報恩內北面內洞里尊位頭民牒呈.
88 '的字員'에서 '的字'는 田地의 地番 표시이다.
89 『漢語大詞典』, 員, "9. 同圓 圓形"

(16) 가. 용어를 번역하여 실음.
　　　(생략)
　　　3. 경계
　　　　面 군 밑에 행정구역이니 일본의 町과 유사하다. 서북 양도에는
　　　　坊과 社라 한다.
　　　　村 면 밑에 있으니 일본의 大字와 같다.
　　　　里 村과 같다.
　　　　洞 里와 같다.
　　　　坪 村·里·洞 안에 있는 소지명이니 前坪, 後坪 따위다.
　　　　契(도리) 즉 坪 따위다.
　　　　員 契와 같다.[90]
　　　　(후략)
　　나. 3. 토지구획의 명칭
　　　　토지에 관한 구획을 표시할 때에는 동 또는 이의 다음에 다시
　　　　員 또는 坪을 붙인 칭호를 사용하는 것이 상례이다.
　　　　(중략)
　　　　요는 사람에 관한 구획으로는 군, 면, 동, 통, 호라 하고 토지에
　　　　관하여는 군, 면, 동, 원 또는 평이라 하는 것 같다. 충청남북도에는
　　　　원이라 하지 않고 평이라고 하고 면 다음에 동이라 하지 않고 곧바
　　　　로 평이라 하는 지방이 있지만 경기도부터 이북 평안도, 강원도
　　　　등에는 모두 면, 동(또는 이), 원이라 쓰고 면 다음에 곧바로 원이
　　　　라고 쓰는 예가 없다. 평의 글자는 전혀 사용하지 않는 것 같다.[91]
　　다. 붙임. 행정구획으로서의 면과 동의 가치
　　　　(전략)
　　　　동은 원래 일반의 토지에 대한 명칭이 아니고 모두 촌락, 소재지의

90　柳興世(2005: 6-7) 참조.
91　尾石剛毅(2005: 36-37) 참조.

호칭에 불과하다. 이에 반하여 평은 단지 속칭에 불과하지만 처음부터 일반 토지에 관한 명칭으로 일어난 것이다. (중략) 토지의 구획으로 평은 차라리 동보다 나은 것 같다.(다욱이 산림과 인가가 집합된 촌락 등에는 평이라 부르지 않고 다른 명칭을 쓰는 것이 통상이다. 또 경상도에는 평 대신 員을 쓴다.[92]

(16)은 동 또는 리 아래의 田地를 지칭하는 명칭으로 坪과 員이 있으며, 山林에 인접한 지역에서는 坪을 쓰지 않고 員을 사용한다고 기술하고 있다. 『訓蒙字會』에서 坪의 훈을 '드르'로 제시하고 있다. 따라서 員은 '들'이 아닐 것이다. 『五洲衍文長箋散稿』와 (16가)에서 소개한 바와 같이 '도리'이다. 이 '도리'와 '員'의 실제 지명이 국립중앙도서관 소장의 20세기 초 자료 『朝鮮地誌資料』 三-2에서 확인된다.

(17) 慶尙南道 馬山郡 大山面
野坪名 釜山員 부산도리 柳靑里
泥生員 이싱도리 守城里
島野 섬들 一洞里
白楊浦 빅양도리 加述里
蛇浦 비암도리 牛岩里

지명의 한자표기와 한글표기에서 '員'과 '도리/도리'가 대응됨을 알수 있다. 또 그 지역도 大山面이므로 坪 대신 '員'이 사용된 이유를 짐작할 수 있다. 산림에 인접한 지역에서는 坪 대신 員을 사용한다는 것은 '도리'의 어원을 추정할 수 있는 근거가 된다. '도리'를 뜻하는 員을 중세어 '두듥'이나 '두던'과 연관시키는 것이 가능해지나 현재는 뚜렷

---

92 塩田與助(2006: 98) 참조.

한 근거가 없으므로 앞으로의 연구 과제로 남겨 둔다.

員이 '도리'의 音相을 표기한 근거는 員과 圓이 통용되는 한자인 점에서 찾아진다. 강원도 鐵原은 『三國史記』에 '鐵圓'으로, 865년에 작성된 「到彼岸寺鐵造毘盧蔗那佛坐像造像記」에는 '鐵員郡'으로 표시되어 있다. 員과 圓이 통용된 사실을 알 수 있다. 『三國遺事』와 『고려사』에는 '鐵原京'으로, 『世宗實錄地理志』에는 鐵原都護府로 표시되어 있다. 여기에서 圓과 員이 그 뜻으로 '原'을 표기한 것임을 알 수 있다. 그러므로 '도리'는 그 뜻이 '原'이 된다. 토지매매문기에 사용된 員은 특별히 '田地'의 뜻을 가지게 된다.

결국 員은 '도리[原]'에 대한 訓假字 또는 訓讀字가 된다. 이러한 성격을 가지는 員을 漢字의 관점에서 살펴 본다면 한국 고유한자라 할 수 있다. 그러나 그 字音이 확립되지 않은 점에서 한자로 이해하기에는 불충분한 점이 있다.

2.4. 朝鮮時代

2.4.1. 垌

筒과 垌은 漢字에서 각각 '통[桶]', '缶垌[장군]'을 의미한다. 『康熙字典』에는 '缶垌也'로 풀이하고 있다. 그런데 우리의 지명 표기에서는 筒과 垌은 '저수지'의 뜻으로 사용되므로 垌은 자형은 한자에 있으나 그 뜻은 한자에 없는 한국 고유한자가 된다.

(18) 가. 靑山筒 (堰을 筒이라 한다)[93]

---

93 『中宗實錄』, 1528년(중종 23) 2월 28일 조, "靑山筒【是堰謂筒】"

나. 㖟 音은 洞이다. 못을 파서 물을 담는 것이다.[94]
다. 방언에서 제방을 쌓아 물을 가두는 것을 㖟이라 한다.[95]

'통[桶]'과 '缶㖟[장군]'은 '액체를 담는 용기'이므로 '저수지'의 뜻과 일맥상통한다. 그렇지만 筒과 㖟을 '저수지'의 뜻으로 사용하는 것은 한국 고유의 것이다. 㖟은 李圭景의 『五洲衍文長箋散稿』, 鮎貝房之進(1931), 홍기문(1957), 金鍾塤(1983), 최동언(2001)에서 모두 한국의 고유한자로 다루어졌다. 그러나 筒은 최동언(2001)에서만 한국 고유한자로 다루어졌다.

筒이 사용된 지명은 『世宗實錄地理志』에 발견되지 않고, 『新增東國輿地勝覽』에 평안도 安州牧의 諸非筒烽燧와 그 밖의 몇 예가 더 발견된다. 『朝鮮王朝實錄』에서 价地筒(중종조), 大機筒(숙종조), 大也筒(영조조), 德池筒(숙종조), 樓盈筒(숙종조), 蘇湖筒(숙종조), 爲閑筒(중종조), 赤筒(헌종조, 숙종조), 諸非筒(중종조), 帝巖筒(숙종조), 靑山筒(중종조) 등 정도가 발견된다. 이들이 모두 평안도 관내 지역이라는 것이 흥미롭다. 규장각 소장 『韓國地方志綜觀』의 '堤堰'에 전국 지방지에 수록된 '堤堰名'이 색인되어 있다. '堤堰名'의 후부 요소로 '堤, 堰, 堤堰, 防築, 洑, 池, 筒, 㖟' 등을 추출할 수 있다. 筒과 㖟을 사용한 堤堰名은 평안도의 지방지에서만 발견할 수 있다. 또 筒과 㖟이 통용되어 쓰이고 있음을 알 수 있다.

㖟이 사용된 지명은 『朝鮮王朝實錄』에서 如意㖟(정조조)[96], 迎華㖟

---

94 『五洲衍文長箋散稿』, 東國土俗字辨證說, "㖟 音洞 鑿池貯水"
95 『與猶堂全書』, 第五集 政法集 第三十五卷 ○欽欽新書 卷六 祥刑追議四, "方言築堤捍水曰㖟"
96 『正祖實錄』, 1798년(정조 22) 4월 27일 조.

(정조조)⁹⁷ 등이 발견된다. 如意垌은 경기도 華城, 迎華垌은 충청도의 지명이다. 이 두 예에서 우리는 筒이 垌으로 교체된 사실과 垌이 평안도 지역에 국한되지 않고, 사용 지역이 확산된 것을 알 수 있다. 장서각 소장의 등록 자료에는 '저수지를 쌓다'의 의미로 '築筒'의 용어가 사용되고 있는데, 후대의 등록 자료에는 '築垌'의 용어가 사용되고 있다. 이것으로 筒이 垌으로 교체된 것임을 알 수 있다. 한편 『華城城役儀軌』에는 垌監官, 垌洑, 垌直 등의 용어가 실려 있다. 한편 『朝鮮地誌資料』 경기도 高陽郡 求知道面 花井里 堤堰으로 花水垌[꽃물동]이 등재되어 있다. 현재는 '저수지'의 뜻으로 사용되는 垌이 평안도와 경기도 지역에서만 발견되는 것의 이유는 앞으로 더 연구해야할 문제이다.

'저수지'의 뜻을 가지는 垌이 이 뜻을 가진 기제는 현재 자세치 않다. 『표준국어대사전』에서는 '동막이'의 '동'을 '논도랑'의 평북 방언으로 기술하고 있다. 이로 미루어 볼 때 '저수지'의 뜻을 가진 음차 표기 同이 문헌 자료에서 발견될 가능성이 있다. 이 경우 垌은 音借 表記字인 同에 意符 '土'를 합성하여 성립시킨 한국 고유한자가 된다. 물론 '물장군'의 뜻이 비유적으로 '저수지'의 뜻으로 사용되었을 가능성도 배제할 수 없다.

2.4.2. 德과 櫷

德과 櫷은 우리 지명 표기에서 '언덕'의 뜻으로 사용된다. 한자에 德과 櫷의 자형은 있으나 그러한 뜻으로 사용하는 한자는 없다. 德이 '덕'을 음차 표기한 것이고, 이 '덕'이 동북 방언에서 '높은 언덕[高阜]'을 의미함은 1778년 경에 지은 것으로 추정되는 洪良浩의 『北塞紀略』을 통해

---

97 『正祖實錄』, 1799년(정조 23) 5월 9일 조.

알려져 왔다. 또 丁若鏞의 『雅言覺非』, 金正浩의 『大東輿地圖』 등에서 '德'이 다시 소개되었다. 한편 1775년에 작성된 것으로 추정되는 黃胤錫의 「擬弘文館增修東國輿地勝覽例」와 李圭景의 『五洲衍文長箋散稿』에서는 '櫶'을 한국 고유한자로 소개하고 있다. 朝鮮光文會의 『新字典』 朝鮮俗字部와 鮎貝房之進(1931), 홍기문(1957), 金鍾塤(1983) 등에서는 '德' 표기는 제외되고, '櫶' 표기만을 한국 고유한자로 소개하였다. 그런데 최동언(2001: 43)에서는 '德'과 '櫶' 모두를 소개하고, '德'과 '櫶'이 이표기 관계에 있음을 설명하였다. 즉 『宣祖實錄』에 표기된 '黃水櫶'이 『正祖實錄』에서는 '黃水德'으로 표기된 것을 근거로 한 것이었다.

최동언(2001)이 제시한 '黃水櫶'과 '黃水德'의 예만 보면 '櫶'이 선대형인 것으로 생각할 수 있다. 그러나 『朝鮮王朝實錄』에서 '櫶'과 '德'이 표기된 용례를 검토하면 '德'이 선대형임을 알 수 있다.

(19) 가. 甫伊德(1493년), 寶下德(1483년), 新加德(1683년), 乂別德(1723년)
    나. 鍾城府境童巾櫶下洞(1594년), 黃水櫶處(1594년)

(19)의 예만 가지고 '德'을 선대형으로 규정하기에는 다소 논거가 부족하다. 그러나 차자 표기법에서 복잡한 획의 한자보다는 간단한 획의 한자를 사용하는 것이 일반적이므로 '德'이 선대형인 것으로 규정할 수 있으나 앞으로 더 연구해야 할 문제이다.

'德'의 두인변을 '木'으로 교체하여 櫶의 자형을 사용한 이유는 현재는 알 수 없다. 그러나 이러한 변화는 바로 한국의 借字가 漢字의 영향을 받고 있다는 것을 말한다. 한자의 '德'과 차자의 '德'을 차별화하기 위해서 두인변을 '木'으로 교체한 것으로 생각되는데 하필이면 意符로 '木'

을 선택한 이유는 자세치 않다.

2.4.3. 洠과 筏

洠은 '갯벌'의 뜻을 가진다. 漢字에는 없는 자형이다. 이규경의 『五洲衍文長箋散稿』, 지석영의 『字典釋要』, 조선광문회의 『신자전』 등에서는 한국의 고유한자로 다루어지지 않았으나 鮎貝房之進(1931)에서는 俗字, 즉 한국 고유한자로 다루어졌다. 鮎貝房之進(1931)는 1785년(정조 9)에 편찬된 『大典通編』 戶典에 실린 "海洠·嶼草·漁場"이란 기사와 19세기에 丁若鏞이 편찬한 것으로 추정되는 『名物紀略』에 제시된 '뻘'을 근거로 洠을 한국의 俗字로 다루었다.

『承政院日記』에서는 보다 이른 시기의 洠 용례가 확인된다.

(20) 가. 富平石串浦, 潮退之後, 及弦水時, 泥洠成坪[98]
　　　나. 南海之牙山以上海洠漁場, 本府專管收稅, 載於續典[99]
　　　다. 西海之箕島以上, 海洠漁場[100]
　　　라. 浦洠處, 給價二百兩[101]

1746년(영조 22)에 편찬된 『續大典』에 海洠이 실려 있음을 (20나)는 말하고 있다. 이것은 또 15세기에 편찬된 『경국대전』에는 海洠이 실려 있지 않음을 말하는 것이다. 결국 海洠이란 용어는 『경국대전』 이후에 만들어진 것이 된다. 현재 洠을 확인할 수 있는 가장 이른 시기의 자료는 (20가)이다. (20가)는 1711년이므로 이보다 약간 앞선 시기부터 洠이

---

[98] 『承政院日記』, 1711년(숙종 37) 3월 14일 조.
[99] 『承政院日記』, 1783년(정조 7) 3월 10일 조.
[100] 『承政院日記』, 1783년(정조 7) 3월 23일 조.
[101] 『承政院日記』, 1785년(정조 9) 8월 20일 조.

쓰인 것으로 생각된다.

(20라)의 浦浽은 '개벌'과 완전히 일치한다. 이것에서 우리는 浽이 바닷가의 진흙벌인 '뻘'을 의미하고 있음을 알 수 있다. 한편 (20나)는 浽의 성립 과정에 중요한 시사점을 제공하고 있다. '썰물로 생겨난 들[坪]'을 浽로 해석하고 있다. 이는 들[坪]을 뜻하던 음차 표기 '伐'에 意符 'ㆍ'를 첨가하여 浽을 형성한 것임을 말해 준다.

浽이 지명의 후부 요소 표기에 사용된 예로 南陽郡의 靈興島 숇浽[102]과 전남 고흥군의 三里浽[103]을 확인할 수 있다.

海浽은 『景宗實錄』과 『日省錄』에서는 海筏로 나타나기도 한다.

(21) 가. 이제부터는 耆老所에서 海筏에서 收稅하던 것을 혁파하고[104]
　　　 나. 여러 곳의 海筏과 煮鹽[105]

海筏은 1회 이상 출현하여 誤字가 아닌 것은 분명하다. 의미상 海筏은 海浽과 동일하다. 그러나 海筏과 海浽의 선후 관계는 자료 부족으로 현재 밝힐 수 없다.

筏과 浽의 대응에 나타난 竹 변과 'ㆍ' 변의 교체는 德과 檍의 대응에 나타난 두인변과 木 변의 교체와 매우 유사하다. 더 나아가 筒과 垌의 대응에 나타난 竹 변과 土 변의 교체와 매우 유사하다.

2.4.4. 迪

迪은 한자에 있는 자형이나 우리 지명 표기에 사용되는 뜻은 한자에

---

102 『禁衛營謄錄』, 卷 97. "所載船一隻五月三十日 到南陽靈興島 숇浽前浦"
103 1929년 3월 10일, 「지방시론, 三里浽 요역에 대하야」
104 『景宗實錄』, 1724년(景宗 4) 4월 10일 조. "自今革罷耆老所海筏收稅"
105 『日省錄』, 1792년(정조 16) 1월 28일 조. "諸處海筏煮鹽"

없다. 逬은 『龍龕手鏡』에서 迖逬로 소개되어 있다. 그리고 迖逬를 '천하를 어기는 것[違天下]'으로 주석하고 있다. 鮎貝房之進(1931: 139-140)는 鄭東愈의 『晝永篇』에서 逬를 '窄陷'으로, 音을 '디'로 주석한 것을 소개하고, 이에 근거하여 逬를 辵와 地가 결합한 會意字로 파악하고 있다. 鮎貝房之進(1931)은 일본 육군성이 제작한 『五萬分地形圖』에서 迆內(황해도 燕灘), 迆田洞(평안남도 江東), 唐迆(평안남도 江東) 등의 지명을 소개하고, 이 지명의 迆는 逬의 誤字라고 소개하였다.

『朝鮮地誌資料』와 奎章閣 소장 古地圖 자료에서 逬이 사용된 지명을 다음과 같이 찾을 수 있다.

(22) 가. 逬內洞 (평안남도 德川郡 蚕上面)
    나. 逬谷 굿밧티 (평안남도 江東郡 三登面)
    다. 逬名：明堂九地, 菽芦九地, 逬當柘(평안남도 孟山郡 外南面)
    라. 狐逬 (『輿地圖(古 4709-68)』평안도 陽德縣)

(22나)의 '굿밧티'는 逬谷을 현지인이 부르는 것을 적은 것이다. 逬谷은 다른 문헌 자료에서는 逬田洞으로 되어 있는데 逬谷에는 '田'이 생략된 것이다. 逬이 '굿'임을 알 수 있다. 한편 (22다)의 '九地'는 逬의 음차 표기이다. '九地'는 '구지'를 표기했다고 생각된다. 그렇다면 종성에 'ㄷ'을 가지는 중세어 '굳[구덩이]'으로 연결시키기가 어렵다. 그렇지만 다른 대안이 없으므로 이 글에서는 逬이 '굳[구덩이]'의 의미를 가지는 것으로 본다.[106]

---

[106] 이 글에서는 『東國文獻備考』, 卷二十二, 輿地考 十七 關防 七 海路 五 漕路에 실려 있는 지명의 후부 요소 표기 '草'가 지명에 나타난 실제 사례를 소상히 다루지 못하였다. 이곳에서 草는 "그 가운데에 큰 섬[洲]이 있는 것을 草라고 이름하는데,[물 가운데에 모래가 堆積되어 있는 것을 方言에 草라고 한다.] 白翎島의 西南쪽에서

3. 結言

차자표기법은 대체로 기존의 漢字를 활용한다. 그러나 漢字로 표현할 수 없는 우리의 人名, 地名, 物名의 경우에는 漢字에 없는 글자를 만들어 그 의미를 표현하게 된다. 이 글은 한국의 차자표기법에 의해 발달된 한국 고유한자가 가지는 특수성의 일부를 살펴보고자 하였다.

人名과 物名보다는 地名이 상대적으로 관련된 자료가 풍부히 남아 있다. 따라서 이 글에서는 地名을 중심으로 한국 고유한자의 특징을 살펴보고자 하였다. 특히 지명의 전부 요소보다는 지명의 후부 요소에 주안점을 두어 한국 고유한자의 특징을 살펴보았다.

지명의 후부 요소에 대한 의미를 정확하게 파악하기 위해서 문헌 자료에 나타난 주석 자료를 적극 활용하였다. 특히 조선 후기 역사지리학자의 주석을 적극적으로 발굴하고 활용하였다. 삼국시대, 통일신라 시대, 고려 시대, 조선 시대 등의 금석문 자료와 문헌 자료에서 지명의 후부 요소 용례를 찾아서 시대적인 변화상을 고찰하였다.

이 글에서 三國時代에 岾, 串, 遷, 統一新羅時代에 湫, 高麗時代에 代(조선시대에는 垈), 員, 朝鮮時代에 筒과 垌, 德과 檍, 洑과 筏, 迪 등이 지명 후부 요소를 표기하는 데에 사용되었음을 확인하였다.

지명 후부 요소의 변천과 발생 과정을 고찰하여 한국 고유한자 성립의 한가지 방법을 밝혀 내었다. 즉 고유어의 음차 표기에 의미부를 첨가하여 한국 고유한자를 성립시키는 방법을 확인하였다. 垈는 代에서,

---

바라보면 이와 같은 것을 볼 수가 있다. 草의 동쪽에 있는 것은 동쪽으로 흐르고, 초의 서쪽에 있는 것은 서쪽으로 흐르는데 / 中有火洲爲名之艸[水中沙堆處 方言謂之草] 自白翎西南望之 若可見焉 海水在艸東者東流 在艸西者西流" 등으로 풀이되고 있다.

欜은 德에서 垌 筒에서, 洑은 筏에서 意符를 첨가하거나 교체하는 방식으로 한국 고유한자를 성립시키는 방법을 확인하였다. 아울러 洑는 이른 시기 차용어 伏에서 意符 氵를 첨가하여 성립된 한국 고유한자일 가능성을 제기하였다.

이 글에서 垈의 형성이 조선 초기까지 소급할 수 있고 垌, 欜, 洑 등이 조선 후기에 발생했음을 제한적으로 확인한 것은 매우 중요한 시사점을 가지고 있다. 한국 고유한자가 가지는 특징과 역사성을 이해할 수 있기 때문이다. 이들 한국 고유한자는 意符를 첨가하거나 교체하는 방식으로 성립된 것인데 이는 한국의 借字가 漢字 형성 원리의 영향을 받았다는 것을 의미한다. 이것은 한국의 借字가 끊임없이 漢字로 편입되어야 한다는 우리의 의식을 말해 주는 것이며 차자표기법이 소멸된 20세기에 이르러서는 그러한 의식 곧 한국의 借字도 漢字로 보고자 하는 의식이 매우 강해진 것으로 생각된다.

人名이나 物名의 표현을 위해 고안된 한국 고유한자의 특성을 고찰함으로써 우리는 한국 고유한자의 본질적인 특징을 더 잘 이해할 수 있을 것으로 기대한다. 그리고 한국의 借字에 대한 위상도 새로이 정립할 수 있을 것으로 기대한다.

이 글은 한국 고유의 의미로 사용되는 岾, 串, 遷 등에 대해서도 새로이 이해하고자 하였다. 즉 한국 고유한자들이 한자의 형태를 변형하여 성립했을 가능성을 모색하였다.

朝鮮 初期 洞里村名의 國語學的 硏究

1. 서언

이 글의 硏究 目的은 朝鮮 初期 즉 15세기와 16세기의 郡縣 以下 行政 區域 單位인 '洞, 里, 村'등과 特殊 行政 區域이었던 '鄕, 所, 部曲, 莊, 處'등(이하 洞里村名이라 한다)을 대상으로 異表記를 수집하여, 조선 초기 洞里村名의 表記上 特徵을 밝히고, 조선 초기 洞里村名에 投影된 우리말 語形을 찾아내는 것이다.

朝鮮 初期 洞里村名의 異表記를 수집하기 위하여, 이 글에서는 1425 년(世宗 7)에 편찬된 『慶尙道地理志』, 1454년(端宗 2)에 편찬된 『世宗 實錄地理志』, 1469년(睿宗 1)에 편찬된 『慶尙道續撰地理誌』, 1530년 (中宗 25)에 편찬된 『新增東國輿地勝覽』, 1587년(宣祖 20)에 편찬된 『咸州誌』등의 地理誌 資料, 조선 太祖부터 宣祖까지의 『朝鮮王朝實 錄』[1], 15세기와 16세기에 건립된 金石文 등의 자료를 검토하도록 한다. 이 글의 연구 목적이 洞里村名의 이표기를 통하여 조선 초기 洞里村名 표기의 특성을 고찰하는 데에 있으므로 필요할 경우만, 『輿地圖書 (1758)』, 『戶口總數(1789)』, 『朝鮮地誌資料(1911)』 등의 관련 자료를

---

[1] 『朝鮮王朝實錄』은 방대한 자료이다. 국사편찬위원회에서 제공하는 『朝鮮王朝實錄』 정보시스템의 검색 기능을 활용하여 洞里村名을 수집하도록 한다.

추가로 검토하고자 한다.

국어학계에서는 三國 시대 언어의 특징을 규명하기 위하여, 『三國史記地理志』 소재 지명 표기에 대한 연구를 진행하여 왔다. 이 硏究 過程에서 『三國史記地理志』에 수록된 지명 표기의 해독에 주요한 방법으로 활용된 것이 『三國史記』 권37에 수록된 地名의 異表記임은(이기문, 1998: 43-44) 주지의 사실이었다. 이와 마찬가지로 조선 초기 洞里村名 표기도 異表記를 통하여 연구될 수 있을 것이다.

조선 초기 洞里村名의 이표기를 두 가지 方法으로 수집할 수 있다. 하나는 조선 초기 지리지 자료에 기술된 註釋 資料를 활용하여 洞里村名의 이표기를 수집하는 방법이다. 조선 초기 지리지의 註釋 資料로 제시된 洞里村名의 이표기를 수집하는 일은 비교적 쉽다. 그런데도 이를 網羅的으로 검토한 연구는 있지 않았다. 이것은 조선 초기 洞里村名이 가지는 국어학적 가치를 看過한 것에서 비롯된 것으로 이해된다.

다른 하나는 時代를 달리한 지리지 자료를 綿密하게 대조하여 洞里村名의 異表記를 수집하는 방법이다. 시대를 달리한 지리지 자료를 면밀하게 대조하여 洞里村名의 이표기를 수집하는 방법이 有效性을 가지기 위해서는 洞里村名의 이표기 관계를 立證할 수 있는 根據 資料의 確保가 필요하다. 이 글에서는 '墓, 旌閭' 등과 같은 文化 遺跡의 所在地, 磁器所나 陶器所의 소재지, 鐵 등과 같은 特産物의 産出地 등을 표시하는 洞里村名의 異表記를 수집하는 방법을 적용하도록 한다. 또한, 지명의 保守性과 지명 표기의 可變性을 활용하고자 한다. 지명은 우리 생활의 基礎가 되기 때문에 쉽게 改變되지 않는다. 다만 借字 表記의 隨意性에 말미암아 조선 초기 지리지에 기술된 지명 표기는 지리지마다 다른 표기를 보여 줄 가능성이 있다는 사실을 활용하자는 것이다.

수집된 이표기를 類型化하여 제시하고, 이표기 間의 關係를 설명하면서, 조선 초기 洞里村名 表記에 투영된 우리말의 語形에 대해 논의하고자 한다. 다만, 조선 초기 지리지 자료에서 註釋으로 제시한 것 중에서, 현재 解讀 可能한 것만을 硏究의 對象으로 한다.[2]

2. 朝鮮 初期 地理誌 자료에 나타난 洞里村名의 국어학적 연구

2.1. 訓借 표기 대 訓借 표기의 대응을 보여 주는 洞里村名

다음은 訓借 표기 대 訓借 표기의 대응을 보여 주는 洞里村名이다.

(1) 가. 薪浦鄕[곧 鈫浦이다. 薪과 鈫은 사투리로 서로 비슷하다.][3] 〈新增 東國輿地勝覽[4] 密陽都護府 古蹟〉

---

2 이 주제와 관련된 다른 연구를 위해서 현재 정확한 關係를 알 수 없는 註釋 자료를 제시하여 둔다. 모두 『新增東國輿地勝覽』의 古蹟 조에서 제시된 것이다. 註釋의 內容과 해당 郡縣의 名稱만 제시한다. 가나다 순서로 제시한다. 즉 "薑鄕[옛 명칭은 黃德이다.]〈陽川縣〉, 皆品部曲[다른 이름은 長溪이다.]〈山陰〉, 居邊所[옛날에는 居叱勿所로 불리웠으며]〈大興縣〉, 景明鄕[榮明이라고도 한다.]〈全州府〉, 來進鄕[일명 通駕라고도 하며]〈密陽〉, 大位鄕[大府라고도 한다.]〈咸悅縣〉, 道知鄕[속칭 敦多山이라 부른다.]〈南原都護府〉, 豆也保部曲[일명 道連이라고도 하며]〈密陽〉, 孫利鄕[옛날에는 所山里라 했는데, 지금은 道林里라 한다.]〈羅州〉, 水多所[옛날에는 水隨라 했는데, 일명 橫山이라고도 하며]〈羅州牧〉, 食尺處[속명은 食岾이다.]〈江陰縣〉, 安心所[明山이라고도 한다.]〈河陽〉, 安壤鄕[安懷라고도 썼는데]〈長興都護府〉, 藥水鄕[鹽井을 약수라고 일컫는다.]〈茂長縣〉, 於谷所[속칭 水蛭獄이라 하였는데]〈梁山〉, 雲水部曲[水雲이라고도 한다.]〈康津縣〉, 伊冬音部曲[일명 金山이라고도 하며]〈密陽〉, 林堰部曲[혹은 臨壇이라고도 한다.]〈報恩縣〉, 從南鄕[옛날에는 從義鄕이라 불렀다.]〈羅州牧〉, 太山部曲[嚴山이라 하기도 하는데]〈金海〉, 巴買處[속칭 鳳溪里라 한다.]〈金山〉, 呼山部曲[속칭 大台]〈三和縣〉, 荒調鄕[注葉里라는 속칭이 있다.]〈高陽郡〉" 등이다.

3 『新增東國輿地勝覽』, 密陽都護府, 古蹟, "薪浦鄕[卽鈫浦 薪鈫方言相類]"

4 조선 초기 地理誌 자료 出典의 제시를 簡明히 하기 위해, 出典의 名稱을 略稱으로 제시한다. 『慶尙道地理志』는 慶地로, 『世宗實錄地理志』는 世地로, 『慶尙道續撰地理

나. 德巖所[(중략) 岩을 예전에는 密로 했었다.]⁵ 〈新增東國輿地勝覽 高敞縣 古蹟〉

다. 金岳所[岳을 전에는 岩으로 썼다.]⁶ 〈新增東國輿地勝覽 珍山郡 古蹟〉

라. 是年十二月辛酉 禮葬于連山縣 牛首里〈金謙光神道碑⁷(1492)〉, 牛頭里〈戶口總數(1789) 連山縣 赤寺谷面〉, 牛首里[쇠머리]〈朝鮮地誌資料⁸(1911) 連山郡 內赤面〉

마. 葬⁹于通津縣 東 甕井里〈沈順門墓碣(1529)〉, 瓮井里〈戶口總數(1759) 通津縣 府內面〉, 瓮井里〈朝鮮地誌資料(1911) 通津郡 郡內面〉

바. 五月十九日葬于果川東 霜草里〈尙震神道碑¹⁰(1566)〉, 果川 霜草里〈承政院日記 1626년(仁祖 4) 1월 29일〉, 盤草里〈戶口總數(1789) 果川 東面〉, 瑞草里〈朝鮮地誌資料(1911) 果川郡 東面〉

사. 惣制朴矩旌門 在吾刀旨里〈慶尙道地理志 星州牧〉, 朴矩 規之弟 官至嘉靖大夫都摠制 丁母憂廬墓三年 一不到家事 聞旌閭 閭在吾道宗村南川邊〈京山志 卷六 孝子〉

(1가)는 薪浦와 鈒浦가 異表記 관계에 있음을 설명한 것이다. 그리고 그 논거로 薪과 鈒이 우리 말에서 동일하게 읽힘을 말하고 있다. 이 논거는 薪과 鈒이 모두 '섭' 정도로 읽힘을 말하는 것이다. 薪은 『訓蒙字

誌』는 慶續으로, 『新增東國輿地勝覽』은 新增으로 제시한다. 『世宗實錄地理志』와 『朝鮮王朝實錄』의 번역은 국사편찬위원회 제공 정보시스템, 『新增東國輿地勝覽』의 번역은 한국고전번역원 제공 정보시스템을 활용하였음을 밝혀 둔다.

5 『新增東國輿地勝覽』, 高敞縣, 古蹟, "德巖所[(中略) 岩古作密]"
6 『新增東國輿地勝覽』, 珍山郡, 古蹟, "金岳所[岳古作岩]"
7 현 소재지는 충청남도 논산시 연산면 고정리이다.
8 朝鮮地誌資料를 出典 제시에서는 朝地로 약칭하여 제시한다. 이하 동일하다.
9 현 소재지는 경기도 김포시 통진면 옹정리 14-2번지이다.
10 현 소재지는 서울특별시 서초구 서초동이다.

會』下:2b에 그 훈이 '섭'으로 되어 있다. 그리고 『韓國漢字語辭典』에서 鈠의 뜻을 '아로새길'로 제시하고 있다. '아로 새기다'의 우리 고유어는 '섭 새기다'이므로 (1가)의 鈠은 '섭'을 표기한 것으로 생각된다. 鈠의 音이 '삽'인 점에서 訓借 표기 薪[섭]과 音借 표기 鈠[삽]의 유사성을 고려할 수도 있지만 (1가)의 '薪과 鈠은 사투리로 서로 비슷하다'는 주석은 薪과 鈠의 訓을 지적한 것으로 생각된다.

(1나)는 지명 표기에서 嚴과 密이, (1다)는 岳과 嚴이 통할 수 있음을 말하고 있다. 이것은 密이 岳과 嚴의 의미임을 말하는 것이다. 다음 자료로 密의 의미를 추정할 수 있다.

(2) 가. 또 蜜德[蜜德은 방언인데, 都城의 돌산 윗굽이(上回曲)로서 가장 높은 곳] 등지는 大內를 바로 뒤에서 내려다보는 곳입니다.[11] 〈中宗實錄 1508년(中宗 3) 3月 11日〉

나. 密津縣[일명 竹山이라고 한다. (중략) 蔑浦가 있는데 推와 蔑, 密은 사투리의 음이 같으므로][12] 〈新增東國輿地勝覽 密陽都護府〉

(2가)는 蜜德에 대한 주석에서 蜜德이 '방언이고 윗굽이[上回曲]로서 가장 높은 곳'의 의미를 가진 것임을 말하고 있다. 조선 시대 지명 표기에서 德은 고원 지대를 의미하는 것이므로 蜜은 '윗굽이[上回曲]'의 의미를 표현한 것이다. (2나)에서는 密이 蔑과 음이 같다고 했다. 이것은 조선 시대에는 그 音이 '밀' 정도인 密의 선대형 음이 '멸'일 가능성을 암시해 주는 것이다. 즉 '멸〉밀'의 변화를 상정할 수 있다. 이것은 'ㅕ〉

---

11 『中宗實錄』, 1508年(中宗 3) 3月 11日, "且蜜德【蜜德方言也 都城石山上回曲最高處】等處, 臨壓大內"

12 『新增東國輿地勝覽』, 密陽都護府, 古蹟, "密津縣[一名竹山 (中略) 有蔑浦 推與蔑密方音同疑]"

ㅣ'의 변화를 말하는 것인데, 이 변화는 南豊鉉(2009: 300)이 말한 二重母音의 單母音化 현상이다. 口訣字에서의 '령〉리[今(〈令)], 漢字 讀音 려(례)〉리[禮], 吏讀文의 主格 吐 역〉익(이기)〉이[亦]' 등의 사례를 근거로, 남풍현(2009: 300)은 中古韓國語(통일신라 시대)의 이중모음이 近古韓國語(고려 초에서 13세기 중엽까지)로 넘어오는 무렵에 單母音으로 변화한 현상을 언급하고 있다.

(2가)에서 密의 의미를 '윗굽이[上回曲]'로 풀이한 것에 기대어 密과 岳의 통용 관계를 이해할 수 있다. 密이 岳과 통용된다는 것은 '멸'이 岳의 의미를 가졌음을 示唆하는 것이다. 주지하듯이 岳의 의미인 후기 중세어 '뫼ㅎ'의 선대형인 '*모리'와 '멸'의 類似性도 注目을 끈다.

(1라)에는 牛首里와 牛頭里가 제시되었다. 牛首里는 15세기의 洞里村名이나 牛頭里는 18세기의 洞里村名이다. 牛首里와 牛頭里가 모두 충청도 連山縣의 洞里村名이므로 이들은 동일 洞里村名을 표기한 것으로 이해된다. 『朝鮮地誌資料(1911)』에서 牛首里에 대한 한글 표기로 '쇠머리'를 제시하고 있다. 이것으로 牛首里는 물론 牛頭里까지 訓借 표기임을 확인할 수 있다. 한편 (1라)는 시대적으로 '牛首里 – 牛頭里 – 牛首里' 등의 순서임을 말하고 있다. 이것은 牛首里와 牛頭里의 표기가 수의적인 표기임을 말하는 것이다.

(1마)의 '甕井里 대 瓮井里'의 대응을 訓借 표기를 달리한 것으로 파악할 수도 있고, 音借 표기를 달리한 것으로 볼 수 있다. 이것은 甕과 瓮의 訓이 유사하고 音이 동일하기 때문이다. 『朝鮮地誌資料(1911)』의 振威郡 古頭面 조에 실린 瓮井里의 한글 표기가 '독우머리'로 제시된 점에서 (1라)의 지명 표기를 訓借 표기로 이해한다.

(1바) '霜草里 대 盤草里'의 대응도 訓借 表記 글자를 달리한 것이다. 이러한 이해는 霜과 盤의 訓을 고려할 때, 訓의 音相이 유사한 점에

근거한 것이다. 조선 시대 字釋書에 제시된 霜과 盤의 訓 일부를 제시하면 다음과 같다.

(3) 가. 霜 서리 상 〈訓蒙字會(1527)〉, 霜 서리 상 〈光州千字文(1575)〉
    나. 盤 서릴 반 〈光州千字文(1575)〉, 盤 서릴 반 〈石峰千字文(1601)〉

(3가)에 제시된 盤의 훈 '서리-'와 (3나)에 제시된 霜의 훈 '서리'는 그 음상이 유사하다. 20세기 초기의 표기 瑞草里를 고려할 때, 盤草里의 盤을 '서리' 정도를 표기한 것으로 이해할 수 있다. 霜과 盤이 訓借 표기인 점에서 瑞草里의 瑞는 音借 표기임이 분명하다. 그러나 霜과 盤 중 어느 하나는 訓假 表記로 추정된다.

(1사)는 15세기의 吾刀旨里와 17세기의 吾道宗村이 대응됨을 보여 주고 있다. 吾刀旨里와 吾道宗村은 모두 朴矩 旌門의 소재지를 표시하는 洞里村名이므로 吾刀旨里와 吾道宗村이 異表記 관계에 있음은 명백하다.

吾刀旨里와 吾道宗村의 대응을 '吾刀 대 吾道, 旨 대 宗, 里대 村' 등의 대응으로 나누어 생각할 수 있다. 吾刀와 吾道의 대응에서 吾刀가 音借 표기인 사실을 알 수 있으며, 吾道를 통해 音借 표기된 우리 지명이 音에 맞추어 漢字語化 되었음을 살필 수 있다. 그러나 吾刀의 의미는 현재 未詳이다. 『新增類合』下:59b의 '宗 ᄆᆞᄅ 종, 旨 ᄆᆞᄅ 지'의 사실로 '旨 대 宗'의 대응을 이해할 수 있다. 한편 『訓蒙字會』上:17에서 宗을 'ᄆᆞᄅ 종'으로, 『訓蒙字會』下: 59b에서 旨를 '뜯 지'로 풀이하고 있다. 『訓蒙字會』의 이 같은 풀이는 旨의 常用 訓이 'ᄆᆞᄅ'가 아니라 '뜯'임을 말해 주는 것이다. 이러한 사실로 吾刀旨의 표기가 吾道宗의 표기로 바뀐 사실을 이해할 수 있다.

2.2. 音借 表記 대 訓借 表記의 대응을 보여 주는 洞里村名

다음은 音借 표기와 訓借 표기를 동시에 보여 주는 洞里村名이다.

(4) 가. 大也川部曲[鐥川이라는 명칭도 있으며]¹³ 〈新增東國輿地勝覽 晉州牧 古蹟〉
    나. 非刀所[옛날에는 鳩站이라 일컬었는데]¹⁴ 〈新增東國輿地勝覽 鴻山縣 古蹟〉
    다. 山足里[本名山八 萬曆丙戌冬 改今名] 〈咸州誌〉
    라. 山翼里[本名山法彌 萬曆丙戌冬 改今名] 〈咸州誌〉

(5) 가. 部曲 界井谷 正谷 〈慶尙道續撰地理誌 宜寧〉 部曲이 1이니, 正骨이요 〈世宗實錄地理志 宜寧〉 正骨部曲 〈新增東國輿地勝覽 宜寧 古蹟〉
    나. 縣東 正骨里 可莫山 烽火 〈慶尙道續撰地理誌 宜寧〉
    다. 의령 가막산 봉수대: 경상남도 의령군 正谷面 赤谷里 〈현재의 소재지〉

(4가)는 '大也 대 鐥'의 대응을 보여 준다. 鐥은 한국 고유한자로 '대야[大也]'의 뜻¹⁵을 가지고 있다. 따라서 大也川의 大也는 '대야' 정도를 표기한 音借 표기로 생각된다. 鐥은 訓借 표기가 된다. 한국 고유한자 鐥이 『高麗史』 忠宣王 조에 나오는 것¹⁶이 주목되는데, 鐥川이란 洞里村

---

13 『新增東國輿地勝覽』, 晉州牧, 古蹟, "大也川部曲[一名鐥川]"
14 『新增東國輿地勝覽』, 鴻山縣, 古蹟, "非刀所[古稱鳩站]"
15 『研經齋全集外集』, 卷五十九, 筆記類○蘭室譚叢, 鐥, "我國以容酒四杯之器 爲一大也 字或是匜字之譌歟 亦稱一鐥 鐥字字書無之"
16 『研經齋全集外集』, 卷五十九, 筆記類○蘭室譚叢, 鐥, "高麗史世家 忠宣王三年 遣左常侍金之兼如元 賀皇太子誕日 獻金鐥二 蓋自高麗 已用鐥字 俗亦以盥洗盤稱大也 與酒器名同而大小懸殊"

名 표기의 연원이 고려 忠宣王 시기까지 거슬러 올라갈 수 있음을 암시하는 것이다.

(4나)의 所와 站[17]은 행정 구역 단위명이므로 (4나)는 '非刀 대 鳩'의 대응을 보여 주는 것이다. 『訓蒙字會』上:8b에서 鳩의 訓과 音을 '비두리 구'라 하였으므로 非刀는 '비두리'의 '비두'를 표기한 것으로 파악된다. 『訓蒙字會』中: 9b에서 刀의 음이 '도'로 제시된 것을 고려하면, '비두'를 표기한 非刀는 'ㅜ>ㅗ'의 변화가 완성된 後記 中世 國語 이전의 표기로 생각된다.

(4다)의 '山足 대 山八'의 대응에서 '足 대 八'의 대응은 '訓借 표기 대 音借 표기'의 대응이다. 『訓蒙字會』下:14b에 八의 음이 '팔'로 제시되어 있지만 山八의 八은 '발'을 표기한 것으로 생각된다. 八과 '발'의 대응은 『鄕藥救急方』鄕名 表記 자료에서 차자 包가 '보'에 대응되는 것과 유사하다. 즉 南豊鉉(1980: 62)은 鄕名 表記 包衣를 '보리'로 해독하고 있는데, Karlgren(1964)이 제시한 包의 중고음(7세기) pau에 근거하여 包가 有氣音化 되기 전에는 '보'임을 말하고 있다. 이와 마찬가지로 Karlgren(1964: 88)에서 八의 中古音을 pwat으로 제시하고 있으므로 八을 '발'과 대응시킬 수 있다. 『訓蒙字會』上:15a에서 足의 訓을 '발'로 제시하고 있으므로 山足은 訓借 표기가 되고, 山八은 音借 표기가 된다. 『朝鮮地誌資料』慶尙道 咸安郡 面名 조에 山足面의 한글 표기를 '산발면'으로 제시한 것이 참고된다.

音借 표기 山八이 訓借 표기 山足으로 바뀐 것은 1586년(宣祖 19)의 일이었다. 16세기의 지방관들이 소속 군현의 지명을 한자어화하여 개

---

17 『표준국어대사전』, 참(站), "중앙 관아의 공문을 지방 관아에 전달하며 외국 사신의 왕래, 벼슬아치의 여행과 부임 때 마필(馬匹)을 공급하던 곳. 주요 도로에 대개 25리마다 하나씩 두었다."

정하는 사례[18]를 고려해 보면, 山八을 山足으로 바꾼 것은 당시의 함안군 지방관이었을 것으로 추정된다.

(4라)의 '山翼 대 山法彌'의 대응에서 '翼 대 法彌' 역시 '訓借 표기 대 音借 표기'의 대응으로 이해된다. 함안군의 당시 지방관이 山法彌 지명을 山翼으로 개정했다는 점에서 翼은 '날개'의 의미로 이해된다.

차자 표기 法彌를 현대어 '날개'나 이것의 후기 중세어형 'ᄂᆞ래'와 연관시킬 수 없다. 法彌는 '배미' 정도를 표기한 것이기 때문이다. 그런데 '날개'의 경북 방언인 '나래미[19]'의 선대형 '*날배미'는 法彌와 연관시킬 수 있다. 즉 法彌가 '배미' 정도를 표기한 것으로 이해할 수 있다. 국어에서 'ㅂ'이 유성적 환경에서 탈락하였음은 주지의 사실이다. '山翼 대 山法彌'의 대응을 고려하면, '法彌[배미]'는 '날갯죽지'의 '죽지'로 이해될 수 있다. 法彌[배미]를 '죽지'의 뜻으로 이해할 때, 法彌[배미]가 '논배미'의 '배미'로 파악될 수 있다. 丁若鏞은 『經世遺表』 권6 「田制考」 6에서 "집은 밭 갈피로서 방언으로는 배미라고 한다"고 하여 '배미'를 '갈피'의 뜻으로 설명하고 있다. 이로 보면 '논배미'에서 '배미'가 가지는 기원적인 의미는 '갈피' 또는 '죽지'임을 이해할 수 있다.

(5가)는 慶尙道 宜寧에 正谷部曲과 正骨部曲이 있음을 말하고 있다.

---

18 李元禎(1622-1680)에 의해 1668년(현종 9)에 편찬된 경상북도 성주군의 읍지인 『京山志』의 各里 南面 조에 실려 있는 기사를 사례로 제시할 수 있다. 즉 '德谷 距州五十里 本名岳谷 尹暉爲牧使 改今名焉'의 기사가 실려 있는데, 이 기사는 牧使 尹暉가 德谷을 岳谷으로 개명한 사실을 전하고 있다. 德谷 대 岳谷의 대응에서 德谷으로 보아 岳谷의 岳은 高原의 평평한 지대를 뜻하는 우리말 '덕'으로 읽혔을 것임에 틀림없다. 이러한 뜻의 '덕'은 지명의 차자 표기에서 흔히 '德'으로 표기되지만, 牧使 尹暉가 이 뜻으로 德谷을 작명했을 가능성은 희박하다. 牧使 尹暉가 개명한 德谷은 본래의 뜻인 '덕'을 음사하되 뜻은 한자 德의 뜻을 부가한 것으로 이해된다.

19 『표준국어대사전』, 나래미, "「1」'지느러미'의 방언(강원, 경기). 「2」'날개01'의 방언(경북)."

部曲은 특수한 행정 구역이므로 正谷部曲과 正骨部曲은 동일 부곡을 지칭한 것으로 생각된다. 한편 (5나)는 可莫山 烽火의 소재지가 宜寧郡 正骨里임을 말하고 있다. 그리고 (5다)는 可莫山 烽火의 현 소재지가 宜寧郡 正谷面 赤谷里임을 말하고 있다. 따라서 正骨部曲과 正谷部曲은 同一 部曲을 지칭한 것이 된다. 결국, 骨은 '골'의 音借 표기이고, 谷은 '골'의 訓借 표기가 된다.

2.3. 音借 표기 대 音借 표기의 대응을 보여 주는 洞里村名

다음은 音借 표기 대 音借 표기의 대응을 보여 주는 洞里村名이다.

(6) 가. 松豆等 [(중략) 우리 태조가 놀던 곳이다.][20] 〈新增東國輿地勝覽 咸興府 古蹟〉, 湧珠里[(중략) 咸興 松頭等里로 옮겨 度祖를 낳고][21] 〈新增東國輿地勝覽 德源都護府 古蹟〉

나. 甲午七月己卯日巽時 窆 于▨陵縣南 今音段里 〈韓伯倫神道碑[22] (1474)〉, 黃玉[현 서쪽 儉丹里 艾葛山에서 산출된다.][23] 〈新增東國輿地勝覽 金浦縣 土産〉, 黔丹面 〈輿地圖書(1759) 金浦縣〉, 黔丹面 〈戶口總數(1789) 金浦縣〉, 黔丹面 〈朝鮮地誌資料(1911) 金浦郡〉

다. 部曲이 3이니, (생략) 今音勿이다. 〈世宗實錄地理志 密陽 部曲〉, 金音勿部曲 〈新增東國輿地勝覽 密陽 古蹟〉

---

20 『新增東國輿地勝覽』, 咸興府 古蹟, "松豆等 (中略) 我太祖所遊地"
21 『新增東國輿地勝覽』, 德源都護府, 古蹟, "湧珠里[(中略) 又從咸興松頭等里 生度祖]"
22 현재의 소재지는 인천광역시 서구 마전동 능안부락 산 120-4이다.
23 『新增東國輿地勝覽』, 德源都護府, 土産, "黃玉[出縣西儉丹里艾葛山]" 〈新增 金浦縣 土産〉

(6가)는 松豆等과 松頭等의 대응을 보여 준다. 두 지명 표기 역시 朝鮮 太祖와 관계된 것이므로 동일 洞里村名에 대한 名稱으로 생각된다. 松豆等과 松頭等은 『龍飛御天歌』5:36에는 松原으로 제시되었으며, 한글 표기는 '소두듥'으로 제시되었다. '소두듥'은 '솔+두듥'의 구성에서 'ㄷ' 앞에서 'ㄹ'이 탈락하여 형성된 어형으로 파악된다. 이 '소두듥'을 표기한 것이 松豆等과 松頭等으로 생각된다. 따라서 豆等과 頭等은 '두듥'을 音借 표기한 것으로 차자를 달리한 표기가 된다.

(6나)는 今音段里와 儉丹里의 대응을 보여 준다. 「韓伯倫神道碑」의 소재지는 현재 인천광역시 서구 마전동 능안부락이다. 그런데 『朝鮮地誌資料(1911)』에 마전동은 麻田里로 김포군 검단면에 소속한 것으로 기술되어 있다. 里 단위의 행정 구역 일부는 17세기와 18세기 사이에 面 단위의 행정 구역으로 개편되었다는 것이 역사학계의 통설이다. 따라서 「韓伯倫神道碑」의 今音段里와 '『輿地圖書』, 『戶口總數』' 등의 黔丹面에서 今音段과 黔丹은 등가적인 표기이다. 『新增東國輿地勝覽』의 儉丹里도 또 다른 異表記로 생각된다. 今音段은 표기의 구조상 音借 표기로 볼 수 있고, '儉丹, 黔丹' 등도 글자를 달리한 音借 표기로 이해할 수 있다.

(6다)는 今音勿部曲과 金音勿部曲의 대응을 보여 준다. 部曲이 특수 행정 구역이므로 今音勿部曲과 金音勿部曲은 동일 행정 구역의 명칭으로 파악된다. 따라서 今音勿과 金音勿은 차자를 달리한 異表記로 생각된다.

다음은 후대 자료와의 대조를 통해 音借 표기임을 확인할 수 있는 洞里村名이다.

(7) 가. 朴仲孫墓[24][炭浦 烏古美里에 있다.]〈新增東國輿地勝覽 坡州 古蹟〉
나. 其年(1466)七月壬辰 以禮葬于交河縣北 炭浦 烏告美里〈東文選 권121 朴仲孫神道碑銘〉
다. 吾今里〈輿地圖書 交河 炭浦面〉, 吾金里〈戶口總數 交河 炭浦面〉, 吾今里〈朝鮮地誌資料 交河 炭浦面〉

(7)에서 '烏告美里, 烏古美里, 吾金里, 吾今里' 등은 모두 朴仲孫墓의 소재지를 표시한 것이므로 異表記 관계에 있다. 후대의 표기 '吾金里, 吾今里' 등은 音借 표기이고, '烏告美里, 烏古美里' 등 역시 音假 표기로 생각된다. 吾今里를 『한국지명총람 18 경기인천편』 904쪽에 "임진강이 굽이져 흐르는 곳이므로 오그미, 오고미 또는 오금, 오고미리라 했다"는 설명에 기대면 우리는 古美를 우리말 '구미[25]'를 표기한 것으로 이해할 수 있다.

2.4. 音讀으로 발생한 異表記를 보여 주는 洞里村名

다음은 音讀으로 발생한 異表記를 보여 주는 洞里村名이다. 音讀으로 발생한 異表記란 차자 표기가 표현한 音相을 그대로 유지하여 표현하되, 글자를 달리하여 표기한 것을 말한다.

(8) 가. 直提學魚變甲墓 在郡北安尼大里〈慶尙道續撰地理誌 咸安〉, 魚淵墓 在安仁里紫丘山西麓 魚變甲墓 所在上同〈咸州誌 塚墓〉
나. 沙鐵【冶爐縣 남쪽 心妙里에서 난다.】〈世宗實錄地理志 陜川〉, 冶

---

24 현재 경기도 파주시 탄현면 오금리 산 19에 있다.
25 『표준국어대사전』, 구미, "바닷가나 강가의 곳이 길게 뻗고 후미지게 휘어진 곳."

爐縣 心妙里 産沙鐵 品中 歲貢正鐵五百斤〈慶尙道續撰地理誌 陜川〉, 鐵[冶爐縣 深妙里에서 산출된다.]²⁶〈新增東國輿地勝覽 陜川郡 土産〉

다. 磁器所가 1이니, 부 동쪽 甘勿夜村에 있다.【下品이다.】〈世宗實錄地理志 金海都護府〉磁器所 在府東甘勿也 品下〈慶尙道續撰地理誌 金海〉

라. 巨余里 堂旨堤〈慶尙道續撰地理誌 榮川郡 堤堰〉, 郡西 巨餘里 吉祥院〈慶尙道續撰地理誌 榮川郡 院宇〉

(9) 가. 桃開〈慶地 善山 部曲〉, 道開〈世宗實錄地理志 善山 部曲〉, 道開〈慶尙道續撰地理誌 善山 部曲〉, 道開部曲〈新增東國輿地勝覽 善山 古蹟〉

나. 非山〈慶地 善山 部曲〉, 緋山〈世宗實錄地理志 善山 部曲〉, 非山〈慶尙道續撰地理誌, 善山 部曲〉, 緋山部曲〈新增東國輿地勝覽 善山 古蹟〉

다. 高牙〈慶地 善山 部曲〉, 高雅〈世宗實錄地理志 善山 部曲〉, 高牙部曲〈新增東國輿地勝覽 善山 古蹟〉

라. 部曲十二 (생략) 白元 (생략)〈慶地 尙州 部曲〉部曲 (생략) 白元 (생략)〈慶尙道續撰地理誌 尙州牧 鄕所部曲〉白原部曲〈新增東國輿地勝覽 尙州 古蹟〉

(8)의 各項에 제시된 이표기는 文化 遺蹟이나 特産物의 소재지가 동일하다는 점에서 異表記 관계를 확인할 수 있는 것이다. 한편 (9)의 各項에 제시된 이표기는 해당 지명이 部曲이라는 특수 行政 區域이라는 점에서 異表記 관계를 확인할 수 있는 것이다.

---

26 『新增東國輿地勝覽』, 陜川郡, 土産, "鐵[出冶爐縣深妙里]"

(8)과 (9)에 제시된 이표기는 訓借 表記까지 音讀하고자 하는 경향에서 비롯된 것으로 이해된다. 訓借 表記까지 音讀하고자 하는 경향은 다음 자료에서 그 증거를 찾을 수 있다.

(10) 郡縣의 칭호를 고치었다. 吏曹에서 소리가 서로 비슷한 각 고을의 칭호를 고치도록 청하니, 이에 靑州를 北靑이라 하고, 襄州를 襄陽이라 하고, 寧山은 예전 이름 그대로 天安이라 하고, 甫城은 예전 이름 그대로 眞寶라 하고, 甫川은 예전 이름 그대로 醴泉이라 하고, 橫川은 橫城으로, 報令은 報恩이라 하였다.[27] 〈太宗實錄 1416年(太宗 16) 8月 10日〉

(10)에서는 '靑州, 襄州, 寧山, 甫城, 甫川, 醴泉, 橫川, 報令' 등, 소리가 비슷한 고을 칭호가 있어 고을의 칭호를 고쳤음을 말하고 있다. 예컨대 함경도의 靑州는 충청도의 淸州와의 혼동을 피하려고 칭호를 北靑으로 바꾸었다는 것이다. 靑州와 淸州를 訓讀하였다면, 靑州와 淸州의 音相은 구별되어, 靑州를 北靑으로 바꿀 필요는 없었을 것이다. 이것은 조선 초기에 지명의 차자 표기를 音讀하는 경향이 있었음을 말해 주는 것이다.

(8)과 (9)의 音讀으로 발생한 異表記의 先代形과 後代形의 대응에서 後代形의 표기에서 흥미 있는 현상이 관찰된다.

---

27 『太宗實錄』, 1416年(太宗 16) 8月 10日, "改郡縣之號 吏曹請改音韻相近各官之號 乃以靑州爲北靑 襄州爲襄陽 寧山仍古號爲天安 甫城仍古號爲眞寶 甫川仍古號爲醴泉 橫川爲橫城 報令爲報恩".

(11) 音讀으로 발생한 異表記의 先代形과 後代形

번호	先代形	後代形	後代形 출현 자료
(8가)	安尼大	安仁	咸州誌
(8나)	心妙	深妙	新增東國輿地勝覽
(8다)	甘勿夜	甘勿也	慶尙道續撰地理誌
(8라)	巨余	巨餘	慶尙道續撰地理誌
(9가)	桃開	道開	慶尙道續撰地理誌
(9나)	非山	緋山	世宗實錄地理志
(9다)	高牙	高雅	世宗實錄地理志
(9라)	白元	白原	新增東國輿地勝覽

(11)의 (8다) 甘勿也를 제외하고 나머지 것들의 경우 후대형은 한자어의 의미로도 파악할 수 있다. 그러나 선대형은 한자어의 의미로는 파악하기 어렵다. 이러한 점에서 (11)에 제시된 선대형 표기는 우리말에 대한 音借 表記일 가능성이 있다. 물론 訓借 표기일 가능성도 없지 않다.

(11)에 국한할 때, 後代形의 출현이 빈번한 시기가 15세기 말에서 16세기 초인 점이 주목된다. 또한, 다음 자료는 후대형의 이표기가 지방관들에 의해 主導的으로 작성되었을 가능성을 암시해 준다.

(12) 가. 德谷 距州五十里 本名岳谷 尹暉爲牧使 改今名焉 〈京山志 南面〉
　　　나. 道村 本名狄村 牧使尹暉改今名 〈京山志 西面〉

(12가)의 德谷과 (12나)의 道村은 牧使 尹暉(1571-1644)[28]가 개명한

---

28 『承政院日記』에 따르면, 尹暉는 1629년(인조 7) 1월 12일에 성주 목사로 제수받았다.

것이다. 德谷과 道村은 본래 지명의 音相을 그대로 표기하되, 여기에 좋은 의미를 덧붙인 것으로 이해된다. 高原의 평평한 지대를 뜻하는 우리말은 '덕'인데, 岳谷의 岳이 이를 표현한 訓借 표기로 해석된다. 즉 岳谷은 '덕골' 정도를 표기한 것인데, 牧使 尹暉는 이 音相을 그대로 유지하면서도 뜻을 보태어 '德谷'으로 개명한 것으로 이해된다. 이와 마찬가지로 狄村의 狄은 '되' 정도를 표기한 것인데, 이 音相을 그대로 유지하면서도 뜻을 보태어 道로 표기한 것으로 이해된다.

音讀으로 발생한 異表記를 보여 주는 다음의 洞里村名 자료에서 借字 표기 연구나 국어학 연구를 위한 자료를 찾을 수 있다.

(13) 가. 拜音所[背陰이라고도 한다.][29] 〈新增東國輿地勝覽 淸州牧 古蹟〉
    나. 塩貞部曲[貞은 亭으로도 쓰는데][30] 〈新增東國輿地勝覽 海美縣 古蹟〉
    다. 楸子所[椒子라고도 한다.][31] 〈新增東國輿地勝覽 淸州牧 古蹟〉
    라. 廉率部曲[廉은 塩으로도 쓰는데][32] 〈新增東國輿地勝覽 海美縣 古蹟〉
    마. 沙等村部曲[혹은 沙圖[33]라 하는데][34] 〈新增東國輿地勝覽 求禮縣 古蹟〉
    바. 白玉[護法里에서 나온다.] 〈新增東國輿地勝覽 利川〉, 戶法面 〈輿地圖書 利川〉, 戶法面 〈戶口總數 利川〉, 虎法面 〈御營廳謄錄〉, 白玉 出戶法面 今無 〈輿地圖書 利川 物産〉

---

29 『新增東國輿地勝覽』, 淸州牧, 古蹟, "拜音所[作背陰]"
30 『新增東國輿地勝覽』, 海美縣, 古蹟, "塩貞部曲[貞一作亭]"
31 『新增東國輿地勝覽』, 淸州牧, 古蹟, "楸子所[一作椒子]"
32 『新增東國輿地勝覽』, 海美縣, 古蹟, "廉率部曲[廉一作塩]"
33 圖는 원문에 口 속의 자형만으로 기입되었다.
34 『新增東國輿地勝覽』, 求禮縣, 古蹟, "沙等村部曲[或云沙圖]"

사. 金宣平墓 在西古占莊里〈慶尙道續撰地理誌 安東大都護府〉, 金宣平墓[府의 서쪽 古苔莊里에 있다.]³⁵〈新增東國輿地勝覽 安東都護府 塚墓〉, 太師金宣平墓[在府西古胎藏里 今設壇其處]〈永嘉誌 塚墓〉

(13)은 '拜 대 背, 貞 대 亭, 楸 대 椒, 廉 대 塩, 等 대 圖' 등의 대응을 보여 준다. 대응되는 한자의 訓과 音을 『訓蒙字會』와 『新增類合』에서 찾아 제시하면 다음과 같다. 塩은 鹽의 俗字이므로 鹽을 제시한다.

(14) 가. 拜 절 빈〈訓蒙字會 下:11b〉, 背 등 비〈訓蒙字會 上:14a〉
　　　나. 貞 고돈 뎡〈訓蒙字會 下:11b〉, 亭 뎡즛 뎡〈訓蒙字會 中:3a〉
　　　다. 楸 ᄀ래 츄〈訓蒙字會 上:6a〉, 椒 고쵸 쵸〈訓蒙字會 上:6b〉
　　　라. 廉 쳥렴 렴〈訓蒙字會 下:11a〉, 鹽 소곰 염〈訓蒙字會 中:11a〉
　　　마. 等 등뎨 등〈新增類合 上:17b〉, 圖 그림 도〈訓蒙字會 下:9a〉

(14)에 제시된 자료에 근거하면, (13가)와 (13나)의 '拜 대 背, 貞 대 亭' 등의 대응에서 이들을 '音借 표기 대 訓借 표기, 訓借 표기 대 訓借 표기, 訓借 표기 대 音借 표기' 등의 대응 관계로 이해하기가 어렵다. 이들의 대응되는 異表記 중 하나는 비교되는 異表記와 音讀 표기 관계에 있는 것으로 이해하는 것이 바람직하다. 즉 背音의 訓借 표기 가능성을 배제하고 이를 音讀하여 '빔' 또는 '비음' 정도로 이해하여 背陰은 拜音을 글자를 달리하여 표기한 것으로 이해된다.

이상의 논의에 따라 (13다)의 楸子와 椒子, (13라)의 廉率과 鹽率, (13마)의 沙等과 沙圖 등의 두 표기에서 어느 하나는 音讀化 현상으로

---

35 『新增東國輿地勝覽』, 安東都護府, 塚墓, "金宣平墓在府西古苔莊里"

발생한 異表記로 이해할 수 있다. 다만 (13다)의 '楸[츄]'과 '椒[쵸]', (13라)의 '廉[렴]'과 '鹽[염]', (13e)의 '等[등]'과 '圖[도]' 등의 대응은 借字 表記를 통한 국어 연구에 중요한 端緖를 제공해 준다. 즉 (13다)의 '楸[츄]'와 '椒[쵸]'의 대응은 국어의 'ㅜ〉ㅗ' 변화를 暗示해 준다. (13라)에서 '廉[렴]'과 '鹽[염]'의 대응은 頭音法則이 적용되어 '념' 대 '염'의 대응이 된다. '념'과 '염'이 대응된다는 것은 '념'이 '염'으로 발음되었음을 말하는 것이다. 이것은 16세기 초부터 'ㅣ'모음 앞에서 국어에서 일어났던 'ㄴ〉ㅇ'의 변화(劉昌惇, 1973: 89)를 입증하는 용례가 된다. (13마)에서 '等[등]'과 '圖[도]'의 대응은 차자 표기에서 等이 '도'의 표기에 쓰였음을 알려 준다.

白玉의 산출지라는 특징으로 (13바)의 護法里의 護法과 戶法面의 戶法은 異表記임에 분명하다. '호법' 정도로 읽을 때 護法과 戶法의 공통성이 찾아진다. 따라서 虎法面도 異表記의 하나임이 분명하다. 3개의 異表記 중 어느 2개는 音假 표기로 추정된다.

(13사)의 '占莊里, 苔莊里, 胎藏里' 등의 洞里村名 표기는 金宣平墓의 소재지를 표시한 것이므로 표기의 방식을 달리한 異表記로 파악할 수 있다. 『永嘉誌』 各里 조에서는 胎藏里의 지명 유래를 '古胎藏村[중략 俗傳 古有胎封 故有是名]'으로 설명하고 있으나 이는 胎藏里 표기에 이끌린 해석으로 생각된다. '占莊里, 苔莊里' 등의 異表記로 볼 때, 胎藏里는 음가자 표기로 추정된다. '苔莊里, 胎藏里' 등의 異表記는 占莊里의 占이 '대' 또는 '태' 정도를 표기한 것임을 말해 주는데, 이는 韓國 固有漢字 岾의 기원 파악에 有意味한 정보가 될 것으로 생각된다.

다음은 후대 자료와의 대조를 통해 音讀으로 발생한 異表記를 확인할 수 있는 洞里村名이다.

(15) 가. 孝寧大君墓[36][현 북쪽 同積里에 있다.][37] 〈新增東國輿地勝覽 果川縣 塚墓〉, 葬于果川同積里 馬場洞之癸山原 〈李衡祥 甁窩先生文集卷之十五 十代祖孝寧大君靖孝公墓誌〉, 銅雀里 〈戶口總數(1789) 果川 上北面〉, 孝寧大君墓 在縣北十五里 方背洞 古同積里 〈果川縣邑誌(1899)〉, 銅雀里 〈朝鮮地誌資料(1911) 果川郡 上北面〉

나. 高陽 南村 仇知里 柳堤 〈世宗實錄 1431년(世宗 13) 12월 11일〉, 求知道面 〈戶口總數 高陽郡〉

다. 其年六月十六日葬于連山縣 居正里 〈金繼輝神道碑[38](1604)〉, 居正垈里 〈輿地圖書(1759)〉, 居正里 〈戶口總數(1789) 赤寺谷面〉, 居井里[거정터] 〈朝鮮地誌資料(1911) 連山郡 內赤面〉

(15가) 同積里와 銅雀里가 동일 지명을 표기했을 가능성이 있다. 그러나 『戶口總數』의 과천현 上北面에 銅雀里와 方背里가 모두 등재되어 있어 단정할 수 없다. 『戶口總數』 이전의 어느 시기에 同積里에서 方背里가 분할된 관련 史料를 찾을 수 있다면, 우리는 同積里와 銅雀里의 異表記 관계를 설정할 수 있다. 이 경우 銅雀里는 音假 表記가 된다.

(15나) 求知道面에서 道는 '방면'을 뜻하는 의미로 조선 후기 面의 名稱으로 흔히 사용되었다. 이러한 예로 『戶口總數』 괴산군의 '一道面, 二道面' 등을 대표적으로 들 수 있다. 따라서 求知道面은 仇知里가 면으로 昇格된 것이라 하겠다. 따라서 仇知와 求知는 동일한 대상을 지칭한 것이다.

藏書閣 소장의 조선 후기 謄錄 資料와, 『昌陵位田畓量案(1883)』 등

---

36 현재 서울시 서초구 방배 1동에 있다.
37 『新增東國輿地勝覽』, 果川縣, 塚墓, "孝寧大君墓[在縣北同積里]"
38 현재의 소재지는 충청남도 논산시 연산면 고정리 13-1이다.

에는 모두 求知道面으로 나타난다. 그리고 『朝鮮地誌資料(1911)』에서도 求知道面으로 나타난다. 仇知에서 求知로 바뀐 표기 변화에는 주목할 만한 특징이 담겨 있다. 仇知를 고려하면 求知는 음가 표기로 추정된다. 그런데 仇知는 표면적으로 한자어라곤 생각되지 않는다. 그러나 求知는 표면적으로 한자어와 유사하다. 이 점에서 求知가 선대형의 표기라면 이 표기는 후대까지 유지되었을 것이다. 결국 (15나)의 異表記는 『戶口總數』 이전의 어느 시기에 우리말을 표기하던 음가 표기를 한자어와 유사하게 표현하는 음가 표기로 전환하는 현상이 일어났음을 암시하고 있다.

(15다)의 居井里에서 居井은 居正을 대비하여 이해할 때 音借 표기임을 이해할 수 있다. 그러나 居正이 音借 표기인지 訓借 표기인지는 관련 자료가 없어 자세하지 않다.

2.5. 音借 표기 대 韓國 固有漢字의 대응을 보여 주는 洞里村名

다음은 音借 표기 대 韓國 固有漢字의 대응을 보여 주는 洞里村名이다.

(16) 가. 迲村處 [(중략) 迲는 고금의 韻書에 없다. 本國의 方言에, '풀을 섶같이 묶은 것이 잘아다' 하는데, 兹乙阿 세 글자를 합하여 訓으로 삼고 音과 뜻은 없다.]³⁹ 〈新增東國輿地勝覽 陰竹縣 古蹟〉

나. 名賢 左議政 諡貞烈公 崔閏德墓 在府北代山里 〈慶尙道續撰地理誌 昌原〉

다. 垈山里 〈戶口總數 昌原 北面〉, 垈山里 〈朝鮮地誌資料(1911)

---

39 『新增東國輿地勝覽』, 陰竹縣, 古蹟, "迲村處[(中略) 迲古今韻書無之 本國方言謂 束草若薪爲迲 合兹乙阿三字 爲訓 而無音義]"

馬山府 北面〉, 貞烈公 崔閏德將軍 墓 소재지: 경상남도 昌原시 북면 대산리 기념물 제121호 〈현 소재지〉

(16가)는 한국 고유한자 迲의 뜻을 설명하고, 形態를 玆乙阿로 제시한 것이다. 이 玆乙阿 표기는 조선 시대 'ᄌᆞ래[40]'의 先代形이 '*줄개'임을 암시해 주는 것이다. 즉 『新增東國輿地勝覽』이 편찬된 1530년 경에는 'ᄌᆞ래'가 '*줄애'였음을 말해 주는 것이다. 만약 16세기에 迲의 훈이 '줄애'가 아니고 'ᄌᆞ래'였다면, 'ᄌᆞ래'와 玆乙阿와의 대응 관계를 설정하기가 어렵다. 玆乙阿에서 '乙阿'가 '래'를 표기했다고 보아야 하기 때문이다. 玆乙이 '줄' 정도, 阿는 '애' 정도를 표기한 것으로 파악하는 것이 합리적이다.

'*줄애'의 상정은 더 이전의 선대형을 '*줄개'로 추정할 수 있게 해 준다. '줄개'는 'ᄌᆞᆯ-+-개' 정도로 분석될 수 있으므로, 우리는 한국 고유한자 迲의 의미인 '풀을 섶같이 묶은 것'을 합리적으로 이해할 수 있다. 즉 풀이나 나무를 잘라 묶은 것이 'ᄌᆞ래'의 의미인 것이다.

崔閏德 장군 묘의 소재지를 표시한 (16나)의 代山里와 (16다)의 垈山里 역시 異表記 관계에 있음을 알 수 있다. 垈山里의 垈는 한국 고유한자로 그 훈과 음이 '터 대'이다. 한국 고유한자 垈는 차자 표기 代에 意符 土를 첨가하여 구성된 것임은 주지의 사실이다.

2.6. 省略 表記에 의한 異表記를 보여 주는 洞里村名

다음은 省略 表記에 의한 異表記를 보여 주는 洞里村名이다.

---

40 『新傳煮取焰焇方諺解』 18b에서 燒木三迲을 '燒木 세 ᄌᆞ래니'로 언해하고 있다.

(17) 가. 首露王宮殿遺基 在府內 墓在府西大歧里[距府三百步] 〈世宗實錄地理志 金海都護府〉, 駕洛國始祖 首露王陵 在邑城西大歧音里 〈慶尙道續撰地理誌 金海〉

나. 部曲 于北 〈慶尙道續撰地理誌 昌原 鄕所部曲〉, 于北只部曲 〈新增東國輿地勝覽 昌原 古蹟〉

다. 越境處는 平昌郡 동쪽 石項里 〈世宗實錄地理志 平昌〉, 石乙項所 군의 동쪽 63리에 있다. 〈新增東國輿地勝覽 平昌郡 古蹟〉

라. 竝谷里[本名竝火谷 萬曆丙戌冬 改今名] 〈咸州誌〉

(17가)에 제시된 大歧里와 大歧音里는 首露王陵의 소재지를 표시한 洞里村名이다. 모두 首露王陵의 소재지를 표시한 洞里村名이므로 이들은 동일 洞里村名을 지칭한 것으로 이해된다. 大歧音里의 歧音은 大歧里의 歧가 訓借字임을 알려 준다. 양주동(1965, 1995: 349)은 『慶尙道地理志』 桂城縣 조에 나오는 歧音江의 歧音을 '가름[江]'으로 추정한 바 있다.

(17나)는 于北部曲과 于北只部曲의 대응을 보여 준다. 部曲은 조선 초기 특수 행정 구역이므로 于北部曲과 于北只部曲은 동일 지명에 대한 명칭으로 생각된다. 只는 차자 표기에서 흔히 'ㄱ'의 표기에 사용되나 于北只의 解毒은 자세하지 않다. 다만 于北과 于北只의 대응으로 볼 때, 于北은 于北只의 생략 표기임은 분명하다.

(17다)는 石項里와 石乙項所의 대응을 보여 주고 있다. 고려 시대에 존재했던 鄕·所·部曲 등은 조선 초기에 村이나 里로 개편되었으므로 石項里와 石乙項所는 동일 지명에 대한 명칭으로 생각된다. 石乙項所의 乙은 石乙이 '돌'을 표기한 것임을 알려 주는 末音添記字이다. 石項里의 石項은 石乙項의 생략 표기가 된다.

(17라)의 竝火谷에서 火는 末音添記字로 竝火가 '아블' 정도를 표기

하고 있음을 알게 해 주는 것이다. 竝谷은 竝火谷의 생략 표기가 된다. 다음은 조선 중기 자료와의 대조를 통해 확인할 수 있는 생략 표기의 사례이다.

(18) 가. 明年正月壬寅葬于楊州治南海村〈韓紀神道碑(1559)〉, 靜惠翁主·韓紀墓〈서울특별시 도봉구 창동〉, 경기도 고양시 덕양구 대자동 산54-2〈현 소재지〉
나. 公之墓 在楊州道峯山下海等村〈睦進恭墓碣[41](1426)〉, 葬于楊之海等村道峯山〈睦敍欽神道碑[42](1671)〉, 海等村面〈輿地圖書(1759) 양주목〉, 海等村面〈戶口總數(1789) 楊洲〉
다. 昌城之自作只里〈世宗實錄 1444년(世宗 26) 5월 13일〉, 自作里〈戶口總數(1789) 昌城郡 祐仇里面〉

(18가)는 韓紀神道碑가 楊州의 남쪽 海村에 소재하고 있음을 말하고 있다. 그런데 국립문화재연구소의 정보시스템(http://gsm.nricp.go.kr)은 韓紀神道碑는 현재 일본 京都大學에 소재되어 있어 이 神道碑의 본래 소재지에 대해 언급하지 못하고 있다. 그런데 신도비문에는 다음과 같은 내용으로 韓紀神道碑의 본래 소재지가 기록되어 있다.

(19) 가. 양주 治所 남쪽 海村 언덕의 선영에 장사 지냈다.
나. 11세에 뽑혀서 靜惠翁主에게 장가갔는데 이는 성종 대왕의 열한 번째 딸이니, (중략) 정묘년(1507, 중종 2)에 해산을 하다가 병이 나서 별세하니 공의 선영 곁에 장사지냈고 아이도 역시 살지 못했다.

---

41 출토지는 서울특별시 도봉구 방학동 산 62번지이다.
42 현 소재지는 서울특별시 도봉구 방학동 산 62번지이다.

(19)은 韓紀와 靜惠翁主의 묘는 韓紀의 선영에 있음을 기술하고 있다. 韓紀의 묘는 서울 도봉구 창동에 있다가 1971년 3월 경기도 고양시 덕양구 대자동으로 이전했다고 한다.[43] 그리고 도봉구 창동은 조선 후기에는 양주군 海等村面 지역이었다고 한다.[44] 韓紀의 墓 근처에 神道碑가 있었을 것이므로 (18)에서 말한 海村과 海等村面은 異表記 관계에 있는 것이다. 관련 자료가 없어 海等村의 讀法을 정확하게 제시할 수 없다. 다만 海村이 海等村의 省略 表記임은 분명하게 말할 수 있다. 한편, (18나)는 省略 表記形인 海村 대신에 海等村이 보편적으로 사용되었음을 말해 준다.

(18다)는 조선 초기의 洞里村名인 昌城郡의 自作只里를 보여 주고 있다. 그런데 18세기 자료인 『戶口總數』에서는 自作里를 보여 주고 있다. 自作里는 自作只里의 생략 표기로 이해된다.

2.7. 行政 區域 名稱의 簡素化 異表記를 보여 주는 洞里村名

다음은 行政 區域 名稱의 簡素化 異表記를 보여 주는 洞里村名이다.

(20) 가. 金海 지경에 都要渚里가 있는데, 그곳에 사는 사람이 무려 1천여 명이나 되어 스스로 한 마을을 이루고 해채로 살아가니, 일체 바다에 들어가는 것을 금하면 살아갈 수가 없을 것입니다.[45] 〈中宗實錄 1510년(中宗 5) 6월 25일〉, 鵲院[부의 동쪽 41리에 있다. 원으로부터 남으로 5·6리 가면 낭떠러지를 따라

---

43 『두산백과대사전』, 정혜옹주·한기 묘.
44 『한국지명총람』, 서울편, 성북구, 노해출장소, 창동.
45 『中宗實錄』, 1510年(中宗 5) 6月 25日, "金海地界 有都要渚里 其居人無慮千餘 自成一村 以海採資生 一切禁其入海 無以爲生 其船輕快 國家可賴其用"

棧道가 있어 매우 위험한데, (중략) 그 西岸이 곧 金海府의 都要渚이다.]⁴⁶ 〈新增東國輿地勝覽 密陽都護府 驛院〉, 都要里 〈戶口總數(1789) 生林面〉

나. 鄕一 末斤谷 〈慶地 巨濟〉, 末斤鄕 〈新增東國輿地勝覽 巨濟 古蹟〉

(20가)는 조선 초기의 洞里村名으로 金海의 都要渚里가 존재했음을 말해 주고 있다. (20가)에 제시된 『新增東國輿地勝覽』의 자료는 鵲院의 서쪽 강 건너쪽이 都要渚라 했다. 현재 鵲院館의 터는 경남 밀양시 삼랑진읍 검세리 지역에 있는 것으로 알려져 있다. 이 검세리 지역은 김해시 생림면 都要里의 동쪽으로 강 건너편에 위치해 있다. 따라서 都要渚里와 都要里는 동일 洞里村名을 지칭한 것이 된다. 都要里는 都要渚里의 간소화 표기로 이해된다. 이러한 간소화 표기는 우리나라 행정 구역 명칭의 표준적인 길이가 3음절인 것에 기인한 것으로 생각된다.

(20나)는 末斤谷鄕과 末斤鄕의 대응을 보여 준다. 鄕 역시 조선 초기 특수 행정 구역이므로 末斤谷鄕과 末斤鄕은 동일 지명을 표기한 것이 된다. 末斤谷鄕이 末斤鄕으로 표기된 것 역시 행정 구역 명칭의 간소화 현상으로 이해된다.

다음은 후대 자료와의 대조를 통해 행정 구역 명칭의 간소화 현상을 살필 수 있는 자료이다.

(21) 가. 平康 珍衣村 〈世宗實錄 1427년(世宗 9) 10월 18일〉, 珍村里 〈戶口總數(1789) 평강 남면〉

나. 慶州 上西知里·下西知里 等處 〈世祖實錄 1455년(世祖 1) 윤 6월16일〉 上西里, 下西里 〈戶口總數(1789) 慶州〉

---

46 『新增東國輿地勝覽』, 密陽都護府, 驛院, "鵲院[(中略) 院南行五六里沿崖棧道 甚危險 (中略) 其西岸乃金海府都要渚也]"

(22) 가. 高陽 南村 仇知里 柳堤〈世宗實錄 1431년(世宗 13) 12월 11일〉, 求知道面〈戶口總數(1789) 高陽郡〉
나. 忠州 周柳里〈端宗實錄 1452년(端宗 즉위년) 10월 24일〉, 周柳等面〈戶口總數(1789) 忠州〉

(21가)는 珍衣村 대 珍村里의 대응을 보여 주는데, '珍衣村+里'의 4음절을 3음절로 줄이기 위해 珍村里가 형성된 것으로 이해된다. (21나)는 上西知里 대 上西里의 대응을 보여 준다. 上西知里가 후대에 上西里로 표기된 것 역시 洞里村名의 명칭을 3음절로 표현하고자 한 것에 기인한 것으로 이해된다.

한편 (22가)와 (22나)가 보여 주는 仇知里 대 求知道面, 周柳里 대 周柳等面 등의 대응은 행정 구역명 간소화 표기의 반대가 되는 사례가 된다. 仇知와 求知의 두 표기 중 어느 하나는 音讀으로 발생한 異表記이다.

3. 결언

이 연구는 '『慶尙道地理志』, 『世宗實錄地理志』, 『慶尙道續撰地理誌』, 『新增東國輿地勝覽』, 『咸州誌』' 등의 地理誌 資料와 조선 太祖부터 宣祖까지의 『朝鮮王朝實錄』, 15세기와 16세기에 건립된 金石文 등의 자료에 나타난 洞里村名 異表記를 수집하여, 異表記 간의 관계를 類型化하여 제시하고, 異表記 간의 관계를 설명하면서, 조선 초기 洞里村名 表記에 투영된 우리 말의 어형에 대해 논의하였다.

두 가지 방법을 활용하여 洞里村名 異表記를 수집하였다. 하나는 조선 초기 地理誌 자료에 기술된 註釋 자료를 활용한 방법이다. 다른 하나는 시대를 달리한 지리지 자료를 면밀하게 대조하여 洞里村名의 이표기를 수집한 방법이다.
 이 연구에서 다음과 같이 7가지 유형의 조선 초기 洞里村名 異表記 관계를 확인하였다.

 1) 訓借 表記 대 訓借 表記: 薪浦鄕[*섭개향] 대 鈒浦[*섭개]
 2) 音借 表記 대 訓借 表記: 非刀所[*비도소] 대 鳩站
 3) 音借 表記 대 音借 表記: 松豆等[소두듬] 대 松頭等[소두듬]
 4) 音讀으로 발생된 異表記: 心妙里 대 深妙里
 5) 音借 表記 대 韓國固有漢字: 代山里 대 垈山里
 6) 省略表記에 의한 異表記: 竝谷里 대 竝火谷
 7) 行政 區域 名稱의 簡素化에 의한 異表記: 都要渚里 대 都要里

 '1), 2), 3)' 등의 유형은 地名의 借字 표기가 隨意性을 가지고 있음을 말해 주는 것이다. 4)는 訓借 表記의 기능이 약화하고, 音借 表記만 명맥을 유지했음을 보여 주는 것이다. 5)는 音借 표기 역시 약화하여, 借字조차도 漢字로 編入되고 있었음을 말해 주는 것이다. 6)과 7) 역시 借字 表記가 漢字 표기로 編入되고 있었음을 말해 주는 것이다.
 국어학 연구 측면에서 이 연구에서는 다음과 같은 사실을 확인하였다.

 8) 沙等과 沙圖 같은 洞里村名 이표기를 통해 等이 '도'의 표기에 쓰일 수 있음을 확인하였으며, 楸子와 椒子 같은 洞里村名 이표기를 통해 국어의 'ㅜ>ㅗ' 변화가 동리촌명 표기에도 반영되었음을 확인하였다.
 9) 한국 고유한자 迲의 선대형을 '*줄개'로 추정하고, 迲의 17세기 어형 'ᄌᆞ래'는 선대형 '*줄개'에서 'ㄱ'이 탈락하여 형성된 어형으로 파악하였다. 또한, 한국 고유한자 鐥과 관련된 음차 표기가 '大也[대야]'임

을 확인하였다.

  10) 현대국어에서 '배미'는 '구획진 논을 세는 단위'로 알려져 있으나 이 '배미'를 표기한 洞里村名 표기가 法彌임을 확인하고, 이 法彌가 翼과 대응되는 것에 근거하여 '배미'의 기원적인 의미를 '갈피' 또는 '죽지'로 파악하였다. 또한, 山을 뜻하는 고유어 '뫼ㅎ'와 관련된 洞里村名 표기가 密임을 확인하여 후기 중세국어의 '뫼ㅎ'의 선대형이 '*멸'일 가능성을 제시하였다.

黃胤錫의 1775년 全國 地理誌 編纂 凡例의 특징 분석

1775년 무렵 弘文館의 전국 지리지 편찬 關例의 復元 시도

1. 서언

黃胤錫의 일기인 『頤齋亂藁』 권20의 「擬弘文館增修東國輿地勝覽例」에 全國 地理誌 編纂 凡例가 실려 있다. 「擬弘文館增修東國輿地勝覽例」는 1775년 10월에 작성된 것으로 그 연대가 분명하여 18세기 전국 지리지 편찬 사업의 실체를 밝힐 수 있는 귀중한 자료이다. 더군다나 황윤석의 全國 地理誌 編纂 凡例에는 전국 지리지 편찬 사업을 위하여 1775년 무렵에 홍문관이 작성한 關例가 포함되어 있어, 18세기에 이루어진 전국 지리지 편찬 사업의 실체를 이해할 수 있다.

그런데 황윤석의 全國 地理誌 編纂 凡例에는 홍문관 관례의 것과 황윤석이 새로이 첨가한 것이 혼재되어 있어 전국 지리지 편찬에 대한 홍문관의 입장과 황윤석의 입장을 구별하는 것이 매우 난해하다. 이 글에서는 황윤석의 全國 地理誌 編纂 凡例에 기술된 내용을 근거로 하여 홍문관의 입장과 황윤석의 입장을 부분적으로나마 구분하고자 한다. 이러한 구분을 통해서 우리는 18세기 전국 지리지 편찬 사업의 실체를 보다 잘 이해할 수 있다.

黃胤錫의 「擬弘文館增修東國輿地勝覽例」는 본래 草書로 기록된 것인데, 1998년 5월에 한국학중앙연구원에 의해 탈초되어 正書本이 간행되었다. 그러나 그동안 「擬弘文館增修東國輿地勝覽例」의 부록처럼 전한 전국 지리지 편찬 범례를 본격적으로 검토한 연구는 없었다. 황윤석의 『頤齋遺藁』에 전국 지리지 편찬 범례를 삭제한 채로 「擬弘文館增修東國輿地勝覽例」를 싣고 있기 때문이다. 한편으로는 57권에 달하는 『頤齋亂藁』가 충분히 검토되지 않았기 때문이기도 하다.

김승룡(2007)은 황윤석에 대한 연구 업적을 논문 47편, 단행본 2책, 보고서 1책으로 정리하면서 1950년대 이후 지금까지 황윤석의 韻學 및 국어학적 성취, 전북 지역 실학자로서의 성격이 규명된 것으로 정리하고 있다.[1] 또 김승룡은 2004년도 한국학중앙연구원의 기획과제로 『頤齋亂藁』에 대한 '국어학, 한문학, 정치학, 교육학, 경제학, 예술사, 과학사, 사상사' 등 다양한 차원의 조망이 이루어 졌다고 하였다. 특히 2004년 한국학중앙연구원의 기획과제로 이루어진 강신항의 「頤齋亂藁를 통해본 황윤석의 국어인식」을 통해서 김승룡(2007)이 말하듯, 『頤齋亂藁』 속의 '지명, 물명, 시조' 속에서 어휘가 추출되어 이재[황윤석]의 국어의식이 총결되었다고 말하고 있다.[2]

그런데 김승룡(2007)은 황윤석의 국어학적 성과를 다룬 '강신항(1959), 이숭녕(1964), 김석득(1983), 정승혜(2006)' 등에 대해 언급하였으나 『頤齋亂藁』에 수록된 지명의 한글 표기를 정리한 조강봉(2007)[3]을 주목하지 못하였다. 조강봉(2007)이 비록 『頤齋亂藁』에 나타난 지명의 한자와

---

1 김승룡, 「頤齋 黃胤錫 연구의 추이와 과제」, 『東洋 漢文學硏究』 25, 東洋漢文學會, 2007, 31-55쪽.
2 김승룡(2007), 앞의 글, 46-47쪽.
3 조강봉, 「『頤齋亂藁』 소재 한글표기 語彙 資料」, 『지명학』 13, 한국지명학회, 2007.

한글 대역 표기를 정리한 것에 그치고 있으나 송기중(2001)이 지적하듯 『頤齋亂藁』에 수록된 지명의 한자와 한글 대역 표기는 우리 지명에 적용된 훈차 표기를 연구하는 데에 귀중한 재료로 쓰일 수 있다.[4]

우리 지명의 한자와 한글 대역 표기가 『頤齋亂藁』에 기록되었다는 것은 지명에 대한 황윤석의 관심사를 보여 주는 것이다. 『頤齋亂藁』에 수록된 지명의 한자와 한글 대역 표기를 통해 우리는 전국 지리지 편찬 범례를 작성한 황윤석의 저력을 확인할 수 있다. 반대로 황윤석이 전국 지리지 편찬 범례를 작성한 사실로 지명의 한자와 한글 대역 표기가 『頤齋亂藁』에 수록된 이유를 짐작할 수 있다. 여기에서 우리는 황윤석을 조선 후기 韓百謙으로부터 시작된 역사지리학[5]에 관심을 둔 실학자의 하나로 새로이 파악할 수 있다.

황윤석의 전국 지리지 편찬 범례는 비록 1775년 무렵의 홍문관 관례에 황윤석의 견해를 첨가한 것이다. 그러나 황윤석이 『신증동국여지승람』의 수록 내용을 정밀 분석하고, 당대의 지리에 관한 지식을 반영하여 작성한 것이므로 조선 시대 고지명과 지리지 편찬 사업의 연구에 매우 중요한 단서를 우리에게 제공해 주고 있다.

황윤석은 「擬弘文館增修東國輿地勝覽例」에서 "勝覽의 門目을 다시 살펴보아 또 새로이 첨가하고 비교하여 해석했으니"로 설명하면서 "먼저 勝覽의 門目을 먼저 서술하고, 참고로 關例의 門目을 아래와 같이 서술한다"로 설명한 다음 전국 지리지 편찬 범례를 소개하였다. 황윤석이 말한 勝覽은 『新增東國輿地勝覽』을 말한다. 따라서 黃胤錫이 작성한 全國 地理誌 編纂 凡例의 내용을 『신증동국여지승람』과 대조한다

---

4 송기중, 「近代 地名에 남은 訓讀 表記」, 『지명학』 6, 한국지명학회, 2001, 180-181쪽.
5 정구복, 「韓百謙의 「東國地理誌」에 대한 一考-歷史地理學派의 成立을 中心으로」, 『全北史學』 2, 전북대사학회, 1978.

면, 홍문관 관례의 내용을 일부나마 복원하거나 『신증동국여지승람』의 내용에 기반한 황윤석의 독자적인 견해 일부를 가려낼 수 있다. 1775년 무렵의 전국 지리지 편찬을 위한 홍문관의 관례는 15세기의 『慶尙道地理志』와 『慶尙道續纂地理誌』에 남아 있는 지리지 작성 규식과 유사한 성격을 가졌으므로 이 작성 규식의 특징도 분석에 활용하고자 한다.

2. 黃胤錫의 전국 지리지 편찬 범례의 특징 분석

2.1. 黃胤錫의 전국 지리지 편찬 범례 자료 소개

평해 황씨 종가에 소장된[6] 黃胤錫의 『頤齋亂藁』 권20에 「擬弘文館增修東國輿地勝覽例」의 기사가 실려 있다. 이 기사는 乙未(1775년) 閏10月 乙巳 朔日 조에 실려 있어 작성 시기를 분명히 알 수 있다. 이 기사는 18세기 전국 지리지 편찬 범례를 구체적으로 소개하고 있어 주목된다. 黃胤錫의 손자 秀瓊이 1829년(純祖 29)에 간행한[7] 『頤齋遺藁』의 권25 잡저 편에도 「擬弘文館增修東國輿地勝覽例」가 실려 있으나 이에는 전국 지리지 편찬 범례가 누락되어 있다. 황윤석의 후손 黃瑞九에 의해 1842년에 간행된[8] 『頤齋遺藁續稿』에도 전국 지리지 편찬 범례는 실리지 않았다.

한국학중앙연구원은 1998년 5월에 『頤齋亂藁』의 권19에서 권24까지를 탈초하여 韓國學資料叢書 三으로 『頤齋亂藁』 제4책을 간행하였

---

6 李康五, 「범례」, 『頤齋亂藁』 第一冊, 韓國學資料叢書 三, 한국학중앙연구원, 1994, 3쪽.
7 李康五(1994), 「해제」, 앞의 책, 56쪽.
8 李康五(1994), 앞의 글.

다. 이 책의 247쪽과 258쪽 사이에서 전국 지리지 편찬 범례의 초서를 탈초한 자료를 확인할 수 있다. 장서각디지털아카이브(http://yoksa. aks.ac.kr)에서는 초서로 쓰인 원본 이미지를 확인할 수 있다.

「擬弘文館增修東國輿地勝覽例」의 내용은 크게 두 부분으로 구성되어 있다. 첫 번째 부분은 황윤석이 전국 지리지 편찬 범례를 작성한 동기를 설명하였다. 두 번째 부분은 전국 지리지 편찬 범례의 내용을 소개하였다. 『頤齋遺藁』에는 첫 번째 부분만 실려 있다.

「擬弘文館增修東國輿地勝覽例」의 첫 번째 부분은 裵祐晟(1996)에서 내용의 대강이 번역되어 제시되었다.[9] 여기에서는 내용[10]의 순서에 따라 그 요점을 제시한다.

(1) 가. 중국과 한국의 역대 지리지를 간결하게 설명하였다.
　나. 『동국여지승람』의 舊本 3종에 대해 언급하였다. 舊本 3종을 梁誠之와 盧思愼의 1481년(성종 12) 50권본, 成俔과 金宗直의 1486년(성종 17) 55권본, 成俔의 1499년(연산 5) 수정본 등으로 파악하였다. 그리고 李荇의 1530년(중종 25) 55권 신증본이 있음을 설명하였다.
　다. 17세기 말과 18세기 전국 지리지 편찬 사업을 세 시기로 파악하였다. 즉 崔錫鼎이 주청한 1699년, 1758년, 1775년 등으로 파악하였다. 특히 1770년에 간행된 『東國文獻備考』에 오류가 많아 1775년의 전국 지리지 편찬 사업이 진행되었음을 설명하였다. 세 시기의 편찬 사업이 완성되지 못하였음을 언급하였다.
　라. 지리지 편찬에서 인물 조항은 소홀히 할 수 없다.

9　裵祐晟, 「18세기 全國地理志 편찬과 지리지 인식의 변화」, 『韓國學報』 22-4, 일지사, 1996, 154-155쪽.
10　한국학중앙연구원, 『頤齋亂藁』 第四冊, 韓國學資料叢書 三, 1998, 246-247쪽.

마. 동생 溫叟가 弘文館의 지리지 편찬 범례를 보여 주었고, 그 편찬 범례가 심히 전도되어 전국 지리지 편찬 범례를 작성하게 되었다.

(1가)와 (1나)는 널리 알려진 사실이다. 특히 (1나)에 대해서는 건설부 국립지리원에서 1980년에 간행한 『韓國地誌』의 '東國輿地勝覽' 조[11]에 자세히 설명되어 있다. 裵祐晟(1996)은 『頤齋遺藁』에 실린 기사를 활용하여 (1다)와 (1라)에 대해 언급하면서 18세기 전국 지리지 편찬 시 인물 수록의 문제로 중앙의 입장과 지방의 입장이 대립되고 있음을 밝혔다.[12] 裵祐晟(1996)에서도 (1마)의 내용을 소개하였으나 『頤齋亂藁』에 실린 전국 지리지 편찬 범례를 언급하지는 못했다. 황윤석의 전국 지리지 편찬 범례가 1998년 이후에 공개되었기 때문이다.

(1마)는 1775년에 추진되었던 전국 지리지 편찬 사업 시 각 군현에 하달된 홍문관의 關例를 이해하는 데에 중요한 단서를 제공한다. (1마)의 내용은 다음과 같다.

(2) 얼마 전에 내 동생 溫叟가 금년의 본현[필자주: 興德縣] 읍지 편찬에 有司로 추대되었으나 뜻이 맞지 않아 스스로 사퇴하였다. 그리고 나에게 弘文館의 關例를 보여 주었다. 그 나열된 門目이 심히 顚倒되어 雜複하였다. 그리하여 勝覽의 門目을 다시 살펴보아 또 새로이 첨가하고 비교하여 해석했으니 불가불 裁定해야 할 것이다. 이것에 힘을 쏟은 연후에라야 나머지가 정돈될 수 있을 것이다. 그러므로 먼저 勝覽의 門目을 먼저 서술하고, 참고로 關例의 門目을 아래와 같이 서술한다.[13]

---

11 국립지리원, 『韓國地誌 總論』, 건설부 국립지리원, 1980, 86-88쪽.
12 裵祐晟(1996), 앞의 글, 154-157쪽.
13 한국학중앙연구원(1998: 246-247). 『頤齋亂藁』 第四冊, 韓國學資料叢書 三, "間者

(2)의 기사만 가지고서는 황윤석의 동생 溫叟가 홍문관의 관례를 미흡한 것으로 인식했다고 단정적으로 말할 수 없다. 그러나 황윤석은 전국 지리지 편찬을 위한 1775년의 홍문관 관례를 매우 미흡한 것으로 인식하고 있었다. 그리하여 황윤석은 『新增東國輿地勝覽』을 검토하여 홍문관 관례의 미흡한 점을 보충하여 새로운 범례를 제시하였음을 (2)는 말하고 있다.

(2)에서 말한 勝覽은 앞에서 이미 말한 바와 같이 『東國輿地勝覽』이 아니라 『新增東國輿地勝覽』을 말하는 것일 것이다. 황윤석은 『新增東國輿地勝覽』을 분석한 다음 홍문관 관례에 새로이 첨가하고 비교하여 해석하였다. 그런 다음 勝覽의 門目을 먼저 서술하고, 참고로 關例의 門目을 서술했다. 아래에서 소개할 황윤석의 전국 지리지 편찬 범례에는 홍문관 관례에서 규정한 것과 황윤석이 첨가한 것이 혼재되어 있다.

황윤석의 전국 지리지 편찬 범례는 그 양이 많다. 개략적인 이해를 위해서 편찬 범례의 내용을 개략적으로 제시하도록 한다.

(3) • 京都門目第一[京都爲三府八道列邑之所歸 故序第一]
　　摠記地域形勢 古今事實
　　一(國都)
　　(중략)
　　三(宮闕) 記 (宮) (殿) (堂) (齋) (軒) (閣) (樓) (閣) (亭) (臺)
　　(門) (東宮) 各註 (部名) (坊名) (創修年代人員)
　• 三府門目第二[(漢城府) 京都所在也 (開城府) 舊京也 (江華府) 新京也 三府者 亞于京都 故序第二]

吾弟溫叟 以今年本縣修志 見推爲有司 議不合自退 而示余以弘文館關例 其所列門目 旣甚顚倒雜複 而覆視勝覽門目 又有新添交析 不可不裁定者 此而致力然後 餘可隨整 故先敍勝覽門目 而參以關例門目如左"

府今名註(本府四界里數) 開城江華 又註(距京都里數) ○一漢城府 二開城府 三江華府

一(建置沿革) 記(新羅) (高句麗) (百濟) (高麗) (本朝) 歷代分合升降之實 (후략)

二(郡名) 記 (古號) (今舊通稱)

(후략)

- 八道摠記第三

道今名 一京畿 二忠淸道 三慶尙道 四全羅道 五黃海道 六江原道 七咸鏡道 八平安道

摠記本 (三朝鮮) (三韓) (濊) (貊) (四郡) (二府) (六伽倻)之地 後爲 (新羅) (高句麗) (百濟) (後高句麗) (後百濟) 所有 (高麗) 分十道以某州所管 爲某道 其後定爲某道 (本朝) 因之 或又割屬領府若干 大都護府若干 牧若干 都護府若干 郡若干 縣若干 (후략)

- 列邑門目第四[例依三府 故玆從略]

府[亦有以州 稱府者]大都護府牧[以州稱] 都護府郡縣 今名註(本邑四界里數) (距京都里數)

一(建置沿革) 記(三朝鮮) (三韓) (濊) (貊) (四郡) (二府) (六伽倻) 諸小國 (新羅) (高句麗) (百濟) (後高句麗) (後百濟) (高麗) (本朝) 歷代分合升降之實 (후략)

二(郡名) 記 (古號) (今舊通稱)

(중략)

八(新補) (堤堰) 記 (堤)坪 (堰)江海 (洑)川 各註長廣周若干

(후략)

(3)에서 '•'는 部門을 구분하기 위해 필자가 첨기한 것이다. 원문에서의 주석 표시는 [ ]의 안에 표시하여 구분했다. ( )는 원문에 있는 것이다. 원문에 '□'나 '○'로 표기되었으나 입력의 편의를 위해 ( )로 제시하였다.

1775년 무렵에 전개되었던 전국 지리지 편찬 사업의 실체를 규명하기 위해서 (3)의 내용에서 홍문관 관례의 것과 황윤석이 첨가한 것을 구분하는 일이 매우 중요하다. 황윤석이 '새로이 첨가하고 (신증동국여지승람과) 비교하여 해석했으니'라는 내용을 면밀하게 검토하여 홍문관 관례의 내용을 부분적으로 구분하고자 한다.

2.2. 黃胤錫의 전국 지리지 편찬 범례 분석

앞서 말한 바와 같이 1775년에 작성된 황윤석의 전국 지리지 편찬 범례는 홍문관 관례의 것과 황윤석이 첨가한 것이 혼재되어 있다. 홍문관 관례의 것과 황윤석이 새로이 첨가한 것을 구분할 수 있다면 우리는 1775년에 추진했던 전국 지리지 편찬 사업의 목적을 보다 잘 이해할 수 있을 것이다. 또한 지리지 편찬에 대한 황윤석의 견해도 이해할 수 있을 것이다.

2.2.1. 門目의 용어 정의

앞에서 이미 언급한 바와 같이 황윤석은 門目이란 용어를 사용하고 있다. 門目을 국어사전에서 찾을 수 없다. 그런데 김정호의 『大東地志』에 '門目二十二'가 기술되어 있다. 『大東地志』에서 말한 '二十二'개의 '門目'은 '沿革, 古邑, 坊面, 山水, 形勝, 城池, 營衙, 鎭堡, 烽燧, 倉庫, 驛站, 津渡, 橋梁, 牧場, 土産, 宮室, 樓亭, 廟殿, 陵寢, 壇墠, 祠院, 典故' 등을 가리킨다. 여기의 門目은 종래의 지리지 연구 논문에서 사용해 온 '編目'과 같은 의미를 가진 것이다. 양보경(1987)은 '編目'을 '編'과 '目'으로 구분하여 이해했다.[14]

『類苑叢寶』같은 유서류에서 '天道門, 天時門' 등과 같이 '門'을 사용하고 있다. 이를 고려하면 뒤에서 기술하게 될 '京都門目, 三府門目, 列邑門目' 등에서 門과 目을 구분할 수 있으며 '京都門, 三府門, 列邑門' 등을 설정할 수 있다. 따라서 門은 部門으로 이해되고, 目은 條目으로 이해된다.

門目이란 용어가 1775년 무렵에 작성된 홍문관 관례에 제시된 것인지 황윤석의 것인지는 현재로서는 자세치 않다.

2.2.2. 部門의 구분

황윤석의 전국 지리지 편찬 범례는 크게 4개의 部門으로 구성되어 있다. 즉 다음과 같이 구성되어 있다.

> (4) 京都門目第一
> 京都爲三府八道列邑之所歸 故序第一
> 三府門目第二
> (漢城府) 京都所在也 (開城府) 舊京也 (江華府) 新京也 三府者 亞于 京都 故序第二
> 八道摠記第三
> 列邑門目第四 [例依三府 故兹從略]

『新增東國輿地勝覽』에서도 (4)와 같이 4개의 부문으로 유사한 구분을 하고 있다. 즉 『新增東國輿地勝覽』에서는 '京都(권1,2), 漢城府(권3), 開城府(권4,5), 京畿道 摠記(권6), 廣州(권6)' 등으로 구성하고 있다. 『大明一統志』에서는 '京都' 대신에 '京師'란 용어를 사용하고 있다. '京

---

14 양보경, 「朝鮮時代 邑誌의 性格과 地理的 認識에 관한 연구」, 서울대학교대학원 박사학위논문, 1987, 85쪽.

師'인 順天府의 문목을 '沿革, 城池, 宮闕, 壇廟, 苑囿, 文職公署, 武職公署' 등으로 설정하고 있다. 이것은 '國都, 城郭, 宮闕, 壇廟, 苑囿, 文職公署, 武職公署' 등으로 설정한 『東國輿地勝覽』과 일치한다. 따라서 우리는 『東國輿地勝覽』의 '京都'가 『大明一統志』의 '京師'에 영향받은 것임을 알 수 있다.

『新增東國輿地勝覽』에서는 漢城府와 開城府만을 三府門으로 파악하고 있는 것에 대해 (4)에서는 江華府도 三府門의 하나로 파악하고 있다. 江華는 고려 시대부터 江都로 불리어 왔다. 그럼에도 불구하고 『新增東國輿地勝覽』에서는 江華府를 '漢城府, 開城府' 등과 동등한 지위를 인정하지 않았다. 그런데 황윤석의 전국 지리지 편찬 범례에서 江華府를 漢城府, 開城府와 동등한 지위로 인식한 이유는 현재 미상이다. 江華府가 漢城府에 대해서 新京인지 開城府에 대해 新京인지도 자세치 않다.

17세기에 편찬된 柳馨遠의 『東國輿地誌』도 『新增東國輿地勝覽』과 동일하게 '京都, 漢城府, 開城府, 京畿道 總記, 廣州' 등의 순으로 기술하고 있다. 19세기 김정호의 『大東地志』에서는 '京都, 漢城府, 京畿道 總記, 水原府, 廣州府 開城府 江華府' 등의 순으로 기술하고 있다. 漢城府만 차별적으로 이해했음을 알 수 있다. 그러므로 江華府를 京都가 소재한 漢城府와 동등한 지위로 파악한 것은 황윤석의 전국 지리지 편찬 범례의 독특한 파악 방법이다. 이것이 황윤석의 견해인지 18세기 전국 지리지 편찬의 주체인 홍문관의 견해인지는 자세치 않다.

2.2.3. 황윤석 門目과 홍문관 門目의 구분

황윤석의 1775년 전국 지리지 편찬 범례에 나타난 주석 내용에 근거하여 홍문관 관례의 것을 일부나마 추출할 수 있다. 아래에서 몇 가지 관점에서 홍문관 관례에서 설정한 문목의 종류와 황윤석이 추가한 문목의 종류를 구분하도록 한다.

① 新補로 주석된 門目

'京都門, 三府門, 列邑門' 등에 속한 문목을 황윤석의 전국 지리지 편찬 범례에서 다음과 같이 제시하고 있다.

(5) 가. 京都門目
     國都, 城郭, 宮闕, 壇廟, 苑囿, 文職公署, 武職公署
   나. 三府門目
     建置沿革, 郡名, 姓氏, 風俗, 形勝, 山川, 關阨, 堤堰, 田畝, 牧場, 土産, 進貢, 田稅, 大同, 均稅, 還穀, 俸廩, 城郭, 關防, 烽燧, 軍兵, 軍餉, 軍器, 宮室, 樓亭, 學校, 驛院, 道路, 橋梁, 部坊, 公廨, 倉庫, 市街, 祠廟, 陵寢, 古跡, 官案. 名宦, 人物[附 學行, 孝子, 忠義, 烈女, 流寓], 佛宇, 道釋, 題詠, 雜記
   다. 八道摠記
     없음
   라. 列邑門目
     三府門目과 동일함

京都門에서 7개의 門目을, 三府門과 列邑門에서 각각 43개의 門目을 들고 있다. 三府門과 列邑門의 문목은 완전히 같다. 八道摠記에서는 門目을 하나도 들지 않고 있다. 이것으로 '八道摠記門目'이라 하지 않고, '八道摠記'라 한 이유를 이해할 수 있다.

(5나)에 제시된 43개의 문목 가운데에 '關阨, 堤堰, 田畝, 牧場, 進貢, 田稅, 大同, 均稅, 還穀, 俸廩, 軍兵, 軍餉, 軍器, 道路, 官案. 學行, 道釋, 雜記' 등 18개의 문목에는 그 앞에 '新補'의 표지가 있다. 이것은 『新增

東國輿地勝覽』에 설정되지 않은 門目임을 말한다. 나머지 25개의 문목에 '신보'라 주석되지 않은 것은 이 문목이 『新增東國輿地勝覽』에 설정된 것임을 말하며 이는 이 문목들이 홍문관의 관례에도 설정된 것임을 말하는 것으로 추정된다.

新補라 표지된 門目 모두가 황윤석의 전국 지리지 편찬 범례에서 새로이 설정된 것은 아니다. 일부의 門目은 다른 門目에 통합되어 기술되었거나 '『慶尙道地理志』, 『世宗實錄地理志』, 『慶尙道續撰地理誌』' 등에서 이미 설정된 것이다.

'關阨, 堤堰, 牧場' 등의 문목이 山川 문목으로 통합되어 있음을 황윤석의 전국 지리지 편찬 범례에서 다음과 같이 설명하고 있다. 『新增東國輿地勝覽』에서 통합되어 기술된 예를 찾아 함께 제시한다.

〈표 1〉

구분표지	門目	출처	내용
新補	關阨	범례	舊係山川 今別立 記其關嶺險阨要害處
		승람	江原道 淮陽都護府【산천】鐵嶺 부의 북쪽 39리에 있다. 石城의 남은 터가 있다.15
新補	堤堰	범례	舊係山川 今別立
		승람	全羅道, 臨陂縣【산천】狐山堤 현의 동쪽 5리에 있다.
新增	牧場	범례	舊係山川 今別立
		승람	京畿 水原都護府【산천】陽也串 雙阜縣에 있는데 부 서쪽까지 50리이다. 둘레가 68리이고 牧場이 있다.

---

15 여기의 번역은 한국고전번역원의 http://www.itkc.or.kr/MAN/index.jsp에서 가져온 것이다. 이 글의 뒤에도 한국고전번역원과 국사편찬위원회에서 번역한 자료를 다수 활용하였다. 번거로워 해당 부분에 일일이 주석을 달지 않았다. 참고문헌에 사이트 URL을 제시한 것의 번역은 해당 사이트에서 가져온 것임을 밝힌다. 다만 필자가 고친 부분도 있다. 이것으로 인하여 발생한 오류는 전적으로 필자의 책임이다.

황윤석의 전국 지리지 편찬 범례에서 '옛날에는 山川에 속했는데 지금 별도로 [문목을] 설정한다[舊係山川 今別立]'로 설명하고 있다. '關阨, 堤堰, 牧場' 등이 山川 문목에 통합되어 기술되어 있음은 〈표 1〉에 제시한 바와 같이 『新增東國輿地勝覽』에서 확인된다.

'『慶尙道地理志』, 『世宗實錄地理志』, 『慶尙道續撰地理誌』' 등에는 '堤堰, 牧場' 등이 별도 항목으로 기술되어 있다. 앞에서 말한 세 지리지 모두에서 關阨은 '險阻, 要害' 등의 용어로 별도 항목으로 기술되어 있다. 또 『慶尙道地理志』의 총기 규식과 일반 군현 규식, 『慶尙道續撰地理誌』의 地理誌續撰事目 등에서 '氷穴, 風穴, 諸島, 鎭山, 鹽釜, 鹽井, 池澤, 渡津, 漁梁, 海島' 등도 규식에는 별도의 항목으로 기술되어 있다. 『慶尙道地理志』의 규식은 吏讀文이므로 吏讀에 해당하는 것은 밑줄을 첨기하여 제시한다.

(6) 가. 一. 道內 名山·大川 及四方界域 山川之名 里數<u>沙餘良</u> 險阻·關防·要害之處 幷以 開寫 事
一. 道內 山城·邑城 周廻步數 及溫泉·氷穴·風穴·木栅·牧場·良馬所産處 <u>幷以</u> 開寫 事
一. 諸島陸地相去 水路息數及島中 在前 人民接居 農作有無 開寫 事
나. 鹽釜·鹽井·有名大堤堰 <u>幷以</u> 施行 事
다. 一. 堤堰·池澤 某處 灌漑幾結
一. 鹽盆 某某處 在某面某里
一. 牧場 在某方某處 周廻幾里 入放馬牛幾匹 水草美惡
一. 渡津 某船隻 或四時常置 或霖雨時用之 灘則橋梁有無 或四時常置 或氷凍雨水時 排分揀施行
一. 漁梁 某處 産某某魚

一、險阻要害 如鐵嶺·鴨綠江·龍城葂城之類
一、海島 在本邑某方 水路幾里 自陸地 去本邑幾里 四面周回 相距
    幾里田畓幾結 民家有無

(6가)는 『慶尙道地理志』의 총기 규식의 일부이고, (6나)는 『慶尙道地理志』의 일반 군현 규식의 일부이다. 그리고 (6다)는 『慶尙道續撰地理誌』地理誌續撰事目의 내용 일부이다. (6)과 같은 규정에 따라 '『慶尙道地理志』, 『慶尙道續撰地理誌』' 등이 작성되었으며, 더 나아가 『世宗實錄地理志』도 유사한 방식으로 작성되었다. 그런데 『新增東國輿地勝覽』에서는 '堤堰, 牧場, 氷穴, 風穴, 諸島, 鎭山, 鹽釜, 鹽井, 池澤, 渡津, 漁梁, 海島' 등이 모두 山川 조에 통합되어 기술되어 있다. 이렇게 통합되어 기술된 것은 『新增東國輿地勝覽』의 舊本인 1481년 『東國輿地勝覽』 50권본이 成宗의 지시에 따라[16] 『大明一統志』의 예에 따라 편찬되었기 때문으로 생각된다.

황윤석의 전국 지리지 편찬 범례에서 新補로 설정한 문목의 일부는 '『慶尙道地理志』, 『世宗實錄地理志』, 『慶尙道續撰地理誌』' 등에서 발견된다. 즉 '田畝, 進貢, 軍兵' 등이 그것이다. 비록 용어는 완전히 일치하지 않지만 내용적으로는 유사한 의미를 가졌다. 『세종실록지리지』의 墾田은 田畝와, 『경상도지리지』의 常貢은 進貢과, 『세종실록지리지』의 軍丁과 『慶尙道續撰地理誌』의 各鎭某軍은 軍兵과 일맥 상통한다.

16세기에서 18세기에 이르는 시기에 간행된 군현의 읍지에는 『新增東國輿地勝覽』에서 대폭 축소되었던[17] 문목이 다시 추가된다. 즉 『新增東國輿地勝覽』에 없는 새로운 문목이 많이 첨가된다. 특히 경제와 군사

---

16 鄭杜熙, 「朝鮮初期 地理志의 編纂(Ⅱ·完)」, 『歷史學報』 第七十, 1976, 105쪽.
17 鄭杜熙(1976: 109), 앞의 글.

에 관한 문목이 새로이 추가되어 설정된다.[18]

'戶口, 田結, 軍器, 堤堰, 灌漑' 등의 경제·군사 문목은 16세기 말에 鄭逑가 편찬한 사찬 읍지『咸州誌[19]』에서 확인할 수 있다. 軍器는 1587년의『咸州誌』, 1608년의『永嘉誌』, 1617년의『商山誌』, 1631년 경의『晉陽誌』등에서 확인할 수 있다. 그리고 道路는 1608년의『永嘉誌』에서 확인할 수 있다. 한편 官案은 1617년의『商山誌』, 1617년의『北關誌』에서 확인할 수 있다. 1648년의『松都誌』에는 先生案으로 설정되어 있다. 그리고 1617년의『商山誌』에는 官案뿐만 아니라 '邑先生'도 실려 있다. 雜記는 1617년의『北關誌』에서 확인할 수 있다.[20]

'軍餉, 田稅, 大同, 均稅, 俸廩' 등은 18세기 중반에 간행된『輿地圖書』에 실린 제 읍지에서 확인할 수 있다. 還穀은『輿地圖書』에서 확인할 수 없지만 의미상 동일한 '社倉還摠, 社還, 還摠' 등이 일부의 읍지에 실려 있음을 확인할 수 있다.

이상으로 황윤석의 전국 지리지 편찬 범례에서 新補라 한 문목이 16세기와 17세기의 읍지에 설정된 문목임을 확인하였다. 이는 이러한 新補의 문목이 홍문관의 관례에서 기술된 것임을 간접적으로 시사하고 있다. 황윤석이 특별하게 제안한 것이 아니라 18세기 전국 지리지 편찬을 주도했던 홍문관이 당시의 읍지 편찬 실정을 반영하여 新補로 표지된 문목의 필요성을 인식한 것으로 이해해야 한다.

그런데 學行과 道釋의 문목은『輿地圖書』에서 확인할 수 없다. 이것은 홍문관의 관례에 제안된 것이라기보다 황윤석이 제안한 문목으로 생각하는 것이 합리적이다.

---

18 양보경(1987: 83-96), 앞의 책.
19 규장각 도서번호 奎10985이다.
20 여기에서 말한 읍지 연대는 양보경(1987: 75-77)을 참조한 것이다.

결론적으로 新補로 기술된 '關阨, 堤堰, 田畝, 牧場, 進貢, 田稅, 大同, 均稅, 還穀, 俸廩, 軍兵, 軍餉, 軍器, 道路, 官案. 學行, 道釋, 雜記' 등 18개의 문목 가운데에서 學行과 道釋을 제외한 '關阨, 堤堰, 田畝, 牧場, 進貢, 田稅, 大同, 均稅, 還穀, 俸廩, 軍兵, 道路, 官案, 雜記' 등 16개의 문목은 홍문관 관례에 정의되었을 가능성이 매우 높다.

② 황윤석이 새로이 추가한 門目

황윤석은 홍문관 관례와 『新增東國輿地勝覽』에 결여된 門目에 대해 다음과 같이 주석하고 있다.

〈표 2〉

部門	區分標識	門目	註釋
三府門	新補	軍餉	關例誤缺
列邑門	新補	軍餉	
三府門	新補	軍器	關例誤缺
列邑門	新補	軍器	
三府門		市街	關例誤缺 今依勝覽 補之
列邑門		市街	
三府門	新補	學行	勝覽及關例 並缺
列邑門	新補	學行	勝覽及關例 並缺
三府門	新補	雜記	自題詠以下 猶有風謠稗說 可傳者 則依澤堂北關誌 補立此目 而非勝覽及關例所列也
列邑門	新補	雜記	

동일 門目에 대해 三府門에는 주석이 있으나 列邑門에 주석이 없는 것은 중복 기술을 피하기 위한 것으로 생각된다. 주석이 생략되었지만 三府門에 달린 주석의 적용을 받는 것이다. 軍糧을 뜻하는 軍餉과 軍器

는 '關例에 잘못 결여된 것[關例誤缺]'로 주석되었으나 『新增東國興地勝覽』에 軍餉과 軍器가 문목으로 설정되어 있지 않다. 따라서 學行의 주석처럼 '勝覽과 關例에 아울러 결여된 것[勝覽及關例 並缺]'으로 풀이되어야 할 것이다. 『新增東國興地勝覽』의 漢城府 조에 鍾樓 서쪽 市街인 雲從街를 기술한 문목 市街를 1예 발견할 수 있다. 이것으로 우리는 '지금 勝覽에 의거해 이를 보충한다[今依勝覽 補之]'는 황윤석의 주석이 신뢰할만한 것임을 확인할 수 있다. 문목 雜記는 관례와 『新增東國興地勝覽』에 없는 문목이지만 澤堂 李植의 『北關誌』에 의해 보충된 것이다.

〈표 2〉에 제시된 주석으로 우리는 홍문관의 관례에 당초 설정되었던 문목과 황윤석이 보충한 문목을 구분할 수 있다. 즉 〈표 2〉에 제시된 것 이외의 문목은 당초 홍문관의 관례에 정의된 것임을 이해할 수 있다.

軍餉은 『興地圖書』의 14개 읍지[21]에서 문목으로 설정되어 있고, 軍器는 『興地圖書』의 16개 읍지[22]에서 문목으로 설정되어 있다. 市街의 문목은 『興地圖書』에서 발견되지 않고, 『新增東國興地勝覽』에서 문목으로 사용된 예가 1건 발견된다. 學行은 『新增東國興地勝覽』과 『興地圖書』에서 문목으로 사용되지 않았다. 雜記 역시 『新增東國興地勝覽』과 『興地圖書』에서 문목으로 사용되지 않았다.

---

21 『興地圖書』 중에서 江都府誌의 喬桐, 忠淸道의 觀察營, 兵馬節度營, 水軍節度營, 補遺篇(京畿道)의 同治拾年玖月 日坡州牧邑誌事例謄出冊, 黃海道의 兵營, 水營, 咸鏡道(關北邑誌)의 咸鏡南道兵馬節度營, 咸鏡北道兵馬節度營誌, 咸鏡北道兵馬節度營誌, 慶尙道의 統制營, 左道兵馬節度營, 右道兵馬節度營, 節度營 등 14개 읍지이다.
22 『興地圖書』 중에서 문목의 名稱으로 軍器를 사용하는 읍지가 12개, 軍器汁物을 사용하는 읍지가 1개, 軍器庫를 사용하는 읍지가 3개이다. 軍器를 사용한 읍지는 補遺篇(京畿道)의 同治拾年玖月 日坡州牧邑誌事例謄出冊, 咸鏡道(關北邑誌)의 咸鏡北道明川府邑誌, 補遺篇(慶尙道)의 興海郡邑誌, 梁山郡邑誌, 安義縣邑誌, 山淸縣邑誌, 補遺篇(全羅道)의 完山誌, 礪山, 古阜, 金堤郡, 萬頃, 井邑 등 12개이다. 軍器汁物을 사용한 읍지는 補遺篇(慶尙道)의 河東府邑誌이다. 軍器庫를 사용한 읍지는 補遺篇(慶尙道)의 蔚山府邑誌, 永川郡邑誌, 三嘉縣邑誌 등이다.

'關例에 잘못 누락되었다[關例誤缺]'의 주석으로 우리는 '軍餉, 軍器, 市街, 學行, 雜記' 등의 문목이 홍문관의 관례에 설정되지 않은 것임을 확인할 수 있다.

③ 명칭을 수정한 門目
다음은 홍문관 관례의 문목 명칭을 황윤석이 수정한 문목이다.

〈표 3〉

구분표지	문목	주석
新補	土産	今目物産 而因舊目 依大同法未行以前貢案所載記之
	還穀	今目糶糴 而糶糴卽錢穀買賣之通稱 北關誌則目財穀 而亦與他穀相混 故改目如右以別之
	城郭	今目城池 而因舊目
	關防	今目鎭堡 而因舊目

'지금의 目은 物産인데 옛날 目에 근거했다[今目物産 而因舊目]' 등의 주석을 고려한다면, 〈표 3〉에 제시된 門目에서 홍문관 관례의 문목과 황윤석이 수정한 문목을 구분할 수 있다. 홍문관 관례에서 '物産, 糶糴, 城池, 鎭堡' 등의 명칭으로 정한 것을 황윤석은 '土産, 還穀, 城郭, 關防' 등으로 그 명칭을 수정하고 있다. '土産, 城郭, 關防' 등이 『新增東國輿地勝覽』에 설정된 문목임을 고려하면 '物産, 糶糴, 城池, 鎭堡' 등이 홍문관 관례에 설정된 문목임을 다시 확인할 수 있다.
『輿地圖書』에서 土産의 문목 명칭을 사용한 읍지는 23건 발견되나 物産의 문목 명칭을 사용한 읍지는 302건이 발견된다.[23] 城郭을 사용한

---

23 物産의 경우는 수가 많으므로 수가 적은 土山의 경우만 제시한다. 永宗防營圖誌,

읍지는 단지 3건 발견되나 城池의 명칭을 사용한 읍지는 221건 발견된다.[24] 또 關防을 사용한 읍지는 4건 발견되나 鎭堡를 사용한 읍지는 135건 발견된다.[25] 이것은 홍문관 범례가 제시한 문목이 사회적으로 통용되는 것임을 말하는 것이다. 그럼에도 불구하고 황윤석은 『新增東國輿地勝覽』에서 설정한 문목으로 회귀하는 것이 바람직한 것으로 생각한 것이다. 그러나 그 이유는 자세히 진술되지 않았다.

『輿地圖書』 313건의 읍지에서 糶糴을 문목으로 사용하고 있고, 淸安縣 읍지 1건이 倉穀, 陽川縣 읍지 1건이 穀摠, 高陽郡與地勝覽 읍지 1건이 財穀, 完山誌 1건이 社還, 萬頃과 古群山鎭誌 2건이 還摠, 萬頃 읍지는 社倉還摠을 사용하고 있다. 『표준국어대사전』에 '곡식을 팔고 사는 일'과 '환곡을 꾸어 주거나 거두어들이거나 하던 일' 등의 2가지를 糶糴의 의미로 제시하고 있다. 황윤석의 전국 지리지 편찬 범례에서 糶糴 대신에 還穀의 문목 명칭을 제시한 것은 곡물가의 차액을 이용하기 위해서 17세기 후반부터 퍼지기 시작한 代納錢이나 單代捧의 형태로 이루어진 환곡 제도의 폐단[26]을 인식한 것으로 이해된다.

交河, 安城郡, 高陽郡與地勝覽, 陽川縣, 積城縣誌, 溫陽郡邑誌, 定山, 淸安縣, 鳳山, 蔚山府邑誌, 建置沿革, 永川郡誌, 興海郡邑誌, 梁山郡邑誌, 三嘉縣邑誌, 宜寧縣邑誌, 安義縣邑誌, 山淸縣邑誌, 丹城縣邑誌, 泗川縣邑誌, 完山誌卷下, 珍山郡, 全州鎭管 등 23건의 읍지만이 토산의 명칭을 사용하고 있다.

24 城池의 경우는 수가 많으므로 수가 적은 城郭의 경우만 제시한다. 恩津, 完山誌卷下, 大靜郡古誌 등 3건의 읍지만이 城郭의 명칭을 사용하고 있다.
25 鎭堡의 경우는 수가 많으므로 수가 적은 성곽의 경우만 제시한다. 安山, 長連, 完山誌, 陽川縣 등 4건의 읍지만이 관방의 명칭을 사용하고 있다.
26 梁晉碩, 「17, 18세기 還穀制度의 운영과 機能 변화」, 서울大學校 大學院 박사학위 논문, 1999, 271쪽.

④ 명칭 변경이 가능한 門目

다음은 門目에 기술될 항목의 조건에 따라 門目의 명칭을 변경해야 하는 것들이다. 설명을 쉽게 하기 위하여 황윤석의 전국 지리지 편찬 범례에서 주석한 내용을 '범례'로, 필자가 『新增東國輿地勝覽』에서 찾은 것을 '승람'으로 소개한다.

〈표 4〉

區分標識	門目	出處	註釋
樓亭		범례	有樓及其所附別舘 則目以樓舘 無樓 則目以亭榭
		승람	- 京畿 驪州牧【樓舘】淸心樓 別館『신증』迎賓館 - 忠淸道 恩津縣【亭榭】引風亭 - 京畿 陰竹縣【樓亭】竹南樓
驛院		범례	- 無驛 則目以院宇
		승람	- 京畿 江華都護府【院宇】甲串津院, 寅石津院, 昇天府津院 - 한성부【驛院】盧原驛, 靑坡驛, 普濟院, 洪濟院, 梨泰院, 箭串院
祠廟		범례	- 亦目祠壇 亦目壇廟
		승람	- 京畿 江華都護府【祠壇】塹城壇, 山川祭壇, 社稷壇, 文廟, 城隍祠, 厲壇, 鎭江神祠, 河陰神祠 - 京都【壇廟】社稷壇, 風雲雷雨山川城隍壇, 嶽海瀆壇, 先農壇, 先蠶壇, 雩祀壇, 靈星壇, 老人星壇, 馬祖先牧馬社馬步壇, 禡祭壇, 司寒壇, 名山大川壇, 厲壇, 宗廟, 永寧殿, 文昭殿, 延恩殿, 孝思廟, 文廟, 纛神廟
部坊		범례	- 無部 則目以坊里
		승람	- 平安道 平壤府【部坊】仁興部, 義興部, 禮安部, 智安部 - 開城府【部坊】東部 坊 이름은 仁興이라 한다. 南部 방 이름은 禮安이라 한다. 西部 방 이름은 義興이라 한다. 北部 방 이름은 智安이라 한다.
陵寢		범례	- 有墓 則目以陵墓 無陵 則目以塚墓
		승람	- 開城府下,【陵寢】[고려] 世祖陵, 太祖陵, 惠宗陵, 定宗陵, 光宗陵 - 京畿 利川都護府【塚墓】金吉通墓『신증』權鈞 - 京畿 坡州牧,【陵墓】恭陵, 順陵, 尹瓘墓, 宋居信墓, 許稠墓, 趙涓墓, 沈澮墓, 성임묘

區分標識	門目	出處	註釋
流寓	범례		- 流者謫居 寓者來居 如無流者 則目以寓居
	승람		- 慶尙道 寧海都護府,【流寓】[고려] 李穀 급제하기 전에 遊覽으로 여기에 와서 金澤의 딸에게 장가들어 아내를 삼았다. [본조] 權近 고려 말기에 어떤 일에 연루되어 本府에 귀양살이 하였다. 安魯生 귀양살이하였다. - 忠淸道 報恩縣,【寓居】[고려] 韓有紋 우리 太宗과 同年進士요, 벼슬이 江原道觀察使에 이르렀다. 金沱 두 번 과거에 뽑혀 여러 번 요직을 거쳐 벼슬이 淸州牧使에 이르렀다.

〈표 4〉를 검토하면 '범례'의 설명과 『新增東國輿地勝覽』 문목 작성의 실제가 일치함을 알 수 있다. 예컨대 문목의 기술 항목에 따라 '樓亭, 樓舘, 亭榭' 등의 문목 명칭을 사용한다는 설명을 『新增東國輿地勝覽』의 실제 사례에서 찾을 수 있다. '[部坊, 坊里], [祠廟, 祠壇, 壇廟], [陵寢, 塚墓, 塚墓], [流寓, 寓居]' 등의 문목 명칭이 문목에 기술될 항목의 조건에 따라 『新增東國輿地勝覽』에서 사용되고 있음을 확인할 수 있다. 우리는 여기에서 황윤석이 말한 '勝覽의 門目을 다시 살펴보아 또 새로이 첨가하고 비교하여 해석했다'의 내용을 이해할 수 있다.

앞에서 소개한 바 있듯이 홍문관의 관례가 '심히 전도되었다'는 황윤석의 말은 이와 같이 기술될 조건에 따라 문목의 명칭이 바뀌어 사용되는 경우에 대하여 홍문관 관례가 잘못 설명하고 있음을 지적한 것이 아닌가 한다. 따라서 '[部坊, 坊里], [祠廟, 祠壇, 壇廟], [陵寢, 塚墓, 塚墓], [流寓, 寓居]' 등의 문목에서 각 그룹의 하나씩은 홍문관 관례에 나타난 것으로 생각할 수 있지만 결정적으로 어느 것인지 단정적으로 말할 수 없다.

2.2.4. 문목 작성 규식의 특징

① 문목 작성 규식의 구조

황윤석의 전국 지리지 편찬 범례에서 京都門의 7개 문목, 三府門의 43개 문목, 八道摠記의 1개 문목, 列邑門의 43개 문목 등에는 각기 문목의 작성 규식이 기술되어 있다. 이들 문목에 나타난 작성 규식은 『慶尙道地理志』에 실려 있는 총기 규식의 13개항, 일반 군현 규식의 13개항, 『慶尙道續撰地理誌』의 지리지 찬사목에 실린 29개항의 규식과 진술의 구조가 일치한다. 『慶尙道地理志』의 규식, 『慶尙道續撰地理誌』의 편찬 사목, 황윤석의 전국 지리지 편찬 범례에서 전형적인 예 1개씩을 아래에 기술한 다음, 기술 내용의 구조적 동일성에 대해 언급하고자 한다.

(7) 가. 一、道內 山城·邑城 周廻步數
　　나. 一、陶器所·磁器所 某某處 品上中下
　　다. 列邑門目 八(新補) (堤堰) 記 (堤)坪 (堰)江海 (洑)川 各註長廣周若干

(7가)는 『慶尙道地理志』의 규식으로 山城과 邑城에 대해 기술하고 있다. (7나)는 『慶尙道續撰地理誌』의 편찬 사목으로 陶器所와 磁器所에 대해 기술하고 있다. 마지막으로 (7다)는 황윤석의 전국 지리지 편찬 범례의 것으로 堤堰에 대해 기술하고 있다. (7)에 제시된 세 규식이 구조적으로는 동일 성격을 가졌음을 알 수 있다. 즉 문목을 구분하는 표지 다음에 문목에 기술될 항목이 나열되고, 다음으로는 항목의 특성을 기술하도록 규정하고 있다. 다만 (7다)의 경우에는 구조 성분의 표지로 항목을 나열한 記, 항목의 특성을 나타내는 표지로 各註가 부착된

점이 다르며, 항목에 대한 주석이 첨기된 것도 특이한 점이다. 그렇지만 우리는 1775년 무렵의 홍문관 관례가 제시한 규식은 대체로 (7다)와 같은 형식을 가졌던 것으로 판단할 수 있다.

② 항목 선정의 기준을 제시한 주석

황윤석의 전국 지리지 편찬 범례에는 다음과 같이 항목 선정의 기준을 제시한 것이 있다. 항목을 선정하는 기준의 제시는 삼부문목의 것에 기술되어 있고, 열읍문목의 것에는 그 기준이 생략되어 있다.

〈표 5〉

구분표지	문목	문목의 항목을 선정하는 기준
	風俗	중국의 東國史를 채집하며 문집의 제가가 기록한 것을 채집함.[27]
	形勝	위와 같다.[28]
新補	田畝	지금 사용하는 量帳에 의존함.[29]
	土産	大同法 시행 이전에 貢案에 기재된 것에 의거해서 기록함.[30]
新補	進貢	大同法 시행 이후의 事目에 기재된 것에 의거해서 기록함.[31]
新補	官案	상고할 만한 사람을 기록함.[32]
	名宦	官案에 등재된 사람을 채집함.[33]
	人物	土居及土姓 而移他邑者 其文章才藝勳業 官諡科名 以一人 而或急或否 未可以一節分稱 則錄于此目之首 而生存者不得載
新補	學行	인물 본목 중에서 正學至行에 歸重한 사람을 세상에 알려졌거나 알려지지 않았거나를 논하지 말고, 이 목에 별도로 기록하여 사표로 삼는 것이다.[34]

---

27 『頤齋亂藁』, 卷二十, 「擬弘文館增修東國輿地勝覽例」, "採中國東國史及集家所記 下並同"
28 『頤齋亂藁』, 卷二十, 「擬弘文館增修東國輿地勝覽例」, "上同"
29 『頤齋亂藁』, 卷二十, 「擬弘文館增修東國輿地勝覽例」, "並依時用量帳"
30 『頤齋亂藁』, 卷二十, 「擬弘文館增修東國輿地勝覽例」, "今目物産 而因舊目 依大同法未行以前貢案所載 記之"
31 『頤齋亂藁』, 卷二十, 「擬弘文館增修東國輿地勝覽例」, "依大同法創行以後事目所載

구분표지	문목	문목의 항목을 선정하는 기준
	孝子	인물 본목 중에서 효도에 歸重하여 賞職, 旌閭, 復戶 등의 사람을 남녀와 귀천을 논하지 말고 이 목에 별도록 기록하라.[35]
	忠義	인물 본목 중에 諫하다가 죽은 사람이나 싸우다 죽은 사람, 노예이나 주인을 위하여 죽은 사람을 이 목에 별도로 기록하라[36]
	烈女	세상에 알려졌거나 알려지지 않았거나를 논하지 말고 이 목에 별도로 기록하라. 생존자도 역시 등재하라.[37]
新補	道釋	東國에는 불교는 있으나 도교는 없다. 그러나 往往 도교가 불교에 섞여 있다. 그러므로 大明一統志에 의거해서 이 조목을 보충하되 그 무리의 玄關[38]의 大倫[39]과 靈異한 자취를 기록하라.[40]
	題詠	무릇 諸家의 詩, 詞, 贊, 頌, 銘, 辭, 文, 賦, 序, 記 (중에서) 景致를 사실적으로 갖춘 것을 주석을 갈라내야 한다. 비록 살아있는 사람이 지은 것도 모름지기 거리까지 말라.[41]
新補	雜記	題詠 以下에서 風謠와 稗說 중에서 가히 전할만 것이 있다면 澤堂 (李植)의 北關誌에 의거해서 마땅히 이 문목을 보충해야 한다.[42]

記之"
32 『頤齋亂藁』, 卷二十, 「擬弘文館增修東國輿地勝覽例」, "可攷者 並錄之"
33 『頤齋亂藁』, 卷二十, 「擬弘文館增修東國輿地勝覽例」, "採官案之有"
34 『頤齋亂藁』, 卷二十, 「擬弘文館增修東國輿地勝覽例」, "採人物本目中 可以歸重於 正學至行者 無論顯晦貴賤 別錄于此 所以表之也"
35 『頤齋亂藁』, 卷二十, 「擬弘文館增修東國輿地勝覽例」, "亦採人物中 可以歸重於孝 而或賞職 或旌閭 或復戶 無論男女貴賤 別錄于此"
36 『頤齋亂藁』, 卷二十, 「擬弘文館增修東國輿地勝覽例」, "亦採人物中 或諫死 或戰亡 及奴隷而爲其主死者 別錄于此"
37 『頤齋亂藁』, 卷二十, 「擬弘文館增修東國輿地勝覽例」, "亦無論顯晦貴賤 別錄于此 而生存者 亦載"
38 『표준국어대사전』, 玄關, "3」, 『불교』 깊고 묘한 이치에 드는 관문(關門). 보통 참선으로 드는 어귀를 이른다."
39 『표준국어대사전』 大道, "「2」사람이 마땅히 지켜야 할 큰 도리. 늑대륜01(大倫)."
40 『頤齋亂藁』, 卷二十, 「擬弘文館增修東國輿地勝覽例」, "東國有釋而無道 然往往道 混於釋 故依大明一統志 補之此目 而採其徒玄關大倫 或有異迹者 錄之"
41 『頤齋亂藁』, 卷二十, 「擬弘文館增修東國輿地勝覽例」, "凡諸家詩詞贊頌銘辭文賦序 記 可備事實景致者 逐宜分註 雖生存者所撰 不必拘也"
42 『頤齋亂藁』, 卷二十, 「擬弘文館增修東國輿地勝覽例」, "自題詠以下 猶有風謠稗說 可傳者 則依澤堂北關誌 補立此目 而非勝覽及關例所列也"

〈표 5〉에 제시된 문목 중, '田畒, 土産, 進貢' 등은 항목의 선정이 객관적 지표로 결정된다. 그러나 이외의 것들은 항목의 선정이 주관적 지표로 결정된다. 예컨대 學行의 선정 기준인 '正學至行에 歸重한 사람'을 선정할 때 주관성이 개재될 가능성이 충분히 있다.

雜記의 경우 황윤석의 것이 분명하지만 다른 것들의 선정 기준은 홍문관 관례에 있는 것인지 아니면 황윤석의 것인지 분명치 않다. 아래 (8)과 같이 앞선 시기의 지리지 편찬 규식을 고려하면 〈표 5〉에 제시된 기준이 당초의 홍문관 관례에 실려 있을 가능성도 있다.

(8) 가. 一、道內 名山·大川 及四方界域。山川之名 里數沙餘良 險阻·關防·要害之處 幷以開寫 事
   一、道內 山城·邑城 周廻步數 及溫泉·氷穴·風穴·木柵·牧場·良馬所産處 幷以開寫 事
   나. 土姓 從士 德藝 功業 出衆者 某代某人是如 施行爲旀 古昔相傳 靈異之跡 幷以開寫 事
   다. 一、有名嶺見名號
   一、有名樓臺及大小樓題

(8가)는 『慶尙道地理志』의 총기 규식, (8나)는 『慶尙道地理志』 일반 군현의 규식, (8다)는 『慶尙道續撰地理誌』의 규식이다. 규식에서 조목에 기술되어야 할 항목의 조건을 제시하고 있다. 즉 (8가)에서 名과 大, 良, (8나)에서 '出衆, 靈異', (8다)에서 有名 등이 기술될 항목의 조건을 제한하고 있다. 해당 지역의 모든 사항을 기술하는 것이 아니라 '이름난 것', '큰 것', '좋은 것', '출중한 것', '靈異한 것' 등만을 기술하도록 규정하고 있는데, 이는 주관적 지표로 결정되는 기준이다.

③ 항목 주석의 출처와 국어학적 연구의 의의

황윤석의 전국 지리지 편찬 범례의 각 문목에는 1개 이상의 항목이 나열되어 있다. 나열된 항목에 주석이 없는 경우도 있지만 항목의 개념을 설명하는 주석이 기재된 경우도 있다. 산천 조의 문목에서 기술된 항목의 주석은 주로 지명에 관련된 주석이므로 별도로 논의하기로 하고, 나머지 것에 대해서 그 주석의 출처를 고찰하고자 한다.

먼저, 『新增東國輿地勝覽』에서 동일한 내용을 찾을 수 있는 주석을 제시하면 다음과 같다. 문목 아래에 나열된 항목은 '( )'로 표시되었으며, 원본에도 이 부호를 사용하였다.

〈표 6〉

部門	門目	出處	項目과 註釋
三府門	姓氏	범례	(村) 卽外村 (來) 卽來自他邑 而本貫無考者 其有考 則註本貫 (續) (屬) 並同來
		승람	- 무릇 다른 고을에서 와서 사는 자는 성 아래 다만 本籍만을 註 달아 둔다. 다음에도 이에 따른다.(漢城府, 本府) - 무릇 다른 州에서 와서 살되, 본적을 상고할 수 없는 자는 단지 來라고만 註를 달았으며, 혹은 續, 혹은 屬이라고도 하였다. 후에도 여기에 의한다. / 개성부 성씨 조.
	城郭	범례	(羅城) 卽外城也 (羅閣) 卽城廊
		승람	羅城 바로 外城이다. / 개성부 성곽 조.
三府門	宮室	범례	(潛邸) 卽本宮 (東平舘) 漢城倭舘洞 (北平舘) 舊待野人 (南別宮) 今待淸使 (迎賓舘) 開城以待使客 (讀書堂) 亦曰湖堂
		승람	- 東平館 남부 樂善坊에 있다. [일본 등 여러 나라의 사신들을 접대하던 곳이다.] / 漢城府 궁실 조. - 北平館 동부 興盛坊에 있다.[조회하는 野人들을 접대하던 곳이다.] / 漢城府 궁실 조. - 迎賓館 午正門 밖에 있는데, 지금은 조서를 맞이하고 사신을 迎送하는 곳이 되었다. / 開城府 궁실 조.) - 讀書堂 옛 龍山의 폐지된 절인데, 강 북쪽 언덕에 있다. 성종이 고쳐 지어 堂을 만들고, 弘文館의 글읽는 곳으로 삼았으며 / 한성부 궁실 조

部門	門目	出處	項目과 註釋
列邑門	姓氏	범례	(鄕) 卽新羅設置州郡時其田丁戶口 未堪爲縣 則或置鄕 或置部曲 屬于所在 之邑者 鄕部曲處所莊村 各有長及吏民土姓(處) 卽高麗 所隷于各宮殿寺院 及內莊宅 或稱處 或稱莊 以輸其稅者 今方言呼串 或呼庫 (所) 卽高麗 金銀 銅鐵絲紬紙瓦炭鹽墨藿薑 及瓷器漁梁 各設一所 以供其物者 (村) 亦曰直村 外村 卽新羅外眞村 次村 並有主有長者 今以在邑治以外者 稱村
		승람	신라에서 州郡을 建置할 때, 그 田丁戶口가 현이 되지 못할 것은, 혹 鄕을 두거나 혹 部曲을 두어 所在의 읍에 속하게 하였다. 고려 때에 또 所라고 칭하는 것이 있었는데, 金所·銀所·銅所·鐵所·絲所·紬所·紙所·瓦所·炭所·鹽所·墨所·藿所·瓷器所·魚梁所·薑所의 구별이 있어 각각 그 물건을 공급하였다. 또 處로 칭하는 것이 있었고, 또 莊으로 칭하는 것도 있어, 각 宮殿·寺院 및 內莊宅에 분속되어 그 세를 바쳤다. 위 여러 所에는 다 土姓의 아전과 백성이 있었다. / 驪州牧 고적 조.
		범례	(賜籍) 亦曰賜 卽來自中國 或日本回鶻 而本國爲之賜貫本邑者 (唐) 卽自唐 來者 亦自宋來者 凡中國人通稱漢人唐人故也 (元) 卽自元來者 已上唐元 並 無賜籍者 (投化) 卽來自宋元以後 女眞蒙古及日本者 古之歸明歸化歸義歸 正 今之向化也
		승람	- 偰[回鶻. 자세한 것은 人物 조에 나온다.] / 慶州府 성씨 조. - 金 당 나라에서 投化한 성이다. / 公州牧 성씨 조. - 曲 당 나라에서 투화한 성이다. / 龍宮縣 성씨 조. - 本縣 全·金·白·徐·劉 모두 唐 나라에서 投化했다. /慶山縣 성씨 조. - 綠·珠 모두 日本에서 투화했다. / 慶山縣 성씨 조. - 宋 投化에서 온 성씨이다. /단성현 성씨 조.
	古跡	범례	(古停) 卽新羅人所呼營也
		승람	東畿停 본래는 毛只停이다. ○ 金富軾이 말하기를, "신라 사람들은 營을 停이라고 하였으니, 곧 진을 치고 주둔한 곳이다." 하였다. / 경주부 고적 조.
列邑門	古跡	범례	(古區) 停輿區 竝古藏兵處
		승람	兵區 부의 남쪽 5리에 있다. 세상에서 전하기를, "김훤이 조천을 토벌할 때 병영을 주둔시킨 곳이다." 한다. / 密陽都護府 고적 조.
		범례	(古銅石檣) 俗稱鎭柱者
		승람	石檣洞 군의 서쪽 10리에 있다. 산기슭에 古寺의 遺址가 있고, 돌 돛대가 높이 세워 있는데, 높이가 두 길이나 된다. [속칭 그 마을을 석장동이라 한다.] 前代에 주와 현에 혹 銅이나 돌로 돛대의 모양을 만들어, 地氣를 누른 것이 곳곳에 있는데, 지금도 그 중에 하나이다. /益山郡 고적 조.

〈표 6〉에서 확인할 수 있는 바와 같이 황윤석의 전국 지리지 편찬 범례에 제시된 주석과 동일한 내용을 『新增東國輿地勝覽』에서 찾을 수 있다. 내용상 약간의 차이는 있지만 대체로 같은 내용을 담고 있다. '勝覽의 門目을 다시 살펴보아 또 새로이 첨가하고 비교하여 해석했다'는 황윤석의 말을 고려하면 〈표 6〉의 주석은 황윤석이 『新增東國輿地勝覽』에서 〈표 6〉에 제시된 주석의 내용을 뽑아 홍문관 관례의 규식에 첨가한 것으로 생각할 수 있다. 그러나 〈표 6〉에 제시된 주석이 당초부터 홍문관 관례에 없었다고 단정할 수 없다.

황윤석의 전국 지리지 편찬 범례 三府門의 祠廟 조에 기술된 神祠의 경우 '亦曰宮 亦曰神堂' 등의 주석이 달려 있고, 祠廟 조에 기술된 神祠의 경우 '亦曰宮' 등의 주석이 달려 있다. '神祠, 宮, 神堂' 등이 같은 의미를 가졌음을 말하는 것이다. 허흥식(2003)이 "유호인이 전하는 신당이란 신사를 격하시킨 표현이고, '神宮, 神殿, 神社' 등은 신당보다 위상을 격상시킨 표현이라 하겠다."[43]라고 한 것에서 '神祠, 宮, 神堂' 등이 같은 의미를 가졌음을 확인할 수 있다.

『新增東國輿地勝覽』의 開城府 下 祠廟 조에 八仙宮이 실려 있다. 이를 근거로 황윤석은 神祠를 亦曰宮으로 주석한 것으로 생각된다. 허흥식(2003)이 "팔선궁은 고려 초 왕실의 시조 신화를 구현한 신궁임에 틀림없다"[44]라고 말한 것은 神祠와 宮의 관계를 확인시켜 준다.

다음의 주석은 『新增東國輿地勝覽』에서 확인할 수 없는 것이다.

---

43 허흥식, 「개경 산천단묘의 신령과 팔선궁」, 『민족문화논총』, 영남대학교 민족문화연구소, 2003, 161쪽.
44 허흥식(2003), 앞의 글, 166쪽.

<표 7>

부문	문목	출처	항목과 주석
三府門	堤堰	범례	(堰) 江海 (洑) 川
	田稅	범례	(大豆) 俗呼太
	還穀	범례	(大豆) 俗呼太 (稻) 俗呼租 (大麥) 俗呼皮牟 (小麥) 俗呼眞麥
	樓亭	범례	(臺) 國俗雖非人力所築 而天作高丘 可以游眺者 亦曰臺
	驛院	범례	(院) 今呼酒幕
		범례	(撥幕) 亦呼站
列邑門	堤堰	범례	(堤) 坪 (堰) 江海 (洑) 川
	驛院	범례	(院) 今呼酒幕

<표 7>에 제시된 주석의 내용을 『新增東國輿地勝覽』에서는 찾을 수 없다. 그러나 일부의 내용은 다른 문헌에서 찾을 수 있다.

(9) 가. 정곡 여섯 가지는, 첫째 大米, 둘째 小米, 셋째 租[즉 稻], (중략) / 잡곡 여섯 가지는, (중략) 다섯째 小麥[이문에는 그릇 眞麥이라 함][45] / 여섯째 大豆인데 吏文으로 太라 한다[46]
나. 또 堤堰의 功은 川防만 못한데[47] / 혹 堤를 쌓아 물을 가두고, 혹 川을 막아서 물을 끌어 온다.[48] 障川也보 陂방죽者畜水也 隄者 陂之岸둑也[49]
다. 지금의 이른바 酒幕은 곧 옛날의 關亭으로서[50]

---

45 『經世遺表』, 卷卷十二, 地官修制 倉廩之儲 3.
46 『經世遺表』, 卷八, 地官修制田制十二. 井田議三, "六日大豆 吏文謂之太"
47 『成宗實錄』, 1483년(성종 14) 12月 20日 조, "且堤堰之功 不如川防"
48 『經世遺表』, 卷八, 地官修制田制十二. 井田議四, "或築堤以瀦水 或防川以引水"
49 『蒙牖』, 홍윤표 소장본, 6a.
50 『英祖實錄』, 1728년(영조 4) 4月 2日 조, "今之所謂酒幕, 卽古之關亭也"

(9가)는 稻와 租의 관계를 설명하고 있다. 그리고 眞麥을 吏文 즉 吏讀라 하고 있다. 또 大豆를 吏文으로 太라 하고 있다. 〈표 7〉의 주석 내용을 부분적으로 확인할 수 있다.

(9나)는 堤堰과 川防이 구분되는 것임을 설명하고 있다. 또 堤堰은 우리말로 '둑'이며, 川防은 防川으로 쓰기도 하며 우리말로 '보'임을 설명하고 있다. 〈표 7〉의 堤堰에 대한 주석 내용이 정확함을 확인할 수 있다. 〈표 7〉에서 堤와 堰을 각각 '들판[坪], 江과 바다에 쌓은 둑' 등으로 구분한 것은 주목할 만하다.

(9다)는 關亭, 즉 관에서 운영하던 숙박시설 院이 18세기 당시에는 민가에서 운영하던 숙박시설 酒幕으로 대체되었음을 말하고 있다. 이는 〈표 7〉의 역원에 대한 주석 내용과 일치한다.

臺와 撥幕의 주석은 다른 문헌 자료에서 그 설명을 찾을 수 없었다. 이 둘을 제외한 주석은 18세기 당시의 보편적 지식으로 이해된다. 그런데 문제는 이 주석이 홍문관의 관례에 있었던 것이냐 아니면 황윤석이 첨가한 것인가의 문제는 쉽게 결정할 수 없다는 것이다. 그렇지만 이러한 주석은 범례를 세밀한 수준에서 신경 쓰는 것이므로 당초의 홍문관 관례에는 없었던 것으로 생각된다. 이로 보면 황윤석은 『新增東國輿地勝覽』뿐만 아니라 당대의 보편적 지식도 활용하여 주석하고 있음을 알 수 있다.

2.2.5. 山川 조 門目의 특징 분석

산천 조 문목에는 소위 지명 후부 요소로 불리는 것들이 항목으로 나열되어 있고, 각 항목의 주석에는 지명 후부 요소에 대한 간략한 풀이 또는 우리말 표기가 차자로 표기되어 있어 지명 연구에 중요한 가치를 지닌다.

① 산천 조 작성 규식의 소개와 항목 규정의 출처

황윤석의 전국 지리지 편찬 범례에서 산천 조 문목은 三府門과 列邑門에 기술되어 있다. 기술된 항목에 차이가 있으며, 항목에 대한 주석의 내용에도 차이가 있다. 아래 (10가)로 三府門의 산천 조를, (10나)로 列邑門의 산천 조를 소개한다.

(10)

가. 六 (山川) 記錄한다. (山) (嶽) (峯) 빼어나게 솟은 것이다. (嶺) 가로로 비스듬한 것[橫迤]이다. 방언으로는 [岾]과 [峙]이다. (峴) 방언으로 [高介]이다. 옛날에는 岬이라 했으며 小嶺을 말한다. (洞) 方言으로 [骨]이며 옛날에는 '忽'이라 했다. (岩) 큰 돌이다. 방언으로는 [巴衣]이다. (串) 산의 다리가 물 가운데에 挿入한 것이다. 아마 三國과 高麗 때 處所의 處字 方言일 것이다. 또한 [却]字의 轉音이다. (郊) 城의 밖이다. (海) 方言으로 [巴多]라고 한다. 또 [博多]라 한다. 梵語로는 普陀라 하며 日本語로는 覇家臺라 한다. (島) 方言으로 [苫]이라 한다. 즉 嶼이다. 그러나 嶼는 작고 島는 크다. (渚) (江) (浦) 方言으로 [介]라 한다. (津) 方言에서 물가의 왕래출입하여 건너는 곳을 가리키는 것으로 [那等里]이다. 翻字로는 [遷]字로 쓴다. 出入하는 말뜻이 있다. 만약 那等里를 三聲으로 急하게 말하면 곧 津字의 방언이 된다. 그러나 遷은 작고 津은 크다. 혹 상호 바꾸어 부른다. (渡)註丞今別將[一人從九品] (川) 方言으로 [乃]이다. (瀨) 즉 川이다. (淵) (池) (梁) 方言으로 [突]이다. 옛날에는 督이라 했다. (井) 方言으로 [于勿]이다. 蒙古語로는 [鄂橫]이다. 물이 정지하는 곳이다. (泉) 方言으로 [思音]이다. 蒙古語로 [賽音]이다. 물의 근원이 솟아나는 곳이다. 그러므로 물의 대소를 논하지 말고 그 원천을 아울러 '泉'이라 한다. ○ 지명 각각에 府까지의 거리, 四面의 里數, 山脈과 물의 근원과 흘러들어 가는 곳을 註한다. 아래도 아울러 같다.[51]

나. 六 (山川) 記錄한다. (山). (嶽) 또한 岳으로도 쓴다. (峯). (嶺) 또한

[岾]과 [峙]로 말한다. (旨) 方言으로 [亇兒衣]이다. 宗字와 더불어 方言이 동일하다. 즉 산등성이의 류이다. (洞). (谷) 方言으로 [室]이다. (窟). (穴). (岩). (石) 方言으로 [突]이다. 옛날에는 '礐'이라 했다. (串). (郊). (坪) 본디 平으로 쓴다. 큰 들판이다. 옛날에는 [伐] 或 [弗] 或 [火]이라 칭했다. 女眞語로 [甸子]이다. (海). (洋) 큰 바다이다. 또 위와[海]와 같다. (島). (渚). (江). (浦). (津) 또한 [遷]이라 한다. (渡). (川). (溪) 方言으로 [細乃]라 한다. 川은 크고 溪는 작다. (灘) 方言으로 [如訖]이다. 물이 얕은 곳이다. (瀨). (汀). (水)는 川과 溪의 通名이다. (磧) 물이 얕아 모래와 돌이 드러나는 것이다. 蒙古語로는 '西費喇'이다. (湫)는 方言으로 [騷]이다. 湫는 古音이다. 용이 거처하는 곳이다. 潭淵과 通稱된다. (潭). (淵) 물이 소용돌이 치고 깊은 곳이다. (池). (塘). (澤). (梁). (井). (泉). (漁梁). (鹽坪) 또한 [鹽所]라 한다. (漁箭) 또한 [魚沙兒]이라 한다. 沙兒은 즉 箭의 方言이다. (條) 方言으로 [五兒]이다. 바다 가운데 島, 嶼, 洲, 渚에서 고기 잡을만한 곳이다. (草) 方言으로 [蒲兒]이다. 바다 가운데에서 산맥이 끊어졌다 이어졌다 하는 곳이다. 지금 본국의 서해 가운데에 평안부터 전라에 이르기까지 火州草라 이름하는 곳이 있는데, 그 동쪽의 물은 동으로 흐르고 서쪽의 물은 서쪽으로 흐른다. ○ 已上 각 지명에 本邑까지의 거리, 四面의 里數, 島浦津의 別將[各一人이며 從九品이다]을 주석한다.[52]

---

51 『頤齋亂藁』, 卷二十, 「擬弘文館增修東國輿地勝覽例」, 三府門目第二, "六(山川)記 (山) (嶽) (峯) 秀出者 (嶺) 橫迤者 方言亦曰[岾][峙] (峴) 方言[高介] 右[古]云岬小嶺也 (洞)方言[骨] 古云忽 (岩)大石也 方言[巴衣] (串)山脚挿入水中者 疑三國高麗 處所之處字方言也 亦卽(却)字轉音 (郊)城外 (海)方言[巴多] 亦云博多 梵語普陀 日本語覇家臺 (島)方言[苫] 卽嶼也 然嶼小而島大 (渚) (江) (浦)方言[介] (津)方言呼水邊往來出入濟涉處曰[那等里] 翻作遷字 有出入語義 若以那等里三聲急呼 則津字之方言也 然遷小而津大 或互呼 (渡)註丞 今別將[一人從九品] (川)方言[乃] (瀨)卽亦川也 (淵) (池) (梁)方言[突] 古云督 (井)方言[于勿] 蒙古語鄂橫 水所停也 (泉)方言[思音] 蒙古語賽音 水源所出 故無論水之大小 其源則幷云泉 ○各註地名 距府四面里數及山脈水源流入處 下竝同"

삼부문의 산천 조인 (10가)에는 23개의 항목이 제시되었고, 열읍문의 산천 조인 (10나)에는 44개의 항목이 제시되어 있다. 삼부문의 산천 조에 수록된 항목과 열읍문의 산천 조에 수록된 항목 간의 차이를 알기 쉽게 이해할 수 있도록 항목간의 대조표를 제시하면 다음과 같다.

〈표 8〉

번호	三府門 項目	列邑門 項目	번호	三府門 項目	列邑門 項目	번호	三府門 項目	列邑門 項目
1	山	山	16	海	海	31		磧
2	嶽	嶽	17		洋	32		湫
3	峯	峯	18	島	島	33		潭
4	嶺	嶺	19	渚	渚	34	淵	淵
5		旨	20	江	江	35	池	池
6	峴		21	浦	浦	36		塘
7	洞	洞	22	津	津	37		澤
8		谷	23	遷	遷	38	梁	梁
9		窟	24	渡	渡	39	井	井
10		穴	25	川	川	40	泉	泉
11	岩	岩	26		溪	41		漁梁

---

52 『頤齋亂藁』, 卷二十, 「擬弘文館增修東國輿地勝覽例」, 列邑門目第四, 六(山川) 記 (山) (嶽) 亦作岳 (峯) (嶺)亦曰[岾][峙] (旨)方言[ケ兒衣] 與宗字方言同 卽岡脊之類 (洞) (谷)方言[室] (窟) (穴) (岩) (石)方言[突] 古云磬 (串) (郊) (坪)本作平大野也 古稱[伐] 或[弗] 或[火] 女眞語[甸子] (海) (洋)大海 又上同 (島) (渚) (江) (浦) (津)亦曰[遷] (渡) (川) (溪)方言[細乃] 川大而溪小也 (灘)如訖) 水淺處 (瀨) (汀) (水)川溪之通名 (磧)水淺而沙石自露者 蒙古語[西費喇] (湫)方言[騷] 湫古音也 龍所居者 潭淵或通稱 (潭) (淵)水回伏而深處 (池) (塘) (澤) (梁) (井) (泉) (漁梁) (鹽坪)亦曰[鹽所] (漁箭)亦曰[魚沙引] 沙兒卽箭方言 (條)方言[五兒] 海中島嶼洲渚可漁處 (草)方言[蒲兒] 海中山脈斷續相連處 今本國西海中 自平安至全羅界 有之名曰火州草 其東則水東流 其西則水西流 ○已上各註(地名) (距本邑四面里數)及(島浦津別將)[各一人從九品]

번호	三府門 項目	列邑門 項目	번호	三府門 項目	列邑門 項目	번호	三府門 項目	列邑門 項目
12		石	27		灘	42		鹽坪
13	串	串	28	瀨	瀨	43		漁箭
14	郊	郊	29		汀	44		條
15		坪	30		水	45		草

 삼부문 산천 조에 설정된 항목 중에서 峴은 열읍문의 산천 조에 없다. 이것 이외에는 삼부문의 산천 조에 설정된 항목 22개는 모두 열읍문의 산천 조에 규정되어 있다. 반대로 열읍문의 산천 조에 설정된 항목 중에서 '旨, 谷, 窟, 穴, 石, 坪, 洋, 溪, 灘, 汀, 水, 磧, 湫, 潭, 塘, 澤, 漁梁, 鹽坪, 漁箭, 條, 草' 등의 21개 항목은 삼부문의 산천 조에는 규정되지 않았다. 그러므로 23개의 항목은 공통적으로 규정된 것이다.
 열읍문의 산천 조에만 규정된 21개의 항목 중에서 '旨, 谷, 窟, 穴, 石, 坪, 洋, 溪, 灘, 汀, 水, 湫, 塘, 澤, 漁梁' 등 15개의 항목은 『新增東國輿地勝覽』에서 각 군현의 산천 조에 이들을 지명 후부 요소로 사용한 지명이 수록되어 있다. 그러나 『新增東國輿地勝覽』의 '한성부, 개성부, 강화도호부' 등의 산천 조에는 이들을 지명 후부 요소로 사용한 지명을 찾을 수 없다.
 그런데 열읍문의 산천 조에서만 규정되었던 潭과 溪의 2항목이 『新增東國輿地勝覽』의 '한성부, 개성부 강화도호부' 등의 산천 조에 이들이 지명 후부 요소로 사용된 지명이 수록된 것을 확인할 수 있다. 또 『新增東國輿地勝覽』의 각 군현 산천 조에 열읍문의 산천 조에 규정되지 않은 峴이 지명 후부 요소로 사용된 지명을 다수 찾을 수 있다.
 한편 '磧, 鹽坪, 漁箭, 條, 草' 등 5항목은 『新增東國輿地勝覽』의 산천 조에서 확인할 수 없다. 鹽坪은 『新增東國輿地勝覽』에서 발견되지 않

으나 鹽盆이나 鹽田으로 발견된다. 『世宗實錄地理志』에 수록된 漁箭이 『新增東國輿地勝覽』에 수록되지 않은 이유는 현재는 자세치 않다. '磧, 條, 草' 등은 각각 황윤석의 『頤齋亂藁』, 1752년에 간행된 『均役廳事目[53]』, 1770년에 간행된 『東國文獻備考』의 『輿地考』 등에서 그 사용 예를 확인할 수 있다. 이에 대해서는 다음 절에서 자세히 기술하게 될 것이다.

이와 같이 황윤석의 전국 지리지 편찬 범례에 나타난 산천 문목의 항목 규정은 약간의 오차는 있지만 대체로 『新增東國輿地勝覽』의 산천 조에 수록된 항목을 정밀하게 분석한 결과를 수용한 것으로 이해된다. 그렇지만 현재는 홍문관 관례에서 규정한 항목과 황윤석이 규정한 항목을 명백하게 구분할 수 없다.

② 산천 조 항목 주석의 출처

앞에서 제시한 산천 조 항목의 주석에는 의미상 네 가지 종류가 있다. 한자에 대한 우리말 어형, 한자에 대한 이체자, 옛날의 명칭, 간략한 개념 풀이 등이다.

(11) 가. (峴) 방언으로 [高介]이다. 옛날에는 岬이라 했으며 小嶺을 말한다.
나. (坪) 본디 平으로 쓴다. 큰 들판이다. 옛날에는 [伐] 或 [弗] 或 [火]이라 칭했다.

(11가)는 峴에 대하여 우리말 어형 高介, 옛날의 명칭 岬, 간략한 의미 풀이 小嶺 등을 설명하고 있다. (11나)는 坪에 대하여 이체자 '平',

---

53 『均役廳事目』, 국립중앙도서관 소장본, 한古朝31-32.

간략한 의미 풀이 '들판', 옛날의 명칭 '伐, 弗, 火' 등을 설명하고 있다.

'우리말 어형, 옛날 명칭, 이체자' 등을 주석한 항목을 제시하면 다음과 같다. 차자 표기로 제시된 우리말 어형에 대한 이해를 돕기 위하여 『훈몽자회』의 주석을 함께 제시한다. 『訓蒙字會』에 우리말 어형이 수록되지 않았을 경우 다른 문헌 자료의 것으로 보충하였다.

〈표 9〉

항목	우리말 어형	옛날 명칭	이체자	訓蒙字會
嶽			岳	묏 부리
嶺	岾/峙			재
旨	亇兒衣			
峴	高介	岬		고개
洞	骨	忽		골
谷	室			골
石	突		磜	돌
坪		伐/弗/火	平	드르
溪	細乃			시내[54]
灘	如訖			여흘
湫	騷			소
岩	巴衣			바회
海	巴多/博多			바다
島	苫			섬
浦	介			개
津	那等里			ᄂᆞᄅᆞ
川	乃			내
梁	突	督		돌

---

54 『新增類合』

항목	우리말 어형	옛날 명칭	이체자	訓蒙字會
井	于勿·			우믈
泉	思音			심
鹽坪			鹽所	
漁箭	魚沙兒			
條	五兒			
草	蒲兒			

岾과 峙 이외의 것들은 모두 우리말 어형의 음상을 표기한 音借 表記字이다. 『訓蒙字會』에 실린 우리말 어형을 참고하면, 음차 표기자가 우리말 어형의 음상을 나타내고 있음을 알 수 있다. 岾과 峙는 訓借 표기자가 된다.

〈표 9〉에 제시된 훈차 표기자와 음차 표기자 중 훈차 표기자 岾이 '牛岾[55], 古火岾[56], 曉星岾[57], 杏岾[58], 餠岾[59], 葛岾[60], 天王岾[61], 車岾[62], 理盲岾[63], 蟹岾[64]' 등처럼 『신증동국여지승람』에서 사용된 것을 확인할 수 있다. 훈차 표기자 峙는 『新增東國輿地勝覽』에 사용되지 않았다. 음차 표기자 '巴衣'를 경기도 양천현 건치연혁 조에서 '齊次巴衣縣'을 확인할 수 있을 뿐 다른 음차 표기자는 『新增東國輿地勝覽』에서 확인할

---

55 『新增東國輿地勝覽』, 忠淸道 延豐縣 山川 조.
56 『新增東國輿地勝覽』, 忠淸道 公州牧 山川 조.
57 『新增東國輿地勝覽』, 慶尙道 蔚山郡 山川 조.
58 『新增東國輿地勝覽』, 慶尙道 迎日縣 山川 조.
59 『新增東國輿地勝覽』, 慶尙道 金山郡 山川 조.
60 『新增東國輿地勝覽』, 慶尙道 陜川郡 山川 조.
61 『新增東國輿地勝覽』, 慶尙道 咸陽郡 山川 조.
62 『新增東國輿地勝覽』, 慶尙道 河東縣 山川 조.
63 『新增東國輿地勝覽』, 慶尙道 河東縣 山川 조.
64 『新增東國輿地勝覽』, 慶尙道 河東縣 山川 조.

수 없다.

음차 표기자 莒은 宋나라 徐兢이 쓴 『宣和奉使高麗圖經』에서 확인된다. 즉 "島보다 작으면 嶼라고 하고 嶼보다 작으면서 초목이 있으면 莒이라고 하고 莒과 嶼 같으면서 그 바탕이 순전히 돌이면 焦라고 한다."[65]의 기술에서 발견된다. 음차 표기자 高介 대신에 이것의 선대형인 古介는 '仇里瓮古介[66], 香古介[67]' 등처럼 『新增東國輿地勝覽』에 사용된 예를 확인할 수 있다. 한편 훈차 표기자 峙[68]는 임진왜란 이후의 지명 자료에 매우 많이 사용됨을 알 수 있다. 이 이외의 음차 표기자가 단순히 음상을 표기한 음차 표기자인지 지명 표기에 실제로 사용된 음차표기자인지는 자세치 않다.

〈표 9〉에 제시된 옛날 명칭의 근거 자료를 제시하면 다음과 같다.

(12) 가. 岬은 세속에서 古尸이라 한다. 그런 까닭에 古尸寺라고 말하는 것은 岬寺라고 말하는 것과 같다[69]
　　 나. 고구려에서는 郡縣을 忽이라 많이 불렀다.[70]
　　 다. '押梁(押督이라고도 함)은 작은 나라'[71]
　　 라. 신라의 지명은 火라는 것이 많은데, 火는 弗이 변해서 그렇게 불리운 것이고, 弗은 또 伐이 변해서 그렇게 불리운 것이다.[72]

---

65 『宣和奉使高麗圖經』, 卷第三十四, 海道一, 海道, "小於島則曰嶼 小於嶼而有草木則曰莒 如莒嶼而其質純石則曰焦"
66 『新增東國輿地勝覽』, 忠淸道 全義縣 山川 조.
67 『新增東國輿地勝覽』, 咸鏡道 鍾城都護府 山川 조.
68 峙는 한자의 의미를 그대로 표현한 것으로도 생각할 수 있다.
69 『三國遺事』, 卷第四, 義解 第五 圓光西學 조, "岬 俗云古尸 故或云古尸寺 猶言岬寺也"
70 『新增東國輿地勝覽』, 開城府上 建置沿革 조.
71 『新增東國輿地勝覽』, 慶尙道, 慶山縣 建置沿革 조.
72 『新增東國輿地勝覽』, 慶尙道 蔚山郡 건치연혁 조.

(12가)만 『三國遺事』에 나오는 것이고, 나머지는 모두 『新增東國輿地勝覽』에 나오는 것이다. 이것은 『新增東國輿地勝覽』의 내용을 정밀하게 분석하였고, 당대의 보편적 지식을 활용하여 황윤석의 전국 지리지 편찬 범례가 작성되었음을 말한다. 다만 홍문관 관례의 것인지 황윤석의 것인지는 자세치 않다.

최세진이 16세기에 간행한 『訓蒙字會』에서 이체자에 대하여 관련된 내용을 찾을 수 있다.

(13) 가. 嶽 뫼부리 악 亦作岳[73]
　　　나. 坪 드르 평 大野曰坪 通作平[74].

(13)의 내용은 『新增東國輿地勝覽』에서 찾을 수 없다. 이것은 황윤석의 전국 지리지 편찬 범례가 당대의 보편적 지식을 충실하게 활용하여 작성하였음을 말해 준다. 이것 역시 홍문관 관례의 것인지 황윤석의 것인지는 자세치 않다.

다음은 산천 조 항목의 개념을 간략히 풀이한 것이다. 아래에 관련된 문헌 자료에 나타난 유사한 내용의 풀이를 함께 제시했다.

〈표 10〉

항목	출처	개념 풀이
峯	범례	빼어나게 솟은 것이다.
	기타	위가 빼어난 것을 峯이라 한다.[75]

---

[73] 『訓蒙字會』, 上:二a.
[74] 『訓蒙字會』, 上:二b.
[75] 『新編古今事文類聚』, 卷之十四, 衆山 조, 국립중앙도서관 소장본(古032- 114), "上秀者曰峯"

항목	출처	개념 풀이
串	범례	산의 다리가 물 가운데에 挿入한 것이다. 아마 三國과 高麗 때 處所의 處字 方言일 것이다. 또한 [却]字의 轉音이다.
	기타	물속으로 쑥 들어간 땅을 세속에서 곶(串)이라 한다.[76]
島	범례	즉 嶼이다. 그러나 嶼는 작고 島는 크다.
	기타	島보다 작으면 嶼라고 하고 嶼보다 작으면서 초목이 있으면 苫이라고 하고 苫과 嶼 같으면서 그 바탕이 순전히 돌이면 焦라고 한다.[77]
津	범례	方言에서 물가의 왕래출입하여 건너는 곳을 가리키는 것으로 [那等里]이다. 翻字로는 [遷]字로 쓴다. 出入하는 말뜻이 있다. 만약 那等里를 三聲으로 急하게 말하면 곧 津字의 방언이 된다. 그러나 遷은 작고 津은 크다. 혹 상호 바꾸어 부른다.
	기타	신라 方言에 흔히 물 언덕 돌 길을 遷이라 불렀다.[78]
磧	범례	물이 얕아 모래와 돌이 드러나는 것이다.
	기타	쟉벼리, 강 중의 渚에 돌이 있는 것[79] / 川內磧[내안벼로][80] / 循鐵丸磧[철환벼로][81]
漁箭	범례	또한 [魚沙兒]이라 한다. 沙兒은 즉 箭의 方言이다.
	기타	漁箭은 대나무를 물속에 심어 울타리를 만들고 물고기를 웅덩이[衽箭]으로 몰아 고기를 잡는 방법[82]
條	범례	方言으로 [五兒]이다. 바다 가운데 島, 嶼, 洲, 渚에서 고기 잡을만한 곳이다.
	기타	漁條는 물고기가 다니는 통로에 그물을 설치하여 고기를 잡는 방법[83]을 말한다.[84]
草	범례	方言으로 [蒲兒]이다. 바다 가운데에서 산맥이 끊어졌다 이어졌다 하는 곳이다. 지금 본국의 서해 가운데에 평안부터 전라에 이르기까지 火州草라 이름하는 곳이 있는데 그 동쪽의 물은 동으로 흐르고 서쪽의 물은 서쪽으로 흐른다.
	기타	그 가운데에 큰 섬[洲]이 있는 것을 草라고 이름하는데,(물 가운데에 모래가 堆積되어 있는 것을 方言에 草라고 한다.) 白翎島의 西南쪽에서 바라보면 이와 같은 것을 볼 수가 있다. 草의 동쪽에 있는 것은 동쪽으로 흐르고, 초의 서쪽에 있는 것은 서쪽으로 흐르는데[85]

---

76 『世宗實錄』, 1428년(세종 10) 1月 4日 조, "斗入水內之地 俗謂之串"
77 『宣和奉使高麗圖經』, 卷第三十四, 海道一, 海道, "小於島則曰嶼 小於嶼而有草木則曰苫 如苫嶼而其質純石則曰焦"

'『新編古今事文類聚』,『世宗實錄』,『訓蒙字會』,『均役廳事目』' 등 주로 황윤석의 전국 지리지 편찬 범례 작성 시기보다 이른 시기의 문헌에서 동일한 내용의 풀이를 찾을 수 있다. 이는 황윤석의 전국 지리지 편찬 범례가 당대의 보편적 지식을 활용하고 있음을 보여 준다. 이것 역시 홍문관 관례의 것인지 황윤석의 것인지는 자세치 않다.

3. 결언

이 글은 1775년에 작성된 黃胤錫의 全國 地理誌 編纂 凡例가 보여주는 특징을 2가지 관점에서 분석하였다. 즉 설정된 門目의 종류, 문목 작성의 규식 등이다. 설정된 門目의 종류의 관점에서는 新補로 주석된 문목, 황윤석이 새로이 추가한 문목, 황윤석이 명칭을 수정한 문목, 명칭 변경이 가능한 문목 등 4가지 세부 분석 관점을 세웠고, 문목

---

78 『新增東國輿地勝覽』, 京畿道 廣州牧 山川 조.
79 『訓蒙字會』, 上:二a, "쟉벼리 젹 水渚有石"
80 『頤齋亂藁』, 卷三十五, 十月一日 癸未 조.
81 『頤齋亂藁』, 卷十, 十六日癸卯 조.
82 『經世遺表』, 卷十四, 「均役事目追議」, "沿海捉魚 厥有四名 一曰漁滨 本作箭 二曰漁隧 本作條 三曰漁場 都會處 四曰漁𥴤 本作基 列植竹木 左右成欄 盡頭密柵 俗名曰衽箸 以受窮魚者 謂之漁滨 魚隊遠來 輻湊有路 要路立船 設網獲魚者 謂之漁隧 如有一條路 故本名漁條"
83 『經世遺表』, 卷十四, 「均役事目追議」.
84 漁箭과 漁條는 '고기 잡는 방법' 또는 '고기 잡는 곳'을 뜻한다. 漁條는 조선 후기에 발달하기 시작하는데 이에 대해서 이영학, 「조선후기 어업에 대한 연구」, 『역사와 현실』 35, 한국역사연구회, 2000, 174-212쪽)을 참고할 수 있다.
85 『東國文獻備考』, 卷二十二, 輿地考 十七, 關防 七, 海路 五, 漕路, "中有火洲爲名之艸[水中沙堆處 方言謂之草] 自白翎西南望之 若可見焉 海水在艸東者東流 在艸西者西流"

작성의 규식 관점에서는 '문목 작성 규식의 구조, 항목 선정의 기준을 제시한 주석, 항목 주석의 출처, 산천 조 작성 규식' 등 4가지 분석 관점을 세웠다.

이상과 같이 9가지 세부 분석 기준을 가지고 黃胤錫의 全國 地理誌 編纂 凡例의 내용을 『新增東國輿地勝覽』의 내용과 대조하여 『신증동국여지승람』에 기재된 내용이 黃胤錫의 全國 地理誌 編纂 凡例에 실려 있음을 확인하였다. 『新增東國輿地勝覽』에 기재되지 않은 내용은 가급적 그 출처를 밝히고자 하였다.

이상과 같은 작업의 결과, 황윤석이 『新增東國輿地勝覽』의 내용을 정밀하게 분석하여 全國 地理誌 編纂 凡例를 작성하였음을 확인하였다. 그리고 문목에 대한 주석에 기반하여 '物産, 糴糶, 城池, 鎭堡' 등 4가지 문목은 홍문관 관례에서 규정된 것이며 '軍餉, 軍器, 市街, 學行, 雜器' 등은 홍문관 관례에 규정되지 않은 것임을 확인하였다. 그리고 『新增東國輿地勝覽』에서 정확하게 그 용법이 정의된 '[部坊, 坊里], [祠廟, 祠壇, 壇廟], [陵寢, 塚墓, 塚墓], [流寓, 寓居]' 등이 홍문관 관례에서 정확하게 사용되지 않았을 가능성에 대해 설명하였다.

각 문목에 기술될 항목에 대한 주석 역시 『新增東國輿地勝覽』에서 그 내용을 찾을 수 있었음을 기술하였다. 특히 『新增東國輿地勝覽』에 기재되지 않은 주석의 경우에는 그러한 주석이 나타난 문헌 자료를 소개하였다. 이것으로 황윤석의 全國 地理誌 編纂 凡例가 당대의 지식을 종합한 것임을 밝혔다. 그러나 그 주석의 내용이 황윤석이 추가한 것인지 아니면 홍문관 관례에 당초부터 설정된 것인지는 밝히지 못하였다.

산천 조 문목은 별도로 분석하여 산천 조 문목에 나열된 항목이 『新增東國輿地勝覽』에 기재된 지명의 후부 요소를 충실하게 정리한 것임을 밝혔다. 아울러 편찬 범례 작성 당시의 지명 후부 요소에 대한 지식까지도 정리하고 있음을 밝혔다. 특히 산천 조 문목에 주석된 우리말 어형을 나타내는 차자 표기를 일목 요연하게 정리하였다. 그리고 황윤석의 주 國 地理誌 編纂 凡例의 내용에는 우리의 古地名에 적용된 차자 표기의 특징을 이해한 결과도 보여주고 있음을 밝혔다.

조선 시대 富平府의 삼국 시대 표기
계승 면명 표기에 대하여

1. 서언

  조선 시대에 존재했던 面名 표기 가운데에는 삼국 시대 표기를 계승한 것이 존재할 것으로 추정된다. 이 연구는 조선 시대 富平府 面名 표기 가운데에 馬場面과 注火串面이 삼국 시대 표기를 계승한 것임을 밝히고자 한다.

  2009년에 실시된 계양산성 제4차 발굴조사에서 富平府의 고구려 시대 명칭인 主夫吐와 관련된 銘文 기와 수십 점이 발견되었다. 서봉수, 박종서, 박햇님, 김우락(2010: 114)에 따르면, 이 기와에는 '主, 主夫, 主夫十, 夫口大(?)', 口十夫口, 主夫十夫(?)' 등이 쓰여 있고, 이 기와들의 제작 연대는 통일신라 말부터 고려 초일 것으로 추정된다. 통일신라 말부터 고려 초에 제작된 것으로 추정되는 기와에 主夫吐일 것으로 추정되는 '主, 主夫, 主夫十, 夫口大(?)', 口十夫口, 主夫十夫(?)' 등의 명문이 기록되었다는 것은 757년(경덕왕 16년)에 主夫吐가 長堤로 개정되었음에 불구하고, 主夫吐의 명칭이 지속적으로 사용되었음을 말해 주는 것이다. 이것은 지명 사용의 민간 층위 환경에서는 고구려 시대 지명인 主夫吐가 보수성을 가지고 있음을 말해 주는 것이다. 이러한 토대 위에서 이 연구에서는 조선 시대 부평부의 면명 중 하나인 注火串面이 고구려 시대 主夫吐와 관련되는 지명 표기이며, 아울러 조선 시대 부평부의 馬場面도 고구려 계통의 지명 표기임을 주장하고자 한다.

조선 시대 富平府 지역의 지명을 연구한 것으로 '이훈익(1993), 임용기(1996), 조찬석(2002), 인천광역시 역사자료관(2006), 朴德裕(2008), 인천광역시(2015)' 등을 대표적으로 들 수 있다. 이러한 연구를 일별해 보면 20세기 이후의 행정 구역 변천 등의 문제가 자세히 다루어 졌고, 또 지역의 세세한 小地名까지도 포괄적으로 다루어졌다. 그러나 지명 語源의 객관적 연구 방법을 개발하여 부평부 지명의 유래를 설명하려는 노력은 부족했던 것으로 평가된다.

이 연구에서는 불완전한 표기 체계인 借字 表記에 의해 가려진 面名의 참모습을 밝히기 위하여 세 가지 연구 방법을 택하기로 한다. 첫 번째는 관련 異表記를 최대한 수집하여 차자 표기로 가려진 面名 표기의 진실한 모습을 관찰하는 방법이다. 두 번째는 原地名과 派生地名의 의미 관계를 활용하여 원지명이나 파생지명의 의미를 해독하고자 한다. 예컨대 『호구총수』(1789)에서 부평부 上梧亭面에 소재한 馬梧亭里를 원지명으로 파악하고, 『조선지지자료』(1911)에서 下吾丁面에 소재한 '遠宗里/먼마우'를 파생지명으로 파악하여, 파생지명 '먼마우[먼마루]'에 보이는 '遠/먼'과 '宗/마루'의 의미를 기반으로 馬梧亭里의 馬梧를 'ᄆᆞᄅᆞ>마루' 정도를 표기한 것으로 파악한다. 세 번째는 사람의 주거 지역을 지칭한 面名이나 洞里村名은 대체로 자연지명에서 비롯된 파생 지명으로 이해하고, 해당 지역의 자연 지리적 특성에 기반하여 面名 표기의 의미를 분석하도록 한다.

이 연구의 2장에서는 조선 시대 부평부 면명 표기의 범위에 대해 논의하고, 3장에서는 삼국 시대 표기 지명으로 추정할 수 없는 면명 표기의 의미를 분석하고, 4장에서는 삼국 시대 표기 지명으로 추정할 수 있는 馬場面과 注火串面의 표기와 의미를 분석하고자 한다.

2. 조선 시대 富平府 面名 표기의 범위

2.1. 부평부의 면제 실시 시기

柳馨遠의 『東國輿地誌』(1656)에서는 전국 州縣의 건치연혁 조에서 掌面이란 술어를 사용하여 해당 주현에 속한 面의 수를 제시하고 있다. 경기도의 주군현 중에서 일부의 주군현은 면의 수를 제시했으나[1] 부평도호부를 비롯하여 일부의 주군현은 면의 수를 적는 곳이 빈칸이다.[2] '도호부' 보다 작은 행정 단위인 郡이나 縣의 경우에도 면제를 시행했으므로 1656년 무렵에 부평도호부 역시 면제를 시행한 것으로 파악할 수 있다. 그러나 조선 시대 부평도호부의 면제 시행을 입증해 주는 가장 이른 지지자료는 『여지도서』(1765)이다. 그런데 다음과 같은 자료는 부평도호부에서 면제의 시행이 1765년 이전에 이미 실시되고 있었음을 말해 주고 있다.

---

[1] 경기도에서 면의 수를 제시한 주군현은 '광주목(23), 여주목(18), 이천도호부(14), 양근군(14), 죽산현(9), 음죽현(5), 양지현(6), 과천현(5), 수원도호부(58), 남양도호부(14), 인천도호부(9), 안산군(6), 진위현(10), 양천현(3), 용인현(16), 금천현(4), 양성현(14), 양주목(35), 파주목(10), 영평현(4), 포천현(4), 적성현(4), 가평현(4), 장단도호부(20), 삭녕군(7), 마전군(5), 연천현(5)' 등이다. 괄호 속의 숫자는 소속된 면의 수를 표시한 것이다.

[2] '부평도호부, 안성군, 김포군, 통진현, 고양군, 교하현, 강화도호부, 풍덕군, 교동현' 등의 경우에는 掌面이란 술어는 제시했으나 면의 수는 빈칸이다.

(1) 가. 公諱之翼 字汝輝 生於天啓乙丑 (중략) 公初葬富平水呑面先兆 後
改葬于陽川將軍坊長池酉坐原〈明谷集 卷21 碑銘 禮曹判書桂村
李公神道碑銘〉
나. 康熙 四十四年 富平府 考乙酉成籍 戶口帳內 東面 廣井里■■統
四戶 通訓大夫 前行咸平縣監羅州鎭管兵馬僉節制都尉 李榮漢 年
六十〈1705年 李榮漢準戶口〉

(1가)는 李之翼(1625-1694)의 신도비명이다. 이 신도비명은 崔錫鼎(1646-1715)이 지은 것이다. 따라서 (1가)는 1694년과 1715년 사이에 水呑面이 존재했음을 말해 주고 있다. 한편 (1나)는 1705년에 東面이 존재했음을 말해 준다.

다음 자료는 1680년 무렵에 부평부에 水呑里面이 존재했음을 알려 주고 있다.

(2) 가. 國舅 象山府院君 康公의 묘는 오래전에 잃어버려 장사지낸 곳이
어디인지를 알지 못했다. 이번에 한 士夫 덕에 本府 境內의 水呑
里面 故 郡守 李光弼 農幕 近處 渴川의 가에 서향의 자그마한
산에 옛날 무덤이 있다는 것을 들을 수 있었다.[3]〈璿源錄校正廳儀
軌 奎 14005, 奎 14008, 奎 14009〉
나. 그 분묘는 富平의 水呑里 渴川의 가에 지명이 開峯이라 하는 곳에
있었다.[4]〈承政院日記 1681년(숙종 7) 5월 27일〉

---

3 『璿源錄校正廳儀軌(奎14005, 奎14008, 奎14009)』, "國舅 象山府院君 康公之墓 久失 其所不知葬在何處矣 今因一士夫 得聞本府境內水呑里面 故郡守李光弼農幕近處 渴川邊有一小山西向而山有古冢"

4 『承政院日記』, 1681년(숙종 7) 5월 27일, "則其墳墓在於富平水呑里濁[渴]川邊 地名開峯之處"

(2가)는 1681년 무렵에 水呑里가 水呑里面의 지위에 있었음을 말해 주고 있다. 또한 (2나)의 水呑里는 面을 생략하여 표기한 것으로 이해된다. (2)는 1681년에 부평부 지역에서 면제가 시행되었음을 알려 주는 가장 이른 시기의 자료이긴 하지만 규장각에 소장된 1609년의 『울산부 호적대장』에는 '北面, 南面, 西面' 등의 면명이 나타나는 것[5]으로 보아 부평부 역시 17세기 초보다는 이른 시기에 면제를 시행한 것으로 추정할 수 있다.

2.1. 조선 시대 부평부 면명 표기의 자료

2.1.1. 조선 시대 부평부 주요 면명

조선 시대 지지자료에 나타난 부평부 면명은 다음과 같다. 참고로 『조선지지자료』(1911)의 면명도 함께 제시한다.

(3) 조선 시대 지지자료의 부평부 면명 표기

	여지도서 (1765)	호구총수 (1789)	부평부읍지 (1842)[6]	여도비지 (1856)	대동지지 (1863)	부평부읍지 (1871)[7]	부평군읍지 (1899)[8]	조선지지자료 (1911)
①	府內面	邑內面	邑內面			府內	郡內	郡內面
②	東面	東面	東面	東面	東面	東面	東面	東面
③	堂山面	堂山面	堂山面	堂山	堂山	堂山面	堂山	堂山面
④	注火串面	注火串面	注火串面	注火串面	注火串	注火串面	注火串	注火串面
⑤	上梧亭面	上梧亭面	上梧亭面	上梧井面	上梧井	上吾丁面	上吾丁	上吾丁面
⑥	下梧亭面	下梧亭面	下梧亭面	下梧井面	下梧井	下吾丁面	下吾丁	下吾丁面
⑦	玉毛面	玉山面	玉山面	玉毛面	玉毛	玉山面	玉山	玉山面

---

5 한영국(1985: 324) 참조.
6 '부평부읍지(1842)'는 『경기읍지』(1842)의 부평부읍지를 말한다.
7 '부평부읍지(1871)'는 『경기읍지』(1871)의 부평부읍지를 말한다.
8 『부평군읍지(1899)』의 내용 기술에서는 면명이 제시되지 않았으나 『부평군읍지

	여지도서 (1765)	호구총수 (1789)	부평 부읍지 (1842)	여도비지 (1856)	대동지지 (1863)	부평 부읍지 (1871)	부평 군읍지 (1899)	조선지지 자료 (1911)
⑧	石川面	石川面	石川面	石川面	石川	石川面	石川	石川面
⑨	水呑面	水呑面	水呑面	水呑面	水呑	水呑面	水呑	水呑面
⑩	同所井面	東所井面	同所井面	同所井面		同所井面	同所井	同所井面
⑪	石串面	石串面	石串面	石串面	石串	石串面	石串	石串面
⑫	毛月串面	毛月串面	毛月串面	毛月串面	毛月串	毛月串面	毛月串	毛月串面
⑬	馬場面	馬場面	馬場面	馬場面	馬場	馬場面	馬場	馬場面
⑭	西面	西面	西面	西面	西面	西面	西面	西面
⑮	黃魚面	黃魚面	黃魚面	黃魚面	黃魚	黃魚面	黃魚	黃魚面
⑯				蘇來面	蘇來			

조선 시대와 대한제국 시기 부평부의 읍치(邑治)가 소속된 면의 명칭이 '府內面, 邑內面, 郡內面' 등의 세 종류가 나타났다. 우선 『부평군읍지』(1899)에 나타난 郡內面의 경우 1895년의 23부제와 1896년의 13도제의 행정 구역 개편에 따라 조선 시대 부평부가 '군'의 행정 단위로 개편된 사실을 반영한 것이다. 府內面은 조선 시대 부평이 '도호부'인 것을 지칭한 것이다. 그런데 『호구총수』와 『부평군읍지』에 나타난 부평부의 邑內面은 '읍치가 소속된 면'을 가리키는 것이다. 『호구총수』에는 '府內面, 郡內面, 縣內面' 등을 엄격하게 구분하여 사용한 府郡縣도 있지만 府郡縣의 지위와는 상관없이 '邑內面'을 사용하는 경우도 있다. 예컨대 『호구총수』에서 '장단도호부, 이천군. 삭녕군, 용인현, 양성현' 등이 邑內面을 사용하고 있다. 이것은 邑內面이 '府內面, 郡內面, 縣內面' 등을 아우르는 용어임을 말해 주는 것이다.

『與圖備誌』(1856)와 『大東地志』(1863)에서 蘇來面을 언급한 것이 매우 특이하다. 『여도비지』에서 '동소정면'과 '소래면'은 함께 치소 남

(1899)』에 첨부된 부평부 지도에는 면명이 제시되어 있다.

쪽 끝이 20리이다'로 설명하고 있고, 『대동지지』에서 '동소정면'은 남쪽으로 처음이 10리, 끝이 20리, '소래'는 남쪽으로 20이다[10]'로 설명하고 있다. 이러한 설명에 기대면 부평부의 옥산면과 인접한 仁川府 新峴面 大也洞 지역을 蘇來面이라 한 듯하다. 그러나 『조선지지자료』에 蘇來山 근처의 大也洞은 仁川府의 新峴面에 소재된 것으로 기록되어 있어서, 『여도비지』와 『대동지지』에서 말한 蘇來面의 실체를 파악하기가 어려운 실정에 있다. 『여도비지』와 『대동지지』가 『호구총수』 이후의 변화를 반영했을 가능성은 있다. 그러나 이러한 가능성을 뒷받침 해주는 근거 자료를 현재는 찾을 수 없다.

2.2.2. 조선 시대 부평부 속향

조선 시대 부평부의 黃魚面이 조선 초기에는 부평부의 屬鄕이었다는 점에서 조선 초기까지 부평부의 屬鄕이었던 荒調鄕과 石淺鄕에 대해서도 언급하기로 한다.

(4) 가. 富原縣은 果州 龍山處인데, 고려 충렬왕 11년에 富原 荒調鄕이라 고쳤으니, 본래 富平府 속현이었는데, 본조 태조 3년에 비로소 高峯監務를 설치하고, 행주·부원·황조향을 예속시켰다.[11] 〈新增東國輿地勝覽 高陽郡 建置沿革〉

나. 荒調鄕 군 서쪽 15리 지점에 있다. 注葉里라는 속칭이 있다.[12] 〈新增東國輿地勝覽 高陽郡 古跡〉

---

9 『輿圖備誌』, 坊面, "同所井面 蘇來面[俱治南終二十里]"
10 『大東地志』, 坊面, "同所井[南初十, 終二十] (중략) 蘇來[南二十]"
11 『新增東國輿地勝覽』, 高陽郡, 建置沿革, "富原縣本果州龍山處 高麗忠烈王十一年 改富原荒調鄕 本屬富平府 本朝太祖三年 始置高峯監務 以幸州富原荒調鄕屬之"
12 『新增東國輿地勝覽』, 高陽郡, 古跡, "荒調鄕 在郡西十五里 俗稱注葉里"

(5) 가. 한양 속현이었던 深岳과 부평의 屬鄕이었던 석천을 내속시켰다.[13] 〈新增東國輿地勝覽 交河 建置沿革〉
나. 石淺鄕 현 동쪽 20리 지점에 있다.[14] 〈新增東國輿地勝覽 交河 古跡〉

(4)와 (5)는 荒調鄕과 石淺鄕이 1394년(태조 3)까지는 부평부의 屬鄕이었음을 말하고 있다. 荒調鄕의 이칭 표기인 注葉里는 『호구총수』에서는 高陽의 中面에 注葉里로 소개되어 있다. 한편 石淺鄕은 『여지도서』의 交河縣 古跡 조에 "石淺鄕은 지금의 衙洞面이다[15]"로 소개되어 있다.

注葉里는 지금은 注葉洞으로 불리고, 경기도 고양시 일산 서구에 속하여 있으며, 衙洞面은 지금은 파주시 금촌읍으로 불리고 있다. 黃魚鄕은 부평부에 인접해 있어 오늘날까지도 계양구에 속하고 있지만, 荒調鄕과 石淺鄕은 한강 건너편에 있어 조선 초기에 부평부에서 분리된 것으로 이해된다.

그런데 '黃魚鄕, 荒調鄕, 石淺鄕' 등은 고려 초기에는 적어도 縣의 지위를 가지고 있었다. 이러한 사실은 다음 자료가 말하여 준다. 아래의 자료는 한 덩어리인데 이해를 위하여 나누어 제시한다.

(6) 가. 恭讓王 2년(1390)에 경기를 左道와 右道로 나누어, 長湍 臨江 兎山 臨津 松林 麻田 積城 坡平을 좌도로 삼고, 開城 江陰 海豊 德水 牛峯을 우도로 삼았다.

---

13 『新增東國輿地勝覽』, 交河, 建置沿革, "以漢陽屬縣深岳富平屬鄕石淺來屬"
14 『新增東國輿地勝覽』, 交河, 古跡, "石淺鄕 在縣東二十里"
15 『輿地圖書』, 交河縣, 古跡, "石淺鄕은 지금의 衙洞面이다/石淺鄕 卽今衙洞面"

나. 또 문종의 구제도에 따라서 [문종 23년 정월 楊廣道(沙川 交河 高峯 豐壤 深岳 幸州 海等州[16] 見州 抱州 峯城 金浦 陽川 富平[17] 童城 石泉 荒調 黃魚 富原 果州 仁州 安山 衿州 南陽 守安)와 交州道(永興 兎山 安峽 僧嶺 朔嶺 鐵原) 西海道(延安 白州 平州 俠州 新恩 牛峯 通津 安州 鳳州 瑞興) 등의 州縣을 京畿에 속하게 했다.]

다. 楊廣道(漢陽 南陽 仁州 安山 交河 陽川 衿州 果州 抱州 瑞原 高峯)와 交州道(鐵原 永平 伊川 安峽 漣州 朔寧)를 좌도에 속하게 했고, 楊廣道(富平 江華 喬桐 金浦 通津)와 西海道(延安 平州 白州 谷州 遂安 載寧 瑞興 新恩 俠溪)를 우도에 속하게 했다.[18] 〈高麗史, 卷56, 地理, 王京開城府〉

(6나)의 '[ ]' 속의 내용은 문종 23년(1069)에 있었던 경기도에 편제된 주군현을 말한 것이다. 양광도의 24개 주군현, 교주도의 6개 군현, 서해도의 10개 군현 모두 40개 주군현 지역을 언급하고 있다. 한편 (6가)와 (6다)는 공양왕(恭讓王) 2년(1390)에 있었던 경기 좌도와 경기 우도의

---

16 『高麗史』에 海等州로 기록되어 있다. 양광도에 속한 주현이므로 海州와 海豊縣은 아닌 것으로 생각된다. 현재 어느 군현을 말하는지는 알 수 없다.

17 (6다)는 恭讓王 2년(1390)이므로 (6다)에서 말한 富平은 부평부를 말하는 것이다. 그런데 (6나)는 문종 23년(1069)이므로 부평부일 수 없다. 『신증동국여지승람』의 해당 군현 조에 따르면, 강원도 金化의 경우 신라 때에 富平郡이었으나 고려 현종 9년(1018)에 金化로 바뀌었고, 경기도 부평의 경우 忠宣王 2년(1310년)부터 富平을 사용했기 때문이다.

18 『高麗史』, 卷56, 地理, 王京開城府, "恭讓王二年分京畿爲左右道以長湍, 臨江兎山 臨津松林麻田積城坡平爲左道; 開城江陰海豐德水牛峯爲右道. 又依文宗舊制[文宗 二十三年 正月 以楊廣道 漢陽 沙川 交河 高峯 豐壤 深岳 幸州 海等州 見州 抱州 峯城 金浦 陽川 富平 童城 石泉 荒調 黃魚 富原 果州 仁州 安山 衿州 南陽 守安 交州道 永興 兎山 安峽 僧嶺 朔嶺 鐵原 西海道 延安 白州 平州 俠州 新恩 牛峯 通津 安州 鳳州 瑞興 等州縣 屬京畿.] 以楊廣道 漢陽 南陽 仁州 安山交河 陽川 衿州 果州 抱州 瑞原 高峯 交州道 鐵原 永平 伊川 安峽 漣州 朔寧 屬左道 以楊廣道 富平 江華 喬桐 金浦 通津 西海道 延安 平州 白州 谷州 遂安 載寧 瑞興 新恩 俠溪 屬右道 各置都觀察黜陟使以首領官佐之"

주군현을 언급하고 있다. 경기 좌도에 속한 25개 주군현과 경기 우도에 속한 19개 주군현을 언급한 것이다.

『신증동국여지승람』에서는 (6나)의 石泉이 발견되지 않는다. 대신에 『신증동국여지승람』의 교하현 고적 조에는 石淺鄕이 나온다. 『신증동국여지승람』 咸陽郡의 고적 조에 "馬川所 川은 옛날에는 淺으로 썼다[19]"에 나오는 사실을 고려하면, 泉과 淺은 음독 표기에 의한 이표기[20]로 파악된다. 따라서 (6나)의 石泉은 『신증동국여지승람』의 石淺鄕을 말하는 것으로 추정된다.

(6나)의 자료로 조선 시대 부평부 黃魚面에서 黃魚의 지명 표기가 1069년 무렵까지 거슬러 올라가 사용된 것임을 말해 주고 있다.

3. 조선 시대 富平府 面名의 표기와 의미 분석

3.1. 東面/西面과 上梧亭面/下吾亭面

東面과 西面은 치소(治所)를 기준으로 동쪽을 東面으로, 서쪽을 西面으로 명명한 것임은 명백하다.

『여도비지』에서 上梧亭面의 처음 경계는 동쪽으로 7리이나 下梧亭面의 처음 경계는 동쪽으로 10리라고 하였다.[21] 이것은 上과 下를 구분하는 기준점이 治所가 아닌 것을 말해 준다. 따라서 해당 지대의 높낮이에 따라 上과 下를 구분한 것으로 추정된다. 上梧亭面과 下梧亭面은 여러 이표기가 있어 왔다. 이에 대해서는 뒤에서 언급하도록 한다.

---

19 『新增東國輿地勝覽』, 咸陽郡, 古跡, "馬川所[川古作淺]"
20 音讀 表記에 대한 異表記 교체 현상에 대해서는 이건식(2016) 참조.
21 『輿圖備誌』, 富平府, 坊面, "上梧井[東初七 終十五] 下梧井[東初十, 終十五]"

3.2. 堂山面

堂山面의 경우 자연 지명 堂山에서 유래한 것으로 추정된다. 자연지명 堂山은 『부평군읍지』에만 "堂山은 동쪽 10리 들 가운데에 있다'"[22]로 실려 있다. 『조선지지자료』에서 堂山面에 속한 東陽里를 '당미'로 한 것을 고려할 때, 堂山은 東陽里에 소재한 것으로 파악할 수 있다. 『호구총수』의 堂山面에는 東里와 陽之里가 제시되어 있다. 그런데 『조선지지자료』에는 東陽里가 제시되어 있다. 이것은 『조선지지자료』 이전의 어느 시기엔가 東里와 陽之里가 東陽里로 통합된 것임을 말해 준다.

3.3. 同所井面

조선 시대 지지자료에서 일관되게 同所井面으로 나타나나 『호구총수』에서는 東所井面으로 나타난다. 『호구총수』의 東所井面이 오기일 가능성도 있으나 이 東所井面 표기는 同을 東으로 대체한 표기로 생각된다. 同을 東으로 대체하여 표기한 것은 同所井面이 음차 표기일 가능성을 보여 준 것이다.

인천광역시(2015: 303)은 "동수재이는 동소정면이 어음변화를 일으켜 동소정이-동수정이-동수재이가 된 것이다"라고 하였다. 이러한 설명은 同所井面의 同所井이 '동수재이'의 음성형을 가졌다는 것을 말해 주는 것이다. 하지만 현재 관련 자료가 없어 同所井의 의미를 밝힐 수 없다.

---

22 『부평군읍지』(1899), 山川, "堂山在府東十里 野中"

3.4. 毛月串面

인천광역시(2015: 303)은 "모월곶이라는 지명은 이곳의 지형이 마치 반달처럼 생겼는데 작은 맥이 '터럭[毛]'같이 뻗어 내려서 '터럭이 많은 반달과 같다'는 의미를 내포한다"고 하였다. 그러나 毛月串의 毛月을 '터럭이 많은 반달'로 해석하는 주장의 경우, 月이 '달'의 의미를 표기할 수는 있어도 月이 '반달'의 의미를 표기할 수 없다는 점에서 인천광역시 (2015: 303)가 제시한 주장은 근거가 부족하다.

부평부의 玉山面이 玉毛面의 이표기를 보여 주는 것에 착안하여 毛月串의 의미를 파악해 볼 수 있다. 毛月串의 毛가 '뫼'를 표기한 것이라면 毛月과 '山谷里/뫼꼴말'[23]을 대비시킬 수 있다. 그리고 부평부 지역에서 고개의 명칭으로 '당너머'[24]를 사용한 것을 고려해 볼 때, 毛月串面의 月은 越에서 기원한 것으로 추정할 수 있다. 즉 훈차 표기의 越이 음독되어 동일한 음의 月로 교체된 것으로 파악할 수 있다. 毛月串 표기의 기원을 毛越串으로 파악하게 되면 毛越串은 '毛[뫼]+越[너머]+串[고지]' 정도의 구성을 가진 것으로 파악할 수 있다. 그리하여 毛越串은 '뫼너머고지' 정도를 표기한 것이 된다. '뫼너머고지'의 의미는 구체적으로는 '산 너머에 있는 고지' 정도의 의미가 된다.

'산 너머에 있는 고지'의 의미가 담고 있는 인문 지리적 특성과 자연 지리적 특성은 다음과 같은 고지도에서 확인할 수 있다.

---

23 『호구총수』에서는 부평부 馬場面에 山谷里가 실려 있지 않다. 그러나 『조선지지자료』에서는 富平郡 馬場面에 '山谷里/뫼꼴말'이 실려 있다.
24 '당너머'는 『조선지지자료』에서 富平郡 上吾丁面 陶唐里에 소재한 것으로 기록되어 있다.

(7) 『경기읍지(부평부)』(1871) 첨부 부평부 지도 일부

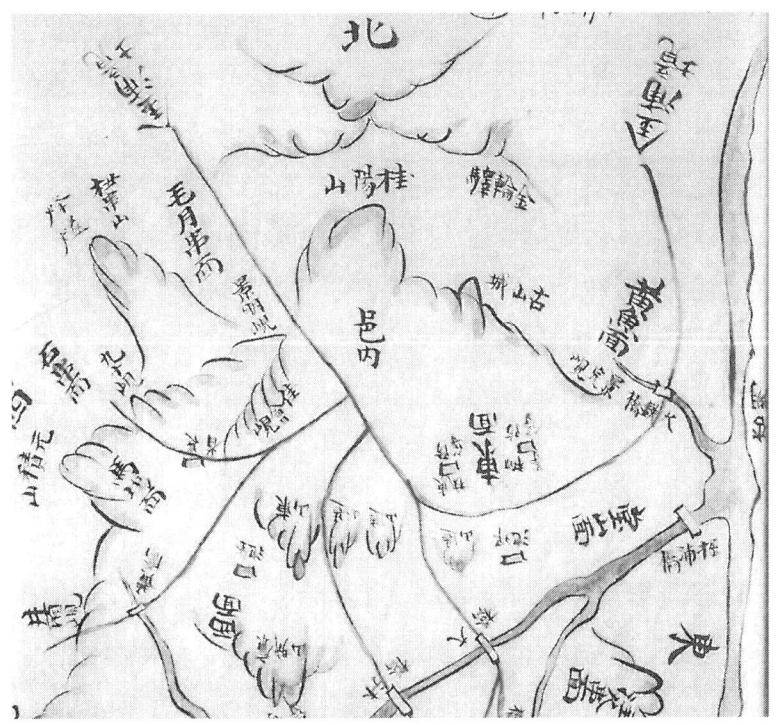

　(7)의 지도에서 좌측 상단에 毛月串面이 표시되어 있고 부평부 치소에서 毛月串面까지 가는 길이 표시되어 있다. 그리고 그 길의 중간인 계양산 기슭에 고개인 景明峴이 제시되어 있다. 따라서 부평부의 치소를 기준으로 毛月串面은 '산 너머에 있는 고지'에 해당된다. 김동환(金東煥, 1901-1958)의 시제목 '산 너머 남촌에는'을 고려해 볼 때, '산 너머에 있는 고지'의 의미 표현은 우리말에서 통용될 수 있다.

3.5. 上梧亭面과 下梧亭面

　조선 시대 지지자료에서 上梧亭面과 下梧亭面의 경우 梧亭은 '梧井,

픔丁' 등의 한자로 다양하게 변개되어 표기된다. 이러한 사실은 梧亭의 表記가 의미에 관계된 것이 아니라 발음형에만 관계된 것임을 시사한다.

上梧亭面과 下梧亭面에서 上과 下의 의미는 '위'와 '아래'의 구분임은 앞에서 말한 바 있다. 『호구총수』에는 上梧亭面에 속한 馬梧亭里가 제시되어 있다. 馬梧亭里는 上梧亭面과 下梧亭面에 보인 梧亭의 의미를 이해하는 단서가 된다. 馬梧亭里는 『조선지지자료』에 이르러서는 픔丁里로 표기가 교체되었다.

上梧亭面과 下梧亭面의 면명은 馬梧亭里라는 里名에 기반을 둔 것인데, 上馬梧亭面과 下馬梧亭面이 5음절이나 되기 때문에 면명을 작명할 때에 馬를 탈락시킨 것[25]으로 이해된다. 里名이 面名의 지위를 얻었을 때 음절이 줄어드는 사례는 1609년의 『蔚山府戶籍臺帳』에 수록된 柳等浦里[26]가 『호구총수』에서는 柳浦面으로 된 것에서 찾을 수 있다.

上馬梧亭面과 下馬梧亭面에서 上과 下는 해당 지대의 높낮이를 표시하는 말이므로 馬梧亭이 별도의 독립적인 의미를 가지게 된다. 上馬梧亭面과 下馬梧亭面이 산지 지역이라는 점을 고려해 보면 馬梧亭은 '馬梧+亭' 정도의 의미 구성을 가진 것으로 이해된다. 馬梧는 높은 지대를 뜻하는 'ᄆᆞᄅᆞ〈마루' 정도를 音借 표기한 것으로 생각된다. 亭은 '정/정이/징이/쟁이' 등을 표기했을 것으로 이해되나 그 의미는 자세치 않다. '정/정이/징이/쟁이'의 의미에 대해 기존의 연구에서 다음과 같이 말하

---

25 『호구총수』에는 3,948개의 면명이 제시되어 있다. 2음절 면명이 415개, 3음절 면명이 2912개, 4음절 면명이 517개, 5음절 면명이 80개, 6음절 면명이 21개, 7음절 면명이 3개로 나타나고 있다. 5음절 이상의 면명은 특수한 경우를 반영하는 것으로 면명의 음절수는 2음절에서 4음절까지가 적절한 것임을 말해 주는 것이다. 따라서 5음절 면명 上馬梧亭面과 下馬梧亭面에서 4음절 면명 上梧亭面과 下梧亭面이 유래했을 가능성이 높다.

26 한영국(1985) 참조.

고 있다.

(8) 가. 정자나무, 井(우물), 店, 마을(〈물〈ᄆ올〉, 頂, 汀, 田, 停(신라의 군대 주둔지)' 등의 의미 〈김준영, 1973: 314〉
나. 한자는 모두 亭으로 표기되고 있지만 어원적으로는 세 가지 갈래로 생각해야만 한다. 즉 亭子가 있었거나 현재 있었기 때문에 연유된 것과 고대 군의 주둔지였던 停에서 온 것, 그리고 일반접미사 '-장이'의 모음변이형인 '-쟁이'가 지명 후부 요소로 합류된 것을 구분해야 한다. 〈강병륜, 1997: 132〉

(8)의 설명은 지명에 나타나는 '정/정이/징이/쟁이'가 나타내는 의미를 정확히 밝힐 수 없음을 말하고 있다. 이 글에서도 관련 자료가 없어 馬梧亭에서의 亭이 가지는 의미를 밝힐 수 없다.

『조선지지자료』의 下梧亭面 동리촌명 조에 실린 '遠宗里/먼마우[27]'는 上梧亭面 조에 실린 㖈丁里의 명칭이 '마루'의 의미와 관계가 있음을 말해 주는 것이다. '遠宗里/먼마우'의 위치를 판단하는 기준점은 㖈丁里에 있다고 생각하기 때문이다. '遠宗里/먼마우'는 㖈丁里에서 '멀리 있는 마루'의 의미를 표현한 것으로 생각된다. 따라서 '먼마우'에서 '먼'은 遠의 의미[28]이고 '마우'는 '마루'에서 ㄹ이 탈락한 어형으로 '宗'의 의미이다.

『한국지명총람』 오정동 조에서 㖈丁洞이 '머귀정이, 오동정이, 오정'

---

27 『조선지지자료』에서 洑名으로 '遠宗里洑/먼마루보'가 실려 있다. '먼마우'의 경우 오기이거나 '먼마루'의 이형태일 가능성이 있다.
28 어떤 심사자는 '먼마루'를 '길게 뻗어나간 산마루'의 의미를 제안했다. 그러나 『조선지지자료』에서 富平郡 石串面 高棧里에 소재한 '遠浦谷/먼-기꼴'을 고려할 때, '먼마루'에서의 '먼'은 기준점으로부터의 '위치'를 표현한 것으로 생각된다.

등으로 불린다고 하였다. 이것은 上馬梧亭이 上梧亭面으로 표기가 바뀐 다음에, '마루정이'가 '오동정이'를 거쳐 '머귀정이'까지 재해석된 것이다. 富平郡 上吾丁面 吾丁里에 소재한 '吾丁峴/오졍마루'는 吾丁이 독립적인 의미를 가졌음을 말해 주는 것이며, 이것은 馬梧亭이 '오졍'으로 재해석되었음을 보여 주는 근거가 된다.

3.6. 石串面

인천광역시(2015: 303)는 石串面의 石串을 '돌곶이'로 해석하고 있다. 즉 '돌곶이'를 '돌[石]+고지[串]'로 이해한 것이다. 이러한 해석은 다음 자료를 근거할 때 정확한 것으로 생각된다.

 (9) 가. 平壤府乭串坊宮畓量案 〈규장각 奎18778의1, 奎18778의2 光武6
    年(1902)〉
   나. 石串坊 〈戶口總數 平壤〉

(9가)의 乭串坊과 (9나)의 石串坊은 이표기 관계에 있다. 따라서 부평부 石串面의 石은 '돌/乭[石]'의 의미임을 알 수 있다.

3.7. 石川面

한국정신문화연구원이 펴낸 『古文書集成 2』에는 부안 김씨가에서 서울의 관원들에게 보낸 상납 물품들의 목록을 적은 연대 미상의 고문서가 수록되어 있다. 이 고문서에 부평부의 면명과 관련된 표기가 나타난다.

 (10) 가. 李生員 宅 富平乭川 /封送箱子一件

나. 李領府事宅, 趙判書 宅, 金判書 宅 吏曹, 金判書 宅 兵曹, 閔判書 宅 西小門外, 李判書 宅 西小門外, 權判書 宅 戶曹, 徐判尹 宅 西小門外, 李翰林 宅 西小門外, 鄭判書 宅 長興庫洞, 李承旨 宅 牙峴, 李參議 宅 牙峴, 金參判 宅 西小門外, 金參議 宅 吏曹, 盧僉正 宅 西小門外, 成參奉 宅 壯義洞, 鄭司果 宅 多方洞, 金參議 宅 西小門外, 李參判 宅 所用洞, 鄭掌令 宅 西小門外, 朴生員 宅 西學洞, 錦平尉 傍, 李生員 宅 富平돌川, 閔淮陽 宅 松峴 〈古文書集成 2〉

(10가)는 부평부와 관련된 물품 배송처이고, (10나)는 자료에 수록된 물품 배송처만을 모두 제시한 것이다.

(10가)에서 말한 富平의 돌川은 石川面을 가리킨 것으로 이해된다. 한양의 경우 지역이 넓어 洞名을 표기해야 하겠지만 부평부의 경우 里보다는 큰 단위인 面名을 표기해도 물품 배송에 어려움이 없을 것으로 생각된다. 그리고 (10나)의 錦平尉는 朴弼成(1652-1747)을 가리키므로 이 고문서의 연대는 1747년 이전일 것으로 추정된다. 따라서 1747년 무렵에 부평부 지역에서 石川面을 '돌내/돌川'[29] 정도로 부른 사실을 알 수 있다.

조선 시대 부평부 지지자료의 내용 기술에서는 苜蓿橋가 제시되지 않았으나 『경기읍지(부평부)』(1842)와 『부평군읍지』에 첨부된 지도에는 교량의 명칭 苜蓿橋가 제시되어 있고, 『경기읍지(부평부)』(1871)에는 木子橋, 『기전읍지(부평부)』(1895)에는 苜首橋, 『부평부읍지(古 915.12-B889b)』[30]에는 苜蓿灘이 제시되어 있다. 이 苜蓿橋는 부평부의 서면

29　533쪽에서는 石川[돌내]를 돌내[廻川]의 의미로 이해했다. 533쪽의 견해가 더 타당할 가능성이 있다.

30　이『부평부읍지(古 915.12-B889b)』는 규장각 소장의 자료인데 규장각한국학연구원 홈페이지에서 이 자료의 연대를 1698년이라고 했으나 내용상으로『부평군읍지

과 석천면을 연결하는 교량이고 苔蓿灘의 지명 표기에 '灘/여울'이 개재되어 있으므로 '돌내/乭川'는 '돌이 많은 내' 정도의 의미를 가진다고 생각된다.

3.8. 水呑面

『승정원일기』 1681년(숙종 7) 5월 27일 조에 水呑里가 출현한 사실을 앞에서 말한 바 있다. 『승정원일기』의 기사는 『조선왕조실록』 1681년 (숙종 7) 5월 27일 조에 그대로 실려 있다. 이 두 기록 자료가 현재까지는 水呑을 보여 주는 가장 이른 시기의 자료이다.

『여지도서』를 필두로 조선 시대 지지자료에서 일관되게 水呑面으로 나타남은 앞에서 설명한 바 있다. 따라서 水呑面의 呑을 谷을 뜻하는 고구려어의 표기로도 생각해 볼 수도 있다. 그러나 다음의 자료에서는 水呑面이 水炭面으로 나타난다.

(11) 가. 該府 水炭面 五里洞은 仁港에 가는 요로라서 設院하고 〈京畿關草〉
　　　나. 該府 경내 水炭面 五柳洞 院直 李春根의 稟에 의하면 〈京畿關草〉

(11)처럼 水呑面이 水炭面으로 나타나는 것은 呑과 炭이 표기하는 음이 같아 呑을 炭으로도 표기한 것이다. 이것은 水呑面의 발음형이 '수탄면'임을 알려 주는 것이기도 하면서 水呑面의 본래적인 의미가 상실되었음을 말해 주는 것이다.

(1899)』와 유사한 부분이 많다.

(12) 가. 후부 지명요소 灘 표기가 변화 없는 면명

도별	군현명	여지도서	호구총수	여도비지
경기도	坡州	廣灘面	廣灘面	廣灘
충청도	公州	南半灘面	半灘面	半灘面
충청도	公州	東鳴灘面	鳴灘面	鳴灘面
황해도	金川	蛤灘面	合灘面	蛤灘坊
평안도	德川	三灘面	三灘面	三灘面
황해도	新溪	南栗灘坊	栗灘坊	栗灘坊
평안도	成川	楸灘坊	楸灘坊	楸灘坊
평안도	慈山	五灘坊	五灘坊	五灘坊
평안도	慈山	月灘坊	月灘坊	月灘坊
평안도	江東	馬灘坊	馬灘坊	馬灘坊
평안도	江東	秋灘坊	秋灘坊	秋灘坊

나. 후부 지명요소가 呑 또는 灘으로 표기된 면명

도별	군현명	여지도서	호구총수	여도비지
경기도	水原	魚呑面	魚呑面	魚灘
경기도	水原	八灘面	八呑面	八灘

다. 후부 지명요소가 呑으로만 표기된 면명

도별	군현명	여지도서	호구총수	여도비지
경기도	富平	水呑面	水呑面	水呑
강원도	春川	史呑內/外面	史呑內/外面	史呑

(12가)는 일관되게 후부 지명요소가 灘으로만 면명이 표기된 경우이고 (12나)는 灘이나 呑으로 교체되어 면명이 표기된 경우이다. (12다)는 呑으로만 면명이 표기된 경우이다.

水呑面이 글자를 달리하여 水炭面으로 표기된 자료에 대해서는 앞에

서 언급한 바 있다. 그런데 (12다)에 제시된 史呑面도 규장각 소장 자료인 「史灘內面谷雲大洞立儀(奎27175)」에서는 史呑面이 글자를 달리하여 史灘으로 표기되어 있다. 이것은 水呑面과 史呑面의 呑이 의미와는 관계가 없고 발음형에만 관계하고 있음을 말하는 것이다. 결국, 呑과 灘이 교체되는 (12나)의 경우를 고려하면 水呑面의 呑은 灘에서 기원한 것으로 灘을 동일한 음의 呑으로 교체한 것으로 생각된다.

『호구총수』에 제시된 바와 같이 水呑面에 소재한 高尺里가 오늘날의 안양천에 접해 있고, 또 開峯里가 오늘날의 목감천에 접해 있다. 또 안양천과 목감천이 교차하는 지점 근처에 岐灘橋가 있었고 이 岐灘橋가 水呑面의 영역에 있었다. 이러한 사실들을 고려해 보면, 水呑面의 呑은 灘의 음 '탄'을 표기한 것으로 생각된다. 결국, 水呑面의 水呑은 '물/水 + 여울/灘' 정도의 의미를 표현한 것으로 생각된다. 『표준국어대사전』에 '여울'과 같은 의미인 '물여울'이 실려 있으므로, 水呑面의 水呑은 水灘으로 '물여울'을 의미했을 가능성이 크다.

3.9. 玉山面

玉山面의 경우 '『호구총수』, 『경기읍지(부평부)』(1842), 『경기읍지(부평부)』(1871), 『부평군읍지』' 등에는 玉山으로 나타났으나 '『여지도서』, 『여도비지』' 등에는 玉毛로 나타났다.

玉毛面과 玉山面에서 毛와 山의 표기 차이는 음차와 훈차의 차이로 파악된다. 『조선지지자료』의 '狐山/여호뫼(富平郡 堂山面 東陽里), 甁山/시루뫼(富平郡 下吾丁面 鵲洞), 陵山/능뫼(富平郡 下吾丁面 如月里), 陶唐山/도당뫼(富平郡 下吾丁面 古里洞), 肝膽山/감담뫼(富平郡 下吾丁面 古里洞), 伐應山/벌응뫼(富平郡 水呑面 梧柳洞)' 등의 자료를 고려하면, 부평

부 지역에서는 후기 중세국어 어형 '뫼'를 유지해 왔다. 따라서 玉毛面의 毛는 '뫼' 정도를 표기한 것으로 파악된다. 다만 '뫼'를 표기할 한자가 없어 '뫼'의 '모'만을 毛로 표기한 것으로 파악된다.

堂山面이 자연 지명 堂山에서 유래되었듯이 玉山面도 자연지명 玉山에서 유래되었을 가능성이 있다. 하지만 현재까지 알려진 조선 시대 부평부 관련 지명 자료에서 자연지명 玉山을 찾을 수 없다.

3.10. 黃魚面

黃魚面은 『신증동국여지승람』의 부평부 고적 조에 黃魚鄕으로 실려 있다. 황어면에 있었던 시장인 黃魚場의 명칭이 發阿場이라 한 것에서 黃魚面의 의미를 생각해 볼 수 있다. 조선 시대 지지자료에서 부평부에 있었던 시장을 다음과 같이 전하고 있다. 참고로 『조선지지자료』의 것도 제시한다.

(13) 가. 北至黃魚場坪十三里, 卽去金浦郡之路 〈여지도서 부평부 도로〉
　　　나. 發阿場[在府北十里, 黃魚面, 每旬三八日], 歧灘場, 新基場〔幷皆今廢〕 〈부평부읍지(1842) 市場〉
　　　다. 發阿峴場[三日, 八日], 黃魚場[三日, 八日] 〈여도비지 부평부 場市〉
　　　라. 發阿場[在府北十里 黃魚面, 每旬 三八日], 歧灘場[府東三十里 水呑面, 每旬四九日. 今廢], 新基場[在府 南十里 石川面, 每旬 二七日. 今廢] 〈경기읍지(부평부) 市場〉
　　　마. 黃魚場(富平郡 黃魚面 場基里) 〈조선지지자료 부평 市場名〉

(13)에서 보는 바와 같이 조선 시대 부평부에는 '發阿場, 歧灘場, 新基場' 등의 시장이 있었다. (13라)는 '發阿場, 歧灘場, 新基場' 등이 다

른 위치에 소재했음을 말하고 있다. (13다)의 자료를 제외하면 黃魚場이나 發阿場으로만 표기되어 있다. 그런데 (13다)에는 다른 시장 發阿峴場이 소개되어 있다. 하지만 黃魚場의 이표기가 發阿場인 점을 고려하면 發阿峴場은 黃魚場의 이표기일 가능성이 크다. 장날이 3일과 8일로 같은 점에서 發阿峴場과 黃魚場은 동일 시장을 가리키는 것으로 이해된다.

인천광역시(2015: 290)는 發阿場이 인천시 서구 검암동의 '바름이마을'에 고려 시대부터 發阿場이 있었고, 이곳의 發阿場이 1871년 이전에 황어면의 '장기동'으로 옮겨온 것으로 설명하고 있다. 이러한 설명은 현지인들의 증언[31]에 기댄 것으로 판단된다. 하지만 黔岩洞과 場基洞은 인접한 지역으로 發阿場과 黃魚場은 동일 시장의 명칭으로 이해된다. 다음 지도에서 확인할 수 있는 바와 같이 黔岩里에서 '始川里-蠹室里-葛山里' 등의 경로나 '始川里-蠹室里-木霜里-驛洞' 등의 경로를 경유하여 場基里로 갈 수 있다. 이러한 사실은 發阿場과 黃魚場이 동일 시장의 명칭일 가능성을 높여 준다.

다음은 일본의 아시아역사자료센터에서 제공하는 「朝鮮陸図」의 '검암리'와 '장기리' 부근 지도이다.[32]

---

31 인천광역시(2015: 298)에서 "검암동의 국도 중심 동쪽 上洞 마을을 이곳 토박이들은 '바로뫼촌'이라고 부른다. '바로 산 아래 있는 마을'의 의미라고 말하는 노인들도 있고 이곳에 '발아장이'라는 저잣거리가 있었다는 전설을 말하는 분들도 있다."

32 일본의 아시아역사자료센터(https://www.jacar.go.jp/korean/index.html)에서는 「朝鮮陸図」 제작시기를 明治 27年(1894)으로 제시하고 있으나 경인철도 노선이 표시된 점에서 제작 연대를 재고할 필요가 있다. 『한국민족문화대백과사전』경인선 항목에 따르면, "1899년 9월 18일 노량진-인천 간 최초의 영업을 개시한 이후 일본으로의 국유화가 진행된 1906년 이후이기 때문이다. 한편, 이 지도는 『조선지지자료』이전의 자료임은 틀림없다. 『호구총수』의 부평부 石川面의 木子里가 이 자료에서는 牧白里(牧自里의 오기로 추정됨)로 실려 있으나 『조선지지자료』에서는 木子里가 실려 있지 않기 때문이다.

(14) 朝鮮陸図(1/5万) 22枚 明治27年製

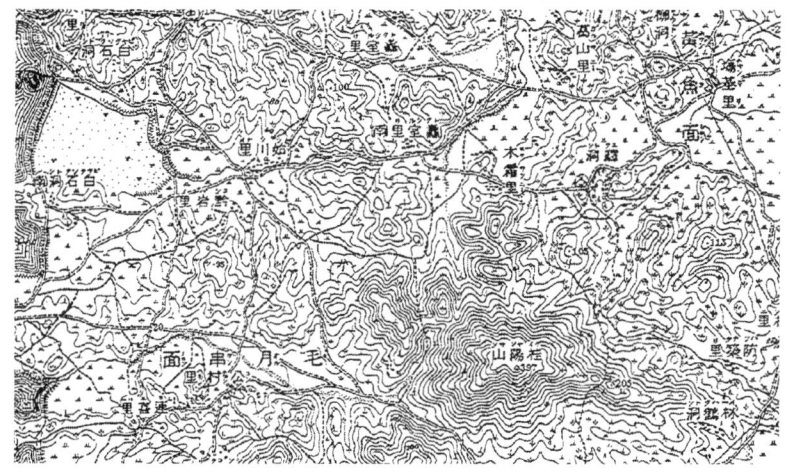

　결국, 앞의 (13다)에서 發阿峴場과 黃魚場을 모두 제시한 것은 黔岩里 지역의 명칭인 發阿峴場을 추가하여 제시한 것으로 이해된다.
　인천광역시(2015: 290, 298)에서 조사한 지명 자료 '바름이마을, 바로뫼촌' 등은 發阿場의 發阿가 음차 표기인 사실을 알려 준다. 인천광역시(2015: 298)에 따르면 현지인들은 '바로뫼촌'을 '바로 산 아래 있는 마을'의 의미로 이해하기도 하지만 發阿場이 黃魚場의 이표기인 점을 고려하면, '바름이, 바로' 등은 현대어 '바래다[黃]'의 의미로 이해할 필요가 있다. 부평부 지역에서 黃魚場의 黃을 한자 黃의 의미로 이해한 사례는 『조선지지자료』에서 富平郡 馬場面 淸川里에 소재한 것으로 제시한 '黃魚川/눈다리기쳔'을 들 수 있다. '눈다리기쳔'은 '눈〈누른[黃]+다리[橋]+기[浦]+川' 정도의 구성을 가진 것이다.
　조선 시대에 黃魚面에서 黃의 의미를 '黃[바래다, 누르다]'로 이해했다고 해서 黃魚面의 이전 명칭인 黃魚鄕도 '黃[바래다, 누르다]'의 의미를 가진 것이라고 말하는 것은 아니다. 黃魚鄕 본래의 의미와 다르게 조선 시대에 黃[바래다, 누르다]'의 의미로 재해석되었을 가능성이 있기 때문이다.

4. 부평부의 삼국 시대 표기 계승 면명 표기

4.1. 고구려 계통의 면명 표기 馬場面

인천광역시(2015: 229)에서는 馬場面의 지명 유래를 다음과 같이 설명하고 있다.

(15) 마제이, 마장뜰, 맑은내, 청천리: 지금의 효성동, 청천동, 산곡동 일대를 옛날에는 마장뜰 또는 마제이라 하였는데 마장뜰은 이곳이 억새풀만 우거진 초지 무성한 곳으로 고려 시대부터 말을 사육하던 곳이라서 바로 '마장(馬場)의 들'이란 뜻이 된다.

(15)에서 말한 '마장뜰'은 고려 시대부터 말을 사육하던 곳이라서 바로 '마장(馬場)의 들'이란 뜻이 된다'는 주장의 근거는 무엇인지는 확인할 길이 없다. (15)의 언급에서 확실한 것은 馬場面의 馬場이 '마제이, 마재이, 마장' 정도의 발음형을 표기했다는 사실이다.

『조선지지자료』에는 馬場面의 의미를 알 수 있는 단서가 다음과 같이 제시되어 있다.

(16) 가. 場末峴/장끗고기(富平郡 馬場面 山谷里)〈조선지지자료, 부평군, 嶺峙峴名〉, 場峴/장꼬기(富平郡 石串面 佳佐洞)〈조선지지자료 부평군 嶺峙峴名〉

나. 遠積山: 富平郡 馬場面 淸川里. 옛부터 한발이 심했을 때, 이 산에

서 기우제를 행함. 〈조선지지지자료 부평군 馬場面 山谷名〉

(16)에서 말한 馬場面의 山谷里와 石串面 佳佐洞은 지역이 인접되어 있으므로 '場末峴/장끗고기'와 '場峴/장꼬기'는 동일 고개에 대한 이칭으로 山谷里와 佳佐洞을 구분하는 고개가 된다. 동일한 고개를 佳佐洞 지역에서는 '場峴/장꼬기'라 하였고, 山谷里 지역에서는 '場末峴/장끗고기'라 한 것으로 이해된다. 山谷里 지역에서 '場末峴/장끗고기'라 한 것은 '末/끗'을 첨가한 명칭으로 이는 '場/장'이 山谷里 지역임을 말하여 준다. 결국, 馬場面의 馬場은 '馬/마+場/장' 정도의 구성을 가진 것이다.

(16나)는 遠積山이 馬場面 淸川里에 소재하며 옛날부터 이 산에서 기우제를 지냈다는 사실을 전하고 있다. 이것은 馬場面의 의미가 '물의 근원' 정도의 의미를 가질 수 있음을 시사해 준다.

『호구총수』에 3,948개의 면명이 제시되었음은 앞에서 언급한 바 있다. 그런데 『호구총수』에는 경기도 부평부와 경기도 朔寧郡만이 면명으로 '馬場面'을 수록하고 있는 점이 주목된다. 더군다나 조선 시대의 『廣輿圖』 朔寧郡 지도에서 朔寧郡의 馬場面이 하천의 水源과 관계 있음을 말하고 있어 주목된다.

(17) 『廣輿圖(古4790-58)』 삭녕군의 大水源과 小水源

(17)의 삭녕군 지도에는 大水源과 小水源의 용어가 제시되어 있다. 大水源과 小水源에 대해 규장각한국학연구원의 『광여도』에 관한 해제[33]에서는 다음과 같이 설명하고 있다.

(18) 고을의 서북쪽 토산으로부터 임진강 본류가 들어오고, 동북쪽 평강에서 마곡천이 들어와 고을 남쪽 羽化亭에서 합류한다. 지도에는

---

33 규장각한국학연구원 홈페이지의 http://kyujanggak.snu.ac.kr/home/index.do?idx=01&siteCd=KYU&topMenuId=&targetId=379에서 가져온 것이다.

임진강의 본류를 大水源, 지류인 마곡천을 小水源으로 표시하여 구분하고 있다.

『신증동국여지승람』에서 하천의 근원을 설명할 때, 水源이란 용어를 흔히 사용한다. 水源은 어떤 하천의 '근원' 또는 '뿌리'라고 할 수 있다. 따라서 (17)에서 말한 大水源과 小水源은 삭녕군 하천의 뿌리 두 가지에 대해 말한 것이다. 그런데 大水源의 시작점은 馬場面 근처에 있고 大水源의 물줄기 하나는 馬場面을 경유하고 있다. 이것은 삭녕군에서는 馬場面 지역이 하천의 뿌리인 지역임을 말하는 것으로 생각된다. 따라서 삭녕군 馬場面의 馬場은 '물의 근원'이라는 의미를 내포했을 가능성이 있다.

『삼국사기지리지』의 고구려어 지명 표기를 참고하면 馬場이 '물의 근원'이라는 의미를 차자 표기한 것임을 추정해 볼 수 있다. 『삼국사기』에 제시된 고구려어 지명 표기에서 馬는 '물[水]'의 뜻을 가진다.

(19) 가. 來蘇郡 本高句麗買省縣 景德王改名 今見州 〈三國史記 卷35〉
나. 水城郡 本高句麗買忽郡 景德王改名 今水州 〈三國史記 卷35〉
다. 德水縣 本高句麗勿縣 景德王改名 今因之 〈三國史記 卷35〉
라. 買省郡(一云馬忽[34]) 〈三國史記 卷37〉

지금까지의 『삼국사기지리지』에 대한 연구에서 (19가)-(19다)에 나타난 買와 勿이 水와 가지는 대응 관계를 통하여 買와 勿이 '水'의 의미를 나타내는 것으로 파악하고 있다. 買는 '미', 勿은 '믈' 정도를 표기한

---

34 馬忽은 '堅城郡 本高句麗馬忽郡 景德王改名 今抱州 〈삼국사기 권36〉, 臂城郡(一云 馬忽) 〈삼국사기 권37〉' 등에 나오는데 여기에 나오는 馬忽의 馬를 이기문(1968, 1991: 327)은 堅의 뜻을 가지는 형용사로 파악하고 있다.

것으로 이해하여 왔다. 그리하여 천소영(1990: 105)은 다음과 같은 변천 과정을 상정하고 있다.

(20) *므리(水)   수식어   므리>미>무/미
                 피수식어   므리>믈>물

(20)과 같은 변천 과정을 상정하면서 천소영(1990)은 (19라)의 馬忽의 馬에 대해 언급을 하지 않고 있다. 천소영(1960)이 뚜렷한 견해를 제시하지 않았지만 辛兒鉉(4291/1958: 51)이 (19라)에 보이는 馬忽의 馬를 '믈'을 표기했다는 설명한 것을 받아들인 듯하다.

그런데 오늘날의 어촌에서 바다의 물때를 나타내는 어휘가 지역마다 다른 점이 주목된다. 즉 '한매, 두매, ……' 등이라 말하는 지역이 있고, '한마, 두마, ……' 등이라 말하는 지역이 있으며, '한물, 두물, ……' 등으로 말하는 지역이 있다. 대체로 경기 지역은 '매' 형을 사용하고 충청 일부 지역은 '마'를 사용하고 있고, '충청 일부 지역, 전라와 경상 지역은 '물' 형을 사용하고 있다.[35]

물때 어휘에 나타나는 '매, 마, 물' 등의 구분을 고려하면, (19)에 나타난 買는 물때 어휘 '매'에 계승되었고, 馬는 물때 어휘 '마'에 계승되었으며, 勿은 물때 어휘 '물'에 계승된 것으로 이해된다.

한편, 부평부 馬場面의 場이 나타내는 의미와 관련되는 지명 표기가

---

[35] 이경엽(2003: 162)은 "신안, 진도 등지의 '물권', 완도, 고흥, 여수 등지의 '무새권', 영광, 전북 부안, 고군산도 등지의 '마권', 충청, 경기의 '매권'으로 나누어 볼 수 있다고 하였다. '무새'는 '물'에서 온 것이고, '물, 마, 매' 등과는 그 쓰임이 다르다 즉 뒤에 '날'이 올 경우에 사용된다. 따라서 '물, 마, 매' 등의 세 유형으로 나누는 것이 좋다. 이경엽(2003: 162)은 경상도 지역을 언급하지 못했는데, 주강현(2005: 37)을 참고하면 경상도 지역은 '물권'이 된다.

『삼국사기지리지』에 나타나 주목된다.

(21) 가. 濱陽縣 本高句麗楊根縣 景德王改名 今復故 〈三國史記 卷35〉
    나. 楊根縣(一云去斯斬) 〈三國史記 卷37〉

(22) 가. 喬桐縣 本高句麗高木根縣 海島也 景德王改名 今因之 〈三國史記 卷35〉
    나. 高木根縣(一云達乙斬) 〈三國史記 卷37〉

『삼국사기지리지』에 대한 기존의 연구에서 밝혀진 바와 같이 (21)과 (22)의 이표기 자료를 통하여 고구려어 斬이 '根/뿌리'의 뜻임을 알 수 있다. 이기문(1968, 1991: 329)은 고구려어 斬을 'čam'으로 제시하고 알타이어인 길랴크어 'tʃamr(根株)'를 제시하고 있다.

고구려어 '斬/čam'을 계승했을 것으로 믿어지는 후기 중세국어가 있어 주목된다.

(23) 가. 龕:장 함 佛座下設 〈訓蒙字會 中 10a〉
    나. 뎌 휘챵이 다 두 층 조훈 챵애 호와 잇논 시른 밀 텨 잇고 /
    那靴底 都是兩層淨底 上的線 蠟打了 〈飜譯老乞大 下 53a〉

(23가)의 ':장'이 '부처의 자리 아래에 설치하는 것'의 의미를 가졌고 (23나)의 '휘챵'은 '신발창'으로 '챵'은 신발의 맨 아래에 있는 것을 지칭한 것이다. 따라서 상성의 '장'과 평성의 '챵'은 동일한 의미를 가진 것임을 알 수 있다. 후기 중세국어에서 '볼(臂)〉팔'의 유기음화는 일반적인 현상이고, '장'은 상성이고 '챵'은 평성이어서, 'ㅏ〉ㅑ'의 변화가 나타난 것으로 생각된다.

고구려어 '斬/čam'과 후기 중세국어 ':장'을 비교할 때 종성의 'ㅁ'과 'ㅇ'의 차이가 발견된다. 그런데 'ㅁ'과 'ㅇ'이 모두 유성음이고, 앞서 제시한 길랴크어 'tʃamr'에서 'r'이 연구개음이라는 점에서 '斬/čam〉:장'의 변화는 타당성이 있다고 생각한다.

'밑'의 의미를 가지는 현대어 '장'이 물과 결합하여 '물이 나오는 물의 근원'이라는 의미를 나타낸다.

    (24) 가. 源은 십 미티오 井은 우므리라 〈月印釋譜, 21:33a〉
          나. 슈근 水根 (물) (샛리) 〈韓英字典〉
          다. 수원(水源) 名 물의 근원 水根 〈朝鮮語辭典〉

(24)는 水根과 水源이 같은 의미를 가졌음을 말해 주고, 또 '물뿌리'와 '샘밑' 모두 동일한 의미를 가졌음을 말해 주고 있다.

따라서 馬場面의 馬場은 '馬/마[水] + 場/장[底]' 정도의 의미를 표기한 것이며, '馬/마[水] + 場/장[底]'은 '물의 밑[水根]'을 표기한 것으로 水源의 의미를 표현한 말이다.

4.2. 신라 계통의 면명 표기 注火串面

조선 시대 지지자료에서 注火串面이 일관되게 나타나고 있음은 앞에서 언급하였다. 그런데 이 注火串面의 표기가 고구려어 지명 표기 主夫吐와 관련되는 점이 있어 주목된다. 고구려어 지명 표기 主夫吐는 『삼국사기지리지』에 나타난다.

    (25) 長堤郡 本高句麗主夫吐郡 景德王改名 今樹州 領縣四 〈三國史記 卷 35〉

(25)에서 고구려 지명 표기 主夫吐와 경덕왕이 개명한 長堤의 대응에서 '主夫 대 長'의 대응과 '堤와 吐'의 대응이 보인다.

고구려 지명 표기에 대한 기존의 연구에서 고구려어 吐의 의미를 '堤/둑'으로 이해하여 왔다. 이처럼 고구려 지명 표기에 대한 연구에서 '堤와 吐'의 대응 관계에 대해서는 주목해 왔으나 '主夫 대 長'의 대응을 연구한 것은 찾아볼 수 없다. 辛兌鉉(4291:1958: 49)이 主夫吐를 '님터'로 해독하였으나 이는 吐를 '터'의 뜻으로 해독한 것이다. 『삼국사기지리지』에서 堤와 吐는 1회 이상 대응하고 있으므로 吐는 堤의 의미일 것으로 생각된다. 한편 主夫吐를 '줄보뚝'으로 이해하는 견해가 있어 왔다. 이러한 견해가 어느 연구서에서 시작된 것인지는 확인할 수 없지만[36] 長堤의 長과 主夫吐의 主를 연관시켜 '줄'을 상정해 낸 것은 탁견으로 생각된다. '줄'은 '長[길다]'의 의미를 내포할 수 있기 때문이다.[37]

'줄[線]'을 사용하여 작명한 지명을 경기도 지역만 제시하면 다음과 같다. '줄[線]'과 의미가 유사한 '곧은[直]'을 사용한 지명도 함께 제시한다.

(26) 가. 注川里/쥬리 〈조선지지자료 경기도 竹山郡 南一面 동리촌명〉
注川店/쥬리쥬막 〈조선지지자료 경기도 竹山郡 南一面 注川里 주막명〉 注川市/주리중 〈조선지지자료 경기도 竹山郡 南一面

---

36 인천광역시(2015: 206)에 "농토를 만들기 위해 여기저기 둑을 쌓다 보니 그 둑들이 줄줄이 이어져 '줄보뚝(둑)'이라는 이름이 생겼고, 이 이름을 한자로 나타낸 것이 '주부토'라는 것이다"라는 견해가 소개되어 있다. 이러한 견해가 어느 연구서에서 비롯된 것인지는 밝히지 않고 있다. 그리하여 이 견해의 주장이 가지는 한계를 논의할 수 없다.

37 어떤 심사자는 이병선(1996: 157-159)이 主夫吐를 '존장자의 땅'임을 논증하였다고 한다. 그러나 삼국 시대 지명 표기와 고려 시대 금석문 표기에서는 吐가 '둑'의 의미를 표현하고 있다.

注川里 시장명〉, 注川/쥬리 〈조선지지자료 경기도 陽智郡 高安面 洞里村名〉, 走川坪/쥬리들 〈조선지지자료 竹山郡 遠一面 沙田里 野平名〉

나. 茁池/쥴못 〈조선지지자료 開城郡 上南面〉

다. 注乙洞/쥴울 〈조선지지자료 경기도 朔寧郡 西面 佳佐里 동촌명〉

(27) 가. 直洞酒幕/고든골쥬막 〈조선지지자료 경기도 龍仁郡 水余面 西洞 주막명〉,

나. 直川坪/고두닉벌 〈조선지지자료 경기도 抱川郡 淸凉面 左儀里 야평명〉

다. 直灘/고든여울 〈조선지지자료 경기도 永平郡 下里面 雪雲里 나루명〉, 直灘店/고든여울쥬막 〈조선지지자료 경기도 永平郡 下里面 雪雲里, 주막명〉

(26)은 '줄[線]'을 활용하여 지명을 작명한 경우이다. (26가)에 나타난 '쥬리'는 '쥴[線]+니[川]' 정도의 구성에서 '쥴니>쥬니>쥬리' 정도의 변화 과정을 거친 것이다. '쥴니>쥬니'의 변화는 'ㄴ' 앞에서 'ㄹ'이 탈락한 것이고, '쥬니>쥬리'의 변화는 모음 사이에서 'ㄴ'이 'ㄹ'로 교체된 것이다.

한편 (27)은 '곧은[直]'을 활용하여 지명을 작명한 경우이다. (27가)의 '고든골'은 '곧-[直]+-은[관형형 어미]+골[洞]' 정도의 구성이고, '고두닉벌'은 '곧-[直]+-은[관형형 어미 ㄴ 탈락]+니[川]+벌[坪]' 정도의 구성이고, '고든여울'은 '곧-[直]+-은[관형형 어미]+여울[灘]' 정도의 구성이 된다.

(26)에 사용된 '줄[線]'은 대체로 '하천, 못, 골짜기 흐름' 등, 줄처럼 생긴 모양을 형용한 것으로 생각되고, (27)에 사용된 '곧은(直)'은 '골짜

기, 하천, 여울 등' 똑바로 뻗어 있는 것을 형용한 말로 생각된다.

이처럼 '줄[線]'과 '곧은[直]'이 개재된 지명이 비록 근대 시기의 지명 자료에서 확인되는 사실은 고구려 지명 표기 主夫吐에서 主를 '줄[線]'로 해석한 견해가 정당한 것임을 확인시켜 준다. '줄[線]'의 의미가 경덕왕이 개정한 지명 長堤의 長에서도 확인되기 때문이다. '곧은[直]'이 사용된 것으로 판단되는 直浦가 조선 시대 부평부 지역에 존재하는 것도 主夫吐에서 主를 '줄[線]'로 해석한 견해가 정당한 것임을 확인시켜 준다고 생각한다. (26)과 (27)에서 확인할 수 있는 바와 같이 '줄[線]'과 '곧은[直]'은 의미가 유사하여 넘나들면서 지명에 개재된다.

直浦는 『신증동국여지승람』 부평부 산천 조에 최초로 나타나는데, 인천광역시(2015: 238)에서는 이 直浦의 지명 유래에 대해 "목수통에서 벌말까지 이르는 개울을 곧게 팠기 때문에 직포 또는 직포천이라 따로 부른다"고 하였다. 이러한 지명 유래는 고려 시대 崔怡(?-1249)와 조선 시대 金安老(1481-1537)의 '굴포운하' 개착 사업에 기댄 것이다. 최이와 金安老의 '굴포운하' 개착 사업이 실제로 착수되었는가에 대한 문헌 자료는 발견되지 않는다. 崔怡의 '굴포운하' 개착 사업에 대해서는 『高麗史』 卷129 列傳 崔忠獻傳에 합부된 崔怡傳에 "또 대사성 宋國瞻과 諫議 洪鈞相을 안남땅에 보내 땅을 파 도랑을 만들어서 바다를 통하게 하고자 하였으나 불가하여 그쳤다[38]"로 나온다. 이 기사는 관련 문맥이 없어 '굴포운하' 개착 사업이 계획에 그친 것인지 일부 개착 사업을 시행한 것인지 분명치 않다. 또 金安老의 '굴포운하' 개착 사업에 대해서는 口傳으로만 전해져 '굴포운하' 개착 사업의 시행 여부를 확인할 수 없다.

---

38 『高麗史』, 卷129, 列傳, 崔忠獻傳, "又遣大司成宋國瞻諫議洪鈞相安南地欲鑿渠通海不可乃止"

'굴포운하' 개착 사업과 상관없이 直浦는 똑바로 뻗은 하천이었을 것으로 생각된다. 直浦가 산모퉁이를 굽이굽이 돌아 흐르는 하천이었다면 고려 시대에 崔怡의 '굴포운하' 개착 사업은 시도조차 되지 않았을 것이기 때문이다. 부평부의 直浦가 운하 건설의 적합지였기 때문에 고려 시대에 崔怡의 '굴포운하' 개착 사업이 시도될 수 있었던 것으로 생각된다. 이것은 直浦가 부평의 넓은 들판을 흐르는 하천임을 시사한다.

부평부의 자연 지리적 특성인 '벌판'에 기대어 신라 경덕왕이 부평의 읍호를 長堤라 했고, 고려 충선왕 2년(1310)에 富平이란 읍호를 가지게 된 것으로 생각된다. 고려 시대 부평부의 읍호인 富平이 벌판의 의미임은 다음 자료에서 확인된다.

(28) 富平郡 本高句麗夫如郡 景德王改名 今金化縣 〈三國史記 卷35〉

(28)에서 경덕왕이 개정한 지명 富平은 고구려어 夫如에 대응된다. 천소영(1990: 59)에 따르면, 이병도(1976: 226)에서 夫餘의 의미가 '평야'를 뜻하는 夫里와 같은 말임이 확인되었고, 또 이병선(1982: 223-227)에서는 '夫里〉夫餘'의 변화가 상정되었고, 金化의 옛이름 夫如도 夫餘와 동일한 의미임을 밝혔다고 한다. 따라서 고구려 지명 夫如를 한자식 지명으로 고친 富平이란 지명에는 '평야'의 의미가 포함된 것임을 알 수 있다. 경덕왕이 개정한 지명 富平은 한자식 지명이므로 고려 시대 부평의 읍호인 富平도 '평야'의 의미를 가지고 있다고 파악할 수 있으며 이는 부평부의 자연 지리적 특성을 반영한 것이다. 따라서 부평의 고구려 시대 지명 主夫吐에서 吐는 堤의 의미이므로 主夫에서 夫가 '평야'의 의미를 표기한 것으로 파악할 수 있다. 그리고 主夫吐와 경덕왕 개정 지명 長堤와 비교해 보면 主夫吐의 主가 長의 의미를 표현한

것이라 할 수 있다. 主가 '쥴[線]' 정도를 표기한 것으로 보면 主와 長의 연관성을 확립할 수 있다. '쥴[線]'은 '길다'의 의미를 내포할 수 있기 때문이다.

결국, 고구려 시대 지명 主夫吐는 '主[쥴, 線]+夫[벌, 坪]+吐[둑]' 정도의 구성을 가지는 것으로 主夫吐는 '쥴벌뚝' 곧 '줄처럼 생긴 긴 벌판의 뚝' 정도의 의미를 가진다. 다음 자료에서 부평의 자연 지리적 특성이 '줄처럼 긴 벌'임을 이해할 수 있다.

(29) 朝鮮陸図(1/5만) 22枚 明治27年製[39]

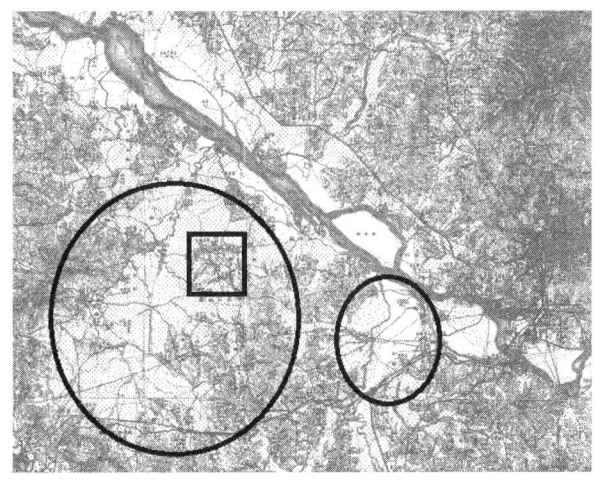

(29)에서 큰 원으로 표시한 영역이 부평 평야이고 작은 원으로 표시한 영역이 양천구의 안양천 하류 지역이다. (29)에서 저지대는 밝게 표시되어 있고 고지대는 어둡게 표시되어 있으며 산지는 더 어둡게 표지되어 있다. 이는 지도의 등고선 표시에 따른 것이다. (29)를 통해

---

[39] 여러 조각의 지도를 이어 붙인 지도이다.

부평 평야는 안양천 하류 지역보다 벌판의 폭이 훨씬 넓으며, 길이도 훨씬 긴 자연 지리적 특성을 가지고 있음을 이해할 수 있다.

(29)에서 네모로 표시한 영역에 조선 시대 부평부의 注火串面이 자리하고 있었다. 네모 친 영역은 대체로 짙게 표시되어 있어 저지대가 아님을 말해 준다. 그리고 이 지점이 벌판 쪽으로 튀어 나가 있는 것도 이해할 수 있다. 따라서 이 지역의 명칭에 지명 후부 요소 '串/고지'가 개재된 사실을 이해할 수 있다.

『신증동국여지승람』의 울산군 건치연혁 조에서 "신라의 지명은 火라는 것이 많은데, 火는 弗이 변해서 그렇게 불린 것이고, 弗은 또 伐이 변해서 그렇게 불린 것이다[40]"라 하였으므로 注火串의 火는 '벌'을 표기한 것이라 할 수 있다. 그리고 경덕왕 개정 지명 長堤를 고려하여 注가 '줄[線]'의 의미를 표현한 것으로 이해할 수 있다. 결국, 조선 시대 지명 표기 注火串은 '主[줄, 線]+火[벌, 坪]+串[고지, 岬]' 정도의 의미를 표현한 것임을 이해할 수 있다. 主夫吐에서 主夫는 고구려 계통의 지명 표기이지만 注火串에서 注火는 신라 계통의 지명 표기이다.

5. 결언

이 연구는 고대국어 연구를 위한 언어 자료를 발굴하기 위하여 조선 시대 면명 표기에는 삼국 시대 지명 표기를 계승한 것이 있다는 가설을 설정하고, 조선 시대 부평부 면명 표기를 정밀하게 분석하여 조선 시대 부평부의 면명인 馬場面과 注火串面이 삼국 시대 지명 표기를 계승한

---

40 『新增東國輿地勝覽』, 蔚山郡, 建置沿革, "新羅地名多稱火 火乃弗轉 弗又伐之轉"

것임을 밝혔다.

조선 시대 부평부 면명 표기 가운데에서 삼국 시대 지명 표기로 단정할 수 없는 면명 표기를 연구한 결과는 다음과 같다.

東面과 西面은 치소를 기준으로 동쪽을 東面으로, 서쪽을 西面으로 명명한 것임을 확인하였으며, 上梧井面과 下梧井面의 경우 해당 지대의 높낮이에 따라 上과 下를 구분한 것으로 추정하였다. 堂山面의 경우 자연지명 堂山에서 비롯된 것임을 말하였으며 同所井面의 경우 이표기로 東所井面의 표기가 나타난 사실을 말하였으나 관련 자료가 없어 同所井의 의미에 대해 언급하지 못했다. 毛月串面의 경우 毛月串을 '毛/뫼[山]+月/너머[越]+串/고지[岬]' 정도의 구성으로 이해하여 毛月串을 '산 너머 고지' 정도의 의미임을 밝혔으며 이 의미는 부평부의 治所를 기준으로 한 것임을 말하였다.

上梧亭面과 下梧亭面의 경우에는 그 면명이 馬梧亭里에서 출발한 것임을 말하였고, 馬梧亭里의 馬梧亭이 '馬梧+亭' 정도의 구성을 가지는 것으로 파악하고, 馬梧는 '마루〈ᄆᆞᄅᆞ'의 의미임을 밝혔으나 亭의 의미를 규명하지는 못하였다. 石串面의 경우 평양부의 乭串坊을 제시하여 石串面의 石이 '돌/乭[石]'의 의미임을 밝혔다. 石川面의 경우에는 乭川의 차자 표기 자료를 제시하여 石川面의 石이 '돌'을 표기한 것임을 말하였다.[41] 水呑面의 경우 水呑面을 水灘面의 이표기로 파악하여 水呑面의 水呑이 '水/물+呑[여울, 灘]' 정도의 구성으로 水呑과 水灘이 '물여울' 정도를 표기한 것임을 밝혔다. 玉山面의 경우 玉毛面의 이표기를 제시하여 玉毛의 毛가 '뫼[山]'를 뜻하는 것임을 밝혔으나 관련 자료가 없어

---

41 533쪽에서는 石川[돌내]를 돌내[廻川]의 의미로 이해했다. 533쪽의 견해가 더 타당할 가능성이 있다.

玉에 대해서는 논의하지 못하였다. 黃魚面의 경우 黃魚의 이표기 發阿를 제시하고 黃魚의 발음형이 '바래/바라'일 가능성을 제시했다.

조선 시대 부평부 면명 표기 가운데에서 삼국 시대 지명 표기로 추정할 수 있는 면명 표기를 연구한 결과는 다음과 같다.

馬場面을 고구려 계통의 面名 表記인 것으로 파악하였다. 馬場이 '馬/마[水]+場/장[根]' 정도의 구성을 가지는 것으로 이해하고, '馬/마'가 '물'을 뜻하는 고구려어임을 말하였고, 場/장은 '根[뿌리]'를 뜻하는 고구려어로 파악하였다. 이러한 근거에 기대어 馬場은 '물의 뿌리'를 표기한 것으로 파악하고 '물의 뿌리'는 한자어로는 水源임을 말하였다.

馬場面이 고구려 계통의 面名 表記인 사실을 확인하여 '물'을 뜻하던 고구려어 '馬/마'가 지명 표기를 통해 오늘날까지도 전승된 사실을 말하였다. 또 '뿌리'를 뜻하던 고구려어 '斬/잠'이 후기 중세국어에서 ':쟝(부처의 자리 아래에 설치하는 것)'과 '휘챵(신발창)'의 '챵'으로 계승되어 오늘날에는 '신발창'의 '창'으로 전승되었음을 말하였다.

注火串面을 신라 계통의 면명 표기로 파악하였다. 고구려 지명 표기 主夫吐를 '主[줄, 線]+夫[벌, 坪]+吐[둑]'으로 파악한 것에 근거하여 注火串이 '主[줄, 線]+火[벌, 坪]+串[고지, 岬]' 정도의 구성을 가지는 것으로 신라 계통의 표기로 파악하였다.

主夫吐와 注火串이 모두 '줄[線]'을 사용한 지명인 점을 확인하여 '줄'을 사용한 지명의 연원이 삼국 시대까지 올라갈 수 있음을 확인하였다. 또한 통일신라 경덕왕 대의 지명 개정에서 '줄[線]'의 의미를 '길다[長]'로 교체하여 표현한 사례를 확인하여 경덕왕대의 지명 개정 시의 방향이 '구체적인 의미'의 지명을 '추상적인 의미'의 지명으로 교체한 사실을 이해하게 되었다.

조선 시대 부평부 洞里村名 후부 요소의 특징에 대하여

1. 서언

이 글은 조선 시대 부평부 洞里村名 후부 요소가 지니는 특징에 대하여 살펴보고자 한다. 조선 시대 부평부는 삼국 시대 고구려, 백제, 신라 등의 각축장이었으므로 부평부의 지명에는 삼국 시대의 언어가 보존되었을 가능성이 있으므로 조선 시대 부평부 지명 중에서 동리촌명에 나타난 후부 요소의 특징을 구명하려는 이 글의 연구는 고대국어 연구를 위한 언어 자료 발굴의 기초 작업이라고 할 수 있다.

조선 시대 부평부 동리촌명에 먼저 주목하는 것은 동리촌명과 관련된 자료가 자연지명보다는 상대적으로 풍부하게 남아 있어서 지명의 참모습을 잘 살필 수 있기 때문이다. 동리촌명과 관련된 자료를 면밀하게 검토하고 활용하여 동리촌명의 본래 의미를 정확하게 포착할 수 있을 것으로 기대된다.

부평부의 동리촌명을 보여 주는 地誌資料로는 『戶口總數』(1789)가 유일하게 알려져 있다. 『輿地圖書』(1765)에 수록된 부평부 읍지는 面名만을 제시하고 있다. 이러한 제한된 상황에서 『조선지지자료』(1911)의 부평군 항목에 수록된 동리촌명을 적극적으로 활용하고자 한다. 『조선지지자료』에 수록된 지명들은 20세기 이후에 정리된 것이지만 이 지명들에는 이전 시기의 특성이 남아 있어, 조선 시대 지명 자료로 활용하여도 무방할 것으로 생각한다. 이미 최범훈(1987: 87)은 『地方行政區域名稱一覽』(1912)에 수록된 동리촌명을 '근대지명어'로 규정하고 '옛 지명'의 모습을 관찰할 수 있다고 한 바 있다.

또한 최범훈(1987)은 『地方行政區域名稱一覽』(1912)에 수록된 경기도 지역의 동리촌명을 연구 대상으로 하여 경기도 지역의 동리촌명이 가지고 있는 공통적인 특성을 연구한 바 있다. 최범훈(1987: 99-102)에서 石串面의 동리촌명인 '佳亭里, 佳佐洞' 등이 'ᄀᆞ[邊]'과 관련된 지명이고, 西面의 葛月里가 '가리다[岐]'와 관련된 지명이라는 것을 밝힌 바 있다. 한편 임용기(1996)는 『조선지지자료』에 수록된 부평군 지명 자료를 유형화하여 부평군 지명이 가지는 특성을 밝히고자 하였다. 이 밖에 '이훈익(1993), 조찬석(2002), 인천광역시 역사자료관(2006), 朴德裕(2008), 인천광역시(2015)' 등을 들 수 있으나 지명 해독의 객관적 방법론을 적용한 연구는 아니었고, 대체로 민간어원 수준의 근거를 가지고 지명의 유래를 설명한 것들이었다.

이러한 기존 연구의 한계를 극복하기 위하여 이 글에서는 동리촌명의 異表記 자료를 언어학적으로 활용하여 지명 표기에 가려진 지명의 참모습을 밝혀내고자 한다. 관련된 이표기 자료가 없을 경우 다른 州郡縣의 유사한 동리촌명 표기를 찾아내어 부평부 동리촌명의 의미를 분석하고자 한다. 나아가 『한국지명총람』(1966-1986)에 수록된 지명 자료를 활용하고자 한다. 여기에는 전국 지명에 대한 현지인들의 발음형이 조사되어 있다. 현지인들의 발음형은 지명 해독을 위한 귀중한 언어 재료가 되므로 이를 언어학적으로 활용하고자 한다.

주지하듯이 동리촌명은 전부 요소와 후부 요소로 구성되어 있다. 후부 요소와 비교하면, 전부 요소의 경우는 지명의 본래 의미를 해독하기가 매우 어렵다. 따라서 이 연구에서는 동리촌명의 후부 요소에만 연구를 집중하기로 하되, 명확한 근거가 있어 동리촌명 전부 요소의 의미를 밝힐 수 있는 것은 함께 제시하고자 한다.

2. 『호구총수』와 『조선지지자료』의 富平 동리촌명 표기 검토

2.1. 동리촌명의 목록

조선 시대 지지자료 가운데에 『호구총수』는 동리촌명의 명칭을 제시하고 있다. 그러나 『여지도서』와 『경기읍지(부평)』(1871)는 동리촌명의 수만 제시하고 있으며 『경기읍지(부평)』(1842)와 『부평군읍지』(1899)는 동리촌명의 수를 제시하지 않았다. 각 지지자료에 소개된 동리촌명의 수를 제시하면 다음과 같다. 『조선지지자료』의 것도 함께 제시한다.

(1) 조선 시대 지지자료와 『조선지지자료』에 수록된 부평부 동리촌명의 수

면명	여지도서	호구총수	경기읍지 (부평 1871)	조선지지자료
堂山面	5	4	4	3
東面	8	4	5	5
同所井面	5	4	4	4
馬場面	3	2	2	3
毛月串面	8	8	10	12
府內面	2	1	2	2
上梧亭面	7	7	5	5

면명	여지도서	호구총수	경기읍지 (부평 1871)	조선지지자료
西面	7	4	6	7
石串面	8	7	8	17
石川面	6	6	5	4
水呑面	12	8	6	19
玉毛面	7	6	7	7
注火串面	5	4	5	8
下梧亭面	7	6	7	10
黃魚面	7	8	9	9

(1)에서 보는 바와 같이 지지자료별로 동리촌명의 수가 다르다. 동리 촌명의 출입이 어떠한 사항을 반영했는가의 문제는 관련 자료가 없어 논의할 수가 없다. 예컨대, 『호구총수』에서 府內面에는 上里 하나만 제시된 것을 들 수 있다. 누락으로 추정되지만, 관련 자료가 없어 下里를 제시하지 않은 이유를 논의할 수가 없다.

『호구총수』와 『조선지지자료』는 동리촌명의 명칭을 제시했으므로 이 두 자료에 나타나는 표기 차이를 제시하면 다음과 같다. 자연 부락의 소속 행정 구역을 알기 쉽게 설명하기 위하여 1912년에 정리된 행정 구역의 동리촌명도 함께 제시한다. 『호구총수』와 『조선지지자료』에 공통으로 나타나나 표기에 차이가 있는 것은 '/'로 구분하여 제시한다. '/'의 왼쪽은 『호구총수』의 것이고, 오른쪽은 『조선지지자료』의 것이다.

(2) 『호구총수』, 『조선지지자료』, 『地方行政區域名稱一覽』 등의 부평부 동리촌명 대조

면명	공통 동리촌명	호구총수만의 동리촌명	조선지지자료만의 동리촌명	1912년 개편 동리촌명[1]
堂山面	掘峴里/堀峴里[굴-쩍], 野里/野里[벌말]	陽之里, 東里	東陽里[당미]	東陽里, 掘峴里, 上野里, 下野里, 坪里
東面	里幕洞/林鶴洞, 龍宗里, 坊築里	廣井里	兵房里, 朴村里	林鶴洞, 龍宗里, 兵房里, 朴村里, 防築里
同所井面	龜山里/九山里, 項洞里/ 航洞, 馬墳里, 大井里			大井里, 馬墳里, 航洞, 九山里
馬場面	曉星里/曉星里[시베리], 淸川里/淸川里[말근너]		山谷里[뫼쏠말]	曉星里, 淸川里, 山谷里
毛月串面	公村里, 延希里/連希里, 古殘里/高棧里, 黔巖里/ 黔岩里, 始川里, 白石里, 青蘿島, 蘭芝島		細魚島, 長邱島, 鷹島, 深谷里	公村里, 深谷里, /連喜里, 高棧里, 黔岩里, 始川里, 白石里, 蘭芝島, 青蘿島, 細魚島, /長口島, 鷹島
府內面	上里/上洞		下洞	上洞 下洞
上梧亭面	若大里, 三井里, 內村里/內村, 都堂里/ 陶唐里, 馬梧亭里/吾丁里	斗之村, 臥牛里		吾丁里, 內村, 陶唐里, 三井里, 若大里
西面	佳峴里/佳峴里[가루긔], 化田里/化田里[된밧], 葛月里, 後井里/後井里[뒤우물]		新垈里[시더], 鵲井里[가치말], 道頭里[도두머리]	佳峴里, 新垈里, 化田里, 葛月里, 後井里, 道頭里, 鵲井里

---

1 『地方行政區域名稱一覽』 v1에 제시된 동리촌명이다.

면명	공통 동리촌명	호구총수만의 동리촌명	조선지지자료만의 동리촌명	1912년 개편 동리촌명
石串面	佳亭里/佳丁里, 新峴里/新峴里[시오기], 浦村里/浦里[깃말], 番作里, 加佐洞/佳佐洞, 栗島/栗島里[밤섬말]	烽峴里	高棧里, 閑寂洞[한주고기], 上村[웃말], 下村[아렛말], 杏花里[살곳지], 甘同寺里[감동결리], 陵內村[능안말], 小里[즈근말], 大里[큰말], 漆井里[웃우물], 屈內里[굴-안말]	佳佐洞, 番作里, 高棧里, 浦里, 佳丁里, 栗島, 新峴里
石川面	上里, 中里, 仇之里/九芝里, 深谷里	檢坌里, 木子里		上里, 九芝里, 中里, 深谷里
水呑面	溫水洞里/溫水洞, 宮里, 梧柳洞里/梧柳洞, 天旺里/天旺里, 栢寺里/栢寺里[자절리], 高尺里, 開峯里	加沙里	富平村, 虎洞[호랑이꼴], 德義里, 祖碣木里, 九里內, 金盤里, 坊築內[방죽안], 葛灘里[가리여울], 朔世里, 酒隱里, 寺洞[결쏠], 柳里[버들리]	天旺里, 高尺里, 開峯里, 梧柳洞, 宮里, 溫水里
玉毛面	素沙里/素砂里, 曹宗里/朝宗里, 凡朴洞里/範朴洞, 果安里/槐安里, 伐應節里	堂下里	航洞, 表節里	範朴洞, 航洞, 素砂里, 槐安里, 伐應節里, 朝宗里, 表節里
注火串面	五谷里, 五金里, 大壯里	章山里	內村, 花橋里[쫏다리], 死樹巨里[죽은나무거리], 外五釗里[밧갓오쇠], 石橋里[돌다리]	內村, 五釗里, 五谷里, 大壯里
下梧亭面	禾力里/壽城里, 古里洞里/古里洞[고리울], 偃談里/彦淡里, 余月里/如月里, 鵲洞里/鵲洞[가치울]	成谷里	遠宗里[먼마우], 店村[졈말], 新村[시말], 澗村[심말], 新墟里[시텃말]	遠宗里, 鵲洞, 如月里, 古里洞
黃魚面	蘧窣里/蘧室里[둑실], 木霜里, 葛山里/葛山里[칙뫼], 驛洞里/驛洞[역골]		場基里[장터]	蘧室里, 木霜里, 驛洞, 葛山里, 梧柳洞, 梨花村, 仙舟之里, 場基里

면명	공통 동리촌명	호구총수만의 동리촌명	조선지지자료만의 동리촌명	1912년 개편 동리촌명
黃魚面	五柳洞里/梧柳洞[오류꼴], 梨花里/梨花村[빗곶이], 先地串/仙住之里[선주지], 老吾之里/老吾之里[줄미]			

『호구총수』는 戶口를 조사한 帳籍에 근거하여 동리촌명을 제시한 것이므로『호구총수』의 동리촌명은 행정 단위인 동리촌명이다. 그런데『조선지지자료』에 제시된 동리촌명은 행정 단위의 동리촌명이 아니고 자연 부락 단위의 동리촌명이다.『조선지지자료』에서는 '彦淡里, 壽域里, 新墟里' 등의 동리촌명이 모두 富平郡 下吾丁面 遠宗里에 소재하고 있음을 설명하고 있다. 이러한 설명은 '彦淡里, 壽域里, 新墟里' 등이 행정 단위의 동리촌명이 아니고 자연 부락의 단위임을 말해 주는 것이다. 이처럼『조선지지자료』에 제시된 자연 부락 동리촌명이 1912년에 정리된 동리촌명에 나타나지 않는 것은 1912년에 정리된 동리촌명이 행정 단위의 명칭임을 말해 주는 것이다.

『호구총수』에만 보인 陽之里와 東里는 1789년부터 1911년 사이에 東陽里로 통합된 듯한데, 관련 자료를 찾을 수 없어 통합된 시기를 알 수 없다. 반면에 1789년부터 1911년 사이에 廣井里는 兵房里와 朴村里로 분화된 것으로 추정되지만 관련 자료를 현재 찾을 수 없다.

『호구총수』에 제시되었던 '烽峴里, 木子里, 堂下里, 章山里, 成谷里' 등은『조선지지자료』에서는 제시되지 않았다. 그러나 조선총독부가 1914년에 착수해서 1918년에 완성한『(近世)韓國五萬分之一地形圖』[2]에는

---

2 『(近世)韓國五萬分之一地形圖』에는 陳村도 더 표시되어 있다.

이 동리촌명들이 괄호로 제시되어 있다. 烽峴里와 堂下里는 글자의 출입 없이 제시되었으나 木子里는 牧自里, 章山里는 獐山里, 成谷里는 成曲 등으로 글자를 달리하여 제시하고 있다. 그리고 堂下里는 表節里와는 다른 위치에 표시되어 있다. 堂下里는 '( )'의 표시가 되어있으나 表節里는 그렇지 않다. 이것은 행정적으로 堂下里가 表節里에 포함된 것임을 말하는 것으로 생각된다.

『호구총수』에 나오는 '斗之村(상오정면 소재), 臥牛里(상오정면 소재), 檢垈里(석천면 소재), 加沙里(수탄면 소재)' 등은 『호구총수』 이후의 지지 자료에서는 찾을 수 없다.

한편, '『호구총수』, 『조선지지자료』, 『地方行政區域名稱一覽』(1912)' 등에서는 제시되지 않았지만 『(近世)韓國五萬分之一地形圖』에는 九芝里 근처에 松內村과 山谷里가 더 제시되어 있고, 驛谷 근처에 '士來里, 陳村, 新場基' 등이 더 제시되어 있다.

2.2. 동리촌명 표기의 音假 표기화 경향

동리촌명 표기의 音假 표기화 경향이란 기존의 동리촌명 표기를 동일한 음의 다른 한자를 사용하여 표기하는 것을 말한다. 『호구총수』와는 달리 『조선지지자료』에서 다른 한자로 표기된[3] 동리촌명을 제시하면 다음과 같다.

---

3   『호구총수』의 蠹宲里와 黔嚴里는 『조선지지자료』에 蠹室里[둑실]과 黔岩里로 실려 있다. '嚴〉岩, 宲〉室' 등의 표기 차이는 이체자 차이이다.

(3) 音假 표기화 현상을 보인 동리촌명

면명	호구총수	조선지지자료	조선지형도[4]	표기차이
堂山面	掘峴里	堀峴里[굴-쩍]		掘〉堀
東面	里幕洞	林鶴洞		里幕〉林鶴
同所井面	龜山里	九山里		龜〉九
	項洞里	航洞		項〉航
毛月串面	延希里	連希里		延〉連
	古殘里	高棧里		古殘〉高棧
上梧亭面	都堂里	陶唐里		都堂〉陶唐
	馬梧亭里	吾丁里		梧亭〉吾丁
石串面	佳亭里	佳丁里		亭〉丁
石川面	仇之里	九芝里		仇之〉九芝
	木子里		牧自里	木子〉牧自
玉毛面	素沙里	素砂里		沙〉砂
	曹宗里	朝宗里		曹〉朝
	凡朴洞里	範朴洞		凡〉範
	果安里	槐安里		果〉槐
下梧亭面	禾力里	壽域里		禾力〉壽域
	偃談里	彦淡里		偃談〉彦淡
	余月里	如月里		余〉如
	成谷里		成曲	谷〉曲
黃魚面	五柳洞里	梧柳洞[오류쏠]		五〉梧
注火串面	章山里		獐山里	章〉獐

(3)에 제시한 글자의 교체는 대체로 동일하거나 유사한 음의 다른 漢字로의 교체이다. 후기 중세국어의 한자음을 제시한 권인한(2005)에 따라

---

[4] 『(近世)韓國五萬分之一地形圖』를 말하는 것이다.

(3)에서 교체된 한자의 후기 중세국어 한자음을 제시하면 다음과 같다.

(4) 교체된 글자의 후기 중세국어 한자음

호구총수		조선지지자료	
한자	한자음	한자	한자음
掘	H굴	堀	없음
里	R리, H리	林	L림
幕	H막	鶴	H학
龜	L귀	九	H구, R구
項	R항	航	L항
延	L연	連	L련
古	R고, H고	高	L고
殘	L잔	棧	H잔
都	L도	陶	L도
堂	L당	唐	L당
梧	L오	吾	L오
亭	L뎡	丁	L뎡
亭	L뎡	丁	L뎡
仇	L구	九	H구, R구
之	L지	芝	L지
木	H목	牧	H목
子	H주	自	H주
沙	L사	砂	없음
曹	L조	朝	L됴
凡	L범	範	R범
果	R과, H과	槐	L괴, 회
禾		壽	H슈, R슈
力	H력	域	H역
偃	R언	彦	R언

호구총수		조선지지자료	
한자	한자음	한자	한자음
談	L담	淡	R담
余	L여	如	L여
谷	H곡	曲	H곡
五	R오, H오	梧	L오
章	L쟝	獐	L쟝

(4)를 통해서 『호구총수』의 동리촌명 표기의 한자가 『조선지지자료』에서는 동일하거나 유사한 음의 한자로 교체된 사실을 알 수 있다. 다만 몇 가지 주의해야 할 점이 있다. '里幕〉林鶴, 禾力〉壽域, 果〉槐' 등의 경우에는 설명이 필요하다. 里幕은 '리막' 정도를 표기한 것이고, 林鶴은 '림학' 정도를 표기한 것이다. 그런데 里幕의 '리막'은 '림학〉리막'의 과정을 역으로 해석하여 '리막'을 '림학'으로 이해하여 林鶴의 표기가 나타난 것으로 생각된다. 禾力의 禾를 『훈몽자회』下:2a에서 말한 '禾 쉬 화'를 참고하면, 禾力은 '쉬력' 정도를 표기한 것이 되어 禾力을 壽域과 연관시킬 수 있다. 壽域은 '수역' 정도를 표기한 것이므로 '쉬력'은 '쉬력〉수력〉수역' 정도의 변화 과정을 거친 것으로 생각된다. 果安里와 槐安里의 경우 果와 槐를 연결시키기가 어렵다. 果는 후기 중세국어에서 그 음이 'R과, H과'이고, 槐는 후기 중세국어에서 그 음이 'L괴, 회'이어서 果와 槐를 직접 연결 시킬 수 없기 때문이다.

한편 '曺〉朝'의 변화도 주의할 필요가 있다. 曺는 후기 중세국어에서 그 음이 'L조'이고, 朝는 그 음이 'L됴'이므로 '曺〉朝'의 변화는 't-구개음화'가 완성되고 치찰음 아래에서 이중모음 'ㅛ'가 단모음화되는 시기라야 가능한 것이므로 '曺〉朝'의 변화는 19세기 말이나 20세기 들어서서 발생한 것으로 생각된다.

한편, 延은 후기 중세국어에서 그 음이 'L연'이고 連은 후기 중세국어에서 그 음이 'L련'이지만 어두에서 'ㄹ'이 탈락하는 현상은 18세기에 이르러서는 완성된 것이므로 '延〉連'의 교체는 19세기 이후에 발생했을 것으로 생각된다.

『호구총수』 掘峴里와 『조선지지자료』 堀峴里의 대응에서 掘과 堀의 차이가 나타났다. 『新增類合』 下:32a에 '掘 폴 굴'으로 되어 있고, 堀은 '구멍을 뚫다, 굴을 파다'의 뜻을 가지고 있어 堀이 掘을 대체하여 사용된 것으로 생각된다. 하지만 掘峴里가 掘浦川의 인근 지역에 소재한 점을 고려하면, 掘峴里의 掘은 掘浦川에서와 같이 '갯벌의 개흙을 파내다'의 의미가 되어 '구멍을 파다'의 뜻인 堀과는 의미가 적지 않게 다르다.

谷과 曲의 교체는 谷의 의미를 한자 曲으로 교체한 것으로 생각된다. '坊坊曲曲'에서 曲은 '골짜기'의 의미이다.

(4)와 같은 한자의 교체 현상은 한자를 음독하는 경향에 따른 것으로 이건식(2016)에 따르면 이러한 현상은 고려 시대 초기부터 발생한 것이다. 따라서 『호구총수』의 동리촌명의 표기에도 이전 시기의 표기를 교체한 글자가 있을 것으로 추정된다.

『호구총수』와 『조선지지자료』에서 제시한 동리촌명에서 글자의 출입이 발생한 것은 다음과 같다.

(5) 『호구총수』와 『조선지지자료』의 동리촌명 글자 출입

면명	호구총수	빠진 글자	조선지지자료	빠진 글자
同所井面	項洞里		航洞	里
府內面	上里	洞	上洞	里
上梧亭面	馬梧亭里		吾丁里	馬
	內村里		內村	里

면명	호구총수	빠진 글자	조선지지자료	빠진 글자
石串面	浦村里		浦里[깃말]	村
	栗島	里	栗島里[밤섬말]	
水呑面	溫水洞里		溫水洞	里
	梧柳洞里		梧柳洞	里
玉毛面	凡朴洞里		範朴洞	里
下梧亭面	古里洞里		古里洞[고리울]	里
	鵲洞里		鵲洞[가치울]	里
黃魚面	驛洞里		驛洞[역골]	里
	五柳洞里		梧柳洞[오류꼴]	里
	梨花里	村	梨花村[빈꽃이]	里
	先地串	里	仙住之里[선주지]	

(5)에서 보여준 동리촌명 표기의 글자 출입 유형은 다음과 같다.

(6) 가. 項洞里〉航洞, 先地串〉仙住之里
    나. 浦村里〉浦里
    다. 梨花里〉梨花村
    라. 上里〉上洞
    마. 馬梧亭里〉吾丁里

(6가)는 행정 구역을 나타내는 표지인 里의 표기 여부에 따른 유형이다. 『호구총수』는 될 수 있으면 里를 표기하나 『조선지지자료』에서는 그렇지 않은 사실을 알 수 있다. (6나)는 자연 부락을 나타내는 표지인 村의 표기 여부에 따른 유형이다. 『호구총수』보다는 『조선지지자료』에서 村의 표기가 자주 나타나는 것을 알 수 있다. 『호구총수』에서는 될 수 있으면 里가 표기되고 『조선지지자료』에서는 村이 표기되는 경향을

(6다)는 보여 주고 있다.

(6라)에서 上洞을 고려할 때, 上里는 지명 후부 요소인 洞이 표기되지 않은 것임을 알 수 있다. 한편 (6마)의 馬梧亭里에서 馬梧亭이 '梧亭/픔丁'으로 나타난 경우이다. 上馬梧亭面과 下馬梧亭面이 각각 上梧亭面과 下梧亭面이 되어 馬梧亭이 '梧亭/픔丁'으로 재구조화된 것으로 생각된다.

3. 조선 시대 富平府 동리촌명 후부 요소 분석

3.1. 행정 단위 후부 요소

『호구총수』에서는 조선 시대 부평부 동리촌명의 행정 단위 후부 요소로 里를 제시하고 있다. 『호구총수』에 제시된 부평부 동리촌명의 경우에는 대체로 里가 표기되어 있다. 그러나 '先地串(黃魚面), 蘭芝島(毛月串面), 加佐洞(石串面), 斗之村(上梧亭面), 栗島(石串面)' 등의 경우에는 里가 표기되어 있지 않다.

『호구총수』에 제시된 부평부의 동리촌명에서 '一里, 二里, 三里, 四里, 五里' 등과 같은 인위적인 행정 구획 명칭은 보이지 않고, '里幕洞, 龍宗里, 坊築里, 廣井里' 등처럼 고유 명칭의 행정 구역 명칭만 제시되어 있다.

3.2. 자연 부락 후부 요소

3.2.1. 洞/골

'고을'을 뜻하는 '洞/골'이 자연 부락 표지로 사용된 동리촌명은 다음과 같다.

(7) 가. 加佐洞(石串面)〈호구총수〉, 佳佐洞(石串面)〈조선지[5]〉, 가재울 〈한국지[6] 인천시 북구 가좌동〉

나. 古里洞里(下梧亭面)〈호구총수〉, 古里洞/고리울(下吾丁面)〈조선지〉, 고리울 〈한국지 부천시 고리동〉

다. 鵲洞里(下梧亭面)〈호구총수〉, 鵲洞/가치울(下吾丁面)〈조선지〉, 까치울 〈한국지, 부천시 작동〉

라. 梧柳洞里(水呑面)〈호구총수〉, 梧柳洞(水呑面)〈조선지〉, 五柳洞里(黃魚面)〈호구총수〉, 梧柳洞/오류꼴(黃魚面)〈조선지〉, 오리울, 오릿골 〈한국지, 김포군 계양면, 오류리〉

(8) 가. 航洞(玉山面)〈조선지〉, 虎洞/호랑이꼴(水呑面)〈조선지〉, 황골 〈한국지 인천시 북구 일신동〉

나. 驛洞里(黃魚面)〈호구총수〉, 驛洞/역골(黃魚面)〈조선지〉, 역골 〈한국지, 부천시 역곡동〉

(9) 가. 里幕洞(東面)〈호구총수〉, 林鶴洞(東面)〈조선지〉

나. 凡朴洞里(玉山面)〈호구총수〉, 範朴洞(玉山面)〈조선지〉, 범박굴, 범박골 〈한국지, 부천시 범박동〉

다. 溫水洞里(水呑面)〈호구총수〉, 溫水洞(水呑面)〈조선지〉, 온수꿀 〈한국지 영등포구 오류출장소, 온수동〉

라. 項洞里(東所井面)〈호구총수〉, 航洞(同所井面)〈조선지〉, 항골 〈한국지 인천시 북구 일신동〉

마. 寺洞/졀꿀(水呑面 宮里)〈조선지〉, 절꿀고개, 바디꿀 고개 〈한국지 영등포구 오류출장소 궁동〉

---

5 '조선지'는 '조선지지자료'를 말한다. 이하 동일하다.
6 '한국지'는 '한국지명총람'을 말한다. 이하 동일하다.

『조선지지자료』의 부평군 자료에서 '골짜기'의 의미를 표현할 경우 洞을 사용한 경우는 없고 모두 谷만을 사용하고 있다. (8나)의 驛洞里는 동리촌명 조에 수록되어 있으나 '驛谷/역골(富平郡 玉山面 伐應節里)'은 山谷 조에 실려 있다. 驛洞里는 고려 시대부터 있었던 金輪驛을 말하는 것이고, 水呑面에 있었던 '驛谷/역골'은 조선 후기에 비로소 발달한 것을 말한다. 이러한 사실들은 부평부 지역에서는 洞과 谷을 구분하여 사용한 것임을 말해 주는 것이다. 즉 洞은 '고을'의 의미인 '골'로 谷은 '골짜기'의 의미인 '골'로 구분하여 사용한 것임을 말해 준다.

(7)-(9)에 제시한 동리촌명에 사용된 전부 요소의 의미를 확정할 수 없기 때문에 洞의 분포 특징을 설명할 수 없다.

(7가)의 '가리울', (7나)의 '고리울', (7다)의 '가치울', (7라)의 '오리울' 등이 주목된다. 이들 발음형에 나타나는 '울'은 'ㅣ' 모음 아래에서 '골[마을]'이 '울'로 교체된 것이기 때문이다. '골짜기'를 나타내는 '山谷里/뫼쏠말(馬場面)'와 釗老之谷/쇠로지쏠(富平郡 堂山面 堀峴里)에서 보는 바와 같이, '골짜기'를 뜻하는 '골'은 'ㅣ' 모음 아래에서도 '골'을 유지하고 있다.

최범훈(1987: 100)은 加佐洞의 加佐를 'ᄀ[邊]+애[처격조사]' 정도의 구성에서 온 것으로 파악하였다. 결국, 加佐洞은 'ᄀ새울' 정도를 표기한 것인데 'ᄀ새울'은 'ᄀ새울〉ᄀ재울〉가재울' 정도의 변화 과정을 거쳐 『한국지명총람』에서 '가재울'로 남아 있는 것으로 생각된다.

다음은 자연 부락 단위 표지인 洞이 생략된 동리촌명의 경우이다.

(10) 가. 上里(邑內面)〈호구총수〉, 上洞(郡內面)〈조선지〉, 下洞(郡內面)〈조선지〉

나. 佳亭里(石串面)〈호구총수〉, 佳丁里(石串面)〈조선지〉

다. 木子里(石川面)〈호구총수〉, 먹적골〈한국지, 부천시 심곡동〉

(10가)에서 함께 제시한 上洞과 下洞을 고려하면, 上里는 上洞里에서 온 것이다.

최범훈(1987:100)은 (10나) 佳亭里의 佳亭을 '가쟁이'로 풀이하였다. '가쟁이'는 'ᄀᆞ[邊]+앙[접미사]+이[접미사]' 정도의 구성으로 'ᄀᆞ상이〉ᄀᆞ쟁이〉가쟁이' 정도의 변화 과정을 거친 것이다. 加佐洞의 加佐가 'ᄀᆞ[邊]'에서 온 것이므로 佳亭의 경우에도 후부 요소로 洞이 결합하였을 것으로 추정된다.

(10다)의 경우 『한국지명총람』에 제시된 발음형 '먹적골'을 참고하여 木子里에 洞이 개재된 것으로 파악한 것이다.

3.2.2. 村/ᄆᆞ슳/마을

'마을'을 뜻하는 村이 자연 부락 표지로 사용된 동리촌명은 다음과 같다.

(11) 가. 浦村里(石串面)〈호구총수〉, 浦里/깃말(石串面)〈조선지〉, 개말〈한국지 인천시 북구 원창동〉
    나. 公村里(毛月串面)〈호구총수〉, 公村里(毛月串面)〈조선지〉, 고련이〈한국지, 인천시 북구 공촌동〉
    다. 朴村里(東面)〈조선지〉, 박말〈한국지, 김포군 계양면 박촌리〉
    라. 店村/졈말(下吾丁面, 如月里)〈조선지〉, 점말〈한국지 부천시 여월동〉
    마. 澗村/쉽말(下吾丁面 古里洞)〈조선지〉
    바. 富平村(水呑面 天旺里)〈조선지〉, 부평말(소래와 접경)〈한국지 영등포구 오류출장소 천왕리〉
    사. 斗之村(上梧亭面)〈호구총수〉

(11)에 제시한 동리촌명 중에서 전부 요소의 의미를 확정할 수 없어 자연 부락 표지 村이 보이는 분포적 특성을 언급할 수 없다. '公村里, 斗之村' 등의 전부 요소는 그 의미가 확실하지 않다. 斗之村의 斗之는 '두지〈뒤주〉'의 음차 표기일 가능성은 있다.

다음은 전부 요소의 의미가 확실한 경우이다.

(12) 가. 陵內村/능안말(石串面 佳佐洞)〈조선지〉
나. 內村里(上梧亭面)〈호구총수〉, 內村(上吾丁面)〈조선지〉
다. 內村(注火串面)〈조선지〉
라. 新村/식말(下吾丁面 鵲洞)〈조선지〉
마. 上村/웃말(石串面 佳佐洞)〈조선지〉, 윗말〈한국지 인천시 북구 가좌동〉, 下村/아렛말(石串面 佳佐洞)〈조선지〉, 아랫말〈한국지 인천시 북구 가좌동〉

(12)에 제시된 동리촌명의 전부 요소인 '內, 新, 上/下' 등의 의미는 분명하다. 그러나 부평부 읍내면의 下洞을 고려하면 '內, 新, 上/下' 등의 전부 요소로 자연 부락 표지 村의 분포 특징을 분석해 낼 수 없다. 다음은 자연 부락 단위 표지인 村이 생략된 경우이다.

(13) 가. 上里(石川面)〈호구총수〉, 上里(石川面)〈조선지〉, 웃말, 사래리, 사랑리〈한국지 부천시 상동〉
나. 中里(石川面)〈호구총수〉, 中里(石川面)〈조선지〉, 중말, 간데미〈한국지, 부천시 중동〉
다. 小里/즈근말(石串面)〈조선지〉, 大里/큰말(石串面)〈조선지〉
라. 屈內里/굴-안말(石串面)〈조선지〉
마. 東里(堂山面)〈호구총수〉, 동녘말〈한국지 김포군 계양면 동양리〉

바. 都堂里(上梧亭面)〈호구총수〉, 陶唐里(上吾丁面)〈조선지〉, 도당말〈한국지, 부천시 도당리〉

사. 仇之里(石川面)〈호구총수〉, 九芝里(石川面)〈조선지〉, 구짓말〈한국지 부천시 송내동〉

아. 野里(堂山面)〈호구총수〉, 野里/벌말(堂山面)〈조선지〉, 벌말〈한국지, 김포군 계양면 평리〉

(14) 가. 古殘里(毛月串面)〈호구총수〉, 高棧里(毛月串面)〈조선지〉, 高棧里(石串面)〈조선지〉

나. 九里內(水呑面)〈조선지〉

다. 坊築內/방죽안(水呑面)〈조선지〉

라. 坊築內/방죽안(水呑面)〈조선지〉

(13)은 『한국지명총람』에 제시된 발음형 '말'을 근거로 자연 부락 단위 표지인 村이 생략된 것으로 판단한 것이다. (14)는 부평부 동리촌명에서 전부 요소 內가 村과 통합된 동리촌명이 있다는 사실을 고려하여 자연 부락 단위 표지인 村이 생략된 것으로 판단한 것이다.

(14가)의 古殘이 '곶[串]+안[內]' 정도 구성의 '고잔' 정도를 표기했다는 것은 주지의 사실이다.

3.2.3. 谷/실

'마을'을 뜻하는 '谷/실'이 자연 부락 표지로 사용된 동리촌명은 다음과 같다.

(15) 가. 蠹寀里(黃魚面)〈호구총수〉, 蠹寀里/둑실(黃魚面)〈조선지〉, 둑실〈한국지, 김포군 계양면, 둑실리〉

나. 士來里[7](옥산면) 〈(近世)韓國五萬分之一地形圖〉
다. 仕內谷, 仕乃日, 士羅日[8] 〈양경직 2012〉

최범훈(1987: 109)에서 (15가) 蠹宲里[9]의 宲[室]이 '마을'의 의미임을 밝힌 바 있다. 山谷 조에 실린 '泉實谷/쉼실골(富平郡 注火串面 內村)'의 實도 '마을'의 의미일 가능성이 있다. '澗村/쉼말(下吾丁面 古里洞)'을 고려하면 자연 부락인 '泉實/쉼실'의 가능성을 생각할 수 있다. 『조선지지자료』에 수록된 용인군의 '釜谷/가마실(龍仁郡 蒲谷面 前串里)'과 여주군의 '釜谷里/가마실(驪州郡 金沙面)'을 고려하면 조선 시대 부평부 지역에서 '마을'을 뜻하는 '谷/실'이 존재했을 가능성이 크다.

(15다)의 仕內谷과 仕乃日의 대응이 주목된다. 仕乃日의 日은 '실' 정도를 표기한 것으로 이 '실'은 '마을'의 의미인 '실'에서 온 것으로 仕內谷의 谷이 '마을'의 의미인 '실'을 표기한 것임을 알려 주기 때문이다. 한편, (15나) 士來里의 士來는 (15다) '仕內谷, 仕乃日, 士羅日' 등에서 '谷, 日' 등을 소거한 표기이다.

3.2.4. 洞과 村의 존재 위계

『호구총수』는 행정 단위 표지 里가 자연 부락 단위 표지인 '谷, 洞,

---

[7] 『(近世)韓國五萬分之一地形圖』에 기재되어 있음.
[8] 양경직(2012: 45)에 따르면, 仕內谷은 『淸州楊氏族譜』(1766)의 楊子淳(1450生)의 묘소 위치로 仕乃日은 『淸州楊氏 家牒』(1780년경 필사)의 楊子淳의 묘소 위치, 士羅日은 『죽산박씨족보』(1771)의 朴鐵貞 묘소 위치로 기록되어 있다고 한다.
[9] 인천광역시(2015: 287)에서 蠹宲里의 蠹를 蠹旗로 풀이하였다. 그러나 蠹은 '둑'의 의미인 '둑'을 음차 표기한 것으로 생각된다. '둑'을 뜻하는 '둑'을 蠹이 음차 표기한 사례로 『조선지지자료』에서 '斗蠹坪/두둑벌(京畿道 永平郡 郡內面 梁文里), 蠹峴/둑고기(龍仁郡 枝內面 儀上), 蠹谷/둑고기말(高陽郡 求知道面 內谷里), 蠹開坪/둑기들(始興郡 東面 新林里)' 등을 찾을 수 있다.

村' 등과는 다른 위계에 있었음을 분포적으로 보여 주고 있다. 즉 里는 '谷, 洞, 村' 등과는 다른 위계에 존재하여서, '谷里, 谷洞里, 村洞里, 洞里, 谷村里, 村里, 里' 등으로 끝나는 동리촌명을 보여 주고 있다.

부평부의 자연 부락 표지인 洞과 村은 대체로 전부 요소가 달라 배타적으로 분포하여 동일 위계에 속한 것처럼 보인다. 하지만 다음은 洞과 村이 동일 위계가 아니라 다른 위계에 존재할 가능성을 보여 주고 있어 주목된다.

(16) 가. 上里(邑內面)〈호구총수〉, 上洞(郡內面)〈조선지〉, 下洞(郡內面)〈조선지〉
나. 上村/웃말(石串面 佳佐洞)〈조선지〉, 윗말〈한국지 인천시 북구 가좌동〉, 下村/아랫말(石串面 佳佐洞)〈조선지〉, 아랫말〈한국지 인천시 북구 가좌동〉

(16)은 동일한 전부 요소인 '上/下'가 자연 부락 단위 표지 洞과도 결합하고, 村과도 결합된 것을 보여 주고 있다. 이것은 洞과 村이 동일 위계에 속한 후부 요소가 아닌 사실을 말해 주는 것이다.

洞과 村이 존재하는 위계와 그 차이를 검토하기 위하여 『호구총수』에 수록된 동리촌명 40,258개[10]를 대상으로 '谷, 洞, 村, 里' 등의 분포를 검토하도록 한다. 『호구총수』에 수록된 동리촌명에 나타난 '谷, 洞, 村, 里' 등의 분포는 다음과 같다.

---

10 이 수량은 한성부의 것을 제외한 것이다.

(17) 『호구총수』 동리촌명의 '谷, 洞, 村, 里' 유형 분포[11]

유형	수량	세부 유형	수량
谷으로 끝나는 것	212	谷으로 끝나는 것	212
洞으로 끝나는 것	2,293	谷洞으로 끝나는 것	41
		村洞으로 끝나는 것	10
		洞으로 끝나는 것	2,242
里로 끝나는 것	31,976	谷里로 끝나는 것	1,441
		谷洞里로 끝나는 것	2
		村洞里로 끝나는 것	1
		洞里로 끝나는 것	3,253
		谷村里로 끝나는 것	2
		村里로 끝나는 것	761
		里로 끝나는 것	26,516
村으로 끝나는 것	2,830	谷村으로 끝나는 것	131
		洞村으로 끝나는 것	151
		村으로 끝나는 것	2,548
기타 글자로 끝나는 것	2,947	기타 글자로 끝나는 것	2,947
합계	40,258	합계	40,258

(17)에서 '谷/谷里 谷洞/谷洞里, 村洞/村洞里, 洞/洞里, 谷村/谷村里, 村/村里' 등의 대응 관계로 보아[12] '谷으로 끝나는 유형, 洞으로 끝나는 유형, 村으로 끝나는 유형은 里로 끝나는 유형의 里 생략형' 등으로 이해된다. 이러한 사실은 里가 동리촌명 단위 표지 가운데에 최상위

---

11 『호구총수』에 제시된 동리촌명 가운데에는 '里洞'으로 끝나는 동리촌명 38개, 里洞里로 끝나는 동리촌명 11개, 里村으로 끝나는 동리촌명 28개 등이 있다. 그런데 '里洞'의 里와 里洞里의 앞에 나온 里, 里村의 里는 동리촌명 전부 요소에 대한 차자 표기로 생각된다. 따라서 (17)에서는 이들을 제외하였다.
12 다만 洞村 유형에 대응하는 洞村里 유형은 없다.

위계에 속해 있음을 말하는 것이다.

한편 솜으로 끝나는 유형의 경우에 하나만 존재하는 것은 솜이 선행 단위로 洞이나 村을 취할 수 없음을 말해 주는 것이다. 이러한 사실은 솜이 동리촌명 단위 표지 가운데에 최하위 위계에 속해 있음을 말하는 것이다.

谷洞의 유형으로는 '谷洞(41개), 谷洞里(2개)' 등이 있고 洞谷 유형은 없다. 이러한 사실은 洞이 솜보다는 상위 위계에 있음을 말하는 것이다. 한편 谷村의 위계를 가진 유형으로는 '谷村里(2개), 谷村(131개)' 등의 유형이 있고 村谷 유형은 없다. 이것은 村이 솜보다는 상위 위계에 있음을 말하는 것이다.

村洞 유형으로는 '村洞(10개), 村洞里(1개)' 등이 있어 村洞 유형은 모두 11개이다. 반면에 洞村 유형으로는 洞村(151개)이 있다. 결국, 동리촌명의 수로 볼 때, 洞村(151개) 유형이 村洞(11개) 유형보다는 보편적인 유형임을 알 수 있다. 이러한 사실은 村이 洞보다는 후행하는 요소임을 말해 준다. 한편 村洞(11개) 유형이 존재한다는 것은 부분적으로는 洞이 村보다 후행 요소가 될 가능성이 있음을 말해 주는 것이다.

이상의 논의를 바탕으로 '谷, 洞, 村, 里' 등이 존재하는 위계를 '자연 지명-인공지명'의 축에 나타내면 다음과 같다.

(18) '谷, 洞, 村, 里' 등의 위계
    [자연적] 谷 - 洞 =< 村 - 里 [인공적]

(18)에서 제시한 위계는 '里'가 인위적 구획을 표시하는 '一, 二, 三' 등의 전부 요소와 결합하나, '골짜기' 지형을 주로 솜으로 표기하는 것에 바탕을 둔 것이다.

정약용은 『아언각비』 권2 洞 조에서 "경성 오부의 그 里巷術衢을 다 洞으로 칭하여"라고 하였다. 이러한 진술은 한성부의 경우에 있어서는 洞의 단위를 기타의 다른 지방과는 다른 의미로 사용한 듯하다. 『호구총수』에 기재된 한성부의 행정 단위 명칭을 검토해 보면 중심 지역의 경우 대체로 洞을 사용하나 외곽 지역의 경우에는 里를 사용한 것을 살필 수 있다. 이 경우에 있어서 洞은 里보다는 규모가 큰 것으로 이해된다.

현재는 洞과 村의 의미 차이를 분명하게 말할 처지에 있지 못하다. 따라서 다음은 자연 부락 단위 표지인 洞이나 村이 생략된 것인데, 洞과 村 중에서 어느 것이 생략된 것인지 말할 수 없다.

(19) 가. 兵房里(東面)〈조선지〉, 병방〈한국지, 김포군 계양면 병방리〉
    나. 宮里(水呑面)〈호구총수〉, 宮里(水呑面)〈조선지〉
    다. 道頭里(西面)〈조선지〉, 길머리〈한국지, 인천시 북구 서운동〉
    라. 堂下里(玉山面)〈호구총수〉, 당아래고개[고개]〈한국지, 부천시 춘의동〉

3.3. 자연 지형의 후부 요소

3.3.1. 산지와 평야 지형의 후부 요소

① 山/뫼/미

지명의 후부 요소 山을 사용한 동리촌명은 다음과 같다.

(20) 가. 龜山里(東所井面)〈호구총수〉, 九山里(東所井面)〈조선지〉
    나. 葛山里(黃魚面)〈호구총수〉, 葛山里/칙뫼(黃魚面)〈조선지〉, 갈산, 갈미, 칙미〈한국지, 김포군 검단면 갈산리〉
    다. 章山里(注火串面)〈호구총수〉, 노루메〈한국지, 영등포구 양서

출장소 과해동〉

(20)을 통해서 후부 요소 山이 '뫼, 미, 메' 등과 대응함을 알 수 있다. 부평부 지역에서는 자연지명에서도 '뫼, 미, 메' 등의 어형을 확인할 수 있다.[13] 결국 (20)에 제시된 '龜山/九山, 葛山/章山' 등은 자연지명에서 유래된 것이라 할 수 있다.

葛山里의 葛은 '갈리다(岐)'의 의미를 가진 것으로 생각된다. 이에 대해서는 다음의 '月/달' 항목에서 기술하기로 한다.

② 月/달

'月'은 훈차의 방법으로 '달'의 표기에도 사용되는데, 이때의 月은 '높은 지대'를 뜻하는 '달'을 표기한 것이다. 이러한 月이 사용된 동리촌명은 다음과 같다.

(21) 葛月里(西面)〈호구총수〉, 葛月里(西面)〈조선지〉, 갈울, 갈월, 葛山〈한국지, 인천시 북구 갈산동〉

『한국지명총람』에서 제시한 葛山이 주목된다. '갈울, 갈월' 등은 葛月里의 葛月을 음독한 것이고 葛山이 葛月의 의미를 나타내 주기 때문이다. 『조선지지자료』의 '古音月嶺/고음달니고기(富平郡 下吾丁面 古里

---

13 『조선지지자료』에서 '메' 형으로는 '信雪尾山/신셜메(富平郡 東面 坊築里)'을 확인할 수 있고, '뫼' 형으로는 '狐山/여호뫼(富平郡 堂山面 東陽里), 瓶山/시루뫼(富平郡 下吾丁面 鵲洞), 陵山/능뫼(富平郡 下吾丁面 如月里), 陶唐山/도당뫼(富平郡 下吾丁面 古里洞), 肝膽山/감담뫼(富平郡 下吾丁面 古里洞), 伐應山/벌응뫼(富平郡 水呑面 梧柳洞), 瓶山/실우뫼(富平郡 水呑面 溫水洞), 朴阿山谷/박아뫼꼴(富平郡 石串面 番作里), 山谷里/뫼꼴말(富平郡 馬場面)' 등을 확인할 수 있으며, '미' 형으로는 '堂山橋野/당미다리벌(富平郡 堂山面 東陽里)'을 확인할 수 있다.

洞)'을 고려하면 葛月을 '갈달' 정도를 표기한 것으로 이해할 수 있다. 즉 葛月의 月은 '달'을 훈차 표기한 것이 된다.

『신증동국여지승람』 충주목 산천 조에서 '達川은 德川 또는 獺川이라 한다'고 하였다. 이것은 '達/달'이 '德/덕'의 의미를 가지고 있음을 말해 주는 것이다. 洪良浩의 『北塞記略』에서 '德/덕'이 동북방언에서 '높은 언덕[高阜]'의 뜻을 가지고 있다[14]고 하였으므로 '達/달' 역시 '높은 언덕'의 의미를 가지는 것이라 하겠다. 따라서 葛月과 葛山의 의미적 공통성을 이해할 수 있다.

葛月里, 곧 갈산동 지형의 가장 큰 특징은 원적산에서 내려오는 물줄기와 원통산에서 내려오는 물줄기가 합류되는 지점에 있다는 것이다. 따라서 葛月里의 葛은 '갈리다[岐]'의 의미로 이해된다. 결국, 葛月里에서 葛月의 의미는 '물줄기가 갈라진 곳의 높은 지대'의 의미를 가지는 것이라 하겠다. 목감천이 안양천에 합류되는 곳을 '葛灘/가린열'이라 하는 것도 이러한 해석을 뒷받침한다. 최범훈(1987: 102)에서 이미 葛月里의 葛을 '갈리다[岐]'의 의미로 파악한 바 있다.

③ 峯/봉

'봉우리'를 뜻하는 지명의 후부 요소 峯을 사용한 동리촌명은 다음과 같다.

(22) 開峯里(水呑面) 〈호구총수〉, 開峯里(水呑面) 〈조선지〉, 개웅[마을] 〈한국지, 서울 영등포구 오류출장소, 개봉동〉

---

14 德에 대해서는 이건식(2009: 249-250) 참조.

『승정원일기』 1681년(숙종 7) 5월 27일 조의 기사에 "그 분묘는 富平의 水呑里 渴川의 가에 지명이 開峯이라 하는 곳에 있었다"[15]를 고려하면, 『한국지명총람』에서 말한 '개웅' 마을은 開峯에서 온 것으로 생각된다. 지금은 목감천이라 부르는 渴川의 가에 開峯 마을이 있었으므로 (22) 開峯의 開는 '개[浦]'로 이해된다.

④ 宗/ᄆᆞᄅᆞ

'마루'를 뜻하는 지명의 후부 요소 宗을 사용한 동리촌명은 다음과 같다.

(23) 가. 龍宗里(東面)〈호구총수〉, 龍宗里(東面)〈조선지〉, 용마루 〈한국지, 김포군 계양면 용종리〉
나. 曹宗里(玉山面)〈호구총수〉, 朝宗里(玉山面)〈조선지〉, 조마루 〈한국지, 부천시 원미동〉
다. 遠宗里/먼마우(下吾丁面)〈조선지〉, 먼마루〈한국지, 부천시, 원종동〉

『조선지지자료』 부평군 山谷 조의 '딋추마루(富平郡 上吾丁面 陶唐里), 붕어마루산(富平郡 上吾丁面 內村), 뒤마루들-(富平郡 上吾丁面 吾丁里)' 등에서 보는 바와 같이 부평부 지역에서는 지명에서 '마루'의 지명 후부 요소를 사용하고 있다. 따라서 (23나)의 '조마루'에서 '마루'는 '宗'의 의미임은 분명하다. 다만 '조마루'에서 '조'의 의미는 미상이다.

---

15 『承政院日記』, 1681년(숙종 7) 5월 27일, "則其墳墓在於富平水呑里濁[渴]川邊 地名開峯之處"

⑤ 尺/잣

'잣[城]'을 음차 표기한 尺이 사용된 동리촌명은 다음과 같다.

　　(24) 高尺里(水呑面)〈호구총수〉, 高尺里(水呑面)〈조선지〉, 고잘〈한국
　　　　 지. 영등포구 오류출장소, 고척동〉

(24)에서 『한국지명총람』의 '고잘'은 高尺이 '고잘' 정도를 표기한 것임을 말해 준다. 『(近世)韓國五萬分之一地形圖』에는 高尺里의 인근 지역에 高佐洞을 제시하고 있는데, 이 高佐洞은 高尺이 '고자' 정도를 표기한 것임을 말해 준다. 『조선지지자료』의 '高尺山里/고즈메(京畿道 通津郡 月餘串面), 高尺洞/고작골(京畿道 陰竹郡 下栗面), 高尺里/고자말(京畿道 利川郡 屯面)' 등의 지명도 이러한 해석을 뒷받침해 준다. 한편 '高尺里/고마루(강원도 평창 美灘面)'는 高尺의 尺이 '마루'에 대응하고 있어서 高尺의 尺이 '잣[城]'을 표기한 것임을 이해할 수 있다.

⑥ 峴/고기/지

'고개'를 뜻하는 지명의 후부 요소 峴을 사용한 동리촌명은 다음과 같다.

　　(25) 가. 掘峴里(堂山面)〈호구총수〉, 堀峴里/굴-찍〈조선지〉, 굴재〈한
　　　　　　 국지, 김포군 검단면 굴현리〉
　　　　 나. 新峴里(石串面)〈호구총수〉, 新峴里/시오기(石串面)〈조선
　　　　　　 지〉, 새오개〈한국지, 인천시 북구 신현동〉
　　　　 다. 佳峴里(西面)〈호구총수〉, 佳峴里/가루기(西面)〈조선지〉, 가
　　　　　　 루개, 갈현〈한국지, 인천시 북구, 작전동〉

라. 烽峴里(石串面) 〈호구총수〉, 봉오재 〈한국지, 인천시 북구 가정동〉

(25나)의 '시오기'는 '시[新]+고기[峴]' 정도의 구성에서 모음 사이에서 'ㄱ'이 탈락하여 '시오개' 형이 나온 것이다. (25다)의 '가루기'는 『한국지명총람』 '갈현'을 고려하면 '가리[岐]+우기[峴]' 정도의 구성에서 온 것으로 파악된다. '우기'가 통합되기 위해서는 'ㅣ모음'을 가진 '가리'의 형태이어야 한다. '가루기'는 '가리[岐]+우개[峴]' 정도의 구성에서 '가리우기〉가뤼기〉가루기'의 변화 과정을 거쳐 형성된 것으로 생각된다. 규장각 소장 『해동지도』(1750)의 부평부 지도에는 고개의 명칭인 佳會峴이 나타나는데 佳會峴의 會는 '가뤼기'의 'ㅟ' 모음을 표기한 것으로 생각된다.

한편 (25라)의 '봉오재'에서 '봉오'는 '烽火'에서 온 것임을 알 수 있다. 이는 烽峴里가 烽火峴里에서 火가 생략된 것으로 판단되기 때문이다.

(25)에서 주목되는 것은 峴이 '지'와 '고기' 모두에 대응되는 점이다. (25가)와 (25라)의 堀峴里와 烽峴里는 峴이 '지'에 대응한 경우이며, (25나)와 (25다)의 新峴里와 佳峴里는 '고기'에 대응한 경우이다. 부평부 지역에서는 峴이 '지'에 대응한 자연지명이 많이 발견된다. '汗雨峴/한우지고기(富平郡 郡內面 上洞), 堀峰峴/굴봉찌(富平郡 水呑面 天旺里), 海望峴/희망찌(富平郡 石串面 佳佐洞), 成乘峴/성겸이찌(富平郡 石串面 高棧里), 天峴/한무지(富平郡 黃魚面 驛洞), 鞍峴/길마지(富平郡 馬場面 曉星里), 栗峴野/밤지들-(富平郡 馬場面 山谷里)' 등에서 峴이 '지'에 대응하고 있다. 그런데 (25가)의 掘峴里가 『세조실록』 1467년(세조 13) 1월 12일 조의 기사에는 崛岾里[16]로 표기되어 주목된다. 岾은 한국 고유

한자로 『신자전』의 朝鮮俗字部에서 岾은 '고개'를 뜻하는 것으로 그 음이 '재'임을 말하고 있다. 崛岾里와 (25가)의 '堀峴里/굴-찍'는 우리말 어형은 달라지지 않았으나 우리말을 표기한 한자는 岾에서 峴으로 교체된 것임을 말해 주고 있다. 이것은 부평부 지역에서 '지'를 가진 자연지명의 연원이 오래된 것임을 말해 주는 것이다.

⑦ 谷/골

'골짜기'를 뜻하는 '谷/골'이 지명의 후부 요소로 사용된 동리촌명은 다음과 같다.

(26) 가. 五谷里(注火串面)〈호구총수〉, 五谷里(注火串面)〈조선지〉, 오굴〈한국지, 영등포구 양서출장소, 오곡동〉
나. 深谷里(石川面)〈호구총수〉, 深谷里(石川面)〈조선지〉, 깊은구지〈한국지, 부천시 심곡동〉,
다. 成谷里(下梧亭面)〈호구총수〉
라. 深谷里(毛月串面)〈조선지〉,
마. 山谷里/뫼꼴말(馬場面)〈조선지〉
(27) 五柳洞里(黃魚面)〈호구총수〉, 梧柳洞/오류꼴(黃魚面)〈조선지〉, 오리울, 오릿골〈한국지, 김포군 오류리〉

(26마)의 '山谷里/뫼꼴말'은 山谷里가 본래 山谷村里에서 온 것임을 시사해 주고 있다. 山谷村里에서 자연 부락을 나타내는 표지인 村을 소거해도 행정 단위 동리촌명 표지인 里에 의해 山谷里가 동리촌명의 의미

---

16 『세조실록』, 1467년(세조 13) 1월 12일, "有告京畿富平府崛岾里 故判事南汲家有溫井者"

를 유지할 수 있기 때문에 山谷村里에서 村이 소거되어 山谷里로 표기된 것으로 이해된다. 이는 국어에서 어휘적으로 4음절보다는 3음절이 더 안정적이라는 사실을 반영해 준다. 『호구총수』에 수록된 40,258개의 동리촌명 중에서, '-村里' 형 동리촌명의 경우 3음절의 것이 639개, 4음절의 것이 11개, 5음절의 것이 10개 수록된 것도 이러한 사실을 말해 주는 것으로 생각된다.

『조선지지자료』에 제시된 (26마)의 山谷里와 (27)의 梧柳洞도 洞과는 다른 谷의 특성을 보여 주고 있다. 梧柳洞의 경우 '洞/골'이 '고을'의 의미여서 행정 단위 동리촌명 표지인 里가 필요치 않았으나 '谷/골'은 '골짜기'의 의미만 가지고 있어 동리촌명을 나타내기 위하여 행정 단위 동리촌명 표지인 里가 필수적으로 나타난 것으로 이해된다.

⑧ 巖/바위

'바위'를 뜻하는 巖/岩이 지명의 후부 요소로 사용한 동리촌명은 다음과 같다.

(28) 가. 黔巖里(毛月串面)〈호구총수〉, 黔岩里〈조선지〉, 검바위〈한국지, 인천시 북구 서곶출장소, 검암동〉
나. 凡朴洞里(玉山面)〈호구총수〉, 範朴洞(玉山面)〈조선지〉, 범박굴〈한국지, 부천시 북구, 범박동〉

『호구총수』에는 '-巖里' 형의 동리촌명이 1,636개 실려 있다. 이러한 사실에 기대면, (28가)의 '巖/岩'이 '바위를 표기한 것임을 알 수 있다. 『조선지지자료』에 수록된 경기도 竹山郡 近三面 外水谷里에 소재한 '虎谷/범박골'과 『조선지지자료』에 수록된 경기도 江華郡 下道面 德浦

洞에 소재한 '虎岩谷/범바위골'을 고려하면, (28나)의 '凡朴洞/範朴洞'의 '朴/박'도 '바위'에서 온 것으로 추정된다. 또한『조선지지자료』에 수록된 경기도 富平郡 下吾丁面 鵲洞에 소재한 '虎岩山/범바위'를 고려하면, 凡朴洞/範朴洞의 '凡/範'은 '범[虎]'을 표기한 것으로 추정된다. 李敦柱(1966: 233)는 '범바구/虎岩(완도, 청산), 샛바구(완도, 노화), 별바구/星岩(고흥, 고흥), 선바구/立岩(광양, 津上)' 등을 제시하고 있어 참고된다. 이러한 참고 사항은 凡朴洞이 '범바위굴'에서 왔을 가능성을 열어 준다. 하지만 '범바위굴〉범박굴'의 변화 과정에 대한 음운론적 근거가 더 마련될 필요가 있다.

⑨ 石/돌

'돌'을 뜻하는 石이 지명의 후부 요소로 사용한 동리촌명은 다음과 같다.

(29) 白石里(毛月串面)〈호구총수〉, 白石里(毛月串面)〈조선지〉, 흰돌〈한국지, 인천시 북구 서곶출장소 백석동〉

(29)의 '흰돌'을 고려해 볼 때 白石의 石은 '돌'을 표기한 것으로 생각된다.『호구총수』에 白石里가 8개 더 실려 있고, 白石과 의미상 대비되는 黑石의 黑石里가 17개가 실려 있는 것도 白石에서 石의 의미를 '돌'로 파악하는 근거가 된다.

다만『조선지지자료』의 경기도 지역에는 白石을 '흰돌'로 이해하기도 하지만 '차돌'로도 이해하기도 하여 앞으로 부평부의 白石이 '흰돌'을 나타내는 것[17]인지, '차돌'을 나타내는 것[18]인지는 더 연구될 필요가 있다.

⑩ 亭/정이/쟁이/젱이

'정이, 쟁이, 젱이' 등을 뜻하는 亭을 지명의 후부 요소로 사용한 동리촌명은 다음과 같다.

(30) 가. 馬梧亭里(上梧亭面) 〈호구총수〉, 吾丁里(上梧亭面) 〈조선지〉
　　　 나. 遠宗里/먼마우(下吾丁面) 〈조선지〉, 먼마루 〈한국지, 부천시 원종동〉

(30나)의 遠宗里는 (30가)의 吾丁里에서 분화된 동리촌명이다. 따라서 吾丁里의 선대 표기인 馬梧亭里에서 馬梧는 '몰오' 정도의 표기로 'ᄆᆞᆯ'를 표기한 것으로 생각된다. 따라서 馬梧亭里에서 亭은 '정이, 쟁이, 젱이' 정도를 표기한 것으로 생각된다. '정이, 쟁이, 젱이' 등의 의미를 김준영(1973: 314)에서는 "정자나무, 井(우물), 店, 마을(〈물〈ᄆᆞᆯ), 頂, 汀, 田, 停(신라의 군대 주둔지)' 등의 의미"로 설명하고 있으나 관련 자료가 충분치 않아 馬梧亭里의 亭이 가지는 의미를 현재 단정할 수 없다.

⑪ 便/쟉

『新增類合』下:57b의 '便 쟉 마줄 변'에서 보는 바와 같이 후기 중세국어 '쟉'은 '그 동작이 진행되거나 그 상태가 나타나 있는 때, 또는 지나간 어떤 때'를 의미하는 현대국어 '적'과 관계된다. 그런데 '쟉'이 便으로 표기되어 동리촌명에 사용된 경우가 있다.

---

17 경기도 지역에서 白石이 '흰돌'인 경우는 '白石隅坪/흰돌모루(京畿道, 高陽郡 沙里大面 奈遊山里)'을 들 수 있다.
18 경기도 지역에서 白石이 '차돌'인 경우는 '白石峴/추돌고기(京畿道 竹山郡 北一面 銀石里), 白石谷/차돌골(京畿道 朔寧郡 馬場面 蜜巖里所在)' 등을 들 수 있다.

(31) 가. 陽之里(堂山面)〈호구총수〉
　　　나. 양지편〈한국지, 김포군 계양면 동양리〉

(31나)의 '양지편'은 (31가)의 陽之里가 陽之便里에서 온 것임을 말하는 것이다. 陽之便里가 4음절이 되어 3음절인 陽之里로 표기된 것으로 생각된다. 『조선지지자료』에 수록된 '陽之村/양지편(京畿道 抱川郡 靑松面 宮坪里), 陽地村酒幕/양지편쥬막(京畿道 安城郡 辰頭面 陽地村)' 등이 참고가 된다.

(31가)의 陽之里와 함께 '陽之里(坡州 泉峴面), 陽之里(水原 宗德面), 陽之里(高敞 五西面), 陽之村(務安 一西面), 陽之村(務安 老村面)' 등은 『호구총수』에서 陽之로 표기되었으나 다른 동리촌명은 陽地로 표기되었으므로 陽之는 '양달'의 의미로 표기한 것으로 생각된다.

따라서 陽之便은 '볕이 드는 곳'의 의미이며 이 경우에는 '쟉'이 공간의 의미를 표현하고 있다.

3.3.2. 하천 및 해안 지형의 후부 요소

① 串

바다나 하천으로 육지가 내민 곳을 '고지/곶'이라고 하는데, 이 어휘를 串으로 표기하여 지명의 후부 요소로 사용한 동리촌명은 다음과 같다.

(32) 가. 梨花里(黃魚面)〈호구총수〉, 梨花村/비꽂이(黃魚面)〈조선지〉, 배꼬지〈한국지, 김포군 계양면 이화리〉
　　　나. 先地串(黃魚面)〈호구총수〉, 仙住之里/선주지(黃魚面)〈조선지〉, 선주지〈한국지, 김포군 계양면, 선주지리〉

다. 老吾之里(黃魚面) 〈호구총수〉, 老吾之里/줄미(黃魚面) 〈조선지〉, 노오지 〈한국지, 김포군 계양면 노오지리〉
라. 杏花里/살곳지(石串面) 〈조선지〉,
마. 仇之里(石川面) 〈호구총수〉, 九芝里(石川面) 〈조선지〉, 구짓말 〈한국지, 부천시 송내동〉
바. 閑寂洞/한ᄌᆞ고지(石串面 浦里) 〈조선지〉, 환자곳 〈한국지, 인천시 북구 서곶출장소 원창동〉

(32가)에 제시된 발음형 '비꽂이'와 '배꼬지'를 참고하면, 梨花里에서 花는 '고지/串'를 훈차 표기한 것이다. 한편 (32나)의 先地串에서는 '고지/串'가 확인되지만 先地串로부터 仙住之가 도출된 과정을 이해할 필요가 있다. 先地串은 '선디구지' 정도를 표기한 것으로 생각되는데 '선디구지〉선지구지〉선지우지〉선쥬지〉선주지'의 변화 과정을 거쳐 '선주지'가 도출된 것으로 이해된다.

(32다)의 老吾之里는 김포군 고란대면의 동리촌명에서는 蹲山里로 제시되어 있다. 부평부의 老吾之里는 김포군 고란대면의 禾基里와 인접한 지역인데, 『여지도서』부터 『조선지지자료』에 이르기까지 부평부의 老吾之里는 김포군 고란대면의 동리촌명인 '蹲山里/樽山里'으로 제시되어 있다. 동일한 동리촌명이 두 행정 구역에 기록된 것은 老吾之里의 일부는 부평부에 소속되어 있고, 일부는 김포군에 소속되어 있음을 나타내는 것으로 생각된다.[19]

『한국지명총람』김포군 고천면 台里 항목에서는 蹲山의 발음형을 '줄미'로 제시하고 있다. 이것을 참고하면 (32다)에서 老吾之里를 '줄미'로 제시한 사정을 이해할 수 있다.

---

19 부평부의 梨花里도 『여지도서』부터 김포군 고란대면 동리촌명으로 나타난다.

老吾之里와 '蹲山/줄미'의 대응 관계를 참고할 때, 老吾之는 '노[線] +고지[串]' 정도의 구성에서 '노고지〉노오지'의 변화 과정을 거친 것으로 생각된다. 老吾之의 老를 '노[線]'로 파악한 것은 '줄미'의 '줄'을 線의 의미로 파악한 것에 바탕을 둔 것이다. 老吾之里와 '蹲山/줄미'의 대응에서 하나는 지형의 특색을 '고지[串]'로 파악하고 다른 하나는 '미[山]'으로 파악한 점에서는 차이가 있다.

(32라)의 杏花里, (32마)의 仇之里, (32바)의 '한ᄌ고지'에서 '花, 仇之, 고지' 등도 '고지[串]'를 표기한 것으로 생각된다. 다만 (32바)에서 閑寂洞와 '한ᄌ고지'의 대응은 '고지'가 洞에 대응하는 특이점을 보여 주고 있으며, 인천광역시(2015: 344)에 따르면 '閑寂/한ᄌ'는 '還子'의 의미이다.

② 川/내

'내'를 의미하는 川을 지명의 후부 요소로 사용한 동리촌명은 다음과 같다.

(33) 가. 始川里(毛月串面) 〈호구총수〉, 始川里(毛月串面) 〈조선지〉, 시시내 〈한국지, 인천시 북구 서곶출장소 시천리〉
나. 淸川里(馬場面) 〈호구총수〉, 淸川里/말근닉(馬場面) 〈조선지〉, 맑은내 〈한국지, 인천시 북구 청천동〉

(33가)의 '시시내'에서 '내'는 川의 의미인 것은 확실하다. 하지만 '시시'의 의미는 미상이다. 인천광역시(2015: 322)에서 始川은 '시내가 시작된다'는 뜻으로 파악했다. 하지만 이러한 의미 파악은 한자 始에 기댄 것으로 어떠한 점에서 '시시'가 한자 始의 의미를 가지게 되는지를 설명할 필요가 있다.

③ 灘/여흘

'여울〈여흘〉'을 나타내는 灘을 지명의 후부 요소로 사용한 동리촌명은 다음과 같다.

(34) 가. 葛灘里/가리여울(水呑面)〈조선지〉, 가린열〈한국지 영등포구 오류출장소, 개봉동〉
 나. 余月里(下梧亭面)〈호구총수〉, 如月里(下梧亭面)〈조선지지〉, 여울, 여월〈한국지 부천시 여월동〉

(34가)의 葛灘里에서 灘은 '여울'을 표기한 것이다. 이는 (34가)에 제시된 '가린열'에서 확인된다. '가린열'의 '열'은 '여흘〉여울〉열' 정도의 변화 과정을 거친 것이다. 한편 (34나)에서 발음형 '여울'을 고려하고, 余月里인 지금의 여월동에 '베르네천'이 있다는 사실을 고려하면 余月里의 余月은 '여울'을 표기한 것으로 생각된다.

(34가) 葛灘里와 '가리여울'의 대응을 참고하면 葛은 '가리'를 표기한 것이다『경기읍지(부평)』(1871)의 교량 조에 岐灘橋가 제시되어 있다. 岐灘橋는 岐灘里 근처의 교량이므로 '葛/가리'의 의미를 '갈리다[岐]'로 파악할 수 있다.

④ 沙里/*수리

지금까지의 지명 연구에서 沙里에 대하여는 주목하지 못하였다. 沙里를 지명의 후부 요소로 사용한 동리촌명은 다음과 같다.

(35) 가. 素沙里(玉山面)〈호구총수〉, 素砂里(玉山面)〈조선지〉, 소새〈한국지 부천시 소사동〉
 나. 加沙里(水呑面)〈호구총수〉

(35가)의 素沙里에 대한 발음형 '소새'가 주목된다. 이것은 素沙里의 素沙가 '소새' 중에서 '소사'만을 표기했고, 또 素砂里의 素砂는 음과 의미가 유사한 한자로 교체하여 표기한 것임을 말해 준다. 『조선지지자료』의 '素沙市/쇼시장(京畿道 陽城郡 九龍洞面 素沙), 素沙野/소시들(京畿道 振威郡 丙坡面 蛤井里), 素沙峙/쇼시고기(京畿道 仁川府 新峴面 大谷)' 등에서 보는 바와 같이 동리촌명의 차자 표기에서 素沙가 '쇼시'를 표기한 것을 고려하면, (35가) '소새'는 그 선대형이 '쇼시'인 것으로 추정된다. 한편 '素沙里/소사리(開城郡 江南面)'는 素沙에 대한 한자의 음독현상을 보여 준다. 이러한 현상과 관련하여 부평부 지역에서 素沙里의 이표기인 素砂里가 나타난 것으로 이해된다.

'쇼시'의 '시'는 '*수리'에서 기원한 것으로 판단된다. '내[川]'가 '나리〉내'의 과정을 거쳐서 형성되었고, '뫼[山]'가 '*모리〉뫼'의 과정을 거쳐서 형성된 것처럼 '시'도 '*수리〉시'의 과정을 거쳐서 형성된 것으로 추정된다.

'시'의 기원이 된 '*수리'는 차자 표기로는 沙里로 나타난다.

 (36) 漢江 목멱산 남쪽에 있는데, 옛날에는 漢山河라 하였다. 신라 때에는 北瀆이라 하여 祀典에서 中祀에 실려 있었으며, 고려 시대에는 沙平渡라 칭하고, 沙里津이라고도 이름하였다. 〈신증동국여지승람 漢城府 산천〉

(36)의 沙平渡와 沙里津의 대응은 沙里가 '沙平[모래사장]'의 의미임을 말해 준다. 이때의 里는 행정 구역 단위를 나타내는 것은 아니다. 李敦柱(1966: 244)는 전라남도 무안군 흑산도의 마을 명칭 沙里의 이칭으로 '모래미'를 소개하고 있는데, 李敦柱(1966: 244)는 '모래미'에서 '미'가 '물[水]'의 의미임을 지적하고 있다. 그렇다면 '모래미'는 '모래

[沙]+미[水]' 정도의 구성을 가진 것이다. 그런데 최학근(1987: 89)은 경북 지역(청송, 영덕, 흥해, 울진, 영양, 후창)에서 사용되는 '몰개미'를 제시하고 있다. 따라서 '모래미'는 '몰개미'에서 'ㄱ'이 탈락한 어형임을 알 수 있고 '몰개미'의 '미'도 '물[水]'의 뜻을 가짐을 알 수 있다. 그런데 최학근(1987: 89)이 '몰개미'를 '모래'의 방언형으로 제시한 사정을 이해할 필요가 있다. 최학근(1987: 88)에서는 '몰개미'를 사용하는 경북의 '청송, 영양, 울진, 홍해, 영덕' 등의 지역에서 '모래'형도 사용하고 있음을 말하고 있다. 이것은 '모래'와 '몰개미'의 의미가 다르며, 어형 구성도 다른 것임을 말해 준다. 『표준국어대사전』에서 평북 방언으로 제시한 '모래미'의 의미를 '모래집물'로 풀이한 것을 고려하면, '모래'와 '몰개미/모래미'는 어형 구성도 다르며, 의미도 다른 것으로 이해된다.

'모래미/몰개미'는 '모래+물'의 의미로 '물가에 있는 모래'의 의미를 표현한 것으로 이해되며 이러한 점에서 '물가의 모래사장'을 의미하는 沙里와 그 의미가 통한다고 할 수 있다.

沙里는 최학근(1987: 88-89)에서 제시한 '모살'과 '모새'에 그 흔적을 남기고 있다. 최학근(1987: 88-89)에 따르면 '모살'은 전남과 제주 전 지역에서 사용되었으며, '모새'는 전남은 물론 '경남북, 충남북, 전남북, 강원, 평남북, 함남북' 등에서 사용되었다. 이는 모래사장을 뜻하는 '*수리'가 일부 지역에서는 '살'로 발달하였고, 대다수 지역에서는 '*수리〉시'의 과정을 거쳐 '새'로 발달하였음을 말해 주는 것이다.

결국 (35가) '소새'의 '새'는 '*수리〉시〉새'의 과정을 거친 '새'이며, '모래사장'의 뜻을 가진다.

'소새'의 '소'는 素沙의 '素'를 音讀 표기한 것이다. 한자 素는 이른 시기부터 국어에 수용되어 사용된 것으로 추정된다. 『經國大典』에 실려 있는[20] 素金[21]과 素銀[22]이 『한어대사전』에 실려 있지 않은 점으로 보아 이러한 사실을 알 수 있다. 素金과 素銀를 한국에서 조어한 것으로 단정할 수 없지만, 이것은 한자 素가 우리 국어에 깊숙하게 자리 잡았음을 말해 주는 것이다.

한자 素의 여러 의미 가운데에 素沙의 素와 관련되는 의미로 '희다, 수수하다, 원시/근본' 등의 의미[23]를 들 수 있다. 素沙里가 '하천의 상류 지역에 있다'는 지형적 특성을 고려하면, 素沙의 素는 '원시/근본'의 의미를 표현한 것으로 하류의 '고운 모래'가 아니라 상류의 '거친 모래'를 표현한 것'으로 생각된다.

(35나) 加沙里의 沙도 '새'를 표기한 것으로 '모래사장'의 의미를 가질 가능성이 있다. 하지만 관련 자료가 없어 추정의 근거를 제시할 수는 없다. 加沙里는 『호구총수』에만 나오는 동리촌명이다.

⑤ 島/섬

'섬〈셤'을 의미하는 島가 사용된 동리촌명은 다음과 같다.

(37) 가. 靑蘿島(毛月串面)〈호구총수〉, 菁蘿島(毛月串面)〈조선지〉
나. 蘭芝島(毛月串面)〈호구총수〉, 蘭芝島(毛月串面)〈조선지〉
다. 細魚島(毛月串面)〈조선지〉
라. 長邱島(毛月串面)〈조선지〉, 장구염〈한국지, 인천시 북구

---

20 『한국한자어사전』에 수록된 내용을 활용한 것임.
21 『한국한자어사전』에서 素金의 뜻을 '조각을 하여 꾸미지 아니한 금'으로 제시하고 있다.
22 『한국한자어사전』에서 素金의 뜻을 '조각을 하여 꾸미지 아니한 금'으로 제시하고 있다.
23 『한한대사전』의 素 항목에는 23가지 의미가 제시되어 있다.

서곶출장소 원창동〉
마. 鷹島(毛月串面)〈조선지〉
바. 栗島(石串面)〈호구총수〉, 栗島里/밤셤말(石串面)〈조선지〉, 밤염 〈한국지, 인천시 북구 서곶출장소 원창동〉

(37바)에서 '밤셤'이 '밤염'으로 변화한 것이 음운론적인 관점에서 흥미롭다. 포구명인 '菁蘿浦/파렴(富平郡 毛月串面 菁蘿島)'에서도 'ㅅ'이 탈락하였다.

3.4. 인공물의 후부 요소

① 井

'우물'을 뜻하는 井이 사용된 지명은 다음과 같다.

(38) 가. 三井里(上梧亭面)〈호구총수〉, 三井里(上吾丁面)〈조선지〉, 시우물 〈한국지 부천시 삼정동〉
나. 大井里(東所井面)〈호구총수〉, 大井里(同所井面)〈조선지〉
다. 後井里(西面)〈호구총수〉, 後井里/뒤우물(西面)〈조선지〉
라. 廣井里(東面)〈호구총수〉
마. 漆井里/웃우물(石串面)〈조선지〉
바. 鵲井里/가치말(西面)〈조선지〉, 까치우물 〈한국지 인천시 북구 작전동〉

(38바)의 鵲井里와 '가치말'의 대응에서 '가치말'에 井에 해당하는 '우물'이 빠져 있는 것이 흥미롭다.

② 基/墟/垈/터

'터'를 나타내는 '基/墟/垈'을 사용한 동리촌명은 다음과 같다.

(39) 가. 場基里/장터(黃魚面)〈조선지〉, 장터〈한국지, 김포시 계양면 장기리〉
　　　나. 新場基〈(近世)韓國五萬分之一地形圖〉
(40) 新墟里/시텃말(下吾丁面)〈조선지〉
(41) 가. 檢垈里(石川面)〈호구총수〉
　　　나. 新垈里/새터(西面)〈조선지〉
　　　다. 若大里(上梧亭面)〈호구총수〉, 若大里(上吾丁面)〈조선지〉, 약물터〈한국지, 부천시 약대동〉

(39)는 '터'를 基로 표기한 동리촌명이고, (40)은 '터'를 墟로 (41)은 '터'를 垈로 표기한 동리촌명이다.

'基, 墟' 등은 '터'를 훈차 표기한 것이지만 垈는 한국 고유한자로 '터'를 표기한 것이다. 『조선지지자료』의 '寺垈谷/절터골(京畿道 竹山郡 西二面 新美洞)'에서 보는 것처럼 垈는 우리말 '터'를 표기한 것이고, 읽기도 '터'로 읽어야 한다. 그런데 (41나)의 '新垈里/새터'에서 보는 것처럼 垈를 '터'로 음독하고 있다. 이건식(2009: 241)에 따르면 垈는 조선 초기에 발생한 한국 고유한자인데, 垈를 음독하여 垈의 의미를 이해할 수 없게 되어 藥垈里를 若大里로 표기한 것으로 생각된다. 『한국지명총람』의 '약물터'를 고려하면 (41다)의 若大里는 藥水垈里에서 온 것으로 생각된다. 『호구총수』에 수록된 '藥水洞里(原春道 伊川 西面), 藥水里(原春道 平昌 南面), 藥水里(忠淸道 淸州 山內一面), 藥水里(忠淸道 溫陽 東上面)' 등은 이러한 가능성을 열어 준다.

③ 橋/다리, 田/밭, 巨里/거리

'橋/다리, 田/밭, 巨里/거리' 등을 지명의 후부 요소로 사용한 동리촌명은 다음과 같다.

(42) 가. 花橋里/꽃다리(注火串面)〈조선지〉, 石橋里/돌다리(注火串面)〈조선지〉
나. 化田里(西面)〈호구총수〉, 化田里/된밧(西面)〈조선지〉, 된밭〈한국지 인천시 북구 작전동〉
다. 死樹巨里/죽은나무거리(注火串面)〈조선지〉, 죽은나무골〈한국지 영등포구 양서출장소 오쇠동〉

(42가)는 후부 요소로 '橋/다리', (42나)는 후부 요소로 '田/밭', (42다)는 후부 요소로 '巨里/거리'를 사용한 것이다.

3.5. 후부 요소가 불명인 동리촌명

다음은 후부 요소를 정확하게 파악할 수 없는 동리촌명들이다.

(43) 가. 果安里(玉山面)〈호구총수〉, 槐安里(玉山面)〈조선지〉, 고얀, 괴안이〈한국지 부천시 괴안동〉
나. 金盤里(水呑面 高尺里)〈조선지〉
다. 德義里(水呑面)〈조선지〉, 덩어리〈한국지 영등포구 오류출장소 고척동〉
라. 馬墳里(東所井面)〈호구총수〉, 馬墳里(同所井面)〈조선지〉
마. 木霜里(黃魚面)〈호구총수〉, 木霜里(黃魚面)〈조선지〉, 나무서리〈한국지 김포군 계양면 목상리〉
바. 番作里(石串面)〈호구총수〉, 番作里(石串面)〈조선지〉, 번지기나루〈한국지, 인천시 북구 서곶출장소 가좌동〉

사. 酒隱里(水呑面 宮里) 〈조선지〉
아. 延希里(毛月串面) 〈호구총수〉, 連希里(毛月串面) 〈조선지〉
자. 五金里(注火串面) 〈호구총수〉, 五金里(注火串面) 〈조선지〉
차. 臥牛里(上梧亭面) 〈호구총수〉
카. 柳里/버들리(水呑面) 〈조선지〉, 버들이 〈한국지 영등포구 오류출장소 오류동〉
타. 外五釗里/밧갓오쇠(注火串面) 〈조선지〉
파. 祖竭木里(水呑面) 〈조선지〉
하. 天旺里(水呑面) 〈호구총수〉, 天旺里(水呑面) 〈조선지〉
가가. 曉星里(馬場面) 〈호구총수〉, 曉星里/시베리(馬場面), 새벼리 〈한국지, 인천시 북구 효성동〉

다음은 관련 자료를 충분히 준비한다면, 후부 요소를 파악해 낼 수 있는 동리촌명들이다.

(44) 가. 伐應節里(玉山面) 〈호구총수〉, 伐應節里(玉山面) 〈조선지〉
나. 栢寺里(水呑面) 〈호구총수〉, 栢寺里/자절리(水呑面) 〈조선지〉, 잣절 〈한국지 영등포구 오류출장소 오류동〉
다. 甘同寺里/감동결리(石串面) 〈조선지〉, 감중절 〈한국지 인천시 북구 서곳출장소 가좌동〉
라. 表節里(玉山面) 〈조선지〉, 겉저리 〈한국지 부천시 춘의동〉
(45) 가. 大壯里(注火串面) 〈호구총수〉, 大壯里(注火串面) 〈조선지〉, 한바다 〈한국지 부천시 대장동〉
나. 朔世里(水呑面, 宮里) 〈조선지〉, 삭새[들] 〈한국지, 영등포구 오류출장소, 궁동〉
다. 偃談里(下梧亭面) 〈호구총수〉, 彦淡里(下梧亭面) 〈조선지〉, 원데미 〈한국지 부천시 원종리〉

라. 禾力里(下梧亭面) 〈호구총수〉, 壽域里(下吾丁面) 〈조선지〉, 수역이 〈한국지 부천시 원종리〉

(44)의 동리촌명에서 '節/寺'이 후부 요소일 것으로 생각된다. 寺에 대해 기존의 연구에서는 '절[寺]'로 파악하여 불교 사찰과 관련시키고 있다. 이러한 연구로 강병륜(1997: 130)을 들 수 있다. 『조선지지자료』의 '薪寺里酒幕/섭졀리졈(坡州郡 坡平面 薪寺里)'에서 전부 요소 '薪/섭'을 고려할 때 '節/寺'은 지형의 생김새를 지칭한 말일 가능성이 있다.

(45가)에서 『한국지명총람』에서 제시한 발음형 '한바다'가 주목된다. 육지의 지형을 말할 때, '바다'는 '벌판'의 의미를 가지는데 大壯里의 壯이 '바다'를 표기했을 가능성이 있다.

(45나) 朔世里의 발음형 '삭새'는 素砂里의 발음형 '소새'와 유사한 후부 요소를 가질 가능성이 있다.

(45다)의 偃談里에서 談도 후부 요소일 것으로 생각된다. 부천문화원향토문화연구소(2015)에서 이에 대해 상세히 논의했으나 더 검토될 필요가 있다.

(45라)의 禾力里가 '쉬력' 정도일 수 있음은 앞에서 말한 바 있다. 이 '쉬력'은 '쉬[곡식]+데기' 정도의 구성에서 왔을 가능성이 있다.

4. 결언

조선 시대 부평부 동리촌명의 후부 요소가 지니는 특성을 고찰하여 이 연구에서 연구한 성과는 다음과 같다.

『호구총수』에 수록된 부평부 동리촌명의 표기를 『조선지지자료』와

『(近世)韓國五萬分之一地形圖』의 동리촌명 표기와 비교 검토하여,『호구총수』의 시기부터『조선지지자료』의 시기에 이르기까지의 동리촌명 차자 표기에서 音假 표기화 경향이 일어난 사실을 구명하였다. 음가 표기화 경향을 보여 준 동리촌명에는 '掘峴里〉堀峴里, 里幕洞〉林鶴洞, 龜山里〉九山里, 項洞里〉航洞, 延希里〉連希里, 古殘里〉高棧里, 都堂里〉陶唐里, 馬梧亭里〉吾丁里, 佳亭里〉佳丁里, 仇之里〉九芝里, 木子里〉牧自里, 素沙里〉素砂里, 曹宗里〉朝宗里, 凡朴洞里〉範朴洞, 果安里〉槐安里, 禾力里〉壽域里, 偃談里〉彦淡里, 余月里〉如月里, 成谷里〉成曲, 五柳洞里〉梧柳洞, 章山里〉獐山里' 등이 있음을 제시하였다.

행정 단위 동리촌명을 수록한『호구총수』와 자연 부락 단위 동리촌명을 수록한『조선지지자료』의 동리촌명을 검토하여 행정 단위 동리촌명 표지인 里와 자연 부락 동리 촌명 표지인 洞과 村 간에는 의미 간섭 현상이 일어나 어느 하나가 소거되는 현상이 있음을 구명하였다. 즉 '項洞里〉航洞, 梨花里〉梨花村' 등의 경우에는『조선지지자료』에서 행정 단위 동리촌명 표지 里가 소거되었으며, '上里〉上洞'에서는『호구총수』에서 자연 부락 동리촌명 표지 洞이 소거된 사실을 확인하였다. 또 '浦村里〉浦里'의 경우에는『조선지지자료』에서 동리촌명 표지의 중복을 해소하는 경향이 있음을 언급하였으며, '先地串〉仙佳之里'의 경우에는 행정 단위 동리촌명 표지인 里가 표기되지 않은 현상을 확인하였다.

부평부 동리촌명의 경우 행정 단위 동리촌명으로 고유한 속성을 나타내는 동리촌명만 존재했음을 확인하였고, 자연 부락 단위 동리촌명 표지인 洞과 村의 의미가 서로 다르다는 사실을 확인하였으나 그 차이는 후일의 연구로 남겨 두었다. 또한, 부평부 지역에 자연 부락을 나타내는 후부 요소로 '谷/실'이 존재했음을 소개하였다.

동리촌명에 사용된 자연 지형 후부 요소 중에서 내륙 산지 및 평야 지형을 나타내는 '山/뫼, 月/달, 峯/봉, 宗/므ᄅ, 尺/잣[城], 峴/지/고개, 谷/골, 巖/바위, 石/돌, 亭/정이/쟁이/젱이, 便/쟉' 등이 존재했음을 밝혔으며, 하천 및 해안 지형을 나타내는 '串/곶/고지, 川/내, 灘/여울, 沙里/*ᄉ리, 島/섬' 등이 존재했음을 밝혔다.

'沙里/*ᄉ리'에 대한 설정은 이 연구에서 처음 시도되는 것인데, '沙里/*ᄉ리'를 '하천이나 바닷가의 모래사장'을 의미하는 것으로 파악하였고, '*ᄉ리'가 지명에서 '새'의 형태로 보존되었으며, 방언에서는 '모살, 모새'의 형태로 보전되었음을 밝혔다.

동리촌명에 사용된 인공물 후부 요소에는 '井/우물, 基/墟/垈/터, 橋/다리, 田/밭, 巨里/거리' 등이 있었음을 밝혔다. 특히 한국 고유한자 垈의 음독화 현상을 주목하여 若大里가 藥水垈里에서 왔을 가능성을 언급하였다.

기존 연구에서는 후부 요소 '寺/절'의 의미를 '사찰'의 의미로 해석했으나 '伐應節里, 栢寺里, 甘同寺里, 表節里' 등에 출현한 '節/寺/절'을 자연 지형으로 파악할 가능성을 이 글에서 제기했다.

이 글의 연구를 통하여 행정 단위 및 자연 부락 단위의 '里, 谷, 洞, 村' 등이 '[자연적] 谷-洞-村-里 [인공적]'의 위계를 구성할 가능성을 포착하게 되었다.

富川 지명의 체계적 신해독

지명의 지형 특성과 명명의 보편성에 입각하여

1. 서언

우리 나라 지명의 유래가 기록되기 시작한 것은 전국 지명 조사 사업의 일환으로 이루어진 『1959년 전국지명조사철』이다. 부천 지명의 유래도 조사된 지명에 한하여 『1959년 전국지명조사철 부천군 편』에 기록되어 있다. 『한국지명총람』 17. 경기편 상 부천시 편에도 지명의 유래가 일부 기록되어 있다. 특히 최현수(1992)의 경우에는 부천 지역의 소지명까지도 망라하여 그 지명 유래를 소개하고 있다. 최현수(1996)도 부천 지명의 유래를 소개하고 있으나 최현수(1992)와 큰 차이는 없다.

최현수(1992)와 최현수(1996)는 부천 지명 유래를 이해하는 근간이 되어 왔다고 할 수 있는데, 이 글에서는 체계적 방법을 동원하여 지명의 '속성 표시부[1]'가 나타낸 본래 의미를 새롭게 해독하고자 한다. 지점이나 지역의 명칭인 지명은 '속성 표시부+유형 표시부'로 구성된다. '유형 표시부'는 지형의 유형을 나타내는 것이고, '속성 표시부'는 지형 유형

---

1   지명의 구성소를 지칭할 때, 전부 요소와 후부 요소란 용어를 사용해 온 경향이 그동안 있었다. 그런데, 이 용어는 개념의 내용을 지칭한 것이 아니라 전자를 '속성 표시부', 후자를 '유형 표시부'의 둘로 구분한 것이다.

의 특정적인 속성을 나타낸다. '유형 표시부'는 그 의미가 보편성을 가지고 있기 때문에 '유형 표시부'의 의미는 왜곡되지 않고 본래의 의미를 지속적으로 유지할 수 있다. 이에 반해 '속성 표시부'는 그 의미가 보편성을 가지지 못하기 때문에 시간이 흐름에 따라 여러 요인으로 인해 본래의 의미를 상실하여 왜곡된 의미를 가지기가 쉽다. 그러나 지명의 지형 특성과 명명의 보편성에 입각한다면 왜곡된 '속성 표시부'의 껍질을 벗겨내서 '속성 표시부'의 본래 의미를 구명할 수 있을 것으로 생각된다. 이 글에서는 체계적 연구 방법을 동원하여 부천 지명의 '속성 표시부'가 나타낸 본래 의미를 새로이 해독하고자 한다.

우리 나라 지명의 대부분은 한자를 빌려 문자로 표기되어 왔고 부천의 지명 역시 그러하다. 한자를 빌려 우리말을 표기하는 방법은 통일신라 시대에 개발된 것인데, 한자의 뜻을 살려 우리말을 표기하는 훈차(訓借)의 방법도 있고, 한자의 음(音)만을 활용하여 우리말을 표기하는 음차(音借)의 방법도 있다.

지명의 경우 본디 훈차(訓借)된 것을 음차(音借)로 해석하여 지명의 본래 의미가 상실된 것도 발생하였고, 본디 음차(音借)된 것을 훈(訓)으로 이해하여 지명의 본래 의미가 왜곡된 것도 발생하게 되었다. 고려 시대 초기에 과거제 실시 이후로 훈차(訓借)된 것을 훈독(訓讀)하지 않고 음독(音讀)하는 경향이 두드러져 지명의 본래 의미가 많이 상실되어 왔다.

우리 지명의 이와 같은 왜곡 현상은 더욱 심각한 문제를 발생시킨다. 왜곡된 지명의 의미가 대대로 전승되어 우리를 뿌리 없는 인간으로 전락시킨다는 사실이다. 부모들은 자기 고장 지명의 본래 의미는 알지 못하고, 본래 의미가 왜곡된 지명의 유래를 자식에게 물려주고, 또 그 자식은 그들의 자식에게 왜곡된 지명 유래를 계속해서 물려준다. 심지어는 부모에게 물려받은 왜곡된 지명 유래는 절대로 부정할 수 없는 '종교'의 지위까지 가지게 되어 '거짓'이 '진실'이 되는 세상을 만들어 낸다. 이러한 거짓의 세상에서 우리는 '진실한' 삶을 만들어 낼 수 없으면서, 비극적으로 또다른 '거짓'의 삶을 만들어 낼 수 있을 뿐이다. 왜곡된 지명의 유래를 아는 것보다는 차라리 지명의 유래를 모르는 것이 우리는 '진실'에 훨씬 더 가까이 있다고 생각한다.

지명이 명명될 때에 주로 지형 특성이 고려되고, 명명될 당시의 보편적 어법에 기초한다는 것을 부정할 사람은 없다. 따라서 지명의 지형 특성을 고려하고 명명의 보편적 어법을 고려하여 지명의 유래를 파악한다면 진실로 우리는 지명의 본래 모습에 다가갈 수 있을 것으로 생각된다.

지명의 '속성 표시부'가 나타낸 본래 의미를 구명하기 위하여 해당 지명이 가진 지형 특성을 고려하도록 한다. 지명이 지칭하는 지형에 대한 진실한 이해는 현장 답사를 통해 깊어질 것으로 생각된다. 그러나 현장답사를 통한 지명의 지형 특성 이해는 비용과 시간이 많이 소요되는 것이므로 현장 답사의 방법은 꼭 필요한 경우에만 실시하고 주로 지형 정보를 보여 주는 지형도를 활용하도록 한다. 이 연구에서는 1910년대에 일본이 작성한 '조선지형도'를 지형 이해의 수단으로 삼고자 한다. 과학 기술 문명이 발달한 최근에는 사람에 의해서 자연 지형이 순식간에 변형될 수 있지만 1910년대까지는 과학기술문명이 자연지형을 바꿀 만큼 발달하지 못했다고 판단하기 때문에 1910년대 '조선지형도'는 우리 지형의 원형을 보존한 것으로 판단된다.

지명의 '속성 표시부'가 나타낸 본래 의미를 구명하기 위한 또 다른 방법으로 '속성 표지부'에 적용된 보편적 어법을 고찰하도록 한다. 지명에 적용된 보편적 어법을 고찰하기 위하여 해독의 대상이 되는 지명과 관련된 이표기를 수집하고, 1911년에 조사된 지명자료집인 『조선지지자료』에 나타난 전국 지명에 적용된 어법에[2] 입각하여 부천 지명의 본래 의미를 해독하도록 한다.

2. 부천 행정 지명의 체계적 해독

2.1. '들판'에 위치한 '구지리'와 '깊은구지/深谷洞'의 경제적 가치의 역사

2.1.1. '구지/串'의 의미를 포함한 '구지리'의 지형 특성

'구지리'는 문헌 자료에 다음과 같이 나타난다.

(1) 가. 仇之里〈호구총수 부평부 석천면〉
    나. 九芝里〈조선지지자료 경기도 부평군 석천면 里名〉

'구지리'의 지명 유래에 대해 지금까지 다음과 같은 견해가 있었다.

(2) 가. 구지리(九芝里) 지금은 흔적이 없으나 옛날에 큰 구지나무가 있어서 이 부락을 구지말이라고 불러 구지리가 되었음〈1959년 전국지명조사철 부천군 소사읍〉
    나. 송내동(松內洞)[구지말, 꾸짓말, 구지리, 개울말, 구산말, 구산]

---

2 『조선지지자료』에는 북한 지역을 포함한 전국의 소지명들이 많이 조사되어 있고, 한자 표기와 아울러 한글 표기도 제시해 주는 경우도 있어 보편적으로 적용된 지명의 명명 어법을 관찰하는 데에 많은 도움을 준다. 물론 이 자료집에도 왜곡된 지명이 포함되어 있을 것이다. 그러나 적지만 어떤 지명은 지명 본래의 모습을 보여줄 것으로 생각된다.

[동] (전략) 구지뽕나무(꾸지뽕나무)가 많았으므로 구지말, 꾸짓말, 또는 구지리, 구산말, 구산이라 하며, 또는 개울이 마을 복판에 있으므로 개울말이라 하였는데 〈한국지명총람 17 부천시 송내동〉

다. 구지리 : (전략) 이곳은 1925년 을축년 대홍수 때 온 동네가 온통 물이 잠겨 지붕 추녀 끝가지 침수되었다고 한다. 이후에도 이 지역은 크지 않은 비에도 침수되는 상습 침수지역이다. 그렇기 때문에 자연히 땅이 질어서 구질구질하기 마련이었다. 이로 인해 마을 이름이 구지리가 된 것으로 생각된다. 〈최현수 1996: 74〉

'구지리'의 '구지'를 (2가)는 '구지나무'로 이해하였고, (2나) 역시 그러하다. 한편 (2다)는 '구지'의 의미를 '구질구질하다'의 의미로 파악하였다.

(2나)에 제시된 '꾸짓말'은 '구지'의 본래 의미를 파악하기 위한 중요한 단서가 된다. '꾸짓말'은 '구짓말'이 경음화된 것이고, '구짓말'은 '구지+ㅅ(속격 조사)+말' 정도의 구성으로 '구지에 있는 마을' 정도의 의미를 표현한 명칭이다. '구지리'의 '구지'가 '구지나무'라면 '구지'와 '말'이 결합할 때, 속격 조사 'ㅅ'이 개재될 수 없다. '구지+말'의 구성으로도 '구지'가 '말'을 수식하여 '구지+말'은 '구지나무의 특성을 (많이) 가진 말'의 의미를 표현하기 때문이다.

'속격 조사 'ㅅ'이 표기 차원에서 생략되어 '구짓말'에서 '구지말'이 도출된 것으로 생각된다.

'구짓말'의 발음은 '구진말'이다. 발음 형태 '구진말'을 '구질+ㄴ(관형형 어미)+말'로 재해석하여 (2다)처럼 '구짓말'의 의미를 '구질구질하다'의 의미로 재해석한 것이다. (2다)에서 '상습 침수 지역'의 논거를 근거로 '구짓말'을 '구질구질하다'의 의미로 이해한 것은 논리적으로 필연성이 부족한 견해이다. 이러한 견해는 일종의 언어 유희 작용에 기반한 것으로 본디의 의미는 무시되고 아무 관련 없는 의미인 '구질구질하다'의 의미가 확산된 것이다.

'구지리'의 이칭으로 (2나)에 제시된 '개울말'이 '구지리'의 본디 의미를 파악하는 데에 중요한 단서가 된다. (2나)에서 '개울이 마을 복판에 있으므로 개울말이라 하였는데'라는 설명은 산지 지형으로서의 '구지/串'와 '개울'의 인접성을 정확하게 파악하지 못한 것이다. '구지/串'와 '개울'이 매우 인접해 있을 경우, '구지/串'로만 표현해도 '개울'의 의미까지 말하는 것이며 '개울'으로만 표현하여도 '구지/串'의 의미까지도 표현할 수도 있다. 언어의 이러한 표현법을 환유(metonymy)라 한다.

'구지리'의 지형 특성은 '구지리'의 '구지'가 '구지/串'임을 확인해 준다. 다음은 '구지리'의 지형 특성을 보여 주는 자료이다.

〈그림 1〉에서 △으로 표시한 2군데의 산지 지형은 산이 돌출되지 않았으나 ○으로 표시한 4군데의 산지 지형은 산이 돌출되었다. 이와 같이

〈그림 1〉 구글 지도 송내동, 심곡동 일대

산의 줄기가 내밀어 꽂힌 지형을 '구지/串'라 한다. 2군데의 '구지/串'는 '구지, 깊은구지' 등의 명칭을 가지고 있으나 2군데의 '구지/串'는 명칭을 가지고 있지 않다. 아마도 '구지/串' 지형이 삶의 중요한 관건이 될 경우에 명칭이 만들어지는 것으로 생각된다. '구지'와, '깊은 구지'의 경우에는 주거지가 정착되면서 명칭이 만들어진 것으로 이해된다.

2.2. '깊은구지/串'의 의미를 포함한 深谷洞

'깊은구지'는 문헌 자료에 다음과 같이 나타난다.

(3) 가. 深谷里 〈호구총수 부평부 석천면〉
    나. 深谷里 〈조선지지자료 경기도 부평군 석천면 里名〉

'깊은구지'의 지명 유래에 대해 지금까지 다음과 같은 견해가 있었다.

(4) 가. 심곡리(深谷里) : 이(심곡리) 행정구역 내에서 가장 오래된 고을 이 산밑의 깊은골(深谷)에 있어서 한자를 따서 심곡리가 되었음 〈1959년 전국지명조사철 부천군 소사읍〉
    나. 깊은구지 : 행정구역명 심곡리의 원천이 되는 부락으로서 숲이 우거진 깊은골에 자리잡어(아) 깊은골이라고 부르던 것이 지금은 속칭 깊은구지로 완전히 변하였음. 심곡리라고 부르지 않고 있음. 〈1959년 전국지명조사철 부천군 소사읍〉
    다. 심곡동(深谷洞)[깊은골, 깊은 구지, 심곡] [동] (전략) 깊은 골짜기가 되므로 깊은골, 깊은구지 또는 심곡이라 하였는데 〈한국지명총람 17 부천시 심곡동〉
    라. 심곡이 토박이말로 깊은구지를 나타냄은 한자 자체에서도 알 수 있다. 그렇기 때문에 산꼴짜기 아닌 허허 벌판 마을에 심곡이 붙

는 것은 본래의 의미와는 거리가 있다.

(4)에 제시한 '심곡리'의 지명 유래 설명에서 문제가 되는 것은 '깊은 구지'와 '깊은골'의 관계에 대한 설명이 없다는 점이다. '심곡리'는 지형상 '구지/串'의 특성도 가지고 있고, '골짜기'의 특성도 가지고 있다. 이러한 지형 특성을 고려할 때, '심곡리'의 본디 명칭은 深谷里가 아니라 '深串谷里/깊은구지골리'였을 것으로 추정할 수 있다. 한국의 행정 지명은 4음절 이상인 경우가 드물다. 4음절의 행정 지명인 경우 3음절로 단축시킨 경우가 흔하다. 이러한 경향에 따라 深串谷里가 深谷里로 단축된 것으로 생각된다. 명칭의 이러한 단축 작용이 있었지만 '깊은 구지'란 명칭은 본디의 명칭이 가지고 있었던 '구지/串' 요소를 보존한 것으로 해석된다.

'깊은 구지'에서 '깊은'은 '구지'를 수식한 말로 '골짜기가 깊다'는 뜻이 아니고 '구지가 깊다'는 뜻이다. 따라서 '구지리'와 비교하여 '깊은 구지'가 '구지리'보다는 '산 쪽에 더 가깝다'는 의미를 표현하기 위해 '깊은'을 사용한 것으로 판단된다.

2.3. 들판 '구지/串'의 경제적 가치의 역사

바다에 소재한 '구지/串'의 경우에 '구지/串'가 방파제 노릇을 하기 때문에 자연스럽게 포구가 발달하게 된다. 황해남도(黃海南道) 용연군(龍淵郡) 장산리에 소재한 장산곶(長山串)을 대표적으로 들 수 있다. 장산곶(長山串) 근처에는 조선 시대 아랑포영(阿郎浦營)과 조니포진(助泥浦鎭)이 배치되었다고 한다.

들판에 소재한 '구지/串'의 경우, 과학기술문명이 발달하지 못한 시대에는 산이나 들판보다는 경제적 가치가 높았을 것이다. 산은 농사에 적합하지 않으나 수해를 입을 가능성이 없다. 그러나 들판은 농사에 적합하지만 수해를 입을 가능성이 많다. 따라서 산과 들판의 경계 지점인 '구지/串'는 농사에 적합한 들판이 가까이 있어 농사로 경제적인 문제를 쉽게 해결할 수 있고, 산자락에 위치하기 때문에 수해를 입을 가능성도 훨씬 적다. 또한 들판의 경우 겨울 추위를 피하기 위한 연료인 나무를 구하기가 어려우나 '구지/串'의 경우에는 산에 가까이 있기 때문에 나무를 구하기가 비교적 쉽다.

굴포천을 중심으로 한 부평 평야는 그 규모가 큰 들판이므로 들판의 '구지/串'인 '구지리'와 '깊은 구지'는 부평 평야 지역 내에서 매우 큰 경제적 가치를 지닌 지역으로 생각된다. 이러한 경제적 가치는 매우 오래 전에 인식되었다고 할 수 있다. 마한 소국의 하나인 우휴모탁국(優休牟啄國)이 들판의 '구지/串'인 注火串面에 소재한 것도 들판에 소재한 '구지/串'가 경제적 가치가 있는 지역임을 말해 주는 것이다.

『호구총수』를 기준으로 굴포천 유역의 서쪽 지역에는 '西面, 東面, 堂山面' 등이 있었고, 동쪽 지역에는 '注火串面, 上梧亭面, 下梧亭面, 石川面' 등이 있었으며 상류 지역에는 '東所井面, 馬場面' 등이 있었다. 그런데 굴포천 서쪽 유역에 소재한 '西面, 東面, 堂山面' 등의 지역에는 '구지/串'가 개재된 동리촌명이 없으며 또한 굴포천 상류 유역에 소재한 '東所井面, 馬場面' 등의 지역에도 '구지/串'가 개재된 동리촌명이 없다. 그런데 굴포천 동쪽 유역의 '注火串面, 石川面' 등에는 '구지/串'가 개재된 행정 지명이 있다. 注火串面은 면명 자체가 '구지/串'가 개재되어 있으며 石川面의 경우에는 '구지리'와 '깊은 구지'의 동리촌명에 '구지/串'가 개재되어 있다.

굴포천 유역의 동쪽 지역에 '구지/串'가 개재된 행정 지명이 존재한다는 것은 굴포천 유역의 서쪽 지역보다는 굴포천 유역의 동쪽 지역의 개척 역사가 더 빨랐음을 말해 주는 것으로 생각된다.

2.4. 上梧亭面과 下梧亭面의 기원 馬梧亭里의 의미 '마루가 특성인 지대'

이건식(2019: 14-16)에서 『호구총수』(1789)에 나오는 上梧亭面의 馬梧亭里에 근거해서 上梧亭面과 下梧亭面의 명칭이 馬梧亭里에서 기원한 것임을 밝혔다.

馬梧亭里는 19세기와 20세기에 이르러 명칭과 표기의 변경이 있었다.

(5) 가. 白等 矣身段 居生于富平馬五長里 以農爲業 〈右捕廳謄錄 23, 同日 罪人趙成老 마두 年六十 1868년 戊辰三月初八日〉
    나. 吾丁里 〈조선지지자료 부평 上吾丁面 동리촌명〉
    다. 吾丁里 〈1959년 전국지명조사철 경기도 부천군〉
    라. 오정동(吾丁洞) 머귀정이, 오동정이, 오정 〈한국지명총람 17 부천시 오정동〉
    마. 梧亭洞 〈디지털부천문화대전〉

(5가)는 천주교에 대한 '병인박해'로 순교한 부평 馬五長里 출신 趙成老에 대한 공초 기록의 일부이다. 馬五長里는 『호구총수』(1789)의 '馬梧亭里'를 이은 것이다. 『호구총수』(1789)의 馬梧亭은 '마오졍' 정도를 표기한 것인데, (5가)의 馬五長은 '마오쟝' 정도를 표기한 것이다. 모음조화 규칙을 적용시켜 '마오졍'이 '마오쟝'으로 발음된 것으로 생각된다.

(5가)와 (5나)를 근거해 보면 『호구총수』(1789)의 馬梧亭里는 19세기 말까지 '4음절'로 사용되다가 20세기에 들어서서 '3음절'인 吾丁里

로 사용된 것으로 판단된다. 그런데 어느 시기엔가 (5마)의 梧亭洞으로 표기가 바뀌었는데. 이러한 표기의 복귀는 (5라)에서 보는 바와 같이 오정동(吾丁洞)의 의미를 '머귀정이, 오동정이'으로 인식한데 따른 것이다. 그러나 吾丁里가 『호구총수』(1789)의 馬梧亭里에서 기원한 것이므로 梧亭洞의 梧는 馬梧亭에서 온 것이므로 '머귀'나 '오동'과는 전혀 관계가 없다.

馬梧亭里의 馬梧亭은 '마오졍' 정도를 표기한 것이다. 『조선지지자료』의 '遠宗里/먼마우'에서 '마루'가 '마우'로 변한 것을 고려하면 '마로졍'에서 'ㄹ'이 탈락되는 발음 변화로 인하여 '마오졍'이 된 것을 馬梧亭이 표기한 것으로 생각된다.

上吾丁面과 下吾丁面 지역에 '마루'가 개재된 지명이 많다는 점에서 '馬梧亭/마오졍〈마로졍〉의 의미를 해독할 수 있다. 다음은 『조선지지자료』 부평군 조에 나타난 '마루' 관련 지명을 정리한 것이다.[3]

(6) 가. 붕어마루산(富平郡 上吾丁面 內村), 오정마루(富平郡 上吾丁面 吾丁里), 디추마루(富平郡 上吾丁面 陶唐里), 뒤마루들-(富平郡 上吾丁面 吾丁里), 遠宗里/먼마우(富平郡 下吾丁面)

나. 龍宗里(富平郡 東面), 朝宗里(富平郡 玉山面)

부평군 소속 15개면 가운데에 11개의 면[4]에는 '마루' 관련 지명이 하나도 없고, (6나)에서 보는 것처럼 玉山面과 東面 지역에는 '마루' 관련 지명이 각각 1개소이나 (6가)에서 보는 것처럼 上吾丁面과 下吾丁面

---

3 중복되어 '遠宗里洑/먼마루보(下吾丁面)'와 '遠宗里後洑/먼마루뒤보(下吾丁面)'는 제외하였다.

4 '郡內面, 堂山面, 注火串面, 石川面, 水呑面, 同所井面, 石串面, 毛月串面, 黃魚面, 馬場面, 西面' 등이다.

지역에는 '마루' 관련 지명이 5개소나 있다. 이러한 사실은 上㖁丁面과 下㖁丁面 지역의 지형이 '마루' 지대임을 말해 주는 것이다. 따라서 馬梧亭里의 馬梧亭이 표기한 '마오졍〈마로졍'은 '마오〈마로'와 '졍'의 두 의미 단위로 구성된 것으로 파악된다.

현대어 '마루[宗]'는 15세기어에서는 'ᄆᆞᄅᆞ'의 형태였다. 이 'ᄆᆞᄅᆞ'가 '마루'로 발달되는 중간 단계로 '마로'의 형태가 나타난 것으로 생각된다.

(6)에서 확인한 바와 같이 上㖁丁面과 下㖁丁面 지역은 '마루'가 많은 지역이므로 '마오졍〈마로졍'의 '졍'은 '어떤 특성이 많다' 정도의 의미를 가진 것으로 판단된다. 따라서 馬梧亭里의 亭은 '어떤 특성이 많다'는 의미의 '졍'을 借字 표기한 것으로 생각된다.

'어떤 특성이 많다'는 의미의 '-졍'은 다음과 같은 어휘에서 발견된다.

(7) 가. 粃子 죽졍이〈동문유해 하 3a〉, 쭉졍-이「1」껍질만 있고 속에 알맹이가 들지 아니한 곡식이나 과일 따위의 열매. 늑비실.〈표준국어대사전〉
나. 痂 딱졍이〈한불자전 454〉, 딱졍이1「명사」→ 딱지.〈표준국어대사전〉
(8) 가. 늙졍이(늙은이), 뚝졍이(절뚝발이), 느졍이(나무 줄기), 거졍이(거지), 껀졍이(키 큰 사람), 묵졍이(오래된 물건), 삭졍이(삭은 가지), 썩졍이(썩은 물건), 멀졍이(머저리 방언), 굽졍이(구부정한 물건)〈표준국어대사전〉
나. 숲졍이(마을 근처에 있는 수풀)〈표준국어대사전〉

(7)은 20세기 이전 자료에서 '어떤 특성이 많다'는 의미의 '-졍이'가 개재된 어휘이며『표준국어대사전』에도 실려 있고, (8)은『표준국어대사전』에만 실려 있는 어휘이다.

(8)은 '-정이'가 '-정이'로 변화했음을 말해 준다. 그리고 (8가)는 동사나 형용사 어간 뒤에 '-정이'가 결합될 수 있음을 보여준다. 그러나 (8나)는 명사 뒤에도 '-정이'가 결합될 수 있음을 보여준다. 따라서 馬梧亭里의 馬梧亭이 표기한 '마오졍〈마로졍'은 '마루가 많은 지역'을 뜻하는 말로 판단할 수 있다.

2.5. 遠宗里의 본래 의미 '머흔(험한) 마루'

문헌 자료에 遠宗里가 가장 이른 시기에 등장한 해는 1904년이다.

(9) 가. 本面 遠宗里 居姜基永이 圖囑於該舍音호야〈각사등록 京畿道篇 3 京畿道各郡訴狀 12 光武八年(1904) 四月 日〉
    나. 富平郡下梧亭面 綿宗里 居住 農民 姜基永〈각사등록 京畿各郡訴狀 12:101a 광무 8년 4월〉
    다. 請願書 /京畿富平郡下梧亭面彦淡里居 南武卿 年五十 / 本人이 農業資生, 而貧無錐地호와 去壬午年分에 得本面所在前銃軍屯土 十斗落호와 十餘年無弊耕作이숩더니 至於戊戌春호야 本面遠宗里居姜基永이 圖囑於該舍音호야〈각사등록 京畿道篇 3 京畿道各郡訴狀 12 光武八年(1904) 四月 日〉

(9가)의 遠宗里와 (9나)의 綿宗里는 姜基永의 거주지이므로 동일 지명을 한자를 달리 해서 표기한 것이다. 遠宗里는 '먼마루', 綿宗里는 '면마루' 정도를 표기한 것이므로 '먼마루'의 '먼'은 '면' 정도의 발음에서 기원했을 가능성을 보여주는 것이다.

(9다)는 彦淡里에 사는 南武卿과 遠宗里에 사는 姜基永 사이에 일어난 다툼을 관계 당국에 청원한 내용의 일부를 제시한 것이다. 이를 근거로 보면 1904년 무렵까지 遠宗里와 彦淡里는 행정적으로는 분리된 마

을인 것으로 판단된다.[5] 그런데 1912년에 이르러서는 彦淡里가 遠宗里에 통합되었다.

(10) 가. 『조선지지자료』 부평군 동리촌명

下吾丁面	面名	下吾丁面		富平郡 下吾丁面
	洞里村名	遠宗里	먼마우	富平郡 下吾丁面
		彦淡里		富平郡 下吾丁面 遠宗里
		壽域里		富平郡 下吾丁面 遠宗里
		新墟里	시텃말	富平郡 下吾丁面 遠宗里

나. 下吾丁面 : 遠宗里 鵲洞 如月里 古里洞 〈1912 지방행정구역명칭 일람 부평군〉

(10가)와 (10나)는 '彦淡里, 壽域里, 新墟里/시텃말' 등이 遠宗里에 통합되었음을 말하고 있고, (10나)는 그러한 통합이 1912년에는 행정적으로 완성되었음을 말하고 있다.

遠宗里의 한글 지명 표기와 지명 유래에 대한 견해는 다음과 같다.

(11) 가. 원종리(遠宗里) 산마루가 앞뒤로 둘렀싼 산마루 속에 동리가 구성되었으며 그 산마루가 뭘(멀)다 하여 뭘(멀) 원자 마루 종자 원종리가 됨 〈1959년 전국지명조사철 경기도 부천군〉
나. 원종동(遠宗洞) [먼마루, 원종, 원종리] 〈한국지명총람 17 부천시 원종동〉
다. 춘의동 당아래에서 내려다 볼 때 '멀리 둥그렇게 산마루'처럼 보인다고 해서 붙여진 명칭으로 한자로 표기하여 원종동이라 하였다. 이곳을 멧마루라고도 부른다. 멧은 산을 뜻하는 '메'와

---

[5] 양경직(2015: 148)에서는 1894년 4월 6일 遠宗里가 처음 나타나고 이때에 偃談里가 통합되었다고 한다. 그러나 관련 근거 자료를 찾을 수 없어 양경직(2015: 148)의 견해를 받아들일 수 없다.

같은 뜻의 말이다. 〈최현수, 1996: 65〉

(11다)의 '멧마루'는 遠宗을 '먼마루'가 아니고 '멧마루'로 발음하는 지역 주민들이 있음을 말하는 것이다. 그렇다고 최현수(1996: 65)에서 '멧마루'의 '메'를 山으로 이해한 것은 과도한 해석이다. 앞에서 제시한 '면마루/綿宗'를 '몃마루' 또는 '멧마루'에서 온 것으로 재해석하여 山의 의미를 도출한 것으로 생각되기 때문이다.

遠宗을 '먼마루' 또는 '면마우'로 발음한다는 것은 遠宗의 遠이 '멀다'와는 관계없을 것임을 시사해 준다. 遠宗의 遠이 '멀다'의 의미인 '먼'을 표기했다면 '면마루'의 '면'과 '멧마루'의 '멘' 발음은 산출될 수 없기 때문이다.

遠宗의 遠이 '먼, 면, 멘' 등으로 발음된다는 것은 遠이 '머흘다[險]'의 관형형인 '머흔' 정도를 표기했을 가능성을 열어준다. '머흘+ㄴ' 정도의 구성은 '먼, 면, 멘' 등의 발음형을 도출해 낼 수 있기 때문이다.

'머흘(險)+ㄴ'의 구성에서 온 어휘를 遠으로 표기하였으나 遠은 '머흘(險)+ㄴ'의 다양한 발음형을 표기하고 있다.

(12) 가. 遠洞峴/며흘골고기 〈조선지지자료 平安北道 慈城郡 三興面 嶺峙峴名〉
　　　나. 遠川/메니 〈조선지지자료 平安北道 嘉山郡 郡內面 江川溪澗名〉
(13) 가. 遠應谷/머은골 〈조선지지자료 平安南道 寧遠郡 新德面 山谷名〉
　　　나. 遠坪/머으들 〈조선지지자료 忠淸北道 丹陽郡 東面 野坪名〉
(14) 가. 遠川洞/먼니 〈조선지지자료 京畿道 龍仁郡 水眞面 洞里村名〉
　　　나. 遠川酒幕/모니주막 〈京畿道 廣州郡 樂生面 酒幕名〉
　　　다. 遠山坪/멀미들 〈조선지지자료 慶尙北道 醴泉郡 南邑面 坪名〉

(15) 가. 忠淸監司鄭世規 進陣于龍仁險川 爲賊所敗/龍仁 險川에 진을 쳤
　　　으나 적에게 패하여〈조선왕조실록 1637년(인조 15) 1월 15일〉
　　나. 今日自鰲山離次 龍仁遠川中火 松坡宿所之意 詮次啓達 答曰 知
　　　道。〈승정원일기 1874년(고종 11) 8월 10일〉
(16) 初二日丙寅 曉發 過樂升場墟西邊有小酒幕 至險川머흐내酒幕療飢
　　自筏津至此二十里 而去板橋 亦同〈頤齋亂藁 2 壬申(1772) 十月 初
　　二日丙寅〉

　(12)에서 遠에 대응한 한글 표기는 '며흘, 메' 등이다. '멀+ㄹ, 멀+ㄴ' 등은 이러한 발음형을 가질 수 없다. 따라서 (12)의 遠은 '멀다'의 의미를 표기한 것이 아니라 '머흘(險)' 정도의 의미를 표기한 것으로 이해된다. 마찬가지로 (13)에서 遠에 대응한 한글 표기는 '머은, 머으' 등이므로 (13)의 遠도 '멀다'의 의미를 표기한 것이 아니라 '머흘(險)' 정도의 의미를 표기한 것으로 이해된다. '머흘'의 발음형에서는 '며흘, 메, 머은, 머은' 등의 발음형이 도출될 수 있기 때문이다.
　그런데 (14)의 遠은 '먼, 멀, 모' 등의 발음형만을 보여 주었기 때문에 '멀다'의 의미를 표기할 가능성이 없지는 않다. 하지만 (14가)의 경우는 (15) 遠이 표기한 '먼'이 '머흘다(險)'의 의미를 표기했음을 알게 해준다. 즉 (15가)의 險川과 遠川은 동일 지역을 가리킨다. 한편 (16)의 '險川/머흐내酒幕'은 (14나)의 '遠川酒幕/모너주막'도 '험한 내의 주막'의 뜻임을 알게 해준다. (14다) 遠山의 경우는 관련 자료가 없어 遠이 '멀다'의 의미를 표기한 것인지 '머흘다(險)'의 의미를 표기한 것인지 결정할 수 없다.
　(12)에서 (14)까지 제시한 '遠洞峴, 遠川, 遠應谷, 遠坪' 등은 '골짜기, 내, 들' 등의 속성이 '험하다'임을 표현한 것이다. 또한『朝鮮地誌資料』(1911)에 나와 있듯이 遠宗里 인근에 '荒峴/것친고기'가 있다는 사

실을 고려하면 遠宗里의 遠宗은 '머흔마루' 정도를 표기한 것으로 '험한 마루' 또는 '거친 마루' 즉 '사람이 살기에 적합하지 않은 마루' 정도의 의미를 표현한 것으로 이해된다. 『朝鮮地誌資料』(1911)에 나와 있듯이 下吾丁面의 '遠宗里洑/먼마루보'가 60여 년 전에 민간이 축성했다는 사실과 '遠宗里後洑/먼마루뒤보'가 20여 년 전에 민간이 축성했다는 사실은 遠宗里 마을의 형성 시기는 19세기 무렵이라는 사실을 알려 준다. 또『호구총수』(1789) 下吾丁面의 동리촌명으로 '禾力里, 偃談里' 등은 등장하나 遠宗里가 등장하지 않은 사정도 이해할 수 있어 遠宗里 가 19세기 무렵에 발달하기 시작한 마을이란 사실을 추정할 수 있다.

2.6. 範朴洞의 본래 의미 '(산으로) 둘러 싸인 밭(들)의 골짜기'

문헌 자료에 範朴洞은 다음과 같이 나온다.

(17) 가. 凡朴洞里 〈호구총수 京畿 富平 玉山面〉
   나. 範朴洞 〈조선지지자료 富平郡 玉山面〉
   다. 範朴里/범박리 範朴里논 俗稱(범박골) 〈1915년 지지조서 부천 군 계남면〉

(17다)의 '범박리'는 지명을 한자의 음으로만 읽은 것이고, (17다)의 '범박골'은 範朴洞의 範朴은 음으로 읽고 洞은 훈으로 읽은 것이다. 오늘날 範朴洞을 '범박동'으로 부르는 것을 보면 '골'을 뜻하는 洞은 명칭 에서 사라진 것이다. 範朴洞의 洞이 행정 구역 단위이기 때문이다.

範朴洞의 지명 유래를 다음과 같이 이해하여 왔다

(18) 가. 범박리(範朴里) : 오랜 옛날 박씨(朴氏) 가문이 터를 잡고 몰여

살았는데 그 동리의 모양이 범(虎) 같다 하여 범박골이라고 부르던 것이 범박리가 되었음 〈1959년 전국지명조사철 경기도 부천군 편〉

나. 범박동 : (중략) 마을 형태 때문에 호랑이(범)와 관련하여 붙여진 명칭이다. 즉 노고산에서 마을을 내려다 보면 삼태기 모양을 하여 호랑이 앞 발자국 형태와 같아 붙여진 명칭이다. 〈최현수, 1996: 43〉

(18가)와 (18나)는 모두 範朴里의 範이 '범'을 표기한 것으로 파악하고 있다. 그런데 (18가)는 '그 동리의 모양'을 구체적으로 설명하지 않았으나 (18나)는 범박동의 지형이 '호랑이 앞 발자국 형태'와 같다는 논거를 제시하고 있다. 그러나 (18가)의 견해에서 朴을 '朴氏'로 연결한 근거는 받아들이기 어렵고 (18나)의 견해에서는 朴을 설명하지 못하였다. 따라서 (18가)와 (18나)의 견해는 완벽하지 않다고 생각된다.

(18나)의 견해에서 '삼태기 모양을 하여'로 범박동의 지형 특성을 언급한 것은 정확한 것으로 판단된다.

다음 〈그림 2〉에서 보듯이 '범박리'의 지형은 삼면이 산으로 둘러싸여 있고 '咸朴' 방향으로만 앞이 트여있음을 알 수 있다. 이러한 지형을 최현수(1996: 43)는 '삼태기' 모양으로 정확하게 비유하였다. 또 위 지형도에서 '범박리'의 경우 산자락 가까이까지 '논표시(ㅛ)'가 기입된 것을 확인할 수 있다.

慶尙北道 知禮郡 下縣面의 '범박골'은 부천의 '범박골/範朴里'과 지형 특성이 유사하고 '범박'의 의미를 해독할 수 있는 단서로 이표기 富坪의 명칭이 있어 주목된다.[6]

---

6 이건식(2018: 127)에서 '凡朴洞/範朴洞'의 朴을 '바위'에서 온 '박'으로 추정한 바

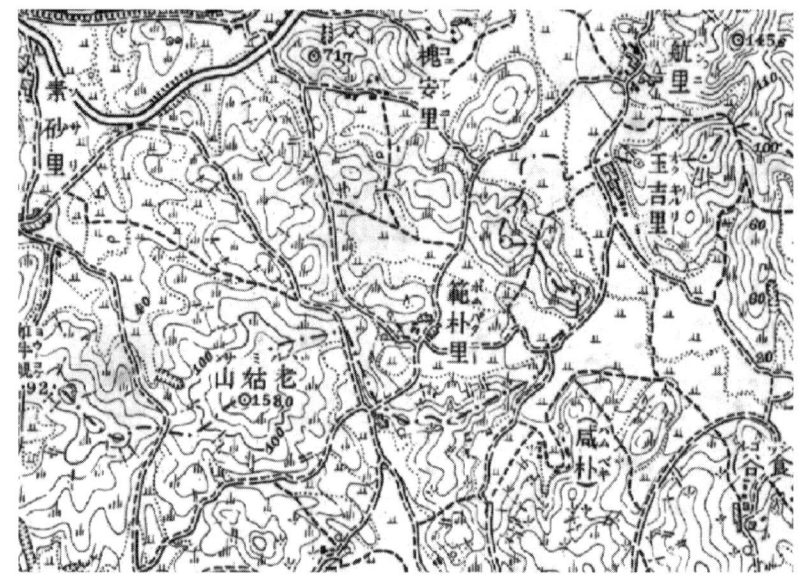

〈그림 2〉 1920년 이후 조선지형도 範朴里 일대

(19) 가. 富坪里/범박골 〈조선지지자료 慶尚北道 知禮郡 下縣面 里名〉
    나. 교1리 북서쪽에 있는 마을, 마을 뒷산에 호랑이 형상을 한 바위가 있어 범바위골, 범바우골로 불리다가 범밧골, 범밭골로 변함. 한자로는 富坪이라고도 한다. 〈자연지명DB〉

있다. 그런데 부천 지역의 '鴨岩山〈1911년 조선지지자료〉'이 오늘날 '봉배산'과 관련된 표기에 근거하면 '범+바위+골' 정도의 구성은 '범박골'의 발음형을 도출하지 못할 것으로 생각된다. 다만 '범+바위+ㅅ+골' 정도의 구성에서는 속격 조사 'ㅅ'으로 위치 동화 현상에 의하여 'ㅅ'이 'ㄱ'으로 발음될 수 있다. '범+바위+골'의 구성은 '범바위가 특성인 골짜기' 정도의 의미이고, '범+바위+ㅅ+골'의 구성은 '범바위에 있는 골짜기' 정도의 의미로 차이가 있다. '범바위에 있는 골짜기'라는 의미 표현보다는 '범바위가 특성인 골짜기'라는 의미 표현이 보다 일반적이라고 생각한다.

다.

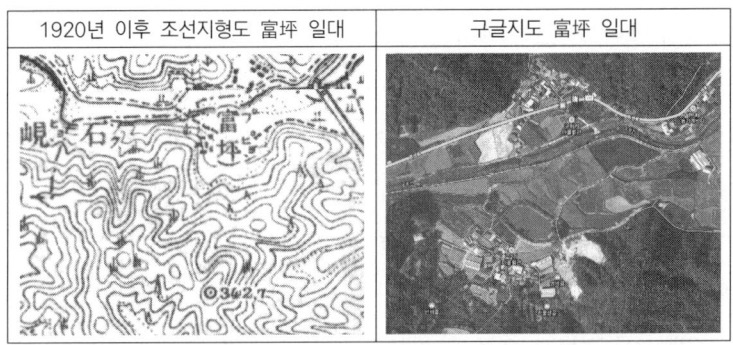

〈그림 3〉 1920년 이후 조선지형도와 구글지도의 富坪 일대

  (19가)의 '범박골'에 근거해 볼 때 (19나)의 '범바위골, 범바우골, 범밧골, 범밭골' 등은 '범박골'의 '범'을 '호랑이'로 해석한 것에 바탕을 두고 유추된 마을 이름으로 생각된다. 이러한 지명 유래 해석은 '범박골'과 富坪의 관계를 설명하지 않은 것이어서 문제가 있다.
  '범박골'과 富坪의 관계에서 '범'과 富의 관계와 '박'과 坪의 관계를 생각해 볼 수 있다. '박'과 坪의 관계는 단순하게 파악될 수 있지만 '범'과 富의 관계는 복잡한 과정을 통해 파악될 수 있으므로 먼저 '박'과 坪의 관계에 대해 설명하기로 한다.
  '범박골'과 富坪의 관계에서 '박'과 坪의 관계를 파악할 수 있는 지명 자료로 다음을 생각해 볼 수 있다.

(20) 가. 栢木坪/잣나무박이 〈조선지지자료 江原道 麟蹄郡 郡內面 野坪名〉
    나. 楸坪/갈이버덩 〈조선지지자료 江原道 楊口郡 亥安面 坪名〉
    다. 葛田里澗/갈박이간 〈조선지지자료 全羅北道 長水郡 中番岩面 溪澗名〉

(20가) 栢木坪의 표기에서 '박이'의 뜻은 표기에 반영되지 않았고, '잣나무박이'의 표기에서는 坪의 의미가 표기에 반영되지 않은 것으로 생각할 수도 있다. 그러나 '버덩'은 '들'과 유사한 지형을 뜻하므로 (20나)에서는 坪이 '버덩'을 표기한 것으로 파악해야 한다. 이러한 관점에서 (20가)에서도 坪이 '박이'를 표기한 것으로 파악할 수 있다. 즉 '잣나무박이'는 '잣나무들'의 의미를 강화하여 표현한 것이라 할 수 있다. (20다)에서는 '갈나무가 많이 박혀 있는 지역'을 '갈박이'로 표현하고 '박이'를 '밭/田'으로 대응시켜 놓았다. 이것은 '박이'를 '밭'으로도 대체할 수 있음을 말해 주는 것이다.

그런데 '범박골'에서는 '박'이므로 이곳의 '박'은 '박이'에서 온 것이 아니라 '밭'에서 온 것으로 파악된다. '박이'는 '박'으로만 표기된 사례를 찾을 수 없기 때문이다. 다음은 '범박골'의 '박'이 '밭/田'에서 온 것임을 지지해 주는 근거 자료이다.

(21) 가. 虎田谷/범밧골 〈조선지지자료 全羅南道 昌平郡 加面 山谷名〉
     나. 虎田里/범밧 〈조선지지자료 江原道 平海郡 遠北面 洞里村名〉

한자 표기 田에 근거하면 (21) '범밧'의 '밧'은 '밭/田'에서 온 것이 확실하다. '밭'이 '밧'으로 표기된 것은 음절말 위치에서 '밭'의 발음이 '받'이고 음절말 위치에서 '밧'의 발음도 '받'이기 때문에 '밧'으로 표기한 것이다.

'범밧골'은 조음 위치 동화 현상으로 '범박골'로도 발음될 수 있다. '밧' 뒤에 나온 '골'의 초성 'ㄱ'이 연구개 위치에서 발음되는 소리이기 때문에 치경 위치에서 소리나는 'ㄷ'이 조음 위치 동화 현상을 보여 'ㄱ'으로 발음될 수 있기 때문이다. 물론 이 조음 위치 동화는 필수적인 규칙이 아니어서 사람에 따라 '범받꼴' 또는 '범박꼴'로도 발음할 수도 있다.

'범박골'과 富坪의 관계에서 '범'과 富의 관계를 알려 주는 지명으로 『신증동국여지승람』錦山郡 고적 조에 나오는 고려 시대의 富利廢縣이 주목된다. 富利廢縣이 백제 시대에 豆尸伊縣인 것에 착안하여 이건식ㄱ (2013: 346-352)에서는 富가 '둘, 두르' 정도의 음을 표기할 수 있음을 언급하였다.

이상의 논의와 지형 특성을 고려할 때, 慶尙北道 知禮郡 下縣面의 '범박골'은 '(산으로) 두른 밭의 골' 정도의 의미로 이해할 수 있다. 그런데 '두르다'의 의미를 가진 15세기어의 '버믈다'를 고려할 수 있지만 '버믈'이 '범'으로 축약된 근거를 찾을 수 없다. 또 '두른'의 의미를 가진 국어의 단어 '범'을 찾을 수 없다. 그런데 '두른'의 의미를 가진 '번'을 생각해 볼 수 있다.

(22) 가. 번-가루「명사」곡식의 가루를 반죽할 때에 물손을 맞추어 가며 덧치는 가루. 〈표준국어대사전〉
나. 시룻-번「명사」시루를 솥에 안칠 때 그 틈에서 김이 새지 않도록 바르는 반죽. 늑번. 〈표준국어대사전〉
다. 번1 시루를 솥에 안칠 때 그 틈에서 김이 새지 않도록 바르는 반죽. =시룻번. 〈표준국어대사전〉

(22가)에서 '번'의 의미를 '덧차다'로 풀이했지만 이 '덧치다'는 '두르다'의 의미로도 이해할 수 있다. (22나)와 (22다)에서 '번'의 의미를 '바르다'로 풀이했지만 '(솥과 시루의 테두리를) 두르다' 정도의 의미로도 생각할 수 있다.

'범박골'을 '번박골'에서 온 것으로 파악할 때, 'ㅂ' 앞에서 'ㄴ'이 'ㅁ'으로 위치 동화 현상을 발생시키는 사례를 검토할 필요가 있다. 이러한 사례는 15세기어의 '흔쁴'가 16세기 초에 '홈믜'로 바뀐 현상에서 찾을 수 있다. '흔쁴〉홈믜'의 변화에서 '흔'이 '홈'으로 변한 것은 '쁴'의 'ㅂ'에 따른 조음 위치 동화라는 사실은 익히 알려져 있다. 『호구총수』(1789)의 부평군 옥산면 조에 나오는 凡朴洞里는 '번박골'에서 조음 위치 동화가 반영된 '범박골'을 표기했을 가능성이 있다.

강재철(2021: 160)에서 소개한 구산동의 '윗번덕'과 『조선지지자료』(1911)에서 나온 '신선번덩이/神仙坪〈富平郡 馬場面 曉星里〉'는 '범박골'이 '번박골'에서 발생했을 가능성을 간접적으로 입증해 준다. '번덕'은 흔히 '버덩'의 방언으로 알려져 있으나 '번덕'은 '번'으로 '둘러싸다'의 의미를 나타내고 '덕'으로 '높은 지대'를 나타내어 '둘러싼 높은 지대' 곧 '산자락'을 말한 것으로 생각된다. 그리고 '번덩'은 '번덕'과 '버덩'이 혼효된 어휘로 생각된다.

이상의 논의를 종합하면 부천의 '범박골'은 '번밭골'에서 온 것으로 '번밭골〉번박골〉범박골' 등의 음운 변화 과정을 거친 것이다. 결국 '범박골'은 '(산으로) 두른 밭(들)의 골짜기' 정도의 의미를 표현한 것으로 결론 내릴 수 있다.

2.7. 伐應節里의 의미 '버덩 마디'

伐應節里의 지명 유래를 지금까지 다음과 같이 이해하여 왔다.

(23)　가. 벌응절리(伐應節里) 옛날의 부락이 벌(蜂)의 형국을 이루었다고 하여 봉응절이라 하다가 '벌응절로 변하여 일제 시 발음대로 쓴 것이 지금의 이명이 되었고 발음이 변하여 벌응절이라고 부르게 됨.〈1959년 전국지명조사철 경기도 부천군〉

　　　나. 벌응절리 지명 유래는 벌판 언저리에 위치한 마을이기 때문에

붙여진 지명으로 한자의 뜻하고는 아무 상관 없는 이두식 지명으로 '벌언저리>벌은저리>벌응저리>벌응절리'로 변형되었습니다. 역곡1동 안동네를 일명 '벌골'로 부르는 것만 봐도 잘 알 수 있습니다 〈부천문화 2014: 52〉

伐應節里에 대한 (23가)의 지명 유래 설명은 받아들이기 어렵다. 그런데 伐應節里의 의미를 '벌언저리'로 해석한 (23나)의 견해는 일견해서 그럴듯한 해석으로 생각된다. 그런데, 『조선지지자료』(1911)에 '伐應坪/버렁개'가 있어 伐應節里의 의미를 새롭게 해석할 수 있는 가능성이 찾아진다.

(24) 가. 伐應節里 〈조선지지자료 京機道 富平郡 玉山面 洞里名〉
　　　 나. 伐應山/벌응뫼 〈조선지지자료 京機道 富平郡 水呑面 山谷名〉
　　　 다. 伐應坪/버렁기 〈조선지지자료 江原道 通川郡 鶴一面 坪名〉

근대 국어 이후의 지식으로 보면 伐應節里의 伐應은 '벌응, 버릉' 정도의 음을 표기한 것으로 생각할 수 밖에 없다. 즉 (24나)의 '伐應山/벌응뫼'는 이러한 사실을 확인해 준다. 그런데 (24다)의 '伐應坪/버렁기'는 伐應이 '버렁'의 발음을 표기할 수 있음을 보여주고 있다. 伐應과 '버렁'의 대응 관계를 고려하면 伐應은 근대 국어 이전의 15세기 정도의 표기로 추정할 수 있다. 'ㆍ'가 소멸되기 전인 15세기 이전의 국어에서 'ㅓ'의 조음 위치는 전설에 위치해 있고 'ㅡ'의 조음 위치는 중설에 위치했었기 때문이다. 즉 현대 국어에서 'ㅡ' 모음은 고설 모음이나 15세기 이전에 'ㅡ'는 중설 모음에 위치했다.

伐應節里의 표기가 근대 국어 이전의 표기라면 伐應이 표기한 '버렁'은 '버덩'에서 온 것임을 추정할 수 있다. 근대 국어 이후 우리 국어에서

'ㅣ' 모음이나 반모음 'j'가 'ㄷ'에 선행하거나 후행할 경우에 'ㄷ'은 'ㄹ'로 변동된다. 그러나 그렇지 않은 모음 사이에서 'ㄷ'은 'ㄹ'로 변동되지 않는다. 그런데 근대 국어 이전 15세기 국어에서는 모음 사이에서 'ㄷ'이 'ㄹ'로 변동한 사례가 있다. 15세기어에서 海를 뜻하는 말이 '바ᄅᆞ, 바다ㅎ' 등으로 공존한 사례에서 모음 사이에서 'ㄷ'이 'ㄹ'로 변동된 사례를 찾을 수 있다. 또 한자어 牡丹을 '모란'으로 발음하는 것[7]도 16세기에 모음과 모음 사이에서 'ㄷ'이 'ㄹ'로 변동한 사례를 보여준 것이다.

결국 伐應節里의 '伐應'은 15세기의 '버렁'을 표기한 것으로 근대 국어 이후에는 '버덩'의 의미를 표현한 것으로 생각된다. '버덩'은 '높고 평평하며 나무는 없이 풀만 우거진 거친 들'을 가리키는데 伐應節里의 지형 특성이 이에 부합된 것으로 판단된다.

伐應節里는 하천 근처가 아니라 '원미산'이나 '춘덕산' 근처에 있으므로 伐應이 표기한 '버렁'은 '벌판'과는 관계없고 '버덩'을 나타낸 것으로 생각된다.

伐應節里에서 節은 '마디'를 표기한 것으로 판단된다. '마디'의 의미로 節이 사용된 지명은 다음과 같다.

(25) 가. 節洞/마듸울 〈京畿道 朔寧郡 南面 洞村名〉
     나. 七節嶺/일곱마듸등 〈江原道 杆城郡 海上面 嶺名〉

'마디'는 '도드라진 부분'을 뜻하고, 또 이 뜻에서 제유에 의해 파생된 '도막'의 뜻을 가지고 있다. 따라서 伐應節里는 '버덩마디' 정도를 표기한 것이다. '버덩마디'는 '버덩도막'의 뜻으로 동서 양쪽의 산을 구분하는 경계가 된다. 다음은 伐應節里의 지형 특성이 '버덩마디'임을 확인해

---

7 『신증유합』, 7b, "牡 모란 모, 丹 모란 단"

준다.

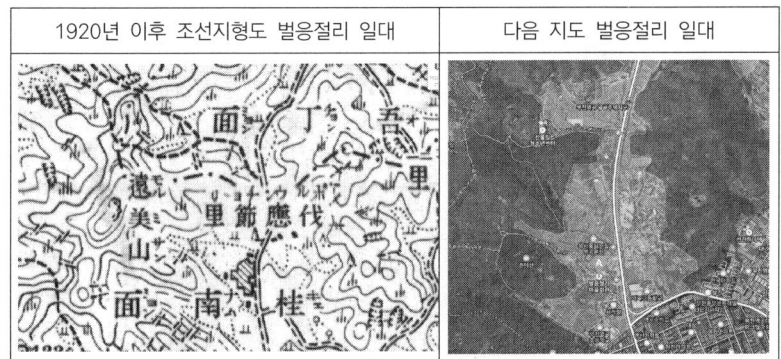

〈그림 4〉 벌응절리 관련 자료

2.7. '모래 벌판'의 뜻인 '사레이'와 沙浪里의 관계[8]

上里는 '사레이' 또는 沙浪里라고도 하였다.

(26) 가. 상리(上里) 옛날부터 속칭 '사레이'라고 부르고 있는데 이조 말엽에 사랑리(沙浪里)라고 하던 것을 일제 시대에 상리라고 하여 지금에 이르고 있음. 〈1959년 전국지명조사철 부천군〉
나. 상-동[上洞][웃말, 상리, 사래리, 사랑리] [동] 본래 부평군 석천면의 지역으로서 석천면의 지역으로서 석천면의 위쪽이 되므로 웃말 또는 상리, 사래리, 사랑리라 하였는데〈한국지명총람 17 부천시 상동〉
다. 사래이: 이 지역은 홍수 때 산에서 모래가 모래가 마을이나 논까지 많이 밀려와 마을 이름의 원인이 되기도 하였다. 이렇기

---

8 『표준국어대사전』, 버덩, "높고 평평하며 나무는 없이 풀만 우거진 거친 들."

때문에 척박한 토양으로 인해 전답으로서의 가치가 떨어진 곳이다. 〈최현수 1996: 74〉

(27) 가. 沙浪坪/사러이덜 〈조선지지자료 慶尙北道 豊基郡 西部面 坪名 白洞〉
　　　나. 上里/상리 上里/사렁리 〈지지조서 부내면〉

(26가)의 표기 沙浪里는 문헌 자료에서 확인된 바 없다.

(26가)의 '사레이'는 한글 표기이고, 沙浪里의 沙浪은 '사레이'에 대한 차자 표기이다. (27가)의 '沙浪坪/사러이덜'로 이를 확인할 수 있다. '사렝이'에서 종성 'ㅇ'이 탈락되어 '사레이'가 된 것이다. 종성 'ㅇ'이 탈락된 사례로 '눌은밥'을 뜻하는 제주 방언은 '누렝이'⁹인데 경기 방언에서는 '누레이'¹⁰라 하는 것을 들 수 있다.

(26다)는 '사렝이〉사레이'의 지형 특성을 설명하고 있다. 즉 '사렝이〉사레이'는 '모래'와 관계된 말에서 파생된 것임을 알게 해 주는 근거가 된다. '모퉁이'를 뜻하는 '모랭이'는 '모리+앙이' 정도로 구성된 것인데 '모리'는 '모서리'를 뜻하는 '모ㅎ'와 같은 것이다. '모랭이'의 구성과 마찬가지로 '사렝이'는 '사리+엉이' 정도로 구성된 말이다. '사리'는 '모래'의 뜻이다. 부천 '소새'의 '새'도 '사리'에서 온 말로 '모래'의 뜻을 가진다. 이에 대해 이건식(2018: 133-136)에서 논의한 바 있다. 참고로 『조선지지자료』의 '素沙峙/쇼시고기〈仁川府 新峴面 大谷〉'을 추가한다. '쇼시고기'를 고려하면, '소새'는 '쇼시'에서 온 것으로 확인된다.

결국 '사레이'는 '사렝이'에서 온 말로 '사렝이'는 '모래가 많은 지대'를 가리킨 것으로 이해할 수 있다.

9　『우리말샘』, 누렝이, "눌은밥의 방언(제주)"
10　『우리말샘』, 누레이, "누룽지의 방언(경기)"

2.8. 石川이 '돌내[廻川]'인 증거 '덕배미논'

石川은 '돌내' 정도를 표기한 것이다. '돌내'의 '돌'은 '돌-(廻)'의 의미를 표기한 것으로 이해하여 왔다. 그런데 '돌'을 '돌(石)'로 이해한 견해도 없지 않았다.[11] 그런데 上里의 지명으로 남아 있는 '사레이, 덕배미논' 등은 '돌내'의 '돌'이 '돌-(廻)'의 의미임을 증거하고 있다.

'사레이'가 '모래가 많은 지대'임은 앞절에서 논의한 바 있다. 이 '사레이'를 통해 '덕배미논'이 가진 의미를 심층적으로 이해할 수 있다.

'덕배미논'에 대해 부천 지역에서는 그 의미를 다음과 같이 이해하여 왔다.

(28) 가. 덕배미 : 상동 210-1번지 일대의 논을 이르는 말로 '덕배미'란 땅이 기름진 논이란 뜻이다. '배미'는 '논배미'의 준말로 논의 뙈기를 세는 말이다. 〈최현수 1996: 76〉
나. 덕배미(상동 210-1 일대의 논을 이르던 말로 '덕배미'란 땅이 기름진 논이란 뜻. 예로부터 농민들의 입을 통해서 '소래산 明氣를 타야 덕배미골에 가 농사를 지어본다'는 말이 전해졌다고 함.) 〈민충환 1996: 91〉

(28가)와 (28나)에서는 모두 '덕배미'가 '기름진 논'을 뜻한다고 말하고 있다. 그러나 '덕배미' 자체에는 '기름지다'는 의미가 없다. 즉 '덕배미'란 '덕+배미'로 구성된 말로 '덕'이란 '지대가 높은 지역'을 가리키고 '배미'란 '전답의 구획'을 가리킨다.

침수가 잦았던 '수잿[12]물논'(최현수 1996: 75), 고운 모래가 많이 난

---

11 437쪽에서는 石川의 石을 돌[石]로 이해했으나, 여기의 견해가 더 타당할 가능성이 있다.

'세벽구덩이논'(최현수 1996: 76) 등과 같이 수확량이 생산적이지 못한 논에 상대하여 '지대가 높은 지역의 전답'인 '덕배미'는 침수 피해를 덜 받아 수확량이 생산적이어서 '덕배미'에 '기름진 논'의 의미가 추가된 것으로 파악된다. '덕배미'를 '기름진 논'으로 인식한 배경에는 '덕배미'가 아닌 논은 침수 피해를 받을 염려가 있음을 말하는 것이다.

경사가 급격한 지대에서는 대체로 유속이 빨라지며 유속이 빠른 물은 대체로 직진하며 토사를 많이 퇴적시키지 않는다. 그러나 경사가 완만한 평야 지대에서는 유속이 느려지며 유속이 느린 물은 물길을 찾기 위해 빙빙 돌게 되며 유속이 느리기 때문에 많은 양의 토사를 침전시키게 된다.

2.9. '베리내'를 통해본 如月里의 의미 '여울(灘)'

如月里의 지명 유래에 대해 다음과 같은 견해가 있어 왔다.

> (29) 가. 여월리(如月里) 동리 형곡이 반월형이라 하여 여월리가 됨 〈1959년 전국지명조사철 경기도 부천군〉
> 나. 여월동 점말, 안동네 등의 마을 형태가 반달과 같이 생겨서 붙여진 명칭이다. 〈최현수 1996: 70〉

如月里의 지명 유래에 대한 (29)의 견해는 如月里를 흐르는 '베리내'를 고려하지 않은 것이다. '베리내'가 如月里를 지난다는 것은 如月里의 중요한 지형 특성이다. 따라서 '베리내'의 지형 특성을 고려해서 如月里의 지명 유래를 새로이 생각해 볼 수 있다.

'베리내'의 지명 유래에 대해서는 또 다음과 같은 견해가 있어 왔다.

---

12 '챗'이 아닌가 한다.

(30) 베리내 유래 내(川)는 하천을 의미하는 고유어로 '별, 벼리, 베리' 등의 어원은 '벼랑'이다. 베리내는 곧 원미산의 북쪽 지형이 벼랑으로 되어 있어서 별칭으로 '벼락산'으로 부른데서 유래하였다 〈양경직, 2015: 225〉

'베리내'의 어원에 대한 (30)의 견해에서 '별, 벼리, 베리' 등의 의미를 '벼랑'으로 이해한 것은 검토가 필요하다. '벼랑'은 '물 속의 돌'을 뜻하는 '별'과 '낭떠러지'를 뜻하는 '낭'의 결합어로 생각되기 때문이다. '베리내'에는 '낭'이 없으므로 '낭떠러지'의 의미는 배제하고 '베리'는 '물 속의 돌' 정도를 뜻하는 말로 이해하는 것이 좋을 듯하다.

이건식(2021: 168-170)에서는 『월인석보』 10:86a에서 한자 磧의 의미를 '믌 ᄀᅀᅢ 돌 잇는 싸히라'로 풀이하였고, 『훈몽자회』에서 磧의 훈을 '쟉벼리'라 한 것에 근거하여 '베리내'의 '베리'는 '물 속에 있는 돌'을 지칭한 것으로 이해하였다. 그리고 현장 답사를 통해 '베리내'의 강 바닥에 '뭉우리돌'이 산재한 사실을 확인하였다.

지명 표기에서 月은 보통 음차 표기인 '월'을 표기하거나 훈차 표기인 '달'을 표기하는데 사용되었다. 이건식(2021: 169)에서 月이 '울'을 표기한 사례로 강원도 원주군 판제면 分二里 外南松에 소재한 들판의 이름 '駕馬月坪/가마울뜰'을 근거로 여월동(如月洞)의 如月이 '여울' 정도를 표기했을 가능성을 생각해 보았다. 그러나 月이 '울'을 표기한 사례가 하나여서 여월동(如月洞)의 如月이 '여울'임을 강하게 주장하지 못하였다. 그런데 『조선지지자료』 전체를 검토해서 月이 '울'이나 '올'을 표기한 사례를 찾게 되었다.

(31) 가. 間月洞/싀울 上西面馬峴里에在홈 〈조선지지자료 江原道 華川郡 上西面 洞里村名〉

나. 月樓峙/올누지 於田里 〈조선지지자료 江原道 旌善郡 臨溪面 嶺峙峴名〉

(31가)의 '間月洞/시울'에서 洞은 추가된 지명 구성소이다. 따라서 間月은 '시울'을 표기한 것으로 月은 '울'을 표기하고 있다. (31나) '月樓峙/올누지'에서는 月이 '올'을 표기한 것이다.

이상과 같이 月이 '울'을 표기한 사례가 2개가 있고 月이 '올'을 표기한 사례 1개가 있으므로 如月里의 如月도 '여울'이나 '여올'을 표기했을 가능성이 매우 높다.

그렇다면 如月里의 의미를 '물이 돌이 많은 지대를 흐르는 곳'을 뜻하는 '여울'로 파악할 수 있다. 이렇게 되면 '물 속의 돌'을 뜻하는 '베리내'의 '베리'와 '여울'의 뜻은 어울리게 된다. 『조선지지자료』(1911)에 나오는 '葛灘里/가리여울〈富平郡 水呑面 開峰里〉'은 如月里의 의미를 '여울'로 파악할 수 있는 근거를 보충해 준다.

2.10. 古里洞里의 의미 '말하는 골짜기' 또는 '소리 내는 골짜기'

『호구총수』(1789)에 下梧亭面의 동리촌명 古里洞里이 나온다. 그리고 『조선지지자료』(1911)에는 동리촌명 '古里洞/고리울'로 나온다. 그런데 동리촌명으로 다음과 같이 槐里도 나온다.[13]

(32) 光武八年五月 日 訴狀 京畿道富平郡梧亭面槐里居 農民 郭宜鍾 年 〈각사등록 京畿道篇 3 京畿道各郡訴狀 13 光武八年(1904) 五月 日〉

---

13 최현수(1996: 64)에서 '고리울'을 일명 槐里洞이라 했다. 그러나 근거가 무엇인지는 밝히지 않았다. 이에 반해 양경직(2015: 45)는 槐里와 槐洞의 전거로『밀양변씨족보』(1864), 槐里洞의 전거로『밀양변씨족보』(1864)를 제시하고 있다.

(32)의 槐里에 대해 양경직(2015: 45)는 槐里洞이라 하여 '느리울/느리골'로 제시하고 있으며 '古里洞/고리울'과 '槐里洞/느리울/느리골'의 관계를 어떤 때는 다른 마을로, 어떤 때는 같은 마을로 설명하고 있다. 槐里를 '느리울/느리골'로 판단한 근거는 양경직(2015: 45)에서 제시되지 않았다.

'고리'에서 변화된 '괴'의 발음 변화를 槐里의 槐가 표기한 것으로 생각된다.

(33) 가. 古里洞里 〈여지도서 京畿 朔寧 南面〉
　　　나. 古里洞里 〈호구총수 京畿 朔寧 南面〉
　　　다. 槐谷/고리울 〈조선지지자료 京畿道 朔寧郡 南面 洞村名〉
(34) 가. 槐里洞里 〈여지도서 忠淸道 鎭岑郡 東面〉
　　　나. 槐谷里 〈호구총수 忠淸道 鎭岑郡 東面〉
　　　다. 槐谷里/고리골 〈조선지지자료 忠淸南道 鎭岑郡 東面 洞里名〉

(33가)와 (33나)의 古里洞은 '고리울' 정도를 표기한 것이다. 그런데 (33다)에서는 古里洞을 槐谷으로 표기하고 있다. 槐는 '괴' 정도를 표기한 것이므로 (33다)의 槐谷은 '고리울〉괴울'의 발음 변화가 발생했음을 알게 해준다.

(33다)의 '고리울'은 '고리울〉괴울'의 변화가 완전하지 않음을 보여주는 것이다. 즉 '고리울'과 '괴울'이 병행하고 있음을 보여주는 것이다. 이러한 현상은 (34다)의 '槐谷里/고리골'에서도 관찰할 수 있다.

한편 (34가)의 槐里洞과 (34나)의 槐谷은 '고리〉괴'의 변화가 적어도 『여지도서』의 편찬 연대인 18세기 중엽에는 발생했음을 보여 주는 것이다.

'고리〉괴'와 같은 변화는 다음과 같은 어휘에서도 관찰된다고 알려져 왔다.

(35) 가. 누리〉뉘 [世]
나. 나리〉내 [川]
다. 모리〉뫼 [山]

18세기어의 '모리(말린 탈)', 16세기어의 '무리(群)', 15세기어의 '꼬리(尾)'와 '구리(銅)' 등은 (35)와 같은 변화를 겪지 않았다. 이러한 점에서 '고리〉괴'의 변화는 특별한 성격을 가지는 것으로 생각된다.

'고리울'을 포함한 고강동 지역이 고대의 제사터라는 점에서 '고리〉괴'의 의미를 '말하다'의 뜻으로 추정해 볼 수 있다. 유창돈(1957: 375)의 논의에서는 '말하다'의 뜻을 가진 후기 중세국어의 '짓괴다'가 소개된 바 있고, 『표준국어대사전』에는 '소리가 나다'의 뜻을 가진 '괴다'가 실려 있다.

(36) 가. 諍은 말 겻골씨오 誼은 모다 짓괼씨라 〈楞嚴經諺解 4:8b〉
나. 괴다2「동사」「1」술, 간장, 식초 따위가 발효하여 거품이 일다.「2」화가 나거나 억울하거나 하여 속이 부글부글 끓는 듯하다.「3」사람이 많이 모이거나 하여 북적거리다. 〈표준국어대사전〉

(36가)의 '짓괴다'에서 '짓'은 '짖다'의 뜻이고, '괴다'는 '소리 내다'의 뜻이다. 그리고 (36나)에서의 설명은 '소리가 나다'의 설명은 없지만 (36나)의 '괴다'는 '소리 나다'의 뜻이다.

결국 부천의 '고리울'이나 '괴울'을 '말하는 골짜기'나 '소리를 내는 골짜기'의 뜻을 나타낸 것으로 추정할 수 있다. 그러나 현재는 이러한 추정을 뒷받침할 수 있는 근거가 거의 없는 것과 마찬가지이다.

3. 부천 자연 지명과 인공 지명의 해독

3.1. '香安山〉上山〉象牙山' 행세를 하고 있는 거마산(距馬山)

지금 거마산(距馬山)으로 불리는 산은 18세기와 19세기의 부평부 고지도(이들 지도에 대해서는 다음 절에서 언급함)에는 香安山으로 나타나고 『조선지지자료』(1911)에서는 구지리 소재의 上山으로 나타나며, 1910년대 「조선지형도」에는 象牙山으로 나타난다. 국토지리정보원에서 1957년에 제작한 지형도에도 象牙山으로 표기되어 있다.

그런데 1961년 지명 고시 이후에는 象牙山을 대신하여 거마산이 주인 행세를 지금까지 하여 오고 있다. 강재철·이건식(2023: 325-334)에서는 1961년 지명 고시를 위하여 진행한 1959년 이후의 지명 정리 작업에서 착오가 발생하여 象牙山의 자리를 거마산이 차지했음을 논증하였다.

강재철·이건식(2023: 337-339)에서는 '香安山, 上山, 象牙山' 등이 표기만 달리한 이표기 관계에 있음을 논증하였다. 즉 香安山이 '상+안+뫼' 정도의 구성을 가지는 '상안뫼' 정도를 표기하고, 象牙山은 '상아뫼' 정도를 표기한 것인데 '상안뫼〉상암뫼〉상아뫼'의 과정을 거쳐 '상아뫼/象牙山'가 도출된 것으로 분석하였다. 上山을 민간 신앙과 관련된 지명으로 파악하여 본래 上山인 산이 역시 민간 신앙과 관련된 聖主山으로 대체되자 '상+안+뫼' 정도의 구성을 가지는 '상안뫼'에서 '안'이 소거되어 上山이 된 것으로 파악하였다.

또한 강재철·이건식(2023: 337-339)에서는 上山의 上이 민간 신앙에서 말하는 上典의 의미를 가지는 것으로 추정하였다. 이러한 추정의 근거로 서울특별시 영등포구 7가 205-2에 소재한 上山殿과 부산 해운대구 동하면에 소재한 '마고당'에 上山麻姑堂의 현판이 있음을 제시하였다.

3.2. 大山의 의미 '대(야동)에 있는 산'과 관할 지역의 변천

18세기와 19세기 부평부 고지도에는 香安山과 함께 大山이 나타난다. 즉 「경기지 부평부지도」(1842-1843, 규12178), 「경기읍지 부평지도」(1871 규12177), 「부평부지도」(1872, 규10373), 「기전읍지 부평지도」(1894-1895, 규12182) 등에 香安山과 大山이 기입되어 있다. 大山은 『조선지지자료』(1911)에서 말한 석천면 심곡리에 소재한 聖柱山이고, 香安山은 석천면 구지리에 소재한 上山이다.

18세기와 19세기의 부평부 고지도에 大山이 나오는 것을 이해하기 위해서는 다음과 같은 사실에 대해 이해할 필요가 있다.

(37) 가. 大也院 在府南十五里。〈신증동국여지승람 부평도호부 역원〉, 大也院 부 남쪽 15리에 있다.〈동국여지지 부평도호부 郵驛〉
　　　 나. 大也洞/뒷골〈조선지지자료 仁川府 新峴面 동리촌명〉

(37가)의 大也院은 인천부 황등천면에 소재한 조선 초기 重林驛과 호응한 숙박 시설이다. 대야원은 重林驛의 동쪽 大也洞에 소재했을 것으로만 추정된다. 『조선지지자료』에서는 (37나) '大也洞/뒷골'이 인천부 新峴面에 소재한 것으로 기술하고 있다. (37가)에서 大也院이 부평도호부에 소재한다는 기술과 (37나)에서 '大也洞/뒷골'이 인천부 新峴面에 소재한다는 기술은 모순된다. 그러나 『조선지지자료』 이전의 시기에 '大也洞/뒷골'이 부평군에 속했다는 사실을 고려하면 이러한 모순

은 극복될 수 있다. '大也洞/뒷골'이 부평군에 속한 사실을 알려 주는 자료는 다음과 같다.

(38) 가. 東面(終七里), 西面(終七), 注火串(東 初七 終十五), 上梧井(東 初七 終十五), 下梧井(東 初十 終十五), 堂山(東 初七 終十五), 玉毛(東 初十五 終三十), 水呑(上同), 同所井(南 初十 終二十), 馬場(南 初五 終十), 石川(南 初五 終十五), 石串(西 初七 終十五), 毛月串(西 初五 終十五), 黃魚(北 初十 終十五 古黃魚鄕), 蘇來(南二十) 〈대동지지 부평 坊面〉

나. 府內(終十里), 多所(西 初八 終二十), 南村(南 初十 終十五), 新峴(東 初二十 終二十五), 遠又爾(西 初七 終十), 朱雁(北 初十, 終十五), 鳥洞(東 初十 終二十), 田返(東 終二十), 黃等川(東 終二十五), 梨浦(南 終一百二十), 古梨浦(新羅景德王爲獐口郡領縣 高麗降部曲) 〈대동지지, 인천 坊面〉

(38가)에서 부평군에 蘇來面이 소속된 것이 주목된다. 蘇來面의 관할 영역은 '하우고개'의 남쪽 지역을 말한 것으로 생각된다. 20세기 이전 소래면의 남쪽 경계를 한정하여 말할 수는 없지만 적어도 大也洞은 蘇來面에 포함되었을 것으로 생각된다.『조선지지자료』에서 大也洞을 인천부의 신현면 관할 지역으로 기술했지만, 20세기 이전에는 인천부 신현면 지역에 大也洞이 포함되지 않았을 것으로 생각된다.

이상의 논의를 종합해 볼 때, 18세기와 19세기의 부평부 고지도에 大山이 나오는 것은 '하오고개' 너머 大也洞까지 부평군의 관할 지역이었음을 나타내기 위한 것으로 생각된다.

大也洞과 '뒷골'의 표기 관계가 흥미롭다. 也가 'ㅅ'을 표기했다면 大也洞과 '뒷골'은 정확하게 1대 1 대응을 하게 된다. 그러나 也가 'ㅅ'을 표기한 것으로 생각하기는 어렵다. 다음 자료를 통해 也와 'ㅅ'의 관계를 이해할 수 있다.

(39) 가. 大也谷/더야꼴 〈조선지지자료 忠淸南道 禮山郡 述谷面 山谷名〉
  나. 大也洞/더야골 〈조선지지자 忠淸南道 德山郡 古縣內面 洞里村名〉, 內大也洞/안더야골 〈조선지지자 忠淸南道 大興郡 近東面 洞里村名〉, 大也곡/더에골 〈조선지지자 慶尙北道 奉化郡 北面 곡명〉
  다. 大也洞/더야동 〈조선지지자 忠淸南道 天安郡 小東面 洞里名〉, 大也洞/더야동 〈조선지지자 忠淸南道 天安郡 小東面 洞里名〉
(40) 가. 大也谷/더쏠 〈조선지지자 京畿道 陰竹郡 金谷面 谷名〉, 大也谷/더꼴 〈조선지지자 京畿道 楊平郡 西始面 谷名〉
  나. 大也곡/더골 〈조선지지자 慶尙北道 聞慶郡 加北面 山谷名〉

(39가)의 '大也谷/더야꼴'에서 大也谷은 '더+앗+골' 정도를 표기한 것으로 이해된다. '골'이 경음화되어 '꼴'로 발음되었기 때문이다. 그런데, 속격 조사 'ㅅ'은 표기에 반영되지 않았다. (39나)의 '大也洞/더야골'은 大也洞을 '더야+골' 정도로 이해한 것으로 생각된다. '골'이 '꼴'로 경음화되지 않았기 때문이다. (39다) '大也洞/더야동'도 마찬가지이다.

한편 (40가)의 '大也谷/더쏠'에서 '더쏠'의 구성을 '더+ㅅ+골'의 구성으로 파악하면 也가 'ㅅ'을 표기한 것이 된다. 그러나 也가 'ㅅ'을 표기할 수 있는 근거를 찾기가 어렵다. '더+앗+골'의 구성에서 '더쏠'이 도출된 것으로 파악하면 大也谷과 '더쏠'의 표기 관계를 일치시킬 수 있다. '더+앗+골'에서 '앗'은 '-아(기원적인 처격 조사)+ㅅ(속격 조사)'의 구성이다. 이러한 구성은 15세기에서 간혹 발견되는 구성이다. 즉 『월인천강지곡』 4의 '몸앳 필 뫼화'에서 '몸앳 피'가 그것이다. '몸앳 피'는 '몸에 있는 피' 정도의 의미이다. 그런데 '-앳'과 같은 구성은 현대 국어에서는 소멸하였고, 관용적으로 '앞엣 것, 뒤엣 것' 정도는 인정하여 사용하고 있다. 그러므로 '더+얏+골'의 구성에서 '더+ㅅ+골'의 구성으로 변한 사실을 이해할 수 있다.

결국, 인천부 신현면의 大也洞은 본디 '더+야+ㅅ+골' 정도를 표기한 것이었으나 처격 조사가 소거되는 '얏)ㅅ'의 문법 변화로 말미암아 표기는 大也洞으로 그대로 남아 있고 발음은 '덧골'로 변한 것으로 생각된다.

발음에 맞추어 '덧골'을 차자로 표기하면 大洞가 정도가 되는 것을 고려할 때, 大山은 '덧뫼' 정도를 표기한 것으로 생각된다. '덧골'은 '더에 있는 골짜기', '덧뫼'는 '더에 있는 산' 정도의 의미를 표현한 것으로 생각된다. 다만 '덧골'과 '덧뫼'에서 '더'의 의미는 현재 알 수 없다.

20세기 초에 이르러 大山이란 명칭이 사라지고 대신에 聖柱山이 등장한 이유는 20세기 초에 이르러 大也洞이 부평부 관할에서 인천부 신현면의 관할이 된 것에 따른 것으로 생각된다. 이것과 마찬가지로 18세기와 19세기의 부평부 지도에 聖柱山 대신에 大山이란 명칭이 나타난 것은 大也洞 지역도 부평부 관할이라는 것을 나타낼 목적도 있었겠지만 민간 신앙의 토대를 가진 명칭 聖柱山을 배격하려는 의도도 있었지 않았을까 한다. 따라서 大山보다는 聖柱山이 더 연원이 오래된 명칭으로 추정된다.

3.3. '華梧峴山/화오지산'의 위치 비정

『조선지지자료』에는 深谷里 소재의 산으로 '華梧峴山/화오지산'과 聖柱山을 제시하고 있다.

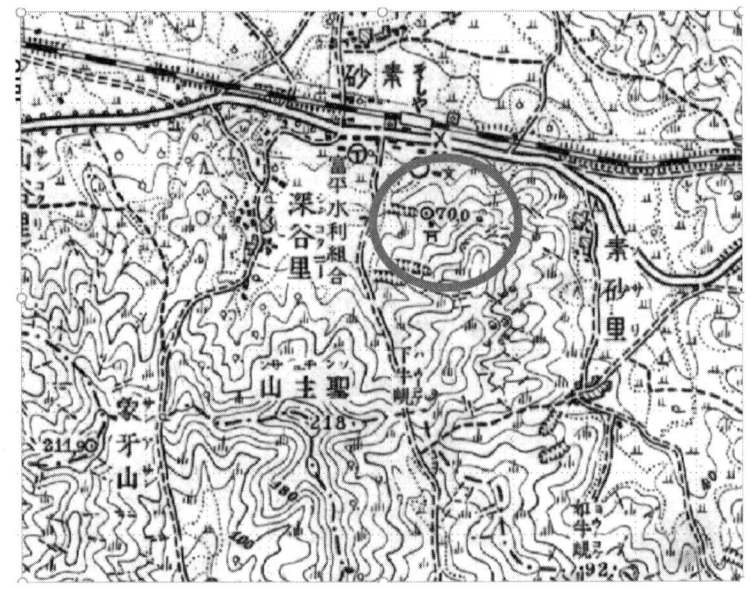

〈그림 5〉 1920년 이후 조선지형도 '성주산' 일대

(41) 가. 華梧峴山/화오지산 〈조선지지자료 富平郡 石川面 深谷里 山名〉
　　　나. 聖柱山 〈조선지지자료 富平郡 石川面 深谷里 山名〉

(41)은 '華梧峴山/화오지산'과 聖柱山이 별개의 산임을 말하고 있다. '하우고개'에서 동북쪽으로 이름없는 봉우리가 있다. 그 봉우리에는 정자가 세워져 있다. 이 봉우리를 중심으로 한 곳이 '華梧峴山/화오지산'일 것으로 추정된다. 아래에서 동그라미로 표시한 부분이 '華梧峴山/화오지산'의 영역일 것으로 생각된다. 이 봉우리는 높이가 70m로 기록되어 있다.

〈그림 5〉에서 ○으로 표시한 70m 봉우리는 『結束色謄錄』 9권 1796년 9월 16일 조에서는 臥牛峯으로도 나타난다. 'ㅎ' 소리는 약한 발음인 사실을 고려하면 臥牛峯의 臥牛와 '華梧峴山/화오지산'의 華梧는 동일

한 발음의 변이형일 것으로 생각된다.

최현수(1996: 29)에서는 聖主山의 이칭으로 '와우산'을 소개하고 있는데, 이는 聖主山과 臥牛峯이 하나로 통합된 현상에 따른 지명 해석으로 생각된다. 예컨대, 부평 지역의 하천인 '굴포천'과 '직포'는 구분되던 명칭이었는데, 오늘날 '직포'는 '굴포천'으로 통합된 현상과 동일한 것이다.

3.4. '아래 구지 고개'를 의미하는 '하오고개'

'華梧峴山/화오지산'으로 추정되는 영역에서 서남쪽으로 下牛峴이 표시되어 있고 『지지조서』에는 다음과 같이 나온다.

> (42) 峙 : 霞雨峴은(深谷里부터 蛇川場로 가는 中間에 있음[14] 〈1915년 지지조서 부천군 부내면〉

(42)의 霞雨峴은 '하우현' 또는 '하우고개' 정도를 표기한 것이므로 '華梧峴山/화오지산'의 '화오'에는 'ㅗ' 모음의 고모음화 현상과 원순역행동화에 의해 '하우'에서 '화오'의 발음형이 도출된 것이다. 부천 지역에서는 'ㅗ' 모음의 고모음화 현상은 일반적인 것으로 파악된다고 한다.

심곡리 소재 '하우고개'의 이표기로 鶴峴이 문헌 자료에 나타나 주목된다.

---

14 원문은 "峙 : 霞雨峴ハ(深谷里ヨリ蛇川場ニ王(往)ル中間ニ在リ)"이다. 王처럼 보이는 글자는 往으로 이해했다.

(43) 到富平鶴峴 부평의 학현에 이르러
　　　 平沙十里鷺湖頭 십리 백사장 노량진 머리에서
　　　 鶴峴來程問白鷗 학현으로 오는 길을 백구에게 물었네.
　　　 桂陽自古吾宗邑 부평은 예로부터 우리 집안 관향이요
　　　 洛社從今遠客秋 서울은 이제부터 먼 나그네의 가을이로다.
　　　 詩懷論席紅壺上 붉은 투호 옆에 앉아 시를 궁리하고
　　　 鄕思來時皓月浮 흰 달 떠오를 때면 고향 생각 나네.
　　　 滄洲筆蹟四大字 창주 선생의 네 글자 큰 글씨는
　　　 百世淸風在此樓 백년 동안 맑은 바람 속에 이 누각을 지키네.
　　　 〈尹滋學,『東湖遺稿』卷1 到富平鶴峴〉

 (43)에 제시된 漢詩의 제1행과 제2행은 『東湖遺稿』의 저자인 尹滋學(1830-1893)이 부평을 방문할 때, 노량진 백사장에서 출발하여 (아마도 영등포와 오류동을 지나) '하우고개'의 입구인 부천 심곡리에 이르렀음을 표현하고 있다. 심곡리에서 북쪽으로 가면 부평 읍내가 되고 남쪽으로 가면 '하우고개'에 이르게 되므로 '하우고개'는 부평 읍내를 가는 이정표가 된다. 따라서 (43)의 제2행에서 말한 鶴峴은 '하우고개'를 가리킨 것으로 생각된다.

 '華梧峴/화오지, 下牛峴, 霞雨峴, 하오고개' 등의 이표기와 더불어 이들과 鶴峴도 이표기라는 사실은 '華梧'로 표기된 '하오'와 '下牛, 霞雨' 등으로 표기된 '하우'의 의미를 파악하는 데에 도움을 준다.『조선지지자료』(1911)에는 鶴峴이나 鶴嶺에 대한 한글 표기가 다음과 같이 다양하게 나타난다.

 (44) 가. 鶴峴/학고기〈京畿道 龍仁郡 上東面 峴名〉, 鶴峴/학고기〈京畿道 金浦郡 黔丹面 嶺峙峴名〉, 鶴峴/학고기〈忠淸北道 丹陽郡 所也面 嶺峙峴名〉, 鶴峴里/학고기〈忠淸北道 堤川郡 錦城面 里

洞名〉
나. 鶴峴/황시고기 〈慶尙北道 咸昌郡 縣內面 峴名〉
다. 鶴峴/힉골고기 〈江原道 杆城郡 土城面 峴名〉
라. 鶴峴/하소고기 〈平安南道 順川郡 鳳岫面 嶺峙峴名〉
(45) 가. 鶴峴/하오기 〈黃海道 遂安郡 水口面 嶺峙峴〉, 鶴峴/하오기 〈黃海道 遂安郡 水口面 嶺峙峴〉, 鶴嶺/하오기 〈黃海道 松禾郡 栗里面 嶺峙峴名〉
나. 鶴峴/ㅎ오기 〈黃海道 海州郡 泳東面 嶺峙峴名〉
다. 鶴峴嶺/하우기 〈黃海道 遂安郡 西部面 嶺峙峴〉
라. 鶴峴嶺/하우고기 〈黃海道 遂安郡 栗界面 嶺峙峴〉, 鶴峴嶺/하우고기 〈黃海道 遂安郡 栗界面 嶺峙峴〉
마. 鶴峴/ㅎ우고기 〈黃海道 平山郡 古之面 峴名〉
(46) 가. 鶴峴/학오기 〈黃海道 鳳山郡 赤城面 嶺峙峴名〉, 下鶴峴里/하학오기 〈忠淸北道 堤川郡 錦城面 部落名〉,
나. 鶴峴谿/학우기니 〈忠淸北道 堤川郡 錦城面 谿谷名〉
(47) 鶴峴酒幕/하고기주막거리 〈忠淸北道 堤川郡 鳳陽面 酒幕名〉

(44가)의 '鶴峴/학고기'에서 鶴은 새의 일종인 '학'을 표기했을 가능성 높다. (45가)의 鶴峴은 '학고기'와는 다른 '하오기'를 표기했기 때문이다. (44나)의 '鶴峴/황시고기'도 (44가)의 '鶴峴/학고기'에서 鶴이 '학'을 표기했을 가능성을 높여 준다.

(44)와는 다르게 (45)에서는 '-오기, -우기, -우고기' 등이 출현한 곳에 鶴이 사용된 점이 다르다. 즉 (45)에서 사용된 鶴은 '하' 정도를 표기한다. 한편 (46)에서는 '-오기, -우기' 등에 사용된 鶴이 '학'을 나타내고 있으나 鶴峴의 鶴을 '학'으로 재해석한 것에 따른 것으로 판단된다. 그리고 (47)의 '하고기'는 '학고기'에 'ㄱ'의 중복을 피하기 위한 'ㄱ' 탈락이 일어난 것으로 생각된다.

(45)에 보이는 '하오기, 흐오기, 하우기, 하우고기' 등의 지명은 음차 표기로도 다양하게 나타난다. 특히 '하우지고기' 형태도 나타나 '하오기, 흐오기, 하우기, 하우고기' 등의 구성 의미를 파악케 해 준다.

〈표 1〉 '하우지고기' 이형태의 분포

유형	한자 표기	한글 표기	구성 단위			사례
			下	串	峴/嶺	
하우지 고기	夏牛峴	하우지 고기	하	우지	고기	夏牛峴/하우지고기〈京畿道 交河郡 儀谷面 嶺峙峴名〉, 夏牛峴/하우지고기〈京畿道 廣州郡 儀谷面 嶺峙峴名〉
하우 고기	下五嶺	하오 고기	하	오	고기	下五嶺/하오고기〈江原道 金化郡 初東面 峴名〉
	下午峴	하오 고기	하	오	고기	下午峴/하오고기〈忠淸南道 靑陽郡 南下面 嶺峴名〉
	河五峴	하오 고기	하	오	고기	河五峴/하오고기〈平安南道 中和郡 石好面 嶺峙峴名〉
	何爲峴	하우 고기	하	우	고기	何爲峴/하우고기〈江原道 春川郡 史內面 峴名〉
	下牛峴	하우 고기	하	우	고기	下牛峴/하우고기〈江原道 原州郡 好梅谷面 嶺峙峴名〉, 下牛峴/하우고기〈江原道 原州郡 正之安面 嶺峙峴名〉
	河鳥峴	하우 고기	하	우	고기	河鳥峴/하우고기〈江原道 原州郡 本部面 嶺峙峴名〉
하오기	下鳥峴	하오기	하	오	(고)기	下鳥峴/하오기〈平安南道 江西郡 郡內面 嶺峙峴名〉
하우기	下牛峴洞	하우기	하	우	(고)기	下牛峴洞/하우기〈黃海道 甕津郡 龍淵面 洞里村名〉
	鶴羽嶺	하우기	하	우	(고)기	鶴羽嶺/하우기〈黃海道 海州郡 錦山面 嶺峴名〉

'하우지고기, 하우고기, 하오기, 하우기' 등의 구성 단위를 '下, 串, 峴' 등의 세 구성 단위로 이해할 수 있는 근거는 『新增東國輿地勝覽』 楊口郡 산천조에 실린 '都里串峴, 沙里串峴' 등과 『續大典』 권4에 나오는 石串峴에서 찾을 수 있다. '都里串峴, 沙里串峴, 石串峴' 등에서 串과 峴이 결합된 사실을 확인할 수 있다.

'하우고기'와 '하우기'를 비교할 때, '하우기'에는 '하우지고기〉하우지오기〉하우오기' 정도의 변화 과정을 거쳐 동음 '오'를 생략하여 '하우기'가 산출된 것으로 생각된다. 한편 '하우고기'는 음절 단축의 과정을 적용시켜 '하우지고기〉하우고기' 정도의 변형을 거쳐 '하우고기'가 산출된 것으로 생각된다. 또한, '하우지고기'는 본디 '아리구지고기'의 어형에서 출발했을 것으로 생각된다. '아리'에 개재된 반모음의 영향으로 '구지'에서 'ㄱ'이 탈락되어 '아리우지고기'가 되었다가 이유는 알 수 없지만 '아리'를 한자어 下로 대체시켜 '하우지고기'가 산출된 것으로 파악된다. 이러한 경우와 유사한 사례로 '대낮'을 들 수 있다. '대낮'은 '한낮'의 뜻인데, '한'이 한자어 '大'로 교체된 사례를 들 수 잇다.

'구지'나 '고지'와 이형태로 '곶(串)'이 있다. '곶(串)'은 '바다나 하천으로 뾰족하게 뻗은 육지[15]'로 흔히 알려져 있다. 고유어 '곶(串)'은 한어로는 岬이다. 岬은 한어로 '산의 옆구리[山脅]'란 뜻이다.[16] '곶(串)'이 '꽂다〈곶다〉와 관계된 말임을 생각할 때, '곶(串)'은 본디 '평야 지대로 내리 뻗은 산자락' 즉 '산 옆구리'를 말한 것으로 생각된다. '곶(串)'은 이전 표기로 古尸를 보여주는데, 『삼국유사』 권4 제5 義解第五 圓光西學 조에서는 "岬은 세상에서 말하기를 古尸라고 하므로 혹은 古尸寺라고도 하는데 岬寺와 같은 말이다.[17]"라 하고 있다.

결국 부천의 '하오고개'는 아래 고지 고개'를 의미한다고 파악할 수 있다. 1936년 3월 31일 동아일보 2면에는 '하우고개'가 下水峴로 나오는 것[18]은 의문점이다. 『지지조서』 부천군 조에 나오는 霞雨峴에서 雨를

---

15 『표준국어대사전』, 곶1(串), "「명사」 『지리』 바다 쪽으로, 부리 모양으로 뾰족하게 뻗은 육지. =갑."

16 『漢語大詞典』, 岬, "1.兩山之間. 也叫峽.《文選·左思〈吳都賦〉》:"傾藪薄, 倒岬岫." 張銑注:"兩山間曰岬." 北魏酈道元《水經注·江水一》:"《淮南子》曰:'徬徨於山岬之旁.' 注:'岬, 山脅也.'" 今本《淮南子·原道訓》作"峽". 2.見"岬角". 3.見"岬嵑"."

17 『삼국유사』 권4 제5 義解第五 圓光西學, "岬俗云古尸, 故或云古尸寺, 猶言岬寺也"

水로 바꾸어 下水峴이라 한 것이 아닌가 한다.

3.5. 木金堤와 '목시통'의 필연적 관계

약대리에 있었던 '목시통'과 관련된 표기 木金堤가 있어 주목된다.

(48) 가. 初, 富平府 木金堤內有良田 / 전에 富平府 木金堤 안에 좋은 논이 있었는데, 〈조선왕조실록 1420년(세종 2) 4월 7일〉
나. 목시통 〈조선지지자료 富平郡 上吾丁面 若大里 野坪名〉
다. 목시통(또는 목숙통) 약대동 21-25번지 일대로 남쪽 가천자와 북쪽 화경이벌이 서쪽에서 만나 구릉의 끝을 이루고 반갑재의 출발점이 되는 곳으로 약대주막이 있었다. 또 굴포천을 사이에 두고 인천시 부평구 서운동 소재 영성산의 동쪽 구릉과 마주보고 있다. 이 지역은 현재 중동 신시가지 개발구역에 속해 있다. 목숙통의 목숙의 의미는 거여나무(우마의 사료로 하는 풀)의 한자표기이다. 〈최현수 1996: 57〉

『조선지지자료』에서 (48나)의 '목시통'을 野坪名의 일종으로 파악하였다. 이것은 '목시통'에 나오는 '통'의 의미를 파악하지 못한 것이다. (48다) 역시 '목시통' 지명의 기능을 정확하게 인식하지 못하고 있다. '목시통'의 '통'은 筒이다. 한어에서 筒은 '저수지'의 뜻이 없지만 한국에서는 '저수지'의 뜻으로 사용되었다. 『조선왕조실록』 1528년(중종 23) 2월 28일 조에는 평양의 屯田 4곳 중의 하나인 靑山筒을 제시하고, 靑山筒에 '是堰謂筒'이란 주석을 달아 놓았다. '是堰謂筒'은 '이 堰을

---

18 『동아일보』, 1936년 3월 31일 2면 "富川傷人强盜 踪跡杳然 【인천】 지난 二十八 오후 七시경 富川郡蘇萊面深谷里에서 동면 大也里로 가는 下水峴이라는 고개에서"

筒이라 한다'의 뜻이니 靑山筒에서 筒은 堰의 뜻으로 사용된 것이다.[19] '목시통'의 '통'이 堰의 뜻을 가진 점에서 (48가)의 木金堤는 (48나)의 '목시통'을 말한 것으로 생각된다.

『용비어천가』 3:13에는 '淵遷/쇠벼ᄅ'가 나온다. 淵遷은 『조선왕조실록』 1403년(태종 3) 6월 5일 조에 나오는 忠州의 金遷을 말하는 것이다. 淵遷의 淵을 '쇠'로 읽었으므로 金遷의 金도 '쇠'로 읽을 수 있다. 다만 淵은 '쇠'를 표기한 훈차자이나 金은 뜻과는 상관없이 '쇠'만을 표기한 음차자이다. 결국 '목시통'을 고려한다면 木金堤는 '목쇠둑' 정도를 표기한 것으로 생각된다.

'목쇠둑'의 '목쇠'는 부천 지역에서 '목숙' 정도의 발음형으로 변화되었다. 이는 다음으로 알 수 있다.

(49) 가. 苜蓿橋 〈경기지 부평지도 규12178 1842-1843〉
　　　나. 苜蓿橋 〈1872년 부평부지도 규10373〉
　　　다. 苜蓿橋 〈기전읍지 부평지도 1894-1895 규12182〉

부천 지역에서는 'ㅗ'를 'ㅜ'로 발음하는 경향이 있다고 알려져 있다. 그리하여 淵의 뜻을 가진 '목쇠둑'의 '쇠'를 '쉬'로 변동시킨다. 그리고 '위(上)'가 '옹(上)'으로 변동되는 것처럼 '쇠'는 '쉬'로 변동된다. 이 '쉬'는 '슝'으로 변동되고 '목슝+교'의 환경에서 '목숙교'로 발음형이 도출된 것이다. 이 발음형 '목숙교'를 뜻하고는 상관없이 (49)의 苜蓿橋는 음차 표기한 것이다.

『조선지지자료』에는 '外五釗里/밧갓오쇠 〈富平郡 注火串面 五金里〉'가 나온다. 여기의 '밧갓오쇠'를 오늘날 부천 지역에서는 '박오시'

---

[19] 이에 대해서는 이건식(2009: 247-249)에서 심도 있게 논의한 바 있다.

라 한다.(최현수 1996: 66) '밧갓오쉬'가 '밖오시'로 변화된 것을 살펴볼 때, '쉬>시'의 변화는 '쉬'에 개재된 반모음 [w]를 소거하여 단모음 '시'로 발음한 경향을 보여 주고 있다. 이러한 현상에 따라 '목쇠통' 또는 '목쉬통'이 '목시통'의 발음형을 보여준 것으로 판단된다.

3.6. '고갯길'의 특성으로 본 '莎峴/싀오개'와 '如牛峴/여우고개'의 의미 동일성

3.6.1. 부천 '여우고개'의 이표기

부천 '여우고개'의 이표기 또는 이칭은 다음과 같다.

(50) 가. 素沙峴〈여지도서 부평부 도로〉, 素沙峙/쇼시고기〈조선지지자료 仁川府 新峴面 大谷 峙名〉
나. 莎峴〈18세기 19세기 부평부지도[20]〉
다. 如牛峴〈1920년대 이후 조선지형도〉, 여우고개〈한국지명총람 17 경기도 시흥군 대야리〉

(50가)의 '素沙峙/쇼시고기'는 인천부 신현면 지역에서 '부평의 素沙로 가는 고개' 정도의 의미로 사용된 것으로 생각된다. 그런데 (50가)의 素沙峴은 『여지도서』가 편찬된 1760년 무렵에도 '쇼시고기'란 명칭이 사용되었음을 말해 준다.

(50나)의 莎峴은 '시오기' 정도를 표기한 것이다. 경기도 광주에 '새오개'가 있다. 이 '새오개'의 표기 중 하나로 莎峴이 보이기 때문이다.

---

20 「海東地圖 부평지도」(1724-1776 古大4709-41-v.1-8), 「廣興圖 부평지도」(1737-1776, 古4790-58), 「畿甸邑誌 부평지도」(1894-1895, 규12182), 「輿地圖 부평지도」(연대미상, 古4709-68-v.1-6), 「地乘 부평지도」(연대미상, 奎15423-v.1-6)

이 '莎峴/시오기'의 이칭으로 (50다)의 如牛峴과 '여우고개'가 있다. '莎峴/시오기'와 '여우고개'는 의미상 관련될 수 있다. 이에 대해서는 뒤에서 논의하기로 한다.

3.6.2. 부천 '새오개' 또는 '여우고개'의 '고갯길'의 독특한 지리적 특성

부천의 '새오개' 또는 '여우고개'는 '고갯길'의 독특한 지리적 특성을 보이고 있다.

다음 〈그림 6〉에서 보듯이 '심곡리'에서 '하우고개'를 넘어가면 '대야리'에 갈 수 있고, '소사리'에서 '여우고개'를 넘어가도 동일한 지점인 '대야리'에 갈 수 있다. 반대로 '대야리'는 두 고개를 선택해서 갈 수 있는 갈림길이다. '새오개'나 '여우고개'의 명칭을 가진 '고갯길' 중에서

〈그림 6〉 1920년 이후 조선지형도 소사리 일대

부천의 이러한 '고갯길'과 동일한 지형 특성을 보여 주는 고개들이 있어 주목된다.[21]

3.6.3. '새오개' 고갯길의 지형 특성

부천의 '새오개' 고갯길과 동일한 특성을 보여주는 곳으로는 경기도 광주의 '새오개'가 있고, 전라북도 무주군 적상면의 '새재'가 있으며 경상북도 문경의 '새재'가 있다.

먼저 경기도 광주 '새오개'의 고갯길 특성을 알아보도록 한다.

〈그림 7〉에서 慶安驛 조금 북쪽의 갈림길에서 오른쪽으로 草峴으로 가는 길이 있고, 왼쪽으로 梨峴으로 가는 길이 있다. 草峴은 '새오개'

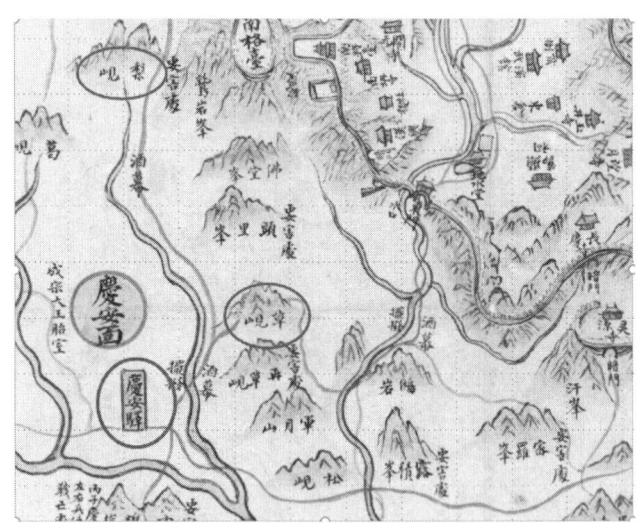

〈그림 7〉 廣州全圖(1872, 奎10357)의 일부

---

21 『頤齋亂藁』 10, 戊子(1768) 七月 初三日戊子, "行過慶安 日力尙早 又過莎峴[새오개]小店 卽南漢山城 東門外大路也 又至木巖[모감]店投宿"

정도를 표기한 것인데, 이 고개를 넘어 남한산성 동문을 경유하여 한강의 '광나루'로 가게 된다. 梨峴의 고갯길로 가면 한강의 '송파나루'로 가게 된다. 다음 자료는 이러한 사례를 말해 주고 있다.

(51) 가. 自松坡東南行十五里 始入險路 過細谷峴[ᄀᆞᄂᆞ골고개]又五里 過猪田小峴[돗밤이고개] 又五里 至德隱臺小店[던듸듸] 又五里 過深店[기픈술막] 又過利孚峙[니부틔]通行十里 至牡甘里店[모감이]始得坦路 又三里 至沙五介店[새오개] 又南行七里 至慶安驛 場市墟邊 大店午飯 自松坡至此五十里 ○沙五介店 直廣州南漢山城東門外 用一錢四分 餘一兩八錢六分〈頤齋亂藁 9 丁亥(1767) 九月二十四日 乙卯〉

나. 廣津銀杏亭晝停所五里 津越邊風納里 廣州初境還宮時晝停所 夢村後路五里 三田渡前路 看花洞五里 碑石隅 直洞長枝里五里 梅錯里五里 冬音岩栗木亭五里 南漢山城南門五里 宿所 東門一里 自京五十里 鸚岩里四里 小新峴五里 大新峴上峰五里 龍山洞五里 伐院五里 小晝停 慶安驛五里〈訓局謄錄 26 雍正八年(1730) 庚戌 二月十五日〉

(51가)는 송파에서 경안역에 이르는 경로를 제시한 것이다. '利孚峙/니부틔'를 넘어 경안역에 이르는 경로다. (51가)에서 말한 '沙五介店/새오개'는 '새오개'가 아니라 '새오개' 남쪽에 있는 주막을 말한다. 한편 (51나)는 광나루에서 출발하여 남한산성을 지나고 小新峴과 大新峴을 경유하여 경안역에 이르는 행로이다. 송파에서 경안역에 이르는 길과 광나루에서 경안역에 이르는 길은 '새오개'의 남쪽에서 만나게 된다.

지금까지 광주 '새오개'의 표기로 '草峴, 沙五介店/새오개, 新峴' 등이 있었음을 살펴 보았다. 『頤齋亂藁』 7 九月 丙戌(1766) 二十一日戊子의 기사에는 '沙峴/새오개酒幕'도 나온다. '새오개주막'의 갈림길에서

'새오개'를 넘으면 광나루로 가게 되고 '利尊峙/니부틔'를 넘게 되면 '송파나루'로 가게 되는 것을 고려할 때, '새오개'의 '새'는 '사이'가 축약된 '새'일 것으로 추정된다.

다음으로 전라북도 무주군 적상면 '새재'의 고갯길 특성을 알아보도록 한다.

〈그림 8〉 1920년 이후 조선지형도 무주군 적상면 '새재' 일대

『조선지형도』에는 고개의 명칭이 기입되어 있지 않으나 致木里에서 남서쪽으로 '치목재'라는 고개가 있다. 그리고 上鳥里에서 남쪽으로 '새재'라는 고개가 있다. 『대동지지』 무주군 嶺路 조에는 "草岾과 哲目岾은 아울러 동남의 길이다/草岾, 哲目岾 竝東南路"의 설명이 있는데 草岾은 '새재'를 말하고 哲目岾은 '치목재'를 말한다.

致木里와 下鳥里의 길은 북쪽의 槐木里에서 합쳐지고, 槐木里부터 북쪽으로 가다가 북서쪽으로 방향을 바꾸면 무주군 중심지에 이를 수 있다. 따라서 '草岾, 草峴' 등의 표기에서 草는 '새' 정도를 표기한 것이다. 槐木里의 갈림길에서 '치목재'로도 갈 수 있고 '새재'로도 갈 수 있다는 특성을 고려하면 '새재'의 '새'는 '사이'에서 축약된 것으로 생각된다.

다음으로 문경 '새재'의 고갯길 특성을 알아보도록 한다.

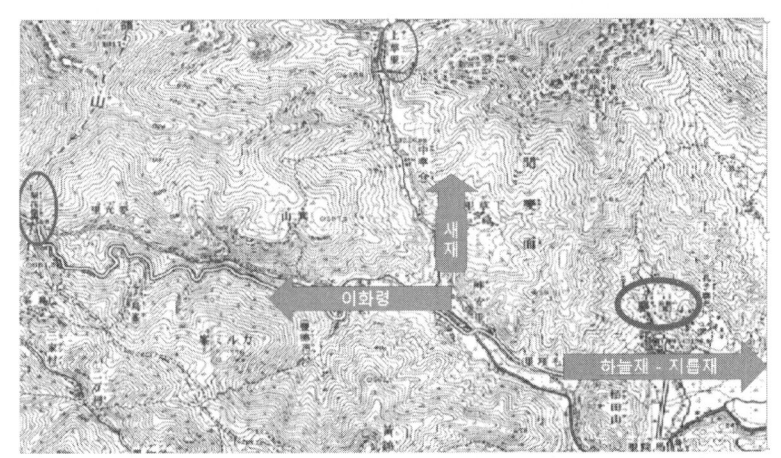

〈그림 9〉 1920년 이후 조선지형도 문경 '새재' 일대

문경에서 세 고갯길을 통해 충청도로 넘어갈 수 있다. '이화령'을 넘어가면 충주 연풍면으로 갈 수 있는데 '하늘재'와 '새재' 고갯길을 넘어가면 약간은 다르지만 거의 같은 지점인 충주의 수안보로 갈 수 있다. '하늘재'를 넘어 충주의 수안보로 갈 경우 '지릅재'를 다시 넘어야 한다.

'지릅재, 하늘재, 새재, 이화령' 등은 여러 명칭으로 문헌에 나오는데 조선 초기의 문헌에 나오는 것은 다음과 같다.

(52) 가. 謂曰 麻木峴與竹嶺 卒我國地 若不我還〈삼국사기 권41 列傳 第一 金庾信 上〉

나. 鷄立嶺 俗云麻骨岾 在縣北四十三里 高句麗溫達所謂鷄立峴 竹
嶺以西不歸於我 則不返也 此其地〈신증동국여지승람 연풍 산천〉
다. 鷄立嶺 俗號麻骨山 以方言相似也 在縣北二十八里 乃新羅時舊
路〈신증동국여지승람 문경 산천〉

(53) 가. 북쪽으로 영풍현 大院峴에 이르기 29리이다.〈세종실록지리
문경현〉
나. 一、四方界域 (중략) 北距延豊縣境大院峴 二十九里〈경상도지
리지 문경현〉
다. 第八阿達羅尼叱今 父逸聖王無嗣伐休立甲午立理三十一年無嗣
又與倭國棋□…□嶺□…□. 立峴今彌勒大院東嶺是也.〈삼국유
사 왕력 第八阿達羅尼叱今〉

(54) 가. 물가의 각 고을 官船으로 洛東江으로부터 올라와서 尙州의 守
山驛에 이르러 육지에 내려 다시 육로를 따라 草岾을 넘어 忠州
의 金遷川에 이르러 배를 타고 서울로 오게 됩니다.〈세종실록
1423년(세종 5) 3월 12일〉
나. 一、四方界域 (중략) 草岾 十九里二百十三步〈경상도지리지 문
경현〉
다. 草岾【在縣西】〈고려사 문경군〉
라. 鳥嶺 一名草岾 在縣東北十五里 慶尙道聞慶縣界 險阻要害之地
〈신증동국여지승람 연풍 산천〉
마. 鳥嶺 在縣西二十七里 延豊縣界 俗號草岾〈신증동국여지승람
문경 산천〉

(55) 가. 伊火峴【在縣西】〈고려사 문경군〉
나. 一、四方界域。(중략) 西距忠淸道延豊縣境伊火伊峴。十三里十
九步〈경상도지리지 문경현〉
다. 伊火峴 在縣東七里 聞慶縣界〈신증동국여지승람 연풍 산천〉
라. 伊火峴 在縣西十八里 忠淸道延豊縣界〈신증동국여지승람 문경
산천〉

(52)에서 '麻木峴, 鷄立嶺, 麻骨岾' 등은 동일한 고개를 표기한 것이다. 鷄立은 15세기의 '겨릅' 정도를 표기한 것으로 '삼의 줄기' 곧 '삼대'를 뜻한다. 麻骨은 '삼뼈' 정도를 표기한 것으로 역시 '삼대'를 뜻한다. 『尙方定例』 2, 別例 上, 頭冕家에는 杻骨이 나오는데 杻骨은 '사리뼈' 정도를 표기한 것으로 '싸릿대'를 의미한다. 麻骨과 杻骨은 우리말 '뼈'가 '식물의 줄기'를 뜻하는 '대'의 의미까지 표현했음을 보여 준다.

麻骨岾은 본디 '겨릅재'를 표기한 것이었으나 'ㄱ' 구개음화의 결과로 오늘날은 '지릅재'라 하고 있다.

(53)의 大院峴은 오늘날 '하늘재'를 말한다. 충주시 수안보면 미륵리에 있었던 大院寺에서 大院峴의 명칭이 기원한 것으로 생각된다. 大院峴은 '대원사로 가기 위한 고개' 정도의 의미가 된다. (53다)는 이러한 추정의 근거가 된다.

(54)에서 '草岾, 鳥嶺' 등은 동일한 우리말을 표기한 것이다. 고유어 '재/岾'과 한자어 嶺은 의미가 같은 것이고, 草와 鳥는 15세기어에서 모두 상성의 성조를 가진 '새'이다. 『신증동국여지승람』 이후로는 鳥嶺이 흔히 쓰이고 있다.

(55)에서 말한 '伊火伊峴, 伊火峴' 등은 오늘날 '이화령'이라 하고 있다.

『삼국사기』 권2 신라본기 제2 阿達羅尼師今 3년(156년) 4월 조에는 鷄立嶺을 개척하였다는 기사가 나온다. 따라서 鷄立嶺이 먼저 개척되고 草岾이 나중에 개척되었을 것으로 추정된다. 문경에서 충주로 가기 위해서는 鷄立嶺을 넘어도 되고, 草岾을 넘어도 된다. 그런데 (54가)는 草岾을 통과하는 경로를 통하여 조선 초기 경상도 조세의 육로 운반이 이루어졌음을 알려 준다.

그렇다면 조세 운반의 경로로 鷄立嶺을 택하지 않고 草岾을 택한 이유는 무엇일까? 문경에서 鷄立嶺까지의 거리보다는 草岾까지의 거리가 짧았기 때문으로 생각된다. (54나)에서는 문경에서 草岾까지의 거리를 19리 213보로 제시하고 있는데[22], (53나)에서는 문경에서 大院峴까지의 거리를 29리로 제시하고 있다. 大院峴에서 鷄立嶺까지의 거리는 약 5리이다. 결국 鷄立嶺을 경유하여 충주로 가는 길보다는 草岾을 경유하여 가는 길이 약 15리 즉 6km가 짧다. 산길에서 짐을 싣고 가거나 짐을 지고 가는 사람의 평균 속도를 2km로 생각하면 3시간이나 단축된다.

阿達羅尼師今 3년(156년)에 鷄立嶺 고갯길이 개척되고 그 뒤 어느 날엔가는 더 빠른 고갯길을 개척하여 '새재'라 한 것이 아닌가 한다. 결국 '새재'의 '새'는 '사이'에서 온 말로 생각된다.

3.6.4. '여우고개' 고갯길의 지형 특성

부천의 '여우고개' 고갯길과 동일한 특성을 보여주는 곳으로는 경기도 성남시 운중동의 '여우고개'가 있고, 경기도 과천시의 '여우고개'가 있다.

먼저 경기도 성남시 운중동 '여우고개'의 고갯길 특성을 알아보도록 한다.

다음 〈그림 10〉 지도에 나온 鶴峴은 경기도 판교에서 경기도 인덕원으로 가는 길에 있는 고개이다. 이 鶴峴은 『조선지지자료』(1911)에서 '夏牛峴/하우지고기〈廣州郡 儀谷面 鶴峴洞 嶺峙峴名〉'으로 나온다. 그러나 『조선지지자료』(1911)에 '여우고개'는 나오지 않는다. 『1959년

---

22 (54마)에서는 鳥嶺이 현에서 서쪽으로 27리 거리에 있다고 한 것은 어떤 착오가 개입된 것으로 생각된다.

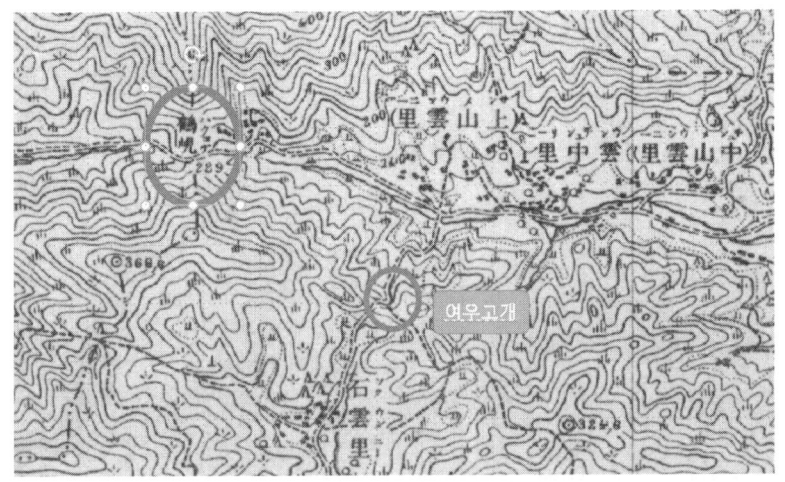

<그림 10> 1920년 이후 조선지형도 경기도 성남시 운중동 '여우고개' 일대

『전국지명조사철 광주군 편』과 『한국지명총람 성남시편』에도 '여우고개' 명칭은 확인되지 않는다. 그러나 다음 지도에서는 '여우고개'가 확인된다.

'하오고개'에서 서쪽으로 가면 '인덕원'이 나오고 고갯길의 분기점을 지나 동쪽으로 가면 '판교'가 나온다. 고갯길의 분기점에서 '여우고개'를 지나 경기도 성남시 '석운동'으로 갈 수 있다. 이 지역의 두 고개도 갈림길에서 분기되는 고개라는 '고갯길' 특성을 가지고 있다.

다음으로는 경기도 과천시 '여우고개'의 고갯길 특성을 알아보도록 한다.

경기도 과천시 '여우고개'는 지금은 南泰嶺이라 부르고 있다. 그런데 南泰嶺이란 명칭은 정조대왕의 수원 능행 길로 활용된 18세기 말 무렵에 생겨난 명칭이고, 본디의 명칭은 '여우고개'였다.

〈그림 11〉 '다음' 지도 한국학중앙연구원 일대 '하오고개'와 '여우고개'

(56) 가. 葉戶峴[廣州] 〈高麗史 권82 志36 兵2 馬政〉
　　　나. 狐峴 在縣北十里 冠嶽山之東支 〈동국여지지 과천 산천〉
　　　다. 南泰嶺 高麗稱葉戶峴 轉稱狐峴 通京大路 峴北七里有牧場古址
　　　　〈대동지지 과천현〉
(57)　社堂峴 北十三里 通露梁津間路 〈대동지지 과천현〉

 (56나)에서 말한 狐峴과 (56다)에서 말한 南泰嶺은 동일한 고개를 가리킨다 (56나)는 17세기 자료이고 (56다)는 19세기 자료이다. 그러므로 18세기 말 무렵에 狐峴에서 南泰嶺으로 명칭이 바뀐 것으로 생각된다. 1790년(정조 14) 10월 24일 무렵에 있었던 南泰嶺 신작로 건설과 관련하여 狐峴에서 南泰嶺으로 명칭이 개정된 것으로 생각된다. 南泰嶺 신작로 건설의 구체적인 내용은 『비변사등록』 1790년(정조 14) 10월 24일 조에 구체적으로 기술되어 있다.
 한편 (56가)의 葉戶峴은 '여호고개' 정도를 표기한 것인데 과천의

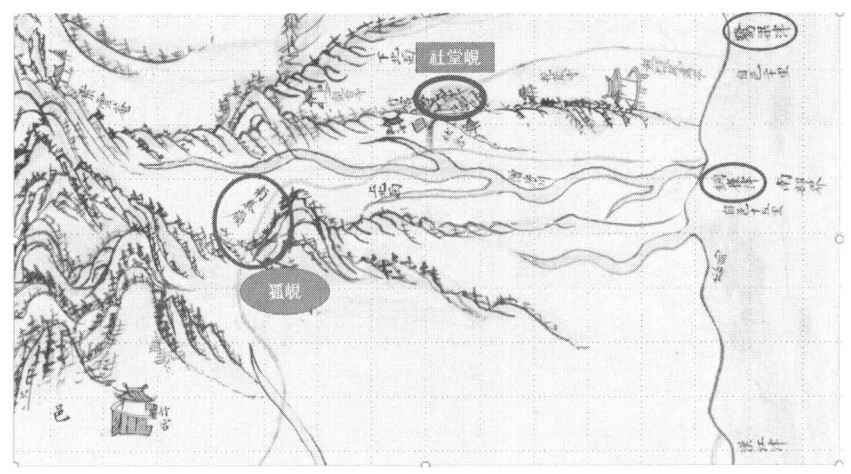

<그림 12> 果川地圖(1872 奎10370) 일부

'여우고개' 명칭이 고려 시대부터 존재한 증거가 된다.

과천의 '여우고개'는 (57)의 社堂峴과 더불어 갈림길에서 갈 수 있는 '두 고개'의 지형을 보여 준다. 社堂峴은 오늘날 '사당이고개'라 불리고 이 고개는 서울특별시 동작구 상도 제1동 숭실대학교에서 사당 제4동으로 넘어가는 고개라고 한다.

'동작나루'에서 청계산으로 올라가면 갈림길이 나오고 이 갈림길에서 社堂峴이나 '여우고개'인 南泰嶺으로 갈 수 있다. 그런데 '동작나루'와 '노량나루'는 인근에 위치했기 때문에 '동작나루'에서 社堂峴을 넘어 '노량나루'로 간다는 것은 이상한 일이다. '동작나루'에서 '노량나루'로 직접 가는 것이 합리적이기 때문이다. 그런데 인근의 '양재역'에서 社堂峴과 南泰嶺의 갈림길에 진출했다면 본디 '노량나루'를 거쳐 서울특별시 화곡동의 '남산역'을 거쳐 고려의 수도인 개성으로 가고자 했으나 목적이 바뀌어 '남태령'을 넘어 과천으로 간다는 것은 합리적으로 생각해 볼 수 있다. 그러나 이러한 상황은 고려 시대의 일로 관련 자료가 없어 자세하게 논증할 수 없다.

3.6.5. '새오개'와 '여우고개'의 의미 관련성

'새오개'는 '사이고개' 또는 '사잇고개'에서 온 말로 '새오개'의 '새'는 '샛길[23]'의 '새'와 마찬가지로 '사이에 난 길'이나 '큰길에서 갈라져 나간 작은 길'의 의미를 가진다. 부천의 '새오개'와 경기도 광주의 '새오개'에서 '새'는 '큰길에서 갈라져 나간 작은 고개'의 의미를 가진다. 그런데 경상북도 문경의 '새재'에서 '새'는 '큰길에서 갈라져 나간 고개'의 의미를 가질 수도 있고, '사이에 난 고개'의 의미를 가질 수도 있다. 문경의 '새재'는 '이화령'과 '지릅재' 사이의 고개로도 생각할 수 있기 때문이다.

'여우고개'에 사용된 '여우'가 '사이'의 의미로 사용되는 경우가 있어 주목된다.

(58) 가. 여우눈 : 볕이 나 있는 날 잠깐 내리다가 그치는 눈.〈우리말샘〉
나. 여우별 : 비나 눈이 오는 날 잠깐 났다가 숨어 버리는 별. 늑천소.〈표준국어대사전〉
다. 여우비 : 볕이 나 있는 날 잠깐 오다가 그치는 비.〈표준국어대사전〉
라. 여우잠 : '겉잠'의 북한어.〈표준국어대사전〉
마. 겉잠 「1」깊이 들지 않은 잠. 늑수잠, 여윈잠. 「2」 겉으로만 눈을 감고 자는 체하는 일.〈표준국어대사전〉

---

23 『표준국어대사전』, 샛길, "「1」 사이에 난 길. 「2」 큰길에서 갈라져 나간 작은 길. 또는 큰길로 통하는 작은 길. 늑간도."

(58가)의 '여우눈'과 (58나)의 '여우볕', (58다)의 '여우비'에 대해서 『표준국어대사전』에서는 '여우'의 의미를 '잠간'의 의미로 풀이하고 있다. '여우눈, 여우볕, 여우비' 등의 '여우'는 '잠간'이란 의미보다는 '사이'의 의미가 더 기본적으로 생각된다. 즉 '여우눈'이란 '볕이 지속되다가 그 사이에 내리는 눈'이고, '여우볕'이란 '볕이 지속되다가 그 사이에 내리는 볕'이고, '여우비'란 '볕이 지속되다가 그 사이에 내리는 비'로 생각된다. (58라)의 '여우잠'에 대해서는 '잠간'의 의미조차도 제시하지 않았으나 '여우잠'이란 '깨어 있는 상태가 지속되다가 그 사이에 자는 잠'으로 생각된다.

『표준국어대사전』에 '여우내'란 말은 실려 있지 않다. 그러나 지명에서는 '여우내'가 많이 있다.

(59) 가. 狐川谷/여우니골 〈江原道 春川郡 西上面 谷名〉, 狐川坪/여우니벌 〈조선지지자료 京畿道 抱川郡 坪名〉, 狐川/여우니 〈조선지지자료 忠淸南道 泰安郡 郡內面 川名〉, 狐川坪/여우니뜰 〈조선지지자료 忠淸北道 陰城郡 金旺面 原坪名〉
　　나. 乾川/마른기울 〈조선지지자료 京機道 積城郡 西面 江川溪澗名〉, 乾川店/마른기울쥬막 〈조선지지자료 京畿道 抱川郡 酒幕名〉, 乾川/마은기울 〈조선지지자료 京畿道 果川郡 郡內面 江川溪澗名〉, 乾川店/마른니 〈조선지지자료 全羅南道1-3 長興郡 南下面 酒幕名〉, 乾川/모른닛 〈全羅南道 長興郡 南下面 酒幕名〉
　　다. 乾川/여우니 〈조선지지자료 平安南道 江東郡 高泉面 江川溪澗名〉

(59가)의 '여우내'는 한자 표기 狐川에 대응되어 문제 될 것이 없다. (59나)의 '마른내'도 한자 표기 乾川으로 해서 문제될 것이 없다. 그런데

(59다)에서는 乾川에 대응되는 한글 표기가 '여우니'이다. 이것은 (59가)에 제시된 '狐川/여우내'가 '마른내'와 의미가 같다는 점을 시사해 준다. 『표준국어대사전』에 「4」(비유적으로) 땅이나 강 따위가 부피가 줄어들고 메말라지다.'의 뜻을 가진 '여위다'가 있기는 하지만 (59가)와 (59다)에 제시된 '여우내'의 '여우'는 '여위다'와는 관련이 없다. '마른내'에서는 관형사형 어미 'ㄴ'이 있으나, '여우내'에서는 관형사형 어미 'ㄴ'이 없기 때문이다.

'乾川/마른내'란 비가 올 때만 '물이 흐르는 내'이므로 '여우내'란 '비가 오지 않는 그 사이에 흐르는 내'를 뜻하는 것으로 생각된다.

4. 결언

이 글은 지명의 지형 특성과 명명의 보편성에 입각하여 부천 지명의 본래 의미를 새로이 해독하였다.

부천의 행정 지명을 새롭게 해독한 것은 다음과 같다

석천면 '구지리'의 지형은 산줄기가 평야 지대로 내밀었고, 또 '구지리'의 이칭인 '개울말'을 논거로 하여 '구지리'의 '구지'를 '구지/串'으로 해독하였다. 한편 '심곡리'의 경우도 그 지형이 산줄기가 평야 지대로 내밀었고, 현지인들이 '깊은 구지'라 하는 것에 근거하여 '심곡리'의 원형을 '깊은구지골/深串谷'로 추정하였다. 한편 '구지리'와 '심곡리'가 들판에 소재한 '구지/串'인 점에서 들판에 소재한 '구지/串'의 경제적 가치를 언급하였다. 곧 들판에 소재한 '구지/串'는 '산'이나 '들판'의 경계지로서 상대적으로 경제적 가치가 높아 아주 오래전부터 '주거지'가 형성되었을 가능성을 추정해 보았다.

上梧亭面과 下梧亭面의 명칭은 馬梧亭里에서 기원했으며 馬梧는 '마루'를 표기하고, 亭은 '어떤 특성이 많다'는 뜻의 '-정'을 표기한 것으로 파악하여 '마오정〈마루정/馬梧亭'은 '마루가 특성인 지대' 정도의 의미를 표현했음을 언급하였다.

遠宗里의 이표기인 綿宗里에 근거하여 遠宗里는 '머흘+ㄴ+마루' 정도의 구성에서 도출된 '먼〈머흔+마루' 정도를 표기한 것으로 본래 의미가 '머흔마루' 즉 '험한 마루'의 뜻임을 밝혔다.

'범박골/範朴洞'의 지형 특성이 삼태기 모양인 점에 착안하여 '범박골/範朴洞'이 '번+밭+골' 정도에서 온 것으로 파악하였다. 즉 '번밭골〉번박골〈범박골' 정도의 변화 과정을 거쳤음을 밝혔다. '번+밭+골'은 '(산으로) 둘러싸인 밭(들)의 골짜기' 정도의 의미를 가진다.

伐應節里의 지형 특성이 산과 산을 구분하는 '마디'인 점에 착안하고, 伐應이 '버렁' 정도를 표기한 사례에 근거하여 '伐應節里'가 '버덩+마디' 정도의 구성에서 모음 사이에서 'ㄷ'이 'ㄹ'로 변동되는 발음 변화로 '버렁마디'가 도출되었음을 밝혔다. 즉 '버덩마디'는 지대는 높고 나무는 없으면서 산과 산의 경계가 되는 곳'을 표현한 말로 파악하였다.

'모서리'를 뜻하는 '모랭이'가 '모리+앙이' 정도의 구성인 사실에 착안하여 '사레이'가 '사리(沙)+엉이' 정도의 구성에서 온 것으로 파악한 다음에 '사렝이〉사레이'의 의미를 '모래 벌판'으로 파악하였으며, 沙浪의 沙浪은 '사렝이'의 차자 표기로 파악하였다.

부천 지역에서는 '덕배미논'을 '기름진 논'으로 이해하고 있는 사실에 근거하여 石川이 '돌내[廻川]'임을 언급하였다. '돌내[廻川]'는 저습지를 형성하므로 저습지의 논은 수해를 쉽게 받을 수 있어 높은 지대에 있는 '덕배미논'이 상대적으로 수해 피해를 적게 받아 '기름지다'의 의미가 흡수된 것임을 밝혔다.

如月里의 근처에 물 속에 돌이 많은 특성을 가진 '베리내'가 있고, 月이 '울'을 표기한 사례를 근거로 如月里의 如月이 '여울(灘)'을 표기한 것임을 밝혔다.

古里洞里는 槐里라는 이표기를 가진다. 이것은 '고리>괴'의 발음 변화를 보여 준 것으로 '괴'는 '짓괴다'에 보이는 '괴'와 동일한 의미로 파악할 수 있고, 또 古里洞里 근처에 고대의 제사터 유적이 있다는 사실에 기반하여 古里洞이 표기한 '고리울'이 '말하는 골짜기' 또는 '소리 내는 골짜기' 정도의 의미를 가질 수 있음을 추정하였다.

부천의 자연 지명과 인공 지명을 새롭게 해독한 것은 다음과 같다.

강재철·이건식(2023: 325-334)에서 '香安山>象牙山>上山' 정도의 변화를 거친 象牙山을 거마산(距馬山)이 대신하고 있음을 지적한 바 있다. 이 글에서는 강재철·이건식(2023: 325-334)의 주요 논지를 간략하게 소개하였다.

'大也洞/뒷골'이 '디+야(처격 조사)+ㅅ(속격 조사)+골' 정도에서 온 것으로 파악한 근거에 의하여 大山도 '디+야(처격조사)+ㅅ(속격 조사)+뫼' 정도에서 온 것으로 파악하였다. 결국 大山은 '대(야동)에 있는 산'의 의미임을 밝혔다.

'하우고개'를 근거로 '華梧峴山/화오지산'의 위치를 '하우고개'의 동북 쪽에 있는 70m 높이의 산을 '華梧峴山/화오지산'의 위치로 비정하였다.

'하우고개'의 이표기로 鶴峴을 발굴하여 전국의 '하우고개'와 그 이표기인 鶴峴 관련 지명을 종합적으로 분석하여 '하우고개'가 '아래 구지 고개' 정도의 구성에서 온 것임을 밝혔다.

『조선왕조실록』 1420년(세종 2) 4월 7일 조에 나오는 木金堤 지명 표기를 오늘날 남아 있는 '목시통'과 연결시켜 '목시통'의 '통'이 '저수지'나 '제방'의 뜻을 나타내는 筒임을 밝혔고 '목시통'의 '시'가 淵을 뜻하는 '쇠'에서 온 것임을 밝혔다.

부천의 '여우고개'의 이칭으로 '莎峴/시오개, 素沙峴 素沙峙/쇼시고기' 등이 있음을 밝혔고 이를 통하여 '여우고개'와 '새오개'가 동일한 의미를 표현한 것임을 밝혔다. '여우고개'의 '여우'는 '잠간'의 의미이고, '새오개'의 '새'는 '사이'에서 온 것으로 파악하여 '여우'와 '새'는 의미 상 동일한 것을 표현하므로 '여우고개'와 '새오개'는 이칭 관계에 있을 수 있음을 밝혔으며 '여우고개'와 '새오개'가 '갈림길 고개' 중의 하나인 지리 특성을 가지는 것을 '여우고개'와 '새오개'가 의미 상 관련 있는 증거로 제시하였다.

정조 대왕 '부천 능행길'의 노정 복원

1. 서언

최초 능행 계획에 해당하는 〈結束色謄錄(결속색등록)〉 1796년 9월 16일자 기록에 따르면 정조대왕의 능행길은 노량진 용양봉저정으로부터 고산현(高山峴), 방하곶지[方下串之], 영등촌전로(永登村前路), 당산리전로(堂山里前路), 양평리간포(楊坪里間浦), 주교염치현(舟橋鹽峙峴), 작천비립우(鵲川碑立隅), 양천현 주정소[양천 행궁], 복정우부석리(卜定隅浮石里), 담포교(擔浦橋), 천등현(天登峴), 구분교(九分橋), 능소동구(洞口), 김포행궁, 발라현(鉢羅峴), 부평 주정소[즉 부평 행궁], 약대현(若大峴), 소도야현(小道也峴), 대도야현(大道也峴), 구음리고송현(龜陰里古松峴), 송우송언하교(松又松堰下橋), 중림천(重林川), 흘이천(屹伊川), 무지내방축두(無知乃防築頭), 석전이(石田伊) 등을 거치게 되어 있었다.

실제 정조는 이듬해인 1797년(정조 21) (음)8월 15일에 양천현 주정소를 거쳐 김포에 도착하여 장릉(章陵)의 친제를 마치고 김포 행궁에서 경숙(經宿)하였다. (음)8월 16일 낮에 부평부(富平府)의 행궁에서 주정(晝停)했다가 40리를 지나 구포(鷗浦)에서 다시 주정하였고, 이후 25리를 더 가서 안산 행궁에서 경숙하였다. 이를 볼 때 행궁은 부평에서 안산에 이르는 거리의 중간에 있는 구포에도 임시 행궁이 더 있었음을 알 수 있다. 이후 (음)8월 19일에 정조대왕이 시흥 행궁에서 머물렀던 기록이 있던 것으로 볼 때, 실제 어가의 이동은 계획보다 천천히 이루어 졌던 것으로 이해된다. 이 새로운 길은 그 이후 적극적으로 사용되지 못했지만 정조는 행행 이후에도 이를 계속 사용할 수 있도록 수리하게 하였다. 기록에 따르면 안산 행궁은 양천(陽川) 행궁, 부평 행궁과 함께 수리하였는데, 총 2,220냥이 소요되었다 한다.

문제는 앞서 언급한 것처럼, 이 새로운 경로의 구체적인 지명 위치가 현재 확인되어 있지 않은 경우가 적지 않다는 점이다. 부평 행궁을 위시 하여 김포 행궁, 양천 행궁 등의 위치를 정확히 비정하고 고산현(高山 峴), 방하곶지[方下串之] 등으로부터 흘이천(屹伊川), 무지내방축두(無 知乃防築頭), 석전이(石田伊) 등에 이르는 이 새 능행길의 정확한 위치에 대한 관심이 필요하다.

본고는 이와 같이 정조대왕의 제3능행길이라 할 수 있는 '(용양봉저정 →양천 행궁→)김포 행궁→부평 행궁→안산 행궁(→시흥 행궁→화성 행궁)' 가운데 부평 지역의 개별 경로를 구체적으로 확인하고 다양한 고문헌의 기록들을 통해 그 정확한 위치를 비정하는 데 초점을 두도록 한다.

2. 정조 대왕 부천 능행길의 역사

2.1. 정조 대왕 부천 능행길 개척의 경위

정조 대왕의 부천 능행길은 1796년 (음)9월 6일에 禮曹判書 閔鍾顯 의 계청에 의해 계획되었다. 정조 대왕이 김포에 있는 장릉(章陵)에 참 배하고, 안산에 있는 현륭원(顯隆園)에 참배하기 위한 경로로 부천을 지나는 경로가 활용되었다.

(1) 전하기를 원행을 매년 1번씩 행하였는데 造橋의 민폐가 있어 이번 행행은 노량을 경유하여 원침에 성묘함이 정례에 마땅합니다. 김포로 돌아오는 길에 안산에서 묵고 바로 현륭원에 가서 전배하고 행제하도록 명령하심을. 예조가 자세히 앎. 예조가 능행을 취품하여 초기하여 전하기를 장릉에 성묘하고 나서 행제하고 김포군의 숙소는 전조 갑인년 례에 의거하여서 생각한 후에 좋은 날을 택함이 가합니다. 園幸定例堂上舟橋堂上 戶曹判書 兵曹判書 廣州留守 京畿監司入侍時 行禮曹判書 閔鍾顯所 啓 章陵[1] 〈結束色謄錄 9권, 丙辰(1796년) 九月 初六日〉

위에서 造橋를 가설할 때 민폐가 있어 정조 대왕 부평 능행길이 계획되었다는 것은 구실에 불과한 것으로 생각된다. 『結束色謄錄』 9권 1796년 9월 16일 조에는 鷺梁으로부터 장릉(章陵)을 경유하여 현륭원으로 가는 정조 능행길에 13개의 造橋가 필요하다고 하였다. 따라서 현륭원 참배는 물론 장릉에도 참배하기 위한 목적으로 정조 대왕 부천 능행길이 개척된 것으로 파악된다.

2.2. 정조 대왕 부평 주정소의 모습

정조 대왕은 1797년 8월 15일 출궁하여 8월 15일 김포행궁에서 하룻밤을 묵고 8월 16일 부평 관문 근처의 부평 주정소에서 휴식을 취한다. 부평 주정소의 모습은 다음과 같이 계획되었다.

---

1 『結束色謄錄』 9권, 丙辰(1796년) 九月初六日, "傳曰 園幸之每歲一爲 爲造橋之民弊 今番幸行由鷺梁 則展省園寢 情禮當然 自金浦還路宿安山 直詣顯隆園展拜仍爲行祭以此令 禮曹知悉 禮曹陵幸取稟 草記 傳曰 章陵展謁仍爲行祭金浦郡宿所依 先朝甲寅年例爲之 以念後擇吉可也 園幸定例堂上舟橋堂上 戶曹判書 兵曹判書 廣州留守 京畿監司入侍時 行禮曹判書 閔鍾顯所 啓 章陵"

(2) 상께서 말씀하시길 (중략) 또 양천과 부평 주정시 근례에 따르고 앞선 군병은 문을 만들어 둘러싸게 하고 뒤선 군병들을 길 위에서 머무르게 하고[2] 〈結束色謄錄 9권, 丙辰(1796년) 9월 16일〉

2.3. 정조 대왕 부천 능행길의 隱溝와 造橋

『結束色謄錄』 9권 1796년 9월 16일 조에는 정조 대왕이 장릉에 참배하고, 현륭원에 참배하는 경로의 隱溝와 造橋에 대해 언급하고 있다. 여기에서는 부천과 관련된 것만 제시한다.

(3) 가. 自柳等防築 至富平官門 五里 隱溝四處
    나. 自富平官門 至大橋坪石橋 五里 石橋五里[3] 石橋三間 長十把 廣一把餘 平石橋一間 廣一把
    다. 自大橋坪石橋 至若大峴 五里 造橋一處
    라. 自若大峴 至小道也峴 五里 隱溝二處
    마. 自小道也峴 至大道也峴 五里 富平終境仁川初境 造橋二處 隱溝處
    바. 自大道也峴 至龜陰里 三里 小橋一處
    사. 自龜陰里 至古公峴二里 處

(3)에서 말한 隱溝는 '땅속에 묻은 도랑[4]'을 말한다. 즉 어가의 행차 시 도랑을 건너야 할 경우 그 '도랑'을 땅속으로 묻어 행차 길을 수월하게 한 것으로 생각된다. 造橋는 '만들어진 다리'이거나 다리를 임시로 가설하여 어가의 행차 길을 수월하게 한 것이다.

---

2 『結束色謄錄』 9권, 丙辰(1796년) 九月 十一日, "上曰 (중략) 又所啓陽川富平晝停時依近例 先廂軍兵 則環衛作門 後廂軍兵 則路上留駐"
3 이 石橋五里는 중복된 내용으로 파악된다.
4 『한국한자어사전』, 【隱溝 은구】, "땅 속에 묻은 도랑."

(3)에 나타난 隱溝와 造橋는 (3)에 제시된 부천 지역 지명의 위치를 비정하는 데에 중요한 논거로 사용될 수 있다. 이에 대해서는 다음 절에서 논의하도록 한다.

(3나)에서 말한 大橋坪石橋는 '한다리'인데 '한다리'의 규모를 자세하게 언급하여 주목된다. 여러 지지 자료에 나타난 '한다리'와 관련된 사항은 다음과 같다.

(4) 가. 大橋 在直浦 〈신증동국여지승람 부평도호부 橋梁〉
나. 大橋 在府東七里 跨掘浦川 以石作虹橋 下通舟棹 〈동국여지지 부평도호부 關梁〉
다. 大橋 在府東十里 三間 〈여지도서 부평부 橋梁〉
라. 大橋 在府東十里 三間 〈경기읍지(1871) 부평부 橋梁〉

(4가)는 적어도 15세기 말이나 16세기 초에는 '한다리'가 있었음을 말해 준다. 그러나 다리의 종류에 대해서는 언급하지 않았다. 이에 반해 (4나)는 '한다리'가 석교이며, '무지개다리/虹橋'여서 배가 통행할 수 있음을 언급하고 있다. (4다)와 (4라)에서는 '한다리'의 규모를 '3간'으로 언급하고 있다. 따라서 間은 기둥과 사이를 말하므로 '한다리'가 기둥 4개로 이루어졌음을 알 수 있다.

앞에서 제시한 (3나)에서는 '한다리'의 규모를 구체적으로 언급하였다. 즉 '한다리'의 길이는 十把(30m 또는 18m)[5], 폭은 一把餘(3m 또는 1.8m)'라고 구체적으로 설명하고 있다. 『結束色謄錄』 9권에서 掘浦石

---

5 『萬機要覽』, 財用編三 海稅 量舡錄案 조에서 '十尺爲把'이라 하였고 營造尺 1척은 약 30cm이다. 이럴 경우 '한다리'의 길이는 30m가 된다. 그런데 1把의 길이가 '한 팔을 벌린 길이'를 뜻하는 경우에 '한다리'의 길이는 18m가 된다.

橋의 규모를 6칸, 길이 23把(69m), 폭은 2把(6m)로 한 것과 비교해 보면 '한다리'는 掘浦石橋에 비해 약 1/4 정도의 규모가 된다.

(4나)에서는 '한다리'가 '무지개다리/虹橋'일 뿐만 아니라 폭 一把(3m)의 平石橋로 一間인 다리로 설명하고 있다. 平石橋란 '교각을 세우고 멍엣돌을 건너지른 다음 판석을 깔아 만든 돌다리'를 말한다. 虹橋도 있었고, 平石橋도 있었다는 것의 의미를 현재는 이해할 수 없다.

2.4. 정조 대왕 부평 능행길의 수호군 운영

『結束色謄錄』9권 1796년 9월 16일 조에는 정조 대왕이 장릉에 참배하고, 현륭원에 참배하는 경로의 수호군 운영을 언급하고 있다. 여기에서는 부천과 관련한 수호군 운영에 대한 것만 제시한다.

(5) 가. 官門前三巨里 伏兵二處
　　나. 大橋三巨里 伏兵一處
　　다. 若大村前路 紅門巨里 伏兵一處
　　라. 臥牛峯 斥候一處
　　마. 素沙峯 斥候一處
　　바. 汗峯 斥候一處
　　사. 素沙三巨里 伏兵一處
　　아. 以上 斥候五處 每處 領將 各一人 軍兵各三名
　　자. 伏兵十處 每處領將各一人 軍兵各十名〈結束色謄錄 9권 1796년 9월 16일〉

(5)에서는 부천 능행길의 수호군이 지키는 위치로 斥候 3개소와 伏兵 5개소를 제시하고 있다. (3아)에서 설명한 것처럼 斥候處에는 領將 1인에 軍兵 3명이 배속되어 있었고 (3자)에서 설명한 것처럼 伏兵處에는

領將 1인에 軍兵 10명이 배속되어 있었다.

(5)에 제시된 斥候處와 伏兵處는 정조 대왕 부천 능행길 지명의 위치를 비정하는 데에 중요한 전거를 제공해 준다. 이에 대해서는 다음 절에서 논의하기로 한다. 특히 (4)에 제시된 부천 지역의 지명 중 '紅門巨里, 臥牛峯, 素沙峯, 汗峯' 등은 『結束色謄錄』 9권에만 보이는 것이다.

2.5. 정조 대왕 부천 능행길의 노정과 행차 모습

1797년(丁巳) 8월 16일 점심 무렵에 정조 대왕 어가는 부평 주정소에서 머문 후, 다음과 같은 경로를 통하여 안산으로 행차하게 된다. 그리고 부평 주정소에서 안산으로 행차할 때의 어가 행렬의 모습은 다음과 같다.

(6) 가. 富平縣晝停所 - 大橋坪石橋 - 若大峴 - 小道也峴 - 大道也峴 - 龜陰里 〈結束色謄錄 10권 1797년 8월 16일〉

나. 오시 二刻(오후 12시 30분)에 세 번 나팔을 분 뒤에 장용영 대장에게 명하여 善騎隊와 京步軍 2哨, 鄕步軍 3哨, 訓局步軍 1哨를 거느리고 선두에 서게 하여 懿懷墓 골짜기 입구에 이르러 깃발과 북은 제외하고 단지 鄕軍 1초와 훈국 보병 1초만을 이끌고 環衛하도록 했으며, 나머지는 別將으로 하여금 대신 통솔하게 했다. 후미는 훈국 보군 2초와 본진의 禁軍과 더불어 別將이 통솔했으며, 御將은 馬兵의 壯勇陣을 통솔하여 선두에서 행진하다가 懿懷墓를 지나갈 때에, 선두의 각 영 군병이 가전별초와 나란히 하였다. 길 위에 멈추었다. 통례가 무릎을 꿇고 말을 타실 것을 청하였다. 상께서 군복을 갖추어 입으시고 말을 타고 출발하여 5리의 거리에 이르렀다.[6] 〈승정원일기 1797년(정조 21) 8월 16일〉

2.6. 정조 대왕 부천 능행길의 치제(致祭)

선조들에 대한 예의를 갖추기 위해 제사를 드리는 일은 예법의 하나이다. 그리하여 정조 대왕도 부천 능행길에 선조들에 대한 제사(祭祀)를 모신다.

(7) 낮에 부평(富平) 행궁에서 쉴 때 지방관 윤광석(尹光碩)을 불러 보고 조금 뒤에 출발하여 안산(安山)의 행궁으로 향하려 하면서 하교하기를, "숙원(淑媛) 조씨(趙氏)의 묘소가 화유귀주(和柔貴主)의 무덤과 서로 가까운 거리에 있는데, 예전 일을 돌이켜 생각하니 어찌 슬픈 감회를 견딜 수 있겠는가. 어가가 지나갈 때에 내시(內侍)를 보내어 치제하도록 하라. 여천위(驪川尉) 민자방(閔子芳)은 선릉(宣陵)의 의빈(儀賓)으로서 그 묘소가 어가(御駕)가 지나는 길 옆에 있고, 영신군(永新君)과 함원군(咸原君)은 모두 효령 대군(孝寧大君)의 후예로 그 묘소가 바라다 보이니, 또한 관원을 보내어 치제하도록 하라. 고 영의정 문간공(文簡公) 이천보(李天輔)가 수립한 우뚝한 공로를 내가 어찌 차마 잊겠는가. 지금 그 묘소가 있는 고을을 지나가니, 헌걸차게 조정에 출사하던 의용(儀容)을 마치 엄숙하게 앞에서 보는 것만 같다. 어가를 멈춰 출발을 늦추고 치유(致侑)의 제문(祭文)을 부르는 대로 쓰게 하여 그 손자인 대교(待敎) 이존수(李存秀)를 보내 유제(侑祭)하도록 하라. 고(故) 중신(重臣) 이문원(李文源)은 바로 훌륭한 그 아버지의 아들이다. 조정에서 벼슬할 적에 시속을 따르지 않았고 지위가 정경(正卿)에 이르렀는데도 아직

---

6 『承政院日記』, 1797년(정조 21) 8월 16일, "午初二刻三吹後, 命壯勇大將, 率善騎隊及京步軍二哨, 鄕軍三哨, 訓局步軍一哨, 爲先廂, 到恩懷墓洞口, 除旗鼓 只率鄕軍一哨, 訓局步軍一哨, 從便環衛, 其餘令別將代領, 後廂則訓局步軍二哨, 與本陣禁軍別將領率, 而御將則率馬兵壯勇陣, 頭ması作行, 恩懷墓歷臨時, 先廂各營軍兵, 竝與駕前別抄。路上留駐。通禮跪請乘馬。上具軍服, 乘馬以出, 到五里程"

까지 시호(諡號)가 내려지지 않았으니, 곧 본가로 하여금 속히 시장(諡狀)을 지어 홍문관으로 이송(移送)하도록 하라."
〈정조실록 1797년(정조 22) 8월 16일〉

(7)에서 보듯이 정조 대왕은 숙원(淑媛) 조씨(趙氏)의 묘소, 화유귀주(和柔貴主)의 무덤, 여천위(驪川尉) 민자방(閔子芳)의 묘, 영신군(永新君)과 함원군(咸原君)의 묘에 치제한다.

숙원(淑媛) 조씨(趙氏)는 귀인 조씨(貴人趙氏, 1697~1780)를 말하고 조선 영조의 후궁이다. 숙원(淑媛) 조씨(趙氏)의 묘는 본래 경기도 부천시 오정구 작동에 있었다. 화유옹주(和柔翁主, 1740~1777)는 숙원(淑媛) 조씨(趙氏)의 딸이다. 화유옹주(和柔翁主)의 묘는 본래 부천시 오정구 작동 126번지에 있었다. 민자방(閔子芳, ?~?)은 경숙옹주(敬淑翁主)의 남편으로 조선 성종의 부마이다. 경숙옹주묘(敬淑翁主墓)는 경기도 부천시 오정구 작동에 있다. 영신군(永新君)은 이이(李怡, 1454~1526)를 말하며 함원군(咸原君)은 이동(李銅, ?~?)을 말한다. 함원군(咸原君)은 영신군(永新君)의 둘째 아들이다. 함원군과 영신군의 묘는 인천광역시 계양구 계양대로139번길 23-36(작전동)에 있다.

문간공(文簡公) 이천보(李天輔, 1698~1761)는 왕실 관련 인물은 아니다. 하지만 정조 대왕 능행 길에 이천보를 치제한 특별한 사정이 있다. 이천보는 벼슬이 영의정까지 올랐지만 장헌세자(莊獻世子)의 평양 원유(遠遊) 사건에 책임을 느끼고 1761년(영조 37) 음독 자결하였기 때문이다. 이천보의 묘는 경기도 부천시 오정구 고강동에 있었다.

2.7. 정조 대왕 부천 능행길의 부평 지방 친정(親政)

정조 대왕은 부천 능행길에 부평 지방을 친정(親政)한다.

(8) 상이 이르기를, "地方官 富平府使는 父老를 이끌고 通廣處에 入侍하라." 하였다. 【명령이 전해졌다】이에 父老를 불러들였다. 상께서 "너희들은 幸行이 처음인가?" 물었다. 백성들이 "읍이 생긴 이후 처음입니다"라고 말하였다. 상께서 "너희들의 고충이 있으면 말해 보겠는가?" 하니, 백성들이 말하기를, "임인년의 옛날 환곡이 一千三百餘石이 되니 이것이 백성들의 고충입니다."라고 말했다. 상께서는 "列邑의 舊還은 없는 곳이 없다. 또 다른 고충을 아뢰어라"라고 말했다. 백성이 말하기를, "富平은 江에 이어져 있는 곳으로 수해의 피해가 많은 까닭에 거의 百結의 논이 陳廢하여 재난을 감당할 수 없습니다. 이번 거동길에 지나오신 광활한 들판의 陳荒된 곳이 모두 이것입니다."라고 말했다. 상께서 "道臣으로 하여금 조사하도록 하겠다"라고 말했다. 백성들은 "北漢還穀의 경우 근년에 加劃한 수가 너무 많습니다. 지금은 四百餘石이니 이것은 백성들의 고충입니다."라고 말하였다. 상께서는 "선처하도록 하겠다"라고 말하고, 곧 교지를 내려 이르기를, "부평부의 北漢加劃還上은 道臣을 해당 營에 가서, 줄인 후에 보고하라"고 말했다. 한 백성이 "본읍 백성들의 군역 많은데 대부분 어린 남자와 늙은이에게도 군역을 부과한 것에서 비롯된 것입니다."라고 말했다. 상께서 "이러한 죄는 고을의 수령에게 있다"라고 말했다. 백성들이 "고을의 수령은 최선을 다해 점검하고 바로잡아서 근래에는 이러한 폐단이 없으니 저 사람의 아룀은 망녕된 것입니다"라고 말했다. 상께서 李益運을 돌아보고 말하기를 "저 사람의 말은 바르고 이들의 말은 거짓이다"고 했다. 하교하시기를 "이번 달 안에 반드시 암행어사를 보내어 만약 1丁이라도 빼앗은 것을 발견하면, 이 고을의 수령을 엄중히 처벌하라" 하였다.[7] 〈承政院日記, 1797년(정조 21) 8월 16일〉

---

7 『承政院日記』, 1797년(정조 21) 8월 16일, "地方官富平府使, 率父老, 通廣處入侍。 出榻敎 仍招入父老。 上曰, 爾等初經幸行乎? 民人等曰, 設邑後初經矣。 上曰, 爾等有疾苦之可言者耶? 民人等曰, 壬寅舊還, 爲一千三百餘石, 此爲民弊矣。 上曰, 列邑舊還, 無處無之。 又奏他弊也。 民人曰, 富平沿江處, 多水沈故, 近百結陳廢之畓, 不

3. 정조 대왕 부천 능행길과 수호군의 위치 비정

3.1. 富平官門과 수호군 위치

1797년 8월 16일에 정조 대왕의 어가는 김포의 柳等防築을 출발하여 5리 떨어진 富平官門에 점심 이전에 도착했다. 이에 대한 관련 자료는 다음과 같다.

(9) 가. 自柳等防築 至富平官門 五里 隱溝四處〈結束色謄錄 9권 1796년 9월 16일〉
나. 富平縣晝停所〈結束色謄錄 10권 1797년 8월 16일〉
다. 官門前三巨里 伏兵二處〈結束色謄錄 9권 1796년 9월 16일〉

(9가)에서 말한 富平官門은 부평도호부 관아를 말한다. 부평도호부 관아의 일부 건물이 인천광역시 계양구 어사대로 20 계산동 인천부평초등학교 내에 남아 있고, 부평도호부 관아의 일부 건물은 1982년 3월 2일 인천광역시 유형문화재로 지정되었다. (9나)의 富平縣晝停所는 정조 대왕이 부평도호부 관아에서 낮에 휴식했음을 말해 주는 명칭이다.

부평도호부 관아의 근처에 국왕과 관련된 유적으로 욕은지(浴恩池)가 있고 유물로 어사대(御射臺)가 있다. 직접적인 증거는 없지만 욕은지와 어사대는 정조 대왕과 관련된 것으로 추정하고 있다.

能喫災, 今輦路所經廣野之陳荒者, 皆此也. 上曰, 當令道臣査處矣. 民人等曰, 北漢還穀, 近年加劃之數, 甚夥然, 今爲四百餘石, 此是民弊矣. 上曰, 當令善處矣. 仍命書楊敎曰, 富平府北漢加劃還上, 令道臣往復該營, 省減後狀聞. 有一民人曰, 本邑民人軍多, 自多黃·白籤丁之弊矣. 上曰, 此則罪在邑倅矣. 民人等曰, 邑倅盡心査正, 近無此弊, 彼民之奏, 妄矣. 上顧謂益運曰, 彼言直而此言詐矣. 敎曰, 今月內當送繡衣, 如有一丁見捉者, 本倅當嚴處矣."

『승정원일기』 1797년(정조 21) 8월 16일 조의 기사에 따르면 정조 대왕의 어가는 오후 二刻(오후 12시 30분)에 세번 나팔을 분 뒤에 부평도 호부 관아를 출발하여 안산 행궁으로 향한다.

3.2. 大橋坪石橋와 수호군의 위치

부평도호부 관아를 출발한 정조 대왕 어가의 다음 경유지는 오늘날 '한다리'로 부르는 (9가)의 大橋坪石橋이다.

(10) 가. 自富平官門 至大橋坪石橋 五里 石橋五里 石橋三間 長十把 廣一把餘 平石橋一間 廣一把 〈結束色謄錄 9권 1796년 9월 16일〉
     나. 大橋坪石橋 〈結束色謄錄 10권 1797년 8월 16일〉
     다. 大橋三巨里 伏兵一處 〈結束色謄錄 9권 1796년 9월 16일〉

(10가)에서 富平官門부터 大橋坪石橋까지의 거리가 5리라 하고 있다. 그런데 『동국여지지』에서는 大橋가 동쪽 7리에 있고, 『여지도서』에서는 동쪽 10리, 1871년 『부평부읍지』에서는 동쪽 10리라 하고 있다. '구글지도' 상에서 인천부평초등학교에서 굴포천과 삼정천이 합류되는 지점까지의 직선 거리를 측정하였더니 3.4Km였다. 길이 완전한 직선이 아닌 사정을 감안하면, 1871년 『부평부읍지』에서 (관아로부터) 大橋는 동쪽 10리에 있다는 기술이 정확한 것으로 추정된다.

1910년(융희 4)에 측량되고 1914년(대정 3)에 측도된 부평군 상오정면 오정리 지적도(1/1,200 축척)에 나타난 大橋의 위치는 다음과 같다.

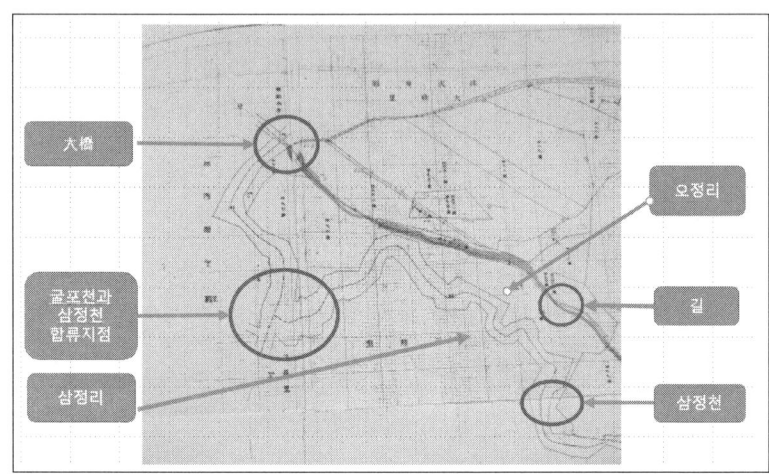

〈그림 1〉 부평군 상오정면 오정리 지적도(1/1,200 축척) 일부

(10다)에서는 大橋三巨里에 伏兵이 一處가 있음을 언급하고 있다. 大橋三巨里는 부평 관아로부터의 길에서 大橋를 건너면 바로 나오는 두 갈림길을 말한다. 이 두 갈림길에 대해 『여지도서』 부평부 도로 조에서는 한 길은 '서울'로 가는 길과 또 다른 한 길로 남쪽으로 가는 길을 제시하고 있다. 이 남쪽 길로는 岐灘橋로 가서 衿川縣을 가는 길과 素沙峴을 경유하여 安山郡으로 가는 길이 또 갈라진다.[8]

3.3. 若大峴과 수호군 위치

정조 대왕의 어가는 大橋에서 若大峴을 경유한다. 이 경유지에 관한 사실은 다음과 같다.

---

8 『여지도서』, 부평도호부, 道路, "自官門東距大橋坪五里, 卽去京城之路。西距海邊十五里, 卽去永宗鎭之路。南至岐灘橋三十四里, 卽去衿川縣之路; 又至素沙峴三十里, 卽去安山郡之路。北至黃魚場坪十三里, 卽去金浦郡之路。"

(11) 가. 自大橋坪石橋 至若大峴 五里 造橋一處〈結束色謄錄 9권 1796년 9월 16일〉

나. 若大峴〈結束色謄錄 10권 1797년 8월 16일〉

다. 若大村前路 紅門巨里 伏兵一處〈結束色謄錄 9권 1796년 9월 16일〉

(11가)는 大橋에서 若大峴까지 5리이며 그 길에는 다리 1곳이 있음을 언급하고 있다. 이 다리는 현재의 '삼정교'로 추정된다.

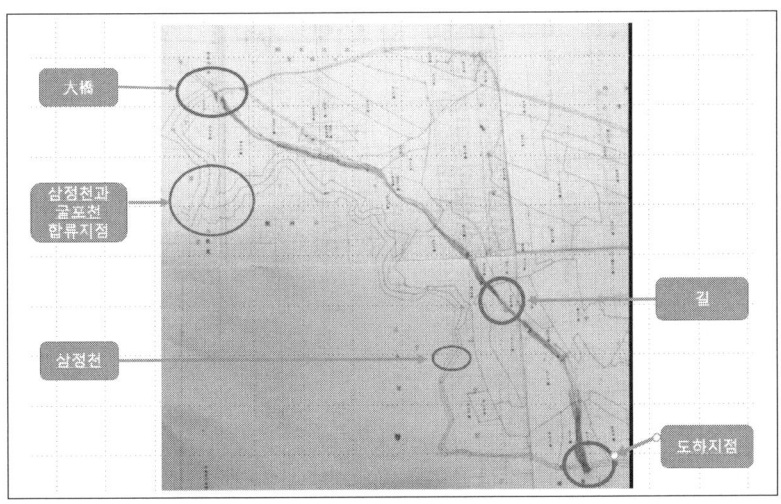

〈그림 2-1〉 1910년 측량 부평군 상오정면 오정리 지적도(1/1200) 일부

〈그림 2-2〉 '다음' 지도

위의 '다음' 지도에서 A로 표시한 곳이 '삼정교'이다. 위 지적도'에 나타난 물의 흐름과 '다음' 지도의 '삼정천' 물의 흐름은 거의 유사하다. 그리고 지적도에서 '도하지점'으로 표시한 곳은 '다음' 지도의 '삼정교' 위치와 동일한 지점으로 판단된다.

1910년에 측량된 지적도의 '도하 지점'에서 '삼정리' 영역을 관통하여 남쪽 길로 접어들면 '내리, 삼정리, 도당리, 약대리' 등 네 마을의 경계가 되는 지점에 이르게 된다. 이 경계 지점에서 조금 못미친 거리의 길에 오늘날 '태양공구사거리'라 부르는 '분둣재'가 위치하고 있다. 1910년에 측량된 부평군 상오정면 내리 지적도(1/1,200)에서 '분둣재'의 위치는 다음과 같다.

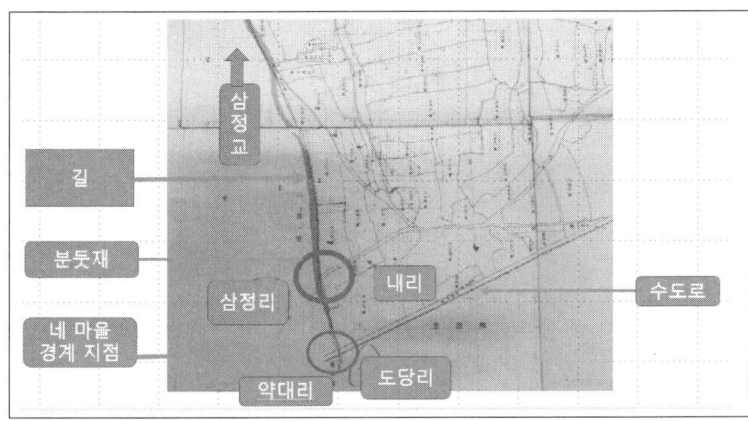

<그림 3> 1910년 측량 부평군 상오정면 내리 지적도(1/1200) 일부

1920년 이후에 제작된 조선지형도에는 위에 제시한 '분둣재'가 다음과 같이 나타나고 있다.

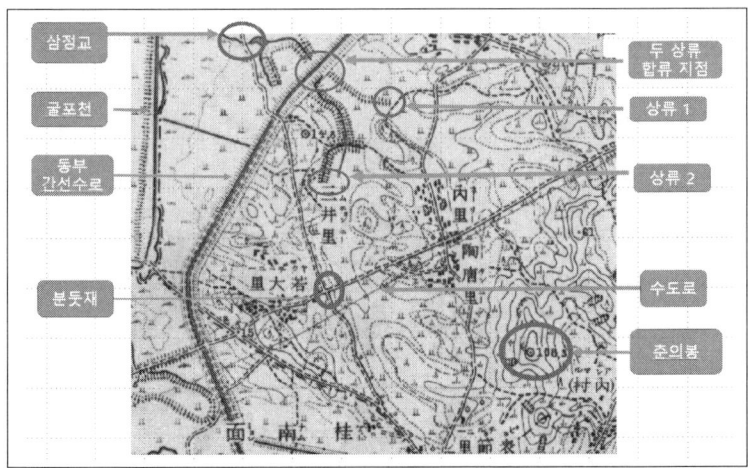

<그림 4> 1920년 이후 조선지형도 일부

앞에 제시한 조선 지형도는 '1/50,000'의 축척이다. 이 지형도 상에서 '대교'에서 '분둣재'까지의 거리는 5.5.cm이다. 이것은 '대교'부터 '분둣재'까지의 실제 거리가 2.75km임을 말하는 것이다. '대교'로부터 '분둣재'까지 이르는 길에 '분둣재'말고는 다른 고개는 없고, (11가)에서는 大橋부터 若大峴까지 5리라 하였으므로 若大峴은 '분둣재'를 말하는 것으로 생각된다.

『한국지명총람』 경기도 부천시 약대동 조에는 약대동의 두 고개가 제시되어 있다. 즉, '분두재고개(약대동에 있는 고개)'와 '약대고개(약대 뒤에 있는 고개)'가 있다. 『한국지명총람』의 설명으로는 '분두재고개'와 '약대고개'가 다른 고개로 판단할 수 있지만 (11가)를 고려할 때, '분두재고개'는 '약대고개'의 이칭으로 판단된다.

'분둣재'의 대략적인 좌표는 'N37° 31′00″, E126° 46′49‴'이며 정상의 높이는 약 37m이다. 이 '분둣재'에서 '도당동' 쪽으로 가는 길의 아주 가까이에 조그마한 고개가 하나 있는데, '내리고개'라 한다. 이 '내리고개'의 대략적인 좌표는 'N37° 31′04″, E126° 46′59‴'이며 정상의 높이는 대략 40m 정도이다. '분두재'와 '내리고개'는 쌍봉 낙타의 형상을 가진 것으로 판단할 수 있어, '약대리'의 '약대'는 쌍봉 낙타를 뜻하는 '약대'에서 온 것으로 추정할 수도 있다.

'약대리'의 '약대'를 '낙타'로 생각한 것은 김양진 교수이다.[10] 若大峴

---

9 '분둣재'는 '분두+ㅅ+재' 정도의 구성일 것으로 생각된다. '삼정천' 상류의 두 물줄기는 湧水川일 가능성이 있다. 두 물줄기의 발원 지점이 골짜기가 아니기 때문이다. '삼정천' 상류의 두 물줄기가 伏流川과 이어진다는 사실이 확인되면, '분두'는 분무기의 일부인 다공분두(多孔噴頭)의 분두(噴頭)일 가능성도 있다. 또한 湧水川과 伏流川은 선상지(扇狀地) 지형에 나타나므로 '삼정리'와 '약대리'의 지형이 '부체꼴 지형'인지가 검토되어야 한다.

10 김양진 교수의 견해는 다음과 같다. "대교평 석교(즉 한다리들 돌다리)의 자리에

이 '내리, 삼정리, 도당리, 약대리' 등 네 마을의 경계가 되는 지점에 위치했다는 점에서도 若大峴의 若大는 쌍봉 낙타를 뜻하는 '약대'에서 온 것으로도 생각할 수 있다.

若大峴은 네거리이다. 즉 북쪽으로 '한다리'로도 갈 수 있고, 동쪽으로 '내리'의 일부를 거쳐 '도당리'로 갈 수 있으며, 서쪽으로 '약대리' 중심지로 갈 수 도 있으며 남쪽으로 '소사역' 방향으로 갈 수 있다. 그런데 앞에서 제시한 (11다)에서 若大村 앞길의 紅門巨里에 伏兵 1곳을 두었다고 했으므로 '분둣재'에서 어가의 행렬이 '내리'를 거쳐 '도당리'로 간 것이 아니라 남쪽 길인 소사역으로 가는 길로 행차했음을 알 수 있다. 어가 행렬의 수호군인 '복병'을 若大村의 앞길에 배치했다는 것은 어가의 행렬이 若大村의 앞길을 이용했음을 말해 주는 것이다.

1910년에 측량된 부평군 상오정면 약대리 지적도(1/1,200)에 나타난 '若大村 앞길'은 다음과 같다.

놓인 중앙교를 건너면 부천쪽 한다리들이 나오는데 굴포를 흘러드는 베르네천을 북쪽에 두고 따라가다가 조교(造橋)를 설치해야 하는 곳 1곳이 나오는데 그곳이 아마도 현재 대장동쪽에서 베르네천을 넘어 삼정동 방향으로 지나가는 삼정교 자리인 듯하다. 중앙교에서 베르네천을 따라오다가 삼정교를 지나 아래쪽(남쪽)으로 다시 5리(2.5km) 정도 내려가다 보면 약대현(若大峴)이 나온다. 현재는 약대공원에서 약대 초등학교를 지나는 약대로에 해당하며 도로를 내면서 많이 깎였지만 약대 초등학교를 아래위로 감싸는 두 개의 고갯마루가 멀리서 보면 약대(若大) 즉 낙타의 등처럼 생겼기 때문에 붙여진 이름으로 보인다. 약대(若大)는 '낙타(駱駝)'를 가리키는 말이다. 『고려사』〈태조 25년〉 기록에는 '橐駝[탁타]'로 되어 있고 『조선왕조실록』에서도 줄곧 '橐駝[탁타]'로 기록되어 있는데 아마도 '囊駝[낭타]'의 통용 표기인 듯하다. '낙타'가 언제부터 '약대'로 쓰였는지는 분명하지 않다. 박지원의 『열하일기』 (1780)에, 개성 지역에서 '낙타교(駱駝橋)'를 찾아가는 과정에 "'駱駝橋[낙타교]'라고 하면 개성사람들이 알아듣지 못하고 원래 말은 '약대다리'인데 실제로는 '야다리'라고 한다"는 기록과 함께 '약대'가 '낙타'의 우리말이라고 기록해 두었던 것을 보면 18세기에 이미 '약대'는 '낙타'를 가리키는 말로 일반화되어 있었음을 알 수 있다."

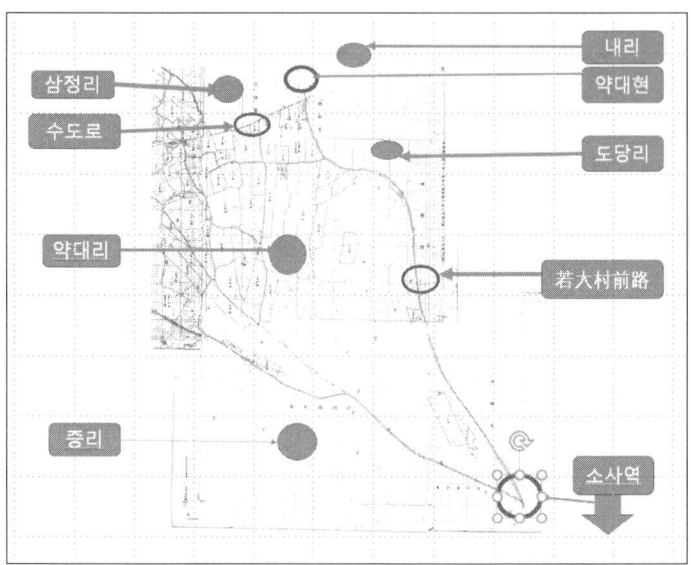

〈그림 5〉 1910년 측량 부평군 상오정면 약대리 지적도(1/1,200) 일부

정조 대왕 어가 행렬이 '안산'을 가기 위해서는 '소사역' 부근을 경유해야 한다. 그런데 '약대현'에서 '소사역'을 가기 위해서는 위에 제시한 '약대현 앞길'이 가장 빨리 가는 길이 된다.

3.4. 小道也峴

若大峴 다음의 어가 행렬의 경유지는 小道也峴이다. 小道也峴과 관련된 자료는 다음과 같다.

(12) 가. 自若大峴 至小道也峴 五里 隱溝二處〈結束色謄錄 9권 1796년 9월 16일〉

나. 小道也峴〈結束色謄錄 10권 1797년 8월 16일〉

小道也峴의 다음 경유지는 大道也峴이다. 小道也峴과 大道也峴은 『結束色謄錄』에만 나온 지명 표기이다. 小道也峴과 大道也峴에서 小는 '작은'의 의미이고 大는 '큰'의 의미일 것이다. 그러나 道也峴의 道也의 의미를 알기는 쉽지 않다. 그런데 1911년 『조선지지자료』 인천부 신현면 동리촌명으로 나온 '大也洞/뒷골'을 근거로 道也의 의미를 추정할 수 있다.

大也洞은 본디 '뒤+야(처격조사)+ㅅ(속격조사)+골' 정도를 차자 표기한 것인데, 속격 조사 표기 'ㅅ'은 표기에 반영하지 않고, 大也洞으로만 표기한 것이다. 그런데 '뒷골'은 '뒤+ㅅ(속격조사)+골' 정도의 구성인데, 뒤+야(처격조사)+ㅅ(속격조사)+골'과 비교하여 처격 조사 '야'가 형태소 구성에서 소거된 것이다. 오늘날 '앞엣것'과 '뒤엣것'은 특별하게 맞춤법 규정에서 인정하고 있지만 오늘날의 문법에서는 '-에 있는'의 의미를 표현할 때에는 '처격 조사'를 개입시키지 않고 '앞ㅅ것'과 '뒤ㅅ것'으로 구성해야 한다. 즉 뒤+야(처격조사)+ㅅ(속격조사)+골'의 구성은 15세기 정도의 문법이고, '뒤+ㅅ(속격조사)+골'은 15세기 이후 문법 변화를 반영한 것이다.

大也洞의 구성을 '뒤+야(처격조사)+ㅅ(속격조사)+골'로 파악한 것처럼 道也峴도 '道+야(처격조사)+ㅅ(속격조사)+고개' 정도의 구성으로 파악할 수 있다. 道也峴의 道는 '도'나 '두'를 표기했을 것으로 추정되는데, 朝宗里 後谷 근처에 소재한 '뒷고개'가 道也峴일 것으로 추정된다. 朝宗里의 後谷은 다음과 같이 문헌 자료에서 확인된다.

(13) 同 京左가 其淑巡明에게 宿嫌이 有ᄒᆞ야 京立의 農牛暗賣홈을 不義로 備言ᄒᆞ고 唆囑京西ᄒᆞ고 及其日暮ᄒᆞ야 偕幸朝宗里後谷타가 以抹木으로 猛打巡明之頭顱ᄒᆞ야 〈起案 7 훈령 제24호 1896년 6월 11〉

부천학연구소의 송철선 위원은 (13)에서 말한 朝宗里 後谷이 현재의 '부일초등학교' 근처의 골짜기라고 안내했다. '부일초등학교' 자리에는 後谷의 '저수지'가 있었다고 언급했다. 그리고 '부일초등학교'에서 서쪽으로 '공세길'로 내려와 '공세길'의 북쪽으로 얼마 안가서 한 지점을 '뒷골의 고개' 즉 '뒷고개'임을 말씀해 주셨다. 바로 '춘의주공아파트 정문 앞'의 공세길 상에 '뒷고개'가 있었다. 이 뒷고개의 좌표는 'N37°30′02″, E126°.47′.38‴'이었고, 정상의 높이는 대략 50M였다.

1920년 이후에 제작된 조선지형도를 근거하여 정조 대왕 어가 행렬의 경로를 제시하고자 한다.

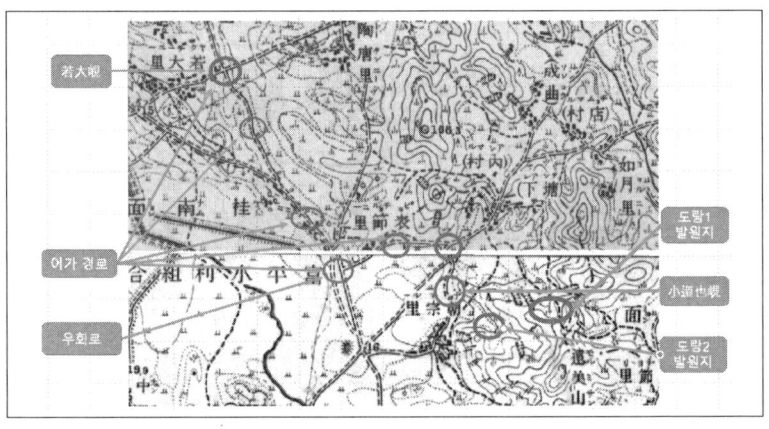

〈그림 6〉 1920년 이후 조선지형도 표절리 일대

若大峴에서 朝宗里의 小道也峴에 이르기 위해서는 위에서 '우회로'로 표시한 곳에서 좌측으로 경로를 바꾸어야 한다. '우회로' 하단에서 '16'으로 표시된 갈림길에서 우회하여 朝宗里의 小道也峴으로 가는 행로는 갔던 길을 다시 가는 것이므로 논리적으로 모순된다. '1/50,000' 축척의 지형도 상에서 若大峴부터 小道也峴까지의 거리는 대략 5cm 정도이다. 따라서 若大峴부터 小道也峴까지의 실제 거리는 2.5km가 된다.

'우회로'에서 직진하지 않고 동쪽으로 해서 '조종리'를 거쳐 '소사역'으로 가는 길은 '우회로'에서 직진하는 길보다 대략 1km 정도 이상을 우회하는 길이다. 부천시 오정구 작동에 있었던 '숙원(淑媛) 조씨(趙氏) 묘, 화유옹주(和柔翁主) 묘, 경숙옹주묘(敬淑翁主墓)' 등에 보다 가까이 다가가 치제하기 위하여 정조 대왕의 어가 행렬이 이러한 우회로를 택한 것으로 추정된다.

(12가)에서 隱溝 2處라고 한 것은 '도랑' 2곳을 건넜다는 말이다. 하나의 '도랑'은 '약대현' 아래 '수도로' 근처에 위치한 '소개미천'을 말하는 것으로 추정되고 다른 하나는 위 그림에서 말한 '도랑1'을 건넌 것으로 추정된다.

'도랑1'은 '조종리'의 골짜기에서 발원하여 '조종리'를 흐르다가 '표절리'로 진입하여 다시 '중리'를 흐르다가 '데부뚝'으로 합류하는 도랑을 말한다. 1910년에 측량된 부평군 옥산면 표절리 지적도(1/1,200)에 나타난 '도랑1'의 표절리 물줄기를 제시하면 다음과 같다.

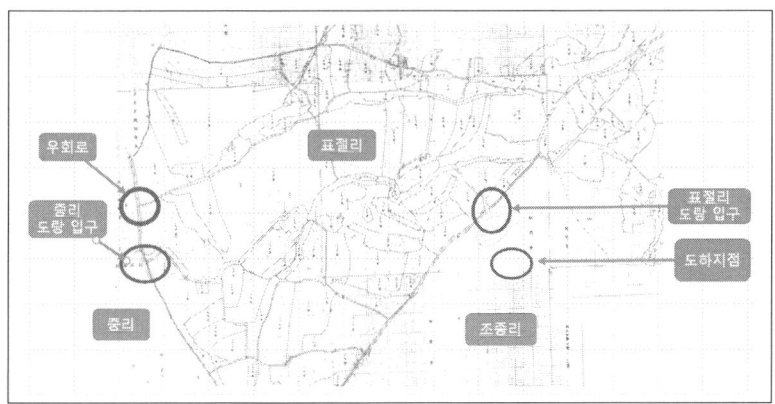

〈그림 7〉 1910년 측량 부평군 옥산면 표절리 지적도(1/1,200) 일부

3.5. 大道也峴과 수호군 위치

小道也峴 다음의 어가 행렬 경유지는 大道也峴이다. 大道也峴과 관련된 자료는 다음과 같다.

(14) 가. 自小道也峴 至大道也峴 五里 富平終境仁川初境 造橋二處 隱溝處〈結束色謄錄 9권 1796년 9월 16일〉
나. 大道也峴〈結束色謄錄 10권 1797년 8월 16일〉
다. 自大道也峴 至龜陰里 三里 小橋一處〈結束色謄錄 9권 1796년 9월 16일〉

小道也峴을 '작은 뒤엣 고개' 또는 '작은 뒷고개'로 파악했으므로 大道也峴은 '큰 뒤엣 고개' 또는 '큰 뒷고개'로 파악된다. 大道也峴을 이렇게 파악하면 '구석계일 뒷골'이 주목된다.

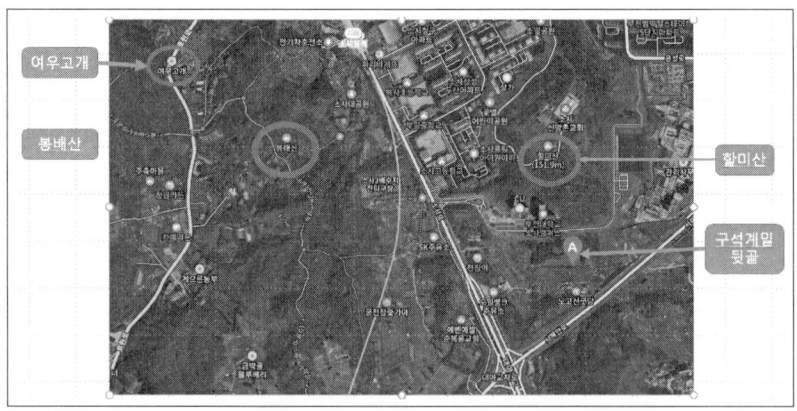

〈그림 8〉 '다음' 지도 구석계일 뒷골 부분

앞의 그림에서 '구석계일 뒷골'이 '할미산' 남쪽에 위치하고 있음을 알 수 있다. 이 '구석계일 뒷골'은 1911년 『조선지지자료』 부평군 옥산면 소사리에 소재한 '後谷山/뒷골산'의 위치를 추정하는 데에 도움을 준다.

『結束色謄錄』 9권에는 정조 대왕 어가 행렬을 수호하기 위한 斥候處로 3개의 봉우리가 제시되어 있고, 1911년 『조선지지자료』에는 부평군 옥산면 소사리에 소재한 '산'을 언급하고 있다.

(15) 가. 素沙三巨里 伏兵一處 〈結束色謄錄 9권 1796년 9월 16일〉
     나. 臥牛峯 斥候一處 〈結束色謄錄 9권 1796년 9월 16일〉
     다. 素沙峯 斥候一處 〈結束色謄錄 9권 1796년 9월 16일〉
     라. 汗峯 斥候一處 〈結束色謄錄 9권 1796년 9월 16일〉
(16) 가. 老姑山(富平郡 玉山面 素砂里) 〈조선지지자료 경기도 부평군 山名〉
     나. 後谷山/뒷골산(富平郡 玉山面 素砂里) 〈조선지지자료 경기도 부평군 山名〉
     다. 鵂岩山(富平郡 玉山面 素砂里) 〈조선지지자료 경기도 부평군 山名〉

(15가)에서 말한 素沙三巨里의 伏兵處는 '臥牛峯, 素沙峯, 汗峯' 등의 斥候處를 관할하는 것으로 판단된다. 따라서 臥牛峯, 素沙峯, 汗峯' 등은 '소사리'를 경유하는 어가 행렬을 조망할 수 있는 봉우리로 생각된다.

(15라)의 汗峯은 '한봉' 정도를 표기한 것으로 (16가) 老姑山의 이칭인 '할미산'과 통하는 것이다. (16다)의 鵂岩山은 '부엉바위산' 정도를 표기한 것이다. '부엉바위'가 '부엉바위〉붱배〉봉배' 정도의 변화 과정

을 거친 것으로 파악하면 鵂岩山은 오늘날 '봉배산'으로 부르는 곳이다.

臥牛峯은 1911년 『조선지지자료』 부평군 석천면 심곡리 조에 나오는 '華梧峴山/화오지산'을 말한 것으로 생각된다. 이 臥牛峯에서 '심곡리'는 물론 '소사리'까지 조망할 수 있다고 생각한다.

(16나)의 '後谷山/뒷골산'은 '구석계일 뒷골' 근처의 산으로 추정된다. 즉 '할미산'의 남쪽에 위치한 산으로 추정된다.

논거가 없어 (15다)의 素沙峯의 위치를 추정하기는 어렵다. '윗소새' 근처의 산을 말하는 것으로 생각되는데, 素沙峯은 '鵂岩山/부엉바위산/봉배산'의 이칭으로 추정된다.

지금까지 논의한 소사리 지역의 산과 봉우리를 1920년 이후에 제작된 조선지형도에 제시하면 다음과 같다.

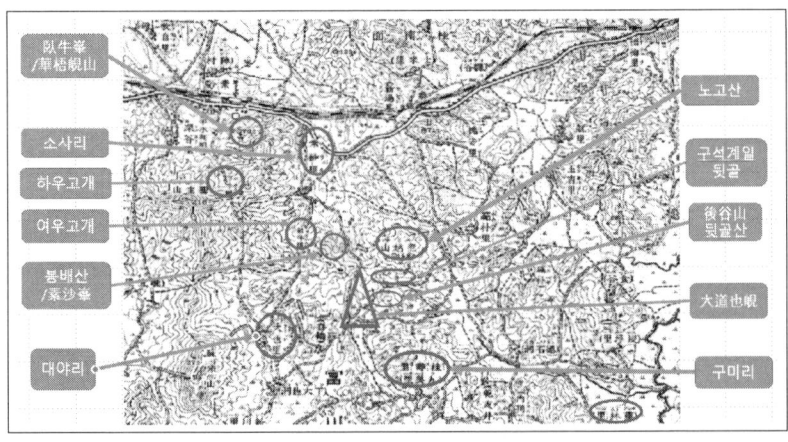

〈그림 9〉 1920년 이후 조선지형도 소사리 일대

앞에서 제시한 (14다)는 어가의 행렬이 大道也峴부터 龜陰里까지의 경로를 지나갔으며 그 거리는 3리라 한 것이다. 龜陰里는 조선지형도에서는 九美里로 표시되어 있다. 1/50,000 축척의 조선지형도에서 九美里에서 '여우고개'에 이르는 길은 대략 6.2cm이다. 따라서 실제 거리는 3.1km가 된다. 3.1km는 5리 이상이므로 '여우고개'는 어가 행렬이 지난 大道也峴이 아니다. 위 지형도에서 삼각형의 꼭지점 지점이 大道也峴으로 추정되는 지점인데, 1/50,000 축척의 조선지형도 상에서 九美里에서 삼각형의 꼭지점 지점까지의 거리는 4.5cm 정도이다. 따라서 실제 거리는 2.25km이므로 삼각형의 꼭지점이 大道也峴일 것으로 추정된다. 삼각형의 꼭지점의 보다 남쪽의 위치해 있다면 1.5km일 수도 있는데, 이럴 경우에 3리와의 격차가 그리 크지 않다. 결국 大道也峴은 '後谷山/뒷골산' 근처에 위치했을 것으로 추정된다.

(14가)에서 小道也峴부터 大道也峴까지의 거리를 5리로 제시하고 있다. 1/50,000 축척의 조선지형도 상에서 小道也峴부터 大道也峴으로 추정되는 삼각형의 꼭지점까지의 거리는 9.3cm 정도가 된다. 따라서 실제 거리는 4.63km가 된다. 4.63km는 5리가 아니라 10리 정도이다. 『結束色謄錄』 9권 1796년 9월 16일 조에 제시된 경유 지점마다의 거리 기록은 실제의 거리와는 다른 것으로 추정된다. 다음은 1796년 9월 16일에 계획된 김포 행궁을 출발하여 안산 행궁에 도착할 때까지의 경유지와 거리에 대한 기록이다. 그리고 1797년 8월 16일에 실제로 어가 행렬이 지났던 유지를 괄호 속에 함께 제시한다.

(17) 自金浦官門還至 陵所洞口五里隱溝造橋上同 (陵所洞口前路)
自洞口至川方橋五里造橋一處隱溝三處川方坊築路廣僅容雙行長二十七把 (川方橋)
自川方橋至鉢羅峴五里 金浦終境富平初境 (鉢羅峴)
自鉢羅峴至掘峴五里造橋二處隱溝二處 (掘峴)

自掘峴至柳等防築五里造橋一處隱溝一處防築路長一百二十把廣一
把餘 (柳等防築)

自柳等防築至富平官門五里隱溝四處 (富平縣晝停所)

自富平官門至大橋坪石橋五里石橋五里石橋三間長十把廣一把餘平
石橋一間廣一把 (大橋坪石橋)

自大橋坪石橋至若大峴五里造橋一處 (若大峴)

自若大峴至小道也峴五里隱溝二處 (小道也峴)

自小道也峴至大道也峴五里富平終境仁川初境 造橋二處隱溝處 (大
道也峴)

自大道也峴至龜陰里三里小橋一處 (龜陰里)

自龜陰里至古公峴二里 (古公峴)

自古公峴至松又松堰下橋至重林川三里 仁川終境始興初境 造橋一
處 (松又松堰下橋/重林川)

自重林川至柳等里屹里川三里 始興終境仁川初境 造橋一處隱溝四
處 (屹伊川)

自屹里川至無知乃防築頭一里 仁川終境安山初境 造橋一處防築路
長五十把廣一把 (無知乃防築頭)

自防築頭至石田伊至安山官門三里造橋三處隱溝三處 (石田伊/安山
郡宿所)

  (17)에 제시된 거리를 모두 합하면 65리가 된다. 10리를 4km로만 계산해도 65리는 26km가 된다. 거기에다 (17)에서 제시한 경유지 사이의 거리가 실제 거리보다 짧게 기록되었다면 26km 이상을 훨씬 초과할 것이다. 해가 있을 동안의 시간인 10시간 정도로는 이러한 거리를 행차할 수 없는 까 까닭에 정조 대왕 어가 행렬은 매우 늦은 시간에 안산 행궁에 도착했을 것으로 추정된다.

  (17)에 제시된 경유지 사이의 거리가 실제 거리보다 축소된 사실은

다음의 기록에서 확인할 수 있다.

(18) 부교리 홍낙유(洪樂游), 부수찬 한치응(韓致應)이 연명(聯名)하여 상차하기를, "(전략) 그런데 이번에 연로에서 본 바로 징험해 보면 혹 바라다보이는 가까운 지점을 늘여 30리 길로 만들기도 하였고, 혹 지름길을 광막한 들판으로 돌아나가게 하기도 하였습니다. 그리하여 도로의 원근이 아주 다르고 연로(輦路) 역참의 배정이 너무 길게 되어 어제 여위(輿衛)의 행차가 밤이 되도록 우회하는 지경에 이르게 하였습니다. (중략)" 하니, 비답하기를, "부평의 길이 안산(安山)까지 명색은 40리이나 실은 거의 배나 되었다. 당해 도신과 지방관을 치죄하는 일을 그대로 시행하라." 하였다.[11]
⟨정조실록 1797년(정조 21) 8월 17일⟩

(18)에 제시된 홍낙유(洪樂游)과 한치응(韓致應)이 연명한 차자의 내용에 근거할 때, 정조 대왕 어가는 1797년 8월 16일 매우 늦은 밤에 안산 행궁에 도착했다. 김포 행궁에서 안산 행궁까지의 거리가 26km라고 하더라도 정조 대왕 어가 행렬이 초저녁에 안산 행궁에 도착하는 것은 무리일 것이다. 더군다나 경유지 사이의 거리가 실제 거리보다 축소되어 기록되었다면 정조 대왕 어가 행렬은 매우 늦은 밤에 안산 행궁에 도착했을 것으로 추정된다. 그리고, 김포 행궁에서 안산 행궁으로 가는 부평의 길이 40리가 아니라 실제로는 거의 배가 되었다는 정조 대왕의 언급은 1796년 9월 16일에 계획된 김포에서 안산까지의 거리

---

11 『정조실록』 1797년(정조 21) 8월 17일, "副校理洪樂游、副修撰韓致應聯名上箚曰: (전략) 而以今番沿路所見驗之, 則或莽蒼之地, 迤爲一舍之程, 或捷徑之路, 繞出曠漠之野。道路遠近太懸, 輦路排站太長, 以致昨日興衛之行, 至有侵夜迂回之境。(중략) 批曰: 富平站之於安山, 名雖四十里, 實則幾倍。當該道臣地方官勘罪事, 依施"

기록이 실제와는 부합하지 않는다는 사실을 말해 준다.

따라서 1796년 9월 16일에 계획된 행행 계획이 사실에 기초한 것이 아니어서 小道也峴부터 大道也峴까지의 거리가 실제로는 10리인데 5리로 기록된 것으로 추정된다. 이러한 추정으로 (17)에 제시된 경유지 사이의 거리는 실제와는 다른 것임을 추정할 수 있다.

4. 맺음말

〈2장과 3장의 결론〉

원종으로 추대된 정원군의 능묘인 장릉에 치제하기 위한 목적으로 정조 대왕이 김포의 장릉에 참배하고 부평을 거쳐 현륭원에 참배하는 길이 활용되었다. 정조 대왕의 어가 행렬은 1797년 8월 16일에 김포 행궁을 출발하여 점심 때에는 부평 행궁에서 잠시 휴식을 취한 다음 안산 행궁으로 향하였다.

정조 대왕 어가 행렬이 부평을 지나는 길에 조선 왕실의 열성조들에 대한 치제도 잊지 않는다. 그리하여 당시 오정구 작동에 있었던 '숙원(淑媛) 조씨(趙氏), 화유옹주(和柔翁主), 경숙옹주(敬淑翁主)' 등의 묘소에 치제하였고, 인천광역시 계양구 계양대로139번길 23-36(작전동)에 있는 함원군(咸原君)과 영신군(永新君)의 묘소에 치제하였다. 더군다나 오정구 고강동에 있었던 문간공(文簡公) 이천보(李天輔)의 묘소에도 치제하였는데, 이천보는 영의정이었지만 장헌세자(莊獻世子)의 평양 원유(遠遊) 사건에 책임을 느끼고 음독 자결한 인물이란 특별한 사유가 있었다.

정조 대왕의 부천 능행길에서 어가 행렬의 편의를 위하여 '한다리'에서 '若大峴'에 이르는 길에 造橋(새로이 다리를 설치했거나 기존의 다리를 정비함)가 1곳이 있었고, '若大峴'부터 '小道也峴'에 이르는 길에 隱溝 (행차의 편의를 위해 도랑을 덮음)가 2곳이 있었으며, '小道也峴'부터 '大道也峴'에 이르는 길에 造橋가 2곳이 있었고, 隱溝가 1곳이 있었다.

정조 대왕의 부천 능행길을 수호하기 위한 수호군인 伏兵과 斥候의 운영도 1796년 9월 16일에 계획되었다. 즉 '한다리 삼거리'에 伏兵 1곳, '약대촌 앞길의 홍문거리'에 伏兵 1곳, '소사 3거리'에 伏兵 1곳, '臥牛峯, 素沙峯, 汗峯' 등에 각각 斥候 1곳의 운영이 계획되었다.

한편 정조 대왕은 부천 능행길에 부평 지방에 대한 친정(親政)○○ 부평 지방민의 고충을 청취하였다.

정조 대왕은 부천 능행길의 경유지는 '부평 행궁-大橋坪石橋-若大峴-小道也峴-大道也峴'였다.

부평 행궁은 부평도호부의 관아를 말한다. 大橋坪石橋는 오늘날 '한다리' 근처에 놓였던 무지개 다리인 大橋이다. 부천 능행길의 계획을 기록한 『결속색등록』에는 부평 행궁부터 大橋까지 5리라 하였으나 실제 거리는 7리 이상이다.

若大峴은 오늘날 '분둣재'로 불리는 고개로 자금은 '태양공구사거리'로 부르고 있다. '한다리'로부터 若大峴까지는 대략 2.5km로 추정되는데 『결속색등록』에서 5리라 한 사실과 어느 정도는 부합된다.

小道也峴은 '작은 뒷고개' 정도를 표기한 것으로 추정하여 小道也峴을 '조종리 뒷골' 근처에 있는 고개로 비정하였다. 若大峴부터 小道也峴까지는 대략 2.5km로 추정되는데 『결속색등록』에서 5리라 한 사실과 어느 정도는 부합된다.

大道也峴은 '큰 뒷고개' 정도를 표기한 것으로 추정하여 '구석계일 뒷골' 근처에 '後谷山/뒷골산'이 있었고 이 '後谷山/뒷골산' 근처를 大

道也峴의 위치로 비정하였다. 그런데 小道也峴부터 大道也峴까지의 실제 거리는 대략 4.63km로 추정되는데『결속색등록』에서 5리라 한 사실과 매우 차이가 난다. 이러한 차이는 정조 대왕 부천 능행길의 계획이 부실하게 작성된 것에서 발생한 것으로 파악하였다. 이러한 증거를『정조실록』1797년(정조 21) 8월 17일의 기사에서 정종 대왕이 부평 능행길이 말로는 40리라 했으나 실제로 배나 되었다고 언급한 것에서 찾았다.

5부

개화기의 지명

『朝鮮地誌資料』京畿道 廣州郡 수록 地名 表記의 분석적 연구

漢字 地名 表記의 재해석 현상을 중심으로

1. 서언

　『朝鮮地誌資料』[1]는 1911년에 작성된 것으로[2] 추정되며 지명 연구의 귀중한 자료로 평가되어 왔다.[3] 몇 사람이 부분부분 필사한 54책으로 현재 국립중앙도서관에 유일하게 소장된[4] 『朝鮮地誌資料』에는 전국 각 지역의 小地名까지도 풍부하게 수록되어 있음은 물론, 특히 借字 表記에 대응하는 한글 표기(토박이말)의 지명도 풍부하게 수록되어 있기[5] 때문이다. 이 글은 『朝鮮地誌資料』京畿道 廣州郡 편에 수록된 地名 表記를 대상으로 그 특징을 분석하여 借字 表記 表記로 발생하는 지명의 재해석 현상 일부를 밝히고자 한다.

1 　국립중앙도서관, 古2703.
2 　신종원, 『강원도 땅이름의 참모습』, 경인문화사, 2007, 3-9쪽.
3 　임용기, 「지명 자료의 데이터베이스 구축과 관련한 몇 가지 문제」, 『한국어와 정보화』, 태학사, 2002, 107-108쪽.
4 　임용기, 「朝鮮地誌資料와 부평의 지명」, 『기전문화연구』 24, 인천교육대학교 기전문화연구소, 1996, 143쪽.
5 　임용기, 앞의 논문, 107-108쪽.

'土山名, 古碑名, 書院名' 등을 제외하면, 『朝鮮地誌資料』 京畿道 廣州郡 편에는 877개의 지명이 수록되어 있다. 이 중에서 漢字 表記로만 제시된 지명은 673개, 한글 표기로만 제시된 지명은 15개, 漢字 表記와 대응되는 한글 표기 모두 제시된 지명은 189개 등이다. 漢字 借字 表記와 대응 한글 표기가 『龍飛御天歌』에 173개,[6] 『頤齋亂藁』에 413개[7] 등이 수록된 것과 비교해 볼 때, 『朝鮮地誌資料』의 그것은 매우 풍부한 것임을 알 수 있다. 1903년에 간행된 『羅馬字索引 朝鮮地名字彙』에 3,047개 지명[8]의 한자 표기와 대응 로마자 표기가 수록된 것과 비교해 볼 때도 『朝鮮地誌資料』의 그것은 매우 풍부한 것임을 알 수 있다.

수록 지명의 방대성으로 말미암아 『朝鮮地誌資料』의 지명에 대한 종합적인 연구가 이루어지지는 않았으나 부분적인 연구는 진행되었다. 임용기(1996)에서 『朝鮮地誌資料』의 서지적 특징을 연구하였다. 그 결과 함경도 지역의 것이 누락되어 있으며, 전라도의 것도 1책만 남아 있음이 밝혀졌다.[9] 임용기(1996)는 조선 후기 부평군 읍지에 수록된 지명과의 대조를 통해 『朝鮮地誌資料』의 부평군 편에 부평 지역의 모든 지명이 낱낱이 기재되지 않은 사실을 밝혔다.[10] 그리고 한자 차자 표기와 한글 표기의 관계에 대해서도 개괄적으로나마 기술하였다. 김기혁(2004)에서는 『朝鮮地誌資料』 자료 중 부산과 기장 지역의 내용을 발췌하여 영

---

6 송기중, 「近代 地名에 남은 訓讀 表記」, 『지명학』 6, 한국지명학회, 2001, 180쪽.
7 조강봉(「頤齋亂藁 소재 한글표기 어휘 자료」, 『지명학』 13, 한국지명학회, 2007, 276-287쪽)에 『頤齋亂藁』의 지명 표기 자료가 소개되어 있는데 필자가 이곳에 소개된 지명의 수를 계산한 것이다. 413개의 일부에는 지명의 표기가 아닌 것도 더러 있음을 밝혀 둔다.
8 송기중, 앞의 논문, 182쪽.
9 임용기, 앞의 논문, 146-147쪽.
10 임용기, 앞의 논문, 179-181쪽.

인 자료를 간행하면서, 『朝鮮地誌資料』의 행정 구역명이 1896년에 개편된 것을 반영하고 있다는 특징[11]을 밝혔다. 신종원(2007)에서는 『朝鮮地誌資料』의 강원도 편 전체를 다루면서 내용 서지적인 사항을 깊이 고찰하여 편찬 시기를 1911년으로 확실하게 추정하였다.[12] 더 나아가 신종원(2007)은 잘못된 편집 오류로 오자가 있음을 기술하였고,[13] 지명이 가지는 역사자료, 민속자료, 국어자료로서의 가치를 드러내었다. 또 한자 차자 표기 글자와 한글 표기의 관계에 대해서도 개괄적으로 다루고 있다. 한편 '강원대학교박물관(1996)[14], 한정규(2002)[15], 박채은(2007)[16]' 등에서는 각각 화천, 속초, 울산 지역의 것을 발췌 영인하면서 『朝鮮地誌資料』에 대한 해제를 작성하였다.

이상으로 살펴본 바와 같이 지금까지의 『朝鮮地誌資料』에 대한 연구는 매우 미진하다. 앞으로 『朝鮮地誌資料』에 대한 정밀한 연구가 필요하다. 全國을 대상으로 한 『朝鮮地誌資料』의 지명 수록 양식은 道와 郡마다 다소 차이를 가지고 있다. 따라서 『朝鮮地誌資料』 전체를 대상으로 내용 서지적인 사항이 정밀하게 규명되어야 한다. 이를 바탕으로 한자 표기와 대응된 한글 표기의 상관관계를 정밀하게 분석한 다음 한자로만 표기된 지명 표기의 특징을 분석해야 할 것이다.

그런데 차자 표기는 불완전하고 수의적이어서, 지명의 한자 표기가

---

11 김기혁, 「朝鮮地誌資料 중 부산지명자료」, 『부산지역연구』 10권 1호, 부산대학교 부산지리연구소, 2004, 143-144쪽.
12 신종원, 앞의 책, 3-9쪽.
13 신종원, 앞의 책, 10-13쪽.
14 강원대학교박물관, 『화천의 역사와 문화유적』, 강원대학교, 1996.
15 한정규 엮음, 『속초의 옛땅이름』, 속초문화원, 2002.
16 박채은 책임편집, 『필사본 朝鮮地誌資料속 蔚山의 옛 땅이름』, 울산남구문화원 부설 향토문화연구소, 2007.

가지는 표기법적 특징을 밝히는 것은 그리 쉬운 일이 아니다. 이 글에서는 이러한 차자 표기의 불완전성과 수의성을 넘어서는 하나의 방편으로 금석문이나 문헌 자료에서 역사적인 이표기를 수집하여 이표기 간의 상관관계 속에서 한자로만 표기된 지명 표기의 특징을 밝히고자 한다.

18세기 후반에 간행된 『輿地圖書』의 廣州郡 坊里 龜川面 條와 『戶口總數』의 廣州郡 中臺面 條에는 각각 古多只洞과 巨余未洞이 실려 있다. 이 古多只洞과 巨余未洞은 『朝鮮地誌資料』에는 실려 있지 않다. 古多只洞과 巨余味洞이 촌락명이자 행정구역이므로 古多只洞과 巨余味洞은 각각 『朝鮮地誌資料』 광주군 편에 실려 있는 龜川面 高德里와 中坮面의 巨余洞에 대한 異表記임이 분명하다. 또 『朝鮮地誌資料』 광주군 편의 彦州面에 대한 異表記는 19세기 말에서 20세기 초의 고문서에서 발견할 수 있다. 규장각에 소장된 고문서에서 우리는 彦州面의 異表記 '彦朱面,'[17] 彦州里面,'[18] 彦周里面' 등을[19] 확인할 수 있다. 이러한 異表記는 한자 차자 표기의 불완전성과 수의성에서 발생된 것이다. 그렇지만 이러한 이표기는 역설적으로 한자로만 표기된 지명 표기의 특징과 지명의 의미를 밝히는 단서가 된다.

'『世宗實錄地理志』, 『新增東國輿地勝覽』, 『輿地圖書』' 등 전국 지리지의 광주군 또는 광주목 조와 규장각 소장의 광주군 고지도[20] 등에서

---

17 龍洞宮事例節目(규장각, 奎 18343-9, 1848(헌종 14), "廣州彦朱面良才大峙兩里 賜牌田畓卜數"

18 權秉九訴狀(山訟)(규장각, 82761), 『고문서』, 1903(광무 7), "被告本府彦州里面大峙居鄭煥圭."

19 京畿道各郡訴狀(규장각, 奎 19148), 『고문서』 19, 1906, "京畿 廣州府 彦周里面 居 請願人 尹敬淳"

20 이 글에서는 규장각 소장 광주부 지도 중, 『해동지도』(1724-1776 古大 4709~41~

『朝鮮地誌資料』에는 수록되지 않은 광주군의 한자 차자 표기 지명을 매우 많이 발견할 수 있다. 원전의 오류 등 여러 문제를 검토한 후에나 정확한 수를 파악할 수 있기는 하지만 적게는 100여 개에서 많게는 300개 정도일 것으로 추측된다. 『朝鮮地誌資料』에 누락된 지명도 있을 수 있고, 『朝鮮地誌資料』와는 계통이 다른 이칭이어서 누락된 지명도 있을 것이다. 그러나 대부분은 異表記 관계에 있는 한자 차자 표기로 추정된다. 그렇지만 異表記 관계에 있음을 증명하기란 쉽지 않다. 특히 고지도에 수록된 지명 표기는 그 위치가 정확히 표시되지 않아 더욱 그것을 증명하기가 어렵다.

그런데 '神道碑, 墓碣, 墓表' 등 金石文에 기재된 지명의 異表記는 그 관계를 증명하기가 비교적 쉽다. 즉 특별한 경우가 아니면 금석문의 出土地와 금석문에 기재된 지명은 일치하기 때문이다. 이 점에 착안하여 이 글은 광주군 내에 산재한 금석문에서 광주군 지명의 한자 차자 표기를 수집하여 『朝鮮地誌資料』 광주군 편에 실린 지명과 대조하고자 한다.

광주군은 역사·문화적으로 유서가 깊다. 따라서 '신도비, 묘갈, 묘표' 등 금석문 자료가 풍부히 남아 있다. 또 금석문 자료를 남긴 사람들도 역사적으로 중요한 인물이다. 이것은 광주군 지명의 異表記를 비교적 많이 수집할 수 있음을 말한다. 이 점이 이 글에서 광주군의 지명 표기를 연구대상으로 삼은 까닭이다.

---

v.1~8), 『광여도(古 4790~58)』, 『1872년 지방도』, 『대동방여전도』, 『동여도』, 『輿地圖』(古 4709~68)』 등을 검토하였다.

2. 『朝鮮地誌資料』 수록 경기도 광주군 지명의 특징 분석

2.1. 수록 지명의 종류 분석

古碑名과 土山物名을 제외하면, 『朝鮮地誌資料』 경기도 광주군 편에는 모두 887개의 지명이 실려 있다. 두 가지 관점에서 887개 지명과 그 표기의 종류를 이해할 수 있다. 하나는 지명 표기의 관점이고, 다른 하나는 門目의 관점이다.

『朝鮮地誌資料』에는 세 종류의 지명 표기 방식이 보인다. 즉 한글로만 표기된 지명, 한자와 한글이 모두 표기된 지명, 한자로만 표기된 지명 등이다. 세 종류의 지명 표기를 구체적인 예로 설명하기로 한다. 다음은 彦州面의 山谷名에 기재된 것을 가져온 것이다.

(1) 가. 사당굴
　　나. 薇谷/고사리골
　　다. 南山谷

(1가)는 지명이 한글로만 표기된 것으로 전체 887개 중 15개의 지명이 이 방식의 표기로 기재되어 있다. (1나)는 한자와 한글 표기가 모두 제시된 지명 표기로 전체 887개 중 183개의 지명이 이 방식의 표기로 기재되어 있다. (1다)는 한자만으로 지명을 표기한 것이다. 이 유형이 가장 많다. 887개의 지명 중 699개의 지명이 이 방식으로 표기되어 있다.

『朝鮮地誌資料』에는 행정구역의 단위인 面과 門目을 기준으로 지명을 수록하고 있다. 面과 門目에 따라 수록된 지명의 수를 정리하면 다음과 같다.

〈표 1〉

面名	山谷名	嶺峙峴名	江川溪澗名	池名	渡津名	浦口名	城保名	野坪名
郡內面	16	2		1			4	3
東部面	15	4	5	2	2	1		28
退村面	4	2	2		1			2
慶安面	5	3	2					3
草月面	1	2	1					3
實村面	34	12	3				2	10
都尺面	34	15	6					23
細村面	1	1						
突馬面	27		2					15
五浦面	20	11						19
樂生面	1		1					1
大旺面	4		1					3
旺倫面	7	5						10
義谷面	3	1						3
彦州面	33	16	8	2		2		16
中臺面	1	1	2					1
西部面	1							
九川面	1				2		1	1
합계	208	75	33	5	5	5	5	141

面名	堤堰洑名	驛名	院名[21]	古蹟所名	市場名	寺刹名	酒幕名	洞里村名	합계
郡內面					1	1	3	19	50
東部面	5	1	1		1		6	17	88
退村面							1	21	34
慶安面		1			1		4	19	38
草月面				1			4	28	40
實村面	1							30	92
都尺面	23				1	1	3	13	119
細村面	1					2	1	7	13
突馬面	4	1					3	15	67
五浦面								19	69
樂生面	3				1		5	14	26
大旺面	2					2		21	33
旺倫面						1		21	44
義谷面						2	1	8	18
彥州面	5				1	1	4	21	109
中臺面	1				1		1	10	18
西部面							1	11	13
九川面							2	10	17
합 계	45	3	1	1	7	10	39	304	887

'산, 고개' 등은 행정구역을 나누는 경계가 되며, 하천은 여러 면을 통과할 수 있다. 산과 하천의 이러한 특성으로 '산, 고개, 하천' 등은 2개 이상의 面에 이중으로 등재될 가능성이 있다. 『朝鮮地誌資料』경기도 광주군 편에서 '산, 고개, 하천' 등의 지명이 중복적으로 기재된 현상을

---

21 '院名'은 여기에서는 '향교'를 말한다.

관찰할 수 있다. 2개면 이상에 중복적으로 기재된 지명은 다음과 같다.

(2) 가. 渴馬峙(慶安面, 突馬面), 葛峴(都尺面, 實村面), 慶安川(慶安面, 退村面), 菊秀峯(都尺面, 五浦面), 慕洛山(儀谷面, 旺倫面), 發梨峯(突馬面, 五浦面), 白馬山(五浦面, 慶安面), 屛風山(郡內面, 旺倫面), 靈長山(突馬面, 細村面), 五峰山(郡內面, 旺倫面), 二拜峴(慶安面, 細村面), 炭川(大旺面, 中垈面)
나. 淸溪山(樂生面, 大旺面, 彦州面, 儀谷面)

(2가)는 2개의 면에 이중으로 기재된 지명이고, (2나)는 4개의 면에 중복적으로 기재된 지명이다. (2가)의 11개, (2나)의 3개를 제외하면 『朝鮮地誌資料』경기도 광주군 편에는 전체 887개 중 14개를 제외한 873개의 지명이 수록되었다.

〈표 2〉에서 '山谷名, 嶺峙峴名, 江川溪澗名, 池名, 渡津名, 浦口名, 城保名, 野坪名, 堤堰洑名 驛名, 院名, 古蹟名所名, 市場名, 寺刹名, 酒幕名, 洞里村名' 등으로 門目의 명칭을 제시했다. 그러나 『朝鮮地誌資料』경기도 광주군 편에 門目의 명칭이 일관되게 통일되어 기재된 것은 아니다. '山谷名, 嶺峙峴名, 江川溪澗名, 堤堰洑名, 洞里村名' 등은 면마다 그 명칭이 다소 다르다. 문목 명칭이 다른 것을 제시하면 다음과 같다.

〈표 2〉

面名	山谷名	嶺峙峴名	江川溪澗名	堤堰洑名	洞里村名
郡內面	山名	嶺峙峴名	江川溪澗名	堤堰洑名	洞里村名
東部面	山谷名	嶺峙峴名	江川溪澗名	堤堰洑名	洞里名
退村面	山谷名	嶺峙峴名	江川溪澗名	堤堰洑名	洞里名
慶安面	山名	嶺峙峴名	江川溪澗名	堤堰洑名	洞里名

面名	山谷名	嶺峙峴名	江川溪澗名	堤堰洑名	洞里村名
草月面	山名	嶺峙名	江川名	堤堰洑名	洞里名
實村面	山谷名	嶺峙名	江川溪澗名	洑名	洞里名
都尺面	山谷名	嶺峙峴名	川名	堤堰洑名	洞里名
細村面	山名	嶺峙峴名	川名	堤堰洑名	洞里名
突馬面	山谷名	嶺峙峴名	川溪名	堤堰洑名	洞里名
五浦面	山谷名	嶺峙峴名	川溪名	堤堰洑名	洞里名
樂生面	山谷名	嶺峙峴名	江川溪澗名	堤堰洑名	洞里名
大旺面	山谷名	嶺峙峴名	江川溪澗名	堤堰洑名	洞里名
旺倫面	山名/谷名	嶺峙峴名	江川溪澗名	堤堰洑名	洞里名
義谷面	山谷名	嶺峙峴名	江川溪澗名	堤堰洑名	洞里名
彦州面	山谷名	嶺峙峴名	江川溪澗名	堤堰洑名	洞里村名
中臺面	山名	嶺峙峴名	江川名	堤堰名	洞里村名
西部面	山谷名	嶺峙峴名	江川名	堤堰名	洞里村名
九川面	山名	峴嶺峙名	江川名	堤堰名	洞里村名

'山谷名, 嶺峙峴名, 堤堰洑名, 江川溪澗名, 洞里村名' 등은 모두 '山, 谷, 嶺, 峙, 峴, 堤, 堰, 洑, 江, 川, 溪, 澗' 등의 구성소가 의미상으로 동등한 지위로 결합한 일종의 병렬 복합어이다. 따라서 '山谷名 대 山名, 嶺峙峴名 대 嶺峙名, 江川溪澗名 대 江川名, 川名, 川溪名, 洞里村名 대 洞里名' 등은 일반적으로 수록된 지명의 종류에 따라 결정된다. 旺倫面의 경우 山名과 谷名을 분리해서 지명을 기재하고 있는데, 이것이 그 증거가 된다. 그런데 東部面 洞里名의 경우에 洞과 里로 끝나는 洞里名을 기재하는 것은 물론, '校村, 船村, 渼沙村, 長禮村' 등 村으로 끝나는 지명을 기재하고 있다. 이 경우 洞里村名으로 해야할 것이다. 즉 문목의 명칭과 기재된 지명의 종류가 일관되게 부합된 것은 아니다.

2.2. 洞里村名의 의미

〈표 2〉에 제시된 바와 같이 경기도 광주군의 지명 887개 중 약 34%에 달하는 304개의 지명이 洞里村名으로 기재되었다. 면의 기재 순서와 지명 표기가 일부 차이를 보여주는 것을 제외한다면, 『朝鮮地誌資料』에 수록된 동리촌명의 항목은 1912년에 조선총독부에서 발행한 『地方行政區域名稱一覽』[22]에 제시된 洞里名과 기재 항목이 거의 일치한다.

『朝鮮地誌資料』에서 樂生面은 五浦面과 大旺面 사이 11번째로 기재되어 있다. 그러나 1912년에 작성된 『地方行政區域名稱一覽』에서 樂生面은 제일 마지막인 18번째로 기재되고 있다. 면을 기재하는 순서에 차이를 보이는 것은 이것이 유일하다.

『朝鮮地誌資料』의 것을 '/'의 앞에 『地方行政區域名稱一覽』의 것을 '/' 뒤에 제시하여 표기상의 차이를 정리하면 다음과 같다.

(3) 가. 元堂里/元堂洞(草月面), 壽進里/壽進洞(細村面), 倉坪洞/倉坪里 (五浦面)
　　나. 雄洞里/雄洞(都尺面)
　　다. 狎[丘鳥]亭里/狎鷗亭里(彦州面)
　　라. 芳荑洞/芳第洞, 吉里洞/吉野洞(九川面)

(3가)는 洞과 里가 교체되어 표기된 것이다. (3나)의 雄洞은 洞과

22　이곳에서 말한 『地方行政區域名稱一覽』은 국립중앙도서관에 소장된 '朝25~33~1~3'의 제3책이다. 太學社에서 1985년에 영인 간행한 『舊韓國地方行政區域名稱一覽』이 국립중앙도서관본을 저본으로 영인한 것인지는 확인되지 않는다. 그러나 기재 내용은 완전히 같다. 『舊韓國地方行政區域名稱一覽』의 명칭은 원본의 본래 명칭이 아닐 것으로 생각된다. 자료 이해에 혼선이 있을 수 있다. 앞으로 우리는 원본의 본래 명칭인 『地方行政區域名稱一覽』을 사용하는 것이 바람직할 것이다.

里를 행정구역 단위를 나타낸 것으로 보고, 里를 소거하고 표기한 것이다. (3다)는 이체자로 표기한 예이다. 그리고 (3라)는 『地方行政區域名稱一覽』의 표기가 오자를 보인 것이다. (3)에 제시된 것 이외에는 『朝鮮地誌資料』에 실린 동리촌명과 『地方行政區域名稱一覽』에 실린 행정구역의 최소 단위의 명칭은 완전히 일치한다. 이것은 『朝鮮地誌資料』에 실린 동리촌명 역시 행정구역의 최소 단위임을 말하는 것이다.

1913년 12월 29일 공포되고, 1914년 4월 1일 시행된 조선총독부령 제111호로 지방 행정구역의 개편이 있었을 때, 행정 구역 최소 단위인 동리촌명도 대폭 축소된다. 이러한 행정구역 개편 결과는 1917년에 越智唯七이 編한 『(新舊對照)朝鮮全道府郡面里洞名稱一覽』에서 확인할 수 있다. 이 자료에는 경기도 광주군의 행정 구역 최소 단위 183개가 기재되어 있다. 1758년에 편찬된 『輿地圖書』와 1789년에 작성된 『戶口總數』에도 행정구역의 최소 단위인 동리촌명이 기재되어 있다. 최소 단위 행정구역의 시대적 증가를 면별로 살펴보면 다음과 같다.

〈표 3〉

面名	輿地圖書	戶口總數	朝鮮地誌資料	1912	1917
城內/郡內面[23]	2	2	19	19	
東部面	6	6	17	17	12
退村面	3	5	21	21	13
慶安面	4	11	19	19	12
草月面	3	3	28	28	15
實村面	3	3	30	30	14

---

23 『輿地圖書』와 『戶口總數』에서는 城內 二洞이라 하고 있고, 『朝鮮地誌資料』부터는 郡內面이라 하고 있다. 1899년에 간행된 『廣州府邑誌』(규장각, 古915.12G9946)에도 '城內兩洞'이라 하고 있다.

『朝鮮地誌資料』京畿道 廣州郡 수록 地名 表記의 분석적 연구 **615**

面名	輿地圖書	戶口總數	朝鮮地誌資料	1912	1917
都尺面	4	5	13	13	9
細村面	4	4	7	7	
突馬面	2	2	15	15	11
五浦面	4	8	19	19	8
樂生面	5	5	14	14	11
大旺面	17	17	21	21	14
旺倫面	4	3	21	21	
義谷面	2	6	8	8	
彦州面	12	12	21	21	14
中臺面	8	8	10	10	11
西部面	5	6	11	11	11
九川面	8	8	10	10	10
草阜面	2	2			
北方面	7	7			
月谷面	7	9			
聲串面	5	5			
一用面	2				
松洞面	4				
中部面					13
南終面					5
	123	137[24]	304	304	183

24 『戶口總數』에서는 廣州에 속한 里를 131개, 島를 3개로 주석하고 있다. 그러나 필자가 파악한 것은 137개였다. 필자는 『戶口總數』에 기재된 경안면의 동리수를 '上一里, 下一里, 前枝里, 直洞里, 蜜目里, 三里, 茅田里, 雙嶺里, 中里, 驛洞, 酒慕里' 등으로 파악하였다. 都尺面의 경우에는 '一里, 二里, 三里, 四里, 五里' 등으로 파악하였다. 五浦面의 경우에는 '上一里, 上二里, 上三里, 泰尺里, 中洞, 水洞里, 守屯里, 官屯里' 등으로 파악하였다. 樂生面의 경우에는 '一里, 二里, 三里, 四里, 五里' 등으로 파악하였다. 義谷面의 경우에는 '蓀洞, 葛山里, 浦隅里, 淸溪洞, 鶴峴, 於逸里' 등으

'『輿地圖書』, 『戶口總數』, 『朝鮮地誌資料』' 등에서는 '義谷面, 中臺面' 등으로 표기했는데, 1912년의 『地方行政區域名稱一覽』과 1917년의 『(新舊對照)朝鮮全道府郡面里洞名稱一覽』에서는 '儀谷面, 中臺面' 등으로 표기하고 있다. 또 '『輿地圖書』, 『戶口總數』' 등에서는 '王倫面, 龜川面' 등으로 표기했는데, '『朝鮮地誌資料』, 1912년의 『地方行政區域一覽』, 1917년의 『(新舊對照)朝鮮全道府郡面里洞名稱一覽』' 등에서는 '旺倫面, 九川面' 등으로 표기하고 있다. 面名의 표기만 보면 『輿地圖書』와 『戶口總數』가 공통적 성격을 가졌고, 1912년의 『地方行政區域一覽』과 1917년의 『(新舊對照)朝鮮全道府郡面里洞名稱一覽』이 공통적 성격을 가졌다. 그리고 『朝鮮地誌資料』는 두 계통을 연결 시키는 중간적인 성격을 가졌다 하겠다. 이 점에서 신종원(2007)이 『朝鮮地誌資料』의 편찬 시기를 1911년으로 추정한 것이 타당한 것임을 확인할 수 있다.

一用面과 松洞面은 1789년(정조 13) 7월 15일에 수원으로 이속되었다.[25] 1906년(광무 10) 9월 24일에 勅令 第四十九號로 草阜面은 楊州로 이속되었고, '聲串面, 月谷面, 北方面' 등은 安山으로 이속되었다.[26] 1913년 12월 29일 조선총독부령 제111호로 지방 행정구역의 개편이 있었을 때, 군내면과 세촌면이 중부면으로 통합되었으며 남종면이 광주군으로 새로이 편입되었다. 이러한 행정구역의 통폐합상 주목되는 것은 『輿地圖書』와 『戶口總數』에 각각 122개와 137개이던 행정구역 최소

로 파악하였다. 月谷面의 경우에는 '一里, 二里, 大岱洞, 笠北洞, 五龍洞, 沙土里, 上草坪, 下草坪, 甞樹里' 등으로 파악하였다.

25 『正祖實錄』, 1789년(正祖 13) 7월 15일, "수원 읍소재지를 八達山 밑으로 옮기고 廣州의 두 面을 떼어 수원에 붙였다."

26 勅令第四十九號 (규장각, 奎17706), "地方區域整理件, 第一條 地方區域은別表와 갓치整理홈이라 (중략), 光武十年九月二十四日奉, (중략) 廣州 二十一 草阜面【楊州】聲串面月谷面北方面【安山】十七面"

단위가 1910년대의 『朝鮮地誌資料』에 이르러서 2배 이상 증가한 점이다. 일본 학습원대학도서관에 소장된 1899년(광무 3) '草阜面, 東部面, 西部面' 등의 『廣州府統表』에 '草阜面, 東部面, 西部面' 등의 행정구역 최소 단위가 각각 '11, 18, 11' 등으로 기재된 것[27]으로 보아 행정구역 최소 단위의 증가는 1899년 이전에 이미 완성된 것으로 생각된다.

행정구역의 최소 단위에 대한 완벽한 자료가 없어 더는 그 이유를 설명하지 못하나 다음과 같은 면별 호구수와 인구수는 좋은 참고가 된다.

〈표 4〉

	1759[28]		1789[29]		1836[30]		1899읍지		1907[31]	
	戶數	口數	戶數	口數	戶數	口數	戶數	口數	戶數	口數
城內[32]	1076	4108	1045	3631	1117	4353[33]	1,088	4047	844	3382
東部面	767	3273	709	2936	722	2921	722	2749	258	1047
退村面	320	1415	263	1578	462	1287	462	1487	540	2537
慶安面	497	2127	441	2425	541	2584	541	2580	788	2916
草月面	548	2734	574	3057	590	3006	590	3206	734	2705
實村面	520	2790	602	2370	599	2322	612	2321	901	3492

---

27 勅令第四十九號 (규장각, 奎17706), "地方區域整理件, 第一條 地方區域은別表와東洋文庫東北아시아研究班, 『日本所在朝鮮戶籍關係資料解題』, 東洋文庫 2004, 66쪽. "東部面: 上司倉里, 下司倉里, 客山里, 泉峴里, 校村里, 山谷里, 合隅里, 拜謁里, 望月里, 荒山里, 船村里, 上八里, 下八里, 堂亭里, 長禮里, 新坪里, 峴沙里, 德豊里 西部面:項洞, 宮里, 聖山洞, 法洞, 草一洞, 草二洞, 廣岩里, 甘北洞, 甘一洞, 冬音洞"
28 『輿地圖書』에 기재된 戶口數이다.
29 『戶口總數』에 기재된 戶口數이다.
30 『重訂南漢志』에 기재된 호구수이다. 1836년의 호적자료를 인용한 것이다. 장서각에 소장된 『重訂南漢志』(장서각, 2-4309)와 국립중앙도서관에 소장된 『重訂南漢志』(국립중앙도서관, 한고朝 62-3)는 필사본이어서 호구수 기재에 일부 오류가 있다. 이 오류에 대해서는 해당 항목의 주석으로 설명하였다.
31 政府財政顧問本部 編, 『韓國戶口表』, 政府財政顧問本部, 국립중앙도서관 소장본

	1759		1789		1836		1899읍지		1907	
	戶數	口數	戶數	口數	戶數	口數	戶數	口數	戶數	口數
都尺面	454	2059	455	1938	469	1616[34]	469	1615	628	2122
細村面	423	1850	396	1836	375	1674	375	1674	493	1723
突馬面	495	2505	515	2773	460	2364	460	2364	599	2075
五浦面	558	3302	423	2658	417	2429	417	2429	777	2945
樂生面	639	3351	634	2952	579	2392[35]	579	2392	553	1929
大旺面	776	3733	701	4040	772	3771	772	3371	1138	3268[36]
旺倫面	276	1232	230	1113	276	1217[37]	276	1217	355	1603
義谷面	275	1113	262	1115	287	1241	287	1267	350	1620
彦州面	864	4405	723	3348	738	3256	738	3276	1071	3937
中臺面	656	2850	726	3044	727	3237	727	3237	840	3259
西部面	476	2429	441	2472	487	2654[38]	487	2751	607	2442
九川面	376	1941	410	2040	412	2071	408	2072	628	2700
草阜面	361	1598	253	1500	358	1486	358	1487		
北方面	317	1511	347	1347	327	1362	327	1408		
月谷面	351	1173	214	1049	352	1055[39]	352	1057		
聲串面	328	1705	204	1286	356	1408	356	1408		
日用面	203	1122								
松洞面	165	892								
합계	11721	55218	10568	50508	11423	49706	11,403	49415	12104	45702
도합	11713	54709	10568	50508	10490	50045	11403	49851	12104	45736
僧戶					237	455	68	143		

(朝37~49), [1907-1945 추정].

32 城內는 城內洞과 門外洞을 말한다.
33 城內 南洞의 여성 口數가 장서각본 『重訂南漢志』에는 '1,081'로 기재되어 있으나 국립중앙도서관본에는 '1,082'로 기재되어 있다.
34 장서각본에는 都尺面의 여성 口數가 누락되어 있다. 국립중앙도서관본의 경우 都尺面의 여성 口數가 '929'로 기재되어 있다.

〈표 4〉에서 '합계'는 면별로 기재된 것을 엑셀을 이용하여 합계를 낸 것이고, '도합'은 자료에 기재된 총수를 가져온 것이다. 『戶口總數』는 '합계'와 '도합'이 일치한다. 또 『韓國戶口表』는 대왕면의 오류를 감안하면 '합계'와 '도합'이 일치한다. 그런데 『輿地圖書』, 『重訂南漢志』, 1899년 『廣州府邑誌』' 등에서는 호수와 구수의 '합계'와 '도합'이 일치하지 않는다. 그렇지만 그 차이는 큰 것이 아니어서 동리촌명의 수와 호구수와 인구수의 비례 관계를 설명하는 데에는 문제가 없다.

〈표 4〉에서 독특한 점은 동리촌명이 2배 이상 증가했음에도 불구하고 1759년의 『輿地圖書』에 기록된 경기도 광주부의 '호구수, 인구수' 등이 1907년의 『韓國戶口表』[40]에 기재된 호구수, 인구수 등과 큰 차이가 없다는 점이다.

---

35 樂生面의 경우 장서각본과 국립중앙도서관본 모두 여성 口數를 '2,246'으로 제시하고 있으나 남녀 口數를 '2,392'로 제시하는 것으로 판단할 때 '1,246'이 바르다.
36 국립중앙도서관 소장의 『韓國戶口表』에서 大旺面의 남녀 구수의 합을 '3,302'으로 제시하였는데, 별도로 제시된 남성 口數와 여성 口數를 합하면 '3,268'이 된다.
37 王倫面의 경우 장서각본과 국립중앙도서관본 모두 남녀 口數의 합을 '1,214'로 제시하고 있다. 그런데 남성의 口數를 '565', 여성의 口數를 '652'으로 제시하였는데 이를 합하면 남녀 口數의 합이 '1,217'이다.
38 西部面의 口數가 장서각본 『重訂南漢志』에는 '1,500'로 기재되어 있으나 국립중앙도서관본에는 '1,501'로 기재되어 있다. 남녀 口數 합계가 '2,654'로 제시된 점에서 국립중앙도서관본의 것이 바르다.
39 月谷面의 경우 장서각본과 국립중앙도서관본 모두 남녀 口數의 합을 '1,052'로 제시하고 있다. 그런데 남성의 口數를 '594', 여성의 口數를 '561'으로 제시하였다. 이를 합하면 남녀 口數의 합이 '1,055'이다.
40 政府財政顧問本部 編, 앞의 책.

2.3. 『朝鮮地誌資料』에 누락된 경기도 광주군 지명

1846년에 간행된 광주군 읍지인 『重訂南漢志』에는 약 270여 개의 지명이 수록되었다. 그런데 『朝鮮地誌資料』 경기도 광주군 편에는 887개의 지명이 실려 있다. 『중정남한지』에 비교해서 많은 지명이 수록되었다. 이것은 『朝鮮地誌資料』의 편찬 시 지역 내의 小地名도 빠짐없이 조사하고자 했음을 말해주는 것이다.

그런데 지역 내의 小地名을 가급적 상세히 조사하고자 하는 지명 조사의 원칙이 실제의 조사 작업에서 일관되게 적용되었는지는 의문의 여지가 있다. 앞에서 이미 말한 바와 같이 都尺面의 경우 119개의 지명을 싣고 있고, 細村面과 西部面의 경우에는 13개의 지명을 싣고 있다. 지명 수록의 편차가 너무 크다. 이는 지명 조사의 원칙이 일관되게 적용되지 않았을 가능성을 암시하고 있다.

규장각 소장의 『京畿廣州府量案』(奎17641)[41]에는 廣州府 22개面의 田地가 五結字號의 규식으로 기재되어 있고, 상단에 田地의 소재 지명이 표기되어 있다. 이 소재 지명은 『朝鮮地誌資料』에 기재된 野坪名과 동등한 개념으로 이해된다. 『京畿廣州府量案』에 기재된 田地의 소재 지명 가운데에 『朝鮮地誌資料』 경기도 광주군 편에 실리지 않은 소재 지명을 확인할 수 있다. 광주군 경안면을 대상으로 『京畿廣州府量案』에 기재된 소재 지명을 『朝鮮地誌資料』에 수록된 지명과 대조하여 제시하면 다음과 같다.

---

41 http://e~kyujanggak.snu.ac.kr/MOK/CONVIEW.jsp?type=MOK&ptype=list&subtype=sm&lclass=AL&mclass=&sclass=&ntype=hj&cn=GK17641_00의 설명에 따르면 이 자료는 量地衙門에서 1900년(광무 4)에 작성한 廣州府 22個面에 대한 量案이다. 이 量案은 70책으로 제23책에서 제70책까지는 中草本이고, 제1부터 제22책까지는 수정된 中草本의 내용을 그대로 정리한 正書本이다.

(4) 가. 垈洞, 木甘里, 筏院里, 參里(三里洞), 松亭里, 水下里, 雙嶺里, 驛村, 梨旺峴(利旺峴), 前枝里, 酒幕洞(酒幕里), 中里, 直洞, 炭洞, 胎田(胎田里), 胎坪, 回德里
   나. 內谷, 泥峴, 新基, 堯洞, 二鳥峴, 長承前坪, 通山坪
   다. 錦頭谷, 澹園, 松亭里通務坪, 巖隅坪, 玉碁洞, 外芝谷, 龍山洞, 中里前坪, 昌葉墟坪, 虛積洞, 軒田坪, 胎田前坪, 木甘里外村

(4가)의 지명은 『朝鮮地誌資料』의 경기도 광주군 경안면 편에도 실려 있다. 괄호 속에 제시된 지명 표기는 『朝鮮地誌資料』의 경기도 광주군 경안면 편에 실려 있는 지명 표기로 『京畿廣州府量案』의 지명 표기와 다른 것이다. (4나)는 『朝鮮地誌資料』의 경기도 광주군 경안면 편에 실려 있지 않으나 광주군의 다른 面에는 수록된 지명이다. 面의 관할 구역이 시기적으로 변하고 있으므로 경우에 따라서는 동일한 지명을 가리킬 가능성이 있다.

(4다)는 『朝鮮地誌資料』의 경기도 광주군 경안면 편은 물론 광주군의 다른 면에도 실려 있지 않은 지명이다. 경안면은 인접 군과는 이웃하지 않으므로 (4다)의 지명은 『朝鮮地誌資料』 경기도 광주군 지명 조사 시 누락된 지명임이 분명하다. 자연재해로 『朝鮮地誌資料』 작성 당시에는 松亭里 '通務坪, 巖隅坪, 中里前坪, 昌葉墟坪, 軒田坪, 胎田前坪' 등이 더 이상 田地로 기능하지 않을 수도 있다. 그러나 '錦頭谷, 澹園, 玉碁洞, 外芝谷, 龍山洞, 虛積洞, 木甘里外村' 등은 자연지명이다. 따라서 『朝鮮地誌資料』 작성 당시에 조사되지 않은 것으로 이해하는 것이 합리적이다.

3. 『朝鮮地誌資料』 수록 경기도 광주군 지명 표기의 분석

3.1. 한글 표기 지명

한글로만 표기된 지명은 지명의 의미를 정확히 알 수 없는 경우가 흔하다. 『朝鮮地誌資料』 경기도 광주군 편에는 한글로만 표기된 지명 15개가 수록되어 있다.

(5) 가. 사당굴(廣州郡 彦州面 山谷名), 사작굴(廣州郡 彦州面 山谷名), 돌당리(廣州郡 東部面 野坪名), 쩨묵벌[42](廣州郡 東部面 野坪名), 용모롱이들(廣州郡 都尺面 野坪名)
  나. 네게밋堰(廣州郡 彦州面 堤堰洑名), 섬밧堰(廣州郡 彦州面 堤堰洑名), 박둥섬(廣州郡 東部面 野坪名), 여우누니(廣州郡 東部面 野坪名), 연긔(廣州郡 彦州面 野坪名), 쥴왕둥이니(廣州郡 彦州面 江川溪澗名), 게어리쥬막(廣州郡 彦州面 酒幕名)
  다. 마쥭더(廣州郡 彦州面 山谷名), 쥴왕둥이堰(廣州郡 彦州面 堤堰洑名), 쥴우룰(廣州郡 東部面 野坪名)

(5가)는 한글로 표기되어 있지만 다른 지명 표기를 고려하면, 그 의미나 원래의 한자 표기를 복원할 수 있다. '사당굴, 돌당리, 용모롱이들' 등은 『朝鮮地誌資料』 경기도의 다른 군에 수록된 '祠堂谷/사당골[43], 石塘里/돌당이[44], 龍隅洑/용모롱이洑[45]' 등을 고려하면, 각각 '祠堂, 石塘, 龍隅' 등으로 복원할 수 있다. 전라남도 고흥군 고흥읍 행정리에 있는

---

42 '쩨묵벌'에서 '쩨묵'은 현대국어의 '깻묵'의 異表記일 가능성이 있다. 『표준국어대사전』에서 '깻묵'을 '쩨목깨+목〉샛묵〉깻묵'의 어형 변화로 설명하고 있다.
43 京畿道 楊平郡 西宗面 水餘里의 지명이다.
44 京畿道 利川郡 暮面의 지명이다.
45 廣州郡 都尺面 祥林洞의 지명이다.

사작굴[46]을 '사직단이 있었던 교촌의 골짜기'로 풀이한 것을 고려하면, (5가)의 '사작굴'은 '사작[社稷]+굴[谷]' 정도로 이해된다. 국어에서 흔히 '오'가 '우'로 변화하는 고모음화를 고려한다면 '굴'을 '谷'으로 이해할 수 있다. 그러나 '社稷'이 '사직'이 아니라 '사작'으로 표기된 것은 아직 미지의 것이다.

(5나)의 '네게밋堰, 셤밧堰, 박둥셤, 여우누니, 연긔, 쥴왕둥이닉, 게어리쥬막' 등의 경우에는 일부 구성소의 의미는 이해할 수 있으나 일부 구성소는 이해할 수 없다. 즉 '밋[本], 밧[田], 셤[島], 여우[狐], 닉[川], 쥬막(酒幕)' 등은 이해할 수 있으나 다른 구성소는 그 의미를 이해할 수 없다. '蟹卵里/게아리[47]'를 고려하면, '게어리쥬막'에서 '게어리'를 '게알[蟹卵]' 정도로 이해할 수 있다.

(5다)의 '마쥭디, 쥴왕둥이堰, 쥴우룰' 등은 현재 그 의미를 이해할 수 없다. 서울시 강서구 등촌동에 있는 '줄웅덩이개울'을 '줄'이라는 벼처럼 생긴 풀이 많이 나는 웅덩이 개울'로 풀이하는 것[48]을 고려하면, '쥴왕둥이堰'에서 '쥴왕둥이'는 '줄웅덩이' 정도로 이해된다. '쥴'을 풀의 일종인 '줄'로 이해할 때, '쥴우룰'은 '쥴우믈'의 오자로 이해된다.

3.2. 漢字와 한글 대역 표기 지명

3.2.1. 한자 표기와 한글 표기의 불일치 지명

『朝鮮地誌資料』 경기도 광주군 편에 한자와 한글이 동시에 제시된

---

46 『한국땅이름사전』 전자판에 따르면 '사작굴'은 전라남도 고흥군 고흥읍 행정리에 있으며 교촌 서쪽에 있는 골짜기이다.
47 京畿道 通津郡 半伊村面의 지명이다.
48 『한국땅이름사전』 전자판에서 가져온 것이다.

지명이 183개임은 앞에서 이미 말하였다. 그런데 다음 14개 지명은 한자와 한글의 대응 관계를 연결시키기가 매우 난해한 것이다.

(6) 가. 味其川/미기늡(實村面 墨坊里), 揩樓峴/비루지(廣州郡 彦州面), 舊陳坪/구진버리(廣州郡 彦州面), 舊陳川/구진기울(廣州郡 彦州面)
　　나. 法緣坪/범이벌(野坪名, 退村面 東垈洞), 西下川/스마루니(江川名, 草月面 西下村里), 西下村酒幕/사마루쥬막(酒幕名, 草月面 西下村), 細坪/자늣덜(野坪名, 突馬面 亭子洞), 支渭坪/퇴촌벌(野坪名, 退村面 支渭洞), 漁村峴/어비고기(嶺峙峴名, 旺倫面 古井洞)
　　다. 加馬橋坪/멍에다리(彦州面 野坪名), 唐垈坪/졈터들(野坪名, 突馬面 唐隅洞), 鶴洞峴/힛골고기(嶺峙峴名, 彦州面 鶴洞), 化鶴谷/횟골(谷名, 旺倫面 內旺倫)

(6가)의 '미기, 비루, 구진' 등은 각각 '메기[鮎], 벼로[遷], 궂다[泥]' 등과 대응시킬 수 있으나 명백한 증거를 제시하기는 어렵다.

(6나)는 한자 표기와 한글 표기를 관련시키기가 (6가)보다 더욱 난해한 것이다. '法緣坪/범이벌'에서 法緣과 '범이'를, '西下川/스마루니'에서 西下와 '스마루'를, '細坪/자늣덜'에서 細와 '자늣'을, '支渭坪/퇴촌벌'에서 支渭와 '퇴촌'을, '漁村峴/어비고기'에서 漁村과 '어비'를, '舊陳坪/구진버리'와 '舊陳川/구진기울'을 관련시키기가 매우 난해하다. 細와 '자늣'의 대응에서 '잘[細]'의 관형사형 '잔'을 생각해 볼 수 있지만 '읏'을 이해할 수 없다. 支渭와 '퇴촌'의 대응에서 '퇴촌'은 退村이어서 支渭와 '퇴촌'은 동일 지역에 대한 이칭일 것으로 생각되나 자세치 않다. 西下村은 고문서에서 棲霞村으로 쓰인 자료를 발견할 수 있다.[49]

棲霞 역시 한글 표기 '스마루'나 '사마루'와 관련 시키기 어렵다.

(6다)의 것 역시 한자 표기와 한글 표기의 대응 관계를 직접 연결시키는 것이 난해하다. '加馬橋坪/멍에다리'에서 加馬는 분명하게 2자로 쓰여 있다. 그래서 '加馬'를 '멍에'와 직접 연관시키기가 다소 난해하다. '가마[加馬]'는 '사람이 타는 것'이고, '멍에'는 '수레나 쟁기를 끌기 위하여 마소의 목에 얹는 구부러진 막대'를 뜻하는 것이기 때문이다. 그러나 加馬가 駕를 2자로 나누어 쓴 오기라면 駕橋坪과 '멍에다리'를 연관시킬 수 있다. 『訓蒙字會』에서 駕의 뜻을 '멍에'로 풀이하고 있기 때문이다. '唐垈坪/졈터들'에서 唐과 '졈'의 대응도 그 연관 관계를 이해하기가 난해하다. 다만 唐을 店의 오기로 본다면 '店垈坪'과 '졈터들'의 대응은 명백하게 이해된다. '鶴洞峴/힛골고기'에서 鶴과 '힛'의 대응도 그 연관 관계를 이해하기 어렵다. '鶴'을 '鶴처럼 희다'처럼 '히다/희다'를 표기한 것으로 이해하면 鶴과 '힛'의 대응을 자연스럽게 이해할 수 있다. 그러나 '히다'를 '학'으로 표기하는 방식이 보편성을 가졌는지는 더 검토해야 할 것이다. '化鶴谷/횃골'에서의 化鶴과 '횃'의 대응도 그 연관 관계를 얼른 이해하기 어렵다.

3.2.2. 한자 표기와 한글 표기가 일치되는 지명

앞 절에서 말한 14개의 지명을 제외하고 남은 169개 지명 모두에 대해 한자와 한글의 대응 관계를 정확하게 설명하는 것은 매우 어렵다. 비교적 쉽게 그 연관 관계를 설명할 수 있는 경우도 있지만, 그 연관 관계를 가정할 수밖에 없는 경우도 있다.

---

49 李安山宅奴戌金所志(山訟)(규장각, 169997), 『고문서』 19, "華城李安山宅奴戌金 (左寸) 右謹陳所志矣段 矣宅 兩世墳山 在於府下 草月面棲霞村是如乎"

한자를 빌어 사용하는 借字 표기법을 파악하는 이론은 연구자마다 견해가 다르다. 이 글에서는 남풍현(1981)[50]에 따라 '音假, 音讀, 訓假, 訓讀' 등 네 가지의 관점에서 객관적 근거를 제시하면서 한자와 한글의 연관 관계를 밝히도록 한다.

① 音假 表記

音假 表記에서 '音'은 한자의 音을 빌어 우리말을 표기하는 것을 말한다. '假'란 차용한 한자의 훈과 우리말이 의미상 관련이 없는 표기를 말한다. 그러므로 音假 表記는 한자의 음만을 빌어 우리말을 표기하는 방법을 말한다.

『朝鮮地誌資料』 경기도 광주군에 수록된 지명 표기에서 확실하게 音假 表記로 확인되는 것을 제시하면 다음과 같다.

(7) 가. 藪川/숫니(樂生面 遠川洞), 安垈谷/안터골(實村面 九水洞), 吉馬谷/길마구비(五浦面 新村里), 又谷/웃골(突馬面 栗里)

나. 炭川洑/곤순니보(突馬面 藪內村), 炭川洑/순니보(突馬面 二梅洞), 炭川/순니(中垈面 石村洞)

다. 內垈谷/안터골(竹山郡 遠三面 文村里), 內垈洞/안터꼴(朔寧郡 郡內面 古寺里所在)

라. 鞍峴/길마지(富平郡 馬場面 曉星里), 鞍峴/길마지(龍仁郡 枝內面 上里)

마. 上谷/웃골(龍仁郡 器谷面 上葛川), 上谷/웃골(龍仁郡 器谷面 汗亘洞), 上谷/웃골(利川郡 長面 門岩)

---

50 남풍현, 『借字表記法硏究』, 단대출판부, 1981, 15쪽.

(7나)의 炭川, (7다)의 內垈, (7라)의 鞍, (7마)의 上 등에 적용된 借字 표기법을 고려하면, (7가)의 밑줄 친 '藪, 安, 吉馬, 又谷' 등은 확실하게 音假 表記로 확인된다.

炭川은 경기도 용인시에서 발원하여 성남시 분당구 '東遠洞, 수내동, 이매동' 등을 거쳐 송파구 문정동을 지나 석촌동과 삼전도를 거쳐 한강으로 흘러 들어간다. 그리고 동원동은 1914년 지방 행정구역 개편 시 東幕洞과 遠川洞을 합쳐 만든 행정구역이다. 그러므로 우리는 樂生面 遠川洞을 흐르는 (7가)의 藪川이 炭川임을 알 수 있다. 이 대응에서 藪가 音假 表記로 '숯'을 표기한 것을 알 수 있다. 한글 표기 '숫늬'로도 우리는 '藪川'의 '藪'가 '숯'의 일부를 음차 표기한 것임을 알 수 있다.[51] '숯'의 'ㅅ'으로 '藪'를 훈차 표기로 파악할 가능성이 배제된다. '藪'가 훈차 표기되었다면 '숲' 또는 '숩'일 것인데, 국어 음운의 특징을 고려하면, 'ㅂ'과 'ㅅ'의 변화를 설명하기 어렵다.

'安垈谷/안터골'에서 安을 音讀 표기로 보아 '편안하다'의 뜻으로 파악할 수도 있다. 그러나 (7다)의 內垈를 고려하면, (7가)의 安垈를 內垈와 등가의 것으로 볼 수밖에 없다. 그러므로 安은 '안[內]'의 音假 表記가 된다. 또 (7라)의 '鞍峴/길마직'를 고려하면, (7가)의 吉馬를 '길마[鞍]'의 音假 表記로 파악할 수 있다. 마찬가지로 (7마)의 '上谷/웃골'을 고려하면, (7가)의 又를 '웃'의 音假 表記로 파악할 수 있다.

다음은 『朝鮮地誌資料』 경기도 편에서 音假 表記에 대응되는 音讀 표기나 訓讀 표기를 발견할 수 없어 音假 表記로 단언할 수 없지만, 보충적인 자료를 활용하면 音假 表記임을 확인할 수 있는 것이다.

---

51 (7나)의 '순늬'는 '숯늬'에 중화규칙과 비음동화가 적용된 표기이다. '순늬'는 치음 아래에서 'ㅠ'가 'ㅜ'로 표기된 것이다. 방언 '성님'이 '성남'으로 변화된 것과 같은 음운 현상이다.

(8) 가. 斗得峴坪/두득지벌(彦州面), 車石坪/츠돌박이(五浦面 台峴里)
　　나. 遯村酒幕/된션말쥬막(突馬面 二梅洞)
　　다. 道谷坪/도꼴들(草月面 東山里)

　(8가)의 '두득지벌'은 『한국지명총람』의 서울 성동구 彦州出張所 浦二洞 편에 실린 고개 이름 '두둑재'와 대응된다. 浦二洞 편에 실린 고개 이름은 '두둑재'가 유일하다. '두둑재'에서 '두둑'은 '언덕'의 뜻이다. 그러므로 '두득'을 표기한 '斗得'이 오늘날 '두둑'임을 알 수 있다. 『朝鮮地誌資料』 利川郡 沙面 沙玉里 조에는 '斗得坪/두듥기'가 실려 있고, 楊平郡 古邑面 大月里 조에는 '斗得坪/두득벌'이 실려 있다. 이러한 사실에 근거하여 우리는 斗와 得을 모두 音假字로 파악할 수 있다.

　(8나)의 遯村酒幕과 '된션말쥬막'의 대응에서 遯과 '된'의 대응을 확인할 수 있다. '된'의 어간 '되다'는 '농도가 짙다'의 의미를 가진 것으로 '몹시 심하거나 모질다'의 파생적 의미를 가지기도 한다. 지명에 '되다'가 쓰이면 지형이 매우 험한 것을 말하게 된다. 『한국지명총람』 경기도 광주군 돌마출장소 분당동 편에 실린 '된봉'은 매우 가파른 봉우리를 말하는 것이다. 遯과 '된'은 의미상 관련이 없으므로 遯은 音假 表記字가 된다.

　(8다)의 '道谷坪/도꼴들'에서 '도'는 猪를 뜻하고, 道가 '도[猪]'를 표기한 것으로 파악할 수 있다. 이 점에서 '道'는 音假 表記字가 된다. 그 근거를 제시하도록 한다. 문제가 되는 '道谷坪/도꼴들'을 (9다)로 다시 제시한다.

(9) 가. 場坪/장쎨(彦州面), 舟峴/비꼬기(都尺面 宮坪里), 塔谷坪/탑션골쎨(彦州面)

나. 場峴/쟝고기(旺倫面 上莊義洞)
다. 道谷坪/도꼴들(草月面 東山里)

(9가)는 복합어 경계에서 경음화 현상이 실현된 예이다. 그런데 (9나)의 '쟝고기'에서는 경음화 현상이 표기에 반영되지 않았다. 20세기 전반기의 국어 표기에서 경음화 현상은 표기에 반영될 때도 있고 그렇지 않을 때도 있다. 표기에 경음화 현상이 반영되지 않았지만 '쟝고기'의 'ㄱ'은 경음으로 발음된다. (9다)에 표기된 경음화 현상은 道谷에서 道가 표기한 어형을 추정하는 데에 도움을 준다. 경음화 현상으로 道를 音讀 표기자로 보아 '도'로 읽는 것은 부정된다. 모음 아래에서 후행하는 무성 폐쇄음이 경음화되지 않기 때문이다. 경음화 현상을 고려한다면 '道'는 자음을 가진 우리말을 표기한 것으로 보아야 한다. 이 문제와 관련해서 다음과 같은 자료가 주목된다.

(10) 가. 독골보(洑) 도골마을 앞의 들을 보들 또는 중보들이라고 하는데 이곳에 물을 대고 농사짓기 위하여 만든 보(洑)를 말한다. 보의 위치는 곤지암천에 있다. (『廣州의 地名由來』[52])
나. 돼지골 [골] 대쌍령리에 있는 골짜기 (『한국지명총람』 경기도 광주군 대쌍령리 편)

(10가) '독골보'는 광주군 초월면 道谷洞에 있는 보이다. '독골보'가 道谷洞에 위치하므로 '독골'과 道谷의 대응 관계가 확인된다. '골'은 谷에 대응되는 것이므로 '독'과 道가 대응된다. 대쌍령리의 지명 '돼지골'과 道谷洞이 우리에게 따로따로 전하고 있지만, 경음화 현상이 일어

---

52 광주문화원, 『廣州의 地名由來』, 2005, 100쪽.

난 '도쑬들'을 고려하면 '돼지골'과 道谷洞을 대응시킬 수 있다. 정확히 말해서 '돼지골'과 道谷洞은 의미상으로만 대응되고, 어형적으로는 '독골보'와 道谷洞이 대응된다. 기원적으로는 '돝[猪]골들'이었던 어형이 '돋골들, 독골들, '독꼴들' 등의 순서로 바뀐 것이며, 道谷洞은 마지막의 '독꼴들'을 표기한 것이다. 그러므로 道는 '돝〉독[猪]'을 표기한 音假 表記字가 된다.

경기도 광주군 儀谷面 鶴峴洞에 소재한 '夏牛峴/하우기고기'에서 夏牛는 '하우'의 音假 表記이다.

(11) 가. 夏牛峴/하우기고기[53](嶺峙峴名, 儀谷面 鶴峴洞)
　　　나. 鶴峴洞(廣州郡 儀谷面)

(11가)의 '하우기고기'는 '고기'가 이미 포함된 '하우기'에 다시 '고기'를 중복적으로 첨가한 것이다. '하우기'에 '고기'가 포함되어 있음은 『朝鮮地誌資料』 경기도 通津郡 桑串面 조에 등재된 鶴峴里에 대한 한글 표기가 '하우기'로 제시된 것에서 알 수 있다. 그런데 '하우기'는 '하+우기' 정도로 분석되는데 '하' 아래에서 '고기'의 'ㄱ'이 탈락한 현상은 일반적인 조건이 아니어서 보충적인 설명이 필요하다. 먼저 일반적인 'ㄱ'탈락 현상을 제시하고, 이 문제에 대한 해답을 찾아보고자 한다. 'ㄱ'의 탈락 현상과 '오'와 '우'의 교체 현상은 다음과 같은 자료에서 발견된다.

---

53 『朝鮮地誌資料』 廣州郡 義谷面 嶺峙峴名 條에 실려 있는 '하우기고기'를 '하우지고기'로 잘못 판독할 가능성이 매우 높다. 'ㆍ'가 'ㄱ'의 아래 획에 쓰여 있어 '기'가 '지'처럼 보이기 때문이다.

(12) 가. 三峴里/셰우기(竹山郡 府二面), 三峴/셰오기(竹山郡 近一二面 上山里), 梨峴/비우기(開城郡 東部面 太廟里), 世介峴/셰우기 고기(坡州郡 泉峴外面 三峴里), 新峴里/시오기(富平郡 石串面), 鳥峴酒幕/시오기쥬막(廣州郡 慶安面 鳥峴洞)
나. 葛峴/갈우기(朔寧郡 寅目面 葛峴里所在), 七又峴/칠우기(驪州郡 興谷面 照章洞), 葛峴洞/갈우기(果川郡 郡內面 葛峴洞), 葛峴/갈오기(永平郡 郡內面 萬橋里)

(12가)는 모음 'ㅣ'나 'y' 아래에서 '고기'의 'ㄱ'이 탈락한 것이고, (12나)는 'ㄹ' 아래에서 'ㄱ'이 탈락한 것이다. 이 두 예는 '고기'의 '오'가 '오' 또는 '우'로 교체되고 있음을 보여준다. '七又峴/칠우기'는 '夏牛峴/하우기고기'와 유사한 표기법을 보여준다. 즉 '고기'를 音假字 又와 訓讀字 峴으로 이중 표기하는 방식이 그것이다.

牛峴과 峴의 표기가 등가의 것이라면 (11가)의 夏牛峴과 鶴峴의 대응에서 夏와 鶴이 대응된다. 『朝鮮地誌資料』 경기도 楊平郡 南始面 조에 실린 '鶴谷里/하일'에서 우리는 '鶴'으로 '하'를 표기하는 사례를 더 찾을 수 있다. '鶴谷里'와 '하일'의 대응에서 '里'는 한글 표기에서 생략된 것으로 정확하게는 '鶴谷'과 '하일'이 대응된다. '하일'은 '하+실[谷]' 정도로 분석되며 모음 아래에서 'ㅅ'의 탈락 현상을 경험한 어형이다. 이것으로 우리는 鶴으로 표기된 국어의 음절 '하'가 특이한 음운적 성격을 가졌음을 이해할 수 있다. 그러나 '하' 아래에서 'ㄱ'이 탈락한 현상에 대해서는 앞으로 더 연구해야 할 것이다.

다음은 音假 表記로 생각되는 것이지만 명백한 증거는 없다.

(13) 가. 梧里坪/오리보들(草月面 大雙嶺里), 八堂津/바당이나루(廣州郡 東部面 八堂里), 八堂里酒幕/바당리쥬막(廣州郡 東部面 八

堂里), 仙谷峴/션골고기(廣州郡 實村面 上鳥峴里), 進谷/진골 (廣州郡 彥州面)

나. 月峴/다리니고기(廣州郡 大旺面 路上洞과 金峴洞 사이)

불확실하지만 (13가)는 연관된 우리말을 상정할 수 있지만, (13나)는 현재로서는 연관된 우리말을 상정할 수 없다. '梧里, 八堂, 仙, 進' 등은 각각 우리말 '오리[鳧]', '바당[바닥], 서다[立], 질다[泥]' 등을 상정할 수 있지만, 그 명백한 증거는 없다.

② 音讀 表記

音讀 表記란 한자의 음을 이용하여 우리말을 표기하고, 차용된 한자의 訓으로도 우리말의 뜻을 나타내는 표기 방법이다. 종래의 지명연구 일부에서는 音讀 表記法을 적용하여 표기한 우리 地名에 대해 漢譯地名이라 하고 있다.[54] 그러나 漢譯의 개념은 적절치 못한 것이다. 한자를 빌어 우리 지명을 표기한 목적은 漢文에 의한 문자 생활을 위한 것에 있는 것이 아니라 우리의 문자 생활을 위한 것이다. 우리의 문자 생활을 위해 불가피하게 한자를 차용한 것이다.

다음 (14가)는 지명의 전부 요소에 音讀 표기자가 사용된 예이다.

(14) 가. 宮內新洑/궁안시보(樂生面 洑坪里), 陵頭山/능머리산(廣州郡 彥州面), 司馬谷/사마사골(都尺面 芳燈里), 三兄弟谷/삼형졔골(東部面 上司倉里), 蓮花堰/연화계은(中垈面 可樂洞), 念珠谷/염쥬밧골(實村面 釜谷洞), 龍仁嶺/용인고기(都尺面 陶峴

---

[54] 천소영, 「지명연구에 쓰이는 술어에 대하여」, 『지명학』 5, 한국지명학회, 2001, 108-109쪽.

里), 院坪/원딜(實村面 九陽里), 場坪/장쎨(廣州郡 彦州面), 場
峴/쟝고기(旺倫面 上莊義洞), 陣垈坪/진터벌(中垈面 長旨里),
倉隅場/창모루장(東部面 倉隅洞), 倉隅酒幕/창모루쥬막(東部
面 倉隅里), 塔谷/탑골(東部面 八堂里), 塔谷坪/탑션골쎨(廣州
郡 彦州面), 塔谷峴/탑션골고기(廣州郡 彦州面), 胎川/틱기울
(慶安面 胎田里), 紅浦/홍기(彦州面)

나. 廣津/광나루(廣州郡 九川面 曲橋洞), 九萬坪/구만이(廣州郡
五浦面 外谷洞), 樂生坪/낙싱벌(廣州郡 樂生面 遠川洞), 道場
谷/도장골(廣州郡 東部面 上司倉里), 饒谷/료골(廣州郡 五浦
面 外谷里), 法垂山/법수머리산(廣州郡 郡內面 南城里), 成錦
坪/성금모통이(廣州郡 五浦面 高岑里), 鄭琴坪/경금안들(廣
州郡 大旺面 栗峴), 奄峴酒幕/음고기쥬막(廣州郡 郡內面 奄峴
里), 通文峴/통문직(廣州郡 中垈面 長旨里)

　(14가)의 밑줄 친 것들은 音讀 표기자임이 확실하다. '宮, 陵, 司馬, 三兄弟, 蓮花堰, 念珠, 龍仁, 院, 場, 陣, 倉, 塔, 胎' 등은 국어에서 흔히 한자어로 사용되는 것이다. '蓮花, 念珠, 塔' 등은 불교에서 쓰이는 한자어이며, '院, 場, 陣, 陵, 宮, 胎' 등은 '驛院, 市場, 軍陣, 王陵, 王宮, 御胎'[55] 등의 의미를 가지는 한자어이며, 龍仁은 지명이다. 彦州面의 '紅峴/불근고기'를 고려하면, 彦州面의 '紅浦/홍기'에서 紅은 音讀 표기자임이 분명하다. '紅浦/홍기'는 『朝鮮地誌資料』의 편찬 당시인 1910년대에 訓讀 표기가 音讀 표기로 전환되고 있음을 알려 준다.
　(14나)의 밑줄 친 것들은 그 의미를 확인할 수 없다. 따라서 단적으로 音讀 표기자로 파악할 수 없다. 音假 表記字로 파악해야 할 경우도 있을 수 있다. 예컨대 다음은 音讀 표기일 가능성이 있으나 音讀 표기임을

55　朝鮮 成宗의 御胎를 광주군 胎田里 胎峰에 봉안한 것에서 기인한다.

결정적으로 말할 수 없는 것들이다.

(15) 가. 寒川谷/한닛골(都尺面 陶峴里)
　　 나. 樂生坪/낙싱벌(樂生面 遠川洞)
　　 다. 廣津/광나루(九川面 曲橋洞)

(15가)의 寒川谷은 『한국지명총람』 경기도 광주군 陶雄里 편에 실려 있는 '한낫골'이다. 이 '한낫골'은 대응되는 한자 표기를 고려하면 '한냇골'에서 변이된 것이다. 그러므로 '한냇골'은 '한+내+ㅅ+골' 정도로 분석되는데, 분석된 요소 가운데에 '한'만이 미지의 것이다. '寒'을 音讀 표기자로 본다면 '한'은 '차다'의 뜻이 된다. 그런데 직접적인 증거가 없다. '寒'이 단순한 音假 表記字일 가능성도 있다. 또한, 이것 역시 직접적인 증거는 없다.

(15나)의 樂生과 (15다)의 廣津은 『태종실록』 1407년의 기사[56]와, 1410년의 기사[57]에 실릴 정도로 매우 오래된 지명 표기이다. 당시에 이 표기를 音讀 표기로 인식했는지 訓讀 표기로 인식했는지는 자세치 않다. 廣津의 경우에는 『頤齋亂藁』에 '광나루'로 주석하고 있지만 '廣'이 音讀 표기자라고 결정적으로 말할 수 없다. '광나루'의 '광'이 가지는 기원적인 의미가 밝혀져야 하기 때문이다. 다만 김완진 선생님의 말씀처럼 충청도 唐津이 唐으로 가는 나루의 의미를 가진 것처럼 廣津도 '광주'로 가는 나루일 가능성이 있다.

---

[56] 『太宗實錄』, 1407년(태종 7) 2월 13일, "講武于 廣州 上詣 德壽宮 告行 遂次于 樂生驛 前郊"

[57] 『太宗實錄』, 1410년(태종 10) 9월 2일, "上王親祭于 健元陵 次于 豐壤之郊 翼日 上出迎于 廣津 設宴夜還"

한편 '道長谷/도장골(朔寧郡 西面 席屯里所在), 道壯里/도장골(驪州郡 金沙面), 道藏谷/도장골(楊平郡 邑內面 西部里)' 등을 고려하면, '道場谷/도장골'은 音假 表記字일 가능성도 있다.

다음은 地名 後部 要素가 音讀 표기된 것이다.

(16) 가. [酒幕]
宮內酒幕/궁안주막(樂生面 宮內村), 金谷酒幕/쇠골주막(樂生面 金谷洞), 勒峴酒幕/구러기쥬막(草月面 勒峴里), 春橋酒幕/방아다리쥬막(東部面 德豊洞), 遠川酒幕/모니주막(樂生面 遠川洞), 盆店酒幕/동이졈쥬막(突馬面 盆店里), 小雙嶺酒幕/즈근쌍여이쥬막(草月面 小雙嶺里), 新院酒幕/시원쥬막(彦州面 新院洞), 鳥峴酒幕/시오기쥬막(慶安面 鳥峴洞), 鎭村酒幕/소틔쥬막(都尺面 鎭村里), 板橋酒幕/너더리쥬막(樂生面 板橋里), 蟹川酒幕/계니쥬막[58](九川面 上一洞), 大雙嶺酒幕/큰쌍영이쥬막(草月面 大雙嶺里)

나. [峯]
駒峯/미지봉(突馬面 上塔洞), 笠帽峰/갓무봉(郡內面 奄峴里), 凡峯/무룻봉(實村面 晩谷洞), 鵲峯/쌋치봉(都尺面 芳燈里), 砥峯/숫돌봉(都尺面 芳燈里)

다. [塔]
石塔/돌탑(東部面 八堂里)

라. [山]
龜山澤/구산못(東部面 望月里), 水潮山/물밀이손(彦州面), 鵂巖山/부엉바위산(彦州面), 法垂山/법수머리산(郡內面 南城里), 陵頭山/능머리산(彦州面), 鷹峯山/미봉산(彦州面)

---

58 『朝鮮地誌資料』 원본에 '蟹川酒幕/계니쥬막'으로 분명하게 기재되어 있다. '계'는 '蟹'로 보아 '게'의 오기일 가능성이 있다.

마. [場]
. 獐項場/노로목장(市場名, 都尺面 老谷洞), 倉隅場/창모루장
(市場名, 廣州郡 東部面 倉隅洞)

'酒幕, 峯, 塔, 山' 등은 한자어로 국어에서 흔히 쓰이는 것이다. 門目의 명칭 市場名을 고려하면, 場은 市場의 의미로 사용된 것임을 알 수 있다. '酒幕, 峯, 塔, 山, 場' 등이 지명에서 '주막, 봉, 탑, 산, 장' 등을 표기하고 있으므로 우리는 이 한자가 音讀 표기자로 사용된 것임을 알 수 있다.

③ 訓假 表記

訓假 表記는 한자의 훈을 빌어 우리말을 표기하되 지명의 의미를 한자의 훈과는 관계없이 표기하는 방법을 말한다. 이 표기의 예는 단 하나가 찾아진다.

(17) 가. 星浦酒幕/베리기쥬막(慶安面 胎田里)
나. 베루개 [들] 태전리에 있는 들. 벼가 많이 남(한국지명총람 경기도 광주군 광주읍)
다. 벼루게(국토지리정보원 1:25000 성남 지형도)

'(17가), (17나), (17다)' 등은 모두 동일한 지명에 대한 이표기이다. (17가) 星浦酒幕와 '베리기쥬막'의 대응에서 星과 '베리'의 대응을 확인할 수 있다. 星浦가 기원적으로 星의 뜻에서 출발한 것이라면, 星은 訓讀 표기자가 된다. 그런데 (17나)의 '베루개', (17다)의 '벼루게'를 고려하면 '베리기쥬막'에서 '베리'는 '벼랑'의 뜻을 가지는 중세어 '벼

로'의 변이형으로 생각된다. 따라서 星浦酒幕에서 星은 한자의 훈과는 관계없이 차용된 訓假字가 된다. 그러나 '벼루'와 '베루'는 '벼랑'을 뜻하는 중세어 '벼로'와 연관되는 어형이지만 '베리'를 '벼로'와 연관시키는 것은 음운적으로 문제가 있다. 이 점이 이 주장의 한계이다.

④ 訓讀 表記

訓讀 表記란 한자의 훈을 빌어 우리말을 표기하고, 동시에 한자의 훈으로 그 의미까지도 표시하는 방법을 말한다. 지명의 전부 요소와 후부 요소로 나누어 訓讀 표기에 해당하는 것을 설명하도록 한다.

먼저 우리말의 '관형사, 동사, 형용사, 부사' 등을 訓讀 표기한 것을 찾아보면 다음과 같다.

(18) 가. 관형사
　　시: 新場墟/시장터(五浦面 文顯洞), 新垈川/시터말니(都尺面 三里), 新畓坪/시논들(突馬面 島村)
　　나. 동사와 형용사
　　　　괴다: 磊石峴/괸돌고기(彦州面)
　　　　눕다: 臥牛坪/눈쇼들(都尺面 牛峙洞)
　　　　넓다: 廣峴/넉고기(實村面 新村)
　　　　멀다: 遠川酒幕/모니주막(樂生面 遠川洞)
　　　　밀다: 水潮山/물밀이손(彦州面)
　　　　붉다: 紅峴/불근고기(彦州面)
　　　　작다: 小雙嶺酒幕/즈근쌍여이쥬막(草月面 小雙嶺里), 小峴/즈근고기(旺倫面 五馬洞)
　　　　즐다: 經道峴/지러버리고기(彦州面)
　　　　질다[59]: 泥峴/질고기(都尺面 柳余洞), 泥軒坪/진마루들(郡內面

佛堂洞)
차다: 寒井谷/찬우물골(彦州面), 冷井/찬우물(旺倫面 藤谷洞)
크다: 大峴/큰고기(旺倫面 五馬洞), 大雙嶺酒幕/큰쌍영이쥬막(草月面 大雙嶺里), 大井坪/큰우물골(都尺面 老谷洞), 大川/큰기울(都尺面 宮坪里)

다. 부사
凡峯/무릇봉(實村面 晩谷洞)

(18)에서 밑줄 친 것들이 訓讀 표기자이다. 대부분은 대응되는 한글 표기로 訓讀 표기임을 쉽게 이해할 수 있다. 그런데 '廣峴/넉고기, 遠川酒幕/모니주막, 經道峴/지러버리고기' 등의 경우에, 한자와 한글의 대응 관계를 이해하려면 보충적인 설명이 필요하다. '넉고기'는 '넙[廣]+고기' 정도로 분석된다. 후행하는 'ㄱ'의 영향을 받아 '넙'이 '넉'으로 실현된 것이다. '모니'는 '멀[遠]~+ㄹ+니' 정도로 분석되는 '멀니'에서 국어의 여러 음운 현상이 적용된 어형이다. 'ㄹ'이 'ㄴ' 앞에서 탈락되어 '머니'가 형성되고, '머니'에 '어'가 '으'로 바뀌는 현상이 적용되어 '므니'가 형성되었다가 다시 순음 'ㅁ' 아래에서 '으'가 원순모음화 되어 '모니'의 어형이 형성된 것이다. 'ㅓ'가 'ㅗ'로 바뀐 현상은 이병근(1969)이 말한 순음 아래에서의 비원순모음화 현상과 반대되는 현상이다. 이병근에 따르면 경기도 지역 방언에서는 18세기 중엽에 비롯되어 19세기 중엽에 확실해지고, 현대 경기 지역어에 확대된[60] 현상이[61] 비원순모

---

59 '泥坪/지늪들(突馬面 亭子洞)'에서 '지늪'은 '진흙[泥]'과 관련 있는 것으로 생각된다. 그러나 '진흙'을 '지늪'으로 연관시킬 수 있는 뚜렷한 근거는 없다.
60 이병근, 「경기지역어의 모음체계와 비원순모음화」, 『동아문화』 9집, 서울대 동아문화연구소, 1969, 166쪽.
61 實村面 下悅美洞에 기재된 '丁峰/거무러지'에서 '거무리'는 '고무리'에서 교체된 것

음화인데 이것과 반대되는 현상이다.

『小學諺解』에서 經을 '즐음쎨'로 번역하고 있다.[62] 따라서 經道峴에서 經道는 '지름길'을 뜻한다. 그러므로 經道峴과 '지러버리고기'와의 대응 관계를 이해할 수 있다. '지름길'을 형성한 동사 '지르다'는 '徑'을 의미하고, 이것의 선대형은 '즈르다'이다. '지러버리고기'에서 '버리'의 의미는 알 수 없으나 '지러'는 '질+어' 정도로 분석된다.

다음은 지명의 前部 요소에서 우리 말의 명사가 訓讀 표기된 것이다. 설명과 이해의 편의를 위해서 訓讀 표기된 사례를 '동물, 식물, 기타' 등으로 분류하여 제시한다.

(19) 가. 鸛畓谷/황시논골(五浦面 倉坪村), 鮫龍坪/도룡겻(旺倫面 五馬洞), 駒峯/미지봉(突馬面 上塔洞), 狗井坪/개우물골(都尺面 老谷洞), 馬乙峙/말치고기(都尺面 楸谷里), 蚌潭/됴기늡(九川面 岩寺洞), 牛嶺/쇠고기(彦州面), 牛川嶺/소닉실고기(都尺面 老谷洞), 牛峙/쇼틔(都尺面 牛峙洞), 鷹峯/믹봉(東部面 上司倉里), 鷹峯/믹봉지(突馬面 亭子洞), 鷹峯山/믹봉산(彦州面), 鷹峯峴/믹봉지(都尺面 雲井洞), 鷹峴/밋지(都尺面 陶峴里), 鵲峯/짯치봉(都尺面 芳燈里), 鵲村洑/짜치말洑(都尺面 內都尺里), 獐項場/노로목장(都尺面 老谷洞), 鳥峴/시고기(郡內面 屯田里), 鳥峴酒幕/시오기쥬막(慶安面 鳥峴洞), 雉谷/꽁의골(彦州面), 蟹川酒幕/계니쥬막(九川面 上一洞)

나. 乭梨坪/돌비들(都尺面 雲井洞), 柳坪/버들숩치(突馬面 下塔洞), 麻田谷/슴박골(突馬面 藪內村), 薇谷/고사리골(彦州面), 栗島谷/밤슴골(都尺面 祥林洞), 栗木隅坪/밤나무멀이덜(彦州

으로 순음 앞에서도 이러한 음운 현상이 일어남을 보여준다.
62 『小學諺解』, 권4, 46, "돈님에 즐음씨로 말미암디 아니하며(行不由經)"

面), 楮坪/닥나무덜(實村面 九陽里), 松峴谷/솔기골(彦州面), 楸嶺/가실고기(突馬面 盆店里)

다. 間谷/시이골(實村面 九水洞), 金谷酒幕/쇠골주막(樂生面 金谷洞), 勒峴酒幕/구러기쥬막(草月面 勒峴里), 勒峴坪/구러기들(草月面 勒峴里), 笠帽峰/갓무봉(郡內面 奄峴里), 猫糞坪/괴똥덜(都尺面 雲井洞), 釜谷/가마골(突馬面 葛峴里), 盆店酒幕/동이졈쥬막(突馬面 盆店里), 佛谷/부쳐골(五浦面 梅谷里), 佛堂店/부쳐당이(九川面 岩寺洞), 寺谷/졀골(突馬面 麗水洞), 寺峴/졀고기(彦州面), 市峴/장고기(都尺面 宮坪里), 陽峴/볏고기(突馬面 陽峴里), 染井/옷우물(旺倫面 藤谷洞), 春橋酒幕/방아다리쥬막(東部面 德豊洞), 場峴/쟝고기(旺倫面 上莊義洞), 丁峰/거무러지(實村面 下悅美洞), 宗坪/마루들(突馬面 盆店里), 舟橋酒幕/비다리(西部面 甘北洞), 舟峴/비쏘기(都尺面 宮坪里), 砥峯/슛돌봉(都尺面 芳燈里), 車谷口/수리실이귀(五浦面 倉坪村), 車峴/수루지(實村面 下悅美洞), 胄峯/투구봉(東部面 八堂里), 炭川/슌너(中垈面 石村洞), 炭川洑/곤슈니보(突馬面 藪內村), 炭川洑/슌니보(突馬面 二梅洞), 塔谷/탑골(東部面 八堂里), 塔谷坪/탑션골썰(彦州面), 塔谷峴/탑션골고기(彦州面), 胎川/터기울(慶安面 胎田里)

(19가)는 訓讀 표기된 명사가 동물에 속하고, (19나)는 식물에 속하는 것이다. (19다)는 분류의 기준을 세우기가 어려워 기타로 묶어서 제시한 것이다.

(19)에 제시된 지명은 지명의 전부 요소가 명사이므로, '명사+명사'의 구성으로 이루어진 복합어가 된다. 국어에서 이러한 구성을 가지는 복합 명사의 의미 해석은 다양할 수 있다. 예컨대 (19다) '釜谷/가마골'의 경우 '가마'와 '골' 간의 의미 관계를 '가마'처럼 생긴 '형상 관계'와

'가마'를 생산하는 '所産 관계'의 두 가지로 이해할 수 있다. 지명이 생성된 유래에 따라 그 의미 관계를 결정해야 할 것이다. 물론 일반적으로는 (19가) 동물의 경우 '형상 관계'로 (19나) 식물의 경우 '소산 관계'로 이해되지만, 예외적으로 해석해야 할 경우도 있다. 예컨대 (19가) '鸛畓谷/황시논골'에서 '황시'와 '논'의 의미 관계는 '황시'가 많이 찾아오는 '논'으로도 이해될 수 있기 때문이다.

(19가) '鳥峴/시고기'와 '鳥峴酒幕/시오기쥬막'은 동일한 음운 환경에서 하나는 'ㄱ' 탈락 현상을 보여 주고, 하나는 그렇지 않은 현상을 보여 준다. 이 사례는 한자를 빌어 운용되는 借字 표기법의 본질적인 특질을 말해주고 있다. '시'는 비록 모음을 'ㅣ'로 표기하고 있지만, 의미상으로는 모음을 'ㅐ'로 표기한 '새'가 되어야 할 것이다. 이 '새'가 중세국어에서 草 또는 鳥의 의미를 가지는 동음이의어라는 특질에서 '鳥峴酒幕/시오기쥬막'에서의 鳥와 '시'의 관계가 느슨해진다. 즉 '시'가 鳥가 아니라 '草'일 가능성도 있다. 『신증동국여지승람』 忠淸道 延豊縣의 산천조에 "鳥嶺을 草岾이라고도 한다"의 기사가 그러한 가능성을 열어 준다. 鳥와 草가 모두 우리말 '새'를 표기한 점에서 우리는 鳥嶺과 草岾의 異表記 관계를 이해할 수 있다. 즉 동음이의어를 가지는 우리말이 借字로 표기될 때 그 연관 관계가 왜곡되는 현상이 있음을 이해할 수 있다. 鳥峴酒幕을 黃胤錫의 『頤齋亂藁』 卷9, 9월 24일 조에 '沙五介店/새오개'로 표기한 것도 그러한 가능성을 뒷받침한다.

지명의 후부 요소로 사용되는 '坪, 峙, 峴, 川' 등은 우리말 하나에만 대응되지 않고, 둘 이상의 우리말에 대응하고 있다.

'坪'이 우리말 '들'과 '벌'에 대응되는 예는 다음과 같다.

(20) 가. 勒峴坪/구러기들(草月面 勒峴里), 臥牛坪/눈쇼들(都尺面 牛峙

洞), 道谷坪/도꼴들(草月面 東山里), 乭梨坪/돌비들(都尺面 雲井洞), 宗坪/마루들(突馬面 盆店里), 前枝坪/압가지들(慶安面 前枝里), 梧里坪/오리보들(草月面 大雙嶺里), 唐垈坪/점터들(突馬面 唐隅洞), 鄭琴坪/정금안들(大旺面 栗峴), 泥坪/지늡들(突馬面 亭子洞), 泥軒坪/진마루들(郡內面 佛堂洞), 一田坪/한밧들(旺倫面 藤谷洞), 師滿坪/ᄉ만이들(儀谷面), 新畓坪/시논들(突馬面 島村)

나. 猫糞坪/괴쫑덜(都尺面 雲井洞), 塔谷坪/탑션골쩔(彦州面), 楮坪/닥나무덜(實村面 九陽里), 栗木隅坪/밤나무멀이덜(彦州面), 院坪/원덜(實村面 九陽里), 細坪/자늣덜(突馬面 亭子洞), 長沙坪/장사리덜(實村面 昆池岩)

다. 舊陳坪/구진버리(彦州面), 樂生坪/낙싱벌(樂生面 遠川洞), 斗得峴坪/두득지벌(彦州面), 法緣坪/범이벌(退村面 東垈洞), 長坪/장벌(彦州面), 場坪/장뻘(彦州面), 陣垈坪/진터벌(中垈面 長旨里), 支渭坪/퇴촌벌(退村面 支渭洞)

(20나)의 '덜'은 대응되는 한자로 보아 '들'이 분명하다. '들'은 장음이다. 장음의 '어'가 경기 방언에서 '으'로 실현되는 현상은 매우 일반적이다.(어른〉으른) 이러한 현상과 관련하여 장음의 '으'와 '어' 간의 유사성에 주목하여 '덜'과 '들'의 교체 관계를 생각해 볼 수 있다. 맞춤법 규정에는 '든지'와 '던지'를 구분하게 되어 있으나 실제 언어에서는 이 둘이 마구 섞여 쓰이는 것도 참조할 수 있다.

(20다)는 坪이 '벌'로 대응된 것이다. (20)에 나타난 사례만 가지고서 '들'과 '벌'의 차이를 논할 수 없다. 전국적인 사례를 가지고 일반화하여 논의할 일이다.

일반적으로 嶺은 규모가 큰 '재'로, 峴은 규모가 작은 '고개'로 알려져 있다.[63] 다음과 같이 흥미로운 대응 관계를 보여 준다.

(21) 가. 楸嶺/가실고기(突馬面 盆店里), 牛川嶺/소닉실고기(都尺面 老谷洞), 牛嶺/쇠고기(彦州面), 龍仁嶺/용인고기(都尺面 陶峴里), 灰嶺/회고기(實村面 長在洞)

나. 鷹峯/미봉지(突馬面 亭子洞), 丁峰/거무러지(實村面 下悅美洞)

다. 葛峴/갈고기(都尺面 鎭村里), 葛峴/갈고기(實村面 國井浦), 磊石峴/괸돌고기(彦州面), 廣峴/넉고기(實村面 新村), 異峴/다랑고기(都尺面 宮坪里), 月峴/다리넉고기(大旺面 路上洞과 金峴洞 사이), 德峴/덕고기(都尺面 宮坪里), 陶峴/도고기(都尺面 陶峴里), 陽峴/볏고기(突馬面 陽峴里), 紅峴/불근고기(彦州面), 仙谷峴/션골고기(實村面 上鳥峴里), 漁村峴/어비고기(旺倫面 古井洞), 連長峴/연장이고기(郡內面 佛堂洞), 利旺峴/이왕이고기(慶安面 直洞), 市峴/장고기(都尺面 宮坪里), 場峴/쟝고기(旺倫面 上莊義洞), 寺峴/절고기(彦州面), 經道峴/지러버리고기(彦州面), 泥峴/질고기(都尺面 柳余洞), 大峴/큰고기(旺倫面 五馬洞), 塔谷峴/탑션골고기(彦州面), 夏牛峴/하우지고기(儀谷面 鶴峴洞), 灰峴/회고기(都尺面 柳余洞), 培高峴/빈고기(突馬面 唐隅洞), 舟峴/빅쇼기(都尺面 宮坪里), 鳥峴/식고기(郡內面 屯田里), 小峴/ᄌ근고기(旺倫面 五馬洞), 垓峴/힁고기(彦州面 鶴洞), 鶴洞峴/힛골고기(彦州面 鶴洞)

라. 鷹峯峴/미봉지(都尺面 雲井洞), 鷹峴/밋지(都尺面 陶峴里), 揩樓峴/비루지(彦州面), 車峴/수루지(實村面 下悅美洞), 通文峴/통문지(中垈面 長旨里), 二拜峴/이비지(慶安面 木甘里)

---

63 黃胤錫은 『頤齋亂藁』에서 峴을 小嶺으로 주석하고 있다. 한편 '峙'는 '고개' 또는 '재'의 뜻을 가지고 있다. '馬乙峙/말치고기(都尺面 楸谷里), 牛峙/쇼틔(都尺面 牛峙洞)'에서 보는 것처럼 '峙'는 구개음화를 겪은 '치' 또는 구개음화를 겪지 않은 '티, 틔' 등으로 쓰인다. '峙'는 '고개'나 '재'를 뜻하는 한국 고유한자이다. 이에 대해서는 이건식(2008)에서 자세히 설명하였다.

'峰, 峯' 등은 '嶺, 峙, 峴' 등과는 다르게 특별나게 솟아난 산봉우리를 말하는 것이다. 그런데 (21나)에서는 '峰, 峯'이 '직'와 대응되고 있다. 이것은 특이한 사례이다.

(21다)에서의 峴과 '고기'의 대응은 일상적이지만, (21가)에서의 嶺과 '고기'의 대응, (21라)에서의 峴과 '직'의 대응은 일상적이지 않다. (21가)에서는 규모가 큰 嶺이 규모가 작은 '고개'와 대응하고 있다. 특이한 사례이다. (21라)에서는 규모가 작은 峴이 규모가 큰 '직'와 대응하고 있다. 특이한 사례이다. 이러한 특이한 사례는 우리말에서 '고개'와 '재'의 구별이 사라지고 '고개'로 통합되고 있음을 보여주는 것이라기보다는 오히려 국어에서 한자 嶺과 峴의 구별이 약화하였음을 말해준다.

다음은 川이 '니, 기울, 늡' 등으로, 또 '溪'가 '니'로 대응되는 예이다.

(22) 가. 後川/뒤니(都尺面 雲井洞), 藪川/숫니(樂生面 遠川洞), 炭川/숟니(中垈面 石村洞), 前川/압니(都尺面 祥林洞), 西下川/스마루니(草月面 西下村里), 新垈川/시터말니(都尺面 三里)
　　　나. 舊陳川/구진기울(彦州面), 洑通川/보통이기울(彦州面), 大川/큰기울(都尺面 宮坪里), 胎川/티기울(慶安面 胎田里)
　　　다. 味其川/미기늡(實村面 墨坊里)
　　　라. 前溪/압니(突馬面 島村)

『訓蒙字會』에서 川을 '내'라 하고 있고, 澗과 溪를 시내라 하고 있다. 溪를 작은 것, 澗을 큰 것이라 하고 있다.[64] 따라서 溪, 澗, 川 등의 순서로 그 규모가 큰 것이 된다. 漢字에서의 이러한 구별과 마찬가지로 국어에서 '내'가 '시내'보다는 그 규모가 큰 것이다. 『표준국어대사전』에서

---

64 『訓蒙字會』, 溪, "시내 간 水注川曰溪 小曰溪 大曰澗"

'개울'을 '골짜기나 들에 흐르는 작은 물줄기'로 풀이하고 있으므로 '개울'은 '내'보다는 그 규모가 작은 것이다. 그런데 (22가)와 (22나)는 이러한 진술과 배치된다. 규모가 큰 川이 '니'와 '기울' 모두에 대응하고 있기 때문이다.

(22다)에서 川이 '늡[沼]'에 대응된 것은 현재 미지의 것이다. 그리고 (22라)에서 溪가 '니'에 대응되는 것도 불일치된다. 『朝鮮地誌資料』 경기도 편의 광주군 이외의 지역에서 溪가 '니'와 대응되고, '川'이 '기울'에 대응되는 기묘한 사례를 찾아 제시하면 다음과 같다.

(23) 가. 陵村溪/능말니(竹山郡 遠三面 陵村里), 芳灘溪/방여울니(朔寧郡 南面 貴存里所在), 藪村溪/숩말니(驪州郡 池內面 雲村里), 陽岩溪/볏바위니(竹山郡 西二面 陶村), 張承溪/장승박이니(龍仁郡 縣內面 倉洞), 前溪/압니(朔寧郡 南面 貴存里所在), 前溪/압니(永平郡 郡內面 梁文里), 倉洞溪/충말니(竹山郡 遠三面 倉洞里), 坪村溪/벌말니(開城郡 嶺南面 伴程里), 後溪/뒤니(永平郡 郡內面 梁文里)

나. 乾川/마른기울(積城郡 西面 道長洞 區內), 內浦川/안찌기울(積城郡 東面 栗浦里 區內), 唐山川/당메기울(抱川郡 淸凉面 淸凉里), 沐浴川/메기만기울(抱川郡 淸凉面 左儀里), 濱汀川/빈경이기울(富平郡 毛月串面 連希里), 玉川/옥산이기울(抱川郡 郡內面 東邊里), 前川/압기울(抱川郡 東村面 明德里), 舟隅川/빈머우기울(龍仁郡 蒲谷面 英谷里), 超然臺川/초연디기울(抱川郡 淸凉面 甘巖里), 坪川/벌기울(抱川郡 內洞面 廣峴里), 坪村川/벌말기울(抱川郡 淸凉面 柳橋里)

(22)와 (23)에서 보는 바와 같이 川이 '니'와 대응하면서 한편으로는 '기울'에 대응하는 현상과 溪가 '기울'에 대응하면서 '니'에도 대응하는

현상은 국어에서 '니'와 '기울'의 변별적 의미 차이가 부분적으로 약화하였음을 말하는 것이라기보다 국어에서 한자 川과 溪의 구별이 약화하였음을 말하는 것이다.

다음은 浦가 '니'와 '기' 두 가지에 대응되는 예이다.

(24) 가. 浮里島前浦/부렴압니(彦州面 浮里島里)
    나. 紅浦/홍기(彦州面)

浦는 '기'와 대응되는 것이 일반적인데, (24가)처럼 浦가 '니'와 대응되는 것은 현재는 미지의 것이다.

다음은 지명 후부 요소가 訓讀 표기된 예이다.

(25) 가. 釜谷/가마골(突馬面 葛峴里), 薇谷/고사리골(彦州面), 道場谷/도장골(東部面 上司倉里), 後谷/뒤골(突馬面 麗水洞), 饒谷/묘골(五浦面 外谷里), 栗島谷/밤슴골(都尺面 祥林洞), 鵂岩谷/부엉바위골(東部面 上司倉里), 佛谷/부쳐골(五浦面 梅谷里), 司馬谷/사마사골(都尺面 芳燈里), 三兄弟谷/삼형제골(東部面 上司倉里), 松峴谷/솔기골(彦州面), 安垈谷/안터골(實村面 九水洞), 念珠谷/염쥬밧골(實村面 釜谷洞), 古垈谷/옛터골(實村面 九陽里), 又谷/웃골(突馬面 栗里), 寺谷/졀골(突馬面 麗水洞), 進谷/진골(彦州面), 寒井谷/찬우물골(彦州面), 大谷/큰골(都尺面 楸谷里), 塔谷/탑골(東部面 八堂里), 寒川谷/한니골(都尺面 陶峴里), 鸛畓谷/황시논골(五浦面 倉坪村), 化鶴谷/횃골(旺倫面 內旺倫), 麻田谷/슴박골(突馬面 藪內村), 間谷/시이골(實村面 九水洞), 新寺谷/식졀골(五浦面 梅谷里), 雉谷/꽁의골(彦州面), 二十峴谷/스무고기골작이(彦州面)

나. 蚌潭/됴기늡(九川面 岩寺洞), 箭島/쏠셤(彦州面 大峙洞), 葛籠

邊/가롱기(五浦面 獨山里), 東同山/동동뫼(實村面 墨坊里), 染井/웃우물(旺倫面 藤谷洞), 冷井/찬우물(旺倫面 藤谷洞), 廣津/광나루(九川面 曲橋洞), 八堂津/바당이나루(東部面 八堂里), 佳灘/가녀울(彦州面), 秋灘/가러울(九川面 高德里), 龜山澤/구산못(東部面 望月里), 新場墟/시장터(五浦面 文顯洞)

(25)의 訓讀 표기된 것들은 오늘날 대체로 音讀 표기로 전환되었다. 이를 통해 20세기 초까지만 해도 우리 지명의 상당수가 音讀되지 않고 訓讀 표기되었음을 알 수 있다.

3.2.3. 한자 표기 지명

『朝鮮地誌資料』 경기도 광주군 편에 실린 지명 877개 중 677개나 되는 지명이 한자로만 기재되어 있다. 쓰인 한자가 한자의 훈과는 무관한 音假 表記字일 가능성이 충분히 있다. 그리하여 한자의 의미를 통해서 지명의 기원적 의미를 파악하다가는 낭패를 보기 쉽다. 그런데 『朝鮮地誌資料』에서 한자로만 표기된 것이 다른 문헌 자료에서는 다른 한자를 사용해서 표기하는 경우가 있다. 우리는 異表記 간의 공통분모를 생각함으로써 한자 표기를 넘어서 지명의 기원적 의미에 한 발자국 다가갈 수 있다. 또 이러한 작업을 통해서 시대적으로 借字 표기법을 사용하는 주체마다 운용하는 방법이 가변적임을 이해할 수 있다.

① 『輿地圖書』와 『戶口總數』의 행정 단위 촌락명 異表記

『輿地圖書』는 1757년에서 1765년 사이에 각 읍에서 편찬한 읍지를 성책하여 편찬한 것이고, 『戶口總數』는 1789년 당시의 戶口帳籍을 정리한 것이다. 촌락명과 함께 호구수가 기재되어 있으므로 이 자료에 나타나는 촌락명은 행정 단위가 된다. 『輿地圖書』와 『戶口總數』에 기재된 촌락명을 『朝鮮地誌資料』와 대조해서 표기상 차이가 나는 것을 제시하면 아래 〈표 5〉와 같다.

〈표 5〉

『輿地圖書』		『戶口總數』		『朝鮮地誌資料』	
면명	동명	면명	동명	면명	동명
龜川面	古多只洞	龜川面	古多只洞	龜川面	高德里
龜川面	其里洞	龜川面	其里洞	九川面	吉里洞
西部面	冬音巖里	西部面	冬音巖里	西部面	鶴岩洞
龜川面	明日院里	龜川面	明日院洞	九川面	明逸洞
五浦面	軍需屯里	五浦面	守屯里	五浦面	屯里
中臺面	巨余味洞	中臺面	巨余未洞	中垈面	巨余洞
細村面	丹臺里	細村面	丹臺洞	細村面	丹垈洞
彦州面	論古介里	彦州面	論古介	彦州面	論峴洞
彦州面	方下橋	彦州面	方下橋	彦州面	方下橋里
彦州面	扶老島里	彦州面	扶老島	彦州面	浮里島里
		義谷面	於逸里	儀谷面	義逸內外洞

〈표 5〉에 나타난 행정 단위 촌락명 표기의 변천 사항을 다음과 같이 정리할 수 있다.

(26) 가. 고유어를 표기한 음차 표기가 훈차 표기로 바뀌었다.(冬音巖里/鶴岩洞, 論古介里/論峴洞)
　　　나. 借字 표기자에 변화가 발생했다.(古多只洞/高德里, 其里洞/吉里洞, 巨余味洞/巨余未洞, 丹臺里/丹垈洞, 扶老島里/浮里島里, 明日院里/明逸洞)

다. 일부 借字가 생략되었다.(軍需屯里/守屯里/屯里, 巨余味洞/巨余未洞/巨余洞, 明日院里/明逸洞)

冬音巖里와 鶴岩洞의 대응에서 冬音이 '두룸이[鶴][65]'의 音假 表記임을 확인할 수 있다. 여기에서 음차 표기가 훈차 표기로 바뀌고 있음을 이해할 수 있다. (26나)와 (26다)는 借字 표기의 수의성을 감안하면 충분히 이해될만한 변화이지만 '古多只洞/高德里'와 '巨余味洞/巨余未洞/巨余洞'의 변화는 보충적인 설명이 필요하다.

古多只洞과 高德里의 대응으로 볼 때, 古多只와 高德은 모두 우리말 음상 '고덕'을 표기한 점은 확실하다. 그런데 古多只가 선대형이고, '高德'이 후대형이라는 점에서 古多只와 高德은 모두 한자의 훈과는 아무런 관련이 없는 音假 表記字로 보아야 할 것이다. 『한국지명총람』에 실린 바 있듯이 고려 말 李養中이 높은 德을 지키면서 고덕동에 살았기 때문이라는 지명 유래는 지양되어야 할 것이다. 漢字語의 강력한 영향으로 音讀 表記는 音假 表記化 되지 않을 것으로 생각된다. '고더기'의 '덕'을 '언덕'의 '덕'으로 파악할 수 있는 근거를 찾아야 할 것이다.

마찬가지로 巨岩이란 사람이 살아 巨余洞이 유래되었다는『한국지명총람』의 설명과 같은 방식의 견해는 지양되어야 할 것이다. 『한국지명총람』에 실린 바대로 巨余洞의 현지 지명이 '검이' 또는 '겜리'라는 것은 오히려 '巨余味洞, 巨余未洞' 등과 더 잘 대응된다. 이 표기에는 'ㅁ'을 확인시켜 줄 수 있는 借字 味와 未가 있는 것도 그러한 사실을 뒷받침한다. 『朝鮮地誌資料』광주군 동부면의 동리촌 조에는 荒山洞이 실려 있다. 이 荒山洞은 경기도 하남시 草一洞의 지명 '거칠미'와 잘

---

65 『物譜』, 羽虫, 두름이(鶴).

대응된다. 이것을 고려하면 味와 未는 '뫼[山]'에서 교체된 '미'를 표기한 것으로 생각된다.

② 『頤齋亂藁』에 실린 광주군 지명의 異表記

『朝鮮地誌資料』 경기도 광주군 편에 한자로만 제시된 지명이 677개임은 앞에서 언급한 바 있다. 한글 표기가 기재되지 않았다고 해서 이들이 音讀 표기된 것이라고 볼 수 없다. 지명 조사 시 한글 표기가 조사되지 않은 것으로 보아야 한다. 광주군 지명의 한글 표기 몇 가지를 소개한 『頤齋亂藁』를 검토하면 그러한 사실을 확인할 수 있다.

(27) 가. 自松坡東南行十五里 始入險路 過細谷峴[ᄀᄂ골 고개] 又五里 過猪田小峴[돗밤이고개] 又五里 至德隱臺小店[던듸] 又五里 過深店[기픈술막] 又過利孚峙[니부틔]通行十里 至牡甘里店[모감이] 始得坦路 又三里 至沙五介店[새오개] 又南行七里 至慶安驛 場市墟邊 大店午飯 自松坡至此五十里 ○沙五介店 直廣州 南漢山城東門外 用一錢四分 餘一兩八錢六分(『頤齋亂藁』 v9, 九月二十四日乙卯)

나. 曉前雨 晚飯乃發 大霧瀰漫 西風寒甚 自慶安 循長谷北行而 西凡十里 至沙峴[새오개]酒幕 又西行十里 至毛甘[모감이]酒幕 自此西北行踰利富峙 從嶺腰 迤迤而轉 凡五里 至深川[깁프내]酒幕 又西北行逾二小峙 凡五里至三歧[삼거리亦曰던듸]酒幕 又西行踰二小峙 凡五里 至細洞[ᄀᄂ골]酒幕 始得平坦之路 西行至松坡[솔파곤이]津南酒幕二十里午飯 自慶安至松坡 五十五里 ○此路甚惡 蓋自南漢山城東南而西而北而又西 繚繞回抱而行也 ○利富峙東邊 亦不坦易 而西邊則危崖路回 凡歷三四回而又復西北 傾俯而下 彷想春川石坡嶺也 (『頤齋亂藁』v7, 二十一日戊子)

(27가)는 松坡에서 慶安驛에 이르기까지의 중간 경유지가 표시되어 있고, (27나)는 반대로 慶安에서 松坡에 이르기까지의 중간 경유지가 표시되어 있다. (27)의 중간 경유지를 『朝鮮地誌資料』와 대조하여 제시하면 다음과 같다.

〈표 6〉

『頤齋亂藁』 권9	『頤齋亂藁』 권7	『朝鮮地誌資料』
松坡	松坡[솔파곤이]津南酒幕	松坡津(中垈面 松坡洞)
細谷峴/ᄀᆞᄂᆞ골 고개	細洞[ᄀᆞᄂᆞ골]酒幕	細谷洞(細村面)
	二小峙	미상
猪田小峴/돗밤이고개		미상
德隱臺小店/던듸	三歧[삼거리亦曰던듸]酒幕	丹垈店(細村面 丹垈洞)
	二小峙	미상
深店/기픈술막	深川[깁프내]酒幕	미상
利孚峙/니부틔	利富峙	二拜峴/이비지(慶安面 木甘里)
牡甘里店/모감이	毛甘[모감이]酒幕	木甘里(慶安面)
沙五介店/새오개	沙峴[새오개]酒幕	鳥峴酒幕/시오기쥬막(慶安面 鳥峴洞)
慶安驛	慶安 循長谷	慶安驛(慶安面 驛村)

'솔파곤이'는 사실 松坡보다는 '松坡串'과 정확히 대응한다. 『重訂南漢志』 山川 조에 松坡串津이 등재된 것이 참고된다. '곤이'는 '곶[串]'을 표기한 것인데 '곶'이 후행한 나루[津]의 영향으로 비음동화의 적용을 받아 '곤'이 형성된 것이다. 『睡翁先生日記』 卷1 甲子 2월 13일 丁酉 조의 '松坡昆'이 참고된다.

松坡와 '솔파'의 대응에서 松은 訓讀 표기되었고, 坡는 音讀 표기된 것이 흥미롭다. 한자에서 坡는 '언덕'의 뜻인 '두듥'[66]을 표시하는 것인데, 우리 지명에서 아주 드물게 사용된다. 이런 점에서 보면 그 뜻이 잘 알려진 松은 訓讀 표기되었고, 그 뜻이 잘 알려지지 않은 坡는 音讀되었다는 사실을 알 수 있다.

'던듸'를 고려하면 丹垈의 丹은 '단'이 아니라 '던'을 표기한 것임을 알 수 있다. 『頤齋亂藁』권7의 다른 곳에서 '加臺/던디'가 기재되어 있다, 이 異表記 사례도 '丹'이 단이 아니라 '던'을 표기한 것임을 말해준다. '던듸'와 '던디'는 흔히 교체되어 쓰인다. '디'는 한국 고유한자 '垈'로 표기되었다. '던'의 의미는 현재 정확히 알 수 없다. 다만 '丹'이 訓讀 표기자가 아니라 音假 表記字일 가능성이 크다.

'牡甘, 毛甘, 木甘' 등의 대응에서 借字 표기의 수의성을 잘 관찰할 수 있다. '새오개'와 '시오기'의 대응도 흔히 교체되는 어형이다. 후대의 자료인 『朝鮮地誌資料』가 선대형의 표기를 제시하고 있다. '沙五介, 沙峴, 鳥峴' 등의 대응에서 鳥峴이 '시오기'를 표기한 것이 분명함을 알 수 있다. 그런데 沙는 鳥峴의 鳥가 기원적으로 '새[鳥]'의 의미가 아님을 시사해 준다. 뒤에서 기술하겠지만 鳥峴이 草峴으로도 표기되는데 이는 鳥峴의 鳥가 '새[草]'를 표기한 音假字임을 확신케 한다. 경상도 문경 鳥嶺의 선대형 표기는 草岾인 것을 고려할 때 그러한 사실을 확인할 수 있다.

『頤齋亂藁』에는 다음과 같은 訓讀 표기 자료가 더 발견된다.

(28) 가. 朝飯後十里至險川店舍[廣州地머후내] (頤齋亂藁 v5)
　　　나. 曉發過月川嶺[다라재]大路三巨里店舍 至板橋店舍朝飯(頤齋亂藁v5)

---

66 『訓蒙字會』, 上 2, 두듥 파(坡).

다. 利川北距廣州昆珠浦店[곤주애]三十里(頤齋亂藁 v7 十九日丙
辰), 午後發廣峴酒幕 西北行一里 逾廣峴 可容騎上 而馬僮 步行
過此 則入廣州地矣 循長谷西行十九里 過昆珠浦[곤주애]酒幕
[在川邊](頤齋亂藁 v7 二十日丁亥)

라. 余與二友 就渼陰津頭 拏一過去舟 行至楸灘[즐여흘]水涉船滯
又至廣津 遞舟至麻田渡(頤齋亂藁 v7 初七日癸卯)

마. 爲余三人 先後周旋 共至夫島[부셤]民漢洪三明家 投宿 已二三
更矣(頤齋亂藁 v7 初七日癸卯)

(28)에 제시된 지명은 모두 광주군 지역의 지명이다.

③ 광주군 지역의 금석문 자료에 나타난 異表記

'신도비, 묘표, 묘갈' 등의 금석문에는 일반적으로 묘지의 위치가 내용으로 기재된다. 금석문에 기재된 지명은 오늘날의 지명과 확실하게 대응시킬 수 있다. 이렇게 해서 수집된 異表記는 확실하게 믿을 수 있다. 국립문화재연구소의 정보시스템[67]에 의지해서 광주군 지역의 지명 표기와 관계되는 異表記를 정리해서 제시하면 다음의 〈표 7〉과 같다.

〈표 7〉

금석문자료명	건립연도	등재지명	기재내용	출토지	구분
南陽洪公 墓碣	1456년 (세조 2)	狐村之洞	狐村之洞	경기도 성남시 중원구 여수동	異表記
金裕 墓碣	1663년 (현종 4)	狐洞	葬廣州治南狐洞	경기도 성남시 중원구 여수동 산 33번지	異表記
曺夢禎神道碑	1615년 (광해군 7)	景峴里	葬廣州治南景峴里	경기도 성남시 분당구 서현동 산 안골	異表記

---

67 http://gsm.nricp.go.kr/_third/user/main.jsp

금석문자료명	건립연도	등재지명	기재내용	출토지	구분
李元哲 墓碣	1701년 (숙종 27)	主人洞	葬于廣州南主人洞	경기도 성남시 분당구 분당동	
成景溫 墓碣	1508년 (중종 3)	井林山	葬于廣州治西井林山	경기도 하남시 초일동	
李鋼 墓表	1540년 (중종 35)	其自山	葬于廣州治西其自山	경기도 하남시 초이동 산 4번지	
疎菴任公叔 英之墓	1704년 (숙종 30)	五星靑坪	墓在廣州治西五星靑坪	경기도 하남시 초일동 산 2번지	
任叔英墓碣	1704년 (숙종 30)	靑坪里	葬于廣州治西靑坪里	경기도 하남시 초일동 산 2번지 청뜰	
任說神道碑	1707년 (숙종 33)	庭坪	墓在廣州治北庭坪	경기도 하남시 초일동 산 2번지 풍천임씨 묘역 내	
任榮老 墓表	1708년 (숙종 34)	庭坪	廟舅廣州治北庭坪	경기도 하남시 초일동 산 2번지 청뜰	
朴慶應 墓碣	1684년 (숙종 10)	茂山	葬在廣州府北茂山	경기도 하남시 풍산동 산 98~1번지	
李永輝墓 碣銘	1629년 (인조 7)	廣秀山	葬于廣州廣秀山	서울특별시 강남구 수서동 산 10~1번지	異表記
李後地 墓表	1669년 (현종 10)	聖林村	廣州聖林村卯向之原	경기도 광주시 남종면 이석리 산(거북산)	異表記
徐命元의 墓碣	1805년 (순조 5)	草峴	移葬于同州之慶安面草 峴達長洞	경기도 광주시 목현동 산 25~2 새오고개	異表記

〈표 7〉의 구분에서 異表記로 기재한 것은 대응되는 지명이 『朝鮮地誌資料』 경기도 광주군 편에 등재되어 있음을 말하는 것이다. 표시하지 않은 것은 『朝鮮地誌資料』 경기도 광주군 편에 등재되지 않은 지명표기이다.

〈표 7〉에서 異表記로 표시된 지명을 『朝鮮地誌資料』의 그것과 대응시켜 제시하면 다음 〈표 8〉과 같다.

『朝鮮地誌資料』 京畿道 廣州郡 수록 地名 表記의 분석적 연구 **655**

〈표 8〉

금석문 기재 지명		『朝鮮地誌資料』	현재 주소
사용 시기	지명 표기		
1456년(세조 2)	狐村之洞	麗水洞	경기도 성남시 중원구 여수동
1663년(현종 4)	狐洞	麗水洞	경기도 성남시 중원구 여수동 산 33번지
1615년(광해군 7)	景峴里	陽峴里	경기도 성남시 분당구 서현동 산 안골
1629년(인조 7)	廣秀山	光秀山	서울특별시 강남구 수서동 산 10~1번지
1669년(현종 10)	聖林村	石林洞	경기도 광주시 남종면 이석리 산(거북산)
1805년(순조 5)	草峴	鳥峴	경기도 광주시 목현동 산 25~2 새오고개

狐村之洞과 麗水洞의 대응에서 狐와 麗水의 대응을 확인할 수 있고, 麗水가 '여우'를 뜻하는 중세 어형 '여스'[68]에 대한 音假字 表記임을 확인할 수 있다. 景峴里와 陽峴里의 대응에서 우리는 陽峴里의 陽이 '볕'의 의미를 가짐을 알 수 있으며, 우리말 '볕'은 '景'으로도 표기될 수 있음을 알 수 있다. 廣秀山와 光秀山의 대응에서 廣과 光은 의미상 공통성이 없으므로 이들이 音讀 표기인 점을 이해할 수 있다. 그리고 이것은 지명의 借字 표기에서 한자의 음으로 읽는 音讀法이 17세기 중반에 확립된 사실을 이해할 수 있다. 聖林村과 石林洞의 대응은 石林이 音讀 표기이고, '석림'에 비음동화가 적용된 '성림'을 聖林으로 표기하고 있다고 이해할 수 있다. 聖林에서 聖은 음차 표기가 된다. 草峴과 鳥峴의 대응관계는 앞에서 설명한 바 있다.

〈표 7〉의 '主人洞, 草德里, 井林山, 茂山' 등은 현재의 지명에서 확인되지 않으나 '庭坪, 靑坪, 其自山' 등은 현재의 지명에서 확인된다. 庭坪과 靑坪은 경기도 하남시 초일동에 있는 지명 '청뜰'로 확인되며 其自山

---

68 『訓蒙字會』 上 19, 여스 호(狐).

은 경기도 하남시 초이동에 있는 지명 '지지미'와의 연관성을 생각해 볼 수 있다.

④ 『重訂南漢志』에 소개된 異表記

『重訂南漢志』는 1846년(헌종 12)에 洪敬謨(1774-1851)가 편찬한 경기도 광주의 읍지이다. 山川 조에 광주군 지역의 지명에 대한 異名과 異表記가 소개되어 있다. 정리하여 제시하면 다음과 같다. 아래에서 勝覽은 『新增東國輿地勝覽』을 말한다.

(29) 가. 修理山/在州北果川安山界 一名見佛山, 天柱峯/一名鷹峯, 鷲子山/在退村面 一名牛山, 良才川/在彦州面 一名公需川, 椒泉/在龜川面鷹峯山下 一名冷井, 太湖/在東部面北 一名芚池湖, 清溪山/在義谷面北果川界 一名青龍山, 水鍾山/在草阜面東南 勝覽作早谷山 又稱草洞山, 蜂巖峯/在本城東 又稱望月峯, 楮子島 在彦州江中 俗稱舞童島 島南小岩如童形 故名有祈雨壇
나. 月川峴/又稱懸川 勝覽作穿川峴 在清溪天臨之間
다. 圓寂山/在實村面 一名元寂山, 利保院/一云利夫 一云理輔 在州南二十五里, 秋嶺/在五浦面龍仁界 勝覽作楸嶺, 大華山/在都尺五浦之間 勝覽作大海山, 渴馬峙/在慶安西北 勝覽作佳丁, 鷗浦/勝覽作仇叱浦 在聲串面南陽界[今屬水原], 渡迷津 在東部面 俗稱斗尾 又稱 斗迷
라. 禿浦 在龜川面 麗史作鹵水浦 俗名渼陰, 利保峙/在慶安面北 勝覽作梨嶺 卽清凉山之過峽

(29가)의 대응 짝들은 異表記 관계가 아니라 異稱 관계에 있는 것으로 생각된다. 대응의 짝들이 서로 다른 의미를 가진 것으로 판단되기 때문이다. 一名이라는 용어를 쓴 것도 이러한 사실을 뒷받침한다.

(29나)의 月川과 懸川은 異表記 관계에 있지만 穿川은 이칭 관계에 있다. 月川峴은 『頤齋亂藁』에 月川嶺으로 기재되고 대응 한글 표기가 '다라재'로 기재되어 있음은 앞에서 이미 설명하였다. 경부 고속도로로 부산을 향하여 가다가 판교 바로 직전에 고개를 만나는데 月川峴은 이 부근의 고개를 말한다. 오늘날 月川峴은 '달래내고개' 또는 '다리내고개'로 불리고 있다. '다라, 달래, 다리' 등이 '月'과 '懸'에 대응되는 것을 알 수 있고, 月이 음을 이용한 借字 표기자이고, 懸이 훈 '달다'를 이용한 借字 표기자임을 알 수 있다. 그러나 '다라, 달래, 다리' 등의 뜻을 이해하지 않고서는 적용된 借字 표기법을 정확하게 말할 수 없다. 月川峴의 이칭 穿川峴은 '다라, 달래, 다리' 등이 지칭하는 뜻을 알려 준다. 穿이 '뚫다'의 뜻을 가지는 것이 참고된다. 『頤齋亂藁』 권10의 "산의 돌을 뚫어서 洛東의 근원이 되게 하였으니 穿川[쑤루내]이라 한다"[69]의 기사가 더욱 참고된다. 결국 '다라, 달래, 다리'는 인위적으로 만든 水路를 의미하는 것이라 하겠다. 따라서 月은 音假字가 되며 懸은 訓假字가 된다. 月川과 穿川은 유사어이므로 月川峴과 穿川峴은 이칭 관계에 있다.

(29다)는 異表記 관계에 있는 것으로 생각되나 앞으로 더 연구가 필요하다. (29라)의 禿浦를 '민나루'로 보면 '渼陰'과 '禿浦'가 異表記 관계에 있는 것으로 볼 수 있으나 이에 대한 것도 앞으로 더 연구가 필요하다.

⑤ 기타 文獻 資料에서의 異表記

조선 시대에 간행된 문집에는 인물들의 묘지명이 실려 있다. 묘지명

---

69 黃胤錫, 『頤齋亂藁』, 卷10, 初八日甲子 條, "穿山石南流爲洛東源 曰穿川[쑤루내]"

에 故人을 장사 지낸 곳의 지명이 표기되므로 우리는 『朝鮮地誌資料』 보다 선대형인 異表記를 수집할 수 있다. 아래에 현재까지 조사된 내용을 정리해 둔다.

〈표 9〉

『朝鮮地誌資料』	文獻 資料
栗里(突馬面)	廣州乭馬面加次谷栗里(容軒集), 廣州朽栗里(淸江集)
柏峴里(樂生面)	廣州城踰里(羅州押海丁氏述先錄), 廣州樂生里慈隱踰洞(羅州押海丁氏述先錄v01), 靑龍之肩名爲慈隱踰伊峴(羅州押海丁氏述先錄v01)
下悅美洞(實村面)	廣州治余乙未里(慕齋集), 廣州東余美里 直齋集
金谷洞(樂生面)	廣州治南樂生里素谷(晩悔集), 廣州治南樂生里素谷(宋子大全)
遠川洞(樂生面)	廣州險川里(陶谷集), 廣州險川(海石遺稿)
西霞洞, 西下川 / 스마루니(廣州郡 草月面)	廣州草月面棲霞里(貞菴集)
石雲里	廣州樂生里道論(圓嶠集)
突馬面	廣州石馬里(金陵集), 廣州石馬里(老洲集)
古古里(廣州郡 旺倫面)	廣州旺倫古洞里(太常諡狀錄v26)

성남시 분당구 栗洞을 '석은바미, 썩은배미'로 부르는데 이에 대한 훈차 표기 朽栗里를 확인할 수 있다. 加次谷栗里의 경우는 미상이다.

柏峴里에 대한 音假 표기를 '慈隱踰洞 慈隱踰伊峴' 등에서 확인할 수 있다. '잣너미고개'는 비음동화의 적용으로 '잔너미고개'로 실현된다. 城踰里에서는 '잔너미'의 訓讀 표기를 발견할 수 있다. '잣너미'의 '잣'은 두 가지 뜻이 있다. '잣[柏]'과 '잣[城]'의 두 가지다. 『한국지명총람』에서는 柏과 관련한 지명 유래를 소개하고 있다. 그런데 『羅州押海丁氏述先錄』에서는 城과 관련된 지명 유래를 소개하고 있다. 어느 것이 옳다고 결정적으로 말할 수 없다. 두 가지 지명 유래가 발생할 가능성이 있는 상황에 있기 때문이다.

下悅美洞에 대응된 '余乙未里, 余美里' 등은 悅美가 音讀字가 아니라 音假字일 가능성을 알려준다. 音讀된 悅美가 音假 표기되는 것은 드물기 때문이다. '열[十]+미[山]'의 가능성이 있다.

素谷으로 우리는 金谷洞이 訓讀 표기임을 확인할 수 있다. 突馬面과 石馬里의 대응으로 우리는 突을 音假 表記字로, 石을 訓讀 표기자로 이해할 수 있다. 또 古古里와 古洞里의 대응으로 古는 음가 표기자, 洞은 訓讀 표기자임을 이해할 수 있다. 그런데 제1음절 古의 경우에 적용된 借字 표기법을 밝히기는 어렵다. 石雲里와 道論의 대응은 借字 표기법이 형태소마다 적용되는 것이 아니라 단어 전체를 대상으로 적용되는 것임을 보여 준다. 道論은 '돌[石]+운[雲]'의 실현형인 '도룬'을 音假 표기한 것이다. 石雲에서 雲이 音讀된 것을 알 수 있는데, 雲과 같이 보편적인 의미를 가진 것은 이른 시기부터 音讀 표기된 것으로 이해된다.

遠川洞과 險川里의 대응은 訓讀 표기자도 경우에 따라 바뀔 수 있음을 말해준다. 遠과 險 모두 '멀다'의 훈을 가지고 있다. 출현한 자료의 작성 연대를 고려하면 險川里가 遠川洞보다는 선대형으로 판단된다. 동일한 訓讀字라 하더라도 보다 보편적인 글자로 바뀌는 경향이 있음을 알 수 있다.

한편 '西霞洞, 西下川/스마루니 棲霞里' 등의 대응은 현재 미지의 것이다.

4. 결언

　이글은 1911년에 작성된 것으로 추정되는『朝鮮地誌資料』경기도 광주군 편에 수록된 지명 표기를 중심으로 金石文과 文獻 資料에 나타나는 광주군 지역의 지명 표기를 분석하여 漢字 地名 表記로 발생하는 地名 표기의 재해석 현상을 고찰하여 다음과 같은 결론을 도출하였다.

　『朝鮮地誌資料』경기도 광주군 편에 수록된 지명 표기의 종류로 한글로만 표기된 것이 15개, 한자와 한글로 동시에 표기된 것이 183개, 한자로만 표기된 것이 699개로 정리하였다. 지명을 묶어서 제시하는 門目의 명칭은 면마다 그 명칭 사용에 차이가 있음을 파악하였다. 즉 '山谷名, 嶺峙峴名, 江川溪澗名, 堤堰洑名, 洞里村名' 등은 면마다 그 명칭 사용에 차이가 있었다. 아울러 1900년에 작성된『京畿廣州府量案』의 지명을 정리하여『朝鮮地誌資料』에 수록되지 않은 지명이 있음을 밝혔다.

　한자와 한글이 동시에 제시된 지명 표기에서 한자와 한글 표기를 얼른 연결 시키기 어려운 것을 정리하여 후일의 연구 과제로 남겨 두었다. 그리고 한자와 한글 표기의 대응 관계를 연결시키기 쉬운 것을 '음가 표기, 음독 표기, 훈가 표기, 훈독 표기' 등으로 나누어 표기의 특징을 설명하였다. 이러한 분석의 결과 小地名의 경우에는 20세기 초까지 지명의 훈독 표기가 존재하였음을 다시 확인하게 되었다.

　금석문과 문헌 자료에서 경기도 광주군 지역의 지명을 조사하여 한자로만 표기된 지명을 이해하고자 하였다. 이 결과 행정 단위 촌락명 표기의 경우에는 첫째, 고유어를 표기한 음차 표기가 훈차 표기로 바뀐 현상(冬音巖里/鶴岩洞, 論古介里/論峴洞), 둘째, 借字 표기자의 변화 현상(古多只洞/高德里, 其里洞/吉里洞), 셋째, 일부 借字가 생략된 현상(軍需屯里/守

屯里/屯里, 巨余味洞/巨余未洞/巨余洞) 등을 확인하였다. 소지명의 경우 훈독 표기의 음독 표기화 현상(狐洞/麗水洞), 훈독 표기자의 교체 현상(景峴里/陽峴里, 草峴/鳥峴), 음독 표기자의 교체 현상(廣秀山/光秀山, 聖林村 石林洞) 등을 확인하였다.

'狐洞/麗水洞, 景峴里/陽峴里, 草峴/鳥峴, 廣秀山/光秀山, 聖林村 石林洞' 등의 교체 현상은 발음의 동질성에 기초하여 발생한 것이지만 '景峴里/陽峴里'의 교체 현상을 제외하고는 지명의 기원적 의미를 굴절시키는 결과를 초래하게 됨을 주장하였다. 이 글에서는 이러한 현상을 잠정적으로 한자 차자 표기 굴절 현상으로 명명하고자 한다.

한자 차자 표기의 굴절 현상에 대한 기제를 도표로 제시하면 다음과 같다. 이표기와는 다른 성격을 가지는 異稱 표기의 경우도 고려해야 하나 그 상관관계가 너무 복잡해지므로 이 글에서는 잠정적으로 제외하기로 한다.

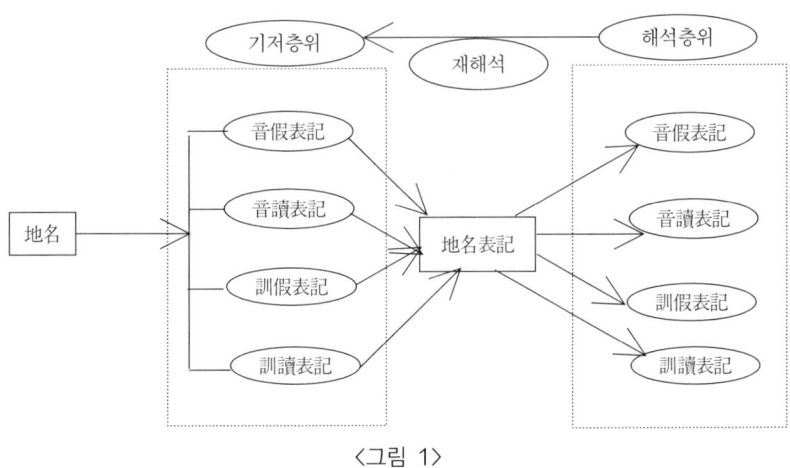

〈그림 1〉

기저 층위에서 地名의 기원적인 의미에 근거해서 지명의 차자 표기가 최초로 형성될 것이다. 그런데 한자 표기의 불완전성으로 말미암아 기저 층위의 지명 차자 표기는 지명의 본래 의미와는 다르게 해석 층위에서 다른 차자 표기법이 적용될 수 있다.

이론적으로는 16가지의 경우가 발생할 수 있다. 그런데 지명의 의미 파악에 있어서는 음독 표기와 훈독 표기의 구분은 의미가 없다. 또 훈가 표기는 아주 특수한 경우에만 보이므로 현실적으로는 4가지의 경우만 발생할 가능성이 크다. 즉 기저 층위와 해석 층위에서 한자의 音만을 활용하는 假의 방법과 한자의 訓을 활용하는 讀의 방법 등 두 가지의 경우만 현실적으로는 구분된다.

기저 층위의 차자 표기법이 해석 층위에서 다른 차자 표기법으로 잘못 해석될 때, 지명의 기원적인 의미는 상실되고 새로운 의미가 생성된다. 이러한 사례로 麗水洞을 들 수 있다. 麗水洞의 선대형 표기는 '狐村'이다. 이 이표기 사례에 근거해 보면 麗水洞은 기저 층위에서 음가 표기가 적용된 것이나 해석 층위에서 훈독 표기 또는 음독 표기가 적용되어 지명의 기원적인 의미를 상실하였다. 이로 말미암아 麗水洞의 기원적인 의미와는 관련이 없는 "이곳에 처음 정착하였다는 김윤탁이 마을 앞의 개울이 유난히 맑고 깨끗하다 하여 천자문에 나오는 글귀를 인용하여 金生麗水라 칭한데서 유래하였다"[70]는 잘못된 지명 유래가 생성되게 되었다.

기저 층위의 국어 형태소가 중의적인 의미를 가지고 있어 해석 층위에서 기원적인 의미 형태소가 다시 재해석되는 경우도 있다. 즉 鳥峴과 栢峴이 그러한 사례에 해당한다. 鳥와 栢은 각각 우리말 '새'와 '잣'을

---

70 성남시사편찬위원회, 『성남시사 1 자연과 민속』, 2004, 306쪽.

표기하는 훈독 표기자이다. 그런데 '새'와 '잣'은 중의적인 의미를 가지고 있다. '새'의 경우에는 '鳥' 또는 '草'의 두 가지 의미가 있으며 '잣'의 경우에는 '잣나무[栢]'와 '잣[城]'의 두 가지 의미가 있다. 전자의 경우는 草의 의미가 기원적인 것으로 판단되나 후자의 경우에는 그 경중을 가릴 수 없다.

조선 시대 경기도 楊州牧 행정구역 명칭의 우리말 명칭 표기의 복원

1. 서론

이 글[1]의 연구목적은 조선 시대 경기도 양주목 행정구역 명칭에 대하여 우리말 명칭 표기를 복원하는 데에 있다. 또한, 이 글의 연구로 복원해 낸 우리말 명칭 표기 중에서 의미를 알 수 있는 것들에 대해서는 근거 자료를 제시하고자 한다.

1911년에 간행된 『朝鮮地誌資料』에는 여러 단위에 걸친 전국의 한국 지명에 대하여 漢字나 漢字를 활용한 借字 표기 지명을 제시하면서 부분적이긴 하지만 비교적 많이 우리말 어형을 한글로 제시하고 있어서 우리나라 지명에 적용된 지명의 의미 체계를 이해하는 데에 매우 큰 도움을 주고 있다. 그런데 『朝鮮地誌資料』에는 양주목의 지명이 누락되어 있어 매우 애석하다. 그렇지만 1912년에 간행된 『地方行政區域名稱一覽』[2]에는 경기도 양주군의 面名과 里名의 목록이 제시되어 있고,

---

1 이 글은 2019년 10월 26일 부산대학교에서 개최되었던 "조선 시대 경기도 양주목 행정구역 명칭의 한글 지명 복원"의 제목으로 발표되었다. 내용과 구성을 수정한 것임을 밝혀 둔다.
2 이 자료는 "『舊韓國地方行政區域名稱一覽』(朝鮮總督府, 明治四十五年, 태학사 영인본)"을 말한다.

또 1917년에 편찬된 『朝鮮地形圖』[3]에는 부분적이지만 里名의 발음형이 일본의 가타카나로 제시되어 있어서 조선 시대 양주목의 경우에도 한자나 借字 표기로 기록된 행정구역 명칭의 우리말 명칭 발음형을 복원해 낼 수 있는 길이 열려 있다. 하지만 이와 관련된 연구는 이루어지지 않은 것으로 추정된다.

1917년 『朝鮮地形圖』에 수록된 우리말 명칭의 의미를 정확하게 분석하기 위해서 조선 시대 양주목 행정구역 명칭을 수록한 자료 간의 명칭 표기의 차이를 대조하도록 한다. 이러한 점검을 위하여 1789년에 편찬된 『戶口總數』, 1912년에 작성된 『地方行政區域名稱一覽』, 1917년에 편찬된 『朝鮮地形圖』에 수록된 경기도 양주목 행정구역 명칭에 대한 한자나 차자 표기의 자료를 대조하고자 한다. 또한 『朝鮮王朝實錄』, 『承政院日記』, 조선 후기 戶籍이나 量案 자료 등에 수록된 양주목 행정구역 명칭과도 대조 작업을 하고자 한다.

일본의 가타카나는 우리말 발음형을 완벽하게 표기할 수 없으므로 이 글에서는 『한국지명총람』에 수록된 한글 표기 어형을 보다 적극적으로 활용하고자 한다.

한자나 차자 표기로 기록된 행정구역 명칭에 대한 우리말 명칭을 복원해 내는 일은 지명 표기에 적용된 차자 표기의 원리를 구명하는 데에 도움이 될 뿐만 아니라 행정구역 명칭의 참다운 의미를 이해하는 데에 도움이 되어 조선 시대 양주목의 행정구역 명칭에 적용된 지명의 의미 체계를 이해하는 데에 도움이 될 것으로 생각된다.

---

3 이 자료는 "『(近世)韓國五萬分之一地形圖』(1917, 경인문화사, 1982)"을 말한다.

2. 조선 시대 경기도 양주목 행정구역 명칭의 표기 실태 분석

2.1. 지명 표기자의 오류

借字로 표기된 한글 지명의 참모습을 복원하는 작업에서 가장 선행되어야 할 것이 표기자의 오류를 검토하는 작업이다. 양주목 행정구역 명칭을 전하는 관련 자료를 대조해 본 결과 오류로 생각되는 행정구역 명칭은 다음과 같다.

(1) 행정구역 명칭 표기자의 오류 사례

面名	戶口總數 (1789)	地方行政區域名稱一覽 (1912)	관련 자료
瓦孔面	二牌草代里		葬楊州瓦孔面草伐里壬坐原[4] 往平邱驛東瓦孔面草伐村沙鬱鬱里[5]
瓦孔面		陶心里	楊州 陶穴里[6]
瓦孔面		德治里	今月初四日, 到楊州德沼浦, 爲石所觸[7]
南芚夜面		塔石里	禮葬于楊州塔谷里亥坐巳向之原[8]
邑內面	於斗里	於毛里	於屯里[9]
靑松面	官村里	抱川郡宮坪里[10]	同治三年正月 日楊州牧 考甲子成籍戶口帳內北面靑松一牌宮村里[11]

---

4 『嘉梧藁略』, 十八, 墓誌, 大司諫李公墓誌.
5 『龍浦先生文集』, 一, 詩, "乙未十一月二十日 往平邱驛東瓦孔面草伐村沙鬱鬱里 拜中和郡守先祖墓 有感"
6 『樂全堂集』, 권14, 右議政金公諡狀.
7 『承政院日記』, 1848년(헌종 14) 7월 25일.
8 『葵窓遺稿』, 卷12, 行狀, 眞祖母靜嬪閔氏行狀.
9 『朝鮮地形圖』에 나타나는 표기이다.
10 靑松面은 『戶口總數』에서는 양주목에 편제되어 있었으나 『地方行政區域名稱一覽』에는 포천군에 편제되어 있다.
11 1864년 尹義肇準戶口(규장각한국학연구원, http://kyudb.snu.ac.kr)

『戶口總數』에 草代里로 기록되어 있지만 『嘉梧藁略』과 『龍浦先生文集』의 두 자료에서는 草伐로 기록되어 있으므로 『戶口總數』의 草代는 草伐의 오기로 생각된다. 草伐里는 『地方行政區域名稱一覽』과 『朝鮮地形圖』에서는 나타나지 않았다. 『世宗實錄地理志』에 광주목 조에 나오는 草伐里도 草代里가 草伐里일 가능성을 높여 주고 있다.

『地方行政區域名稱一覽』에 나타난 瓦孔面의 陶心里는 『朝鮮地形圖』에는 '陶心里/トシムニ-'로 되어 있다. 가타카나 표기 'トシムニ-'는 '도심니' 정도를 표기한 것이다. 그런데 陶心里는 덕소리 인근 동쪽에 위치해 있고 김극효 묘가 경기도 남양주시 와부읍 덕소리 산5에 소재한 것이 주목된다. 『新增東國輿地勝覽』 양주목 총묘 조에 김극효의 묘는 楊州 陶穴里에 소재한 것으로 기술하고 있기 때문이다. 『朝鮮王朝實錄』의 1600년(선조 33) 10월 2일 조의 기사[12]에서도 양주의 陶穴里가 나오므로 陶心里는 陶穴里의 오기로 생각된다. 穴과 心이 자형 상 유사하기 때문에 陶穴里가 陶心里로 표기된 것으로 파악된다. 그러나 『한국지명총람』에는 오류가 수정되지 못하여 陶心으로 수록되어 있다.

『地方行政區域名稱一覽』에 나타난 德治里 역시 德沼里의 오기로 생각된다. 『朝鮮地形圖』에는 德沼로 수정되어 있으며, 『承政院日記』 1848년(헌종 14) 7월 25일 조의 기사에 나오는 德沼浦도 德治里가 德沼里의 오기임을 말해 준다. 治와 沼의 자형상 유사성에 말미암아 오류가 발생한 것으로 생각된다.

『地方行政區域名稱一覽』에 나타난 南芚夜面의 塔石里가 『朝鮮地形圖』에서도 塔石里로 나타나지만 塔石里는 塔谷里의 오기로 생각된다.

---

12 『朝鮮王朝實錄』, 1600년(선조 33) 10월 2일, "壬申 尹根壽啓曰 李文通 相楊州 陶穴里 朴仲善墓山 以爲不好云 答曰知道"

『寒水齋集』 권31에 실린 海原君 健의 묘표에는 海原君의 묘가 楊州 塔谷里에 소재하고 있음을 말하고 있다 塔石里는 1912년 이후에 용현동으로 바뀌는데 현재 海原君의 묘는 용현동에 소재하고 있다. 石과 谷의 자형상 유사하여 어느 시기엔가 塔谷里가 塔石里로 변개된 것으로 파악된다.

『戶口總數』에서 邑內面의 於斗里는 『地方行政區域名稱一覽』에는 於毛里로 나타나며 『朝鮮地形圖』에서는 於屯里로 나타난다. '斗, 毛, 屯' 등이 음이 다르기 때문에 '斗, 毛, 屯' 등의 자형 유사성에 말미암아 '於斗里, 於毛里, 於屯里' 등의 표기 변화가 일어났던 것으로 생각된다. 『戶口總數』에서 전라도 康津 助藥島에 於屯里가 존재하고, 평안도 龜城 東山坊에 於屯里가 존재한다는 것을 고려해 보면 於斗里나 於毛里보다는 於屯里가 바른 표기인 것으로 추정된다. 다시 말해 屯이 斗로 오독되었고 斗가 다시 毛로 오독된 것으로 추정된다.

『戶口總數』에 나오는 靑松面의 官村里도 宮村里의 오기로 생각된다. 규장각에 소장된 1864년 「尹義肇準戶口」에 나오는 宮村里로 그러한 사실을 알 수 있다. 또한 『地方行政區域名稱一覽』의 포천군 조에 실린 宮坪里도 그러한 사실의 근거가 된다.

2.2. 행정구역 명칭의 단축에 따른 표기

『戶口總數』에 수록된 전국의 面名과 里名을 일별해 보면 행정구역 단위인 面과 里를 제외하면 2음절의 명칭이 가장 많고, 1음절이나 3음절의 명칭은 매우 적다. 양주목의 행정구역 명칭 가운데에 3음절의 명칭을 제시하면 다음과 같다.

(2) 행정구역 명칭의 단축 표기

面名	戶口總數 (1789)	地方行政區域名稱一覽 (1912)	관련 자료	한국지명총람 (1985/1986)
廣石面	加羅非里		可納里/カ-ビリ-	가래비
伊淡面	黃梅陰里	黃梅洞		
白石面	白石面	白石面	白石串面牛場里[13]	
芚夜面	南芚夜面	芚夜面	水落山西邊屯夜面[14]	

加羅非里의 加羅非가 '가랩' 정도를 표기한 것이어서 加羅非里가 可納里로 나타난 것으로 이해되고, 黃梅陰里의 경우 黃梅陰의 3음절이 2음절로 단축되어 黃梅洞으로 나타난 것으로 이해되며 마찬가지로 白石串面의 3음절인 白石串이 2음절로 단축되어 白石으로 나타난 것으로 이해된다.

『朝鮮地誌資料』의 始興郡 西面 日直里 조에 나오는 '흰串伊坪/돌고지'를 고려하면 白石串는 '흰돌고지' 정도를 표기한 것으로 이해된다. 한편 屯夜面을 고려하면 芚夜面은 屯夜面에서 온 것으로 파악할 수 있다. 芚이 屯에서 온 것이라면 屯夜는 屯夜味 정도에서 온 것으로 파악할 수 있으며, 『朝鮮地誌資料』竹山郡 西一面 品谷里 조에 나오는 '屯夜味坪/둔밤이들'을 참고하면 屯夜味의 夜味는 농지의 구획 단위인 '배미'를 표기한 것으로 이해할 수 있다.

---

13 『楊州牧延礽君房買得田畓打量成冊』(1719년, 규장각, 奎18908).
14 『上言謄錄』(奎12898) 甲戌九月二十四日 "康熙三十三年九月二十四日 同副承旨臣 韓聖佑次知 啓依允"

2.3. 훈차 표기 지명의 音讀 현상에 따른 표기의 변화

훈차 표기된 글자를 音讀하는 경향은 고려 초기부터 그 모습을 보이기 시작하여 조선 시대에 이르기까지 그 영향력을 확대하여 나아간 것으로 추정된다.[15] 이러한 현상으로 인하여 양주목 洞里村名의 명칭 표기도 음독 현상에 의한 글자 표기의 변화를 보여주고 있다.

먼저 『戶口總數』에 수록된 행정구역 명칭 표기가 다른 자료에서 달라진 경우를 제시하면 다음과 같다.

(3) 訓借 표기 지명의 音讀 표기 현상 1

面名	戶口總數 (1789)	地方行政區域名稱一覽 (1912)	관련 자료
廣石面	廣綾里		葬于楊州廣石面光陵里子坐原[16] 楊州廣石面光陵里[17]
金村面	四牌平丘里		楊州平邱里[18]
接洞面	峯峴里	蜂峴里	프ルゲ-ニ-(朝鮮地形圖), 버리개(한국지명총람)

廣綾里와 光陵里는 그 발음이 동일하고 또한 平丘里와 平邱里 역시 그 발음이 동일하다. 廣綾里와 光陵里의 교체에서는 의미는 다르지만, 음이 같은 글자로 교체한 경우이고 平丘里와 平邱里의 교체에서는 음이 같을 뿐만 아니라 의미까지도 유사한 글자로 교체한 경우이다. 峯峴里와 蜂峴里의 경우에는 의미는 고려하지 않고 동일한 음의 글자로 교체

---

15 이에 대해서는 이건식(2016)을 참고할 수 있다.
16 『六谷遺稿』, 卷之六 附錄 墓誌銘[趙徽林].
17 『六谷遺稿』, 卷之六, 附錄 神道碑銘[鄭元容].
18 『朝鮮王朝實錄』, 1822년(순조 22) 4월 8일.

한 경우이다. 蜂보다는 峯이 본래 지명의 의미를 나타낸 것인데 이에 대해서는 뒤에서 후술하도록 한다.

『戶口總數』에 실린 행정구역 명칭 표기가 『地方行政區域名稱一覽』에서 음은 같지만, 글자가 달라진 경우를 제시하면 다음과 같다.

(4) 訓借 표기 지명의 音讀 표기 현상 2

面名	戶口總數 (1789)	地方行政區域名稱一覽 (1912)	관련 자료
邑內面	南方里	南坊里	南坊里(朝鮮地形圖)
伊淡面	松羅里	松蘿里	松蘿里(朝鮮地形圖)

(4)에서 方과 坊은 그 음이 같으며 羅와 蘿 역시 그 음이 같다. 『세종실록지리지』 경주부 청하현 조에 松羅驛이 실려 있는데 『朝鮮王朝實錄』 1798년(정조 22) 5월 7일 조의 기사에서는 松蘿驛으로 나온다. 羅가 이른 시기의 표기이고 蘿는 후대의 표기로 생각된다.

『戶口總數』에 실리지 않고 『地方行政區域名稱一覽』에 수록된 행정구역 명칭이 다른 자료에서 그 표기가 달라진 경우는 다음과 같다.

(5) 訓借 표기 지명의 音讀 표기 현상 3

面名	戶口總數 (1789)	地方行政區域名稱一覽 (1912)	관련 자료
白石面		甕場里	父母以楊州白石面甕作里[19]
白石面		內古靈	昭寧園在於本州西白石面高嶺里[20]
乾川面		上下獨井	楊州獨將里[21]
禿音面		朝雲里	元心便付送楊州鳥雲里金先達家[22]

---

19 『承政院日記』, 1835년(헌종 1) 8월 27일.

面名	戶口總數 (1789)	地方行政區域名稱一覽 (1912)	관련 자료
龜旨面		仁章里	葬在楊州仁章里[23] / 葬張氏于楊州茵匠里[24]
龜旨面		四老里	遷厝于楊州治南沙老里卯向之原[25]
海等村面		元堂里	馳往傳諭于楊州南面海等村園塘里[26]
泉川面	道德里	道德里	楊州泉川面桃屯里[27]

(5)에서 '古靈/高嶺, 朝雲里/鳥雲里, 仁章里/茵匠里, 四老里/沙老里, 元堂里/園塘里' 등의 경우에는 음이 동일한 한자로 교체된 경우이다. 이것은 후대의 행정구역 명칭에 사용된 한자가 뜻과는 상관없이 음만을 활용한 것임을 보여준다. (5)에서 제시된 앞선 행정구역 명칭도 뜻과는 관련 없이 음만을 활용한 명칭일 가능성도 있다.

(5)에서 '道德里/桃屯里, 甕場里/甕作里, 獨井/獨將' 등은 음이 다른 글자로 교체된 경우이다.

道德里와 桃屯里 중에서 道德里가 본래의 발음 표기였음은 『朝鮮王朝實錄』에서 다음과 같이 언급하고 있다.

(6) 전(前) 우상의 일은 진실로 몹시 유감스럽다. 살고 있는 고을 이름을 일찍이 도둔리(桃屯里)라고 해 놓고 이번에 도둔리(逃遁里)로 서계

---

20 『璿源譜略修正時校正廳儀軌』, 1, (癸酉)八月初三日.
21 『朝鮮王朝實錄』, 1707년(숙종 33) 12월 30일.
22 『荷齋日記』, 五, 1898년 9월 15일.
23 『豐墅集』, 권13, 墓碣, 領議政鄭公墓碣銘.
24 『朝鮮王朝實錄』, 1702년(숙종 28) 1월 30일.
25 『文谷集』, 권19 墓誌, 刑曹參議鷗浦羅公墓誌銘.
26 『承政院日記』, 1777년(정조 1) 12월 28일.
27 『承政院日記』, 1787년(정조 11) 2월 24일.

(書啓)한 것도 해괴하였다. 이에 자세히 살피도록 하였더니, 본래 이름이 도덕리(道德里)였다.[28] 〈朝鮮王朝實錄 1787년(정조 11) 2월 10일〉

(6)은 道德里가 桃屯里보다 앞선 표기임을 말하여 주고 있다. 『朝鮮地誌資料』의 高陽郡의 嶺峙峴名 조에는 中面 白石里에 '道德峴/도덕지고기'가 실려 있고, 『朝鮮地誌資料』의 抱川郡의 洞里村名 조에는 靑松面 長灘里에 소재한 '桃來村/도리말'과 『朝鮮地誌資料』의 竹山郡 野坪名 조에는 西一面 品谷里에 소재한 '屯夜味坪/둔밤이들'이 실려 있는 것을 참고하면 道德里와 桃屯里는 각각 '도덕리'와 '도둔리' 정도를 표기한 것으로 생각된다.

'도덕리〉도덕니'의 발음 변화는 '국리(國利)[궁니]'의 변화와 같은 것이며, '도덕니〉도덩니〉'의 발음 변화는 '옥니[옹니]'의 변화와 같은 비음동화 현상이어서 '도덕리'는 '도덩니' 정도로 발음되었을 것이다. '도덩니'와 '도둔니'와의 관계는 현재는 알 수 없는 것이다.

한편 '甕場里/甕作里'에서 甕場里보다는 甕作里가 본래의 발음형 표기일 것으로 생각된다. '옹장니'의 발음형에서는 '옹작니'의 발음형을 도출할 수 없으나 '옹작리'의 발음형에서는 '옹장니'의 발음형을 도출할 수 있기 때문이다. '옹작+리'의 구성에서 '옹작리〉옹작니〉옹장니'의 과정을 거쳐 '옹장니'의 발음형이 도출된 것으로 생각된다.

獨井과 獨將의 대응에서 井과 將의 음이 달라 그 관계를 이해하기는 어렵다. 다만 『朝鮮地誌資料』에서 경기도 竹山郡 近三面 內倉里에 소재한 平井坪의 한글 표기가 '평장들'로 나타나고, 利川郡 沙面 道立里에

---

28 여기의 번역은 한국사데이터베이스(http://db.history.go.kr)에서 가져온 것이다.

소재한 釗井坪의 한글 표기가 '쇠장들'로 나타나는 점에서 獨井과 獨將의 대응 관계를 이해할 수 있다.

『戶口總數』나 『地方行政區域名稱一覽』의 행정구역 명칭이 『朝鮮地形圖』에서 음은 같지만 다른 글자로 제시된 경우는 다음과 같다.

(7) 訓借 표기 지명의 音讀 표기 현상 4

面名	戶口總數 (1789)	地方行政區域名稱一覽 (1912)	관련 자료
廣石面	加自洞里		佳佐洞(朝鮮地形圖)
蘆原面		佳佐洞	可佐洞(朝鮮地形圖)
廣石面	槐音里		槐陰里(朝鮮地形圖)
上道面		唐豆坪	塘豆坪(朝鮮地形圖)

『朝鮮地誌資料』竹山郡 遠三面 조에 '加佐里/가지울'이 실려 있고, 朔寧郡 西面 佳佐里 조에는 '佳佐洞/가지울'이 실려 있어, (7)에 나오는 '加自, 佳佐, 可佐' 등은 모두 '가지' 정도를 표기한 것으로 추정할 수 있고 '가지'는 '갖(가장자리)+-이(처격조사)' 정도의 구성을 가진 것으로 이해된다.

'槐音里/槐陰里'와 '唐豆坪/塘豆坪'은 동일한 음의 글자로 교체한 경우이다.

3. 조선 시대 경기도 양주목 행정구역의 우리말 명칭 복원

3.1. 朝鮮地形圖에 나타난 訓借 표기

『朝鮮地形圖』의 일본 가타카나 발음표기는 대체로는 音讀 표기가 주류를 이룬다. 이것은 한국의 지명 표기를 음독하려는 경향이 확대된 것에서 비롯된 것이다. 그런데 일부 행정구역 명칭에 대해서는 훈차 표기의 발음형을 가타카나로 주기한 것이 있어 주목된다.

다음은 동리촌명의 행정구역 명칭 가운데에 『朝鮮地形圖』에서 전부 요소에 대한 훈차 표기의 발음형을 제시한 것이다.

(8) 朝鮮地形圖에서 전부 요소의 훈차 표기 발음형을 제시한 양주목의 동리촌명 행정구역

가. 訓讀字 전부 요소 표기

面名	戶口總數 (1789)	地方行政區域名稱一覽 (1912)	朝鮮地形圖 (1917)	한국지명총람 (1985/1986)
廣石面	黑石里		玄石/コムントル[29]	검은돌
龜旨面		白橋	ハンダリ	한다리
嶺斤面		高灘里	ノブンヨウル	높은여울
白石面		短村	キロルヌキ	절음메기
石積面		新村	セマル	새말
忘憂面		新峴里	セコケ	새고개
廣石面	三古介里		アンセウゲ	세우개
上道面		內洞里	アンコル	안골
忘憂面		內洞里	アンコル	안골
榛伐面		八也里	ヨットルパーニー	여덟밤이
下道面		車山里	スルネミー	수리너미, 수리너미, 수레너미
南芚夜面		樓院里	タラヲンニー	다락원

---

29 일본 가타카나 'コムントル'는 '고문도루' 정도를 표기한 것이다. '고문도루'는 일본어의 음운 체계에 따라 우리말 '검은돌'을 표기한 것이다. 『朝鮮地形圖』의 일본 가타카나는 우리말을 완벽하게 옮기지 못하고 있으므로 대신에 『한국지명총람』의 우리

面名	戶口總數 (1789)	地方行政區域名稱一覽 (1912)	朝鮮地形圖 (1917)	한국지명총람 (1985/1986)
禿音面		石島	トルソム	돌섬
上道面		鷹岩	メバオ	매바위
東柴北谷面		柳峴	ボトルケイ	버들개
上道面		畓洞里	ノンコル	논골
榛伐面		榛伐里	チンボリ-	갬벌
忘憂面		稷谷	ビコル	피굴
白石面		基谷	トンコル	텃골[30]
蘆原面		墻基里	タムトニ-	담터

나. 訓假字 전부 요소 표기

面名	戶口總數 (1789)	地方行政區域名稱一覽 (1912)	朝鮮地形圖 (1917)	한국지명총람 (1985/1986)
靑松面	炭洞里		スッコル	숯골
白石面		蟹踰里	ケネミ-	게네미
東柴北谷面		金谷里	ソイコルニ-	쇠골
接洞面	峯峴里	蜂峴里	プルゲ-ニ-	버리개
下道面		獐峴里	ノルネミ-	노루너머
下道面		馬山	マルミ-	말미
海等村面	馬山里	馬山里	マルミ-	말미
瓦孔面		月谷里	タリコルリ-	다리골
瓦孔面		文谷里	クルゲ-オル	굴게울

(8가)와 (8나)에서 지명의 전부 요소를 표기한 한자는 훈을 활용하여 지명의 발음형을 표기한 것이다. (8가)는 한자의 의미를 살려서 지명의

  말 표기를 제시한 것이다.
30 『한국지명총람』에는 파주군 광탄면 기산리 조에 실려 있다.

발음형을 표기한 訓讀字의 경우이나 (8나)는 訓讀字일 가능성은 없고 한자의 의미와는 관련 없이 지명의 발음형만을 한자의 훈으로 표기한 訓假字일 가능성이 높다.

(8가)에서 '黑/검은, 白/한, 高/노픈, 短/절음' 등은 용언의 관형형이나 명사형으로 후행하는 지명 후부 요소를 수식하여 지명 후부 요소가 가지는 특성을 표현하고 있다. 白의 훈이 '희다'인 것을 고려하면 '白/한'의 경우를 이해할 수 없을 것 같으나 『朝鮮地誌資料』 竹山郡 府一面 下新里 조에 실린 '白達坪/흔다리들'을 참고하면 '白/한'의 '한'이 '희다'의 의미임을 알 수 있다.

(8가)에서 '新/새 三/세, 內/안, 八/여덟, 車/수리(〈수레), 樓/다락, 石/돌, 鷹/매, 柳/버들, 畓/논, 榛/개암, 稷/피, 基/터, 墻/담' 등이 훈독자인 것에는 의심할 여지가 없다.

(8나)에 나오는 '炭/숯, 蟹/게, 金/쇠, 蜂/버리, 獐/노루, 馬/말, 月/다리, 文/굴게' 등을 훈독자로 단정하기는 어렵다. 다만 '炭/숯'의 경우 '숯'으로 '蜂/버리[31]'는 '벌'로 이해할 수 있을 가능성도 있기는 하지만 다른 해석도 가능하다. (8나)에서 接洞面의 '蜂峴里/プルケーニー'가 주목된다. 가타카나 표기 'プルケーニー'은 '불게니' 정도를 표기한 것이다. 蜂峴里의 峴으로 보아 '불게니'의 '게'는 '고개'에서 온 것으로 파악된다. 그렇다면 '불게니'에서 '불'은 '부리' 정도의 발음형을 가진 것으로 이해된다. '부리/峯 + 고개/峴'에서 '부리우개' 형을 거쳐서 '부리개' 정도의 발음형을 가졌던 것으로 이해된다. 이러한 점에서 蜂峴里의 당초 借字 표기는 『戶口總數』에서 제시한 峯峴里임을 알 수 있다.

---

31 『朝鮮地誌資料』에 '蜂峴/벌고기(高陽郡 下道面 龍頭里), 蜂峴/부리고기(安城郡 所村面 外乾芝山), 蜂峴/버리고기(坡州郡 泉峴外面 法義里)' 등이 나오는 것을 고려하면 '벌'이 '버리'의 형태로도 쓰이고 있음을 알 수 있다.

한편 전부 요소로 쓰인 '獐/노루'을 흔히 '노루'와 연관시키고 있으나 '물가'의 뜻인 '나루'를 표기했을 가능성도 있다. 또한 『朝鮮地誌資料』의 開城郡 南部面 九里介里 조에 나오는 '銅峴/구리기'를 고려하면 '文谷里/굴게울'에서 '굴게'는 '구리게'에서 온 것으로 이해된다. 다시 말해, '구리/小山+고개/峴+골/谷' 정도의 구성에서 '구리우게골〉굴게울'의 변화 과정을 거쳐 '굴게울'의 발음형이 도출된 것으로 이해된다.

다음은 동리촌명의 행정구역 명칭 가운데에 후부 요소에 대한 훈차 표기의 발음형을 제시한 것이다.

먼저 자연 지형을 나타내는 후부 요소를 제시하면 다음과 같다.

(9) 행정구역 명칭에 나타난 자연 지형 후부 요소

가. 골[洞, 谷]

面名	戶口總數 (1789)	地方行政區域名稱一覽 (1912)	朝鮮地形圖 (1917)	한국지명총람 (1985/1986)
靑松面	炭洞里		スッコル	숯골
廣石面	牛谷里		ウゴル	우골
白石面		基谷	トンコル	텃골
東柴北谷面		金谷里	ソイコルニ-	쇠골
別非谷面		巨黑里	コムクコル	거묵굴
西石積面		大棗洞	?[32]コル	대추말
接洞面	全洞里	全洞里	チョンコル	전골
別非谷面	宮洞里	宮洞	クンコル	궁골
上道面		畓洞里	ノンコル	논골
別非谷面	宮洞里	宮洞	クンコル	궁골
上道面		畓洞里	ノンコル	논골
下道面	孟洞里		メンコル	맹골

조선 시대 경기도 楊州牧 행정구역 명칭의 우리말 명칭 표기의 복원 **679**

面名	戶口總數 (1789)	地方行政區域名稱一覽 (1912)	朝鮮地形圖 (1917)	한국지명총람 (1985/1986)
上道面		內洞里	アンコル	안골
瓦孔面		月谷里	タリコルニ	다리골
南芚夜面		山谷里	せんコルニ-	山谷³³
眞官面		法洞里	ポクゴル	법골
忘憂面		稷谷里	ビ-コル	피골
忘憂面		內洞里	アンコル	안골
瓦孔面		文谷里	クルケ-オル	굴게울
西石積面	車馬洞里	車馬洞	コミオル	거미울

나. 고개[古介, 峴]

面名	戶口總數 (1789)	地方行政區域名稱一覽 (1912)	朝鮮地形圖 (1917)	한국지명총람 (1985/1986)
廣石面	三古介里		アンセウゲ	세우개
東柴北谷面		柳峴里	ボトルケイ	버들개
別非谷面	峯峴里	蜂峴里	プルケ-ニ-/蜂峴里	버리개
忘憂面		新峴里	せコケ	새고개

다. 너미[踰]

面名	戶口總數 (1789)	地方行政區域名稱一覽 (1912)	朝鮮地形圖 (1917)	한국지명총람 (1985/1986)
白石面		蟹踰里	ケネミ-	게네미
下道面		獐峴里	ノルネミ	노루너미
下道面		車山里	スルネミ	수리너미, 수리너머, 수레너머

---

32 이 부분은 정확하게 판독하기 어렵다.
33 『한국지명총람』 의정부시 山谷洞 조에는 '살골' 정도의 지명이 실려 있지 않다.

라. 미[山]

面名	戶口總數 (1789)	地方行政區域名稱一覽 (1912)	朝鮮地形圖 (1917)	한국지명총람 (1985/1986)
下道面		馬山	マルミ-	말미
海等村面	馬山里	馬山里	マルミ-	말미

마. 기타

面名	戶口總數 (1789)	地方行政區域名稱一覽 (1912)	朝鮮地形圖 (1917)	한국지명총람 (1985/1986)
白石面		短村	キロルヌキ	절음메기
上道面		鷹岩	メバオ	매바위
廣石面	黑石里		玄石/コムントル	검은돌
榛伐面		榛伐里	チンボリ-	갬벌
禿音面		石島里	トルソム	돌섬들
石積面		也大池里	テ-モチ	대모시
嶺斤面		高灘里	ノブンヨウル	높은여울

(9가)는 행정구역 명칭의 후부 요소로 '골짜기'를 뜻하는 '골'이 나타난 경우이다. (9가)에서 '文谷里/굴게울, 車馬洞/거미울' 등은 'ㅣ' 모음이나 반모음 'j' 아래에서 '골'이 '울'로 변동한 경우이다.

(9나)는 행정구역 명칭의 후부 요소로 '고개'가 나타난 경우이다. '三古介里/세우개'는 반모음 'j' 아래에서 '고개'가 '우개'로 변동된 것이고, '柳峴里/버들개'의 '버들개'가 '버드리개'에서 온 것으로 파악하면 '柳峴里/버들개'와 '蜂峴里/버리개'는 'ㅣ' 모음 아래에서 '고개'가 '개'로 변동된 것이다. 그러나 '新峴里/새고개'는 반모음 'j' 아래에서도 '고개'를 유지한 모습을 보여 준다.

(9다)는 행정구역 명칭의 후부 요소로 '너미'가 나타난 경우이다. 『한

국지명총람』의 경우 '네미, 너머, 너미' 등의 여러 형태로 나타나지만
『朝鮮地形圖』에서는 일관되게 '네미' 형태로 나타나고 있다. '네미'는 '너
미'에서 '이' 모음 역행동화 현상이 적용된 형태이며, '너미'는 '넘-/동사
+-이(명사파생접사)' 정도의 구성에서 온 것이다. 獐峴里와 車山里는 '네
미'를 뜻하는 踰나 越 정도가 표기에 반영되지 않은 것으로 생각된다.

(9라)는 행정구역 명칭의 후부 요소로 山을 뜻하는 '미'가 나타난
경우이다.

(9마)는 행정구역 명칭의 후부 요소로 '메기, 바위, 돌, 벌, 섬, 모시,
여울' 등이 나타난 경우이다. 『朝鮮地誌資料』의 利川郡 沙面 上末 조에
나오는 '低項峴/나진메기'를 고려하면 '短村/절음메기'의 '메기'는 '길
목'을 뜻하는 '목'으로 이해된다. 『朝鮮地誌資料』의 '野塘里/틀모시(交
河郡 瓦洞面), 炭池/숯모시(驪州郡 吉川面 旺垈里)' 등을 고려하면 '也大
池里/대모시'의 '모시'는 '못[池]'으로 이해된다.

인공물 지형을 나타내는 후부 요소를 제시하면 다음과 같다.

(10) 행정구역 명칭에 나타난 인공물 지형 후부 요소

面名	戶口總數 (1789)	地方行政區域名稱一覽 (1912)	朝鮮地形圖 (1917)	한국지명총람 (1985/1986)
白石面		陵內	ヌンアン	능안
白石面		宮村	クンマル	궁말
忘憂面		陵內洞	ヌンマル	능말[34]
石積面		新村	セマル	새말
別非谷面		都監里	トカムマル	도감말
榛伐面		八也里	ヨットルパーニ-	여덟바이
龜旨面		白橋	ハンダリ	한다리
蘆原面		墻基里	タムトニ-	담터

(10)에는 인공물 지형으로 '안[內], 말[村], 배미, 다리[橋], 터[基]' 등이 나타났다.

'八也里/여덟밤이'에서 也는 농지의 단위인 '배미'를 나타낸 것이다. 농지의 단위인 '배미'는 『朝鮮地誌資料』의 竹山郡 西一面 品谷里 조에 나오는 '屯夜味坪/둔밤이들'에서 보는 것처럼 '배미'는 夜味 또는 夜伊 등으로 표기되고 있다. 八也里의 也는 '배미'를 표기한 夜伊의 夜를 음이 같은 也로 교체한 것으로 생각된다. 이러한 관점에서 南芚夜面의 夜도 '배미'를 표기했을 가능성을 생각해 볼 수 있다. 경기도 안산시 단원구 초지동에 '둔배미'라는 자연 마을명이 있는 것도 이러한 가능성을 높여 준다. 『한국지명총람』에서 榛伐面 八也里에 대해 '조선 태조가 함흥에 있다가 서울로 돌아오는데, 이곳에 이르니 여덟 밤이 되므로'로 설명하여 八也里의 也를 '밤/夜'의 의미로 이해했으나 이는 견강부회로 이해된다. 훈독자 '夜/밤'의 경우 의미가 확실하여 다른 글자로 변개되는 것이 어려울 것으로 생각된다.

3.2. 관련 자료를 활용한 훈차 표기 지명의 복원

3.2.1. 川竹里

川竹里는 『戶口總數』에는 나타나지 않는다. 그런데 『地方行政區域名稱一覽』에는 楊州郡 白石面에 속한 里名으로 나타난다. 川竹里의 川이 '내'를 표기한 것임을 알려 주는 자료는 다음과 같다.

(11) 尹子雲墓 주 서쪽 乃竹里에 있다. 〈新增東國輿地勝覽 양주목 능묘〉

---

34 『한국지명총람』 서울 망우출장소 신내동 조에 나오는 內後陵 마을의 한글 지명으로 제시된 '능말'로 추정된다.

윤자운 묘는 현재 경기도 양주시 백석읍 홍죽리에 위치하고 있다. 1914년 행정구역 폐합에 따라 '내동리, 홍동리, 천죽리' 등과 '난곡리 단촌리' 등의 각 일부를 병합하여 홍죽리가 되었다. 1917년 『朝鮮地形圖』에는 弘竹里로 표시되어 있다. 따라서 (11)의 乃竹里는 川竹里를 말하는 것이다.

乃竹里와 川竹里의 대응에서 乃는 川의 의미이다. 『한국지명총람』에서 '천죽'의 한글 지명을 '냅대'라 한 것으로 보아 竹 역시 훈차 표기이나 그 의미는 미상이다. 1917년 『朝鮮地形圖』의 川竹에 'チョンチョク'가 주기된 것으로 보아 川竹里의 川은 訓讀되지 않고 音讀된 사실을 알 수 있다.

3.2.2. 海等村面

'『輿地圖書』, 『戶口總數』, 『地方行政區域名稱一覽』' 등에 양주목에 소속된 海等村面이 나온다. 이 海等村面은 『朝鮮王朝實錄』 1406년(태종 6) 11월 5일의 기사에는 양주의 海村으로 표기되어 있다.

다음 자료로 海等村面에서 海等의 의미를 파악할 수 있다

(12) 德海院 도봉산 밑에 海村이라는 언덕이 있고, 德海라는 원이 있는데, 서울에서 30리 거리이다 〈신증동국여지승람 양주목 역원〉

(13) 가. 連海坪 연바다 〈朝鮮地誌資料 경기도, 竹山郡 北一面 五方里, 野坪名〉, 石海坪 셕바다〈朝鮮地誌資料 경기도 竹山郡 北一面 五方里 野坪名〉, 平海坪 평바다 〈朝鮮地誌資料 경기도 安城郡 金谷面 陵里 野坪名〉 驛海坪 역바다〈朝鮮地誌資料 경기도 利川郡 沙面 道峰里 野坪名〉

나. 獻海洞 흔바다 〈朝鮮地誌資料 경기도 驪州郡 加西面 野坪名〉

(12)의 海村은 海等村面의 海等村을 말한다. 海等村面은 오늘날 서울시 도봉구 지역이므로 海等은 바다와 관련된 지형을 말한 것이 아니고 바다와 같이 넓은 육상의 지형을 말한 것으로 생각된다.

(13가)에서 海와 '바다'가 대응되고 있으므로 (13)의 海는 '바돌' 정도를 표기한 海等 정도의 생략 표기로 추정된다. 지명에 사용된 '바다'가 '바다와 같이 넓은 육상의 지형'을 의미하는 점은 (13가)에 나오는 坪으로도 설명된다. 도봉산 인근에 너른 들인 綠楊坪이 있는 것도 海等村面의 海等이 '바다'를 표기한 것임을 알려 준다.

3.2.3. 柴北谷面

『輿地圖書』에는 柴北谷面,『戶口總數』에는 東柴北谷面,『地方行政區域名稱一覽』에는 柴北面으로 나타나고 있다. 東柴北谷面에서 東은 치소를 기준으로 그 방향을 지시한 것이며 柴北面은 柴北谷面에서 谷을 생략한 것이다.

『璿源續譜』德川君 파보에는 柴北谷의 異表記인 薪北谷이 나와 주목된다.

(14) 驪城副守 成化 丁酉 正月八日生 階彰善 嘉靖 己亥 五月九日卒 ○墓 楊州松山 薪北谷三口里 巽坐 娶始興姜潛女○墓始興江摘洞子坐
〈璿源續譜 德川君 派譜 驪城副守〉

驪城副守 李命壽의 묘는 현재 경기도 의정부시 민락동 산 73번지에 소재하고 있는데 묘역의 북서쪽 아래에는 柴北谷面의 三歸里가 소재하였다. (14)의 三口里는 三歸里의 이표기이므로 (14)의 薪北谷은 柴北谷의 이표기가 된다. (14)에 나온 成化 丁酉는 1539년을 말한다.

『訓蒙字會』下:2b에 '柴 섭 싀, 薪 섭 신' 등으로 나타나므로 柴北谷과 薪北谷은 '섭뒤골' 정도를 표기한 것으로 생각된다. 北을 '뒤'로 해독한 것은 『용비어천가』에 나온 '北泉洞/뒷십골'에 근거한 것이다.

3.2.4. 兎院

兎院은 조선 초기까지 존속했던 역원 중 하나이다. 『신증동국여지승람』에서 兎院에 대해 다음과 같이 설명하고 있다.

(15) 道濟院 풍양현 남쪽 15리쯤에 있는데, 兎院이라 하기도 한다. 〈新增東國輿地勝覽 양주목 역원〉

兎院은 오늘날 행정구역 명칭으로 사용되는 退溪院을 말한다. 兎院이 행정구역 명칭으로 사용된 이른 시기의 기록은 『朝鮮王朝實錄』 1511년(중종 6) 12월 8일의 기사에 나온다. 이 기사에서 "신의 노(奴) 귀선(貴善)이 양주(楊州) 토원리(兎院里)에 사는데, 풍양천(豊壤川)이 그 집 아래로 흘러서"의 내용이 있다.

兎院里가 하천의 옆에 소재하고 있다는 사실로 退溪院에서 退溪의 의미를 부분적으로 해독할 수 있다. 즉 退溪를 '退+기(浦)' 정도의 구성으로 볼 수 있다. (15)의 道濟院에서 濟는 退溪의 溪를 '기(浦)'로 파악할 수 있는 근거가 된다. 한편 道濟院의 道는 退溪의 退가 본디 '토' 정도의 음을 표기하는 것에 왔을 가능성을 열어 준다. 또한 (15)의 兎院을 훈차 표기로 고려해 볼 때도 退溪의 退는 '토'를 표기한 것에서 파생되었을 가능성이 있다.

따라서 退溪院은 '토+기(浦)+院' 정도의 구성에서 출발하여 'ㅣ' 모음 역행동화의 결과인 '퇴기원'을 음차 표기한 것으로 추정된다. '토+기

(浦)+院'의 구성에서 '토'의 의미는 미상이다.

3.2.5. 金屈里

『承政院日記』1812년(순조 12) 8월 15일의 기사에는 '楊州榛伐面金屈里'가 나온다. 榛伐面의 金屈里는『地方行政區域名稱一覽』에는 金谷里로 나타나 있다.『훈몽자회』上:2a의 '谷 골 곡'을 근거로 할 때, 金屈里의 屈은 음차 표기가 되고 金谷里의 谷은 훈차 표기가 된다.

『朝鮮地形圖』에는 榛伐面의 金谷里에 대해 'クムゴンニ-'의 주기가 제시되어 있다. 가타카나 'クムゴンニ-'는 '금공니' 정도를 일본어의 발음 체계로 표시한 것으로 이해된다. '금공니'는 金谷里를 음독한 것인데, 金屈里의 屈은 金谷里를 훈독한 것이므로, 金도 훈독되었을 것으로 추정된다.

楊州의 柴北谷面에도 金谷里가 소재해 있는데 이 金谷里에 대해『朝鮮地形圖』에서 'ソイコルニ'의 주기를 제시하고 있다. 'ソイコルニ'는 '쇠골니' 정도를 일본어의 발음 체계로 표시한 것이다. 따라서 榛伐面의 金屈里는 훈독 표기로 '쇠골니' 정도를 표기한 것으로 이해된다.

4. 결론

조선 시대 경기도 양주목 행정구역 명칭에 대하여 우리말 명칭 표기를 복원하고자 한 이 연구는 '행정구역 명칭 표기자의 오류, 행정구역 명칭의 단축 표기, 훈차 표기 지명의 音讀 현상,『朝鮮地形圖』에 나타난 훈차 표기, 훈차 표기 지명의 복원' 등의 분야에서 연구 결과를 도출하였다.

행정구역 명칭 표기자의 오류 측면의 연구에서는 경기도 양주목 행정구역 명칭을 전하는 각종 자료를 수집하여 행정구역 명칭 표기의 오류 사례를 다음과 같이 정리하였다. "/"의 왼쪽에 오류 표기를 제시하고, 오른쪽에 바른 표기를 제시한다.

戶口總數
　　祭斤里/祭廳里, 草代里/草伐里, 於斗里/於屯里, 官村里/宮村里
地方行政區域名稱一覽
　　陶心里/陶穴里, 德治里/德沼, 塔石里/塔谷里, 於毛里/於屯里

행정구역 명칭의 단축 표기 측면의 연구에서 다음과 같은 행정구역 명칭이 단축 표기를 적용하였음을 밝혔다. "/"의 왼쪽에 단축형을 오른쪽에 본래의 명칭을 제시한다.

廣石面의 可納里(朝鮮地形圖)/加羅非里(戶口總數)
伊淡面의 黃梅洞(地方行政區域名稱一覽)/黃梅陰里(戶口總數)
白石面(戶口總數, 地方行政區域名稱一覽)
　　　　/白石串面(1719년 楊州牧延礽君房買得田畓打量成冊)
芚夜面(戶口總數, 地方行政區域名稱一覽)/屯夜(味)面(上言謄錄)

훈차 표기 지명의 音讀 현상 측면의 연구에서 다음과 같은 행정구역 명칭에 표기 글자의 변화를 보여주고 있음을 밝혔다.

白石面　　: 甕場里/甕作里, 內古靈/高嶺里
乾川面　　: 上下獨井/獨將里
禿音面　　: 朝雲里/鳥雲里
龜旨面　　: 仁章里/茵匠里, 四老里/沙老里

海等村面 : 元堂里/園塘里
　　泉川面　 : 道德里/桃屯里

『朝鮮地形圖』에 나타난 훈차 표기 측면의 연구에서 전부 요소와 후부 요소의 훈차 표기를 발굴하였다.

전부 요소의 훈차 표기를 보여주는 행정구역 명칭은 다음과 같다. 『朝鮮地形圖』와 『한국지명총람』의 지명 표기도 함께 제시한다.

　　黑石里(玄石/コムントル, 검은돌), 橋(ハンダリ, 한다리), 高灘里(ノブンヨウル, 높은여울), 短村(キロルヌキ, 절음메기), 新村(セマル, 새말), 新峴里(セコケ, 새고개), 三古介里(アンセウゲ, 세우개), 內洞里(アンコル, 안골), 內洞里(アンコル內洞, 안골), 八也里(ヨットルパ-ニ-, 여덟밤이), 車山里(スルネミ-, 수리너미, 수리너머, 수레너머), 樓院里(タラヲンニ-, 다락원), 石島(トルソム, 돌섬), 鷹岩(メバオ, 매바위), 柳峴(ボトルケイ, 버들개), 畓洞里(ノンコル, 논골), 榛伐里(チンボリ-, 갬벌), 稷谷(ビ-コル, 피굴), 基谷(トンコル, 텃골), 墻基里(タムトニ-, 담터).

행정구역 명칭에서 자연 지형 후부 요소로 '고개[峴], 네미[踰], 미[山], 메기[項], 바위[岩], 돌[石], 벌[野], 섬[島], 못[池], 여울[灘]' 등이 사용되었음을 확인하였고 인공물 지형 후부 요소로 '말(村), 배미, 다리(橋), 터(基)' 등이 사용되었음을 확인하였다.

훈차 표기 지명의 복원 측면에서 白石面의 川竹里가 '냅대', 海等村面의 海等이 '바둘', 柴北谷面의 柴北이 '섭뒤', 兎院里의 兎院이 '토+기', 金屈里의 金屈이 '쇠골' 정도를 표기한 것으로 파악하였다.

일본 제국주의의 한국 행정구역
통폐합 과정과 그 결과

1. 서언

　이 글은 일본 제국주의에 의한 한국 행정구역 통폐합 과정과 그 결과를 정리하는 것을 목적으로 한다.

　그동안 '지방자치제도, 지적 제도, 일본식 행정 구역 명칭 연구' 등의 관련 분야에서 일본 제국주의에 의한 한국 행정구역 통폐합 과정과 결과에 대해 논의를 하여 왔다. 그러나 그동안의 연구들은 행정구역 통폐합의 결과가 담긴 『地方行政區域名稱一覽』에 수록된 전체의 행정구역 명칭을 대상으로 하지 않고 부분적으로 발췌하여 연구했다. 그리하여 일본 제국주의에 의한 한국 행정구역 통폐합 과정과 그 결과의 전모를 밝히지 못했던 것으로 생각된다.

　이 글의 제2장에서는 일본 제국주의의 한국 행정구역 통폐합 과정에 대해 논의하고 제3장에서는 동리의 명칭을 중심으로 일본 제국주의에 의한 한국 행정구역 통폐합의 결과를 논의하고자 한다. 특히 제3장에서는 일본식 행정구역 명칭의 유입과 확산 과정에 주목하여 논의하고자 한다.

2. 일본 제국주의의 한국 행정구역 통폐합 과정

2.1. 조선토지조사사업의 목적

2.1.1. 한국의 토지 경제권 장악

1910년 9월 30일 공포된 칙령 제360호로 조선총독부 임시토지조사국의 관제가 마련되었다. 조선총독부 임시토지조사국은 조선토지조사사업을 완료하고 1918년 11월에 『朝鮮土地調査事業報告書』를 출간하여 한국토지조사사업의 진행 결과를 종합적으로 정리하였다. 이 보고서에 따르면 1910년 3월부터 조선 토지조사사업을 시작하여 1918년 말에 토지조사사업을 완료하였다고 한다.

『朝鮮土地調査事業報告書』의 목차를 통해 조선토지조사사업의 조사 내용을 간명하게 파악할 수 있다.

   (1) 『朝鮮土地調査事業報告書』의 주요 내용 목차
      제4장 所有權調査
         제1절 準備調査 제2항 調査方法
            제1 面洞里ノ名稱及疆界調査
            제2 土地申告書ノ取纏及整理
            제3 地方經濟及慣習調査
         제2절 一筆地調査
         제3절 分爭地調査
      제5장 地盤 測量
         제1절 三角測量
         제2절 圖根測量
         제3절 一筆地測量
         제4절 面積計算

제5절 製圖
　　제6장 地位等級調查
　　제7장 帳簿調查
　　제13장 地形測量

　(1)에서 보는 것처럼 조선 토지조사사업에서는 토지와 관련된 정보들이 조사되었다. '제13장의 지형 측량, 제5장의 지반 측량, 제4장 면동리의 명칭과 강계, 필지' 등은 토지의 공간적 정보를 조사한 것이다. 그러나 '제4장 소유권 조사, 土地 申告書의 취합과 정리, 제6장 지위등급조사, 제7장 장부 조사' 등은 토지의 경제적 정보를 조사한 것이다. 결국, 조선총독부의 조선 토지조사사업은 토지의 경제적 정보를 조사하기 위하여 토지의 공간적 정보를 필수적으로 조사한 것이었다. 토지의 공간적 정보를 조사하고 부차적으로 토지의 경제적 정보를 조사하였다고는 생각되지 않는다. 1920년에 간행된『朝鮮ノ土地制度及地稅制度調查報告書』는 토지 제도와 지세 제도 사이에는 불가분의 관계가 있음을 말해주고 있다.
　리진호(2006: 14)에 따르면, 손정목(1992: 122)은 조선총독부의 지방 행정 개혁의 목적을 군과 면의 수를 대폭 축소함으로써 통제력을 강화하고, 경비를 절감하는 것에 있다고 파악하였다. 그런데 손정목(1992: 122)의 주장은 두 가지 점에서 보충될 필요가 있다. 지방 행정구역의 변화는 일본 제국주의의 이익을 위해 시작되었으므로 '개혁'이란 용어를 사용하는 것은 적절치 않다. '지방 행정구역의 변경'이란 용어의 사용이 더 적절할 것으로 생각된다. 조선총독부의 '통제력 강화'의 측면에서도 조선 토지조사사업은 한국의 토지 경제권을 완전히 장악하는 데에 있었다는 사실을 염두에 두는 것이 조선 토지조사사업의 본질적 목적을 정확하게 이해하는 방법이라고 생각한다.

2.1.2. 한국의 토지 경제권 장악을 위한 행정구역 변경의 우선 기준

조선 토지조사사업의 목적으로 진행된 한국 행정구역 체계의 변경은 1개 면의 면적과 호수를 균등히 하여 한국의 토지 경제권을 효율적으로 장악하기 위한 것이었다. 이러한 사실은 1915년에 발행된 『朝鮮總督府施政年報大正三年』의 30쪽에서 1개 면의 평균 면적과 평균 호수를 제시한 것에서 알 수 있다.[1]

<표 1> 행정구역 통폐합 전후 1개 면의 평균 면적과 평균 호수

도별	면적	호수	부		군		면		1면 평균 면적		1면 평균 호수	
			폐전	폐후	폐전	폐후	폐전	폐후	폐전	폐후	폐전	폐후
경기도	771	334,883	2	2	38	20	487	250	1.6	3.1	688	1100
충청북도	490	136,291			18	10	199	114	2.5	4.3	685	1198
충청남도	552	208,291			37	14	387	175	1.4	3.2	538	1190
전라북도	539	219,639	1	1	27	14	380	188	1.4	2.9	578	1158
전라남도	932	354,263	1	1	28	22	447	275	2.1	3.4	793	1277
경상북도	1061	360822	1	1	40	23	514	272	2.1	3.9	702	1296
경상남도	779	323,234	2	2	27	19	453	259	1.7	3.0	711	1180

---

1 아래 표에서 '폐전'은 '폐합전'을 말한과 '폐후'는 '폐합후'를 말한다.

도별	면적	호수	부		군		면		1면 평균 면적		1면 평균 호수	
			폐전	폐후	폐전	폐후	폐전	폐후	폐전	폐후	폐전	폐후
황해도	1192	243,501			19	17	348	226	3.4	5.3	700	1077
평안남도	1049	204,621	2	2	17	14	299	169	3.5	6.2	684	1128
평안북도	2080	201,597	1	1	20	19	260	194	8.0	10.7	775	1032
강원도	1980	187,108			25	21	236	178	8.4	11.1	793	1051
함경남도	1878	191,309	1	1	13	16	190	142	9.9	13.2	1007	1310
함경북도	1088	81,028	1	1	10	11	122	75	8.9	13.8	664	1013
총계	14,389	3,045,586	12	12	317	220	4322	2521	3.3	5.7	705	1164

〈표 1〉에 제시한 면적의 단위는 方里이다. 方里는 일본의 면적 단위로 1 방리는 사방 1리 즉, 가로×세로 1리를 말한다. 일본의 1리는 조선의 10리에 해당한다고 한다. 〈표 1〉을 보면 1개 면의 평균 호수를 대략 1,100호를 기준으로 군과 면의 행정구역 통폐합이 이루어졌음을 알 수 있다.

2.2. 한국 행정구역 체계의 변경 과정

2.2.1. 임시토지조사국의 준비조사

1910년 8월 24일 임시토지조사국 고시 제2호가 공포되면서 조선총독부 임시토지조사국의 한국 행정구역 체계 변경을 위한 실질적인 조사 작업이 시작된 것으로 판단된다. 임시토지조사국 고시 제2호에서 토지신고서를 작성하여 제출할 것을 의무화했기 때문이다. 토지조사국 고시 제2호가 공포된 1910년 8월 24일 이전에는 토지조사사업의 계획을 준비했을 것이고, 토지조사사업의 실제 조사는 1910년 8월 24일 이후에 실시되었을 것으로 생각된다. 『局報』 1호 50쪽에는 1910년 10월에 '대구군 서동북부, 안산군, 시흥군, 과천군, 인천부' 등의 지역에서 일본인이 파견되어 준비조사를 시행한 사실이 기록되어 있다. 이때의 준비조사란 행정구역의 강계를 조사하고 토지신고서를 취합하는 것을 말한다.

임시토지조사국이 행정구역 명칭을 조사한 내용이 '행정구역명칭일람'이라 하여 『局報』에 다음과 같이 실려 있다. 종래의 군 명칭이 아니라 통폐합하기 위하여 조사된 군 명칭을 중심으로 제시한다.

〈표 2〉 준비조사로 작성한 지역별 행정구역 명칭 일람

도별	군별	게재지	발행일
경기도	양천군, 안산군, 김포군, 과천군, 시흥군, 통진군, 인천부, 강화군, 교동군, 강화군, 인천부	『국보』 7호	1911년 4월 25일
경상북도	대구군	『국보』 7호	1911년 4월 25일
경기도	양천군, 안산군, 김포군, 과천군, 시흥군, 인천부	『국보』 9호	1911년 6월 25일
경상북도	대구부, 고령군, 현풍군	『국보』 11호	1911년 8월 05일
경기도	통진군, 부평군, 교동군, 강화군	『국보』 11호	1911년 8월 05일
경기도	안산군	『국보』 18호	1911년 11월 20일
경상북도	자인군, 경산군	『국보』 18호	1911년 11월 20일
경상북도	지례군, 인동군, 경주군, 청송군, 청하군, 선산군, 의성군	『국보』 19호	1911년 12월 05일
충청북도	청주군, 영산군, 황간군, 영동군	『국보』 19호	1911년 12월 05일
충청남도	태안군	『국보』 19호	1911년 12월 05일
경상북도	의흥군, 개령군, 성주군, 군위군, 금산군	『국보』 20호	1911년 12월 20일
충청남도	연기군	『국보』 21호	1913년 6월 20일

도별	군별	게재지	발행일
충청북도	문의군, 보은군	『국보』 21호	1913년 6월 20일
충청남도	아산군, 회인군	『국보』 23호	1913년 6월 20일
경기도	풍덕군, 교하군	『국보』 23호	1913년 6월 20일
경기도	경성부	『국보』 24호	1913년 8월 05일
경상북도	상주군, 함창군	『국보』 24호	1913년 8월 05일
충청북도	옥천군	『국보』 24호	1913년 8월 05일
충청남도	공주군	『국보』 24호	1913년 8월 05일
충청남도	회덕군, 정산군	『국보』 29호	1913년 10월 20일
경상북도	안동군, 진보군, 장기군	『국보』 29호	1913년 10월 20일
경기도	장단군, 고양군	『국보』 30호	1913년 11월 05일
충청남도	임천군, 부여군, 청양군	『국보』 30호	1913년 11월 05일
경상북도	비인군, 영덕군, 신녕군, 연일군	『국보』 30호	1913년 11월 05일

'양천군, 안산군, 김포군, 과천군, 시흥군, 통진군, 인천부, 강화군, 교동군, 강화군, 인천부' 등의 '면동리명칭일람'은 『局報』에 2회 이상 게재되었다. 양천군처럼 동일한 내용을 반복해서 게재한 경우도 있고 인천부처럼 수록할 내용을 나누어서 게재한 경우도 있다. 결국 『局報』에서는 경기(2부, 18군), 충남(23군), 충북(7군), 전남(3군), 경북(1부, 34군), 경남(2군), 평남(6군) 등 모두 2부 94군 지역의 조사된 명칭을 게재하고 있다. 1914년 행정구역 개편 시 군의 수가 220개로 축소되었으므로 약 42% 정도의 군에 대한 행정구역 개편 명칭 일람을 게재한 것이다. 그런데 경기도 양천군의 경우에는 1914년 행정구역 개편 시 김포군에 통합되었다.[2]

---

[2] 〈표 2〉에 제시된 다른 군의 경우 1914년 행정구역 개편 시의 통폐합 여부를 검토하지 못하였다.

'면동리명칭일람' 가운데에 가장 이른 시기의 것은 1911년 4월 25일 발행된 局報 7호에 실린 경기도 지역과 경상북도 지역의 것이다.

〈표 3〉『局報』 7호 경기도와 경상북도의 면동리명칭일람

도	군	조사된 면
경기도	양천군	군내면, 加谷面, 三井面, 南山面, 將軍所面
경기도	안산군	군내면, 草山面, 聲串面, 北方面, 月谷面, 馬遊面, 仁化面, 大月面, 瓦里面
경기도	김포군	石閑面, 馬山面, 黔丹面, 蘆長面, 古縣內面, 高蘭台面, 臨村面
경기도	과천군	上西面, 下西面, 南面, 군내면, 東面, 상북면, 하북면
경기도	시흥군	군내면, 동면, 남면, 서면, 상북면, 하북면
경기도	통진군	군내면, 浦口串面, 所伊浦面, 月田面, 霞城面
경기도	인천부	黃等川面, 田反面, 新峴面, 鳥洞面, 南村面, 西面, 舊邑面, 朱安面, 多所面, 佛恩面, 부내면
경기도	강화군	吉祥面, 上道面, 下道面, 三山面, 南島面, 西島面
경기도	교동군	邑東面, 西面, 北面, 松南面
경기도	강화군	府內面, 三海面, 河陰面, 兩士面, 艮外面, 位良面, 仙源面, 長嶺面
경기도	인천부	부내면
경상북도	대구군	下守西面, 守縣內面, 守東面, 守北面, 上守西面, 下水南面, 上水南面, 月背面, 仁興面, 省平谷面

과천군의 경우 분리해서 개재되지 않고, 소속된 면 모두가 게재되었다. 그러나 강화군의 경우에는 『局報』 7호에 분리되어 게재되어 있다.

'면동리명칭일람'은 '종래의 명칭'과 '조사 명칭'의 대응 관계로 이루어졌다. '조사 명칭'은 '종래의 명칭'을 그대로 계승한 것도 있지만 종래 명칭 여럿을 통폐합한 명칭이거나 새로운 명칭인 경우도 있다. 面洞里調査一覽表의 실례는 다음과 같다.

(2) '면동리명칭일람표'의 사례

    가. 『局報』 7호 面洞里名稱調査一覽表

나. 金浦郡 陽東面(元陽川郡郡內面一圓 南山面一圓 將軍所面一圓
    〈局報 37호 附錄 面ノ名稱及區域〉
다. 金浦郡 陽東面 加陽里(陽川郡 郡內面 鄕校洞, 古陽里, 加麻洞,
    城才井里, 孔岩里, 南山面登村里鹽倉里各一部)〈(新舊對照)朝
    鮮全道府郡面里洞名稱一覽〉

(2가)는 경기도 양천군 군내면 지역의 '鄕校洞, 古陽里, 加麻洞, 城才 井里, 孔岩里' 등의 '종래 명칭'을 '조사 명칭'인 경기도 양천군 군내면 加陽洞으로 통폐합하여야 한다는 의견을 제시하고 있다. '조사 명칭'

加陽洞은 古陽里, 加麻洞에서 加를 古陽里에서 陽을 가져와서 작명된 것으로 판단된다. 결국 '鄕校洞, 城才井里, 孔岩里' 등의 동리 명칭은 행정구역 체계에서 퇴출당하였다.

(2나)와 (2다)를 보면 이 '조사 명칭'이 변경된 행정구역 명칭으로 자리 잡았음을 알 수 있다.[3]

『局報』 7호에 실린 (2가)와 같은 '면동리명칭일람'에는 오자가 있어서 추후 발행된 『局報』에서 정오표를 게재하고 있다. 다음의 〈그림 1〉는 『局報』 28호에 실린 '행정구역 명칭일람 정오표'로 『局報』 9호에 게재된 시흥군과 인천부의 동리 명칭 표기에 대한 정오표이다.

〈그림 1〉에서 시흥군의 老溫谷里는 老溫寺里의 잘못, 인천부의 上上井里는 上十井里의 잘못임을 지적하고 있다. 谷과 寺는 자형이 유사하지 않으므로 자료 작성 시의 부주의로 오자가 발생한 것이나 上과 十은 자형이 유사한 점이 있어 흘려 쓴 글자를 오인식한 것에서 발생한 것으로 생각된다.

또한, 인천부의 여러 동리 명칭이 한국의 전통 행정구역 단위를 사용한 것이 잘못된 것임을 지적하고, 洞을 일본식 행정구역 명칭인 町의 잘못임을 지적하고 있다.[4]

---

3 『局報』에 실린 조사 명칭이 1914년 행정구역 개편 시 그대로 수용되었는지는 검토하지 못했다.

4 『局報』에서는 행정구역명칭일람의 정오표를 여럿 게재하고 있는데, 이에 대해서는 전면적으로 검토하지 못하였다.

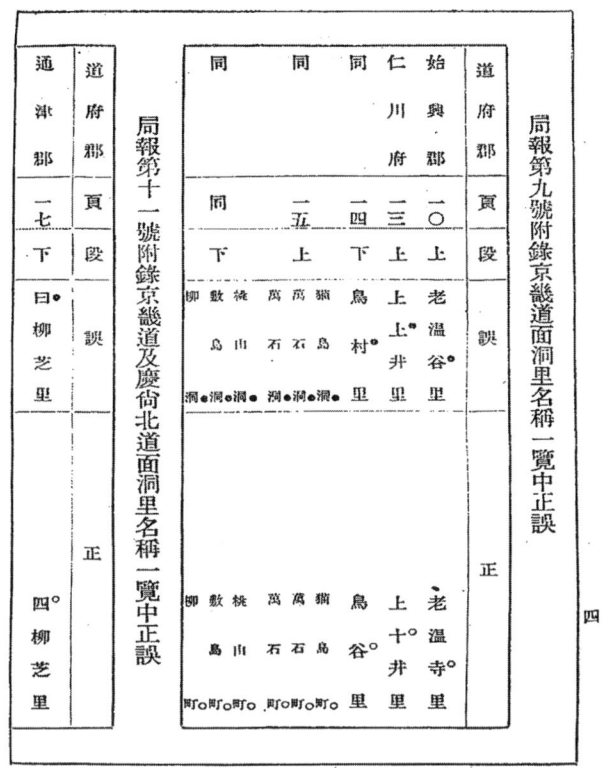

<그림 1> 『局報』 28 『局報』 9호 부록 경기도면동리명칭일람중정오

2.2.2. 한국 행정구역 변경 체계의 시행

가. 도, 부, 군의 위치, 관할구역 명칭

1913년 12월 29일에 공포된 조선총독부령 제111호로 '도의 위치, 관할구역 및 부군의 명칭, 위치, 관할구역' 등의 행정구역 체계가 변경되었다. 1915년의 『朝鮮總督府施政年報大正三年』의 30쪽에는 행정구역 변경의 결과로 폐합한 후의 군과 면의 수를 다음과 같이 제시하고 있음은 앞에서 이미 제시한 바 있다.

<표 4> 1914년 통폐합 전후의 부, 군, 면의 수

도별	부		군		면	
	폐합전	폐합후	폐합전	폐합후	폐합전	폐합후
경기도	2	2	38	20	487	250
충청북도			18	10	199	114
충청남도			37	14	387	175
전라북도	1	1	27	14	380	188
전라남도	1	1	28	22	447	275
경상북도	1	1	40	23	514	272
경상남도	2	2	27	19	453	259
황해도			19	17	348	226
평안남도	2	2	17	14	299	169
평안북도	1	1	20	19	260	194
강원도			25	21	236	178
함경남도	1	1	13	16	190	142
함경북도	1	1	10	11	122	75
총계	12	12	317	220	4,322	2,521

나. 면과 동리의 위치, 관할구역 명칭

한편, 부군 아래의 행정구역 단위인 면과 동리의 위치 및 관할구역은 각도의 부령으로 변경되었고, 조선총독부에 의해 변경된 행정구역 체계가 1914년 4월 1일부터 시행되었다. 『局報』37호 부록으로 간행된 『面ノ名稱及區域』에 따라 각 도의 도령을 제시하면 다음과 같다.

〈표 5〉 면과 동리의 위치 및 관할구역을 공포한 각도의 도령

도별	관련 법령	공포일	시행일
경기도	조선총독부경기 도령 제3호 面ノ名稱及區域	대정 3년 3월 13일	대정 3년 4월 1일
충청북도	조선총독부 충청북 도령 제2호 面ノ名稱及區域	대정 3년 3월 9일	대정 3년 4월 1일
충청남도	조선총독부 충청북 도령 제3호 面ノ名稱及區域	대정 3년 3월 16일	대정 3년 4월 1일
전라북도	조선총독부전라북도령 제2호 面ノ名稱及區域	대정 3년 3월 10일	대정 3년 4월 1일
전라남도	조선총독부전라북도령 제2호 面ノ名稱及區域	대정 3년 3월 2일	대정 3년 4월 1일
경상북도	조선총독부경상북도령 제2호 面ノ名稱及區域	대정 3년 3월 16일	대정 3년 4월 1일
경상남도	조선총독부경상남도령 제2호 面ノ名稱及區域	대정 3년 3월 1일	대정 3년 4월 1일
황해도	조선총독부황해도령 제2호 面ノ名稱及區域	대정 3년 3월 23일	대정 3년 4월 1일
평안남도	조선총독부평안남도령 제2호 面ノ名稱及區域	대정 3년 3월 1일	대정 3년 4월 1일
평안북도	조선총독부평안북도령 제5호 面ノ名稱及區域	대정 3년 3월 13일	대정 3년 4월 1일
강원도	조선총독부강원도령 제2호 面ノ名稱及區域	대정 3년 3월 11일	대정 3년 4월 1일
함경남도	조선총독부함경남도령 제2호 面ノ名稱及區域	대정 3년 3월 5일	대정 3년 4월 1일
함경북도	조선총독부함경북도령 제1호 面ノ名稱及區域	대정 3년 3월 18일	대정 3년 4월 1일

1916년에 간행된 『朝鮮土地調查事業槪覽大正4年度』의 제1장 '사무처리의 상황 제1항 동리의 정리'에서는 면의 하위 행정구역 단위인 동리의 통폐합 결과를 다음과 같이 제시하고 있다. 1912년 『地方行政區域

名稱一覽』[5]의 부록으로 실린 府郡面洞里數 표에서는 각 도별 동리의 수를 다르게 제시하고 있어, 함께 제시한다.

〈표 6〉 통폐합 전후의 각 도별 동리 수

도별	조사전의 동리수	조사후의 동리수	증감보합	1912년 동리 수
경기도	4,808	2,588	감 4할 62리	5,081(5,131)
충청북도	3,898	1,553	감 6할 1리	3,728
충청남도	7,185	2,250	감 6할 86리	7,525
전라북도	6,817	1,779	감 7할 29리	7,166
전라남도	10,143	3,131	감 6할 81리	10,184
경상북도	7,401	3,225	감 5할 64리	7,220(7,427)
경상남도	4,330	2,692	감 2할 692리	4,515(4,888)
황해도	3,664	1,755	감 5할 20리	3,884
평안남도	2,229	1,827	감 1할 80리	2,349(3,028)
평안북도	837	847	감 11리	3,038
강원도	1,348	864	감 3할 59리	3,087
함경남도	1,227	1,177	감 40리	3,279
함경북도	581	475	감 1할 82리	1,476
합계	54,469	24,262	감 5할 63리	62,532(63,845)

'평안북도, 강원도, 함경남도, 함경북도' 등의 경우에는 1912년의 동리 수와 조사전의 동리 수가 큰 차이를 보인다. 이러한 차이가 나타난 이유를 앞으로 규명할 필요가 있다. 한편 다른 도의 경우에도 조사 전의

---

5 이 자료는 1985년 태학사에서 '舊韓國地方行政區域名稱一覽'이란 명칭으로 영인되어 간행된 것을 말한다. 이 자료를 『地方行政區域名稱一覽』으로 말한 이유는 뒤에서 언급하였다.

동리수와 1912년의 동리 수 간에 큰 차이는 없지만, 다소 간의 차이를 보인다. 이러한 경우에도 그 이유를 규명하는 작업이 필요하다.

2.2.3. 시가지 계획의 추진과 확대

『朝鮮土地調査事業報告書』(1918: 70-71)에 따르면 '京城, 水原, 仁川, 大邱, 釜山' 등의 지역은 1912년 5월 이전에 시가지 계획이 추진되었다. 국가기록원에는 1911년 8월 9일 측량을 시작하여 1911년 11월 30일 측량을 완성한 '대구면시가지원도' 68매가 보관되어 있다. 이 시가지 원도의 일부를 보이면 다음과 같다.

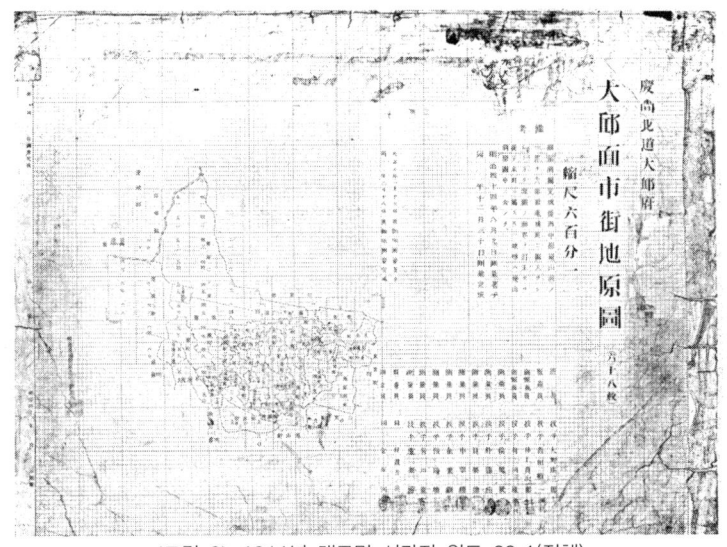

〈그림 2〉 1911년 대구면 시가지 원도 68-1(전체)

〈그림 2〉에 제시한 '대구면시가지원도'에는 일본식 행정구역 명칭이 기재되어 있다. '京町, 東城町' 등의 일본식 행정구역 명칭이 제시되어 있다.

1912년 5월에는 特設調查班이 구성되어 '開城, 淸州, 公州, 大田, 江景, 全州, 群山, 光州, 羅州, 木浦, 金泉, 馬山, 晉州, 海州, 平壤, 鎭南浦, 義州, 新義州, 元山, 咸興, 淸津, 鏡城, 會寧, 羅南' 등의 지역에 시가지 계획이 착수되었다. 이 시가지 계획은 인구 집단 거주지의 地稅를 시급히 준비할 필요성에 따른 것이었다.

시가지 계획은 1945년에 이르기까지 지속해서 추진된 것으로 보이며 구체적으로는 행정구역 단위의 위상을 격상하는 방식으로 추진된 것으로 보인다. 즉 군이 부로, 면이 읍으로 그 위상이 격상되는 방식으로 진행되었다. 연도별 『朝鮮總督府施政年報』에 따르면 이와 같은 행정구역 단위 위상을 격상하는 방식은 1931년부터 시작되었다.

부의 경우 1931년부터 12부에서 14부로 확대되어, 1936년 17부, 1937년 18부, 1938년 19부, 1939년 20부, 1940년 21부, 1941년 20부, 1944년에 이르러서는 22개의 부로 확대되었다.

읍의 행정구역 단위도 1931년부터 도입되어, 1931년 41읍제를 시행한 것으로 시작하여 1944년에 이르러서는 123읍제가 시행되기에 이르렀다.

구의 행정구역 단위는 1943년 6월 10일 경성부에서 시행되었다. 그리하여 경성부에는 '鍾路區, 中區, 東大門區, 城東區, 西大門區, 龍山區, 永登浦區' 등의 7개 구제가 시행되었다.

이상과 같은 시가지 영역의 확대는 일본식 행정구역 명칭 확산으로 이어졌다. 이에 대해서는 3장에서 논의하기로 한다.

2.3. 한국 행정구역 통폐합 규정 자료와 내용

한국 행정구역 통폐합과 명칭 변경 원칙 관련 규정 자료에는 다음과 같은 것이 있다.

(3) 가. 1913년 6월 7일 조선총독부 임시토지조사국 調査規程 조선총독
부 훈령 제33호
나. 1915년 『局報』 62호 호외 임시토지조사국 準備調査規程, 제10
조부터 제16조까지
다. 1916년 조선총독부 임시토지조사국 『朝鮮土地調査事業槪覽』,
제1장 事務處理ノ狀況 제1항 洞里ノ整理
라. 1918년 조선총독부 임시토지조사국 『朝鮮土地調査事業報告書』
제4장 所有權調査 제1절 準備調査 제2항 調査方法 제1 面洞里の
名稱及疆界調査
마. 1920년 2월 20일 『朝鮮土地地稅制度調査報告書』 제15편 제3장
行政區域ノ調査 제2절 洞里ノ整理

(3나)는 1915년(대정 3) 3월 4일에 임시토지조사국장이 훈령 제7호로 공포한 것이다. '(3가), (3다), (3라), (3마)' 등의 조사 규정은 (3가)의 조사 규정과 크게 다르지 않거나 부분적인 내용을 담고 있다. (3나)의 내용을 소개하면 다음과 같다.

(4)[6] 제10조 동리의 명칭과 강계 조사는 임시토지조사국 조사규정 제1
조에 의하여 조사하며 동리의 구역 또는 명칭을 변경할 필요가
있을 때는 지방청과 협의할 것.
제11조 전조의 협의를 하였을 때는 되도록 아래 방침에 따를 것.
1. 면내에 명칭을 같이 하는 동리가 있을 때는 비교적 저명한 것을

---

6 임시토지조사국 준비조사규정은 일본어로 작성되었다. 여기의 번역은 리진호(2006)의 것을 대부분 가져온 것이다. 다만 극히 일부를 필자가 수정하였다.

존치하고 다른 한편을 변경할 것.
2. 둘 이상의 명칭이 있을 때는 비교적 넓게 쓰는 명칭에 의할 것.
3. 같은 음이나 또는 유사한 동리명은 되도록 이를 피할 것.
4. 새로 명칭을 정하려 할 때는 되도록 그 토지와 같은 관계가 있거나 또는 일반적으로 알기 쉬운 것을 선정할 것.
5. 동리를 합병할 때에는 동리를 나누지 않고 되도록 전부를 그대로 합병할 것.
6. 산악, 하천 등과 멀리 있는 부락 또는 산간에 두입(斗入)한 부락이라도 심히 불편하지 않는 한 현재대로 조사할 것.
7. 고산준령 또는 큰 하천에 둘러싸여 있거나 혹은 다른 부락과 멀리 떨어져 풍속, 관습 등을 달리 하는 것은 면적이 협소한 동리라도 분합하지 말 것.
8. 동리 분합 조사 때 그 동리의 재산 처분에 관하여 지방민의 분쟁을 야기할 우려가 있다고 인정할 때에는 분합하지 말 것.
9. 동리의 분합과 강계의 변경에 관하는 미리 지방민의 의도를 알아 면장, 리·동장 등이 의견을 참작하여서 지방민의 소요를 야기하는 것과 같은 일이 없도록 할 것.

제12조 인구집단지의 동리명 또는 町名은 아래 각 호에 의하여 조사할 것.
1. 일선(日鮮) 같은 명칭을 부르는 같은 지역으로서 그 일본 정명이 지방 관헌 또는 공공단체에서 인정한 것은 그 정명에 의할 것.
2. 도로의 양측에 정명을 달리하는 경우에는 같은 호칭에 의하여 정리하는 것이 가하다고 할 때는 비교적 넓게 쓰는 한편의 정명에 의할 것.

제13조 동리명의 강계가 도로, 구거, 하천, 산령 또는 해면에 접할 때는 그 강계순은 임시토지 조사국 조사규정 제2조의 규정에 따라 조사할 것.

제14조 새로 동리의 경계를 정하는 경우에는 되도록 아래 순서에

의하여 이를 선정할 것.
1. 산령의 분수령 또는 합수선
2. 하천
3. 구거
4. 도로
5. 제방, 밭둑, 기타 이에 준하는 지물

제15조 동리의 경계 변경 또는 비지 정리의 경우에 부군 경계 또는 도 경계에 영향을 미치는 것은 속히 지방청과 협의를 할 것. 전항의 협의를 하였을 때는 약도를 첨부하여 곧 그 취지를 본국에 보고할 것.

제16조 동계가 부군계 또는 도계에 관계가 있는 경우에 필요가 있을 때는 부군리원(吏員) 또는 도리원(道吏員)의 입회를 구할 것
〈준비조사규정〉

(4)의 내용을 '행정구역의 통폐합 기준, 행정구역 경계의 확정 기준, 통폐합 행정구역 명칭 제정 기준, 행정구역 명칭 제정 기준, 관련자와의 협의 절차' 등의 관점에서 재정리하여 제시하면 다음과 같다.

〈표 7〉 한국 행정구역 변경 원칙에 대한 분석

구분	관련 조항
행정구역 통폐합 기준	제11조 제5항, 제11조 제6항, 제11조 7항
행정구역 경계의 확정 기준	제13조, 제14조
통폐합 행정구역 명칭 제정 기준	제11조 제1항, 제12조 제1항, 제12조 제2항
양립 행정구역 명칭 제정 기준	제11조 제2항, 제11조 제3항 제11조 제4항
협의 절차	제10조, 제15조, 제16조

행정구역 통폐합이 행정구역 단위의 간소화를 위한 것이므로 행정구역 통폐합 기준은 '군, 면, 동리' 등의 둘 이상 행정구역 단위를 하나의 동리를 합칠 경우의 기준을 말하는 것으로 판단된다. 둘 이상의 행정구역 단위가 하나의 명칭으로만 불리게 되어 새로운 명칭 제정에 관여되지 않은 동리 명칭은 다시는 행정구역 체계에서 사용되지 않게 되었다.

행정구역 경계의 확정 기준이란 통폐합된 행정구역의 경계를 정의할 때에 사용하는 기준을 말한다. 제14조는 '1. 산령의 분수령 또는 합수선, 2. 하천, 3. 구거, 4. 도로, 5. 제방, 밭둑, 기타 이에 준하는 지물' 등으로 경계의 확정 기준을 제시하고 있다.

통폐합 행정구역 명칭 제정 기준은 여러 동리 명칭을 하나의 동리 명칭으로 통합할 경우에 어떤 명칭으로 정할지에 대한 기준을 제시한 것이다. 통폐합 대상이 되는 동리 명칭 중에서 저명한 동리 명칭을 우선하여 채택한다는 기준을 제시하고 있다.

양립하는 행정구역 명칭 제정 기준은 어느 하나의 동리에 대한 명칭이 둘 이상 사용될 때 저명한 것을 우선해야 한다는 기준을 제시하고 있다. 특히 어느 하나의 동리에 대해 한국 고유의 행정구역 명칭과 일본식 행정구역 명칭이 양립했을 경우 일본식 행정구역 명칭을 우선한다는 기준을 제시한 것이다. 일본식 행정구역 명칭은 1876년 개항 이후 일본 거류지가 증가하면서 일본인들이 거주하는 곳을 일본식 행정구역 명칭으로 지칭하면서 발생한 것이다. 일본식 행정구역 명칭에 대해서는 뒤에서 후술하도록 한다.

행정구역을 통폐합하고 경계를 정의할 때에는 해당 지방청과 토지 소유자와 협의 절차를 거쳐야 함을 명시하고 있다. 해당 지방청의 경우에는 행정구역 통폐합에 따른 불이익이 극히 적겠지만 토지 소유자의 경우에 행정구역 통폐합에 따른 불이익이 매우 많은 경우도 있었을 것으로 생각된다. 이러한 경우에 토지 소유자의 의견이 얼마나 반영되었는가의 문제가 있다.

한편, 1913년 6월 7일의 조선총독부 임시토지조사국 조사규정 조선총독부 훈령 제33호에는 비지(飛地)가 있을 때 정리한다는 내용과 1920년 2월 20일에 간행된 『朝鮮土地地稅制度調査報告書』 제15편 제3장 행정구역의 조사 제2절 동리의 정리에는 '비지(飛地) 또는 심한 두입지(斗入地)'를 정리한다는 조항이 있다.

3. 일본 제국주의의 한국 행정구역 체계 변경의 결과

3.1. 1912년 『地方行政區域名稱一覽』 집록 작업의 오류

1912년 5월에 간행된 『地方行政區域名稱一覽』[7]의 범례에 따르면 이 자료에 실린 道府郡面別 동리 명칭은 1912년 1월까지 조선총독부에서 道府郡面別 동리 명칭을 집록한 것이라 한다. 다만 이 자료는 1912년 1월 당시까지 존재했던 일본 등 각국 거류지의 동리 명칭을 수록하지 않았다고 범례에서 언급하고 있다.

1911년 5월 27일 조선총독부 관보에는 조선총독부경기도 고시 제16호의 내용이 다음과 같이 실려 있다.

---

7 태학사에서 간행한 '舊韓國地方行政區域名稱一覽'에서는 부록 府郡面洞里數가 누락되어 있다.

〈표 8〉 조선총독부경기도 고시 제16호의 내용

面名	名稱竝區域	舊名稱並區域
郡內面	加陽洞	鄕校洞·高陽里·加麻洞·城才井里·孔岩里
	麻谷里	後浦里·麻谷里
三井面	傍花洞	井谷里·雊幅里·菱里
	開花洞	內浮石里·外浮石里·相思洞·開花里
加谷面	果海里	獐山里·新定里[8]·外果里·內果里
	松亭里	小栗里·每亭里·訥語里
	內鉢山里	內鉢山里·元堂里
南山面	木洞	月村里·內木里·外木里
	禾谷里	陵洞·盤谷里·禾谷里·驛村里
將軍所面	新堂里	新月里·古音月里·堂谷里
	新亭里	銀杏亭里·新機里·天新里

　　1911년 4월 25일에 발행된 『局報』 7호 91쪽에 실린 '면동리명칭조사 일람표'에 따르면 〈표 8〉에 제시된 '加陽洞, 麻谷里, 傍花洞, 開花洞, 果海里, 松亭里, 內鉢山里, 木洞, 禾谷里, 新堂里, 新亭里' 등은 기존의 동리 명칭을 통폐합한 명칭이다. 그런데 1912년 『地方行政區域名稱一覽』의 양천군 조에는 '加陽洞, 麻谷里, 傍花洞, 開花洞, 果海里, 松亭里, 內鉢山里, 木洞, 禾谷里, 新堂里, 新亭里' 등이 각 면의 동리 명칭으로 기록되어 있다. 따라서 1912년 『地方行政區域名稱一覽』을 '舊韓國地方行政區域名稱一覽'으로 지칭한 것은 잘못된 것이다.[9]

　　1912년 『地方行政區域名稱一覽』의 집록 과정은 현재 잘 알 수 없다.

8　新定里는 新旋里의 오기이다.
9　이 자료는 1985년 태학사에서 '舊韓國地方行政區域名稱一覽'이란 명칭으로 영인되어 간행되었다.

이 자료는 집록 작업으로 자료를 구성한 것이므로 동리 명칭의 지명 표기에 관련된 여러 정보를 제공해 주기도 하고 또한 오류도 보여주고 있다. 『朝鮮地誌資料』 경기도편의 자료를 정리한 경기문화재단편(2008) 에서는 『朝鮮地誌資料』의 동리 명칭이 1912년 『地方行政區域名稱一覽』과 다른 경우를 언급하고 있다. 여러 유형이 나타나고 있는데 다음과 같다.

〈표 9〉 『朝鮮地誌資料』 와 1912년 『地方行政區域名稱一覽』의 동리명 표기 대조 유형

구분	유형	군명과 면명	동리명	한글표기	1912 동리명
가.	의미가 유사하지만 다른 글자를 사용한 경우	水原郡 土津面	漁沼里		漁淵里
나.	이체자를 사용한 경우	水原郡 梅谷面	好梅寔		好梅實
다.	발음 변화를 반영하여 표기한 경우	龍仁郡 水余面	禮直里		禮眞里
라.	생략표기를 반영한 경우	江華郡 볷音島	볷音島		甫音島
마.	약식 표기를 반영한 경우	竹山郡 南一面	上佳里	웃감이	上佳業里
바.	훈차 표기와 음차 표기가 대응된 경우	金浦郡 馬山面	葛山里	갈미울	葛梅里
사.	관계가 미상인 경우	振威郡 二北面	山巨里	압거리	山直里
아.	오자	水原郡 貢鄕面	德右里		德古里

〈표 9가〉에 제시한 동리 명칭 '漁沼里/漁淵里'의 대응에서 沼와 淵은 유사한 의미의 한자를 사용하여 동리 명칭을 표기한 것이다. 동리 명칭

이 훈차 표기된 것임을 말해주고 있다. 이러한 경우로 '守禦倉里[防禦廳里](振威郡 五朶面), 龍潭[龍澤](漣川郡 官仁面)' 등이 더 있다.

〈표 9나〉에 제시한 동리 명칭 '好梅寀/好梅實'의 대응에서 寀과 實은 이체자 관계에 있다. 이러한 경우로 '犁村里/보십고기[犁村里](楊平郡 郡內面), 茐城洞[芿城洞](江華郡 佛恩面)' 등이 더 있다.

〈표 9다〉에 제시한 동리 명칭 '禮直里/禮眞里'의 대응에서 眞은 동리 명칭의 표면적인 발음형을 표기한 것이다. 곧 禮直里는 '예직리' 정도를 표기한 것인데 '예직리〉예직니〉예징니〉예진리' 등의 발음 변화를 반영하여 동리 명칭 표기에 眞이 사용된 것으로 파악된다. 이러한 경우로 다음과 같은 경우가 더 있다.

(5) 발음 변화를 반영한 동리 명칭 표기의 예
佳辰浦[佳岑里](通津郡 半伊村面), 高垈岩/고더미[高潭里](利川郡 草面), 金光里[金鋼里](安城郡 大門面 金光里), 大秋洞/디츄[大棗洞](振威郡 松庄面), 令淸洞[寧淸洞](安城郡 辰頭面), 馬屯里/맛둔리[晩屯里](安城郡 加洞面), 馬蹄里/마-지[馬智里](積城郡 西面), 莫谷里[毛谷里](振威郡 餘方面), 白岩里[白岸里](竹山郡 近三面), 山直村/손즉말[山眞村](陽城郡 升良院面), 愛我里/익야쏠[我也里](楊平郡 邑內面), 玉井里[玉獐里](安城郡 大門面 玉井里), 院下里[浣下里](陰竹郡 郡內面), 隱垈里[音垈里](麻田郡 禾津面), 長西里[長沙里](陽城郡 金谷面 長西里), 長承峴[長牲峴](水原郡 梅谷面), 直洞里/직골[眞洞里](抱川郡 外所面), 杏山里[香山里](金浦郡 高蘭台面), 黃庭里/황졍들[黃進里](楊平郡 上北面)

〈표 9라〉에 제시한 동리 명칭 '乶音島/甫音島'의 대응에서 乶의 乙은 말음첨기 글자로 이러한 말음첨기는 흔히 표기되지 않기도 한다. 이러

한 경우로 '朰島[末島](江華郡)'가 더 있다.

〈표 9마〉에 제시한 동리 명칭 '上佳里/웃갬이/上佳業里'의 대응에서 上佳里는 上佳業里의 단축 표기로 생각해 볼 수 있다. 대체로 3음절을 지향해서 上佳里와 같은 표기가 나타난 것으로 생각된다. 이러한 단축 표기로 다음과 같은 것들이 더 있다.

(6) 棹頭里/도두정[棹頭亭里](平澤郡 慶陽面), 桃林里[桃里](仁川府 南村面), 東注里[東注院里](竹山郡 南面), 麻造里/안쏠[麻造浦](通津郡 所伊浦面), 培養洞[培養寺](水原郡 文市面), 上加里/웃갓칠암이[上加七岩里](竹山郡 西三面), 上高里[上高松里](楊平郡 上東面), 上廣灘里[上灘里](楊平郡 下北面), 西亭里/셔졍ᄌ[西亭子里](平澤郡 南面), 新牙宮洞[新牙里](安城郡 松竹面), 外加川/벌기쳔[加川](陽城郡 元堂面), 月井內里/다라물[內里](竹山郡 南二面), 車灘川[車灘里](漣川郡 郡內面), 下佳里/아리갬이[下佳業里](竹山郡 南一面), 下加里/아리갓치람이[下加七岩里](竹山郡 西三面), 下高里/아리고실[下高松里](楊平郡 上北面), 下廣灘里[下灘里](楊平郡 下北面)

〈표 9바〉에 제시한 동리 명칭 '葛山里/갈미울/葛梅里'의 대응에서 山은 훈차 표기이고, 梅는 음차 표기이다. 이러한 경우의 대응을 보여주는 것으로 '佳泉/가츄물[鵲泉](陽城郡 九千里面), 五金里[五釗里](富平郡 注火串面), 鼎丹里/솟단이[所丹里](驪州郡 加西面)' 등이 더 있다.

〈표 9사〉에 제시한 동리 명칭 '山巨里/압거리/山直里'의 대응은 그 관계가 잘 파악되지 않는다. 이러한 경우로 '葛薪山/가셥갈뫼[薪葛山](利川郡 大面), 羔浦洞[至浦洞](南陽郡 細串面), 山花洞[一花洞](南陽郡 禾尺只面), 上箕洞[上安洞](南陽郡 楮八里面), 松里洞[松峙洞](南陽郡 麻道

面), 吾林里[吾尼山里](通津郡 大坡面), 塔院[塔峴](水原郡 堰北面), 杏亭里[山亭里](龍仁郡 道村面)' 등이 더 있다.

〈표 9아〉에 제시한 동리 명칭 '德右里/德古里'의 대응에서 어느 한쪽은 오류이다. 이 경우에 右와 古가 자형이 유사하여서 어느 한쪽이 오류를 보인 것으로 판단된다. 이러한 경우로 다음과 같은 경우들이 발견된다.

〈표 10〉 유사한 자형으로 인한 동리명 표기의 오류 사례

유사 글자	오류 사례
澗/潤	澗洞/관앙기[潤洞](驪州郡 大松面)
葛/萬	葛坪里[萬坪里](振威郡 所古居面)
甘/大	大甘里[大日里](楊平郡 南始面)
巨/匡	龍巨洞/용거머이[龍匡洞](驪州郡 首界面)
癸/祭	癸田/계밧[祭田里](驪州郡 介軍山面)
宮/官	宮村[官村](水原郡 章洲面), 宮坪里[官坪里](廣州郡 都尺面)
宮/弓	全宮洞[全弓洞](龍仁郡 南村面)
錦/歸	錦堂洞[歸堂洞](南陽郡 麻道面)
箕/質	下箕洞[下質洞](南陽郡 楮八里面)
垈/芝	草垈谷/새실[草芝谷](利川郡 草面)
卵/卯	卵洞/아롱기[卯洞](安城郡 西里面)
里/野	吉里洞[吉野洞](廣州郡 九川面)
梨/楸	下梨洞/아리가리울[下楸洞](永平郡 南面)
滿/漏	斗滿里[斗漏里](坡州郡 廣灘面)
目/月	葛目里/칠월리[葛月里](抱川郡 山內面)
門/間	門峴里[間峴里](楊平郡 郡內面)
文/交	文岩里/셜아위[交岩里](楊平郡 南始面)
洑/洑	洑村[洑村](水原郡 北部面), 洑村[洑村](水原郡 章洲面)

유사 글자	오류 사례
甫/南	甫羅洞[南羅洞](龍仁郡 器谷面)
甫/肅	甫谷里[肅谷里](水原郡 梅谷面)
射/財	射亭里[財亭里](抱川郡 山內面)
西/母	近西里[近母里](陰竹郡 南面)
栖/柏	栖峰[柏峯](水原郡 水北面)
沼/治	巖沼里[巖治里](楊平郡 北上道面)
束/東	束沙串里/쇽시쏘지[東沙串里](金浦郡 黔丹面)
釗/釘	釗丁里[釘丁里](水原郡 日用面)
水/木	內水谷里[內木谷里](竹山郡 近三面)
宿/富	宿近洞[富近洞](江華郡 河陰面)
冶/治	冶谷里/풀무골[治谷里](楊平郡 西始面), 冶洞里/풀무골[治洞里](交河郡 衙洞面)
陽/湯	新陽洞/싱니[新湯洞](驪州郡 北面)
淵/洞	淵村[洞村](驪州郡 州內面)
右/古	德右里[德古里](水原郡 貢鄕面)
牛/分	牛院里[分院里](楊平郡 南終面)
佑/佐	德佑里[德佐里](水原郡 葛潭面), 德佑里[德佐里](水原郡 靑龍面)
乫/石	乫(-ㅣ)內里/올안이[石內里](通津郡 月餘串面)
由/田	巢由里/쇼류실[巢田里](驪州郡 金沙面)
六/大	六校洞[大校洞](南陽郡 水山面)
場/陽	場山里[陽山里](水原郡 台村面)
全/金	全朱洞[金朱洞](廣州郡 旺倫面)
頂/項	瑟頂洞[瑟項洞](南陽郡 麻道面)
鳥/島	鳥峴洞[島峴洞](廣州郡 慶安面), 鳥峴里/새재골[島峴里](永平郡), 鳥峴里[島峴里](楊平郡 上東面)
洲/丹	古洲洞[古丹洞](水原郡 貢鄕面)
紙/低	紙所洞[低所洞](水原郡 北部面)
贊/賢	佐贊里/좌젼[佐賢里](竹山郡 遠一面)

유사 글자	오류 사례
村/川	美里村/미리니[美里川](陽城郡 金谷面)
板/校	板村/향교말[校村](振威郡 郡內面)
海/梅	海谷/희실이[梅谷](龍仁郡 水余面)
行/竹	盛行洞[盛竹洞](水原郡 東北面), 行尋村/한심이[竹尋村](陰竹郡 西面)
虎/處	虎洞/범숫[處洞](驪州郡 近東面)
華/莘	華村[莘村](水原郡 章洲面)

　동리 명칭의 차자 표기와 더불어 한글 표기가 제시된 경우는 유사한 자형의 글자로 차자 표기된 동리 명칭 표기 중 어느 쪽이 오류인지를 쉽게 판단할 수 있다. 그런데 한글 표기가 제시되지 않은 경우에 오류 표기를 판정하는 일은 쉽지 않다.

　1912년 『地方行政區域名稱一覽』에 수록된 동리 명칭 표기 중 오류가 된 것에 대해서는 지방별로 관심을 가지고 오류를 바로잡는 작업이 진행된 것으로 생각된다. 이러한 작업의 사례로 1914년 6월 13일 경기도 장관은 다음과 같이 『地方行政區域名稱一覽』과 상이한 동리 명칭을 조사한 표를 작성하여 내무부 장관에 공문(CJA0002568[10])을 보낸 사실을 들 수 있다. 이 공문에서 말한 『地方行政區域名稱一覽』이 1912년에 작성된 것을 말하는지는 분명치 않다. 참고로 1912년 작성된 『地方行政區域名稱一覽』의 동리 명칭을 함께 제시한다.

10　이 번호는 국가기록원 관리 번호이다.

〈표 11〉『地方行政區域名稱一覽』과 상이한 경기도의 동리명 명칭 조사표

郡名	面名	洞里名	舊府郡名	舊面名	舊洞里名	대조[11]	1912년 자료
고양군	숭인면	里門洞				누락	
시흥군	서이면	安養里	과천군	군내면	安陽里	養/陽	安陽里
부천군	서곶면	長丘島	부평군	모월곶면	長口島	丘/口	長口島
수원군	일신면	紙所洞	수원군	북부면	低所洞	紙/低	低所洞
이천군	雪星面	孝竹村	음죽군	원북면	孝竹里	村/里	孝竹里
강화군	부내면	稼串洞	강화군	부내면	串洞	稼/결	稼串洞
파주군	광탄면	斗滿里	파주군	광탄면	斗漏里	滿/漏	斗漏里
파주군	임진면	沙[牧/鳥]里	동군	마정면	沙[堥12/鳥]里	[牧/鳥]/[堥13/鳥]	沙[堥14/鳥]里
개성군	영남면	昭陵里	개성군	영북면	韶陵里	昭/韶	韶陵里
개성군	동면	半程里	동군	동면	伴程里	半/伴	伴程里
양평군	양동면	石隅里	양평군	상동면	石里隅	隅里/里隅	石里隅
여주군	가남면	鼎丹里	여주군	가서면	所丹里	鼎/所	所丹里
고양군	은반면	[石乞]牛洞	경성부	은반면	砲手洞	[石乞]牛/砲手	砲手洞
동군	숭인면	上月谷	동부	인창면	上月里	谷/里	月谷上里
안성군	읍내면	實旺里	안성군	북리면	寶旺里	實/寶	寶旺里
동군	대덕면	深頭里	동군	소촌면	洑頭里	深/洑	洑頭里
이천군	모가면	加垌	이천군	가면	加洞	垌/洞	加洞
강화군	화개면	蘭井里		교동군	서면	[筒]井里	蘭/[筒]	[筒]井洞
양평군	고읍면	新村里	양평군	고읍면	新垈里	村/垈	新垈里

---

11 여기의 대조표는 필자가 작성한 것이다. 원문서에는 수정해야 할 글자에 동그라미를 표시하고 있다.
12 土 자형 없음
13 土 자형 없음
14 土 자형 없음

〈표 11〉에는 여러 유형의 동리 명칭 표기 오류가 지적되어 있다. 자형이 유사하여 오류가 발생한 것을 지적하고 있으며, 또한 동일한 음으로 표기된 것까지도 오류로 판단하고 있다. 〈표 11〉과 같은 자료가 중요한 까닭은 新垈里를 新村里의 오류라고 당시 사람들이 지적한 점이다. 시간이 지난 오늘날에는 新垈里를 오류로 판단하기가 매우 어렵다.

이상과 같이 1912년의 『地方行政區域名稱一覽』은 집록의 작업을 거치고 교정을 보는 데에 소홀히 하여 동리 명칭 표기에 많은 오류를 만들어 낸 것으로 생각된다.

3.2. 인위적 행정구역 명칭의 양산과 편의주의적 행정구역 개편

균등한 면적과 균등한 호수를 고려하여 행정구역 통폐합이 진행되었기 때문에 전통적인 행정구역 명칭이 행정구역 체계에서 퇴출당하였고, 또 인위적 행정구역 명칭이 양산되었다. 1911년 4월 5일 발행된 『局報』 7호에 실린 경기도 양천군의 행정구역 통폐합 명칭 일람표를 통하여 인위적 행정구역 명칭이 양산된 사실을 이해할 수 있다. 아래에서 '조지'는 『조선지지자료』를 말한다.

〈표 12〉 경기도 양천군의 행정구역 통폐합 사례

호구총수			1899[15]			1911 局報 7호		1912	1917		
현명	면명	동리명	군명	동리명	동리명	종래명칭	조사명칭	동리명	군명	면명	동리명
陽川	縣內面	鄕校洞里	郡內面	鄕校洞		鄕校洞	加陽洞	加陽洞	金浦郡	陽東面	加陽里
陽川	縣內面	古陽里	郡內面	古陽里		古陽里					
陽川	縣內面	麻堂里	郡內面	加麻堂里	加陽洞	加麻堂					
陽川	縣內面	成才亭里	郡內面	城才井里		城才井里					
陽川	縣內面	孔巖里	郡內面	孔巖里		孔岩里					
陽川	縣內面	後浦里	郡內面	後浦里	麻谷里	後浦里	麻谷里	麻谷里	金浦郡	陽東面	麻谷里
陽川	縣內面	麻谷里	郡內面	麻谷里		麻谷里					
陽川	加背谷面	元堂里	加谷面	元堂里	內鉢山里	元堂里	內鉢山里	內鉢山里	金浦郡	陽西面	內鉢山里
陽川	加背谷面	內鉢山里	加谷面	內鉢山		內鉢山里					
陽川	加背谷面	外鉢山里	加谷面	外鉢山	外鉢山里	外鉢山里	外鉢山里	外鉢山里	金浦郡	陽西面	外鉢山里
陽川	加背谷面	訥語里	加谷面	訥語里		訥語里	松亭里	松亭里	金浦郡	陽西面	松亭里
陽川	加背谷面	小栗里	加谷面	小栗里	松亭里	小栗里					
陽川	加背谷面	松亭里	加谷面	松亭里		松亭里					

---

15 1899년에 작성된 『陽川郡邑誌』(규장각한국학연구원, 奎10721)를 말한다.

호구총수			1899[16]		조지	1911 局報 7호		1912		1917	
현명	면명	동리명	군명	동리명	동리명	종래 명칭	조사 명칭	동리명	군명	면명	동리명
陽川	加背谷面	果海里	加谷面	內果海	果海里	內果海里	果海里	果海里	金浦郡	陽西面	果海里
			加谷面	外果海		外果海里					
			加谷面	新旋里		新旋里					
			加谷面	獐山里		獐山里					
陽川	三井面	井谷里	三井面	井谷里	傍花洞	井谷里	傍花洞	傍花洞	金浦郡	陽西面	傍花洞
陽川	三井面	雄峴里				雄峴里					
陽川	三井面	陵里	三井面	陵里		陵里					
陽川	三井面	內浮石里	三井面	內浮石	開花洞	內浮石里	開花洞	開花洞	金浦郡	陽西面	開花洞
陽川	三井面	外浮石里	三井面	外浮石		外浮石里					
陽川	三井面	相思洞里	三井面	桑絲洞	開花洞	相思洞	開花洞	開花洞	金浦郡	陽西面	開花洞
			三井面	開花里		開花里					
陽川	三井面	道場里									
			三井面	砧峴里							
陽川	南山面	背村里	南山面	登村里	登村里	登村里	登村里	登村里	金浦郡	陽東面	登村里
陽川	南山面	楊花渡里	南山面	楊花里	楊花里	楊花里	楊花里	楊花里	金浦郡	陽東面	楊花里
陽川	南山面	塩倉里	南山面	塩倉里	鹽倉里	鹽倉里	鹽倉里	鹽倉里	金浦郡	陽東面	鹽倉里

---

16 1899년에 작성된 『陽川郡邑誌』(규장각한국학연구원, 奎10721)를 말한다.

호구총수			1899[17]		조지 동리명	1911 局報 7호		1912 동리명	1917		
현명	면명	동리명	군명	동리명		종래명칭	조사명칭		군명	면명	동리명
陽川	南山面	月村里	南山面	月村里	木洞	月村里	木洞	木洞	金浦郡	陽東面	木洞里
陽川	南山面	本洞里	南山面	內木洞		內木洞					
			南山面	外木洞		外木洞					
陽川	南山面	陵洞里	南山面	菱洞	禾谷里	菱洞	禾谷里	禾谷里	金浦郡	陽東面	禾谷里
陽川	南山面	盤谷里	南山面	般谷		般谷里					
陽川	南山面	驛里	南山面	驛村		驛村里					
陽川	南山面	禾谷里	南山面	禾谷里		禾谷里					
			南山面	白石洞							
			南山面	眞木亭							
			南山面	芛安里							
陽川	將軍所面	新月里	將軍所面	新月里	新堂里	新月里	新堂里	新堂里	金浦郡	陽東面	新堂里
陽川	將軍所面	古晉月里	將軍所面	古晉月里		古晉月里					
陽川	將軍所面	棠洞里	將軍所面	堂谷里		堂谷里					
陽川	將軍所面	銀杏亭里	將軍所面	銀倖亭里	新亭里	銀倖亭里	新亭里	新亭里	金浦郡	陽東面	新帝里
陽川	將軍所面	新機里	將軍所面	新機里		新機里					
			將軍所面	天神里		天神里[18]					

---

17 1899년에 작성된 『陽川郡邑誌』(규장각한국학연구원, 奎10721)를 말한다.
18 부평군에 편입되었음.

〈표 12〉에는 행정구역 통폐합과 명칭 제시의 유형이 다섯 가지로 나타나고 있다. 첫 번째는 '外鉢山里, 登村里, 楊花里, 鹽倉里' 등과 같이 종래의 행정구역 명칭을 그대로 계승한 경우이다. 두 번째는 麻谷里와 같이 '後浦里, 麻谷里' 등을 통합하여 麻谷里를 대표로 하여 행정구역 명칭을 정한 경우이다. 이러한 방식으로 행정구역이 통폐합된 경우로 '內鉢山里, 松亭里, 果海里, 開花洞, 木洞, 禾谷里' 등이 해당한다. 세 번째는 加陽洞과 같이 '鄕校洞, 古陽里, 加麻洞, 城才井里, 孔岩里' 등을 통폐합하고 통폐합된 행정구역의 명칭은 기존의 행정구역 명칭을 절충하여 작명한 경우이다. 加陽洞은 加麻洞과 古陽里를 절충한 명칭이다. 이러한 방식으로 '新堂里, 新亭里' 등의 행정구역 명칭이 양산되었다. 네 번째는 傍花洞과 같이 '井谷里, 雉峴里, 陵里' 등을 통폐합하되 새로운 행정구역 명칭을 작명한 경우이다. 다섯 번째는 天神里와 같이 다른 군으로 이속시킨 경우이다.

위에서 분석한 경기도 양천군 지역의 동리 행정구역은 여러 개로 분할되어 여러 동리로 분산된 경우는 없다. 그러나 다른 군에서는 행정구역을 통폐합할 때, 분할하여 합하지 않는다는 행정구역 통폐합 원칙을 지키지 않은 경우가 다수 존재한다. 특히 일본식 행정구역 명칭을 새로이 신설한 시가지 지역에서는 기존 동리가 여러 개로 분할되는 경우가 더 많다. 이러한 사례 하나를 검토하도록 한다. 다음은 1913년에 결정된 김천 시가지의 일본식 행정구역 동리 명칭이다.

<표 13> 金泉邑의 동리 단위 행정 구역 명칭 변화

局報 27호				1939		1944	
종래 명칭		조사 명칭					
면명	동리명	면명	동리명	읍면명	동리명	읍면명	동리명
金泉面	下新基洞一部	金泉面	旭町	金泉邑	旭町	金泉邑	旭町
	下新基洞一部		本町		本町		本町
	下新基洞一部		錦町		錦町		錦町
	城內洞一部						
	城內洞一部		城內町		城內町		城內町
	上新基洞一部						
	渴馬洞一部						
	左洞		黃金町		黃金町		黃金町
	右洞一部						
	下新基洞一部						
	渴馬洞一部						
	城內洞一部		大和町		大和町		大和町
	院洞一部						
	中洞一部						
	下洞一部		南山町		南山町		南山町
	渴馬洞一部						
	中洞一部						
	上新基洞一部						
	城內洞一部						
	右洞一部						
		金陵面	新音洞	金泉邑	新音洞	金泉邑	新音町
			三樂洞		校洞		校町
			校洞		文唐洞		文唐町
			文唐洞		三樂洞		三樂洞

종래 명칭		局報 27호 조사 명칭		1939		1944	
면명	동리명	면명	동리명	읍면명	동리명	읍면명	동리명
			白玉洞	金泉邑	白玉洞	金泉邑	白玉洞
			富谷洞		多壽洞		多壽洞
			多壽洞		富谷洞		富谷洞
		釜項面	智佐里		智佐洞		智佐洞

〈표 13〉은 김천의 시가지 계획 추진으로 한국의 전통적인 행정구역 단위들이 여러 개로 분할되어 일본식 행정구역 명칭을 사용하는 동리 단위로 전환된 것을 보여준다. 이처럼 일본식 행정구역 명칭을 사용한 경우에는 동리 단위를 통폐합할 때에 분할하지 않는다는 원칙을 지키지 않은 사실을 알 수 있다. 이러한 사실은 1914년 행정구역 통폐합이 일본 제국주의 목적을 실현하기 위한 것임을 말해주고 있다.

김천의 시가지 계획으로 1913년에 정해진 일본식 행정구역 명칭은 1945년에 이르기까지 지속해서 존속하고 있다. 그런데 김천 시가지의 영역이 확대되면서 김천 시가지에 편입된 새로운 동리들은 한국의 전통적인 행정구역 단위 '洞, 里' 등 대신에 일본식 행정구역 단위 町으로 대체되고 있다. 〈표 13〉에서 1944년의 동리 명칭 '新音町, 校町, 文唐町' 등이 구체적인 사례가 된다.

3.2. 일본식 행정구역 명칭의 유입과 확산

3.2.1. 일본인 거류지 확대와 일본식 행정구역 명칭 유입

1876년 개항 이래 조선의 개항장을 중심으로 조선에 거주하는 일본인이 점차 늘어났다. 1908년의 『第二次統監府統計年報』의 제19표에 따르면, '부산, 마산, 군산, 목포, 경성, 인천, 평양, 진남포, 원산, 성진, 대구, 신의주, 청진' 등의 지역에 거주하는 일본인의 수는 다음과 같다. 참고로 『第二次統監府統計年報』제18표 한국 현주 호구에 기록된 한국인의 수를 함께 제시한다.

〈표 14〉 1908년 일본인 지역별 거주 인구

지역	남	여	합계
부산	10,920	8,814	19,734
마산	3,099	2,224	5,323
군산	2,750	2,193	4,943
목포	3,137	1,844	4,981
경성	12,057	10,002	22,059
인천	6,989	5,445	12,434
평양	6,006	3,527	9,533
진남포	1,565	1,257	2,822
원산	3,234	2,755	5,989
성진	209	150	359
대구	2,368	1,783	4,151
신의주	2,303	1,607	3,910
청진	1,032	731	1,763
일본인 총계	55,669	42,332	98,001
한국인 총계	5,283,682	4,497,989	9,781,671

개항장을 중심으로 일본인이 집단으로 거주하는 지역을 거류지라 하고 있다. 이 거류지를 중심으로 일본식 행정구역 명칭이 유입되어 확산하였다.

1913년 9월 20일에 발행된 『局報』 27호 부록에는 29개 시가지 지역의 동리 폐합과 명칭 개정에 관한 일람표가 제시되었다. 29개 시가지 지역 중 '수원, 진주, 의주, 함흥, 경성, 회령' 등을 제외하고 개정 명칭으로 제안된 것에는 일본식 행정구역 명칭이 다수 사용되고 있다. 그런데 '인천, 군산, 목포, 부산, 마산, 원산' 등의 경우에는 종래의 명칭에서도 일본식 행정구역 명칭을 사용하고 있어 주목된다.

(7) 가. 仁川府, 多所面(萬石町, 松坂町, 花房町), 府內面(支那町, 海岸町, 仲町, 木町, 山手町, 港町一丁目, 港町二丁目, 山根町, 龍岡町, 寺町, 新町, 宮町, 濱町, 花町一丁目, 花町二丁目, 花町三丁目, 花町四丁目, 桃山町, 敷島町, 柳町, 栗木町)

나. 群山, 北面(西濱町, 淺町, 本町通, 全州通, 浪花町, 幸町, 錦町, 大和町, 旭町, 明治町通, 淺山町, 曙町, 橫田町, 江月町, 芦町, 榮町)

다. 木浦, 居留地(務安通五丁目, 務安通六丁目, 務安通四丁目, 務安通二丁目, 務安通一丁目, 東海岸通, 領事館通一部, 山手通一丁目, 山手通三丁目, 山手通二丁目, 山手通四丁目, 本町通, 南海岸通)

라. 釜山, 專管居留地(西町一丁目, 西町二丁目, 西町三丁目, 西町四丁目, 幸町一丁目, 幸町二丁目, 南濱町一丁目, 南濱町二丁目, 南濱町三丁目, 辨天町一丁目, 辨天町二丁目, 辨天町三丁目, 琴平町, 池之町, 佐藤町, 埋立新町, 大倉町, 仲ノ町, 岸本町, 大廳町二丁目, 大廳町二丁目, 大廳町三丁目, 大廳町四丁目, 本町一丁目, 本町二丁目, 本町三丁目, 本町四丁目, 本町五丁目, 大野町一丁目, 大野町二丁目), 매립지(高島町)

마. 馬山, 外西面(本町一丁目, 本町二丁目, 本町三丁目, 本町四丁目, 本町五丁目, 濱町一丁目, 濱町二丁目, 濱町三丁目, 豪町, 京町一丁目, 京町二丁目, 京町三丁目, 柳町, 旭町, 櫻町, 榮町, 曙町, 巴町, 綠町)

바. 元山, 赤田面(春日町, 東町一丁目, 東町二丁目, 新町一丁目, 新町

二丁目, 新町三丁目, 柳町, 仲町一丁目, 仲町二丁目, 旭町一丁目, 旭町二丁目, 東町一丁目, 本町一丁目, 本町二丁目, 本町三丁目, 本町四丁目, 西町一丁目, 西町二丁目, 西町三丁目)

관련 자료를 검토하지 못해 (7)에 제시된 일본식 행정구역 명칭이 처음으로 사용된 시기를 정확히 제시할 수는 없다. 그런데 1908년 발행된 『第二次統監府統計年報』에는 일본식 행정구역 명칭이 다수 사용되고 있음을 확인할 수 있다.

〈표 15〉 1908년 『第二次統監府統計年報』에 나타난 일본식 행정구역 명칭

지역	일본식 행정구역 명칭
京城	京城女學校(京城大和町, 120쪽), 京城日報(京城大和町, 122쪽), 滑稽タイムス(京城大和町, 122쪽), 吉川鐵工場(京城大和町, 285쪽), 東洋協會專門學校京城分校(京城大和町, 120쪽), 富之朝鮮(京城大和町, 123쪽), 京城申報(京城西小門通, 122쪽), 京城夜學校(京城南山町, 120쪽), 京城幼稚園(京城南山町, 121쪽), 大谷派本願寺別院(京城南山町三丁目, 125쪽), 日韓新生申報(京城南山町, 122쪽), 眞言宗醍醐[19]派鳳閣寺講義所(京城南山町二丁目, 124쪽), 大韓日報(京城曙町, 122쪽), 龍山時事新報(龍山櫻町, 123쪽), 龍山新聞(龍山元町, 123쪽), 龍山精米所(龍山元町, 285쪽), 法華宗興?[20]寺(龍山元町四丁目, 124쪽), 本派本願寺龍山出張所(龍山元町三丁目, 125쪽), 本派本願寺韓國開敎院(龍山元町三丁目, 125쪽), 益田精米所(龍山元町, 285쪽), 煙草製造所(京城長谷川町, 285쪽), 日蓮宗經王寺(京城新町二丁目, 124쪽), 日蓮宗護國寺(京城旭町三丁目, 124쪽), 淨土宗開敎院(京城明治町一丁目, 125쪽), 曹洞宗日韓寺(京城花園町, 124쪽), 眞言宗高野派光雲寺龍山敎會所(龍山榮町, 124쪽), 眞言宗高野派京城敎會所(京城本町九丁目) 等, 125쪽), 眞言宗高野派光雲寺(京城本町九丁目, 125쪽), セウルプレス(京城大和町, 122쪽)
釜山	角野錢工場(釜山富平町, 284쪽), 江口商會(釜山富平町, 284쪽),穀物組合(釜山琴平町, 275쪽), 滑稽新聞(釜山富平町, 122쪽), 共勇組(釜山入江町, 275쪽), 大池回送合名會社(釜山本町一丁目, 275쪽), 大阪商船株式會社釜山支店(釜山辨天町一丁目, 275쪽), 東京智山派高野山院(釜山大廳町, 124쪽), 滿韓ノ實業(釜山辨天町, 122쪽), 滿韓

---

19 두 글자는 판독할 수 없었다. 그러나 醍醐롤 추정됨.
20 興門流의 門일듯 하나 원본에는 門 비슷한 글자의 내부에 方이 있는 글자임.

지역	일본식 행정구역 명칭
釜山	運輸株式會社(釜山埋立新町, 275쪽), 釜山圖書館(釜山西山下町, 121쪽), 釜山埋築株式會社(釜山大廳町, 275쪽), 釜山商況(釜山西町, 122쪽), 釜山煙草株式會社(釜山寶水町一丁目, 275쪽), 釜山煙草株式會社分工場(釜山富平町, 284쪽), 釜山幼稚園(釜山西町二丁目, 121쪽), 釜山有限責任信用組合(釜山大廳町, 275쪽), 釜山日報(釜山大廳町, 122쪽), 釜山棧橋株式會社(釜山佐藤町, 275쪽), 釜山電燈株式會社(釜山本町一丁目, 275쪽), 釜山精米場(釜山幸町, 284쪽), 釜山倉庫株式會社(釜山常盤町, 275쪽), 水産神社(釜山南濱町, 124쪽), 十八銀行釜山支店(釜山琴平町, 275쪽), 野口鐵工場(釜山西町, 284쪽), 龍尾山神社(釜山琴平町, 124쪽), 日本郵船株式會社釜山支店(釜山本町一丁目, 275쪽), 日蓮宗京都妙覺寺支所(釜山西町二丁目, 124쪽), 淨土宗本派知恩院(釜山士城町二丁目, 124쪽), 製粉所(釜山富平町, 284쪽), 第五十八銀行釜山支店(釜山入江町, 275쪽), 第一銀行釜山支店(釜山本町二丁目, 275쪽), 朝鮮時報(釜山港西山下町, 122쪽), 朝鮮海水産組合(釜山本町, 275쪽), 眞宗本派本願寺別院(釜山西町一丁目, 124쪽), 眞宗本派西本院寺(釜山西町四丁目, 124쪽), 韓國臺鹽販賣合資會社(釜山入江町, 275쪽), 韓國實業新聞(釜山西町, 122쪽), 韓國倉庫株式會社(釜山佐藤町, 275쪽), ?[21]宗?登田總泉寺支所(釜山草場町, 124쪽)
元山	客船組(元山春日町, 282쪽), 金光酒造合資會社(元山新町, 282쪽), 吉田鐵工場(元山港東町, 286쪽), 大谷派本願寺別院(元山西町一丁目, 125쪽), 大阪商船株式會社元山出張(元山春日町, 282쪽), 十八銀行元山支店(元山港春日町, 282쪽), 元山幼稚園(元山中町三丁目, 121쪽), 元山繩叺株式會社(元山港旭町, 282쪽), 元山鐵工合資會社(元山本町, 282쪽), 元山鐵工合資會社(元山港本町, 286쪽), 元山鑄造所(元山市川町, 286쪽), 日本郵船株式會社元山出張所(元山東町, 282쪽), 日蓮宗立正山頂妙寺(元山旭町二丁目, 125쪽), 第一銀行元山支店(元山港本町, 282쪽), 韓國臺鹽販賣合資會社元山出張所(元山港市川町, 282쪽)
仁川	久野喜到太郎宅含名會社仁川支店(仁川桃山町, 285쪽), 福田精米所(仁川新町, 285쪽), 山口鐵工場(仁川濱町, 285쪽), 松尾精米所(仁川仲町, 285쪽), 水[食台]工場(仁川松坂町, 285쪽), 兒王平二郎仁川ラム子製造所(仁川桃山町, 285쪽), 力武精米所(仁川京町, 285쪽), 仁川居留民團立仁川尋常高等小學校(仁川寺町一丁目, 119쪽), 仁川商業夜學校(仁川山手町二丁目, 120쪽), 仁川電氣株式會社(仁川松坂町, 285쪽), 仁川鐵工陽(仁川濱町, 285쪽), 日本醬油製造株式會社(仁川京町, 285쪽), 日蓮宗妙覺寺(仁川寺町一丁目, 124쪽), 田川精米所(仁川濱町, 285쪽), 在木鐵工場(仁川濱町, 285쪽), 硝子製造所(仁川松坂町, 285쪽), 土肥精米所(仁川本町, 285쪽), タウンセンド精米所(仁川山手町, 287쪽)
咸興	頂妙寺分院(咸興知樂町, 125쪽), 第一銀行咸興出張所(咸興錦町, 282쪽), 咸西組(咸興本町, 282쪽), 咸興興業株式會社(咸興朝日町, 282쪽)
大田	?[22]宗曹洞派大田寺(大田幸町, 125쪽)

(7)과 〈표 15〉에 나타난 일본식 행정구역 명칭을 대조해 볼 때 특이한 점이 있다. '경성부, 대전, 함흥' 등의 경우 〈표 15〉에서 보는 바와 같이 1908년부터 일본식 행정구역 명칭을 사용했으나 1913년 『局報』 27호 부록으로 간행된 '경성부, 대전, 함흥' 등의 시가지 행정구역 명칭일람 중, 종래의 명칭에 일본식 행정구역 명칭이 사용되지 않은 점이다. '경성부, 대전' 등의 시가지 개정 명칭에는 일본식 행정구역 명칭이 제시되어 있으나 함흥 시가지 개정 명칭에는 일본식 행정구역 명칭이 제시되지 않은 점이다. 이것은 〈표 15〉에서 보듯이 함흥 지역에서 이미 1908년에 일본식 행정구역 명칭이 사용된 사실과 상반된다.

3.3. 최초의 시가지 계획 추진과 일본식 행정구역 명칭의 유입

1913년 9월 20일에 발행된 『局報』 27호 부록에는 다음과 같은 시가지의 동리 폐합과 명칭 개정의 내용이 있다.

〈표 16〉 1913년 도별 시가지

도별	수	시가지
경기도	4	京城, 開城, 水原, 仁川
충청북도	1	淸州
충청남도	3	公州, 大田, 江景
전라북도	2	全州, 群山
전라남도	3	光州, 羅州, 木浦
경상북도	2	大丘, 金泉
경상남도	3	釜山, 馬山, 晉州

---

21 두 글자 판독할 수 없음.
22 판독할 수 없는 글자임.

도별	수	시가지
황해도	1	海州
평안남도	2	平壤, 鎭南浦
평안북도	2	義州, 新義州
함경남도	2	元山, 咸興
함경북도	4	淸津, 鏡城, 會寧, 羅南
합계	29	

위에 제시한 시가지 내의 동리 명칭에서는 한국 전통 행정구역 단위 명칭인 '洞, 里' 등을 사용하기도 하지만 일본식 행정구역 명칭인 '町, 通, 丁目' 등을 사용하고 있다. 일부 시가지의 경우에는 일본식 행정구역 명칭이 '조사 명칭'뿐만 아니라 '종래 명칭'에서도 사용되고 있다.

〈표 17〉 1913년 도별 시가지의 동리 명칭 사용 방식

유형	종래 명칭		조사 명칭		해당 시가지
	한국 전통 행정구역 단위	일본식 행정구역 단위	한국 전통 행정구역 단위	일본식 행정구역 단위	
가.	○		○	○	경성부, 광주, 나주, 진남포, 청주, 청진, 평양
나.	○			○	강경, 개성, 경성, 나남, 김천, 공주, 대구, 대전, 신의주, 전주, 해주
다.	○	○	○	○	군산, 마산, 목포, 부산, 원산, 인천
다.	○		○		경성군, 수원, 의주, 진주, 함흥, 회령

'〈표 17가〉, 〈표 17나〉, 〈표 17라〉' 등은 한국 전통 행정구역 명칭인 '洞, 里' 등을 일본식 행정구역 명칭인 '町, 通, 丁目' 등으로 변경한 경우이다. 〈표 17가〉와 〈표 17나〉와 다르게 〈표 17다〉의 경우에는 일본

식 행정구역 명칭인 '町, 通, 丁目' 등을 그대로 계승한 경우가 포함되어 있다. '종래 명칭'으로 일본식 행정구역 명칭 '町, 通, 丁目' 등이 사용된 경우는 일본 거류지의 동리 명칭을 말한다. 일본인들이 자신들에게 편한 동리 명칭을 사용한 것에서 비롯된 것이다.

1913년 무렵 시가지별 동리 행정구역 단위의 수는 다음과 같다.

〈표 18〉 1913년 시가지별 동리 행정구역 단위

시가지	한국식					일본식			총계
	洞	里	路	垈	臺	합계	町	通	町通	합계	
江景						0	9			9	9
開城郡						0	13			13	13
鏡城羅南						0	4			4	4
鏡城	3					3				0	3
京城府	79		6			85	80	12		92	177
公州郡						0	6			6	6
光州郡		5				5	10	4		14	19
群山府	6					6	13	2	1	16	22
金泉郡						0	7			7	7
羅州郡		2				2	9			9	11
大邱府						0	49	1		50	50
大田郡						0	5			5	5
馬山府		8				8	43			43	51
木浦府	6			1		7	40	5		45	52
釜山府	10					10	78			78	88
水原		6				6				0	6
新義州府						0	36			36	36
元山府	13					13	20	3		23	36

시가지	한국식						일본식				총계
	洞	里	路	垈	臺	합계	町	通	町通	합계	
義州	4					4				0	4
仁川府	10					10	37			37	47
全州郡						0	20			20	20
鎭南浦府	8					8	5			5	13
晉州	7					7				0	7
淸州郡		1		1		2	22			22	24
淸津府						0	25			25	25
平壤府	26					26	24			24	50
咸興	12	14				26			2	2	28
海州						0	10			10	10
會寧		5				5				0	5
합계	184	36	6	1	1	228	565	27	3	595	823

1913년 시가지로 정해진 29개 지역의 동리 명칭 823개 중에서 72.3%에 달하는 595개의 동리 명칭이 일본식 행정구역 단위 명칭인 '町, 通' 등을 사용하고 있다.

1913년 시가지로 정해진 29개 지역의 동리 명칭 중 일본식 행정구역 단위가 부착된 동리 명칭에 나타난 전부 요소를 제시하면 다음 (8가)와 같다. 모두 588개이며, '( )' 속에 빈도를 제시하였다. 편의상, '本町一丁目, 本町一丁目' 등으로 나타날 경우에 本町의 빈도를 '2'로 계산하였다.

(8) 가. 江戶町(1), 開福町(1), 京町(9), 高町(1), 高島町(1), 高麗町(1), 高砂町(2), 古市町(1), 谷町(2), 果院町(1), 光化門町(1), 光熙町(2), 橋口町(1), 橋立町(1), 宮町(2), 弓町(4), 錦町(11), 錦城町(1), 琴平町(1), 吉野町(2), 吉川町(1), 南町(4), 南大門町(5),

南龍岡町(1), 南門町(3), 南米倉町(1), 南本町(1), 南濱町(3), 南山町(7), 南城町(1), 南旭町(1), 南幸町(1), 老松町(1), 多佳町(1), 茶屋町(1), 達城町(1), 臺町(1), 大橋町(1), 大島町(1), 大正町(10), 大倉町(1), 大廳町(4), 大平町(1), 大和町(16), 大黑町(1), 德山町(1), 都町(3), 桃山町(1), 稻荷町(1), 東町(2), 東高砂町(1), 東光山町(1), 東門町(2), 東本町(2), 東四軒町(1), 東城町(3), 東榮町(), 東雲町(1), 羅南町(1), 浪花町(1), 綠町(4), 龍岡町(1), 龍井町(1), 柳町(4), 林町(1), 笠井町(1), 萬町(1), 萬石町(1), 滿月町(1), 埋立新町(1), 梅枝町(1), 明峽町(1), 明治町(7), 目賀田町(1), 猫島町(1), 武橋町(1), 務安町(1), 美吉町(1), 彌生町(2), 芳山町(1), 辨天町(3), 並木町(1), 寶町(4), 寶水町(3), 福山町(1), 福泉町(1), 本町(43), 本町町(1), 蓬萊町(4), 鳳山町(1), 富町(1), 富貴町(1), 敷島町(2), 不動町(1), 富民町(3), 富平町(4), 北町(2), 北內町(1), 北龍岡町(1), 北門町(2), 北米倉町(1), 北本町(1), 北城町(1), 北星町(1), 北旭町(1), 北幸町(), 濱町(7), 寺町(1), 山根町(1), 山城町(1), 山手町(6), 三角町(1), 三笠町(1), 三坂町(1), 三和町(1), 上町(1), 常盤町(14), 相生町(11), 上西町(1), 生駒町(1), 曙町(7), 西町(7), 西千代田町(1), 西高砂町(1), 西光山町(1), 西大門町(2), 西門町(2), 西本町(1), 西濱町(1), 西城町(3), 西小門町(1), 西榮町(1), 石町(1), 扇町(1), 城內町(1), 城東町(1), 城西町(1), 松島町(2), 松昌町(1), 松坂町(3), 壽町(9), 竪町(1), 須奇屋町(1), 水標町(1), 水下町(1), 市場町(2), 市場北町(1), 新町(4), 新岩町(1), 新興町(1), 岸本町(1), 岩町(1), 岩根町(1), 鴨川町(1), 櫻町(3), 櫻井町(2), 若松町(1), 若竹町(1), 若草町(1), 御成町(1), 塩町(1), 榮町(25), 英町(1), 永樂町(2), 完山町(1), 倭城臺町(1), 旭町(17), 雲井町(1), 元町(8), 月見町(2), 義州町(2), 日之出町(1), 日出町(1), 入船町(1), 長谷川町(1), 長橋町(1), 藏前町(5), 前町(1), 田町(1), 全州町(1),

堤町(1), 朝日町(1), 鐘町(6), 佐藤町(1), 湊町(1), 舟橋町(1), 竹園町(1), 竹添町(3), 中町(2), 仲町(9), 中島町(2), 仲ノ町(1), 池町(1), 支那町(1), 池之町(1), 支邢町(1), 賑町(1), 眞砂町(7), 車町(3), 昌平町(1), 泉町(5), 淺山町(1), 淸水町(3), 靑葉町(3), 初瀨町(1), 初音町(2), 草場町(3), 村上町(1), 祝町(1), 春日町(3), 七星町(1), 太平町(2), 土城町(3), 通町(5), 巴町(2), 八達町(1), 八雲町(1), 八重垣町(1), 八千代町(1), 俵町(1), 豊南町(1), 霞町(2), 下西町(1), 漢江町(1), 港町(4), 海岸町(11), 幸町(10), 芦町(1), 湖南町(1), 紅梅町(1), 花町(3), 花房町(3), 花園町(3), 黃金町(10), 橫町(1), 橫山町(1)

나. 錦町(11/124), 大正町(10/16), 本町(43/488), 常盤町(14/67), 相生町(11/63), 榮町(25/294), 旭町(17/175), 海岸町(11/12), 幸町(10/198), 黃金町(10/0)

　(8)에는 水標町과 같이 전부 요소가 한국의 전통 지명에서 온 것이 극히 일부 있으나 (8)에 제시된 전부 요소 대부분은 일본의 전통 지명에서 온 것으로 판단된다.

　(8나)는 (8가)에서 빈도 '10' 이상을 보인 町名에 대하여 일본 행정 주소에 나타난 町名의 빈도와 대비하여 놓은 것이다. (8나)는 (8가)의 町名이 일본에서 쓰이는 町名을 그대로 사용한 것임을 말해 준다.

　(8가)에서 제시한 자료에서 알 수 있듯이 1913년 29개 시가지에 채택된 동리 명칭의 전부 명칭도 대체로 일본식 町名이다. 다만 극히 부분적으로 기존의 한국 동리 명칭의 행정구역 단위를 일본식 행정구역 단위인 町으로 교체한 경우가 있을 뿐이다.

　29개 시가지 지역의 동리 명칭에 일본식 행정구역 명칭이 다수 등장한 것은 해당 지역에 일본인 거주자들이 상당수 거주한 사실을 반영한 것으로 판단된다. 이러한 사실은 다음과 같은 사례로 판단할 수 있다.

(9) 서울에는 원래 럭사덕으로 조선 사람이 사는 북촌과 일본 사람이 사는 남촌의 구별이 잇어서 그에 따라 거주하는 行政區域의 명칭도 남촌은 대개 일본식으로 町이나 通으로 되엇고 북촌은 洞이나 里로 되엇는 바 수년 전에 총독부가 왜성대로부터 북악산 알애로 이면되면서부터 남촌 사람들이 북촌으로 이주하여 오는 사람이 만허서 녯날 가튼 구분이 점점 사라짐에 따라 최근에 일본 사람이 가장 올마와 사는 숭이동이나 숭삼동이나 인의동 가튼 곳 일본인들은 동이라고 하는 것은 조선 내음세가 날뿐더러 부르기에 거북스럽다는 리유로 전부 남촌 모양으로 정이나 통으로 고치자는 운동이 암암리에 진행되어 혹은 각가운 장래에 경성부 구톄덕 운동을 닐으킬 모양이라는데, 원래 서울의 행정디역의 명칭으로 말하면 대명 오년에 전부 결명한 것으로 현재 뎡으로 되어 잇는 것이 팔십오개, 통으로 되어 잇는 것이 열둘, 洞으로 되어 잇는 것이 팔십구개소라는데, 이십여만 조선 사람들이 애착을 늣기고 잇든 고유한 뎐통덕 동명이 변경될지 아니 될는지 크게 주목 된다더라 〈조선일보, 1928.11. 14., 2면, 京城內의 各洞名을 町名으로 全部變更 - 북촌에 이주한 일본인의 운동 朝鮮側은 多數反對〉

3.4. 시가지 영역 확대와 일본식 행정구역 명칭의 확산

3.4.1. 시가지 영역 확대와 일본식 행정구역 명칭 확산

1913년부터 시가지로 출발한 지역은 1945년에 이르기까지 시가지의 관할 영역을 확대해 나가면서 일본식 행정구역 명칭 사용을 확대해 나간다. 1939년 『지방행정구역명칭일람』을 기준으로 시가지 영역 확대와 일본식 행정구역 명칭이 확산한 모습을 보이면 다음과 같다. 아래에서 '39'는 1939년을 말하고 '증감'은 1913년과 비교해서 증가한 것과 감소한 것을 표시한 것이다.

〈표 19〉 1913년 시가지의 영역 확대와 일본식 행정구역 명칭 확산

시가지	한국식 행정 구역 단위 사용 동리명의 수											
	洞		里		路		垈		臺		합계	
	39	증감	39	증감	39	증감	39	증감	39	증감	39	증감
江景												
開城郡												
鏡城羅南	1	+1										
鏡城	21	+18									21	+18
京城府					6						6	-79
公州郡			4	+4							4	+4
光州郡				-5							0	-5
群山府		-6									0	-6
金泉郡	8	+8									8	+8
羅州郡			11	+9							11	+9
大邱府	28	+28									28	+28
大田郡												
馬山府	3	+3	5	-3							8	
木浦府	6		3	+3					1		10	+3
釜山府	2	-8	17	-17							19	+9
水原				-6								-6
新義州府	3	+3									3	+3
元山府	20	+7	7	+7							27	+14
義州	7	+3									7	+3
仁川府		-10										-10
全州郡												

시가지	한국식 행정 구역 단위 사용 동리명의 수											
	洞		里		路		垈		臺		합계	
	39	증감	39	증감	39	증감	39	증감	39	증감	39	증감
鎭南浦府		-9	11	+11							11	+31
晉州		-7	12	+12							12	+5
淸州郡				-1				-1				-2
淸津府	4	+4									4	+4
平壤府	51	+25									51	+25
咸興		-12		-14								-26
海州			5	+5							5	+5
會寧	7	+7		-5							7	+2
합계											281	37

시가지	일본식 행정 구역 단위 사용 동리명의 수												총계	
	町		通		町通		洞町		里町		합계			
	39	증감	39	증감	39	증감	39	증감	39	증감	39	증감	39	증감
江景	10	+1									10	+1	10	+1
開城郡	17	+4									17	+4	17	+4
鏡城羅南	4										4		5	+1
鏡城													21	+18
京城府	227	+147	14	+2			7	+7	5	+5	253	161	259	+82
公州郡	6										6	6	10	+4
光州郡	41	+31		-4							41	+27	46	+27
群山府	51	+38	5	+3		-1					56	+40	56	+34
金泉郡	7	0									7	0	15	+8
羅州郡	8	-									8	-1	19	+8
大邱府	52	+3	1								53	+3	81	31
大田郡	21	+16									21	+16	21	+16
馬山府	45	+2									45	+2	53	+2

시가지	일본식 행정 구역 단위 사용 동리명의 수										총계	
	町		通		町通		洞町		里町		합계			
	39	증감	39	증감	39	증감	39	증감	39	증감	39	증감	39	증감
木浦府	41	+1	5								46	+1	56	+4
釜山府	58	-20	14	+14							72	-62	91	+3
水原	27	+27									27	+27	27	+21
新義州府	36										36	36	39	+3
元山府	24	+4	6	+3							30	+7	57	+21
義州													7	+3
仁川府	57	+20									57	+20	57	+10
全州郡	24	+4									24	+4	24	+4
鎭南浦府	6	+1									6	+1	17	+4
晉州	17	+17									17	+17	29	+22
淸州郡	23	+1									23	+1	23	-1
淸津府	25										25		29	+5
平壤府	24										24		75	+20
咸興	55	+55			-2						53	+53	57	+27
海州	13	+3									13	+3	18	+13
會寧													7	+27
합계					39						974	371	1,226	422

〈표 19〉에서 보듯이 1913년에 시가지로 출발한 29개 지역의 1939년 일본식 행정구역 명칭은 총 1,226개 중 974개로 79.44%의 비율을 차지하고 있다. 1913년 일본식 행정구역 명칭 비율이 72.3%인 것에 비하면 7%가 상승한 것이다.

1913년 이후 읍 이상의 지역으로 승격된 지역의 1939년 일본식 행정구역 명칭 사용 실태는 다음과 같다.

〈표 20〉 1913년 이후 읍 이상의 지역으로 승격된 지역의
1939년 일본식 행정구역 명칭 사용 실태

도	군	읍	洞	里	없음	합계	町	通	町通	町里	합계	총계
강원도	강릉군	강릉읍		8		8	7				7	15
강원도	고성군	고성읍	2	15		17						17
강원도	삼척군	삼척읍		27		27						27
강원도	원주군	원주읍		5		5						5
강원도	철원군	철원읍		8		8						8
강원도	춘천군	춘천읍		2		2	12	4			16	18
강원도	통천군	고저읍		18		18						18
경기도	안성군	안성읍		10		10						10
경기도	이천군	이천읍		11		11						11
경기도	평택군	평택읍		10		10						10
경산남도	김해군	김해읍	1	21		22						22
경상남도	거창군	거창읍	6	2		8						8
경상남도	동래군	동래읍	6	12		18						18
경상남도	밀양군	밀양읍	2	6		8						8
경상남도	창원군	진해읍	1	11	6	18	21	8			29	47
경상남도	통영군	통영읍		4		4	6				6	10
경상남도	하동군	하동읍	1	7		8						8
경상북도	경주군	경주읍		16		16						16
경상북도	상주군	상주읍		31		31				2	2	33
경상북도	안동군	안동읍	12			12						12
경상북도	옹진군	옹진읍		11		11						11
경상북도	울산군	울산읍	7	8		15						15
전라남도	강진군	강진읍		14		14						15
전라남도	광산군	송정읍		8		8						8
전라남도	보성군	벌교읍		20		20						20
전라남도	순천군	순천읍		17		17	4				4	21
전라남도	여수군	여수읍		10		10	2				2	12

도	군	읍	洞	里	없음	합계	町	通	町通	町里	합계	총계
전라남도	정읍군	정주읍		11		11						11
전라남도	제주도	제주읍		25		25						25
전라북도	김제군	김제읍		11		11						11
전라북도	남원군	남원읍		13		13						13
전라북도	익산군	이리읍		2		2	12				12	14
충청남도	논산군	논산읍		4		4	4				4	8
충청남도	서천군	장항읍		6		6						6
충청남도	연기군	조치원읍		2		2						2
충청남도	천안군	천안읍		8		8						8
충청북도	충주군	충주읍	4	13		17	5				5	22
평안남도	순천군	순천읍		17		17	4				4	21
평안남도	안주군	안주읍		27		27						27
평안북도	선천군	선천읍	3			3						3
평안북도	정주군	정주읍	4			4						4
평영북도	강계군	강계읍	5			5						5
함경남도	갑산군	혜산읍		10		10						10
함경남도	북청군	북청읍		25		25						25
함경남도	함주군	흥남읍		28		28						28
함경북도	경흥군	웅기읍	8			8						8
함경북도	길주군	길주읍	8			8						8
함경북도	나진부		8			8	52	16	4		72	80
함경북도	성진군	성진읍				0	6				6	6
황해도	안악군	안악읍		20		20						20
황해도	연백군	연안읍		11		11						11
황해도	예천군	예천읍	15	1		16						16
황해도	장연군	장연읍		13		13						13
황해도	재령군	사리원읍		29		29						29
합계						687					169	856

〈표 20〉에서 보듯이 856개 동리 명칭 중에서 19.7%에 달하는 169개의 동리 명칭이 일본식 행정구역 명칭인 '町, 通' 등을 사용하고 있다.

3.4.2. 1913년 이후 일본식 행정구역 명칭 확산의 새로운 방향

1913년 29개 시가지 지역의 동리 명칭으로 마련된 일본식 행정구역 명칭은 일본인 거주자를 위한 것이었으므로 대체로 동리 명칭의 전부 요소나 후부 요소 모두 일본식으로 작명되었다. 그러나 1913년 이후 일본식 행정구역 명칭의 확산은 한국의 전통적 행정구역 단위 명칭인 '洞, 里' 대신에 일본식 행정구역 단위인 '町, 通' 등을 교체하는 방식으로 일본식 행정구역 명칭이 확산하여 나갔다. 1924년까지 청주면의 영역 확대 과정과 1944년까지 광주부의 영역 확대 과정을 통해 이러한 사정을 살펴보기로 한다.

다음은 1924년까지 청주면의 동리 명칭 변화이다.[23]

〈표 21〉 청주면의 동리 명칭 변화

조선지지자료			1912		1913		1917	1918	1924
군	면	町洞里	면	리	종전 명칭	조사 명칭			
淸州郡	淸州面	本町一丁目	남주내면	石橋里	石橋里一部	本町一丁目	本町一丁目	本町一丁目	本町一丁目
			동주내면	門外里一部	門外里一部				

---

23 청주의 경우, 『朝鮮地誌資料』의 청주면에 실린 동리 명칭의 시기를 판별하는 데에 있어 특이한 점이 있다. 임용기(1995: 156-157)과 신종원 외(2010: 5-6)에 따르면, 『朝鮮地誌資料』는 1911년부터 1912년 사이에 작성된 것으로 이해됐다. 이에 대해 『朝鮮地誌資料』 충청북도 편을 검토한 김순배(2013: 34)는 충북편 일부의 경우에는 1914년 이후의 사실을 기록했을 것으로 추정하고 있다. 그런데 『朝鮮地誌資料』의 청주면에 실린 동리 명칭은 1924년의 상황을 반영한 사실이 확인된다.

조선지지자료			1912		1913		1917	1918	1924
군	면	町洞里	면	리	종전명칭	조사명칭			
淸州郡	淸州面	本町二丁目	남주내면	甕城里	甕城里一部	本町二丁目	本町二丁目	本町二丁目	本町二丁目
			동주내면	門外里	門外里一部				
淸州郡	淸州面	本町三丁目	북주내면	西里	西里一部	本町三丁目	本町三丁目	本町三丁目	本町三丁目
			북주내면	東里	東里一部				
淸州郡	淸州面	本町四丁目	북주내면	西里	西里一部	本町四丁目	本町四丁目	本町四丁目	本町四丁目
			북주내면	西里	東里一部				
淸州郡	淸州面	本町五丁目	북주내면	北里	北里一部	本町五丁目	本町五丁目	本町五丁目	本町五丁目
			북주내면	院里	院里一部				
淸州郡	淸州面	本町六丁目							本町六丁目
淸州郡	淸州面	本町七丁目							本町七丁目
淸州郡	淸州面	旭町一丁目	동주내면	門外里	門外里一部	旭町一丁目	旭町一丁目	旭町一丁目	旭町一丁目
			북주내면	東里	東里一部				
淸州郡	淸州面	旭町二丁目	북주내면	西里	西里 一部	旭町二丁目	旭町二丁目	旭町二丁目	旭町二丁目
淸州郡	淸州面	旭町三丁目	남주내면	西林里	西林里一部	旭町三丁目	旭町三丁目	旭町三丁目	旭町三丁目
淸州郡	淸州面	堤町	동주내면	門外里	門外里一部	堤町	堤町	堤町	堤町
淸州郡	淸州面	稻荷町	동주내면	門外里	門外里一部	稻荷町	稻荷町	稻荷町	稻荷町
淸州郡	淸州面	門外里	동주내면	門外里	門外里一部	門外里	門外里	門外里	門外里
淸州郡	淸州面	淸水町	남주내면	甕城里	甕城里一部	淸水町	淸水町	淸水町	淸水町
			남주내면	甫十里	甫十里一部				
			남주내면	石橋里	石橋里一部				
			남주내면	川邊里	川邊里一部				
淸州郡	淸州面	大黑町	남주내면	甫十里	甫十里一部	黑町	大黑町	大黑町	大黑町

일본 제국주의의 한국 행정구역 통폐합 과정과 그 결과 **743**

조선지지자료			1912		1913		1917	1918	1924
군	면	町洞里	면	리	종전 명칭	조사 명칭			
淸州郡	淸州面	南町	남주내면	甫十里	甫十里一部	南町	南町	南町	南町
			남주내면	川邊里	川邊里一部				
			남주내면	場垈里	新場垈一部				
淸州郡	淸州面	市場町	남주내면	甫十里	甫十里一部	市場町	市場町	市場町	市場町
			남주내면	西林里	西林里一部				
			남주내면	場垈里	新場垈一部				
淸州郡	淸州面	新場垈	남주내면	場垈里	新場垈一部	新場垈	新場垈	新場垈	新場垈
			남주내면	西林里	西林里一部				
淸州郡	淸州面	相生町	북주내면	西里	西里一部	相生町	相生町	相生町	相生町
			남주내면	西林里	西林里一部				
			남주내면	場垈里	新場垈一部				
淸州郡	淸州面	西町	북주내면	西里	西里一部	西町	西町	西町	西町
淸州郡	淸州面	大橋町	북주내면	西里	西里一部	大橋町	大橋町	大橋町	大橋町
			남주내면	西林里	西林里一部				
淸州郡	淸州面	城西町	북주내면	西里	西里一部	城西町	城西町	城西町	城西町
			북주내면	院里	院里一部				
淸州郡	淸州面	東町	북주내면	東里	東里一部	東町	東町	東町	東町
淸州郡	淸州面	城東町	동주내면	門外里	門外里一部	城東町	城東町	城東町	城東町
淸州郡	淸州面	塔洞町	남주내면	塔洞					塔洞町
淸州郡	淸州面	大成町							大成町
淸州郡	淸州面	壽町							壽町
淸州郡	淸州面	泉町							泉町
淸州郡	淸州面	西川町							西川町
淸州郡	淸州面	南川町							南川町
淸州郡	淸州面	石橋町	남주내면	石橋里					石橋町
淸州郡	淸州面	北町	북주내면	北里	北里一部	北町	北町	北町	北町

1924년에 새로이 등장한 청주읍의 동리 명칭 중 '壽町, 泉町, 西川町, 南川町' 등은 전부 요소와 후부 요소 모두 일본식이다. 그러나 '塔洞町, 大成町, 石橋町, 北町' 등은 후부 요소는 일본식이지만 전부 요소는 한국식 명칭이다.

다음은 광주면이 광주부가 되기까지의 변천 과정이다.

〈표 22〉 광주부 동리명의 변천

1913	1917	1918	1924	1929	1932	1939	1944
광주시가지	광주면	광주면	광주면	광주면	광주읍	광주부	광주부
弓町	弓町	弓町	弓町	弓町	弓町	弓町	弓町
東門通	東門通	東門通	東門通	東門通	東門通		
西門通	西門通	西門通	西門通	西門通	西門通		
南門通	南門通	南門通	南門通	南門通	南門通		
北門通	北門通	北門通	北門通	北門通	北門通		
東光山町	東光山町	東光山町	東光山町	東光山町	東光山町	光山町	光山町
西光山町	西光山町	西光山町	西光山町	西光山町	西光山町		
西城町	西城町	西城町	西城町	西城町	西城町		
北城町	北城町	北城町	北城町	北城町	北城町		
中町	中町	中町	中町	中町	中町		
花園町	花園町	花園町	花園町	花園町	花園町		
不動町	不動町	不動町	不動町	不動町	不動町	不動町	不動町
錦町	錦町	錦町	錦町	錦町	錦町	錦町	錦町
瑞南里	瑞南里	瑞南里	瑞南里	瑞南里	瑞南里		
錦溪里	錦溪里	錦溪里	錦溪里	錦溪里	錦溪里		
鄕社里	鄕社里	鄕社里	鄕社里	鄕社里	鄕社里		
城底里	城底里	城底里	城底里	城底里	城底里		
須奇屋町	須奇屋里	須奇屋里	須奇屋里	須奇屋里	須奇屋里	須奇屋町	須奇屋町
	樓門里	樓門里	樓門里	樓門里	樓門里	樓門町	樓門町

일본 제국주의의 한국 행정구역 통폐합 과정과 그 결과 **745**

1913	1917	1918	1924	1929	1932	1939	1944
			揚林里	揚林里	揚林里	楊林町	楊林町
			校社里	校社里	校社里		
			院村里	院村里	院村里		
			柳林里	柳林里	柳林里		
						鶴岡町	鶴岡町
						南町	南町
						明治町 一丁目	明治町 一丁目
						明治町 二丁目	明治町 二丁目
						明治町 三丁目	明治町 三丁目
						明治町 四丁目	明治町 四丁目
						明治町 五丁目	明治町 五丁目
						大和町	大和町
						本町一丁目	本町一丁目
						本町二丁目	本町二丁目
						本町三丁目	本町三丁目
						本町四丁目	本町四丁目
						本町五丁目	本町五丁目
						黄金町	黄金町
						湖南町	湖南町
						旭町	旭町
						東町	東町
						瑞石町	瑞石町
						大正町	大正町
						北町	北町
						泉町	泉町

1913	1917	1918	1924	1929	1932	1939	1944
						西町	西町
						龜岡町	龜岡町
						社町	社町
						柳町	柳町
						林町	林町
						昭和町	昭和町
						山手町	山手町
						芝山町	芝山町
						芳林町[24]	芳林町
						白雲町[25]	白雲町
						月山町[26]	月山町
						豊城町	豊城町
						光川町	光川町

〈표 22〉에서 보듯이. 광주부의 1939년에 이르기까지 동리 명칭을 전부 요소와 후부 요소 모두 일본식으로 작명되는 경우도 있다. 그러나 '樓門町, 楊林町, 芝山町, 芳林町, 白雲町, 月山町' 등은 후부 요소만 일본식으로 작명된 경우이다.

전부 요소와 후부 요소 모두 일본식일 경우의 동리 명칭 제정에는 일본인 거주자가 전제된 것이고, 전부 요소는 기존의 동리 명칭이나 후부 요소는 일본식인 경우에는 일본인 거주자와는 상관없이 행정구역 단위를 하나의 단위로 통일하려는 차원에서 비롯된 것으로 생각된다. 이러한 사실을 다음의 기사가 웅변적으로 말해주고 있다.

---

24 不東坊面 芳林里이다.
25 孝泉面 벽도리와 珠月里이다.
26 孝泉面 珠月里이다.

(10) 경성부 행정구역 확장안이 금 14일 부령으로 발표되엇다 함은 별항 보도한 바이니와 오는 4월 1일 이 확장안이 실제 실현되는 날에는 경성부의 동명은 일대변화를 보게 되리라 한다. 즉 경성부의 북촌 일대의 85개 동은 전부 정으로 고치는 동시에 신편입 구역의 76개 되는[동은] 73개정으로 고칠 방침이라 한다. 경성부에서는 이리 동명을 전부 고치어 가지고 경기도에 신청하엿으므로 오는 월안으로 도령으로써 정명은 발포되리라 는데 이리, 동명이 고쳐지는 날이면 대경성의 동리는 전부 259개정이 될 것이라 한다. 〈동아일보, 1936.2.15., 2면, 通과 洞을 改稱 町으로 統一〉

4. 결언

일본 제국주의에 의한 한국 행정구역 통폐합의 목적을 종래에는 '통제력 강화'와 '경비 절감'을 들고 있다. 이 글에서는 '통제력 강화'의 수단으로 한국의 토지 경제권을 장악하기 위하여 조선토지사업을 전개하였고 이 토지조사사업으로 한국 행정구역 통폐합이 일본 제국주의의 이익을 실현하는 방향에서 이루어졌음을 다시 확인하였다.

임시토지조사국의 기관지인『局報』를 검토하여,『局報』에서는 '경기(2부, 18군), 충남(23군), 충북(7군), 전남(3군), 경북(1부, 34군), 경남(2군), 평남(6군)' 등 모두 2부 94군 지역의 통폐합 전의 동리 명칭과 통폐합 후의 조사된 명칭이 게재되었음을 언급하였다. 또한『局報』에는『局報』에 실린 '행정구역명칭일람'의 정오표를 게재하고 있음을 언급하였다.

1916년에 간행된『朝鮮土地調査事業槪覽大正4年度』에는 1914년 4월 1일 전면 실시된 행정구역 동리의 수가 24,262개소이고 통폐합

전 동리의 수가 54,469개소임이 조사되어 있음을 언급하였다. 그런데 이 글에서는 1912년『지방행정구역명칭일람』에 수록된 동리의 수가 62,532개소와 차이가 나는 이유를 앞으로 규명해야 할 것을 언급하였다.

『朝鮮土地調査事業報告書』(1918: 70-71)에 따라 '京城, 水原, 仁川, 大邱, 釜山' 등의 지역은 1912년 5월 이전에 시가지 계획이 추진되었고, 1912년 5월에는 特設調査班이 구성되어 '開城, 淸州, 公州, 大田, 江景, 全州, 群山, 光州, 羅州, 木浦, 金泉, 馬山, 晉州, 海州, 平壤, 鎭南浦, 義州, 新義州, 元山, 咸興, 淸津, 鏡城, 會寧, 羅南' 등의 지역에 시가지 계획이 착수되어 1944년에 이르러서는 123읍제가 시행되기에 이르렀음을 언급하였다.

한국 행정구역 통폐합과 명칭 변경 관련 규정 자료를 언급하고 이들의 내용이 큰 차이가 없다는 사실을 언급하였다. 1915년『局報』62호 호외에 실린 임시토지조사국 준비조사규정, 제10조부터 제16조까지의 내용을 소개하고, 이 규정을 '행정구역 통폐합 기준, 행정구역 경계의 확정 기준, 통폐합 행정구역 명칭 제정 기준, 양립 행정구역 명칭 제정 기준, 협의 절차' 등의 관점에서 분석하였다. 이러한 분석을 통하여 일본식 지명과 한국식 지명이 양립할 경우에 일본식 지명을 우선한다는 규정에 근거하여 한국 행정구역 통폐합이 일본 제국주의 이익 실현을 위한 것임을 확인하였다.

'1912년『지방행정구역명칭일람』집록 작업 오류, 인위적 행정구역 명칭의 양산과 편의주의적 행정구역 개편, 시가지 조성에 따른 일본식 행정구역 명칭의 유입과 확산' 등의 관점에서 일본 제국주의의 한국 행정구역 체계 변경의 결과를 분석하였다.

1912년『지방행정구역명칭일람』이 조선총독부가 집록한 자료임을 확인하였으며 종래 이 자료를 '舊韓國地方行政區域名稱一覽'으로 명명해 온 것은 오류임을 지적하였다. 1912년 『지방행정구역명칭일람』이 집록 작업으로 만들어진 것이기 때문에 필사 글자의 서사와 판독 과정에서 오자가 있음을 언급하였다. 특히, 경기도 지역의 동리 명칭 중 오자에 대해서는 자세히 검토하여 제시하였다.

행정구역 통폐합 변경 규정에는 하나의 동리를 분할하지 않는다는 원칙을 내세웠으나 실제로는 그러한 원칙을 지키지 않았음을 언급하였다. 특히 일본식 행정구역 명칭을 새로이 정할 경우에는 기존의 동리가 분할되는 경우가 많음을 지적하였다.

시가지 계획이 추진되고 또 시가지로 재편되는 지역이 늘어나고, 또 시가지의 영역이 확산함에 따라 일본식 행정구역 명칭이 유입되고 확산한 것을 언급하였다.

1913년 추진된 29개 지역의 동리 명칭은 모두 823개인데, 이 중에서 72.3%에 달하는 595개의 동리 명칭이 일본식 행정구역 단위 명칭인 '町, 通' 등을 사용하고 있음을 언급하였다. 또 이 29개 지역의 1939년 동리 명칭은 모두 총 1,226개인데, 이 중에서 79.44%에 달하는 974개의 동리 명칭이 일본식 행정구역 단위 명칭인 '町, 通' 등을 사용하고 있음을 언급하였다. 또한, 1913년 이후에 시가지로 발전한 지역의 경우 동리 명칭이 모두 856개인데, 이 중에서 19.7%에 달하는 169개의 동리 명칭이 일본식 행정구역 명칭이 '町, 通' 등을 사용하고 있음을 언급하였다.

한편 일본인이 거주하는 지역의 동리 명칭은 전부 요소나 후부 요소 모두 일본식의 명칭을 사용하고 있으나 일본인이 거주하지 않는 지역은 전부 요소는 한국의 전통적인 명칭을 사용하고 후부 요소는 일본식 町을 붙여 사용하고 있음을 언급하였다.

1917년 함경남도 영흥군 地誌調書 편철 문서에 나타난 面名과 洞里村名 표기에 대한 국어학적 연구

1. 서언

이 글은 1917년에 작성된 「함경남도 영흥군 지지조서 편철 문서」에 나타난 행정 구역 단위 명칭과 마을 단위 동리촌명에 대한 국어학적 연구를 목적으로 한다. 특히 마을 단위 동리촌명의 경우에는 차자 표기에 대응되는 한글 표기가 기록되어 있어 지명 표기에 사용된 차자 표기의 특성과 차자 표기로 기록된 지명의 고유어 의미를 파악하는 데에 도움이 된다.

1914년부터 1917년에 이르기까지 작성된 전국 각 도, 각 군의 「지지조서 편철 문서」가 국토정보플랫폼(http://map.ngii.go.kr/mn/main Page.do)에서 이미지화되어 '근대 측량 자료'의 이름으로 서비스되고 있다. 이 자료는 조선총독부가 시행한 토지조사사업의 하나로 작성된 것이다.[1] 이 자료에는 행정 구역 단위나 마을 단위 동리촌명의 경우, 지명에

---

1 국토정보플랫폼 사이트의 근대측량자료 편에는 1910년대 중반에 작성된 전국 「地誌調書 편철 문서」 57권이 서비스되고 있다. 육군 지형정보단과 국토지리정보원이 2016년에 협약을 체결하여 이 자료가 디지털로 구축되어 서비스되고 있다고 한다.

적용된 차자 표기의 성격을 파악할 수 있는 대응 '한글 표기'가 대체로 제시되어 있다. 따라서 이 자료는 지명 표기에 적용된 차자의 성격을 이해하고, 지명에 사용된 고유어의 모습을 이해하는 데에 도움을 줄 것으로 생각된다.

사실, 1911년에 작성된 것으로 추정되어 온『조선지지자료』에는 전국의 각 도별, 각 군별 지명이 대응되는 한글 표기와 함께 풍부하게 수록되어 있어 그 동안 지명과 지명 표기의 연구에 귀중한 자료로 취급되어 왔다. 그러나 애석하게도 함경도 지역의 것은 누락되어서 지명 연구 관련 분야에서 아쉽게 생각해 왔다. 이러한 점에서 1914년부터 1917년에 이르기까지 작성된 전국 각 도의「지지조서 편철 문서」는 지명과 지명 표기의 연구 분야에서『조선지지자료』를 보충해 주는 자료로 생각된다.

이 글에서는 1917년에 작성된「함경남도 영흥군 지지조서 편철 문서」를 대상으로 행정 구역 단위와 마을 단위 동리촌명에 대하여 제시된 '한글 표기'를 근거로 하여 영흥군 동리촌명 표기에 적용된 차자 표기의 특성을 구명하고, 이를 바탕으로 영흥군 동리촌명에 사용된 고유어의 의미를 추정해 보고자 한다. 다만 자연 지명이거나 인공 지명이거나를 불문하고 주요 지명에 대해서도「지지조서 편철 문서」에서는 한글 표기를 제시하고 있는데, 이 연구에서는 이들은 제외하기로 한다.

전국「地誌調書 편철 문서」57권의 각 도별 권수는 다음과 같다. '평안북도 7권, 평안남도 2권, 함경남도 5권, 황해도 4권, 강원도 4권, 경기도 6권, 충청북도 3권, 충청남도 4권, 전라북도 7권, 전라남도 7권, 경상북도 3권, 경상남도 5권' 등이다.

2. 1917년 「함경남도 영흥군 지지조서 편철 문서」의 작성 주체와 구성

2.1. 1917년 「함경남도 영흥군 지지조서 편철 문서」

1917년 「함경남도 영흥군 지지조서 편철 문서」는 『함경남도 地誌調書 편철 문서』에 수록되어 있다. 『함경남도 地誌調書 편철 문서』는 모두 5권이다. 이 5권에는 다음과 같이 함경남도 각 군의 地誌調書가 수록되어 있다.

(1) 가. 신흥군, 홍원군, 북청군
　　나. 풍산군, 단천군, 함흥군
　　다. 장진군, 삼수군, 갑산군, 풍산군, 북청군, 홍원군, 풍산군, 안변군, 함흥군, 덕원군, 경성군, 이원군
　　라. 영흥군, 정평군, 고원군, 함흥군, 풍산군, 단천군, 이원군
　　마. 안변군, 이원군, 문천군, 원산부

(1라)에서 보는 바와 같이 「함경남도 영흥군 지지조서 편철 문서」는 '정평군, 고원군, 함흥군, 풍산군, 단천군, 이원군' 등의 地誌調書와 함께 수록되어 있다.

2.2. 「함경남도 영흥군 地誌調書 편철 문서」의 작성 시기

「함경남도 영흥군 地誌調書 편철 문서」에는 다음과 같은 영흥군의 각 면에 대한 地誌調書의 내용이 실려 있다.

1917년 함경남도 영흥군 地誌調書 편철 문서에 나타난 面名과 **753**
洞里村名 표기에 대한 국어학적 연구

〈표 1〉 함경남도 영흥군 地誌調書 작성 주체와 작성 시기

번호	면	작성 주체	작성일	비고
1	宣興面	面事務所	대정 6년(1917) 5월 25일	平川里, 文上里, 文下里 등 수록
2	耀德面	面長	대정 6년(1917) 6월 10일	
3	橫川面			자료 누락[2]
4	耀德面	面長	대정 6년(1917) 11월 18일	2번과 유사한 내용 기록
5	宣興面	面事務所	대정 6년(1917) 5월 6일	龍凩里, 凩上里, 龍南里, 龍岩里, 龍雲里, 慈山里, 太和里, 仁豊里, 新興里 등의 동리촌명 수록
6	橫川面	面長崔基洙	대정 5년(1916) 8월 28일	
7	古寧面	面事務所	기록 없음	
8	古寧面	기록 없음	기록 없음	7번과 유사한 내용 기록
9	鎭坪面	面長趙昌完	기록 없음	
10	順寧面	面長陣東協	대정 6년(1917) 9월 5일	
11	虎島面	面長	대정 6년(1917) 8월 23일	

〈표 1〉에서 3번의 경우 목록에는 기재되어 있으나 디지털 서비스되고 있는 자료에는 누락되어 있다. 편철 문서 원본에 누락된 것인지 디지털 작업 시의 오류인지는 검토될 필요가 있다. 〈표 1〉의 2번과 4번은 동일 내용이나 작성 시기가 다르며, 또한 〈표 1〉의 7번과 8번 역시 유사한 내용을 기록하고 있다. 한편 〈표 1〉의 1번과 5번은 宣興面의 각각 다른 동리에 대한 地誌調書 내용을 기록하고 있다.

함경남도 영흥군은 1912년 이후에 호도면을 포함하여 13개 면이었으므로, '홍인면, 복흥면, 장흥면, 인흥면, 덕흥면, 억기면' 등에 대한 地誌調書의 내용은 「함경남도 地誌調書 편철 문서」에서 찾을 수 없다. 한편 운곡면의 경우 1912년에 고원군으로 편입되었다.

---

[2] 「함경남도 영흥군 地誌調書 편철 문서」의 목록에는 橫川面이 나타나 있으나 자료에는 관련 자료가 누락되어 있다.

2.3. 「함경남도 영흥군 地誌調書 편철 문서」의 구성 내용

地誌調書는 크게, '동리촌명 목록, 주요 지명 서술, 地誌調書 附圖' 등의 세 부분으로 구성되어 있다.

'동리촌명 목록'의 일부를 보이면 다음과 같다.

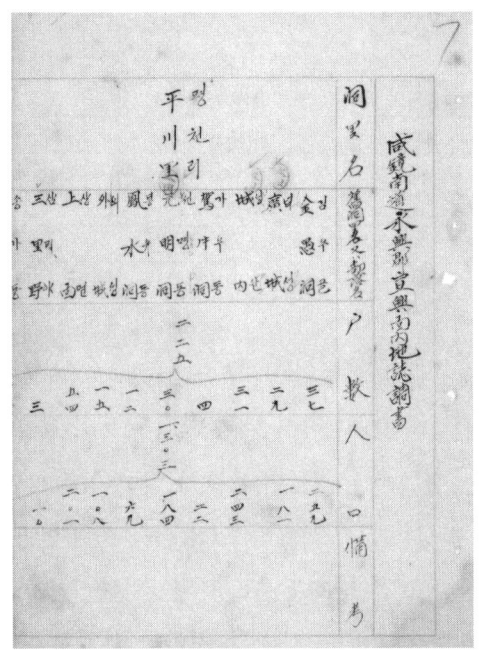

〈그림 1〉 동리촌명 목록

'동리촌명 목록'에는 각 동리촌의 '호구 수, 인구 수' 등이 기재되어 있다. 이러한 '호구 수, 인구 수' 등은 지명의 의미를 밝히는 데에 적극적으로 활용될 수 없으므로 앞으로의 서술에서는 이에 대해 언급하지 않기로 한다.

주요 지명 해설의 경우는 다음과 같다.

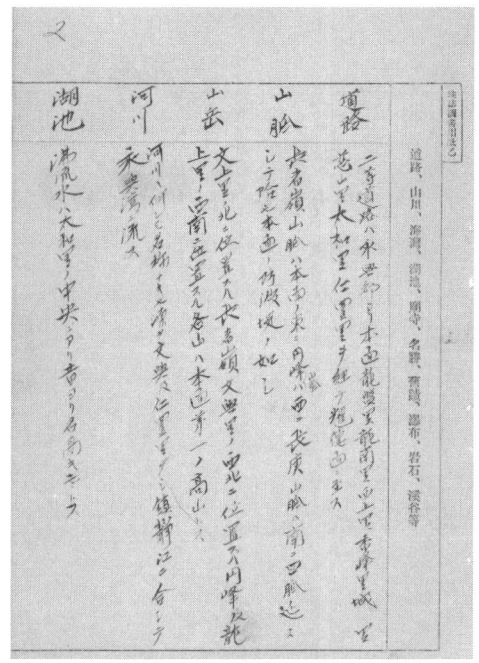

<그림 2> 주요 지명 해설

주요 지명 해설의 경우 〈그림 2〉에서는 지명에 대한 한글 표기가 제시되지 않았다. 그러나 '燿德面 1, 燿德面 2, 橫川面, 古寧面 1, 古寧面 2, 虎島面' 등의 경우에는 지명에 대한 한글 표기가 제시되었다.

「함경남도 영흥군 地誌調書 편철 문서」에 실린 선흥면 '地誌調書 附圖'의 범례로는 '道界, 郡界, 面界, 洞里界, 駐在所, 面事務所 市場所 在地, 二等道路, 三等道路, 河川, 地物' 등이 제시되어 있다. 그러나 이러한 범례의 내용은 각 군과 각 면별로 차이를 보인다.

강계 표시 附圖는 다음과 같다.

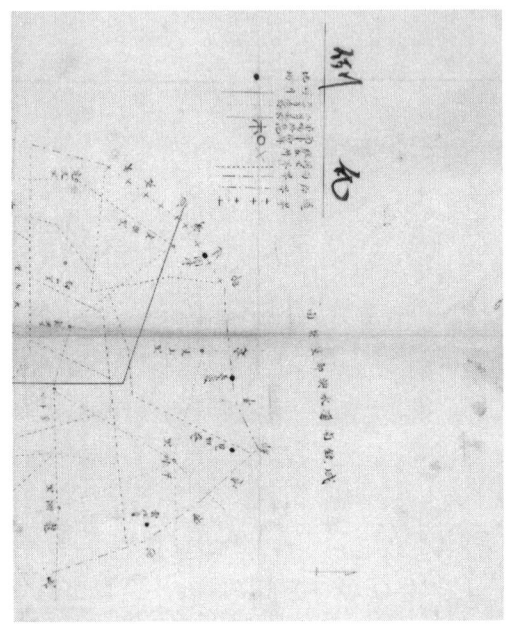

<그림 3> 강계 표시 附圖

2.4. 「함경남도 영흥군 地誌調書 편철 문서」의 작성 언어

「함경남도 영흥군 地誌調書 편철 문서」는 한국어와 일본어가 사용되어 기록되었다. 영흥군 각면의 기록 언어는 다음과 같다.

<표 2> 「함경남도 영흥군 地誌調書 편철 문서」의 작성 언어

	동리촌명 목록		주요 지명 정보
	동리촌명 명칭	비고	
宣興面	차자와 한글 병기	일본어	일본어
耀德面	차자와 한글 병기	일본어	한국어
宣興面	차자와 한글 병기	일본어	일본어
耀德面	차자와 한글 병기	일본어	한국어

	동리촌명 목록		주요 지명 정보
	동리촌명 명칭	비고	
耀德面	차자와 한글 병기	한국어, 일본어	한국어
宣興面	차자와 한글 병기	일본어	일본어
橫川面	차자표기만 제시	일본어	일본어
古寧面	차자와 한글 병기	한국어, 속칭 제시	일본어
古寧面	차자와 한글 병기	속칭 제시	일본어
鎭坪面	차자와 한글 병기	한국어, 속칭 제시	한국어
順寧面	차자와 한글 병기	없음	한국어
虎島面	차자와 한글 병기	일본어	일본어

동리촌명 목록의 '비고'와 '주요 지명 정보'가 일본어로 작성되었다는 것은 「地誌調書 편철 문서」가 일본인에 의해 작성된 것임을 말해 준다. 현지의 한국인이 말해 준 내용을 일본인이 작성했을 것이므로 「地誌調書 편철 문서」 작성 시, 일정 부분 오류가 있을 수 있다.

2.5. 「함경남도 영흥군 地誌調書 편철 문서」의 작성 목적

「함경남도 地誌調書 편철 문서」 가운데, '풍천군, 단천군, 함흥군' 등의 地誌調書를 편철한 문서의 일부에 다음과 같은 내용의 附箋紙가 첨부되어 있다.

(2) 大正五年一月二十九日
　　　　　朝鮮總督府臨時土地調査國第七準備調査班
　下岐川面長 殿
　　　　　　　面界變更에 關ᄒ 件
　首題과 如히 下朝陽面 雙鳳里 一部 分土地(家戶幷) 貴面 西上里에

編入된 바 先般 踊査 時 建設한 右 雙鳳里 西上里 疆界間 標杭을 左記 番號에 依ᄒᆞ야 使西上里 地主 總代로 板去ᄒᆞ고 至急御回報相成度 此段及通知候也
左記標杭番號
川邊31號로부터 山下路邊 43號ᄭᅡ지 板接去ᄒᆞ고 右 事實을 卽爲回報할 事
別紙寫之通候也
大正五年五月八日
咸興郡下岐川面長 韓鳳?[3]

(2)를 통해서「地誌調書 편철 문서」가 朝鮮總督府 臨時土地調査局 토지조사사업의 목적으로 작성된 것임을 알 수 있다. 그렇다면 임시토지조사국에서 생성한 문서를 육군 측지대대에서 보관한 경위를 조사할 필요가 있으나 현재는 자세하지 않다.

2.6. 「함경남도 영흥군 地誌調書 편철 문서」의 기재 내용

영흥군 각 면 동리촌 명칭의 목록은 〈부록 1〉로 제시하였다.

3. 함경남도 영흥군의 면명과 동리촌명 표기에 대한 국어학적 연구

3.1. 함경남도 영흥군의 면명과 동리촌명 수록 자료

조선 후기 함경남도 영흥군의 면명과 동리촌명을 수록한 자료는 다음

---

3 판독 불가

과 같다.

(3) 가. 『輿地圖書』의 『永興府邑誌』
나. 『戶口總數』(1789) 영흥부 조
다. 1787년 이후 『咸鏡監營誌』의 『永興府邑誌』(규장각한국학연구원, 想白古915.19-H179
라. 『永興府邑誌』(규장각한국학연구원 규17528) 연대 미상
마. 1872년 『關北邑誌』의 『永興府邑誌』(규장각한국학연구원, 奎10995-v.1-5)
바. 1894년 『關北邑誌』의 『永興府邑誌』(규장각한국학연구원, 奎12179-v.1-7)
사. 1899년 『永興郡邑誌』(규장각한국학연구원, 奎10992)
아. 1912년 朝鮮總督府 『地方行政區域名稱一覽』
자. 1912년 영흥군 행정구역 변경 地方廳公文

『輿地圖書』의 해제에 따르면, 『輿地圖書』에 실린 各邑 邑誌는 1768년(영조 33)에서 1776년(영조 41) 사이에 이루어진 것으로 판단하고 있다. 따라서 (3가)의 『輿地圖書』에 실린 『永興府邑誌』는 1768년(영조 33)에서 1776년(영조 41) 사이에 작성된 것이다.

(3나)의 『戶口總數』는 1789년에 작성된 것이다. (3다)부터 (3사)까지 『永興府邑誌』는 모두 규장각에 소장된 자료이다. (3다)와 (3라)의 『永興府邑誌』는 작성 연대가 명확하지 않다. 그러나 (3마)의 『永興府邑誌』 이전에 이루어진 것으로 판단하고 있다. (3아)는 흔히 『舊韓國地方行政區域名稱一覽』으로 알려져 왔다. (3자)는 1912년 2월 22일에 공포된 지방청공문으로 조선총독부 관보 제443호에 수록되어 있다.

3.2. 영흥군 소속 면명 명칭과 표기의 변화

조선 후기부터 20세기 초기까지 영흥군 소속인 면명의 명칭과 표기는 다음과 같다.

〈표 3〉 함경남도 영흥군 소속 面의 명칭과 표기의 변화

輿地圖書	戶口總數	1787 이후	규 17528	1872	1894	1899	1912	1912
洪仁社	洪仁社	洪仁社	洪仁社	洪仁社	洪仁社	洪仁社	洪仁面	洪仁面
福興社	福興社	福興社	福興社	福興社	福興社	福興社	福興面	福興面
長興社	長興社	長興社	長興社	長興社	長興社	長興社	長興面	長興面
順寧社	順寧社	順寧社	順寧社	順寧社	順寧社	順寧社	順寧面	順寧面
長坪社	鎭坪社	長坪社	長坪社	鎭坪社	鎭坪社	鎭坪社	鎭坪面	鎭坪面
里仁社	里仁社	里仁社	里仁社	仁興社	仁興社	仁興社	仁興面	仁興面
德興社	德興社	德興社	德興社	德興社	德興社	德興社	德興面	德興面
靜邊社	正邊社	正邊社	正邊社	正邊社	宣興社	正邊社	宣興面	宣興面
橫川社	橫川社	橫川社	橫川社	橫川社	橫川社	橫川社	橫川面	橫川面
憶岐山社	憶岐山社	憶岐山社	憶岐山社	憶岐山社	憶岐社	憶岐山社	憶岐面	憶岐面
耀德社	耀德社	耀德社	耀德社	耀德社	耀德社	耀德社	耀德面	耀德面
古寧社	永仁社	寧仁社	寧仁社	古寧社	古寧社	寧仁社	古寧面	古寧面
雲谷社	雲谷社	雲谷社	雲谷社	雲谷社	雲谷社	雲谷社	雲谷面	
								虎島面

『輿地圖書』부터 19세기 전까지 조선 시대 영흥부 소속의 면수에는 변동이 없었다. 그러나 1912년에 雲谷面을 高原郡으로 이속시키고 古寧面에서 虎島面을 분리하여 새로운 면을 만들었다.

조선 시대 함경도 지역의 군현은 소속 행정 단위의 명칭으로 面 대신에 社를 사용하였다. 따라서 永興府도 面 대신에 社를 사용하다가 1894년 이후에 社 대신에 面을 사용하게 되었다. 1899년『永興府邑誌』에서 面 대신 社를 사용한 것은 보수적 사용에 따른 것으로 생각된다. 社가

面과 동일한 행정 구역 단위임은 다음과 같은 자료에서 확인된다.

(4) 耀德鎭 본부 서쪽 1백 20리에 있다. 본래는 顯德鎭으로 고려 현종 14년에 성을 쌓았으며, 공민왕이 현(縣)으로 고쳤다. ○ 이상은 현재 모두 폐하여 社로 만들었다. ○ 社라는 것은 리라고 말하는 것과 같으니, 본도 사람들이 리라고 칭하는 것은 모두 社인 것이다.[4] 〈新增東國輿地勝覽 永興大都護府 古蹟〉

(4)에서 社가 里와 동일한 위계의 행정 구역 단위임을 말하고 있다. 그런데 16세기의 郡縣 아래에는 里 단위의 행정 구역 단위가 소속되어 있었고, 面 단위 행정 구역 단위는 없었다. 17세기에 들어서야 군현 아래의 행정 구역 단위로 面이 등장하고 있다. 이러한 사실은 1656년에 편찬된 柳馨遠의 『東國輿地誌』에서 확인할 수 있다. 즉 『東國輿地志』에서 각 郡縣이 거느린 '面의 수'를 제시한 것에서 알 수 있다.

'靜邊社, 寧仁社, 長平社, 耀德社' 등은 『世宗實錄地理志』의 시기에 社의 지위를 가지고 있었다.

(5) 가. 平川社는 본래 永興鎭이었는데, 【예전에는 關防戍라고 칭하였다.】 고려 文宗 15년 신축【송나라 仁宗 嘉祐 6년】에 비로소 城堡를 쌓았고, 본조 太祖 2년 계유에 지금의 이름으로 고쳤다.[5] 〈世宗實錄地理志 永興府〉

---

4 『新增東國輿地勝覽』, 永興大都護府, 古蹟, "耀德鎭 在府西一百二十里 本顯德鎭 高麗顯宗十四年築城 恭愍王改爲縣 ○已上今廢爲社 ○社猶言里也 道人凡稱里皆爲社"
5 『世宗實錄地理志』, 永興府, "平川社 本永興鎭【古稱關防戍】高麗 文宗十五年辛丑【宋 仁宗 嘉祐六年】始築城堡 本朝太祖癸酉 改今名"

나. 靜邊社는 본래 靜邊鎭이었는데, 顯宗 22년 신미【송나라 仁宗 天聖 9년】에 비로소 鎭을 두었고, 靖宗 5년 기묘【寶元 2년】에 城을 쌓았다.⁶ 〈世宗實錄地理志 永興府〉

다. 寧仁社는 본래 寧仁鎭이었는데, 太祖 6년 정축【명나라 洪武 30년】에 모두 폐하여 社로 삼았다.⁷ 〈世宗實錄地理志 永興府〉

라. 長平社는 본래 長平鎭이었는데,【예전에는 古叱達이라 하였다.】 光宗 20년 기사【송나라 태조 開寶 2년】에 비로소 鎭城을 쌓았고, 恭愍王 6년 정유【원나라 至正 17년】에 縣으로 고쳐서 令을 두었다.⁸ 〈世宗實錄地理志 永興府〉

마. 耀德社는 본래 耀德鎭이었는데,【일명 顯德鎭이다.】 顯宗 14년 계해【송나라 인종仁宗 天聖 원년】에 城을 쌓았고, 공민왕 6년 丁酉에 縣으로 고쳤다가, 20년 신해【명나라 洪武 4년】에 모두 폐하여 社로 하였다.⁹ 〈世宗實錄地理志 永興府〉

(5)에서 1371년(홍무 4년)에 耀德社가 확립되었고, 1393년(태조 2년)에 平川社가 확립되었으며, 1397년(홍무 4년)에 寧仁社가 확립되었음을 말하고 있다. 한편 1391년에 작성된 「和寧部戶籍臺帳斷片」에는 德興社가 和寧府東面德興部로 되어 있다. 그러나 관련 자료가 없어 德興部에서 德興社로 바뀐 시기를 정확하게 말할 수 없다. '耀德社, 平川社, 寧仁社' 등을 제외하고, 관련 자료가 없어 나머지 영흥부 소속의 社들이

---

6 『世宗實錄地理志』, 永興府, "靜邊社 本靜邊鎭 顯宗二十二年辛未【宋 仁宗 天聖九年】始置鎭 靖宗五年己卯【寶元二年】築城"

7 『世宗實錄地理志』, 永興府, "寧仁社 本寧仁鎭 太祖六年丁丑【大明 洪武三十年】皆廢爲社"

8 『世宗實錄地理志』, 永興府, "長平社 本長平鎭【古稱古叱達】光宗二十年己巳【宋 太祖 開寶二年】始築鎭城 恭愍王六年丁酉【元 至正十七年】改爲縣置令"

9 『世宗實錄地理志』, 永興府, "耀德社 本耀德鎭【一名顯德鎭】顯宗十四年癸亥【宋 仁宗 天聖元年】築城 恭愍王丁酉 改爲縣 至二十年辛亥【大明 洪武四年】皆廢爲社"

확립된 시기를 정확하게 말할 수 없다. 다만 1758년에 편찬된 魏昌祖의 『北道陵殿誌』에 따르면, 『輿地圖書』이전의 어느 시기에 德興社에서 順晏社가 분리되었다가 順寧社로 개칭된 사실을 알 수 있다.

앞에 제시한 〈표 3〉에서 보듯이 일부의 경우를 제외하고 조선 시대 영흥부 소속의 社 단위 행정 구역에 대한 명칭과 표기에는 큰 변화가 없었다. 社 단위 구역의 명칭과 표기에 큰 변화가 없는 것은 행정 구역 관리의 특성 상, 표준성을 가져야 하기 때문으로 생각된다. 다만 다음과 같은 경우에는 명칭과 표기의 변화가 있었다.

(6) 가. 憶岐山社, 憶岐社
　　나. 長坪社, 鎭坪社
　　다. 古寧仁社, 永仁社, 寧仁社, 古寧社
　　라. 靜邊社, 正邊社, 宣興社
　　마. 里仁社, 仁興社

'憶岐山社〉憶岐社, 古寧仁社〉古寧社' 등의 변화는 후부 요소를 포함하여 3음절을 유지하기 위한 변화로 생각할 수 있다. 국어의 특성 상, 4음절의 경우에도 어색하지 않지만 행정 구역 단위 명칭이 보편적으로 3음절이라는 점에서 4음절인 '憶岐山社, 古寧仁社' 등이 3음절인 '憶岐社, 古寧社' 등으로 변화된 것으로 판단된다.

'靜邊社/正邊社〉宣興社, 里仁社〉仁興社' 등의 변화는 '福興社, 長興社, 德興社' 등의 명칭에 견인되어, 명칭의 변화가 일어난 것으로 판단된다. 하지만 관련 자료가 없어 '靜邊/正邊'이 宣興으로 里仁이 仁興으로 바뀐 이유는 알 수 없다.

'永仁社〉寧仁社, 靜邊社〉正邊社' 등의 표기 변화는 지명 표기 글자의 音假字化 해석 현상에서 기인된 것으로 생각된다. 지명 표기 글자의

音假字化 해석 현상은 고려 초기부터 진행되어 왔으며[10] 석독 구결이 음독 구결로 바뀐 14세기 이후에는 지명 표기 글자의 音假字化 해석 현상은 더욱 강력한 영향력을 발휘한 것으로 이해된다.

'長坪社〉鎭坪社'의 변화를 명칭 변화와 표기 변화의 두 가지 측면에서 이해할 수 있다. 鎭坪社의 鎭을 長平鎭의 鎭으로 이해할 경우에 '長坪社〉鎭坪社'의 변화는 명칭 변화로 이해된다. 그런데 「함경남도 영흥군 지지조서 편철 문서」의 順寧面 조에 나오는 마을 명칭 '長峙/진지'를 고려하면, '長坪社〉鎭坪社'의 변화에서 鎭坪社는 '길다〉질다'의 발음 변화를 표기에 반영한 것으로 이해된다. '長峙/진지'는 함경남도 영흥군 지역에서도 'ㄱ-구개음화'가 일어났음을 보여 주는 사례이다. 이러한 근거로 長坪에서 長이 '긴' 정도를 표기하였는데 'ㄱ-구개음화'에 의해 '긴'이 '진'으로 교체되고 이 '진'을 鎭으로 음차 표기했다고 이해할 수도 있다.

'長坪社〉鎭坪社'의 변화를 'ㄱ-구개음화'를 반영한 표기 변화로 파악할 경우 長平의 옛 명칭 古叱達도 그 의미를 추정해 볼 수 있다. 즉 古叱은 '곶(串)'의 의미이며 達은 '높은 곳의 평평한 대지'를 뜻한 '달'로 해석해 볼 수 있다. 鎭坪社의 자연 지리적 특성이 '곶(串)'인 점에서 이러한 해석은 타당할 것으로 생각된다. 다만 '곶'으로 추정되는 지역 대부분을 憶岐面이 차지한 점에서 古叱을 '곶(串)'으로 파악하는 방법에 문제가 있을 수 있다. 하지만 '곶'으로 추정되는 지역의 일부 즉 용흥강의 남단 지역에 鎭坪面의 '坪灘里, 乾川里, 鎭興里' 등이 소재한다는 점에서 18세기 이전에 鎭坪面에서 憶岐面이 분기되었을 가능성도 있다.

---

10 이에 대해서는 이건식(2016)에서 논의한 바 있다.

3.3. 행정 단위 동리촌명 명칭과 표기의 변화

3.3.1. 「함경남도 영흥군 地誌調書 편철 문서」에 나타난 행정 단위 동리촌명의 명칭과 표기

「함경남도 영흥군 地誌調書 편철 문서」에 나타난 행정 단위 동리촌명의 한글 표기는 다음과 같다. '한글 표기' 난이 빈칸인 것은 「지지조서 편철 문서」에 한글 표기가 제시되지 않은 것이다. 동리촌명의 차자 표기와 한글 표기의 관계를 고찰하기 위해 참고로 『朝鮮地形圖』에 기재된 일본의 카타가나 표기도 함께 제시한다. 古寧面의 경우 상당 수 지역이 『朝鮮地形圖』에서 블라인드 처리되어 있다. 이러한 블라인드 처리는 古寧面 지역에 일본의 군사 시설이 있기 때문이다. 다른 면의 경우 『朝鮮地形圖』 주기를 제시하지 못한 경우는 『朝鮮地形圖』에 기재되어 있지 않거나 찾지 못한 경우이다.

〈표 4〉「함경남도 영흥군 지지조서 편철 문서」에 나타난 행정 단위 동리촌명의 차자 표기와 한글 표기

면명	행정단위 동리촌명	한글 표기	朝鮮地形圖 주기	면명	행정단위 동리촌명	한글 표기	朝鮮地形圖 주기
順寧社	柳北里		?[11]フクニ-	橫川社	上東山里		サントンサンニ-
	柳南里				中東山里		チュントンサンニ-
	原川里		ヨンチョンニ-		下東山里		ハートンサンニ-
	興南里		フンナムニ-		院興里		ヲンフンニ-
	鵲山里		チャクサンニ-		自牙里		チャアニ-
	雙花山里		サンフウサンニ-		山城里		サンソンニ-
	禾島里		フワドリ		中興里		チュンフンニ-
	所羅里		ソナリ-		新興里		シンフンニ-

---

11 판독이 어렵다.

면명	행정단위 동리촌명	한글표기	朝鮮地形圖 주기	면명	행정단위 동리촌명	한글표기	朝鮮地形圖 주기
	小黑石里		ソフクソクリ		美老里		ミローリ-
	大黑石里		テーフクソクリ		美自牙里		ミチャアーリ
	廣津里			耀德社	仁興里	인흥리	インフンニ-
	中陽里		チュンヤンニ		南山里	남산리	
	亭子里		ちょんちゃ？		柏洞里	빅동리	パクドンニ-
	鯨岩里		キョンアムニ-		龍泉里	용천리	ヨンチョンニ-
	豊興里		プンフンニ-		龍上里	용상리	ヨンサンニ-
	豊東里		プントンニ-		北坪里	북평리	プクピョンニ-
	豊陽里		プンヤンニ-		坪田里	평전리	
	葛田里		カルバンニ-		小淑里		ソスクニ-
	州南里		スナムニ-		立石里	입셕리	リプソクニ-
	聖南里		ソンナムニ-		大淑里	더숙리	テースクニ-
	松峙里		ソンチョリ		重新里	중신리	チュンシンリ-
	豊南里		プンナムニ-		下新里	하신리	ハシンニ-
	德陽里		トクヤンニ-		花田里	花田里	フゥジョンニ-
	陵洞里		ヌンドンニ-		城里	셩리	ソンニ-
	德浦里		トクポリ		仁上里	인상리	インサンニ-
	龍川里		ヨンチョンニ-	古寧仁社	白安里	빅안리	パクヤンリ
	頭山里		ツサンニ-		桃洞里	비동리	ピドンニ-
	石北里		ソクブクニ-		新獐里	신장리	
	石南里		ソクナムニ-		舊獐里	구장리	
	松田里		ソンジョンニ-		三峰里	삼봉리	サムボンニ-
	新亭里				元平里	원평리	
鎭坪社	興城里	홍셩리			青鶴里	청학리	チョンハクリ
	翰洞里	한동리			新興里	신흥리	シンフンニ-
	永河里	영하리			新城里	신성리	
	天皇里	천황리 12	チョンフワニ-		蓮洞里	연동리	
	龍川里	용전리			淵豊里	연풍리	
	鎭岫里	진수리			清興里	청홍리	

---

12 비고란에 '普通 寶慕里/보막리'의 주기가 있다.

면명	행정단위 동리촌명	한글 표기	朝鮮地形圖 주기	면명	행정단위 동리촌명	한글 표기	朝鮮地形圖 주기
	坪灘里	평탄리			藻山里	조산리	
	鷹峯里	응봉리	ウンポンニ-		中興里	주흥리	
	乾川里	건천리	コンチョンニ		豊東里	풍동리[13]	
	鎭興里				加進里	가진리	カチンニ-
	猪島里	제도리			武鶴里	무학리[14]	
	新塘里	신당리	シンタンニ-		安東里	안동리[15]	
宣興社	凩上里	늡상리	ヌプサンニ		慕老里	모노리	
	龍凩里	용늡리	ヨンスニ-		明場里	명장리	
	龍南里	용남리	ヨンナムニ-		梨洞里	이동리	
	龍岩里	용암리	ヨンアムニ-		原上里	원상리	
	龍雲里	용운리	ヨンウンニ-		斗武里	두무리	
	平川里	평천리			龍米里	용미리	
	文上里	문상리	ムンサンニ-		芳久美里	방구미리	
	文興里	문흥리	ムンフンニ		松濱里	송빈리	
	新興里	신흥리	シンフンニ		葛古峙里	갈고치리	
	慈山里	자산리	チャサンニ		蘇浦里	소포리	
	太和里	퇴화리	テワリ		巢鷹津里	소응진리	
	仁豊里	인풍리	インプンニ-				

〈표 4〉에 제시된 한글 표기는 지명의 차자 표기가 대부분 音讀되고 있는 현상을 보여 준다. 音讀字로 구성된 지명의 차자 표기를 音讀한 것은 본디 정상적이다. 그러나 〈표 4〉는 訓借字에 기반한 지명 표기도 일률적으로 音讀하는 현상이 나타났음을 보여 주고 있다.

관련 자료가 없어 〈표 4〉에 제시된 행정 단위 동리촌명의 차자 표기에 대하여 일일이 그 차자 방식을 논의할 수는 없다. 그런데 順寧面의 小黑

---

13 비고란에 '俗稱 아리면'의 주기가 있다.
14 비고란에 '俗稱 고깃골'의 주기가 있다.
15 비고란에 '俗稱 영석골'의 주기가 있다.

石里와 大黑石里는 黑石里로부터 갈라진 동리촌명인데, 黑石里에서 黑石은 '검은 돌' 정도를 훈차 표기했을 가능성을 열어주는 근거가 있다. 黑石里에서 북쪽으로 長興面의 동북쪽 끝에 正洞里에 黑石嶺이 있는데 이 黑石嶺에서 1905년부터 黑鉛 광산 개발이 논의되어 黑鉛이 채굴되었다고 한다.[16] 그리고 규장각 소장의 『廣興圖』에는 黑石里 근처에 黑石乙峴烽이 기록되어 있다. 黑石嶺에는 봉화대가 있었으므로 黑石嶺과 黑石乙峴은 異表記 관계에 있고, 石乙은 '돌' 정도를 표기한 것이므로 黑石里의 石은 '돌' 정도를 표기한 훈차자가 된다. 또한 黑石嶺의 흑연 광산을 고려하면 黑石嶺의 黑石은 '검은 돌' 정도를 훈차 표기한 것이 된다. 따라서 순녕면 黑石里의 黑石도 '검은 돌' 정도를 표기한 훈차의 지명 표기인 것으로 추정된다. 그럼에도 불구하고 지명 표기를 音讀하려는 경향에 따라 '검은 돌'이 '흑석'의 발음형을 가지게 된 것으로 생각된다.

宜興社의 '㘽上里/늡상리/ヌプサンニ'와 '龍㘽里/용늡리/ヨンスニ-'는 지명 표기의 음독화 현상을 이끄는 동력에 대한 단서를 제공해 준다. 「1917년 영흥군 지지조서 편철 문서」에서는 㘽上里와 龍㘽里의 지명 표기자 㘽는 음독되지 않고, 훈독되어 한글 발음형을 '늡[늪]'으로 보여 주고 있다. 그런데 『朝鮮地形圖』에서 㘽上里의 㘽는 'ヌプ/누푸'로 훈차자의 모습을 유지하고 있으나 龍㘽里의 㘽는 훈차자의 모습을 유지하지 못하고 'ス/수'로 음독되고 있는 모습을 보여 준다. 㘽는 淵의 古字로 음이 '연' 정도인데, 龍㘽里에서 㘽의 음을 'ス/수'로 파악한 것은 기묘한 일인데 이에 대해서는 뒤에서 다시 논의하기로 한다.

훈차자가 음독되는 현상을 日人들의 작용으로 이해하기보다는 동리

---

16 규장각 소장의 『訓令照會存案』 제63권에는 1905년 "함경남도 永興郡 黑石嶺에 黑鉛礦이 있는데 자본을 모으고 회사를 조직하여 開礦 영업하고자 하니 인허해 달라"고 하는 韓貞奎의 청원서가 있다.

촌명이 행정 단위의 지위를 가지게 되어 口語 층위의 지명이 文語 층위의 지명으로 옮겨 간 것에서 그 이유를 찾는 것이 더 합리적으로 생각된다. 이러한 주장은 석독 구결로부터 음독 구결이 발달한 사실에서 지지받을 수 있다.

3.3.2. 「함경남도 영흥군 지지조서 편철 문서」에 나타난 행정 단위 동리촌명의 명칭과 표기의 역사적 변화

㉠ 順寧社 소속 행정 단위 동리촌명의 명칭과 표기 변화

順寧社 소속 행정 단위 동리촌명의 명칭과 표기 변화 자료는 〈부록 2〉에 제시하였다.

順寧社 소속 동리촌명에서 표기 변화를 보인 것을 제시하면 다음과 같다.

(7) 가. 加次山里/鵲山里
    나. 雙花山里/雙花里
    다. 用井里/龍井里, 小羅里/所羅里, 雙花山里/雙化山里, 中良里/中陽里, 鯨巖里/京岩里, 丁子里/亭子里, 乫田里/曷田里/葛田里, 聖南里/星南里
    라. 鯨巖里/丁岩里

(7가)의 鵲山里를 고려하면 加次山里의 加次는 '가치〉까치' 정도를 음차 표기한 것으로 이해된다. 『朝鮮地形圖』의 鵲山里에 대한 주기 'チャクサンニ-'를 고려하면 鵲山里의 鵲山은 '까치뫼' 또는 '까치산'으로 훈독되지 않고 '작산'으로 음독된 것으로 이해된다.

(7나)의 '雙花山里/雙花里'는 4음절을 3음절로 유지하기 위하여, 山을 소거한 것으로 이해된다.

(7다)는 음독된 글자를 다른 글자로 표현한 경우이다. 이것은 훈차 표기된 지명 표기를 일률적으로 음독하려는 경향에서 발생된 글자 교체로 이해된다. 이 같은 경우는 특히 1872년『關北邑誌』의『永興府邑誌』에서 다수 발견된다. 앞으로의 논의에서 1872년『關北邑誌』의『永興府邑誌』의 경우는 제외하도록 한다

(7라)의 鯨巖里는 '경암리' 정도로 음독될 수 있고, 丁岩里는 '정암리' 정도로 음독될 수 있다. 'ㄱ-구개음화'에 기반하여 '경암리'가 '정암리'로 교체된 것으로 이해해야만 鯨巖里와 丁岩里의 이표기 관계가 성립될 수 있다.

ⓒ 鎭坪社 소속 행정 단위 동리촌명의 명칭과 표기 변화

鎭坪社 소속 행정 단위 동리촌명의 명칭과 표기 변화 자료는 〈부록 2〉에 제시하였다.

鎭坪社 소속 행정 단위 동리촌명에서 표기 변화를 보인 것을 제시하면 다음과 같다.

(8) 가. 禹憶塘里/禹憶堂里, 外薪山里/外新山里, 內薪山里/內新山里, 眞興里/鎭興里, 盛才里/南成才里/南城才里, 東鎭里/東眞里
나. 巖回垈里/巖垈里, 東鎭里/東鎭戌里, 上鎭里/上鎭戌里, 天皇山里/天皇里
다. 天皇里/天岜里
라. 天皇山里/長皇山里

(8가)는 음이 같은 다른 글자로 교체된 경우이다. (9나)는 3음절에 맞추기 위하여 한 글자를 소거한 경우이다. (8다)에서 皇이 岜으로 교체된 것은 글자의 유사성에 기인한 것으로 생각된다. (8라)에서 天이 長으

로 교체된 이유는 현재 알 수 없다.

ⓒ 宣興社 소속 행정 단위 동리촌명의 명칭과 표기 변화

宣興社 소속 행정 단위 동리촌명의 명칭과 표기 변화 자료는 〈부록 2〉에 제시하였다.

宣興社 소속 행정 단위 동리촌명에서 표기 변화를 보인 것을 제시하면 다음과 같다.

(9) 坪川里/平川里, 甑山里/曾山里, 碩將里/石場里

(9)는 '음'이 같은 다른 글자로 교체한 경우이다.

ⓔ 橫川社 소속 행정 단위 동리촌명의 명칭과 표기 변화

橫川社 소속 행정 단위 동리촌명의 명칭과 표기 변화 자료는 〈부록 2〉에 제시하였다.

橫川社 소속 행정 단위 동리촌명에서 표기 변화를 보인 것을 제시하면 다음과 같다.

(10) 가. 院興里/元興里/完興里, 尾老里/美老里
　　　나. 自牙洞里/自牙里
　　　다. 元興里/完興里

(10가)는 음이 같은 다른 글자로 교체한 경우이다. 한편 (10나)는 3음절을 맞추기 위하여 한 글자를 소거한 경우이다. (10다)는 元과 完이 자형 상 유사하여 교체된 것으로 이해된다.

ⓜ 耀德社 소속 행정 단위 동리촌명의 명칭과 표기 변화

耀德社의 행정 단위 동리촌명의 명칭과 표기 변화 자료는 〈부록 2〉에 제시하였다.

耀德社 소속 행정 단위 동리촌명에서 표기 변화를 보인 것을 제시하면 다음과 같다.

(11) 平田里/坪田里, 中新里/仲新里/重新里

(11)은 '음'이 같은 다른 글자로 교체한 경우이다. 다만 平과 坪은 음이 같으면서도 의미도 유사하다.

ⓑ 古寧仁社 소속 행정 단위 동리촌명의 명칭과 표기 변화

古寧仁社 소속 행정 단위 동리촌명의 명칭과 표기 변화 자료는 〈부록 2〉에 제시하였다.

古寧仁社 소속 행정 단위 동리촌명에서 표기 변화를 보인 것을 제시하면 다음과 같다.

(12) 가. 白鷹里/白安里, 原平里/元平里, 造山里/藻山里, 五家里/五加里, 毛老里/慕老里, 新成里/新城里
    나. 枇仇味里/枇洞里 新獐項里/新獐里, 舊獐項里/舊獐里, 驛洞上里/驛上里, 青角仇味里/青角里, 斗武里/斗武甫里
    다. 新洞里/新成里/新城里

(12가)는 음이 같은 다른 글자로 교체한 경우이다. 한편 (12나)는 3음절을 맞추기 위하여 한 글자를 소거한 경우이다. (12다)에서 洞이 '成/城'으로 교체된 이유는 알 수 없다.

3.4. 마을 단위 동리촌명의 차자 표기

3.4.1. 마을 단위 동리촌명 표기의 특성

행정 단위 동리촌명은 극히 일부를 제외하고 음독 현상이 광범위하게 발생하였음을 이미 논의하였다. 그러나 마을 단위 동리촌명의 경우 일부 음독 현상이 일어난 경우도 있지만 훈차 표기의 모습을 보여 주는 사례가 다수 발견된다. 古寧面의 일부 사례를 들어 이를 설명하도록 한다.

〈표 5〉 古寧面의 동리촌 명칭 일부

번호	기록 1				기록 2		朝鮮 地形圖
	동리촌명	마을명	한글 표기	비고	마을명 한글 표기	비고	
1	藻山里		조산리		조산리		
		造山里	조산리		조산리		
2	梨洞里		이동리		이동리		
		梨洞	이동	俗稱 '梨洞/빈나뭇골'	梨洞里/이동리	俗稱 '빈나뭇골'	
3	安東里		안동리		안동리	俗稱 '영석골'	
		友浦	우포	俗稱 '友浦/벗키'	友浦里/우포리		
4	加進里		가진리		가진리		カチンニ
		加津	가진		加津里/더나르		
5	明場里		명장리		명장리		
					明場/베빈장		

〈표 5〉 1번의 경우 행정 단위 동리촌명 藻山里와 마을 단위 동리촌명 造山里가 모두 음독되고 있다. 그러나 2번부터 5번까지의 경우에는 행정 단위 동리촌명은 음독되고 있지만 마을 단위 동리촌명의 경우에는 훈차 표기의 모습을 보여 주고 있다. 즉 2번부터 5번까지의 경우, '梨洞里/이동리, 友浦里/우포리, 加津/가진' 등과 음독 현상을 반영한 발음

형을 보여 주고 있으나 '梨洞/비나뭇골, 友浦/벗기, 加津里/더나르' 등과 같이 훈차 표기의 모습을 지닌 발음형을 보여 주고 있다. 한편 5번의 마을 단위 동리촌명 '明場/베빈장'도 훈차 표기의 모습을 반영한 발음형이라고 생각된다.

20세기 초에 이르러서 행정 단위 동리촌명은 주로 음독 현상을 반영한 발음형을 보여 주나 마을 단위 동리촌명은 어느 정도는 훈차 표기의 모습을 반영한 발음형을 보여 주는 것에 대해서는 앞에서 언급한 바 있다. 즉 행정 단위 동리촌명은 文語의 층위에 존재하나 마을 단위 동리촌명은 口語의 층위에 존재하기 때문으로 생각된다.

3.4.2. 마을 단위 동리촌명에 나타난 지명 후부 요소의 차자 표기

㉠ 지명 후부 요소의 훈독 표기

지명 후부 요소의 훈차 표기는 訓借字가 讀字인 근거가 제시될 수 있으므로 訓讀 表記란 용어를 사용하고자 한다.

산지 지형을 나타내는 지명 후부 요소의 訓讀 表記 사례는 다음과 같다.

(13) 가. 山/뫼
   石坪里/석평리[普通 石坪/回山(돌뫼)](鎭坪面 新塘里)
 나. 峙/지
   西內薪/서닉신[普通 洞房峙/골방지](鎭坪面 新塘里), 長峙/진지(順寧面 新亭里)
 다. 洞/골
   鵏洞/왁시골(宣興面 文興里), 小鵏洞/자근왁시골(宣興面 文興里), 竹田洞/대쌧골(耀德面 仁上里), 高个洞/고기골(耀德面 仁上里), 蘆洞/갈골(耀德面 仁上里), 水砧洞/물방골(耀德面 仁上

里), 蓬萊洞/숙골(耀德面 南山里), 內洞/안골(耀德面 坪田里), 範洞/범골(耀德面 大淑里), 梨洞/이동[俗稱 梨洞/빈나뭇골] (古寧面 梨洞里), 楮田洞/닥밧골(順寧面 所羅里), 畓機洞/논틀골(順寧面 所羅里)

라. 項/목
獐項洞/놀기목이(耀德面 小淑里), 獐項洞/놀기목기/놀기목이(耀德面 대숙리), 展項里/전목리(順寧面 亭子里), 獐項/롤구목(虎島面 新獐里), 獐項/롤구목(虎島面 舊獐里)

(13나)에서 峙에 '티'가 아니라 '지'가 대응된 점이 주목된다. 이는 함경남도 영흥군 지역도 신라의 영향을 받았음을 말해 주는 것이 아닐까 한다.

하천 및 해안 지형을 나타내는 지명 후부 요소의 訓讀 表記 사례는 다음과 같다.

(14) 가. 川/너
燕川洞/졔비너(耀德面 坪田里)
나. 浦/기
友浦/우포[俗稱 友浦/벗기](古寧面 安東里), 斗武浦/두무기(虎島面 斗武里), 蘇浦/소기(虎島面 蘇浦里), 浦內里/기안리(順寧面 龍川里), 蕃浦淺/번기열(虎島面 舊獐里)
다. 灘/열, 淺/열
下曲灘/아이귀비열/알의귀비열(耀德面 重新里), 上曲灘/웃귀비열(耀德面 重新里), 北外新/북외신(普通 回灘/도리열](鎭坪面 新塘里)[17] 蕃浦淺/번기열(虎島面 舊獐里)

---

17 '長浦洞/장기열(耀德面 坪田里)'도 추가할 여지가 있다.

라. 曲/귀비
　　下曲灘/아이귀비열/알의귀비열(耀德面 重新里), 上曲灘/웃귀비열(耀德面 重新里)

마. 島/섬
　　松島/솔션/솔셤(耀德面 花田里), 島洞/셤동(耀德面 仁上里)

바. 津/나루
　　加津里/더나르(古寧面 加進里/가진리), 方魚津/방어나룰(虎島面 蘇浦里)

사. 囦/늪
　　回引囦/도리눕/トルインノプ(順寧面 小黑石里)

(14다)에서 灘에 대응된 '열'이 주목된다. '열'은 '여울'에서 축약된 것으로 이해된다. 淺도 '열'로 훈독 되었다.

(14사)의 回引囦에서 囦은 淵의 古字[18]로 흠이 '연' 정도인데, '龍囦里/용늡리/ヨンスニ-(선홍면)'에서는 囦의 흠을 'ス/수'로 파악하고 있다. 囦의 흠을 정확하게 알지 못하고, 水에 이끌려 囦의 흠을 '수'로 잘못 파악한 것으로 생각된다.

인공 시설물을 나타내는 지명 후부 요소의 訓讀 表記 사례는 다음과 같다.

(15) 가. 田/밭
　　　楮田洞/닥밧골(順寧面 所羅里)
　　나. 機/틀
　　　畓機洞/논틀골(順寧面 所羅里)
　　다. 村/마을

---

18 『漢語大詞典』, 囦①[yuān ㄩㄢ]《廣韻》烏玄切, 平先, 影. 淵的古字.

陰村洞/응달마알(耀德面 北坪里), 間村/새이말(虎島面 元平里)

　라. 垈/터
　　岩垈里/바외터(鎭坪面 坪灘里), 富昌垈/부창터(順寧面 禾島里), 大浦洞/디부터/디붓터(耀德面 坪田里)

　마. 樓/다락
　　梼樓/져달악[19](順寧面 大黑石里)

(15나)에 나오는 '논틀'은 '논이 있는 구획이나 지역'의 뜻을 가진 것[20]으로 논을 계획적으로 조성했다는 사실이 앞으로의 지명 연구에서 밝혀질 필요가 있다.

공간적 위치를 나타내는 지명 후부 요소의 訓讀 表記 사례는 다음과 같다.

(16)　가. 末/끝
　　　德末洞/덕긋치(耀德面 小淑里)
　　나. 頭/머리
　　　龍頭里/용의머리(鎭坪面 龍川里)
　　다. 腰/허리
　　　馬腰/맛허리(虎島面 新獐里)

ⓒ 지명 후부 요소의 음차 표기

지명 후부 요소의 音借 表記 사례는 다음과 같다. 음차 表記字의 경우 한자의 音만을 빌린 것이므로 모두 音假字가 된다.

---

19 '져달악'은 '져딜악'으로 보인다. 樓에 근거하여 '져달악'으로 판독한다.
20 『표준국어대사전』, 논틀, "「1」논이 있는 어느 구획이나 지역.「2」논두렁 위로 난, 꼬불꼬불하고 좁은 길.=논틀길."

(17) 가. 德/덕

　　　草德洞/초덕동(宣興面 龍岩里), 德末洞/덕긋치(燿德面 小淑里)

　나. 古介/高个/高闕/고개

　　　古介洞/고기동(宣興面 仁豊里), 高闕洞/고기동(燿德面 小淑里), 高个洞/고기골(燿德面 仁上里)

　다. 毛老/모로

　　　毛老里/모노리/모놀이(古寧面 慕老里), 大興里/더흥리[普通 數毛老/수모로](鎭坪面 龍川里)

　라. [九未]/九味/久美/구미

　　　宝資[九未]/보지구미(古寧面 梨洞里), 都藏[九未]/도장구미(順寧面 雙花山里), 獨九味/독구미(虎島面 元平里), 上芳久美里/웃방구미리(虎島面 芳久美里), 下芳久美里/아리방구미리(虎島面 芳久美里)

　마. 古峙/곳

　　　葛古峙里/갈고치리(虎島面 蘇浦里), 葛古峙/갈고치(虎島面 蘇浦里), 串峙村/고치말(順寧面 陵洞里)

　바. 拂/불

　　　長拂/진불(虎島面 松濱里)

　(17가)의 '덕/德'은 '높은 곳에 위치한 평지'를 뜻하는 고유어이다. 이 '덕'이 영흥군 지역에 사용되었다는 사실에 근거하여 영흥군 燿德面의 고려 초기 명칭 燿德鎭과 顯德鎭의 德도 '높은 곳의 평지'를 뜻하는 차자 표기가 아닐까 한다. 燿와 顯도 의미가 유사하므로 훈차 표기가 아닐까 한다.

　(17다)의 '모로'는 '모퉁이'의 뜻이다.

　(17라)의 '구미'는 '해안이나 하천에서 움푹 들어간 곳'을 나타낸다. 그런데 두 글자를 하나의 글자로 서사한 [九未]가 주목된다. [九未]는

두 글자가 가로로 결합되어 있어 한국 고유한자로 판단할 수도 있다. 그러나 한국 고유한자의 경우 두 글자가 세로로 결합되는 경우는 있지만, [九未]와 같이 두 글자가 가로로 결합되는 경우는 이 자료에서 처음 발견되는 것이다. 이러한 경우는 일본 國字에서는 발견되므로 書寫字인 日本人의 작용에 의한 결과일 가능성도 있다.

(17마)의 古峙와 串峙는 '고치'를 음차 표기한 것이다. '葛古峙/갈고치'를 고려하면 古峙는 지명 후부 요소일 가능성이 크고, '葛古峙/갈고치'가 해안가에 있는 蘇浦里에 위치한 지명이므로 古峙는 '곶/串'일 가능성이 있다. '고지'에서 '지'가 유기음화되어 '치'로 된 점이 흥미롭다.

(17바) '長拂/진불'에 나오는 '불'은 '뻘'의 의미이다. 즉 바다 아래가 '진흙'으로 되어 있으면 '불'이 되고, '돌'로 되어 있으면 '돌'이 된다. 즉 '불'과 '돌'은 바다를 구분하는 용어가 된다. 이러한 구분은 동해안 지역에서 나타난다. 울산시 동구 방어동의 '복지이불'을 들 수 있다

ⓒ 지명 후부 요소의 한어 차용어 표기

지명 후부 요소의 한어 차용어 표기[21] 사례는 다음과 같다. 한자의 뜻을 살린다는 점에서 지명 후부 요소의 한어 차용어 표기는 지명 후부 요소의 訓讀 표기와 동일하다. 그러나 한어 차용어 표기는 한자의 音이 지명 표기의 발음형이 되나 訓讀 표기의 경우 한국 고유어의 형태가 지명 표기의 발음형이 된다는 점에서 차이가 있다.

(18) 가. 直

松魚直/송어직(宣興面 文上里), 松魚直/송어직/소여직(耀德

---

[21] '한어 차용어 표기'는 '한자어 표기'와 같은 개념이다. 엄밀히 말해서 '한자어'는 '한어 차용어'라 할 수 있다.

面 大淑里)
나. 庄
梅庄洞/미장이/미심이(耀德面 下新里)
다. 松魚灘 在一百三十里橫川社 古松魚楸汀之役 役山民苦之 英廟 丁卯以後 廢楸汀之 役 〈1899년 永興郡邑誌, 魚梁〉

   (18가)에서 大淑里의 松魚直은 『朝鮮地形圖』에도 松魚直으로 되어 있으나 文上里의 松魚直은 『朝鮮地形圖』에 '松魚洞/ソンオドン'으로 되어 있다. 그런데 (18다)는 橫川面의 松魚灘에서 松魚를 잡아 공물로 조정에 진상했었다는 사실을 말하고 있다. (18다)의 楸汀은 '가래나무로 만든 채어책(採魚冊)' 정도의 의미로 이해된다. 灘의 경우 '물살은 빠르나 수심은 얕은 곳'이므로 송어를 채어(採魚)하기 쉬운 장소일 것이다. 따라서 松魚直도 지형적 특성은 '여울'일 것이다. 이러한 점에서 松魚直은 한어 차용어인 '지기/直'으로 이해된다.
   (18나)에서 梅庄洞에 대응된 한글 표기 '미심이'가 주목된다. 이 '심이'는 '심다'에서 온 것으로 이 '심이'가 庄에 대응된다는 것은 庄이 '농장'의 의미로 파악할 가능성을 열어준다. 庄이 '農莊/農庄'의 의미로 사용된 예는 다음과 같다.

(19) 가. 【外庄 외장】먼 곳에 있는 자기 소유의 전장(田庄). 〈韓國漢字語辭典〉
    나. 【宮庄 궁장】각 궁가(宮家)에 딸린 논밭. 宮田. 宮莊. 宮土.《朝鮮顯宗改修實錄 7, 3年9月乙亥》鼎重·敏迪啓海西宮庄之弊.〈韓國漢字語辭典〉
    다. 【設庄 설장】농장(農庄)을 설치함. "庄"은 "莊"으로도 쓴다.《續大典 5, 刑典, 禁制》封標內設庄者, 杖一百流三千里.《典錄通

考, 刑典, 禁制》黃腸木·船材所在處, 冒占設莊者, 論以强占官民山場之律.〈韓國漢字語辭典〉

(19)는 한어 차용어 '莊/庄'이 한국어에서 '농장'의 뜻으로 사용되었음을 말해 주고 있다. 이러한 점에서 梅庄洞의 '梅庄'은 '매실 농장'의 의미를 표현한 것으로 이해된다. 한편 梅庄洞의 전부 요소가 '매실'이라는 점에서도 庄은 '농장'의 의미일 가능성이 매우 크다.

3.4.3. 마을 단위 동리촌명에 나타난 지명 전부 요소의 차자 표기
㉠ 지명 전부 요소의 훈차 표기

지명 전부 요소에 대해서는 訓讀 표기란 용어를 사용하기가 어렵다. 훈차된 글자가 한자의 뜻을 살린 讀字인 근거를 제시하기가 어렵기 때문이다. 이 글에서는 우선 '훈차 표기'란 용어를 사용하고 讀字와 假字의 근거를 탐구하도록 한다.

동사나 형용사의 관형형이 사용된 사례는 다음과 같다.

(20) 가. 回/돌-
   石坪里/석평리[普通 石坪/回山/돌뫼](鎭坪面 新塘里), 北外新/북외신[普通 回灘/도리열](鎭坪面 新塘里), 局回里/굼두리(順寧面 石南里), 回引囚/도리눕(順寧面 小黑石里)
   나. 長/길-
   長峙/진직(順寧面 新亭里), 長拂/진불(虎島面 松濱里)
   다. 立/서-
   立石洞/선돌동(耀德面 立石里)
   라. 廣/넙-
   廣村洞/너은돌(耀德面 重新里)

마. 小/작-
　　小鳶洞/자근왁시골(宣興面 文興里)
바. 浦/기
　　友浦/우포[俗稱 友浦/벗기](古寧面 安東里)

　(20)에서 제시한 전부 요소들은 모두 후부 요소의 특성을 한정한 개념들로 전부 요소를 표시한 차자는 모두 본래 뜻을 살린 訓讀字일 가능성이 매우 크다. 한편 (21바)의 전부 요소 友는 명사이지만 동사적 의미로는 '벗하다' 정도의 의미이므로 동사나 형용사의 관형형과 그 의미적 특성은 동일한 것으로 생각된다.
　식물명이 사용된 사례는 다음과 같다.

　(21) 가. 鳶/왁시
　　　　　鳶洞/왁시골(宣興面 文興里), 小鳶洞/자근왁시골(宣興面 文興里)
　　　나. 竹/대
　　　　　竹田洞/대쌧골(耀德面 仁上里)
　　　다. 蘆/갈
　　　　　蘆洞/갈골(耀德面 仁上里)
　　　라. 蓬萊/쑥
　　　　　蓬萊洞/숙골(耀德面 南山里)
　　　마. 梨/배
　　　　　梨洞/이동[俗稱 梨洞/비나뭇골](古寧面 梨洞里)
　　　바. 楮/닥나무
　　　　　楮田洞/닥밧골(順寧面 所羅里)
　　　사. 松/소나무
　　　　　松島/솔션/솔셤(耀德面 花田里)

아. 樗²²/져
　　樗樓/져달악(順寧面 大黑石里)

(21)에 제시한 전부 요소는 모두 '식물명'을 나타낸 것이다. 이 전부 요소들은 해당하는 식물의 산출지나 소재지를 표현한다는 점에서 이를 표기하기 위하여 사용된 차자들은 訓讀字가 될 가능성이 매우 크다. 동물명이나 어류명이 사용된 사례는 다음과 같다.

(22) 가. 蟾/두꺼비
　　　　蟾岩洞/두텁바우(宣興面 文上里)
　　나. 燕/제비
　　　　燕川洞/졔비닉(耀德面 坪田里)
　　다. 獐/노루
　　　　獐項洞/놀기목이(耀德面 小淑里), 獐項洞/놀기목기/놀기목이
　　　　(耀德面 大淑里), 獐項/롤구목(虎島面 新獐里), 獐項/롤구목
　　　　(虎島面 舊獐里)
　　라. 方魚/방어
　　　　方魚津/방어나룰(虎島面 蘇浦里)

(23) 가. 龍/용
　　　　龍頭里/용의머리(鎭坪面 龍川里)
　　나. 馬/말
　　　　馬腰/맛허리(虎島面 新獐里)

(22)는 '전부 요소+후부 요소'의 구성으로 국어 합성어에서 흔히 발

---

22 '가죽나무'를 말한다.

견되는 'N+N'의 구조이다. 그런데 (22)는 '전부 요소+ -의- + 후부 요소'의 구성이다.

(22라)의 '方魚津/방어나룰'은 '방어의 소재지'를 표현한 말로는 생각되지 않고 '방어를 산출하는 나루'의 의미로만 해석된다. 그런데 (22가)에서 (22다)는 전부 요소가 '소재지'나 '형상'의 특성을 나타낼 가능성이 있어 訓讀字인지 訓假字인지를 파악하기가 어려운 점이 있다. 특히 '노루목'에 대해서는 『표준국어대사전』에서조차도 '노루목'에서 '노루'가 '소재지'나 '형상적 특징'을 표현한 말로 '노루목'의 의미를 설명하고 있다.[23]

그런데, '제비쌀(좁쌀), 제비댕기(양쪽 끝이 제비부리처럼 삼각형으로 뾰족하게 된 댕기)' 등의 경우에는 '쌀'과 '댕기'의 형상을 '제비'로 비유한 말이므로 '제비니'의 경우에도 '내'의 형상을 '제비'로 비유한 것으로 이해된다. 한편 '두꺼비게, 두꺼비메뚜기' 등을 고려할 때, '두텁바우'의 '두텁'도 비유적으로 사용되어 '바위'의 형상을 나타낸 말로 이해된다. '노루발(한쪽은 뭉뚝하여 못을 박는 데 쓰고, 다른 한쪽은 넓적하고 둘로 갈라져 있어 못을 빼는 데 쓰는 연장), 노루걸음(노루가 걷는 것처럼 경중경중 걷는 걸음)' 등을 고려할 때, '노루목'의 경우에도 '노루'가 비유적 의미로 사용된 것으로 이해된다. '노루목'을 '노루가 자주 다니는 길목'으로 이해하는 것은 '노루'를 표현한 訓讀字 獐에 이끌린 확대 해석으로 생각된다.

(23)의 경우에도 '머리, 허리' 등은 지형의 형상적 특성을 비유적으로 표현한 것으로 이해된다.

---

23 『표준국어대사전』, 노루목, 「1」 노루가 자주 다니는 길목. 「2」 넓은 들에서 다른 곳으로 이어지는 좁은 지역.

인공 시설물이 표시하는 말이 사용된 사례는 다음과 같다.

(24) 가. 水砧/물방아
　　　　水砧洞/물방골(耀德面 仁上里)
　　나. 畓/논
　　　　畓機洞/논틀골(順寧面 所羅里)
　　다. 菴/암자
　　　　菴峙村/암지촌(宣興面 龍南里)

공간적 위치를 표시하는 말이 사용된 사례는 다음과 같다.

(25) 가. 內/안
　　　　浦內里/기안리(順寧面 龍川里), 內洞/안골(耀德面 坪田里)
　　나. 外/밖
　　　　外洞/박골(耀德面 坪田里)
　　다. 下/아래
　　　　下化德/아읫신촌/알의신촌(耀德面 重新里), 下曲灘/아읫귀비열/알의귀비열(耀德面 重新里)
　　라. 上/위
　　　　上曲灘/웃귀비열(耀德面 重新里), 上化德/웃신촌(耀德面 重新里), 上村/웃촌(古寧面 白安里)
　　마. 間/사이
　　　　間村/새이말(虎島面 元平里)
　　바. 陰/응달
　　　　陰村洞/응달마알(耀德面 北坪里)[24]

---

[24] '岩垈里/바외터(鎭坪面 坪灘里), 島洞/섬동(耀德面 仁上里)' 등의 경우에는 아직 처리하지 못하였다.

ⓛ 지명 전부 요소의 訓讀末音添記 표기

지명의 전부 요소를 訓讀末音添記의 방식으로 표기한 사례가 다음과 같이 하나 나온다.

(26) 가. 駕於洞/머어동(宜興面 仁豊里)
　　　나. 駕牛洞/가우동(宜興面 平川里)

(26나) '駕牛洞/가우동'은 駕牛洞을 음독하여 한글 표기 '가우동'을 보여 주고 있다. 그런데 (26가) '駕於洞/머어동'은 駕於가 '훈독말음첨기(訓讀末音添記)'임을 보여 주고 있다. 駕는 '멍에'의 뜻이고, '머어'는 '멍에'의 방언형이기 때문이다. 즉 駕於의 於는 駕를 '멍에'로 훈독해야 하는 표지로 기능하고 있다. '멍에'의 방언형 '머어'는 이 자료에만 발견되는 것이다. '머어'와 유사한 형태를 가지는 '멍에'의 방언형을 제시하면 다음과 같다.

(27) 가. 머에「001」「명사」「방언」'멍에'의 방언(강원, 경상, 전라, 제
　　　　　주, 충청, 중국 길림성, 중국 흑룡강성). 〈우리말샘〉
　　　나. 멍아「001」「명사」「방언」'멍에'의 방언(경기). 〈우리말샘〉

ⓒ 지명 전부 요소의 미상 표기

다음은 관련 자료가 없어 지명의 전부 요소나 후부 요소가 표현한 의미를 알 수 없는 것들이다.

(28) 加津里/더나루(古寧面 加進里/가진리), 西內薪/서너신[普通 洞房峙/골방지](鎭坪面 新塘里), 斗武浦/두무기(虎島面 斗武里), 蘇浦

/소기(虎島面 蘇浦里), 蕃浦淺/번기열(虎島面 舊獐里), 長浦洞/장기열(耀德面 坪田里), 展項里/전목리(順寧面 亭子里), 範洞/볌골(耀德面 대숙리), 富昌垈/부창터(順寧面 禾島里), 明場/베빈장(古寧面 明場里/명장리), 立仰洞/입앙동(宣興面 太和里), 束沙坪/속사평(宣興面 新興里), 古方洞/고방동(耀德面 仁上里), 達井里/머어물리(耀德面 仁上里), 自碧洞/재벽동(耀德面 仁上里), 坪所致/평바치(耀德面 坪田里), 日建洞/우줄건(耀德面 입석리), 默浦洞/며여기(耀德面 대숙리), 白屯/힌둥이(古寧面 白安里), 禹塘里/우당리[普通 禹塘里/[舟者]古个/제수기](鎭坪面 新塘里), 子午洞/자오동[普通 峙洞/찡골](鎭坪面 龍川里), 龍田里/용전리[普通 大孫勒洞/큰손굴기](鎭坪面 永河里), 龍下里/용하리[普通 小孫勒勤洞/자근손굴기](鎭坪面 永河里), 永川里/영천리[普通 永川場巨伊/영천장거리](鎭坪面 永河里), 上墨里/상묵리[普通 小墨場/자근먹정](鎭坪面 翰洞里), 翰墨里/한묵리[普通 大墨場/큰먹정](鎭坪面 翰洞里), 汶岸峙/모리앗치(虎島面 松濱里)

4. 결언

「함경남도 영흥군 地誌調書 편철 문서」에 기재된 '행정 단위 동리촌명'과 '마을 단위 동리 촌명'에 대한 차자 표기와 대응되는 한글 표기를 통하여 다음과 같은 사실을 확인하였다.

행정 단위 동리촌명의 경우에는 차자 표기의 音讀化 현상이 매우 보편적으로 적용되었으나 마을 단위 동리촌명의 경우에는 훈차 표기의 모습을 흔히 보여 주고 있는 사실을 확인하였다. 행정 단위 동리촌명이 文語 층위에 투사되어 사용하게 됨으로써, 행정 단위 동리촌명의 차자 표기는 음독화 현상의 압력을 받게 되었음을 언급하였다. 차자 표기에 대한 음독화 현상은 고려 초기부터 점진적으로 영향력을 발휘했는데, 이 글의 연구에서 이러한 현상과 관련하여 행정 단위 지명의 음독화 현상을 설명하였다.

또한 훈차 표기된 지명에 음독화 현상이 적용될 경우 의미의 유연성이 상실되어 음이 같은 다른 글자로 교체되는 현상이 빈번하게 발생하고 있음을 언급하였다. 즉 면 단위 행정 구역 명칭으로 靜邊社가 正邊社로 교체된 것과 같은 사례를 제시했으며, 里 단위 행정 구역 명칭으로 小羅里가 所羅里로 교체된 것과 같은 사례를 제시했다.

행정 단위 지명의 음독화 현상은 행정 단위 지명의 '음절 수 제약' 현상을 발생시켰음을 언급하였다. 즉 지명의 전부 요소와 지명의 후부 요소를 합하여 4음절 이상일 경우, 보편적 음절 길이 3음절에 견인되어 지명의 의미를 나타내는 글자를 소거하는 현상이 있음을 확인하였다. 면 단위 행정 구역 명칭의 경우 憶岐山社가 憶岐社로 古寧仁社가 寧仁社로 음절이 소거된 사례를 제시하였다. 里 단위 행정 구역 명칭의 경우 '雙花山里/雙花里(順寧社), 巖回垈里/巖垈里, 東鎭里/東鎭戌里, 上鎭里/上鎭戌里, 天皇山里/天皇里(鎭平社), 自牙洞里/自牙里(橫川社), 枕仇味里/枕洞里 新獐項里/新獐里, 舊獐項里/舊獐里, 驛洞上里/驛上里, 靑角仇味里/靑角里, 斗武里/斗武甫里(이상 寧仁社)' 등의 음절이 소거된 사례를 확인하였다.

영흥군 마을 단위 지명 차자 표기에서 '山/뫼, 峙/직, 洞/골, 項/목' 등 산지 지형의 후부 요소를 훈차 표기한 사례를 제시했으며, '川/너, 浦/기, 灘/열[여울], 島/섬, 津/나르/나룰[나루], 囚/늡/[늪]' 등의 하천이나 해안 지형의 후부 요소를 훈차 표기한 사례를 제시했으며, '田/밭, 機/틀, 村/마알/말[마을], 垈/터, 樓/달악[다락]' 등의 인공 시설물을 나타내는 후부 요소를 훈차 표기한 사례를 제시했다.

한편, 지명의 후부 요소를 음차 표기한 사례로 '德/덕, 毛老/모로[모퉁이], [九未]/九味/久美/구미, 古峙/串峙/고치[곶], 拂/불[밑이 뻘인 바다]' 등을 확인하였다. 또한, 한어 차용어 지명의 후부 요소로 사용된 사례를 확인하였다. 즉 '直/직[지기]의 뜻으로 한자어 直에서 온 차용어, 庄/장이/심이[農莊의 莊에서 온 차용어]' 등을 확인하였다.

지명 전부 요소의 훈차 표기 사례를 '동사나 형용사의 관형형, 식물명, 동물명이나 어류명, 인공 시설물, 공간적 위치 표시어' 등으로 나누어 관련된 사례를 제시하였다. '동사나 형용사의 관형형, 인공 시설물, 공간적 위치 표시어' 등의 경우 훈차한 차자가 訓讀字인 근거는 쉽게 제시할 수 있고, 지명의 전부 요소가 '식물명'이나 '어류명'을 훈차 표기했을 경우 제시된 식물이 산출되는 장소를 지칭한 것으로 이해하였다. 그러나 지명의 전부 요소가 '동물명'을 훈차 표기했을 경우 해당 지형의 '형상'을 동물에 비유적으로 표현했을 가능성이 큰 것임을 언급하였다. 이러한 관점에서 '노루목'을 종래의 지명 유래 설명에서 '노루가 자주 다니는 길목'이라는 관점은 재고할 필요가 있음을 언급하였다.

지명 전부 요소의 훈독말음첨기 사례 하나를 제시하였다. 즉 '駕於洞/머어동'에서 於는 차자 駕를 '멍에'의 방언형 '머어'로 발음하라는 표지로 파악하였다.

<부록 1> 「함경남도 영흥군 地誌調書 편철 문서」의 기재 내용

1. 宣興面의 동리촌 명칭

宣興面 地誌調書의 작성 주체는 면사무소로 되어 있다. '平川里, 文上里, 文下里' 등의 경우에는 대정 6년(1917) 5월 25일에 작성되었고, '龍囦里, 囦上里, 龍南里, 龍岩里, 龍雲里, 慈山里, 太和里, 仁豊里, 新興里' 등의 경우에는 대정 6년(1917) 5월 6일에 작성되었다.

宣興面의 地誌調書에 수록된 내용은 다음과 같다. 일본의 카다가나로 『朝鮮地形圖』에 기입된 것도 함께 제시한다.[25] 동리촌명의 차자 표기가 「地誌調書」와는 다르게 『朝鮮地形圖』에 기재되었을 경우에는 동리촌명의 차자 표기도 함께 제시한다.

<표 1> 선흥면의 동리촌 명칭

洞里名	舊洞里名 又ハ部落名	한글 표기	비고	朝鮮地形圖 주기
平川里		평천리		
	金愚洞	김우골		
	廣城	넙성		コワソン
	城內	성안		ソンネ-
	駕牛洞	가우동		
	元明洞	원명동		月明洞ヲルミンドン

---

25 이 연구에서 활용한 『朝鮮地形圖』는 『(近世)韓國五萬分之一地形圖』에 수록된 것을 활용하였다. '大坪里(대정 7년 9월 30일 발행), [手番]春場(대정 15년 8월 30일 발행), 鎭興里(대정 15년 8월 30일 발행), 孟山(대정 7년 6월 30일 발행), 斷俗山(대정 8년 3월 30일 발행), 高原(대정 15년 8월 30일 발행), 三峰里(대정 15년 8월 30일 발행), 龍泉里(대정 7년 8월 30일 발행, (永興 대정 15년 8월 30일 발행)' 등의 도엽을 이 연구에서 활용하였다. 영인면 일부 지역의 경우 군사 시설이 자리하고 있어, 『朝鮮地形圖』에는 블라인드 처리된 곳도 있다.

1917년 함경남도 영흥군 地誌調書 편철 문서에 나타난 面名과 **791**
洞里村名 표기에 대한 국어학적 연구

洞里名	舊洞里名 又ハ部落名	한글 표기	비고	朝鮮地形圖 주기
	鳳水洞	봉슈동		
	外城	외성		オソン
	上面	상면		
	三里野	삼리야		サムリヤ
	宋哥洞	송가동		ソンガドン
文上里		문상리		
	蟾岩洞	두텁바우		ソムアム
	昌興洞	창흥동		チャンフンドン
	大興洞	디흥동		テーフンコル
	仁興洞	인흥동		
	九丹洞	구단동		クタンドン
	松魚直	송어직		松魚洞ソンオドン
文興里		문흥리		
	於伊洞	어리동		於義洞・オリドン
	鷲洞	왁시골		大鷲洞テーチードン
	小鷲洞	자근왁시골		小鷲洞ソーチードン
	書堂洞	서당골		ソタンドン
	內院洞	닌원동		內完ネーワン
	楸洞	갈이골		楸坪チュビ
	龍水陂	용슈피		기타[26]
	必伊浦	필리기		弼仁浦ビルインポ
龍興里		용늡리		ヨンスニー
	芳洞	방동		バンドン
	吳村	오촌		オッチョン
	芳浪洞	박낭동		放浪洞バンナンドン
	小窟洞	소굴동		ソクルトン
	金村	김촌		クムチョン
	陵洞	능동		ヌンドン
	僧堂洞	승당동		スンダンドン
興上里		늡상리		ヌプサンニ
	大窟洞	디굴동		テークルトン
	剎內垈	섬너디		剎內ソムネー
	淸明洞	청명동		

洞里名	舊洞里名 又ハ部落名	한글 표기	비고	朝鮮地形圖 주기
	大坪地	더평지		テーピョンチ
龍南里		용남리		ヨンナムニー
	鎭峯洞	진봉동		チンホントン
	陽岐村	양기촌		
	菴峙村	암지촌		
	寺前村	사전촌		
	柯坪	가평		カンピョン
	大回坪	더회평		テーホュピョン
龍岩里		용암리	龍洞	ヨンアムニー
	於口洞	어구동		
	草德洞	초덕동		
	白馬石洞	빅마석동		
龍雲里		용운리		ヨンウンニー
	發玉洞	발옥동		
	間洞	간동		
	梳洞	소동		
慈山里		자산리		チャサンニ
	南山洞	남산동		ナムサンコル
	栗坪	율평		パナムポリ
	城外	성외		城里
	城內	성닉		
	西山洞	서산동		ソサンコル
太和里		티화리		テワリ
	下洞	하동	俗稱 石場里/석장리	ハドン
	中洞	중동		
	蘆洞	노동		ノドン/カルコル
	上洞	상동		サンドン
	立仰洞	입앙동		イビヤンドン

---

26 『朝鮮地形圖』에는 '下龍水洞/ハーヨンスドン, 上龍水洞/サンスドン, 龍水皮川/ヨンスピチョン' 등이 더 보인다.

洞里名	舊洞里名 又ハ部落名	한글 표기	비고	朝鮮地形圖 주기
仁豊里[27]		인풍리		インプンニ-
	板橋	판괴		
	間洞	간동		カンドン
	古介洞	고기동		コケ-ドン
	上洞	상동		サンドン
	風流洞	풍유동		プンユドン
	生陽洞	싱양동		センヤンドン
	沙於洞	사어동		
	銀正洞	은정동		
	駕於洞	머어동		
	玉洞	옥동		
	天火洞	천화동		チョンフヮドン
新興里		신흥리		シンフンニ
	束沙坪	속사평		ソクサ-ピョン
	窟德伊	굴덕리		九德伊クードンリ
	檜洞	회동		ホュドン
	外坪	외평		
	屯田坪	둔전평		ツンジョンピョン
	默興洞	묵흥동		ムクフンドン

2. 耀德面의 동리촌 명칭

耀德面 地誌調書의 작성 주체는 面長으로 되어 있다. 대정 6년(1917) 6월 10일에 작성된 것과 대정 6년(1917) 11월 18일에 작성된 것이 있다. 耀德面의 地誌調書에 수록된 내용은 다음과 같다.

---

27 비고란에 "板橋/판괴"와 "'間洞/カンドン'ヲ註記ㇲ"의 주석이 있다.

〈표 2〉 耀德面의 동리촌 명칭

洞里名	舊洞里名 又ハ部落名	1917년 6월 10일 작성		1917년 11월 18일 작성		朝鮮地形圖 주기
		한글표기	비고	한글표기	비고	
仁上里		인상리		인상리		インサンニ-
	日陽洞	일양동		日陽洞		日陽德/イルヤンテ？[28]
	島洞	섬동		섬동		
	古方洞	고방동		고방동		コパンドン
	竹田洞	대쌧골		더쌧골		
	元喆洞	원절동		원절동		ヲンチョルドン
	佳岩洞	개암덕이		개암덕이		カーアムテキ
	高个洞	고기골		고기동		古介洞コケ-ドン
	蘆洞	갈골		갈골		カルコル
	達井里	머어물리		머어물리		タルチョンドン
	自碧洞	재벅동		재벅동		
	茶下洞	차하동		차하동		茶洞チャコル
	茶上洞	차우골		차우골		
	水砧洞	물방골		물방골		ムルパンコル
仁興里		인흥리		인흥리		インフンニ-
	寬洞	방거리		방거리		クワンドン
	仁洞	장거리		仁洞		インドン
	梨花洞	심맥골		심맥골		イーフワドン
	南夕洞	남셕동		남석동		ナムソクドン
	蘆雲洞	갈문이		갈문이		カルウンドン
	九洛洞	구낙동		구낙동		クナク
	日陽洞	일양동		일양골		イルヤンドン
南山里		남산리		남산리		
	蓬萊洞	숙골		숙골		
	南山洞	남산동		남산동		
柏洞里		빅동리		빅동리		パクドンニ―
	柏洞里			빅동리		パクドンニ―
龍泉里		용견리		용견리		

---

28 판독이 어렵다.

洞里名	舊洞里名 又ハ部落名	한글표기	비고	한글표기	비고	朝鮮地形圖 주기
		1917년 6월 10일 작성		1917년 11월 18일 작성		
	龍泉里	용천리		용전리		ヨンチョンニ-
龍上里		용상리		용상리		ヨンサンニ-
	前洞	앞동		앞동		
	後洞	툿동		둣동		
北坪里		북평리		북평리		プクピョンニ-
	陰村洞	응달마알		응달마알		ウムタルマル
	南夕洞	남셕동[29]		남셕동		ナムソクドン
	廣成洞	광셩동		광셩동		クワンそんどン
坪田里		평전리		평전리		
	燕川洞	졔비닉		졔비내		チョボネ-
	外洞	박골[30]		박골		オゥトン
	內洞	안골[31]		안골		ネ-トン
	博浪洞	박낭골		박낭골		
	泗水洞	사수열[32]		사수열		サ-ス-コル
	坪所致	평바치		평바치		ビョンバチ
	長浦洞	장긔열[33]		장긔열[34]		チャンポドン
	大浦洞	더붓터[35]		더붓터		てぼどン
	靑松洞	쳥셕리[36]		쳥셕리		チョンソンドン
	城峙洞	셩지동		셩지동		
	山汰洞	산틔동		산틔동		サンタゲ
小淑里		소숙리		小淑里/		ソスクニ-
	城末洞	셩말동		셩말동		ソンマルトン
	德末洞	덕긋치		덕긋치		トクマルドン
	長興洞	쟝흥동		쟝흥동		チャンフントン
	南夕洞	남셕동		남셕동		ナムソクトン
	高飼洞	고긔동		고긔동		コケイトン
	獐項洞	놀기목이		놀기목이		ノルギモクイ

---

29 '남셕동으로 보인다.
30 '박돌'처럼 보인다.
31 '난골'처럼 보인다.
32 '사수멀'처럼 보인다.

洞里名	1917년 6월 10일 작성			1917년 11월 18일 작성		朝鮮地形圖 주기
	舊洞里名 又ハ部落名	한글표기	비고	한글표기	비고	
立石里		입셕리		입셕리		リプソクニ-
	立石洞	선돌동		선돌동		
	佳昌洞	가챵동[37]		가창동		カ-チャンドン
	於口洞	어구동		어구동		オ-ク-ドン
	楊子洞	양자동		양자동		ヤンチャドン
	嶺底洞	영져동[38]		영져동		
	日建洞	우줄건		日建洞/		イルコンドン
重新里		즁신리		즁신리		チュンシンリ-
	廣村洞	너은돌		너은돌동		廣村クヮンチョン
	書林洞	서임동		셰임동		ソシムドン
	梅巷洞	미항동		미항낭		メ-ハンドン
	下化德	아의신촌		알의신촌		ハ-フヮトク
	上化德	웃신촌		웃신촌		サンフヮトク
	下曲灘	아의귀비열		알의귀비열		ハ-コクタン
	上曲灘	웃귀비열		웃귀비열		サンコクタン
下新里		하신리		하신리		ハシンニ-
	梅庄洞	미심이		미장이		梅庄メ-チャン
	直洞	직골		직골		チクコル
	獨洞	독골[39]		독골		トクコル
	於口洞	어귀동		어귀동		オク
花田里		화견리		花田里		
	松島	솔셤		솔션		

---

33 '쟝계별'처럼 보인다.
34 '쟝긔멸'처럼 보인다.
35 '디붓터'로 판독할 수 없었으나 관련 자료 '디붓터'에 의해 '디붓터'로 판독하였다.
36 자료에는 '경셕리'처럼 보인다.
37 자료에는 '가쟝동'처럼 보인다.
38 자료에는 '영계동'처럼 보인다.
39 '독돌'처럼 보인다.

| 洞里名 | 1917년 6월 10일 작성 | | | 1917년 11월 18일 작성 | | 朝鮮地形圖 주기 |
	舊洞里名 又ハ部落名	한글표기	비고	한글표기	비고	
城里		셩리		城里		ソンニ-
	城里	셩리		셩리		
大淑里				디숙리		テ-スクニ-
	默浦洞	머여기		머여기		ムクポドン
	範洞	범골		범골		ポムドン
	直洞	직골		직골		チクトン
	直屯洞	직든동		직둔동		チクソンドン
	松魚直	송어직		소여직		ソンオチク
	金箱洞	김상골		김샹동		クムサンコル
	細浦洞	셰포동		셔포동		
	獐項洞	놀기목기		놀기목이		ノルムキ
	長興洞	자흥동		쟝흥동		チャンフンドン
	馬蹄洞	마유동		마유동		マノムドン
	山峪洞	상샹골		山令洞/산양골		山嶺洞/サンリョンコル

3. 橫川面의 동리촌 명칭

橫川面 地誌調書의 작성 주체는 面長 崔基洙로 되어 있다. 대정 5년(1916) 8월 28일에 작성되었다. 橫川面의 地誌調書에 수록된 내용은 다음과 같다.

<표 3> 橫川面의 동리촌 명칭

洞里名	舊洞里名 又ハ部落名	한글 표기	비고	朝鮮地形圖 주기
下東山里				ハ-トンサンニ
	倉坪			チャンピョン
	獨坪			タンツル
	衰村			ペチョン

洞里名	舊洞里名 又ハ部落名	한글 표기	비고	朝鮮地形圖 주기
	鷹巖洞			鷹岩洞メバオドン
	寺洞			チョルコル
	楮田洞			チョチョンコル
中東山里				チュントンサンニ-
	鵲洞			カッチコル
	南長洞			ナムチャンドン
	坪洞			
	鳳屯洞			ポンツンドン
	鳳川伊			ポンチョンイ-
	山幕洞			山幕サンマキ
上東山里				サントンサンニ-
	兩水島			
	月林浦			ヲルリムポ
	栗柯洞			ユルカドン
	福大洞			ポクテ-ドン
	五分破			
	南方伊			ナムパンイ-
	麻田洞			サムバッコル
院興里				ヲンフンニ
	日乾洞			イルコンドン
	自作洞			チャチャクドン
	水砧洞			ス-チムコル
	蘆田洞			蘆田ノ-ヂョン
	松屯洞			松屯ソンツン
	院洞			ヲンドン
	板橋洞			板橋パンキョ
	松下洞			ソンハ-ドン
自牙里				
	自牙里			チャアニ-
山城里				サンソンニ-
	連巖里			連巖洞ヨンアムドン
	淸淡洞			チョンタムドン

1917년 함경남도 영흥군 地誌調書 편철 문서에 나타난 面名과 **799**
洞里村名 표기에 대한 국어학적 연구

洞里名	舊洞里名 又ハ部落名	한글 표기	비고	朝鮮地形圖 주기
	雲興洞			ウフンドン
	擧門洞			巨門洞コムンドン
	水防洞			スーバンドン
	東門洞			トンムンドン
	倉洞			
	豊林洞			豊林里プンリムニ
	擧井洞			コチョオンドン
中興里				チュンフンニ
	屛風洞			ビョンプンドン
	筆峯洞			ピルホントン
	坪洞			ピョンドン
	自作洞			チャヂャクドン
	石隅洞			ソクウートン
	蘆田洞			ノーヂョンドン
	新興洞			シンフンドン
	盆上洞			プンサンドン
	士林洞			
新興里				シンフンニー
	舊倉洞			クーチャンドン
	新興洞			
	水砧洞			スーチムドン
	傍洞			ハンドン
美老里				ミローリー
	倉洞			チャンドン
	仁興洞			インフンドン
	拂興洞			ブルフントン
	背峨洞			パーアードン
	長峙洞			チャンチードン
	馬山洞			マサンドン
美自牙里				ミチャアーリ
	玉山洞			オクサンドン
	白山洞			ペクサンドン
	自牙洞			チャアードン

4. 古寧面의 동리촌 명칭

古寧面 地誌調書의 작성 주체는 面事務所로 되어 있다. 두 번에 걸쳐 유사한 내용이 기록되었으나 두 기록 모두 작성일은 기록되지 않았다. 古寧面의 地誌調書에 수록된 내용은 다음과 같다.

<표 4> 古寧面의 동리촌 명칭

洞里名	舊洞里名 又ハ部落名	기록 1(작성일 미상)		기록 2(작성일 미상)		朝鮮 地形圖 주기
		한글표기	비고	한글표기	비고	
梨洞里		이동리		이동리		
	宝賓[九未]	보지구미				
	梨洞	이동	梨洞은 '俗稱 빈나뭇골'이라 홈	梨洞里/이동리	俗稱 빈나뭇골	
明場里		명장리		명장리		
				明場/베빈장		
	黃村	황촌				
	尹村	윤촌				
	金村	김촌				
慕老里		모노리		모노리		
	毛老里	모노리		모놀이		
安東里		안동리		안동리	俗稱 영석골	
	友浦	우포	友浦은 俗稱 '벗기'라 홈	友浦里/우포리		
武鶴里		무학리		무학리	俗稱 고깃골	
	友浦	우포	右洞	友浦里/우포리		
豊東里		풍동리		풍동리	俗稱 아리면	
				友浦里/우포리		
	通項	통항				
	五里洞	오리골				
	僉知洞	첨지골				

1917년 함경남도 영흥군 地誌調書 편철 문서에 나타난 面名과 801
洞里村名 표기에 대한 국어학적 연구

洞里名	기록 1(작성일 미상)			기록 2(작성일 미상)		朝鮮 地形圖 주기
	舊洞里名 又ハ部落名	한글표기	비고	한글표기	비고	
中興里	內洞	안골				
		주흥리		주흥리		
	臥牛洞	와우골		와우골		
藻山里		조산리		조산리		
	造山里	조산리		조산리		
淸興里		청흥리		청흥리		
				조산리		
	淸泉洞	청천골				
	板橋洞	판교	板橋은 俗稱 '너더리'라 홈			
渊豊里		연풍리		연풍리		
	驛下里	역하리		역하리		
蓮洞里		연동리		연동리		
	驛洞	역골		역골		
新城里		신성리		신성리		シンソンニ-
	新洞	신동		신골		
新興里		신흥리		신흥리		シンフンニ
	塩盆里	염분리		염분리		
加進里		가진리		가진리		カチンニ
	廣城	광성이				
	加津	가진	加津은 俗稱 '더나르'	加津里/더나르		
三峰里		삼봉리		삼봉리		サムボンニ-
	全村	전촌				
	米龍津	미룡진	米龍津은 俗稱 '미룡곳치'			
	大村	디촌	大村은 俗稱 '오갈이'	五家里/오갈이		オ-カリ
靑鶴里		청학리		청학리	俗稱 '청각구미'	チョンハクリ
	靑角里	청각리		청각리		
枕洞里		비동리		비동리		

| 洞里名 | 기록 1(작성일 미상) ||| 기록 2(작성일 미상) || 朝鮮 地形圖 주기 |
	舊洞里名 又ハ部落名	한글표기	비고	한글표기	비고	
	枕洞津	비동진	枕洞津은 俗稱 '피금나르'	枕洞里/#피동리/비동리	俗稱 '피구미'	ピドンニ
	鄭村	정촌				
白安里		빅안리		빅안리		パクヤンリ
	上村	웃촌				
	白安津	빅안진	白安津은 俗稱 '빅안나르'	白安里/빅안리		
	白屯	힌둔이				

5. 鎭坪面의 동리촌 명칭

鎭坪面 地誌調書의 작성 주체는 面長 趙昌完으로 되어 있다. 대정 6년(1917) 9월 5일에 작성되었다. 鎭坪面의 地誌調書에 수록된 내용은 다음과 같다.

〈표 5〉 鎭坪面의 동리촌 명칭

洞里名	舊洞里名 又ハ部落名	한글표기	비고	朝鮮地形圖 주기
新塘里		신당리		シンタンニ-
	禹塘里	우당리	禹塘里 普通 '[舟者]古个/제수기'라 稱홈	ウタンニ-
	石坪里	석평리	石坪里 普通 '回山/돌뫼'이라 稱홈	
	西內薪	서닉신	西內薪ハ 普通 '洞房峙/골방직'라 稱홈	
	北外新	북외신	北外新ハ 普通 '回灘/도리열'이라 稱홈	
	北內薪	북닉신	北內薪ハ 普通 '天皇/천황'이라 稱홈	プウネ-シン
	南三洞	남삼동	南三洞ハ 普通 '三洞下穴/삼동하혈'이라 稱홈	ナムサムトン
乾川里		건천리		
	乾川里	건천리		コンチョンニ
	永豊里	영풍리		
坪灘里		평탄리		

1917년 함경남도 영흥군 地誌調書 편철 문서에 나타난 面名과 803
洞里村名 표기에 대한 국어학적 연구

洞里名	舊洞里名 又ハ部落名	한글 표기	비고	朝鮮地形圖 주기
	石灘里	석탄리		
	岩垈里	바외터		バオトリ
鎭興里				
	鎭興里	진흥리	鎭興里ハ 普通 '鎭興場巨伊/진흥장거리'라 稱홈	
鎭岫里		진수리		
	上眞里	상진리		
	城眞里	성진리		
	東眞里	동진리		
	南城峙	남성지	南城峙에는 '坪村/벌말'이란 部落이 유홈	
	沙後峒[40]	사후동	沙後峒ハ 報通 '沙屯/모리뒷'이라 稱홈	
興城里		흥성리		
	東城內	동성닉	東城內ハ 普通 '倉村/창말'이라 稱홈	
	西城內	서성닉		
	北城峙	북성지	北城峙ハ 普通 '長安村/장안말'이라 稱홈	
	坪興里	평흥리	坪興里ハ 普通 '寶幕/보막리'이라 稱홈	
鷹峯里		응봉리		
	南七星	남칠성	南七星ハ 普通 '七星山/칠성산'이라 稱홈	
	北七星	북칠성	北七星ハ 普通 '大德山/더덕산'이라 稱홈	
	北三洞	북삼동		
	大中里	디중리		
	大豊里	디풍리		
天皇里		천황리		
	新興里	신흥리	新興里ハ 普通 '寶幕里/보막리'라 稱홈	
	東天皇	동천황	東天皇ハ 普通 '開三洞/기삼골'이라 稱홈	
	西天皇	서천황	西天皇ハ 普通 '三洞/삼동'이라 稱홈	
龍川里		용전리		
	大興里	디흥리	大興里ハ 普通 '數毛老/수모로'이라 稱홈	
	龍興里	용흥리		
	豊陽里	풍양리		

---

40 洞으로 판단된다.

洞里名	舊洞里名 又ハ部落名	한글 표기	비고	朝鮮地形圖 주기
	寶泉洞	보천동		
	屹美洞	흘미동		
	上洞	상동		
	西隅洞	서우동		
	子午洞	자오동	子午洞ハ 普通 '峙洞/썩골'이라 稱홈	
	龍頭里	용의머리		
永河里		영하리		
	龍田里	용전리	龍田里ハ 普通 '大孫勒[41]洞/큰손굴기'이라 稱홈	
	龍下里	용하리	龍下里ハ 普通 '小孫勒[42]洞/자근손굴기'이라 稱홈	
	永川里	영천리	永川里ハ 普通 '永川場巨伊/영천장거리'라 稱홈	
翰洞里		한동리		
	德洞里	덕동리		
	上墨里	상묵리	上墨里ハ 普通 '小墨場/자근먹정'이라 稱홈	
	翰墨里	한묵리	翰墨里ハ 普通 '大墨場/큰먹정이라' 稱홈	
猪島里		제도리		
	大猪洞	대제동		
	小猪洞	소제동		

6. 順寧面의 동리촌 명칭

順寧面 地誌調書의 작성 주체는 面長 陣東協으로 되어 있다. 대정 6년(1917) 9월 25일에 작성되었다. 順寧面의 地誌調書에 수록된 내용은 다음과 같다.

---

41 勤로 판독된다.
42 勤으로 판독된다.

〈표 6〉 順寧面의 동리촌 명칭

洞里名	舊洞里名 又ハ部落名	한글 표기	비고	朝鮮地形圖 주기
柳北里				?フクニ-
	柳洞里			
	射蹟里			
柳南里				
	長川洞			
	東村洞			
原川里				ヨンチョンニ-
	栗木洞			パンナムコル
	德凡洞			
	南地境			ナムチキョン
興南里				フンナムニ-
	九億洞			
	串峙洞			
鵲山里				チャクサンニ-
	眞松岩			眞松里チンソンニ
	上方洞			サンパニ-
雙花山里				サンフウサンニ-
	東面洞			トンミョンドン
	都藏[九未]	도장구미		トチャンクミ
禾島里				フワドリ
	南石村			南石洞ナムソクドン
	富昌垈	부창터		プチャンテ-
所羅里				ソナリ-
	楮田洞	닥밧골		タクパッコル
	書堂洞			ソタンコル
	[閑鳥]峯洞			
	畓機洞	논틀골		
小黑石里				ソフクソクリ
	本宮村			ポンクンマル
	回引㘽	도리눞		トルインノプ
大黑石里				テ-フクソクリ

洞里名	舊洞里名 又ハ部落名	한글 표기	비고	朝鮮地形圖 주기
	楞樓	져달악		
	東村			
廣津里				フワンジンニ-
	坪村			坪村里ピョンチョンニ-
	柳亭山			
亭子里				ちょんちゃ？
	展項里	전목리		
新亭里				
	長峙	진지		
	防築洞			
鯨岩里				キョンアムニ-
	鯨岩洞			
	都家巷			
	盧哥峙			ノカチュ-
豊興里				プンフンニ-
	望岩洞			
	龍井洞			龍井里よんちょんに-
豊東里				プントンニ-
	沙泊浦			ワバクボ
	南地境			
州南里				スナムニ-
	峙街里			
	泰周基			泰周基テーシュキ
	書堂峙			書堂里ソタンニ-
松峙里				ソンチョリ
聖南里				ソンナムニ-
	水閑里			スハンニ-
中陽里				チュンヤンニ
	楞亭村			
太平里				
豊南里				プンナムニ-
	尒頭洞			糸豆洞チヅドン

洞里名	舊洞里名 又ハ部落名	한글 표기	비고	朝鮮地形圖 주기
	新安里			シンアンリ-
德陽里				トクヤンニ-
	薪塘里			
陵洞里				ヌンドンニ-
	串峙村	고치말		
葛田里				カルバンニ-
	陵南			ヌンナム
	甘泉			カムチョン
	影堂洞			ヨンタンコル
豊陽里				プンヤンニ-
	萬壽峰洞			
德浦里				トクポリ
	上德浦			
龍川里				ヨンチョンニ-
	浦內里	기안리		ポネ-リ-
	水邊里			
頭山里				ツサンニ-
	尒伊尾			
松田里				ソンジョンニ-
	石炭里			
	石上里			
石北里				ソクブクニ-
石南里				ソクナムニ-
	新石灘里			
	局回里	굼두리		

7. 虎島面의 동리촌 명칭

虎島面 地誌調書의 작성 주체는 面長으로 되어 있다. 대정 6년(1917) 8월 23일에 작성되었다. 虎島面의 地誌調書에 수록된 내용은 다음과 같다.

〈표 7〉 虎島面의 동리촌 명칭

洞里名	舊洞里名 又ハ部落名	한글 표기	비고	朝鮮地形圖 주기
原上里		원상리		
	廣大洞	광더골		
	車輪洞	차유골		
	絲俠村	사왕말		
巢鷹津里		소응진리		
	巢鷹津	소응진		
元平里		원평리		
	獨九味	독구미		
	間村	새이말		
	黃村	황촌		
	申村	신촌		
	南端	남단		
	壽在洞	수재골		
新獐里		신장리		
	馬腰	맛허리		
	獐項	롤구목		
舊獐里		구장리		
	蕃浦淺	번기열		
	獐項	롤구목		
斗武里		두무리		
	斗武浦	두무기		
龍米里		용미리		
	內龍米里	안용미리		
	外龍米里	밧용미리		
芳久美里		방구미리		
	上芳久美里	웃방구미리		
	下芳久美里	아리방구미리		
	茅島	모도		
松濱里		송빈리		
	汶岸峙	모리앗치		
	長拂	진불	長?[43] [チンプル]ト 稱號ス	

洞里名	舊洞里名 又ハ部落名	한글 표기	비고	朝鮮地形圖 주기
蘇浦里		소포리		
	蘇浦	소기		
	方魚津	방어나룰		
葛古峙里		갈고치리		
	葛古峙	갈고치		

---

43 판독이 어렵다.

<부록 2> 영흥군 각 면 동리촌명 명칭 표기 변화

1. 順寧社

順寧社 소속 행정 단위 동리촌명의 명칭과 표기 변화는 다음과 같다.

<표 1> 順寧社의 행정 단위 동리촌명 표기 변화

輿地圖書	戶口總數	1787 이후	규 17528	1872	1894	1899	1912	1912 (신)	1912(구)	지지조서
	柳洞里	柳洞里	柳洞里	柳洞里		柳洞里	柳北里	柳北里	柳北里	柳北里
					柳南里			柳南里	柳南里	柳南里
	原川里	原川里	原川里	原川里	原川里	原川里	原川里	原川里	原川里	原川里
	龍井里	龍井里	龍井里	用井里	龍井里					
				興南里	興南里	興南里	興南里	興南里	興南里	興南里
	加次山里			加次山里	加次山里	加次山里	鵲山里	鵲山里	鵲山里	鵲山里
	雙花山里	雙花山里	雙花山里	雙化山里	雙花山里	雙花山里	雙花山里	雙花山里	雙花山里	雙花山里
	所羅里	所羅里	所羅里	小羅里	所羅里	所羅里	所羅里	所羅里	所羅里[44] 禾島里[45]	禾島里
	禾島里	禾島里	禾島里	禾刀里	禾島	禾島里	禾島里	禾島里	禾島里[46]	所羅里
	小黑石里	小黑石里	小黑石里	小黑石里	小黑石里	小黑石里	小黑石里	小黑石里	小黑石里	小黑石里
黑石里	大黑石里	大黑石里	大黑石里	大黑石里	大黑石里	大黑石里	大黑石里	大黑石里	大黑石里[47]	大黑石里
	上廣津里	上廣津里	上廣津里	光津	廣津里	廣津里	廣津里	廣津里	廣津里	廣津里
				中良里	中陽里	中陽里	中陽里	中陽里	中陽里	中陽里
亭子毛老里	亭子里	亭子里	亭子里	丁子里	亭子里	亭子里	亭子里	亭子里	亭子里	亭子里
水閑里	水閑里	水閑里	水閑里							
	鯨巖里	鯨巖里	鯨巖里	丁岩里	京岩里	鯨巖	鯨岩里	鯨岩里	鯨岩里	鯨岩里

---

44 일부는 덕흥면 풍성리에서 편입.
45 일부 화도리에서 편입.
46 일부 소라리 덕흥면 신창리, 백남리에 편입.
47 일부 인흥면 도천리와 상평리에 편입.

1917년 함경남도 영흥군 地誌調書 편철 문서에 나타난 面名과 811
洞里村名 표기에 대한 국어학적 연구

輿地圖書	戶口總數	1787 이후	규 17528	1872	1894	1899	1912	1912 (신)	1912(구)	지지조서
							豐興里	豐興里	豐興里	豊興里
	沙泊里	沙朴里	沙朴里							
							豐東里	豐東里	豐東里	豊東里
							豐陽里	豐陽里	豐陽里	豊陽里
	罗田里			舄田里	葛田里	葛田里	葛田里	葛田里	葛田里	葛田里
				州南里	州南里	州南里	州南里	州南里	州南里	州南里
	石灘里	石灘里	石灘里							
	新亭里	新亭里	新亭里							
				聖南里	星南里	聖南里	聖南里	聖南里	聖南里	聖南里
	松峙里	松峙里	松峙里	松峙里	松峙里	松峙里	松峙里	松峙里	松峙里	松峙里
				豐南里	豐南里	豐南里	豐南里	新安里 豐南里		豐南里
						新安里				
	大坪里	大坪里	大坪里	太平里	太平里	太平里	太平里	太平里	太平里[48] 仁興里	
						德陽里	德陽里	德陽里	德陽里	德陽里
				陵洞里	陵洞里	陵洞里	陵洞里	陵洞里	陵洞里	陵洞里
				德浦里	德浦里	德浦里	德浦里	德浦里	德浦里	德浦里
	龍川里	龍川里	龍川里	用川里		龍川里	龍川里	龍川里	龍川里[49] 水邊里 美陽里[50] 선흥리[51]	龍川里
							水邊里			
	頭山里	頭山里	頭山里	豆山里	頭山里		頭山里	頭山里	頭山里	頭山里
							石北里	石北里	石北里	石北里
				石南里			石南里	石南里	石南里	石南里
							松田里	松田里	松田里	松田里
										新亭里
		農山里	農山里							
		舘半里	舘半里							
				連峰里	蓮峰里	蓮峰里				
				尒豆冬里	尒豆冬里	尒豆洞里				
				新丁里	新丁里	新井里				
				石上里	石上里	石上里				
				石下里	石下里	石下里				

輿地圖書	戶口總數	1787 이후	규 17528	1872	1894	1899	1912	1912(신)	1912(구)	지지조서
		龍興里	龍興里							
				豊南里						
				小峙里						
					龍泉里					

2. 鎭坪社

鎭坪社 소속 행정 단위 동리촌명의 명칭과 표기 변화는 다음과 같다.

〈표 2〉 鎭坪社의 행정 단위 동리촌명 표기 변화

戶口總數	1787 이후	규 17528	1872	1894	1899	1912	1912(신)	1912(구)	지지조서
禹憶塘里	禹憶堂里		又憶塘里	禹憶塘里	禹憶塘里				
	巌回垈里			岩垈里		巌垈里			
						興城里	興城里	興城里	興城里
						翰洞里	翰洞里	翰洞里	翰洞里
石灘里	石灘里				石灘里				
永豊里			永豊里		永豊里				永豊里
						永河里	永河里	永河里	永河里
外薪山里	外薪山里		外新山里	外新山里	外新山里				
天皇山里	天皇山里	長皇山里	天皇山里	天皇山里	天皇山里	天皇里	天岀里	天岀里	天皇里
內薪山里	內薪山里	內薪山里	內新山里		內新山里				
龍川里	龍川里	龍川里	用川里		龍川里	龍川里	龍川里	龍川里	龍川里
七星山里	七星山里	七星山里		七星山里	七星山里				
上鑛戌里	上鑛戌里	上鑛戌里	上辰里	上鑛里		鑛岫里	鑛岫里	鑛岫里[52]	鑛岫里
大德山里	大德山里	大德山里	大德里	大德山里	大德山里				

---

48 일부 억기면 인홍리에서 편입.
49 일부 억기면 인홍리에 편입.
50 일부 억기면 인홍리에 편입.
51 일부 억기면 선홍리에서 편입.
52 일부 용리에서 편입.

1917년 함경남도 영흥군 地誌調書 편철 문서에 나타난 面名과 洞里村名 표기에 대한 국어학적 연구

戶口總數	1787 이후	규 17528	1872	1894	1899	1912	1912(신)	1912(구)	지지조서
						坪灘里	坪灘里	坪灘里[53] 九灣里[54] 인성리[55]	坪灘里
						鷹峯里	鷹峯里	鷹峯里[56] 성치리[57]	鷹峯里
乾川里	乾川里	乾川里	乾川里		乾川里	乾川里	乾川里	乾川里	乾川里
化興里	化興里	興化里							
城內里	城內里	城內里			南城內里				
			北成才	北城才里	北城內里				
			東成內里	東城內里	東城內里				
			西成內	西城內里	西城內里				
					眞興里	鎭興里	鎭興里	鎭興里	鎭興里
盛才里	盛才里	盛才里	南成才里	南城才里					
猪島里	德洞里	猪島里	猪島里	猪島	猪島里	猪島里	猪島里	猪島里	猪島里
						新塘里	新塘里	新塘里[58]	新塘里
東鎭里	東鎭戌里	東鎭戌里	東辰里	東眞里	東眞里				
長才里	長才里	長才里							
大興里			大興里	大興里	大興里				
	龍停里	龍停里							
德洞里	德洞里	德洞里	德洞里	德洞里	德洞里				
上墨里	上墨場里	上墨場里	上墨場里	上墨場里	上墨場里				
				下墨場里	下墨場里				
大墨場里	大墨場里	大墨場里							
	櫻毛老里	櫻毛老里							
					上眞里				
			成辰里	城眞里	城眞里				
			民豊里	民豊里	民豊里				
			新興里	新興里	新興里				
龍亭里									
			用田里	龍田里	龍田				
				龍川里	龍川里				
	韓白灘里								
			石灘里						
			永川里	永川里					
				眞興里					

3. 宣興社

宣興社 소속 행정 단위 동리촌명의 명칭과 표기 변화는 다음과 같다.

〈표 3〉 宣興社의 행정 단위 동리촌명 표기 변화

輿地圖書	戶口總數	1787 이후	규 17528	1872	1894	1899	1912	1912(신)	1912(구)	지지조서
				用盤里	龍盤里	龍盤里	龍盤里	龍盤里	龍盤里	
	龍興里	龍興里	龍興里	用興里	龍興里	龍興里	龍上里	龍上里	龍上里	
							困上里	困上里	困上里	困上里
							龍困里	龍困里	龍困里	龍困里
	龍神里	龍神里	龍神里	用神里	龍神里	龍神里	龍神里	龍神里	龍神里	
							龍南里	龍南里	龍南里	龍南里
							西上里	西上里	西上里	
							龍巖里	龍巖里	龍巖里	龍岩里
							龍雲里	龍雲里	龍雲里	龍雲里
							龍淵里	龍淵里	龍淵里	
	坪川里	平川里	平川里	平川里	平川里	平川里	平川里	平川里	平川里	平川里
							文上里	文上里	文上里	文上里
							文興里			文興里
		甑山里	甑山里	甑山里	曾山里	曾山里	曾下里	曾下里	曾下里	
							新興里	新興里	新興里	新興里
							釧山里	釧山里	釧山里	
							完文里	完文里	完文里	
				子山里	慈山里	慈山里	慈山里	慈山里	慈山里	慈山里
城里	城里		城里	成里	城里	城里	城里	城里	城里	城里
							南興里	南興里	南興里	
	香峯里			香峯里	香峯里	香峯里	香峯里	香峯里	香峯里	
							香山里	香山里	香山里	

---

53 일부 억기면 풍양리, 인성리에서 편입.
54 일부 억기면 구만리에서 편입.
55 일부 억기면 인성리에서 편입.
56 일부 홍인면 성현리에 편입.
57 일부 홍인면 성현리에서 편입.
58 일부 홍인면 동산리에 편입.

輿地圖書	戶口總數	1787 이후	규 17528	1872	1894	1899	1912	1912(신)	1912(구)	지지조서
				太化里	太和里	太和里	太和里	太和里	太和里	太和里
					仁豐里	仁豐里	仁豐里	仁豐里	仁豐里	仁豐里
						平洞里				
		坪湖里	平湖里	平湖里	平湖里	平湖里				
		大興里								
碩將里		石場里	石場里	石場里						
		板橋里	板橋里	板橋里						
				豊里						

4. 橫川社

橫川社 소속 행정 단위 동리촌명의 명칭과 표기 변화는 다음과 같다.

〈표 4〉 橫川社의 행정 단위 동리촌명 표기 변화

戶口總數	1787 이후	규 17528	1872	1894	1899	1912	1912(신)	1912(구)	지지조서
大坪里	大坪里	大坪里	太平里	太坪里	太坪里	大坪里	大坪里	大坪里	
泉興里	泉興里	泉興里	川興里	泉興里	泉興里	泉興里	泉興里	泉興里	
德坪里			德平里	德坪里	德坪里	德坪里	德坪里	德坪里	
下東山里	下東山里	下東山里	下東山里	下東山里	下東山里	下東山里	下東山里	下東山里	上東山里
						中東山里	中東山里	中東山里	中東山里
上東山里	上東山里	上東山里	上東山里	上東山里	上東山里	上東山里	上東山里	上東山里	下東山里
	院興里	院興里	元興里	元興	元興里	完興里	院興里	院興里	院興里
白牙洞里	白牙洞里	白牙洞里	白牙洞里	白牙洞里	白牙洞里	白牙洞里	白牙洞里	白牙洞里	白牙里
山城里	山城里	山城里	山城里	山城里	山城里	山城里	山城里	山城里[59]	山城里
						中興里	中興里	中興里 山城里[60]	中興里
新興里						新興里	新興里	新興里	新興里
尾老里	尾老里	尾老里	尾老里	尾老里	尾老里	美老里	美老里	美老里	美老里
						美白牙里	美白牙里	美白牙里	美白牙里
						草坪里	草坪里		
						上坪里	上坪里		
						山界里	山界里		

5. 耀德社

耀德社의 행정 단위 동리촌명의 명칭과 표기 변화는 다음과 같다.

〈표 5〉 耀德社의 행정 단위 동리촌명 표기 변화

戶口總數	1787 이후	규 17528	1872	1894	1899	1912	1912(신)	1912(구)	지지조서
			仁興里	仁興里	仁興里	仁興里	仁興里	仁興里	仁興里
			南山里	南山里	南山里	南山里	南山里	南山里	南山里
			百洞里	栢洞里	栢洞里	柏洞里	柏洞里	柏洞里	柏洞里
			用川里	龍川里	龍川里	龍泉里	龍泉里	龍泉里	龍泉里
			用上里	龍上里	龍上里	龍上里	龍上里	龍上里	龍上里
北坪里			北平里	北坪里	北坪里	北坪里	北坪里	北坪里	北坪里
平田里	坪田里	坪田里	平田里	坪田里	坪田里	坪田里	坪田里	坪田里	坪田里
					小淑里	小淑里	小淑里	小淑里	小淑里
大淑里	大淑里	大淑里	大淑里	大淑里	大淑里	大淑里	大淑里	大淑里	立石里
立石里	立石里	立石里	立石里	立石里	立石里	立石里	立石里	立石里	大淑里
中新里	仲新里	仲新里	中新里	重新里	重新里	重新里	重新里	重新里	重新里
			下新里	下新里		下新里	下新里	下新里	下新里
花田里	花田里	花田里	化田里	花田里	花田里	花田里	花田里	花田里	花田里
城里			成里	城里	城里	城里	城里	城里	城里
			仁上里	仁上里	仁上里				仁上里
	城北里								
居仁里	居仁里								
龍淵里									
長興里	長興里								

6. 古寧仁社

古寧仁社 소속 행정 단위 동리촌명의 명칭과 표기 변화는 다음과 같다.

---

59 일부 중흥리에 편입.
60 일부 산성리에서 편입.

1917년 함경남도 영흥군 地誌調書 편철 문서에 나타난 面名과 洞里村名 표기에 대한 국어학적 연구

<표 6> 古寧仁社의 행정 단위 동리촌명 표기 변화

戶口總數	1787 이후	규 17528	1872	1894	1899년	1912	1912(신)	1912(구)	지지조사
白安上里	白安上里	白安上里	白安里	白鴈里	白安里	白安里	白安里	白安里	白安里
	白安下里	下里							
西里	西里	西里	西里	西里	西里				
枕仇味里			枕洞里	枕洞里	枕洞里	枕洞里	枕洞里	枕洞里	枕洞里
東里	東里	東里	東里	東里	東里				
獐項里	獐項里	獐項里	新獐項里	新獐項里	新獐項里	新獐里	新獐里	新獐里	新獐里
			舊獐項里	舊獐項里	舊獐項里	舊獐里	舊獐里	舊獐里	舊獐里
						三峯里	三峯里	三峯里	三峰里
原半里	原半里	原半里	元半里	原半里	原半里	元半里	原半里	原半里	元半里
						青鶴里	青鶴里	青鶴里	青鶴里
新興里	新興里	新興里	新興里	新興里	新興里	新興里	新興里	新興里	新興里
友浦里	友浦里	友浦里	友浦里	友浦里	友浦里				
新洞里	新洞里	新洞里	新成里	新成里	新城里	新城里	新城里	新城里	新城里
						蓮洞里	蓮洞里	蓮洞里	蓮洞里
						淵豐里	淵豐里	淵豐里	淵豊里
下里									
下里									
驛洞上里	驛洞里	驛洞里	驛上里	驛上里	驛上里				
			驛下里	驛下里	驛下里				
						清興里	清興里	清興里	清興里
造山里	造山里	造山里	造山里	造山里	造山里	藻山里	藻山里	藻山里	藻山里
重興里	中興里	中興里	中興里	中興里	中興里	中興里	中興里	中興里	中興里
						豐東里	豐東里	豐東里	豊東里
	加津里	加津里	加辰里	加津里	加津里	加津里	加津里	加津里	加進里
						武鶴里	武鶴里	武鶴里	武鶴里
五家里	五家里	五家里	五加里	五家里	五加里				
青角仇味里	青角仇味里	青角仇味里	青角里	青角里	青角里				
						安東里	安東里	安東里	安東里
毛老里	毛老里	毛老里	毛老里	毛老里	毛老里	慕老里	慕老里	慕老里	慕老里
明場里	明場里	明場里	明場里	明場里	明場里	明場里	明場里	明場里	明場里
						梨洞里	梨洞里	梨洞里	梨洞里
						原上里	原上里	原上里	原上里
						斗武里	斗武甫里	斗武甫里	斗武里

戶口總數	1787 이후	규 17528	1872	1894	1899년	1912	1912(신)	1912(구)	지지조서
						龍米里	龍米里	龍米里	龍米里
						芳久美里	芳久美里	芳久美里	芳久美里
						松濱里	松濱里	松濱里	松濱里
						葛古峙里	葛古峙里	葛古峙里	葛古峙里
						蘇浦里	蘇浦里	蘇浦里	蘇浦里
						巢鷹津里	巢鷹津里	巢鷹津里	巢鷹津里
	偶峙里	偶峙里							
	末鷹島	末鷹島							

6부

지명의 어원

'고개'의 어원과 한국 固有漢字 岾의 造字法에 대하여

日本 'とうげ〔峠〕'와 韓國 '고개〔岾〕'의 어휘 의미와 관련 어휘의 대조를 중심으로

1. 서언

日本은 전 국토의 75%가 山地이고[1] 韓國은 전국토의 70%가 山地여서[2] 일본과 한국은 모두 마을과 마을, 지역과 지역이 山地로 격리되어 지역 간의 교류를 활성화시키기 위해서는 '고갯길'의 개척이 필연적이다. '고갯길'에서 '고개'는 통행이 가장 어려운 지점으로 '고개'가 '고갯길'의 대표적 특성이라 할 수 있어서 '고개'와 관련한 일본과 한국의 역사문화적 특성은 공통점을 가질 것으로 생각된다.

일본과 한국은 '고갯길 개척의 불가피성, 고개 통행의 어려움, 고개의 군사적 要害處 가치, 盜賊떼 은신처이자 탈취처인 고개' 등의 '고개'와 관련된 歷史文化的 측면에서 차이점도 있겠지만 유사점을 더 많이 가진

---

[1] 일본의 경우 『新版日本國勢地図(1990年 刊行)』 자연 편 지형분류 3쪽에 따르면 火山地와 丘陵을 포함하여 山地가 차지하는 面積이 국토의 약 75%라고 한다. https://www.gsi.go.jp/atlas/archive/j-atlas-d_2j_02.pdf 참조.

[2] 한국의 경우 『대한민국국가지도집 청소년판』(2022)의 '우리 국토의 자연 환경, 산지 지형' 조에 따르면 국토의 70%가 산지 지형이라고 한다.

것으로 추정된다.

'고개'란 특별한 지형을 명명하는 방법에 있어서도 일본과 한국은 공통점과 차이점을 가질 것으로 생각된다. 일본어에서 '고개'를 지칭한 어휘를 만들어 내는 방법은 한국과 차이점이 있겠지만 인간 이성은 동일하다는 측면에서 일본과 한국은 유사한 방식으로 '고개' 관련 어휘를 생산해 내었을 것으로 생각된다. 이 글은 이점에 착안하여 日本 'とうげ[峠]'와 韓國 '고개[峴]'의 어휘 의미와 관련 어휘를 대조한 결과를 중심으로 한국 고유어 '고개'의 어원을 밝히고 한국 고유한자 岾의 造字法을 밝히고자 한다.

日本 'とうげ[峠]' 관련 어휘에 착안하여, 이 글이 한국 고유어 '고개' 등의 어원을 이해하고 한국 고유한자 岾의 글자 구성 방법을 이해하려는 시도이므로 이 글에서는 일본의 경우를 먼저 기술하고 한국의 경우를 뒤에 기술하기로 한다.

2. 日本 'とうげ[峠]'와 韓國 '고개[峴]'의 어휘 의미 대조

2.1. 일본 'とうげ[峠]'와 한국 '고개[峴]'의 기본 의미

2.1.1. 일본 'とうげ[峠]'의 기본 의미

일본 'とうげ[峠]'의 기본 의미에 대한 『日本國語大辭典』의 풀이는 다음과 같다.

(1) 峠(とうげ) ① 山の坂道を登りつめた最も高い所。山の上り下りの境目。轉じて、山。 / 산의 비탈길을 오르는 가장 높은 곳. 산을 오르내리는 경계. 바꾸어 쓰여 산.

(1)에서 峠의 기본 의미로 '산 비탈길의 가장 높은 곳'과 '산을 오르내리는 경계'의 두 가지를 제시하고 있다. 하지만 '산을 오르내리는 경계'는 '산의 비탈길'에서 가장 높은 곳이 되므로 '정상'의 의미를 가진다.

2.1.2. 한국 '고개[峴]'의 기본 의미

한국 '고개[峴]'의 기본 의미에 대한 『표준국어대사전』의 풀이는 다음과 같다.

(2) 고개「1」산이나 언덕을 넘어 다니도록 길이 나 있는 비탈진 곳.

(2)에서 '고개'의 기본 의미로 '산이나 언덕을 넘어 다니는 비탈진 곳'의 하나를 제시하고 있다. 한국 '고개'의 기본 의미는 일본 峠의 기본 의미와 유사한 것으로 판단할 수 있다.

2.2. 일본 峠와 한국 '고개'의 비유 의미 '절정'

2.2.1. 일본 峠의 비유 의미 '절정'

『日本國語大辭典』에서 峠의 비유 의미를 다음과 같이 제시하고 있다.

(3) 가. ② 物事の勢いのもっとも盛んな時期や狀態。/ 사물의 기세가 가장 활발한 시기나 상태. 最高点。/ 최고점
   나. ②의 예문 〈雜俳・西國船(1702)〉よかろうぞ・そなたも貧が峠ぞな /괜찮아요. 그쪽도 빈곤이 고개입니다
   다. ②의 예문 〈嘉村礒多〉颱風の發生。けふの峠で涼しくなりさう / 태풍이 발생해서 오늘 (날씨)의 고개는 시원하다.
   라. ②의 예문 〈春泥 久保田万太郎〉その「中洲」時代がかれの役者と

しての峠。上り切るところまで上り切ったときだった。/ 그 中洲 시대가 그의 배우로서의 고개, 오르는 곳까지 올라갔을 때였다.

(3가)는 峠의 비유 의미를 '사물 기세의 최고점'으로 제시하고 있다. '사물의 진행 과정'을 '고갯길 통행 과정'에 비유하여 峠에 '최고점'의 비유 의미를 부여한 것이다. (3나)는 '빈곤의 상태'가 (3다)는 '하루 중 가장 더울 때'가, (3라)는 '배우로서의 中洲 時代' 등이 '통행로의 고개'에 비유된 것이다. 통행로 상에서 '고개'가 최고의 정점이듯이 (3나)의 '빈곤', (3다)의 '하루 중 가장 더울 때', (3라)의 '배우로서의 中洲 時代' 등이 그 대상 최고의 정점이 된다.

한국의 '오십 고개'와 동일한 의미 표현을 일본에서는 峠 대신에 'さか[坂]'를 사용하여 표현한다. 『日本國語大辭典』에서 'さか[坂]'의 의미를 다음과 같이 풀이하고 있다.

(4) さか【坂/阪】
　가. 1 一方が高く他方が低く傾斜している道。また、その傾斜。さかみち。「―を上る」「下り―」/ 한쪽이 높고 다른 쪽이 낮게 경사지는 길. 또한, 그러한 경사. 비탈길. 「비탈길 오르다」,「내려가는 비탈길」
　나. 2 物事の區切りを。坂の頂上にたとえていう語。多く、年齢についていう。「六〇の―を越す」/ 사물의 구분을, 비탈의 정상에 비유하는 말. 많은 나이에 대해 말한다. 「60의 비탈 정상을 넘는다」

(4나)에 제시된 '六〇の坂を越す/60의 비탈을 넘다'를 고려하면, 일본어 'さか[坂]'는 '비탈길'의 '정점'까지도 의미한 것으로 이해된다. 일본어 'さか[坂]'는 한국어 '비탈'과 그 의미가 유사하다. 하지만 한국어 '비탈'은 '기울어진 길의 정점'이라는 의미였으나 '비탈'이 '기울어진

길'의 의미로만 쓰이게 되어 '오십 고개'와 같은 표현이 발달한 것으로 파악된다.

2.2.2. 한국 '고개'의 비유 의미 '절정'

『표준국어대사전』에서는 '고개'의 비유 의미를 다음과 같이 제시하고 있다.

(5) 가. 「2」 일의 중요한 고비나 절정을 비유적으로 이르는 말.
　　　　노래 중간의 그 고개만 잘 넘어가면 된다.
　　나. 「3」 중년 이후 열 단위만큼의 나이를 비유적으로 이르는 말.
　　　　이미 오십 고개를 넘어섰다.

(5나)에 제시된 예문에서 '고개'는 '넘어가다'는 서술어와 결합되었기 때문에 '절정'의 의미를 뜻하는 것이 아니라 '위기'를 뜻하는 '고비'의 의미를 표현한 것이다. '고개'가 '고비'의 비유 의미를 표현한 경우는 뒤에서 논의하기로 하고 '고개'가 '절정'의 의미를 가지는 경우로 '보릿고개'를 들 수 있다.

'보릿고개'는 차자 표기로 麥嶺으로 표기되기도 하였다. 차자 표기 麥嶺의 사용은 18세기 문헌 자료에서 발견된다.[3]

(6) 가. 【麥嶺 보리고개】 ■借■ 보릿고개. 묵은 곡식은 다 떨어지고 보리는 아직 여물지 아니하여 식량 사정이 가장 어려운 음력 4월을 이르는 말. 〈한국한자어사전〉
　　나. 1년에 지급하는 것을 10등으로 정하면 자주 왕래하게 되어 또한 농사짓는 데 방해가 되니, 봄 석 달에 받는 것은 세수(歲首)에

---

[3] 『承政院日記』 1731년(영조 7) 11월 17일의 기사에서도 麥嶺이 사용되고 있다.

3곡(斛)으로 통수에게 내어주고 여름 석 달에 받는 것은 초여름에 또한 같이 내어주게 하며, 그 나머지 4등은 '麥嶺/보릿고개'에 모두 내어주는 것을 영구히 법식으로 정한다면,"〈정조실록 1781년 (정조 5) 11월 29일〉

'보릿고개'는 '보릿고개가 태산보다 높다'라는 관용구에 사용이 되고, '보릿고개에 죽는다'라는 속담에 사용된다. 이처럼 '보릿고개'는 '보리가 익어가는 고개', 즉 (6가)에서 보듯이 '보리가 익어가는 절정'의 의미를 가져 음력 4월이나 5월을 가리킨다. '보릿고개'가 지나면 '보리를 수확할 수 있어', 끼니를 거르는 위기에서 벗어나게 된다. 따라서 '보릿고개'에서 '고개'만의 의미는 보리가 익어가는 '절정'의 비유 의미를 가진다.

(5나)의 '오십 고개'에서 '고개'는 '인생행로의 지점'을 비유한 것이다. 즉 '인생행로의 50세 지점'을 '오십 고개'로 비유한 것이다. '구십 고개를 넘었다'는 표현은 '인생행로가 90세 지점에 다다른 것'임을 표현하는 말이 된다.

'오십 고개'와 유사한 표현인 '七十 고개'가 18세기 자료인 『樂學拾零』에 실린 시조에 다음과 같이 나타나고 있다.

(7) 七十 고개 너머 八十 드르흐로 진동한동 건너가거눌 보고 왓노라〈樂學拾零 858〉

(7)은 한국어 표현 '오십 고개'가 일본의 '六〇の坂'과 같은 표현에

4　『正祖實錄』 1781년(정조 5) 11월 29일, "一年所給, 定以十等, 則頻數來往, 亦涉妨農, 春三朔所受者, 則歲首以三斛出給統首 夏三朔所受者, 夏初亦如之 其餘四等, 都給於麥嶺, 永爲定式"

영향 받지 않았음을 보여 준다.

2.3. 일본 '峠を越す/峠を越える'와 한국의 '고개를 넘다'의 비유 의미 '고비/위기를 넘기다'

2.3.1. 일본 '峠を越す/峠を越える'의 비유 의미 '고비/위기를 넘기다'

일본의 경우에 峠가 '越す/넘다'와 결합하였을 때, 峠가 '고비'의 비유 의미를 가진다. 『日本國語大辭典』에서 '峠を越す/고개를 넘다'의 의미를 다음과 같이 제시하고 있다.

(8) 峠を越す/고개를 넘다
    가. ① 最高の境地に到達する。/ 최고의 경지에 도달한다.
      ※無名抄(1211頃)「いかにも此體を心得る事は。骨法ある人の、境に入り、たうけを越えて後あるべき事也」/ 아무래도 이 몸을 이해하는 일은 예의범절이 있는 사람의 경계에 들어가 있는 고개를 넘은 뒤에 있어야 하는 일이다
    나. ② 勢いのもっとも盛んな時期を過ぎて、衰えはじめる。また、もっとも重要な時期を過ぎて、先の見通しがきくようになる / 기세의 가장 활발한 시기를 지나 쇠퇴하기 시작한다. 또, 가장 중요한 시기를 지나, 앞으로의 전망이 오게 된다. [改正增補和英語林集成(1886)]
      ※自然と人生(1900)〈德富蘆花〉湘南雜筆「戰ひは最早絶頂(トウゲ)を越(コ)した」/ 싸움은 가장 빠른 절정을 넘었다.

(8)은 '峠を越す/고개를 넘다'가 '최고 경지에 도달하다'의 의미와 '활발한 시기를 지나 쇠퇴기를 시작한다'는 의미가 있음을 말하고 있다. '활발한 시기를 지나 쇠퇴기를 시작한다'란 설명은 峠가 '변곡점'임을

말한 것이다.

(8나)에서 설명한 '중요한 시기'는 일본의 다른 사서에서는 '위험한 시기'로 설명하고 있다. 峠가 '위험한 시기'를 뜻한 경우의 용법으로 사용된 경우로 '病狀峠を越した/병세가 고비를 넘겼다'와 '暑さも越した/더위도 고비를 넘겼다'를 들 수 있다. 이같이 '고비'의 뜻으로 사용되는 일본어 峠의 사용은 한국어 '고개'의 용법과 매우 유사하다.

2.3.2. 한국 '고개'의 비유 의미 '고비/위기를 넘기다'

앞의 (5가)에서 제시한 예문 '노래 중간의 그 고개만 잘 넘어가면 된다'에서 '고개'는 '절정'의 의미가 아니라 '고비'의 비유 의미를 가진다. '고개'를 '절정'으로 대치할 경우 본래의 의미가 훼손된다. '고개'가 '고비'의 의미를 가진 경우를 더 제시하면 다음과 같다.

(9) 가. 남북 經協 넘어야 할 고개 〈조선일보 1992년 8월 7일 5면 칼럼 논단〉
나. 이번 국민의 엄정한 심판결과는 이제 양 김 씨의 대권 경쟁은 어차피 넘어야 할 하나의 고개가 되었다. 〈동아일보 1992년 3월 31일, 5면 3.24 總選 民意 심판 정치인 각성 계기돼야〉

(9)에 제시된 예문에 사용된 '고개'는 '고비'의 비유 의미를 가진다. 이처럼 '고개'가 '고비'의 비유 의미로 쓰이게 된 것은 '고개'가 '넘다'와 통합되었기 때문이다.

2.3.3. 일본어 '峠を越す/峠を越える'와 한국어 '고개를 넘다'의 사용상 차이

일본어 '峠を越す/고개를 넘다'와 한국어 '고개를 넘다'는 사용상의

차이점을 보여 주고 있다. 이러한 차이는 1945년 이후에 미국의 퀴즈 오락프로그램인 'twenty questions'을 일본과 한국에서 도입할 때, 그 번역 용어가 다른 것에서 찾을 수 있다. 'twenty questions' 퀴즈 오락프로그램은 '예/아니오/애매' 등의 답만을 들을 수 있는 20개의 질문을 통하여 정답을 추론하는 게임이다. 1개의 질문으로도 정답을 추론할 가능성이 있지만 20개의 질문으로도 정답을 추론할 수 없는 경우도 있다.

"https://ja.wikipedia.org/wiki/二十の扉"에 따르면 'twenty questions' 오락프로그램을 도입한 '二十の扉' 퀴즈 프로그램은 1947년 11월 1일부터 1960년 4월 2일까지 매주 토요일 19시 30분부터 30분간 NHK 라디오 제1 방송에서 방송됐다고 한다. '二十の扉'에서의 扉는 '창문·출입구·옷장 등에 붙이는 개방문'의 뜻이 아니라 비유적 의미로 '어떤 사물로의 입구'를 의미한 것이다. 즉 'twenty questions'의 questions을 정답에 이르는 입구로 판단한 것이다.[5]

그런데 한국에서는 'twenty questions'을 '스무고개'로 번역하였다. 스무고개' 라디오 오락프로그램은 1947년 8월을 전후하여 미 군정에 의해 도입되었다.[6] '단서'에서 '결론'을 도출하는 과정에 주안점을 두어

---

5 『日本國語大辭典』, とびら【扉】, "1《「戸と片ひら」の意》窓・出入り口・戸棚などにつける開き戸の戸。 2 書物の見返しの次にある、書名・著者名などを記したページ。 3 雜誌で。本文にはいる前の第1ページ。 4 (比喩的に)ある物事への入り口。「宇宙時代の扉が開く」「學問の扉」"

6 박용규(2005: 89)는 "1947년 8월을 전후해 방송편성에는 다시 많은 변화가 나타났다. 무엇보다도 눈에 띠는 것은 강연 시간이 폐지되고, 다양한 오락프로그램들이 새로 편성되었다는 점이다. 강연 시간의 폐지는 좌익세력의 활동에 대해 탄압을 강화해나갔던 정치상황의 영향이 컸다고 보아야 할 것이다. 이 시기에 새로 만들어진 '스무고개,' '천문만답', '거리의 화제' 등은 미국 프로그램 형식을 그대로 도입한 것들이었다"고 언급하고 있다.

'twenty questions'을 '스무고개'로 번역한 것으로 생각된다. 'twenty questions'을 '결론을 도출하는 과정'으로 파악한 데에는 1947년 이전에 우리나라의 동화로 유포된 「해와 달이 된 오누이」 동화가 영향력을 행사한 것으로 생각해 볼 수 있다.[7] 「해와 달이 된 오누이」 동화에는 떡장수인 홀어머니가 떡을 팔고 집에 돌아가다가 호랑이가 지키고 있는 열두 고개를 통과하지 못하여 집에 가지 못한 이야기가 나온다. 즉 열두 고개를 통과하지 못하여 집에 돌아가지 못한 떡장수 어머니는 정확한 결론의 도출에 실패한 것이다.

2.4. 일본 '峠を越す/峠を越える'와 한국의 '고개를 넘다'의 비유 의미 '이별'

2.4.1. 일본 '峠を越す/峠を越える'의 비유 의미 '이별'

75%가 산지인 일본에서 峠는 지역과 지역을 구분하는 경계가 된다. 일본어 峠의 경계 의미를 『日本國語大辭典』에서 다음과 같이 제시하고 있다.

(10) トウゲ, ※万國奇談(1873)〈青木輔淸譯〉─「瑞士國と意太利國との境にシントベルナルドという峻嶺(トウゲ)あり」

---

[7] 「해와 달이 된 오누이」 동화가 채록된 사실에 대해서 강상대(2023: 13)는 "미와 다마키(三輪環)가 간행한 『전설의 조선(傳說の朝鮮)』(1919)에 「해와 달(日と月)」이라는 제목으로 수록된 것을 시작으로 하여 다나카 우메키치(田中梅吉)의 『조선동화집(朝鮮童話集)』(1924), 나카무라 료헤이(中村亮平)의 『조선동화집(朝鮮童話集)』(1924) 등에 일본어 텍스트로 기록되었다. 또 주요섭이 『개벽』(1922. 10)에 발표한 「해와 달」을 시작으로 하여 한글 텍스트로도 꾸준하게 재화되었고, 심의린의 『조선동화대집』에도 「악독한 범」이라는 제목으로 수록되어 있다."고 하였다.

(10)에서는 'シントベルナルドと'라고 말하는 峻嶺인 峠가 瑞士國과 意太利國을 구분하는 경계임을 말하고 있다. 따라서 峠는 '경계' 의미를 가질 수 있다.

'경계'의 의미인 峠를 '넘어올 경우'에는 '이별한 사람과의 재회'의 의미가 파생될 수 있고, '넘어갈' 경우에는 '떠나는 자/떠난 자와 남아 있는/남은 자의 이별'의 의미가 파생될 수 있다.

일반적인 언어 표현에서는 '峠를 넘어가는 것'의 비유 의미인 '이별'의 의미가 사용된 사례를 찾지 못하였다. 하지만 일본 엔카(演歌)의 가사에서는 그러한 사례를 쉽게 찾을 수 있다.

(11) つららが頬を 貫(つらぬ)くような / 고드름이 된 볼을 꿰뚫을 것 같은
寒さが凍みる 北の町 / 추위가 스며오는 북녘 마을
明日は晴れて 結ばれる 二人の幸せ 置き去りに / 내일은 맑게 개어 맺어지게 될 두 사람의 행복을 내팽개치고
塩狩峠に 消えた人 / 시오카리 고개로 사라진 사람
愛は 愛は 運命(さだめ)を 越えられますか あなた… / 사랑은, 사랑은 운명을 넘어갈 수 있나요 당신…〈森若里子, 塩狩峠 1절〉

(11)에서 '시오카리 고개로 사라진 사람'은 '남은 자에게서 떠난 자'로 '남은 자'와 이별한 사람이다. 즉 '시오카리 고개를 넘다'가 '이별하다'의 의미를 비유적으로 표현한 것이다.

2.4.2. 한국 '고개를 넘다'의 비유 의미 '이별'

70%가 산지인 한국에서도 '고개'는 지역과 지역을 구분하는 경계가 된다. 『표준국어대사전』에서는 '고개'가 가지는 '경계' 의미가 제시되

지 않았다. 그러나 다음과 같은 경우에 '고개'가 '경계'의 의미를 가지고 있다.

 (12) 서울시 경계인 박석고개를 넘으면 도로 폭은 10M로 좁아지고 있다.
    〈매일경제, 1968.1.24., 3면, 서울의 未來像(17) 박석고개 구파발〉

(12)에서 '박석고개'는 '넘다'와 결합하여 '박석고개'가 '서울시 경계'임을 말하고 있다. 즉 '고개'가 지역과 지역을 구분하는 기준점임을 말하고 있다.

일반적인 언어 표현에서는 '고개를 넘어가는 것'의 비유 의미인 '이별'의 의미가 사용된 사례를 찾지 못하였다. 하지만 한국의 트로트 가사에서는 그러한 사례를 쉽게 찾을 수 있다.

 (13) 끝없이 가는구나 님 없는 타관길을
    오늘도 해는 지고 주막집은 멀고 멀어
    방울새만 히죽히죽 나그네 울리는데
    정든 고향 왜 버렸나 대관령 길손.〈박재홍, 대관령 길손 1절〉

(13)에서 '대관령 길손'은 '고향의 임을 떠나는 자'를 말한다. 곧 '대관령은 넘어 가는 것'은 고향에 남은 '임'과의 이별을 뜻한다.

2.4.3. 일본 '峠を越す/峠を越える'와 한국의 '고개를 넘다'의 비유 의미 '이별'로 인한 '슬픔'의 차이

사람과 사람 사이의 이별은 '상실'로 이러한 '상실'은 '상실감'을 낳으며 이러한 '상실감'은 '떠나는 자/떠난 자와 남아 있는/남은 자' 모두에게 '슬픔'의 감정을 준다.

일본 엔카(演歌)의 가사와 한국 트로트의 가사에서 '고개를 넘어가는 것'의 비유 의미인 '이별'의 의미는 대체로 '사랑의 이별'이 주류를 이룬다. 그런데 일본 엔카의 가사와 한국 트로트의 가사에서 '생이별, 사별, 결혼으로 인한 부녀간의 이별' 등의 특별한 '이별'이 발견되기도 한다.

(14) 일본 엔카(演歌)의 가사와 한국 트로트의 가사에서 발견되는 이별의 특별한 종류

이별의 특별한 종류	일본	한국
가족 간의 생이별		단장의 미아리 고개(이해연, 1956)
가족과의 사별	なみだの峠(朝花美穗, 2018) 母戀峠(嶋三喜夫, 2003)	
결혼으로 인한 가족과의 이별	りんどう峠(島倉千代子, 1957) 嫁入り峠(津吹みゆ, 2020) 花嫁峠(佐々木新一, 2017) これから峠(門脇陸男, 2018) 父娘坂(島津亞矢, 2022)	

한국의 트로트 '단장의 미아리 고개'는 6.25 전쟁 시 '서울의 미아리 고개'를 통해 가족이 북한군에게 북으로 끌려가서 '생이별'을 당한 가족의 '비통한 심정을 노래한 트로트 가요이다. 일본의 경우에는 이러한 가족 간 생이별의 장소가 峠가 아니라 바다의 '부두'가 된다. 일본 엔카 '岸壁の母(二葉百合子, 1972)'은 만주 전역에 출정한 아들이 10년 동안 돌아오지 않은 것에 대해 비통한 어머니의 심정을 노래하고 있다.

일본 엔카 'なみだの峠(朝花美穗, 2018)'와 '母戀峠(嶋三喜夫)' 등은 가족과 사별한 슬픔을 노래한 것이다. 峠는 사별한 가족에 대한 그리움을 나타내는 장소가 된다. 한국의 경우, 사별한 가족에 대한 슬픔을 고개에서 노래한 트로트 가요는 찾지 못하였다. 대신에 사별한 가족이 '하늘'에 있음을 인식하고 있다. 한국 트로트 '사모곡(태진아, 1993)을 그 사례

로 들 수 있다.

일본 엔카 'りんどう峠(島倉千代子, 1957)' 등은 '결혼으로 인한 가족과의 이별'과 그 '슬픔을 노래하고 있다. 한국 트로트 가요의 경우에는 시집가는 '고갯길'에서 '이별의 슬픔'이 표현되지 않고 '앞으로의 시집살이에 대한 슬픔'이 표현되고 있다. 한편 한국 트로트 '아리랑 낭랑'(백난아, 1941)과 '꽃분이 시집가네'(오은주, 1978)에서는 결혼 자체에 대한 '기쁨'이 표현되고 있다.

중국의 演唱 歌曲인 '逆流成河'(金南玲, 2013)에서는 '사랑 이별의 슬픔'을 '悲傷逆流成河/비통한 슬픔이 거꾸로 흘러 강이 된다'로 표현하고 있다. 일본과 한국에서는 '사랑 이별의 슬픔'을 '고개를 넘다'로 표현하지만, 중국의 경우는 '강이 거꾸로 흐른다'로 표현하고 있다. 일본과 한국은 '슬픔' 표현의 방법이 동일하지만 중국의 경우에 일본, 한국과 다르다.

2.5. '정상 정복'을 의미하는 일본의 '七峠/七坂'와 한국의 '열두 고개'

2.5.1. 일본의 '七峠/七坂'

일본 엔카(演歌)의 경우 '고개'나 '비탈 언덕'의 정상에 도달하기 위해서는 '일곱 개의 峠'나 '일곱 개의 坂'을 정복해야 한다. 일본의 엔카 가사에서 '七峠峠'나 '七坂'가 사용된 경우를 쉽게 찾을 수 있다.

(15) 가. これから峠の七まがり / 여기부터 고개의 일곱 굽이 〈門脇陸男 これから峠, 1절, 1982〉
　　 나. 越えた七坂四十路坂 / 넘은 일곱 비탈 언덕 40세 비탈 언덕 〈都はるみ, 夫婦坂 1절, 1984〉
　　 다. つづく七坂花嫁峠 〈佐々木新一 花嫁峠 2절, 2014〉

라. ひとつ越えても その先に 續く七坂 忍ぶ坂 / 하나를 넘어가도 그 앞에 이어지는 일곱 비탈 언덕 인내의 비탈 언덕 〈瀨川瑛子, 人生つづら坂, 2001〉

마. 登りきりたい 登れない 女 七(なな)坂 九十九(つづら)坂 / 끝까지 오르고 싶어도 오를 수 없군요. 여인의 일곱 비탈 언덕 구절양장의 고개 〈伍代夏子, 九十九坂 1절, 2001〉

바. 苦勞七坂 誰でもあるが 夢があるから 步いてゆける / 고생길 일곱 비탈 언덕 누구에게도 있지만 꿈이 있으니까 걸어갈 수 있어요 〈伍代夏子, ふたり坂, 2004〉

(15마)는 끝까지 올라야 할 '비탈 언덕'의 수를 일곱으로 말하고 있고, (15바)는 꿈이 있어야 걸을 수 있는 '비탈 언덕'의 수가 '일곱'임을 말하고 있다. 즉 일곱 '비탈 언덕'을 오른다면 '비탈 언덕'의 정상에 도달한 것이 된다.

2.5.2. 한국의 '열두 고개'

한국 트로트의 경우 '고개'의 정상에 도달하기 위해서는 열두 개의 '고개'나 '구비'를 정복해야 한다. 한국의 트로트 가사에서 '열두 고개'나 '열두 구비'가 사용된 경우를 쉽게 찾을 수 있다.

(16) 가. 꼬불꼬불 열두 고개 뻐꾹새 열두 고개 〈이혜정, 꼬불꼬불 열두 고개, 1960〉

나. 한 많은 열두 고개 〈남백송, 설움 고개 눈물고개, 1963〉

다. 꼬불꼬불 열두 고개 달나비 고개 〈최숙자, 강남 아리랑, 1968〉

라. 내 님이 넘고 넘는 양산도 열두 고개 〈김부자, 양산도 열두 고개, 1973〉

마. 다섯 여섯 일곱 여덟 아홉 열 열 하나 열 둘 / 아리랑 고개로

넘어간다 〈하춘화, 아리랑 열두 고개, 1978〉
바. 넘어간다 넘어간다 열두 고개 넘어간다 〈강병철과 삼태기, 열
두 고개, 1984〉
사. 인생 구비 열두 구비 〈구한나, 열두구비 인생, 2018〉

(16마)에서는 '한 고개'부터 '열두 고개'까지 빠짐없이 열두 고개를 말하고 있다. 이것은 '열두 번째의 고개'가 끝임을 말하는 것이다. (16사)에서는 '인생 구비'에 '열두 구비'가 있음을 말하고 있다.

2.5.3. 일본의 '七峠/七坂'와 한국의 '열두 고개'의 문화적 차이

일본의 경우 여러 분야에서 '七大'의 목록을 제시한다. 예를 들면 七大寺로 '大安寺, 元興寺, 藥師寺, 興福寺, 東大寺, 西大寺, 招提寺' 등을 들고 있으며, 日本의 七大思想家로 '丸山眞男, 吉本隆明, 時枝誠記, 大森莊藏, 小林秀雄, 和辻哲郎, 福澤諭吉' 등을 들고 있다. 일본에서 여러 분야의 七大를 정하는 관념은 불교에서 기원했을 가능성이 있다. 七大는 불교에서 一切의 의미를 가진다. 한국의 경우에 신라 시대에 이러한 七大의 관념이 있었던 것으로 생각된다. 그 증거로 『삼국유사』 阿道基羅 조에 七處의 伽藍 터로 '興輪寺, 永興寺, 黃龍寺, 芬皇寺, 靈妙寺, 曇嚴寺' 등을 제시한 것을 들 수 있다.

한국의 경우 '열두 고개'에서 '완성'을 의미하는 '열두'의 기원이 7세기 인물인 金庾信의 묘에 있는 十二支神像의 '十二'로 소급될 가능성이 있다. 한국에서 十二支神像 역시 불교의 영향을 받은 것으로 처음에는 '호국'의 의미가 있었으나 후대에는 '호국'의 의미가 사라지고 '방향'을 나타내는 것으로만 쓰인다고 한다. 360도의 방향을 12개로 구분한 것이므로 12는 '완성'의 의미를 가진 것이 아닌가 한다.

3. 日本 'とうげ[峠]'와 韓國 '고개[峴]'의 어휘 의미 대조와 한국 고유한자 岾의 造字法

3.1. 日本 'とうげ[峠]'와 韓國 '고개[峴]'의 관련 어휘의 대조

3.1.1. 일본 '峠/とうげ' 관련 어휘

『四万十町地名辭典』의「Vol.15 峠の地名」에서[8] 山崎淸憲(1993)의 『土佐の峠風土記』에 근거하여 일본 土佐 지역의 峠 관련 여러 어휘 형태를 다음과 같이 제시하고 있다.

(17) 가. 峠(とうげ) 사용 31개소[9]
　　　나. 峠(とう) 사용 6개소[10]
　　　다. 越え(こえ) 사용 13개소[11]

---

[8] 'https://www.shimanto-chimei.com'의 Vol.15 峠の地名 참조.

[9] 山崎淸憲(1993)에서 "宍喰峠(ししくいとうげ), 四郎ヶ野峠(しろがのとうげ), 岩佐峠(いわさとうげ), 裝束峠(しょうぞくとうげ), 四ツ足峠(よつあしとうげ), 矢筈峠(やはずとうげ), 京柱峠(きょうばしらとうげ), 杖立峠(つえたてとうげ), 根曳峠(ねびきとうげ), 辻越峠(つじごえとうげ), 長畝峠(ながうねとうげ), 望六峠(ぼうろくとうげ), 宇津野峠(うつのとうげ), 白土峠(しらつちとうげ), 荒倉峠(あらくらとうげ), 塚地峠(つかじとうげ), 桑瀨峠(くわせとうげ), シラザ峠(しらざとうげ), 黒瀧峠(くろたきとうげ), 引割峠(ひきわりとうげ), 矢筈峠(やはずとうげ), 赤土峠(あかつちとうげ), 朽木峠(くちきとうげ), 燒坂峠(やけざかとうげ), 七子峠(ななことうげ), 地芳峠(じよしとうげ), 九十九曲峠(くじゅうまがりとうげ), 四手峠(しでとうげ), 伊豆田峠(いずたとうげ), 松尾峠(まつおとうげ)" 등을 제시하고 있다.

[10] 山崎淸憲(1993)에서 "仏カ峠(ほとけがとう), 樫ヶ峠(かしがとう), 程ヶ峠(ほどがとう), 大峠(おおとう), 鈴ヶ峠(すずがとう), 水の峠(みずのとう)" 등을 제시하고 있다.

[11] 山崎淸憲(1993)에서 "元越え(もとこえ), 地藏の頭越え(じぞうのかしらごえ), 笹越え(ささごえ), 北山越え(きたやまごえ), 三郷越え(さんごうごえ), 國見越え(くにみごえ), 野地峰越え(のじみねごえ), 中ノ川越え(なかのがわごえ), 樫山越え(かしやまごえ), 仏瀨越え(ぶっせごえ), 蟹越え(がにごえ), 手箱越え(てばこごえ), 三嶽越え(みたけごえ)" 등을 제시하고 있다.

라. 坂(ざか) 사용 7개소[12]
마. 關(ぜき) 사용 1개소[13]

(17가)의 'とうげ'는 일본어에서 '고개'의 의미를 나타내는 가장 보편적 형태이다.

(17나)의 'とう'는 일본 四國 지역에 속한 土佐 지역의 방언으로 'とうげ'의 뜻이다. 柳田國男(1939: 37)도 'とう'가 四國 지역의 방언형임을 확인해 주고 있다.[14]

(17다)의 '越え(こえ)'는 동사 '越える'의 명사형이다. 따라서 (17다)의 주석에서 제시한 '三嶽越え(みたけごえ)'는 '三嶽을 넘다'에서 온 '三嶽 넘이' 정도의 뜻을 가질 것으로 생각된다. '三嶽越え(みたけごえ)'의 경우 三嶽 때문에 'こえ'가 '넘이'의 뜻만 가지고 제유(metonym)의 방식으로 '고개'의 뜻은 가지지 못한다. 三嶽과 '고개'의 의미가 중복되기 때문이다. 그런데 '天城越え'의 경우 '越え'는 '넘이'의 뜻이나 제유(metonym)의 방식으로 '고개'의 의미로 쓰일 수 있다. 즉 '天城越え'을 한국어로 번역할 경우 '天城 넘이'도 가능하지만 '天城 고개'로도 번역이 가능하다.

(17라)의 '坂(ざか)'는 '비탈진 언덕의 정점'을 뜻하나 일본어의 '坂(ざか)'는 'とうげ'의 의미로도 사용된다고 판단할 수 있다.

---

12 山崎淸憲(1993)에서 "栂坂(つがざか), 手結坂(ていざか), 布施ヶ坂(ふせがざか), 龍坂(りゅうざか), 仏坂(ほとけざか), 名古屋坂(なごやざか), 添蚯蚓坂(そえみみずざか)" 등을 제시하고 있다.
13 山崎淸憲(1993)에서 '霧生關(きりゅうぜき)'를 제시하고 있다.
14 柳田國男(1939: 37)에서 "內海を渡って四國に入れば、「たを」とは言わずに「とう」と呼ぶけれども/내해를 건너 시코쿠에 들어가면 '다を'라고는 말하지 않고 'とう'라고 부르지만"라 하고 있다.

(17마)의 '關(ぜき)'는 關所의 뜻으로 關所는 대체로 峠(とうげ)에 설치되므로 '峠(とうげ)' 대신에 關(ぜき)이 사용된 것이다.

한편 『時代別國語大辭典 室町時代編』에는 とうげ 관련 어형으로 'たわ, たをり, たうげ' 등이 실려 있다.

(18) 가. たわ(名) 산의 鞍部. 고개. 또 タヲリ, 「卽見畏遁逃。爾其肥長比賣患、光海原　自船追來故、並見畏以、自山多和(たわ)、引越御船逃上行也」(記垂仁) 【考】 タワ는 방언으로 佐渡/中部・鳥取/中國・島根/中國・岡山/中國・岐阜/中國・德島/四國과 같은 지역에 남아 있다 → たをり[15]

나. たをり(名) 山의 鞍部. 물건의 휘어진 부분. タワ라고도 함. 「あしひきの山の多乎理にこの見ゆる天の白雲」(万四一二二) (하략)[16]

다. たうげ〔峠〕「到下(タウゲ)峰」(正宗節用) 「到下(タウゲ) 又作峠」(天正節用)(중략) ❶산길의 올라가고, 거기에서 내려가는 곳. (하략)[17]

(18가)에 제시된 『古事記』 용례에서 'たわ'는 多和로 제시되었다. 『古事記』는 712년 경에 편찬된 것이고, 垂仁天皇은 일본의 제11대 천황(재위 기원전 29년 1월 2일 ~ 70년 8월 8일)이므로 '多和/たわ' 어형의 존재는 712년까지 확인된 것이다. 그런데 (18가)의 【考】에서 주부 지역인 '佐

---

[15] たわ(名)山の鞍部。峠。タヲリとも、「卽見畏遁逃、繭其肥長比賣患、光海噴自船追來故、並見畏以、自山多和、引越御船逃上行也」(記垂仁) 【考】タワは方言として、佐渡・鳥取・島根・岡山・岐阜・德島などの地方に殘っている。→たをり

[16] たをり(名)山の鞍部。もののたわんだ部分。タワとも。「あしひきの山の多乎理にこの見ゆる天の白雲」(万四一二二) (하략)

[17] たうげ〔峠〕「到下峰」(正宗節用)「到下又作峠」(天正節用)(중략) ❶山道の、登りつめて、そこから下りにかかるところ。(하략)

渡, 岐阜', 쥬코쿠 지역인 '鳥取, 島根, 岡山', 시코쿠 지역인 德島에서 'たわ' 어형이 사용되고 있음을 확인해 주고 있다. 한편 柳田國男(1939: 37)도 'たわ' 또는 'たを'가 中國 지역의 방언형임을 확인해 주고 있다.[18]

(18나)는 8세기 자료인 『萬葉集』에 '多乎里/たをり'가 사용되었음을 보여 주고 있다.

(18다)에서는 1590년 자료인 『天正節用』에서 'たうげ' 어형이 있음을 말하고 있다. 그리고 'たうげ'가 '봉우리'와 '고개'의 두 뜻을 가지고 있음을 말하고 있다.

지금까지 峠(とうげ) 관련 어형으로 'とう, たわ, たをり, たうげ, こえ, ざか, ぜき' 등이 일본어의 역사에 존재했음을 살펴보았다. 'ぜき'는 關所의 뜻이고, ざか는 '비탈 언덕'이라는 점에서 전혀 다른 계통의 어휘이나 'とう, たわ, たをり, たうげ, こえ' 등은 모종의 연관 관계가 있는 것으로 파악된다. 특히, 'たうげ'는 'とうげ'와, 또 'とう, たわ, たをり' 등은 서로 연관될 가능성이 있음을 보여 준다. 한편, こえ는 とうげ와 たうげ의 げ가 'こえ'에서 연관될 가능성을 열어 준다.

林甕臣(1932)이 'とうげ'의 의미를 'タカヤマゴエ(高山越)/높은 산 넘이'로 파악한 것은 'とう, たわ, たをり, たうげ,とうげ, こえ' 등의 어형 관계성을 파악하는 데에 도움이 된다.

(19) 단일 형태
　　 가. たをり, たわ, とう 계열
　　 나. こえ 계열

18　柳田國男(1939: 37)에서 "中國では峠を「たわ」または「たを」といい /쥬코쿠에서는 고개를 'たわ' 또는 'たを'라고 하며,"라 하고 있다.

(20) 복합 형태
　　가. *たをりごえ, *たおごえ *たわごえ, *とうごこえ 계열
　　나. たうげ, とうげ 계열

(19가)의 'たをり, たわ, とう' 등은 음운 변화의 결과 초래된 형태들로 생각된다. 이 점에서 'こえ'는 'たをり, たわ, とう' 등과는 전혀 다른 계열이다.

(19)의 '*たをりごえ, *たおごえ *たわごえ, *とうごえ'에서 'たをり, たお, たわ, とう' 등은 鞍部를 뜻한다. 그리고 'ごえ'는 'こえ'로 '넘이'의 뜻이다. 따라서 '*たをりごえ, *たおごえ *たわごえ, *とうごえ' 등은 '鞍部 넘이' 정도의 의미를 가질 것이다. 일본 국자 峠의 의미를 고려해 볼 때, '*たをりごえ, *たおごえ *たわごえ, *とうごえ' 등의 형태는 일본어에 존재했었던 것으로 추정할 수 있다.

이상과 같은 논의에 근거하면 (19나)의 'とうげ'는 '*とうごえ'의 축약형일 가능성이 있다.

3.1.2. 韓國 '고개[峴]'의 관련 어휘

한국에서 '고개'를 뜻하는 말로 한자어 계통의 '峴, 嶺' 등이 있고 고유어 계통으로 '넘이, 재, 고개' 등이 있다.[19] '넘이'는 제유(metonym)의 방식으로 '고개'를 의미할 수 있다.

---

19 서울 근교인 蟹蹬峴은 임진왜란 전투 장소이다. 蟹蹬峴은 문헌 자료에 '蟹蹬峙〈孤臺日錄〉, 蟹蹬岾〈연산군일기〉, 蟹蹬嶺〈선조실록〉, 蟹蹬峴〈대동지지〉' 등으로 표기된다. 따라서 岾도 '고개'의 의미임은 확실하다. 다만 한자의 의미로 '고개'를 표현한 것인지 아니면 '고개'를 나타내는 한국 고유어를 음차 표기한 것인지를 판단하기가 어렵다. 따라서 이 글에서는 '고개'를 뜻하는 岾는 제외하고 논의를 진행하도록 한다.

'고개'를 뜻하는 한국 고유어인 '餘伊/넘이'의 사용 예는 다음과 같다.

(21) 가. 봉화가 4곳이니, 所良伊가 縣의 남쪽에 있고, 【남쪽으로 경기 安峽 水餘伊에 응하고, 북쪽으로 檜彌施에 응한다.】〈世宗實錄 地理志 淮陽 都護府 伊川縣〉
나. 이달 14일 밝기 전 떠나서 강 아래에서 1息 7리쯤 되는 車餘伊의 진칠 곳에 달려가 보니〈中宗實錄 1523년(중종 18) 12월 20일〉
다. 봉화가 3곳이니, 金蘭이 군의 동쪽에 있고, 【서쪽으로 淮陽 임내 和川의 軍餘伊에, 북쪽으로 歙谷의 致空에, 남쪽으로 임도의 荳白에 응한다.】〈世宗實錄地理志 江原道 通川郡〉
라. 居利鄕 居寧縣의 동남쪽, 지금은 城餘伊라고 부른다.〈新增東國輿地勝覽 全羅道 南原都護府 古蹟〉

(21)에 나오는 餘伊는 '넘다'의 명사형인 '넘이'의 차자 표기이다. (21가)의 水餘伊는 '물넘이', (21나)의 車餘伊는 '수레넘이', (21다)의 軍餘伊는 '군넘이', (21라)의 城餘伊는 '잣넘이' 정도의 뜻이다.

'餘伊/넘이' 자체로 '고개'의 의미를 가지고 있으나 '고개'를 의미하는 峴이나 嶺을 덧붙이기도 한다.

(22) 가. 要害處는 車餘伊峴이다.〈世宗實錄地理志 平安道 甑山縣〉
나. 五峴積翠 : 五峴은 車峴·板峴·馬峴·火峴·狄餘峴이다.〈新增東國輿地勝覽 忠淸道 公州牧〉
다. 閭延과 江界로 양곡을 운반하려면 반드시 狄餘嶺을 넘어야 하는데,〈世宗實錄 1453년(세종 17) 3월 2일〉

(22나)의 狄餘峴과 (22다)의 狄餘嶺에서는 '餘伊/넘이'의 '伊/이'가

생략 표기되었다. 峴이나 嶺이 추기되어 지명의 발음 음절을 간소화하기 위한 것으로 판단된다.

'餘伊/넘이'는 훈차 표기 踰로도 표기된다.

(23) 가. 태조가 斥候를 보내어 車踰嶺에 이르니〈太祖實錄 1권, 총서 7월〉
    나. 車踰峴을 넘어 射場에 이르니,〈成宗實錄 1479년(성종 10) 10월 6일〉

음차 표기 '餘伊/넘이' 또는 훈차 표기 踰는 峴이나 嶺과 중복되어 餘伊/넘이' 또는 踰이 지명 표기에서 소거된다.

(24) 가. 임진년에 신이 車嶺에 있을 때〈宣祖實錄 1597년(선조 30) 1월 27일〉
    나. 이 길이 車峴을 지나 호송하던 군사를 보내고〈宣祖修正實錄 1589년(선조 22년) 10월 1일〉

'고개'를 뜻하는 한국 고유어인 '고개, 古介/고개'의 사용 예 중에서 가장 이른 시기의 것을 제시하면 다음과 같다. '고개'를 뜻하는 '岾/재'의 경우에는 뒤에서 논의하기로 한다.

(25) 가. 沙峴 몰애오개〈龍飛御天歌 9: 49〉
    나. 이것으로 측량하면, 敦化門부터 서쪽으로 迎曙驛까지가 18리 1백 94보이고 그 역으로부터 礪石古介까지가 11리 1백 66보여서[20]〈太宗實錄 1415년(태종 15) 12월 14일〉

---

20 『太宗實錄』, 1415년(태종 15) 12월 14일, "以此打量, 自敦化門西至迎曙驛, 十八里一百九十四步; 自其驛至礪石古介, 十一里一百六十六步"

(25가) '오개'는 'ㄹ' 아래에서 'ㄱ'이 탈락한 것이다. (25가)의 '몰애오개'는 '고개'의 어형이 15세기에도 '고개'였음을 확인해 준다.

(25나)에 제시된 礪石古介의 古介는 '고개'에 대한 음차 표기이다. (25가)의 '몰애오개'에서 보는 것처럼 '고개'는 15세기에도 '고개'의 형태였고 오늘날까지도 한국의 지명에 지속해서 사용되고 있다.

한편 한국의 경우 '고개'와 '넘다'가 다음과 같이 복합 형태로 사용된다.

(26) 가. 車踰峴을 넘어 射場에 이르니,〈成宗實錄 1479년(성종 10) 10월 6일〉
 나. 上曰, 鞍峴在沙峴南乎北乎? 梓曰, 沙峴是鞍峴餘麓也〈承政院日記 1754년(영조 30) 8월 12일〉

(26가)의 車踰峴은 '넘다(踰)+고개(峴)'의 복합 형태이고 (26나)의 鞍峴餘은 '고개(峴)+넘다(餘)'의 복합 형태이다. 다만 車踰峴은 전체가 지명이나 鞍峴餘은 '鞍峴 넘어' 정도의 구 표현이다.

3.1.3. 日本 'とうげ[峠]'와 韓國 '고개[峴]'의 관련 어휘의 조어법상 유사성

2장에서 日本 'とうげ[峠]'와 韓國 '고개[峴]'의 기본 의미와 비유 의미는 매우 유사하다는 사실을 밝힌 바 있다. 이러한 사실에 근거하면 日本 'とうげ[峠]'와 韓國 '고개[峴]'의 관련 어휘도 조어법 상 유사성을 가졌을 것으로 추정된다.

(27) 日本 'とうげ[峠]'와 韓國 '고개[峴]'의 관련 어휘의 조어법상 유사성

유형	일본어	한국어
단일 형태	たをり, たわ, とう 계열	고개
	こえ 계열	넘이
복합 형태	*たをりごえ, *たおごえ, *たわごえ, *とうごえ 계열	踰峴, 峴餘
	たうげ, とうげ 계열	

3.2. 일본의 峠와 한국 '고개'의 어원

3.2.1. 일본 '峠/とうげ'의 어원설

『日本國語大辭典』의 'とうげ[峠]' 항목에서 'とうげ[峠]'의 어원설을 다음과 같이 소개하고 있다.

(28) 가. (1) 신에게 공물을 바치는 장소를 뜻하는 タムケ가 변한 것[21][志不可起·万葉代匠記·夏山雜談·万葉考·類聚名物考·古事記傳·嬉遊笑覽·名言通·俗語考·和訓栞·讀史百話=喜田貞吉。 大言海]
나. (2) '높은 산 넘이'의 뜻[22] [日本語原學=林甕臣]
다. (3) タケ(嶽)의 뜻[23] [語麓·大言海]
라. (4) タワク(撓)가 변한 것[24] [俚言集覽]
마. (5) タ는 '높다', ウケ는 '뚫다'의 뜻. 높은 산을 뚫어서 통행하는 길이기 때문에[25] [東雅]

(28가)에 제시된『志不可起』는 1727년의 자료이고『類聚名物考』는

---

21 神に手向けをした場所であるところから、タムケ(手向)の轉
22 タカヤマゴエ(高山越)の義
23 タケ(嶽)の延
24 タワク(撓)の轉か
25 タは高、ウケは穿の義。高山を穿ち過ぎる道であるところから

江戶 시대 中期의 百科事典이라고 한다. (28가)에 제시된 내용을 근거할 때, 오래전부터 일본에서는 'とうげ[峠]'가 신에게 공물을 바치는 장소를 뜻하는 'たむけ'에서 기원했다는 주장이 영향력을 가진 것으로 판단된다. 『日本國語大辭典』도 'たむけ' 어원설을 지지하고 있다.[26] 山形縣 東田川郡 羽黒町에 있는 手向村의 읽기 표기를 『日本歷史地名大系』에서 'とうげむら'로 제시한 것으로 'とうげ[峠]'의 'たむけ' 어원설이 힘을 받을 수 있다.

그러나 'とうげ[峠]'의 어원을 'たむけ'로 파악할 때, 일본 國字인 峠의 구성 방식을 이해하기 어렵다. 峠는 회의자로 '산을 오르고 내리는 것' 정도의 의미를 표현한 글자이기 때문이다. '신에게 바치는 공물'을 뜻하는 'たむけ'로는 峠가 의미를 결합한 방식을 설명해 내기가 어렵다. 柳田國男(1939: 37)도 "たうげ는 たむけ에서 온 단어라는 것은 통설이지만 의심할 여지가 있다[27]"고 하였다.

(28다)는 'とうげ[峠]'가 嶽을 뜻하는 'タケ'에서 온 것으로 설명하고 있다. 그러나 이러한 설명은 'とうげ[峠]'의 'げ'를 설명하지 못하고 있다.

(28라)는 'とうげ[峠]'가 撓를 뜻하는 'タワク'에서 온 것으로 설명하고 있다. 그런데 'タワク'는 '희롱하다'의 뜻인 'たわける'의 문어형인 점에서 (28라)의 견해는 문제가 있다.

(28마)는 'とうげ[峠]'가 '높다'의 뜻인 'タ'와 '뚫다'의 뜻인 'ウケ'가 결합된 것으로 설명하고 있다. 그러나 '높다'의 뜻인 'タ'와 '뚫다'의 뜻인 'ウケ'는 확인되지 않는다.

---

26 『日本國語大辭典』, とうげ, "たうげ【峠】[名](「たむけ(手向)―の変化したもの。通行者がここで道祖神に手向をしてつつり、旅路の平安を祈ったところからいう。「峠」は國字)"

27 「たうげ」もまた「たわ」から來た語であるかも知れぬのである。

(28나)는 'とうげ[峠]'가 '*とうごえ'에서 온 것으로 파악한 것이다. 즉 'ごえ>げ'의 변화를 전제한 것이다. '*とうごえ'는 문증이 되지 않지만, 의미만으로 보면 とうげ[峠]는 '*とうごえ' 정도에서 결과된 어형일 가능성이 크다.

3.2.2. 한국 '고개'의 어원

'고개' 관련 한국 고유어에는 '넘이, 고개, 재' 등이 있다.

'고개'를 뜻하는 한국어 '넘이'는 고개를 뜻하는 일본어 'こえ'와 유사한 성격을 가졌다. '넘이'와 'こえ'가 '넘다'라는 동사의 명사형이라는 점에서 유사한 성격을 가졌다.

'고개'의 어원에 대해 다음과 같은 견해가 있었다.[28]

(29) 가. '목'(頭)의 卑語 '목아지'의 前次語인 '목앗'에서 轉義된 '목앞'의 변음. 즉 高地를 넘는 길목인 '고개'는 그 지형이 마치 '모가지'와 같이 잘록하게 된 까닭에 '목앞, 모갗'이라 일컫던 것. 〈이탁, 1967 :62-3〉

나. 고개는 '고'와 '개'의 합성어로 여겨진다. (중략) (고)는 곧(處), 고장(里)의 어근 '곧, 곷(곧)'과 동원어가 되고 토지류의 원의를 지닌다. (중략) 고개의 '개'는 '가이'가 준 말이고, 갇>갈>갈이>가이>개의 변화로서 '골'과 동원어가 된다. 〈서정범, 2000: 47〉

다. 고개, (전략) 비탈진 고개와 목[頸]의 뒤쪽인 고개는 동음이의 어이면서 동근어이다. '고개'의 어근 '곡'은 굴곡 개념어 kop(곱)-~kup(굽)-[曲]에서 '곡'으로 변한 꼴이다. 〈백문식, 2014: 46〉

---

28 이외의 다른 어원사전에서는 '고개'에 대한 어원을 제시하지 않고 있다.

(29가)의 견해는 '목의 뒷부분'을 뜻하는 '고개'와 지형의 '고개'가 같은 뜻임을 설명하였지만 '고개'의 어원을 직접 설명한 것은 아니다.

(29나)에서 '고개'를 '고+개'의 합성어로 본 견해는 제시한 근거를 이해하기가 어렵다. '고'와 '곧(處)'이 동일한 어원임을 말하기 위해서는 '고'와 '곧'의 형태상 차이점이 해명되어야 하며, '갇'과 '골'을 동일시한 것도 매우 비약적이다.

(29다)에서는 '고개'의 '곡'이 '곱(曲)-'에서 온 것으로 설명하고 있다. 수평적으로 산이 휘어진 곳을 '구비'라 한 것을 볼 때 일견 타당한 견해처럼 보인다. 그러나 이 견해에는 몇 가지 문제점이 보인다. '고개'를 '곡〈곱(曲)+-애'의 구성으로 파악할 때, '곱〉곡'의 변화에 대한 근거를 제시하지 않았고, 또 '-애'에 대해서는 설명이 없다는 점이다. 수평적으로 산이 휘어진 곳을 뜻하는 '구비'가 수직적으로 휘어진 '고개'까지 설명할 수 있을지는 의문점이 있다.

'고개'를 뜻하는 일본어 'たわ'의 의미를 고려하여 한국어 '고개'의 어원을 전개해 볼 수 있다. 『岩波古語辭典』에서 'たわ'의 의미를 '山の鞍部'라 풀이하면서 '山の鞍部'를 '산의 능선에서 낮게 휘어진 곳'으로 구체적으로 설명하고 있다.[29]

'산의 능선에서 낮게 휘어진 곳'의 의미에서 '산의 능선'과 '낮게 휘어진 곳'의 두 의미소를 추출할 수 있다. '산의 능선'은 평지보다 가장 높은 장소가 되고 이러한 장소 중에서도 '낮게 휘어진 곳'이 '山の鞍部'임을 말한 것이다. 이러한 관점에서 '고개'는 '곡+애' 정도의 구성에서

---

29 『岩波古語辭典』, たわ, "《タワミ(撓)・タワワのタワ。タヲリと同根》①山の稜線で低くたわんだ所。 山の鞍部。「山の一より御船を引き越して」〈記垂仁〉②加えられた力をはねかえす力を秘めながら、押されてしなやかに曲がるさま。「時わかず降れる雪かと見るまでに垣根も--に咲ける卯の花」〈後撰 53〉"

온 것으로 파악할 수 있다.

李聖柱(1938: 292-293)는 上을 의미하는 '꼭'을 제시하고 이 말이 포함된 어휘로 '꼭지, 꼭뒤, 꼭대기' 등을 제시하였다. 『痘瘡經驗方』 上:34에 '곡지 떠러디둣/帶落'에서 보는 바와 같이 『痘瘡經驗方』의 시기인 17세기에 '꼭지'는 경음화 되지 않고 '곡지'였다. 따라서 '꼭뒤, 꼭대기' 등도 17세기에는 '곡뒤, 곡대기'의 어형이었을 것이다.

15세기 어에서 腸을 의미하는 '애'는 성조가 상성이다. 그런데 『훈몽자회』 中:9의 窩 자에 대한 주석으로 '애막(LH)曰窩鋪'이 나온다. '애막'은 '움집'의 뜻이고 '막'이 '집'의 뜻이므로 '애막'의 '애'는 '속' 정도의 의미를 가진다. '애깎이[30]'란 말에서도 '애'는 '속'을 의미한다. 한편 '사각형으로 짠 뼈대의 변형(變形)을 막기 위하여 대각선 방향으로 빗댄, 쇠나 나무로 만든 막대'를 가리키는 '가새[31]'에서도 '속'을 뜻하는 '애'를 찾을 수 있다. 이 '가새'는 15세기에는 '*ᄀᆞ새, *ᄀᆞᆽ애' 정도의 형태일 것으로 추정되며 'ᄀᆞᆽ'은 邊의 뜻이다. 결국 '가새'는 '邊'의 '속'을 의미한 것으로, 이는 '직각삼각형의 내심(內心)은 빗변의 중점에 있다'는 사실을 표현한 것으로 이해된다.

따라서 '곡+애' 정도의 구성으로 이해되는 '고개'는 '산꼭대기의 속' 정도의 의미를 가진 것으로 이해된다. '산꼭대기의 속' 이란 산지에서 가장 낮은 곳을 의미한 것으로 생각된다. 즉 '山의 鞍部'의 의미와 동일한 의미 표현인 것으로 생각된다. 산을 오르내릴 때 산에서 가장 낮은 곳을 주로 택하기 때문이다.

---

30 『표준국어대사전』, 애-깎이, "『미술』 속을 우묵하게 파내는 데 쓰는 조각칼."
31 『표준국어대사전』, 가새, "『건설』 사각형으로 짠 뼈대의 변형(變形)을 막기 위하여 대각선 방향으로 빗댄, 쇠나 나무로 만든 막대."

3.3. 일본 국자 峠와 한국 고유한자 岾의 조자법

3.3.1. 일본 국자 峠의 조자법

동경대 사료편찬소의 平安遺文 검색시스템(https://wwwap.hi.u-tokyo.ac.jp/ships/w09/search)에서 일본 국자 峠의 사용 예를 다음과 같이 제시하고 있다.

> (30) 北增友名領〉一所 壹段〈字石峠 河北 御配分畠〉一所 壹段〈高野山 宝壽院文書, 養和1年(1182) 9月〉

(30)에서 말한 宝壽院은 日本 愛知縣 津島市에 있는 眞言宗 智山派의 佛寺라고 한다.

大原 望(2014)의 峠 조에서는 『和爾雅』에서 峠의 조자법을 '山, 上, 下'의 會意字'로 설명하고 있다고 한다.[32] 곧 峠는 '산의 오르고 내리는 곳' 정도의 의미를 가진 일본 國字라 하겠다.

3.3.2. 한국 고유한자 岾의 조자법

한국 고유한자 岾이 이른 시기에 사용된 사례는 다음과 같다.

> (31) 天福 8년 癸酉[태조 즉위 26년이다] 정월 모일에 청도군 경계 마을의 審使 順英과 大乃末 水文 등의 柱貼 公文에 雲門山 禪院 長生은 남쪽은 阿尼岾, 동쪽은 嘉西峴)이라고 했고[33] 〈三國遺事 寶壤梨木〉

---

32 大原 望(2014), 峠, "○和爾雅 和漢名數 音訓國字格 (中略) 從山從上下。皇國會意之字" とある."

33 『三國遺事』, 寶壤梨木, "載天福八年癸酉(太祖卽位第二十六年也)正月日, 清道郡界里審使順英・大乃末水文等柱貼公文: 雲門山禪院長生, 南阿尼岾, 東嘉西峴 云云"

(31)의 岾은 '재'를 의미하는 한국 고유한자이다. '재'는 '고개'와 의미가 같다. (31)에서 말한 '天福 8년'은 943년이다. 이 당시의 실제 문서인 柱貼 公文에 岾이 사용된 사실을 알 수 있다. '재'를 뜻하는 岾은 오늘날까지도 한국의 지명에 지속적으로 사용되어 왔다.

기존의 한국 고유한자에 대한 연구에서 한국 고유한지 岾의 조자법을 밝혀내지 못하였다. 이 글에서 岾의 조자법을 논의하도록 한다.

『萬機要覽』의 財用編 2, 漕轉, 漕倉 조에는 占潮詩가 소개되어 있다. 占潮詩에서 占은 '조수의 진퇴를 헤아리다'의 뜻을 가진다. 瞻星臺도 신라 시대, 별을 관찰하던 대(臺)이다. 『三國遺事』 1, 紀異, 奈勿王金堤上 조에는 占星臺로 기록되어 있다. 占星臺의 占 역시 '헤아리다'의 뜻을 가진다.

최영준(1990: 322)에서 '고갯길'에 있는 '돌무지'에 대해 다음과 같이 언급하고 있다.

> (32) 평지에 많이 분포했던 토후에 비길 수 있는 積石은 영로상에서 독특한 경관을 이루고 있는 도로표지의 하나이다. 적석 또는 돌무지는 대개 고갯길의 정상부나 또는 마을 입구의 갈림길에 분포하였다. 돌무지는 여행자들이 산등성이 밑에서 들고 올라와서 고갯마루에 쌓아 놓은 것인데 그 옆에는 대개 느티나무 또는 소나무 고목이 서있으며 나무가지마다 여러 가지 색깔의 헝겊이 매여 잇(있)다. 때로는 적석의 옆에 작은 堂이 있고 그 안에 山神祭壇이나 미륵불이 모셔져 있다.

(32)에 제시된 '고갯길'의 풍습을 고려해 볼 때, 岾은 '산마루에서 재보다(헤아리다)'의 의미를 담은 會意字로 생각된다.[34] 岾의 훈이 '재'인 것은 동사 '재다'에서 파생되었기 때문이다. 15세기어에서 '재다'의 형

태는 '자히다/尺'이다. 15세기어에서 '고개'를 뜻하는 '재'는 '재' 형태를 가졌다. 이것은 동사에서는 축약 현상이 발생하지 않았으나 명사에서 축약 현상이 발생한 결과이다.

4. 결언

이 글은 日本 'とうげ[峠]'와 韓國 '고개[峴]'의 어휘 의미와 관련 어휘를 대조한 결과에 기반하여 '고개'의 어원과 한국 고유한자 岾의 造字法에 대하여 논의하였다.

'기본 의미, 절정의 비유 의미, 고비/위기를 넘기다, 이별의 비유 의미, 일본의 七峠/七坂와 한국의 열두 고개' 등 다섯 가지 측면에서 日本 'とうげ[峠]'와 韓國 '고개[峴]'의 어휘 의미를 대조하였다.

대조의 첫 번째 측면에서 日本 'とうげ[峠]'와 韓國 '고개[峴]'의 기본 의미는 '산의 비탈길을 오르는 가장 높은 곳'으로 일본과 한국의 두 어휘 간에 차이가 없었다.

대조의 두 번째 측면에서 일본 峠와 한국 '고개' 모두 비유 의미로 '절정'의 의미를 가진 것은 동일하였다.

대조의 세 번째 측면에서 일본의 '峠を越す/峠を越える'와 한국의 '고개를 넘다'는 모두 동일하게 '고비/위기를 넘기다'의 비유 의미를 가지고 있음을 확인하였다. 다만 미국 오락프로그램인 'twenty questions'

---

34 어떤 심사자는 '고갯길'에 위치한 돌무지에 근거하여 '岾'의 구성소인 占의 의미를 '점치다'로 파악할 것을 제안하였다. '점치다'는 '재다'의 의미를 표현할 수 없으나 '재다'는 '점치다'의 의미를 문맥상 표현할 수 있는 것으로 판단하여 岾의 구성소인 占의 의미를 '재다(〈자히다)'로 이해하였다.

을 일본에서는 二十の扉로 번역하였으나 한국에서는 '스무고개'로 번역한 결과에 기반하여 日本 'とうげ[峠]'와 韓國 '고개[峴]'의 사용상 차이점이 있음을 밝혔다.

대조의 네 번째 측면에서 일본의 '峠を越す/峠を越える'와 한국의 '고개를 넘다'는 각각 일본 엔카(演歌)의 가사와 한국 트로트의 가사에서 비유 의미로 '이별'을 가진 것도 동일하였다. 다만 '가족과의 사별'과 '결혼으로 인한 가족과의 이별'이 일본의 엔카 가사에서는 나타나나 한국의 트로트 가사에서는 '가족 간의 생이별'이 나타나는 사실을 확인하였다.

대조의 다섯 번째 측면에서 '정상 정복'의 의미가 일본 엔카의 가사에서는 '七峠/七坂'으로 나타나나 한국의 트로트 가사에서는 '열두 고개'로 나타나는 사실을 확인하였다. 일본의 七은 불교의 영향에서 비롯된 것으로 파악하였고 한국의 十二는 十二支 사상에서 비롯된 것으로 파악하였다.

일본 '峠/とうげ'와 韓國 '고개[峴]'의 관련 어휘, 일본의 峠와 한국 '고개'의 어원, 일본 국자 峠와 한국 고유한자 岾의 조자법을 대조하였다.

관련 어휘의 측면에서 일본 '峠/とうげ와' 韓國 '고개[峴]'를 대조하였다.

일본 '峠/とうげ' 관련 어휘로 'たをり, たわ, とう' 등의 계열과 'こえ' 계열을 확인하였으며 복합 형태로 '*たをりごえ, *たおごえ *たわごえ, *とうごこえ' 등의 계열을 추정하여 'たうげ, とうげ 계열을 복합 형태로 파악하고 'たうげ,とうげ 계열은 '*たをりごえ, *たおごえ *たわごえ, *とうごこえ' 계열의 축약 형태로 파악하였다. 또 일본 고유어 'とうげ'를 나타내는 일본 국자 峠에 대해서도 논의하였다.

韓國 '고개[峴]' 관련 어휘로 '고개, 넘이, 재' 등이 논의됐음을 소개하

였고, 또 사용례는 흔치 않지만, 복합 형태인 '踰峴, 峴餘' 등에 대해 언급하였으며, '재'를 의미하는 한국 고유한자로 岾에 대해 논의하였다.

이상과 같은 관련 어휘의 논의를 기반하여 일본의 'たをり, たわ, とう' 등의 계열은 조어법상 한국의 '고개'에 대응되며, 일본의 'こえ' 계열은 조어법상 한국의 '넘이'에 대응되며 복합 형태인 일본의 'たうげ, とうげ' 계열은 한국의 '踰峴, 峴餘' 등에 대응될 수 있음을 언급하였다.

일본의 'たをり, たわ, とう' 등이 '휘어짐'의 뜻으로 산의 鞍部를 가리키는 것에 근거하여 '고개'를 '곡+애'의 합성으로 분해하여 '곡'은 '꼭대기'의 뜻으로 파악하고 '애'는 '속'의 뜻으로 파악하여 한국의 '고개'는 '(산) 꼭대기의 속' 정도의 의미를 가지는 것임을 밝혔다.

한편 한국 고유한자 岾에서 占을 '점치다'가 아니라 '재다'의 의미로 파악하여 한국 고유한자 岾을 山과 '占/재다'의 뜻을 모아 만든 會意字로 파악하였다. 岾의 구성소 占을 '재다'의 의미로 파악한 근거로 우리나라 고갯길이나 마을 입구에 흔히 있었던 '돌무지'를 제안하였다.

이건식 교수의 '지명 연구' 엿보기

단국대학교 명예교수 강재철

1. 정년을 축하하며

무정한 게 세월이라, 나와 대학 동문으로서 같은 대학 한 학과에 재직했던 이 교수가 65세 정년을 맞아 정든 교정을 떠난다.

인간은 의례적 동물이다. 고비마다 의례 없이는 한 치도 앞으로 나아갈 수 없겠기에 정년에 즈음하여, 그간에 발표했던 수많은 논문 중, 지명 관계 논문만을 단행본으로 엮어 학계에 내놓게 되었다.

이 교수의 정년과 귀한 노작(勞作)의 간행을 축하하면서 본서의 내용을 간략히 소개한 뒤, 고전 전공자가 옆에서 지켜본 이 교수의 지명학 연구 성향과 역량을 대롱으로 하늘을 보듯 간단히 엿보고자 한다.

이 교수와 나는 띠동갑 내기로서 같은 스승 밑에서 동문수학한 선후배 사이이다. 하지만 세부 전공 분야가 달라, 나의 정년 후 수년간에 걸친 향토지명 연구 결과는 국어학 전공자인 이 교수의 덕분에 이루어졌다. 지명연구에 관한 한, 이 교수는 항상 나의 롤-모델이었다.

2. 『한국 지명의 체계적 연구』의 체제 및 내용

본서는 천여 쪽 분량의 대작으로 6부로 구성되었다. 1부는 삼한 시대, 2부는 삼국·통일신라 시대, 3부는 고려 시대, 4부는 조선 시대, 5부는 개화기 시대, 6부는 지명의 어원을 다루고 있다.

삼한 시대부터 개화기 시대에 이르는 한국의 전 역사에 걸친 지명을 일관성 있게 다루고 있다는 점이 본서의 큰 특징이라 할 수 있다. 이렇듯 전사(全史)에 걸친 지명연구는 한국 지명학 연구 역사 이래 초유의 일로서 이 교수의 역량을 한 눈에 가늠해 볼 수 있다.

이 교수의 논문들은 항상 양질의 데이터가 수없이 동원되고 확고한 논리로 탁월하게 고증된다. 한마디로 한국 지명 연구의 전범으로 평가 받을 만하다.

3. 한국 지명 연구의 대전제

이 교수는 평소 논문에서나 나와의 대화를 통해서, 지명연구를 할 때는 '통시적 · 공시적인 많은 예시와 예증이 필요함'을 강조한다. 여기에는 다음과 같은 한국 지명 연구의 대전제가 깔려 있기 때문이다.

지명이란 땅이 인간과 관계 맺어질 때 비로소 생성된다. 인간의 역사는 지경확장(地境擴張)의 역사다. 이때 확대된 공간과 장소에는 반드시 명칭이 부여되기 마련이다. 『서경』〈위공안국전〉에 "우임금이 홍수를 다스리고 이름이 없는 산천에 '명칭과 명분'을 정했다(禹治洪水, 山川無名者主名之)"가 그것이다. 명분은 명칭이 확정된 데 따라 반드시 지켜야 할 직분을 말하는 것으로서, 치산치수와 주명산천(主名山川)은 임금의 나라 다스리는 근본이었다.

예로부터 오늘날까지 공간과 장소에 이름을 붙일 때는 '여러 요인'이 작용하기 마련이다. 이 세상 만물은 각기 그 고유의 '본성'을 지니고 있다. 지명의 대상인 공간과 장소도 만물에 해당하기 때문에, 지명도 서로 상대적이거나 절대적인 대상의 본성에 따라 이름이 붙여진다.

즉, 모든 지명은 저마다의 작명 근거에 해당하는 '까닭(因)'이 있어 지어진다.

여기서 말하는 '까닭(因)'은 여러 가지로 달리 표현된다. '인유[因由/까닭/유래], 원인(原因), 유래(由來), 소이(所以), 소이연[所以然/그리된 까닭] 등이 그것이다(주지하다시피 한국 지명 학계에서는 '유래'라는 용어를 널리 사용해 오고 있음).

결국, 지명연구란 지명이 생기게 된 땅의 모양, 땅의 상태, 겪어온 역사 등 '그리된 까닭(因)'을 밝히는 작업이다. 그런데 지명은 땅의 모양이나 상태의 모습을 보고 짓는 경우가 대부분이다. 속담에 '꼴보고 이름짓는다'라는 말은 지명학에도 해당한다.

선인들은 위와 같은 지명의 전통적인 속성들을, '명전자성(名詮自性)', '인이명지(因以名之)[인이위명(因以爲名)]', '명시기모(名視其貌)'라 하였다. 설명하면 다음과 같다.

○ 명전자성(名詮自性)

불가의 유식론 용어 중의 하나. 여기서 '자성(自性)'은 '자상(自相)'이나 '체상(體相)'과 비슷하거나 관계가 있는 말로서 '본성'과 유사한 말이다. 해석하면 '명칭은 그 사물의 본성을 표현한다는 말'이다. 즉 '명칭은 그 사물의 본성을 말해 주는 언표(言表)'라는 말이다. 본성은 상대적이며 차별이 있는 현상과 절대적이며 평등한 본체, 천차만별의 제법(諸法)과 유일법성(唯一法性)의 본체를 말한다. 여기서 '전(詮)'은 사리를 설명한 말.

○ 인이명지(因以名之)/인이위명(因以爲名)

옛 문헌에 흔히 나오는 성구(成句)의 하나. '인(因)'은 '일이 생기게 된 원인이나 조건', 즉 원인=까닭=이유=인유(因由=까닭=유래)의 뜻이다. 따라서 '인이명지[인이위명]'는 '원인에 의하여/원인으로 말미암아 이름 짓는다[이름 붙인다]'라는 뜻이다.

○ 명시기모(名視其貌)

'꼴보고 이름 짓는다'라는 뜻이다.『이담속찬』에 나오는 속담이지만 지명학의 측면에서 보면 불가의 '체상(體相)'이나 '자상(自相)'과 비슷 말로 풀이될 수 있다. '체상'은 본질의 체. 본질에 의하여 밖으로 나타나는 모양을 상. 체는 하나이고, 상은 하나가 아니며, 체는 절대적이고, 상은 상대적이며, 체는 무한이고, 상은 유한이다. '자상'은 '공상(共相)'의 대로, 일체법에서 다른 법과 공통하지 않고, 그 자체만이 가지는 체상이다.

이 교수는 항상 이상과 같은 '지명이 생긴 까닭(因)'을 귀납적/체계적/과학적으로 깊이 천착한다.

4. 이 교수의 한국 지명학 연구지론

1) 이 교수의 '과학적 연구'의 연원

과학적 연구'란 무엇인가? 원래 '과학'이란 체계적인 지식을 말한다. 넓은 뜻으로 쓰면 각종의 학(學)이 되고 좁은 뜻으로 쓰면 일반적으로 말하는 과학이 된다.

이 교수가 표제로 내세운 '체계적 연구'라는 용어는 광의의 과학적 의미로, 귀납적 연구 방법론을 말한다. '체계적 연구'의 인문학상의 사전적 의미는 "통제된 조건에서 수집 및 측정되고 정밀한 방식으로 해석된 데이터를 근거로 관계를 살펴보고 원인과 결과를 알아내려는 연구"이다

그렇기 때문에 이 교수의 학문 연구 성향은 철저한 현장 답사, 방대한 예시, 치밀한 귀납적 논증의 방법으로 귀결된다.

그의 귀납적 연구방법론은 멀리 프란시스 베이컨(1561~1626)의 연구방법론에 맞닿아 있다. 베이컨은 '귀납법의 창시자' 또는 '과학적 방법의 아버지'라고 불리는 학자다. 그의 명예 타이틀에서 알 수 있듯이, 학문에서의 귀납법은 과학적 방법이며 체계적인 방법을 일컫는다. 항상 이 교수는 전국 지명의 보편적 작명 원리 속에서 지명의 참모습을 귀납적으로 탐구한다.

  하지만 이 연구방법론은 충분한 예시를 찾아내어 증거 삼기가 힘들었다는 점이 늘 한계점으로 지적되어왔다. 그러나 2천년대 무렵에 들어서면서 정보처리기술의 급격한 발달에 힘입어 전대에 비해 충분한 예시를 들 수 있게 되었다. 학자들의 '오랜 꿈의 실현'이 점점 현실로 다가온 것이다. 오늘날의 과학적 발전이 아날로그 시대의 귀납적 방법론의 완성도를 높여 줌으로써 지식 종사자들의 일대 변환기를 맞게 된 것이다.

2) '과학적 연구'를 이 교수 연구의 특징으로 이름짓기까지

  그렇다고 하여 누구에게나 가능한 일은 아니다. 이런 시대를 일찍이 선도해온 이 교수에게는 한국 지명의 '그리된 까닭(因)'을 과학적으로 깊이 천착하는데 남다른 면이 있다.

  첫째, 이 교수는 정보처리 기술 능력이 탁월한 학자다. 이 교수는 한국학중앙연구원의 연구원/전문위원 시절인 1999년부터 2007년까지 한국역사정보시스템 구축 사업의 한국학중앙연구원 책임자로 역사 자료의 정보화 사업을 진행하였다.

  둘째, 이 교수는 중세 국어와 고대 국어 실력을 갖춘 기본이 탄탄한 학자다. 지명의 공시적 통시적 연구를 위한 기본 실력이 뛰어나다. 이 교수는 일찍이 구결과 차자를 연구, 『이두사전』(2020), 『한국 고유한자의 구성법 연구』(2021) 등의 저서를 낸 바 있다. 최근에는 미타 정토 신앙의 관점에서 향가 3수에 대한 신해독을 끝내고 금년 8월 구결학회 전국학술대회에서 발표할 예정이다. 여담이지만, '오구라 신페이와 양주동' 이래 선학들이 미처 생각해내지 못한 획기적인 해석으로 자부할 만하다.

셋째, 이 교수는 지명의 참모습을 천착하기 위해 반드시 실증적인 방법을 고수하는 학자다. 문헌 자료를 충실하게 수집하되 현장 답사를 통해 문헌 자료를 심도 있게 이해하는 방식이다. "만권의 독서보다 천리길의 여행이 낫다(讀書萬卷書 不如行千里路)"라는 말이 있다. 사마천이 직접 경험한 바를 토대로 불후의 명저 『사기』를 쓸 수 있었다. 이 교수의 본서에는 『사기』의 이러한 글쓰기 태도가 깔려 있다. 백문이 불여일견이다. 지명은 주로 꼴을 보고 지어졌기 때문에 답사가 더욱 중요하다.

넷째, 무엇보다도 이 교수는 논리에 강한 학자다. 그의 논리는 소크라테스, 플라톤을 닮았다. 일찍이 플라톤의 〈대화편〉을 영문판으로 섭렵한 그의 논리는 난공불락의 뚝심이 있다. 원래 이 교수는 샤프한 두뇌의 소유자다. 명문 우신고등학교 시절 바둑 프로기사의 꿈을 가졌던 것도 이와 무관하지 않으리라~! 이런 바탕 위에 이 교수는 '한국 지명 연구를 통해 21세기 초 귀납법적 연구의 꿈'을 실현한 선두학자가 되었다. '한국 지명의 과학적 연구'라는 기치 아래 지명학계의 힘찬 견인차가 되어 주었다.

이 교수는 우리나라 인문정보학의 토대를 마련하는데 젊은 시절부터 진력해왔고, 2016년에는 구결학회 회장을 역임했는가 하면, 2021년에는 한국지명학회장을 맡아 지명의 올바른 연구를 위해 그 분위기를 선도해왔다. 이어서 2024년부터는 디지털인문지식유산학회 회장직을 맡아 인문지식의 데이터화 등 우리나라 디지털인문학의 체계화를 주도하고 있다. 이 교수는 계획력과 추진력이 뛰어난 학자다. 역량과 소신이 뚜렷한 호학(好學)의 학자다.

5. 나오며

　이처럼 이 교수는 순수 학구파의 한 사람으로서 국어학계에서 인정받는 정통 학자다. 교수는 정년이 있지만 진정한 학자에게는 정년이 없다. 이 교수는 방학은 물론 웬만한 휴일도 몽땅 반납하고 360여일 연구실을 지켜온 학자다. 양질의 논문을 매년 3.5편씩 10 수년간 썼다. 전례에 보기 드문 일이라서 학교 당국에서 시행하는 우수논문 업적상을 탔다. 학문이 좋아서 학문한 진정한 학자다.

　앞으로 학계의 발전을 위하여 이런 자세로 10년간만 치열하게 살아주시길 빈다. 그 후에는 어떠한 의무도 없이 자유롭게 살기 위해 남은 힘을 안으로 끌어모아 자신만을 위해서 쓰자. 이는 선각자 몽테뉴의 생각이니 그가 요즘 같은 100세 시대에 살았더라면 이렇게 살았을 것이다.

　이 글을 준비하던 중에 낭보 하나가 날아들었다. 이 교수의 영식(令息) 성훈(星勳) 군이 로스쿨을 졸업과 동시에 단번에 금년 변호사 시험 (14회)에 합격했다는 소식이었다. 옛날로 치면 과거시험에 합격한 것이니 전주이씨 덕천군파(德泉君派) 가문의 영예가 아닐 수 없다. 그리고 아내인 황순석(黃淳鈵) 여사도 올해 40여 년간의 교직 생활을 명예롭게 마치고, 62세 교감으로 정년을 맞이한다. 이 교수를 비롯하여 모두 축하받아 마땅한 일이다~!

이건식 교수와 만남, 그 이후

한국학중앙연구원 명예교수 신종원

　인연은 만남으로 시작된다. 오랫동안 가르치던 강원대학교를 떠나 나는 2003년 직장을 한국학중앙연구원으로 옮겼다. 자연히 연구 영역은 서울 포함 경기 지역으로 확장되었다. 지역 연구의 일차 자료는 지리지일 터이며, 그 가운데서도 지명집이 긴요하다. 터전을 옮긴 뒤 그 첫 사업으로 필사본 『조선지지자료 경기 편』을 영인하였다(2008년). 같은 해에 이 자료를 활자로 입력하여 『경기 땅이름의 참모습 - 조선지지자료 경기도 편』을 출간했다. 이렇게 기본 자료가 축적되자 첫 번째 연구서로서 『필사본 조선지지자료 경기도 편 연구』(2010)를 출간하였다. 나를 포함하여 여섯 연구자가 참여하였는데, 평소 알고 지내던 이건식 연구원(당시)에게 국어학 관점에서 위 책을 검토해달라고 배당하였다. 이것이 이 교수와 협업한 첫 번째 '지명 연구서'다. 그는 『조선지지자료』에 수록된 광주군의 한자 지명 표기를 분석하였다. 이듬해 두 번째로 이루어진 공동연구는 『경기도 역사지명 사전』(2011)으로서 당시 이 교수는 단국대학교로 부임한 뒤였다. 두 연구서가 경기도 관련이어서 그 몽리 기관이라고 할까, 수혜자는 경기문화재단이다. 이 재단에서 비공식적으로 한 말이 있다. "이건식 교수 글은 원전을 확인하지 않고 그대로 인용한다." 그만큼 철저하고 틀림없다는 말이다. 여러 명이 참여한 공동연구를 마치고 굳이 이 교수를 기억하고 칭송하는 까닭은, 그와 같은 직장/캠퍼스에 있어서 수시로 불러 묻거나 상의할 수 있었고, 그가 대학으로 자리를 옮긴 뒤에도 이러한 '개인지도'는 지금까지 받고 있기 때문이다.

2010년대 초반, 나는 한국학중앙연구원 한국학지식정보센터 소장을 맡고 있었다. '센터'의 양대 사업 가운데 하나가 '한국향토문화전자대전'을 편찬하는 일이다. 지금도 계속되고 있는 사업으로서 지역의 역사와 문화 일반을 소개/홍보한다. 인터넷으로는 '디지털00시·군문화대전'이란 이름으로 보급된다. 사업 성격상 지역의 면·리 마을 이름이 먼저 나온다. 지방의 땅이름은 몇 가지 다른-이름[異稱]이 쓰이고 있으며 한자 표기도 다양하다. 국어학 지식이 없는 소장으로서 원고를 검토하는 일은 생소하기 그지없었다. 과외공부라도 할 판에 '구원투수' 이 교수에게 하나씩 물어가면서 해나간 결과 권위와 실력을 갖춘 소장이 되었다. 지금도 기억나는데 추풍령 지역의 마을 이름이 어떤 지도는 '가재마을'이라 쓰고, 어떤 지도에는 '가성마을'이라고 되어 있어, 분명히 하나는 틀린 것이려니 하고 물어보았더니, '성'의 뜻[訓]이 재라고('재 城') 한 수 가르쳐주어 후련하기도 하고, 배우는 기쁨에 들뜨곤 하였다.

이렇게 국어, 더 정확히는 지명과의 인연으로 이 교수를 필두로 한두 동료 연구자들과 함께 부천시와 한강의 옛 나루터를 답사한 세월이 몇 년이나 지속되고 있다. 이런 식으로 나는 배우기에 급급했는데 어느 날 자신의 저서 서문에 나의 이름까지 넣어주어 몸 둘 바를 몰랐다. 그만큼 그는 남에게 진 은공은 잊지 않으며, 겸양의 미덕을 갖추면서, 자신에게는 엄격한 학자다.

곁에서 지켜본 이 교수의 모습은 막걸리를 즐겨 마시는 소탈한 인간형이다. 그러면서 내면으로는 넓고 깊게 한 길만 추구하는 구도자다. 성장 과정을 들어보면 학문하는 모두에게 부러움을 산다. 학부 때부터 정통 국어학의 훈도를 받고 자란 이 방면의 '금수저'이다. 그런데도 거기에 머물지 않고 지명이라든지 여타 국어학의 영역을 개척해 나간다. 인문학에서 자칫 소홀하기 쉬운 전산처리 방면에도 일가를 이루고 있어 가히 '디지털 교수'라 할 만하다. 그렇게 가공한 국어자료를 동료나 후배들이 이용할 수 있으니 얼마나 고마운 일인가!

나는 이 교수의 다음과 같은 평소 지론에 공감/찬동한다. 훈민정음이 창제되었음에도 고유지명은 버려진 채 '억지 한자[音借·訓借]'가 지금도 버젓이 행세하여 우리 땅이름의 참모습이 안개 속으로 사라져간다는 절규 말이다. 기왕에 지명 연구의 일인자이신 이 교수가 이 기이한 현상을 타파하는 데도 앞장서실 것을 의심해 마지않는다.

이 교수를 보면 100살 시대에 정년은 오히려 '시니어 청년'이다. 이 교수 생애의 황금기를 이제부터 기대해본다.

출처일람

1부 _ 삼한 시대의 지명

- 馬韓小國 優休牟涿國 표기와 조선 시대 富平都護府 注火串面 표기의 의미 유사성과 차별성에 대하여

  『구결연구』 49, 구결학회, 2022.

2부 _ 삼국·통일신라 시대의 지명

- 新羅 啄評 解讀

  『구결연구』 50, 구결학회, 2023.

- 論山 皇華山城 出土 瓦銘文에 나타난 지명 표기 '葛那城, 笠乃, 立乃' 등의 국어사적 의의: 漢字 지식 문화의 수용 과정과 관련하여

  『목간과 문자』 31, 한국목간학회, 2023.

- 新羅 地名 表記 柰乙의 해독과 고대국어 '*을[水]'을 보존한 중세어 어휘

  『한말연구』 34, 한말연구학회, 2014.

- 西畿停 관련 借字 表記의 역사와 현존 어형: 音借 表記 豆良彌知停과 訓借 表記 富山城의 동질성을 중심으로

  『新羅史學報』 28, 신라사학회, 2013.

3부 _ 고려 시대의 지명

- 고려 시대 차자 표기 漕運浦口名 末音浦/鹵水浦 해독
  『지명학』 23, 한국지명학회, 2015.

- 중국식 한자 지명 표기의 음가적 표음성과 비상관적 표의성
  : 『고려사』 소재 22역도 체제 역명의 시대별 이표기 자료를 중심으로
  『지명학』 25, 한국지명학회, 2016.

4부 _ 조선 시대의 지명

- 韓國 固有漢字의 發達: 地名의 후부 요소 表記를 중심으로
  『구결연구』 22, 구결학회, 2009.

- 朝鮮 初期 洞里村名의 國語學的 硏究
  『어문연구』 40-4, 한국어문교육연구회, 2012.

- 黃胤錫의 1775년 全國 地理誌 編纂 凡例의 특징 분석
  : 1775년 무렵 弘文館의 전국 지리지 편찬 關例의 復元 시도
  『지명학』 14, 한국지명학회, 2008.

- 조선 시대 富平府의 삼국 시대 표기 계승 면명 표기에 대하여
  『인천학연구』 30, 인천대학교 인천학연구원, 2019.

- 조선 시대 부평부 洞里村名 후부 요소의 특징에 대하여
  『지명학』 29, 한국지명학회 2018.

- 富川 지명의 체계적 신해독: 지명의 지형 특성과 명명의 보편성에 입각하여
  『지명학』 39, 한국지명학회, 2023.

- 정조 대왕 '부천 능행길'의 노정 복원
  『지명학』 39, 한국지명학회, 2023.

5부 _ 개화기의 지명

- 『朝鮮地誌資料』 京畿道 廣州郡 수록 地名 表記의 분석적 연구
  : 漢字 地名 表記의 재해석 현상을 중심으로
  『진단학보』 107, 진단학회, 2009.

- 조선 시대 경기도 楊州牧 행정구역 명칭의 우리말 명칭 표기의 복원
  『지명학』 32, 한국지명학회, 2020.

- 일본 제국주의의 한국 행정구역 통폐합 과정과 그 결과
  『지명학』 35, 한국지명학회, 2021.

- 1917년 함경남도 영흥군 地誌調書 편철 문서에 나타난 面名과 洞里村名 표기에 대한 국어학적 연구
  『지명학』 37, 한국지명학회, 2022.

6부 _ 지명의 어원

- '고개'의 어원과 한국 固有漢字 岾의 造字法에 대하여: 日本 'とうげ[峠]'와 韓國 '고개[岾]'의 어휘 의미와 관련 어휘의 대조를 중심으로
  『지명학』 40, 한국지명학회 2024.

참고문헌

1. 자료와 인터넷 사이트

『稼亭先生文集』(한국고전종합DB, https://db.itkc.or.kr)
『各司謄錄』(한국사데이터베이스, https://db.history.go.kr)
『結束色謄錄』(규장각한국학연구원, 奎12928-v.1-107)
『京畿關草』(규장각한국학연구원, 奎18067)
『京畿廣州府量案』(규장각한국학연구원, 奎17641-v.1~70)
『京畿邑誌(富平府)』(1842, 규장각한국학연구원, 奎12177-v.1-6)
『京畿邑誌(富平府)』(1871, 규장각한국학연구원, 奎12177)
『京山志』(藏書閣, B15B-Bb12)
『慶尙道續纂地理誌』(全國地理志 1, 아세아문화사 영인본)
『慶尙道地理志』(全國地理志 1, 아세아문화사 영인본)
『經世遺表』(한국고전종합DB, http://www.itkc.or.kr)
「慶州斷石山神仙寺磨崖佛像群」(한국사데이터베이스, https://db.history.go.kr)
「慶州月城垓字木簡-151」(한국사데이터베이스, https://db.history.go.kr)
『鷄林類事』(漢陽大學校附設國學硏究院, 1974)
『高麗史』(아세아문화사, 1972)
『고문서』 1(서울대규장각 편, 1998)
『고문서』 22(서울대규장각 편, 2001)
『古文書集成 2』(한국학자료포털, http://kostma.aks.ac.kr)
「果川地圖」(1872년, 규장각한국학연구원, 奎10370)
『關北邑誌』의『永興府邑誌』(1872년, 규장각한국학연구원, 奎10995-v.1-5)
『關北邑誌』의『永興府邑誌』(1894년, 규장각한국학연구원, 奎12179-v.1-7)
「廣開土王陵碑」(한국사데이터베이스, https://db.history.go.kr)
「廣輿圖 부평지도」(1737-1776, 규장각한국학연구원, 古4790-58)

「廣州全圖」(1872, 규장각한국학연구원, 奎10357)
『舊韓國地方行政區域名稱一覽』(朝鮮總督府, 明治四十五年, 태학사 영인본)
『국역 中國正史朝鮮傳』(국사편찬위원회, 1986)
『國字の字典』(飛田良文, 1990, 東京堂出版)
『葵窓遺稿』(한국고전종합DB, http://db.itkc.or.kr)
「竅興寺鐘銘」(한국사데이터베이스, https://db.history.go.kr)
『均役廳事目』(국립중앙도서관, 한고朝31-32)
『(近世)韓國五萬分之一地形圖 上 下(1917, 景仁文化社 1982)
『金剛經三家解』(영남대학교 출판부, 심재완 주해)
『金石文字辨異』(中國哲學書電子化計劃, https://ctext.org/wiki.pl?if=gb&chapter=641563)
「畿甸邑誌 부평지도」(1894-1895, 규장각한국학연구원, 규12182)
『內訓』(대제각, 1985)
『大東地志』(1863, 규장각, 古4790-37-v.1-15)
『대한민국국가지도집 청소년판』(국토지리정보원, 2022, http://nationalatlas.ngii.go.kr/pages/page_2899.php)
『東國文獻備考』(국립중앙도서관, 한고朝31-20)
『東國輿地誌』(한국고전종합DB, https://db.itkc.or.kr)
東方語言學의 웹사이트(http://www.eastling.org)
『동아일보』(네이버, 뉴스라이브러리, https://newslibrary.naver.com/search/searchByDate.naver)
『東雅』(新井白石, 1727, 日本國立國會圖書館)
『東輿圖』(규장각한국학연구원, 奎10340-v.1-23)
「東魏中岳嵩陽寺碑」(하버드대 소장 탁본, https://curiosity.lib.harvard.edu)
『東湖遺稿』(한국고전종합DB, https://db.itkc.or.kr)
『杜詩諺解』 15 (초간본, 홍문각, 1988)
『痘瘡經驗方』(李朝語辭典, 劉昌惇, 1964, 1994, 연세대학교출판부)
『梁書』新羅傳(한국사데이터베이스, https://db.history.go.kr)
『龍飛御天歌』(대제각, 1985)
『龍浦先生文集』(한국고전종합DB, http://db.itkc.or.kr)
『六谷遺稿』(한국고전종합DB, http://db.itkc.or.kr)

『楞嚴經諺解』(대제각, 1985)
「磨雲嶺新羅眞興王巡狩碑」(한국사데이터베이스, https://db.history.go.kr)
『萬機要覽』(한국고전종합DB, https://db.itkc.or.kr)
『매일경제』(네이버, 뉴스라이브러리, https://newslibrary.naver.com/search/searchByDate.naver)
『明谷集』(한국고전종합DB, http://db.itkc.or.kr)
「明活山城碑」(한국사데이터베이스, https://db.history.go.kr)
『蒙牖』(홍윤표 소장본)
『文谷集』(한국고전종합DB, http://db.itkc.or.kr)
『物譜』(대제각)
『飜譯老乞大』(대제각, 1986)
『飜譯小學』(홍문각, 1984)
『富平郡邑誌』(1899, 규장각한국학연구원, 奎10715)
『富平府邑誌』(규장각한국학연구원, 古915.12-B889b)
『北關誌』(1617, 장서각)
『北道陵殿誌』(魏昌祖, 1758, 규장각한국학연구원, 奎1278-v.1-3)
『四万十町地名辭典』(https://www.shimanto-chimei.com)
「史灘內面谷雲大洞立儀」(규장각한국학연구원, 奎27175)
『三綱行實圖』(홍문각, 1990)
『三國史記』(대제각, 1987)
『三國遺事』(한국사데이터베이스, https://db.history.go.kr/joseon)
『三國志』魏書 東夷傳(한국사데이터베이스, https://db.history.go.kr)
『商山誌』(1617, 규장각한국학연구원, 古4790-31-v.1-2)
『上言謄錄』(1864, 규장각한국학연구원, 奎12898)
『釋日本紀』(日本早稻田大學校 소장)
『璿源錄校正廳儀軌』(규장각한국학연구원, 奎14005, 奎14008, 奎14009)
『璿源譜略修正時校正廳儀軌』(장서각기록유산DB, http://visualjoseon.aks.ac.kr)
『宣和奉使高麗圖經』(한국고전종합DB, http://www.itkc.or.kr/MAN/index.jsp)
『成宗實錄』(한국사데이터베이스, http://sillok.history.go.kr/main/main.jsp)
『世宗實錄』(한국사데이터베이스, http://sillok.history.go.kr/main/main.jsp)
『世宗實錄地理志』(한국사데이터베이스, http://db.history.go.kr)

『松都誌』(1648, 규장각한국학연구원, 一蓑古915.12-So58j)
『承政院日記』(한국사데이터베이스, http://db.history.go.kr)
『時代別國語大辭典 室町時代編 1, 2, 3』(室町時代語辭典編修委, 1991, 三省堂)
『新字典』(朝鮮光文會, 1915)
『新傳煮取焰焇方諺解』(藏書閣, 3-310)
『新增東國輿地勝覽』(한국고전종합DB, http://www.itkc.or.kr)
『新增類合』(東洋學叢書 第二輯, 1979, 단국대학교 동양학연구소 영인본)
『新集藏經音義隨函錄』(불교기록문화유산 아카이브, https://kabc.dongguk.edu)
『新版日本國勢地図』(日本國土地理情報院, https://www.gsi.go.jp/atlas/archive/j-atlas-d_2j_02.pdf)
『新編古今事文類聚』(국립중앙도서관 소장본, 古032-114)
『樂學軌範』(대제각, 1985)
『樂學拾零』(홍문각, 1997)
「雁鴨池出土調露二年銘塼」(한국사데이터베이스, https://db.history.go.kr)
『岩波古語辭典 補訂版』(大野晋, 佐竹昭廣, 前田金五郎, 1992, 株式會社岩波書店)
『楊州郡邑誌』(光武 年間, 규장각한국학연구원, http://kyudb.snu.ac.kr)
『楊州牧延礽君房買得田畓打量成冊』(1719, 규장각한국학연구원, 奎18908, http://kyudb.snu.ac.kr)
『陽川郡邑誌』(규장각한국학연구원, 奎10721).
『御營廳謄錄』(藏書閣, 2-3349)
『輿圖備誌』(1856)(한국인문과학원, 1998)
「輿地圖 부평지도」(규장각한국학연구원, 연대미상, 古4709-68-v.1-6)
『輿地圖書』上·下(1765, 한국사데이터베이스, http://db.history.go.kr)
『譯語類解』(대제각, 1986)
『燕山君日記』(한국사데이터베이스, https://db.history.go.kr)
『永嘉誌』(1608, 규장각한국학연구원 奎15562)
「迎日冷水里碑」(한국사데이터베이스, https://db.history.go.kr)
『英祖實錄』(한국사데이터베이스 http://sillok.history.go.kr/main/main.jsp)
「永川菁堤碑」(한국사데이터베이스, https://db.history.go.kr)
「영흥군 행정구역 변경 地方廳公文」(조선총독부 관보 제443호, 1912년 2월 22일)
『永興郡邑誌』(1899, 규장각한국학연구원, 奎10992)

『永興府邑誌』(규장각한국학연구원, 규17528, 연대 미상)
『우리말샘』, 국립국어원, https://opendict.korean.go.kr/main.
「蔚珍鳳坪里新羅碑」(한국사데이터베이스, https://db.history.go.kr)
『圓覺經諺解』(대제각, 1985)
「月城垓子出土瓦銘文」(국립경주문화재연구소)
『月印釋譜 合本 21-23』(弘文閣, 1984)
『月印釋譜』 12(보물 제935호, 삼성박물관 리움 소장)
『月印釋譜』 4(중간본, 개인 소장)
『月印釋譜』 8(대제각, 1985)
『尹義肇準戶口』(1864, 규장각한국학연구원, http://kyudb.snu.ac.kr)
『恩津縣地圖』(1872)(규장각한국학연구원, 奎10424)
『耳溪外集』, 卷十二, 北塞記畧, 孔州風土記(한국고전종합DB, https://db.itkc.or.kr)
『頤齋亂藁』, 한국학중앙연구원, 한국학디지털아카이브, http://yoksa.aks.ac.kr/main.jsp.
『李朝語辭典』(劉昌惇, 연세대학교 출판부, 1994)
「1/25000 성남 지형도」(국토지리정보원, 2008년 인쇄)
『日本國語大辭典』(日本 小學館, 昭和 47年)
『日本歷史地名大系』(https://www.kinokuniya.co.jp/03f/denhan/jkn/rekishi.htm)
「日本妙心寺鐘銘」(698, 早稻田大學校 소장 탁본)
『日本書紀』(日本京都大學図書館 前田本)
『日本書紀』(日本國立國會圖書館 北野本)
『日本書紀』(1610, 早稻田大學校 소장)
『長湍邑誌』(1840, 규장각한국학연구원 奎17367)
『全國地理地』(한국학문헌학연구소, 아세아문화사, 1982)
『全唐文』(https://xuges.com/hj/qtf/0008.htm)
『正祖實錄』(한국사데이터베이스, http://silook.history.go.kt/main/main.jsp)
『朝鮮陸図(1/5万) 22枚 明治27年製』(일본 아시아역사자료센터, https://www.jacar.go.jp/korean/index.html)
『朝鮮語辭典』(1938, 국립중앙도서관, 문세영)
『朝鮮王朝實錄』(한국사데이터베이스, http://silook.history.go.kt/main/main.jsp)

『조선일보』(네이버, 뉴스라이브러리, https://newslibrary.naver.com/search/searchByDate.naver)

『朝鮮地誌資料 경기도편』(국립중앙도서관, 古2703~1~1~7)

『朝鮮地誌資料』(1911, 국립중앙도서관, http://www.nl.go.kr/nl)

『重訂南漢志』(장서각, 2~4309)

『重訂南漢志』(국립중앙도서관, 한古朝62~3)

『지방행정구역명칭일람』(1912, 국립중앙도서관)

『地方行政區域名稱一覽』1-3(국립중앙도서관, 朝25-33-1-3, 朝鮮總督府 編, 明治45[1912]-昭和4[1929])

「地乘 부평지도」(연대미상, 규장각한국학연구원, 奎15423-v.1-6)

『晉陽誌』(1623, 규장각한국학연구원, 古4790-13-v.1-2)

『昌陵位田畓量案』(藏書閣 2-3245)

「1705年 李榮漢 準戶口」(호남권 한국학자료센터, http://hnkostma.org/emuseum/service)

「1720년 慶尙道 英陽鄕校 田畓量案」(영남권역 한국학자료센터, http://yn.ugyo.net/dir/list?uci=KSAC%2BY03%2BKSM-XG.1720.4776-20110630.Y1111306201)

「1754년 禮安鄕校 乾隆甲戌鄕校田畓案」(영남권역 한국학자료센터, http://yn.ugyo.net/dir/list?uci=KSAC%2BY05%2BKSM-XG.1754.4717-20130630.Y1311705005)

「1819년 鄭宗弼 龍泉精舍事蹟統錄」(장서각 한국학자료센터, http://royal.aks.ac.kr/UCI/Contents?Uci=G002+JSK+KSM-XG.1819. 0000-20100615.B013023199)

「1910년 측량 경기도 부평군 상오정면 내리 지적도(1/1,200)」(국가기록원, https://www.archives.go.kr/next/viewMainNew.do)

「1910년 측량 경기도 부평군 상오정면 약대리 지적도(1/1,200)」(국가기록원, https://www.archives.go.kr/next/viewMainNew.do)

「1910년 측량 경기도 부평군 상오정면 오정리 지적도(1/1,200)」(국가기록원, https://www.archives.go.kr/next/viewMainNew.do)

「1910년 측량 경기도 부평군 옥산면 표절리 지적도(1/1,200)」(국가기록원, https://www.archives.go.kr/next/viewMainNew.do)

「勅令第四十九號」(규장각한국학연구원, 奎17706)

『1915년 지지조서 부천군 편』, 국토지리정보원, 국토정보플랫폼, 근대측량자료, 지명, 지지조서, https://map.ngii.go.kr/e-book/search/index.jsp#.

『1920년 이후 조선지형도』(국토지리정보원, 국토정보플랫폼, 구지도, https://map.ngii.go.kr/ms/map/NlipMap.do?tabGb=daedong)

『1959년 전국지명조사철 논산군 편』(국토지리정보원, 지리지 및 지명유래집, 전국지명조사철, https://map.ngii.go.kr/ms/pblictn/oldJimyeongBook.do)

『1959년 전국지명조사철 부천군 소사읍 편』, 국토지리정보원, 지리지 및 지명유래집, 전국지명조사철, https://map.ngii.go.kr/ms/pblictn/oldJimyeongBook.do.

『太宗實錄』(한국사데이터베이스, http://silook.history.go.kt/main/main.jsp)

『平壤府乫串坊宮畓量案』(光武 6年, 규장각한국학연구원, 奎18778의1, 奎18778의2)

「浦項中城里碑」(한국사데이터베이스, https://db.history.go.kr)

『표준국어대사전』(국립국어원, http://www.korean.go.kr/09_new/index.jsp)

『豐墅集』(한국고전종합DB, http://db.itkc.or.kr)

『荷齋日記』(한국고전종합DB, http://db.itkc.or.kr)

한국고전종합DB(http://db.itkc.or.kr/itkcdb/mainIndexIframe.jsp)

한국금석문종합영상정보시스템(http://gsm.nricp.go.kr/_third/user/main.jsp)

『한국땅이름전자사전』 1.0. (한글학회, 나모인터렉티브, 1998)

『한국민족문화대백과사전』(한국학중앙연구원, http://encykorea.aks.ac.kr_

『한국지명총람 18 경기인천편』(한글학회, 1986)

『한국지명총람 경기도편』(한글학회)

『한국지명총람 1 서울편』(한글학회, 1966)

『한국지명총람 17 경기편』(상)(한글학회, 1985)

『한국지명총람 18 경기편』(하) 인천편(한글학회, 1986)

『한국지명총람 4 충남편』(상)(한글학회, 1988)

『한국지명총람 17 경기편』(상)(한글학회, 1985)

『한국지명총람 10 경남편·부산편 III』(한글학회, 1980)

『韓國漢字語辭典』(檀國大東洋學硏究所 編, 단국대 동양학연구소, 1997)

『韓國戶口表』(국립중앙도서관, 朝37~49)

『(한글학회가 지은)한국지명총람: 서울 경기 인천편』(한글학회, 1986)
『寒水齋集』(한국고전종합DB, http://db.itkc.or.kr)
『漢語大詞典』(漢語大詞典編輯委員會, 漢語大詞典出版社, 1991~1993)
『韓英字典』(1897. 국립중앙도서관, 3415-9)
『翰苑』(亞細亞文化社, 1974)
『漢韓大辭典』(단국대 동양학연구소, 1999-2008)
『咸鏡監營誌』의 『永興府邑誌』(규장각한국학연구원, 想白古915.19-H179, 1787 이후)
「함경남도 영흥군 地誌調書 편철 문서」(국토정보플랫폼/근대측량자료/지지조서; http://map.ngii.go.kr/e-book/search/index.jsp#)
「함경남도 定平郡 高山面 地誌調書 편철문서」(국토정보플랫폼/근대측량자료/지지조서; http://map.ngii.go.kr/e-book/search/index.jsp#)
『咸州誌』(규장각한국학연구원, 奎12249)
「海東地圖 부평지도」(1724-1776 , 규장각한국학연구원, 古大4709-41-v.1-8)
『海東地圖』(규장각한국학연구원, 古大4709-41-v.1-8)
『戶口總數』(1789, 규장각한국학연구원, 奎1602-v.1-9)
『湖西邑誌』(1899, 규장각한국학연구원, 奎12176-v.1-17)
『和製漢字の辭典』(大原 望, 2014, http://ksbookshelf.com/nozomu-oohara/WaseikanjiJiten)
『訓局謄錄』(한국학중앙연구원 장서각기록유산DB, https://jsg.aks.ac.kr/vj)
『訓令照會存案』(1899-1907, 규장각한국학연구원, 奎19143-v.1-89, 內藏院[朝鮮] 編)
『訓蒙字會』(1527, 東洋學叢書 第一輯, 1971, 단국대학교 동양학연구소 영인본)

2. 저서

강병윤, 『고유지명어 연구』, 도서출판 박이정, 1997.
강길운, 『비교언어학적 어원사전』, 한국문화사, 2010.
강병륜, 『고유지명어 연구』, 박이정, 1997.
강원대학교박물관, 『화천의 역사와 문화유적』, 강원대학교, 1996.
경기문화재단 편, 『경기 땅이름의 참모습: 朝鮮地誌資料 京畿道篇』, 경기문화재단, 2008.
광주문화원, 『廣州의 地名由來』, 2005.
국립지리원, 『韓國地誌 總論』, 건설부 국립지리원, 1980.
權仁瀚, 『改訂版 中世韓國漢字音訓集成』, 도서출판 제이엔씨, 2009.
權仁瀚, 『廣開土王碑文 新研究』, 박문사, 2015.
金龍善, 『高麗墓誌銘集成(第三版)』, 한림대학교 아시아문화연구소, 2001.
金鍾塤, 『韓國固有漢字研究』, 集文堂, 1983.
김완진, 『향가해독법연구』, 서울대학교 출판부, 1980.
김재원, 『서해도서조사보고』, 을유문화사, 1957.
金田松圭, 『朝鮮府郡町洞里名稱一覽』, 경성, 廣韓書林, 1944.
김종권 역, 『아언각비』, 일지사, 1976.
金澤庄三郎, 『日韓古地名の研究』, 草風館, 1910(1985).
김형규, 『한국방언연구』, 서울대학교출판부, 1974, 1989.
南豊鉉, 『借字表記法研究』, 단대출판부, 1981.
南豊鉉, 『吏讀研究』, 태학사, 2000.
南豊鉉, 『古代韓國語研究』, 시간의물레, 2009.
盧明鎬 외, 『韓國古代中世古文書研究(上)』, 서울대학교출판부, 2000.
都守熙, 『백제어 연구』(I)-전기어를 중심으로-, (재)백제문화개발연구원, 1987.
都守熙, 『백제어연구 I』, 재단법인백제문화개발연구원, 1987.
都守熙, 『백제어연구 II』, 재단법인백제문화개발연구원, 1989.
都守熙, 『백제어연구 III』, 재단법인백제문화개발연구원, 1994.
都守熙, 『百濟語研究』, 百濟文化社, 1977, 1997.
都守熙, 『한국의 지명』, 아카넷, 2003.
東洋文庫東北아시아研究班, 『日本所在朝鮮戶籍關係資料解題』, 東洋文庫, 2004.
末松保和, 『新羅史の諸問題』, 東洋文庫, 1954.
박병채, 『古代國語學研究』, 고려대민족문화연구소, 1990.
박채은 책임편집, 『필사본 朝鮮地誌資料속 蔚山의 옛 땅이름』, 울산남구문화원
　　　부설 향토문화연구소, 2007.
백문식, 『우리말 어원사전』, 박이정, 2014.
부천문화원, 『부천의 역사와 문화』, 1994.
부천문화원, 『마을誌/범박동[계수동·함박동] 역곡3동[괴안동 일부·옥련동]』,

부천문화원, 2011.
부천문화원 향토문화연구소,『(부천문화 향토자료집) 마을誌/범박동[계수동·함박동] 역곡3동[괴안동 일부·옥련동]』, 부천문화원, 2011.
부천문화원 향토문화연구소,『고강동·성곡동 마을誌』, 부천문화 향토자료집 25/마을지 제2집, 부천문화원, 2015.
부천문화원 향토문화연구소,『(부천문화 향토자료집 25/마을지 제2집) 고강동·성곡동 마을誌』, 부천문화원, 2015.
부천시,『부천지명유래집』, 1992.
부천시,『내 고장 부천 복사골』, 1999.
부천시사편찬위원회,『부천시사-자료료 보는 부천 5』, 2002.
부천역사연구소,『부천사연구』1집, 1992.
부천역사연구소,『부천인물·인명사전』, 1993.
부천역사연구소,『돌팡구지에서 부천까지』, 1995.
부천역사연구소,『재미있는 부천이야기』, 1996.
부평시사편찬위원회,『부평의 역사』, 부평시사편찬위원회, 2007.
山崎淸憲,『土佐の峠風土記』, 高知新聞社, 1993.
徐廷範,『國語語源辭典』, 보고사, 2000, 2003.
손정목,『한국지방제도자치사연구 상』, 일지사, 1992.
市大樹,『飛鳥藤原木簡の硏究』, 株式會社 塙書房, 2010.
신종원,『강원도 땅이름의 참모습』, 경인문화사, 2007.
신종원·정치영·허원영·이건식·장장식·김홍삼·정수환,『필사본 조선지지자료 경기도편 연구』, 경인문화사, 2010.
申采浩,『朝鮮史硏究草』, 硏學社, 1946.
辛兌鉉,『三國史記地理志의 연구』, 宇鐘社, 단기 4291/1958.
양경직,『왜곡된 朴震 역사 연구』, 부천문화원 향토문화연구소, 2012.
양경직,『고강동·성곡동의 하천(下川), 고강동·성곡동 마을誌』, 부천문화원 향토문화연구소, 2015.
양경직,『원종동 일부 언담리(堰談里) 지명 연혁, 고강동·성곡동 마을誌』, 부천문화향토사료집 25 마을지 제2집, 부천문화원향토문화연구소, 2015.
楊州郡編,『楊州의 地名由來』, 楊州郡, 1993.
梁柱東,『增訂 古歌硏究』, 一潮閣, 1943, 1965, 1995.

熊加全, 『玉篇疑難字考釋與研究 上冊』, 中華書局, 2020.
越智唯七 編, 『(新舊對照)朝鮮全道府郡面里洞名稱一覽』, 京城: 中央市場, 1917.
유창균, 『한국 고대 한자음 연구』, 계명대출판부, 1980.
劉昌惇, 『어휘사연구』, 선명문화사, 1973.
劉昌惇, 『李朝國語史研究』, 宣明文化社, 1973.
栗林均·呼日勒巴特爾, 『御製滿珠蒙古漢字三合切音淸文鑑 滿洲語配列對照語彙』, 東東北アジア研究センター叢書 第30号, 東北大學東北アジア研究センター, 2008.
이기동, 『신라사회사연구』, 일조각, 1997.
이기문, 『新訂版 國語史槪說』, 태학사, 1998.
李丙燾, 『韓國古代史研究』, 형설출판사, 1976.
李丙燾, 『國譯 三國史記』, 을유문화사, 1977.
李炳銑, 『韓國古代國名 地名硏究』, 형설출판사, 1982.
李炳銑, 『任那國과 對馬島』, 아세아문화사. 1987.
이숭녕, 『中世國語文法 개정증보판』, 을유문화사, 1961, 1992.
李丞宰, 『高麗時代의 吏讀』, 태학사, 1992.
이훈익, 『仁川地名考』, 仁川地方鄕土文化硏究所, 1993.
인천광역시 역사자료관, 『인천역사6호-인천지명의재발견』, 인천광역시 역사자료관, 2009.
인천광역시, 『인천광역시사 ❺ 인천의 지명(상)』, 인천광역시 시사편찬위원회, 2015.
臨時土地調査局, 『局報』 27호, 1913.
臨時土地調査局, 『朝鮮土地調査事業報告書』, 1918.
臨時土地調査局, 『朝鮮土地調査事業槪覽大正4年度』, 1916.
張熙福 編, 『精密調査府郡島面町洞里名稱一覽』, 京城, 松園書齋, 1918.
田溶新 역, 『完譯 日本書紀』, 일지사, 1989, 2006.
鮎貝房之進, 『俗字攷』, 雜攷三, 東京 圖書刊行會, 1931.(俗字攷, 俗文攷, 借字攷, 대제각, 1987)
鮎貝房之進, 『日本書紀朝鮮地名攷』, 雜攷 第7輯, 朝鮮印刷株式會社, 1936.
鄭求福 외, 『譯註 三國史記 4 주석편(하)』, 한국학중앙연구원출판부, 2012.
鄭寅普, 『朝鮮史研究 上』, 서울신문사출판국, 1946.
丁海廉, 『아언각비·이담속찬』, 現代實學社, 2005.

조기준, 『부평의 땅이름』, 1999.
조병로, 『한국역제사』, 한국마사회박물관, 2002.
朝鮮警察協會, 『地方行政區域名稱一覽』, 附警察署管轄區域, 1932.
朝鮮總督府, 『地方行政區域名稱一覽』, 1912.
朝鮮總督府, 『朝鮮總督府施政年報大正3年』, 1916.
朝鮮總督府, 『朝鮮ノ土地制度及地稅制度調査報告書』, 1920.
朝鮮總督府, 『地方行政區域名稱一覽』, 1924.
朝鮮總督府內務局, 『地方行政區域名稱一覽』, 1929.
朝鮮總督府內務部, 『地方行政區域名稱一覽』, 1939.
중앙문화재연구원·경주시, 『慶州蘿井-本文』, 2008.
천소영, 『古代國語의 語彙研究』, 高大民族文化研究所出版部, 1990.
淺井建爾, 『道と路がわかる辭典』(初版) 日本實業出版社, ISBN 4-534-03315-X, 2001.
최동언, 『조선식한문연구』, 북한 사회과학원, 2001.
崔永俊, 『嶺南大路-韓國古道路의 歷史地理的 研究』, 고려대학교 민족문화연구소, 1990.
최종현·김창희, 『오래된 서울』, (주)디자인커서, 2013.
최학근, 『한국방언사전』, 1987, 명문당.
충남대학교박물관, 『부여의 문화유산』, 충청남도 충남대학교박물관, 2002.
統監府, 『第二次統監府統計年報』, 1908.
韓小荊, 『可洪音義研究-以文字爲中心』, 巴蜀書社, 2009.
한정규 엮음, 『속초의 옛땅이름』, 속초문화원, 2002.
許興植, 『韓國金石全文』 中世下, 亞細亞文化社, 1984.
홍기문, 『리두연구』, 과학원출판사, 1957.
Bernhard Karlgren, GRAMMATA SERICA RECENSA, MUSEUM OF FAR EASTERN ANTIQUITES, STOCK-HOLM, 1964.

3. 논문

강상대, 「근대 〈해와 달〉 서사의 자료적 고찰-정인섭·손진태의 자료를 중심으로」, 『한국문예창작』 22, 한국문예창작학회, 2023, 11-33쪽.

강신항, 「이조중기 韻學史 시론」, 서울대 석사학위논문, 1964.
강영철, 「고려역제의 성립과 변천」, 『사학연구』 38, 한국사학회, 1984, 81-109쪽.
강재철, 「부천시 오정구의 "베리내천 및 여월천" 학술답사기」, 『지명학』 35, 한국지명학회, 2021, 257-282쪽.
강재철, 「인천과 부천의 접계지 송내 권역의 지명과 조수」, 『지명학』 36, 한국지명학회, 2022, 141-166쪽.
강재철·이건식, 「인천과 부천에 걸쳐 있는 상아산과 거마산의 위치 비정(批正)」, 『지명학』 38, 한국지명학회, 2023, 317-343쪽.
강헌규, 「백제 지명 "加知奈縣 一云 加乙乃縣"의 어원적 연구」, 『한글』 305, 한글학회, 2014, 5-62쪽.
곽호제, 「고려~조선시대 泰安半島 漕運의 실태와 運河掘鑿」, 『지방사와 지방문화』 12-1, 역사문화학회, 2009, 301-325쪽.
권선정, 「조선후기 부평부(富平府) 고지도 상 지명의 유형과 의미」, 『기전문화연구』 40-1, 기전문화연구소, 2019, 25-51쪽.
權仁瀚, 「고대 지명 형태소 '本波/本彼'에 대하여」, 『목간과문자』 제2호, 한국목간학회, 2008, 83-95쪽.
權仁瀚, 「중성리비의 어문학적 검토」, 『浦項 中城里新羅碑 발견기념 학술심포지엄』, 국립경주문화재연구소, 2009.
權仁瀚, 「三國志 魏書 東夷傳의 固有名詞 表記字 分析」, 『口訣研究』 27, 구결학회, 2011, 217-242쪽.
權仁瀚, 「포항 중성리신라비의 국어사적 의의 탐색-고유명사 표기자의 음운학적 분석을 중심으로」, 『신라 왕경과 포항중성리신라비』, 국립경주문화재연구소, 2019.
金台植, 「新羅國母廟로서의 神宮」, 『한국고대사탐구』 4, 2010, 47-97쪽.
金起燮, 「백제의 국가성장과 沸流系의 역할」, 『청계사학』 16-17, 청계사학회, 2002, 493-510쪽.
김기혁, 「朝鮮地誌資料 중 부산지명자료」, 『부산지역연구』 10권 1호, 부산대학교 부산지리연구소, 2004, 143-144쪽.
김무림, 「《三國史記》 복수 음독 지명 자료의 음운사적 과제」, 『지명학』 2, 한국지명학회, 1999, 39-59쪽.
김석득, 「이재 황윤석의 華音方言字義解」, 『동방학지』 40, 연세대 국학연구원,

1983, 61-91쪽.
김선기,「백제 지명 속에 있는 고대 음운 변천」,『百濟研究』4, 충남대학교 백제연구소, 1973.
김순배,「필사본 朝鮮地誌資料 충청북도편 지명 자료의 시론적 분석」,『한국지역지리학회지』19, 2013, 31-44쪽.
김승룡,「頤齋 黃胤錫 연구의 추이와 과제」,『東洋 漢文學研究 』25, 東洋漢文學會, 2007, 31-55쪽.
김양진,「高麗史 食貨志 漕運 條 所載의 몇몇 地名에 대하여」,『지명학』16, 지명학회, 2010, 193-226쪽.
김양진,「용비어천가 소재 지명의 지리학」,『지명학』33, 한국지명학회, 2020, 95-148쪽.
김영만,「신라 지명 喙와 啄의 字音상 모순을 어떻게 볼 것인가」,『지명학』13, 한국지명학회, 2007.
김윤우,「新羅十停과 所在地名 變遷考」,『경주사학』7, 경주사학회, 1988, 17-38쪽.
김재명,「고려의 조운제도와 사천 통양창」,『한국중세사연구』20, 한국중세사학회, 2006, 171-195쪽.
김종택,「於乙買(串)를 다시 해독함」,『지명학』7, 한국지명학회, 2002, 89-110쪽.
김종혁,「조선전기의 한강의 津渡」,『서울학연구』23, 서울시립대학교 부설 서울학연구소, 2004, 27-61쪽.
김준영,「한국 소지명 후부에 대한 어의상 고찰」,『한국언어문학』10, 한국언어문학회, 1973, 231-323쪽.
金澤庄三郎,「郡村の語原に就きて」,『國語の研究』, 同文館, 95-102쪽.
南豊鉉, 韓國의 固有漢字,『국어생활』제17호. 국어연구소, 1989, 96-109쪽.
南豊鉉,「居伐牟羅와 耽牟羅」,『탐라문화』23, 제주대학교 탐라문화연구소, 2003, 163-171쪽.
南豊鉉,「차자표기법의 '巳'字에 대하여」,『고대한국어논고』, 태학사, 2004, 99-107쪽.
南豊鉉,「한국의 고대구결자료와 그 변천에 대하여」,『국어사연구 어디까지 와 있는가』, 태학사, 2006.
內藤雋輔,「高麗驛傳考」,『歷史と地理』34-4·5, 史學地理學同好會, 1934.
노명호 외,「高麗末 和寧府 戶籍臺帳 단편」,『한국고대중세고문서연구 上』, 서울대학교 출판부, 2000, 255-280쪽.
노태돈, 「三國의 政治構造와 社會·經濟」, 『한국사』, 국사편찬위원회, 1977.
都守熙, 「百濟語의 仇知와 實에 대하여」, 『國語學』 3, 국어학회, 1975.
都守熙, 「마한어에 관한 연구」, 『언어』 8, 충남대학교 어학연구소, 1987, 123-140쪽.
都守熙, 「마한어에 관한 연구 II」, 『인문학연구』 15, 충남대학교 인문과학연구소, 1988, 5-24쪽.
都守熙, 「마한어에 관한 연구 (속)」, 『동방학지』 80, 연세대학교 국학연구원, 1993, 131-177쪽.
都守熙, 「泉·交·宜의 古釋에 대하여」, 『국어사와 차자표기』, 태학사, 1995.
都守熙, 「옛 지명 裳·巨老·買珍伊에 관한 문제」, 『지명학』 9, 한국지명학회, 2003, 61-81쪽.
都守熙, 「지명어 음운론」, 『지명학』 13, 한국지명학회, 2007, 113-145쪽.
都守熙, 「古代 地名의 改定과 그 功過」, 『語文研究』 37, 한국어문교육연구회, 2009, 7-27쪽.
리진호, 「토지조사 때 행정구역 변경과 월경지·두입지 정리에 관한 고찰」, 『측량과 지적』 4, 대한지적사학회, 2006, 13-37쪽.
文昌魯, 「三國時代 抱川지역의 역사 전개와 위상」, 『한국학논총』 38, 국민대학교 한국학연구소, 2012, 69-110쪽.
尾石剛毅, 「구관습조사 I(공주·한성·평양)」, 『韓國地籍百年史: 資料篇 2』, 土地調査參考書 제2호, 대한지적공사, 2005.
민덕식, 「新羅王京의 防備에 關한 考察」, 『史學研究』 39, 한국사학회, 1987, 29-102쪽.
민충환, 「제3편 중동 신시가지 내 전답의 소지명 그 이후」, 『부천문화의 재발견』, 부천문화원, 1996, 85-95쪽.
朴德裕, 「부천 지명의 변천에 대하여」, 『지명학』 14, 한국지명학회, 2008, 19-41쪽.
박덕유·박지인·천지아, 「인천시 行政區域명칭과 교회 명칭에 관한 연구」, 『지명학』 21, 한국지명학회, 2014, 149-182쪽.
朴秉喆, 「地名語의 漢譯化 類型에 관한 研究-堤川 地域 地名 資料 分析을 바탕으로」, 『지명학 논문선』 1, 한국지명학회, 2007, 449-470쪽.

朴秉喆, 「固有語 地名의 漢字語化 過程과 그 對立 樣相에 관한 硏究」, 『새국어교육』 82, 한국국어교육학회, 2009, 483-510쪽.
朴秉喆, 「용소, 가마소의 '소'와 漢字 '沼'에 관한 硏究」, 『語文硏究』 38, 한국어문교육연구회, 2010, 37-59쪽.
朴秉喆, 「고유어 '소'와 對應되는 漢字 '潭·湫·淵'에 관한 硏究」, 『국어사연구』 11, 국어사학회, 2014, 169-193쪽.
朴盛鍾, 「韓國漢字의 一考察」, 『口訣硏究』 제14집, 구결학회, 2005, 51-96쪽.
박순발, 「유물상으로 본 백제의 영역화 과정」, 『백제, 마한과 하나되다』, 한성백제박물관, 2013.
박용규, 「미군정기 방송의 구조와 역할」, 한국언론학회 학술대회 발표논문집 학술대회자료, 2005년 한국언론학회 광복60주년 기념 학술회의, 제38회 국사편찬위원회 한국사 학술회의, 한국언론학회, 2005, 75-93쪽.
裵祐晟, 「18세기 全國地理志 편찬과 지리지 인식의 변화」, 『韓國學報』 22-4, 일지사, 1996, 142-174쪽.
北村秀人, 「高麗時代의 漕運についての考察」, 『古代東アジア論集』 上, 1978.
서봉수, 박종서, 박햇님, 김우락, 「인천 계양산성 출토 기와와 문자자료에 대하여 - 4차 발굴조사 결과를 중심으로」, 『목간과 문자』 6, 한국목간학회, 2010, 109-132쪽.
孫弘烈, 「高麗漕運考」, 『사총·강진철교수화갑기념한국사학논총』, 1977, 181-203쪽.
송기중, 「近代 地名에 남은 訓讀 表記」, 『지명학』 6, 한국지명학회, 2001, 177-216쪽.
송하진, 「三國史記 地理志의 地名語 硏究: 音韻 및 借字表記上의 特色 究明」, 全南大學校 大學院 석사학위논문, 1983.
송하진, 「삼국사기 지리지 지명의 국어학적 연구」, 동국대학교 박사학위논문, 1993.
申敬淳, 「小地名語의 類型 分類와 固有地名 對 韓字地名의 對應關係 硏究 : 忠北 一圓을 對象으로」, 『論文集』 9-1, 淸州敎育大學校, 1973, 115-142쪽.
辛鐘遠, 「斷石山神仙寺 造像銘記에 보이는 彌勒信仰 集團에 대하여 - 신라 中古期의 王妃族 岑喙部」, 『역사학보』 143, 역사학회, 1994, 1-26쪽.
신중진, 「어휘 구성소 '-올/을-'의 분포와 의미 양상」, 『진단학보』 123, 진단학회, 2015, 173-193쪽.
沈保京, 「日本 地名에 반영된 車禮(mure)의 語源에 대하여」, 『語文研究』 29-3, 한국어문교육연구회, 2001, 55-73쪽.
심상육, 「百濟時代 印刻瓦에 關한 研究」, 公州大學校 大學院 석사학위논문, 2005.
양보경, 「朝鮮時代 邑誌의 性格과 地理的 認識에 관한 연구」, 서울大學校 大學院 박사학위논문, 1987.
양보경, 「조선시대 읍지의 체재와 특징」, 『인문과학논집』 4, 강남대학교 인문과학연구소, 1997, 203-225쪽.
梁晉碩, 『17, 18세기 還穀制度의 운영과 機能 변화』, 서울大學校 大學院 박사학위논문, 1999.
여은영, 「여초 역제형성에 대한 소고」, 『경북사학』 5, 경북사학회, 1982, 1-32쪽.
塩田與助, 「구관습조사 II(전주·대구·원산)」, 『韓國地籍百年史: 資料篇 2』 土地調査參考書 제3호, 대한지적공사, 2005
兪昌均, 「馬韓의 古地名에 대하여」, 『語文研究』 11, 충남대학교 문리과대학 어문연구회, 1982, 123-155쪽.
柳在泳, 「韓國漢字」, 『국어국문학』 30, 원광대학교 국어국문학가, 1976.
柳田國男, 「峠に關する二三の考察」, 『峠(深田久彌 編)』, 靑木書店, 1939.
유창돈, 「平北語散考-문헌어와의 관련을 중심으로」, 『일석이희승선생송수기념논총』, 일조각, 1957, 361-377쪽.
柳興世, 「양전제도 및연혁의 조사」, 『韓國地籍百年史: 資料篇 2』 土地調査參考書 제1호, 대한지적공사, 2005.
윤경진, 「고려 성종 11년의 읍호 개정에 대한 연구-고려 초기 군현제의 구성과 관련하여」, 『역사와 현실』 45, 한국역사연구회, 2002, 159-194쪽.
이강로, 「加知奈·加乙奈→市津의 해독에 대하여」, 『지명학』 5, 한국지명학회, 2001, 47-66쪽.
李康五, 「범례」, 『頤齋亂藁』 第一冊, 韓國學資料叢書 三, 한국학중앙연구원, 1994.
李康五, 「해제」, 『頤齋亂藁』 第一冊, 韓國學資料叢書 三, 한국학중앙연구원, 1994.
이건식, 「黃胤錫의 1775년 全國 地理誌 編纂 凡例의 특징 분석~1775년 무렵 弘文館의 전국 지리지 편찬 關例의 復元 시도」, 『지명학』 14, 한국지명학회, 2008, 101-150쪽.

이건식,「韓國 固有漢字의 發達-地名의 후부 요소 表記를 중심으로」,『구결연구』 22집, 구결학회, 2009, 219-259쪽.
이건식,「均如 鄕歌 請轉法輪歌의 내용 이해와 語學的 解讀」,『口訣研究』 28, 구결학회, 2012, 99-163쪽.
이건식,「한국 고유한자 字形 構成 方法 연구 二題-기존 연구의 비판적 검토와 形聲으로 만들어진 한국 고유한자의 몇 가지 사례」,『東洋學』 52, 단국대학교 동양학연구소, 2012, 187-211쪽.
이건식ㄱ,「西畿停 관련 借字 表記의 역사와 현존 어형-音借 表記 豆良彌知停과 訓借 表記 富山城의 동질성을 중심으로」,『新羅史學報』 28, 신라사학회, 2013, 331-369쪽.
이건식ㄴ,「한국고유한자 구성요소 辶의 의미와 특수성 형성 배경」,『한민족문화연구』 42, 한민족문화학회, 2013, 101-139쪽.
이건식ㄱ,「고려 시대 차자 표기 漕運浦口名 未音浦/鹵水浦 해독」,『지명학』 23, 한국지명학회, 2015, 195-226쪽.
이건식ㄴ,「均如 鄕歌 請佛住世歌의 내용 이해와 어학적 解讀」,『口訣研究』 34, 구결학회, 2015, 137-184쪽.
이건식,「중국식 한자 지명 표기의 음가적 표음성과 비상관적 표의성」,『지명학』 25, 한국지명학회, 2016, 155-222쪽.
이건식,「조선시대 부평부 洞里村名 후부 요소의 특징에 대하여」,『지명학』 29, 한국지명학회, 2018, 95-148쪽.
이건식,「조선 시대 富平府의 삼국 시대 표기 계승 면명 표기에 대하여」,『인천학연구』 30, 인천대학교 인천학연구원, 2019, 131-177쪽.
이건식,「부천시 여월동의 '베르네' 답사기」,『지명학』 34, 한국지명학회, 2021, 167-170쪽.
이건식,「馬韓小國 優休牟涿國 표기와 조선 시대 富平都護府 注火串面 표기의 의미 유사성과 차별성에 대하여」,『口訣研究』 49, 구결학회, 2022, 37-82쪽.
이경엽,「서남해지역 민속문화의 특성과 활용 방향」,『한국민속학』 37, 한국민속학회, 2003, 157-187쪽.
이기문,「중세국어의 특수 어간 교체에 대하여」,『진단학보』 23, 진단학회, 1962, 121-153쪽.
이기문,「고구려의 언어와 그 특징」,『국어어휘사연구』, 동아출판사, 1968, 1991,

299-351쪽.

李敦柱, 「莞島地方의 地名攷」, 『호남문화연구』 4, 全南大學校 湖南文化研究所 1966, 213-252쪽.

이문기, 「文獻으로 본 蘿井」, 『퇴계학과 유교문화』 44, 경북대학교 퇴계연구소, 2009, 223-262쪽.

李文基, 「新羅 景德王代에 再編된 王都 防禦 軍事組織과 城郭의 活用」, 『新羅文化』 34, 동국대 신라문화연구소, 2009, 105-142쪽.

이병근, 「경기지역어의 모음체계와 비원순모음화」, 『동아문화』 9, 서울대 동아문화연구소, 1970, 151-167쪽.

李丙燾, 「三韓問題의 新考察(三)」, 『震旦學報』 4, 진단학회, 1936, 29-57쪽.

이상신, 「馬韓의 지명 牟水國에 대한 두 가지 의문」, 『방언학』 14, 한국방언학회, 2011, 167-188쪽.

李成茂, 「전국지리지 해제」, 『전국지리지』, 아세아문화사, 1981, 3-12쪽.

李聖柱, 「약간의 어원 분석」, 『한글』 6, 한글학회, 1938, 291-298쪽.

이수훈, 「浦項 中城里新羅碑의 牟旦伐과 金評」, 『역사와 세계』 44, 효원사학회, 2013, 197-225쪽.

李崇寧, 「황윤석의 理藪新編의 고찰」, 『도남조윤제박사화갑기념논문집』, 도남조윤제박사고희기념논총간행위원회, 螢雪出版社, 1964.

李崇寧, 「百濟語 硏究와 資料面의 問題點-특히 地名의 考察을 中心으로 하여」, 『百濟研究』 2, 충남대학교 백제연구소, 1971, 157-166쪽.

李丞宰, 「古代地名 '古尸'에 대하여」, 『兪昌均博士還甲紀念論文集』, 계명대학교 출판부, 1984, 481-492쪽.

이영학, 「조선후기 어업에 대한 연구」, 『역사와 현실』 35, 한국역사연구회, 2000, 174-212쪽.

이원근, 「三國時代 城郭研究」, 단국대학교 박사학위논문, 1980.

李忠九, 「晝永編」에 蒐集된 韓國漢字의 分析研究, 『首善論集』 8, 成均館大學校 大學院 學生會, 1983.

이탁 선생 유고, 「국어 어원풀이의 일단」, 『한글』 140, 한글학회, 1967, 26-72쪽.

임병준, 「고구려말의 차자표기 연구: 삼국사기 권35, 37을 중심으로」, 건국대학교 교육대학원 석사학위논문, 1999.

臨時土地調査局, 「面ノ名稱及區域」, 『局報』 37호 附錄, 1914.

臨時土地調査局, "準備調査規程", 『局報』 62호 호외부록, 1915.
임용기, 「朝鮮地誌資料와 부평의 지명」, 『기전문화연구』 24, 인천교육대학교 기전문화연구소, 1996, 141-210쪽.
임용기, 「지명 자료의 데이터베이스 구축과 관련한 몇 가지 문제」, 『한국어와 정보화』, 태학사, 2002, 89-140쪽.
장윤희, 「석독구결의 속격 '-ㄕ'의 문제 해결을 위하여」, 『구결연구』 27, 구결학회, 2011, 117-144쪽.
전덕재, 「上古期 新羅六部의 性格에 대한 考察」, 『新羅文化』 12, 동국대학교 신라문화연구소, 1995.
전덕재, 「新羅 6部 名稱의 語義와 그 位置」, 『慶州文化研究』 1, 경주대학교 문화재연구소, 1998, 32-70쪽.
전덕재, 「포항 중성리신라비의 내용과 신라 6부에 대한 새로운 이해」, 『韓國古代史研究』 56, 한국고대사학회, 2009, 85-129쪽.
정구복, 「韓百謙의 「東國地理誌」에 대한 一考-歷史地理學派의 成立을 中心으로」, 『全北史學』 2, 전북대사학회, 1978, 39-84쪽.
鄭杜熙, 「朝鮮初期 地理志의 編纂(II·完)」, 『歷史學報』, 第七十, 역사학회, 1976, 89-127쪽.
정승혜, 「이재난고의 국어학적 연구-권27의 국어학 관련기사의 어휘를 중심으로」, 『한국여성교양학회지』 15, 한국여성교양학회, 2006, 151-189쪽.
정승혜, 「儒學 奇泰東이 죽은 누이를 위해 쓴 한글제문에 대하여」, 『국어사연구』 17, 국어사학회, 2013, 375-402쪽.
정연식, 「신라 초기 習比部 高耶村」, 『한국사연구』 183, 한국사연구회, 2018, 149-193쪽.
정요근, 「고려 조선초의 역로망과 역제 연구」, 서울대학교 박사학위논문, 2008.
조강봉, 「『頤齋亂藁』 소재 한글표기 語彙 資料」, 『지명학』 13. 한국지명학회, 2007, 275-287쪽.
조성윤, 「新羅 儀鳳四年皆土명 瓦의 皆土 의미」, 『한국기와학보』 1, 한국기와학회, 2020, 34-49쪽.
조영옥, 「고려시대 역제의 정비에 대한 연구-22역도를 중심으로」, 연세대학교 석사학위논문, 1986.
趙載勳, 「百濟語研究序說」, 『백제문화』 6, 공주대학교 백제문화연구소, 1973,

7-43쪽.
조찬석, 「인천광역시 계양구 지역의 땅이름에 관한 조사연구」, 『기전문화연구』 29-30, 인천교육대학교 기전문화연구소, 2002, 29-30쪽.
조항범, 「地名語源 몇 가지(2)」, 『새국어생활』 108, 제13권 제4호, 국립국어원, 2003, 107-117쪽.
주강현, 「남해안 문항마을 '돌발'의 현지조사 연구」, 『해양문화학』 1, 한국해양문화학회, 2005, 23-44쪽.
千寬宇, 「馬韓諸國의 位置 試論」, 『東洋學』 9, 단국대학교 동양학연구원, 1979, 199-239쪽.
千素英, 「고유지명의 한어화 유형에 대하여」, 『어문연구』 88, 한국어문교육연구회, 1995, 77-100쪽.
千素英, 「지명에 쓰인 '느로'계 어사에 대하여」, 『구결연구』 1, 구결학회, 1996, 267-286쪽.
千素英, 「지명연구에 쓰이는 술어에 대하여」, 『지명학』 5, 한국지명학회, 2001, 97-118쪽.
崔範勳, 「京畿道 水原市 地名硏究」, 『京畿語文學』 5-6, 경기대학교 인문대학 국어국문학회, 1985, 17-35쪽.
崔範勳, 「京畿道 近代地名語 硏究」, 『기전문화연구』 16, 仁川敎育大學校 畿甸文化硏究所, 1987, 85-112쪽.
崔在錫, 「新羅의 始祖廟와 神宮의 祭祀: 그 政治的·宗敎的 意義와 變化를 중심으로」, 『동방학지』 50, 연세대학교 국학연구원, 1986, 29-86쪽.
최현수, 「제Ⅱ편 지명유래」, 『부천사연구 1』, 부천역사연구소출판부, 1992.
최현수, 「제2편 부천의 지명유래」, 『부천문화의 재발견』, 부천문화원, 1996.
한영국, 「朝鮮王朝 戶籍의 基礎的 硏究」, 『한국사학』 6, 한국정신문화연구원, 1985, 191-398쪽.
한정훈, 「고려전기 역도의 형성과 기능」, 『한국중세사연구』 12, 한국중세사학회, 2002, 41-93쪽.
한정훈, 「고려시대 漕運制와 마산 石頭倉」, 『한국중세사연구』 17, 한국중세사학회, 2004, 27-59쪽.
한정훈, 「고려초기 60浦制의 실시와 그 의미」, 『지역과 역사』 25, 부경역사연구소, 2009, 129-162쪽.

허홍식, 「개경 산천단묘의 신령과 팔선궁」, 『민족문화논총』, 영남대학교 민족문화연구소, 2003, 143-183쪽.

洪再善, 「論山 皇華山城考」, 『고문화』 23, 한국대학박물관협회, 1983, 35-52쪽.

丸龜金作, 「高麗の12漕昌に就いて」, 『靑丘學叢』 21, 1935, 靑丘學會.

황금연, 「옛 지명 형태소 '於乙-'에 대한 통시적 고찰」, 『한글』 254, 한글학회, 2001, 51-74쪽.

황금연, 「차자 표기의 "仍·芿"에 대한 해석」, 『국어학』 34, 국어학회, 2001, 143-166쪽.

찾아보기

ㄱ

ᄀ- 93, 96
加谷面 696, 710, 719-720
駕橋坪 625
駕洛國記 34
가남면 717
可納里/カーピリ- 669, 687
家代 333-334
家垈 333
加臺/던더 652
加洞 717
加垌 717
加洞面 712
가둔여 150
*가디 105-106, 130
加羅 79
加羅非里 669, 687
可樂洞 632
가루개 486
가리 129, 130-131
街里 250
加利 269, 297
가리다[岐] 460
가리울 474
가린열 495
嘉林 285
佳亇 656

加馬橋坪/멍에다리 624-625
加麻堂里 719
加麻洞 697-698, 710, 722
가막산 봉수대 355
가면/加面 526, 717
加毛 86
加毛評 86
가문여 150
加背谷面 719-720
加北面 542
ᄀ볼 91, 93, 95-97
加沙里 464, 466, 495, 498
椵山 200
가새 849
加西面 683, 713, 717
嘉西峴 850
嘉樹 270, 298
加述里 338
可申 272, 305, 307
嘉新 272, 304, 306
可兒郡 86
佳岩洞 794
加陽洞 697-698, 710, 722
加陽里 697
駕於洞 793
駕於洞/머어동 786, 789
嘉梧藁略 666-667

가우동/駕牛洞 790
駕牛洞/가우동 786
가운데구여 150
嘉原 283
嘉栗 283
加乙 127, 131
加乙斤實浦[몰곤실개] 212
가을내 106, 107
加乙乃/갈내 98-100, 105, 110, 126, 129, 132-134
加乙乃城 106
加乙頭 222
加爾評 86
嘉林 266, 292
加林 266, 295
嫁入り峠 833
加自洞里 674
佳岑里 712
가재울 473
佳丁里 464, 467, 474, 504
佳亭里 460, 464, 467, 474-475, 504
稼亭先生文集 109
可佐洞 674
加佐洞 464, 472-474
佳佐洞/가지울 444, 460, 464, 473, 476, 479, 487, 674
佳佐里 452, 674
加佐里/가지울 674
嘉州 284
加知/가디 99, 127, 131-132
加知那 110, 113, 117
加知那縣 117, 122
加知奈/가디내 99-100, 113, 126, 129, 133-134
加知奈縣(加知柰縣) 98-99, 103, 105-110, 132-133
가지여 150
加津 773, 801
加津里/더나르 773-774, 776, 786, 817
加進里 767, 773, 786, 801
가진여 150
佳辰浦 712
加次谷栗里 658
加次山里 769, 810
佳昌洞 796
嘉川 266, 292
加川 266, 295, 713
佳泉/가츄물 713
가치울 474
佳灘/가녀울 647
嘉平 249
柯坪 792
가평현 423
街豐 250
佳峴里 463, 486-487
佳峴里/가루기 463, 486
加火 279
佳會峴 487
加休 295
可興 267, 295
嘉興 267, 292, 295
閣 383
角巾 224
角巾堂 224
角巾堂錄 224
角巾亭 224

찾아보기

각남면 173, 178
各司謄錄 118, 518
각시여 150
각씨여 150
角耳里 150
間/사이 785
澗 612, 644
肝谷 289
間谷/싀이골 640, 646
간단여 150
肝膽山/감담뫼 440, 483
간데미 476
間洞/カンドン 792-793
澗洞/관앙기 714
杆城 271, 285, 300
杆城郡 530, 547
곤슈 234
간여 150
艮外面 696
間月洞/싀울 535
艮齋先生續集 193
簡井里 717
干支 40
間村 808
間村/새이말 777, 785
澗村/싑말 464, 475, 478
間浦 570
間峴里 714
看花洞 555
갇 130
갇/笠 99, 105-106, 131
갈 130
葛 127, 131

갈고치 809
葛古峙/갈고치 778-779, 809
葛古峙里 767, 778, 809, 818
갈골 794
갈구여 150
葛那 99, 126, 129, 133-134
葛那城 98-99, 101, 103, 105-106, 110, 130, 132
葛那城/丁巳瓦 98-99, 101-104, 107, 132
葛覃 270, 297, 301
葛潭 270, 301
葛潭面 715
曷冬彌知 186, 201
갈라성/葛羅城) 106-107
葛籠邊/가롱기 646
渴馬洞 111, 723
渴馬峙 611, 656
葛梅里 711, 713
葛目里/칠월리 714
갈무여 151
갈문이 794
갈믜울 711
葛山/章山 483
갈산동 484
葛山里 442, 464, 482-483, 615, 711
葛山里/갈믜울 713
葛山里[칙뫼] 464
葛山里/칙뫼 482
葛薪山/가섭갈뫼 713
葛蕈 270, 301
갈울 483
갈월 483

葛月里 460, 463, 483-484, 714
갈읫골 791
曷田里 769, 811
乫田里 769, 811
葛田里 766, 769, 807
葛田里洞/갈박이간 525
葛岾 414
渴川 424, 485
葛灘/가린열 484
葛灘里/가리여울 464, 495, 536
葛坪里 714
葛豊 249
갈현/葛峴 486, 611
葛峴/갈고기 643
葛峴/갈오기 631
葛峴/갈우기 631
葛峴洞 631
葛峴洞/갈우기 631
葛峴里 631, 640, 646
甘同寺里/감동졀리 464, 502, 505
甘勿也 361, 363
甘勿夜 363
甘勿夜村 361
甘北洞 640
甘巖里 645
감육여 150
甘長別路 329
甘井 249
감중졀 502
甘泉 249, 284-285, 807
岬 192, 323, 408, 412-413, 415, 549
岬角 323
甲比古次 322

岬寺 415, 549
갑산군 740, 752
갑산부 329
岬城郡 323
갓/冠 134
갓/笠 129
갓[立] 131
갓[笠] 129
叉 849
江 408-410, 612
剛州 285-286
姜邯贊 247
강경/江景 704, 729, 730-731, 736-737, 748
江景渡 108
江景浦 111, 124-125
강계군 740
강계읍 740
강계자성후주지도 329
강남구 654, 655
江南面 496
江都府誌 394
江東 345, 439
江東郡 345, 565
康樂 242
강릉군 739
江陵府 218
강릉읍 739
岡方里 86
강북면 717
강상면 717
강서구 623
降仙 289

찾아보기 **897**

江城 285
강아지 261
江陽郡 28, 29
강원도/江原道 264, 384
江月町 726
江陰 243, 283, 285, 428
江陰縣 350
江摘洞 684
岡田里 86
康兆 300
講主 36
康津 668
강진군 739
강진읍 739
康津縣 350
江倉 118-119, 124, 126
江浦 239
江海 384
薑鄕 350
江戶町 732
江華 429
강화군 694-696, 717
강화군/江華郡 150, 317, 489, 694-696, 711-713, 715, 717
강화도호부 411, 423
江華府 383-384, 387
康熙字典 146-147, 190, 234
개 160, 413
介 408, 413, 415
改鏡驛 250
介軍山面 714
開令 269, 298
개령군 694

개린여 150
개말 475
皆伯縣 23
開福町 732
開峯 424
開峰里 536
開峯里 440, 464, 484
皆比山 39
介山郡 24
開三洞/기삼골 803
개성/開城 48, 286, 428, 563, 704, 729-730, 748
개성군/開城郡 452, 496, 631, 645, 678, 717, 731, 736-737
개성부/開城府 49, 383-384, 386-387, 403, 405, 411, 429
기안리 807
개암덕이 794
개올 172
개울 511
기울 644-645
개울말 509, 511, 566
개웅 484
价地筒 340
皆次山郡 24
皆太鄕 86
開平 245
皆品部曲 350
開花洞 710, 720, 722
開花里 710, 720
客館 48
갬벌 676, 680, 688
갯벌 343

居　115
距廣　653
去乃　198
居寧　286
居留地　726
巨里/거리　501, 505
距馬山　539, 568
거묵굴　678
擧門洞　799
巨門洞コムンドン　799
巨門別路　329
거미여　150
거미울　679
巨坊　269, 298
巨防　269, 301
居伐牟羅　64
居邊所　350
거북산　655
居士里川　114
居斯勿　181
居斯勿停　181
居斯勿縣　181
去斯斬　449
居士川　111-115, 117
居山　291
巨余　363
巨餘　363
巨余洞　606, 648-649, 661
巨余里　361
巨餘里　361
巨余味洞　648-649, 661
巨余未洞　606, 648-649, 661
居乙浦[걸개]　212

居仁里　816
居正垈里　367
擧井洞　799
居正里　367
居井里　368
居井里[거정터]　367
거정이(거지)　517
巨濟　286, 373
巨濟市　151
居曾山　200
居知山浦　213-214, 220-221, 240
居叱勿所　350
居次頓　115
居昌　270, 286, 300
거창군　739
거창읍　739
巨川　289
거칠미　649
巨豐　250
車峴/수루지　640, 643
巨黑里　678
健　94
巾穗　342
乾隆甲戌鄕校田畓案　45
健牟羅　61-63, 65, 94
乾川/마른기울　565, 645
乾川/마른내　566
乾川/마은기울　565
乾川/모른닛　565
乾川/여우니　565
건천리/乾川里　764, 767, 802, 813
乾川面　671, 687
건천읍/乾川邑　178, 183

찾아보기 **899**

乾川店/마른기울쥬막 565
乾川店/마른너 565
걸[渠] 172
黔丹 359
儉丹里 358-359
검던면/黔丹面 358-359, 546, 696, 715
檢坌里 464, 466, 500
검둥여 151
검바위 489
黔岩洞 442
검암리/黔巖里 442, 463, 466, 489
黔岩里 443, 463, 489
검은돌 675, 680, 688
검은여 150
劍川別路 329
迲 198, 375
迲乃 198
迲村處 368
겉잠 564
겉저리 502
게너미지 227
게네미 676, 679
게어리쥬막 622-623
見谷面 178
見佛山 656
堅城郡 25, 197, 447
牽牛 280
見州 24, 429
犬項 236
甄萱 196
결속색등록/結束色謄錄 544, 570, 572-576, 580-581, 583, 588, 592-593, 595, 599-600

鏡 250
景 655
京 62
경국대전/經國大典 241, 260, 279, 343, 497
京畿 384
京畿關草 438
京畿廣州府量案 620, 660
경기도/京畿道 150, 264, 386
京畿道 總記 387
京畿道各郡訴狀 606
경기읍지 440, 461, 574
경기읍지(부평부) 433, 437, 441, 495
경기읍지 부평지도 540
경기지 부평부지도 540
경기지 부평지도 551
京都 28, 386-387
京都門 386, 388, 399
京都門目 383, 386, 388
經道峴 639
經道峴/지러버리고기 637-638, 643
輕了里 86
景明鄕 350
景明峴 433
輕部鄕 86
京師 386
京山 271, 286, 299
경산군 178, 694
京山府 196, 286, 287
京山府道 245, 249-250, 252, 268-271, 279, 288-290, 294-295, 297, 299-300
京山志 351, 357, 363

경상남도 234
慶尙南道 151
경상도 264
慶尙道 45, 82, 384
경상도속찬찬지리지/慶尙道續撰地理誌 241, 243, 279, 348, 350, 361, 363, 368, 370, 374, 380, 389-391, 399, 402
경상도지리지/慶尙道地理志 177, 241, 243, 279, 317, 348, 350-351, 374, 380, 389-391, 399, 402, 558
경성/京城 218, 482, 703, 725, 727, 729-730
鏡城 704, 730-731, 736-737, 748
경성군 730, 752
鏡城羅南 731, 736, 737
京城南山町 727
京城南山町三丁目 727
京城南山町二丁目 727
京城內 735
京城大和町 727
京城本町九丁目 727
경성부/京城府 695, 704, 717, 729-731, 735-737, 747
京城西小門通 727
京城曙町 727
京城新町二丁目 727
京城旭町三丁目 727
京城長谷川町 727
經世遺表 313, 330, 357, 406, 418
敬淑翁主 578, 598
敬淑翁主墓 591
慶新 272, 304-307

景申 272, 305, 307
敬信錄諺釋 167
慶安 286, 650-651, 656
경안면/慶安面 609-611, 614-615, 617, 621, 631, 633, 635-636, 639-640, 642, 643-644, 656, 715
경안역/慶安驛 554-555, 650, 651
慶安川 611
鯨岩洞 806
京岩里 769
鯨嚴里 769-770, 810
鯨岩里 766, 806, 810
敬陽 266, 292
景陽 266, 295
慶陽面 713
京町 703, 732
京町三丁目 726
京町二丁目 726
京町一丁目 726
景宗實錄 344
경주/慶州 174, 177, 179, 182, 251, 273, 286, 304, 306, 373
경주군 694, 739
慶州南山新城碑第一碑 36
慶州斷石山神仙寺磨崖佛像群 40, 72
慶州道 248-252, 261, 268-270, 273, 279, 286-290, 294-295, 298-299, 304, 306
경주부/慶州府 27, 175, 184, 264, 671
경주시/慶州市 178
慶州月城垓字木簡 72
경주읍 739
京倉 119

敬天 286
景峴里 653, 655, 661
경흥군 740
契 337
溪 409-411, 413, 612, 644-645
雞 69
雞龍山 111, 117
계림유사/鷄林類事 69, 106, 129, 132, 146
鷄立嶺 317, 558-560
桂城 286
桂城縣 370
鷄巖灘 149
桂陽 21, 22
계양구 578, 580, 598
桂陽郡開國伯 29
桂陽都護府 28-29
계양산 433
癸田/계밧 714
界井谷 355
고- 90, 96
庫 322, 336
고기 487
고강동 578, 598
고개 317, 413, 644, 680, 821-822, 825, 828, 831, 834, 841-843, 845, 847-849, 851-853
고개[峴] 688, 822-823, 837, 841, 844, 852-853
古介 679, 843, 844
古介/高个/高闕/고개 778
高介 408, 412, 415
古介洞 793

高个洞 794
古介洞コケードン 794
高个洞/고기골 774, 778
古介洞/고기동 778
고개를 넘다 828, 831-832, 853
고갯길 552-554, 560, 821, 851
古古里 658-659
古公峴 573, 596
高橋鄕 86
高句麗 384
古群山鎭誌 396
高闕洞 795
高闕洞/고기동 778
古今圖書集成 65
고기골 794
고기동 793, 795
고깃골 767, 800
古寧面 753, 755, 757, 760, 765, 773, 775-776, 778, 782, 785-787
古寧社 763
古寧仁社 760, 763, 766, 788, 816
고다 91
古多只洞 606, 648, 660
高丹 271, 303
高端 271, 303
古丹洞 715
高潭里 712
古垈谷/옛터골 646
高垈岩/고터미 712
高德里 606, 647, 648, 660
古德恩 112
高島町 726, 732
古洞里 658-659

古同積里 367
고란대면/高蘭台面 483, 696, 712
고래여 150
高麗 384
高麗大藏經 66
高麗史 22-25, 27, 29, 36, 99, 104, 109, 117, 122, 124, 131, 133, 138, 141, 160, 187-188, 196, 211, 213-217, 228, 237, 239-243, 250, 257, 261, 274-275, 278-294, 303-304, 320, 339, 355, 429, 453, 558, 562
高麗史地理志 21, 157
高麗町 732
고련이 475
高令 286
고령군 694
高嶺里 671, 687
고리>괴 538
古里洞 440, 464, 475, 478, 483, 519, 537
古里洞/고리울 464, 471, 473, 536
古里洞里 464, 471, 473, 536, 568
고리울 473-474, 537-538, 568
古梨浦 541
古馬 201
古馬旀知縣 186, 201
古馬彌知 194
古馬彌知之縣 185
高木根縣 449
고방동/古方洞 794
古方洞/고방동 787
高峯 270, 299, 429
高峯監務 427

古阜 28, 266, 292, 394
고비/위기를 넘기다 852
古事記 87, 166, 839
古寺里 626
古沙山 200
高砂町 732
高山 111, 266, 278, 280, 295
孤山 266, 278, 292
고산군 110
高山峴 570, 571
高山縣 113-115, 117
高城 286, 318
固城 195, 249, 272, 286, 304, 306
고성군/高城郡 151, 326, 739
고성읍 739
古尸 192, 415, 549
古尸寺 415, 549
古尸伊縣 323
古市町 732
古市津 105, 112
高牙 361, 363
高雅 361, 363
高牙部曲 361
高安面 452
고얀 501
高陽 236, 251, 253, 374, 428
고양군/高陽郡 341, 350, 423, 491, 673, 677, 695, 717
高陽郡輿地勝覽 396
古陽里 697-698, 719, 722
高陽里 710
古良夫里 181
古良夫里停 181

古良夫里縣　181
고양시　428
高彥伯　222
高原　285, 790
苽原　266, 292
庫員　335, 336
고원군/高原郡　752-753, 760
固有漢字　311-312, 314-318, 326, 332, 334, 340, 342, 368, 822, 850-851, 853
古音月嶺/고음달니고기　483
古音月里　710, 721
古邑　385
고읍면/古邑面　628, 717
高椅里　86
古資　195
古資彌凍　195
古殘里　463, 467, 477, 504
高棧里　463-464, 467, 477, 487, 504
고잘　486
高岑　286
高岑里　633
古長湍　51
고저읍　739
古跡　388, 404
古占莊里　365
高町　732
古井洞　624, 643
고정리　351, 367
高宗　246
高佐洞　486
高州　286, 336
古洲洞　715

고지　549
고지/곶　492
古之面　547
古叱　764
古叱逹　762, 764
古次　323
高敞　492
高敞縣　351
高尺洞/고작골　486
高尺里　440, 464, 486, 501
高尺里/고마루　486
高尺里/고자말　486
高尺山里/고ㅈ메　486
고천면/高泉面　493, 565
古峙　779
古峙/곶　778
古峙/串峙/고치[곶]　789
고치말　807
高坦　271, 300
高灘里　675, 680, 688
古胎藏里　365
古苔莊里　365
古胎藏村　366
羔浦洞　713
고허성/高墟城　178
고허촌장　137
古縣內面　542, 696
古火岾　414
고흥군/高興郡　151, 344, 622
고흥읍　622
곡　854
谷　77, 409-410, 413, 478-481, 505, 612

谷/골 488, 505
曲/귀비 776
谷/실 477, 504
曲橋洞 633-634, 647
谷那鐵山 200
谷洞 481
谷洞里 479
곡두여 151
谷里 479
곡산군 324, 326
谷城 269, 299
曲城郡 181
穀壤 24
谷町 732
谷州 283, 429
곡지 849
谷村 481
谷村里 479
穀摠 396
昆明 273, 304, 306
昆珠浦[곤주애]酒幕 653
昆珠浦店[곤주애] 653
昆池岩 642
곤지암천 629
곧 334
골 413, 680
骨 408, 413
골[洞, 谷] 678
骨乃斤停 181
骨乃斤縣 181
골말 121
골짜기 513
骨浦[골개] 212

곳 321
麀 322
곳갈 106
곳갈/冠 131
곳도리 335-336
麀員 335-336
空代 332
工木達 33
貢稅串 119
공세길 590
公需川 656
貢案 400
孔嚴里 719
孔岩里 697-698, 710, 722
孔嚴縣(陽川縣) 21
공주 730
공주/公州 110-111, 117, 119, 246-247, 270, 281, 286, 299, 439, 704, 729-730, 748
공주군/公州郡 110, 695, 731, 736-737
公州牧 107, 141
公村里 463, 475-476
公廨 388
貢鄉面 711, 715
곶/串 779
곶[岬] 319
곶(串) 320, 417, 549, 764
串 319-320, 323, 346, 347, 408-409, 411, 417, 492, 548
串/곶/고지 505
串餘嶺 325
過細谷峴[ᄀᄂ골고개] 555
果安里 464, 467, 469, 501, 504

果院町 732
過猪田小峴[돗밤이고개] 555
果州 21, 23, 217, 269, 299, 427, 429
과천, 果川 351, 562-563, 656
과천군/果川郡 351, 565, 631, 694-696, 717
과천시 561
果川地圖 563
과천현/果川縣 367, 423
과ㅎ- 96
果海里 710, 720, 722
郭州 286
關(ぜき) 838-839
串甲遷 326
灌漑 392
鸛畓谷/황시논골 639, 641, 646
串洞 717
寬洞 281, 794
官屯里 615
관례/關例 377, 380, 382-383, 392, 394-395, 400, 402, 407, 416, 419
灌木 250
關門 202-203
官門前三巨里 575, 580
關防 388, 395-396
關防戍 761
關北邑誌 394, 759, 770
館山 295
管山 267, 292
管城 268, 295
官阿良 179
官阿良支停 178-179
冠岳 223

官案 388, 392, 393, 400
關阨 388-390, 393
關驛 239, 240
官栗 267, 295
灌栗 267, 292, 295
官仁面 712
關亭 406-407
串知烏智遷 326
觀察營 394
寬川 280
官村 714
官村里 666, 668, 687
串峙 779
串峙洞 805
串峙村 807
串峙村/고치말 778
官坪里 714
館平里 811
串蟹 323
寬化 281
官昕 196
廣/넓- 781
廣開土王碑 47
광나루 225, 555, 634
광ㄴㄹ 158
廣大洞 808
光道面 151
광더골 808
광릉군/廣陵郡 212-214, 217-221, 240
光陵里 670
廣綾里 670
廣里 272, 304-307
광산군 739

光山町 744
狂生別路 329
廣石面 669-670, 674-675, 678-680, 687
廣城 790, 801
廣成洞 795
광성이 801
光世 270, 298, 301
광성동 795
光秀山 655, 661
廣秀山 654-655, 661
光時 270, 301
光陽 269, 286, 299
光陽縣 28, 29
광여도/廣輿圖 445-446, 552, 607, 768
廣利 272, 305, 307
光利 272, 305, 307
광장동 221
廣才物譜 167
廣程 270, 302
廣庭 270, 299
廣井里 424, 463, 465, 472, 499
광주 554, 634, 730
광주/光州 266, 286, 292, 704, 729, 748
광주/廣州 218-219, 250, 279, 286, 562, 615, 652, 658
광주군 606-608, 616, 620-622, 629-630, 634, 647, 649, 654, 656, 660
광주군/光州郡 731, 736, 737
광주군/廣州郡 220, 224, 560, 603, 606, 624, 631-633, 636, 658, 714-715
광주면 744

廣州牧 23, 24
광주목 423, 606, 667
광주부/廣州府 217, 225, 620, 741, 744
廣州府邑誌 619
廣州府統表 617
광주시 654
광주시가지 744
광주읍 744
光州千字文 230, 354
光池 282
光津 810
廣津 26, 158, 218, 220-221, 555, 634
廣津/광나루 633-634, 647
廣津:광ㄴㄹ 218
광진구 221
廣津渡 219, 225
廣津里 766, 806, 810
光川町 746
廣村クヮンチョン 796
廣村洞 796
廣村洞/너은돌 781
廣灘 439
광탄면/廣灘面 439, 714, 717
廣峴 653
廣峴/넉고기 637-638, 643
廣峴里 645
廣峴酒幕 653
光化門町 732
光熙町 732
槐谷 537
槐谷里/고리골 537
괴다 538
槐里 536, 568

槐里洞 537
槐木里 556
槐安里 464, 467, 469, 501, 504
괴안이 501
괴울 538
槐音里 674
槐陰里 674
槐州 287
橋 688
郊 408-409, 411
橋/다리 501, 505
喬柯 303, 306
橋柯 273, 303, 306
交柯 273, 305, 307
交可 273, 305, 307
橋口町 732
校洞 723
喬桐 394, 429
교동군 694-696, 717
교동현/喬桐縣 423, 449
橋梁 385, 388
鮫龍坪/도룡겻 639
橋立町 732
校社里 745
交岩里 714
校町 724
交州 245, 247
交州道 429
校村 612, 716
交河 360, 429
교하군/交河郡 138, 681, 695, 715
교하현/交河縣 21, 360, 423, 430
口 323

久々利 86
龜岡町 746
구강-펄[舊江-] 121
구거 706, 707, 708
九皐 270, 297
仇谷 215-216, 287
구곡역/仇谷驛 215-217
구급방언해 261
구낙동 794
구단동/九丹洞 791
九德伊クードンリ 793
久豆賀里 86
구들여 151
仇羅梁 42-43, 80
九洛洞 794
求禮 272, 304, 307
俱禮馬 39
久禮车羅城 64
求禮縣 364
구리[銅] 101
九里介里 678
九里內 464, 477
仇里瓮古介 415
久麻 159
久麻那利 159
久麻怒利城 159
九灣里 813
九萬坪/구만이 633
구멍개여 150
仇旀 250
구무여 150
구미 778
仇彌 249

[九未] 778
[九未]/九味/久美/구미 778-789
九美里 595
駒峯/미지봉 635, 639
九分橋 570
구비 848
久斯牟羅 63
구산 509
丘山 287
龜山/九山 483
龜山里 463, 467, 482, 504
九山里 463, 467, 482, 504
구산말 509
龜山澤/구산못 635, 647
구석계일 뒷골 592-594, 599
龜城 668
九水洞 626, 640, 646
九十九坂 835
구암리 216, 217, 218
九陽里 633, 640, 642, 646
仇於 249-251
仇於且 251-252
九億洞 805
九龍洞面 496
仇乙峴 157, 326
龜陰里 573, 576, 592, 594, 596
구음리고송현(龜陰里古松峴) 570
舊邑面 696
구장리/舊獐里 766, 772, 775, 783, 787-788, 808, 817
仇莊遷 326
舊獐項里 772, 788, 817
狗井坪/개우물골 639

九韋別路 329
龜州 282, 283, 284
拘蹲別路 329
九地 345
구지 512, 549
仇知 101, 131
구지/串 509, 511-514, 566
仇知/구디 132
求知道面 341, 367, 374
九芝里 509
구지리 509-511, 566
仇知里 367, 374
九芝里 464, 466-467, 493, 504, 509
仇之里 464, 467, 477, 493-494, 504, 509
구지말 509
龜旨面 672, 675, 681, 687
久知波多枳五城 83
仇知縣 101
舊陳川/구진기울 624, 644
舊陳坪/구진버리 624, 642
仇叱浦 656
구짓말 477, 493, 510
鳩站 355, 375
舊倉洞 799
九千里面 713
龜川面 220, 235, 606, 616, 648, 656
九川面 609-610, 612-613, 615-616, 618, 633-635, 639-640, 646-648, 714
久陀牟羅塞 63
鷗浦 570, 656
舊韓國地方行政區域名稱一覽 702, 709-

710, 748, 759
仇和 249
國 85, 95
國(クニ) 65, 87
國郡邑里 65
國郡村里 65
國都 383, 388
國變字 315
국보/局報 694-700, 705, 710, 718-721, 723, 725, 729, 747
菊秀峯 611
國音字 315
國義字 315
國字 315
國井浦 643
國造字 315
國漢會語 204, 230
局回里 807
局回里/굼두리 781
군/郡 62-65, 85, 96, 337, 423, 708, 739-741
郡(コホリ) 65
郡界 755
軍器 388, 392-395, 419
軍器庫 394
軍器汁物 394
군내면 616, 696, 717
군내면/郡內面 426, 474, 479, 487, 525, 565, 609-611, 614, 616, 626, 631, 633, 635, 637, 639-640, 642-643, 645-697, 710, 712-714, 716-717, 719
軍糧 393

郡名 388
軍兵 388, 391, 393
군산 725, 730
群山 704, 726, 729, 748
群山府 731, 736-737
群山市 150
郡上村主 36, 63
軍需屯里 648-649, 660
軍餘伊 842
군위군 694
軍主 35, 50
郡中上人 63
軍知 280
軍餉 388, 392-393, 395, 419
군현/郡縣 61, 63, 65
굴[구덩이] 345
屈 686
窟 409-410
굴갓/箸笠 129, 131
굴게울 676, 679
屈內里/굴-안말 464, 476
屈乃浦[굴내개] 212
굴덕리 793
窟德伊 793
堀峰峴/굴봉쩍 487
屈弗 252
굴재 486
崛岾里 487-488
屈遷 157, 326, 328
굴포운하 453
굴포천/掘浦川 514, 545, 574, 581
屈歇 251
掘峴 595

堀峴里　474, 487, 504
掘峴里　463, 467, 470, 486-487, 504
堀峴里/굴-썩　463, 467, 486, 488
屈火　138, 252, 254
屈火郡　138
굼두리　807
굽정이(구부정한 물건)　517
굿　345
굿밧티　345
宮　383, 633
궁골　678
宮闕　383, 388
宮內新洑/궁안시보　632
宮內酒幕/궁안주막　635
宮內村　635
宮洞　678
宮洞里　678
宮里　464, 473, 482, 502
궁말　681
宮室　385, 388, 403
宮庄　780
弓町　732, 744
宮町　726, 732
宮村　681, 714
宮村里　666, 668, 687
宮坪里　628, 638, 640, 643-644, 666, 714
鳶/왁시　782
鳶洞　791
鳶洞/왁시골　774, 782
權秉九訴狀　606
勸賓　291
權應仁　312

歸堂洞　714
貴人趙氏　578
貴存里　645
歸厚　280
葵窓遺稿　666
竅興寺鐘銘　36
均稅　388, 392-393
均役廳事目　412, 418
그을여　150
根乃停　178-179
近東面　542, 716
近母里　715
近三面　489, 673, 712, 715
近西里　715
(近世)韓國五萬分之一地形圖　465-467, 478, 486, 504, 790
近一二面　631
近珠　291
金/쇠　677
금강/金剛　108, 289
金剛經三家解　156
金剛經三家解　50, 89
金鋼里　712
金剛山　318
錦溪里　744
金谷　287, 288
金谷洞　635, 640, 658-659
金谷里　676, 678, 686
金谷面　542, 683, 712, 716
金谷酒幕/쇠골주막　635, 640
금공니　686
金光里　712
金郊　285

金郊道　243, 246-247, 267, 270, 272, 279, 283-285, 291-292, 300, 304, 306
金屈　688
金屈里　686, 688
錦堂洞　714
金塘面　150
金洞　289
錦頭谷　621
金領　269, 298
金輪驛　474
金陵面　723
金馬　281
今勿　283
金盤里　464, 501
金沙　289
金沙面　478, 635, 715
金山　287, 350
錦山郡　188-189, 527, 694
錦山郡　189
金箱洞　797
金石文字辨異　67, 95
金城　243, 283, 287
錦城面　546, 547
錦城町　732
琴召　270, 300, 302
金輪　271, 302
金岳所　351
金岩　246
金巖　246
金喦　246
金壤　250
金陽　252

金嶺　269, 301
金旺面　565
金愚洞　790
금위영　203
今音段　359
今音段里　358-359
今音勿　358
金音勿部曲　359
今音勿部曲　359
金日邑　150
琴田　279
金井　291
錦町　723, 726, 732, 734, 744
琴曹　270, 300
錦州　188
金州　251, 267, 287, 293
衿州　21, 24, 429
金州道　245, 249, 251-252, 267, 271-272, 279, 286-287, 289-293, 299-300, 303, 307
金朱洞　715
金泉　287
金遷　551
金川　284, 439
金川里　144
金遷川　558
金遷浦[쇠벼ᄅ개]　212
금천현/衿川縣　423, 582
金村　791, 800
金村面　670
금촌읍　428
금치구여　150
琴平町　726, 732

金浦　429
金峴洞　632, 643
金化　247, 280, 283
金化縣　454
金化縣驛　283
及梁部　71
級泉　295
汲泉　267, 292, 295
基　500
怾怛　318
基/터　677
機/틀　776, 788
基/墟/垈/터　500, 505
杞溪　269, 298
基谷　676, 678, 688
器谷面　626, 715
기름여　151
其里洞　648, 660
驥驎　304, 306
己富里　60, 84, 95
歧城　247
起案　589
祁陽縣　28
歧晉江　370
騏麟　272, 304, 306
麒麟　272, 305, 307
其自山　654, 655
機長驛　249
畿甸邑誌　552
기전읍지(부평부)　437
기전읍지 부평지도　540, 551
岐灘橋　440, 495, 582
岐灘場　441

奇泰東　232
긴여　150
吉里洞　613, 648, 660, 714
吉馬谷/길마구비　626
길머리　482
길미　108
吉備　86
吉祥面　696
吉野洞　613, 714
吉野町　732
吉州　21-22, 28
길주군　740
吉州牧　28
길주읍　740
吉川面　681
吉川町　732
金謙光神道碑　351
金繼輝神道碑　367
金倫　271, 302
김상동　797
金安老　453
金嶺　298, 301
김우골　790
金輪　271, 299, 302
김정호/金正浩　111, 184, 241-242, 316, 320-321, 342, 385
金踶　291
金堤　269, 281, 299
김제군/金堤郡　394, 740
김제읍　740
金宗直　381
金仲龜墓誌銘　316
김천/金泉　704, 724, 729-730, 748

金泉郡 731, 736-737
金泉邑 723-724
김촌 791, 800
김포/金浦 125, 570, 572, 595, 597-598
金浦官門 595
김포군/金浦郡 359, 423, 493, 546, 694-697, 711-712, 715, 719-721
김포시 351
김포행궁 570-572, 597, 598
金浦縣 21, 358
金海 125, 350, 361, 370, 372
김해군 234, 739
金海都護府 361, 370
金海府 373
김해읍 739
깊은골 512
깊은구지/深谷洞 509
깊은구지 488, 512-513, 566
깊은구지골/深串谷 566
까망여 150
까치우물 499
까치울 473
껀정이(키 큰 사람) 517
꼬불꼬불 열두 고개 835
꼭 849
꼭대기 849
꼭뒤 849
꼭지 849
꽃갈여 150
꽃분이 시집가네 834
꾸짓말 509

ㄴ

那 127-128
蘿(nar) 139
나[壤] 136, 144, 172
나[壤]+리[水] 145
ㄴ[泥] 166
ㄴ[水草] 172
ㄴ 166
羅閣 403
羅南 704, 730, 748
나남 730
羅南町 733
나드리 161
那等里 161, 408, 413, 417
ᄂᆞᆯ[盡] 158
ᄂᆞᆯ 159, 163, 167, 172, 413
ᄂᆞᆯ[津] 135-136, 144, 164, 166-172
ᄂᆞᆯ빗 167
나래미 357
나로빈 167
나루 167
ᄂᆞ루 126
나르 167
나리 143-144, 167, 171, 254
나리[川] 136, 144, 167-170, 172, 200
那利[나리] 167
나리>내[川] 135
나리/내[川] 145
나리>내(川) 538
ᄂᆞ리 164
나릿므른 100
나무서리 501
羅城 403

奈遊山里　491
奈乙　146
奈乙[날]　167
蘿井　135-137, 139-140, 142-144, 146, 171
蘿井[나리]　167
나주　730
羅州　350, 287, 704, 729, 748
羅州郡　731, 736-737
羅州牧　350
나진부　740
蘿泉　142, 143
奈吐郡　44, 81
洛東　288
樂浪郡　75
樂浪郡初元四年縣別戶口簿 木簡　75
洛山　249
樂生　250, 634
樂生里　658
樂生面　609-613, 615, 618-619, 626-627, 632-635, 637, 640, 642, 644, 658
樂生坪/낙싱벌　633-634, 642
洛西　249
樂善坊　403
洛水　296
落水　267, 296
樂水　267, 293
洛昇　273, 305, 308
樂昇　273, 305, 308
樂新　273, 304-306, 308
樂安　273, 304, 306
洛陽　288

洛原　271, 299, 302
洛源　271, 302
洛原驛　302
落月面　150
樂全堂集　666
난곡리　683
卵洞/아롱기　714
難彌離彌凍　195
蘭井里　717
蘭芝島　463, 472, 498
날가리　130-131
늘　158-160, 164, 167
늘/느ᄅ[津]　145
南京　214-215, 223, 267, 272, 282, 287, 292, 304, 307
南京留守官　23-25
南京驛　215-217, 282
嵐谷　283
嵐校　269, 302
嵐橋　269, 299
南畿停　178
南大門町　732
南島面　696
南苞夜面　666-667, 669, 675, 679, 682
南羅洞　715
南龍岡町　733
南栗灘坊　439
南里　269, 298
남면/南面　123, 150-151, 425, 500, 530, 645, 696, 713-715
南門町　733
南門通　744
南米倉町　733

南半灘面 439
南方里 671
南坊里 671
南方伊 798
南別宮 403
南本町 733
南部面 678
南濱町 733
南濱町三丁目 726
南濱町二丁目 726
南濱町一丁目 726
南史 65
南山 266, 278, 286, 295
嵐山 266, 278, 292
南山谷 608
남산동 792, 794
南山洞 178, 792, 794
남산리/南山里 115, 766, 775, 782, 794, 816
南山面 696-697, 710, 720-721
南山城址 178
남산신성 178
南山新城碑 63
남산역 563
南山町 723, 733
남삼동/南三洞 802
南夕洞 794-795
南石洞ナムソクドン 805
南石村 805
南城內里 813
南城里 633, 635
南成才里 770, 813
南城才里 770

南城町 733
남성지 803
南城峙 803
남셕동 794-795
南始面 631, 714
南陽 429, 656, 713
南陽郡 344, 713-715
남양도호부 325, 423
남양주시 216-217, 220-221, 223-227
南驛 279, 283
南旭町 733
南原 268, 287, 294, 295
남원군 740
南原道 251, 266-270, 272, 286, 287, 289-290, 293, 294-295, 297, 299, 304, 307
南原都護府 350
남원읍 740
南利 301
南二面 713
南一面 451, 711, 713
南長洞 798
嵐崎 299
南町 732, 743, 745
남종면/南終面 615-616, 654-655, 715
남주내면 741-743
南地境 805-806
南泉 250
嵐泉 247
南川停 180-181
南川縣 181
南村 374, 541
南村面 696, 713-714

南七星 803
남칠성 803
南泰嶺 561-562
南平 272, 304, 306
南平壤城 25, 26
南下面 565
남한산성/南漢山城 555, 650
南漢山州 23
南海 287
南海郡 151
南海岸通 726
南幸町 733
南興里 814
눕 165
납덕여 150
狼川 243, 250, 269, 272, 284, 299, 304, 306
浪花町 726, 733
내 167, 171-172, 200, 413
내[ㄴ] 144
內 62
乃 127, 408, 413
내 403
奈 127
내[川] 171
內/안 785
니[川] 623, 644, 645
內古靈 671, 687
內谷 621
內果里 710
內果海 720
내남면 178
內垈 627

內垈谷/안터골 626
內垈洞/안터꼴 626
내덕여 150
내도룡여 151
內都尺里 639
內洞 795, 801
內洞/안골 775, 785
내동리/內洞里 675, 679, 683, 688
內洞面 645
내리/內里 150, 584, 587, 713
내리고개 586
內木谷里 715
內木里 710
내미음 220, 238
內鉢山 719
內鉢山里 710, 719, 722
內浮石 720
內浮石里 710, 720
來蘇郡 24, 447
內水谷里 715
內新山里 770
內薪山里 770, 812
內也 271, 299, 302
內野 271, 302
內完ネーワン 791
內旺倫 624, 646
內龍米里 808
內院洞 791
너원동 791
奈乙 135-140, 142-144, 171
內才 269, 302
內材 269, 299
內赤面 351, 367

奈堤郡　44, 81
乃竹里　682, 683
來進鄕　350
內倉里　673
內村　463-464, 470, 476, 478, 485, 516
內村里　463, 470, 476
奈吐郡　44, 81
內評　84
乃布岾　184
內浦川/안씨기울　645
내ㅎ[川]　100
內後陵　682
內訓　91, 129
냅대　683, 688
冷井　656
冷井/찬우물　638, 647
너더리　801
너른여　151
너머　681
너미[踰]　679
너미　680-681
너부여　151
너브렁여　151
너은돌　796
너은돌동　796
넘이　842, 845, 847, 853
넙성　790
네게밋堰　622-623
네미[踰]　688
네미　681
路　731, 732, 736
蘆/갈　782
奴[노]　144

盧哥峙　806
老姑山　593
노고여　150
奴谷　286
老谷洞　636, 638-639, 643
노곡역　178
露渡　218
露渡津　218
노동/蘆洞　792, 794
蘆洞/갈골　774, 782
노량　572
노량나루　563
露梁津　562
노루너머　676, 679
노루목　784
怒利　159
怒利[노리]　167
노리여　151
노린여　151
盧思愼　381
路上洞　632, 643
魯城　119, 124, 126
노성군/魯城郡　110
노성현　112
老松町　733
鹵水　212, 234
鹵水浦　211, 213-214, 220-221, 233-
　　237, 240, 656
奴良伊所志　334
노오지　493
老吾之里　465, 493
老吾之里/줄미　465, 493
老溫谷里　698

蘆雲洞 794
盧原 267, 295
蘆原 215-216, 267, 292, 295
蘆原面 674, 676, 681
노원역/蘆原驛 215-217
蘆長面 696
露積가리 130
蘆田ノ-ヂョン 798
蘆田洞 798, 799
老村面 492
梺 314
麓 161, 314
祿沙 267, 295
綠沙 267, 292, 295
綠山 296
淥山 267, 293
祿山 267, 296
綠楊 291
綠楊坪 684
綠町 726, 733
綠驍縣 181
論古介 648
論古介里 648, 660
논골 676, 678, 688
논배미 357
논산/論山 98-103, 105, 117, 121, 130, 132
논산군 110, 740
논산시 351, 367
논산읍 740
論山浦 111
논틀 777
논틀골 805

論峴洞 648, 660
놀기목이 795, 797
農山里 811
農庄 780
農莊 780
높은여울 675, 680, 688
뇌[노] 144
瀨 155, 408-409, 411
磊石峴/괸돌고기 637, 643
뇌진여 151
樓 383
樓/다락 677, 777
樓/달악[다락] 788
樓筯 398
누리 200
누리〉뉘(世) 538
樓門里 744
樓門町 746
樓盈筒 340
樓院里 675, 688
樓亭 385, 388, 397-398, 406
눈다리기천 443
訥語里 710, 719
눕 165
뉘 200
뉘-누리 200
느리울/느리골 537
느정이(나무 줄기) 517
勒峴里 635, 640, 641
勒峴酒幕/구러기쥬막 635, 640
勒峴坪/구러기들 640-641
늙정이(늙은이) 517
늪 165, 644

찾아보기 **919**

늪[沼] 645
늪상리 767, 791
陵 633
陵南 807
陵內 681
陵內洞 681
陵內村/능안말 464, 476
능동/陵洞 710, 791
菱洞 721
陵洞里 721, 766, 778, 807, 811
陵頭山/능머리산(彦州面) 632, 635
菱里 710
陵里 683, 720, 722
능말 681-682
能備[ノヒ] 84
能備己富里 60, 83-84, 95
陵山/능뫼 440, 483
綾城 268, 294
陵所洞口 570, 595
능안 681
능안부락 359
楞嚴經諺解 52, 91-92, 154, 158, 234
能昌 247
陵村溪/능말닉 645
陵村里 645
陵寢 385, 388, 397-398, 419
능행길 570-573, 575-578, 580, 598-599
늪 164
泥生員 338
泥坪/지늪들 638, 642
泥軒坪/진마루들 637, 642

ㄷ

多佳町 733
茶洞チャコル 794
다락원 675, 688
다리[橋] 682, 688
다리골 676, 679
다리내고개 657
多沙石 148
茶上洞 794
多石 149
多所 541
多所面 696, 726
多壽洞 724
茶屋町 733
多仁 267, 293
茶下洞 794
多乎遷口子 326
多和 839
多和/たわ 839
닥밧골 805
닥즈섬 227
丹丘 289
丹垈 652
丹臺洞 648
丹垈洞 648, 651
丹臺里 648
單代捧 396
丹垈店 651
端林 196
壇廟 388, 398, 419
單密縣 186, 201
丹山 267, 287, 294
斷俗寺大鑑國師碑 293

湍水 51
丹邑 280
丹巖 290
旦驛 251
丹嶺 290
단원구/檀園區 150, 682
丹月 287
壇墻 385
丹林 283, 291
단장의 미아리 고개 833
丹棗 290
湍州 271, 299
단천군 752
短村 675, 680, 688
短村/절음메기 681
단촌리 683
丹波國 85
丹平 247
旦平 247
達溪 266, 295
獺溪 266, 293
달래내고개 657
達城町 733
達乙斬 449
達井里/머어물리 787, 794
達川 484
獺川 484
돌팡이 261
達孝 248
닭벼슬산 183
潭 409, 410, 411
舻牟羅國 63
潭陽 270

潭淵 409
澹園 621
담터 676, 681, 688
擔浦橋 570
畓/논 312, 319, 677, 785
踏溪 286
畓機洞/논틀골 775-776, 785, 805
畓洞里 676, 678, 688
堂 383
塘 409-410
幢 51, 54
堂谷里 710, 721
당너머 432
唐垈坪/점터들 624-625, 642
棠洞里 721
幢頭 38
唐豆坪 674
塘豆坪 674
堂山 541
堂山橋野/당미다리벌 483
堂山里前路 570
堂山面 425, 431, 440-441, 457, 461, 463, 467, 474, 476-477, 483, 486, 492, 514
唐山川/당메기울 645
唐書 66
당아래고개 482
唐隅洞 624, 642-643
唐池 345
唐吏部常選隴西李敬固吳興朱夫人墓誌銘 69
幢主 35
堂旨堤 361

唐津　634
堂下里　464-466, 482
代　332, 334, 346, 369
垈　332-334, 369, 500, 652, 731-732,
　　736, 777, 788
臺　383, 731-732, 736
더　334
大甘里　714
大江　268, 297
大康　268, 274, 297
大鏡大師塔碑　194
대경성　747
大谷　496, 532, 552, 646
대관령　832
대교/大橋　574, 586
大校洞　715
大橋三巨里　575, 582
大橋町　733, 743
大橋坪石橋　573-574, 576, 581, 596,
　　599
대구/大丘　725, 729-730
大邱　703
대구군　694, 696
대구면시가지원도　703
대구부/大邱府　694, 731, 736, 737
大窟洞　791
더굴동　791
大歧里　370
大歧音里　370
大機筒　340
大難洑　331
代納錢　396
大幢　180

大岱洞　616
大德里　812
대덕면　717
大德山/디덕산　803
大德山里　812
大道也峴　570, 573, 576, 589, 592,
　　594-596, 598-599
大島町　733
大都護府牧　384
大同　388, 392, 393
垈洞　621
대동방여전도　607
大同法　400
대동여지도/大東輿地圖　184, 215, 216,
　　342
大東地志　113-114, 118, 122, 124-125,
　　150, 199, 205, 223, 225, 228, 241-
　　242, 276, 316, 320-321, 324-325,
　　328, 385, 426-427, 541, 556, 562
대룡여　151
大里[큰말]　150, 464, 476
大面　713
大明律直解　322-323
大明一統志　386
대모시　680
大募浦[한뫼애]　212
大墨場/큰먹정　787
大墨場/큰먹정이라　804
大墨場里　813
大門面　712
大飯郡　86
大富　289
大府　350

大阜洞 150
딧붓터 795
大山 86, 267, 295, 540, 543, 568
代山里 368, 375
垈山里 368, 375
大山面 338
大山新驛 295
大山鄕 86
大桑里 86
大桑鄕 86
大石索國 47-48
大城 88
大城郡 178
大成町 743
大孫勒洞/큰손굴기 787, 804
大松面 714
大樹部 39
大樹村 39
대숙리/大淑里 766, 775, 780, 783, 787, 797, 816
딧숙리 766, 797
大新峴 555
대쌧골 794
대쌍령리 629
대쌍령리/大雙嶺里 629, 631, 635, 638, 642
大雙嶺酒幕/큰쌍영이쥬막 635, 638
大安寺形止案 332
大也谷/딧꼴 542
大也谷/딧야꼴 542
大野郡 86
大也洞/딧야골/딧골 427, 540-543, 568, 589

대야리 553
大也院 540
大野町二丁目 726
大野町一丁目 726
大也川部曲 355
大也筒 340
大野評 86
大驛 267, 293
大旺面 609-613, 615, 618-619, 632-633, 642-643
大院東嶺 558
大院峴 558, 560
大月里 628
大月面 696
大位鄕 350
大邑 60
大日里 714
대자동 372
大壯里 464, 502
대장재여 150
大猪洞 804
대전 729-730
大田 86, 704, 729, 748
大田郡 731, 736, 737
大典通編 343
大田幸町 728
大田鄕 86
臺町 733
大井里 463, 499
大正町 733-734, 745
大井坪/큰우물골 638
大提 44, 81
딧제동 804

大棗洞 678, 712
大中里 803
더중리 803
大昌 287
大倉町 726, 733
大川/큰기울 638, 644
大靑面 150
大廳町 733
大廳町四丁目 726
大廳町三丁目 726
大廳町二丁目 726
大村 87, 801
더촌 801
大秋洞/더츌 712
더추마루 485, 516
대추말 678
大鷲洞テ-チ-ドン 791
大峙洞 646
大灘 147-149
大台 350
代土 334
大坡面 714
大平 284
大坪里 790, 811, 815
大平町 733
大坪地 792
더평지 792
大浦洞 795
大浦洞/더부터/더붓터 777
大豊里 803
더풍리 803
代下田 332
大海山 656

大峴/큰고기 638, 643
大化 270, 300
大和 270, 300, 303
大華山 656
大和町 723, 726, 733, 745
大回坪 792
더회평 792
大黑石里 766, 768, 777, 783, 805, 810
大黑町 733, 742
大興 270, 282, 298
大興郡 542
大興洞 791
더흥동 791
大興里/더흥리 778, 803, 813, 815
더흥리 803
大興縣 350
뒷골 541, 543, 589
뒷뫼 543
더나르 801
더디여 150
덕 364
德 341-342, 344, 346, 484, 778, 789
悳 341-342, 344, 346, 778
德古里 711, 714-715
德谷 357, 363
덕굿치 795
德基 270, 301
德奇 270, 301
德寧 249
덕동리/德洞里 804, 813
德令 249
德嶺 249
德末洞 795

德末洞/덕긋치 777-778
德勿縣 447
덕배미 533
덕배미논 533, 567
德凡洞 805
德山 287
德山郡 542
德山町 733
덕산현 123
德沼 687
덕소리 667
德沼里 667
德沼浦 666-667
德水 283, 428
德樹 280
德水縣 447
德神 269, 302
德新 269, 287, 299
德巖所 351
德陽 251, 253
덕양구 372
德陽里 766, 807, 811
德嶺 249
德佑里 715
德右里 711, 714-715
덕원군 138, 752
德源都護府 358
德原浦 213-214, 220-221, 240
德恩郡 100
德隱臺小店/던듸 650, 651
德義里 464, 501
德林 281
德積面 150

德佐里 715
德池筒 340
德川 271, 300, 303, 439, 484
德泉 271, 303
德川郡 345
德川君 684
德治里 666-667, 687
德通 291
德坪里 815
德浦洞 489
德浦里 766, 807, 811
德豊 286
德豊洞 635, 640
德海 683
德海院 683
德峴/덕고기 643
덕흥면/德興面 753, 760
德興部 762
德興社 760, 762
던듸 652
던디 652
덩어리 501
덯 332
도 739-740
渡 408-410
島/섬 408-410, 413, 415, 417, 505, 615, 776, 788
島/섬 498
都家巷 806
都監里 681
도감말 681
道康 249
道開 361, 363

桃開 361, 363
道開部曲 361
도계/道界 707, 755
도계리 185
道谷洞 629-630
道谷坪/도꼴들 628-629, 642
도골마을 629
陶工 288
陶器所 349
도당동 586
도당리/都堂里 463, 467, 477, 504, 584, 587
陶唐里 463, 467, 485, 504, 516
도당말 477
陶唐山/도당뫼 440, 483
道德里 672-673, 688
道德峴/도덕지고기 673
島洞 794
島洞/섬동 776, 785
道頭里 463, 482
棹頭里/도두정 713
棹頭亭里 713
渡頭村 34
桃屯里 672-673, 688
逃遁里 672
桃來村/도리말 673
道連 187, 350
도로/道路 388, 392-393, 706-708
道論 658-659
도리 336
度里 86
桃里 713
도리/도리 338

都里串峴 548
도리눕 805
道林里 350
桃林里 713
道立里 673
渡迷 218
度迷津 218
渡迷津 218, 328, 656
渡迷遷 328
도봉구 216, 372, 684
道峰里 683
도봉산 683-684
桃山町 726, 733
道釋 388, 392-393, 401
都城 198
道深 288
陶心里 666-667, 687
陶心里/トシムニ- 667
도쇨들 630
島野 338
道也峴 589
道陽邑 151
都要里 373, 375
都要渚 373
都要渚里 372, 375
陶雄里 634
桃源 288
桃源道 243, 245, 247, 249, 269, 271, 273, 280, 283, 287-288, 297, 299, 304, 307
道音谷村 184-185
都藏[九未] 778, 805
道長谷/도장골 635

道場谷/도장골 633, 646
道藏谷/도장골 635
도장구미 805
道長洞 645
道場里 720
道壯里/도장골 635
桃摘 247
都町 733
道井里 115
道濟院 685
刀支評 86
道知鄕 350
渡津 390-391
桃昌 247, 248
都昌 247
都尺 656
都尺面 609-613, 615, 618, 620, 622, 628, 632, 634-641, 643-644, 646, 714
都草面 150
島村 637, 642, 644
道村 363
陶村 645
道村面 714
도투마리여 151
道品兮停 178-179
到彼岸寺鐵造毘盧蔗那佛坐像造像記 339
稻荷町 733, 742
渡河處 163
陶峴/도고기 643
島峴洞 715
島峴里 715

陶峴里 632, 634, 639, 643, 646
陶穴里 666-667, 687
도호부 423
都護府郡縣 384
道化面 151
督 408, 413
독골 796
독골보(洑) 629
독구미 808
獨九味/독구미 778, 808
獨洞 796
獨山里 647
讀書堂 403
纛室里 442
纛染里 464, 466-477, 478
纛染里/둑실 477
纛室里[둑실] 464
독우머리 353
禿音 223, 226-227, 230, 237
禿音里 222-223, 228-229, 234
禿音面 222-223, 228-229, 671, 676, 680, 687
禿音浦 212, 222-223, 228-230
獨將 674
獨將里 671, 687
獨井 674
禿終 229
讀涿音爲道 79
獨坪 797
禿浦 219-220, 223, 228-229, 234-235, 656-657
禿浦平 223, 228-229
碊 409, 413

敦多山 350
돈여 150
敦煌文書 88
돌 413, 681, 779
돌[石] 688
돌[溝] 172
突 408-409, 413
돌串坊 457
돌곶이 436
돌串伊坪/돌고지 669
돌串坊 436
돌내[廻川] 533, 567
돌당리 622
돌梨坪/돌비들 639, 642
突馬面 609-612, 615, 618, 624, 626, 628, 635, 637-640, 642-643, 646, 658-659
돌馬面 658
돌섬 676, 688
돌섬들 680
돌安里 721
돌川 437, 457
돔실 185
垌 339-341, 344, 346
동/洞 77, 337-338, 348, 408-410, 413, 472, 478-481, 504, 505, 731-732, 735-736, 739-740, 747, 774, 788
棟 44
銅 131
垌監官 341
東京雜記 184
동계 707
東古里 150

東高砂町 733
洞谷 481
東光山町 733, 744
동국문헌비고/東國文獻備考 111, 117, 320, 345, 381, 412, 418
東國新續三綱行實圖 229
東國輿地勝覽 126, 381-383, 387, 391
동국여지지/東國輿地誌 108, 113-114, 117, 387, 423, 562, 574, 581, 761
東國正韻 230, 317
東國土俗字 311, 318
東國土俗字辨證說 313, 318, 330
東宮 383
東岐 268, 297
東畿停 178, 404
동녘말 476
東垈洞 624, 642
東大門區 704
冬德 266, 295
同德 250, 266, 293
東道 297
東同山/동동뫼 647
東萊 251
동래군 739
동래읍 739
東萊縣 141, 190
동리/洞里 479, 705-709, 713
東里 431, 463, 465, 476, 742-743, 817
洞里界 755
洞里村名 535
東幕洞 627
동막이 341
동면/東面 234, 351, 424-425, 430, 457,

461, 463, 467, 473, 475, 482-483, 485, 499, 514, 516, 541, 645, 696, 717, 762
東面洞 805
東鳴灘面 439
東門洞 799
東文選 360
同文類解 201, 517
東門町 733
東門通 744
東方洞 178
洞房峙/골방지 774, 786, 802
東邊里 645
峒泬 341
東本町 733
동부 717
東部面 220, 224, 609-610, 612, 614, 617, 622, 631-633, 635-636, 639-640, 646-647, 656
東北面 716
東沙串里 715
東四軒町 733
冬斯盼 23
東山 280
洞山 272, 303, 306
東山里 115, 628-629, 642
東山坊 668
東上面 500
洞仙 291
童城 429
東城內 803
東成內里 813
동성너 803

東城町 703, 733
童城縣 21
同所井 541
동소정면/東所井面 426-427, 431, 457, 473, 482, 499, 501, 514
同所井面 426, 431, 457, 461, 463, 467, 470, 473, 499, 501
東柴北谷面 676, 678-679, 684
東雅 60, 65, 84, 87, 95
東安 247
東安驛 247
東陽里 431, 440, 463, 465, 483
東陽里[당미] 463
동여도/東輿圖 110, 607
東榮町 733
東雲町 733
東遠洞 627
東魏中岳嵩陽寺碑 67-68, 95
冬音岩 555
冬音嚴里 648, 660
洞陰驛 288
洞陰縣驛 288
東夷 66
東人 312
東日面 151
동일음역 240
동작나루 563
銅雀里 367
同積里 367
洞町 738
東町 733, 743, 745
東町二丁目 726
東町一丁目 726-727

東州 247, 249, 287
洞州 270, 300
동주내면 741-743
東注里 713
東注院里 713
垌直 341
동진리 803
東辰里 813
東眞里 770, 803
東鎭里 770, 788, 813
東鎭戌里 770, 788, 813
東津縣 160
동천황/東天皇 803
東村 806
洞村 481, 715
東村洞 805
東村面 645
東坡 272, 278, 306, 308
東平館 403
東平舘 403
東平縣 191
東下四洞節目冊 234
東海岸通 726
銅峴/구리기 678
東湖 226, 227
동호대교 219, 227
東湖遺稿 546
同化 270, 303
同和 270, 300
돼지골 629-630
된밭 501
된션말쥬막 628
됴야긔문 226-228, 231

頭/머리 777
豆串城 319
頭耆津 50
頭禿 230
두둑재 628
斗得坪/두득벌 628
斗得坪/두듥기 628
斗得峴坪/두득지벌 628, 642
豆良 186, 188, 206
豆良彌知 182, 185, 207
豆良彌知停 173-175, 178-179, 182, 185-186, 193, 203-204, 206
두렁여 150
斗漏里 714, 717
두루여 150
두룽여 150
두릉여 151
斗滿里 714, 717
杜買 205
두멍 191
두메 204-205
豆毛浦 218-221
두뫼 204, 205
頭無 230
두무[頭無] 191
두무기 808
두무리 767, 808
斗武里 767, 772, 775, 786, 788, 808, 817
두무뫼 191
斗武甫里 772, 788, 817
頭無岳 191, 229-230
斗武浦 808

斗武浦/두무기 775, 786
두믜[頭禿] 229
斗尾 656
斗迷 656
斗尾遷 327
頭山里 766, 807, 811
杜城縣 189
豆尸 190, 192, 204
杜詩諺解 40, 154, 158-160
豆尸伊 189-190
豆尸伊縣 188-189, 527
豆也 187
豆也彌知停 175-176
豆也保部曲 173, 175-176, 178, 187, 350
豆良 188
豆良彌知 201, 204-205
豆良彌知停 177, 201
두억여 150
斗牛里 150
두음법칙 262
頭衣谷驛 250
豆伊縣 189
斗入地 709
斗之村 463, 466, 472, 475-476
痘瘡經驗方 849
두텁다 193
두텁다[厚] 193
두텁바우 784, 791
豆下面 113
둑 407
둑실 477
屯里 648-649, 661
屯面 486

둔배미 682
屯夜(味)面 687
屯夜面 669
芚夜面 669, 687
屯夜味 669
屯夜味坪/둔밤이들 669, 673, 682
屯田里 639, 643
둔전평/屯田坪 793
遯村酒幕 628
遯村酒幕/된션말쥬막 628
둗겁다 193
둘 192, 204
둛 192, 204
둣 192, 204
둣동 795
둦 192, 204
둜 204
둘/둟 206
둟면 204, 207
뒤마루들 485
뒤마루들- 516
드르 413, 416
得延 281
得熊 247-248
得熊驛 247
들[野] 205
등 254
藤谷洞 638, 640, 642, 647
登龜岾 318
登路 267, 295
藤路 267, 293, 295
騰利枳牟羅 64, 83
登承浦[듬받개] 212

藤原宮跡 85
登州 50, 287
등촌동 623
登村里 697, 720, 722
등화리 121
등화동 106
딜[土] 205
따슨금여 151
딴두룸여 150
똥꼭지여 150
뚜루여 150
뚝정이(절뚝발이) 517

ㄹ

ㄹ/리[水] 145
리/里 65, 70, 78, 87, 337-338, 348, 479-481, 505, 615, 731-732, 735-736, 739-740, 761
롤구목 808

ㅁ

馬/말 677, 783
馬經抄集諺解 231
麻谷里 710, 719, 722
마곡천 446
麻骨山 558
麻骨岾 317, 558, 559
馬奴 272, 305, 307
瑪瑙 272, 303, 306
麻堂里 719
마당여 151
마당촌 235
麻道面 713-715
馬突縣 187
馬屯里/맛쭌리 712
馬等良 187
ᄆᆞᆯ 200, 517
馬靈縣 187
마루 200
마루[宗] 517
마른내 566
麻木 557
馬彌知縣 185
馬墳里 463, 501
마산/馬山 288, 676, 680, 704, 725-726, 729-730, 748
馬山郡 338
馬山洞 799
馬山里 676, 680
馬山面 696, 711
馬山府 369, 731, 736-737
亇兒衣 409, 413
ᄆᆞ올아래 179
마여 150
馬五長里 515
馬梧亭 435
馬梧亭里 422, 434, 457, 463, 467, 470, 491, 504, 515, 517-518, 567
馬腰 808
馬腰/맛허리 777, 783
磨雲嶺 157
磨雲嶺新羅眞興王巡狩碑 72
磨雲嶺眞興王巡守碑 157
마유동/馬踰洞 797
馬遊面 696
마을 491

馬乙峙/말치고기 639
馬邑縣 186, 201
馬場 236, 541
馬場洞 367
마장뜰 444
馬場面 421-423, 426, 443-444, 447-448, 456, 458, 461, 463, 474, 483, 487-488, 491, 494, 502, 514, 528, 626
麻田 428
麻田谷/삼박골 639, 646
마전군/麻田郡 423, 712
麻田渡 653
마전동/麻田洞 359, 798
麻田里 359
마정면 717
馬蹄里/마-지 712
마제이 444
麻造里/안쏠 713
麻造浦 713
마죽더 622, 623
馬智里 712
馬珍 187
馬川所 430
馬灘坊 439
마포대교 120
馬韓小國 17, 21, 29-32, 53-54, 79
馬峴 842
馬忽 48, 197, 447-448
馬忽郡 25, 197, 447
馬忽縣 197
幕 314
佥 314

莫谷里 712
莫耶停 178
灣 195
萬頃 394, 396
萬頃邑誌 396
晩谷洞 635, 638
萬橋里 631
萬機要覽 313, 574, 851
晩屯里 712
만들여 150
萬石町 733
萬壽峰洞 807
만여 150
滿月町 733
萬町 733
萬坪里 714
말[村] 682, 688
末/끝 777
末斤谷 373
末斤鄉 373
末島 713
㳷島 713
말미 676, 680
末鷹島 818
맑은내 444, 494
맛허리 808
望隣 249
望岩洞 806
망여 150
忘憂面 675, 676, 679, 681
忘憂里峴 224
望月里 635, 647
望月峯 656

望丁 299
望汀 269, 278, 299, 302
믹 200
梅谷 716
梅谷里 640, 646
梅谷面 711-712, 715
埋立新町 726, 733
매물여 151
매바위 676, 680, 688
買省 48
買省郡 24, 197, 447
買省縣 447
미심이 780, 796
梅庄メ-チャン 796
梅庄洞 780, 796
梅庄洞/미장이/미심이 780
미장이 796
買田 290
買田新驛 290
買田驛 290
每亭里 710
梅枝町 733
梅錯里 555
미항낭 796
梅巷洞 796
미항동 796
買忽郡 22, 447
貊 384
麥嶺 825
맹골 678
孟洞里 678
孟山 790
孟州 280-281

머귀정이 435, 515
머어 786, 789
머어동 793
머어물리 794
머에 786
머후내 652
먹물여 150
먹적골 475
먼마루 485, 491, 519
먼마우 519
멀정이(머저리 방언) 517
멍아 786
메기 681
메기[項] 688
멧마루 520
旀 315
旀知 186
면 337, 708, 741
面 337, 760
面ノ名稱及區域 700
面界 755
면동리명칭조사일람표 710
면마루/綿宗 520
面事務所 755
綿宗里 518, 567
멸 200
멸[彌知] 199
멸 200
蔑浦 352
몃 200
몃[命旨] 198
椧 198
椧谷 198

名駒　282
楡南宅　198
明堂九地　345
明德里　645
名芚池湖　656
明峴町　733
鳴梁　43
名物紀略　343
明山　350
明逸洞　648, 649
明日院洞　648
明日院里　648, 649
明場/베빈장　773, 787, 800
明場里　767, 773, 800, 817
명장리　767, 773, 800
明場里/명장리　787
溟州　26, 245, 267, 270-271, 287, 293, 297, 300
溟州道　243, 245, 249-250, 260, 266-267, 269-273, 283, 285, 287-289, 291, 293-294, 297-300, 303, 306
命旨　25, 196-198
命旨城　196
明治町　733
明治町四丁目　745
明治町三丁目　745
明治町五丁目　745
明治町二丁目　745
明治町一丁目　745
明治町通　726
鳴灘面　439
明波　250
名宦　388, 400

明活山城碑　63, 72
명활성　178
몃[命旨]　198
모가면　717
毛甘　652
牡甘　652
毛甘[모감이]酒幕　650-651
牡甘里店[모감이]　650
牡甘里店/모감이　651
毛谷里　712
모노리　767, 800
모놀이　800
车尼岾　317
牡丹　530
车旦伐　70
车旦伐喙　70, 72, 74, 78
车旦伐喙(部)　74, 76-77
모도　808
茅島　808
车羅　63-65, 94
慕洛山　611
모래　497
모래미　496
모랭이　532, 567
车梁　72, 74
모량　178
모량리　178, 183
车梁里　72, 77-78
车梁部　39, 40, 72, 74, 76-78
母戀峙　833
车禮(mure)　200
毛老　199
모로　200, 778

毛老/모로 778
毛老/모로[모퉁이] 789
毛老里 772, 800, 817
慕老里 767, 772, 778, 800, 817
毛老里/모노리/모놀이 778
모리 200, 532
모리〉뫼[山] 200, 538
모리앗치 808
毛麻利 38, 41
毛麻利叱智 38
毛末 37, 41
暮面 622
모살 497
모새 497
毛水國 53
牟水國 17, 18, 47-48, 51-52, 55
牟水城 47
모시 681
暮梁 304
毛良 273, 304-307
牟良 273, 304, 306
牟梁 40, 305, 307
牟壤水國 47
모여 150, 151
毛月串 541
모월곶면 717
毛月串面 426, 432-433, 457, 461, 463, 467, 472, 475, 477, 488, 490, 494, 498, 502, 645
牟雌枳牟羅 64, 83
茅田里 615
慕竹旨郎歌 232
毛只停 178-179, 404

모촌면 115
车涿 46, 82
牟平 280
毛火關門 178
모화리 178
牟喙 59, 72
목 681
木甘 652
木甘里 621, 643, 651
木甘里外村 621
牧甘里店[모감이] 555
목감천 440, 484, 485
木界 287
목그친여 151
木金堤 550, 568
菽苧九地 345
木洞 710, 721-722
木洞里 721
牧白里 442
木霜里 442, 464, 501
首首橋 437
목수통 453
首宿橋 437, 551
首宿灘 437, 438
목숙통 550
목시통 550, 552, 568
沐浴川/메기만기울 645
牧隱詩藁 223, 228
木子橋 437
木子里 442, 464-467, 475, 504
牧自里 442, 466-467, 504
牧場 385, 388-391, 393
木町 726

木津　86
睦進恭墓碣　371
木津鄕　86
木川　119
木浦　726
목포　725, 730
木浦　704, 729, 748
木浦[남개]　212
木浦府　731, 736, 738
目賀田町　733
목현동　654-655
몰개미　497
몰애오개　843
못[池]　681, 688
夢賚亭　226
蒙語類解　154, 167
夢熊　290
蒙牖　406
夢村　555
뫼　200
뫼부리　416
묏 부리　413
묏봉　201
墓　349
猫串江邊　320
猫島町　733
卯洞　714
猫糞坪/괴쫑덜　640, 642
妙心寺　85
廟殿　385
茂溪　269, 278, 297, 301
武橋町　733
畝久理　88

無極　289
茂淇　269, 278, 297
舞童島　656
武冬彌知　186, 194, 201
무라[村]　201
茂山　39, 654-655
茂松　287
茂松縣　186, 201
戊戌塢作碑銘　31
務安　272, 280, 287, 304, 306, 492
務安町　733
務安通六丁目　726
務安通四丁目　726
務安通五丁目　726
務安通二丁目　726
務安通一丁目　726
무여지니　232
武藝郡　86
無乙伊　251, 253
茂林　280
無任　226-228, 231
무임　226-228, 231, 238
無任浦　226-228, 232
茂長縣　350
武州　182
撫州　281
무주군　554, 556
무지개다리/虹橋　574-575
無知乃防築頭　570-571, 596
武職公署　388
武珍州　185
茂寸　270
茂村　270, 300, 303

무학리 767, 800
武鶴里 767, 800, 817
無屹 251
墨坊里 624, 644, 647
묵정이(오래된 물건) 517
默浦洞 797
默浦洞/며여기 787
묵흥동/默興洞 793
門 79, 80, 383
文/굴게 677
文簡公 577, 578, 598
文居 289
문경/聞慶 287, 327, 557, 559, 564
聞慶郡 542
문경현/聞慶縣 317, 326, 558
聞慶縣界 558
文谷里 676, 679
文谷里/굴게울 678, 680
文谷集 672
文達代 332
文唐洞 723
文唐町 724
文羅 249
문목/門目 379, 382-383, 385, 387, 391-393, 397, 399, 402, 405, 407, 418, 493
문상리/文上里 753, 767, 779, 783, 790-791, 814
文殊岾 317
文市面 713
汶岸峙 808
汶岸峙/모리앗치 787
門岩 626

文岩里/셜아위 714
門外里 741-743
文義 119
문의군 695
문정동 627
文州 249, 266, 292
文職公署 388
문천군 752
文村里 626
問平 245
文下里 753, 790
文獻備考 253
文獻通考 66
文顯洞 637, 647
門峴里 714
文化 361
문흥리/文興里 767, 774, 782, 791, 814
물[水] 172
물명고/物名考 167, 321
물방골 794
物譜 44, 130, 323
物産 395, 419
므리 200
믈[水] 200
믓궃 164
믓궃[水邊] 163
믜음 232
미 681
미[山] 680, 688
薇谷/고사리골 608, 639, 646
味其川/미기늡 624, 644
美吉町 733
未多夫里 182

未多夫里停 181-182
未冬夫里 182
未冬夫里縣 182
尾老里 771, 815
美老里 766, 771, 799, 815
미룡곶치 801
미룡진/米龍津 801
미르 195, 199-200
미르[龍] 194
미리 199-200
彌里[미르] 193
美里川 716
美里村/미리너 716
渼沙村 612
彌生町 733
美陽里 811
미음 235, 237
未音 237
渼音 225, 231
美音 223, 231
渼陰 220-221, 224, 226, 231, 235-236, 656
渼陰江 228, 230, 231
미음나루 220-221, 223-227
渼陰老人自識 226
美音里 234
渼音津 225, 228, 230-231
渼陰津 220, 224-225, 228, 230-231
渼陰津頭 653
渼陰津村 224, 226-227
美音村 223, 228, 230-231
美音浦 223-224, 228, 230-231
未音浦 211, 213, 220-223, 225-228, 230, 232-237, 240
未音浦[믜음개] 212
美自牙里 766, 799
尾張海評 86
彌助面 151
彌知 175, 177, 186, 193, 194, 196-198, 200, 201, 206
彌知[면] 207
彌知[밑] 193, 195
彌知山 199
彌智山 194
迷津 219-220, 225, 228, 230-231
微叱許智伐旱 38
彌鄒城國 47
尾治國 86
美灘面 486
尾浦 234
迷湖 226
渼湖 225-226, 228, 230-231
민등여 150
민락동 684
閔子芳 577-578
民豊里 813
愍懷墓 576
밑[彌知] 198
밑 195-196
密 376
蜜德 198, 352
蜜目里 615
密城 245, 251, 272, 303, 307
蜜巖里所在 491
밀양/密陽 173, 175, 350
밀양군 739

密陽都護府 350, 352, 373, 404
밀양읍 739
密田 284
密津縣 160, 352
밋[本] 623

ㅂ

바다 413
바들 684
바다여 150
바당[바닥] 632
바디꿀 고개 473
바둘 688
바외터 803
바위[岩] 688
바위 681
바회 413
박고찬여 150
朴谷村 39
박골 795
朴矩 354
박낭골 795
박낭동 791
博多 408
박둥섬 622-623
博浪洞 795
박말 475
박석고개 832
朴承宗 149
朴阿山谷/박아뫼꼴 483
朴仁碩墓誌銘 304
朴堤上 37
博州 281, 285

朴仲孫墓 360
朴仲孫神道碑銘 360
朴村里 463, 465, 475
朴通事諺解 146
朴弼成 437
밖오시 551
般谷 721
盤谷里 710, 721
半石 266, 278, 296
班石 284
盤石 266, 278, 293
磻石遷 326
班城 287
般若山 119
반여 151
半伊村面 623, 712
半程里 717
伴程里 645, 717
班主 36
盤草里 353-354
半灘面 439
반포대교 218
鉢羅峴 570
鉢羅峴五 595
發梨峯 611
撥幕 406
發阿場 441
發阿峴場 441-443
발옥동/發玉洞 792
불ㅎ 91, 93, 96
불ㅎ/波 92, 96
밝은여 150
밤염 499

밧[田] 623
밧갓오쇠 551
밧용미리 808
坊 337
방거리 794
방국미리/芳久美里 767, 778, 808, 818
蚌潭/됴기늡 639, 646
방동 791
芳洞 791
傍洞 799
芳燈里 632, 635, 639-640, 646
芳浪洞 791
放浪洞バンナンドン 791
方里 693
坊里 398, 419
芳林里 746
芳林町 746
坊面 385
方背洞 367
方山 184
芳山町 733
方魚/방어 783
방어나룰 809
방어동 779
方魚津 809
方魚津/방어나룰 776, 783
方言類釋 234
方言解 205, 316
方輿彙編邊裔典 65
芳萸洞 613
方林 267, 296
芳林 267, 293, 296
芳田 282

芳第洞 613
방죽 406
防川 407
方川 272, 278, 305, 307
防築 340
坊築內[방죽안] 464
坊築內/방죽안 477
防築洞 806
防築里 463
坊築里 463, 472, 483
芳春 272, 278, 304, 306
芳灘溪/방여울니 645
방하곶지[方下串之] 570-571
方下橋 648
方下橋里 648
傍花洞 710, 720, 722
밭/田 526
밭둑 707-708
背[へ] 84
背[へ]評[コホリ] 83-84
培高峴/비고기 643
배꼬지 492
비나뭇골 773, 800
배다여 151
排頓 272, 304, 306
배동 178
背屯 272, 304-306, 308
揹樓峴/비루지 624, 643
배미 669, 682, 688
背伐 83
背峨洞 799
비암도리 338
培養洞 713

培養寺 713
背陰 364, 365
拜音所 364
裵村 797
背村里 720
背評 60, 83-84, 88, 95
白橋 675, 681
白冬 266, 278, 296
白洞 532
伯冬 266, 278, 293
栢洞里 816
百洞里 816
柏洞里 766, 794
빅동리 766, 794
白屯 802
白屯/힌둥이 787
白翎 271, 302
白翎島 417
白翎面 150
白馬山 611
白馬石洞 792
빅마석동 792
栢木坪/잣나무박이 525
柏峯 715
栢寺里 464, 502, 505
栢寺里/자절리 464, 502
白山洞 799
白石 490
白石谷/차돌골 491
白石串 669
白石串面 669, 687
白石洞 721
白石里 463, 490, 673

白石面 669, 671, 675-676, 678-682,
    687-688
白石隅坪/흰돌모루 491
백석읍 683
白石峴/츠돌고기 491
빅안나르 802
白安里 766, 772, 785, 787, 802
白岸里 712
白鴈里 772
빅안리 766, 802
白安上里 817
白安津 802
빅안진 802
白安下里 817
白岩里 712
白岩浦[힌바회] 212
빅양도리 338
白楊浦 338
白嶺 271, 299, 302
白玉 364
白玉洞 724
白雲町 746
白元 361, 363
白原 283, 363
白原部曲 361
百濟 384
百濟古記 200
伯濟國 47, 53, 55
백제전 63
白州 288, 429
栢峴 662
柏峴里 658
뱅부여 150

버덩 526, 528-529
버드리개 680
버들개 676, 679-680, 688
버들이 502
버렁 529
버리개 670, 676, 679
버믈다 527
번 527
번-가루 527
번기열 808
繁谷 252, 255
번덕 528
번박골 527-528
飜譯老乞大 449
飜譯小學 127
番作里 464, 483, 501
번지기나루 501
蕃浦淺/번기열 775, 787, 808
벌 681
벌(野) 688
伐 19, 59, 70, 92, 95-96, 409, 412, 415, 456
筏 343-344, 346
浌 332, 334, 343-344, 346
伐/弗/火 413
벌교읍 739
伐力川 181
伐力川停 181
伐力川縣 181
벌말 477
벌어진여 150
伐院 555
筏院里 621

伐應山/벌응뫼 440, 483, 529
伐應節里 464, 474, 502, 505, 528-529, 567
伐應坪/버렁기 529
伐應坪/버렁개 529
洑村 714
犯斤川 119
범기미여 151
範洞 797
範洞/범골 775, 787
범바구/虎岩 490
범바우골 525
범바위골 525
범박골 473, 522, 525-526, 527
범박골/範朴洞 567
범박골/範朴里 523
범박굴 473, 489
範朴洞 464, 467, 471, 473, 489, 504, 522
凡朴洞/範朴洞 490, 523
凡朴洞里 464, 467, 471, 473, 489, 504, 522, 528
범박리/範朴里 522-523
범밧골 525-526
범밭골 525
凡峯/무룻봉 635, 638
凡於 288
범여 150-151
법골 679
法洞里 679
法彌 376
法垂山/법수머리산 633, 635
法緣坪/범이벌 624, 642

法義里 677
法華經諺解 89, 164
벗기 800
베루 155
베루개 636
베르네천 495
베리 637
베리기쥬막 636
베리내 534-536, 568
벼[石] 172
벼늘여 151
벼ᄅ 164, 166
벼랑 326
벼로 154-155, 167, 328, 637
벼로길 328
벼루게 636
벼리[遷] 166
벼리 155, 159, 164
벽도리 746
碧木 280
碧沙 249
碧山 249
碧山縣 44, 81
碧蹄 270, 299, 302
碧池 270, 299
辟支山 200
甓項洑堤 331
邊安烈 254, 294, 299
弁辰彌離彌凍 195
辨天町 733
辨天町三丁目 726
辨天町二丁目 726
辨天町一丁目 726

변해 쓰는 자 315
변형시킨 자 315
별 154-156, 163, 166-167
별[遷] 135-136, 144-145, 153, 156, 159, 164, 167-172
別路 328, 329
별바구 490
別非谷面 678-679, 681
別吾 327-328
別珍 290
별해 154
별헤 154
볏가리 130
柄谷 289
竝谷里 370, 375
兵區 404
兵馬節度營 394
並木町 733
병방 482
兵房里 463, 465, 482
竝山 252, 255
甁山/시루뫼 440, 483
甁山/실우뫼 483
兵營 394
甁窩先生文集 367
餠峙 414
丙坡面 496
屛風洞 799
屛風山 611
竝火谷 370, 375
볕 655
벼ᄅ 155, 159, 167
보 407

保 176-177, 193, 195
洑 330-331, 340, 346, 406, 612
보경사 316
寶鏡寺圓眞國師碑 316
甫谷里 715
洑頭里 717
湺頭里 717
보들 629
甫羅洞 715
보리 356
報令 245, 263-264, 268, 294, 362
保寧市 150
保寧縣 264
보리가리/麥笁 130
보릿고개 825-826
寶幕里/보막리 766, 803
寶峯 282
寶山 291
甫城 263-264, 362
寶城 272, 304, 306
보성군/寶城郡 264, 739
寶水町 733
甫十里 742-743
保安 291
寶旺里 717
寶龍 261, 266, 293
補遺篇 394
報恩 263-264, 362
보은군 695
報恩縣 350
甫音島 711-712
甫伊德 342
宝資[九未]/보지구미 778, 800

寶町 733
菩提[보뎨] 101
甫州 288
保州 193, 195
보지구미 800
洑川 384
甫川 263-264, 362
보천동/寶泉洞 804
洑村 714
普陀 408
洑通川/보통이기울 644
洑坪里 632
보ㅎ 332
寶下德 342
伏 332, 347
福大洞 798
福山町 733
福成 280
伏龍 261
澓字 330
卜定隅浮石里 570
복지이불 779
福泉町 733
복흥면/福興面 753, 760
福興社 760
本宮 403
本宮村 805
本場里 115
本町 723, 733-734
本町四丁目 726-727, 742, 745
本町三丁目 726-727, 742, 745
本町五丁目 726, 742, 745
本町六丁目 742

本町二丁目 726-727, 742, 745
本町一丁目 726-727, 741, 745
本町町 733
本町七丁目 742
本町通 726
本波 70, 72
本波(喙)部 77
本波部 72
本波喙 72, 74
本波喙(部) 74, 77
本彼 70, 74
本彼(喙)部 77
本彼部 72, 74
蓬音島 711-712
峰 644
峯 408, 410, 416, 635-636, 644
蜂/버리 677
峯/봉 484, 505
鳳溪里 350
烽谷 283
鳳屯洞 798
蓬萊/쑥 782
蓬萊洞 794
蓬萊洞/숙골 775, 782
蓬萊面 151
蓬萊町 733
俸廩 388, 392-393
鳳山郡 547
鳳山町 733
鳳仙里 150
峯城 288, 429
烽燧 385, 388
鳳水洞 791

鳳岫面 547
봉슈동 791
奉安 286
奉安驛 217
蜂巖峯 656
鳳陽面 547
봉오재 487
奉龍 266, 296
奉恩寺 226-227
鳳州 288, 429
鳳川伊 798
蜂峴/버리고개 677
蜂峴/벌고개 677
蜂峴/부리고개 677
蜂峴里/プルケ-ニ- 677
峯峴里 670, 676-677, 679
烽峴里 464-466, 487
蜂峴里 670, 676-677, 679
蜂峴里/버리개 680
봉화 183
奉化 288
奉化郡 542
봉화산 106
烽火峴里 487
部 39, 63, 70, 74, 78
府 73, 384
釜 191
富 188, 190, 206
부곡/部曲 175-176, 321, 348, 361
釜谷/가마골 640, 646
釜谷/가마실 478
富谷洞 724
釜谷洞 632, 646

釜谷里/가마실 478
部曲長 35
부군계 707
富貴町 733
富近洞 715
父娘坂 833
府內 541
부내면/府內面 351, 425-426, 461, 463, 470, 696, 717, 726
富寧 280
富多 287
夫島[부셤] 653
敷島町 726, 733
缶垌[장군] 339
富羅母智 38
부락 706
扶老島 648
扶老島里 648
富利 188
부리 322
夫里 19, 59, 321-322
浮里島里 648
富利廢縣 189, 527
富利縣 188
部門 386
富民町 733
部坊 388, 397-398, 419
부산 725, 730
夫山 183, 185
富山 27, 183, 185, 191, 201
釜山 190-191, 703, 726-729
釜山琴平町 727-728
釜山南濱町 728

釜山大廳町 727-728
부산도리 338
釜山埋立新町 728
釜山辨天町 727
釜山辨天町一丁目 727
釜山寶水町一丁目 728
釜山本町 728
釜山本町二丁目 728
釜山本町一丁目 727-728
釜山府 731, 736, 738
富山部曲 190
釜山富平町 727-728
釜山常盤町 728
釜山西山下町 728
釜山西町 728
釜山西町四丁目 728
釜山西町二丁目 728
釜山西町一丁目 728
부산성/夫山城 178, 183
富山城 173-174, 178-179, 183, 185-186, 188, 201, 203, 206
釜山員 338
釜山入江町 727-728
釜山佐藤町 728
釜山草場町 728
富山浦 190
釜山港西山下町 728
釜山幸町 728
扶桑 269, 298, 301
富尸 190-192, 204
富尸伊 188-191
扶雙 269, 298, 301
扶安郡 150, 323

부엉바위산 593
夫如 20, 454
夫餘 20, 99, 454
扶餘 268, 294
부여군/夫如郡 454, 695
부원/富原 427, 429
富原縣 21, 427
富原荒調鄕 21
富有 251, 267, 293
府二面 631
府一面 677
부일초등학교 590
富臨 249
富町 733
夫支浦[브디에] 212
富昌 291
富昌垈 805
富昌垈/부창터 777, 787
부창터 805
富川 31, 506
부천/富川 31, 506, 546, 566-568, 570-573, 575-578, 580, 598-599
부천군 717
부천군/富川郡 31, 717
부천시 578, 586
부평 428, 541, 578, 597, 598
부평/富平 21-22, 26, 31-32, 46-47, 55, 424, 428-429, 439, 454, 461, 515, 522, 524, 527, 541, 573, 577-579, 595, 597-598
부평 주정소 572, 576-577
부평 행궁 571, 598-599
富平官門 573, 580-581

부평군/富平郡 436, 440, 454, 465, 474, 478, 483, 485, 487, 518, 528-529, 536, 544, 551, 581, 584, 593-594, 604, 626, 631, 645, 694, 713, 717, 721
부평군읍지 426, 431, 437, 440, 461
부평도호부/富平都護府 17-18, 21-22, 28, 32, 423, 540, 580-581
富平屯川 436
富坪里/범박골 524
부평말 475
부평부/富平府 421-423, 427, 430, 432-433, 440, 448, 456, 459, 472, 487, 490, 493, 504, 509, 570
부평부읍지 425, 437, 441, 581
부평부지도 540
富平石串浦 343
富平町 733
富平村 464, 475
富平縣晝停所 576, 580, 596
釜項面 724
北關誌 392, 394
北畿停 178
北內町 733
北內薪 802
북너신 802
北道陵殿誌 763
北瀆 496
北龍岡町 733
北里 742, 743
북리면 717
北面 368, 425, 542, 696, 715, 726
北門町 733

北門通　744
北米倉町　733
北方面　615-616, 618, 696
北本町　733
북부면/北部面　714-715, 717
北史　63
북삼동/北三洞　803
北上道面　715
北塞紀略　341
北塞記略　313, 484
北城內里　813
北成才　813
北城才里　813
北星町　733
北城町　733, 744
북성지　803
北城峙　803
北阿良　178-179
북안면　178
북외신　802
北外新　802
北外新/북외신　775, 781
北旭町　733
北一面　491, 683
北町　733, 743, 745
북주내면　742-743
北泉洞/뒷심골　685
北青　263-264, 362
북청군　740, 752
북청읍　740
북촌　735, 747
북칠성/北七星　803
북평리　766, 795

北平舘　403
北平館　403
北平里　816
北坪里　766, 777, 785, 795, 816
北漢山郡　25
北漢山城　25
北漢山州　25
北幸町　733
北兄山城　178
분당구　627, 653, 655
분두재고개　586
분둣재　584, 586-587, 599
盆上洞　799
분수령　707-708
分院里　715
分二里　535
盆店里　635, 640, 642-643
盆店酒幕/동이점쥬막　635, 640
分津縣　21
分行　290
弗　412, 415, 456
불　779
拂/불　789
拂/진불　778
불게니　677
佛谷/부처골　640, 646
불광동　215
不口評　86
佛堂洞　638, 642-643
佛堂店/부처당이　640
不東坊面　746
不動町　733, 744
佛明山　111

佛宇 388
佛恩面 696, 712
不破郡 86
拂興洞 799
붕어마루산 485, 516
붙은여 151
比 70
枇仇味里 772, 788, 817
非刀所 355
非刀所[비도소] 375
비동리/枇洞里 766, 772, 788, 801, 817
枇洞里/피동리/비동리 802
비동진/枇洞津 802
비러 155, 167
비레 155, 167
比烈忽 50, 51, 157
비루 155
非里 157
比里[非里] 157
比里[비리] 167
比斯伐 92
非山 361, 363
緋山 361, 363
緋山部曲 361
비상관적 표의성 239
碑石隅 555
臂城 92
臂城郡 447
비슷 156
比烈[별] 167
比列州 50
比列忽郡 50, 157
比烈忽停 180

比屋 288
非熊 248
비인군 695
比自火郡 92
비지(飛地) 709
비탈 824
비탈 언덕 834
濱陽縣 28-29, 449
濱町 726, 733
濱町三丁目 726
濱町二丁目 726
濱町一丁目 726
濱汀川/빈정이기울 645
빗간여 150
빙애 154-155, 167
氷穴 390, 391

ㅅ

社 337, 760, 761
沙[牧/鳥]里 717
沙[塗/鳥]里 717
寺/절 505
四佳文集 49
沙溪 111
寺谷/절골 640, 646
沙橋 123, 126
沙橋里 122
沙橋川 100, 113, 122, 124-125, 133
沙橋浦 123
沙溝 242
四郡 384
沙斤 252
沙斤乃 252, 254

四畿停 175
仕內谷 478
仕乃日 478
四老里 672, 687
사다리 122
斯多含 54
祠壇 398, 419
祠堂 622
祠堂谷/사당골 622
사당굴 608, 622
사당이고개 563
社堂峴 562, 563
寺代 332
寺垈谷/절터골 500
沙圖 364, 365, 375
寺洞 798
寺洞/절꼴 464, 473
沙洞里 150
糸豆洞チヅュドン 806
沙屯/모러둿 803
沙等 365, 375
沙等村部曲 364
士羅日 478
沙浪 567
사랑리/沙浪里 476, 531
沙浪坪/사리이덜 532
사래리/士來里 466, 476, 478
사래이 531
沙梁 42, 72, 74, 79
沙梁里 72
蛇梁面 151
沙梁伐 76
沙梁伐國 76, 78, 95

沙梁部 71, 72, 74, 77, 79
사레이 531, 533, 567
사렝이 532
沙老里 672, 687
四里 615
沙里 251, 253, 496, 497
沙里/스리 495, 505
沙里串峴 548
沙里大面 491
사리원읍 740
沙里津 220, 496
沙里津渡 219
士林洞 799
司馬谷/사마사골 632, 646
사마루 625
스마루 625
스마루니 658, 659
師滿坪/스만이들 642
沙面 628, 673, 681, 683
祠廟 388, 397-398, 405, 419
沙泊里 811
沙朴只員 336
沙泊浦 806
沙伐 76
沙伐國 78
沙伐州 76
沙士里 616
沙石 148
死樹巨里/죽은나무거리 464, 501
泗水洞 795
사수열 795
沙兒 417
射嵒 246

絲俠村 808
사어동 793
沙於洞 793
沙五介 652
沙五介店 555, 650
沙五介店/새오개 555, 641, 650, 651
沙玉里 628
사왕말 808
沙鬱鬱里 666
祠院 385
思音 408, 414
沙邑橋川 123
사이고개 564
舍林 245
사잇고개 564
사작굴 622-623
射蹟里 805
沙田里 452
사전촌/寺前村 792
社町 746
沙汀 224
寺町 726, 733
射亭里 715
寺主 35
泗州 267, 292
史直 288
沙津 125
私津 100, 108, 113-114, 117, 120, 122, 124-125
肆津浦 125
社倉還摠 392, 396
沙川 281, 284, 429
蛇川場 545

沙涿 42, 79
史呑 439
史呑內/外面 439
史灘內面谷雲大洞立儀 440
史呑面 440
四牌平丘里 670
沙平渡 219-220, 496
沙平津 223
蛇浦 338
斯彼 70, 73-74
斯彼(部) 74
斯彼(喙)(部) 78
厶下評 86
沙峴 652, 843
莎峴/시오개 552
沙峴[새오개]酒幕 555, 650-651
寺峴/절고기 640, 643
社還 392, 396
사후동/沙後洞 803
沙喙 71, 74
沙喙部 59, 71, 73-74, 77
朔寧 429
삭녕군/朔寧郡 423, 427, 445-446, 452, 491, 530, 626, 631, 635, 645, 674
朔寧驛 283
朔寧縣驛 283
朔嶺 429
朔方道 245, 249-250, 260-261, 266-269, 271-273, 280, 285, 286-287, 289-290, 292-295, 298-300, 304, 307
삭새[들] 502
朔世里 464, 502

朔安 287
朔庭郡 50, 157
삭정이(삭은 가지) 517
朔州 181, 282
山 193, 206, 408, 410, 483, 612, 635, 636, 681
山/뫼 505, 774, 788
山巨里 711
山巨里/압거리 713
山界里 815
山谷 679
山谷洞 77
山谷里 444, 463, 487-488, 679
山谷里/뫼꼴말 432, 463, 474, 483, 488
山谷名 622
山谷村里 488
산근여 150
山根町 726, 733
山南道 249, 252, 266-273, 280, 285-288, 290-294, 297-300, 303-304, 306-307
산내면/山內面 178, 714-715
山內一面 500
山梁 269, 299
산령 706-708
山岑洞 797
山嶺洞/산룡コル 797
山令洞/산양골 797
山幕サンマキ 798
山幕洞 798
산발면 356
山方評 86
山法彌 355, 357

山峯 201
山城 399
山城里 765, 798, 815
山城町 733
山水 385
山手町 726, 733, 746
山手通四丁目 726
山手通三丁目 726
山手通二丁目 726
山手通一丁目 726
산악 706
山陽 269, 302
山陽邑 151
山陽縣 28, 29
猿猊 286
猿猊道 269, 272, 280, 283, 286, 288-289, 291, 299, 304, 306
山陰 350
山翼 357
山翼里 355
山田里 86
山田鄕 86
山亭里 714
山足 356
山足里 355
山足面 356
山直里 711, 713
山直村/손즉말 712
山眞村 712
산천 403, 411
산천/山川 388-391, 403, 407, 408, 411
山淸縣邑誌 394
山汰洞 795

산티동 795
山八 355-356
山縣 86
山縣界 113
山花洞 713
살골 679
三/세 677
삼가현 329
三嘉縣邑誌 394
三角町 733
三綱行實圖 89
三巨里店舍 652
三古介里 675, 679, 688
三古介里/세우개 680
三口里 684
삼국사기/三國史記 22, 26, 30, 34, 36-37, 39, 42-44, 50, 54, 60, 62-63, 70-73, 75, 76, 78-79, 81, 92, 99-100, 107, 115, 135, 137-138, 141, 146, 160, 179-182, 185, 187, 189, 196, 198, 201, 319, 322, 324, 326, 328, 339, 349, 449, 450, 557
三國史記地理志 19, 28, 157, 179, 185, 187, 194, 201, 253, 349, 447, 449, 450
三國遺事 22, 34, 36, 38, 39, 40, 42, 54, 60, 71, 72, 79, 115, 135, 137-138, 143, 192, 203, 251-252, 317, 325, 339, 416, 549, 558, 836, 851
三國志魏書東夷傳 17, 19, 29, 41, 47, 53, 55, 156
三妓 283
三歧[삼거리亦曰던듸]酒幕 650-651

三洞/삼동 803
三洞下穴/삼동하혈 802
三等道路 755
三登面 345
三良火 182
三里 615, 637, 644
參里 621
三里洞 621
三里洑 344
삼리야/三里野 791
三笠町 733
三峯里 817
삼봉리/三峰里 766, 790, 801
삼부문 410, 411
삼부문/三府門 386-388, 393, 399, 403, 405-406, 408, 410-411
삼부문목/三府門目 161, 383, 386, 388, 400
삼부여 150
三分里 87
三山面 151, 696
삼상여 150
삼수군 752
삼수부 329
三樂洞 723
三野國 86
삼여 151
삼전도/三田渡 218-219, 236, 555, 627
三田渡삼반 218
삼정교 584
삼정리/三井里 463, 499, 584, 587
三井面 696, 710, 720
삼정천 581, 584

三朝鮮 384
三陟 266, 273, 288, 294, 303, 306
삼척군 739
삼척읍 739
三川國 86
三千幢 181
三灘面 439
三坂町 733
삼패동 216
三韓 384
三海面 696
三峴/셰오기 631
三峴里 631
三峴里/셰우기 631
三兄弟谷/삼형제골 632, 646
三和町 733
三和縣 350
삽다리 123
삽다리기 123
삽다리내 122
삽다리니 123
삽다리주막 123
鈒浦 350-351, 375
삿갓여 151
峠 823-824, 827, 830-831, 833, 846, 850, 853
峠の 834
峠(とう) 837
峠/とうげ 822, 837, 839, 845, 853
上/위 785
峠を越す 827-828, 830, 832, 852-853
峠を越える 827-828, 830, 832, 852-853
峠を越す/고개를 넘다 827

上佳里 711
上佳里/웃감이 713
上加里/웃갓칠암이 713
上佳業里 711, 713
上加七岩里 713
상간여 151
上葛川 626
上高里 713
上高松里 713
上谷/웃골 626-627
上曲灘 796
上曲灘/웃귀비열 775-776, 785
桑串面 630
상광여 150
上廣津里 810
上廣灘里 713
上捄國 86
上捄國阿波評松里 85
上箕洞 713
上南面 452
常寧 269, 297
上大等 36
上德浦 807
上道面 674-676, 678-680, 696
상동/上洞 463, 470, 472, 474-475, 479, 487, 504, 792-793, 804
상-동[上洞] 531
上洞里 475
상동면/上東面 546, 713, 715, 717
上東山里 765, 798, 815
上龍水洞/サンスドン 792
상리/上里 463-464, 470, 472, 474, 476, 479, 504, 531, 533, 626

上里/상리 532
上里/사링리 532
祥林洞 622, 639, 644, 646
上馬梧亭面 472
上末 681
상면/上面 791
상묵리/上墨里 804
上墨里/상묵리 787
上墨場里 813
常盤町 733-734
上芳久美里 808
上芳久美里/웃방구미리 778
上方洞 805
尙方定例 559
상북면/上北面 367, 696, 712, 713
相思洞 710
桑絲洞 720
相思洞里 720
上司倉里 632-633, 639, 646
上山 539, 568
上山里 631
上山麻姑堂 540
象山府院君 424
上山殿 540
商山誌 392
上三里 615
上上井里 698
相生町 733-734, 743
尙書都督 49
上西里 373
上西面 535, 696
上西町 733
上西知里 373

상성군/商城郡 178, 182, 179
上孫 36
相水 252
湘水 252
橡樹 252
桑樹 259, 266, 278, 293
上水南面 696
嘗樹里 616
上守西面 696
上新基洞 723
上十井里 698
象牙山 539, 568
上安洞 713
上野里 463
上言謄錄 669, 687
常令 269, 301
上梧井 541
上梧井面 457
상오정면/上吾丁面 436, 466, 485, 516, 550, 581, 584, 587
上梧亭面 422, 425, 430, 433, 461, 463, 467, 470, 472, 475, 477, 491, 499-500, 502, 514-515, 567
桑外國 18, 47
祥雲 289
上月谷 717
上月里 717
霜陰 280
上二里 615
上引道 36
上一洞 635, 639
上一里 615
上林 291

橡林　252, 254
上莊義洞　629, 633, 640, 643
上町　733
上鳥里　556
上鳥峴里　632, 643
上州　180
尙州　78, 182, 249, 271, 288-299, 361, 558
상주군　695, 739
尙州道　246, 249, 266-271, 273, 280, 287-291, 293, 295, 297-300, 304, 306
尙州面　151
尙州牧　361
상주읍　739
上州停　180
상진리/上眞里　803, 813
上鎭里　770, 788, 812
上鎭戌里　770, 788, 812
尙震神道碑　351
霜草里　351, 353
上草坪　616
上村　802
上村[웃말]　464
上村/웃말　476, 479
上村/웃촌　785
上村主　36
上灘里　713
上塔洞　635, 639
常平　290
上坪里　815
上下獨井　671, 687
上化德　796

上化德/웃신촌　785
上回曲　198
싀　200
새고개　675, 679, 688
새로 만든 자　315
새말　675, 681, 688
새벼리　502
새여　151
새오개　486, 553-555, 564, 569
시오기　552, 652
새오고개　654-655
賽音　408
새이말　808
새재　554, 556-557, 564
시텃말　519
샘[泉]　136
샘　171
싑　414
샛강　120
샛바구　490
柱谷　283
生駒町　733
生林面　373
생선간　222
生安　247
生陽　288
生陽洞　793
싱양동　793
生日面　150
生昌　247
省峴　253
嶼　149-150, 408-409, 415, 417
嶼[셔]　150

嶼[여] 152-153
西江 119
서강 120
徐居正 17, 48, 55
西京 244, 282-285, 288
西高砂町 733
瑞谷 261, 266, 293
서곶면 717
西光山町 733, 744
徐兢 415
서기정/西畿停 173-175, 177-179, 185, 206
徐那伐 92
瑞南里 744
西內薪 802
西內薪/서니신 774, 786
서니신 802
서다[立] 632
誓幢 38
서당골 791
書堂洞 791, 805
書堂里ソタンニ- 806
書堂峙 806
西大門區 704
西大門町 733
西島里 151
西島面 696
西洞 452
薯童謠 35
서리[間] 200
西里 742-743, 817
西里面 714
書林洞 796

西林里 742-743
서면/西面 178, 425-426, 430, 452, 457, 460, 462-463, 482, 483, 486, 499-501, 514, 541, 565, 635, 645, 669, 674, 696, 712, 716-717
徐文重 231-232
西門通 744
西本町 733
栖峰 715
西部里 635
西部面 532, 547, 609-610, 612, 615, 617-620, 640, 648
西費喇 409
西濱町 726, 733
서산동/西山洞 792
西三面 713
西上里 814
西上面 565
西石積面 678-679
瑞石町 745
西成內 813
西城內 803
西城內里 813
서성니 803
西城町 733, 744
西小門町 733
西始面 542, 715
徐耶伐 19
서여 151
徐榮輔 313
西榮町 733
서우동/西隅洞 804
西原 92

瑞原 429
서이면/西二面 500, 645, 717
西一面 669, 673, 682
서임동 796
曙町 726, 733
西町 733, 743, 746
西亭里/셔졍즈 713
西町四丁目 726
西町三丁目 726-727
西町二丁目 726-727
西町一丁目 727
西町一丁目 726
西亭子里 713
西宗面 622
西之 271, 300, 303
西芝 271, 303
서천군 740
西千代田町 733
西川町 743
서천황/西天皇 803
嶼草 343
서초구 351
서초동 351
瑞草里 351, 354
棲霞 625
西霞洞 658-659
棲霞里 658-659
西下川 658-659
西下川/스마루닉 624, 644
西下村里 624, 644
西下村酒幕/사마루쥬막 624
西海道 429
서현동 653, 655

서형산성/西兄山城 178
瑞禾 269, 299
瑞興 429
石 409, 411, 413
石/돌 490, 505, 677
[石乙]半洞 717
石橋里 741-743
石橋里[돌다리] 464
石橋里/돌다리 501
石橋町 743
石串 541
石串面 426, 436, 444, 457, 460, 462, 464, 467, 471-476, 479, 483, 486-487, 493, 499, 501-502, 631
石串坊 436
石串峴 548
石南里 766, 781, 807, 811
石內里 715
石塘 622
石塘里/돌당이 622
石島 676, 688
石島里 680
席屯里 635
石里隅 717
昔里火 182
昔里火縣 182
石林洞 655, 661
石馬里 658-659
石蔓里 150
釋譜詳節 89, 147
石峰千字文 354
石北里 766, 807, 811
石上里 807, 811

石城 118, 281
석성군 110
석순이빠진여 150
石牛 285
石隅洞 799
昔于老 76
石隅里 717
석운동 561
石雲里 658-659
석은바미 658
石乙項所 370
釋日本紀 60, 88
石檣洞 404
石場里 771, 815
碩將里 771, 815
石場里/석장리 792
石積面 675, 680-681
石田伊 570-571, 596
石町 733
石泉 429, 430
석천/石川 428, 533, 541, 567
석천면 466, 509, 594
석천면/石川面 426, 43-437, 442, 457, 462, 464, 466-467, 475-477, 488, 493, 500, 509, 514, 544, 598
石淺鄕 21, 427-428, 430
석촌동/石村洞 626-627, 640, 644
석탄리/石炭里 803, 807
石灘里 803, 811-813
石塔/돌탑 635
石坡嶺 650
石坪/回山[돌뫼] 774
石坪/回山[돌뫼] 781

석평리/石坪里 802
石坪里/석평리 774, 781
石下里 811
石閑面 696
石項里 370
石海坪/석바다 683
仙谷峴/선골고기 632, 643
선단여 150
宣德 280
선돌동 796
선동 220
선바구 490
선산군 694
선산부 262
仙嚴 286
선여 150
璿源錄校正廳儀軌 424
仙源面 696
璿源譜略修正時校正廳儀軌 672
璿源續譜 684
善田 284
扇町 733
宣祖修正實錄 843
宣祖實錄 222, 228-229, 342, 843
禪宗永嘉集諺解 158
宣州 284, 288
善州 249, 262, 273, 288, 304, 306
선주지 492
仙住之里[선주지] 465, 471
仙舟之里 464
仙住之里 504
仙住之里/선주지 492
先地串 465, 471-472, 492, 504

鐥川　355
선천군　740
선천읍　740
船村　220, 224, 612
宣平墓　365
宣和奉使高麗圖經　415, 417
선흥리　811
선흥면/宣興面　753, 755, 757, 760, 774, 776, 778-779, 782, 785-787
宣興社　763, 768, 771, 814
雪星面　717
雪雲里　452
설움 고개 눈물고개　835
設庄　780
舌火　271, 300, 303
舌化　271, 300, 303
섬　681
섬[島]　623, 688
蟾/두꺼비　783
蟾居　286
剡內ソムネ-　791
剡內垈　791
섬너더　791
섬동　794
섬들　338
蟾岩洞　791
蟾岩洞/두텁바우　783
섬여　150
섭뒤　688
城　61, 62, 65, 94, 201, 203, 206
成兼峴/성검이쩍　487
成曲　466, 467, 504
成谷里　464-467, 488, 504

城串　320
聲串面　615-616, 618, 656, 696
城郭　388, 395, 403
성근여　150
成錦坪/성금모퉁이　633
星奇　286
星南里　769, 811
聖南里　766, 769, 806, 811
성남시　561, 627, 655
城內　614, 617, 790, 792
城內洞　723
城內里　813
城內町　723, 733
성니　792
省大分縣　253
성동구/城東區　628, 704
城東町　733, 743
城里　766, 792, 797, 814, 816
聖林村　654-655, 661
城末洞　795
省法　251
省法驛　251
城北里　816
省山　251
成山角　323
成山岬　323
城西町　733, 743
성안　790
城陽　284
城餘伊　842
성외　792
城外　792
城蹄里　658

省乙峴 252, 255
省仍 251, 253
盛才里 770, 813
成才亭里 719
城才井里 697-698, 710, 719, 722
城底里 744
成宗實錄 194, 322, 324, 336, 406, 843-844
成州 281, 283
성주군 694
星州牧 351
聖柱山 540, 543
성주여 151
盛竹洞 716
城池 385, 395-396, 419
성진 725
성진군 740
성진리 803
成辰里 813
城眞里 803, 813
성진읍 740
成川 439
省草浦[속새애] 212
城峙洞 795
성치리 813
城垛 202
省平谷面 696
星浦酒幕 636-637
星浦酒幕/베리기쥬막 636
盛行洞 716
成倪 381
省峴 252
성호사설/星湖僿說 312, 323

成歡 290
世介峴/세우기고기 631
細谷洞(細村面) 651
細谷峴/ᄀᆞᆫ골 고개 650-651
細串面 713
細乃 409, 413
細洞[ᄀᆞᆫ골]酒幕 650-651
세벽구덩이논 534
細魚島 463, 498
세우개 675, 679, 688
세임동 796
世祖實錄 241, 243, 279, 373, 487
世宗實錄 149, 222-223, 228, 320, 333, 367, 371, 373-374, 417-418, 558, 842
世宗實錄地理志 22, 27, 107, 119, 138, 177, 183, 188, 216-219, 241-243, 245, 260, 262, 264, 266-268, 270-276, 278, 317, 320, 324-326, 331, 339-340, 348, 350-351, 358, 363, 370, 374, 389-391, 412, 558, 606, 667, 671, 761, 842
세촌면/細村面 609-613, 615-616, 618, 620, 648, 651
細坪/자늣덜 624, 642
細浦洞 797
셔포동 797
셤 413
셤밧堰 622-623
셩리 766
셩말동 795
셩지동 795
소 413

所 321, 348, 356, 404
騷 409, 413
泝(一作沂)川郡 181
小/작- 782
소간여 150
소개미천 591
召溪 266, 295, 297
所古居面 714
素谷 658, 659
所串 324
所串驛 324
所串之 324
소굴동/小窟洞 791
小鳶洞 791
小鳶洞/자근왁시골 774, 782
素金 498
소리 809
小男 267, 293
小南 296
少男 293
召南 267, 293, 296
召南新驛 296
所丹里 713, 717
小丹生評 86, 87
小丹評 86
소도야현/小道也峴 570, 573, 576, 588, 590, 592, 595-596, 598-599
소동/梳洞 792
小東面 542
亦頭洞 806
亦豆冬里 811
소두듬 359
小羅里 769, 788, 810

所羅里 765, 769, 775-776, 782, 785, 788, 805, 810
蘇來 541
蘇來面 426-427, 541
蘇來山 427
小嶺 408, 412
昭寧園 671
소룡여 151
韶陵里 717
昭陵里 717
小里[즈근말] 464
小里/즈근말 476
小墨場/자근먹정 787, 804
蘇民 281
蘇伐公 137
素沙 496, 497
소사리/素沙里 464, 467, 495, 498, 504, 553, 593-594
素砂里 464, 467, 495, 504, 593
素沙里/소사리 496
素沙峯 575-576, 593, 599
素沙三巨里 575, 593, 599
素沙市/쇼시장 496
素沙野/소시들 496
소사역 587-588, 591
素沙峙/쇼시고기 496, 532, 552
素沙峴 552, 582
蘇山 251, 253
所山里 350
召參停 181-182
召彡縣 182
소새 495
小石索國 47-48

邵城縣 21
召召 243, 283
小孫勒勤洞/자근손굴기 787
小孫勒洞/자근손굴기 804
소숙리/小淑里 766, 775, 777-778, 783, 795, 816
小新峴 555
所室 125
小雙嶺里 635, 637
小雙嶺酒幕/주근쌍여이쥬막 635, 637
蘇安 290
所安面 150
소여직 797
巢由里/쇼류실 715
小栗里 710, 719
素銀 498
所乙峴 253
소응진/巢鷹津 808
소응진리/巢鷹津里 767, 808, 818
尒伊尾 807
所伊浦面 696, 713
小猪洞 804
巢田里 715
소제동 804
所支浦[솟개/소지개] 212
小青里 150
召村 297
召寸 268, 294
소촌면/所村面 677, 717
小鶖洞ソーチードン 791
蘇泰 253
蘇浦 809
蘇浦/소기 775, 786

소포리/蘇浦里 767, 775-776, 778-779, 783, 809, 818
小學諺解 639
小峴/즈근고기 637, 643
蘇湖筒 340
昭和町 746
所喙 67
小黑石里 766-767, 776, 781, 805, 810
梀 44
梀(一作楝)隄縣 81
續大典 343, 548
束沙串里/쇽시꼬지 715
속사평 793
束沙坪 787, 793
속성 표시부 506, 508
速陽 252, 255
俗音字 315
俗字 312, 315
俗字/俗訓字/俗音字 312
속초 605
粟村 89
束吐縣 44, 81
俗訓字 315, 325
蓀洞 615
孫利鄉 350
손친여 150
率浪里 717
솔션 796
솔섬 796
솔여 151
솔파 651
松/소나무 782
송가동/宋哥洞 791

송강가사 167
松个 269, 301
松京 48
松溪漫錄 312
松串浦[솔곶개] 212
宋串之浦 324
宋串津 324
宋國瞻 453
松南面 696
송내동/松內洞) 509, 511
松內村 466
松道 249
松島 796
松島/솔션/솔셤 776, 782
松島町 733
松都誌 392
松洞面 615-616, 618
松頭等 359
松豆等 358-359
松豆等[소두듬] 375
松頭等[소두듬] 375
松頭等里 358
松屯ソンツン 798
松屯洞 798
松羅 269, 301
松蘿 269, 298
松羅里 671
松蘿里 671
松蘿驛 671
松里 86
松里洞 713
松林 288, 428
松彌知 194

松彌知縣 186, 201
송빈리/松濱里 767, 778, 781, 787, 808, 818
松山 684
송선리 183
松樹鄕 86
松魚洞ソンオドン 791, 780
송어직/松魚直 791, 797
松魚直/송어직 779
松魚直/송어직/소여직 779
松魚灘 780
松又松堰下橋 570, 596
松耳里 150
松一 666
松庄面 712
松田里 766, 807, 811
松亭里 621, 710, 719, 722
송정읍 739
松踏 290
松竹面 713
松津 125
松昌町 733
松峙洞 713
松峙里 766, 806, 811
송파 555
松坡 555, 650-651
松坡[솔파곤이]津南酒幕 650-651
松坡昆 651
송파구 627
송파나루 556
松坡洞 651
松坡津 651
松坂町 726, 733

찾아보기 **965**

松下洞 798
松開 283
松峴谷/솔기골 640, 646
松禾郡 547
쇠골 676, 678, 688
쇠나리 144
釗老之谷/쇠로지꼴 474
쇠벼ᄅ 154, 328
釗丁里 715
釗井坪 674
쇼시고기 532, 552
숲 332
水 409, 411
樹 21, 46
藪 164-165
輸京價 213-214, 240
首界面 714
稤串洞 717
水口面 547
水軍節度營 394
須奇屋町 733, 744
수내동 627
藪內村 626, 639-640, 646
遂寧 249
遂寧縣 186
水多所 350
수달피여 151
樹德 281
수도로 591
水洞里 615
守東面 696
守屯里 615, 648-649, 660
水落山 669

須梁 72, 74
須梁(部) 74, 77
수령여 151
수레너머 675, 679, 688
首露王陵 370
수리너머 675, 679, 688
수리너미 675, 679, 688
修理山 656
수명여 151
數毛老/수모로 778, 803
수문여 150
藪未 233
水防洞 799
水邊里 807, 811
守北面 696
水北面 715
水山 267, 293, 296
壽山 267, 293, 296
守山 267, 293, 296
水山面 715
守山驛 558
隋書 63, 84
수서동 654-655
수석동 220-221, 223-227
수석리 토성 221
修禪寺寺院現況記 322
壽城 288
水城郡 22, 447
守成綸音 202
壽城里 464
守城里 338
守成節目 202
戍城縣 21

水安 245
遂安 246, 429
守安 273, 282, 304, 307, 429
遂安郡 547
수안보 557
守安縣 21
守禦倉里[防禦廳里] 712
水餘里 622
水余面 452, 711, 716
水餘伊 842
壽域里 465, 467, 503-504, 519
수역이 503
水營 394
수영여 151
睡翁先生日記 651
水雲 350
수원/水原 18, 48, 439, 492, 616, 703, 729-731, 736, 738
수원군/水原郡 711-717
수원도호부 423
首邑 201
水仁 272, 305, 308
遂人 304, 306
遂仁 272, 304, 306
수재골 808
壽在洞 808
수잿물논 533
竪町 733
壽町 733, 743
水潮山/물밀이손 635, 637
水鍾山 656
水州 22-24, 270, 288, 300
樹州 21-22, 25, 28, 32, 44, 46, 47, 55, 81, 271, 299, 450
壽進洞 613
壽進里 613
水蛭嶽 350
水淺 148
藪川 627
藪川/숫늬 626, 644
水淺處 148
藪村溪/숩말너 645
水砧/물방아 785
水砧洞 794, 798-799
水砧洞/물방골 774, 785
水墮 350
水灘 457
水呑 439, 457, 541
水呑里 424-425, 438, 485
水呑里面 424-425
水炭面 438, 439
水呑面 424, 426, 438-440, 457, 462, 464, 471, 473-475, 477, 482-484, 486-487, 495, 501-502, 529, 536
水灘面 457
水標町 733
水下里 621
水下町 733
水閑里 806, 810
水鄉 271, 300
水向驛 271, 300
守縣內面 696
肅谷里 715
숙골 794
宿近洞 715
宿狼遷 326

淑媛趙氏墓 591
肅宗實錄 223-224, 228
肅州 284
宿鴻 248
순니 627
順寧面 753, 757, 760, 764, 767, 774-778, 781-782, 785, 787, 804
順寧社 760, 763, 765, 769, 788
順式 26
順晏社 763
順陽 289
循長谷 651
順州 26, 281, 284
순천군/順川郡 547, 739, 740
순천읍 739, 740
循鐵丸磧[철환벼로] 417
述谷面 542
숭인면 717
숯골 676, 678
숲정이 517
쉬력 503
스ᄀ볼 89
스무고개 829-830, 853
瑟頂洞 715
瑟項洞 715
習府 73
習部 73, 76-77
習比(喙)部 78
習比部 70, 73-74, 77
濕潤 162
隰州 49
隰川郡 17, 48-49, 51, 55
승덩동/僧堂洞 791

昇羅州 287
昇羅州道 249-250, 266-273, 280, 286-287, 289, 290, 292-294, 298, 300, 304, 306
僧嶺 283, 288, 429
升良院面 712
承彥里 150
僧嶺縣驛 283
乘岾 317
承政院日記 343, 351, 424, 438, 485, 576, 579, 665-667, 671-672, 686, 825
昇州 250
승천보 152
尸 190-192
市街 388, 393-395, 419
시내 413
시녀빠진여 150
시룻-번 527
시르여 150
시목여 150
施彌知鎭 185
柴北 688
柴北谷 685
柴北谷面 684, 686, 688
柴北面 684
시시내 494
시여 151
시오카리 고개 831
시용여 151
시우물 499
市場北町 733
市場所在地 755

市場町 733, 743
시진/市津 100, 106-107, 110-111,
    113-114, 117, 122, 133
市津浦 107, 111, 113-114, 118
市津縣 99, 103, 107, 110, 117, 133
始川 494
始川里 442, 463, 494
市峴/장고기 640, 643
始興 684
時興 260, 266, 296
시흥군/始興郡 669, 694-696, 698, 717
시흥 행궁 571
食島里 150
息庵先生遺稿 224
食岾 350
食尺處 350
食貨志 211, 240
新/새 677
新加德 342
薪葛山 713
新居鄕 86
申景濬 320
新溪 439
神功皇后 37
神光 252
薪橋 123
薪橋店 123
薪橋川 123
(新舊對照)朝鮮全道府郡面里洞名稱一覽
    614, 616, 697
神宮 137, 405
新基 621
新基里 150

新機里 710, 721
新基場 441
新寧 270, 298
신녕군 695
新畓坪/시논들 637, 642
新幢 38
薪塘里 807
신당리/新堂里 710, 721-722, 767, 802
新塘里 767, 774-775, 781, 786-787,
    802, 813
新唐書 66, 202
新垈里 463, 717-718
新垈里/새터 463, 500
新垈川/시터말니 637, 644
신동/新洞 801
新洞里 772, 817
新羅 63-64, 66, 384
신라전/新羅傳 59, 63, 65-66, 202
新美洞 500
新保 281
薪北谷 684-685
臣濆沽國 47
神祠 405
神社 405
新寺谷/시절골 646
薪寺里 503
薪寺里酒幕/섭절리점 503
新石灘里 807
新旋里 720
신설동역 217
信雪尾山/신셜메 483
新成里 772
신성리/新城里 766, 772, 801

신션번덩이/神仙坪 528
新牙宮洞 713
新牙里 713
新安 247, 285-286
新安郡 150
新安里 807, 811
新岩町 733
新野見里 86
新陽洞/싱니 715
新楊驛 247
신여 150
新驛 249, 289
新營記 48
新院洞 635
新院酒幕/시원쥬막 635
新月里 710, 721
新恩 290, 429
新音洞 723
新音町 724
신의주/新義州 704, 725, 730, 748
新義州府 731, 736, 738
神林 289
신자전 320, 343, 488
신자전/新字典 49, 204, 313, 315, 320-321, 323, 342-343, 488
新字典朝鮮俗字部 69
新場基 466, 500
新場垈 743
신장리/新獐里 766, 772, 775, 777, 783, 788, 808
新獐項里 772, 788, 817
新場墟/시장터 637, 647
神殿 405

新傳煮取焰焇方諺解 369
新定 281
新町 726, 733
新丁里 811
新井里 811
新定里 710
新亭里 710, 721-722, 766, 774, 781, 806, 811
新井白石 60, 84, 87
新町三丁目 727
新町二丁目 726
新町一丁目 726
新帝里 721
新州停 180
新增東國輿地勝覽 21-22, 26-28, 42, 48-50, 80, 103, 105, 107, 110, 113-114, 117, 123, 125-126, 133, 141, 156-157, 175-176, 183-184, 186-187, 189-190, 193, 197, 216-219, 223, 225, 228, 242-243, 250, 254, 260, 262, 265, 276, 279, 317, 320, 324-326, 327-328, 340, 348, 350-352, 355, 358, 360-361, 363-365, 367-370, 373-374, 379-380, 383, 385-388, 391, 393-398, 403, 405, 407, 411, 414, 416, 419, 427-428, 430, 441, 447, 453, 456, 484, 496, 527, 540, 548, 558, 574, 606, 641, 656, 666-667, 682-683, 685, 761, 842
新增類合 24-25, 154, 164, 354, 365, 413, 470, 491
臣智 38
神地 284

新池　284
薪智面　150
新津　291
新集藏經音義隨函錄　66
新昌　119, 288
신촌　808
申村　808
新村　637, 643, 675, 681, 688
莘村　716
新村/시말　464, 476
新村里　626, 717, 718
新湯洞　715
新編古今事文類聚　416, 418
신포/薪浦　99, 106-107, 109, 110, 113, 117, 122, 124, 133, 212
薪浦鄕　123, 350, 375
新豊　249, 268, 281, 294
辰韓　79
新墟里　465, 519
新墟里/시텃말　464, 500
新峴　541, 555
新峴里　464, 486, 487, 631, 675, 679-680, 688
신현면/新峴面　427, 496, 532, 540, 543, 552, 589, 696
神興　267, 296
新興　267, 293, 296
신홍군　752
新興洞　799
신흥리/新興里　753, 765-767, 787, 790, 793, 799, 801, 803, 813-815, 817
新興町　733
室　413

實旺里　717
悉直停　180
實村面　609-612, 614, 617, 624, 626, 632-633, 637-638, 640, 642-644, 646-647, 656, 658
심곡　512
심곡동/深谷洞　511-512
심곡리/深谷里　463-464, 488, 512-513, 543-546, 553, 566, 594
深串谷里/깊은구지골리　513
深洞　289
심맥골　794
心妙　363
深妙　363
心妙里　360, 375
深妙里　361, 375
沈順門墓碣　351
深岳　428-429
深源　243, 284
深原　243, 284
深店/기픈술막　650-651
深川[집프내]酒幕　650-651
十停　180-182
雙溪　288
雙谷　291
雙嶺里　615, 621
雙梅堂　173, 175
雙梅堂先生篋藏文集　175
쌍북리　102, 104
雙山　252
雙樹　260, 266, 278, 291, 296
雙花里　769, 788, 810
雙化山里　769

雙花山里　765, 769, 778, 788, 805, 810
쌍화점　145
썩은배미　658
썩정이(썩은 물건)　517
쎄묵벌　622
쏘지　321
싹정이　517
솥　332

ㅇ

阿具奴摩　166
阿具比里　86
阿尼岾　317, 850
阿旦城　47
衙洞面　428, 715
阿等良　252, 254
阿郎浦營　513
아래말　107
아래-말　106-107
아랫간여　150
아랫말　106, 476, 479
아랫불벌은여　150
아랫인여　150
阿漏里　86
아리랑 낭랑　834
아리랑 열두 고개　836
아러면　767, 800
아러방구미리　808
阿夫羅　83
阿弗　251, 253
아산군　695
牙山縣　119
아익귀비열　796

아익신촌　796
我也里　712
아언각비/雅言覺非　313, 327, 342, 482
阿月　252, 254
牙州　269, 298
阿叱達　248
峨嵯山城　221
阿川　249
阿波評　86
阿湖里　122
阿火　251
아화리　178
岳　413
嶽　408, 410, 413, 416, 846
岳谷　357, 363
樂壽　269, 278, 298
岳陽　288
岳陽縣　28
嶽陽縣　28
樂章歌詞　145, 154
樂豊　285
樂學軌範　143, 154, 156
樂學拾零　826
鄂橫　408
안[內]　682
안강　178
安康驛　250
安溪　289
安谷　288
안골　675, 679, 688, 795, 801
安郊　291
安基　269, 297
安奇　249, 269, 297, 301

安南　21-22, 28
安南都護府　24-25, 28
안노루여　151
安尼大　363
安尼大里　360
安垈谷/안터골　626-627, 646
安德　270, 281, 289, 298
安洞　281
安東　246, 269, 297
안동군　695, 739
安東大都護府　27, 365
安東都護府　365
안동리/安東里　767, 773, 775, 782, 800, 817
안동읍　739
安樂　185
安眠邑　150
安撫　242
安房郡　86
岸壁の母　833
안변군　752
安美　250
岸本町　726, 733
安富　287
鞍部　841, 854
安富新驛　282
안산/安山　429, 572, 576-577, 588, 597, 616, 656
안산군　423, 694-696
安山郡宿所　596
안산시/安山市　150, 682
안산 행궁　570-571, 597-598
安西　269, 272, 283, 289, 299, 304, 306

安城　291
안성군　423, 717, 739
안성군/安城郡　423, 677, 683, 712-714, 717, 739
안성읍　739
안소당여　151
安壽　282
安遂　249
安身　280
安信　279, 284
安心所　350
안악군　740
안악읍　740
안암천　217
雁鴨池出土調露二年銘塼　70, 73, 76-77
安壤　250
安陽里　717
安養里　717
안양천　440, 484
安壤鄕　350
安彦　271, 299, 302
安偃　271, 302
安堰　271, 299
安業　250
안여　150
안용미리　808
安戎　282
安陰　291
安邑　245
安義　282
安義縣邑誌　394
安利　249
安仁　287, 363

安仁里　360
安林　286
安定　288-289
安州　289, 429
안주군　740
安州牧　340
안주읍　740
安昌　250, 268, 295
安泰　281
鞍峴　844
鞍峴/길마지　487, 626-627
鞍峴餘　844
安峽　429
安懷　350
安興　250
알의귀비열　796
알의신촌　796
岩　408-410, 413
巖/바위　489, 505
巖/岩　489
菴/암자　785
岩根町　733
岩坫里　803, 812
巖坫里　770, 788
岩坫里/바외터　777, 785
암림곶/暗林串　324
喦舍　282
岩寺洞　639-640, 646
巖沼里　715
巖隅坪　621
岩町　733
암지촌　792
巖治里　715

菴峙村　792
菴峙村/암지촌　785
巖回垈里　770, 788, 812
狎[丘鳥]亭里　613
압거리　711
압고지　324
狎鷗亭里　613
押督　415
押梁　42, 415
押梁(一作督)小國　79
鴨綠　249
押梁　290
鴨川町　733
鴨評　86
盍葉記　312
앞동　795
앞여　150
涯　162-163, 170
애　854
艾葛山　358
애깎이　849
애막　849
隘守　297
愛我里/익야쏠　712
櫻谷　281
鶯谷　267, 294, 296
鶯谷　267, 296
櫻毛老里　813
鶯子山　656
櫻町　726, 733
櫻井町　733
冶谷里/풀무골　715
野塘里/틀모시　681

也大池里/대모시 680, 681
冶洞里/품무골 715
冶爐縣 360
野里 463, 477
野里/벌말 463, 477
夜未 233
夜味 669, 682
夜牙 49
耶耶 49
夜伊 682
약대고개 586
약대동 586
약대리/若大里 463, 500, 505, 550, 584, 586, 587
藥垈里 500
약대촌/若大村 587, 599
若大村前路 575, 583
약대현/若大峴 570, 573, 576, 582, 586-588, 590, 596, 599
약대현 앞길 588
약물터 500
藥山面 150
若松町 733
藥水 269, 278, 301
藥水垈里 505
藥水洞里 500
藥水里 500
藥水鄕 350
若佐 86
若佐國 87
若竹町 733
若草町 733
若狹國 86

洋 410
梁 39, 42, 59-60, 70-71, 74, 76-80, 94-95, 408-410, 413
陽 655
壤 136
楊溪 283
楊廣道 23-25, 110, 429
楊口 272, 304, 306
楊口郡 525, 548
양근/楊根 149, 199, 289
양근군/楊根郡 28-29, 194, 423
楊根縣 449
良驍 249
양기촌/陽岐村 792
陽德縣 345
陽東 697
良洞里山城 178
양동면/陽東面 697, 717, 719, 721
楊等所 247
楊等浦[버들개] 212
陽良所 111
陽良所面 115
陽良所川 111, 115, 117
揚林里 745
楊林町 746
梁文里 645
梁部 71, 74, 77-78
兩士面 696
梁山 350
楊山 137
陽山 196, 289
양산군 178
梁山郡邑誌 394

양산도 열두 고개 835
陽山里 715
梁書 59, 62-63, 65, 69-70, 73-74, 84
陽西面 719, 720
梁書新羅傳 61, 94
陽城 266, 292
陽城郡 496, 712-713, 716
梁誠之 381
양성현 423
兩水島 798
陽嵒 284
陽岩溪/볏바위니 645
襄陽 263-264, 362
楊淵 247
良栗 250
養麟 260, 269, 299
양자동/楊子洞 796
良梓 269, 299
良材 269, 299
良才 269, 302
양재역 563
良才川 656
양주/楊州 18, 23, 24-26, 214, 216-217, 222-223, 226, 235-236, 264, 616, 668, 670-671, 684-686
梁州 249, 279, 289
襄州 249, 263-264, 289, 362
양주군/楊州郡 664, 682
양주목/楊州牧 219, 223, 225, 228, 423, 664-667, 670, 682-683
楊州牧延礽君房買得田畓打量成冊 669, 687
양주시 216-218, 683

梁州驛 249
양쥬 227
陽智郡 452
陽之里 431, 463, 465, 492
陽之村 492
양지편/陽之便 492
陽之便里 492
양지현 423
養珍 261, 269, 302
楊津 26, 219-221, 225
陽川 429, 719-721
陽川 행궁 571
양천군/陽川郡 694-697, 718-719
陽川郡邑誌 721
陽川縣 350
양천현 423
양천현 주정소 570
양촌면 115
양평군/楊平郡 542, 622, 628, 631, 635, 712-715, 717
楊坪里 570
陽峴/볏고기 640, 643
陽峴里 640, 643, 655, 661
楊化 270, 300
楊花 270, 303
楊花渡里 720
楊花里 720, 722
於谷所 350
어구동/於口洞 792, 796
어귀동 796
於斗里 666, 668, 687
於屯里 666, 668, 687
漁梁 390-391, 409-410

어리동 791
御侮 271, 300
於毛里 666, 668, 687
御射臺 580
어사대로 580
魚沙兒 409, 414, 417
어설메 121
御成町 733
漁沼里 711
漁淵里 711
御營廳謄錄 364
於乙 139
於乙[泉] 142
於乙買 140, 142
於乙買串 138, 140, 142, 319, 322
於義洞オリドン 791
於伊洞 791
於逸里 648
漁場 343
漁箭 409, 411, 414, 417
於田里 536
御定子史精華 65
御定佩文韻府 65
漁條 417
어죽여 151
漁村峴/어비고기 624, 643
魚灘 439
魚呑面 439
억기면/憶岐面 753, 760, 764
憶岐社 763, 788
憶岐山社 760, 763, 788
堰 339-340, 406-407, 612
偃談里 464, 467, 502, 504, 522

彦淡里 464-465, 467, 502, 504, 518-519
堰北面 714
彦陽 271, 300
彦陽縣 28-29
彦州江 656
彦州里面 606
彦周里面 606
彦州面 606, 608-613, 615, 618, 624, 628, 632-633, 635, 637-640, 642, 643-644, 646-648, 656
彦州出張所 628
언해두창집요 162
얼 153
嚴山 350
奄峴里 633, 635, 640
奄峴酒幕/음고기쥬막 633
崦溰 344
여 151, 153
여[石] 172
礖 151
여덟밤이 675, 681, 688
여도비지/輿圖備誌 113-114, 122, 125, 426-427, 430, 441
餘糧 270, 301
餘粮 270, 298, 301
余美 247
余美里 658-659
餘美縣 247
餘方面 712
麗史 220
餘社郡 85
礪山 394

여산군 110
礪石古介 843
여수군 739
여수동/麗水洞 640, 646, 653, 655,
　　661-662
麗水市 151
여수읍 739
여슷 254
여스 655
廣陽 269, 299
驪陽廢縣 28
驪陽縣 28
여우 565, 655
여우[狐] 623
여우고개 552-553, 560-561, 563-564,
　　569, 595
여우니 566
여우내 565-566
여우누니 622-623
여우눈 564-565
여우별 564-565
여우비 565
여우잠 564-566
如牛峴 552
如牛峴/여우고개 552
여울 148, 153, 495, 681, 776, 780
여울여 150
여월 495
여월동/如月洞 534-535
余月里 464, 467, 495, 504
여월리/如月里 440, 464, 467, 475, 483,
　　495, 504, 519, 534, 568
與猶堂全書 235, 311

余乙未里 658-659
여의도 120
如意峒 340
餘伊/넘이 842
여주군/驪州郡 478, 631, 635, 645, 681,
　　683, 713-717
여주목 423
輿地考 320, 412
輿地圖 345, 552, 607
輿地圖書 29, 113-114, 118-119, 124-
　　125, 222, 228, 348, 358-359, 364,
　　371, 392, 394-395, 423, 428, 438,
　　441, 459, 461, 493, 537, 552, 574,
　　581-582, 606, 614, 616, 619, 647,
　　683-684, 759-760, 763, 814
輿地勝覽 321
驪川尉 577, 578
여호고개 562
如訖 148, 409, 413
여흘 149, 153, 155-156, 163, 167, 170,
　　413
여흘[灘] 135, 136, 139, 144-145, 147,
　　166-169, 171-172
如訖[여흘] 148
驛谷 466, 474
역골 801
歷代國界 253
驛洞上里 772, 788, 817
驛洞 442, 464, 487, 615, 801
驛洞/역골 464, 471, 473
驛洞里 464, 471, 473-474, 817
驛里 721
驛名 239

驛上里 772, 788, 817
譯語類解 34, 129, 154, 167, 230-231
譯語類解補 51
驛院 388, 397, 406
驛站 385
驛村 621, 651, 721
驛村里 710
역하리/驛下里 801, 817
驛海坪 역바다 683
淵 408-410
䐑/늪 776, 788
緣(一作椽)武縣 181
燕/제비 783
連谷 266, 293
燕岐 119
燕歧 282, 289
연기군 694, 740
연기 622-623
鳶島里 151
連同 269, 278, 297
連洞 269, 278, 301
연동리/蓮洞里 766, 801, 817
연백군 740
連峰 246
連峯 246
連峰里 811
連山 114, 118-119, 124, 126, 289
연산강창 121, 126
연산강창/連山江倉 117, 119-122, 124, 126
연산군/連山郡 110, 122, 351, 367
연산면 351, 367
連山稅倉 124

燕山驛 282
연산현 112, 117, 120, 124-125
연산현/連山縣 108, 112, 115, 117, 120, 124-125, 351, 353, 367
䐑上里 753, 767, 790-791, 814
䐑上里/늡상리/ヌプサンニ 768
連城 282
延安 429
연안읍 740
連巖洞ヨンアムドン 798
連巖里 798
連原 291
연일군 695
連長峴/연장이고기 643
緣情 279
漣州 429
延州 245, 268, 281, 294
連州 243, 284-285
連倉 249
漣川 18
淵遷 50, 52, 154, 326, 328
淵遷/쇠벼ㄹ 551
漣川郡 712-713
燕川洞 795
燕川洞/제비닉 775, 783
연천현 423
淵村 715
燕灘 345
渕評 87
延平 289
延坪里 150
延坪面 150
연풍 558

연풍리/淵豊里 766, 801, 817
연풍면 557
延豊縣 641
延豊縣 558
連海坪/연바다 683
延香 306, 308
連鄉 262, 273, 304, 306
沿革 385
蓮花堰/연화제은 632
連喜里 463
延希里 463, 467, 502, 504
連希里 463, 467, 502, 504, 645
집 357
烈女 388, 401
열두 고개 830, 834-836, 853
열두 구비 835
열두구비 인생 836
列山 250, 289
洌水 327
열읍문/列邑門 386, 388, 393, 404, 406, 408, 411
열읍문목/列邑門目 384, 386, 388, 400
鹽釜 390-391
鹽盆 412
염분리/塩盆里 801
鹽山面 150
鹽所 409, 414
鹽率 365
廉率 365
廉率部曲 364
鹽田 412
塩町 733
鹽井 350, 390-391

染井/옷우물 640, 647
塩貞部曲 364
塩州 289
念珠谷/염쥬밧골 632, 646
塩倉里 720
鹽倉里 697, 720, 722
鹽坪 409, 411, 414
葉戶峴 562
嶺 317, 408, 410, 413, 612, 642, 644, 842
永嘉誌 365-366, 392
永康 280
英谷里 645
靈光 267, 292
靈光郡 150
泳宮 86
嶺斤面 675, 680
靈駬 282
永樂町 733
영남면/嶺南面 645, 717
影堂洞 807
寧德 282
迎德 284
盈德 252, 279
영덕군 695
永同 270, 298
영동군 694
泳東面 547
永登村前路 570
영등포 120
永登浦區 704
永郞岾 318
榮明 350

永保　289
영북면　717
英比鄕　86
迎賓館　403
領事館通　726
寧朔　282
靈山　289
寧山　263-264, 362
영산군　694
靈山縣　264
迎曙　215-216, 287
영서역/迎曙驛　215-217
영석골　767, 773, 800
永申　271, 302
永新　271, 298, 302
永新君　577-578, 598
營衙　385
永安　27, 245, 281
永安縣　26
靈巖　28
靈嵒　289
英陽　279
寧陽　249
英陽鄕校　45, 82
寧遠　280, 283
瀛原　266, 295
寧越　247, 289
靈楡　285
寧仁　280
永仁社　763
寧仁社　761-763, 788
寧仁鎭　762
영일군　178

迎日冷水里碑　70, 72-73
迎日灣　195
靈藏寺　164
靈長山　611
嶺底洞　796
英町　733
榮町　726, 733-734
영겨동　796
英祖三十五年(1759)己卯蔚山戶籍大帳　230, 234
英祖實錄　225, 228, 406
寧州　246, 282, 284
永州　268, 279, 289, 295
令泉　267, 296
靈泉　267, 294, 296
영천　178
영천군/永川郡　178, 184
永川郡誌　394
영천리/永川里　787, 804, 813
永川場巨伊/영천장거리　787, 804
永川菁堤碑　72
永川菁提碑貞元銘　330-331
永淸　243, 284
令淸洞　712
寧淸洞　712
永春　247
迎波　247
永平　429
永平郡　452, 631, 645, 714-715
永平縣　49
靈浦　291
영풍리/永豐里　802, 812
永豊里　802

영하리/永河里 766, 787, 804, 812
迎香 262, 273, 304, 306, 308
迎和 282
迎華洞 340-341
永興 269, 299, 429, 790
영흥군/永興郡 750-753, 760, 768, 778
永興郡邑誌 780
永興大都護府 761
靈興島 344
靈興面 150
永興府 760-761
永興府邑誌 759-760, 770
永興鎭 761
濊 384
禮敬諸佛歌 233
乂別德 342
禮山 289
禮山郡 542
禮安鄕校 45
禮安鄕校乾隆甲戌鄕校田畓案 82
禮州 249, 289
禮直里 711
禮眞里 711
醴泉 263-264, 362
예천군/醴泉郡 27, 740
예천읍 740
五加里 772
五家里 772, 817
五家里/오갈이 801
오갈이 801
오고미 360
오고미리 360
烏古美里 360

烏告美里 360
五谷里 464, 488
오굴 488
오그미 360
오금 360
오금리/吾今里 360
吾金里 360
五金里 464, 502, 551, 713
吾尼山里 714
五臺山 218
梧島里 150
吾道宗村 354
吾刀旨里 351, 354
오동여 150
오동정이 435, 515
汚禮斯伐 37
五老峯山 183
五龍洞 616
五柳洞 438
梧柳洞 440, 464-465, 467, 471, 473, 483, 488, 504
五柳洞里 465, 467, 471, 473, 488, 504
梧柳洞里 464, 471, 473
五里 615
오리[鳧] 632
오리골 800
五里洞 438, 800
오리울 473
梧里坪/오리보들 631, 642
吾林里 714
오릿골 473
五馬洞 637-639, 643
烏沒 146

烏沒[우믈] 167
五方里 683
五峯山 183
五峰山 611
오부/五部 84, 482
五分破 798
娛賓 289
吾賜乎 247
五西面 492
五星靑坪 654
五釗里 464, 713
獒樹 286
오십 고개 824, 826
五十二邑勒 62
五兒 409, 414, 417
烏壤 286
烏原 290
吾林 267, 296
烏林 267, 294, 296
오정/梧亭 435, 472, 515
吾丁 472
5停 203
오정구 578, 591, 598
吾丁洞 435, 515-516
梧亭洞 515, 516
오정리/吾丁里 434-436, 463, 467, 470, 485, 491, 504, 515-516, 581
午正門 403
吾丁峴/오정마루 436
오정마루 516
五洲衍文長箋散稿 311, 318, 313, 335, 338, 340, 342-343
吾川 249

鰲川面 150
오촌/吳村 791
五朶面 712
五灘坊 439
五浦 656
五浦面 609-613, 615, 618, 626, 628, 633, 637, 639-640, 646-648, 656
五行 249
烏喙 67
玉溪 269, 297, 301
玉雞 297
玉果 289
玉關 281
玉碁洞 621
沃島面 150
옥동/玉洞 793
玉毛 425, 541
玉毛面 425, 440-441, 457, 462, 464, 467, 471
玉山 425
玉山洞 799
옥산면/玉山面 425, 427, 432, 440-441, 457, 473-474, 478, 482, 485, 489, 495, 501-502, 516, 522, 529, 591, 593
옥수동 221
玉兒 285
沃原 266, 294, 296
玉獐里 712
玉井里 712
玉池 243, 283
玉地 243, 283
玉川/옥산이기울 645

찾아보기 **983**

옥천군 695
玉庖 271, 300
玉包 271, 303
溫山 247, 248
溫叟 383
溫水 119, 266, 294
溫水洞 464, 471, 473, 483
溫水洞里 464, 471, 473
溫水里 464
온양/溫陽 260, 500
溫井 141, 289
溫泉 283
옷봉여 150
甕城里 742
甕作里 671, 673, 687
甕場里 671, 673, 687
옹정리/瓮井里 351, 353
甕井里 351, 353
옹진군/甕津郡 150, 739
옹진읍 739
옹진현/瓮津縣 160, 328
甕津縣 160, 326, 328
瓮泉 246
瓮川 246
甕泉 246
瓮遷 160, 327
甕遷 160, 326, 328
瓦孔面 666-667, 676, 679
迃迤 345
瓦洞面 681
瓦里面 696
瓦銘文 98
窪屋郡 86

와우골 801
臥牛洞 801
臥牛里 463, 466, 502
臥牛峯 544, 575-576, 593, 599
와우산 545
臥牛坪/눈쇼들 637, 641
왁시골 791
莞島郡 150
完文里 814
完沙 273, 304-306, 308
宛沙 305
浣沙 273, 304-306, 308
完山 180
完山町 733
完山停 180
完山州 100
完山誌 394, 396
浣下里 712
完興里 771
日理鄕 86
왕경/王京 178, 429
往谷 283
旺垈里 681
왕등여 150
旺倫 658
王倫面 616, 619
旺倫面 609-612, 615-616, 618, 624, 629, 633, 637-640, 646-647, 658, 715
王逢 23
王沙灘 224
王城 62, 94
왕숙천 224

王邑 201
王忠 196
倭城臺町 733
倭字 314
倭漢三才圖會 314
外 62
外/밖 785
外加川/벌기천 713
外乾芝山 677
外谷洞 633
外谷里 633, 646
外果里 710
外果海 720
外南面 345
外南松 535
외도롱여 151
外洞 795
外洞/박골 785
外萬垈 118
外木里 710
외미음 220, 238
外鉢山 719
外鉢山里 719, 722
外浮石 720
外浮石里 710, 720
外西面 726
외성/外城 791
外所面 712
外水谷里 489
外新山里 770
外薪山里 770, 812
外五釗里/밧갓오쇠 464, 502, 551
外龍米里 808

外庄 780
外芝谷 621
外草里 151
外評 84
외평/外坪 793
腰/허리 777
饒谷/묘골 633, 646
耀德 280
耀德面 755
耀德面 753, 757, 760, 774-775, 777-779, 782-783, 785, 787, 793
耀德社 760-762, 766, 772, 816
耀德鎭 761-762, 778
堯洞 621
聊城 287
遙安 261-262, 268, 294
瑤池 273, 304, 307
要知 273, 305, 308
要害 390
褥 332
褥薩 84
浴恩池 580
欲知面 151
龍 193, 195, 783
用家 272, 303, 307
龍駕 272, 303, 305, 307-308
龍龕手鏡 345
龍岡 282
龍岡町 726, 733
龍巨洞/용거머이 714
龍溪 111
龍溪 280
龍溪山 113

龍鷄川 114-115
龍匩洞 714
春橋酒幕/방아다리쥬막 635, 640
龍駒 269, 298
龍宮 268, 295
용남리/龍南里 753, 767, 785, 790, 792, 814
龍南面 151
용늪리 767, 791
龍潭[龍澤] 282, 712
龍洞 792
龍洞宮事例節目 606
龍頭里 677, 804
龍頭里/용의머리 777, 783
용마루 485
龍灣 193, 195
용모롱이 622
용문산/龍門山 194, 199
春米連廣國 85
龍米里 767
용미리/龍米里 767, 808, 818
用盤里 814
龍盤里 814
龍飛御天歌 29, 50, 52, 89, 147, 154, 156, 158-159, 200, 218, 324, 328, 551, 604, 685, 843
龍山 120, 403
龍山江 218
용산구/龍山區 215, 217, 704
龍山洞 555, 621
龍山櫻町 727
龍山元町 727
龍山元町四丁目 727

龍山元町三丁目 727
龍山處 21, 217, 427
用上里 816
용상리/龍上里 766, 795, 814, 816
龍水陂 791
龍水皮川/ヨンスビチョン 792
용슈피 791
龍神里 814
用安 261-262, 268, 294, 296
龍安 261-262, 268, 296
龍巖里 814
용암리/龍岩里 753, 767, 778, 790, 792, 814
용양봉저정 570-571
龍淵郡 513
龍閼里 790, 814
龍淵里 814, 816
龍閼里 753, 767, 791
龍閼里/용늪리/ヨンスニ- 768, 776
龍隅 622
龍隅洑/용모롱이洑 622
용운리/龍雲里 753, 767, 790, 792, 814
龍游洞 150
용의머리 804
龍仁 521, 656
龍仁郡 324, 452, 478, 546, 626, 645, 711, 714-716
龍仁嶺/용인고기 632, 643
용인현 423
龍田 813
用田里 813
용전리/龍田里 766, 787, 803-804, 813
龍井洞 806

用井里 769, 810
龍井里 769, 806, 810
龍亭里 813
龍停里 813
龍井町 733
용견리 794
龍宗里 463, 472, 485, 516
龍州 282
湧珠里 358
龍津 289
龍川 300
龍泉 270, 278, 300, 303
用川里 816
용천리/龍川里 766, 775, 777-778, 783, 787, 795. 803, 807, 811-813, 816
龍泉里 766, 790, 794-795
龍浦先生文集 666-667
용하리/龍下里 787, 804
용현동 668
龍化 288
용홍강 764
용홍리/龍興里 803, 812, 814
羽溪 285
牛谷 290
又谷/웃골 626, 646
牛谷里 678
雨谷停 178-179
우골 678
祐仇里面 371
우당리 802
禹塘里/[舟者]古ㄱ/제수기 787, 802
右道兵馬節度營 394
右洞 723

牛頭里 351, 353
牛頭州 31
牛嶺/쇠고기 639, 643
우물 171
우물[井] 170
于勿 408, 414
우믈 145, 147, 167, 414
우믈[井] 135-136, 144-146, 166-169, 171-172
우뭀 145
牛峯 247, 279, 283, 428, 429
牛峯郡 49
于北 370
于北只部曲 370
牛山 656
牛首 180
牛首里 351, 353
牛首停 180
牛首州 30-31
牛岩里 338
禹憶堂里 770
又憶塘里 812
禹憶塘里 770, 812
우여 151
遇王 23-24
牛院里 715
禹仁烈 293
牛場里 669
遇賊歌 233
牛岾 414
우줄건 796
牛川 224
牛川嶺/소닉실고기 639, 643

牛峙/쇼틔 639
牛峙洞 637, 639, 641
우포/友浦 773, 800
友浦/벗기 773-775, 782
友浦/우포 775, 782
友浦里 817
友浦里/우포리 773, 800
右捕廳謄錄 515
羽化亭 446
優休牟 80
優休牟涿 19, 36-37, 41, 43, 46-47, 53, 79
優休牟涿國 17-18, 20-21, 29-32, 47, 53-55, 79, 514
旭町 723, 726, 733-734, 745
旭町三丁目 742
旭町二丁目 727, 742
旭町一丁目 727, 742
雲谷 280
雲谷面 760
雲谷社 760
雲交 270, 301
雲橋 270, 297, 301
雲根 289
雲半 243, 285
雲峯 266, 284, 294
韻府羣玉 65
雲水部曲 350
雲品 246, 268-269, 272, 280, 294, 298, 304, 307
雲岩驛 246
雲井洞 639-640, 642-644
雲井町 733

雲梯 271, 300
雲從街 394
雲州 243, 285
雲中道 243, 245, 249, 268, 280-281, 283-285, 294
운중동 560
雲村里 645
雲興 286
雲興洞 799
울 680
岜(-亻)內里/울안이 715
울산 605
울산군 234, 456, 739
蔚山府邑誌 394
蔚山府戶籍臺帳 425, 434
울산시 779
울산읍 739
蔚州 160, 249, 252, 289
蔚珍 243, 260, 267, 269, 283, 293, 298-299
蔚珍鳳坪里新羅碑 40, 64-65, 71-72, 94
움[窨] 145, 147
움[窨] 147, 172
웃감이 711
웃귀비열 796
웃말 476, 531
웃방구미리 808
웃신촌 796
웃촌 802
熊[ノ]備[ヒ] 84
熊[ノ]備[ヒ]己[コ]富[ホ]里[リ] 84
웅기읍 740

웅덩이 147
雄洞 613
雄洞里 613
熊備己富里 83
熊壞 247-248
熊津 159
雄峴里 720
원 337
原 96, 336
院 406, 633
員 335-338, 346
圓覺經諺解 52
圓光西學 549
元堂洞 613
元堂里 613, 672, 688, 710, 719
園塘里 672, 688
元堂面 713
원데미 502
院洞 723, 798
遠洞峴 521
遠洞峴/며흘골고개 520
院里 742-743
원명동/元明洞 790
원미산 530
元逢 26
遠敷郡 86
원북면/遠北面 526, 717
원산/元山 704, 725-726, 728, 730, 748
遠山 521
圓山 191
元山東町 728
元山本町 728
원산부/元山府 731, 736, 738, 752

元山西町一丁目 728
元山市川町 728
元山新町 728
元山旭町二丁目 728
元山中町三丁目 728
元山春日町 728
遠山坪/멀미들 520
元山港東町 728
元山港本町 728
元山港旭町 728
元山港春日町 728
遠三面 626, 645, 674
원상리/原上里 767, 808, 817
夗石 154
原深 249
原巖 296
元巖 268, 296
猿岩 268, 294
員壞 249
圓壞 249
爰襄國 47
願往生歌 325
遠又爾 541
苑囿 388
遠應谷 521
遠應谷/머은골 520
遠一面 452, 715
原林 294
圓林 268, 294
원적산/遠積山 444, 484
元寂山 656
圓寂山 656
元町 733

元貞　243, 284
原貞　243, 284
원절동　794
원종　519
遠宗洞　519
원종리/遠宗里　422, 435, 464-465, 485, 491, 516, 518-519, 521, 567
遠宗里洑/먼마루보　522
원주/原州　250, 266, 289, 294, 326
원주군　535, 739
원주읍　739
原昌　249
遠川　521
原川　250
遠川洞　626-627, 633-635, 637, 642, 644, 658-659
遠川/메너　520
遠川洞/먼니　520
原川里　765, 805, 810
遠川酒幕/모니주막　520, 635, 637-638
元喆洞　794
院村里　745
원통산　484
원평리　766, 808
遠坪　521
遠坪/머으들　520
院坪/원덜　633, 642
元平里　766, 772, 777-778, 785, 808, 817
原平里　772, 817
源浦　279
院下里　712
元曉　54

元興　280, 289, 815
元興里　771, 815
院興里　765, 771, 798, 815
月　535
越え(こえ)　837
越　681
月/다리　677
月/달　483, 505
月見町　733
月谿遷　327
月谷里　676, 679
月谷面　615-616, 618-619, 696
月谷上里　717
月串　321
月樓峙/올누직　536
月林浦　798
月明洞ヲルミンドン　790
月背面　696
月山町　746
월성　178
月城垓子出土瓦銘文　73, 76-77
月陽里　150
月餘串面　486, 715
月印釋譜　27, 89, 92, 145, 156, 158, 535
월인천강지곡　542
越場里　115
月田面　696
月井內里/다라물　713
月川　657
月川嶺　657
月川嶺[다라재]　652
月川峴　656-657
月村里　710, 721

月灘坊　439
月峴/다리니고기　632, 643
位　156
葦溪　284
蝟島面　150
位良面　696
爲彌　196
衛山　266, 292
威遠　282
渭州　281, 285
魏昌祖　763
渭川　289
爲閑筒　340
윗간여　150
윗말　476, 479
윗번덕　528
윗불벌은여　150
윗신여　150
윗인여　150
踰　681, 843
柳/버들　677
幽谷　291
柳橋里　645
惟鳩　296
唯鳩　268, 296
維鳩　268, 294, 296
柳南里　765, 805, 810
幽洞　285
柳洞里　805, 810
遊頭流山記　318
柳等防築　573, 580, 596
柳等浦里　434
柳里/버들리　464, 502

有隣　270, 298, 301
柳林里　745
柳北里　765, 805, 810
유사음역　240
柳成龍　227, 232
維安　291
鶹岩里　555
楡楊　290
柳余洞　637, 643
流寓　388, 398, 419
由原　266, 296
幽原　266, 294
有麟　270, 301
楡岾　316
楡岾寺　316, 318
柳町　726-727, 733, 746
柳亭山　806
俞拓基　225
楡川　290
柳靑里　338
柳坪/버들숨치　639
柳浦面　434
踰峴　845, 854
柳峴　676, 688
柳峴里　679
柳峴里/버들개　680
유형 표시부　506-507
柳馨遠　387, 423
유희/柳僖　44, 328
六〇の坂　826
六〇の坂を越す/60의 비탈을 넘다　824
六伽倻　384
六谷遺稿　670

6과 239, 241-243, 245, 260, 274, 276, 278-279
六校洞 715
육기정/6기정 174-175, 177-178, 182, 185
6부/6部/六部 39, 59, 62, 69-71, 74, 79, 84, 95
陸山里 150
陸驛 252
六驛 252
육정/六停 180, 182
六祖壇經 128
六叱 252, 254
六啄評 62
6啄評 69, 73-74, 93
尹瓘 300
潤洞 714
輪山 249
尹義肇準戶口 666, 668
윤자운묘/尹子雲墓 682, 683
尹滋學 546
윤촌/尹村 800
尹淮 108, 109
尹暉 357, 363
栗柯洞 798
栗界面 547
栗島 464, 471-472, 499
栗島谷/밤슴골 639, 646
栗島里/밤섬말 464, 471, 499
栗洞 658
栗嶺川 113, 114
栗里 626, 646, 658
栗里面 547

栗木郡 23
栗木洞 805
栗木隅坪/밤나무멀이덜 639, 642
栗木亭 555
栗木町 726
栗峯 246
栗峰 246
栗陽 250
栗元 271, 302
栗原 271, 299, 302
栗院 271, 302
栗津 24
栗津郡 21, 23-24
栗灘坊 439
율평/栗坪 792
栗浦里 645
栗浦縣 160
栗峴 633, 642
栗峴野/밤지들 487
銀溪 245
隱坌里 712
은반면 717
恩山 268, 296
銀山 268, 294, 296
銀石里 491
銀嵒 282
銀嶺 268, 294, 296
은정동/銀正洞 793
殷州 249
恩津 107-108, 110, 113-114, 118-119, 125
恩津郡 110
恩津縣 107, 114

은진현/恩津縣 103, 105, 107, 111-112, 114, 117, 119-120, 124, 133
恩津縣地圖 124
은평구 215
銀漢 245
銀杏亭 555
銀俸亭里 721
銀杏亭里 710, 721
올[井] 145
을[泉] 172
乙 139, 192
을[水] 135-136, 145, 147, 149, 153, 166-168, 171-172
乙[井] 146
乙買 138
乙買串 135, 138
陰/응달 785
음가적 표음성 239, 263, 265
音假表記 661
音垈里 712
音讀表記 661
音里火 182
音里火停 181
陰城 261, 268, 294
陰城郡 565
음성현 262
음이 없는 한자 315
陰竹 289
음죽군/陰竹郡 486, 542, 712, 715-717
음죽현 423
陰竹縣 368
陰村洞 795
陰村洞/응달마을 777, 785

飮啄 68
飮喙 68
읍/邑 62, 65, 94, 739-740
읍내면/邑內面 425-426, 474, 479, 635, 666, 668, 671, 712, 717
邑東面 696
邑勒 61-63, 65, 94
邑先生 392
邑城 399
邑倉 118-119
鷹/매 677
응달마을 795
鷹島 463, 499
應嶺 268, 296
鷹峯 656
鷹峯/미봉 639, 643
응봉리/鷹峯里 767, 803, 813
鷹峯山 656
鷹峯山/미봉산 635, 639
鷹峯峴/미봉직 639, 643
鷹岩 676, 680, 688
鷹巖洞 798
鷹岩洞メバオドン 798
鷹峴/밋지 639, 643
矣 319
의곡리 178
儀谷面 560, 611, 616, 630, 642-643
義谷面 609-610, 612, 615-616, 618, 648, 656
宜寧 273, 303, 307, 357
儀鳳四年皆土銘 암키와 73
義城 270, 289, 300
의성군 694

義順 249
義安 290
義逸內外洞 648
의정부시 684
의주/義州 193, 282, 704, 730, 732, 736, 738, 748
의주목 324
義州町 733
義昌郡 62
義豊 247-248
擬弘文館增修東國輿地勝覽例 42, 148, 161, 316, 327, 342, 377-381, 400-401, 409-410
義興 290
의흥군 694
梨/배 782
李穀 109
利窟 108-109, 133
이규경/李圭景 311, 313, 318, 330, 335, 340, 342-343
迤內 345
伊達 196
伊淡面 669, 671, 687
李德懋 312, 314
利途 246
利道 246, 248
二道面 367
吏讀便覽 320-321
이동 773, 800
李銅 578
梨洞 773-775, 782, 800
이동리/梨洞里 767, 773, 775, 778, 782, 800, 817

伊冬音部曲 350
이둥여 151
二等道路 755
梨嶺 656
利樓 107
利樓津 107-108, 133
伊梨柯須彌 139
이리읍 740
里幕洞 463, 467, 472-473, 504
이매동/二梅洞 626-628, 640
理盲岾 414
里門洞 717
李文源 577
二方郡 87
二方評 87
二拜峴 611
二拜峴/이비지 643, 651
理輔 656
利保院 656
利保峙 656
利夫 656
二府 384
利富峙 650-651
利孚峙/니부틔 555-556, 650-651
二北面 711
伊斯枳牟羅城 63
利山 252
尼山 119
伊山 39, 267, 292
尼山縣 111
이석리 654-655
伊城 267, 294
伊城縣 188-189

이셧다 156
이셧ᄒᆞ도다 156
利藪 108-109
李睟光 312
이슷 156
李植 394
22역도 239, 241-246, 248, 250-251, 255-257, 259-263, 265, 268, 271, 274-276, 285
二十の扉 829, 853
二十峴谷/스무고기골작이 646
이싱도리 338
利安 252
李安山宅奴戊金所志 625
利嶺 243, 283
梨嶺 243, 283
伊豫國 85
利旺峴 621
梨旺峴 621
利旺峴/이왕이고기 643
이원군 752
李元禎 357
梨月里 150
李瑋 29
李怡 578
李瀷 312, 323
李益運 579
利仁 245, 246
里仁社 760, 763
里長 35
頤齋亂藁 42, 80, 148, 161, 226, 228, 231, 316, 320, 327, 377-380, 382, 400-401, 409-410, 418, 521, 554-555, 604, 634, 641, 650, 652, 657
頤齋遺藁 26, 193, 312, 320-321, 380-382
吏典 241
池田洞 345
里町 738
二鳥峴 621
李存秀 577
李之翼 424
異次頓 115
利川 249, 364-365, 653
伊川 429, 500
梨遷 326
이천군/利川郡 486, 622, 626, 628, 681, 683, 712-714, 717, 739
이천도호부 423
李天輔 577-578, 598
이천읍 739
이첨/李詹 173, 175, 186
梨村里 712
梨村里/보십고기 712
梨浦 541
梨浦[배애] 212
異表記 351
里巷俚俹 482
李荇 381
泥峴 621
梨峴 114, 554
異峴/다랑고기 643
梨峴/비우기 631
泥峴/질고기 637, 643
利穴 108-109, 133
李衡祥 367

梨花洞 794
이화령 557
梨花里 465, 471, 492, 504
伊火伊峴 558
梨花村 464, 504
梨花村/비꽃이 465, 471, 492
伊火峴 558
伊火兮 181
伊火兮停 181
伊火兮縣 181
李滉 231
理興 260, 266, 294
익산군/益山郡 404, 740
益申 269, 302
益新 269, 299
翼令 249
仁 127
麟丘 272, 278, 305, 307
驎駒 272, 278, 303, 306
仁郡 645
인내 115, 128
인덕원 560
仁洞 794
인동군 694
仁嵐 291
寅目面 631
人物 268, 297, 388, 400
仁物 268, 294, 297
仁比 269, 298
仁庇 269, 301
仁庇驛 301
麟山郡 326
인상리/仁上里 766, 774, 776, 778, 782, 785, 787, 794, 816
人生つづら坂 835
인성리 813
印月 266, 294
引月 266, 294, 296
引月串 320
仁章里 672, 687
茵匠里 672, 687
麟蹄 249, 272, 303, 306
麟蹄郡 525
仁祖大王行狀 160-161
麟州 282
仁州 290, 429
인창면 717
仁川 18, 113-117, 126, 128, 133-134, 573, 703, 725, 729-730
인천 계양구 18
仁川京町 728
仁川廣域市 150
仁川桃山町 728
인천도호부 423
인천리/仁川里 115
仁川府 427, 496, 543, 552, 694-696, 698, 713, 726, 732, 736, 738
仁川濱町 728
仁川寺町一丁目 728
仁川山手町 728
仁川山手町二丁目 728
仁川松坂町 728
仁川新町 728
仁川仲町 728
仁川川 115
인풍리/仁豊里 767, 793, 815

仁豊里 753, 767, 778, 786, 790, 793
仁港 438
仁化面 696
仁興洞 791, 799
仁興里 766, 794, 816
仁興面 696, 753, 760
仁興社 763
日建洞 787, 796
日乾洞 798
一道面 367
一洞里 338
一里 615
一門 286
일본 국자 853
日本妙心寺鐘銘 85
日本書紀 30, 34, 38, 59-60, 63, 83, 85, 87-88, 95, 139, 159, 200
일산 428
釖山里 814
一西面 492
日省錄 344
溢守 268, 294
日新 286
일신면 717
日陽德/イルヤンテ 794
日陽洞 794
日用面 615-616, 618, 715
一田坪/한밧들 642
日之出町 733
日直里 669
日出町 733
一花洞 713
日興 289

臨 656
臨江 428
臨江驛 249
臨江縣驛 249
臨溪面 536
任那 63, 64
林丹 273, 305, 308
林湍 304, 307
臨湍 273, 304, 307
臨壇 350
臨道 267, 293
臨洞 281
林畔 288
任城郡 181
임시토지조사국 693, 709
任實 290
任實郡 181
任實縣 141
林堰部曲 350
林雲 280
林原 285
林町 733, 746
壬坐原 666
臨津 428
臨津 272, 304, 307
임진강 446
임진면 717
臨川 249, 284
임천군 695
臨村面 696
臨坡 290
臨波 247
臨浿 247

찾아보기 **997**

臨河 270, 280, 290, 300
林鶴 469
林鶴洞 463, 467, 473, 504
立 105, 127
立/서- 781
笠 106, 127, 129
笠/*갇 131
入見里 86
入廣州 653
立乃 98-99, 101, 103, 105, 110, 113, 117, 126, 128,
笠乃 98-99, 101, 103, 105, 110, 113, 117, 126, 129, 132-134
笠帽峰/갓무봉 635, 640
笠北洞 616
立石洞/선돌동 781, 796
立石里 766, 781, 787, 796, 816
入船町 733
입셕리 766, 796
立仰洞/입앙동 787, 792
笠井町 733
入海鄕 86
잇 115
잇내 115
仍伐奴縣 24
仍甫 251
仍巳 251, 253
芿城洞 712
芿城洞 712
仍邑甫 251

ㅈ

자근왁시골 791

磁器所 349
즈래 198
自碧洞/재벽동 787, 794
慈山 439
자산리/子山里 767, 794, 814
慈山里 753, 767, 790, 792, 814
自牙洞 799
自牙洞里 771, 788, 815
自牙里 765, 771, 788, 798, 815
自如 290
子午洞/자오동 787, 804
慈隱踪洞 658
慈隱踪伊峴 658
玆乙阿 369
字意 314
자인군 694
자인면 178
自作洞 798-799
自作里 372
自作只里 371-372
字典釋要 204, 313, 343
慈州 284-285
字形 314
作乃 252, 255
作乃驛 255
작동 578, 591, 598
鵲洞/가치울 440, 464, 471, 473, 476, 483, 490, 519, 798
鵲洞里 464, 471, 473
鵲峯/잣치봉 635, 639
鵲山里 765, 769, 805, 810
鵲院 372
작은납덕여 150

작은도여 150
작은소여 151
작은여 150-151
작은재림여 151
작전동 578
鵲井里/가치말 463, 499
鵲泉 713
鵲川碑立隅 570
鵲村湫/까치말湫 639
잔너미 658
잔너미고개 658
潺水 272, 278, 305, 308
岑喙 40, 72, 74
岑喙部 40, 59, 72-74, 76-77
雜器 419
雜記 388, 392-395, 401-402
잣너미 658
잣너미고개 658
잣절 502
庄/장이/싱이 780, 789
場 633, 636
莊 348
長/길- 781
獐/노루 677, 783
墻/담 677
長嘉 279
장거리 794
長溪 350
長谷 249, 650, 653
長谷川町 733
長橋町 733
長丘島 717
長口島 463, 717

長邱島 463, 498
장구염 498
將軍所面 696-697, 710, 721
長歧 280
장기군 695
場基洞 442
場基里 442, 464
墻基里 676, 681, 688
場基里/장터 500
장긔열 795
長寧 250, 284
장단/長湍 48, 53, 428
장단군 695, 717
長湍渡 50
장단도호부/長湍都護 17-18, 48-51, 55,
    423
長湍府新營客館記 17, 49, 55
長湍縣 48-51, 55
場垈里 743
長嶺面 696
長禮村 612
藏龍里 150
章陵 570-573, 575, 598
長梨 243, 284
場末峴/장끗고기 444
掌面 423
長面 626
長命 248
長福部 39
長富 289
長拂 808
長拂/진불 778-779, 781
長沙里 712

찾아보기 999

長沙坪/장사리덜 642
獐山 79
章山 290
長山串 321, 513
獐山郡 42
장산리/章山里 464-467, 482, 504, 513
場山里 715
獐山里 466-467, 504, 710, 720
長牲峴 712
長西里 712
長成 290
長世 269, 298
長水 270, 301
長守 270, 298, 301
長壽 270, 283, 301
長水郡 525
張承溪/장승박이니 645
長承前坪 621
長承峴 712
長時 269, 301
長安村/장안말 803
長若 284
長楊 290
장연군 740
장연읍 740
莊圓里 150
장은여 150
長利 243, 284
長林 250, 283, 287
장자여 150
長在洞 643
長才里 813
장재여 150

藏前町 733
長堤 19, 21-22, 37, 46, 53, 421, 451
長堤郡 20, 25, 28, 32, 43, 47, 53-54, 81, 450
長足 288
章州 269, 297
長州 268, 271, 280, 295, 300
章洲面 714, 716
長池 248
長枝里 555
長旨里 633, 642-643
長池驛 248
장진군 752
長昌 280
長川 271, 303
長川洞 805
長淺城縣 49-51, 55
長春 271, 300
長峙 806
長峙/진지 764, 774, 781
長峙洞 799
長灘里 673
장터 500
長平 280, 764
長坪/장벌 642
場坪/장뻘 628, 633, 642
長平社 761-762
長坪社 760, 763-764
長平鎭 762
長浦洞 795
長浦洞/장긔열 775, 787
長豊 250
獐項 808

獐項/롤구목 775, 783
獐項洞/놀기목기/놀기목이 775, 783,
    795, 797
獐項里 817
장항읍 740
獐項場/노로목장 636, 639
莊獻世子 598
場峴/쟝고기 444, 629, 633, 640, 643
獐峴里 676, 679, 681
長歡 284
長皇山里 770
長興 284
長興郡 565
長興都護府 350
長興洞 795, 797
長興里 816
長興面 753, 760, 768
長興社 760
쟣 332
재 317, 413, 644, 847, 851-853
齋 383
지 487, 644
才谷 268, 297
材谷 268, 294
財穀 396
載寧 429
재령군 740
재림여 151
재벽동 794
梓田 281
財亭里 715
在直浦 574
쟁이 491

쟉다 154
쟉벼리 154-155, 167, 535
渚 408-410, 417
楮/닥나무 782
樗/져 783
猪島 813
猪島里 767, 804, 813
樗樓 806
樗樓/져달악 777, 783
猪山 291
低所洞 715, 717
楮子島 656
楮田洞 798, 805
楮田洞/닥밧골 775-776, 782
猪田小峴/돗밤이고개 650, 651
樗亭村 806
楮八里面 713, 714
楮坪/닥나무덜 640, 642
低項峴/나진메기 681
笛 332
磧 154-156, 409-411, 417, 535
赤谷里 355
赤寺谷面 122, 351, 367
적상면 554, 556
積城 252, 290, 428
積城郡 565, 645, 712
赤城面 547
적성현 423
磧惡希 143
赤於浦[블거개] 212
狄餘嶺 842
狄餘峴 842
赤冗 249

的字員 336
赤田面 726
赤頂 287
狄村 363
赤筒 340
田/밭 501, 505, 776, 788
殿 383
田結 392
前溪/압너 644-645
典故 385
田谷 290
전골 678
全公州道 246, 266-269, 271, 281, 286, 289-292, 294, 299-300
箭串 236, 321
前串里 324, 478
專管居留地 726
全宮洞 714
全弓洞 714
旃檀梁 42, 79
田畓量案 45, 82
箭島/쏠섬 646
前洞 795
全洞里 678
全羅南道 150
전라도/全羅道 117, 264, 384
全羅北道 150
田畝 388, 391, 393, 400, 402
田民 297
田返 541
田反面 696
田稅 388, 392-393, 406
全韻玉篇 317

田原 287
全義 119, 282
전의현 101
甸子 409
田町 733
前町 733
全州 28, 115, 266, 290, 293, 704, 729-730, 748
全州郡 732, 736, 738
全朱洞 715
全州府 350
全州町 733
全州通 726
前枝里 615, 621, 642
前枝坪/압가지들 642
前川/압너 644-645
全村 801
展項里/전목리 775, 787, 806
節/寺/절 505
절꿀고개 473
節度營 394
節洞/마듸울 530
岾嶺道 244, 246, 284-285, 288-289, 291
岾嶺 288
절음메기 675, 680, 688
店 491
岾 316-318, 346-347, 408-409, 414, 487, 821-822, 837, 850-851, 853-854
苫 408, 413, 415, 417
岾/峙 413
漸梁 39-40

漸梁部 39-40, 72, 77
점말 475, 534
漸梁 40
占莊里 366
店村/점말 464, 475
漸涿 40, 42, 72, 79
漸涿部 72
接洞面 670, 676-678
정 567
井 136, 142, 145-146, 170-171, 408-410, 414, 491, 499, 505
亭 383, 491, 505
汀 409, 411
町 730-732, 735, 738, 741, 747, 749
停 175-176, 185-186, 201-203, 206
正谷 355
井谷里 710, 720, 722
正谷面 355
正谷部曲 357-358
正骨 355
正骨里 355, 358
正骨部曲 355, 357-358
鄭瓜亭 156
鄭述 392
鄭琴坪/정금안들 633, 642
鼎丹里 717
鼎丹里/솟단이 713
貞德 250
正洞里 768
町洞里 741
鄭東愈 313, 318, 345
淨兜寺五層石塔造成形止記 332
旌閭 349

汀理 163, 167
町里 739-740
井林山 654-655
町名 706
丁目 730-731
貞民 268, 294, 297
正邊社 763, 788
靜邊社 760-763, 788
靜邊鎭 762
丁峰/거무러지 638, 640, 643
鄭夫人舊趾 333
亭榭 398
靜山 280
定山 119, 290
정산군 695
鄭石歌 154
旌善 270, 298
旌善郡 536
正水 271, 301
正守 271, 298, 301
正樹 271, 298
丁岩里 769, 770
丁若鏞 311, 313, 330, 334, 342-343, 357, 482
正陽 247-248
正韻 147
鄭云敬 246
定戎 249, 282
井邑 290, 394
정읍군 740
정이 491, 518
정자나무 491
亭子洞 624, 638-639, 642-643

丁子里 769
亭子里 766, 769, 775, 787, 806, 810
亭子毛老里 810
釘丁里 715
正祖實錄 152, 340, 342, 616, 826
鄭宗弼 82
定州 280
靜州 249
정주군 740
정주읍 740
井泉郡 138
鄭村 802
町通 731-740
庭坪 654-655
정평군 752
貞海 290
井華水 139
隄 81
堤 81, 340, 406, 407, 612
祭斤里 687
諸島 390-391
제도리 767, 804
祭亡妹歌 232
第名 38
제방 707-708
諸非筒 340
諸非筒烽燧 340
第三村主 36
堤上 41
隄上縣 44, 81
帝嚴筒 340
堤野里 86
堤堰 340-341, 384, 388-393, 399, 406

題詠 388, 401
濟原 269, 302
濟元 269, 299
第二次統監府統計年報 724-725, 727
第二村主 36
祭田里 714
堤町 734, 742
堤州 81
提州 250
제주도 740
濟州牧 191
제주읍 740
齊次巴衣縣 414
堤川郡 546-547
祭廳里 687
堤坪 384
隄縣 44
젱이 491
져달악 806
전목리 806
경이 517
제비닉 784, 795
條 409, 411-412, 414, 417
祖碣木里 464, 502
造江 125
曹溪 266, 295
早谷山 656
조구여 150
助泥浦鎭 513
鳥洞 541
朝東 290
鳥洞面 696
鳥嶺 126, 317, 558, 560, 641

조마루 485
조산리/造山里 767, 772-773, 801, 817
藻山里 767, 772-773
漕船 213, 240
朝鮮ノ土地制度及地稅制度調査報告書 691
朝鮮光文會 312-313, 320-321, 323, 342-343
조선사연구초 194
朝鮮俗字 312, 323
朝鮮俗字部 313, 315, 342, 488
朝鮮王朝實錄 109, 148, 313, 333, 340, 348, 351, 374, 438, 521, 550, 568, 665, 667, 670-673, 683, 685
朝鮮陸図 442, 443
조선지 473
朝鮮地誌資料 122-123, 125, 224, 230, 234, 317, 324, 338, 341, 345, 348, 351, 353, 356, 358-360, 367-368, 422, 425, 427, 431-432, 435, 440-441, 443-444, 459, 461-463, 465-471, 473-474, 478, 483, 485, 489-490, 493, 500, 503, 504, 509, 512, 515-516, 520-521, 524-525, 529, 532, 535-536, 539-543, 546, 550-552, 560, 589, 593, 603, 607-608, 610-614, 616, 620-623, 626-628, 630-631, 633, 645, 647, 649, 651-652, 654, 658, 660, 664, 669, 673-674, 677-678, 681-682, 711, 718, 741, 751
朝鮮地形圖 467, 556, 665-668, 675-676, 678-681, 683, 686-688, 765, 768-769, 780, 790, 792
조선총독부충청북도령 제2호 面ノ名稱及區域 701
조선총독부충청북도령 제3호 面ノ名稱及區域 701
조선총독부강원도령 제2호 面ノ名稱及區域 701
조선총독부경기도령 제3호 面ノ名稱及區域 701
조선총독부경기도 고시 제16호 709-710
조선총독부경상남도령 제2호 面ノ名稱及區域 701
조선총독부경상북도령 제2호 面ノ名稱及區域 701
朝鮮總督府施政年報 704
朝鮮總督府施政年報大正三年 692, 699
조선총독부전라북도령 제2호 面ノ名稱及區域 701
조선총독부평안남도령 제2호 面ノ名稱及區域 701
조선총독부평안북도령 제5호 面ノ名稱及區域 701
조선총독부함경남도령 제2호 面ノ名稱及區域 701
조선총독부함경북도령 제1호 面ノ名稱及區域 701
조선총독부황해도령 제2호 面ノ名稱及區域 701
朝鮮土地調查事業槪覽 705
朝鮮土地調查事業槪覽大正4年度 701, 747
朝鮮土地調查事業報告書 690, 703, 705, 748

朝鮮土地地稅制度調査報告書　705, 709
祖召　243, 260, 283
조안면　217
助藥島　668
兆陽　271, 300
兆陽廢縣　28
兆陽縣　28
朝驛　251, 253
糟屋郡　85
糟屋評　85
漕運　211-213, 220-221, 237, 240
朝雲里　671, 687
鳥雲里　671, 687
漕運浦口名　211
鳥原　291
朝日町　734
照章洞　631
耀耀　395, 396, 419
朝宗　269, 297
曹宗里　464, 467, 485, 504
朝宗里　464, 467, 504, 516, 589-591
朝珍　272, 305, 308
竈村　268, 294
因村　268, 297
조치원읍　740
鳥峴　652, 655, 661-662
鳥峴/새고개　639, 641, 643
鳥峴洞　631, 635, 639, 651, 715
鳥峴里　715
鳥峴里/새재골　715
鳥峴酒幕/시오기쥬막　631, 635, 639, 641, 651
宗/ᄆᆞᄅ　485, 505

從南鄉　350
종달여　150
宗德面　492
鍾路區　704
鍾樓　394
從山浦　213-214, 220-221, 240
終生　305, 308
種生　273, 305, 308
鍾城府　342
從繩　273, 304, 307
從義鄉　350
宗字　409
鐘町　734
宗坪/마루들　640, 642
從化　282
佐丘　280
左道兵馬節度營　394
左洞　723
佐藤町　726, 734
佐分鄉[岡田里]　86
左儀里　452, 645
佐贊　290
佐贊里/좌견　715
佐賢里　715
窄陷　345
州　62
洲　409, 417
主谷里　34
舟橋鹽峙峴　570
舟橋町　734
舟橋酒幕/빈다리　640
주군　285, 287
州南里　766, 806, 811

州南漢山城東 650
州內面 715
酒登 252
주려여 150
周柳等面 374
周柳里 374
酒䣭 314
酒幕 314, 406, 635, 636
酒幕洞 621
酒幕里 615, 621
胄峯/투구봉 640
主夫吐 19-22, 34, 36, 46, 53, 421,
    450, 453-454, 458
主夫吐郡 17, 20, 25, 28-29, 31-32,
    43, 47, 53-54, 81, 450
朱砂 183
朱砂山 183, 185
朱砂山烽燧 184
朱砂山城 183
注葉里 350, 427, 428
朱雁 541
朱安面 696
朱巖寺 27
注葉洞 428
晝永編 313
晝永篇 318, 345
舟隅川/비머우기울 645
珠月里 746
酒隱里 464, 502
注乙洞/쥴울 452
主乙在[줄개] 212
主人洞 654-655
舟者]古个/제수기 802

駐在所 755
湊町 734
주제기여 151
州主 35
珠崒山 111
注川/쥬리 452
注川里/쥬리 451-452
注川市/쥬리중 451
注川店/쥬리쥬막 451
走川坪/쥬리들 452
주충난여 151
主浦村 34
酒堤 252, 254
舟峴/비꼬기 628, 640, 643
注火串 19, 46-47, 53, 458, 541
注火串面 17, 20-21, 28, 32, 53-54,
    421-423, 425, 450, 458, 462, 464,
    467, 476, 478, 482, 488, 501-502,
    514, 551, 713
주홍리 767, 801
竹/대 782
竹嶺 557
竹山 160, 290, 352
竹山郡 451, 489, 491, 500, 626, 631,
    645, 669, 673-674, 677, 682-683,
    711-713, 715
죽산현 423
竹尋村 716
竹園町 734
죽은나무골 501
竹田洞 794
竹田洞/대쌧골 774, 782
竹田里 87

죽정이 517
竹州 24, 290
竹添町 734
竹泡 303
竹苞 271, 300, 303
蹲山 493
蹲山里 493
蹲山/줄미 494
樽山里 493
줄미 493
줄여 151
줄웅덩이개울 623
茁池/쥴못 452
中[ ]評 86
仲ノ町 734
중간여 150
中區 150, 704
中畿停 175, 178
中臺面 606, 609-610, 612, 615-616, 618, 648
中垈面 606, 611, 626, 632-633, 640, 642-643, 648, 651
中島町 734
中洞 615, 723, 792
中東山里 765, 798, 815
중랑천 237
中良里 769, 810
中良浦 222, 223
中里 464, 476, 591, 615, 621
中里前坪 621
重林驛 540
重林川 570, 596
중말 476

中面 428, 673
中牟 290
中番岩面 525
仲ノ町 726
중보들이 629
중부면/中部面 615-616
중산리 316
中新里 772, 816
仲新里 772, 816
重新里 766, 772, 775-776, 781, 785, 796
中陽里 766, 769, 806, 810
중여 150
중원구 653, 655
重林 290
中町 734, 744
仲町 726, 734
重訂南漢志 220, 235, 617, 619-620, 656
仲町二丁目 727
仲町一丁目 727
中宗實錄 198, 236, 324, 352, 372, 842
中興里 765, 767, 799, 801, 817
重興里 817
쥴왕둥이堰 622-623
쥴왕둥이늬 622-623
쥴우룰 622-623
중신리 766, 796
즈르다 639
卽鈒浦 123
增補文獻備考 325
曾山里 771, 814
甑山里 771, 814

曾尸茂利 30
曾若 268, 297
增若 268, 295, 297
曾下里 814
池 340, 408-410
旨 409-410, 413
迊 344-346
迊谷 345
至廣津 653
지기/直 780
支那町 726, 734
智南 308
知男 273, 303, 307
知南 273, 305, 308
迊內洞 345
池內面 645
枝內面 626
知乃彌知縣 186
智多郡 86
知多評 86
迊當柘 345
至德隱臺小店[던듸듸] 555
지러버리고기 639
知禮 249, 252, 255
知禮郡 523-524, 527, 694
知禮縣 255
지름재 557, 564
知里 251, 253
地理志 29
地理誌續撰事目 391
迊名 345
地名表記 661
地物 755

地方行政區域名稱一覽 460, 463, 466, 613-614, 616, 664-674, 675-676, 678-684, 686-687, 689, 701-702, 709-711, 716, 718, 735, 748, 759
知保 268, 295, 297
智保 268, 295, 297
砥峯/숫돌봉 635, 640
芝峰類說 312
至沙五介店[새오개] 555
芝山町 746
池錫永 311, 313, 343
紙所洞 715, 717
知守齋集 226
地乘 552
知申 269, 302
知新 269, 299
知遠 245
支渭洞 624, 642
支渭坪/퇴촌벌 624, 642
지저귀다 91
知田評 86
迊田洞 345
池町 734
智佐里 724
지지미 656
池之町 726, 734
지지조서 545, 751
지천령 222
地灘 154
池澤 390, 391
砥平 266, 290, 293
砥平縣 194
至浦洞 713

知品川縣　255
支邢町　734
直/직[지기]　779, 789
稷/피　677
稷谷　676, 688
稷谷里　679
직골　796
直洞　555, 621, 643, 796-797
直洞里/직골　615, 712
直洞酒幕/고든골쥬막　452
直屯洞　797
直木　287
稷山　290
직역　240
直川坪/고두너벌　452
直灘/고든여울　452
直灘店/고든여울쥬막　452
直浦　453, 545
陣　633
津　101, 159-163, 170, 408-410, 413, 417, 776, 788
榛/개암　677
進谷/진골　632, 646
進貢　388, 391, 393, 400, 402
眞官面　679
鎭南浦　704, 725, 730, 748
鎭南浦府　732, 737-738
陣垈坪/진터벌　633, 642
津嶋　86
津渡　385
珍同　281
眞洞里　712
辰頭面　712

進禮　269, 281, 299
鎭溟　290
眞木亭　721
津물　163
진믈　162
榛伐里　676, 680, 688
榛伐面　675-676, 680-682, 686
眞寶　263, 264, 362
鎭堡　385, 395-396, 419
진보군　695
진봉동　792
鎭峯洞　792
珍富　287
진불　808
眞砂町　734
鎭山　390-391
珍山郡　351
眞松里チンソンニ　805
眞松岩　805
陳壽　17
鎭岫里　803
진수리　766, 803
鎭安　111, 290
津液　163
晉陽誌　392
진여　150
珍原　271, 298
振威郡　353, 496, 711-712, 714, 716
진위현　423
珍衣村　373
榛林　281
津字　161
鎭岑　119

榛田 282
賑町 734
晉州 267-268, 271, 290, 293-294, 298, 704, 729-730, 732, 737-738, 748
鎭主 35
鎭柱 404
鎭州 273, 290, 304, 307
晉州牧 355
진지 806
陳村 466
珍村里 373
鎭村里 150, 635, 643
眞村主 35
鎭村酒幕/소틔쥬막 635
鎭坪面 753, 757, 760, 764, 774-775, 777, 781, 783, 786-787, 802
鎭平社 788
鎭坪社 763-764, 766, 770
辰韓 79
鎭海 269, 297
鎭海灣 195
진해읍 739
進賢 281
珍化 281
眞興里 770, 813
鎭興里 764, 767, 770, 790, 803
鎭興場巨伊/진흥장거리 803
질다[泥] 632
집앞여 151
짓괴- 91, 96
짓괴다 91, 538

ㅊ

車/수리 677
車谷口/수리실이귀 640
車馬洞/거미울 679, 680
車馬洞里 679
車山里 675, 679, 681, 688
車石坪/츠돌박이 628
車輪洞 808
車餘伊 842
車餘伊峴 842
차우골 794
차유골 808
車踰嶺 843
車踰峴 843-844
借字 315
車岾 414
車町 734
車灘里 713
車灘川 713
차하동 794
車峴 842
讃耆婆郞歌 143, 155, 163, 233
鑽燧 272, 278, 304, 307
站 356
參良火 182
參良火停 181
參禮 290
참빗여 150
站驛 214-215
倉庫 385, 388
倉穀 396
昌寧 271, 299
昌德 288

昌道 247
창동/倉洞 372, 645, 799
倉洞溪/충말닉 645
倉洞里 645
昌陵位田畓量案 367
倉里 120-122, 124
昌保 286
蒼峯 292
昌樂 292
昌葉墟坪 621
倉隅洞 633, 636
倉隅里 633
倉隅場/창모루장 633, 636
倉隅酒幕/창모루쥬막 633
昌原 125, 368, 370
창원군 739
昌仁 292
昌州 281
倉村/창말 803
昌泰 282
昌平 282
倉坪 797
昌平郡 526
倉坪洞 613
倉坪里 613
昌平町 734
倉坪村 639-640, 646
昌平縣 28
昌化郡 24
昌活 287
昌興洞 791
採魚冊 780
彩平 281

冊府元龜 65
處 321, 348, 404
處洞 716
處容歌 156
尺/잣[城] 332, 486, 505
川 101, 127, 170-171, 408-410, 413, 494, 505, 612, 641, 644-645, 683, 775, 788
淺 157, 775
泉 139, 142, 147, 408-410, 414
遷 153, 157, 160, 161-162, 326, 327, 329, 346-347, 408-410, 417
天工開物 234
1915년 지지조서 522, 545
1917년 영흥군 지지조서 편철 문서 768
1959년 전국지명조사철 광주군 편 560
1959년 전국지명조사철 506, 512, 519, 523, 528, 531, 534
泉南 250
川內磧[내안벼로] 417
川寧 270, 300
泉頭 283
天登峴 570
川理 155, 164
川理叱 143
川防 407
川方橋 595
川方坊築路 595
川邊里 742-743
川北面 178
淺山町 726, 734
蚕上面 345
淺城郡 50-51, 157

天城越え 838
天岳里 770
天神里 721
天新里 710
泉實谷/쉼실골 478
天安 119, 263-264, 290, 362
天安郡 542, 740
천안읍 740
天旺里 464, 475, 487, 502
天王岾 414
川原 250, 290
遷宇 161
泉井 139
淺町 726
泉町 734, 743, 745
泉井口 138
泉井口縣 135, 138, 140, 142, 322
泉井郡 138, 140, 142
天柱峯 656
川竹里 682, 683, 688
穿川[쑤루내] 657
泉川面 672, 688
穿川峴 656
川村評 86
淺灘 148
1872년 부평부지도 551
1872년 지방도 607
18세기 19세기 부평부지도 552
遷峴 157
天峴/한무지 487
泉峴面 492
泉峴外面 631, 677
천화동/天火洞 793

天皇/천황 802
天皇里 766, 770, 788, 803
天皇山里 770, 788, 812
泉興里 815
鐵關 286
哲目岾 556
鐵圓 339
鐵原 339, 429
鐵原京 339
鐵員郡 339, 739
鐵原都護府 339
철원읍 739
鐵州 281, 283-284
鐵波 270, 300
鐵破 270, 300, 303
鐵冶 267, 294
첨지골 800
僉知洞 800
청각구미 801
青角仇味里 772, 788, 817
青角里 772, 788, 801, 817
青澗 285
清澗 284-285
清巨 266, 293
清溪 656
清溪洞 615
清溪山 563, 611, 656
青郊 286
青郊道 215, 252, 267, 270-273, 282-283, 286-288, 290-292, 299, 304, 307
青丹 272, 305, 307
清湍 304, 306

淸端　272, 304, 306
청담대교　227
淸淡洞　798
淸道　183, 204, 252, 271, 290, 300
청도군　173, 177-178
靑桐寺　317
청뜰　655
靑蘿島　463, 498
菁蘿島　498
菁蘿浦/파렴　499
淸凉里　645
淸凉面　452, 645
淸凉山　656
蜻蛉國志　314
靑路　289
靑龍面　715
靑龍山　656
淸明洞　791
靑邊　280
請佛住世歌　233
靑沙　234
靑山面　150
靑山筒　339-340, 550
靑塞　281
靑松　287, 291
청송군　694
靑松洞　795
靑松面　666, 668, 673, 676, 678
淸水町　734, 742
淸安縣　396
靑陽　291
청양군　695
菁陽縣　28-29

靑嚴　287
淸淵　287
靑葉町　734
靑雄縣　181
靑正縣　181
靑州　263, 264, 362
淸州　119, 246, 248, 264, 291, 362, 500, 704, 729-730, 748
淸州郡　694, 732, 737-738, 741-743
淸州面　741-743
淸州牧　326, 364
靑州磯　152
淸津　704, 725, 730, 748
淸津府　732, 737-738
청천골　801
淸泉洞　801
淸川里　443-444, 463, 494
淸川里/말근닉　463, 494
靑川縣　326
靑通　297
淸通　268, 295, 297
靑坡　272, 278, 306, 308
淸波　215-217, 272, 278, 304, 307
청파동　215
淸波驛　215-217
靑坪　655
靑坪里　654
淸風　267, 269, 291, 293, 297
淸河　250, 269, 298
청하군　694
청하현　671
靑鶴里　766, 801, 817
菁好　288

靑驍縣 182
청흥리/淸興里 766, 801, 817
청셕리 795
焦 415, 417
草 409, 411-412, 414, 417
草[풀] 152
草坫谷/새실 714
草代里 666-667, 687
草德洞 778, 792
草德里 655
草洞山 656
初瀨町 734
草面 712, 714
草伐 667
草伐里 666-667, 687
草伐村 666
草阜面 615-618, 656
草山面 696
超然臺川/초연터기울 645
草月面 609-610, 612-614, 617, 624, 628-629, 631, 635, 637-641, 644, 658
初音町 734
초이동 654, 656
草一洞 649, 654-655
椒子 364-365, 375
草場 125
草場町 734
草岾 126, 317, 556, 558-559, 641
草芝谷 714
초지동 682
超塵 272, 304, 307
椒泉 656

草坪里 815
草浦 100, 108, 111, 113, 122, 124-125
草峴 554-555, 652, 654, 655, 661
村 64-65, 89, 94, 337-348, 403-404, 475, 478-481, 504-505, 776, 788
村谷 297
村洞 481
村洞里 479
村里 479
村面 684
村上町 734
村主 35
塚墓 398, 419
崔均 293
崔錫鼎 381, 424
崔怡 453
최첨지여 151
崔致遠 42, 79
楸 409-410, 413
楸谷里 639, 646
楸洞 791
推良火縣 182
秋嶺 656
楸嶺/가실고기 640, 643
楸子 365, 375
楸子面 151
楸子所 364
楸汀 780
秋灘/가러울 647, 653
秋灘坊 439
楸灘坊 439
楸坪チュビ 791
楸坪/갈이버덩 525

推浦縣　160
追風　280
秋豊　303
秋豊　271, 300
秋風　271, 300, 303
추항여　151
築垌　341
築山　280
祝町　734
築筒　341
春谷　252, 255
춘덕산　530
춘여　150
春原　286
춘의동　519
春日町　726, 734
春岑　40
春場　790
春州　249, 291
春周基　806
春州道　215, 217, 243, 246, 249-250, 259, 266, 269, 272, 282, 284, 287, 291-293, 297, 299, 303-304, 306
春川　30-31, 439, 650
춘천군/春川郡　565, 739
춘천읍　739
忠義　388, 401
충주/忠州　267, 291-292, 326, 374, 551, 557, 559
충주군　740
충주읍　740
忠淸南道　150
忠淸道　107, 264, 355, 358, 370, 384

忠淸州道　246-248, 266-270, 273, 282, 285-286, 288-292, 294, 298-300, 304, 307
峙　317-318, 408-409, 414-415, 612, 641-644, 774, 788, 841
峙街里　806
雉谷/꽁의골　639, 646
治谷里　715
雉崛里　710
淄潭　283
雉島里　150
峙洞/썩골　787, 804
治洞里　715
致木里　556
치목재　556-557
置乙浦[둘개]　212
置音淵浦　212-214, 220-221, 240
雉峴里　722
七峙　834, 836, 853
七峙峙　834
七星山/칠성산　803
七星山里　812
七星町　734
七十 고개　826
七又峴/칠우기　631
七元　291, 292
漆園縣　43
七長寺　164
七節嶺/일곱마듸등　530
漆井里/옷우물　464, 499
漆隄縣　43, 81
漆吐縣　43, 81
七坂　834, 836, 853

沈象奎 313
砧峴里 720

ㅋ

큰간여 150
큰넙덕여 150
큰아픈여 151
큰여 150, 151
큰재림여 151

ㅌ

涿 39, 59, 790-82
啄 61, 67-69, 77, 79, 94
톡 165
涿水 42
啄評 59-62, 65-66, 69-70, 84, 93-95
灘 148, 409, 411, 413, 495, 505, 534, 568, 688, 775, 780, 788
炭/숯 677
炭洞 621
炭洞里 676, 678
炭池/숯모시 681
炭川/순님 611, 626-627, 640, 644
炭川洑/순님보 626, 640
坦平 247-248
炭浦 360
炭浦面 360
炭項 138
炭峴 113-115, 117
탄현면 360
耽牟羅國 63
探喙 67
塔 635, 636

塔谷/탑골 633, 640, 646
塔谷里 666-668, 687
塔谷坪/탑션골쩔 628, 633, 640, 642
塔谷峴/탑션골고기 633, 640, 643
탑동/塔洞 178, 743
塔洞町 743
塔石里 666-668, 687
塔院 714
塔峴 714
탕건여 151
太 319
胎 633
泰康 268, 274, 295
苔溪 114-115, 117
台郎 273, 305, 308
泰來 281
台里 493
太廟里 631
太山 293
泰山 281, 291
太山部曲 350
태안군/泰安郡 150, 253, 565, 694
태야면/台也面 234
태양공구사거리 584, 599
苔莊里 366
胎藏里 366
胎田 621
胎田里 621, 633, 636, 640, 644
胎田前坪 621
太祖家屋許與文記 332
太祖實錄 843
太祖土地賜給文記 336
太宗實錄 152, 222, 263, 362, 634, 843

찾아보기 **1017**

泰州 281, 284
泰周基テーシュキ 806
泰尺里 615
胎川/터기울 633, 640, 644
泰川郡 326
台村面 715
胎坪 621
太平里 806
太平御覽 65
太平町 734
太平寰宇記 66
台峴里 628
太湖 656
太化里 815
太和里 753, 767, 787, 790, 792, 815
틱화리 767, 792
澤 409, 410
터 332, 334, 500
터[基] 682, 688
텃골 676, 678, 688
吐 45, 81-82
兎別路 329
土産 385, 388, 395, 400, 402
兎山 428-429
兎山縣 242
吐上縣 44, 81
土城面 547
土城町 734
兎院 685, 688
兎院里 685, 688
吐乙 45, 82
土津面 711
兎遷 327

土坡 252
土破 252
土峴 252, 254
土禾 252
통 337
通 730-732, 735, 738-741, 747, 749
筒 339-341, 344, 346, 550
통[桶] 339
通駕 350
通谷 249
通歧 268, 295
通達 286
通德 284, 285
通道 247, 268, 295, 297
通路 249, 283
通明 288
通務坪 621
通文峴/통문지 633, 643
通番 242
通山 280
通山坪 621
通陽 284
通堰 247-248
通寧 284
통영군 739
統營市 151
통영읍 739
通義 282
通町 734
統制營 394
統主 36
通志 66
通津 125, 429

통진군/通津郡 486, 623, 630, 694-696, 712-715
통진면 351
通津縣 21, 351, 423
通川郡 157, 739
통탄여 150
通波 272, 278, 304, 307
通項 800
通化 280
退溪 685
退溪院 685
退串部曲 320
堆糧 273, 305, 308
堆粮 273, 304, 307
退村面 609-610, 614, 617, 624, 642, 656
툿동 795

ㅍ

波 70
坡 651
巴多 408
巴多/博多 413
波多里 87
巴買處 350
波伯吉國 86
巴衣 408, 413, 414
巴町 726, 734
坡州 439, 492
파주 18
파주군 717
坡州郡 503, 631, 677, 714
파주목 423

坡州牧邑誌事例謄出冊 394
파주시 360, 428
파쥬 227
派川 249
波青 271, 303
波淸 271, 300, 303
坡平 18, 428
坡平面 503
坂(さか) 838
판괴 793
판교 560-561, 801
板橋パンキョ 798
板橋 793
板橋/판괴 793
板橋洞 798, 801
板橋里 635, 815
板橋店舍 652
板橋酒幕/너더리쥬막 635
板麻串 319
판제면 535
板村/향교말 716
板峴 842
八/여덟 677
八莒 271, 279, 300
八達山 616
八達町 734
팔당대교 218
八堂里 631, 633, 640, 646, 647
八堂里酒幕/바당리쥬막 631
八堂津/바당이나루 631, 647
八道摠記 384, 386, 388, 399
八仙宮 405
八也里 675, 681-682, 688

八也里/여덟밤이 682
八雲町 734
八重垣町 734
八千代町 734
八灘 439
八灘面 439
八呑面 439
八太鄕 87
覇家臺 408
便/쟉 491, 505
編頭 41
평 337
平 409, 412, 413
評 60, 61, 74, 78, 83-85, 87, 89, 93, 95-96
坪 337-338, 409, 411-413, 416, 526, 641-642, 684
平康 273, 304, 307, 373
平居 290
平丘 215, 216, 287
平丘道 215, 247, 250, 266-267, 269-270, 285-294, 297-298, 300
平邱里 670
평구마을 216
平丘驛 215-217, 666
坪丘驛 216
平寧 281
坪洞 798-799
平洞里 815
平蘆 281
平陵 288
平理 283
坪里 463

評里制 60, 87
평바치 795
平沙 288
平山郡 547
平石橋 575
坪所致 795
坪所致/평바치 787
平薪鎭 118
平安道 384
平壤 26, 704, 725, 730, 748
平壤府 457, 732, 737, 738
平元 269, 278, 299
平原 269, 278, 302
平恩 285
평전리/平田里 766, 772, 795, 816
坪田里 766, 772, 775, 777, 785, 787, 795, 816
評制 85, 95
平州 141, 246, 272, 283-284, 291, 304, 306, 429
平珍 157, 167
平珍峴縣 157
平昌 269, 298, 370, 486, 500
平昌郡 370
平川 289
坪川/벌기울 645
평천리/平川里 753, 767, 771, 786, 790, 814
坪川里 771, 814
平川社 762
坪村 806
坪村/벌말 803
坪村溪/벌말늬 645

坪村里ピョンチョンニ- 806
坪村川/벌말기울 645
평탄리/坪灘里 764, 767, 777, 785, 802, 813
평택군/平澤郡 713, 739
평택읍 739
平海 248
平海郡 526
平海坪 평바다 683
평현 423
坪湖里 815
坪興里 803
浦/기 160, 408-410, 413, 775, 782, 788
蒲谷 282
蒲谷面 324, 478, 645
浦口 240
浦口串面 696
包那牟羅 64
布那牟羅 83
浦內里 807
浦內里/기안리 775, 785
浦里 464, 493, 504
浦里/깃말 464, 471, 475
浦溆 344
浦溆處 343
砲手洞 717
蒲兒 414, 417
浦隅里 615
包衣 356
浦二洞 628
抱州 25, 197, 249, 291, 429
布川 114, 117, 122, 125

抱川 196, 197
抱川郡 452, 565, 645, 666, 673, 712, 714-715
抱川縣 197, 264, 423
浦村里 464, 471, 475, 504
포항시 316
浦項中城里碑 63, 70-72
표음하는 자 315
表節里 464, 502, 505, 591
俵町 734
品谷里 669, 673, 682
풋기 126
豐角縣 187
豐基郡 532
豐南里 766, 806
豐南里 811
豐南町 734
風納里 555
風湍 284, 285
풍덕군 423, 695
풍동리/豐東里 766-767, 800, 806
豐東里 811
風流洞 793
豐里 815
豐林洞 799
豐林里プンリムニ 799
風未 233
豐山 291
풍산군 752
豐山縣 26, 27
豐墅集 672
楓石全集 235
豐城町 746

豊歲 284-285, 291
風俗 388, 400
風速郡 85
豊岳 27
豐陽 284
豐壤 259, 266, 293, 429
풍양리/豊陽里 766, 803, 807
豐陽里 811
豊壤川 685
풍양현 685
풍유동 793
豐田 247
豐州 328
豐川 281
楓川 247, 248
풍천도호부 326, 328
風穴 390, 391
豐興里 811
豊興里 766, 806
플서리 164
彼 70
피골 679
피구미 802
피굴 676, 688
피금나르 802
피모로 200
필리기 791
筆峯洞 799
必伊浦 791
弱仁浦 ビルインボ 791

ㅎ

下/아래 548, 785

下佳里/아리감이 713
下加里/아리갓치람이 713
下佳業里 713
下加七岩里 713
下高里/아리고실 713
下高松里 713
河曲 254
下曲灘/아이귀비열/알의귀비열 775-776, 785, 796
河曲縣 252
下光里 115
下廣灘里 713
下箕洞 714
하남시 220, 649, 654-655
하늘재 557
下道面 489, 675-680, 696
하동 792
河東 271, 280, 299
下洞 463, 475, 479, 792
하동군 739
河東府邑誌 394
下東山里 765, 797, 815
하동읍 739
下龍水洞/ハ-ヨンスドン 792
下里 817
下梨洞/아리가리울 714
下里面 452
下里面 雪雲里 452
下馬梧亭面 472
賀茂郡 86
賀茂鄉 86
下墨場里 813
下芳久美里/아리방구미리 778, 808

하북면/下北面 696, 713
下三道 220
河西 180
下西里 373
下西面 696
河西停 180
下西町 734
下西知里 373
霞城面 696
下水南面 696
下守西面 696
下水峴 549
下新基洞 723
하신리 766, 796
下新里 677, 766, 780, 796, 816
下野里 463
河陽 350
下悅美洞 638, 640, 643, 658, 659
하오기 548
흐오기 548
하오고기 548
하오고개 545-546, 549, 561
下五嶺 548
下梧井 541
下吾丁面 422, 440, 465, 473, 475, 478, 483, 485, 490-491, 500, 516, 519, 522
下吾亭面 430
下梧井面 457
下梧亭面 425, 433, 462, 464, 467, 471, 473, 488, 495, 502-503, 514-515, 518, 536, 567
下午峴 548

下烏峴 548
河五峴 548
하우기 548
하우고기 548
하우고개 541, 545-546, 568
하우기 630
하우지 548
하우지고기 548
하우현 545
夏牛峴 548, 631
霞雨峴 545-546
下牛峴 545-546, 548
夏牛峴/하우지고기 560, 630, 643
下牛峴洞 548
下院代 332
何爲峴 548
下栗面 486
河陰面 696, 715
下一里 615
荷齋日記 672
霞町 734
河鳥峴 548
下州停 180
下枝山 183, 185
下枝城 26
下枝縣 26-27
下質洞 714
하천 706-708
河川 755
下草坪 616
下村[아랫말] 464
下村/아랫말 476, 479
河村郡 86

下楸洞 714
下置音淵浦[아랫둠소개] 212
下灘里 713
下塔洞 639
下鶴峴里/하학오기 547
下縣面 523-524, 527
下化德/아익신촌/알의신촌 785, 796
鶴岡町 745
鶴谷里/하일 631
學校 388
鶴洞 624, 643
鶴洞峴/힛골고기 624-625, 643
鶴嶺/하오기 546, 547
鶴岩洞 648, 660
鶴羽嶺 548
鶴一面 529
鶴浦 273, 304, 307
學行 388, 392-395, 400, 419
鶴峴 545-547, 560, 568, 615, 631
鶴峴/ㅎ오기 547
鶴峴/ㅎ우고기 547
鶴峴/힉골고기 547
鶴峴/하소고기 547
鶴峴/하오기 547
鶴峴/학고기 546
鶴峴/학오기 547
鶴峴/황시고기 547
鶴峴谿/학우기니 547
鶴峴洞 560, 630, 643
鶴峴嶺/하우기 547
鶴峴嶺/하우고기 547
鶴峴里 630
鶴峴里/학고기 546

鶴峴酒幕/하고기주막거리 547
(韓)俗字 312
漢江 120, 218, 220, 496, 627
漢江渡 218-220
漢江町 734
한경여 151
韓國固有漢字 312, 316
韓國漢字 312
韓國戶口表 617, 619
韓岐 74
韓歧 73
漢祇 73
韓岐(伐)(喙)部 78
漢岐(伐)(喙)部 78
漢歧部 73
韓歧部 73
漢岐部 74
漢祇部 73
韓岐部 74, 76
韓紀神道碑 371
한남대교 219
한낮골 634
한다리 574, 581, 587, 598, 675, 681, 688
한동리/翰洞里 766, 787, 804, 812
漢拏山 191
한묵리/翰墨里 804
翰墨里/한묵리 787
한바다 502
韓百謙 379
韓伯倫神道碑 358-359
韓白灘里 813
汗峯 575-576, 593, 599

韓佛字典 150, 517
漢山 180
漢山停 180
漢山州 23, 135, 138
漢山河 496
漢城府 218-219, 383, 386-387, 394, 403, 411, 496
漢城倭舘洞 403
漢水 29
漢水陽 29
寒水齋集 668
漢陽 428, 429
漢陽郡 23, 28-29
漢語大詞典 330
韓彥恭 49
한여흘 147
汗雨峴/한우지고기 487
翰苑 47
汗亘洞 626
閑寂洞 494
閑寂洞/한ᄌ고지 464, 493
寒井谷/찬우물골 638, 646
閑鳥]峯洞 805
漢州 23
漢祗 73
漢只 73
漢祇 74
漢祇(伐)(喙)部 78
漢只伐(喙)部 76, 78
漢只伐部 70, 73, 76-77
漢祇部 74
漢只部 77
한ᄌ고지 494

寒川谷/한늬골 634, 646
漢淸文鑑 167
韓致應 597
漢昕智 40
호ᄜ 528
홀 167
할미산 593
할미여 150
咸鏡監營誌 759
함경남도 영흥군 地誌調書 편철 문서 758, 765
함경남도 영흥군 지지조서 편철 문서 750-757, 764, 769, 787
咸鏡南道兵馬節度營 394
咸鏡道 384
함경도 264, 329
咸鏡北道明川府邑誌 394
咸鏡北道兵馬節度營誌 394
咸德 281
咸安 252, 360
咸安郡 182, 356
咸陽郡 28, 29, 430
含陽縣 28-29
咸悅 268, 294
咸悅縣 350
咸原君 577-578, 598
含林 245
咸從 282
함주군 740
咸州誌 348, 355, 363, 370, 374, 392
咸昌 291
함창군/咸昌郡 547, 695
含春 292

咸豐 250
咸興 704, 729-730, 732, 737-738, 748
함흥군 752
咸興錦町 728
咸興本町 728
咸興府 329, 358
咸興朝日町 728
咸興知樂町 728
홈믜 528
合 313
閤 383
합수선 707-708
蛤井里 496
陜州 252, 291
陜川郡 28-29
蛤灘面 439
合灘面 439
蛤灘坊 439
合浦 291
項/목 775, 788
항골 473
航洞 463-464, 467, 470, 473, 504
項洞里 463, 467, 470, 473, 504
港町 734
港町二丁目 726
港町一丁目 726
海 408, 410, 413
蟹/게 677
海谷/희실이 716
海南 267, 293
海島 390-391
海東高僧傳 115
海東里 150

海東地圖 552
海等 684, 688
海等州 429
海等村 371
海等村面 371-372, 672, 676, 680, 683-684, 688
海錄碎事 65
해막여 150
海望峴/히망쩌 487
海美縣 364
海筏 344
海浹 343-344
海上面 530
亥安面 525
海岸町 726, 734
해와 달이 된 오누이 830
海雲臺 234
海原君 668
蟹踰嶺 841
蟹踰里 676, 679
蟹踰岾 841
蟹踰峙 841
蟹踰峴 841
蟹岾 414
海州 704, 730, 732, 737-738, 748
海州郡 547
海倉里 120-121, 124
蟹川酒幕 639
蟹川酒幕/계닉쥬막 635
海村 371, 683-684
海平 291
海豊 428
垓峴/히고기 643

杏山里　712
行尋村/한심이　716
杏岾　414
幸町　726, 734
행정구역　707-708
행정리/杏亭里　622, 714
幸町二丁目　726
幸町一丁目　726
幸州　23, 427, 429
幸州驛　282
杏花里　494
杏花里[살곳지]　464
杏花里/살곳지　493
鄕　176, 348, 404
香古介　415
鄕校洞　697-698, 719, 722
鄕校洞里　719
香峯里　814
鄕社里　744
香山里　712, 814
香安山　539, 540, 568
鄕藥救急方　253, 356
鄕長　35
鄕亭　175, 176
향찰　192
墟　500
虛積洞　621
軒　383
獻陽縣　28-29
軒田坪　621
獻海洞 흔바다　683
險阻　390
險川　521

險川里　658-659
險川머흐내酒　521
險川店舍　652
赫居世王　39, 79
縣　62-63, 65, 423
峴　317, 408, 410, 412-413, 486, 488, 505, 548, 612, 641-642, 644, 842
縣內面　547, 645, 719
顯德鎭　761-762, 778
顯隆園　571-573, 575, 598
玄武縣　182
玄石　675, 680
玄石/コムントル　688
玄邑　282
峴餘　845, 854
玄雄縣　182
見州　291
懸川　656-657
玄風　252
현풍군　694
玄驍縣　182
穴　409, 410
穴口郡　322
峽　204
俠溪　267, 283, 292, 429
叶廷珪　65
俠州　429
形勝　385, 388, 400
형제여　151
邢澍　67, 95
惠奈　86
惠奈郡　86
혜산읍　740

호 337
虎溪 291
虎谷/범박골 489
戶口 392
戶口總數 20, 234, 348, 351, 358-360, 364, 367-368, 371-374, 422, 426-428, 431-432, 434, 440, 442, 445, 459, 461-463, 465-480, 482-483, 486-494, 498-504, 509, 512, 514-516, 522, 528, 536, 606, 614-616, 619, 647, 665-671, 674-684, 687, 719-721, 759-760, 814-818
湖南町 734, 745
戶代 332
虎島面 753, 755, 757, 760, 775, 777-778, 781, 783, 785-787, 807
狐迪 345
狐洞 653, 655, 661
虎洞/범숏 716
虎洞/호랑이꼴 464, 473
好梅實 711-712
好梅寔 711-712
護法 366
護法里 364, 366
戶法面 364, 366
虎法面 364, 366
狐山/여호뫼 440, 483
呼山部曲 350
湖西邑誌 125
虎岩谷/범바위골 490
虎田谷/범밧골 526
虎田里/범밧 526
豪町 726

芦町 726, 734
狐川/여우닉 565
狐川/여우내 566
狐川谷/여우닉골 565
狐川坪/여우닉뜰 565
狐川坪/여우닉벌 565
狐村 662
狐村之洞 653, 655
狐峴 562
忽 408, 413, 415
笏賀鄕 86
홈실 198
紅巾賊 48
洪敬謨 220, 656
虹橋 575
洪樂游 597
홍동리 683
紅梅町 734
紅門巨里 575-576, 583, 587, 599
弘文館 377, 380, 382-383, 385, 387, 392, 395, 398, 400, 402-403, 407, 416, 419
鴻山 248, 331
鴻山郡 123
鴻山縣 355
洪良浩 312, 341, 484
홍원군 752
홍인면/洪仁面 753, 760
洪仁社 760
洪州驛 282
홍죽리/弘竹里 683
홍천 149
洪川縣 149, 264

紅浦/홍기 633
紅峴/불근고기 633, 637, 643
火 412, 415, 456
花 325
花嫁峠 833-834
화개면 717
화곡동 563
禾谷里 710, 721-722
火串面 456
花橋里/꽃다리 464, 501
和寧府 762
和寧部戶籍臺帳斷片 762
禾島 810
禾刀里 810
禾島里 765, 777, 787, 805, 810
華道面 150
화도읍 216-218
花梁鎭 325
禾力里 464, 467, 503-504, 522
化令 250
和名抄 86
和睦 270, 298, 301
和目 270, 298, 301
花房町 726, 734
和白 93
華城 341
華城城役儀軌 341
화성 행궁 571
花水垌[꽃물동] 341
和順 266, 292
華陽面 151
花餘嶺 325
化寧郡 62

華梧峴/화오지 546
華梧峴山/화오지산 543, 545, 568, 594
火王郡 182
和原 245
和遠 245
花園 271, 300
花園町 734, 744
和柔貴主 577, 578
和柔翁主 591 598
華音方言字義解 26, 193, 312
化仁 245
和仁 245
花田 282
化田里 463, 501, 816
花田里 766, 776, 782, 796, 816
化田里/된밧 463, 501
花町 734
花井里 341
花町四丁目 726
花町三丁目 726
花町二丁目 726
花町一丁目 726
화전리 796
花主 35
和州 245
火州草 409
花枝島 119
花之梁 325
禾津面 712
化昌縣 186
禾尺只面 713
화천 605
華川郡 535

華村 716
化鶴谷/횃골 624-625, 646
火峴 842
花乎白良 325
化興里 813
豢猴 260, 269, 299
還穀 388, 392-393, 395, 406
환자곶 493
還摠 392, 396
活里 251, 253
황간군 694
黃剛 269, 278, 297
黃江 269, 278, 301
黃金町 723, 734, 745
黃德 350
黃等川 541
황등천면/黃等川面 540, 696
黃利 267, 291, 293
黃利內地[고리내근] 212
黃梅洞 669, 687
黃梅陰里 669, 687
黃武縣 181
黃山 289
黃山橋 111
荒山洞 649
黃水橞 342
黃水德 342
黃水橞處 342
黃魚 429, 458, 541
黃魚面 426-427, 430, 441, 443, 458, 462, 464-465, 467, 471- 473, 477, 482, 487-488, 492, 493, 500-501
黃魚場 441-443

黃魚鄕 428, 441, 443
黃原 269, 298
黃胤錫 26, 193, 227, 231-232, 312, 316, 318, 320, 342, 377-379, 380, 383, 385, 387, 390-392, 394, 395, 399-400, 402, 403, 405, 407, 418-419, 641
黃庭里/황정들 712
荒調 429
荒調鄕 350, 427-428
黃州 284, 291
黃進里 712
黃村 800, 808
黃間 279
黃海道 384
荒峴/것친고기 521
황화대 106
皇華山 106, 130
황화산봉수 106
皇華山城 98-99, 101-103, 105-106, 113, 117, 129-130, 132
黃驪縣 181
回/돌- 781
回曲處 199-200, 207
懷蛟 244, 285
迴郊 244, 285
會寧 704, 730, 732, 737-738, 748
懷寧 280
懷德 119, 268, 294
회덕군 695
回德里 621
會同 270, 275, 298, 301
회동/會洞 270, 275, 301, 793

檜洞 793
회령 730
灰嶺/회고기 643
回山/돌뫼 802
繪上 86
會元 282
懷仁 119, 282
회인군 695
回引㐀 805
回引㐀/도리눕/トルインノプ 776, 781
廻川 236
回灘/도리열 775, 781, 802
灰峴/회고기 643
橫看里 150
橫溪 245
橫山 350
橫山町 734
橫城 263-264, 362
橫深 245
橫迆 408
橫田町 726
橫町 734
橫川 246, 250, 263-264, 284, 291-292, 362
橫川面 753, 755, 757, 760
橫川社 760, 765, 771, 788, 815
橫川驛 249
橫浦 280
孝令 266, 295
孝寧大君 577
曉星里 463, 487, 502, 528, 626
曉星岾 414
孝子 388, 401

孝竹里 717
孝竹村 717
孝泉面 746
厚見郡 86
厚見評 86
後溪/뒤너 645
後高句麗 384
後谷 589, 646
後谷山/뒷골산 593-595, 599
後洞 795
厚籠耳員 336
後百濟 384
朽栗里 658
後井里 463, 499
後川/뒤너 644
後浦里 710, 719, 722
訓假表記 661
訓讀表記 661
훈련도감 203
訓令照會存案 768
訓蒙字會 34, 51, 106, 147, 155, 190, 229-230, 260, 317, 338, 354, 356, 365, 413-414, 416, 418, 449, 469, 535, 625, 644, 652, 655, 685-686, 849
훈민정음해례 129
휘챵 449
喙 59, 61, 67-71, 74, 77-79, 94
喙其 67
喙部 63, 71, 73-74, 77, 78
喙評 59, 63, 66, 68, 70-71, 74, 77-78
鵂岩谷/부엉바위골 646
鵂岩山 593

鶄巖山/부엉바위산(彦州面) 635
鶄岩山/부엉바위산/봉배산 594
鶄峙里 818
黑山面 150
黑石嶺 768
黑石里 675, 680, 688, 768
黑石乙峴 768
黑石乙峴烽 768
혼여 150
흘미동 804
屹美洞 804
屹伊川 570-571, 596
欽定滿洲源流考 66
欽定滿洲源流考新羅 65
歙谷 250
興谷面 631
興郊 285
興郊道 243, 246, 282, 284-285, 288
興南里 765, 805, 810
흥남읍 740
興德 249
興府 269, 298
興富 269, 298, 301
홍선도 42, 43, 80
興城里 766, 803, 812
興盛坊 403
홍셩리 766, 803
興首 185
興義 247, 248
興林 284
興材 284
興州 292
興泉 242

興海郡邑誌 394
興化道 249, 282-284, 286, 288
晞陽縣 28-29
希崎縣 242
희천군 324
흰돌 490
흰돌고지 669
흰여 150
힌둥이 802

영문

mulu 201
na[土地] 144
niyo 166
niyo coko 166
niyo i ba 166
niyokso 166
twenty questions 829, 830, 852

일본어

アンコル 675, 679, 688
アンコル内洞 688
アンセウゲ 675, 679, 688
イーフワドン 794
イビヤンドン 792
イルコンドン 796, 798
イルヤンドン 794
インサンニ- 766, 794
インチョンチョン 115
インドン 794
インフンドン 799
インフンニ- 766, 794
インプンニ- 767, 793

ウゴル 678
ウフンドン 799
ウムタルマル 795
ウンポンニ- 767
オーカリ 801
オークードン 796
オク 796
オクサンドン 799
オソン 791
オッチョン 791
オュトン 795
カーアムテキ 794
カーチャンドン 796
カチンニ- 767
カチンニ 773, 801
カッチコル 798
カムチョン 807
カルウンドン 794
カルコル 794
カルバンニ- 766, 807
カンドン 793
カンピョン 792
キョンアムニ- 766, 806
キロルヌキ 675, 680, 688
クーチャンドン 799
クタンドン 791
クナク 794
クムゴンニ- 686
クムサンコル 797
クムチョン 791
クルゲーオル 676
クルケーオル 679
クワんそんどん 795

クワンドン 794
クンコル 678
クンマル 681
ケネミ- 676, 679
こえ 838, 840, 845, 847, 853
コケードン 793
コケイトン 795
コチョオンドン 799
コニサシ 88
コパンドン 794
コホリ 60, 84, 87-88, 93, 95-97
コミオル 679
コムクコル 678
コムントル 675, 680
これから峠 833-834
コヮソン 790
コンチョンニ 767
サースーコル 795
ざか 840
さか[坂] 824
サシ 88
サムバッコル 798
サムボンニ- 766, 801
サムリヤ 791
サンコクタン 796
サンソンニ- 765, 798
サンタゲ 795
サンドン 792, 793
サントンサンニ- 765, 798
サンパニ- 805
サンフウサンニ- 805
サンフォトク 796
シンアンリ- 807

シンソンニ- 801
シンタンニ- 767
シントベルナルドと 831
シンフンドン 799
シンフンニ- 765-766, 799
シンフンニ 767, 793, 801
ス-チムコル 798
ス-チムドン 799
ス-バンドン 799
ス/수 768
スッコル 676, 678
スナムニ- 766, 806
スハンニ- 806
スルネミ- 675, 688
スルネミ 679
スンダンドン 791
ぜき 840
せコケ 675, 679, 688
セマル 675, 681, 688
せんコルニ 679
センヤンドン 793
ソイコルニ- 676, 678
ソイコルニ 686
ソクウ-トン 799
ソクサ-ピョン 793
ソクナムニ- 766, 807
ソクブクニ- 766, 807
ソクルトン 791
ソサンコル 792
ソシムドン 796
ソスクニ- 766, 795
ソタンコル 805
ソタンドン 791

ソナリ- 805
ソフクソクリ 766, 805
ソムアム 791
ソンオチク 797
ソンガドン 791
ソンジョンニ- 766, 807
ソンチョリ 766, 806
ソンナムニ- 766, 806
ソンニ- 766, 797
ソンネ- 790
ソンハ-ドン 798
ソンマルトン 795
たうげ 840, 845, 853
たおごえ 845, 853
タクパッコル 805
タケ 846
タムケ 845
たむけ 846
タムトニ- 676, 681, 688
タラヲンニ- 675, 688
タリコルニ 679
タリコルリ- 676
タルチョンドン 794
たわ 839-840, 845, 848, 853-854
タワク 846
たわごえ 845, 853
たを 840
たをり 839-840, 845, 853-854
たをりごえ 845, 853
タンツル 797
チクコル 796
チクソンドン 797
チクトン 797

チャアード 799
チャアニ- 765, 798
チャクサンニ- 769, 805
チャサンニ 767, 792
チャチャクドン 798
チャチャクドン 799
チャンチードン 799
チャンドン 799
チャンピョン 797
チャンフンドン 791, 797
チャンフントン 795
チャンポドン 795
チュンシンリ- 766, 796
チュントンサンニ- 765, 798
チュンフンニ 765, 799
チュンヤンニ 766, 806
チョチョンコル 798
チョボネ- 795
チョルコル 798
チョンコル 678
チョンソンドン 795
チョンタムドン 798
ちょんちゃ 766
チョンチョク 683
チョンハクリ 766, 801
チョンフゥドン 793
チンボリ- 676, 680, 688
チンホントン 792
ツサンニ- 766, 807
ツンジョンピョン 793
テークルトン 791
テースクニ- 766, 797
テーピョンチ 792

テーフクソクリ 766, 805
テーフンコル 791
テーホュピョン 792
テーモチ 680
てぽどん 795
テワリ 767, 792
と/門 80-81
とう 840, 845, 853-854
トウゲ 830
とうげ 840, 845, 853
とうげ[峠] 822, 837, 844-846, 852
とうげむら 846
とうごえ 847
とうごこえ 845, 853
トカムマル 681
トクコル 796
トクポリ 766, 807
トクマルドン 795
トクヤンニ- 766, 807
トチャンクミ 805
トルインノプ 805
トルソム 676, 680, 688
トンコル 676, 678, 688
トンミョンドン 805
トンムンドン 799
なみだの峠 833
ナムサンコル 792
ナムソクドン 794, 795
ナムソクトン 795
ナムチキョン 805
ナムチャンドン 798
ナムパンイ- 798
ぬ[nu] 166

찾아보기 **1035**

ぬ【沼】 165
ぬう【沼】 165
ヌプ/누平 768
ヌプサンニ 767, 791
ぬま【沼】 165
ヌンアン 681
ヌンドン 791
ヌンドンニ- 766, 807
ヌンナム 807
ヌンマル 681
ネ-トン 795
ノ-ヂョンドン 799
ノカチュ- 806
ノドン/カルコル 792
ノヒコホリ 88
ノブンヨウル 675, 680, 688
ノルギモクイ 795
ノルネミ- 676
ノルネミ 679
ノルムキ 797
ノンコル 676, 678, 688
パ-ア-ドン 799
ハ-コクタン 796
ハ-トンサンニ 765, 797
ハ-フヮトク 796
パクドンニ- 766, 794
パクヤンリ 766, 802
ハシンニ- 766, 796
ハドン 792
パナムポリ 792
ハンダリ 675, 681, 688
バンドン 791
ハンドン 799

パンナムコル 805
ビ-コル 679, 688
ビコル 676
ピドンニ- 766
ピドンニ 802
ピョンドン 799
ビョンバチ 795
ビョンプンドン 799
ピルホントン 799
フゥジョンニ- 766
プクピョンニ- 766, 795
ふたり坂 835
プチャンテ- 805
プルゲ-ニ 670, 676
プルケ-ニ 679
ブルフントン 799
フワドリ 805
フワンジンニ- 806
プンサンドン 799
プントンニ- 766, 806
フンナムニ 805
プンナムニ 766, 806
プンフンニ 766, 806
プンヤンニ- 766, 807
プンユドン 793
ペクサンドン 799
ペチョン 797
ポクゴル 679
ポクテ-ドン 798
ボトルケイ 676, 679, 688
ポネ-リ- 807
ポムドン 797
ホゥドン 793

ポンクンマル 805
ポンチョンイ- 798
ポンツンドン 798
マサンドン 799
マノムドン 797
マルミ- 676, 680
ミチャアーリ 766, 799
ミローリ- 766, 799
ムクフンドン 793
ムクポドン 797
ムラ 64-65, 94
ムルパンコル 794
ムレ[무레] 200
ムンサンニ- 767
ムンフンニ- 767
メーハンドン 796
メバオ 676, 680, 688
メンコル 678
やま[山] 319

ヤンチャドン 796
ユルカドン 798
ヨットルパーニ- 675, 681, 688
ヨンアムニ- 767, 792
ヨンウンニ- 767
ヨンサンニ- 766, 795
ヨンスニ- 767, 791
ヨンタンコル 807
ヨンチョンニ- 766, 795, 805, 807
ヨンナムニ- 767, 792
リプソクニ- 766, 796
りんどう峠 833-834
ワバクボ 806
ヲルリムポ 798
ヲンチョルドン 794
ヲンドン 798
ヲンフンニ 765, 798
多乎里/たをり 840

이건식(李建植)

1960년 서울 영등포구 문래동 출생
1972년 서울 영등포국민학교 졸업
1975년 서울 강서중학교(세일중학교) 졸업
1978년 서울 우신고등학교 졸업
1983년 단국대학교 문리과대학 국어국문학과 졸업
1996년 단국대학교 문학박사
1997년 - 2011년 2월 한국학중앙연구원 전문위원, 연구원
2011년 3월 - 현재 단국대학교 문과대학 국어국문학과 교수
2018년 일본 동경대학교 방문 교수
2016년 3월 - 2018년 2월 구결학회장
2021년 3월 - 2023년 2월 한국지명학회장
2024년 7월 - 현재 디지털인문지식유산학회장

1988년 현대국어의 반복복합어 연구(석사학위 논문)
1996년 고려시대 석독구결의 조사에 대한 연구(박사학위 논문)
2020년 『이두사전』 책임 편집 간행
2021년 『한국 고유한자의 구성법 연구』 출간
2025년 『한국 지명의 체계적 연구』 출간(2025.6.30.)

문자 분야	구결자의 코드체계 정립을 위한 시론(1996)
석독구결 분야	字吐釋讀口訣에 나타난 '조건'과 '양보'의 부사와 보조사에 대하여(2017) 등
이두 분야	「醴泉開心寺址五層石塔記」 銘文의 국어학적 연구(2014) 등
향가 분야	均如 鄕歌 諸轉法輪歌의 내용 이해와 語學的 解讀(2012) 등
어휘 분야	新羅 啄評 解讀(2023) 등
어휘와 문화 분야	李圭景의 名物度數之學과 관련된 언어와 문자 자료에 대하여(2014) 등
목간 분야	태안해역 출토 목간의 어학적 특징(2017)
국어정보학 분야	中世國語 語彙 Database 構築을 위한 形態素 分析道具의 開發에 대하여(1997) 등
인문정보학 분야	개정 관계 텍스트의 어절 정렬 DB 구성과 산출 절차 - 『두시언해』 초간본과 중간본을 중심으로(2024) 등
문헌 분야	『고려말(高麗末) 화령부(和寧府) 호적대장(戶籍大帳)』 단편(斷片)의 전래 경위와 순서 복원(2008) 등
정보 서비스 분야	藏書閣 디지털 자료관 정보 서비스의 발전 방안(2007) 등

한국 지명의 체계적 연구

2025년 6월 30일 초판 1쇄 펴냄

지은이 이건식
발행인 김흥국
발행처 보고사

책임편집 이순민
표지디자인 김규범

등록 1990년 12월 13일 제6-0429호
주소 경기도 파주시 회동길 337-15 보고사
전화 031-955-9797(대표)
팩스 02-922-6990
메일 bogosabooks@naver.com
http://www.bogosabooks.co.kr

ISBN 979-11-6587-865-8 93910
ⓒ 이건식, 2025

정가 45,000원
사전 동의 없는 무단 전재 및 복제를 금합니다.
잘못 만들어진 책은 바꾸어 드립니다.